리더십개론

Leadership

Richard L. Hughes, Robert C. Ginnett, Gordon J. Curphy 저

정재삼, 김은지, 두민영, 이영민, 장성화, 함성수 역

교육과학사

역자 서문

지금의 사회를 지식사회, 지식기반사회, 지식경제사회, 또는 지능정보사회라고도 한다. 공공부문과 민간부문을 포함한 모든 조직에서 지식근로자 양성을 위하여 다양한 프로그램을 개발하고 있다. 이러한 지능정보사회에서 요구되는 인재상의 핵심은 지식근로자를 양성하는 리더십이다. 지식근로자란 정보를 해석하고 이를 활용하여 부가가치를 창출해낼 수 있는 사람들이다. 여기서 우리가 논의하는 "지식"은 무엇에 대하여 아는 것만 뜻하는 것이 아니라, 여기에는 아는 것을 바탕으로 새로운 것을 창출하고 조직하는 능력이 포함된다.

리더십은 다른 사람들을 이끌어가는 힘으로 볼 수 있지만 우리는 "리더십은 리더, 팔로워, 상황의 상호작용에 의하여 일어난다"고 본다. 우리 사회가 필요로 하는 인재, 지식근로자를 양성해내는 리더십은 어떤 것일까? 리더십 이론은 시대에 따라 변화하지만 전통적으로는 리더십 과정의 어느 측면을 강조하느냐에 따라서 특성론, 행동론, 그리고 상황론으로 접근할 수 있다. 전통적으로 리더십은 조직을 끌고 가는 관점을 중심으로 설명되었다면, 이제는 조직은 물론 개인의 삶과 목적을 무시할 수 없고 상황의 복잡성도 고려해야 한다. 셀프 리더십, 팀 리더십, 조직 리더십, 슈퍼 리더십, 감성지능 리더십, 섬기는 리더십, 변혁적 리더십, 카리스마적 리더십, 참(진성) 리더십 등 리더 자신의 경험과 강점을 바탕으로 리더, 팔로워, 상황에 가장 잘 어울리는 리더십에 관심을 가지고 개발할 필요가 있다.

우리 사회가 건강한 시민사회로 가는 데는 셀프 리더십, 팀 리더십, 조직 리더십이 바로잡혀야 한다. 경제주체인 가계, 기업, 정부, 국가사회의 지도자들이 지식근로자를 양성하는 리더십을 가지고 행하여야 할 것이다. 우리나라가 세계경제질서와 세계무역의 중심에 서려면 경제적인 발전만으로는 불가능하다. 리더십을 바탕으로 하는 선진화된 세계시민정신과 문화가 뒷받침이 되어야 할 것이다. 그렇기에 현재의 우리는 가정에서, 학교에서, 병원에서, 종교생활에서, 경영

일선에서, 정치활동에서 지식근로자를 양성하는 적절한 리더십을 갖춘 사회적 인재들을 필요로 하고 있다.

역자들은 모두 조직과 인적자원개발 분야를 연구하고 실천해왔다. 개인, 팀, 조직의 학습(learning)을, 개인, 팀, 조직의 수행성과(performance)를, 그리고 개인, 팀, 조직의 변화(change)를 추구하는 인적자원개발 전문가들의 주요 역할 중의 하나는 핵심인재와 리더를 확보하고 육성하는 일이다. 적절한 리더십을 갖춘 인재는 어느 개인은 물론, 팀과 조직, 사회와 국가에 큰 변화를 실천하고 야기시킬 수 있다. 역자들은 리더십의 기반을 배우고 실천하는 데 도움되는 기본도서를 찾아보다가 조직심리학자인 Richard Hughes 박사 외 2인(2009)이 저술한 "Leadership: Enhancing the Lessons of the Experience"(6판)을 만나게 되었고 이의 번역을 결심하게 되었다. 이 책은 미국의 각종 대학에서 리더십 교재로 많이 사용되어 온 베스트셀러이며 책의 내용과 구성이 매우 충실하다. 역자들이 실제로 이 책을 일반대학의 학부와 대학원, 그리고 사관학교의 리더십 관련 수업에서 몇 년간을 사용해 보았는데 리더십의 기본도서로 사용하기에 전혀 손색이 없었다.

이 책의 특징은 리더십 및 조직심리학에 대한 기본 개념 및 이론적 배경, 관련 사례를 통한 해당 이론의 적용과 시사점을 제공함으로써 독자들의 학술적 목적과 실용적인 목적 두 가지를 모두 만족시킨다는 점이다. 특히 "리더십은 리더, 팔로워, 상황의 상호작용에서 일어난다"는 가정하에 논리적이고 명쾌한 내용구성과 핵심적인 이론과 원리, 그리고 각 장에 있는 하이라이트와 리더십 프로파일을 통한 다양한 리더들의 소개는 충분히 매력적이다. 이 책은 심리학적 관점에서 저술되었지만 리더십에 관심 있는 교육학, 사회학, 행정학, 경영학, 경제학을 포함하는 사회과학의 전 분야에서 충분히 활용 가능하다고 본다. 이 책을 해석하면서 책의 내용이 전반적으로 부드럽고 자연스럽게 표현되도록 노력하였다. 내용을 검토하면서 우리나라의 맥락에 맞지 않거나 부적절한 부분은 과감하게 삭제하였다. 그리고 리더십 스킬 목록 부분을 통합하여 Part 5에 정리하였으며, 각 장에 있는 참고문헌을 통합하여 책의 후반부에 모아서 정리하였다.

이 책이 개정되어 다시 세상에 나오기까지 인내심을 가지고 도움을 주신 많은 분께 감사의 마음을 전한다. 이화여자대학교, 숙명여자대학교, 그리고 공군사관학교 등에서 리더십 수업에 참여하면서 피드백을 끝없이 제공해 온 모든 분들에게 고마움을 전한다. 무엇보다도 이 책이 독자들에게 보다 읽기 쉽도록 하기 위하여 방대한 책의 원고를 하나하나 확인하여 쉽고 정확하게 검토하여 주신 교육과학사의 한정주 사장님과 편집진 모든 분께 다시 한번 깊이 감사의 말씀을 전하고 싶다.

2019년 1월
역자를 대표하여
정재삼 씀

전 문

인기 있고 널리 사용된 이 교재의 초판은 1993년에 출판되었다. 우리 저자들은 새로운 판을 내면서 계속적으로 수정・보완해왔다. 단지 리더십만의 차이에 기인하며, 어떤 작업이 자연스럽게 운영되거나 혹은 혼란스럽게 운영되는 경우가 있다. 이 책은 리더십의 차이에 대한 것이다.

저자들이 심리학자이기에, 이 책은 분명히 심리학적 경향을 띤다. 즉 독자인 여러분 역시 심리학의 관점에서 리더십에 대하여 생각해 볼 수 있을 것이다. 이 책에는 심리학적 검사와 조사, 실제 연구실에서 행해진 연구, 그리고 좋은 리더십과 나쁜 리더십의 심리학적 분석들이 많이 있다. 여러분은 여기에서 성격, 가치, 태도, 지각, 자기존중 등과 같은 일반적인 심리학점 개념과 이중 순환 학습, 기대이론, 지각된 불평등과 같은 흔하지 않은 구절들을 만나게 될 것이다. 이 저자들은 교육자로서, 학생들이 재미있어하는 것을 잘 보고 잘 듣는 눈과 귀를 가졌기 때문에 분명하고 깨끗하게 집필하면서도 동시에 만화, 인용, 하이라이트와 같은 리더십에 대한 즐거움과 자극을 주는 예화들을 포함시켰다.

또한 이 저자들이 한때는 심리학자나 교육자였을 뿐만 아니라 아동, 학생, 보이스카우트, 부모, 교수(공군사관학교), 공군장교, 비행기 조종사, 운동가, 행정가, 만족할 줄 모르는 독자, 우호적인 이야기꾼이기도 하기 때문에, 이 책의 이야기와 보기에는 광범위한 개인적 출처와 일화가 등장한다.

심리학자와 학자로서 저자는 광범위한 심리학적 연구, 다른 분야의 과학적 탐구, 리더에 대한 개인적 성찰, 리더십에 대한 철학적인 글을 여기에서 검토하였다. 이러한 자료들을 추출하면서, 현재와 미래의 리더들을 위하여 유용하고 실제적인 결론이 도출되었다. 이 책에는 목표설정, 회의운영, 협상, 갈등관리, 스트레스관리 등에 관한 제안이 제시된다.

나이와 신분을 막론하고 모든 리더는 이 책에서 유용한 도움을 얻게 될 것이니 예컨대 몸짓, 일기쓰기, 긴장 푸는 방법과 같은 주제에서 유용한 요령을 얻게 될 것이다.

여러 가지 방법으로 저자는 독자인 여러분이 생생하게 리더의 입장에서 고민하도록 책을 구성하였다. 예를 들어, 아래와 같은 어려운 상황이 제시된다: 당신은 외부의 자금지원에 의하여 제공되는 예산을 운영하는 리더십 지위에 있는 사람이다. 당신은 주제A에 대하여 매우 강경한 입장을 취하고 있다. 그런데 자금지원을 하는 책임자가 당신에게 다가와서 말하길 "우리는 주제A에 대한 당신의 입장에 동의하지 않습니다. 주제A에 대하여 보다 부드럽고 온건한 입장을 취해 주십시오. 그렇지 않으면 내년도 예산지원을 재고하겠습니다."

이 경우 여러분은 어떻게 할 것인가? 그만둘 건가? 아니면 강한 입장을 표방하고 예산을 잃을 건가? 보다 온건한 입장을 표방함으로써 심적 부담을 느낄 건가? 이에 답하기는 쉽지 않다. 리더에게는 실제로 이러한 상황이 많다. 모든 리더는 자신의 프로그램을 수행하기 위하여 외부의 간섭을 얼마나 견뎌야 하는지를 직면하는 상황에 언제든 처하게 되는 것이다.

이 책의 저자는 내가 전적으로 동의하는 결론인 "리더십 개발에서의 경험의 가치"를 강조한다. 사실상 모든 리더는 초기의 경험을 바탕으로 목표를 구축해나간다. 성공적인 리더는 보다 큰 미래의 도전을 해결하는 데 도움이 되는 것을 성찰하고 분석함으로써 초기의 경험으로부터 학습하는 사람이다. 이러한 맥락에서 나는 여러분에게 아래와 같은 과제를 제안하고자 한다.

여러분의 과제:

유용한 리더십 경험을 얻기 위해서, 여러분은 8명의 사람에게 적어도 2시간 동안 주목할 만한 활동을 함께 해달라고 요청하라. 물론 당신의 개입이 없으면 그들이 하지 않았을 그런 활동을 제안하면 된다. 당신은 그들에게 왜 이런 것을 하는지를 말하면 안 된다. 친구, 가족, 팀원, 클럽멤버, 이웃, 학생, 작업동료 등 누구든지 8명이면 된다. TV 시청, 식사, 영화 보기, 그냥 앉아서 말하기와 같은 활동보다는 더 실질적인 어떤 활동이면 된다. 예를 들면, 롤러스케이팅 파티, 조직된 토론, 합창모임, 도보여행, 박물관 방문하기, 요양원 방문과 같은 자원봉사 활동 등이면 가능하다. 여러분이 없었다면 일어나지 않았을 어떤 일에 대해 당신이 책임을 지게 됨으로써 여러분은 어떤 리더십 행위에 관여하게 될 것이고, 저자들이 이 책에서 논의하는 주제들의 적절성을 신속하게 학습하게 될 것이다. 만약 여러분이 8명/2시간 경험을 먼저 하고 이 책을 나중에 읽는다면, 당신은 리더십 행동이 얼마나 복잡한지를 훨씬 더 잘 이해할 것이다. 여러분은 비전개발, 타인의 동기유발, 안건과 시간계획 설정, 자원 확보, 추수활동 요구의 어려움을 이해하게 될 것이다. 여러분은 리더로서 "정상에서의 고독"에 대해서도 배울지도 모른다. 그러나 만약 여러분이 성공적이라면, 여러분은 성공적인 리더십으로부터 오는 짜릿함을 경험하게 될 것이다. 8명/2시간의 짧은 경험일지라도 초기의 성공으로 여러분은 미래의 리더십에 대한 자신감을 가지게 될 것이다.

리더십개발이란 개인이 자신의 경험을 성찰하는 것과 관련이 있다고 이 책의 저자는 믿고 있다. 당신 자신의 리더십 경험의 맥락에서 이 책을 읽으면 그 과정에 큰 도움이 된다. 이 책은 종합적이고, 학문적이며, 영감을 주고, 재미가 있기 때문에 리더십의 역학을 더 잘 이해하고 자신의 수행성과를 향상시키기를 원하는 사람들에게 매우 유용하다.

David P. Campbell

저자 서문

이 책『Leadership: Enhancing the Lessons of Experience』의 6판에서는 몇 가지 다른 사항이 강화되었다. 먼저 책의 형식 면에서 두 가지를 시각적으로 향상시켰다. 하나는 가독성을 높이기 위하여 문서정리에서 괄호 속에 처리하던 것을 미주로 처리하였다.

6판에서 변화를 준 또 하나의 특징은 각 장에 구체적인 리더들을 강조했다는 것이다(하이라이트 및 프로파일 시리즈 참조). 이렇게 함으로써 6판에 있는 실제적인 리더들의 삽화와 설명을 포함시켜서 교재에 있는 개념의 적용성이 높아졌을 것으로 판단된다. 그래서 우리는 각 장에 '리더십 프로파일(Profiles in Leadership)'이라는 새로운 특징을 추가했다. 각 장에는 그 장의 내용에 맞는 인물들의 여러 프로파일(예를 들면, Steve Jobs, Oprah Winfrey, Gandhi 등)이 있을 것이다. 그리고 각 장의 하이라이트 또한 재검토되고 갱신되었다.

또한, 6판에는 사실상 각 장의 내용이 보강되고 필요한 부분이 수정되었다. 물론, 어떤 장들은 다른 장보다 많이 수정되었는데 그 경우 독자의 피드백과 지식의 발전을 반영한 것이다. 예를 들어 '리더십 평가와 효과측정'(4장)은 학습자들에게 더욱 중요하고 접근성을 좋게 하려고 근본적인 변화를 시도하였다. 그리고 '그룹, 팀, 그리고 리더십'(10장)은 팀 리더십 모형의 사용으로 근본적으로 수정되었다. '리더십과 가치'(6장) 또한 봉사 리더십과 참 리더십을 포함하는 리더십의 긍정적인 형태에 관한 새로운 부분이 포함되었다. 여기에는 가치의 일반적인 차이에 대한 새로운 작업과 도덕적 추론에 대한 자료를 재도입한 내용이 포함되었다. 2장에는 적응적 리더십에 대한 Ron Heifetz의 생각을 새로운 절로 추가했다.

이 교재의 판이 거듭될 때와 마찬가지로, 우리는 6판에 도움을 주신 Laura Spell, Sara Hunter, Jim Labeots를 포함하는 McGraw- Hill/Irwin의 탁월한 편집진들에게 감사를 전한다. 또한 수정의 토대가 된 건설적인 평가와 제안을 제공한 분들에게도 감사를 전한다. 그리고 우리는 아래 검토자들의 학문적이고 통찰적인 코멘트에 감사드린다.

John Anderson (Walsh College)
Mark Arvisais (Towson University)
David Lee Baker (Kent State University)
Herbert Barber (Virginia Military Institute)
Erich Baumgartner (Andrews University)
Ellen Benowitz (Mercer County Community College)
Kenneth Campbell (North Central College)
Cheree Causey (University of Alabama-Tuscaloosa)
Jeewon Cho (Montclaire State University)
Donna Willis Cline(Cabarrus College of Health Science)
Marie Gould (Peirce College)
Donald Howard Horner (U. S. Naval Academy)
Karen Jacobs (LeTourneau University)
Donna Rue Jenkins (National University)
Edward Jernigan (University of North Carolina)
Lanny Karns (SUNY-Oswego)
Stacy Kessler (Montclair State University)
Paulette Laubsch (Fairleigh-Dickinson University-Teaneck)
Charles Changuk Lee (Chestnut Hill College)
John Michael Lenti (University of South Carolina)
Christie Loescher (University of Texas-Austin)
Ross L. Mecham Ⅲ (Virginia Tech)
Lt. Col. Thomas Meriwether (Virginia Military Institute)
Brooke Quigg (Peirce College)
Howard Rudd (College of Charleston)

Jon S. Sager (University of Southern California)

James B. Shaffer (University of Southern Maine)

Cdr. Stephen Trainor (U. S. Naval Academy)

Dennis Veit (University of Texas-Arlington)

Deborah Wharff (University of North Carolina-Pembroke)

Charles D. White (University of Alabama)

Eric Williams (University of Alabama-Tuscaloosa)

우리는 우리에게 교훈을 준 과거의 리더들, 우리의 끝없는 세상의 모습을 만들어 주는 현재의 리더들, 그리고 점차적으로 상호연결된 세상에서 세계화의 도전에 직면할 때 이 책의 교훈에서부터 혜택을 받을 미래의 리더들 모두에게 이 책을 바친다.

Richard L. Hughes

Robert C. Ginnett

Gordon J. Curphy

저자 소개

Richard L. Hughes

Hughes 박사는 창조적 리더십 센터(CCL: Center for Creative Leadership)와 미국 공군사관학교에서 교수로 재직하였다. 창조적 리더십 센터는 행동과학 연구 및 리더십교육에 공헌하는 국제조직이다. 이 창조적 리더십 센터에서 그는 주로 전략적 리더십과 조직문화변화 영역의 고위층과 일했다. 그는 또한 10년간의 행동과학과 리더십 학과장 보직을 포함하여 초기의 경력을 공군사관학교에서 쌓았다. 임상심리학자이자 미국 공군사관학교의 졸업생인 그는 Texas대학에서 석사학위를, Wyoming 대학에서 박사학위를 받았다.

Robert C. Ginnett

Ginnett 박사는 리더십 컨설팅 조직인 Impact에서 활동하였다. "팀 리더십모형(Team Leadership Model)"의 개발자이기도 한 그는 창조적 리더십 센터 (CCL)에서 여러 해 동안 일하면서 고성과팀에 관한 연구를 수행하고 "정상에서의 리더십(Leadership at the Peak)" 코스를 가르치기도 했다. 그는 GM, Novatis, FMC, Prudebtial, Masterfoods, GlaxoSmithKlein, Daimler Benz, NASA, CIA(중앙정보부), United Airlines를 포함하는 수많은 조직을 대상으로도 일했다. 그는 미국 공군사관학교에서 종신교수로, 또 리더십과 카운슬링 소장으로 재직했다. 또 베트남 전쟁 동안에 875명의 전투부대 리더십을 포함하는 공군에서 지휘관과 참모로서 봉사하기도 했다. 그는 경영학 석사, 문학 석사, 철학 석사와 Yale대학 철학박사 학위를 가진 조직심리학자이다.

Gordon J. Curphy

Curphy 박사는 공공부문과 민간부문의 고객들이 인적 자원을 통해서 더 좋은 결과를 성취하도록 도와주는 HR 컨설팅 회사인 C3의 사장이다. 그는 직무분석과 역량모델링, 시급채용 시스템, 다중 평가 피드백시스템, 성과관리 설계와 실행, 리더십육성 설계-전달-평가, 서베이 구성-실시-분석, 평가센터 방법론, 임원코칭-훈련-팀빌딩, 후계자 계획, 팀과 조직 효과성, 그리고 전략 및 사업 기획에 이르는 리더십과 전문지식 관련 경험이 25년 이상이다. 자신의 컨설팅 회사를 만들기 전, Blandin 재단에서 기관리더십의 부사장으로, 그리고 국제 인사결정의 부사장으로 10년간 일했다. 그는 미국 공군사관학교 출신의 산업 및 조직 심리학자로 St. Mary대학에서 석사학위를, Minnesota대학에서 심리학 박사학위를 취득했다.

차 례

역자 서문 — 3
전 문 — 6
저자 서문 — 9
저자 소개 — 12

Part 1 리더십은 지위가 아니라 과정 • 21

Chapter 1 리더십은 누구에게나 중요 22

1.1 서 론 — 22
1.2 이 책의 저술 목적 — 24
1.3 리더십이란? — 24
1.4 리더십 개발을 방해하는 오해 — 35
1.5 이 책의 개요 — 39
1.6 요 약 — 39

Chapter 2 리더십은 리더, 팔로워, 상황의 상호작용 42

2.1 서 론 — 42
2.2 리더십을 여러 가지 각도에서 관찰하기 — 42
2.3 리더 요소 — 47
2.4 팔로워 요소 — 49
2.5 상황 요소 — 51
2.6 좋은 여성 리더는 드물다? — 51
2.7 리더십과 매니지먼트 다시 들여다보기 — 57
2.8 효과적인 리더십에 대한 간단한 처방은 없음 — 62
2.9 결론: 경험으로부터 교훈을 이끌어내기 — 63
2.10 요 약 — 64

Chapter 3 리더십은 교육과 경험을 통해 개발 66

3.1 서 론 — 66
3.2 행동-관찰-성찰(A-O-R) 모형 — 67
3.3 나선형 경험에서 지각의 중요성 — 70
3.4 성찰과 리더십 개발 — 74
3.5 경험을 통한 리더십 개발 — 77
3.6 교육과 훈련을 통한 리더십 개발 — 85
3.7 리더십 자기 이미지 구축하기 — 89
3.8 요 약 — 89

Chapter 4 리더십 평가와 효과 측정 92

4.1 서 론 — 92
4.2 관리역량 부족 — 95
4.3 리더십 후보 관리 — 100
4.4 리더십 능력 평가하기 — 103
4.5 리더십의 효과 측정 — 113
4.6 리더십을 연구하는 방법들 — 122
4.7 리더십의 이론과 격언 — 127
4.8 요 약 — 130

Part 2 리더를 중심으로 • 135

Chapter 5 권력과 영향력 137

5.1 서 론 — 137
5.2 몇 가지 중요한 변별할 요소들 — 138
5.3 권력과 리더십 — 140
5.4 영향력 전술 — 157
5.5 요 약 — 161

Chapter 6 리더십과 가치 165

6.1 서 론 — 165
6.2 리더십과 올바른 일 행하기 — 166
6.3 문화를 뛰어넘는 리더십 — 193
6.4 리더십 실천가를 위한 시사점 — 198
6.5 요 약 — 199

Chapter 7 리더십 특성 201

7.1 서 론 — 201
7.2 성격 특성과 리더십 — 203
7.3 지능과 리더십 — 223
7.4 감성지능과 리더십 — 238
7.5 요 약 — 246

Chapter 8 리더십 행동 251

8.1 서 론 — 251
8.2 리더십 행동에 관한 연구들 — 253
8.3 경영 탈선 — 276
8.4 행동변화 — 281
8.5 요 약 — 296

Part 3 팔로워를 중심으로 • 301

Chapter 9 동기, 만족 그리고 수행성과 302

9.1 서 론 — 302
9.2 동기, 만족, 그리고 수행성과의 정의 — 303
9.3 팔로워의 동기에 대한 이해와 영향 — 309
9.4 팔로워 만족도에 대한 이해와 영향 — 346
9.5 요 약 — 362

Chapter 10 그룹, 팀, 그리고 리더십 366

10.1 서 론 — 366
10.2 개인, 그룹, 팀 — 367
10.3 그룹의 성격 — 368
10.4 팀 — 383
10.5 팀 리더십 모형 — 388
10.6 가상팀 — 403
10.7 요 약 — 406

Part 4 상황을 중심으로 • 409

Chapter 11 상황의 특징들 411

11.1 서 론 — 411
11.2 배경 — 412
11.3 적합성 모형 — 418
11.4 환경적 특징들 — 439
11.5 상황적 공학 — 443
11.6 요 약 — 446

Chapter 12 리더십 상황 이론 449

12.1 서 론 — 449
12.2 규범 결정 모형(The Normative Decision Model) — 450
12.3 상황 리더십 모형(The Situational Leadership Model) — 457
12.4 상황 적합 모형(The Contingency Model) — 462
12.5 경로-목표 이론(The Path-Goal Theory) — 471
12.6 요 약 — 478

Chapter 13 리더십과 변화 480

13.1 서 론 — 480
13.2 리더십과 매니지먼트: 재논의 — 482
13.3 조직 변화에 대한 이성적 접근법 — 485
13.4 조직 변화에 대한 감성적 접근법: 카리스마적 및 변혁적 리더십 — 498
13.5 카리스마적 및 변혁적 리더십의 공통적 특징 — 506
13.6 Bass의 변혁적 및 거래적 리더십 이론 — 519
13.7 요 약 — 525

Part 5 리더십 스킬 • 527

Chapter 14 기본적 리더십 스킬 528

14.1 경험으로부터의 학습 — 528
14.2 의사소통 — 534
14.3 경청 — 540
14.4 자기주장 — 545
14.5 효과적인 스트레스 관리 — 554
14.6 전문적 역량 구축 — 564
14.7 상사들과의 효과적인 관계 형성 — 568
14.8 동료들과의 효과적인 관계 형성 — 572
14.9 신뢰성 구축 — 575

Chapter 15 팔로워 관련 리더십 스킬 583

15.1 건설적인 피드백 제공 — 583
15.2 처벌 — 589
15.3 권한이양/권한하부이양 — 597
15.4 작업 집단의 팀빌딩 — 604
15.5 고성과팀의 형성: 팀 유효성 로켓 모형 — 609

15.6 개발 계획 — 620
15.7 코칭 — 628
15.8 권한위임(Empowerment) — 638

Chapter 16 상황 관련 리더십 스킬 647

16.1 목표 설정 — 647
16.2 회의의 진행 — 651
16.3 갈등 관리 — 655
16.4 협상 — 661
16.5 문제 해결 — 663
16.6 창의성 향상 — 668
16.7 개인, 집단, 조직에서의 수행 문제 진단 — 673
16.8 고위층의 팀 빌딩 — 677

참고문헌 — 684
찾아보기 — 729
역자 소개 — 742

Part 1 리더십은 지위가 아니라 과정

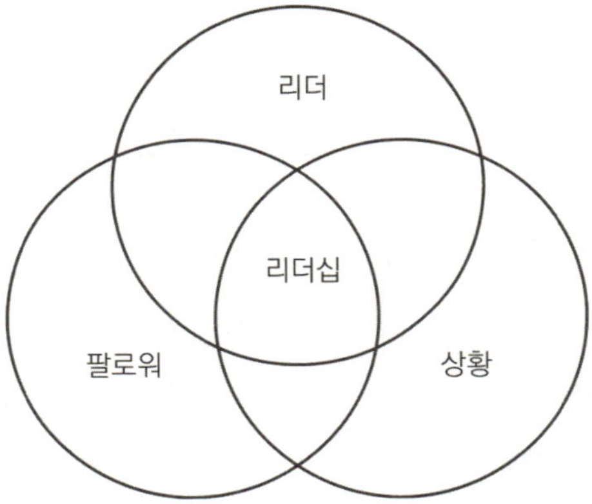

이 책에서 가장 중요한 아이디어가 있다면, 그것은 리더십이란 지위가 아니라 과정이라는 점이다. 이 책의 첫 부분에서는 이 명제의 의미를 다룰 것이다. 다시 말하면, 어떠한 사람이 직위나 지위를 갖고 있다고 해서 자동적으로 리더가 되는 것이 아니고, 리더십이란 리더와 팔로워 사이의 상호작용의 결과로 일어나는 그 무엇을 포함한다는 점이다.

1장에서는 리더십을 정의하고, 유사한 개념인 매니지먼트와 팔로워십 등의 관계에 대해 논의할 것이며, 바람직한 리더십이란 모든 구성원이 책임감을 공유하는 것임을 제안하려 한다. 2장에서는 리더십이 어떻게 리더, 팔로워 그리고 상황 간의 역동적인 상호작용을 포함하고 있는가에 대해 논의할 것이다. 또한 이 책의 전반에 걸쳐 통합적인 주제가 될 리더십을 개념화할 수 있는 상호작용적인 프레임워크를 제시할 것이다. 3장에서는 우리가 어떻게 경험을 통해 좋은 리더가 될 수 있는지에 대해 논의할 것이다. 1부의 마지막 장은 리더십과 리더에 대한 기본 개념, 리더십 연구에서 사용된 방법들에 대해 논의하는 것으로 마무리하도록 하겠다.

Chapter 1

리더십은 누구에게나 중요

1.1 서 론

1972년 봄, 승무원과 40명의 승객을 실은 비행기 한 대가 안데스산맥 위를 날아가고 있었다. 승객 대부분은 칠레에 경기를 하러 가는 우루과이 아마추어 럭비팀 선수들이었다. 그러나 비행기는 칠레에 도착하지 않았다. 비행기는 눈 덮인 산에 추락하였고, 산산조각이 났다. 비행기 동체는 터보건(방향 없는 눈썰매)처럼 깊은 계곡을 미끄러져 내려왔고, 결국 허리까지 쌓일 정도의 눈 속에 파묻히게 되었다. 많은 승객들이 즉사하였거나 하루 만에 죽게 되었고, 28명의 생존자들 역시 위태로웠다. 비행기 동체 안에서는 고도의 추위를 이겨내기가 어려웠고 식량도 역시 바닥이 났으며, 많은 생존자들이 추락으로 인한 충격으로 부상을 입은 상태였다. 추락 후 며칠 이내에, 몇몇의 승객들은 정신적으로 문제가 생겼으며, 다른 몇몇은 부상으로 인해 죽어갔다. 상대적으로 부상이 경미했던 승객들은 살아남기 위해 결단을 내렸다.

몇몇 생존자는 비행기 잔해를 비바람을 막는 용도로 사용하였고, 다른 이들은 식수를 찾았으며, 부상자들을 돌보았다. 생존자들은 추락으로 인한 공포감에 떨었지만, 처음에는 자신들이 구조되리라고 확신했었다. 하지만 이러한 자신감은 점점 절망으로 변해갔고, 구조대는 비행기 잔해를 찾는 데 실패했다. 그렇게 몇 주가 지나갔고, 구조될 기미가 보이지 않자, 살아남은 생존자들은 살아남을 수 있는 방법을 찾기 위해 원정대를 보내기로 결심했다. 원정대는 체력이 강한 사람들로 선발되었으나, 거친 바람과 엄청난 양의 눈 때문에 원정은 무척이나 힘들었다. 원정의 결과는 좌절스럽고 생존자들의 사기를 꺾어 놓았다. 원정대는 본인들이 안데스산맥 중간에 있다고 생각하였고, 이 상황에서 도움을 요청하기 위해 걸어 나가는 것은 불가능하다고 생각하였다. 생존자들이 최악의 상황이라고 생각했을 때, 눈사태가 비행기 잔해를 덮쳐 몇몇 생존자들의 목숨을 앗아갔다.

남아 있는 생존자들은 그들이 구조될 방법은 더 이상 없다고 결론짓고, 유일한 희망은 도움을 요청하기 위해 누군가 떠나는 것이라고 생각했다. 또 다른 3명의 생존자가 마지막 원정대로 선발되었고, 다른 사람들은 원정대의 성공 확률을 높이는 데 최선을 다했다. 이 3명의 원정대는 더 많은 식량을 제공받았고, 매일 계속되는 생존을 위한 활동에서도 제외되었다. 나머지 사람들은 원정대를 돕기 위해 노력하였다. 비행기가 추락한 지 2달 후, 원정대는 구조 요청을 위해 마지막 시도를 하러 떠났다. 열흘 동안 산을 탄 결과, 원정대는 소를 치는 칠레 농부들의 무리와 마주쳤다. 원정대의 한 명이 "나는 산에 추락한 비행기에서 왔소. 나는 우루과이 사람이오."라고 말했다. 마침내 14명의 다른 생존자들도 구조되었다.

이들의 생존에 대한 모든 것이 알려졌을 때, 생존자들이 인육을 먹었다는 등의 논란도 있었으나, 이 이야기는 수많은 생존 이야기 중 가장 감동적인 이야기 중 하나이며, Piers Paul Read(1974)는 소설 *Alive*[1]에서 이 이야기를 훌륭히 그려내기도 하였다. 그것은 비극적인 이야기면서 사람들의 용기와 리더십을 묘사하고 있다. 어쩌면 이 안데스산맥에서의 생존을 그린 이야기는 당신의 일상생활과 거리감이 있을지도 모른다. 하지만 안데스산맥의 생존자들이 부딪혔던 문제들을 다시 한번 생각해보라. 개인들과 집단 목표 사이의 갈등, 그룹 내 멤버들의 각기 다른 성격과 요구사항에 대처하는 것, 그리고 절망적인 상황에서의 생존 의지를 유지하는 것 등, 이러한 이슈들은 우리가 조직생활에서 매일 부딪히는 문제와 크게 다르지 않다. 또한 이 안데스산맥에서의 극한 상황은 비공식적인 리더의 출현의 좋은 예가 될 수 있다. 비행기 탑승 전에 Parrado라는 소년은 굉장히 수줍고, 사회적으로 인정받지 못했지만, 그러한 극적인 상황에 부딪히게 되자, 그의 용기, 긍정적 마인드, 문제 해결력으로 생존자들 사이에서 가장 존경받는 사람이 되었다. 또한 그는 설득력이 집단의 의사결정에서 중요한 덕목이라는 것을 보여주었다.

1.2 이 책의 저술 목적

안데스산맥의 생존자들처럼 극적인 리더십이 필요한 상황을 겪은 사람은 별로 없을 것이다. 그러나 우리는 자주 복잡한 팀 역동성을 포함하는 리더십이 필요한 상황을 만나게 된다. 이 책의 목적은 복잡한 리더십의 충분한 이해를 통해 리더십이 필요한 상황에서 효과적인 리더가 되도록 도와주는 것이다. 좀 더 구체적으로 이 책이 리더십 이론과 연구를 해석하는 일종의 가이드 역할을 하기를 기대한다. 이 책은 많은 리더십 이론과 연구논문을 설명하고, 비판적으로 평가하고, 더 나은 리더가 되도록 실제적인 조언을 한다. 이 책은 연구를 통해 다루는 학구적이나 실용성이 낮은 리더십 지식과 이론/연구에 근거하지는 않지만 더 나은 리더가 되는 데 필요한 지식의 간극을 채워주도록 집필되었다.

1.3 리더십이란?

방금 전 살펴본 안데스산맥의 생존 이야기와 향후 소개될 많은 다른 리더들의 삶은 많은 실례를 제공한다. 그렇다면 리더십이란 무엇인가?

리더십에 대해 연구한 사람들은 실제로 당신이 생각하는 리더십의 많은 부분에 대해 그다지 동의하지 않을 것이다. 이러한 의견 불일치의 원인은 **리더십**이란 리더, 팔로워 그리고 상황이 포함된 복잡한 현상이라는 점 때문이다. 또 어떤 사람들은 심지어 리더십처럼 복잡한 개념이 없다고 한다. 어떤 리더십 학자들은 리더의 성격, 신체적 특성, 행동에 연구의 초점을 두고, 다른 학자들은 리더와 팔로워들의 관계에 초점을 두기도 한다. 또 다른 학자들은 상황 변수에 더 많은 비중을 두기도 한다. 또 어떤 학자들은 리더십이란 존재하지 않는다고 결론짓는다. 즉, 조직의 성공이나 실패의 원인을 리더로 돌리는 경우가 많지만, 상황 변수가 리더를 포함한 개인 변수보다 조직에 더 영향을 많이 미친다는 것이다.[2]

리더십이란 리더, 팔로워 그리고 상황이 포함된 복잡한 현상이라는 점 때문이다.

아마도 리더십의 복잡함을 이해하는 데 가장 좋은 방법은 어떤 방식으로 리더십이 정의되는지를 살펴보는 것이다. 리더십을 연구하는 학자들은 리더십을 다양한 방법으로 정의하고 있다.

1. 부하직원들에게 바람직한 방식으로 행동하도록 유도하는 과정[3]
2. 그룹 멤버들의 작업을 지시하고 조율하는 것[4]
3. 사람들이 강제적이 아니라 자발적으로 준수하는 대인 관계[5]
4. 동일한 목표를 가진 사람들에게 영향력을 미치는 과정[6]
5. 목적 달성을 위한 좋은 기회를 창출하기 위해 효율적인 자원 분배를 하는 행동[7]
6. 리더의 역할은 팀이 효과적으로 활동할 수 있는 여건을 만들어 주는 것[8]
7. 리더십의 목적은 타인을 통해 목적한 바를 얻어내는 것이고, 리더십의 수단은 단결력 있고 목표 지향적인 팀을 통하는 것이다. 좋은 리더란 다양한 상황에서 결과를 얻어낼 수 있는 팀을 만드는 사람[9]
8. 리더십이란 사회적 문제를 해결하는 복잡한 형태임[10]

이렇게 리더십에 대한 정의는 매우 다양하며, 이러한 차이점은 리더십 학자들이 리더십의 여러 다른 면을 탐색한 결과이다. 예를 들면, 이러한 정의들을 안데스산맥 생존자들의 상황에 적용하려고 한다면, Munson의 정의를 따르는 학자들은 Parrado의 생존자들의 도덕성을 제일 중시한 행동에 초점을 맞출 것이다. Roach와 Behling의 정의를 따르는 학자들은 아마도 Parrado가 다른 생존자들을 설득하여 마지막 원정을 나가도록 하는 것을 분석하는 데 초점을 맞출 것이다. 결국 학자들의 리더십에 대한 정의에 따라 적합한 리더의 유형은 달라질 것이다. 따라서 학자들은 리더십의 각각 다른 면에 초점을 맞추고, 이들은 리더, 팔로워 그리고 상황 측면에서 각각 다른 리더십의 측면을 보여줄 수 있을 것이다.

각각 다른 리더십의 정의들이 혼동을 주지만, 분명한 것은 리더십 정의에 대한 정답은 없다는 것이다. 오히려 다양한 리더십의 정의들은 리더십을 바라보는 다양한 관점뿐만 아니라 리더십에 영향을 미치는 다양한 요소들을 이해하는 데 도움이 된다. 예를 들면, 첫 번째 정의에서 리더십은 부하직원이라는 용어 자체가 위계적인 측면에서 리더십을 위에서 아래로의 리더십으로 한정하는 것처럼 보인다. 또한 비공식적인(또는 사적인) 리더십은 배제하는 것으로 보인다. 두 번째 정의에서 Fiedler는 리더십을 그룹 멤버들의 작업을 지시하고 통제하는 것으로 정의하였는데, 이는 리더십의 감성적인 부분은 간과한 것으로 판단된다. 리더의 의견에 순응하기를 "원하는" 부하직원에 강조점을 둔 세 번째 정의는 리더십 도구로써 어떤 종류의 강제성도 배제한 것으로 보인다. 더군다나 이는 리더의 행동이 진짜 리더십인지 알아내는 데 불분명할 수도 있다. 강력한 강압적 권력을 갖고 있는 리더에게 복종을 할 때... 위협적인 상황이 아니라 단순한 지시 상황이었음에도 불구하고... 유사하게 네 번째 정의에서 역시 리더십과 독재를 구분하기 위해 **바람직한 기회들**(*Desirable Opportunities*)이라는 용어를 사용하였다. 이 책에서 우리가 다룰 많은 리더와 리더십에 대한 이야기 외에 각 장에서는 리더 프로파일을 통해 많은 사례를 제시할 것이다. 첫 번째 사례가 [리더십 프로파일 1.1]에서 다룬 Peter Jackson이다.

> 상사와 리더의 차이점을 기억하라: 상사는 "가시오"라고 말하지만, 리더는 "함께 갑시다!(Let's go)"라고 한다.

이러한 사항들을 고려했을 때, 이 책에서 "리더십은 동일한 목표를 가진 사람들에게 영향력을 미치는 과정"이라는 정의가 가장 포괄적이라고 생각한다. 이 정의에는 살펴보아야 할 많은 의미들이 숨겨져 있다.

Peter Jackson

리더십 프로파일 1.1

Peter Jackson은 『반지의 제왕』 트릴로지(3부작)를 18세에 읽었을 때, 그것이 영화로 만들어지기를 몹시 바랐다. 그래서 20년 후 그는 자신이 직접 영화로 만들었다. 2004년 『반지의 제왕: 왕의 귀환』은 11개의 아카데미상을 받았고, 오스카상의 각 분야에 선정되어 상을 받았다. 이는 지금껏 한 영화로 오스카상을 가장 많이 수상한 영화의 타이 기록이다. 그러한 업적은 그가 "bad taste"라는 제목으로 데뷔한 프로듀서 겸 감독이었다고는 믿어지지 않게 한다. Peter Jackson은 소름 끼치고 역겨운 공포 영화를 만들었었는데, 그의 팬들은 그를 "스플래터 영화(Splatter movie)의 제왕"이라고 불렀었다[splatter movie: 유혈이 낭자한 장면들로 관객들에게 공포를 불러일으키는 공포영화의 하위 장르]. 그럼에도 불구하고, 그의 재능은 적어도 공포영화광들 사이에서는 인정을 받았다. -『고무 인간의 최후』는 칸영화제의 컬트 부문에서 환영받았고, 공포 팬들은 Jackson의 재능을 따르고 싶어 했다.

시나리오 작가인 Costa Botes는 반지의 제왕이 생생한 액션 영화로 만들어진다는 얘기를 들었을 때, 말도

안 된다고 생각했다. 사람들의 일반적인 생각은 공상적이고 복잡한 트릴로지는 쉽게 스크린에서 영화화될 수 없다고 믿었었다. 또한 Costa Botes는 "그래도 이 책이 영화화된다면 Peter Jackson보다 제대로 영화화할 감독은 없다."라고 생각했다. 그리고 Peter Jackson은 제대로 영화화에 성공했다. 지금껏 가장 거대하며, 가장 훌륭한 영화를 만들어 낼 수 있으리라는 믿음을 다른 사람에게 줄 수 있었던 'Splatter의 황제'의 리더십은 무엇이었을까? 그가 그러한 시도를 할 수 있었던 자신감은 무엇이었는가? 그리고 무엇이 다른 사람들로 하여금 그의 비전을 공유해보고 싶게 만들었을까?

리더로서의 Peter Jackson의 효과성은 개인의 자질과 능력의 독특한 조합이 가장 큰 부분이었다. 예를 들어, 한 동료는 그를 "내가 아는 가장 똑똑한 사람 중 하나"일 뿐 아니라 기존의 조직 체계를 뚫고 나가려는 이단아라고 말했다. Jackson은 또한 그의 열정과 인내로 지칠 줄 모르는 사람이었다. 적은 예산으로 많은 스태프 없이 영화를 만들었던 그의 재능에 의해, 그의 초기 성공이 시작되었다. 그러나 반지의 제왕 프로젝트에서 그와 함께 일했던 사람들에 따르면 그의 리더십은 계속해서 발전되었다. 그것은 공유된 비전에 대해서 그들과 의사소통하고, **반지의 제왕**을 굉장히 성공적으로 만든 상당히 많은 스태프들이 일을 잘 할 수 있도록 북돋아 주는 것이다.

1.3.1 과학(Science) 및 예술(Art)로서의 리더십

리더십이 과학이면서 또한 예술이라고 말하는 것은 리더십이 학문적인 분야이면서 동시에 실제 실행이 필요한 분야라는 것이다. 과학으로서의 리더십은 그 양적인 연구 결과가 많다는 사실로 드러난다. Bass와 Stogdill의 "*Handbook of Leadership: Theory, Research & Managerial Applications*"에 따르면 8천여 가지 이상의 연구 논문이 있다.[11] 그러나 리더십 연구의 전문가가 되는 것은 좋은 리더가 되기 위한 필요조건도 충분조건도 아니다. 어떤 관리자들은 리더십 과목이나 교육을 받지 않고도 충분히 좋은 리더이고, 리더십 학자들 중에도 그다지 효과적이지 못한 리더들이 있다. 이는 리더십 연구가 리더십 효과성과 전혀 관련이 없다고 말하는 것은 아니다. 학문적 준비도는 효과적인 리더가 되기 위한 필수 요소는 아닐 수 있으나, 리더들이 다양한 관점에서 상황을 분석하는 데 더 많은 도움을 줄 수 있다. 즉, 이러한 준비도는 리더들이 어떻게 더 효과적이 될 수 있는지 통찰력을 제공할 수 있는 것이다. 또한 리더들에 따라 상황을 분석하고 대응하는 스킬은 매우 다르므로 리더십은 한편으로는 과학으로 다른 한편으로는 예술로 보일 수 있는 것이다.

리더십은 인간 경험의 이성적이면서 감성적인 부분 모두를 갖고 있다.

1.3.2 이성적 및 감성적 리더십의 두 가지 측면

리더십은 인간 경험의 이성적이면서 감성적인 부분 모두를 갖고 있다. 리더십은 열정, 열망에 근거한 행동과 영향뿐만 아니라 이성과 논리에 근거한 행동과 영향을 포함한다. 우리는 리더를 늘 논리적인 예측성으로만 상황에 대응을 하는 사람으로 만들고 싶지 않다. 왜냐하면 사람들은 생각과 감정, 꿈과 희망, 필요한 것과 두려운 것, 목표와 야망, 강점과 약점이 모두 다르기 때문에 리더십은 굉장히 복잡해질 수밖에 없다. 사람들은 이성과 감성을 모두 갖고 있기 때문에, 리더들은 팔로워에게 영향력을 미치기 위해 이성적인 판단과 감성적인 호소를 사용한다. 또한 그들 행동의 이성적 또는 감성적 결과를 저울질해야 한다.

리더십에 대한 완전한 이해를 위해서는 인간 본성의 이러한 양면을 모두 살펴보아야 한다. 물론 이성적인 분석은 좋은 리더십을 발휘할 가능성을 높일 수 있지만, 좋은 리더십은 단지 예측하고 계획하고 체크리스트를 따르는 것 그 이상이다.

좋은 리더십이란 감동을 통해 다른 사람의 감정을 움직일 수 있어야 한다. 감성은 리더십에서 중요하다. 이에 대한 좋은 예는 1960년대 시민 인권 운동이다. 이 운동은 논리뿐만 아니라 감성에 기반한 운동이었다. Martin Luther King 박사는 많은 사람들을 행동으로 옮기도록 격려하였다. 그는 사람들의 이성뿐만 아니라 감성까지 터치했기 때문에 가능했다.

Martin Luther King
I have a dream

그러나 이러한 감정은 긍정적으로 사용될 수도 부정적으로 사용될 수도 있고, 건설적으로 사용될 수도 파괴적으로 사용될 수도 있다. 어떤 리더들은 좋은 목적과 용기를 갖게 하기 위해 사람들을 격려할 수 있다. 반면, Adolf Hitler의 이미지처럼 군중들이 맹목적으로 비이성적인 상태로 리더를 따르게 하는 경우도 있다. 또 다른 예로 Jim Jones 목사는 913명(어린이 276명)의 사교 추종자들을 자살에 이르게까지 만들었다.

감정 수위와 상관없이, 집단에 속해 있는 것만으로도 사람들은 혼자 있을 때와 다른 행동을 보인다. 비행기 조종사들은 기장부터 1등 조종사까지 명확한 위계 관계에 있다. 그 위계 관계는 워낙 명확해서 아주 위급한 상황에서도 1등 조종사는 기장이 갖고 있는 통제 능력을 가질 수 없다. Foushee(1984)에 따르면,[12] 비행기 기장들은 시뮬레이터훈련에서 다른 조종사들의 반응을 보기 위해 일부러 기절한 척을 하였다. 이러한 연기는 주로 시뮬레이션 중 기상 조건과 가시거리가 아주 안 좋은 상황인 착륙의 마지막 단계에서 일어나도록 계획되었다. 약 25%의

1등 조종사들이 비행기가 활주로를 이탈할 상황에서도 통제하지 않고 사고를 방임하였다. 이는 집단 역동성이 멤버들의 행동에 얼마나 영향을 미치는지 보여준다. 결론적으로 리더십은 팔로워들의 이성적인 행위뿐만 아니라 감성적인 측면에도 영향을 미친다. 따라서 리더들은 그들 리더십의 이성적인 그리고 감성적인 측면의 결과를 모두 고려해야 한다.

리더십은 팔로워들의 이성적인 행위뿐만 아니라 감성적인 측면에도 영향을 미친다. 따라서 리더들은 그들 리더십의 이성적인 그리고 감성적인 측면의 결과를 모두 고려해야 한다.

1.3.3 리더십과 매니지먼트

리더십이 무엇인지를 대답하기 위해서 리더십과 매니지먼트의 관계를 살펴볼 수 있다. 많은 사람들에게 매니지먼트(management)란 효율성, 기획, 서류, 절차, 규제, 통제, 일관성 등이 연상될 것이다. 리더십은 주로 위험감수, 역동성, 창의력, 변화, 비전 등의 용어가 연상된다. 어떤 사람들은 리더십이 근본적으로 가치 선택과 관련된 활동이라 가치가 포함되는 활동이라고 한다. 반면에 매니지먼트는 아니다.

리더들은 옳은 일을 하고 반면에 관리자들은 일을 올바른 방향으로 한다.[13,14] 관리자와 리더의 차이점을 비교해보면 아래와 같다.[15]

관리자(Manager)	리더(Leader)
관리하다	혁신하다
유지하다	개발하다
통제하다	고무시키다
단기적인 관점	장기적인 관점
어떻게, 언제	무엇, 왜
모방하다	발명하다
현재 상태를 유지하다	도전하다

Zaleznik(1974,1983)[16]는 이러한 차이점을 다른 타입의 성격유형이라고 설명한다. 어떤 사람들은 **타고난** 관리자이고 또 다른 사람들은 **타고난** 리더이다. 그렇다고 해서 리더와 관리자 중 어느 하나가 반드시 다른 하나보다 낫다는 의미는 아니

고 그저 다르다는 것일 뿐이다. 이러한 차이점은 사실 조직 차원에서는 더 유용한 것이다(둘 다 필요하므로). 예를 들어, 1960년대 시민운동의 예에서 보면, Martin Luther King 박사는 미국인들에게 시민운동의 방향과 희망을 주었다. 그는 전에는 기대할 수 없었던 국민으로서 존엄성과 더 자유로운 참여에 대한 희망을 주었다.

그는 세계를 자신의 비전과 연설로 격려했으며, 우리가 공존하는 방법을 바꾸어놓았다. 미국은 그 때문에 오늘날 다른 국가가 되었다. Martin Luther King Jr.는 리더였을까 아니면 관리자였을까? 가장 적절한 예는 아니지만, 시민운동은 Martin Luther King 박사의 지원 스태프들의 관리역량이 없었다면 실패했을지도 모른다. 리더십과 매니지먼트는 서로 보완하는 관계이며, 조직의 성공을 위해서는 둘 다 반드시 필요하다. 리더십과 매니지먼트 측면에서 본다면, 이 책에서는 중간자적인 입장을 취하고 있다. 우리는 리더십과 매니지먼트는 밀접하게 관련이 되어 있으나, 구별되는 기능이라고 생각한다. 이러한 관계에 대한 우리의 관점은 [그림 1.1]과 같다. 그림에서 보듯이, 리더십과 매니지먼트에는 교집합이 있다. 리더의 역할과 관리자의 역할에는 고유의 영역이 있지만, 겹치는 부분도 있다.

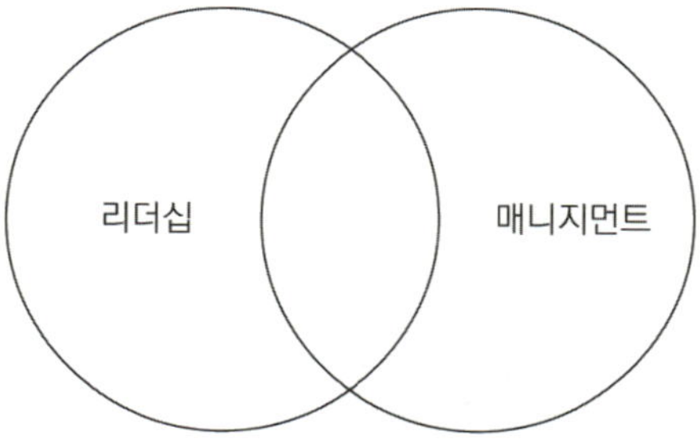

[그림 1.1] 리더십과 매니지먼트의 공통부분

자연재해에 대한 리더십 대응방안

하이라이트 1.1

허리케인 Katrina 사례는 지역, 주, 그리고 정부 기관의 부적절한 대응방안에 대해 많이 쓰여왔다. 백 년 전에 다른 해안에서 발생했던 자연재해인 1906년, 샌프란시스코에서 발생한 지진과 화재에 대한 정부 기관의 대응방안을 비교해 보는 것은 도움이 될지도 모른다.

당시 갑작스럽게 닥친 재해는 지진이었지만, 최종적 재해의 대부분은 그 재해로부터 악화된 지진의 결과인 화재로부터 야기되었다. 지진 때문에, 도시 전체의 전신주와 이에 딸린 고전압선이 쓰러졌다. 가스 파이프는 부서지고, 부서진 연료 탱크에서 쏟아진 수천 갤런의 뜨거운 석탄이 떨어지면서 굴뚝이 무너지고, 가정집의 스토브와 난방기도 떨어졌다. 그리고 순간에 도시를 가로질러 불이 솟구쳤다. 그리고 지진의 첫 번째 미진으로 도로 전체의 물 파이프와 길모퉁이의 모든 소화전이 고장나서, 실제적으로 불을 진압하는 것이 불가능하였다. 객관적 자료를 검토하면, 그 재해로 인해 3,000명의 사람이 사망한 것으로 측정되며, 200,000명 이상의 노숙자가 양산되었고 오늘날 돈으로 환산하면 약 1,950억 달러의 재산 손실이 야기되었다.

이러한 재해를 방지할 수 있는, 당연시되는 대응방안을 취할 수 있는 기관이 훨씬 없었을 그 시기에, 그리고 첨단기술을 이용한 소통 방법이 존재하지 않았던 그 당시에, 당국은 이러한 위기에 어떻게 대처했을까? 다음 두 사례를 생각해보자.

- 샌프란시스코에 위치한 군사우체국에 배속된 장교는 지진이 났을 당시 부재중이었기에, 군사와 정부의 대응책을 조직하는 것을 돕는 것은 장교를 대신한 대행인의 책임이었다. 그 대행인은 즉시 워싱턴 D.C.에 전보를 보냈고 텐트와 배급식량 그리고 의약품을 요청했다. 국방부 장관은 워싱턴 D.C.로부터 2십만여 개의 배급품을 보냄으로써 즉시 대응했다. 며칠 안에 미국군에 있던 모든 텐트는 샌프란시스코에 보내졌고, 역사상 가장 긴 병원 열차(부상병 후송 설비를 갖춘 군용 열차)가 버지니아주로부터 왔다.

- 1906년 참사에 직면하여 가장 주도적인 리더십의 사례는 미국 체신부였다. 체신부는 지진이 일어났을 때 처리해야 했었던 품목을 단 하나도 빠뜨리지 않았고, 기관의 기능을 수행할 수 있는 능력을 빠른 시간 안에 다시 발휘할 수 있었다. 지진이 도시의 전신 연결망을 파괴했기 때문에, 어떻게 하면 참사에 의해 갇힌 사람들이 다른 곳에 있는 그들의 가족들과 의사소통을 할 수 있을지에 관한 문제가 부상했다. 그 도시의 우체국장은 즉시 샌프란시스코의 모든 시민들이 그들의 가족들과 사랑하는 이들에게 그들의 상태와 요구를 알릴 수 있도록 우체국을 사용할 수 있다는 그의 의사를 밝혔다. 그는 더 나아가 사적인 편지에도, 편지봉투에 우표가 있는지는 문제가 되지 않을 것이라고 발표했다. 그것이 바로 필요한 것이었다: 우표가 붙어 있지 않은 편지의 발송이라는 불법행위에도 불구하고, 시민들이 우표를 신경 쓰지 않고 친구들과 가족들과 의사소통이 가능하도록 한 것은 그 상황에 필요한 조치였다.

출처: Adapted from S. Winchester, *A Crack in the Edge of the World: America and the Great California Earthquake of 1906*. New York: Harper Perennial, 2006.

1.3.4 리더십과 팔로워십

'리더십은 집단의 모든 사람들에게 공유되는 사회적인 영향의 과정'이라는 리더십의 정의는 이 책에서 사용되고 있지만, 부분적으로는 의미가 없는 측면도 있다. 왜냐하면 리더십을 특정 지위나 역할을 가진 사람들이 미치는 영향력으로만 한정 지을 수 없기 때문이다. 즉 팔로워십이 리더십 과정의 일부이기도 한 것이다. 최근에 리더십 학자들과 리더들은 리더십과 **팔로워십**의 연관성을 강조하고 있다. Burns(1978)가 말했듯이,[17] 나 홀로(one-man)리더십이란 아이디어는 용어 자체가 모순이다. 그렇다면 **리더십**이란 무엇인가라는 질문은 **팔로워십**이란 무엇인가라는 질문과 분리될 수 없다. 리더십과 팔로워십은 결국 합해지기 때문에 명확하게 구분하기는 어렵다. 즉, 리더십과 팔로워십의 관계는 뫼비우스의 띠에 비유될 수 있다. 종이를 꼬아서 [그림 1.2]처럼 연결시키면 한 면만 있는 것처럼 보인다. 연필로 선을 긋기 시작하면 전체 양면의 종이에 그어지게 되어 결국 출발점으로 돌아오게 된다. 한 면은 리더십이고 다른 한 면은 팔로워십이다. 조직에서 리더십과 팔로워십이 구분되기 힘든 것처럼, 리더십과 팔로워십의 뫼비우스 띠를 만들 수 있다.[18]

리더십과 팔로워십은 결국 합해지기 때문에 명확하게 구분하기는 어렵다. 즉, 리더십과 팔로워십의 관계는 뫼비우스의 띠에 비유될 수 있다.

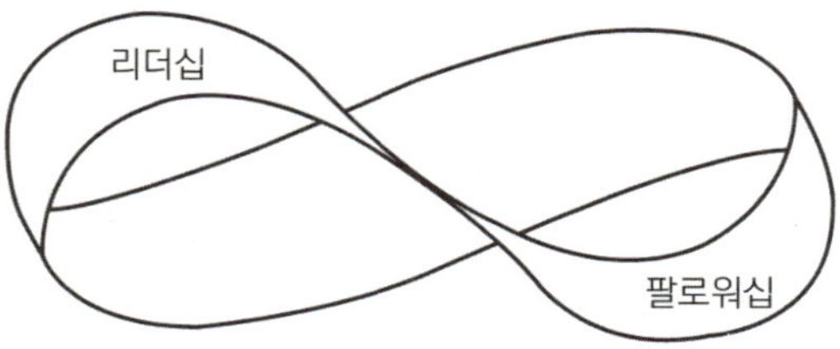

[그림 1.2] 리더십/팔로워십 뫼비우스의 띠

그렇다고 해서 이는 리더십과 팔로워십이 같은 것이라는 뜻은 아니다. 고위 경영자가 그들이 찾고 있는, 그리고 존경하는 리더십과 팔로워십의 특성을 나열할 때 그 리스트는 비슷하지만 동일하지는 않다.[19] 이상적인 리더는 정직하고 능력 있고 진취적이고 고무적인 반면에, 이상적인 팔로워는 정직하고 능력 있고 독립적이고 협동심이 강하다. 이러한 차이는 특정 상황에서 결정적으로 중요하게 된다. 진취적이고 목표에 고무된 부하는 그의 목표와 윤리적으로 갈등을 일으킬 수 있다.

이상적인 리더는 정직하고 능력 있고 진취적이고 고무적인 반면에, 이상적인 팔로워는 정직하고 능력 있고 독립적이고 협동심이 강하다.

1.3.5 상황에 따른 리더십

위대한 리더는 사후에도 그 영향력이 크다.

위대한 리더는 사후에도 그 영향력이 크다. 프랑스의 대통령이었던 Charles de Gaulle(샤를 드골)은 세계 2차 대전과 그 이후에 영웅이었다([리더십 프로파일 1.2] 참조). 모든 리더들이 다 유명하고, 권력이 있었던 것은 아니다. 유명했든 그렇지 않았든 다양한 리더들을 연구함으로써 우리는 리더십에 대해 더 잘 이해할 수 있을 것이다. 대부분의 리더들은 그들의 활동반경 외에는 잘 알려지지 않는다. 여기 작은 범위에서 개인들이 영향을 주고 집단의 구성원들이 그들의 목표를 달성하도록 도와주는 리더들의 예가 몇 가지 있다.

1) 어떤 나이가 든 부인은 정신적으로 문제가 있는 성인들의 부모를 지원하는 지역사회 내의 단체를 만들어, 이러한 사람들을 위해 거주지를 마련해 주었고, 이러한 가족들을 도왔다. 그녀는 주 하원의원들을 교육하고 사회 기관들에 이러한 필요성에 대해 설득하는 아주 중요한 역할을 했다. 이러한 정신적 지체 성인의 부모가 많았음에도 불구하고, 아무도 이러한 단체를 조직할 생각을 하지 못했었다. 그녀의 리더십 결과로 많은 정신지체자들이 더 인간다운 조건에서 생활할 수 있게 되었다.
2) 노련한 공군 교관(하사) 조종사는 두 명의 훈련병을 성심성의껏 가르쳤다. 그런데 한 명은 훌륭하게 훈련을 마쳐 예정대로 장교로 임관하게 되었고, 다른 한 명은 공금을 유용한 것으로 드러났다. 자신의 제자를 제명시키는 것이 가슴 아팠지만, 그래도 그는 그 훈련병을 제명시켰다. 리더십이란 본인의 보살핌 안에서 다른 사람이 성장하는 것을 보는 것과 같은 내적 보상의 성격이 강하다. 그러나 이런 보상은 리더 본인이 모범이 되는 행동을 해야 하는 책임감도 전제된다.
3) 중견 광고 업체의 관리자는 주로 안내 데스크에서 일하는 전체 직원들을 총지휘하고 있었다. 그의 사교적이고 배려 깊은 성격은 모두에게 배려받고 있다는 느낌을 주었다. 사무실 내의 윤리의식이 높았고 많은 주요 고객들은 긍정적인 첫인상을 받은 이유를 직원 간의 긍정적인 분위기와 배려하는 분위기라고 하였다. 리더는 조직 분위기를 결정하고, 팔로워들은 리

더들이 보여주는 행동을 역할 모델로 배운다. 이러한 리더는 회사를 방문하는 모든 사람들이 느끼도록 긍정적이고 따뜻한 분위기를 만드는 데 주요 역할을 하였다.

이러한 예들은 우리 모두가 리더가 될 수 있음을 보여준다. John F. Kennedy의 말을 인용하면, 우리 모두는 상황을 발전시킬 수 있는 잠재력을 가지고 있으며, 이를 위해서 노력해야 한다. 이 책은 리더십에 대해 잘 알려진 연구들을 고찰하며, 그 고찰로 개인의 리더십 발전에 도움이 되길 바란다. 만약 사람들이 리더십이란 무엇이며, 어떻게 리더십을 얻을 수 있고 발전시킬 수 있는지 안다면, 좋은 결과를 낼 가능성이 훨씬 높아질 것이다. 이 책을 통해서 우리는 잘 알려진 리더들과 우리 주변에서 흔히 볼 수 있는 리더들을 살펴볼 것이다. 잘 알려진 리더로는 Colin Powell, Peter Jackson, Howard Schultz(스타벅스 창업자), Charles de Gaulle(샤를 드골)을 예로 들 수 있고, 우리 주변의 리더로는 교장 선생님, 코치, 그리고 상점의 관리자 등을 예로 들 수 있다.

Charles de Gaulle(샤를 드골)의 위엄

리더십 프로파일 1.2

어떤 사람에게서는 정확히 무엇인지는 설명이 불가능한 고고한 권위가 풍긴다. 미국의 전 대통령 Richard Nixon의 책 *Leaders* 에서 그는 전 프랑스 대통령인 Charles de Gaulle이 그가 만났던 가장 위대한 리더 중 한 명이라고 묘사하고 있다. 다음은 Nixon이 관찰한 Charles de Gaulle의 리더십을 3가지로 구분하였다.

첫째, 그는 우아한 품위를 보여주었다.
Charles de Gaulle은 다른 사람들에게 거리감과 우월함을 전달하는 단호한 태도를 취했다. 그는 다른 리더들과는 편하게 지냈으나 절대 다른 사람을 격식 없이 대하지 않았고, 친한 친구도 마찬가지였다. 그의 큰 키와 당당한 매너는 그가 평범한 사람은 아니라는 것을 보여주었다.

둘째, 그는 훌륭한 연설가였다.
그는 깊고, 조용한 목소리를 가졌고 침착하면서도 당당한 태도를 지녔다. 그는 힘차고 감동적인 프랑스어를 구사했다. 닉슨에 따르면 "그는 명료하게 말했고, 그의 언어에서 울려 퍼지는 메시지는 매우 신중했다."

셋째, 그는 자신의 역할을 했다.
Charles de Gaulle은 정치인으로서 충성스런 청중이나 기자회견 같은 미팅에서의 자신의 역할을 이해했다. 그는 화려하게 장식된 홀에서 다른 그룹마다 다른 방식으로 공식성명서를 능숙하게 꾸며 발표했다.

Nixon은 Charles de Gaulle의 리더십 양상에 대해 이렇게 회고했다. "de Gaulle 장군은 허세가 있었지만, 가짜는 아니었다. 그 뒤에는 빛나는 지성과 경이로운 절제력이 있었다. 그 모습은 할리우드의 엉성한 가면이라기보다는 위대한 대성당의 장식품이었다."

1.4 리더십 개발을 방해하는 오해

리더십에 대한 근거 없고 제한적인 아이디어는 리더십 개발에 큰 방해요소이다. 따라서 리더십이란 무엇이고 리더십 개발은 어떻게 하는지 면밀하게 검토하기 전에, 리더십의 범주에 해당되지 않는 것을 살펴보아야 한다. 또한 리더십을 이해하고 개발하는 방법으로, 리더십에 대한 여러 가지 잘못된 생각들을 살펴봐야 한다.

1.4.1 리더십에 대한 오해 1: 좋은 리더십은 상식적인 것이다

첫 번째 오해는 좋은 리더가 되기 위해서 필요한 것은 상식적이라는 것이다.

첫 번째 오해는 좋은 리더가 되기 위해서 필요한 것은 상식적이라는 것이다. 즉, 리더십에 대한 학술적 연구 및 저서는 모든 사람이 다 알고 있는 상식을 확인하는 수준이라는 것이다. 문제는 상식이라는 불분명한 용어이다. 이는 경험을 통해 얻어진 합리적인 사고를 할 수 있는 사람이 가진 생활의 지식이라는 공통분모이다. 상식이라는 것은 당신이 생각하는 것보다 그다지 공통적이지 않다. 주변의 친구나 아는 사람한테 "떨어져 있으면 그리움은 더해진다."라는 속담이 진짜인지 물어보라. 아마도 모든 사람들이 그렇다고 대답할 것이다. 또한 "안 보면 마음도 멀어진다."라는 속담이 진실인지 물어보라. 대부분의 사람은 그렇다고 대답할 것이다. 하지만 이 두 가지 속담은 서로 상반된다. 인간들의 행동에 대한 연구결과를 볼 때 이런 비슷한 경우가 종종 벌어진다. 어떤 연구 결과에 대해 "대체 이런 걸 알기 위한 연구가 왜 필요한 것일까? 나는 알고 있다."라고 할 수 있지만, 여러 연구 결과는 더욱 놀랍다.[20,21] 연구 결과를 그냥 들었을 때보다 연구 결과를 추측했을 때 더 놀랍게 느낀다고 한다. 당연히 당신이 결과를 알고 난 후 기대한 것은 그 전과 다를 수밖에 없다. 다음 실험을 통해 지금 주장하고 있는 것이 더 분명해진다.

제2차 세계대전, 미군은 결과적으로 당연한 결론에 이르는 연구에 엄청난 양의 비용을 투자하였다. 예를 들면, 남부 출신의 군인은 북부 출신의 군인보다 남쪽 바다의 기후에 더 잘 견딘다는 것이었다. 당연하다고 들릴 수 있으나, 이 전제에는 문제가 있었다. 이러한 전제와 가정은 실제 결과와 정반대였다. 남부 출신의 군인은 북부 출신의 군인보다 아열대 기후에 적응력이 결코 좋지 않았다.[22] 상식은 이처럼 우리를 속일 수 있다.

다른 측면에서 살펴보면, 리더십을 이해하는 데 힘든 점은 상식이 적용되는 경우와 그렇지 않은 경우를 구분하는 것이다. 리더들은 자신감 있게 행동해야 하는가? 당연하다. 하지만 다른 사람의 의견 또한 중요하다는 것을 인식할 정도로 겸손해야 할 필요도 있다. 리더들은 상황이 안 좋을 때 꿋꿋하게 버텨야 하는가? 그렇다. 하지만 리더들은 상황이 바뀔 때와 다른 방법이 필요할 때를 구분할 수 있어야 한다. 리더십이 상식과 별다를 바 없다면, 문제는 거의 발생하지 않을 것이다. 그러나 리더와 팔로워 사이에 생각보다 많은 문제가 발생하는 것이 사실이다. 훌륭한 리더십은 상식 그 이상임에 틀림없다.

1.4.2 리더십에 대한 오해 2: 리더는 만들어지는 것이 아니라 타고나는 것이다

어떤 사람들은 리더가 되느냐 아니냐의 문제는 유전적으로 타고나느냐 아니냐의 문제라고 한다. 또 다른 사람들은 인생 경험이 리더를 만들어나가는 것이지 태어나는 리더는 없다고 한다. 어떤 견해가 맞는 것인가? 어느 관점도 맞거나 틀리지 않다. 타고난 요인들과 후천적인 요인들이 리더십을 포함한 많은 행동들을 조율한다는 점에서 두 가지 견해는 모두 맞다. 그러나 또 한편으로는 둘 다 틀릴 수가 있다. 리더십이란 타고나거나 후천적으로 얻어지는 것이라는 흑백논리에서는 둘 다 틀리다. 더 중요한 것은 이러한 요인들이 어떻게 **상호작용**하는지이다.

리더십이란 타고나거나 후천적으로 얻어지는 것이라는 흑백논리에서는 둘 다 틀리다. 더 중요한 것은 이러한 요인들이 어떻게 상호작용하는지이다.

사람들을 리더와 리더가 아닌 사람으로 구분 지어 생각하는 것은 결코 맞지 않다. 오히려 사람들이 직면하는 리더십 기회를 어떻게 효과적으로 활용하는지를 알아보는 것이 더 유용할 것이다.

리더가 태어나느냐 만들어지느냐 묻는 것은 **대학교수**가 만들어지는지 태어나는지 묻는 것처럼 의미가 없을 수 있다. 개념적으로 같은 개념이다. 모든 대학교수는 태어나고 또 동시에 만들어진다. 대학교수들은 부분적으로는 유전적으로 똑똑한 유전자를 갖고 태어나고 그 지능은 대학교수가 되는 데 중요한 역할을 한다. 하지만 모든 대학교수들이 부분적으로 만들어지는 것이다. 분명한 것은 대학교수들은 특정 분야에 심도 깊은 교육을 받았기 때문이다. 아주 좋은 유전자라고 하더라도 그러한 학업 경험 없이는 대학교수가 될 수 없다. 대학교수가 되는 것은 부분적으로 타고난 요소와 부분적으로는 경험에 의해 만들어지게 된다. 이것은 리더십도 마찬가지이다.

더 구체적으로 보면 연구 결과들은 많은 인지적 능력과 개인적 특성들은 최소한 부분적으로 타고난 것이라고 한다.[23] 리더 본인에게 특정 장점이 될 수도 있고 단점이 될 수도 있다. 신체적 특성을 예로 들면, 사람들의 평균 이상의 신장은 다른 사람들로 하여금 그를 리더로 생각하게 하는 경향이 있다. 또한 이는 그의 자신감을 높일 수도 있을 것이다. 그러나 이것만으로 리더가 될 수는 없다. 아주 오랜 시간 동안 어떤 특성이 지속적으로 보이는 것은 우리의 기본 성품이 고정되어 있다고 보일 수 있으나(예를 들면, 동문 모임에서 사람들이 학창 시절에 가졌던 성격/특성을 그대로 갖고 있음을 확인할 때), 환경은 리더십 자질을 더 키워줄 수도 방해할 수도 있다.

> 리더십이 정규 교육을 통해 또는 실제 경험을 통해 발달하느냐의 질문보다는 어떤 교육이 학생들에게 그들의 경험에서 리더십을 배우는 데 도움이 되는지를 분별할 수 있는 능력을 키울 수 있는지 묻는 것이 더 나을 것이다.

1.4.3 리더십에 대한 오해 3: 리더십은 진짜 고생을 통해서만 배울 수 있다

어떤 사람들은 정규 과정을 통해 리더십이 개발될 수 있다는 의견에 회의적이다. 대신 실제 경험을 통해서만 얻어질 수 있다고 생각한다. 하지만 정규 교육과 경험에서 배우는 것이 서로 배타적이라고 생각하는 것은 잘못이다. 사실, 이들은 서로 상호보완적이다. 리더십이 정규 교육을 통해 또는 실제 경험을 통해 발달하느냐의 질문보다는 어떤 교육이 학생들에게 그들의 경험에서 리더십을 배우는 데 도움이 되는지를 분별할 수 있는 능력을 키울 수 있는지 묻는 것이 더 나을 것이다.

이는 리더십 발달 또는 개발에 있어 경험의 중요성을 인식하는 접근법이다. 그러나 이는 또한 경험에서 리더십에 대해 배울 수 있는 능력을 키우는 것은 교육이라는 것을 인정하는 것이다(또는 특정 교육이나 공부가 경험에서 리더십에 대해 배울 수 있는 능력을 키울 수 있다는 것을 인정한 것이다). 또한 리더십을 정규 학습으로 공부하는 것의 장점은 특정 리더십 상황을 살펴볼 수 있는 다양한 방법을 제시한다는 것이다. 여러 학자들이 정의한 각각 다른 방법을 공부함으로써 학생들은 많은 리더십 상황에서 상황이 어떻게 돌아가는지 더 잘 이해할 수 있도록 리더십 정의와 이론을 배울 수 있다. 예를 들면, 이 장의 첫 부분에서 우리는 Parrado와 안데스산맥의 생존자들의 리더십 상황을 이해하기 위해, 리더십을 이해하는 사고의 틀로서 3가지 다른 리더십 정의를 사용하였다. 또한 각기 다른 정의들은 리더십의 각각 다른 면에 초점을 맞추었다. 이러한 프레임워크는 리더로서 또는 팔로워로서의 경험을 더 잘 이해하는 데 사용될 수 있다. 흔히 이렇게 리더십 상황을 여러 각도에서 분석하는 것은 리더들에게 아주 어려운, 특히 초보 리더들에게는 아주 어려운 과제라고 생각한다. 하지만 이러한 기술을 발달시키는 것은 더 좋은 리더가 되는 데 도움이 될 것이다. 여러 각도에서 여러분의 경험을 분석할 수 있는 것은 리더십 교육이 주는 최대 장점일 것이다.

Howard Schultz

리더십 프로파일 1.3

1971년도에 생긴 스타벅스의 초기 모습은 오늘날 우리가 아는 모습과는 달랐다. 이러한 비즈니스 스타벅스의 이면을 만든 이는 전 CEO인 Howard Schultz이다. 그는 1981년 스타벅스에 입사하여 마케팅과 도매 체인을 담당하였다. 1983년 이탈리아를 여행하던 중, 그는 Turin이라는 도시에서 1500개가 넘는 에스프레소 커피숍을 보고 충격을 받았다. 이 모습을 보고 그는 시애틀에 있는 스타벅스에 무엇인가 없는 점을 발견하였다. 즉 스타벅스는 단순히 커피숍이 아니라 모이는 그 자체를 경험할 수 있는 곳이 되어야 한다는 점을 찾은 것이다.

사정을 다 알게 되었으나 스타벅스의 소유주는 Schultz의 비전에 찬성하지 않았다. 스타벅스는 단순히 도매체인이지 레스토랑이나 바가 아니라는 것이다. Schultz의 새로운 안은 그가 다른 회사로 떠났을 때 비로소 정당화될 수 있었다. 나중에 Schultz는 시애틀의 스타벅스 운영권과 판권도 사들였다.

1.5 이 책의 개요

리더십 연구와 실제의 차이점의 간극을 메우기 위해 이 책은 리더십을 발전시키기 위한 실제적인 팁 또는 조언뿐만 아니라 리더십의 주요 이론을 제시하였다. 첫 단계로서 다음 3장에 걸쳐 다음 사항들을 설명할 것이다. 1) 리더십이란 리더, 팔로워, 상황의 상호작용이다. 2) 리더십은 교육과 경험을 통해 발달된다. 3) 리더십은 평가될 수 있고, 학습할 수 있다. 이 책의 나머지 장들에서는 리더십과 관련된 연구 결과와 이론들을 살펴보기 위해, 2장에서 설명된 리더-팔로워-상황의 상호작용 모형을 따를 것이다. 2부에서는 리더에 초점을 맞추어, 권력과 영향력에 대해 알아보고, 윤리, 가치, 그리고 태도에 대해 알아볼 것이다. 즉, 리더에 대한 이론과 연구 결과, 즉 좋은 리더와 나쁜 리더는 성격, 지능, 창의성, 행동에 있어 어떻게 다른지에 대해 다룰 것이며, 카리스마 리더십으로 마무리할 것이다. 3부에서는 주로 팔로워에 대해 알아볼 것이며, 어떻게 부하들을 동기 유발할 것이며 위임은 어떻게 하는지에 대한 연구 결과를 제시하고, 실제적인 조언을 제공할 것이다. 4부에서는 상황이 어떻게 리더십 과정에 영향을 미치는지 살펴볼 것이다.

리더에 대한 이론과 연구 결과, 즉 좋은 리더와 나쁜 리더는 성격, 지능, 창의성, 행동에 있어 어떻게 다른지에 대해 다룰 것이며, 카리스마 리더십으로 마무리할 것이다.

1.6 요 약

다양한 리더십에 대한 정의가 존재하지만, 우리는 리더십을 공통의 목적을 달성하기 위해 타인에게 영향을 미치는 과정이라고 정의한다. 이 장은 리더십을 과학과 예술 측면 모두에 해당된다고 보았다. 리더십은 아직 성숙하지 못한 분야이기 때문에 연구자들은 아직도 리더십에서 중요한 문제가 무엇인지 찾고 있고, 아직까지는 결론적인 답을 찾는 중이다.

리더십에 대해 해박한 지식을 가진 사람도 실제로는 훌륭하지 못한 리더일 수 있다. 무엇을 해야 하는지 아는 것은 언제, 어디서 어떻게 해야 하는지 아는 것과 다르다. 예술 측면의 리더십은 공통의 목적을 달성하기 위해 리더십을 발휘하는 상황과 타인에게 영향을 미치는 기술에 대한 것이다. 정규 리더십 교육은 개인들에게 상황을 더 잘 이해하게 하고 멘토링과 경험은 타인에게 더 잘 영향을 미치도록 하는 데 도움이 될 것이다. 또한 리더들은 타인에게 영향을 미칠 때 이성적인 그리고 감성적인 측면을 모두 고려해야 한다. 리더십은 법칙에 근거한 상황을 판단하고 행동을 결정하는 비교적 이성적이고, 명백하고 법칙에 의한 방법에 의해 발휘될 수 있다. 그러나 인간 본성의 감성적인 측면이 있다는 것을 인정해야 한다. 리더들은 타인에게 이성적이면서도 감성적으로 동시에 접근할 때 가장 효과적이다. 전인(whole person)으로서 리더십은 리더와 관리자의 구분을 통해 설명될 수 있다. 리더십과 매니지먼트는 구분될 수 있으나 실제로는 리더와 관리자의 역할의 중복을 살펴보면 상사로서의 역할에 대한 통합적인 그림을 그릴 수 있다. 리더십은 팔로워 없이 일어날 수 없고 팔로워는 리더십에서 흔히 간과된다. 리더십은 누구에게나 중요하고, 모두에게 요구되는 책임감이다. 마지막으로 리더십에 대한 개념적인 프레임을 학습하는 것은 당신의 업무 또는 직장에서의 역할을 리더십 개발에 있어 좀 더 의미 있게 만들어 줄 것이다. 리더십에 대해 생각하는 것 자체만으로도 지금 상태보다 더 나은 리더가 될 것이다.

핵심용어

리더십　　매니지먼트　　팔로워십

질 문

1. 흔히 우리는 리더십을 '공통의 목적을 가진 사람들이 모인 조직에 영향을 미치는 것'이라고 정의하는데, 공통의 목적을 가진 집단으로 한정하는 데 발생하는 문제가 있습니까?
2. 당신의 관점에서 리더십의 정의는 무엇입니까?
3. 어떤 사람들은 리더 타입이고 그렇지 않은 사람도 있습니까? 그렇다면 그들을 구분하는 근거는 무엇입니까?
4. 리더십에 대한 명백한 상식, 즉 리더십에 대해 모든 사람이 갖고 있는 공통의 견해의 예를 들어 보세요.
5. 모든 성공한 리더들이 리더십의 이론으로 설명이 된다고 생각하십니까?

6. 만약 누군가 당신을 좋은 리더 또는 좋은 관리자라고 부른다면 칭찬이라고 생각합니까? 당신은 동시에 좋은 리더와 좋은 관리자가 될 수 있다고 생각하십니까?
7. 리더십은 과학적으로 연구될 수 있다고 생각합니까? 그 이유를 설명하세요.
8. 리더십을 예술로 본다면, 어떤 방법으로 예술로서의 리더십을 발전시킬 수 있다고 생각하십니까?

활 동

당신이 개인적으로 알고 있는 가장 훌륭한 리더 또는 역사, 소설 또는 영화에서 당신이 좋아하는 리더에 대해 설명해 보세요.

Chapter 2

리더십은 리더, 팔로워, 상황의 상호작용

2.1 서 론

1장에서는 리더십을 공동의 목적을 달성하기 위해 조직에 영향을 미치는 과정으로 정의하였다. 2장에서는 리더십 과정을 리더, 팔로워, 그리고 상황의 3가지 요소들의 프레임워크를 사용하여 그 정의의 폭을 확장한다. 이 프레임워크는 여러 가지 리더십 상황을 분석하고 또한 여러 가지 리더십 이론과 근거 연구 자료를 정리하는 데 아주 유용한 접근법이다. 따라서, 이 장에서는 그 프레임워크의 개요를 제공하고, 이후에 각각의 요소들을 더 자세히 설명할 것이다.

2.2 리더십을 여러 가지 각도에서 관찰하기

리더십을 이해하기 위해 학자들은 정부기관, 기업, 운동 경기, 군대에서의 성공하거나 그렇지 못한 리더들을 연구하는 데 많은 에너지를 쏟았다. 때로는 학자들은 팀으로 훌륭한 리더들을 연구함으로써 체계적으로 이러한 작업을 하고 있다.[1, 2] 또, 때로는 주관적인 방법을 사용하는데, Martin Luther King Jr., Bill Gates, Hillary

Clinton 등의 개인들의 특성이나 행동에서 리더십에 대한 교훈을 이끌어내는 방식을 그 예로 들 수 있다. 이러한 경우는 고등학교 체육부 코치, 어머니, 아버지, 상사 등을 관찰할 수 있다. 개인의 삶을 관찰함으로써 리더십에 대한 결론을 이끌어내는 것과 유사하며, 리더십을 배우는 가장 좋은 방법은 훌륭한 리더들에 대해 연구하는 것처럼 보일 수 있으나, 이는 접근하는 방법 중 일부에 지나지 않는다.

예를 들어, 한 원로 목사가 그의 교회에서 가장 부자이면서 교회에 헌금을 많이 하는 신도로부터 낙태에 대한 설교를 하지 말라는 말을 들었다고 하자. 그 부자의 헌금(또는 기부)이 그 도시의 불우한 청소년들을 위한 프로젝트를 실행할 수 있는 재정적인 원동력이라면 우리는 그 목사가 이러한 외부의 압력에 영향을 받아야 하는지 고민할 것이다. 만약 그 목사가 그러한 외압에 불복하고 자신이 양심적으로 옳다고 생각하는 것을 주장하지 않는다면 그는 나쁜 리더일까? 아니면 그 목사가 낙태에 대한 대중의 의견을 따름으로써 그 부자 신도가 교회를 떠나게 되고 불우청소년을 돕는 프로젝트가 중단된다면, 그 경우 그 목사가 나쁜 리더일까? 우리는 리더 자체를 관찰함으로써 리더십에 대해 많이 배울 수 있으나, 이런 예들은 리더 자체로는 리더십 과정의 일부분 정도로 설명되지 못함을 보여준다. 우리가 그 목사 자체에 대해 가능한 한 많이 안다고 해서, 예를 들면 그의 성격, 지능, 대인관계, 신학적 훈련, 그의 동기 등을 안다고 하여 위의 사례에 대해 더 알 수 있는 것도 아니다. 차라리 그의 교구(종교적인 행정구역), 지역 사회, 그 부자 신도를 아는 것이 조금 더 이해에 도움이 될 수 있을 것이다.

이는 리더십이 리더의 능력과 특성 외의 얼마나 많은 다른 요소에 영향을 받는지를 보여준다. 리더십은 리더 한 사람보다 그리고 리더가 하는 그 업무보다 더 큰 개념이다. 리더십은 조직의 목적을 달성하는 데 있어 다른 사람에게 영향을 미치는 과정이다. 따라서 이는 사람이나 지위와는 다르다. 만약 우리가 리더십을 이해하기 위해 리더의 측면에서만 바라본다면, 우리는 리더십의 아주 단편적인 면밖에 이해할 수 없을 것이다. 따라서 다른 두 가지 렌즈, 팔로워와 상황이라는 두 가지 보완적인 렌즈를 통해 리더십 과정의 관점을 넓힐 수 있다. 즉, 세 가지 렌즈(리더 · 팔로워 · 상황)를 모두 이해할 때, 리더십 과정에 대해 가장 명확하게 이해할 수 있다.

세 가지 렌즈(리더 · 팔로워 · 상황)를 모두 이해할 때, 리더십 과정에 대해 가장 명확하게 이해할 수 있다.

2.2.1 리더십 분석을 위한 상호작용적인 프레임워크

리더, 팔로워, 그리고 상황의 중요성을 처음 공식적으로 인식한 사람은 Fred Fiedler(1967)일 것이다.[3] Fiedler는 이 세 가지 요소를 이용하여 12장에서 구체적으로 다룰 상황 적합 리더십 모델(Contingency Model of Leadership)을 만들었다. 우리는 Fiedler의 기여를 인정하지만, 어쩌면 Hollander(1978)의 거래적 리더십에 더 많은 공로를 인정해야 할지도 모른다. 우리는 이를 **상호작용적인 프레임워크**라고 부른다. Hollander의 접근법에는[4] 눈여겨봐야 할 만한 요소들이 몇 가지 있다.

첫째, 리더십의 세 가지 요소로 **리더, 팔로워, 상황**의 기능으로 설명했다. [그림 2.1 참고]

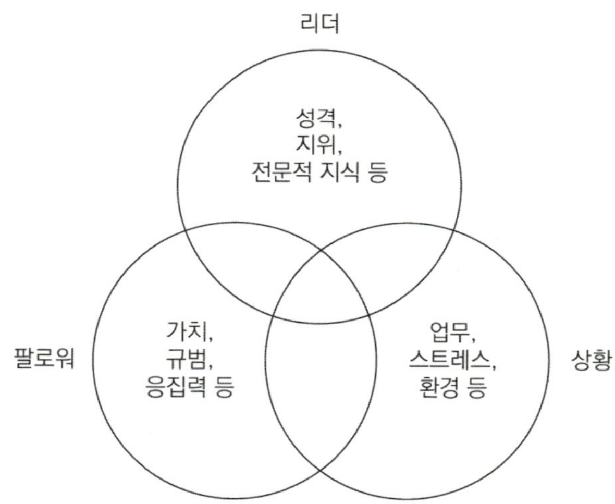

[그림 2.1] 리더십 분석을 위한 상호작용적인 프레임워크

둘째, 특정한 리더십 상황은 각각의 분석 단계를 통해 개별적으로 검증될 수 있다. 이는 리더십 과정을 이해하는 유용한 방법이지만, 우리가 세 가지 렌즈를 통해 상호작용을 검증하고 겹쳐지는 부분까지 검증한다면, 이해하기에 더 효과적일 것이다. 예를 들어, 만약 리더 측면과 팔로워 측면만 볼 것이 아니라, 이 둘이 서로 어떻게 영향을 미치는지를 보는 것이 더 효과적일 것이다. 유사하게, 리더와 상황 요소를 각각 관찰할 수도 있으나, 상황이 어떻게 리더의 행동을 더 촉진하거나

이 프레임워크의 가장 중요한 측면은 바로 리더십이 리더, 팔로워, 상황의 복잡한 상호작용의 결과라는 것이다.

제한하는지를 살펴보는 것이, 그리고 더 높은 성과를 위해 리더가 상황을 어떻게 변화시키는지를 보는 것이 더 효과적일 것이다. 즉, 이 프레임워크의 가장 중요한 측면은 바로 리더십이 **리더**, **팔로워**, **상황**의 복잡한 상호작용의 결과라는 것이다. 이러한 복잡한 상호작용은 왜 리더십의 일반화가 여러 가지 문제의 소지가 있는지를 설명해준다. 왜냐하면 리더십 과정에는 여러 가지 요소가 영향을 미치기 때문이다([그림 2.1] 참조).

리더와 몇몇 팔로워 사이에는 높은 강도의 상호작용과 친밀도가 형성된다. 이러한 팔로워들은 내집단에 속하며, 높은 충성도, 헌신, 리더를 향한 신뢰 등에 의해 쉽게 구분된다.

리더와 팔로워의 복잡한 상호작용의 예의 하나는 **내집단**(in-groups)과 **외집단**(out-groups)을 보면 아주 명확해진다. 때로 리더와 몇몇 팔로워 사이에는 높은 강도의 상호작용과 친밀도가 형성된다. 이러한 팔로워들은 내집단에 속하며, 높은 충성도, 헌신, 리더를 향한 신뢰 등에 의해 쉽게 구분된다. 기타 팔로워들은 외집단에 해당된다. 리더는 외집단에 비해 내집단의 팔로워들에게 더 많은 영향을 미친다. 하지만 영향력에는 항상 그 대가가 뒤따른다. 만약 리더가 팔로워들에게 공식적인 권위로만 접근을 한다면(특히 처벌을 한다면), 리더는 팔로워들의 충성과 신뢰를 잃어버릴 위험에 처하게 된다.

리더-멤버교환 이론(Leader-Member-Exchange Theory; LMX)이라는 리더십 이론은 리더와 팔로워의 관계가 어떤지, 어떻게 권력에 영향을 주는지, 그리고 리더는 어떤 영향력 전술을 사용하는지를 설명하는 것이다.[5] 본래 LMX 이론은 리더와 팔로워 사이에 일어나는 관계와 이러한 관계가 리더에 의해 사용되는 권력의 유형에 어떤 영향을 미치는지를 묘사하기 위해 개발되었다. 이러한 관계의 한 유형은 리더와 제한된 인원수의 부하들 간의 상호 영향과 매력이 매우 높은 경우이다. 이러한 부하들은 내집단에 속하며, 이들이 리더에게 보여주는 충성, 헌신, 신뢰가 매우 높은 것으로 특징지어진다. 또 다른 유형은 부하들이 외집단에 속하는 경우로, 리더는 내집단의 구성원과의 상호작용과 외집단의 구성원과의 상호작용에서 전형적으로 다른 영향력과 힘을 행사하게 된다.[5a]

시간이 흐르면서, LMX 이론은 단순히 내집단과 외집단을 이분법적으로 구분하는 용어에서 리더가 팔로워들과 맺는 관계들의 연속선으로 그 개념이 확장되었다. 여기 리더와 멤버들 간의 관계의 속성과 질을 평가하기 위해 사용되는 LMX 이론의 질문들이 있다.

> 군중은 이십 보 앞서 가는 리더를 따라갈 것이다. 그러나 리더가 천 보 앞서간다면, 군중은 보이지 않는 그 리더를 따라가지 않을 것이다.
>
> Georg Brandes

- 당신은 당신의 리더와 어떤 위치에 서 있는지를 아는가?
- 당신의 리더는 당신의 직무 문제와 요구들을 어느 정도까지 이해하고 있는가?
- 리더는 당신의 잠재성을 어느 정도까지 인지하고 있는가?

LMX 이론이 기여한 독창적인 점은, 리더와 멤버인 팔로워 간의 관계를 조망함으로써, 단순히 리더의 성격 자체로, 혹은 상황의 성격으로, 혹은 둘 간의 상호작용 관점으로만 리더십을 보아왔던 기존의 관점을 넘어섰다는 점이다.[5b] 우리는 차례로 이러한 상호작용 프레임워크의 세 가지 구성 요소들을 살펴보게 될 것이다.

팔로워십 스타일

하이라이트 2.1

리더십의 다양한 스타일이라는 개념은 상당히 익숙하지만, 팔로워십의 다양한 스타일이라는 개념은 비교적 새롭다. 팔로워란 많은 사람들에게 부정적 의미를 내포하니, 마치 양처럼, 주어진 일을 수동적으로 하는 사람이라는 개념을 상기시킨다. 그러나 Robert Kelley는 오히려 리더십의 정반대를 대변하는 팔로워를 조직의 일을 함께하는 최상의 협력자로 믿는다.

Kelly는 팔로워의 종류를 두 광범위한 차원의 측면에서 설명할 수 있다고 믿는다. 그중 하나는 팔로워가 **독립적이고 비판적으로 사고**하는 범주로부터 **의존적이고 무비판적으로 사고**하는 범주까지 걸쳐있다는 점이다. Kelly에 따르면, 최고의 팔로워들은 스스로 생각하고 건설적인 조언을 하며 심지어 창조적인 솔루션을 제공한다. 최악의 팔로워들은 어떻게 할지 명령을 필요로 한다. Kelly의 또 다른 범주는 사람들이 업무를 처리함에 있어 **적극적인 팔로워**인지 혹은 **수동적인 팔로워**인지의 범주이다. Kelly에 따르면, 최고의 팔로워들은 자기주도적으로 자발적으로 행동하는 사람인 반면, 최악의 팔로워들은 수동적으로 책임을 회피하고 지속적인 관리를 하는 사람이다.

Kelley는 이 두 가지 관점을 활용하여 팔로워십의 5가지 기본 스타일을 제안한다.

첫째, 소외형 팔로워(alienated followers)는 다른 사람들에게 조직의 모든 부정적인 측면을 습관적으로 지적한다. 소외된 팔로워들은 자신을 조직의 건강한 회의론자로 생각할 수도 있지만, 리더는 그들을 부정적, 냉소적, 적대적으로 보는 경우가 많다.

둘째, 순응형 팔로워(conformist followers)는 조직의 "yes people"이다. 조직의 업무를 매우 적극적으로 한다 하여도, 이들은 위험할 수 있다. 그들이 받은 명령이 사회적 기준과 반대되거나 조직의 정책에 반대되는 경우라면 그러하다. 종종 이런 스타일은 요구가 많고 독재적인 리더로부터, 그리고 지나치게 까다로운 조직 구조의 결과로 나온다.

셋째, 실용주의형 팔로워(pragmatist followers)는 그들의 그룹 업무의 목표에 반대되는 경우는 드물지만, 그렇다고 주도적이지는 않다. 왜냐하면 그들은 눈에 띄지 않기 때문에, 조직의 동맥을 막는 평범한 실행자인 경향이 있다. 그들이 어떠한지를 분별하기 어려울 수 있는데 그들은 긍정적인 면과 부정적인 면이 공존하는 애매모호한 이미지를 갖고 있다. 조직 구성 시, 실용주의형은 관료적인 규칙을 마스터한 전문가가 되어 그들을 보호하는 데 사용될 수 있다.

넷째, 수동형 팔로워(passive followers)는 모범적인 팔로워의 특성 중 아무것도 갖고 있지 않다. 그들은 모든 생각을 리더에 의존한다. 또한, 일에 대한 열정이 부족하다. 결단력 부족과 책임감은 수동적 팔로워들에게 끊임없이 방향설정을 필요로 한다. 리더는 그들을 쓸모없고, 게으르다고, 심지어 바보로 여길 수도 있다. 그러나 때로는 수동적인 팔로워들이 그런 식으로 행동하는 것은 리더가 그렇게 행동하기를 기대한다고 생각하여 거기에 맞춘 것이다.

다섯째, 모범적 팔로워(exemplary followers)는 리더에게도 동료에게도 일관성 있는 청사진을 제시하고, 독립적이고, 혁신적이며, 상사를 위해 기꺼이 일어나는 자이다. 그들은 관료적인 걸림돌이나 수동적 동료나 실용적 동료와 직면해도, 조직의 이익을 위해 자신의 재능을 사용할 줄 안다. 효과적인 리더는 모범적인 팔로워의 가치에 감사하고 이러한 행동을 격려 조건으로 만들 수 있다.

모범적 팔로워(팔로워십의 비판적 관점에서 상위에 속하는)는 조직의 성공을 위해 필수적이다. 그러므로 리더는, 이러한 행동을 권장할 수 있는 조건을 만들고, 이러한 특성을 가진 사람들을 선택하는 것이 좋다.

출처: Adapted from R. Kelley, *The power of followership*. New York: Doubleday Currency, 1992.

2.3 리더 요소

리더들은 성격적 특성이나, 인지 능력, 기술 및 가치 부분에 있어 팔로워들과 다르며, 또한 성공적인 리더들은 그렇지 못한 리더들과 다르다.

리더 요소는 리더십 상황에서 주로 리더가 **개인으로서** 어떤 기여를 하는지를 의미한다. 이는 리더의 개인적인 삶, 관심, 성격, 동기들을 포함한다. 리더들이 다 비슷한 것은 아니지만, 몇 가지 공통점을 갖고 있다. 연구결과에 따르면, 리더들은 성격적 특성이나, 인지 능력, 기술 및 가치 부분에 있어 팔로워들과 다르며, 또한 성공적인 리더들은 그렇지 못한 리더들과 다르다.[6,7,8,9,10,11] 성격이 리더십에 영향을 미치는 또 다른 요소는 성향(temperament)이다. 예를 들면, 평상시에 아주 차분하느냐 아니면 감정적으로 격정적이냐 등이다. 차분한 성향을 갖고, 안 좋은 소식을 가져오는 부하직원을 공격하지 않는 리더들은 보고받을 때마다 폭발적으로 화를 내는 성향을 가진 리더들에 비해 적시에 좀 더 완벽하고 필요한 정보를 얻는 경향이 있다. 리더들의 또 다른 중요한 측면은 어떻게 그 리더의 지위를 얻어냈는가이다. 상사로부터 리더의 지위를 부여받은 리더들은 선출된 리더에 비해 부하직원으로부터 비교적 낮은 신임을 받을 것이다. 선출된 리더들은 공동의 목적을 달성하는 데 더 효과적으로 영향력을 발휘할 수 있다. 왜냐하면 권력은 팔로워들로부터 나오기 때문이다. 선출된 리더들 역시 권력을 유지하기 위해서는 팔로워들에게 주의를 기울여야 한다.

선출방식

일반적으로 특정 조직에서의 리더의 경험이나 경력은 그의 성공에 있어 매우 중요하다. 예를 들어, 그 조직에서 승진을 한 리더들은 당연히 그 문화와 행동양식들에 더 익숙하고, 업무 성과를 낼 준비가 되어 있을 것이다. 또한, 그 조직 내에서 선발된 리더들은 외부에서 선발된 사람보다 그 조직원들에게 더 친숙하다. 좋거나 나쁘거나, 이러한 요소는 조직의 멤버들로부터 리더로 인정받는 데 유리하다. 만약 조직 내부에서 선발된 리더의 업무 성과가 성공적인 것으로 평판을 얻었다면, 그는 새로 외부에서 영입되는 알려지지 않은 리더에 비해 훨씬 유리하다고 할 수 있다. 한편, 대개의 경우 사람들은 새로운 리더들에게 성공할 수 있는 공정한 기회를 제공하는 경향이 있다. 또한 새로 들어온 리더들은 극단적이거나 논란의 여지가 있는 결정을 하기 전에 조직의 보이지 않는 룰, 준거 그리고 인맥 등을 배우려고 노력한다.

리더의 경험/경력

리더선정의 개입정도

리더의 합법성은 팔로워들이 어느 정도 리더의 선정에 개입하는지에 영향을 받는다. 팔로워들은 리더 선정이나 선출에 있어 의견을 낼 수 있을 때 리더에 대한 심리적 동질감을 느끼는 반면, 더 큰 기대와 많은 요구를 한다. 또 하나 고려해야 할 요소는 리더들이 그들의 상사에게 어떤 지원을 받는지 여부이다. 만약 리더가 그 위 상사로부터 많은 지원을 받는다고 생각하면, 팔로워들은 본인들의 불만 사항을 그 위 단계로 건의하는 데 주저할 것이다. 반면, 리더가 그 위 상사들의 지원을 받지 못한다면 팔로워들은 그들의 불만을 리더에게 털어놓을 가능성이 더 높다. 방금 언급된 예들은 개인 리더들에게 초점을 맞춤으로써 리더십에 대해 배울 수 있는 예시이다. 하지만 개인 리더들에 대해 완벽하게 이해한다고 하더라도, 리더십 과정에 대해 완벽하게 이해할 수는 없을 것이다.

상사의 지원

2.4 팔로워 요소

팔로워들의 기대, 성격, 심리적 성숙 정도, 업무 능력, 동기 등은 리더십 과정에 영향을 미친다.

팔로워들은 리더십 과정에 있어 아주 중요한 부분이지만, 많은 리더십 문헌에 의하면 리더십 학자들은 리더십 과정에 있어 팔로워들의 역할을 덜 중시하였다.[12,13,14] 하지만 팔로워들의 기대, 성격, 심리적 성숙 정도, 업무 능력, 동기 등은 리더십 과정에 영향을 미친다.[15,16,17,18,19]

팔로워들의 업무 동기의 특성 또한 중요하다. 리더의 목표와 가치를 공유하는 팔로워들, 그리고 성과에 대한 보상 기대를 가지고 있는 팔로워들은 금전적인 동기만을 갖고 있는 사람에 비해 더 열심히 일할 것이다. 또한 리더에게 직속되는 팔로워들의 인원수도 중요한 의미를 갖는다. 예를 들어, 3명의 종업원을 갖고 있는 관리자는 8명의 종업원을 관리하는 관리자에 비해 자신의 종업원에 할애할 시간이 많다. 즉, 5명 멤버의 태스크포스(TF)를 관리하는 것은 인원이 18명이나 되는 멤버의 TF를 관리할 때와는 다른 리더십이 필요하다. 이외에 다른 관련된 변인들로는, 팔로워들의 리더에 대한 신뢰도, 그리고 리더가 그들의 웰빙에 관심 있는지에 대한 확신 등을 들 수 있다.

2.4.1 팔로워들의 역할 변화

리더십은 개인 리더뿐만 아니라 팔로워들의 맥락에서도 이해되어야 한다. 예전과 달리, 이제는 팔로워들을 이해하는 것이 리더십 이해의 중요한 부분으로 부각되고 있다. 이것은 리더-팔로워들의 관계가 역동적이기 때문이다.[20,21,22] 이러한 역동적인 관계의 원인은 제한된 자원으로 성과를 내야 하는 모든 리더들이 느끼는 압박 때문이다. 제한된 자원과 회사의 구조조정은 관리자의 수를 크게 줄여놓았고 그들의 관리 대상을 넓혔으며, 따라서 리더에 의해 행해지던 기능까지 이제는 팔로워들한테 이관되었다. 또 다른 이유는 조직이 수평화되면서 조직 내의 권력이 분산되었으므로, 조직 내의 하부 구조의 상호의존성이 높아지고 협업이 더 중요하게 되었기 때문이다. 더 나아가 많은 조직이 부딪히는 문제들이 점점 더 복잡해지고 변화의 속도가 점점 더 빨라짐에 따라 이들을 해결하기 위해서는 더 많은 사람이 필요하게 되었다.

조직 내에서 현재의 상황과 그 상황을 해결할 수 있을 여지가 있을 때, 팔로워들은 문제 해결에 있어 리더들과 능동적이고 건설적인 협력관계의 역할을 할 수 있다.

이러한 추세는 팔로워들이 새로운 리더십 역할과 책임을 수행할 수 있는 여러 가지 방법을 시사한다. 첫째, 팔로워들은 조직이 안고 있는 문제를 해결함에 있어 좀 더 능동적이 된다. 조직 내에서 현재의 상황과 그 상황을 해결할 수 있을 여지가 있을 때, 팔로워들은 문제 해결에 있어 리더들과 능동적이고 건설적인 협력관계의 역할을 할 수 있다. 조직을 더 나은 조직으로 만드는 것은 리더들과 마찬가지로 팔로워들이 책임감을 느껴야 할 과제이다. 이러한 팔로워들의 역할 변화로 인해 좋은 팔로워십과 좋은 리더십이 통계적으로 상관관계가 있다는 것은 당연한 일이다. 최근 연구에 의하면 능동적인 참여와 독립적인 사고를 가진 팔로워들과 주도성, 사회성, 성공지향적인 마인드 및 굳은 심지를 가진 리더들 간에는 정적인 상관관계가 있는 것으로 나타났다.[23] 조직이 가진 문제를 해결하는 데 일조를 하는 것 외에 또한 팔로워들은 리더십 프로세스에서 리더십 방향을 아래에서 위로, 즉 팔로워에서 리더에게로 향하도록 만드는 데 기여할 수 있다. 팔로워들은 조직에서 문제가 발생하는 그 현장에 있게 되기 때문에 그들이 리더에게 관련된 정보를 제공하여 좋은 해결책을 마련하게 할 수 있다. 리더는 팔로워들의 조언에 더 귀를 잘 기울여야 할 필요가 있는 것은 사실이나, 팔로워들 역시 그들의 상관에게 좀 더 긍정적이고 명확하게 자신의 의견을 전달하는 법을 배울 필요가 있다. 또 마지막으로 팔로워들이 향후에 리더십 과정에 기여할 수 있는 방법은 좀 더 유연하고 많은 기회에 참여하는 것이다. 미래는 계속 변화할 것이고, 이러한 변화와 긍정적인 기대와 자기 개발에 적극적인 팔로워들은 인정을 받을 것이다.[24]

따라서 리더십은 리더 변인과 팔로워 변인, 그리고 그들의 상호작용을 고려하여 이해되어야 한다. 하지만 이것으로 충분한 것은 아니다. 리더와 팔로워들을 이해하는 것 외에 또한 리더와 팔로워가 상호작용하는 특정 상황 역시 이해해야 한다.

2.5 상황 요소

상황변인은 리더십 프레임워크에서 가장 모호한 측면일지도 모른다.

상황 변인 역시 리더십에서 중요한 요인이다. 특정 리더와 특정 팔로워들에 대해 잘 알고 있다고 하더라도, 리더십을 이해하기 위해서는 그 리더와 팔로워가 주어진 상황에서 어떻게 상호작용하는지의 맥락을 알아야 한다. 상황변인은 리더십 프레임워크에서 가장 모호한 측면일지도 모른다. 왜냐하면 상황은 한 집단이 하고 있는 모든 업무에서부터 안데스산맥 생존자들의 그러한 고난까지 아주 광범위하기 때문이다.

2.6 좋은 여성 리더는 드물다?

이 장에서 우리는 여성들이 예전에 비해 얼마나 리더십을 잘 발휘하고 있는지, 또한 남성과 여성 리더들의 효과성에 차이가 있는지, 그리고 남성과 여성 리더의 다른 점을 어떻게 설명할 것인지, 선출되고 리더로서 성공하는 데 있어서의 차이점은 무엇인지에 대해 설명할 것이다. 최근의 많은 기사들이 리더십에 있어 여성들에게 유리한 점이 많다고 주장하듯이, 이 분야는 다분히 학문적인 연구 분야이며 많은 논란이 되고 있는 부분이다.[25]

예전보다 여성들이 양적으로 많은 리더의 지위를 갖게 되었다는 것은 사실이다. 정부 기관에 있어서도 사실이다. 예를 들면, 미국 상원에는 2003년 42%의 여성이 재임하였고,[26] 세계적으로, 1990년 이후 43명의 여성이 대통령 또는 수상으로 재임하였다.[27,28] 리더십에 있어 여성들의 비율이 높아지는 것은 정부 외의 분야에서도 마찬가지이다. 1972년 미국에서, 여성들은 18%의 관리 및 행정직을 차지하였으나, 2002년에는 46%까지 증가하였다. 이러한 통계가 주는 의미는 물론 중요하고 고무적이나, 아직도 조직에서 가장 높은 리더의 자리까지 올라가는 데 기회의 벽이 존재한다는 것을 보여준다. 많은 연구들이 이 문제를 논의하였으므로, 몇 가지만 언급하겠다. 성 역할에 대한 고전적이고 전통적인 연구에서, Shein (1973, 1975)의 실험은 얼마나 성 역할에 대한 고정관념이 여성이 관리직으로 올라가는 데 제한을 두는지를 보여주었다.[31,32] Shein은 남성과 여성 관리자에게 설문 조사를 실시하여, 5점 척도로 일반적인 남성, 일반적인 여성, 성공적인 관리자로서의 특성을 나열하게 하였다. 실험 결과, 남성과 여성 응답자 모두 남성과 관리자의 특성상에는 정적인 상관관계가 나타났으며, 여성과 관리자 특성 사이에는 상관관계가 나타나지 않았다. 이는 관리자가 남성적인 속성으로 정의되기 때문이었다. 최근 20년 동안의 상황도 크게 달라지지 않았다. 1990년 미국, 독일, 영국의 경영학 전공 학생들은 아직도 성공적인 관리자의 이미지를 여성보다는 남성의 속성에 가깝게 인식하였다.[33] 변화가 있다면, 여성이 가진 자신들의 역할에 대한 생각이 시간에 따라 바뀌고 있다는 것이다. 예전의 연구와 반대로, 오늘날의 여성들은 여성성과 관리자의 상관관계를 남성성과 관리자의 상관관계와 비슷한 정도로 보고 있다.[34] 여성에게 있어, 최소한 여성이라는 것과 관리자가 된다는 것은 상반되는 것은 아니라는 것이다.

예전의 연구와 반대로, 오늘날의 여성들은 여성성과 관리자의 상관관계를 남성성과 관리자의 상관관계와 비슷한 정도로 보고 있다.

유리천장을 깬 여성의 통찰력

하이라이트 2.2

Kim Campbell은 다방면으로 뛰어난 사람이다. 캐나다의 첫 여성 총리였으며, 세계여성지도자위원회(the Council of Women World Leaders)의 의장을 지내기도 했다. 2002년 조직에서 고위 지도자로 부상해가는 여성의 도전과 기회에 대해 인터뷰를 가진 바 있는데, 여기 짧게 두 부분을 발췌하였다.

당신은 전통적으로 남성들의 영역이라고 여겨지던 여러 자리를 많이 차지하셨는데요, 그간 겪었던 일 중 가장 큰 장애물은 어떤 것이었나요?

여성은 능력도 안 될 뿐더러, 이끌어 나가지 못할 것이라는 뿌리 깊은 믿음이 자리 잡고 있습니다. 사람들의 마음속에는, 리더십에 관한 특성과 남성성에 관한 특성(결단력, 공격성, 유능함)을 겹쳐서 생각하는 성향이 있기 때문입니다. 리더십의 특징과 여성스러운 것(합의를 추구하고, 함께하고, 표현하고, 배려하는 성향 등) 사이에는 중복되는 부분이 별로 없다고 생각하지요. 그래서 어떤 사람들에게는 제가 총리였던 사실이 불편했던 겁니다. 여성은 총리가 될 수 없다고 여겼고, 저는 그 자리에 있을 수 없는 사람이라 여긴 거죠.

지금은 리더십에 있어 여성의 중요성이 그 어느 때보다 크다고 말씀하셨는데요, 왜 지금인 거죠?

우리는 지금 남성우월적 문화의 무서운 제약의 시대를 살고 있습니다. 온전히 남성적인 문화는 근본주의가 일어나게 하죠. 참을성 없고, 편협하고, 폭력적이고, 부패하고, 반민주적일 수 있습니다. 국가 수준에서 말입니다. 조직 수준에서 마초문화가 Enron 사태를 가능케 했죠.

유리천장 깨뜨리기(Breaking the Glass Ceiling); 여성에 대한 차별이 줄었다고 해도 기업의 보이지 않는 성차별의 벽

매니지먼트에서 여성의 역할에 대한 많은 연구가 있었다. 그중 하나는 **유리천장 깨뜨리기**(Breaking the Glass Ceiling)이다.[35] 연구자들은 미국 기업의 78명의 최고위층 여성의 삶과 커리어를 연구하였다. 몇 년 후 연구자들은 그 여성들 중 그들의 리더십에 있어 어떠한 변화가 생긴 사람들을 대상으로 후속 조사를 하였다. 연구 결과는 다른 연구에서 보여준 것처럼 그 대상인 여성들은 다른 최고위층 남성들과 별반 차이가 없었다. 질적으로, 그들은 유사한 걱정이 있었다. 그들은 자신에게나 가족들에게 최고가 되길 원했다. 또한 자신이 속한 회사가 성공하기를 원했다. 당연하게, 그들은 성공에 대한 열망이 있었다. 몇몇의 경우, 그들은 삶과 일의 균형에 대한 의문을 던지기 시작했다. 모든 것이 희생이고 이런 힘든 생활은 가치가 있는 것인가? 주당 60시간이나 일하는 것은 가족과 자신을 희생시킬만한 가치가 있는 것인가?

그러나 좀 더 양적인 측면에서 보자면, 학자들은 그런 유리천장을 깬 여성들과 이미 그 위치에 있는 남성들의 유의미한 차이점을 찾기를 기대했다. 결국 몇몇 문학 작품들과 사회과학 서적들은 리더십에 있어서 여성과 남성의 대결 구도를 만들어냈고, 여성의 리더십 스타일을 합의, 팀 기반의 리더십으로 정의하였다. 이러한 관점에서 여성은 남성 리더에 비해 더 잘 들어주는 경청자이며, 더 이해심이 많으며, 덜 분석적이고 좀 더 대인관계에 뿌리를 두는 그리고 목적 달성에 덜 공격적인 것으로 그려졌다.

학자들은 리더의 위치에 있는 여성을 분석함에 있어, 자신과 타인의 평가를 포함한 행동 데이터, 평가 센터, 그리고 캘리포니아 심리 검사 결과 등을 수집하였다. 그 결과, 여성과 남성의 고정된 편견과 달리 여성과 남성의 리더십에는 통계적

으로 유의미한 차이가 없는 것으로 나타났다. 여성과 남성 모두, 분석적이고, 대인 관계 지향적이며, 목적 지향적이며, 이해심이 많고, 경청을 잘 하는 것으로 나타났다. 물론 남녀의 차이가 나타나는 항목도 있었으나, 이는 남녀 리더십의 차이와는 다른 것이었다(연구대상의 수가 적어서 해석에 유의해서 해석할 것). 즉, 여성들은 남성들에 비해 웰빙 스코어와 조직에 대한 헌신도가 낮은 것으로 나타났고, 또한 여성들은 본인이 경험하지 못했거나 익숙하지 않은 업무로 이동하는 리스크를 기꺼이 택하는 것으로 나타났다.

여성들이 웰빙 스코어가 낮은 것은 업무 및 가정생활에 있어 지원 시스템이 적절하지 못하다는 것이다. 이것은 여성들이 회사에서의 역할뿐만 아니라 가정에서도 우선적으로 가정을 돌보는 역할을 한다는 사실과 밀접하게 연관이 있다.

리더십 위치에 있는 여성들을 계속 연구함으로써 이러한 연구결과를 다시 한 번 확인할 수 있었다. 예를 들면, 여성들이 웰빙 스코어가 낮은 것은 업무 및 가정생활에 있어 지원 시스템이 적절하지 못하다는 것이다. 이것은 여성들이 회사에서의 역할뿐만 아니라 가정에서도 우선적으로 가정을 돌보는 역할을 한다는 사실과 밀접하게 연관이 있다. 더욱이 리더 위치에 있는 여성들은 가시적인 성과를 내야 한다는 추가적인 부담이 있다.

그 외의 다른 차이점 – 특히 대인관계의 차이점 – 은 아직 명백하지는 않다. 사실, 여성과 남성이 다를 것이라는 이러한 편견은 미래 여성의 리더십 개발 기회에 안 좋은 영향을 미칠 것이라는 가정이 있다. 예를 들면, 새로운 비즈니스를 시작하거나, 곤경에 빠진 사업을 맡아서 해보는 것은 리더십을 테스트해 볼 수 있는 좋은 기회이다. 만약 우리가 "여성은 다르다"라는 가정을 적용한다면, 성공적인 리더 후보군 중에 여성들은 제외해야 할 것이다. 만약, 우리가 여성과 남성 리더는 다르지 않고 유사하다는 가정을 택한다면, 남성 후보와 동일한 여성 후보군의 숫자를 확보할 수 있을 것이다.

남자들은 주로 계약적인 관계, 주로 리더십을 다른 팀원과의 거래적 관계로 보았고, 주로 직책과 권위로서 타인에게 영향을 미치는 것으로 나타났다.

차세대 여성 리더들에 대한 연구에 따르면 그들 중 많은 리더에게, 과거에는 효과적인 리더십을 발휘하기에는 너무 여성적이었다고 여겨졌던 특징들이, 이제는 오히려 성공요인으로 작용하고 있음을 보여준다.[36] Judith Rosner에 의한 설문조사는 어떻게 여성과 남성이 그들의 리더십 경험에 있어 다른지의 몇 예를 보여준다. 남자들은 주로 계약적인 관계, 주로 리더십을 다른 팀원과의 거래적 관계로 보았고, 주로 직책과 권위로서 타인에게 영향을 미치는 것으로 나타났다. 반면 여성들은 리더십을 변혁적 관계로 보았고, 개인의 이익보다는 팀원들의 소속감을

여성들은 리더십을 변혁적 관계로 보았고, 개인의 이익보다는 팀원들의 소속감을 통한 공통의 목적을 달성하는 데 관심이 있고, 조직에서의 직책보다는 대인관계 및 카리스마 등 개인의 특성을 통해 영향을 미치는 것으로 조사되었다.

통한 공통의 목적을 달성하는 데 관심이 있고, 조직에서의 직책보다는 대인관계 및 카리스마 등 개인의 특성을 통해 영향을 미치는 것으로 조사되었다.

Rosner에 따르면 여성 리더들은 참여와 권력과 정보를 공유함으로써, 참여경영 이상의 것을 하였다. 그녀는 이를 **상호적 리더십**(interactive leadership)이라고 불렀다. 그러한 리더십에 대한 설명은 타인의 자기 가치를 높임으로써, 그리하여 신이 나서 업무를 수행하며 본인에 대해 긍정적으로 생각하게 될 때 가장 높은 업무 성과가 나타난다고 믿는 것으로 해석된다. 그렇다면 어떻게 상호적 리더십을 개발할 수 있는가? Rosner는 이를 여성들의 사회화 경험과 경력 때문이라고 결론지었다. 위에서 살펴보았듯이, 여성에 대해 기대하는 사회적 역할은 협조적이고, 지원을 잘해주고, 이해해주고, 친절하며 서비스 중심적인 역할이다. 여성들이 비즈니스 세계에 들어왔을 때 그들은 동일한 행동이 강조됨을 느꼈을 것이다. 여성은 자신에게 수직적 관계, 권위 있는 역할이나 직위가 있다기 보다는, 자신을 스태프라고 느끼게 되었다. 그리하여 공식적인 권위에 의존하지 않고서 자신의 일을 완성시켜야 했다. 다시 말해, 여성은 조직에서 살아남기 위해서 사회적으로 용인 가능한 행동양식을 택해야 했다. 그녀들이 직면하는 상황에 따라 생존 전술을 만들게 된 것이다. 리더들은 보통 주어지는 환경에 따라 커리어를 시작하고 상황의 제한에 따라 맞춰가지만, 또한 장시간에 걸쳐 스스로의 리더십 기술과 스타일을 갖춰나간다. 여성들의 상호적 리더십은 사회화에 그 뿌리를 두고 있으며, 여성 인터뷰자들은 그것이 조직에 도움이 될 것이라고 굳게 믿고 있었다. 그들의 커리어 과정을 통해 그들은 자신들의 스타일이 효과적이라는 믿음을 얻었다. 사실, 어떤 사람들한테는 그들의 성공은 어떻게 다른 사람들에게 동기 유발을 하고 올바른 의사결정을 하고 비즈니스를 확대하는가에 대한 본인의 철학을 정형화함으로써 얻어진 결과이다.

Rosner는 조직이 효과적인 리더십에 대한 정의를 넓혀야 한다고 하였다. 즉, 폭넓은 수용 가능한 행동 범위를 넓혀 남성과 여성이 본인의 진짜 재능을 가장 잘 발휘할 수 있도록 해야 한다. 이는 CEO(대부분의 남성이 차지하는)와 시니어 여성 임원들에 의한 데이터에서 단적으로 드러난다. [그림 2.2]는 CEO와 여성 임원들이 기업에서의 높은 리더 위치에 왜 여성이 적은가에 대해 상반된 의견을 갖고 있음을 보여준다. CEO들은 주원인을 여성 후보들이 최고 경영자가 되기 위한 경험의 양과 질이 부적합하기 때문이라고 하였고, 여성 임원들은 여러 가지 형태의 편견이 존재하기 때문이라고 하였다.

최근의 연구들은 리더의 위치에 있는 여성의 수가 늘어나고 있음을 보여준다.
첫째, 여성 본인들이 변화하고 있다.
둘째, 리더십 역할이 변화하고 있다.
셋째, 조직에서의 인사제도 등 조직활동이 달라지고 있다.
마지막으로 직장문화가 변화하고 있다.

최근의 연구들은 리더의 위치에 있는 여성의 수가 늘어나고 있음을 보여준다.[37] 그것의 원인을 4가지로 나누고 있는데, 첫째, 여성 본인들이 변화하고 있다. 세대가 지남에 따라 여성들의 리더가 되고 싶어 하는 열망과 태도가 남성과 비슷해지고 있다. 이는 여대생들의 커리어 열정,[38] 여성 본인들의 본인에 대한 자기 보고 형식으로 나타난 성향, 즉 단호함, 장악력, 남성성[39,40] 그리고 가치, 예를 들면 자유, 도전, 리더십, 권위 및 권력에 대한 생각에 나타난다.[41] 둘째, 리더십 역할이 변화하고 있다. 특히 리더십에 있어 전형적 남성적 특성이 약화되고 있다. 셋째, 조직에서의 인사제도 등 조직활동이 달라지고 있다. 직장에서의 성차별 금지, 회사의 성과 위주의 정책 등이 그 예이다. 마지막으로 직장문화가 변화하고 있다. 예를 들면 상징적 메시지를 부여하도록 여성을 중요한 리더로 임명하는 경우가 있다.

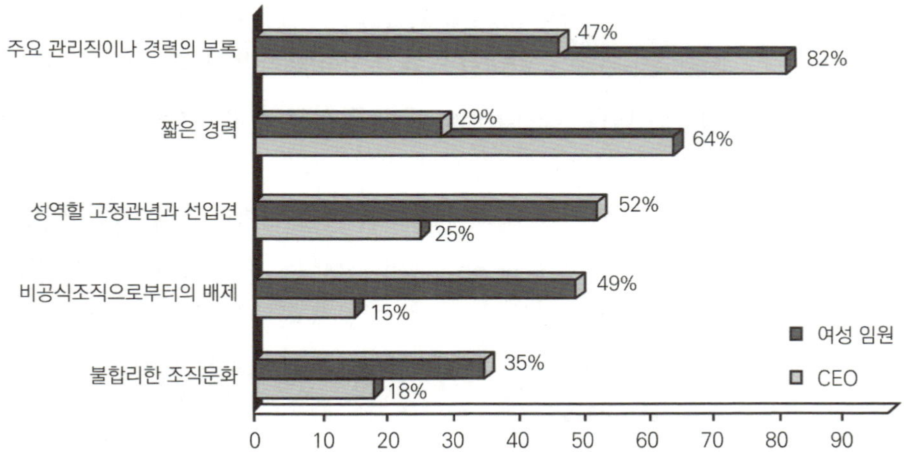

[그림 2.2] 무엇이 여성의 기업 리더십 향상을 막는가?

2.7 리더십과 매니지먼트 다시 들여다보기

1장에서 리더십과 매니지먼트, 혹은 리더와 관리자의 차이에 대해 논의하였다. 이러한 용어들은 상호 배타적이지는 않으나, 사람들의 독특한 스타일과 접근방식을 말한다. 예를 들면, 어느 주의 주지사는 리더로서의 역할을 하며, 다른 주의 주지사는 관리자의 역할을 한다(이러한 차이는 두 주의 차이에 따른 것이 아님). 리더십의 상호적인 프레임워크에서 다시 한번 이러한 개념들을 보는 것이 도움이 될 것이다. 1장에서 Bennis가 구분한 리더와 관리자들의 차이를 복습하면 다음과 같다.

리더	관리자
1. 혁신하기(Innovate)	1. 관리하기(Administer)
2. 발전시키기(Develop)	2. 유지하기(Maintain)
3. 영감을 주기(Inspire)	3. 통제하기(Control)
4. 장기적 관점(Long term view)	4. 단기적 관점(Short-term view)
5. 무엇을 왜 해야 하는지 질문(Ask what and why)	5. 어떻게 그리고 언제 하는지 질문(Ask how and when)
6. 전에 없던 것을 창조(Originate)	6. 일을 시작하기(Initiate)
7. 현재의 상황에 도전(Challenge the status quo)	7. 현재의 상황을 수용(Accept the status quo)
8. 옳은 일을 하기(Do the right things)	8. 일을 옳게 처리하기(Do things right)

Bennis만이 리더와 관리자를 대비시켜 설명한 건 아니다. 많은 다른 학자들 역시 기본적인 리더십과 매니지먼트의 구분에 대해 유사하게 이야기하였다. 예를 들면, Kotter는[42] 매니지먼트를 복잡성에 대처하기로, 리더십은 변화에 대처하기로 대비시켰다. 매니지먼트는 큰 조직화라는 20C적 현상과 그 조직의 기능에 명령과 일괄성을 부여해야 하는 필요성과 연관된다. 반면에 리더십에 대해 최근 부각된 관심은 끊임없이 역동적으로 변화하는 환경에서 조직의 성공을 유지하기 위한 노력에서 비롯된 것이다. Kotter는 대부분의 미국 기업들은 매니지먼트를 과도하게 하고, 리더십은 평균 이하로 발휘된다고 한다. 하지만 강한 리더십과 약한 매니지먼트 역시 나을 게 없다고 하였다.[43] Fairholm[44]은 리더십과 매니지먼트의

차이를 이렇게 설명하였다.

리더십과 매니지먼트는 목적, 근거하는 지식, 요구되는 기술이나 목표에 있어 다르다.

리더십과 매니지먼트는 목적, 근거하는 지식, 요구되는 기술이나 목표에 있어 다르다. 우리는 리더를 관리자에 비해 좀 더 사적인 성향으로 구분시킨다. 리더는 생각하는 방식에 있어 좀 더 추상적이다. 리더는 가치, 기대, 그리고 상황 또는 맥락에 포커스를 두고, 리더는 권위를 통해서가 아니라 팔로워들의 자율적인 행동을 허용함으로 영향력을 행사한다. 관리자는 명확한 지침 및 업무를 주고, 협업을 위해 노력한다. 리더는 간접적으로 의사소통하고, 중복되거나 애매한 과제를 부여하기도 하며, 팔로워들을 심하게 경쟁시키기도 한다. 이는 충성도를 테스트하고 리더의 힘을 테스트하기 위해서이다. 리더는 매니지먼트의 기본 아이디어인 효과성과 효율성에 더하여 전체로서의 통일성, 평등, 정의에도 가치를 둔다.

이러한 차이점은 우리의 리더십을 바라보는 프레임워크와 일치한다. **상호적 리더십**, 즉 리더와 관리자의 차이점, 또는 리더십과 매니지먼트의 차이점은 리더의 차이 그 이상이다. 이러한 차이는 리더 또는 관리자가 어떻게 팔로워들과 상호작용하는지, 그들이 직면한 상황과 어떻게 상호작용하는지에 관한 것이다.

2.7.1 리더-팔로워-상황의 상호작용

리더가 팔로워들의 혁신과 창의적인 기여를 권장하는 환경을 조성하게 되면, 팔로워들은 관습대로 하는 것이 아니라 무언가 새로 만들어 내는 것에 희열을 느끼게 된다.

리더가 팔로워들의 혁신과 창의적인 기여를 권장하는 환경을 조성하게 되면, 팔로워들은 관습대로 하는 것이 아니라 무언가 새로 만들어 내는 것에 희열을 느끼게 된다. 또한 리더는 단순한 업무 트레이닝(job training)이 아니라, 발전적인 경험을 통해 팔로워들의 성장과 발전을 장려한다. 리더는 팔로워들의 업무의 장기적인 관점에 관심이 있으며, 관리자에 비해 팔로워의 작업을 덜 정형적이고 덜 구체적인 기준을 가지고 평가하는, 즉 직관적이고 통합적인 관점에서 평가하는 경향이 있다. 리더는 개인과 팀에 대한 업무와 책임의 기준을 재정의한다. 이러한 측면에서 리더는 주어진 상황에 최적화하기보다는 상황을 적극적으로 변화시키려고 한다. 그들은 구조의 제약에서 벗어나려고 한다.[45] 이러한 재정의는 새로운 도전 및 위험을 극복하려는 과정 및 중요한 가치와 목적을 강조하는 과정, 즉 단기적 관점보다는 장기적 관점을 취하는 과정에서 일어난다.

2.7.2 관리자–팔로워–상황의 상호작용

관리자는 팔로워들의 통제와 일상적인 업무를 강조한다. 팔로워들에게 규정과 프로세스를 잘 준수하라고 강조한다.

관리자는 팔로워들의 통제와 일상적인 업무를 강조한다. 팔로워들에게 규정과 프로세스를 잘 준수하라고 강조한다("늘 하던 방식대로 하라는 겁니다"). 또는 팔로워들이 할 수 있는 업무의 범위를 상당히 좁혀서 주는 경우가 많다. 또한 팔로워들에게 부여하는 의사결정권한과 자율성이 적은 편이며, 업무를 자세하게 리뷰하는 편이다. 관리자는 팔로워들의 수행을 공정하고 구체적인 직무기술서에 의해 평가한다. 관리자는 팔로워들을 외부적, 계약과 결과의 관점에서 본다(긍정적 및 부정적 모두). 그리고 관리자는 주어진 상황 그대로를 받아들이는 경향이 있다. 즉, 팀의 미션이나 과제를 전혀 다른 방향으로 바꾸거나, 조직 문화를 바꾸려는 시도는 거의 안 할 것이다. 관리자가 변화를 주고자 할 때는, 그 변화를 새로운 규정이나 절차를 사용함으로 공식적으로 할 가능성이 크다.

앞 문단까지 읽으면 관리자보다 리더가 되는 것이 더 좋아 보인다. 그러나 이러한 결론은 중요한 요소인 팔로워의 특성을 무시한 것이다. 어떤 경우에는 리더가 성공적이고, 관리자가 그렇지 않지만, 또 다른 상황에서는 반대의 경우가 일어난다. 예를 들어, Bennis의 전형적인 리더, 즉 조직의 변화의 비전을 가진 열정적인 리더는 헌신적인 팔로워들의 에너지와 창의성을 통해서만 이루어질 수 있다. 이러한 열정적인 리더들은 팔로워들이 그의 비전을 공유하지 않는다면 효과를 발휘할 수 없다. 만약 팔로워들이 경제적인 인센티브에 주로 동기부여가 된다면, 리더는 그의 비전을 달성하는 것에 실패할 것이다. 상호작용이라는 것은, 즉 어떤 특정 리더의 효과성은 팔로워와 상황변수의 맥락에서만 이해될 수 있다. Bennis의 정의로 다시 돌아가면, 관리자는 안정성을 강조하고 리더는 변화를 강조한다. 관리자는 팔로워의 행동에서 일관성과 예측 가능성을 강조하고(기대되는 것을 하고, 효율적인 방법으로 하라), 반면 리더는 팔로워의 변화를 강조한다. 즉, 팔로워들을 변화 발전시킴으로 그들이 할 수 있는 것보다 더 많은 것을 성취하게 한다. 13장에서 거래적 리더십(Transactional Leadership)과 변혁적 리더십(Transformational Leadership)을 학습할 때, 유사한 차이점을 배울 것이다.

2.7.3 다른 유형의 문제의 해결책으로서 리더십과 매니지먼트

우리는 리더십과 매니지먼트를 구분하는 많은 방법에 대해 이미 학습하였다. 많은 학자들은 리더와 관리자의 개인 스타일에 초점을 두었는데, Ron Heifetz는 매니지먼트와 리더십을 서로 다른 문제를 해결하는 방법으로 설명하는 것이 바람직하다고 하였다. Heifetz에 따르면 우리는 이미 해결책이 존재하는 문제에 직면하거나 도전을 하는 경우가 많다. 일반적으로 두 가지 측면을 생각해 볼 수 있다. 즉, 세상에는 특화된 방법과 전문성으로 해결해야 하는 많은 기술적인 문제들이 있다. 예를 들면, 국토횡단 여행을 할 때 얼마만큼의 휘발유가 필요한지 결정하는 것이다. 이러한 방법은 간단하며, 매뉴얼에 있는 그대로 따르기만 하면 문제없이 해결 가능하다. 또한 우리가 직접 그 답을 모르더라도 그것을 할 수 있는 사람을 찾는 것은 상대적으로 쉽다. 예컨대 우리가 직접 자동차 엔진을 고칠 수는 없어도 자동차 정비공은 할 수 있을 것이고, 우리가 직접 사람을 치료할 수는 없어도 의사는 어떻게 치료해야 하는지 알 것이다. 소프트웨어를 사용하는 것을 몰라도 전문가로부터 도움을 받으면 해결할 수 있다는 것을 안다. Heifetz에 따르면 이러한 문제는 **기술적 문제**(Technical Problems)이다. 아무리 문제가 복잡하더라도 그 문제를 해결할 전문가가 있고, 우리가 모르더라도 그 문제를 해결할 수 있는 전문가가 있는 것이다.

기술적 문제 (Technical Problems)

하지만 모든 문제가 이러한 유형은 아니다. 어떤 문제들은 태생적으로 전문가의 문제 해결과 거리가 멀다. 그러한 문제들은 현존하는 자원과 문제접근방식으로는 해결할 수가 없다. 이러한 문제들은 문제가 무엇인지 정의가 되더라도 해결하기가 어렵다는 것이 특징이다. 이러한 문제를 해결하기 위해서는 시스템 자체에 근원적인 변화가 필요하다. Heifetz는 이를 **적응적 문제**(Adaptive Problems)라고 일컬었다. 기술적인 문제는 사회 시스템 그 자체의 속성을 변화시키지 않고 문제 해결이 가능했으나, 적응적 문제는 시스템 자체를 변화시켜야만 해결이 가능하다.

기술적인 문제는 사회 시스템 그 자체의 속성을 변화시키지 않고 문제 해결이 가능했으나, 적응적 문제는 시스템 자체를 변화시켜야만 해결이 가능하다.

업무에 있어 기술적인 문제를 해결할 때 가장 중요한 사항은 권위를 가진 사람이 누군가에게 그 문제를 해결하도록 만드는 것이다. Heifetz에 따르면, 많은 사회 문제는 속성상 적응적이다. 대부분 조직변화는 이러한 적응적 문제를 담고 있는 것이다. 심지어 조직에서 단순한 리더십 챌린지, 예를 들면, 누군가에게 건설적인 피드백을 주는 것 자체도 기술적이라기보다는 적응적인 측면이 더 크다. 하지만 기술적인 문제와 적응적 문제를 구분하는 것은 쉽지 않다.

그렇다면 어떻게 기술적 문제인지 적응적 문제인지 알 수 있을까? 만약 문제가 적응적 문제라면

- 사람들의 습관적 행동이나 기준이 아니라 사람들의 마음에 변화가 필요할 때
- 당신이 생각할 수 있는 기술적인 해결책이 문제를 해결하지 못할 때
- 문제 해결에 있어 사람들과 지속적인 갈등이 생길 때
- 위기 상황에서 표면적인 이유가 아니라 미처 인식되지 못한 적응적 문제가 있을 경우

간단히 정리하면 효과적인 매니지먼트의 실행은 기술적인 문제를 해결하고 리더십은 적응적인 문제를 해결할 수 있다. 그 이유는 적응적 문제는 사람들의 가치, 리더뿐만 아니라 모든 구성원들의 생각과 관심이 관여된 문제 해결을 포함하고 있기 때문이다. 이것이 Heifetz가 말한 **적응적 리더십**이다.

<표 2.1>은 문제 또는 직면하는 도전이 기술적이냐 적응적이냐를 구분하고, 이러한 문제를 풀기 위해 필요한 작업과 문제해결 당사자가 누구인지 보여준다.[47]

〈표 2.1〉 문제, 작업, 문제해결자의 관계

문제	필요한 작업	문제해결의 당사자
기술적 문제	현재의 방법 적용	권위를 가진 사람
적응적 문제	새로운 방법 발견	도전적인 사람

2.7.4 요약

Fairholm에 따르면 조직은 두 가지 종류의 사람이 필요하다. 즉, 좋은 리더와 좋은 관리자이다. 우리는 업무의 연속성 및 결과의 품질을 보증하고, 생산과 서비

스 전달에 필요한 자원의 스케줄 관리와 통제를 하기 위한 능력 있고 헌신적인 관리자가 필요하다. 또한 장기적인 안목에서 조직의 생존을 확실케 하고, 사회와의 공동의 가치를 세우고, 조직을 정의하고 특성을 결정함으로 조직을 활성화할 사람 역시 필요하다. 그러나 이러한 예시들은 리더와 관리자가 다른 특성과 역량을 갖고 있다고 보이는가? Kotter에 따르면 조직은 구성원들이 고위 경영진 역할을 수행하도록 준비해야 한다.[49] Kotter는 최근의 많은 리더십 문헌에서 말하는, "사람들은 동시에 좋은 관리자이면서 좋은 리더가 될 수 없다."라는 것은 무시하라고 하였다. 우리는 리더이자 관리자인 인력을 양성해야 한다. 즉, 리더십과 매니지먼트 기능을 구분하는 것은 중요하지만, 동일한 사람의 상호보완적인 기능을 개발할 필요가 있다. 특히, 젊은 리더-관리자의 역할을 개발하는 것이 중요하다. 따라서 젊은 사람들은 본인을 리더 타입, 또는 관리자 타입으로 한정할 필요가 없다. 섣부르게 본인의 타입을 정하는 것은 자기 개발의 기회를 놓치는 부작용으로 이어질 수 있다(예를 들면, "나는 관리자 타입이니까 학생회 임원을 할 필요는 없다"). 또는 커리어 초기에 본인 업무에 대한 부적절한 반응을 통해 "내 상사는 너무 많은 관리자 유형의 업무를 준다."라고 불만을 가질 필요는 없다. [그림 1.1]에서 보듯이 두 가지 개념의 차이점에 초점을 맞추는 것이 아니라, 리더십과 매니지먼트의 공통성에 대해 주의 깊게 살펴보아야 한다.

2.8 효과적인 리더십에 대한 간단한 처방은 없음

리더의 행동을 관찰할 때는 리더의 좋은 점, 나쁜 점을 섣부르게 결론 내면 안 된다. 즉, 리더 행동의 효과성은 팔로워들과의 상황적인요소에서 평가되어야 한다.

리더, 팔로워 그리고 상황이 리더십 과정에 영향을 미치는지를 이해하기 위해서는 리더십 상호작용의 3가지 요소를 이해하는 것이 중요하다. 이러한 상호작용을 이해하는 것은 여러분 주변의 리더십 상황에 대한 관찰에 대해 결론을 내리기 전에 선행되어야 한다.

리더의 행동을 관찰할 때는 리더의 좋은 점, 나쁜 점을 섣부르게 결론 내면 안 된다. 즉, 리더 행동의 효과성은 팔로워들과의 상황적인요소에서 평가되어야 한다. 당연하다고 생각될지 모르지만, 이러한 주의사항들은 종종 무시된다. 우리는 너무나 자주 리더십 상황과 문맥을 무시한 채 리더의 행동 자체만 보고 판단한다. 예를 들면, 당신이 어떤 리더가 부하직원에게 조언을 구하는 것을 보았다고 가정하자. 좋은 리더는 언제나 부하직원에게 조언을 구하고, 조언을 구하지 않는 리더는 좋은 리더가 아니라는 결론은 비합리적이다. 부하직원에게 조언을 구하는 것이 적절한가 판단하기 위해서는 여러 가지 요소를 따져봐야 한다(예를 들면, 문제의 특성, 부하의 그 문제에 대한 인식 수준 등). 아마도 부하직원이 그 문제에 정통하여 도움을 구한 것이라면 적절한 행동이었을 것이다. 또 다른 예를 들면, 부하직원이 가족 문제로 휴가를 냈을 때 리더가 반려를 했다면, 그 리더는 부하직원을 배려하지 않는 나쁜 리더인가? 아니면 조직의 미션에 충실한 좋은 리더인가? 리더의 행동 자체만 봐서는 올바른 판단을 할 수 없다. 항상, 리더, 팔로워, 그리고 상황 측면에서 다각적으로 리더의 행동을 판단해야 한다. 리더, 팔로워, 상황에 대한 주요 포인트를 정리하면 다음과 같다.

- 리더는 같은 상황에서도 각각 다른 부하직원들에게 다르게 대응해야 한다.
- 리더는 동일한 부하직원일지라도, 다른 상황에서는 다르게 대응해야 한다.
- 팔로워는 다른 리더에게 다르게 반응해야 한다.
- 리더들은 같은 상황 또는 팔로워들에게 다른 평가를 할 수 있다.

2.9 결론: 경험으로부터 교훈을 이끌어내기

이 장의 결론을 내리자면, 한 가지 상황에서의 적절한 행동은 다른 상황에서 통하지 않을 수 있다. 모든 상황에서 통하는 행동이란 없다. 한 상황에서 가장 적절한 행동에 대해서는 이견이 있을 수 있으나, 부적절한 행동에 대한 공통적인 의견은 존재한다. 상황에 따라 리더의 가장 적절한 행동은 리더의 행동이 무엇이거나, 상관없다는 것이 아니다. 이것은 리더, 팔로워, 그리고 상황의 복잡성을 인식해야 한다는 것이다. 이러한 인식은 경험으로부터 리더십의 의미 있는 시사점을 끌어내기 위한 첫 번째 단추이다.

2.10 요 약

상호작용은 리더와 팔로워들의 변화하는 특성과 리더와 팔로워들의 직면하는 상황의 복잡성에 대한 이해를 하는 데 도움을 준다.

리더십은 특정 상황에서 리더와 팔로워가 역동적으로 상호작용하는 과정이다. 리더십은 리더 그 이상의 포괄적인 개념이고, 리더십에 대한 연구는 리더를 개인으로 연구하는 것 이상이다. 리더십 연구는 다른 두 요소인 팔로워와 상황을 포함해야 한다. 더욱이 이 세 가지 영역의 상호작용적 속성은 최근 더욱 중요하게 부각되고 있다. 이러한 상호작용은 리더와 팔로워들의 변화하는 특성과 리더와 팔로워들의 직면하는 상황의 복잡성에 대한 이해를 하는 데 도움을 준다. 이러한 복잡성 때문에 효과적인 리더십은 단순하고 단면적인 현상으로 정리되기 어려운 것이다. 좋은 리더십은 차이를 만들고, 리더십 과정에 영향을 주는 중요한 요소에 대한 인식을 통해 향상될 수 있다.

핵심용어

상호작용적인 프레임워크	의존적, 비판적 사고	상호작용
리더	독립적, 무비판적 사고	기술적 문제
팔로워	적극적 팔로워	적응적 문제
상황	수동적 팔로워	적응적 리더십
내집단	리더-멤버 교환이론	상호적 리더십
외집단		

질 문

1. 리더십의 상호작용적 프레임워크에 따르면 효과적인 리더의 행동은 많은 변수에 의존합니다. 즉, 효과적인 리더 행동의 단순한 처방은 없습니다. 그렇다면 효과적인 리더십은 단순히 주관적인 의견이나 선호도라고 생각하십니까?
2. 일반적으로 리더들은 상당 부분 조직의 성공에 대한 기여를 인정받습니다. 이

것이 합당하다고 생각하십니까?

3. [그림 2.1]에 리더, 팔로워 그리고 상황변수의 설명에 추가하고 싶은 특성이 있습니까?

활 동

이 활동에서 당신은 리더십과 매니지먼트의 의미에 대해 생각해볼 것입니다. 팀을 소그룹으로 나누고 리더와 리더십, 그리고 관리자와 매니지먼트에 대해 연상되는 단어를 브레인스토밍하세요. 또한 각각의 그룹은 본인들이 관리자와 일하고 싶은지 리더와 일하고 싶은지 선정하고 그 이유를 설명하세요. 소그룹 토론이 끝나면 전체 그룹이 두 가지 개념에 대해 차이점과 유사점을 논의하세요.

Chapter 3

리더십은 교육과 경험을 통해 개발

3.1 서 론

1장에서 우리는 다양한 리더십 상황을 분석하기 위해서 다양한 관점을 사용하는 것이 중요하다는 것을 제시하였다. 또한 우리는 리더들이 본인들의 상황을 분석하는 데 이러한 방법을 사용하는 것은 어려우며, 정규 교육이 리더십에 대한 다양한 관점을 양성하는 데 가장 중요한 방법이라고 논의하였다. 리더십 개발에 있어서 정규 교육과 경험의 중요성을 감안하여, 이 장은 당신이 리더십에 대해 더 효과적으로 학습할 수 있는 방법에 대해 살펴볼 것이다. 먼저, 우리가 어떻게 경험으로부터 배울 수 있는지에 대해 일반적인 모형을 제시하고자 한다. 그 다음으로 우리는 리더들이 특정한 리더십 상황에 대해 대응하고 해석하는 데 지각이 어떻게 영향을 미치는가에 대해 논의할 것이고, 왜 이러한 성찰이 리더십에 있어서 중요한지 이야기할 것이다. 또한 이 장에서는 당신이 같이 일하는 동료, 업무가 어떻게 리더십을 개발할 수 있는지, 또한 많은 정규 리더십 개발 프로그램에서 사용하는 교수법과 학습내용에 대해 살펴볼 것이다. 마지막으로 이 장에서는 현존하는 많은 리더십 프로그램에 대해 평가하고, 올바른 선택을 하는 방법에 대해 논의할 것이다.

2010년 성공적인 리더에게 필요한 기술은 무엇인가?

하이라이트 3.1

Conference Board는 비영리 민간단체로서, 비즈니스에서 성과를 창출하고 더 나은 사회를 만들기 위해 연구, 추세분석, 경영에 대한 예측 등의 업무를 수행하는 조직이다. 2002년 연구에서 2010년에 성공적인 리더들이 갖추어야 할 중요한 기술을 아래와 같이 제시하였다.

- 인지적 능력- 지적인 마력과 정신적 기민성
- 전략적 사고, 특히 글로벌 경쟁력에 관한 능력
- 분석 능력, 특히 다양한 정보 원천을 분류하고 무엇이 중요한지 분류
- 모호하고 불확실한 환경에서 정제된 결정을 할 수 있는 능력
- 개인과 조직의 의사소통 기술
- 다른 그룹들에 영향을 미치고 설득하는 능력
- 다양한 환경(다른 문화, 성별, 세대들로부터 사람들을 관리)을 관리할 수 있는 능력
- 효과적으로 대표할 수 있는 능력
- 핵심인재를 파악하고, 끌어당기고, 개발하고, 유지할 수 있는 능력
- 경험으로부터 배울 수 있는 능력

출처: A. Bareertt, and J. Beeson, "*Developing business leaders from 2010.*" New York: The Conference Board, 2002.

3.2 행동-관찰-성찰(A-O-R) 모형

어떤 젊은 사람이 아주 다른 두 환경에서 일 년간 일하면서 배울 수 있는 것에 대해 생각해보자. 즉, 미국 국회의 보조 직원으로, 또는 건설현장의 목수로서 일한다면 각각의 활동은 많은 리더십 레슨을 포함하고 있다. 국회에서 일할 때는 정치가를 공적인 관점에서부터 사적인 업무현장까지 관찰할 수 있는 기회가 있다. 또한 다른 정당이 국회의원들과 함께 상호작용하는 것, 그리고 정치적 승리 또는 패배를 같이 경험하고, 다른 당의 다른 정치가를 관찰할 수 있다. 한편, 건설현장에서는 건설현장의 인부로서 설계도와 건축 자재가 실제 완성된 건축물로 변화하는 과정을 배울 수 있다. 하청업자들과의 조율, 그리고 숙련공들이 어떻게 초보

들을 훈련시키는지, 공사 연기와 문제에 대한 리더들의 대응 방법들을 관찰하고, 또한 품질 완성을 위해 기준을 세우는 과정들을 배운다.

동시에 사람들은 어떤 상황에서든지 배울 수 있지만, 본인이 그런 환경에 노출되지 않으면 성장할 수 있는 기회는 적다. 이러한 많은 경험들을 갖는 것은 리더의 능력을 개발할 수 있는 아주 중요한 요소이다. 즉, 리더십 개발은 어떤 경험을 갖는지보다는 어떻게 그러한 경험을 성장으로 연결시키는지가 중요하다. 성공한 회사 임원들에 따르면, 본인들을 표현하는 가장 중요한 요소는 성장을 위해서 본인의 경험으로부터 배우고 본인들의 가장 중요한 장점을 경험으로부터 찾아내려는 특유의 끈기, 성장을 위해서 많은 기회를 가지려는 노력 등이다.[1] 그러면 어떻게 해야 하는가? 그 어떤 사람들은 그것을 더 찾기 위해 노력함으로써 경험의 교훈을 더 많이 받을 수 있는가? 그냥 경험 자체로는 왜 불충분한가? Kolb 같은 경험학습자들은 경험으로부터 배울 수 있다고 한다.[2] 이러한 아이디어는 [그림 3.1]과 같이 **A-O-R 모형**으로 설명된다[리더십 개발은 경험이 서로 다른 3가지 프로세스가 포함될 때 가능하다: **행동**(Action)-**관찰**(Observation)-**성찰**(Reflection)]. 사람이 행동을 취하나, 그 행동이 결과에 대해 관찰하지 않거나 그 의미 또는 중요성에 대해 성찰하지 않는다면 경험으로부터 배울 수 있는 것은 극히 적다. 그렇기 때문에 어떤 사람들은 본인의 행동 결과를 관찰하지 않거나 더 좋은 리더가 되기 위해 필요한 본인의 행동 변화를 성찰하지 않기 때문에 경험을 통한 리더십 개발은 이루어지지 않을 수 있다. 즉 리더십 개발은 본인이 그 일을 얼마나 오래 했는지에 대한 객관적 지표인 시간에 의한 것이라기보다는 이 3가지 단계의 반복적인 활동의 결과로 이해될 수 있다. 가장 효과적인 리더십을 개발하는 방법은 [그림 3.1]에서 보이듯이, **나선형 경험**(Spiral of Experience)에 의해서라고 할 수 있다.

> 리더십 개발은 경험이 서로 다른 3가지 프로세스가 포함될 때 가능하다: 행동(Action)-관찰(Observation)-성찰(Reflection)

> 가장 효과적인 리더십을 개발하는 방법은 [그림 3.1]에서 보이듯이, 나선형 경험(Spiral of Experience)

Colin Powell의 예에서 보듯이, 이러한 나선형 경험이 리더십 개발에 어떻게 영향을 미치는지 알 수 있다. Colin Powell은 미군의 가장 높은 지위를 가진 리더였지만, 1963년 그는 베트남 전쟁에서 바로 돌아온 26살의 장교에 불과하였다. 그의 다음 미션은 공수부대 훈련에 참석하는 것이었다. 그 과정이 끝났을 때쯤 그는 다른 병사들과 함께 헬리콥터에서 뛰어내려야 했고, 선임간부로서 그 상황이 잘 마무리되도록 해야 할 책임을 갖고 있었다.

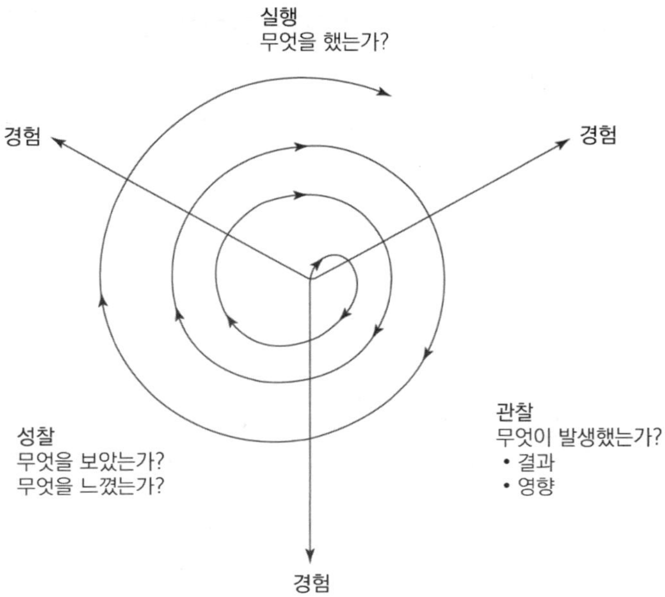

[그림 3.1] 나선형 경험

그는 헬리콥터에서 모든 사람에게 로프가 안전한지, 바로 점프를 할 수 있는지 확인하라고 소리쳤다. 점프를 해야 할 상황에서 그는 모든 사람에게 본인들의 장비를 확인하라고 소리쳤다. 그 다음에 벌어진 상황에 대해 이렇게 설명하였다. 나는 정신없는 할머니처럼 내 낙하산 줄을 확인하였고, 복잡한 상황에서 다른 병사들 사이에서 내 줄을 잡아당겼다. 그때 한 상병의 후크 하나가 풀어진 것을 발견하였다. 나는 그 끊어진 줄을 그 상병 눈앞에 내밀었고, 그 상병은 무척 놀랐다. 그가 그냥 뛰어내렸다면 바위처럼 뚝 떨어졌을 것이다.[3] 이 상황에서 Colin Powell이 배운 점은 무엇이었을까? 그에 따르면 "스트레스와 혼란, 피곤의 상황들은 여지없이 실수를 일어나게 만든다. 따라서 그런 상황에서 리더들은 2배 이상 더 민첩해야 한다. 사소한 것까지 다 확인하라. 이것이 나의 룰이 되었다."[4]

이를 A-O-R 모형의 관점에서 분석해보자.

Action, 즉, 행동은 Colin Powell의 다른 병사들의 줄을 확인하라는 여러 번의 지시였고, 우리는 본인의 진술대로 어느 정신없는 늙은 할머니처럼 Powell 역시 그의 그러한 줄을 확인하라는 강조에 본인도 불편하게 느꼈을지도 모른다. 아마

도 당신 자신도 불편하다고 느꼈음에도 불구하고 당신 또한 때때로 이러한 방식으로 행동했을 것이다. 만약 결과가 성공적이었다면 다음번에도 이와 같은 방식으로 행동하는 것이 편하다고 느낄 것이다. 이러한 상황이 Powell에게도 나타났다.

Observation(관찰) 단계는 Powell 자신이 이중으로 점검하지 않았을지도 모르는 정적인 선에 의해 치명적인 사고를 잠재적으로 인식한 것이다.

Reflection(성찰) 단계는 Powell이 경험으로부터 배운 내용들이다. '작은 부분부터 정확히 점검해라.' 비록 그것이 완전히 새로운 시각은 아닐지라도 이러한 경험을 통해 강화되는 것은 중요하다. 여러 관점에서, Powell은 이러한 경험들로부터 배운 것들을 통해 나선형화가 되었으나 이번에는 더욱더 그것을 포용하고 그 자신의 스타일의 일부가 되도록 하였다.

우리는 또한 Powell 그 자신이 배운 것은 우리의 상호작용 프레임워크와 일관성 있게 같다는 사실을 발견하였다. 그는 실수가 빈번하게 일어날 때 리더는 특히 스트레스, 혼란, 피로와 같은 부분들에 집중해야 한다는 상황의 중요성을 언급하였다. 마지막으로 Powell의 전기문(biographical writing)을 통해 그는 경험으로부터 많은 것을 배웠다는 것에 주목할 필요가 있다. 그가 성공할 수 있었던 가장 중요한 요인은 그의 경험을 통해 계속해서 배우려고 했던 능력이었을 것이다.

3.3 나선형 경험에서 지각의 중요성

인지는 행동-경험-성찰의 모든 단계에 영향을 미친다.

경험이라는 것은 단순히 당신에게 일어나는 일을 의미하는 것은 아니다. 이러한 일들이 일어나는 것을 지각하는 것을 의미한다. 인지는 행동-경험-성찰의 모든 단계에 영향을 미친다. 그리고 어떤 사람이 리더십 과정에서 벗어나거나 그러한 리더십 상황에서 벗어날 때 중요한 역할을 하게 된다. 인간은 그들에게 일어나는 경험을 수동적으로 기록하는 사람이 아니다. 그보다는 인간은 적극적으로 경험을 특징짓고 구성하는 역할을 한다. 인식이 경험에 어떤 영향을 미치는지 더 잘 이해하기 위하여, 행동-관찰-성찰 모형을 각각 더 자세히 살펴보게 될 것이다. 먼저 가장 직접적으로 연관이 있는 지각과 관찰단계부터 살펴보기로 한다.

3.3.1 지각과 관찰

지각과 관찰은 둘 다 우리 주변에서 일어난 일에 대한 것이다. 이 두 가지는 아무 노력 없이 그냥 일어나는 것처럼 보이기 때문에 사람들이 이를 수동적인 관점이라고 생각하기 쉽다. 보통 지각 프로세스에 대한 이미지는 이러한 관점을 반영하고 있다. 예를 들면, 흔한 오해 중 하나가 우리의 눈은 카메라의 필름처럼 연속적으로 작동을 한다는 것이다. 이러한 지각에 대한 수동적 관점에 대한 오류는 우리가 어떤 상황에서 모든 측면에 주의 집중한다고 하는 오류를 낳게 된다. 우리는 굉장히 선별적으로 지각을 하게 된다. 이러한 선별적 지각 현상을 나타내는 것을 **지각의 틀**(Perception Set)이라고 한다.

선별적 지각 현상을 나타내는 것을 지각의 틀(Perception Set)이라고 한다.

이러한 지각의 틀은 우리의 어느 감각에나 모두 영향을 미칠 수 있으며, 우리가 어떠한 것을 지각하거나 또는 지각하지 않거나 하게 만드는 성향은 이에 기인한다. 많은 요소들이 이 지각 틀을 작용하게끔 만든다. 예를 들면, 어떤 감정, 욕구, 현행 경험이라든지 기대 등의 요소는 지각의 틀에 영향을 주게 된다. 또한 어느 리더십 강사가 옷을 굉장히 촌스럽게 입었다면 당신은 촌스럽게 옷을 입은 리더는 좋은 리더가 아니라고 편견을 가질지도 모른다. 당신의 편견 때문에 강의를 과소평가하거나, 강사의 설명에 귀 기울이지 않을지도 모른다. 하지만 중요한 것은 리더십 강사의 옷차림은 강의 능력과 아무 상관이 없다는 것이다. 이러한 유사한 현상은 사람들이 특정인에 대해 부정적인 것을 기대할 때 동일하게 발견될 수 있다. 즉, 문제 있는 직원에 대한 기대는 그 사람에 대해 좀 더 부정적인 요소를 찾게 되고 긍정적인 요소는 무시하게 되는 지각의 틀로 변형되게 된다. 성별, 인종에 대한 고정관념은 학습에 대해 굉장한 방해물이 된다. 왜냐하면 이러한 고정관념은 사람들의 관찰할 수 있는 능력을 방해하는 필터 역할을 하기 때문이다. 또 다른 예에서 여성 또는 소수 민족의 영향력은 백인 남성들의 영향력에 비해 떨어진다고 믿는다면, 당신은 여성이나 소수 민족 리더들의 실패사례들만 발견하게 될 것이다. 또한 여성들이나 소수 민족들이 성공한 모습은 과소평가하거나 무시하기 쉽다. 사람들은 이러한 유사한 편견들을 모두 가지고 있고, 우리가 불행하게도 본인은 인식하지 못하고 있지만 특정 리더십 상황이나 특정 리더십 학습 내용에 대해 배울 때 비로소 깨닫게 될 뿐이다.

문제 있는 직원에 대한 기대는 그 사람에 대해 좀 더 부정적인 요소를 찾게 되고 긍정적인 요소는 무시하게 되는 지각의 틀로 변형되게 된다.

3.3.2 지각과 성찰

성찰은 우리가 관찰한 것을 어떻게 해석하는 지에 관한 것이다. 지각은 계속적으로 해석을 하고 있고, 의미를 찾는 행위이다.

지각의 틀은 우리가 어떤 것을 관찰하고 집중하는지, 하지 않는지에 영향을 미친다. 또한 이러한 지각은 나선형 경험 단계, 즉 성찰에 영향을 미친다. 성찰은 우리가 관찰한 것을 어떻게 해석하는지에 관한 것이다. 지각은 계속적으로 해석을 하고 있고, 의미를 찾는 행위이다. 중요한 측면 중의 하나가 귀인(Attribution)에 관한 것이다. 귀인이란 우리가 관찰했던 행동이나 행위에 대한 설명을 찾는 것이다. 예를 들면, 당신이 Julie가 연구 그룹을 만드는 데 실패하는 것을 보았다면 당신은 Julie에게서 그 실패의 원인을 찾으려고 할 가능성이 높다. 즉, 당신은 Julie의 연구 그룹을 만드는 것에 대한 실패의 원인을 Julie의 지능, 성격, 외모 등의 요인에서 찾으려고 할 것이다. 이러한 경향은 타인의 행동을 설명하기 위해서, 그 행동의 원인에 대해서 상황적인 요인이 충분히 설명됨에도 불구하고 행동의 특정 원인에 대해서 과대평가하고, 환경적인 요인에 대해 과소평가하는 **기본 귀인 오류**(Fundamental Attribution Error)라고 한다.[5]

그 행동의 원인에 대해서 상황적인 요인이 충분히 설명됨에도 불구하고 행동의 특정 원인에 대해서 과대평가하고, 환경적인 요인에 대해 과소평가하는 기본 귀인 오류라고 한다.

사람들은 개인적인 귀속 원인에 근거하여 타인의 행동을 설명하려는 경향이 있다. 한편, Julie가 아닌 당신이 연구 그룹을 만드는 데 실패하였다면, 그 실패의 원인을 상황적인 요소에 두었을지도 모른다. 시간이 부족했다거나, 다른 멤버들의 이해력이 부족했다거나, 관심이 없었다거나, 연구 멤버로서 적합하지 못했다거나 등 이러한 것을 **자기 편향적 편견**(Self-Serving Bias)이라고 한다.[6] 즉, 내적인 성향으로 보기보다는, 외부 상황으로 돌리려는 성향이다. 귀인 프로세스에서 영향을 미치는 세 번째 요인은 **행위자-관찰자 차이**(Actor/Observer Difference)라고 한다.[7] 이것은 관찰자가 실제 행위자보다 기본 귀인 오류(Fundamental Attribution Error)를 더 많이 범한다는 것이다. 예를 들어, 어떤 학생의 시험 점수가 안 좋다고 하면, 지능이 떨어진다거나 과목에 약하다거나 내적인 요인에 원인을 돌릴 것이다. 본인이 당사자라면 좀 더 외부적인 요인, 즉, 교수가 공정하게 채점을 하지 않았다는 등의 원인으로 돌릴 것이다. 종합적으로 본다면 우리는 우리의 성공을 내적인 요인, 명석함, 성격, 외모 등으로 돌리지만, 타인의 성공은 좀 더 상황적인 변인 또는 행운에 의한 것이라고 귀인한다는 것이다. 이 장에서 우리는 성찰이라는 것은 지각, 귀인뿐만 아니라 평가, 판단 같은 고차원적인 인지 활동과 관련이 있다고 결론을 내린다(다음 장에서는 좀 더 넓은 의미에서의 성찰에 대해서 다룰 것이다).

자기 편향적 편견(Self-Serving Bias)이라고 한다. 즉, 내적인 성향으로 보기보다는, 외부 상황으로 돌리려는 성향이다.

행위자-관찰자 차이(Actor/Observer Difference)라고 한다. 이것은 관찰자가 실제 행위자보다 기본 귀인 오류(Fundamental Attribution Error)를 더 많이 범한다는 것이다.

3.3.3 지각과 행동

우리는 지각이 나선형 경험의 관찰과 성찰 단계에 영향을 미친다는 것을 배웠다. 이는 또한 우리가 취하는 행동에도 영향을 미친다. Michell과 그의 동료들은 지각과 편견은 상사들이 저성과자들을 다루는 행동에 미치는 영향에 대해 다루었다.[8,9,10] 일반적으로 이러한 연구자들이 발견한 것은 관리자들이 저성과자들의 업적의 원인을 찾기 위한 과정에서 편견이 들어가고, 그 귀인의 결과로서 처벌이 업적 기대와 저성과자의 행동의 차이를 극복하는 수단으로 사용되어야 한다는 것을 합리화한다. 우리의 행동에 영향을 미치는 또 다른 요인은 자성적 또는 **자기실현적 예언**(Self-Fulfilling Prophecy)이다. 자기실현적 예언은 우리의 행동이나 기대, 예측이 가능할 때 발생한다. 예를 들면, 경제학자들의 경제 위기에 대한 예측은 투자자들의 자신감의 감소로 이어져, 경제 위기를 더욱 부추기는 결과를 낳게 된다. 하지만 대인관계 수준에서의 자기실현적 예언 역시 발생할 수 있다. 한 사람의 타인에 대한 이해는 그 사람의 타인에 대한 태도에 영향을 미친다. 그 사람에 대한 타인의 반응은 본인의 편견을 확신하게 하는 결과를 낳게 된다.[11] 이러한 상호작용에 대한 원인과 결과가 [그림 3.2]에서 나타난다.

자기실현적 예언은 우리의 행동이나 기대, 예측이 가능할 때 발생한다.

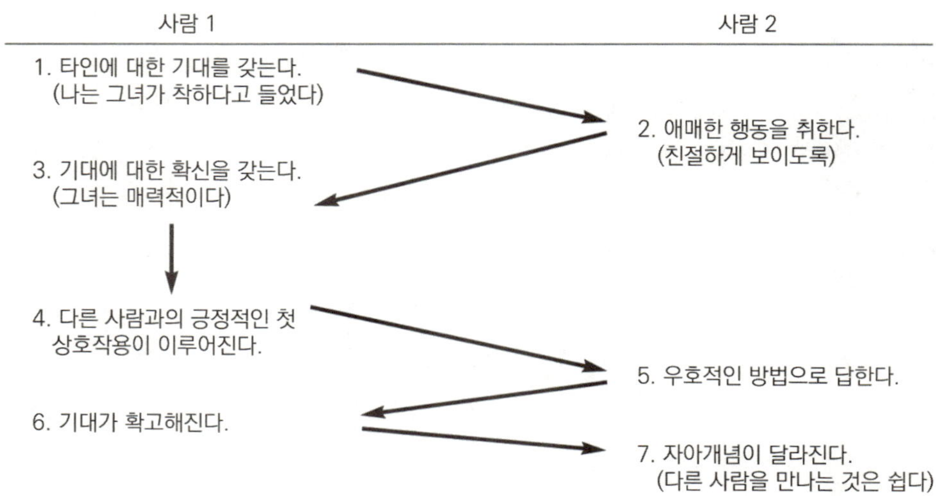

[그림 3.2] 사회적 상호작용에서의 경험의 역할

이러한 자기실현적 예언을 뒷받침하는 가장 좋은 증거는 Eden과 Shani의 리더십 훈련에서의 실험이다.[12] 연구자들은 실험에 참가한 강사들에게 실험집단을 군사 능력에 따라 잘 모르거나, 아주 평범하거나, 마지막으로 아주 훌륭한 군사 자질을 가진 집단으로 나누었다고 이야기했다. 하지만 그 실험집단의 군사능력은 검증된 적이 없다. 단지 그 학생들은 3가지 그룹으로 무작위할당되었을 뿐이다. 더군다나 강사들이 동일한 조건에서 강의를 했음에도 불구하고 잠재력이 뛰어난 것으로 분류된 그룹은 잘 모르거나 평범한 것으로 분류된 집단에 비해 테스트 점수가 좋았다. 어쩌면 학생들은 강사들의 기대를 느꼈고 그에 상응하는 반응을 보였을지도 모른다. 타인에 대한 기대, 긍정적 또는 부정적 기대를 갖는 것은 무의식 중에 우리의 행동에 영향을 미치고 결과적으로 타인의 행동에도 영향을 미치게 되는 것이다.

3.4 성찰과 리더십 개발

성찰은 문제 상황을 다르게 볼 수 있는 생각의 틀을 제공하고, 다양한 관점에서 문제를 바라볼 수 있는 상황을 제공하고 팀원들을 잘 이해할 수 있는 통찰력을 제공하기 때문에 굉장히 중요하다.

아마도 A-O-R 모형에서 가장 중요하지만 많이 등한시되었던 요소는 성찰일 것이다. 성찰은 문제 상황을 다르게 볼 수 있는 생각의 틀을 제공하고, 다양한 관점에서 문제를 바라볼 수 있는 상황을 제공하고 팀원들을 잘 이해할 수 있는 통찰력을 제공하기 때문에 굉장히 중요하다. 이렇게 리더십에 대해 성찰을 하는 것이 매우 중요함에도 불구하고 현실적으로 많은 관리자들은 성찰에 대해 많은 시간을 할애하지 않고 있다. 성찰이 자주 등한시되었던 이유는 업무에서의 시간 부족 때문이다. 리더들은 늘 긴박한 상황에서 일을 하는 사람들이라서 그 행동의 결과에 대해서 찬찬히 생각할 시간이나, 대안에 대해서 뒤돌아볼 여유가 없는 것은 사실이다. 일상적인 행위가 아닌 특별히 리더십 개발을 위한 상황이 아니면 힘들 수도 있다. 어떤 리더들은 리더십 개발에 있어서 성찰의 가치에 대해 잘 깨닫지 못하는 경우가 있다. 어떤 의도적인 성찰은 초기에는 리더십과 관련이 없어 보이지만, 잠재적인 이득을 가져다줄 것이다.

3.4.1 단순순환학습 대 이중순환학습

리더들이 성찰을 하지 않고서는 본인의 리더십 스타일을 근본적으로 바꾸는 것은 매우 어려운 일이다. 같은 맥락에서 Argyris는 본인의 인식을 극대화함으로써 더 훌륭한 리더들이 된 회사의 임원들의 노력에 대해서 연구하였다.[13] 이 연구들은 모든 리더들에게도 통용되므로 논의해볼 가치가 있다. Argyris에 따르면 많은 사람들은 다른 사람을 통제하는 신념 체계(Belief System)에 근거해서 다른 사람과 상호작용을 한다. 신념 체계는 사람을 통제하거나, 본인의 감정을 최소화하고 타인으로부터 받은 부정적인 생각을 최소화하는 시스템이다. 신념 체계는 위험을 낮추고 방어적인 대인관계를 낳는 경향이 있다. 이러한 방식으로 프로그램된 사람들은 어떠한 갈등이나 불신, 팀 간의 라이벌, 다른 사람과의 오해에 대한 잘못된 지각, 그리고 비효율적인 문제 해결, 잘못된 의사 결정 등을 회피하는 경향이 있다. 여기서 가장 중요한 것은 Argyris가 말하는 단순 순환 학습(Single Loop Learning)을 만들어 낸다는 것이다. 단순 순환 학습은 개인들과 환경, 사람들의 기본적인 행동이나 생각과 반대가 될 수 있는, 피드백을 받지 못하는 개인과 환경 사이의 학습 관계를 일컫는다. 여기서는 유효한 정보에 대한 공개적인 시험 같은 것은 거의 없다. 결과적으로 그 행위자의 신념 체계는 폐쇄적이고 자기실현적이고 이러한 믿음에 대해 성찰을 할 수 있는 시간이 없다. Argyris는 **단순 순환 학습**(Single Loop Learning)이라는 용어를 사용했는데, 이는 온도계와 같은 형태로 움직이기 때문이다. 사람들은 어떤 주제에 대해 그들의 안전지대(comfort zone)에 대해서만 배우기 때문이다. 원래 기대했던 목적을 잘 달성했는지에 대해 알 수는 있지만, 온도계가 온도만 측정할 뿐 그 장소의 특수성에 대해서 전혀 고려하지 않듯이 그 상황에 내재된 가치, 목적의 타당성에 대해서는 거의 의구심을 갖지 않게 된다. 이러한 자기 모순적인 상황(self-confrontation)은 **이중 순환 학습**(Double Loop Learning)에 포함된다. 이중 순환 학습은 본인의 관점에 대해 도전하고, 또한 타인이 본인과 다른 생각을 가진 것에 대해서 기꺼이 받아들이는 것이다. 이 이중 순환 학습은 정보에 대해 오픈 마인드를 갖고 그 의미를 음미하는 것으로부터 시작되며, 타인과 관점 및 권력을 공유하면서 문제를 명확하게 하고, 의사소통과 의사결정을 효과적으로 하는 것으로부터 시작된다. 이러한 이중 순환 학습이 필요

신념 체계는 사람을 통제하거나, 본인의 감정을 최소화하고 타인으로부터 받은 부정적인 생각을 최소화하는 시스템이다. 신념 체계는 위험을 낮추고 방어적인 대인관계를 낳는 경향이 있다.

단순 순환 학습은 개인들과 환경, 사람들의 기본적인 행동이나 생각과 반대가 될 수 있는, 피드백을 받지 못하는 개인과 환경 사이의 학습 관계를 일컫는다.

이중 순환 학습은 본인의 관점에 대해 도전하고, 또한 타인이 본인과 다른 생각을 가진 것에 대해서 기꺼이 받아들이는 것이다.

한 이유는 우리가 배우는 방식에 대해 배우는 것이라고 할 수 있다. Argyris에 따르면 리더들은 개인적으로 약한 부분을 극복하는 것을 포함하여, 많은 시행착오를 통해 이중 순환 학습의 단계에 도달하는 것이다.

다시 말해 성찰을 통해서 그들의 리더십 스타일을 바꿀 것인지, 다른 사람의 가정에 대해서 의구심을 갖고 그들의 조직에서의 역할에 대해서, 또한 그들의 목적과 조직의 목적의 중요성에 대한 근본적인 가정에 대해 다시 한번 생각을 하면서 그들의 리더십 스타일을 바꿀 것인지에 대해 학습했다고 할 수 있다.

여성의 개인적인 경험과 리더십 효과의 관련성

하이라이트 3.2

많은 수의 여성들이 경영일선에서 활약하고 있다. 당연히 여성들의 업무와 비업무 영역 사이의 관계는 거의 본질적으로 대립되는 것이라는 인식이 팽배해졌다. 여성 경영자들은 변함없이 그들의 경영과 개인의 역할의 요구 사이에서 눈물을 흘리는 것으로 묘사된다. 줄어든 관심은 직장과 개인적 역할의 가능성 있는 이점의 문제에 주의 집중되었다. CCL의 심리학자는 여성들이 개인적인 삶에서 행하는 역할은 그들의 업무효과에 영향을 미칠 수 있다는 것을 연구하였다. 여성관리자와의 전화인터뷰에서 그들은 이러한 문제를 질문했다: 당신의 직업적인 삶을 강화하는 당신의 개인적인 삶의 측면이 있습니까? 여성들의 대답은 다음의 여섯 가지로 정리된다.

◇ 대인관계 능력을 풍부하게 하는 기회

가정에서 아이들을 기르며 동기부여, 존중, 개발 등을 하는 것은 직원에게 동기부여하고 개발시키고 지휘하는 것으로 전환할 수 있다.

◇ 심리적 이득

장애, 위험을 극복한 개인적인 성공은 존중, 자신감, 에너지, 용기의 뒷받침이 된다.

◇ 감성적 지원과 조언

의견조사자와 동기부여자로서의 역할을 하는 가족과 친구들은 안심할 수 있는 환경 안에서 감정을 분출할 수 있도록 허락한다.

◇ 다양한 과업 처리

바쁜 가족들의 일정을 계획하고 바꾸는 일과 같은 것은 우선순위를 매기고 계획하는 것과 같은 관리적인 기술을 개발한다.

◇ **개인적인 관심과 배경**
업무에서 사람들과의 관계와 이해를 위한 유용한 관점(균형감)과 기술을 제공한다.

◇ **리더십 기회**
자원봉사, 지역사회단체, 가족환경에서는 실권자로 편안함을 증가하고 리더십을 배울 수 있는 기회가 된다.
출처: Adapted from: M. N. Ruderman, Patricia J. Ohlott, K. Panzer, & Sara N. King, "Benefits of Multiple Roles for Managerial Women." *Academy of Management Journal* 45(2)(2002), pp. 369-86.

3.5 경험을 통한 리더십 개발

A-O-R 모형을 사용하는 것은 리더십 경험을 의미 있게 만들고 더 성숙한 리더로 만드는 것에 도움이 되지만, 어떤 상황들은 다른 상황에 비해 좀 더 리더십 개발에 도움이 되는 것은 사실이다. 리더십 개발에 더 훌륭한 환경들은 경험의 보고(Crucibles of Experiences)라고 할 수 있고, 연금술사들이 사용하는 촉매제 같은 역할을 한다.[14] 이 장에서 우리는 경영능력을 양성할 수 있는 어떤 주어진 경험을 만드는 두 가지 요소, 즉 같이 일하는 사람들 그리고 업무 특성에 대해 다룰 것이다.[15,16] 이러한 요소들은 리더나 리더가 되는 사람에게 기회를 제공하고 성찰의 기회를 제공하기 때문에 굉장히 중요하다. 사람들은 대체로 어떤 분야에서나 전문성에 의해 리더가 되는 경향이 있다. 그들이 리더 또는 상사로 선정되는 첫 번째 이유는 그들의 역할에서 요구되는 전문성 또는 능숙함에 기초하는 것이다. 예를 들어, 당신이 공학 분야의 학위가 있다면 취업하기에 훨씬 쉬울 것이다. 그 이유는 당신의 엔지니어로서의 전문성 때문이다(하이라이트 3.2, 그림 3.3, 리더십 프로파일 3.1 참조).

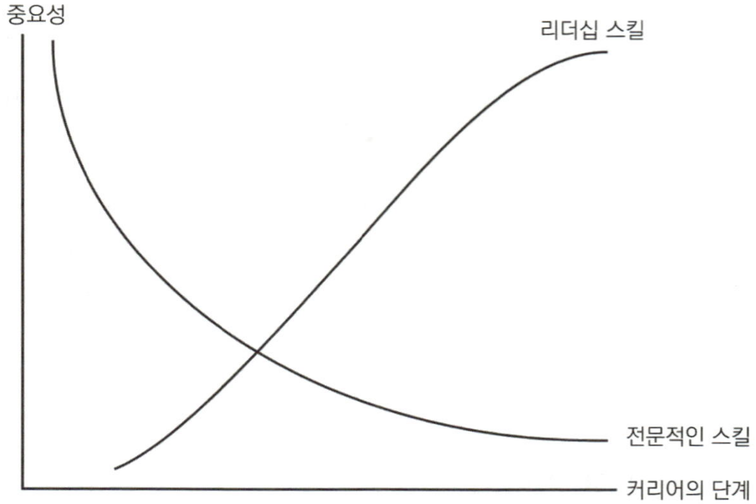

[그림 3.3] 성공을 위한 변화적 요건

출처: Adapted from Twenty-Two Ways to Develop Leadership in Staff Managers, Robert W. Eichinger and Michael M. Lombardo. Copyright © 1990 Center for Creative Leadership. Reprinted with permission.

Steve Jobs

리더십 프로파일 3.1

Steve Jobs는 세계에서 가장 유명하고 성공적인 비즈니스 리더 중 한 명이나, 신경질적이고, 공격적이고 다른 이들에게 요구하는 것이 많은 스타일로 유명하다. Jobs는 20세에 Steve Wozniak과 함께 개인용 컴퓨터의 혁명을 일으킨 Apple(Macintosh)을 만들었다. Apple을 떠난 뒤, Next computer를 창업하였고, 1986년에는 컴퓨터 애니메이션 회사인 Pixar를 인수하였다. Pixar의 첫 번째 영화인 "Toy Story"는 최초의 컴퓨터 애니메이션 영화였다. 그 후 Apple로 복귀하여 iPod과 iPhone으로 소비자 가전제품의 혁신을 만들었다.

2005년 Jobs는 스탠퍼드 졸업 연설에서 그의 인생에서 가장 어렵고, 가장 가치 있는 경험으로 그가 창립했던 Apple에서의 해고에 대하여 말하였다. Jobs와 Wozniak은 1970년에 그의 아버지 집 창고에서 Apple을 시작하였고, 이후 10년간 Apple은 20억 원의 회사로 성장하였다. 그는 Apple의 성공을 이룬 그 시기에 그가 이사회에서 해임되었다는 것을 믿지 못했다. "당신이 만든 회사에서 어떻게 해고될 수 있냐고요? 치열했던, 나의 온 젊음을 집중했던 것은 사라져버렸습니다." 그러나 지금은 Apple을 떠난 것이 또 다른 기회로 활용될 수 있었다고 생각한다. "저는 그 당시에는 알지 못했으나, Apple에서 해고된 것은 저에게 있어 가장 최선의 것이었음을 알게 되었습니다."

Steve Jobs의 리더십:
진정으로 만족할 수 있는 유일한 길은 여러분이 위대한 일이라고 믿는 일을 하는 것이다. 그리고 그러한 위대한 일을 하는 것은 여러분이 하는 일을 사랑하는 것이다. 당신이 품질의 척도가 되어야 한다. 많은 사람들이 탁월함(최고의 품질)을 기대하는 환경에 익숙하지 않기 때문이다. 혁신은 리더와 팔로워를 구분하는 잣대이다.

출처: Adapted from Wikipedia.

3.5.1 당신의 주변 사람들

당신 주변의 사람들은 여러 방면에서 당신의 발전을 도울 수 있다. Kouzes와 Posner는 우리의 성장을 가능하게 하는 여러 가지 방법에 대해 이렇게 말했다.[17]

> "타인은 언제나 가이드의 근원적 존재이다. 우리는 우리에게 지원과 조언을 아끼지 않는 부모님들을 기억한다. 우리가 가장 좋아하는 과목에서 우리의 호기심을 자극했던 선생님, 우리를 돌보아주던 이웃들, 우리가 최선을 다할 수 있다고 격려했던 코치, 나의 행동에 진심 어린 피드백을 준 상담가, 장인 정신을 가르쳐준 예술가, 조직에서 어떻게 살아남는지 가르쳐 주었던 첫 번째 상사 등."

직장생활에서 개인적으로, 업무적으로 성장을 도와주는 타인의 역할을 살펴보자. 상사는, 특별히 뛰어나거나 아니면 무능하거나 상관없이, 개인 성장에 밑거름이 된다. 아주 뛰어난 상사는 어떻게 행동을 해야 하는지 또는 하지 말아야 하는지를 잘 가르쳐준다. 그러나 직장에서 상사만 나의 성장을 도와주는 것은 아니다. 성장배경, 관점, 생각이 다른 타인들 역시 나의 성장에 도움을 준다. 문제가 있는 부하와 일하는 것은 관리 능력을 키워줄 수도 있고, 직속 부하가 아닌 다른 사람에게 직접 영향을 미치는 법도 알아야 한다. 직속 상사 외 다른 상사에게 보고를 해야 할 경우도 있고, 동료 그룹의 책임자가 될 수도 있다. 이러한 상황은 협상기술과 비공식적 영향력에 대해 배울 수 있는 좋은 기회이다.

마지막으로 구조조정 또는 프로젝트를 처음부터 시작할 때처럼 팀이나 조직에서 주요한 변화가 일어날 때, 다른 종류의 관리 능력이 요구된다.[18] 당신은 직속 상사 및 주변의 긍정적 또는 부정적 인물들에 대해 관찰함으로써 효과적 또는 비리더의 역할에 있는 타인을 관찰함으로써 리더로서 무엇을 해야 하고, 하지 말아야 하는지를 알 수 있다.

효과적인 리더십에 대해 배울 수 있다. 리더의 역할에 있는 타인을 관찰함으로써 리더로서 무엇을 해야 하고, 하지 말아야 하는지를 알 수 있다. 동료는 특히 리더십 개발에 중요한 자원이다. 학교 교장들이 참가한 컨퍼런스의 동료 코칭 세션에서 학교 교장들은 서로를 관찰할 수 있다. 교장들 본인이 교사들과 어떻게 상호작용하는지에 대해 의견을 나누고, 후에 다시 만나서 컨퍼런스의 세션이 얼마나 효과적이었는지 논의하는 것이다.[19] 이러한 교장들끼리의 피드백은 굉장히 의미가 있다. 교장들은 본인들의 관리자 역량을 향상시키는 동료 코칭이 특히 효과적인 시스템이라고 호평하였다. 조직에서, 당신에게 경험을 공유하고자 하는, 경험이 많은 사람들과 친밀한 관계를 유지함으로써 가치 있는 관점과 통찰력을 배울 수 있다. 이러한 사람들을 멘토(Mento)라고 부른다. 멘토의 어원은 그리스 신화에서 오디세이가 트로이 전쟁을 나가기 위해 본인의 집안 살림과 아들의 교육을 맡긴 인물에서 유래되었다.[20] **멘토링**은 나이와 경험이 있는 사람들이 젊은 인재를 구성원으로 격려하고 사회화하는 과정이다.[21] 멘토링의 가치는 공식적이고 체계적으로 사용되어야 한다고 추천되지만, 멘토링은 주로 비공식적이다.[22] 효과 측면에서 멘토와 멘티(Mentee)는 멘토링 관계를 성립함으로 양측이 모두 이득을 본다.[23] 멘토는 멘티가 조직에서 성장 및 승진함으로써 간접적으로 영향력을 키울 수 있다. 멘토는 또한 본인의 승진에 따른 공석을 후계자로 채우는 데 이득을 볼 수 있다. 멘티는 영향력 있는 지원자를 얻고, 조직의 여러 가지를 개인교습을 통해 배운다는 장점이 있다.[24,25] 멘토를 갖게 됨으로 더 많은 커리어 기대를 갖게 되는 것이다. 여성들에게 많은 멘토가 없는 것은 고위 여성 관리직이 많이 없는 것이 그 원인 중 하나라고 분석된다.[26] 어떤 사람들은 체계화된 멘토링이 모든 구성원들에게 커리어를 발전시킬 수 있는 기회를 준다고 생각하지만, 멘토링은 아직도 비공식적이며 선발된 사람들에게 주어지는 기회라고 보는 경향이 있다.[27] 이와 관련된 개념이 임원 코칭(Executive Coaching)이다. 임원들에게 보고하는 관리자들을 양성하는 것은 점차 임원들의 의무라고 보고 있는 추세이다. 이는 비생산적인 업무 태도를 바꾸고 능력 있는 관리자들이 도태되는 것을 막는 일종의 투자이다.

경험이 많은 사람들과 친밀한 관계를 유지함으로써 가치 있는 관점과 통찰력을 배울 수 있다. 이러한 사람들을 멘토(Mento)라고 부른다.

멘토링은 나이와 경험이 있는 사람들이 젊은 인재를 구성원으로 격려하고 사회화하는 과정이다.

3.5.2 과제(과업)

다른 사람과의 다양한 관계 외에, 업무와 관련된 과제 역시 개인의 성장과 관련이 있다. 성장에 유용한 과제는 우리가 보통 직면하지 않았던 복잡하고 구체적이지 않은 과제들이다. 또한 리더십 개발은 주어진 환경이 지속적으로 변화하고, 역동적이고 예측 불허일 경우 더욱 효과적이다. 과제의 특성상 새롭고 창조적인 해결책이 요구되고, 기존의 대책들은 더 이상 도움이 되지 않을 수 있다. 불확실한 미래의 체계적 계획과 예상이 중심이 되는 프로젝트는 지적 도전의 기회일 수 있고, 리더십 개발에 도움이 될 것이다.[28] 경험으로부터 학습을 이끌어내기 위해 A-O-R 모형을 사용하라고 권장하지만, 도전적인 과제 자체가 성장에 있어서 도움이 되는 것 자체를 부인할 수는 없다. 성장에 가장 도움이 되는 기회는 개인의 능력을 최대한 발휘하고 새롭고 어려운 과제를 통해 본인을 시험하는 것이다.[29] 물론, 과제의 난이도와 이를 통해 개인이 얼마나 성장하게 될지는 개인의 성숙도와 경험의 맥락에서 의미를 갖게 된다. 다음은 학교 군악대의 리더를 담당하고 있는 어느 학생의 말이다.

> '4개의 소그룹에 30명의 동료가 있다. 나는 리허설을 담당하고, 어떻게 행진을 하는지 가르치고, 발생하는 어떤 문제라도 해결해야 하고, 새로운 멤버를 뽑아야 하고, 동료들을 동기 유발해야 한다. 나는 4개의 소그룹 파트장을 통해서 이런 일을 하기도 하는데, 그들이 본인의 책임을 다하는지 명확하게 해야 한다. 가장 힘든 점은 사람들을 동기 유발해야 하고, 모든 사람들이 본인이 해야 할 일을 제대로 하는지 명확하게 해야 한다는 것이다. 이 군악대 활동은 다른 사람과 상호작용하는 데 많은 경험을 주었다.'

대학생 낙하산 팀의 강사인 어떤 학생의 가장 기억에 남는 리더십 경험은 다음과 같다.

> '클럽 활동 동안 나는 비행기에서 부상 없이 성공적으로 뛰어내리는 것을 가르치는 것에 대해 많이 배웠다. 가장 큰 고민과 책임은 학생들의 안전이고, 학생들이 그 과정을 제대로 배웠는지 명확하게 해야 하는 것이고, 어떤 상황에서라도 낙하 이후에 안전을 확보하는 것이다. 나는 다른 학생들의 생명을 책임

져야 했다. 인내심을 갖고 많은 시간을 투자하여 그들이 낙하에 능숙해지게 만들어야 했다. 또 다른 때에는 응급 상황이나 안전 해이가 발생하지 않도록 아주 강하게 강조해야 했다. 이 기간 동안 나는 리더십에 해당되는 모든 것을 경험했다. 나는 많은 사람들, 그중에서도 동료들과 함께 일했어야 했고, 그것은 더 어려웠다.'

다른 사람의 생명을 책임진다는 것은 개인의 부담을 증가시키고, 이 부담감은 대학생 강사로서의 역할을 소중한 리더십 경험으로 만들었다. 특정 과제가 개인의 성장에 도움이 되는지 또한 개인적 부담을 만들어내는지는 여러 가지 요소가 작용한다. 관리자들에 따르면 성장에 가장 도움이 되는 도전과제는 과제 자체가 성공과 실패 둘 다 가능하지만, 타인에게는 너무 쉬워 보이는 과제이다. 실패에 대한 리스크가 있을 때, 관리자들은 학습에 대한 욕구를 갖게 된다. 또한 개인적 부담감 외에 개인 성장에 도움이 되는 다른 요소들은 과제 완료에 따른 시간적 압박, 출장, 장시간 근무 등이었다.[30]

개인적 부담감 외에 개인 성장에 도움이 되는 다른 요소들은 과제 완료에 따른 시간적 압박, 출장, 장시간 근무 등이었다.

모든 구성원들에게 멘토링을 제공할 수 없듯이, 조직은 모든 구성원들에게 동일한 리더십 개발 기회를 줄 수는 없다. 특히, 큰 조직과 작은 조직은 제공할 수 있는 리더십 개발 기회에 차이가 많다. 예를 들면, 규모가 작은 학교의 학생들의 연극에서는 누구나 중요한 역할을 맡을 수 있으나, 규모가 큰 학교에서는 불가능하다. John Gardner가 언급했듯이, 현재의 거대 규모의 조직과 비개인화 현상은 젊은 세대의 리더를 키우는 데 비효과적이다.[31]

3.5.3 리더십 경험 극대화하기: 경험으로부터의 학습

이 섹션은 리더십을 실천하는 사람들에게 경험으로부터 배우기 위한 몇 가지 제안을 했던 이 장의 첫 부분과 같은 맥락이다. 10년 이상 창조적 리더십 센터(Center for Creative Leadership)에서는 고위 임원직에 있는 사람들의 중요한 리더십 개발에 있어 경험으로부터의 학습의 역할에 대해 연구하였다. 이러한 연구들은 성공하기 위해서 무엇을 배워야 하는가에 대해서는 구체적으로 많은 연구 결과를 내놓았지만, 성공하기 위해 어떤 학습 과정을 거쳐야 하는지에 대해서는 별로 알려진 바가 없다. Bunker와 Webb은 성공한 임원들에게 그들의 리더십을 배운 가장 강력한 경험에서 느꼈던 감정을 형용사로 표현해보라고 하였다.[32] 전형적인 반응은 긍정적 감정과 부정적 감정이 공존하였다(하이라이트 3.3 참조).

부정적인 형용사: 고통스러운, 두려운, 좌절한, 스트레스 받는, 떨리는, 압도당하는, 불분명한, 화난, 상처 받은

긍정적인 형용사: 도전적인, 성공한, 자랑스러운, 능력 있는, 성장하는, 환희에 넘치는, 재능 있는, 자원이 충분한, 학습하는

임원 탈락: 성공의 궤도에서 이탈

하이라이트 3.3

어떤 임원들은 탑 매니지먼트(최고 경영자)로 가지 못한다. 예전에 Center for Creative Leadership의 연구자들은 탈락한 임원들의 과거의 커리어에 대해 조사해 보았다.

전형적으로 그들의 탈락은 여러 요인의 결과였고, 타인에 대한 무신경/무관심은 가장 큰 요인이었다. 어떤 경우, 초기에는 성공적이었으나 새로운 환경에서는 적용되지 않는 경우가 있었고, 기존에는 다른 요인에 가려 커리어에 큰 영향을 미치지 않았으나 결국 가장 치명적인 약점이 되는 요인도 있었다. 1996년의 연구에 따르는 이러한 연구를 더 확장하여 미국과 유럽의 임원들을 대상으로 시행되었다. 일반적으로 유럽과 미국의 임원 탈락의 요인은 일관적이었다.

성공한 리더들의 특징

탁월한 적응력, 협력적인 관계를 형성하는 능력, 팀을 구성하고 이끄는 능력
권위적이지 않음, 일관적으로 탁월한 성과 창출, 야망이 있음

탈락한 리더들의 특징

새로운 환경에 적응하지 못함, 업무 관계가 매끄럽지 못함, 팀을 구성하고 이끄는 능력이 부족함, 권위적임, 낮은 성과 창출 및 지나친 야망을 가지고 있음

그렇다면 임원들의 탈락을 A-O-R 모형의 관점에서 해석하겠는가? 문제의 원인을 그들의 행동에서 찾겠는가? 아니면 그들의 관찰이나 자신 행동 결과에 대한 인식에서 찾겠는가? 아니면 기타 요인이라고 생각하는가?

출처: A Look at Derailment Today: North America and Europe. Greensboro, NC: Center for Creative Leadership, 1996.

이러한 연구 결과는 예전부터 가정되어 온 스트레스와 학습의 유의미한 관계를 다시 한번 확인하는 것이다.[33] 학습하기와 성장의 경험은 대부분의 경우 스트레스를 준다.[34,35,36,37]

Bunker와 Webb에 따르면 성공한 임원들은 스트레스를 경험하지 않고 성공하려고 노력한다. 그들은 예전에 이미 습득한 실력으로 문제를 해결할 때 가장 편하게 느낀다고 한다. 그들은 조직 내에서 이미 입증된 실력자라는 압박감과 또한 계속적인 성공을 해야 한다는 초기의 압박감이 있다. 스트레스를 받는 상황에서는 이러한 경향이 더욱 짙어진다. 이러한 결과는 성인들 발달의 진퇴양난의 상황이 되는 것이다. 그들이 과거의 학습 유형에서 만들어진 경험을 벗어나야 할 때가 있지만, 정작 본인은 괴롭다. 과거의 개인적 성공에 안주하지 않고 벗어날 수 있는 능력은 실패의 경험, 모르는 것을 참고 견디는 의지와 학습에 대한 확고한 의지가 필요하다.

창조적 리더십 센터(Center for Creative Leadership)의 경험으로부터 배우는 것에 대한 학습 과정을 설명해 놓았다.

[그림 3.4]는 창조적 리더십 센터(Center for Creative Leadership)의 경험으로부터 배우는 것에 대한 학습 과정을 설명해 놓았다. Bunker와 Webb은 다음 그림에서 인생을 학습 기회의 연속으로 포함하는 과정이라고 설명하였다. 그림의 가운데 부분은 인생에서 스트레스를 받는 기간이며, 이는 아마도 극적으로 어떻게 배우는지에 대한 학습 기간이 될 것이다. 그림의 왼쪽 부분은 과거의 학습 경험으로부터 자극을 받은 성장과 발달을 나타낸다. 그림에서 보여주듯이, 과거의 학습된 기술은 시간이 지남에 따라 습관화되어 평범하게 된다. 소위 안전지대(Comfort Zone)라고 불리는 안정화 시기에서는 본인의 과거의 성공 유형에 도전하는 두려움과 계속적인 성공 경험으로부터 발생된 주저함 등을 극복해야 한다. 중앙의 가장 작은 원은 주로 변화 또는 대응을 요구하는 스트레스를 받는 경험이나 과도기처럼 새로운 학습 도전의 출현에 대한 긴장감이다. 성공에서의 급격한 하락은 새로운 학습과 전략을 배우려는 시도와 동반되는 행동의 회귀(Performance Regression)로 나타난다. 사람들은 보다 장기적인 학습을 위해 단기적 기대를 버리고 스트레스를 극복하면서 이 시기를 극복한다. 물론, 본인의 과거 성공을 포기하지 않고, 본인 업적의 급격한 하락을 견디지 못하면 학습은 일어나지 않을 것이다. 성공을 하기 위해서는 정규 교육 이후에도 학습은 평생 동안 계속되어야 한다.

성공을 하기 위해서는 정규 교육 이후에도 학습은 평생 동안 계속되어야 한다.

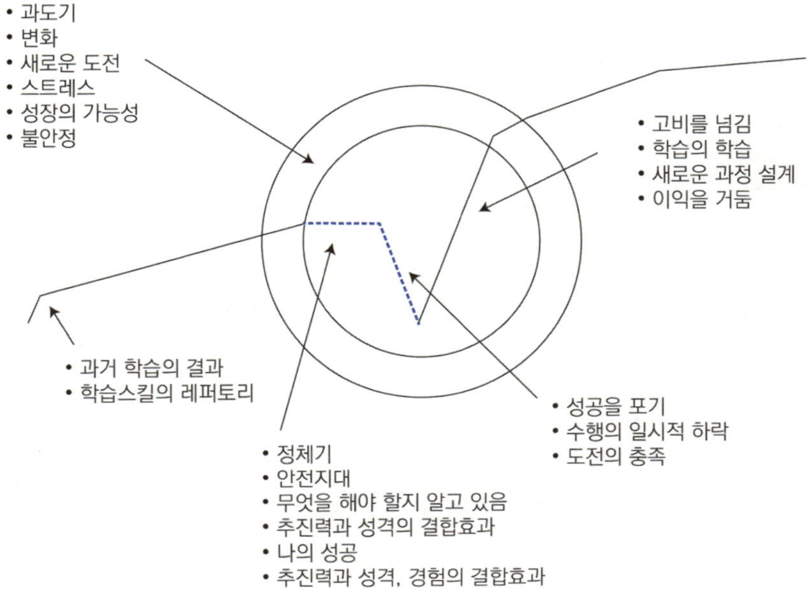

[그림 3.4] 경험으로부터 배우는 것에 대한 학습과정

정규 교육의 끝은 본인이 정말 원하는 내적 동기에 의한 교육의 시작이 될 것이다. 이 시기에서 공부를 하는 목적은 더 이상 성적, 학위 취득이나 취업이 아니다. 그보다는, 내 주변의 어떤 일이 어떻게 일어나는지 이해하고, 개인의 경험에 대해 의미 있게 해석할 수 있는 센스를 키우는 것이다.[38] 이러한 콘셉트는 효과적인 리더가 되고 또한 효과적인 리더로 유지되는 방법에도 적용된다. 현대사회에서의 리더는 지속적인 학습을 해야 할 필요가 있다.[39]

3.6 교육과 훈련을 통한 리더십 개발

우리는 경험이 리더십 개발에 있어서 중요한 부분을 차지한다고 믿지만, 또한 정규 교육도 중요한 역할을 한다고 생각한다. 예를 들면, 많은 학자들이 교육수준과 대학에서의 학업성취가 향후 관리자로서의 성공과 정적인 관계가 있음을

증명하였다.[40,41,42] 더욱이 많은 관리자 교육 프로그램의 효과성 연구에서 Burke와 Day는 리더십 개발에서 교육 프로그램은 대체로 긍정적인 결과를 낳는 것을 발견하였다.[43] 즉, 정규 교육과 훈련은 한 개인이 리더가 되는 데 효과적이라는 결론이다. 하지만 이러한 교육과정들은 교수법과 학습내용에 있어 크게 차이가 있고, 모든 교육과정이 리더에게 효과적인 것은 아니라는 점을 명심해야 한다. 많은 리더십 과정들의 내용은 그 대상에 따라 크게 다르다. 예를 들면, 대학 수준의 리더십 과정은 주요한 리더십에 대한 개념들을 가르치고, 초급 리더를 대상으로 하는 리더십 과정은 어떻게 동료 부하를 교육시키고 피드백을 주는지 가르치며, 그리고 고위 임원을 대상으로 하는 과정은 전략적 기획과 대외활동 관계에 대해 다룬다. 이런 측면에서 리더십 개발(Leadership Development)과 리더십 교육(Leadership Education)을 구분할 필요가 있으며, 후자는 전자에 속하는 것으로 파악할 수 있다.[44] 또한 리더십 프로그램들은 전문적으로 인정된 리더십 실행과 기준을 잘 포함하고 있는지에 따라서도 차이가 많이 난다. 어떤 과정들은 이미 지나간 오래된 지식이나 유행을 타는 가짜 지식들로 포장되어 있는 과정들도 있다. 다음 장부터 우리는 리더십 개발을 위해 사용되는 교수 방법과 내용에 대해서 알아볼 것이다.

3.6.1 대학의 리더십 강의

오늘날 수많은 대학에서 리더십 강의를 한다. 많은 경우, 이런 프로그램은 학생 개발센터에서 과외활동으로 이루어지는 경우도 있고, 정규 수업처럼 진행되는 경우도 있다. 리더십 과외활동은 매우 다양하며, 내용과 교수방법에 있어 상당 부분 유사할 수도 있다. 내용 측면에서 보면 많은 리더십 과정에서 다루는 주제들은 이 책에서 다루는 주제들과 상당히 유사하다(성격, 인지능력, 가치, 행동, 동기, 조직 역동성, 의사소통, 상황 변수, 리더십 과정을 기술하는 많은 리더십 이론들 등). 또한 대학의 리더십 과정들은 주로 역사적, 기업 관련, 소수자 또는 여성 리더들을 주로 다루는 경향이 있다.

다양한 리더십 콘셉트를 학생들에게 전달하는 교수법 또는 테크닉은 상당히 다양하다.[45] 많은 과정들은 (그동안 효과적이라고 생각되어 온) 기본 강의 기법을 사용한다. 또 어떤 과정들은 성격, 지능, 가치, 관심도 테스트 스코어 또는 리더십 행동 점수의 형태로 **개별화 피드백**(Individualized Feedback)을 제공한다. **사례연구**(Case Studies)는 다양한 리더십 상황에 대한 기술로 구성되어 있고, 리더십에 대한 토론을 위해 주로 사용된다. **역할 연기**(Role Playing) 또한 많이 사용되는 기법이다. 역할 연기에서는 참가자들이 상사 또는 동기가 저하된 부하직원 등 직장 상황에서 특정 역할을 맡게 된다. 역할 연기는 참가자가 직접 관련 있는 기술을 연습하고 추상적인 리더십 토론이나 일방적인 강의보다 업무에 더 빨리 적용될 수 있다는 장점이 있다. **시뮬레이션**(Simulations)**과 게임**(Games)**은** 좀 더 다른 방법이다. 이들은 업무 상황에서 흔히 겪는 의사결정이나 어려운 상황을 바탕으로 설계된 비교적 구조화된 활동이다. 잘 알려진 리더십 시뮬레이션은 '창조적 리더십 센터'의 Looking Glass이다.[46] 이런 새로운 리더십 개발 기법은 참가자들을 새로운 환경에 놓고 물리적, 감정적, 그리고 팀 위주의 도전을 제시한다.

역할 연기에서는 참가자들이 상사 또는 동기가 저하된 부하직원 등 직장 상황에서 특정 역할을 맡게 된다. 역할 연기는 참가자가 직접 관련 있는 기술을 연습하고 추상적인 리더십 토론이나 일방적인 강의보다 업무에 더 빨리 적용될 수 있다는 장점이 있다.

3.6.2 리더십 훈련 과정

기업이나 공공부문에 리더 및 관리자를 위한 리더십 훈련 과정이 많다. 많은 측면에서 이들 프로그램은 대학의 리더십 과정과 많은 차이가 있다. 이러한 과정들은 주로 일주일 이내의 짧은 과정이며 내용 역시 대학 과정에 비해 좀 더 목표가 명확하다. 이들 프로그램의 내용은 역시 참가자들의 조직 내에서의 위치에 따라 달라진다. 초급 리더들은 훈련, 모니터링, 피드백 제공, 업무 평가하는 법 등 주로 관리 기술에 집중을 한다. 일반적으로 이런 과정들은 강의, 사례연구, 역할극 등을 사용한다.

중간 관리자를 위한 과정은 대인 관계, 의사소통 기술(구두/문서화) 등을 향상시키는 데 집중하며, 또한 시간 관리, 기획, 목표 설정 등에 대한 부분도 다룬다. 이런 프로그램들은 개별화 피드백, 사례연구, 프레젠테이션, 역할 연기, 시뮬레이션, 서류함기법(in-basket training), **리더 없는 그룹 토론**(Leaderless Group Discussion) 등을 사용한다. 특히 이 기법은 참가자들의 기획력과 시간 관리를 평가하고 향상시키는 데 효과적이다. 리더 없는 그룹 토론은 퍼실리테이터와 관찰자가 참가자의 설득능력, 리더십, 팔로워십, 리더가 없는 상황에서의 갈등을 어떻게 드러내는가 등을 관찰한다. 이러한 평가들은 참가자들의 대인관계 및 구두 의사소통에 대한

서류함기법은 주어진 시간 내에 참가자들이 가상의 인물의 메일함에 있는 업무 연락, 편지, 전화 메시지에 어떻게 대응하는지를 통한 훈련이다.

효과적인 훈련은 개인 성장, 기술 증대, 피드백, 개념적 인식 등 4가지 교수전략의 혼합을 사용할 때 가능하다.

개별 피드백을 제공하는 데 쓰인다. 리더십 개발과 훈련 분야에 대해 Conger는 이렇게 평가하였다: 리더십 개발은 다층의 전략을 사용하면 효과적일 수 있다. 효과적인 훈련은 개인 성장, 기술 증대, 피드백, 개념적 인식[47] 등 4가지 교수전략의 혼합을 사용할 때 가능하다.

어떤 리더십 프로그램은 래프팅이나 야외 생존 게임 등 감성적으로 개인 성장 경험을 하는 기법을 사용하기도 한다. 리더십 개발을 위한 구조화된 학습 활동 및 경험에 대해서는 이 책의 마지막 부분에서 다시 다루기로 한다. 또한 리더십 개발의 어떤 접근법에서는 표준화된 평가 방법을 사용하여 개인의 강점과 약점에 대한 개별화된 피드백을 중요시한다. 피드백을 사용한 접근법들은 개인이 인식하지 못하는 본인의 사각지대를 발견하게 해주고, 리더십 개발 중 어떤 측면을 더 중시해야 하는지 알려주는 역할을 한다. 또한 어떤 프로그램들은 리더십 개발에 있어서 여전히 개념적이고 인지적인 요소를 강조한다. 예를 들면, 많은 MBA 프로그램에서 사용하는 이론, 사례연구 등이다. 이러한 접근법에는 각각의 장점이 있고, 따라서 Conger는 각각의 요소를 조화롭게 혼합하여 사용하는 것에 대한 가치를 강조한 것이다.

같은 맥락에서 어떤 사람들은 21세기의 리더십 개발은 좀 더 생활에 밀접한 상황과 맥락에서 일어나야 한다고 강조한다.[48] 이를 위해, 리더십 개발을 위한 좀 더 나은 실습 환경을 만들어서 리더십 기술이 좀 더 향상되도록 해야 한다고 한다. 직장이나 업무 자체에서 리더십 개발이 일어나는 일이 점차 증가하고 있다.[49]

고위 임원이나 CEO의 리더십 프로그램은 주로 전략적 기획, 대외 활동, 그리고 대인관계에 집중하고 있다. 그들의 조직을 위해 어떻게 전략적 기획을 해야 하는지 배우며, 어떤 프로그램들은 대외활동기술을 향상시키기 위해 CEO에게 일정을 공지하지 않은 채 돌발적인 인터뷰를 하고, 인터뷰 기술에 대한 피드백을 제공한다.

리더십 프로그램을 선택하는 데 한 가지 생각해 볼 점이 있다. 이는 많은 리더십 프로그램이 이론과 연구에 기반을 하고 있지만, 전혀 학문적인 근거가 없는 프로그램도 있으니, 선택 시 잘 살펴보아야 한다는 점이다. 아마도 특정 리더십 프로그램이 당신과 당신의 조직에 도움이 되는지 확인하는 방법은 리더십 훈련에 체계적 접근법을 사용하는 것이다. 다른 상품이나 서비스의 사용자처럼 리더십 프로그램에 사용된 시간, 에너지, 비용을 투자하는 똑똑한 소비자가 될 필요가 있다.

3.7 리더십 자기 이미지 구축하기

이 장에서는 정규교육과 경험을 통해서 어떻게 리더십을 개발하는지에 대해 다뤘다. 결론을 맺기 전에 모든 사람이 리더가 되고 싶어 하는 것도 아니고, 또한 모든 사람들이 리더가 될 수 있는 것도 아니라는 사실을 인정해야 한다. John Gardner에 따르면, 똑똑하고 젊은 많은 사람들이 리더십 기회나 책임감을 못 견디거나 회피한다. 또 다른 부류의 젊은이들은 리더가 되고 싶어 하더라도 리더가 되기 위해서 어떤 노력이 필요한지 잘 모른다.[50] 리더의 책임감을 단순히 회피하고자 하는 사람들에게 우리는 리더십의 중요성과 리더십이 어느 분야에서나 필요하다는 것에 대한 오픈 마인드를 강조하고 싶다. 이 책이 리더십에 대해 전에 비해 더 친근하고 본인과 관련된 개념으로 다가가는 데 도움이 되면 좋겠다. 또 다른 부류에게는 셀프이미지의 유연성을 강조하고 싶다. '나는 리더 타입이 아니야' 같은 자기 방어적 개념의 리더십에서 탈피하였으면 좋겠다. 많은 다양한 리더십 역할을 맡으면서 본인을 시험도 해보고, 또한 리스크도 기꺼이 감수하라. 그러면 당신의 리더십에 대한 셀프 이미지도 넓히면서 새로운 당신을 발견하게 될 것이다.

3.8 요 약

이 장은 어떻게 리더십이 정규 교육과 경험을 통해 개발될 수 있는지에 대해 다루었다. 리더십 과정 및 경험에서 사용할 수 있는 방법은 A-O-R 모형을 적용해 보는 것이다. 이 모형은 리더십 상황을 이해하는 데 도움이 된다. 또한 리더십 개발에서 역할에 대한 인식이 중요하다는 것을 이해해야 한다(어떻게 인식이 당신이 관찰한 것에 영향을 미치는지, 그리고 당신이 관찰한 것을 어떻게 해석하는지, 그리고 어떤 행동이 당신을 리더로 만들 것인지 등). 마지막으로 교육과 경험은 리더십 상황을 분석하고 성찰하는 능력을 키움으로써, 당신의 리더십 성장에 매우 중요한 영향을 미칠 것이다. 정규 교육은 당신이 리더십 상황을 분석하고 다양한 관점을 갖게 하는 데 중요하다. 또한 같이 일하는 동료 및 업무는 당신이 더 나은 리더가 되는 데 필요한 통찰력을 제공한다. 그러나 리더십 과정이나 경험에서 당신이 얻은 것은 당신이 스스로 만들어 낸 것이다. 성공적인 리더는 본인의 경험으로부터 가치 있는 것을 찾아내는, 성장을 위한 기회를 찾아내는 사람들이다.[51] 더 나은 리더가 되고 싶다면 어떤 리더십 상황이나 기회에서든 배우려고 노력해야 하고 도전을 해야 한다.

핵심용어

행동-관찰-성찰 모형	자기실현적 예언	역할극/역할 연기
나선형 경험	단순 순환 학습	시뮬레이션
지각의 틀	이중 순환 학습	게임
귀인	멘토	서류함기법
기본 귀인 오류	임원 코칭	리더 없는 그룹 토론
자기 편향적 편견	개별 피드백	사례연구
행위자/관리자 차이		

질문/활동

1. 모든 효과적인 리더들이 성찰을 통해 성공한 것은 아닌 것 같습니다. 그렇다면 나선형 경험에서의 성찰의 중요성과 리더십 개발에서의 성찰의 역할이 상충적일 수도 있는데, 이를 어떻게 설명하시겠습니까?
2. 당신의 현재의 리더십 경험을 극대화하기 위해 어떻게 아래의 지식을 사용할 것인지 설명하세요.

   A. 행동-관찰-성찰 모형(Action-Observation-Reflection Model)

   B. 함께 일하는 동료들

   C. 당신이 하고 있는 현재의 (리더십 등) 활동

3. 교사의 역할을 리더십의 예로 들어, 교사의 지각 틀, 학생들에 대한 기대, 귀인이 어떻게 학생들의 동기와 학업성적에 영향을 미치는지 설명하세요. 당신은 교사들이 이러한 과정을 잘 이해함으로써 더 효과적인 교사가 될 수 있다고 생각하십니까? 이를 리더들에게 일반화할 수 있다고 생각하십니까?
4. 만약 당신이 당신을 위한 완벽한 리더십 경험을 설계하고 싶다면 어떻게 설계할 것이며, 어떤 요소들을 포함시킬 것입니까? 그리고 효과적이라는 판단을 어떻게 하실 것입니까?
5. 당신은 사람들이 성장과 개발에 대한 욕구가 있다고 생각하십니까?
6. 경험으로부터 학습의 중요한 측면은 한 개인 행동의 결과를 관찰하는 것입니다. 그러나 리더의 행동 결과는 바로 나타나는 것이 아니라 나중에 서서히 결과를 보여줄 수 있습니다(예를 들면 인력에 대한 결정 또는 생산 라인 변경에 대한 전략적 의사결정). 그렇다면 개인들이 어떻게 리더의 행동에 대해 배울 수 있을까요? 만약 리더 행동 결과가 늦게 나타난다면, 개인들이 리더에 대한 행동 관찰에 대해 다른 원인으로 혼동하여 잘못된 결론을 낼 수도 있지 않을까요?

Chapter 4

리더십 평가와 효과 측정

4.1 서 론

2005년 5월, 이 책의 저자 중 한 명은 오하이오주 콜럼버스에서 미네소타주 미니애폴리스로 비행기를 타고 이동 중이었다. Northwest 항공 1495편은 많은 승객들과, 2명의 조종사 그리고 3명의 승무원을 태우고 있었다. 2시간 남짓한 비행은 평소와 다름없었으나, 저자는 활주로에 앰뷸런스와 소방차들이 줄을 이어 있는 것을 보았다. 비행기는 활주로에 착륙했고 게이트에 일정 거리를 두고 정지했다. 5분 후, 파일럿의 안내방송이 나왔다. "비행기는 현지 시스템 고장입니다." 조종사와 승무원은 더 이상의 언급이 없었고 5분 후 비행기는 다시 움직이기 시작했다. 비행기는 약 10초 동안 움직이다가 갑자기 큰 소리와 함께 멈췄다. 급정거 때문에 승객들은 앞쪽으로 쏠렸지만 다행히 모두 안전벨트를 매고 있었다. 저자와 다른 승객들은 비행기가 게이트까지 활주로를 이동했다고 생각했지만 창밖을 내다본 후 그들이 탑승한 비행기는 다른 비행기와 충돌했다는 것을 알았다. 비행기의 파일럿은 엔진을 작동시킨 상태였고, 비행기는 유압 브레이크가 고장이 났으며, 이로 인해 비행기의 엔진과 브레이크 기능은 마비되었다. 비행기는 게이트에서 출발하려는 또 다른 Northwest 항공 비행기와 충돌하였고, 그 비행기의 날개는 충돌 때문에 손상되었다. 비행기가 멈췄을 때, 선임 승무원은 안전벨트를 풀고 복도를 뛰어다니면서 소리쳤다.

"충돌 시 대피 자세를 취하세요." 선임 승무원은 2~3분 정도 복도를 뛰어다니면서 대피 자세인 다리 사이에 머리를 넣는 것이 안전하다고 소리를 지른 후, 일등석 뒤에서 숨이 차서 쓰러졌다(왜냐하면 비행기는 이미 멈췄기 때문이다. 그러나 승객들은 승무원이 시키는 대로 따랐다). 나머지 두 명의 승무원들은 자리에서 일어나 선임 승무원을 보조했다. 그때서야 많은 승객들이 충돌 대피 자세를 취하고 무엇을 해야 하는지 승무원의 가이드를 따랐다. 그러나 아무도 적극적으로 먼저 나서지는 않았다. 저자는 비행기 날개 쪽으로 연결된 조종실 통로에 가서 조종사들에게 도움이 필요한지 물어봤고, 그중의 한 명은 응급처치가 필요하다고 하였다. 저자는 조종실 문을 열려고 노력했으나, 911사태 이후 보안이 강화되어 문이 열리지 않았다. 저자가 조종실 문을 돌렸을 때, 두 명의 조종사가 말하는 것을 들었다. "승객들을 내리게 해야 하나? 아니면 그대로 두어야 하나?" 한 명의 조종사가 물었다. "모르겠다. 어떻게 생각하나?" 대화는 계속되었고, 뒤에서 승무원이 충돌 방지 포지션을 취하라는 말소리가 들렸다. 승무원 중 한 명이 조종실 문으로 와서 어떻게 하면 좋겠는지 조종사에게 물었지만 답이 없자 그녀는 다시 선임 승무원에게 돌아갔다. 그때 저자는 옆 비행기의 날개에서 기름이 그들이 탑승하고 있는 비행기 조종실 쪽으로 새고 있는 것을 발견하였고, 1등석 쪽으로 기름이 스며들고 있는 것을 발견하였다. 그는 그의 신발과 바지가 비행기 기름으로 젖는 것을 느꼈다. 그는 승무원에게 소리쳤다. "지금 기름이 스며들고 있으니, 빨리 사람들을 이동시키시오." 승무원들은 일어나서 승객들을 뒤쪽 비상구를 통해 대피시키기 시작했다. 저자는 조종실에 서서 마지막으로 비행기에서 탈출했다. 저자 본인은 비행기 기름이 새는 한가운데 서 있는데, 사람들이 짐을 챙기느라 시간이 걸릴 때 얼마나 속이 탔는지 상상을 해보라. 승무원들 역시 짐은 그냥 두고 얼른 대피하라는 말 외에는 더 이상 재촉하지 않았다.

다행이었던 것은 모든 승객이 가벼운 경상 외에는 모두 안전하게 대피했다는 것이다. 승무원들 역시 무사했고, 2명의 조종사들은 치료가 필요했으나 그 다음 날 퇴원할 정도의 가벼운 상처였다. 그러나 이는 명백한 리더십의 실패 사례이다. 조종사들은 충돌을 피하기 전 승객들에게 경고하지 못했고, 비행기를 멈추기 위한 응급상황에도 대처하지 못했다. 비행기가 완전히 멈춘 후 2~3분 후까지 선임 승무원의 충돌 포지션을 취하라는 지시에도 자신감이 없었다. 다른 두 명의 승무원 역시 리더십을 발휘했어야 하며, 비상사태를 좀 더 주도적으로 장악했어야 했다. 그러나 이러한 의사결정을 하지 못했고, 승객들에게 무엇을 하라고 알려주지도 못했다. Northwest 항공은 그들의 운행 규정을 준수하지 못했다(운행 규정에 따르면 항공 운행 규정에 따라 엔진을 끄고 게이트로 동체를 끌고 갔어야 했다). 또한 저자가 이런 비상 상황 훈련을 위해 몇 번이나 Northwest 항공사에 전화를 했었지만 무시당했다. 또한 후에 알아낸 사실은 승무원과 조종사들은 비상상황에서 잘 대처했다는 공로상을 받았다는 것이다.

이 장은 리더십을 평가하고 그 영향력 및 결과를 측정하는 것에 대해 다룬다. 위의 이야기는 효과적인 리더십에 대한 좋은 사례이며, 저자와 Northwest 항공사는 리더십의 효과성을 평가하는 상이한 기준을 갖고 있었던 것이다. 이러한 상이한 기준들이 있는 것은 어느 상황에서나 가능한 일이다. 예를 들면, 당신은 운동코치, 목사, 초급 장교, 패스트푸드점의 관리자, 자원 봉사그룹의 리더, 학장, CEO들의 리더십을 어떻게 평가하는가? 또한 각각의 역할에 누가 가장 효과적인지 예측할 수 있는가?

비상상황이 발생하기 전에 승무원과 조종사들이 누가 효과적인 리더인지 사전에 알았다면 더욱 좋지 않았을까? 우리가 투표하기 전에, 또는 승진시키기 전에 누가 효과적인 대통령, 주지사, 시장, 목사, 경영자 또는 장교인지 알면 좋지 않을까? 이 장의 마지막 부분에서는 누가 더 효과적 또는 비효과적인 리더가 될 가능성이 높은지 예측하고, 평가하는 방법에 대해 배울 것이다. 하지만 이러한 방법에는 절대 우위는 없고, 각각의 장단점이 있을 뿐이다. 이 책의 독자 중 많은 사람들이 현재 또는 미래의 리더가 될 것이므로 공기업과 사기업에서 어떻게 리더를 채용, 평가, 승격시키는지 인식하는 것은 중요하다. 또한 실제 많이 사용되지는 않지만, 리더십 성공을 예측하거나 리더십의 효과성 평가 및 검증을 이해하는 것은 중요하다. 연구자들이 리더십 효과성의 평가, 예측에 대해 아는 것과 실제 조직에서 채용, 평가, 승진하는 것은 **연구와 실제의 차이**(Practice-Research Gap)가 있다. 이 연구와 실제의 차이는 이 장의 마지막 부분에서 다루어질 예정이며, 이러한 차이는 리더십 위치에 있는 사람들의 리더십 수준에 많은 영향을 미친다. 뒤에 설명되겠지만 연구와 실제의 차이에 대한 결과는 그다지 아름답지 않다. 이 장은 관리

역량 부족에 대한 논의부터 시작할 것이다. 리더십 위치에 있는 많은 사람들은 결과를 얻거나 팀을 구성하는 데 많은 어려움을 겪는다. 결과적으로 많은 조직들은 이익을 내지 못하거나 효과적이지 못하다. 관리역량 부족 현상을 극복하는 가장 좋은 방법은 다음 장의 주제인 리더십 역량 관리를 통해서이다.

우리는 미래의 리더십 효과성을 예측하고 현재 리더 위치에 있는 사람들의 효과성을 측정하기 위해 사용되는 특정 기법에 대해 배울 것이다. 그리고 마지막으로 리더십의 격언과 이론의 차이, 그리고 리더십 연구에 사용되는 방법에 대한 논의로 마치게 될 것이다.

4.2 관리역량 부족

리더십은 당신이 어디에 살 건지, 어떤 학교에 들어갈 건지, 어떤 법규와 규칙을 따를 것인지, 어떤 직업을 가질 것인지, 성공적인 커리어를 가질 것인지, 어떻게 아이들을 양육할 것인지를 결정하는 데 영향을 미친다.

주관적일 수 있으나 리더십은 현대 사회에서 가장 중요한 주제인 것 같다. 리더십은 어떤 국가가 민주국가인지, 독재국가인지, 평화로울 것인지 전쟁 중일지, 투자 또는 부정 축재로 망할 것인지, 팀이 이길 것인지 질 것인지, 교육 및 건강 개혁이 성공할 것인지 실패할 것인지, 시골 마을이 살아남을 것인지 망할 것인지 등 모든 것을 결정한다(하이라이트 4.1 참조). 리더십은 당신이 어디에 살 건지, 어떤 학교에 들어갈 건지, 어떤 법규와 규칙을 따를 것인지, 어떤 직업을 가질 것인지, 성공적인 커리어를 가질 것인지, 어떻게 아이들을 양육할 것인지를 결정하는 데 영향을 미친다. 이는 리더십이 우리의 일상생활에 이미 많은 부분으로 친숙해져 있어, 매일매일 우리의 생활에 영향을 미치는 것이라는 사실을 간과한다. 이렇게 리더십이 우리에게 미치는 영향 때문에 리더십 위치에 있는 사람들이 리더십을 잘 발휘하는 것은 매우 다행스러운 일이다. 하지만 대부분의 어느 조직이든지 관리역량이 부족한 리더들은 최소 50~75%를 차지한다.[1,2] 즉, 리더의 위치에 있는 많은 사람들은 목적 달성을 통해 조직에 효과적으로 영향력을 발휘하지 못할지도 모른다.

허리케인 Katrina에 대한 대응

하이라이트 4.1

2005년 허리케인 Katrina는 미국 중북부 걸프만에 막대한 피해를 남겼다. 미국 역사상, 가장 피해가 컸던 Katrina는 그 피해액만 800억 불에 달했고, 또한 인명피해 역시 2천 명이 넘었다. 이 Katrina 폭풍 피해에 대한 중앙정부, 주정부, 시정부의 대응에 대해 리뷰를 해보면 좀 더 훌륭한 리더가 있었다면 피해가 줄었을 것이라는 것을 알 수 있다. 예를 들면, New Orleans의 시장 Ray Nagin은 시를 강제 폐쇄하는 조치를 늦게 하였고, 피난민을 위한 충분한 교통수단을 확보하지 못했으며(몇백 대의 버스가 그냥 방치되었다가 결국 홍수에 잠기게 되었다), 또한 탈출이 불가능한 사람들의 최후의 피난처가 될 슈퍼돔을 사수하는 데 실패하였다. 루이지애나 주지사 Kathleen Blanco는 New Orleans를 위해 적절한 조치를 한 것 같으나, 주정부와 중앙정부의 구제 노력을 잘 조율하지 못해서, 결국 중앙정부가 많은 비난을 들었어야 했다. 국가 재난을 담당하는 기관은 연방 재난 관리국(Federal Emergency Management Agency: FEMA)이다. 당시 연방 재난 관리국은 변호사이자 정치가인 Michael Brown이 맡고 있었는데, 그는 이전에 이런 국가 재난을 대처해본 경험이 없었다. 결국 그는 적절한 응급, 의료, 보안 요원을 New Orleans에 보내는 것을 실패하였고, 구호물자의 배분에도 비효율적이었으며, 재난 구조 자금 역시 필요로 하는 사람에게 전달되지 못했다는 결과를 낳았다. 결국 많은 비난 속에, Michael Brown은 연방 재난 관리국을 사임하였다.

언뜻 보기에는 관리 역량 부족의 기본 점수가 그다지 높게 보이지 않을 수도 있다. 너무나도 많은 국가, 사업, 정부, 비영리단체, 자원봉사 조직이 무능력한 리더들이 많음으로써 실패할 것이다. 다음 사항을 생각해 보자.

- 많은 국가들은 독재 국가 형태로 운영된다.(사우디아라비아, 이집트, 리비아, 요르단, 차드, 짐바브웨, 이란, 투르크메니스탄, 중국, 러시아 등은 누가 책임자인지 어떤 법이 있는지 등에 대해 언급하지 않음.)
- Fortune 500 기업의 CEO의 50%는 3년 이내에 업무 성과 때문에 사임한다.[3,4,5]
- 임직원 만족도 조사에서 응답자의 75%는 업무 중 가장 스트레스를 받는 부분이 직속 상사라고 하였다.(이는 국가나 업종을 초월하는 공통사항)
- Harvard Business Review의 연구에 따르면, 조직의 30%만이 건강하고 존경할만한 업무 분위기라고 하였다.(많은 조직들은 제대로 기능을 하지 못하여 건강하지 못한 업무 환경임)[6]
- 미국 우체국의 80만 명의 직원들은 평균적으로 상사에 대해 15만 건의 불만을 제기한다.[2]

- 미 육군의 조사에 따르면, 중간 관리 장교가 군을 떠나는 이유는 상급자 때문이다. 많은 중간 관리 장교들은 그들의 상관이 본인의 승진에 도움이 된다면 부하직원들에게 어떤 행동이라도 할 것이라고 하였다.[7]
- 연구에 따르면 신사업의 50~95%는 5년 이내에 망한다고 한다. 이 통계는 업종이나 국가에 상관없이 유사하며, 실패의 주원인은 관리역량 부족이다.[8,9,10,11]
- 67%의 IT 프로젝트는 약속된 기능 실현, 약속된 시간, 예산 내의 실행에 실패한다. IT 프로젝트 실패율은 10년 전에 비해 전혀 나아지지 않았고, 미국 경제는 실패하는 IT 프로젝트에 매년 550억 달러를 투입한다.[12]
- 인도 Bhopals시의 화학 사고, Exxon사의 발데즈호 기름 유출, Texas의 정유 공장 폭발 등 기업의 주요 재해 사고는 비용 절감 또는 관리 부실로 일어난다.[13]
- 70%의 M&A는 기대되었던 이익률과 시너지 효과를 내지 못한다.(ATT와 NCR의 합병, Daimler와 Crysler의 합병 등)[14]
- 대부분의 대규모 조직 변화 시도는 의도했던 결과를 얻지 못한다.[15]

우울한 통계지만, 이러한 예들은 독자들의 경험 또는 생각했던 바와 좀 다를 수 있다. 관리역량 부족을 리더 개인의 측면에서 좀 더 분석해보자. 리더십 포지션에 있는 사람들의 역량 부족 수준을 판단하는 가장 손쉬운 방법은 **Gordy 박사의 테스트**이다.[1] 테스트를 하기 위해 우선 참가자들이 가졌던 과거의 리더의 수를 세도록 한다. 이는 과거 상사, 운동 코치, 운동부 주장, 합창단 지휘자, 군 지휘관 등 모든 리더에 대한 경험을 포함한다. 즉, 당신의 좀 더 정규화된 팔로워십 역할 경험을 포함한다. 참석자의 전체 리더의 수를 합한 후, 그중 다시 한 번 일하고 싶은 리더의 수를 합하도록 한다. 선택이 가능하다면, 얼마나 많은(또는 몇 명의) 상사들과 다시 한 번 일하고 싶은가? 계산이 되었다면 전체 리더의 수에서 참석자가 다시 일하고 싶은 역량 있는 리더의 비율을 구하라. 의료 분야, 교육, 기업, 군대, 커뮤니티 리더들에게 동일한 질문을 했을 때, 그들이 다시 함께 일하고 싶은 리더의 숫자는 10명 이내였다. 리더들의 숫자는 개인차가 많았지만, 그 비율은 25~40% 사이였다. 즉, 대부분의 리더들은 그들이 만났던 리더들과 다시 일하고 싶지 않다는 것이다.

유능한 관리자(Competent Managers)들은 타인을 통해 팀 구성을 하고 결과를 얻는 데 효과적이다.

관리역량 부족(Managerial Incompetence)에 대한 정의 자체는 개념 이해에 많은 도움을 준다. 1장으로 돌아가서 우리는 리더십을 공통의 목적을 달성하기 위해 조직화된 팀에 영향력을 미치는 과정으로 정의하였다. 이 정의를 좀 더 광범위하게 바라보면, 효과적인 리더는 팀 구성과 결과 창출에 효과적인 사람이다. 리더십 포지션에 있는 사람들은 결과를 얻음으로써 보수를 받고, 팀 구성을 통해서 결과를 얻는다.[1,2,17] [그림 4.1]에서 보듯이 첫째, **유능한 관리자**(Competent Managers)들은 타인을 통해 팀 구성을 하고 결과를 얻는 데 효과적이다. 리더십 포지션에 있는 사람들은 세 부류의 타입으로 나눌 수 있다.

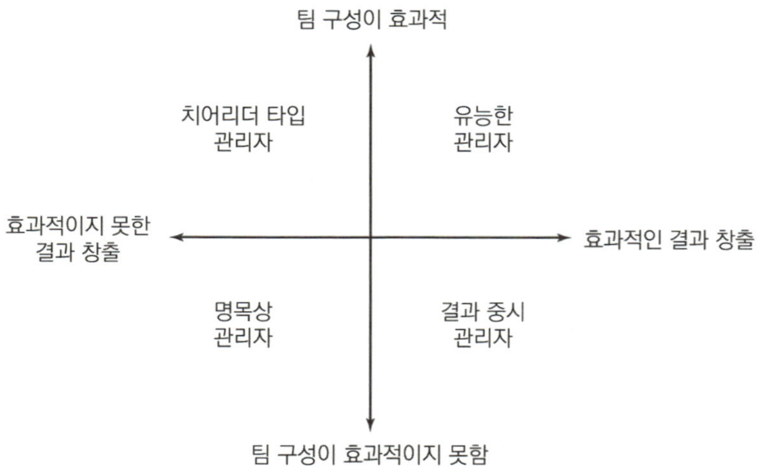

[그림 4.1] 관리역량 부족의 두 가지 차원

결과 중시 관리자(Results only Managers)는 재무성과 또는 성공/실패 기록 등 업무 결과를 얻는 데 효과적이나, 부하직원들을 다루는 데 능숙하지 않아 업무 결과가 단기적인 경향이 있다.

둘째, **결과 중시 관리자**(Results only Managers)는 재무성과 또는 성공/실패 기록 등 업무 결과를 얻는 데 효과적이나, 부하직원들을 다루는 데 능숙하지 않아 업무 결과가 단기적인 경향이 있다. 결과 중시 관리자의 전형적인 예는 TV 쇼인 '*The Apprentice*'의 주인공들이다. 모든 지원자(주인공)들은 결과에만 관심이 있고, 본인이 살아남기 위해서는 팀 멤버들을 과감히 버린다. Donald Trump와 같이 결과 중시 관리자의 전형은 결과만 좋다면 조직 관리 기술이 매우 안 좋은 사람들도 과감히 승진을 시킨다. 결과 중시 관리자는 매우 눈부신 업무결과와 기록을 갖고 있고, 다른 회사의 스카우트 제의도 많이 받게 된다.

치어리더 타입 관리자(Cheerleaders)는 상당히 구성원 중심이며, 모든 사람들과 잘 지낸다

셋째, **치어리더 타입 관리자**(Cheerleaders)는 상당히 구성원 중심이며, 모든 사람들과 잘 지낸다(*American Idol*의 Paula Abdul 같은 타입). 업무 환경을 따뜻하고 재미있게 만드는 데 중점을 두기 때문에 많은 사람들이 치어리더 타입 리더들과 함께 일하는 것을 좋아한다. 치어리더 타입 관리자들의 문제는 업무 분위기를 즐겁게 만드는 데 너무 집중하기 때문에 왜 그들이 보수를 받는지, 결과의 중요성에 대해 가끔 잊는다는 것이다. 또한 동료와의 충돌과 이견을 다루는 일 등 타인과의 관계를 해치는 일을 하는 것을 매우 꺼린다. 치어리더 타입 관리자들은 충실하고, 상사의 단점을 보완하고, 충돌을 만들지 않고 팔로워들이 잘 따르기 때문에 조직 내에서 승진할 가능성이 높다.

이름뿐인 관리자들은 자리는 차지하고 있지만, 그저 문제를 일으키지 않고 또한 조직의 스포트라이트를 받고 싶어 하지 않는다.

넷째, **명목상 관리자**(In Name Only Managers)들은 팀을 구성하거나 결과를 얻는 데 둘 다 효과적이지 못하다. 두 가지 영역에 완전히 실패했다고 할 수는 없지만, 개선의 여지가 많다. 이름뿐인 관리자들은 자리는 차지하고 있지만, 그저 문제를 일으키지 않고 또한 조직의 스포트라이트를 받고 싶어 하지 않는다. 이름뿐인 관리자들이 가장 꺼려 하는 것은 관심과 그들의 성과에 대한 상사의 기대이다. 명목상 관리자 밑에서 일하는 고성과자 부하들은 좌절을 자주 느끼며 이직을 하는 경향이 있다.

사람들은 역량이 부족한 관리자들이 많이 있는데도 어떻게 조직이 성공할 수 있는지 궁금할 것이다. 많은 소규모 기업, IT 프로젝트, 인수합병, 조직 변화의 노력이 실패하지만 많은 기업들은 수익을 낸다. 유사하게 미군은 전쟁을 할 수 있는 역량이 있고, 어린이들을 교육시키고, 국민이 필요로 할 때 충분히 의료혜택을 줄 수 있는 역량이 있다. 하나 다행스러운 것은 조직들은 모든 사람들이 리더십 위치에 있을 필요도 없고, 성공적인 역량이 있는 관리자일 필요도 없다는 점이다. 조직의 성공에서 중요한 것은 그들의 경쟁상대보다 많은 역량 있는 관리자들이 있으면 되고, 그 역량 있는 사람들이 중요한 리더의 위치에 있으면 된다.

연구 결과에 따르면 중요한 자리에 역량 있는 관리자들이 있는 조직들이 그렇지 못한 조직보다 더 성공할 가능성이 높다.[18,19] 이 장의 목적은 당신이 역량 있는 관리자가 될 가능성을 높이고, 조직의 성공에 영향을 미치는 리더의 자리를 차지할 수 있도록 하는 것이다.

4.3 리더십 후보 관리

정부나 조직을 막론하고 최고위층 리더의 가장 큰 걱정은 높은 자질의 리더십 역량을 갖춘 리더후보군이 부족하다는 것이다. 예를 들면, 인도, 중국의 회사들은 노동력(인력 수급)에 전혀 문제가 없지만, 이들을 관리할 능력 있는 관리자들을 찾는 것은 어렵다.[20] 이들에게 필요한 가장 중요한 역량 3가지는 1) 문제 해결 능력, 2) 의사 결정 능력(지역적, 기능적 특성에 맞는 각종 업무 노하우), 3) 타인을 통해 업무를 완료하는 능력이다. 이러한 능력들은 새로운 관리자 또는 예전부터 있던 관리자 모두에게 증명하기 어려운 것들이다.

관리역량이 있는 사람들의 부족 현상을 초래하는 세 가지 요소가 있다.

첫째, 인구통계학적 측면이다.

첫째, 인구통계학적 측면이다. 많은 사기업, 공기업의 최고위층 리더들의 50%가 베이비부머 세대이고, 이들은 5년 이내에 은퇴할 예정이다. 일부는 역량이 부족하지만, 많은 리더들은 팀 구성이나 결과 획득에 매우 탁월한 업무 기록을 가지고 있다. 그들이 은퇴하면 그들의 경험과 노하우는 사라질 것이다. 또 다른 인구통계학적 원인으로는 현재 몇몇 나라들이 겪고 있는 매우 낮은 출산율이다. 예를 들면 독일, 이태리, 일본의 15세에서 64세까지 인구수는 향후 10년 이내에 7~14% 줄어들 것이다. 즉 이는 관리자 후보군 자체를 감소시킬 것이다.[20]

둘째, 직원들의 충성도 부족이다.

둘째, 직원들의 충성도 부족이다. 수많은 인수합병, 구조조정, 조직개편 등으로 많은 사람들이 조직에 대한 충성도를 잃고 있다. 결과적으로 어느 시점에서나 평균 33%의 직원들이 구직을 하고 있다. 기회가 생길 때마다 이직을 하거나, 승진을 기다리지 못하는 능력 있는 관리자들을 유지하는 것은 쉽지 않다.[21]

셋째, 리더십 후보군을 발굴하고 개발하는 우수한 시스템의 부족이다.

셋째, 리더십 후보군을 발굴하고 개발하는 우수한 시스템의 부족이다. 대부분의 조직은 잠재적 리더를 평가하는 조악하고 비효과적인 도구들을 사용하고 있고, 그들의 리더십 개발의 노력은 제대로 설계되지도, 실행되지도 않는다.[1,22] 조직은 관리역량을 가진 사람들을 발굴하고 개발하려는 데 많은 돈을 들이지만, 그 투자효과는 매우 낮다.[1,2,18,21,23] 잘못된 사람들을 많이 채용하고, 승진되고, 잘못된 기술이 개발되기 때문에 리더십 개발 및 훈련 프로그램은 원하는 리더 행동을 도출하지 못한다. 따라서 리더십 위치에 있는 많은 사람들은 치어리더형, 결과 중시형 또는 명목상 리더들이다. 효과적인 리더의 후보자 부족에 기인하는 마지막 요소는 테크놀로지이다. 개인용 PC, 인터넷, 정교한 소프트웨어는 20년 전에 비해 개인들에게 재택근무를 할 수 있는 환경을 제공한다. 옛날에는 사람들이 조직/회사에 테크놀로지가 있기 때문에 회사에서 근무를 하였지만, 지금은 개인용 PC, 프린터, 인터넷 소프트웨어 등으로도 충분히 사업을 시작할 수 있다. 이 장의 앞부분에서 설명되었듯이, 많은 소규모 기업들이 실패한다. 그렇지만 많은 사람들이 무능력한 상사 밑에서 일하는 것보다 본인 스스로 사업을 하고 싶어 한다. 고용주(또는 기업의 의사결정자)는 많은 역량 있는 관리자들을 적재적소에 배치하고 올바른 가치관을 갖고 있는지 확인해야 한다(예를 들면, 능력 있는 상사/팀 멤버와 일할 수 있는 기회, 관심 있는 프로젝트, 새로운 기술 개발, 능력 있는 후보자 발굴 등).[20]

리더십 후보관리 시스템(Effective Leadership Talent Management System)에는 조직이 채용, 평가, 보수(급여), 승진, 인력 유지에 사용할 수 있는 과정과 절차를 포함하고 있다.

많은 비효율적인 사람들이 리더의 지위에 있고 인구통계학적, 충성도, 개발 및 기술적 요소가 이러한 문제를 더욱 악화시킨다. 이런 문제를 전환시킬 수 있는 요소는 효과적인 리더십 후보 관리 시스템을 활용하는 것이다. 이 **리더십 후보관리 시스템**(Effective Leadership Talent Management System)에는 조직이 채용, 평가, 보수(급여), 승진, 인력 유지에 사용할 수 있는 과정과 절차를 포함하고 있다. 연구 결과, 효과적인 핵심인재 관리 시스템은 조직의 효과성과 성공에 중요한 영향을 미친다. GE, P&G, Target, Waste Management, Johnson & Johnson, Pepsi 회사들은 리더십 후보를 중요한 경쟁요소로 생각하고, 올바른 리더를 발굴, 훈련, 승진, 유지하는 것의 중요성에 대해 많은 강조를 하였다.[4,19]

GE, Pepsi, P&G 등의 많은 관리자들과 임원들이 다른 회사에 스카우트되는 이유는 이들 회사가 리더십 후보 관리를 강조하기 때문이다. 그렇다면 조직은 효과적인 리더십 후보 관리를 실행하기 위해 무엇을 해야 하는가?

첫 번째 해야 할 일은 향후 5~10년의 조직의 전략을 명료화하는 것이다. 누가 조직의 고객, 경쟁사, 공급자일 것이며, 향후 5년 이내에 얻어야 할 조직의 목적은 무엇인가? 조직의 미래상을 명확하게 하는 것은 매우 중요하며, 리더 후보, 즉 핵심인재를 채용하고 개발하는 것은 시간이 걸린다.

두 번째 해야 할 일은 조직 내에 어떤 위치가 중요한 리더 위치인가(*Critical Leadership Positions*) 결정하는 것이다.[18] 많은 경우, 가장 중요한 리더 위치는 가장 높은 직급이 아니다. 예를 들면, 대규모 유통 회사인 Wal-Mart, Lowe's, Best Buy에서 가장 중요한 리더십 위치는 상품이나 IT를 담당하는 임원이 아니라 점포 관리자이다. 점포 관리자들은 이들이 고객 접점에 있는 직원들과 함께 있고 조직의 수익성에 가장 큰 영향을 미치는 사람들이기 때문이다. 마찬가지로 교육 시스템에서 가장 중요한 리더십 위치는 학교 교장, 병원과 단과 대학의 학과장, 미 육군과 해군의 소부대 리더들이다.

역량 모형은 특정 직업의 성공적 업무에 필요한 지식, 기술, 능력, 기타 특성으로 구성된다.

세 번째 단계는 중요한 리더십 위치의 **역량 모형**(Competency Model)을 개발하는 것이다. **역량 모형**은 특정 직업의 성공적 업무에 필요한 지식, 기술, 능력, 기타 특성으로 구성된다. 즉, 가장 효과적인 점포 관리자, 장교, 교장의 기술, 지식, 특성은 무엇인가에 관한 질문이다. 어떤 기술, 지식은 매우 유사하지만, 각 직업마다 매우 다른 부분들도 있다. 중요한 리더십 위치에 대한 역량 모형을 개발하는 것은 매우 중요하고, 채용, 선발, 개발, 승계, 보수 및 복리후생, 업적 관리, 유지 등 HR 시스템과 연동되어 사용된다.

네 번째 단계는 조직의 선발, 채용 과정은 조직이 찾고 있는 기술과 지식을 가진 후보자를 찾는 과정이라는 것을 명확하게 해야 한다. 기본적으로 이 시스템은 훌륭한 자질을 가진 사람들을 채용하고, 부족한 역량을 발달시켜주고, 훌륭한 성과를 나타낸 사람들에게 보상을 하는 것이다. 대부분의 조직들은 매우 수준 낮은 리더십 후보 관리 시스템을 갖고 있다. 리더십 후보 관리 시스템 담당자 230명을 조사한 결과, 2%만이 훌륭한 시스템을 갖고 있다고 응답하였고 응답자의 3분의 1은 시스템에 많은 개선이 필요하다고 하였다. 리더십 후보 관리 시스템의 마지막 단계는 타당성 있고, 연구에 바탕을 둔 리더십 후보의 채용개발, 승진 프로세스를 도입하는 것이다.[24] 이 장의 마지막 부분에서 다루겠지만, 리더 후보를 발굴하고 업적 평가를 하는 어떤 테크닉들은 상대적으로 다른 테크닉에 비해 효과적이다. 하지만 여러 가지 이유로 결과적으로 관리역량 부족인 리더를 양산하는 시스템을 사용하는 것이 현실이다.

4.4 리더십 능력 평가하기

리더 능력을 평가하는 것은 누가 효과적인 리더인지 아닌지 예측하는 것에 관한 문제이다. 정확하게 후보자들의 관리역량을 예측하는 것은 중요하지만, 이것은 말대로 쉬운 일은 아니다. 많은 사람들은 본인들이 리더 후보를 판단하는 데 능숙하다고 잘못 믿고 있지만, 연구 결과에 따르면 사람들의 판단에는 오류가 있고, 잘못된 채용과 관리역량 부족으로 승진이 되는 잘못된 경우도 많다. 이 책의 저자 중 한 명에 따르면, 이러한 판단들이 얼마나 비일관적인지를 보여준다. 이 연구는 항공 승무원의 리더십에 관한 것인데, 많은 승무원들이 매우 다른 두 종류의 책임을 가진 부류로 나뉜다. 비행기기장은 비행기에 대한 모든 의사결정을 내리는 최종 권위자이며, 승객과 승무원의 안전을 책임진다. 조종사는 기장을 도와 비행기를 운영하며, 비행기의 사전 점검과 시스템의 운영을 책임진다(전기, 동력, 연료, 의사소통까지). 항공 승무원들은 조율된 하나의 팀으로 성공적인 운항을 위하여 함께 일해야 하기 때문에, 저자는 승무원들의 업무 조율에 영향을 미치는 요소들에 대해 연구하였다.[25] 이 프로젝트의 일부로서 그는 몇몇 승무원들과 비행을 함께 하며 승무원들의 대화를 녹음하였다. 다음은 조종사와 연구자들의 인터뷰 내용의 일부이다.

연구자: 함께 비행하는 기장들은 다 비슷한가요?

승무원: 아니요. 어떤 사람들은 함께 비행하는 데 정말 훌륭한 조종사들입니다. 세상에서 가장 훌륭한 조종실력을 갖지 못했더라도 크게 문제가 되지 않습니다. 그들과 함께 비행할 때 함께 임무를 완수할 수 있을 거라는 느낌을 받죠. 그래서 당신은 정말 잘하고 싶다는 생각을 하게 될 겁니다. 어떤 기장들은 정반대이죠. 그저 같이 있는 것조차 견디기 힘들거든요. 안전하지 않고 위험한 일이나 막 한다는 게 아니라 문제 상황을 벗어나기 위해 당신이 무언가를 할 수 있는 게 없다는 뜻이죠. 그래서 가만히 하던 대로 당신이 해야 하는 것만 하게 되고, 상대방이 일을 망치도록 내버려둔다는 거죠.

연구자: 어떻게 당신이 같이 일하는 기장이 어떤 사람인지 알 수 있나요?

승무원: 당연히 알 수 있죠.

연구자: 어떻게 말입니까?

승무원: 당신이 어떻게 알아채는지는 알 수 없지만 그건 그다지 오래 걸리지 않아요. 몇 분이면 알 수 있을 겁니다.

위의 대화는 리더십 능력을 평가하는 어려움을 잘 설명하고 있다. 좋은 기장을 알아보는 것이 그다지 어렵지 않다는 것은 물론 비행기 조종사의 개인적인 의견이긴 하지만, 리더십 효과성에 대한 개인적 의견의 차는 크다. 조종사들은 그가 좋은 리더가 아니라고 생각할지도 모르지만, 승무원이나 지상 요원들은 그를 효과적인 리더라고 평가할 수도 있다. 이 상황에서 누가 옳고 누구의 의견에 더 많은 비중을 둘 것인가, 더욱이 위의 조종사는 함께 일해 보면 그가 좋은 기장인지 아닌지 알 수 있다고 했으나, 많은 조직들은 채용을 결정하기 전에 그 사실을 알고 싶어 한다. Enron, Parmalat, Worldcom, Vivendi, Health South, TyCo 등의 예에서 보듯이, 중요한 리더 위치에 잘못된 사람들을 앉히면 그 손실은 어마어마하다.[1,2,26] 결국 주주들에게 피해를 입히고, 조직을 파멸에 이르게 할 것이다.

올바른 리더십 의사 결정을 향상시키기 위해서는 여러 가지 방법이 있다. 리더십 성공을 예측하는 데 있어 어떤 방법들이 다른 방법들에 비해 훨씬 효과적인지 알 수 있을까? 왜냐하면 리더십 평가 테크닉은 다른 방법에 비해 좀 더 타당성 있고 정확한 예측 결과를 산출한다고 할 수 있기 때문이다. 연구자들은 리더십 후보의 발굴은 현대 사회에서 매우 중요하다는 것을 인식하기 때문에 신입사원에서부터 CEO까지 후보자들의 리더십 능력을 평가하기 위해 실용적인 방법과 과정을 만들기 위한 연구를 지속적으로 수행하고 있다.[27-34]

이번 예는 리더십 평가에서 사용되는 여러 가지 테크닉을 설명하는 데 도움을 준다. 만약 당신 대학의 총장이 더 좋은 학교로 이직을 하고, 그리고 당신에게 다음 총장을 채용하도록 책임이 주어졌다면 어떻게 할 것인가? 전임 총장은 굉장히 어려운 시기에 학교를 떠났고, 학교 재정은 매우 어려웠다. 주 정부 지원은 삭감되었고, 최근 2년 동안 동문들의 기부 현황은 줄었고, 용역 및 행정 스태프들은 최저 임금 때문에 파업을 선언했고, 학교의 스타급 교수들은 다른 학교의 스카우트 제의를 받았다. 재정 삭감과 인재의 손실 등으로 교수들의 사기는 땅에 떨어졌고, 학생들은 조교들의 수업 수준과 3년째 가파르게 오르는 수업료에 불만이 많았다. 마지막으로 스포츠는 NCAA(National Collegiate Athletic Association) 선수선발 위반으로 제재를 받아, 앞으로 2년간 시즌에서 뛰지 못하게 되었다. 총장 충원을 위해 전국에 채용 공고를 내었고, 50명이 넘는 사람들이 지원을 하였다. 당신은 지원자 50명 중 가장 훌륭한 사람을 어떻게 결정할 것인가? 물론 당신은 대학 총장 채용에 대해서는 아는 게 없을지 모르지만, 다른 기관에서 새로운 리더를 뽑는 것과 유사하게 진행할 것이다. 우선적으로 50명의 후보들의 이력서부터 검토할 것이다. 이력서 검토 결과를 바탕으로 가장 훌륭한 5~10명을 추려낼 것이다. 한 번 또는 그 이상의 인터뷰를 통해 후보자의 범위를 좁혀 나갈 것이고, 결국 최종 2명만 남게 될 것이다. 이 시점에서 당신은 평판조회를 통해서 가장 조직에 적합한 사람을 최종 결정할 것이다. 이러한 채용 프로세스는 완벽하게 보이지만 아마도 재정 상태를 양호하게 유지하고, 최고의 교수진을 갖고 학생들과 직원들을 행복하게 해줄 수 있는, 모든 조건을 만족시키는 후보를 찾는 것은 쉽지 않을 것이다. 이렇게 고심해서 뽑는 총장과 50명 가운데 무작위로 한 명을 뽑는 것과 크게 다를 것이 없다고 생각할지도 모른다.

리더십 연구에 따르면 지원서, 비구조화된 인터뷰, 평판조회는 리더십 효과성을 예측하는 데 매우 비효과적이라는 것을 알 수 있다.

<표 4.1>에서 보여주듯이 리더십 연구에 따르면 지원서, 비구조화된 인터뷰, 평판조회는 리더십 효과성을 예측하는 데 매우 비효과적이라는 것을 알 수 있다. 하지만 이러한 기법들은 많은 조직에서 리더 채용 결정에 사용되고 있다. 리더 채용 기법 중 가장 많이 사용되는 기법들이 상관관계가 낮다는 사실은 얼마나 연구와 실제의 차이가 큰지를 잘 보여준다(하이라이트 4.2에서 형편없는 리더십 능력 평가 기법들의 부정적인 결과에 대한 정보를 찾을 수 있다.).

〈표 4.1〉 미국의 여러 가지 평가기법과 직무 수행도에 관한 상관관계

평가기법	상관관계	평가기법 사용비율(%)
작업표본검사	.54	1-20%
평가센터/직업체험	.50	1-20
직무능력 테스트	.48	20-30
성격 테스트	.48	1-20
현장실습	.44	1-20
전기 설문	.40	1-20
구조화된 인터뷰	.40	미상
정신능력 테스트	.24	1-20
비구조화된 인터뷰	.20	90+
평판 조회	.14	80+
지원서	.10	90+

승계 계획과 최고경영자의 실패

하이라이트 4.2

투자자는 회사 실적을 경영 최고경영자들(CEOs)에게 책임을 지운다. Fortune 500대 기업들의 최고경영자는 매년 수천수만의 수익을 가지고 있는 조직을 지휘하며 크고 복잡한 업무를 한다. 이러한 최고 경영진은 그들의 회사가 어떠한 비즈니스를 추구할 것인지, 얼마나 많은 비즈니스에 투자할 것인지, 새로운 비즈니스를 팔거나 구입하는 등 비즈니스를 위한 전반적인 전략을 결정한다. 그들은 또한 매년 1백만 달러에서 2억 달러의 연봉과 스톡옵션, 세계 최고의 보상을 받는다. 책임 범위를 감안할 때, CEO 지위와 관련된 보상이 주어지고 이들이 회사 실적에 책임을 지게 해야 한다는 것은 자연스러운 것 같다.

지난 10년간 북미, 유럽, 아시아-태평양 지역에 있는 회사의 최고경영자의 20~33% 이상은 매년 낮은 실적으로 퇴직을 권고받는다. 그리고 Enron, WorldCom, Parmalat, Xerox, Adelphia, Royal Dutch Shell, Arthur Andersen, Boeing처럼 눈에 띄는 스캔들을 가진 회사의 최고경영자는 과거보다 실적이 저조하더라도 책임자와 주주가 훨씬 너그러울 가능성이 높다. 그러나 결국 최고경영자가 퇴직 요청을 받을 때, 그들의 회사는 종종 파산 직전에 흔들리게 된다(그럼에도 불구하고, 최고경영자는 실적 미만의 무능력한 최고경영자라고 책임자에 의해 판단되었을지라도, 대부분 항상 보상의 의미로 수백만 달러의 퇴직금 패키지를 부여받는다).

그렇다면 최고경영자 자리를 위한 후계자는 회사 내부 또는 외부로부터 오는가? 많은 회사들은 재정 건전성 있는 조직으로 돌아가기 위해 외부에서 카리스마 넘치는 지도자를 찾는다. 그러나 연구 보고서에서는 외

부 최고경영자는 내부 후계자보다 더 낫지는 않다고 나타났다. 그리고 외부 최고경영자는 조직적이고 특정 산업을 목표로 하는 지식이 결핍되고, 그 조직에 대하여 모든 것을 바꾸기를 원하는 경향이 있기 때문에 전임자보다 더 많은 문제를 만든다. 예전에는 최고경영자 승계를 위한 중요한 요소 중 하나는 내부자라는 점이었다. 1980년 이후로 최고경영자의 7%는 회사 외부에서 왔다. 지금은 새로운 최고경영자의 약 50%가 외부에서 온다. 외부에서 오는 최고경영자의 %의 변화는 많은 조직이 그들의 리더십 인재관리 과정으로 조직의 가장 중요한 지도자 양성을 실패한다는 점에서 인재전쟁(War for Talent)에서 패배함을 지적한다.

4.4.1 리더십 잠재성 평가의 우수 사례

우선적으로 대학 총장 포지션에 대한 역량 모형을 세워야 한다.

올바른 대학 총장을 선출하는 방법을 향상시키기 위해서 무엇을 해야 하는가? 출발점은 우리가 어떠한 총장을 찾고 있는지 명확하게 정의하는 것이다. 이를 위해서, 우선적으로 대학 총장 포지션에 대한 **역량 모형**을 세워야 한다. 이 상황에서 대학 총장의 역량 모형은 다음과 같다. 문제 해결, 의사결정, 비전 제시 및 조율 능력, 기부금 모금 능력, 재정 능력, 위임 능력, 조직 변화 능력, 코칭 능력, 업무 성과 관리 능력, 고성과 팀을 이끄는 능력, 갈등 관리 능력, 대학 대내외 주주들에게 신임을 얻고 관계를 유지하는 능력, 동기부여하는 능력, 정직성과 성실성, 스트레스 극복 능력, 고등 교육 및 교육 기법에 대한 심층 지식 등이 포함된다. 가장 훌륭한 후보자는 이 모든 것은 아니더라도 대부분의 역량을 갖추고 있어야 한다. 그렇다면 당신은 50명의 후보자들이 얼마나 많은 이러한 기술과 특성을 가지고 있는지 판단할 수 있는가? 각 후보자들이 이러한 기술과 특성을 얼마나 잘 발달시켰는지 이해하는 것은 더욱 중요하지 않을까? 다행스럽게도 이 두 가지 질문에 대한 대답을 위해 연구자들은 여러 가지 데이터를 수집하였다([그림 4.2] 참조).

비즈니스 지도

- 문제의 분석과 결정
- 전략적 사고
- 경제적, 기술적 지식
- 계획과 조직
- 실행관리

사람 지도

- 공유목표 달성
- 변화 주도
- 재능기반형성
- 팀워크 향상

관계 형성 유지

- 열린 의사소통 형성
- 관계형성
- 고객중심
- 신뢰성

수용 능력

- 개인적 운영
- 적응력
- 학습 추진

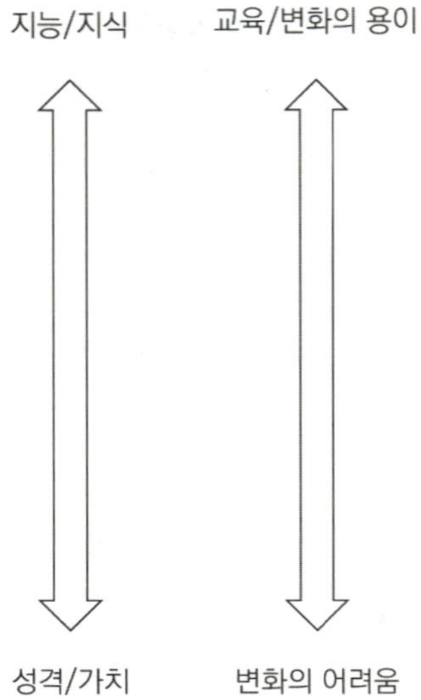

[그림 4.2] 중간수준 리더십 역량모형의 예

출처: K. Louiselle, S. Bridges, and G. J. Curphy, "Talent Assessment Overview," working paper, 2003.

> 다중 접근법에서는 후보자들이 몇 단계에 걸쳐서 진행되는 리더십 잠재력 평가 기법을 통과하게 되어 있다.

대학 총장의 역량 모형이 확정되면, 후보자군 중 가장 훌륭한 후보자를 여러 가지 방법으로 검증하는 **다중 접근법**(Multiple Hurdles Approach)이 비용 효과적이고 타당한 방법일 것이다. 다중 접근법에서는 후보자들이 몇 단계에 걸쳐서 진행되는 리더십 잠재력 평가 기법을 통과하게 되어 있다. 다시 설명하면 각 단계의 평가를 통과한 후보자만이 다음 단계로 넘어갈 수 있다. 일반적으로 가장 비용이 적게 드는 평가 기법이 우선적으로 사용되고, 가장 비용이 많이 들고 타당성이 높은 기법은 마지막에 사용된다([그림 4.3] 참조).

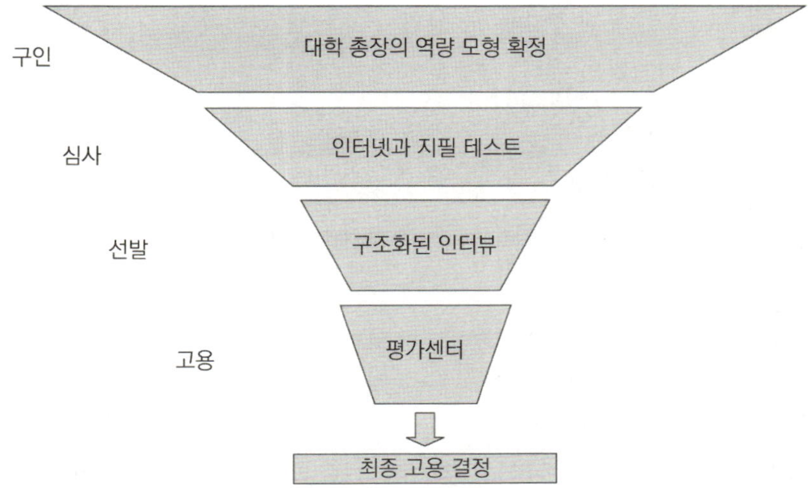

[그림 4.3] 다중 접근법

우선적으로 **인터넷과 지필 테스트**로 50명의 후보자를 테스트하는 것부터 시작해야 한다.[4,38-40] <표 4.1> 에서 보여 주듯이, 인적 사항, 성격 검사, 지적 능력 테스트, 적성 검사 등은 미래의 리더십 효과성을 예측하는 데 유용하다. 더욱이 이런 측정 도구들은 비용도 저렴하고 시행하기도 간편하다. 적절한 대학 총장을 찾기 위해, 우리는 후보자 50명의 인적 사항부터 채워 넣어야 한다.[41,42] 이 설문지는 각각의 후보자들에게 대학 총장의 역량과 관련하여 과거에 어떤 일을 했는지 적으라고 할 것이다. 예를 들면, 문제 해결, 의사 결정, 재정 관리, 기부금 모금 등 이러한 설문지에 대한 응답은 양적으로 계산되어 가장 높은 점수를 취득한 상위 10명만이 다음 단계로 넘어가게 될 것이다.

다중 접근의 다음 단계는 1단계를 통과한 후보자들을 인터뷰하는 것이다. **구조화된 인터뷰**(Structured Interview)에서는 인터뷰 담당자가 사전에 준비된 질문을 한다. **비구조화된 인터뷰**(Unstructured Interview)에서는 사전에 준비된 질문을 하는 것이 아니라, 인터뷰 담당자가 어떤 방향으로 인터뷰를 전개하느냐를 스스로 정할 수가 있다.[43-45] 이 장에서의 연구자와 승무원의 대화는 비구조화된 인터뷰의 좋은 예이다. 비구조화된 인터뷰는 리더십 프로세스의 흥미로운 통찰력을 제공할 수 있지만, 각각 다른 리더들의 인터뷰 결과를 비교하기는 어렵다. 공통된 질문과

구조화된 인터뷰(Structured Interview)에서는 인터뷰 담당자가 사전에 준비된 질문을 한다. 비구조화된 인터뷰(Unstructured Interview)에서는 사전에 준비된 질문을 하는 것이 아니라, 인터뷰 담당자가 어떤 방향으로 인터뷰를 전개하느냐를 스스로 정할 수가 있다.

표준화된 점수로 구성된 구조화된 인터뷰일 경우, 다른 리더들의 인터뷰 내용을 비교하기 쉽다. 새로운 총장을 채용하기 위해 구조화된 인터뷰를 사용하기 위해서는 각각의 후보들에게 동일한 질문을 해야 한다. 이러한 질문들은 총장들의 역량모형 중 규명된 기술과 특성을 나타냈던 다양한 상황을 설명해보도록 묻는다.

이러한 질문들에 대한 답변은 동일한 점수 척도를 각기 다른 나라의 채용 실행에 대하여 <표 4.2>에 제시하였다. 다중 접근의 마지막 단계는 대학 총장 평가센터를 통해 최종 3인을 검증하며, **평가센터**(Assessment Center)는 리더십의 잠재력을 평가하는 가장 정교화되고 비용이 많이 드는 방법이다. 평가센터의 기원은 1920년 유럽에서 독일군 장교와 영국 정부의 외교관 및 공무원 선발에서 비롯되었다.[46,47] 미국에서 평가센터는 소위 CIA(Center for Intelligence Agency)의 특수요원과 스파이를 선발하는 용도로 처음 사용되었다.[48] 최근 평가센터의 목적은 리더십 잠재력을 평가, 발굴, 개발하는 목적이며, 200개가 넘는 기관에서 이 기법을 사용하고 있다.[49-54]

> 최근 평가센터의 목적은 리더십 잠재력을 평가, 발굴, 개발하는 목적이며, 200개가 넘는 기관에서 이 기법을 사용하고 있다.

〈표 4.2〉 유럽, 아프리카, 아시아 그리고 호주의 채용 관행

평가기법	활용 비율							
	호주	중국	프랑스	독일	홍콩	일본	남아프리카	스웨덴
작업표본검사	>5%	?	>5%	>5%	>5%	0%	>5%	>5%
정신능력 테스트	20-50	?	20-50	1-20	1-20	0	50-80	20-50
평가센터/ 직업 체험	1-20	2%	1-20	1-20	1-20	0	20-50	1-20
성격 테스트	20-50	72%	50-80	1-20	20-50	0	50-80	50-80
현장실습	1-20	?	20-50	1-20	1-20	0	20-50	1-20
전기 형식	1-20	?	1-20	20-50	1-20	1-20	1-20	1-20
1:1 면접	50-80	95%	80-100	80-100	50-80	50-80	80-100	80-100
추천인	80-100	16	50-80	20-50	50-80	50-80	80-100	80-100
지원서	50-80	68	80-100	50-80	80-100	80-100	80-100	1-20
필적학(수기분석)	>5	?	50-80	>5	>5	0	1-20	1-20
외국어 테스트	>5	?	20-50	1-20	20-50	0	1-20	20-50

미국인들의 미숙한 리더십 선발 결정에 대해 비난할 수만은 없다. 전 세계적으로 사람들은 리더십 선발에 있어 같은 실수를 반복하고 있기 때문이다. 다음에서 제시된 나라들의 평가기법의 활용 비율을 살펴보자.

이 표는 다른 나라들의 구직자 채용과정을 볼 수 있는 자료를 제공한다. 만약 당신의 수기실력이 형편없다면 프랑스에서는 리더십의 위치에 지원하기를 원하지 않을지도 모른다. 프랑스의 기업들이 필적학을 통해 정확한 리더십의 가능성을 예견할 수 있다고 믿는다 할지라도 이러한 생각을 지지해줄 충분한 증거는 아직 없다.

서류함기법은 후보자들에게 가상의 총장에 대한 서류, 재정, 학생 등록 현황, 조직도 등의 정보가 주어진다.

평가센터에 참석하는 3명의 후보는 대학 총장에 대해 특별히 개발된 가상 현실(Virtual Reality)을 경험하게 될 것이다. 평가센터의 첫 번째 과정은 인성검사 및 지적 능력 검사일 것이다. 또한 1~2일 정도 가상의 대학 환경 상황에 놓이게 될 것이다. 그리고 그 참가자들의 행동은 전문 관찰자에 의해 기록될 것이다. 평가센터에서 사용되는 시뮬레이션은 서류함기법(In-Basket Exercise)과 역할극(Role Play)이다. 먼저, 서류함기법은 후보자들에게 가상의 총장에 대한 서류, 재정, 학생 등록 현황, 조직도 등의 정보가 주어진다. 후보자들에게는 2시간 정도가 주어지며, 전형적인 총장들의 일과 중 메모, 이메일, 보이스메일, 기사, 편지 등을 처리하게 된다. 또한 후보자들은 역할극에서 업무 성과에 문제가 있는 학과장과의 30분 면담, TV 리포터와의 가상 인터뷰, 불만이 있는 행정/청소 용역 직원과의 면담, 재정 문제에 대한 이사회의 프레젠테이션 등을 하게 된다. 이 역할극에서의 배우들은 상대방인 후보자들의 반응을 잘 관찰하고 평가할 수 있는 전문배우들이다. 평가자들은 여러 기법과 시뮬레이션을 전반적으로 보고, 전체적인 점수를 부여하게 된다. 결과는 리포트 형태로 작성되며, 채용 위원회는 그 리포트를 보고 최종 채용 결정을 내리면 된다.

이러한 프로세스가 합리적으로 받아들여지면 좋겠다. 우선, 당신이 원하는 리더가 누구인지 정의하고, 리더십 후보자로서 1차 걸러내는 과정으로 업무와 관련된 지필시험을 보고, 그리고 구조화된 인터뷰와 정교한 업무 시뮬레이션을 시행한다. 조직에서 리더층을 강화하기 위해서 해야 할 첫 번째는 올바른 사람을 채용하거나, 승진시키는 것이다. 그리고 다중 접근법은 그대로 따라 하면 되는 로드맵이다. 이러한 리더십 평가 프로세스를 이용하여 조직의 리더층은 강화될 수도 있고, 조직의 성과 자체를 향상시킬 수도 있다.[1,2,19,33,36,38,50,55,56] 그러나 이 말은 조직이 다른 접근의 모든 프로세스 및 과정을 차용해야 한다는 뜻은 아니다. 많은 경우, 명확하게 정의된 역량 모형, 인적 사항, 구조화된 인터뷰 등은 좋은 리더를 채용하는 과정에 도움이 된다. 이것은 특히나 중간층 이하의 리더 채용에 도움이 된다. 그러나 연구에 따르면 지적 능력 테스트나 인성검사는 훌륭한 전 계층의 리더 선발에 더욱 효과적이다. 이러한 평가는 인적 사항이나 구조화된 인터뷰만으로 측정 불가능한 능력 및 행동 특성을 측정하는 데 도움이 된다.[1,4,29,38,39,57]

업무 시뮬레이션이 리더십을 예측하는 데 유용할 것이라는 것은 알지만, 서류함기법이나 역할극이 리더십을 예측하는 데 이력서나 지적 능력 테스트, 성격 검사 또는 구조화된 인터뷰보다 나을 것이라고 확신할 수 없다. 즉, 일단 저렴하고 사용하기 간편한 방법으로 후보자들을 평가하면 서류함기법이나 역할극같이 비용이 많이 드는 방법이 비용을 상쇄하는지 확신할 수 없다. 또한, 업무 시뮬레이션은 상당히 비용이 많이 든다. 많은 지필 시험은 테스트당 50불 미만이지만, 평가센터는 후보자당 2천 불에서 만 불까지 꽤 많은 비용이 필요하다. 그러나 업무 시뮬레이션은 후보자들에게 건설적인 피드백을 제공하는 것이 틀림없긴 하다.

올바른 후보자를 채용하는 것이 매우 중요한 일이지만, 리더십과 조직 연구자들의 노력에 대해 주목할 필요가 있다. 리더십 연구는 어떤 평가 테크닉이 리더십에 가장 타당성이 있는지 알 수 있는 유일한 방법이다. 연구자들은 미래 리더십의 효과성을 예측하기 위한 타당한 방법을 결정하기 위해 많은 연구를 수행해왔다. 이러한 연구는 회사들이 올바른 리더를 채용하는 데 도움을 줄 뿐만 아니라 정당한 채용 프로세스를 만듦으로써 분야를 한층 발전시켰다. 안타깝게도 <표 4.1>과 <표 4.2>에서 보듯이 많은 연구들은 리더십 채용 결정에서 무시되어 왔다. 조직들이 무작위 선택과 같은 결과를 낳는 타당하지 못한 평가 방법을 사용하는 한 조직들은 리더십 후보의 부족을 계속 경험하게 될 것이다.

인터뷰하기: 좋은 방법, 나쁜 방법, 이상한 방법(The Good, the Bad, and the Ugly)

하이라이트 4.3

좋은 방법: 구조화된 인터뷰

관리자들은 구조화된 인터뷰를 사용하면 더 나은 채용 결정을 할 수 있다. 구조화된 인터뷰는 장래 후보자들에게 목표한 역량과 행동을 발휘했어야만 하는 상황들에 대해 질문을 한다. 대학 총장 후보자에게 하는 질문들은 다음을 포함한다:

1. 변화의 추진: 대학에서 변화시켜야 했던 가장 크고 복잡한 문제를 설명해 보십시오. 변화의 필요성과 관련해서

는 어떠한 상황들이 있었으며, 변화를 일으키기 위해 구체적으로 어떤 일을 해야 했고, 그 결과는 어땠습니까?
2. 노사관계: 해결해야 하는 노사 문제 중 가장 어려웠던 것들은 어떤 점들이었나요? 어떤 상황이었고, 무엇을 했으며, 협상 결과는 어떠했습니까?
3. 인재관리: 훌륭한 교수진을 채용, 개발, 유지하기 위해 무엇을 해왔는지 구체적으로 설명하십시오. 그러한 노력의 결과는 어떠하였습니까?

이 질문들은 직무와 관련이 있음을 알 수 있을 것이다. 구체적인 행동과 결과를 요구하면 후보자를 비교하기 훨씬 더 쉬워질 것이다.

나쁜 방법: 비구조화된 인터뷰

비구조화된 인터뷰에서 후보자들은 인터뷰를 진행하는 사람이 필요하다고 생각하는 아무 질문이나 받게 된다. 아마도 가장 흔한 리더십 선발기법인지도 모르지만 효율적인 리더를 고용하는 가장 좋지 않은 방법이기도 하다. 비구조화된 인터뷰 질문들 중 대부분은 잘해도 직무와 관련성이 부족하고, 못해도 단순히 모욕적이거나, 불법적이거나 답변을 속이기 쉬운 질문들이다. 많은 인사 관리자들은 성격에 대한 편견에 사로잡혀 있거나 구조화된 인터뷰와 비구조화된 인터뷰에 관한 연구에 익숙하지 않다. 대학 총장 후보자에 대한 체계 없는 흔한 인터뷰 질문들은 다음을 포함한다:
1. 좌우명은 무엇입니까?
2. 만약 누군가와 저녁식사 한다면, 누구와 할 것이며, 왜 그 사람입니까?
3. 자녀를 더 가질 계획이 있나요?

이상한 방법: 쓸모없는 인터뷰의 예

거의 모든 후보자들이 인터뷰를 하는 동안 가장 이상적인 그림을 그려내고자 한다고 누구나 생각할 것이다. 그러나 다음의 예를 보면 어떤 후보자들은 분명히 이 원리에서 벗어난다는 것을 충분히 알 수 있다:
1. 후보자는 그의 해결사에게 질문에 대한 답을 구하기 위해 전화를 하려고 인터뷰를 중단하였다.
2. 인터뷰 도중 그 남자는 오른쪽 신발과 양말을 벗고 발에 뿌리는 가루약을 발랐다. 그가 신발을 다시 신으면서 가루약은 하루에 네 번 뿌려야 하며 지금 뿌린 게 그중 한 번이라 언급하였다.
3. 그 여자는 워크맨을 착용한 채, 인터뷰하는 사람의 말과 음악을 동시에 들을 수 있다고 말했다.

4.5 리더십의 효과 측정

이 장의 근본적인 질문은 리더들이 실제로 성과를 달성하느냐는 것이다. 리더의 영향을 측정하는 것은 생각보다 쉽지 않다. 예를 들면, 올바른 후보를 채용하기 위해 많은 시간, 열정, 돈을 투자한 후, 우리는 새로운 대학 총장의 영향에 대해 판단할 수 있는가? 업무를 수행한 지 1년 후, 대학 학장과 학과장들, 그리고 행정 직원, 용역 직원들의 관계가 나아졌는가?

비용 절감 또는 기부금 증대를 통해 재정 상태를 향상시켰는가? 아니면 학생들이 학교생활에 더 행복해하고 조교들의 실력이 더 향상되었는가? 총장이 중요한 교수진을 채용하고 유지할 수 있었는가? 총장의 업적을 평가하기 위해 어떤 자료들을 모아야 하는가? 만약 이러한 결과에 변동이 생겼다면, 이것은 새로운 총장 때문인가? 마찬가지로, 어떻게 크루즈선의 선장, 병원의 수간호사, 라디오 방송국의 관리자 그리고 노숙자 쉼터의 관리자를 평가할 것인가? 리더를 평가하는 많은 방법이 있듯이, 조직과 팀원들에 대한 리더의 영향을 측정하는 방법도 여러 가지가 있다. 가장 유용한 방법은 리더십의 성공을 정의하는 것이다. 우리는 리더들이 보이는 행동이나 특성을 가지고 성공적인 리더와 그렇지 못한 리더를 구분하지는 않는다. 오히려 팀원들이 더 효율적인지 또는 만족하는지, 그 조직이 이익을 많이 내는지 등을 고려한다. 예를 들면, 우리는 리더로서의 총장의 성공 여부를 판단하기 위해서 대학 총장의 학기말 평가, 행정 직원들의 생산성 또는 품질 향상 등을 보게 된다. 리더들의 행동이나 성격 특성이 이러한 지표에 중요한 역할을 하지만, 리더들의 상대적인 성공에 대해 판단을 내릴 때 우리는 그 행동 자체가 아닌 행동의 영향, 즉, 결과를 검증하게 되는 것이다. 이 장에서는 많은 학자들이 어떻게 리더십의 영향을 측정하는지를, 그리고 각 방법의 장점과 단점에 대해서 살펴볼 것이다.

리더십 후보 관리 기법의 우수사례의 영향력

하이라이트 4.4

한 대규모의 제조업체가 다른 두 개의 대형 제조업체를 인수하게 되었다. 그로 인하여 통합된 조직의 리더들은 몇 가지 리더십에 대한 딜레마에 직면하게 되었다. 첫째, 통합된 조직에서 어떠한 사람을 리더의 자리로 세우냐는 것이었다. 기존의 세 조직 어디에도 리더십의 자질에 대한 특별한 정보는 없었다. 둘째, 통합된 조직에 재정적인 통찰력, 고객서비스, 글로벌 관점, 인재 발굴 및 개발과 더불어 생산보다는 서비스에 중점을 두는 비즈니스 전략의 새로운 조직문화를 형성하는 것이었다. 새로운 문화는 세 조직에 수익성이 아닌 고객서비스에 초점을 맞춘 기술적 우월함을 강조했다. 셋째, 세 기업에서 상위 300 지도자가 대부분은 향후 3년 안에 은

퇴하게 된다는 사실이었다. 리더들은 이러한 격차를 위하여 어떻게 리더십의 자질을 정의하고 세워가는 활동을 시작할지 불명확하였다.

이 세 가지 필요사항을 충족하기 위하여 통합된 세 조직은 250명의 경영자들을 대상으로 2일간의 맞춤 평가 센터를 시작하였다. 평가결과는 중요 리더십의 위치에 인원을 배정하고 개개인의 리더와 팀들의 강점과 약점을 파악하고 경영자들이 새로운 기업문화의 리더들의 요구, 도전, 기대사항을 이해할 수 있게 도와주었다. 그 뒤 은퇴를 앞둔 경영진을 대체하기 위하여 교체될 리더들을 구별하고 정하기 위해 통합된 조직의 새로운 750명의 리더들은 다른 맞춤 평가를 거치게 하였다.

평가 결과는 몇 가지 중요성과 지표에 따라 이루어졌으며, 그 결과는 매우 주목할 만하였다. 평가 센터가 이루어진 이후 통합된 회사에 250명의 경영진을 선발하여 배치하였다.

- 수익 $2억 7천7백만에서 $1조 9천20억으로 증가
- 적기 납품률 48%에서 100%로 증가
- 주식 27% 상승

4.5.1 성공적이거나 그렇지 못한 리더들에 대한 측정

성공적인 리더와 그렇지 못한 리더들을 판단하는 많은 측정도구들이 있다 (<표 4.3> 참조). 흔히 사용되는 측정 도구들 중에는 상사의 효과성 또는 승진 비율, 그리고 부하직원들의 업무 만족도, 도덕성, 그리고 리더에 대한 효과성, 다양한 업무 단위의 평가표 등이 포함된다. 더 자세한 논의를 위해 이를 대학 총장의 예에 적용해 보자.

〈표 4.3〉 성공적인 그리고 그렇지 못한 리더들에 대한 측정

측정 방법	장점	단점
상사의 평가	종종 사용됨	상사의 편견 실제 업무 능력을 고려하지 않은 평가 의도하지 않은 평가로 피드백을 제공하기 어려움 평가자의 비의도적인 피드백의 제공
부하들의 평가	리더행동의 문제	비동기화된 부하 부하들의 편견
	다양한 평가자	평가와 업무수행 간의 상관성이 없음
단일업무성과지표	실제적인 결과	리더의 예상치 못한 요소로 인한 결과

상사의 효과성과 업무 수행 평가

대부분의 리더의 업무 평가는 그 리더들의 상사에 의해 판단이 되고, 그것은 여러 관련 있는 분야의 업무 평가 또는 승진을 위한 추천 등이 포함된다.

리더의 효과성을 판단하는 한 가지 방법은 그들의 업무 평가결과를 검증하는 것이다. 대부분의 리더의 업무 평가는 그 리더들의 상사에 의해 판단이 되고, 그것은 여러 관련 있는 분야의 업무 평가 또는 승진을 위한 추천 등이 포함된다. 예를 들면, 한 팀의 학자들은 상사의 전반적인 업무 평가, 승진 시점을 해군 장교들의 리더십 효과성을 판단하는 준거로 삼았다.[58] 모든 조직들은 일종의 업무 평가 시스템을 사용하고 있기 때문에 이는 전형적인 업무 평가 형태를 간략하게 기술하는 데 매우 유용하다. 훌륭한 업무 평가 형태는 다음과 같은 사항을 포함한다. 첫째, 상사들은 리더들이 몇 가지 중요한 목적을 달성했는지 판단하기 위해 평가척도를 사용한다. 상사들 역시 리더들이 조직에서 중요하다고 여기는 내용을 살펴보면, 진실성, 행정기술, 의사소통 영향도 등에 대해 평가를 한다. 마지막으로 상사들은 리더들의 전반적인 업무 또는 승진 가능성에 대해 평가한다.[59,60] 대학 총장의 예에서 당신은 실제로 과거 몇 년 동안 이루어 놓은 총장의 업적에 대해 판단할 수 있다. 그 대학 총장이 재정적인 문제, 직원들의 갈등, 동창/교수진들의 관계를 정립하고, 학생 만족도를 높이고, 새로운 프로그램을 만드는 의사결정에 효과적이었는지 판단한다. 이는 보통 대학 총장의 역량을 평가하는 것을 담고 있다. 예를 들면, 문제 해결 능력, 의사결정 능력, 재무 판단력, 코칭 및 고성과자를 창출하는 것, 갈등 관리 등 내외부적 주요 의사결정자들의 신임을 얻고 관계를 잘 유지하는 것 등이다. 이러한 요소는 대학 총장의 과거 몇 년간의 업적 평가에 대해 말해 줄 수 있다. 당신이 대학의 이사회 멤버라면 아마도 대학총장의 업무 수행 평가에 대해 작성하기를 원할 것이다. 당신이 리더의 업무에 대해 정확한 평가가 확실하다고 생각할지 모르지만 대부분의 경우 에러가 발생한다. 가끔 상사들은 단순히 그러한 복잡한 업무 평가를 제공할 시간이 없다. 또한 다른 경우는 상사들은 리더들에 대해 대부분 인식하지 못하거나 친밀하지 못한 경우도 많다. 후자의 경우, 조직이 가상 팀(Virtual Team)이거나 또는 상사 한 명이 맡고 있는 팀원의 수가 많을수록 더 자주 발생하는 일이다.

어떤 리더들은 그들의 상사에게 실제 나타나는 본인의 능력보다 실제의 능력이 더 출중하다고 자화자찬을 하는 경우가 있다. 또 어떤 상사들은 갈등을 다루는 데 어려움이 있고, 좋지 않은 결과에 대해 감정적이고 스트레스를 받는 데 어려움을 겪는 상사들도 있다. 또한 친분관계, 원인 파악 등은 리더의 실제 업무 평가를 하는 상사들에게 편견을 심어 줄 수 있다. 어떤 업무 시스템은 리더들의 실제 영향을 측정하는 데 효과적이지 않다. 즉, 상사들이 어떤 승진을 결정하거나 보상을 결정해야 하는데 전혀 도움이 되지 않을 정도이다. 정확하지 않은 업무 평가 결과는 관리역량 부족이 높은 현상과 관련이 있다. 많은 경우, 능력 있는 관리자들이 낮은 업무 평가 결과를 받는다. 왜냐하면 상사들은 그들이 승진하는 것을 원치 않기 때문이다. 본인과 경쟁자가 되는 것이 싫거나, 샘이 나기 때문이다.

치어리더 타입이나 명목상의 리더 또는 결과 중시의 리더들은 좀 더 높은 업무 평가를 받는 경향이 있다. 왜냐하면 그들은 높은 결과로 다른 사람을 만족시키고, 조직에 혼란을 주지 않기 때문이다. 잘못된 사람들이 그 결과로 더 높은 책임감이 필요한 위치로 승진을 하게 되는 것이다.

> 치어리더 타입이나 명목상의 리더 또는 결과 중시의 리더들은 좀 더 높은 업무 평가를 받는 경향이 있다. 왜냐하면 그들은 높은 결과로 다른 사람을 만족시키고, 조직에 혼란을 주지 않기 때문이다.

부하직원들의 만족도, 조직 분위기, 도덕성, 동기 및 리더의 효과성

리더십이 부하직원들의 관점에서 정의가 된다면 아마도 대학총장의 성공을 판단하는 좋은 방법은 **부하직원들이 리더의 효과성을 평가**하는 것이다(Subordinates' Ratings of Effectiveness). 부하직원들은 본인들의 만족도 수준이나 대학 총장의 효과성에 대해 질문을 받게 될 것이다. 부하직원들은 상대적으로 만족스럽거나 불만족스러울 수 있고, 동기부여가 되었거나 아니면 동기가 저하되었을 수도 있을 것이다. 또한 본인들의 리더가 '효과적이다', '아니다'라고 믿을 수 있다. 동기를 높이고 응집력, 협력성, 그리고 도덕성을 높이는 것은 대부분의 리더들이 추구해야 하는 덕목이다.[61,62] 하지만 여러 가지 조심스러운 사항들이 있다. 리더들의 효과성을 판단하기 위해 팀원들의 동기, 응집력을 사용하는 경우가 있다. 예를 들면, 어떠한 부하직원들은 상대적인 업무에 대해 리더에 상관없이 동기가 저하되어 있다. 대학총장들은 노동조합이 강한 청소용역 업체나 행정직원들에게 동기부여하기 어렵고, 또한 이미 종신직을 받은 교수들에게 동기부여하기 어렵다. 또 다른 예는 어떤 강한 동기부여를 한다거나 응집력을 만들기 위한 성공적인 요소가 효과적인 업무를 보장하는 것은 아니라는 것이다. 이러한 경우 때로는 부하직원들이 적절한 훈련이 필요하고, 필요한 물품 및 지원들이 필요하다. 훈련이나 이러한 필요한 지원 없이는 이러한 부하직원들의 동기가 높더라도 업무 결과는 상대적으로 낮을 수밖에 없다. 부하직원들이 낮은 수준의 업무를 보이지만 그들의 업무 결과를 효과적이라고 평가할 수 있다. 왜냐하면 본인들을 힘들게 하지 않고 일을 많이 시키지 않기 때문이다(예를 들면, 명목상 또는 치어리더 타입의 리더들). 거꾸로 어떠한 부하직원들은 역량 있는 관리자들을 비효과적이라고 평가한다. 본인들에게 너무 힘들 정도로 업무를 시킨다면 아마도 그럴 것이다. 더군다나 부하직원들의 평가와 대학 총장들의 업무 관련성은 불분명하고 총장의 통제를 넘어서는 여러 가지 요소에 의해 영향을 받는다.[61-63]

이러한 조심스러운 접근에도 불구하고 부하직원들의 평가가 상사의 평가보다 더 정확한 데는 두 가지 이유가 있다. 첫째, 부하직원들은 좀 더 현명한 판단을 할 수 있는 위치에 있다. 그들은 상사의 일상적인 리더십에 영향을 직접 받는 사람들이다. 둘째, 부하직원들의 평가가 약간 왜곡되거나 바이어스가 있다고 하더라도 많은 평가자들이 사용한다면 이러한 효과들은 상쇄될 것이다(부하직원의 숫자가 상사보다 많기 때문이다). 따라서 앞에서 언급한 것처럼 당신은 총장의 역량을 평가하기 위해 총장에게 직접 보고하는 사람들로부터 그 정보를 받을 수 있다. 이러한 평가는 평균으로 내어질 것이고 대학 총장의 업적을 평가하는 또 다른 정보로 사용될 수 있다.

단일 업무성과 지표

리더의 효과성을 판단하기 위해서 어떤 평가 점수를 사용하기보다는 단위 성과 지표(Unit Performance)를 사용한다.

리더의 효과성을 판단하기 위해서 어떤 평가 점수를 사용하기보다는 **단위 성과 지표**(Unit Performance)를 사용한다. 리더십의 성공에 대해서 판단하기 위해 리더들의 어떤 영향력이 조직의 가장 밑단에까지 미치는지 판단할 필요가 있다. 예를 들면, 점포의 매출, 이익 수준, 불량품 반품, 적절한 시간에 배달 완료가 되었는지, 범죄율, 고등학교 졸업률, 자선 단체의 기부 액수, 승패율, 하루에 일어나는 사건 등을 통해서 판단할 수 있다.

앞에 언급된 2가지 이상의 측정과 같이 어떤 측정도 완벽할 수는 없다. 여기서 가장 기억해야 할 것은 이러한 요소들은 리더의 통제를 벗어나는 여러 가지에 의해 영향을 받는다는 것이다. Exxon Mobil의 전 CEO인 Lee Raymond는 4억 달러에 해당하는 명예퇴직 위로금을 받았다. 이러한 대부분의 은퇴 프로그램은 기준값의 급격한 상승에 기반을 두었고, 이것은 Exxon Mobil 주식 가격을 상승하게 만들었다. 그가 은퇴했을 때의 오일의 가격은 1배럴당 70불이었고, 역사적으로 가장 높은 가격이었다. 하지만 Lee Raymond는 이 오일가격 상승에 전혀 일조를 하지 않았다. 중국과 인도 경제 부흥이 이러한 오일 수요를 불렀고, 이라크 전쟁과 나이지리아 종교 갈등, 미국과 베네수엘라의 갈등이 주원인이었다. 아이러니한 것은 Lee Raymond는 상승된 Exxon Mobil 주식을 받았고 실제적으로는 그가 세계 오일 가격과는 전혀 무관하다는 것이다. 유사하게 대학 재정에도 외부적인 요인들이 영향을 미친다. 이는 경제 상황, 동창생 모금, 주정부 노력, 학생들의 등록 철회, 인구학적 변화 등의 요인이다. 개념적으로 대학 총장은 옳은 일을 할 수 있지만, 아직도 올해 지난해의 재정 수지를 맞추지 못하고 있다. 왜냐하면 환경 자체가 통제 불가능하기 때문이다. 거꾸로 대학 총장은 실수를 할 수도 있지만, 그것은 의외로 별 문제가 되지 않을 수도 있다. 새로운 회사들의 예상치 못한 지원 때문이다. 이러한 회사들은 새로운 직장을 창출하고, 선순환으로 세수를 확충하여 대학 재정에도 도움이 될 수 있었다. 리더십 실천가들은 이러한 단위 성과지표가 여러 가지 요인의 영향을 받고 이것은 리더가 할 수 있는 것보다 더 많은 영향을 줄 수 있다는 점을 기억해야 한다. 또한 리더의 효과성을 판단하기 위하여 이러한 인덱스들을 사용하기 전에, 얼마만큼 많은 리더의 행동이 단위 성과 지표에 영향을 줄 수 있는지 측정해보는 것이 중요하다. 많은 치어리더 타입, 명목상의 관리자, 결과 위주의 관리자들이 결과에 대한 칭찬을 받는데 그것은 정작 본인들과는 관련이 없고, 관리역량 부재에도 영향을 미치게 되는 것이다.

4.5.2 리더십 성공을 측정하기 위한 우수 사례

업무 성과를 내는 리더의 영향력 또는 능력을 측정하기 위해 무엇을 해야 하나? 상사로부터의 평가, 상사와 부하로부터의 평가는 어떤 내재적인 문제가 있다. 또한 단위 성과 지수 역시 그렇다. 이러한 문제에도 불구하고, 이러한 도구들은 리더들의 능력을 측정하는 데 도움이 된다. 이러한 측정들은 효과성의 다른 측면들을 측정할 수 있다. 예를 들면, 어떤 리더들은 상사로부터 좋은 평가를 받지만, 부하로부터는 낮은 평가를 받을 수 있다. 예를 들어, 리더가 경영이 무척 어렵거나 잘 운영이 안 되는 학교에 부임을 했다거나 리더가 전략적으로 윗사람에게 좋은 이미지를 주려고 노력할 경우 그럴 수 있다. 반면, 리더들은 그들의 상사와 안 좋은 관계를 가지고 있고, 부하직원들과 오히려 좋은 관계를 가질 수 있다. 이러한 관계들은 두 집단으로부터 받는 평가를 반영하게 되어 있다. 즉, 우리는 이러한 다른 측정과 연관된 장점과 문제점을 이해할 필요가 있으며, 이것이 다중 접근이 가장 좋은 평가방법이라는 이유이다.[64]

리더십 실천가들은 본인의 리더십 성공을 판단하기 위해 사용하는 측정도구에 본인의 행동이 어떻게 영향을 미치는지 잘 생각해보아야 한다. 단위 성과 지수에 낮은 결과를 받을 수도 있지만, 이러한 단위 성능 평가는 상대적으로 그들의 행동이나 지역 경제 성장, 부적절한 자원 배분과 별 상관이 없을지도 모른다. 리더들은 대신 그들의 효과성을 향상시키는 데 집중을 해야 한다.

리더들은 대신 본인의 행동에 좀 더 즉각적으로 관련이 있는 준거, 예를 들면, 부하들의 동기 수준, 업무 분위기, 만족도 등에 관한 본인의 효과성 향상에 신경을 써야 한다. 리더십 실천가들의 또 다른 관심은 리더십 성공 측정의 바이어스이다. 연구 결과에 따르면 미국에서 여성들은 동일한 직업을 가질 때 남성들보다 더 적은 임금을 받는 것으로 나타났고,[67,68] 소수 민족의 여성 관리자들은 주류인 백인 남성들의 연봉의 57%에 그치는 것으로 나타났다.[69] 이러한 결과는 여성들이 직종을 떠나서 남성에 비해 낮은 직무 평가를 받기 때문이다. 미국에서 남성들이 대부분의 관리직을 차지하고 있으므로, 그들의 상사로부터 여성들은 동일한 수준의 효과성과 업무 능력을 인정받는 데 시간이 걸릴 수 있다.

하지만 한 가지 분명한 것은 모든 남자 관리직들이 여성 부하직원에게 낮은 업무 평가를 주는 것은 아니라는 것이다. 이러한 전반적인 트렌드를 반영하는 연구에 의하면 개인 남성 관리자들은 여성 부하직원에게 낮은 업무 평가 결과를 줄 수도 있고 그렇지 않을 수도 있다. 이러한 결과는 여성들이 낮은 임금을 받고 남성에 비해 승진의 기회가 적으며, 따라서 조직에는 여성 리더십의 숫자가 줄게 된다는 것이다. 이는 여성에 대한 삼중고이다. 여성들은 더 낮은 임금을 받게 되고 승진 기회를 잃고 조직 차원에서는 능력 있는 여성들을 갖지 못하게 되는 것이다. 이 장의 첫 번째 주제인 관리역량 부재로 돌아가서 가장 훌륭한 리더에 대해 정리하자면, 리더의 능력과 부하직원들의 평가에 의해서 단위성능 지수 결과에서 좋은 점수를 받는 사람이다.[4,61,62]

능력 있는 관리자는 부하직원들로부터 높은 평가를 받으며, 일관성 있게 다른 팀이나 조직보다 업무 성과를 나타낸다.

일반적으로 능력 있는 관리자는 부하직원들로부터 높은 평가를 받으며, 일관성 있게 다른 팀이나 조직보다 업무 성과를 나타낸다. 치어리더 타입의 관리자들은 부하들로부터 좋은 평가를 받을 수 있으나 단위성과 지수는 부족하다. 결과중심의 관리자들은 그 반대이다. 명목상의 리더는 그 중간 사이이다. 두 가지 지표, 부하직원의 평가, 단위성과 지수의 중간쯤이 될 것이다.

Jimmy LaValley

리더십 프로파일 4.1

Jimmy LaValley는 최근 폐기물 관리 회사의 인사담당 부사장에서 은퇴했다. Jimmy가 폐기물 관리 회사에 입사했을 때 그 회사는 몇 차례의 성공적이지 못한 합병의 영향에서 막 벗어난 회사였다. 게다가 Wall Street는 회사의 재무제표에 대해서도 의문을 갖고 있었다. 새로운 CEO인 Maury Myers는 비용을 줄이고 운영과 안전성을 개선하며 회사가 올바른 재정적 기반으로 돌아오게 했을 뿐 아니라 폐기물 관리의 대중적 인지도를 향상시켰다. 5년 뒤 Myers는 회사를 성공적으로 변화시켰지만 그는 자신이 폐기물 관리를 다음 단계로 옮길 만한 사람은 아니라고 생각했다. LaValley는 다음 CEO에게 요구되는 역량을 정의하고 CEO 수준의 역량 평가를 거칠만한 3명의 내부 지원자를 선정했다. 또한 LaValley는 위원회가 새로운 CEO인 Steiner가 선택되도록 도왔다. 회사 내에 있는 5,000명의 모든 리더들이 회사의 포괄적인 사업 전략을 내놓았고 그것을 명확하게 이해하기 위해서, LaValley는 David Steiner와 함께 작업했다. 그러고 나서 그는 회사의 전반적인 리더십 역량을 개발했고 포괄적인 모집, 리더십 개발, 승계 계획, 성과 관리, 회사의 리더십 역량을 가진 사람들을 향상시키기 위한 보상 시스템을 시행하였다. LaValley의 리더십 아래 회사의 주식 가격이 급등했고 회사의 평판은 '쓰레기 운반인'에서 '환경을 생각하는 회사'로 바뀌었다. 그 회사의 통합적인 리더 후보 관리 시스템은 강한 리더십을 가진 개인을 고용하고 승진하도록 만들었으며 팀을 만들고 결과를 내는 데 어려움을 느끼는 사람들을 해고하는 데 도움을 주었다.

4.6 리더십을 연구하는 방법들

지금까지 우리는 리더십에 있어서 어떤 한 개인의 잠재력을 평가하는 테크닉에 대해 논의해왔다. 또한 리더의 효과성을 평가하는 데 일반적으로 사용되는 평가방법에 대해 살펴보았다. 우리가 아직까지 논의하지 않은 것은 리더의 개인 특성, 행동, 가치, 그리고 그들의 승패율, 영업 실적, 부하 만족도들의 관계를 연구자들이 어떻게 결정하느냐는 것이다. 스트레스를 잘 다스리는 리더들은 더 사교적일까, 혹은 문제해결을 잘하는 리더는 더 행복한 부하들을 데리고 있거나 더 많은 업무 성과를 내는 것일까? 다양한 리더십의 속성, 업무의 강도와 속성과 관계, 업무 효과성의 측정은 연구자와 실천가의 매우 중요한 관심거리이다. 만약 리더의 성격과 행동, 단위 성능지수 간의 관계가 거의 없다면, 그 조직들은 승진이나 채용을 위해서 리더들의 가치와 속성을 평가하는 데 시간과 돈을 허비하는 것이다. 그러나 많은 연구들이 이러한 리더십의 속성들이 안정적으로 평가되고 또한 리더십 결과와 긍정적인 결과가 있다는 것을 밝혀냈다. 그렇다면 어떻게 리더십 연구자들이 체계적으로 리더십, 잠재력과 효과성 측정에 관계가 있는지 결정할 수 있을까? 연구자들에 의해 사용되는 테크닉은 질적 또는 양적 방법으로 분류할 수 있다.

4.6.1 질적 접근법

질적 접근법의 가장 많이 사용되는 방법은 사례연구다. 사례연구는 리더 행동에 대한 심층적인 분석이다.

질적 접근법의 가장 많이 사용되는 방법은 사례연구다. 사례연구는 리더 행동에 대한 심층적인 분석이다. 자서전은 사례연구의 대표적인 예이며, 보통 리더들이 직면하는 다양한 상황에 대한 자세한 기술과 설명을 보여준다. 또한 이러한 상황에서 리더들의 행동이나 그 행동의 결과를 보여준다. 사례연구는 리더십 실천가들에게 각각 다른 리더십 상황에서 무엇을 해야 하는지에 대한 아이디어를 주고 특히 실천가들이 직면할 수 있는 유사한 상황에서 무엇을 해야 하는지 알려줄 수 있다. 그러나 사례연구에서 리더들의 행동이 실제로 그 결과를 초래했는지 판단할 수 있는 객관적 방법은 없다. 자주 이러한 요소들은 리더의 행동보다 더 광범위한 것이고 리더의 행동 외에 다른 요소들이 결과를 결정짓는 중요한 요소가 된다. 이러한 문제 때문에 사례연구나 자서전 등을 적용할 때는 조심스럽게 결정되어야 한다. 왜냐하면 자서전이나 사례연구는 당신의 리더십 스타일과 맞지 않을 수 있기 때문이다. 이러한 사례연구들은 재미있고 가치 있는 읽을거리를 제공하고 리더십 실천가들에게 리더십 상황을 분석하는 다른 관점을 보여주기도 한다. 사례연구는 연구자들에게 검증해야 하는 가설을 제공할 수 있다. 이러한 가설 검증을 더 정확하게 하기 위해서는 양적 방법을 사용하는 것이 좋다.[70]

리더십 연구의 학문적 전통과 음유시인론적 전통

하이라이트 4.5

실제로 리더십은 거의 모든 사람들이 한 번쯤은 관심을 갖는 주제이다. 사람들은 정부, 학교, 회사 또는 교회를 운영하는 사람에 대해 관심을 가지고 있으며, 이러한 관심으로 인해 리더십 주제에 대해 수천 권의 책과 기사가 쓰여지고 있다. Curphy와 Hogan은 이러한 글들이 두 가지 주요한 입장으로 나누어져 있다고 믿는다. **학문적 전통**은 효과적인 리더십에 관한 추론을 하기 위해서 데이터와 통계적 기술을 사용한 기사들로 구성이 되어 있다. 학문적 전통은 연구를 토대로 하고 있으며, 이러한 발견들의 대부분은 다른 리더십 연구자들을 위해 쓰이고 실제적으로 이러한 발견들은 리더십 실천가들에게는 이해 불가능하게 다가온다. 일반적으로 말하면, 리더십 실천가들은 종종 학문적 전통의 연구결과에 대해 익숙하지 않다.

리더십에 대한 두 번째 입장은 음유시인론적 전통이다. 이러한 책과 기사들은 종종 이전 지도자들에 대한 회상이나 의견들에 지나지 않는 것들로 구성되어 있다. 음유시인론적 전통에 속하는 책들, 이를테면 '누가 내 치즈를 옮겼을까?', 'CEO가 당신이 알기 원하는 것들', '승리', '예수님처럼 이끌어라: 시대를 초월한 가장 훌륭한 리더십의 롤 모델로부터의 가르침' 등은 널리 인기가 있으나 여기서 픽션과 사실을 분리하거나 또는 이러한 의견들이 다른 뜻으로 이해되는지를 결정하는 것은 어렵다. 학문적 전통으로부터의 발견과 음유시인론적 전통의 한계점들에 익숙하지 못한 사람들은 의견으로부터 연구결과를 구별하는 것에 큰 어려움을 겪게 된다.

아마도 리더십의 실제를 개선하기 위한 가장 큰 도전은 실천가들에게 다른 사람들을 어떻게 효과적으로 이끄는지에 대해 적기에 쉽게 이해할 수 있고 연구에 기반한 충고를 제공하는 일이다. 리더십 연구에 대한 90년 동안 축적된 지식은 굉장한 가치를 가지고 있으나 과학자들은 그들의 연구결과에 대해서 궁극적인 소비자가 될 리더와 미래의 리더에게는 관심을 거의 기울이지 않는다. 리더십 실천가들은 종종 어떻게 하면 더 효과적이고 성공적이 될지에 관한 빠른 대답을 원하고 당연히 그들의 실제적 우려에 대한 시기적절한 대답을 제공해 주는 인기 있는 책과 기사들을 읽는다. 그러나 불행히도 인기 있는 상업상의 문헌에서의 주장들은 적절한 연구결과에 거의 기반하지 않았다. 이 책들은 과도하게 리더십 과정의 복잡성을 단순화시키고 많은 경우 실제적으로 해로운 충고를 제공한다. 상대적으로 좋은 리더십에 대한 연구에 대해서는 관심이 적은데, 왜냐하면 학문적 저널에 실리기 위한 출판요건이 까다롭기 때문에, 그 연구내용은 실제의 리더십 실천가가 읽기에는 안 읽히고 흥미롭지 않은 내용이 되어버리기 때문이다. 이 책의 주요한 목표들 가운데 하나는 리더와 미래의 리더들에게 더 이용 가능하게 하는 리더십 연구에 대한 결과물을 창출해 내야 한다는 것이다.

4.6.2 양적 접근

양적인 방법론에서 가장 대표적인 방법은 상관관계와 실험이다.

양적인 방법론에서 가장 대표적인 방법은 상관관계와 실험이다. 이들은 [하이라이트 4.6]에서 보다시피 학계에서 많이 사용되는 방법이다. **상관관계 연구**(Correlational Studies)는 리더의 특성과 정신적 능력, 행동과 리더들의 효과성, 예를 들면 팀원들의 만족도, 조직 분위기 등에 대한 통계적 관계를 결정하는 것이다. 상관관계의 예시는 예를 들면, 한 집단의 리더들을 선택한 후(예컨대 100여 개의 중소 도시의 경찰서장), 그 다음 그들의 지필 테스트의 점수, 인지 능력, 그들의 각각 팀원들에 대한 만족도 점수 등을 취합하는 것이다. **상관계수**(Correlation Coefficient)는 그들의 지적 능력과 부하들의 관계에 대한 상관성을 보여준다. 이러한 상관계수는 점수의 범위가 -1에서 1까지이며, 두 변수 간의 관계의 강도를 나타내는 인덱스, 즉 통계적 수치이다. 긍정적인 관계는 1에 가깝고, 0 주변은 관계가 희박하다는 것이고 -1에 가까운 경우는 지적 능력과 팀원들의 만족도 사이에 부정적인 관계가 성립한다는 것을 나타낸다. 다른 말로 긍정적 상관관계는 지적 능력이 높은 경찰서장이 부서를 더 행복하게 만들고, 부정적인 상관관계는 지적 능력이 떨어지는 경찰서장이 부서를 더 행복하게 만든다는 것이다.[71] 이러한 상관관계 연구는 리더십을 연구하는 데 가장 많이 사용되는 방법이다. 데이터를 취합하는 데 용이하고, 상관관계 연구의 능력, 리더의 잠재성과 효과성 측정의 관계를 드러낼 수 있는 것이 이러한 연구 방법의 가장 큰 장점이나 단점도 존재한다.

상관계수(Correlation Coefficient)는 그들의 지적 능력과 부하들의 관계에 대한 상관성을 보여준다

인과관계란 리더십 연구자들이 명확하게 어떠한 리더의 행동과 특성이 리더십 결과를 실제로 야기한다고 설명할 수 있는 것이다.

가장 큰 단점은 두 변수 간의 상관관계는 **인과관계**(Causal Inferences)를 설명할 수 없다는 점이다. 인과관계란 리더십 연구자들이 명확하게 어떠한 리더의 행동과 특성이 리더십 결과를 실제로 야기한다고 설명할 수 있는 것이다. 이러한 상관관계 연구는 연구자들에게 리더십 속성과 결과의 관계를 설명할 수는 있지만, 인과관계로 만들 수는 없다. 예를 들면, 전 단계에서 설명되었듯이 리더의 지원적인 성향이 그들의 부하직원들을 만족시킨다고 할 수는 없고, 더 만족을 하는 직원들이 리더들에게 지원적인 행동을 보이게 만든다고는 할 수 없다. 즉, 이러한 연구 결과로부터 오류가 발생하는 이러한 논리적인 사유 설명은 두 가지 변수 사이에 상관관계가 이루어졌을 때 인과 관계로 추정할 경우에 발생한다. 실험은 연구자들이 리더십 특성과 리더십 결과에 대한 인과관계를 설명하기 위해 하는 연구방법이

고 실험 설계 기법은 사례연구와 상관관계에 근거하여 만들어지게 된다.

실험(Experiments)은 주로 독립변인과 종속변인으로 구성이 되어 있고, 독립변인이란 연구자들이 조작을 하거나 가정을 테스트하기 위해 사용하는 것이다.

실험(Experiments)은 주로 독립변인과 종속변인으로 구성이 되어 있고, 독립변인이란 연구자들이 조작을 하거나 가정을 테스트하기 위해 사용하는 것이다. 이것은 종속변인의 변화를 일으키는 요소이다. 리더십 연구에 있어서는 **독립변인**(Independent Variable)은 주로 리더 행동의 타입이 될 수 있고, **종속변인**(Dependent Variable)은 주로 리더십 효과성이 될 수 있다. 예를 들면, 업무 수행 능력, 부하직원들의 만족도 점수 등 리더십에 대한 실험실 연구의 기술은 독립변인과 종속변인을 구분하는 데 도움이 된다. 두 명의 연구자들이 카리스마 있는 리더가 팀원들에게 좀 더 지원적이며 지시적인 리더들보다 팀원의 성과를 높이는 데 효과적일 것이라고 가정한 후, 2명의 여배우를 훈련시켜서 그들에게 카리스마 있는 리더와 지원적인 리더를 연기하게 하였다. 이들은 각각 다른 그룹의 팀원들에게 다른 리더십 스타일을 보여줄 것이고(독립변인), 종속 변인은 이 실험의 팀원들의 행동이다. 그 여배우들이 카리스마 있는 리더십만 보여준 경우의 팀원의 행동과, 지원적/지시적 리더십만 보여준 여배우들의 그룹 팀원의 행동이다. 여배우들의 리더십 스타일은 각각의 팀원들에 따라 많이 달랐지만, 종속변인인 팀원들이 45분 동안 성공적으로 수행한 업무 수에 따라서 결정되었다. 연구자들은 리더들이 카리스마 있는 행동을 보여줄 때 가장 높았다고 발견했고, 그 결과로 리더십 행동은 팀원들의 수행을 높이는 데 도움을 준다고 결론 내렸다. 이러한 실험은 리더십에 대해서 인과관계를 보여주지만, 실험 역시 단점이 있다. 하나는 이러한 많은 실험실 실험에서 얻어지는 효과는 실제 상황에서 이루어질 때보다 그 효과의 강도가 더 높다는 것이다. 즉, 실험 조건 자체가 상당히 통제되기 때문에 가능한 것이고, 실제로 조직에서 이러한 실험이 이루어질 때는 통제가 불가능한 요소가 많다. 실험이 실제 조직 상황에서 이루어질 경우, 외부적인 요인들은 종속변인에 대한 독립변인의 효과를 많이 축소시키거나 변형시킨다. 또 다른 문제는 그 실험실 상황에서 사용되는 주제이다. 실험실 상황에서 이루어지는 리더십 실험의 경우, 실험 대상은 대학생인 경우가 많다. 그리고 이러한 대상들은 실제로 리더십 또는 팔로워십에 대한 경험이 거의 없다. 이러한 이유로 특정 실험실에서 이루어진 실험결과가 실제 얼마나 일반화될 수 있는지는 고민해봐야 할 문제이다. 실제로 수많은 질적·

양적 연구에서 리더들이 무엇을 하고 어떻게 팀원과 조직에 대해 영향을 미치는지 연구하였다. 조직들 중에 이러한 지식을 잘 모아놓고 실제와 적용의 간극을 잘 메운 조직들은 좀 더 채용, 업무 성과관리, 훈련 및 개발, 리더 승계 시스템에 있어 더 발전적인 설계를 할 수 있을 것이다. 이러한 시스템들은 훌륭한 리더 후보군을 만들고 순차적으로 더 조직 업무 성과를 더 발전시킬 것이다. 앞으로 더 연구가 필요한 리더십 질문들은 많다. 가장 훌륭한 리더십 학자 중 한 명인 Gary Yukl은 아직도 우리가 리더십에 대해 배울 것이 많지만, 많은 리더십 연구는 중요한 사항을 간과하고 있다고 지적하였다. 리더십 연구자들은 설문조사에 상당 부분 의존하고 있고, 기존의 연구를 복제하는 데 많은 시간을 소요하고 있으며, 리더십을 일방적인 관계(One Way)라고 정의하고 있으며, 또한 양적 연구 방법을 많이 사용하고 있다(<표 4.4> 참조). 그는 또한 현재 수행되는 연구들의 성공 가능성은 11%라고 하였다. 우리가 기존에 알고 있던 것에 대한 가치를 더하는 등의 비율이다.[73] 앞에서 언급되었던, 많은 리더십 연구 중에 리더십 실천가들에게 유용한 조언을 해주는 연구들은 많지 않다. 리더십 연구가 어떤 학문적인 연구에 가치를 더하지 못하고 또한 이러한 실천가들이 연구 결과를 사용할 수 없게 된다면 리더십 연구를 수행하는 목적이 없다. 불행하게도 이것은 다른 사람에게는 도움이 되지 않는 연구, 단지 학자들의 정년 보장을 위한 연구 결과가 될 뿐이다.

〈표 4.4〉 리더십 연구의 몇 가지 일반적, 비일반적 변화

특징	일반적	비일반적
연구방법	조사	실험
기간	고정적인	종적인
조사 목표	응답	새로운 이슈 발견
리더십의 발생지	영웅적인 개인	공유된/ 광범위한
인과관계	일방향	상호 간의
데이터 원천	단일의	복합적인
리더의 직급	관리자	경영 간부

출처: G. Yukl, *Reflections and Directions in Leadership Research*(Presentation made at the 14th Annual Conference of the Society of Industrial and Organizational Psychologists, Atlanta, May 1999).

4.7 리더십의 이론과 격언

격언(Maxim)이란 개인의 의견, 즉 리더들에게 리더십에 대해 주는 개인적인 의견이다.

많은 사람들이 리더십에 대해 읽은 많은 책들의 대부분은 특정 사람의 리더십에 대한 의견 정도에 불과한 경우가 많다. 즉, 어떤 리더의 관점에서 본 리더십에 대한 일화 또는 좀 더 효과적인 리더가 될 수 있게 하는 처방적인 의견 등, 많은 경우 이러한 자료들은 일화 또는 처방적인 것이 많다. 예를 들면, Jack Welch 같은 사람들은 동시대에 가장 훌륭한 비즈니스 리더라고 일컬어지지만, 그의 격언과 리더십에 대한 조언은 다른 상황에 있는 타인들에게도 잘 적용이 되는지는 알 수 없다(<표 4.5> 참조). **격언**(Maxim)이란 개인의 의견, 즉 리더들에게 리더십에 대해 주는 개인적인 의견이다. 리더십에 대한 이러한 개인적인 견해와 리더십을 이해하기 위한 과학적이고 실증적인 연구는 구분되어야 한다. 후자, 즉 과학적 또는 실증적인 연구는 데이터 기반의 연구에 의해, 이론에 근거하는 것이다. 이 두 가지 모두 적합한 목적을 가지고 있지만, 그 차이점을 이해하는 것은 중요하다. 리더십 격언에 대한 과학적인 대안이 리더십 이론이다. **리더십 이론**(Leadership Theory)은 변수와 그 다음 현상을 완전히 이해하기 위한 연구 사이의 개념적인 관계에 관한 프레임워크이다. 이러한 이론을 가지고 연구자들은 리더십 특성과 행동이 리더십 효과성에 영향을 미칠 것인가에 대한 예상을 한다. 그리고 연구자들은 리더십 평가와 효과성에 대한 데이터를 수집하여 그의 가정에 대해 통계적인 분석을 한다.[75,76] 예를 들면, 컴퓨터 판매업계에서 개인의 주도성, 타인을 지휘하고 싶어 하는 개인 특성과 성실성의 관계는 긍정적인 관계가 있을 것이라고 가정하는 어떤 연구자가 있다고 생각해보자. 그 연구자는 지필테스트를 통해 컴퓨터 가게 관리자의 주도성과 성실성이 어느 정도인지 확인할 것이다. 그리고 각 점포의 세일즈 결과를 모을 것이고, 또한 이 3가지 변인의 관계를 강도를 조사하기 위해서 상관관계 분석을 할 것이다. 그 연구자는 다른 연구자들이 자신의 이론과 결과에 대해 지지하거나 반박할 수 있도록 과학저널에 자신의 연구결과를 게재할 수 있다. 어떻게 리더십 변인들이 상관이 있는지에 대한 가정, 자료의 분석과 체계적인 취합과 분석, 그리고 결과에 대한 동료들의 리뷰는 리더십 이론이 어떻게 과학적인 연구가 될 수 있는지를 보여준다. 이론은 종종 새로운 연구 결과에 따라 수정되니, 새로운 연구자들이 취합하고, 분석하고, 이론에 대한 자신의 연구 결과를 게재함에 따라서 그렇게 된다. 예를 들어, 다른 연구자들이 점포 관리자들의 지능 수준과 점포 영업 성과가 관련이 있음을 발견했다고 하자. 그렇다면 원래의 연구는 수정되어야 한다. 그 경우 영업 관리자의 성공을 예측하는 것이 성실성이나 주도성이 아니라 지능이 되어야 하기 때문이다. 이러한 연구 결과는 향후에 컴퓨터 업계의 점포 관리자 선발 도구로 사용될 수 있을 것이다.

〈표 4.5〉 Jack Welch의 8가지 법칙

1. 리더는 모든 상황을 끊임없이 평가하고 지도하며 자신감을 구축하는 기회로 삼아, 팀을 부단히 향상시켜야 한다.
2. 리더는 사람들이 비전을 이해하게 해야 할 뿐만 아니라 비전으로 살고 비전으로 숨 쉬게 해야 한다.
3. 리더의 긍정의 에너지와 낙관적인 생각이 전 직원의 피부 속까지 침투하도록 해야 한다.
4. 리더는 정직함과 투명함, 신용을 통해 신뢰를 쌓아야 한다.
5. 리더는 인기 없는 결정을 내리는 용기와 두둑한 배짱이 있어야 한다.
6. 리더는 회의주의자에 가까울 정도로 집요하게 질문을 던지고 의문은 반드시 행동을 통하여 풀게 해야 한다.
7. 리더는 위험을 감수하고 그것을 통해 배우는 데 모범이 되어야 한다.
8. 승리의 기쁨을 직원들과 함께하라.

출처: J. Welch and S. Welch, *Winning*. New York: HarperBusiness, 2005.

리더십 이론의 가장 중요한 것은 어떻게 중요한 변인들이 상호작용을 하는지에 대한 일관성 있는 개념 구조를 제공한다는 것이다. 이러한 아이디어들은 새로운 데이터가 모이게 되면 다시 테스트하고 수정하는 과정을 포함한다. 간단하게 말해 리더십 이론은 검증될만한 아이디어를 가지고 있으나, 처방적인 리더십 접근은 이러한 검증을 할 수 있는 구조를 가지고 있지 않다. 리더십 경험과 이론은 모두 리더십 상황을 이해하는 데 도움이 되지만, 일반적으로 리더십 이론은 리더십이라는 학문에 새로운 지식이 더 추가됨으로 일반적인 리더십 법칙의 발전에 기여한다. 이러한 이론의 개발은 굉장히 고통스러운 작업이라는 것을 이해해야 한다. 어떤 한 명의 학자가 "리더는 이렇게 행동을 해야 한다."라고 말하는 것은 쉽다. 하지만 이러한 연구 결과를 얻기 위해 실험 설계를 하고, 분석을 하고 마지막으로 학술지에 게재하는 것은 어려운 일이다. 리더십이란 주제에 대해 이렇게 체계적인 연구를 하는 것의 장점에도 불구하고 다음과 같은 의문점이 남게 된다. 왜 리더십 실천가에게는 사례연구와 격언이 그렇게 인기가 있는 것인가? 아마도 더 중요한 질문은 리더십과 매니지먼트의 저널에서 연구 기반의 기사는 왜 인기가 없는가라는 질문일 것이다. 하나의 이유는 통계 결과를 강조하는 학술지의 구성이 대학교수, 대학원생들과 같이 전문적인 교육을 받은 사람이 아닌 일반인에게는 어려울 수 있다는 점이다. 우리는 이러한 사람들만이 리더십 연구의 중요한 역할을 한다고 생각하면 안 된다. 리더십 연구자들은 실천가들이나 다른 사람들도 본인의 역할을 찾아서 리더십 연구를 수행할 수 있다는 것을 이해하는 것이 중요하다.

리더십 실천가들이 리더십에 대해 읽을 때 확인해야 할 가장 중요한 5가지 질문

하이라이트 4.6

1. 누가 연구 대상인가?
   - 연구대상은 얼마나 많았는가? 연구 대상은 리더들을 대표하는가? 연구의 리더들은 당신과 얼마나 유사한가?
2. 어떤 상황인가?
   - 리더들은 어떤 도전과 기회에 직면하는가? 리더십 실험에 대해 읽을 때, 실험 결과를 얼마나 현실에 일반화할 수 있는가? 어떤 상황요소가 실험결과에 영향을 미치는가? 실험의 상황은 현재 당신의 환경과 유사한가?
3. 어떤 리더십 수준, 특성, 행동이 측정되었는가?
   - 필요한 특성들이 측정되었는가? 측정 방법은 적절했는가?
4. 리더십의 성공의 기준은 무엇인가?
   - 상사의 입장에서, 부하의 입장에서 또는 단위 성과 지표의 기준인가?
   - 가장 적합한 측정이 사용되었는가? 아니면 대안적인 방법이 사용되었는가?
   - 리더의 통제를 벗어난 요인들에 의해 리더십 측정이 어떤 영향을 받는가?
5. 연구자는 리더십 측정과 성공을 어떻게 연계하는가?
   - 연구 방법이 사례연구, 상관관계 연구, 또는 실험이었는가?
   - 합리적인 결론을 이끌었는가? 결론에 대한 그럴듯한 대안적인 설명이 있었는가? 연구자는 대안적인 설명에 대해 인정했는가?

4.8 요 약

이 장은 현대 사회에서 리더십은 매우 중요한 주제라는 가정으로 시작하였다. 리더십은 우리 생활의 모든 면, 직장, 여행, 종교, 건강, 교육, 정치 및 자원봉사, 지역 사회 활동 등에 영향을 미친다. 물론 사람들은 리더십에서 각기 다른 역할을 하지만, 연구 결과에 따르면 극소수의 리더들만이 팀을 만들고 성과를 만들어낸다고 한다. 당신이 주위에서 보는 많은 리더들처럼 많은 사람들이 가시적인 성과를 내기 위해 팀을 효과적으로 조직하고 이끄는 데 어려움을 느낀다고 한다. 현재 리더십의 상태가 그리 효과적이지 못해 보이는 것처럼 리더십은 더 발전되기 전에 더 후퇴할 수 있다. 인구학적 트렌드, 직원들의 충성도 저하, 효율적이지 못한 인재 관리 시스템, 그리고 테크놀로지의 발달 등은 조직들로 하여금 효과적인 리더들을 발굴하고, 양성하고 유지하는 데 더욱 어렵게 만든다. 이러한 어려움을 해결할 수 있는 방법은 첫째, 리더 후보 관리 시스템을 사용하는 것이다. 리더 후보 관리 시스템은 조직의 전략을 명확하게 정의하는 것으로 시작한다. 우리 조직이 어떤 고객을 가지고 있는가, 달성하고자 하는 목적은 무엇인가, 어떤 상품과 서비스가 우리 고객을 만족시키는가 등이다. 일단 조직의 미래에 대한 명확한 그림이 그려지면, 둘째, 주요 리더십 포지션을 정의하는 것이다. 이러한 포지션들은 조직의 미래의 성공과 직결되어 있다. 예를 들면, 컴퓨터 게임 회사의 프로그램 개발팀인 리더, 에너지 회사의 에너지 설비 관리자, 해군의 기장 등이 될 수 있다. 셋째, 주요 리더십 포지션에 필요한 기술, 행동, 특성을 정의한 역량 모형(Competency Model)을 개발해야 한다.

조직은 이 역량 모형을 기반으로 채용, 선발, 양성, 평가, 보상 및 인력 유지 프로그램을 잘 조화시켜야 한다.

조직은 이 역량 모형을 기반으로 채용, 선발, 양성, 평가, 보상 및 인력 유지 프로그램을 잘 조화시켜야 한다. 마지막 단계이자 효과적인 리더 후보 관리 시스템(Talent Management System)에서 해야 할 일은 리더들의 잠재력과 수행을 발굴하기 위해 타당성 있는 연구기반의 기법을 도입하는 것이다. 좋은 리더 후보 관리 시스템은 기본적으로 좋은 자질을 가진 후보자들을 발굴하고 양성하고 보상하고 이탈을 방지한다. 또한 연구에 따르면, 이러한 시스템을 가지고 있는 회사들은 그렇지 못한 회사들보다 효과적이다. 이러한 수행이 잘 되지 않는 리더 후보들은 또한 업무 역량 부족이 원인이기도 하다. 이러한 부적절한 리더 후보들은 관리역량 부족의 원인으로 설명되기도 한다. 이 장은 조직이 리더십의 잠재성과 성과를 평가하기 위해 사용하는 테크닉에 대해 설명하였다. 어떤 테크닉은 리더의 미래 성과를 예측하는 데 사용되는데, 이력서나 인터뷰, 온라인 테스트 시뮬레이션을 통해 리더들의 향후 미래의 성과에 대해 예측하였다. 관리역량 부족의 비율이 높은 이유는 조직들이 미래의 리더의 성과를 예측하는 정확하고 과학적인 방법들을 사용하지 않기 때문이다. 또한 비효율적인 리더가 될 수밖에 없는 이유는 그들의 현재의 성과가 어떻게 측정되는지와 관련 있다. 상사의 평가, 부하의 평가, 업무 단위 성과 측정은 리더의 상대적인 성과에 대해 각기 다른 모습을 보여준다. 이러한 평가들은 각각의 장단점을 가지고 있다. 즉, 어떤 방법은 리더의 개인적인 노력을 반영하고, 어떤 방법은 리더들이 통제할 수 없는 요소들을 많이 포함하고 있다. 효과적인 리더십은 팀을 만들고 결과를 얻는 과정이기 때문에 우리는 조직이 부하들의 평가와 업무 단위 성과의 지표를 사용하기를 권장한다. 또한 독자들은 리더십의 잠재성과 업무 성과 평가의 연관성에 대해 설명하는 3가지 연구 방법, 즉 사례연구, 상관관계 연구, 실험연구에 대해 제대로 이해를 해야 한다. 사례연구는 리더가 행동을 하는 그 맥락 상황에 대해 독자들이 이해를 하는 데 효과적이다. 그러나 이것은 한 상황에 대한 특정 리더의 반응에 대해 기술하기 때문에 이 결과의 일반화는 어려울 수 있다. 상관관계 연구는 실험집단을 구하는 데 용이하고 성과 측정의 결과에 대한 통계적인 관계를 설명하는 데 유용하다. 이러한 방법들은 인과 관계 방법을 설명하는 것은 아니다.

> 사례연구는 리더가 행동을 하는 그 맥락 상황에 대해 독자들이 이해를 하는 데 효과적이다. 그러나 이것은 한 상황에 대한 특정 리더의 반응에 대해 기술하기 때문에 이 결과의 일반화는 어려울 수 있다.

> 실험 연구는 독립변수와 종속변수 사이의 인과관계를 설명하는 데 가장 적절한 방법이다.

실험 연구는 독립변수와 종속변수 사이의 인과관계를 설명하는 데 가장 적절한 방법이다. 더욱이 실험은 어떤 리더의 행동이 팀의 성과에 어떻게 영향을 미치는지, 부하직원들의 만족도에 어떻게 영향을 미치는지를 말해줄 수 있다. 하지만 실험은 실험실이 아닌 일반 조직 환경에서 행해지기는 어렵고, 실험실에서의 리더십 연구는 대학생 위주로 진행되므로 그 결과의 일반화 역시 어렵다. 마지막으로 리더십 실천가들은 리더십 격언과 리더십 이론에 대한 차이점을 이해해야 한다. 리더십 격언은 어떤 타당한 조언일 수는 있으나 이는 개인적인 의견 그 이상은 아니다. 개인적인 의견에 가깝기 때문에 각각 다른 격언들은 어떤 상충적인 조언을 할 수 있고, 본질적으로 그러한 격언들을 테스트할 체계적인 방법이 없다. 이론들은 검증할 수 있는 여러 가지 변수들 사이의 관계를 검증할 수 있는 가정들로 이루어져 있다. 이론은 관찰을 근거로 발전되고, 그 가정은 검증되며 또한 상관관계 또는 실험을 통해서 수정되어 간다. 이론은 어떻게 각각 다른 변수들이 상호작용하는지에 대해 연구자 또는 실천가들에게 유용한 정보를 제공한다. 이러한 이론들은 우리의 리더십 지식에 대해 가치를 부과하지만 격언은 그렇지 않다. 우리는 이 책에서 여러 가지 리더십 이론에 대해 설명할 것이며, 실천가들은 어떤 리더십 이론이 본인의 리더십을 개발하는 데 도움이 되는지 비판적으로 살펴보아야 할 것이다.

핵심용어

연구와 실제 차이	3×3 매트릭스	단일업무성과지표
관리역량 부족	리더십 잠재력	사례연구
Dr. Gordy테스트	유리천장효과	학문적 전통
능력 있는 관리자	다중접근법	음유시인론적 전통
결과 중시 관리자	인터넷, 자필 테스트	상관관계 연구
치어리더 타입 관리자	구조화된 인터뷰	상관 계수
명목상 관리자	비구조화된 인터뷰	임시적 추론
경영 실패	상사 평가 비율	독립변인
경영 시스템	부하 평가 비율	종속변인
중요 리더십 포지션	부하들의 효과성 평가	변인
역량 모형	격언	이론
승계 계획		

질 문

1. 관리역량 부족인 리더의 비율은 50~75%입니다. 이는 리더십 포지션에 있는 많은 사람들이 팀을 통해서 업무를 효과적으로 할 수 없다는 것을 의미합니다. 당신은 이러한 관리역량 부족인 사람들의 비율에 대해서 어떻게 생각하십니까? 너무 높다고 생각하십니까 아니면 낮다고 생각하십니까?

2. 당신은 리더십 잠재성을 평가하는 것에 대해 어떻게 생각하십니까? 이는 긍정적 또는 부정적인 의미를 포함하고 있다고 생각하십니까?
3. 어떤 조직들은 리더십 잠재력을 평가하기 위해 후보자들의 필체를 분석한다고 합니다. 이에 대해 어떻게 생각하십니까?
4. 패스트푸드 음식점의 중요한 리더십 포지션은 무엇이라 생각하십니까? 또한 이 포지션에 있어서 가장 중요한 역량은 무엇이라 생각하십니까? 그리고 외부의 후보자가 이 포지션에서 성공하기 위한 잠재성을 가졌다면 어떻게 판단하시겠습니까?
5. 코치의 수행을 판단하기 위해 어떤 방법을 사용하십니까? 코치, 선생님, 학생의 업무 성과에 대해 판단하기 위해 어떤 방법을 사용할 수 있을까요? 각각의 장단점은 무엇인가요?
6. <표 4.5>에 있는 Jack Welch의 8가지 법칙을 테스트하기 위해 어떻게 상관관계 연구나 실험설계를 하시겠습니까?
7. 리더 또는 리더십에 대해 당신이 읽은 책 중에 가장 중요한 한 가지는 무엇인가요? [하이라이트 4.6]에 명시된 다섯 가지 중요한 질문에 어떻게 대답을 할 건가요?

활 동

1. 예전에 본인들이 함께 일했던 리더가 몇 명인지 세어보세요. 이 숫자는 당신들이 팔로워 위치에 있었을 때 함께 일했던 리더를 모두 포함합니다. 당신이 같이 일했던 리더의 수를 세고 난 후, 기회가 된다면 다시 일하고 싶은 리더의 명수를 세어보세요. 그리고 다시 일하고 싶은 리더와 전체 리더의 비율을 구하세요. 마지막으로 가장 성공적이었거나 최악이었던 리더는 누구였는지 그리고 왜 그렇게 생각하는지 토론하세요.
2. 팀을 나눠서 운동코치, 선생님, 성직자 그리고 장군 중 한 명을 선정하여 그들의 리더십을 평가할 수 있는 기준을 작성하세요. 각 그룹은 개별로 다른 평가기준에 대해 우선순위를 정해 팀의 합의된 의견을 정해야 합니다. 이후 다른 그룹과 비교를 통해 얼마나 유사한지 그리고 다른지를 비교해 봅시다.

Part 2 리더를 중심으로

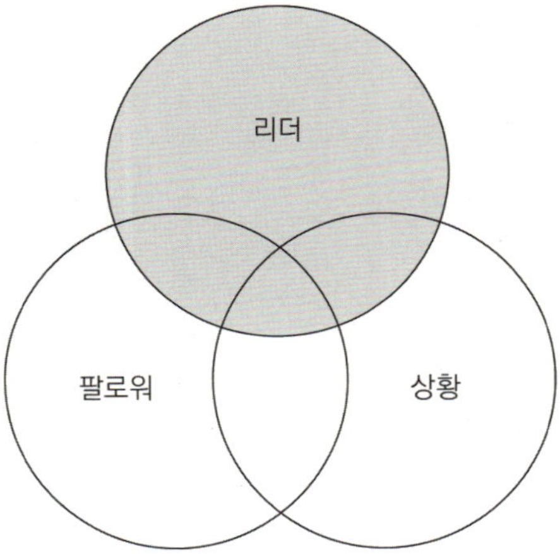

2부에서는 리더에 초점을 맞출 것이다. 리더십의 효과성, 좋고 나쁨 등은 리더십 프레임 중 리더 자체에 원인을 더 많이 돌리게 되어 있다. 사실 리더가 리더십 자체의 요소가 되기도 한다. 위대한 리더에 대한 관점은 리더와 팔로워의 상대적인 중요성을 명확하게 보여준다. 사람은 극히 미미한 존재일 수도 있지만, 모든 것을 변화시킬 수 있는 존재이기도 하다.

프랑스 갈리아(Gaul) 지역을 평정한 것은 로마 군대가 아니라 Caesar였고, 로마를 혼란에 빠트린 것은 카르타고의 군대가 아니라 Hannibal 장군이었다. 또한 인더스 지역을 정복한 사람은 마케도니아 군대가 아니라 Alexander 대왕이었다.

이와 같이 리더들은 리더십 프로세스에서 가장 중요한 역할을 하기 때문에, 앞으로 4장에서는 리더의 특성과 무엇이 리더를 효과적으로 만드는 것인지에 대해 알아볼 것이다. 2부는 리더가 가지고 있는 권력과 영향력을 우선 논의할 예정인데, 이 개념들은 리더십 프로세스를 이해하는 데 가장 근본적인 개념이기 때문이다. 6장에서는 리더십과 가치와 관련된 부분에 대해서 논의할 것이고, 7장에서는 리더십과 관련된 개인 성향에 대해 살펴볼 것이다. 8장에서는 효과적 또는 비효과적인 리더 행동을 보여주는 변인들에 대해 살펴볼 것이다.

그리고 Part 2에 관련된 9가지 리더십 스킬, 즉 LS1 경험으로부터의 학습, LS2 의사소통, LS3 경청, LS4 자기주장, LS5 효과적인 스트레스 관리, 전문적 역량 구축, 상사들과의 효과적인 관계 형성, 동료들과의 효과적인 관계 형성, 신뢰성 구축에 대한 상세한 내용은 Part 5(Chapter 14)에 종합하여 정리하였다.

Chapter 5

권력과 영향력

5.1 서 론

역사 속의 리더들은 그들의 권력을 어떻게 사용하는지에 대해 고민하였다. 셰익스피어(Shakespeare)도 이러한 권력을 얻고 잃는 것에 대해 글을 썼고,[1] 권력 정치의 고전적인 핸드북이라고 불리는 마키아벨리(Machiavelli)의 군주론에서도 역시 마찬가지이다.[2] 현대의 학자들은 권력을 리더십의 현상으로서 개념화할 필요성에 대해 강조하였다.[3,4] 권력과 영향력은 학자들에 따라 정의하는 것이 다르지만, 권력은 사회과학에서 가장 중요한 개념이다.[5] 권력에 대해 연구하는 사람들은 학자뿐만이 아니다. 권력은 우리 주변에 존재하므로 우리 모두가 권력에 대해 다른 생각을 가지고 있을 수 있다. 당신이 처음 권력을 생각하면 어떤 이미지가 떠오르는가? 왠지 권위적인 이미지가 느껴지는가? 아니면 고위층의 사무실을 생각하게 되는가? 다른 사람들의 의지에 맞서는 사람의 이미지가 떠오르는가? 권력은 윤리적으로 중립적인가 아니면 역사학자인 Acton 경이 말한 것처럼 근본적으로 가치를 포함하고 위험한 것인가? 권력은 부패하기 마련이고, 절대적인 권력은 절대적으로 부패하게 마련이다. 당신은 리더의 절대 권력을 다른 사람이 사용하는 것이 가능하다고 생각하는가? 어떤 것들이 리더의 권력을 더 약하게 하고 또 강하게 만드는가? 다른 사람에게 영향을 미치기 위한 방법에 대한 찬성과 반대 의견은 어떠한가? 이러한 이슈들이 우리가 이 장에서 살펴볼 내용들이다.

5.2 몇 가지 중요한 변별할 요소들

권력(Power)은 다른 사람에게 변화를 줄 수 있는 역량 또는 타인에게 영향을 줄 수 있는 잠재력이라고 정의되어 왔다.

권력(Power)은 다른 사람에게 변화를 줄 수 있는 역량[6] 또는 타인에게 영향을 줄 수 있는 잠재력[7]이라고 정의되어 왔다. 우리는 권력을 주로 리더에 속하는 것으로 생각을 하지만, 이는 리더와 팔로워, 상황의 조합으로 이루어진다. 리더는 팔로워의 행동과 태도에 영향을 미칠 수 있는 잠재력을 가지고 있으나, 팔로워 역시 리더의 행동과 태도에 영향을 미칠 수 있다. 심지어 상황 자체도 리더가 다른 사람에게 권력을 행사하는 데 영향력을 미칠 수 있다. 팔로워에게 상이나 벌을 줄 수 있는 리더들은 그렇지 못한 리더들에 비해 많은 역량을 가지고 있다. 팔로워 역시 강력하고 공격적인 노조 같은 팔로워들은 리더에게 더 많은 영향력을 미칠 수 있다.

권력의 다른 면도 주목할 필요가 있다. Howard Gardner는 권력의 실행과 그 효과성에 대해서 중요한 점을 언급하였다[8]: 권력은 그 효과를 얻기 위해서 행해질 필요는 없다. 권력을 지닌 사람은 권력을 실제로 사용할 수도 있지만, 반드시 사용할 필요는 없다.[9] 따라서 단순히 영향을 만들 수 있는 역량을 가진 사람은 실제로 액션을 취하지 않더라도 그 의도된 효과를 얻을 수 있다는 뜻이다. 임기가 끝난 아이젠하워(Eisenhower)는 백악관을 떠난 것이 그의 골프 경기에 영향을 미쳤는지에 대한 질문에 그렇다고 대답하였다. 많은 사람들이 이제는 본인에게 져주지 않는다고 하였다. 또한 다른 관점에서 권력은 관찰 가능한 행동을 근거로 어떤 추론 또는 원인을 찾는 것이기도 하다.[10] 권력은 직접적으로 관찰될 수는 없지만, 그들의 결과와 그들이 사용하는 영향 전술의 빈도에 근거하여 추론될 뿐이다. 많은 사람들은 **권력**, **영향력**, **영향력 전술** 등에 대해 동의어처럼 사용하고 있지만, 구분을 해 볼 필요가 있다.[11] **영향**(Influence)은 영향력 전술의 결과로서 어떤 대상의 태도나 가치, 믿음 체계, 행동 등의 변화로 정의할 수 있다.

영향(Influence)은 영향력 전술의 결과로서 어떤 대상의 태도나 가치, 믿음 체계, 행동 등의 변화로 정의할 수 있다.

영향력 전술(Influence Tactics)은 다른 사람의 태도, 가치, 행동을 변화시키기 위한 실제 리더의 행동을 의미한다.

영향력 전술(Influence Tactics)은 다른 사람의 태도, 가치, 행동을 변화시키기 위한 실제 리더의 행동을 의미한다. 이러한 개념들은 리더의 관점에서 주로 검증이 되지만, 어떻게 리더가 영향을 미치는지, 팔로워들 역시 권력을 가지고 있으며,

서로에게 영향을 미치고 있다는 것을 알아야 한다. 리더십 실천가들은 본인들과 그들의 팔로워들이 어떤 종류의 권력을 가지고 있고, 또한 어떤 종류의 영향력 전술을 가지고 있는지를 살펴봄으로써 좀 더 효과적인 리더가 될 수 있다.

권력은 변화를 만드는 어떠한 역량이며, 영향력은 특정인의 태도, 가치, 믿음, 행동의 실제 변화의 정도이다.

권력은 변화를 만드는 어떠한 역량이며, 영향력은 특정인의 태도, 가치, 믿음, 행동의 실제 변화의 정도이다. 리더의 영향력 전술의 결과인 팔로워들의 행동 또는 태도를 측정함으로써 영향력의 정도를 측정할 수 있다. 예를 들어, 리더들은 팔로워에게 어떤 특정 과제를 수행하게 할 수 있으며, 그 과제가 수행되었는지 아닌지는 부분적으로 리더의 책임이다(물론 팔로워의 능력, 기술 및 필요한 자원도 중요하지만). 또한 부하직원들의 만족, 동기, 팀 응집력, 분위기 및 업무 단위 성과는 리더의 영향력의 효과성을 측정하는 도구가 될 수 있다. 팔로워들의 만족도, 동기, 팀 응집력에 있어서의 변화할 수 있는 정도는 리더와 팔로워 모두에게 적용되는 권력의 역할이다. 다른 한편, 상대적으로 많은 권력을 가진 리더들은 부하직원들의 태도와 행동에 많은 변화를 줄 수 있다. 예를 들면, 보상과 처벌을 사용하는 새로운 리더는 팔로워들의 조직 문화에 대한 생각과 업무 시간에 대한 생각에 많은 변화를 줄 수 있다.

또한 팔로워들이 가지고 있는 권력 역시 사람마다 다를 수 있으며, 어떤 상황에 있어서는 리더보다 특정 팔로워가 더 많은 권력을 발휘할 수도 있다. 예를 들면, 많은 지식과 경험을 가진 팔로워는 새로운 리더보다 다른 팔로워들에게 더 많은 영향을 미칠 수 있다. 따라서 권력의 대상이 되는 사람들의 태도 및 행동 변화의 양은 리더가 영향력을 행사할 수 있는 부분이며, 동시에 팔로워들이 그 변화를 수용하지 않을 수 있는 부분이다. 리더와 팔로워들은 타인의 태도 및 행동에 영향을 미치기 위해 다양한 종류의 방법을 사용한다. 영향력 전술은 타인에게 영향을 미치기 위해 보이는 가시적인 행동이다. 영향력 전술은 감정적 호소부터 호의에 대한 교환, 협박까지 다양하다. 리더십 상황에서 사용되는 특정 전술은 아마도 리더 및 팔로워들이 가지고 있는 권력의 역할로 볼 수 있다. 상대적으로 많은 권력을 가진 개인들은 그렇지 못한 사람에 비해 더욱 다양한 전술을 구사할 수 있다. 예를 들면, 존경받는 리더들은 감정적 호소, 이성적 호소, 개인적 호소, 합법적인 요청 및 타인의 행동을 변화시키기 위한 위협까지 다양한 전술을 활용할 수 있다. 동일

영향력 전술은 감정적 호소부터 호의에 대한 교환, 협박까지 다양하다.

한 상황에서 팔로워들은 아마도 리더의 행동 및 태도를 변화시키기 위해 칭찬 또는 개인적 호소를 사용할지도 모른다. 그러나 리더들이 반드시 모든 권력을 가지고 있는 것은 아니기 때문에 팔로워들도 역시 타인의 행동 및 태도를 변화시키기 위해 다양한 전술을 활용할 수 있다. 예를 들면, 조직에 새로운 리더가 왔다면 그리고 그 밑의 부하가 아주 존경받는 직원이었다면, 다른 직원들은 리더의 행동 및 태도를 바꾸기 위해 개인적 호소, 감정적 호소 및 협박까지 사용할 수 있으며, 새로운 리더는 새로 부임했으므로 팔로워들의 태도 및 행동을 바꾸기 위해 합법적인 요청을 하는 데 제한적일 것이다.

5.3 권력과 리더십

우리는 이 장을 처음 시작하면서 권력을 리더십과 아주 밀접한 관계가 있는 개념으로 정의하였다. 권력을 얻고 또 직접 권력을 행사하는 것을 설명하기 위해 여러 가지 관점과 이론이 발달되었다. 이 장에서는 권력의 여러 가지 원천에 대해 우선 살펴보고, 또한 개인에 따라 권력에 대한 개인적인 욕구가 얼마나 다른지 알아볼 것이다.

5.3.1 리더 권력의 원천

리더의 권력은 어디서 오는가? 리더는 권력을 소유하고 있는가 아니면 팔로워들이 권력을 리더에게 주는 것인가? 우리가 알고 있듯이, 답은 둘 다 가능하다. 사무실의 가구 배치같이 별거 아닌 것처럼 보이는 것도 다른 사람의 권력에 대한 인식에 영향을 줄 수 있다. 한 예로 John Ehrlichman의 책인 *Witness to Power*를 보면[12] Ehrlichman은 사법부 내의 Edgar Hoover 사무실의 첫 번째 방문을 이렇게 묘사했다. 전설적인 FBI 국장은 오랫동안 Washington D. C.에서 가장 권력이 있는 사람이었고, Ehrlichman의 첫인상대로 Hoover 씨는 계속 그가 권력 있는 사람이라는 이미지를 보여줬다. Ehrlichman이 이중으로 된 문을 열고 들어갔을 때 모든 벽

면이 상장, 트로피, 자격증 등으로 도배되어 있었다. 두 번째 방에 들어갔을 때도 유사한 형태로 방이 꾸며져 있었으며, 세 번째 트로피 룸은 여러 가지 국기에 둘러싸인 빈 책상만 있었지만 Hoover 씨는 없었다. 비서가 책상 뒤의 문을 열자 Ehrlichman은 작은 방으로 들어갔고, Hoover 씨는 180센티가 넘는 키 때문인지 그 작은 사무실을 꽉 채우고 있는 느낌이었다. Ehrlichman은 시키는 대로 소파에 앉았고, Hoover 씨는 그의 옆에 앉았다.

또 다른 예는 많은 사람들이 그들의 상사가 불렀을 때, 상사는 앉아 있지만 그들은 책상 앞에 서 있게 된다는 것이다. 아마 몇몇 사람들은 이러한 상황에서 권력을 감지하게 될 것이다. 또한 사무실 가구 배치 또한 리더와 팔로워의 권력을 보여준다. 한 가지 예로서, 회의에 사용되는 좌석배치도의 모양이다. 직사각형 모양의 표 양 끝인 상석에 앉는 사람들은 좀 더 많은 권력을 가진 사람이라는 걸 보여주고, 원형 탁자에 앉는 사람들은 좀 더 의사소통이 활발하고, 직위의 차이 등이 크지 않게 보인다.

그러나 원형 탁자라고 하더라도 특정 자리 배열은 미팅 참석자들의 상호작용에 영향을 준다. 사람들은 유사한 당파 또는 집단에 있는 사람들끼리 모여 앉기 마련이다. 모여 앉게 됨으로, 같은 당파는 떨어져 앉는 개인들보다 집단으로서 더 많은 권력을 발휘하게 된다. 또한 오픈된 개방된 사무실이나 또는 문이 닫힌 개인 사무실은 이러한 권력을 반영할 뿐만 아니라 개인들 간의 권력의 차이에 영향을 준다. 개인 사무실이 있는 사람들은 사람들과 소통을 하기 원할 때와 아닐 경우, 문을 열거나 닫음으로써 조절을 할 수 있고, 오픈된 공간에 있는 개인들은 그들에게 접근하는 것을 조절할 수 있는 권력 자체가 약하다. 이러한 권력의 역동성을 이해함으로 리더들은 그들의 권력에 대한 타인의 인식에 영향을 줄 수 있다.

> 학위, 상장, 직위 타이틀 같은 상징성 있는 것들을 전시하는 것 역시 그 사람의 권력을 증가시킬 수 있다.

학위, 상장, 직위 타이틀 같은 상징성 있는 것들을 전시하는 것 역시 그 사람의 권력을 증가시킬 수 있다. 한 가지 예를 들면, 대학에서 한 명의 강사를 여러 다른 강의에 각각 다른 방법으로 소개했다고 해보자. 한 그룹에는 학생으로 소개하고, 다른 그룹에는 강사, 전임강사 그리고 교수로 각각 소개했다. 강의가 끝나고 그 강사나 교수가 강의실을 떠난 후, 그 수업을 듣는 학생들에게 강사나 교수의 키를 추정해보게 하였다. 재미있게도, 동일한 인물의 키는 그가 다른 방식으로(학생, 강사, 교수) 소개된 그룹에 따라 다르게 추정되었다. 물론 교수로 소개된 그룹에서의 추정 키가 학생으로 소개된 그룹보다 몇 인치 더 컸다.[13]

이러한 사실은 직위같이 별로 중요해 보이지 않는 요소들이 타인에게 영향을 준다는 것을 보여준다. 또 다른 연구는 팔로워들이 과도하게 타이틀이나 권위에 반응을 보일 때 얼마나 위험한지를 보여준다. 이 연구는 병원의 간호사들이 의사의 처방에 기계적으로 반응한다는 걱정에서 시작되었다. 연구자는 각 병동의 간호사실에 전화를 해서, 본인이 내과의사이며 특정 환자에게 어떤 약을 처방하라고 하였다. 그러나 이 처방은 병원의 방침에 어긋나며 과다처방이라고 보이지만, 95%의 간호사들은 별 저항 없이 내과의사의 처방에 따랐다[14]([하이라이트 5.1]).

심지어 의상의 선택도 개인의 권력에 작용하고 영향을 미칠 수 있다. 유니폼 및 기타 특정 의상, 예를 들면, 군대, 경찰, 병원 스태프 등의 의복은 권위 및 지위와 밀접한 관련이 있다. 어떤 실험에서 보도블록을 걷는 사람들에게 그냥 일반 의상을 입은 사람과 경찰 유니폼을 입은 사람이 '저쪽에 주차한 사람이 주차 시간이 지나서 동전이 필요하니 100원만 주라'고 하는 경우 일반 의상을 입은 사람이 이야기했을 때는 50% 정도가, 경찰 유니폼을 입은 사람이 같은 말을 할 경우에는 90% 정도가 반응이 있었다.[15]

이와 같은 이유로 특정 직업들은 유니폼을 입는다. 예를 들면, 항공사 직원들이다. 다른 사람에 비해 잘 식별되는 장점도 있고, 또한 유니폼을 입을 경우 비상사태에서 좀 더 통솔이 쉬워진다. 유사하게, 문신의 경우에도 조직에서 권력을 행사하는 데 영향을 미친다. 저자 중의 한 명은 글로벌 출판회사에 근무하는 Del이라는 친구가 있는데, 그는 예전에 선원으로 일할 때 팔뚝에 문신을 새겼다. Del은 회의시간에 본인이 원하는 대로 회의가 진행되지 않으면, 가끔 양복을 벗고 소매를 걷어 올려 문신을 보이면서 팀 멤버들에게 영향력을 행사했다.

한 개인이 타인에게 영향을 미치는 데 상관있는 마지막 상황적 요소는 위기이다. 리더들은 상대적으로 평온한 시기보다 위기 상황에서 더 권력을 가지게 된다. 아마도 이는 위기의 상황에서 리더들이 평소에 사용하지 않던 권력을 사용하기 때문이다. 예를 들면, 팔로워들과 긴밀한 인간관계를 맺고 있는 리더들은 주로 친화적 권력(Referent Power)을 사용한다. 하지만 비상 상황에서는 권위적 권력 팔로워들과 긴밀한 인간 관계를 맺고 있는 리더들은 주로 친화적 권력(Referent Power)을 사용한다. 하지만 비상상황에서는 권위적 권력(Legitimate Power) 및 강압적 권력(Coercive Power)을 사용해서 비상 상황을 종료하려고 할 것이다.

(Legitimate Power) 및 강압적 권력(Coercive Power)을 사용해서 비상 상황을 종료하려고 할 것이다. 예를 들면, 은행 간부의 경우, 그들은 비상 상황에서 좀 더 권위적 및 강압적 권력을 더 많이 사용한다.[16] 또한 드라마에서도 이러한 경우는 종종 볼 수 있다. 스타 트렉(Star Trek)의 경우, 기장 Picard는 주로 그의 친화적 그리고 전문성을 활용하여 부하직원들에게 영향을 미치지만, 비상상황에서는 주로 그의 리더로서의 직위를 사용한, 그리고 강압적인 권력을 사용한다. 또 다른 이유는 비상 상황에서는 팔로워들이 어떤 권력을 기초해서 사용하는지 상관없이, 리더들에게 더 강력한 지시, 통제 및 무엇을 해야 하는지에 대해 듣기를 기대하기 때문이다.

Milgram의 연구

하이라이트 5.1

권력, 영향력, 그리고 영향력 전술을 이해하는 한 가지 흥미로운 방법은 복종에 관한 Stanley Milgram의 전통적인 연구 개요를 읽고 이 장의 연구와 관련하여 개념과 이론의 연관성을 어떻게 논의할 수 있을까 생각해보는 것이다. Milgram의 연구는 다른 사람을 다치게 할 수도 있는 지시를 본인의 권위에 의해 어디까지 할 수 있는가에 대한 실험이었다. 더 구체적으로, Milgram은 권력에 따라야 함과 한 사람의 양심에 따라야 함이 공존할 수 없을 때 어떤 일이 발생하는지 알기를 원했다.

참가자들은 예일대학 인근의 주민들인 남성들이었다. 그들은 학습에 대한 처벌의 효과에 관한 연구에 본 연구가 도움이 된다고 믿게 되었다. 연구의 타당성은 확실히 예일대 자체적인 연구 활동에 의해 강화되었다. 본 연구에는 두 개의 대상자 집단이 동시에 참가하였는데 하나는 교사이고 하나는 학습자였다. 역할은 분명히 무선 할당되었다. 교사의 역할은 학습자가(아주 인접한 옆방에 있는) 외운 단어를 틀릴 때마다 전기충격을 가함으로써 학습자의 기억을 도와주는 것이었다.

근엄한 실험자가 절차를 설명하고 체벌을 가하는 운영자에게 장비를 보여주었다. 이 전기 충격기는 일련의 스위치, 조명, 15볼트 단위로 450볼트까지 증가한다는 경고 등 모든 방법이 표시되어 있었다. 다양한 포인트는 배열에 따라 극도의 강함과 심각한 위험이 따른다는 점점 더 무서운 경고로 표시되어 있었다.

충격의 강도가 가장 높은 스위치는 간단하게 XXX로 표시되어 있었다. 학습자가 실수를 하는 모든 순간에 교사는 전기충격의 다음 높은 단계를 학습자에게 가할 것을 관리 운영자에게 지시를 받는다.

실제로 이 실험에는 단지 교사만 실제 대상자였다. 학습자들은 모두 공모자였다. 말하자면 교사들은 무선 할당이 되었고, 학습자는 사전에 조작된 조건인 것이다. 본 실험의 진짜 목적은 얼마나 많은 전기충격을 가하는 교사들이 눈앞에 있는 학습자들에게 가해지는 충격에 대하여 단호하게 실험을 중지할 것을 주장하는가를 측정하는 데 있었다. 표준화되고 미리 결정된 수많은 학습자들의 심장의 상태에 전해지는 고통과 불만의 울음소리를 담은 테이프가 인터폰을 통해 학습자의 방에서 교사의 방까지 전달이 되었다. 만약 실험 대상자(교사)가 더 이상의 충격을 가하는 것을 거절하면, 실험운영자는 '실험은 계속해야 한다', '당신은 다른 선택의 여지가 없으며 계속해야 한다'라는 코멘트와 함께 그의 옆구리를 쿡 찔렀다.

Milgram은 실험 전에 몇 %의 대상자가 충격의 위험 수준까지 운영을 할 것인지에 대해 정신적 건강 전문가에게 물었다. 합의는 아마도 1~2%만이 실험운영자의 말을 무시할 것이며 나머지는 모두 실험지시대로 할 것이라고 예측했다. Milgram의 실제 실험결과는 극적으로 전문가가 예측했던 것과 일치했다. 전체 대상자의 70%는 비록 때때로 개인적으로 고뇌하였지만 끝까지 그들의 명령을 수행했고, 가능한 최대의 충격 수준인 450볼트까지 전달을 했다.

출처: S. Milgram, "Behavioral Study of Obedience." *Journal of Abnormal and Social Psychology* 67(1963), pp. 371-78.

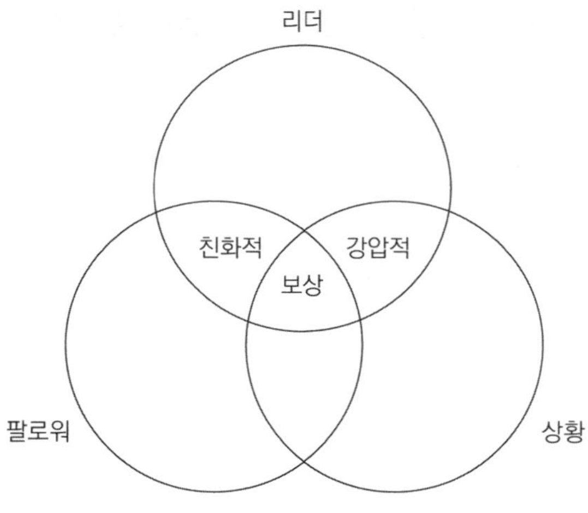

[그림 5.1] **리더-팔로워-상황 프레임워크에서의 리더권력의 원천**

사회적 권력의 분류

French와 Raven은 개인들이 가지고 있을 수 있는 권력의 원천은 다섯 가지로 분류했다.[17] [그림 5.1]에서, 다섯 개의 권력 원천을 구분해보면, 크게 3가지로 구분할 수 있다: 리더에서 나오는 권력, 리더와 팔로워의 관계에서 나오는 권력, 주로 리더와 상황의 관계에서 나오는 것으로 구분할 수 있다. 마지막으로 모든 권력 베이스가 다 들어 있는 권력도 있다. 이러한 권력의 원천을 이해하는 것은 리더십 실천가들에게 미래를 예측하는 통찰력을 제공한다. 다음에서 French와 Raven의 5가지 사회적 권력에 대해 알아본다.[18]

전문성에서 오는 권력

전문성에서 오는 권력(Expert Power)은 지식의 권력이다. 어떤 사람들은 특정 분야에서 상대적인 전문성을 소유함으로 타인에게 영향력을 미칠 수 있다.

전문성에서 오는 권력(Expert Power)은 지식의 권력이다. 어떤 사람들은 특정 분야에서 상대적인 전문성을 소유함으로 타인에게 영향력을 미칠 수 있다. 병원에서 외과의사는 어떤 특정 지위가 없더라도 그 외과의사의 지식, 기술 및 의학적 판단력 때문에 권력을 행사한다. 마찬가지로 기술자 역시 그 분야에서 아주 뛰어난 사람은 같은 영향력을 미칠 수 있다. 한 조직에서 오래 근무한 사람은 그 조직에서의 업무 경력에서 오는 연륜 때문에 신입직원보다 더 영향력이 있다. 국회의 복잡한 절차를 알고 있는 국회의원, 챔피언십 경기를 뛰어본 경험이 있는 운동선수, 참전 용사 등은 그들의 경험과 지혜를 다른 사람에게 공유할 수 있다. 전문성 권력은 타인에 비해 뛰어난 지식과 기술에서 오는 권력으로서 특정 상황에서 잘 발휘될 수 있다. 예를 들면, 전문성을 지닌 새로운 리더들은 특정 단위 업무에서 더 영향력을 미칠 수 있다(반면에 예전에 있던 직원들은 업무 프로세스, 새로운 설비 및 추가 직원을 채용함으로 권력을 행사할 수도 있다). 아마도 이 상황에서 리더에 대한 가장 좋은 조언은 직원들에게 질문을 많이 해서 그들이 본인들의 지식의 간극을 채우도록 하면서 자연스럽게 훈련을 시키는 것이다. 만약 다른 부하직원이 그만한 전문성을 가지고 있다면, 리더는 전문성만으로 팔로워들에게 권력을 행사하기는 어려울 것이다.

친화적 권력

친화적 권력(Referent Power)은 리더와 팔로워 관계의 강도에 따른 영향력이다. 사람들이 어떤 리더를 존경하고 그를 롤 모델로 본다면 우리는 그가 친화성 권력을 가지고 있다고 할 수 있다.

전문성의 부족에서 오는 문제를 해결하는 또 하나의 방법은 부하직원들과 강한 대인관계를 쌓는 것이다. **친화적 권력**(Referent Power)은 리더와 팔로워 관계의 강도에 따른 영향력이다. 사람들이 어떤 리더를 존경하고 그를 롤 모델로 본다면 우리는 그가 친화성 권력을 가지고 있다고 할 수 있다. 예를 들면, 학생들은 존경하고 좋아하는 선생님으로부터의 조언이나 요청에는 긍정적으로 대답할 수 있지만, 또 별로 인기 없는 선생님들한테는 그와 반대로 반응할 수도 있다. 상대적인 반응 정도는 선생님과 학생들의 관계의 강도에 따라 달라지는 것이다. 예를 들면 헌병대원들이 저녁 근무를 할 때면 핫초코나 쿠키를 가져다주는 등 배려를 많이 하는 대위는 헌병대원들에게 친화적 권력을 가지고 있다. Buddy Ryan이 Philadelphia Eagles 미식 축구팀 코치에서 해고되었을 때 많은 선수들이 그에게 아주 강한 충성심을 표했다. "우리는 다른 코치한테 할 수 없었던 것들을 Buddy Ryan에게 했다. 우리는 Buddy Ryan에게 모든 것을 바쳤다."라고 하였다.[19] 이것이 친화적 권력이다.

친화적 권력을 보는 또 다른 방법은 원하는 결과를 얻어내는 친화의 역할이다. 예를 들면 많은 사람들이 아는 사람을 통해 직장을 구한다는 것이다. 이와 같은 맥락에서 David Campbell은 "중요한 것을 아는 것보다 중요한 것을 아는 사람이 누구인지 아는 것이 중요하다."라고 하였다.

친화적 권력을 형성하는 데는 시간이 걸린다. 그리고 친화적 권력 사용이 불리한 점도 있다. 특정 상황에서 리더의 친화적 권력은 오히려 그에게 제약이 될 수도 있다. 예를 들면, 부하직원들과 아주 친한 (친화적 권력을 가진) 리더는 부하직원이 게으름을 피우거나 일을 못했을 경우, 야단치기 어렵다. 왜냐하면 이런 행동은 리더와 팔로워의 기존 관계를 악화시키기 때문이다. 따라서 친화적 권력은 상호적인 관계이다. 리더-팔로워 관계가 돈독할수록 리더와 팔로워들의 서로에 대한 영향력은 커진다. 더욱이 리더들은 팔로워들과 돈독한 관계를 형성하여 친화적 권력을 얻을 수 있지만, 팔로워들 역시 다른 팔로워들과 돈독한 관계를 갖고, 더 강한 친화적 권력을 가질 수 있다. 다른 동료에 비해 강한 친화적 권력을 가진 팔로워들은 다른 동료를 대변하거나 직장이 정해진 규범에서 벗어나는 경우가 있다. 그렇지 못한 팔로워들이 직장에서 표준으로 일컬어지는 기준을 벗어나는 경우는 거의 없다. 예를 들면, TV 프로그램인 The Simpsons의 에피소드를 보면, Homer Simpson은 직장에 핑크 셔츠를 입고 가서 해고당했다(다른 사람들은 모두 하얀 셔츠를 입었다). 부분적으로 Homer는 튈 정도로 주목을 끌었다는 이유로 해고당했다.

권위적 권력

권위적 권력(Legitimate Power)은 개인의 조직에서의 역할과 관련이 있다. 이는 한 사람의 공식적, 또는 형식적 권위에서 오는 것이다. 어떤 사람들은 그가 가진 권력과 권위 때문에 원하는 결과를 얻어낸다.

권위적 권력(Legitimate Power)은 개인의 조직에서의 역할과 관련이 있다. 이는 한 사람의 공식적, 또는 형식적 권위에서 오는 것이다. 어떤 사람들은 그가 가진 권력과 권위 때문에 원하는 결과를 얻어낸다. 상사는 업무를 배분할 수 있고, 코치는 누가 경기를 뛸 건지 결정할 수 있고, 군대에서 대령은 일관된 기준을 준수할 것을 명령할 수 있고, 선생님은 숙제, 표창, 학점에 대해 결정할 수 있다. 권위적 권력을 가진 사람들은 그들의 역할과 직위에 적합한 명령과 요청을 통해 그들의 권력을 발휘할 수 있다. 즉 다른 말로 권위적 권력 측면에서 리더들이 권위를 갖는 이유는 그들이 조직에서 특정 위치/직위를 부여받았기 때문이다. 리더들은 그 조직에서 그 직위를 유지하는 기간까지만 그 권위를 갖는다는 점을 주목해야 한다 ([프로파일 5.1] : 권위적 권력 오남용 사례 참조).

또한 권위적 권력과 리더십이 동일한 것은 아니라는 점을 주목해야 한다. 유사한 점은 많지만 직위를 받는 것과 리더가 되는 것은 동일한 것은 아니다. 한 조직의 책임자는 진정한 리더일 수 있지만, 반드시 그렇지는 않을 수도 있다. 훌륭한 리더들은 직관적으로 성공을 하기 위해서는 권위적 권력만으로는 부족하다는 것을 안다. Eisenhower는 대통령이 되기 전에 제2차 세계대전 중 유럽 연합군을 지휘하였다. 그는 어떻게 권위적 권력 사용 외에도 장교들이 군사들을 통솔하는지 잘 보여주었다.

또한 팔로워들 역시 그들이 가진 권위적 권력을 리더에게 사용할 수 있다. 예를 들면, 팔로워들은 업무 기술서에 써 있는 그대로 일하거나, 노동조합의 지침대로 움직임으로써 리더들의 영향력에 저항할 수 있다. 이러한 지침이나 방침이 팔로워들에게 잘 수용되지 않는 경우, 리더들은 문제를 풀기 위해 그들의 요청이나 다른 방법을 찾는 경우가 많다. 이 경우, 팔로워들이 리더에게 권위적 권력을 제대로 사용하는 것이다.

Mike Nifong

리더십 프로파일 5.1

2006년 3월 14일, 28세의 댄서 여성은 노스캐롤라이나주 Durham시 경찰에게 듀크 대학의 라크로스팀에서 주최된 파티에서 3명의 남자로부터 강간을 당했다고 말했다. Durham시의 Mike Nifong 검사가 듀크 대학의 백인 학생 Reade Seligmann, Collin Finnerty, David Evans를 대상으로 강간당한 흑인 댄서 여성 사건을 맡았다. Nifong은 빠르게 듀크의 라크로스팀 선수들을 "훌리건"으로 칭하며 인터뷰한 내용을 헤드라인 뉴스로 몰아갔고, 그는 "흑인 소녀를 강간한 듀크 대학의 라크로스팀의 무리들"로 Durham 경찰에게 알린 것은 아니라고 말했다.

이 사건은 국가적 차원에서 교실, 인종, 섹스라는 도덕적 이야기로 다루어졌다. Nifong의 행동은 피의자 학생들과 그들의 동료들로부터 저항하는 사태를 가져왔다. 미디어에서는 법적 판결을 서두르고 있었다. 시민 권리의 리더들은 인종차별이라며 집회를 결성하였다. 듀크 대학의 학장 Richard Brodhead는 법률을 포기하고 라크로스 시즌 경기를 취소하였고, 팀의 코치를 해임하였다.

Nifong은 그의 사무실의 권력을 남용하였다는 것이 드러났다. 알아보니, 법적 판결보다도 앞으로 있을 선거에 더 많은 관심이 있었고, Nifong은 법정에서 거짓을 말했고, 고소자에게서 발견된 선수들의 유전자 검사에서는 어떠한 것도 나오지 않았다는 변호사의 변호에 대해 자세한 DNA 증거를 주지도 않았다. 증거는 나중에 증명되었는데, 피고 학생 3명 중 2명은 폭행현장에 있지도 않았다.

The Orlando Sentinel 사설은 다음과 같이 진술하였다:

"듀크 대학 라크로스 3명의 선수에 대한 성폭행 사건을 풀어간 것은 자존심과 허세가 공정성의 추구에 대한 경종을 울리는 냉정함이 반영된 것이다. 잘못에 대한 책임은 Durham시 Mike Nifong 검사에게 돌아갔고, 그의 도덕적 기준으로 지금 그는 파면당하게 될 범죄의 기로에 서서 비난받고 있다. 이 사건을 인수받은 검찰은 증거가 충분하지 않을 뿐 아니라, 폭행도 발생하지 않았다는 결론을 내렸다. 댄서가 팀 파티에 방문했을 때인 2006년 3월에는 건전한 오락이 진행되고 있었다. 잘못된 판단으로 젊은 학생들을 의심한 것이었다. 하지만 충분한 증거가 없이 성범죄, 납치, 강간으로 몰아갔던 것은 망신스러운 일이다."

듀크 대학 라크로스 학생들에 대한 고소사건은 2007년 4월 중단되었다. 노스캐롤라이나 법무장관 Roy Cooper는 고소로 몰아갔던 비극을 만들어 낸 "잘못된 행동을 한 검찰(rogue prosecutor)"의 피해자인 학생들에게 무죄를 선언하였다. 그러나 Nifong에 대한 문제는 끝난 것이 아니었다. 얼마 안 되어 이 책을 출간하기 전, 듀크 대학의 라크로스팀의 3명의 선수들의 강간에 대한 책임이 허위였음을 찾아냈고, 이에 징계위원회에서는 Nifong을 다양한 도덕적 범죄에 대해 유죄로 판결했다. 그리고 Nifong은 그의 변호사 자격증을 박탈당했다.

합법적 권력이 남용되면서, 남용에 개입된 한 개인뿐 아니라 합법적 권력을 갖고 있는 전체 시스템에도 나쁜 영향을 미쳤다고 노스캐롤라이나 변호사 협회에서는 우려하였다.

"이 사건에서는 적절했을지는 모르지만, 변호사 자격박탈에 대한 규율은 없다."라고 노스캐롤라이나주 변호사 징계 청문회 위원회의 책임자 Lane Williamson은 Nifong의 변호사박탈에 대해 알리면서 말했다. "그의 판결은 Nifong 자신의 이기심 때문에 정의라는 길에서 헤매었고 그래서 판단력이 흐려졌다…." 노스캐롤라이나주 변호사 협회의 변호사인 Douglas Brocker에 따르면, "Nifong은 검찰의 신뢰, 권력, 그리고 재량에 대한 조직적인 남용에 관여했다."라고 말했다.

보상에 의한 권력

보상에 의한 권력(Reward power)은 타인이 원하는 것을 통제함으로써 영향력을 행사하는 것이다.

보상에 의한 권력(Reward power)은 타인이 원하는 것을 통제함으로써 영향력을 행사하는 것이다. 예를 들면, 급여 인상, 보너스 및 승진, 종신직 보장, 특정 업무 부여, 필요한 자원 부여를 결정하는 권력을 포함한다. 많은 기업들은 직원들의 동기부여를 위해 보상을 사용한다. 맥도날드의 경우, 미국에서 가장 빠르고 수준 높은 햄버거를 만드는 직원에게 "All-American Hamburger Maker"라는 상을 준다. 패스트푸드점의 관리자는 가장 바쁜 시간에 많은 사람에게 서비스를 하는 직원에게 상을 주고 싶어 할 것이다. Tupperware(타파웨어: 미국 주방용품 업체)는 영업사원의 성과를 관리하여, 거의 모든 사람들에게 상을 준다(아주 작은 핀이나 배지부터 아주 큰 상까지).[20] 학교는 올해의 교사상을 시상하고, 직업 운동선수는 그들의 우수한 운동 성과를 바탕으로 선발된 올스타 팀에 선발됨으로써 같은 효과를 받는다.

어떤 보상을 함으로써 다른 사람에게 영향력을 행사하는 것은 리더, 팔로워 그리고 상황의 복합적 기능이다. 리더들이 보상을 배분하는 방법과 빈도는 다양하지만, 그들이 가지고 있는 직위는 보상의 빈도와 종류를 결정하는 데 영향을 미친다. 예를 들어, Kentucky Fried Chicken의 "이달의 사원상"의 상품은 멋진 자동차는 아닐 것이다. 이러한 프랜차이즈 점포에서는 그런 큰 상을 시상할 여력이 없다. 마찬가지로 어떤 조직에서는 리더들이 이러한 보상을 하는 데 제한이 있을 수도 있다. 그럼에도 불구하고, 리더들은 팔로워와 상황을 반영하여 어떻게 보상 권력을 높일 수 있는지 고민해야 한다. 또한 기존 보상의 대안이나 창의적인 상은 리더들의 보상 권력의 제한점을 극복할 수 있는 대안이다.

팔로워들에게 상을 주는 이러한 권력은 팔로워들의 태도와 행동을 변화시키는 데 효과적이나, 리더들의 보상 권력을 사용하는 데 불편한 상황들이 존재한다. 예를 들면, 회사의 보너스 정책이 공평하게 실행된다는 인식은 보너스 자체만큼이나 동기부여를 하는 데 중요하다. 더욱이 리더들은 무조건 외부적 보상이 더 중요하다고 잘못 이해할 수도 있다. 따라서 어떤 팔로워들은 본인의 업무 성과에 대해 공개적으로 보상받는 것에 거부감을 갖거나 또는 부담스러워할 수 있다. 리더들은 이러한 문제를 방지하기 위해, 팔로워들과의 관계를 잘 유지하고, 리더가 아닌 팔로워 입장에서 중요하다고 생각하는 보상을 줄 필요가 있다. 또 다른 보상 권력의 문제점은 조직의 충성도 같은 바람직한 태도가 아니라, 단순한 조직에서 시키는 것만 하는 태도를 배양할 수 있다는 점이다.[21] 즉, 팔로워들은 보상을 받을 수준까지만 일을 하고 그 이상으로 조직을 발전시킬 노력은 안 한다는 것이다. 특히 상사-부하관계가 가깝지 않을 경우, 성과에 따른 보상을 과도하게 강조하면 오히려 반감을 주고, 팔로워들은 본인들이 조작당한다는 느낌을 받을 수 있다. 상장, 금전적 보상, 승진, 특권, 휴가 등의 외적 보상은 성취감, 개인적 성장 및 발달 같은 내적 보상과 동일한 효과를 내는 것은 아니다. 어떤 조건하에서는 외적 보상이 업무에 대한 내적 동기를 오히려 감소시키고, 외적 보상이 주어지지 않는 경우 리더가 기대하는 행동이 더 이상 지속되지 않는다는 연구 결과가 있다.[22,23] 외적 보상에 대한 과도한 강조는 리더와 팔로워의 계약적 또는 경제적 관계에 기초하고 있으므로, 리더와 팔로워의 이상적인 관계인 충성도 및 조직 응집력 등을 오히려 저해시킬 수 있다.[24]

외적 보상에 대한 과도한 강조는 리더와 팔로워의 계약적 또는 경제적 관계에 기초하고 있으므로, 리더와 팔로워의 이상적인 관계인 충성도 및 조직 응집력 등을 오히려 저해시킬 수 있다.

보상 권력에 대해 염려해야 하는 이러한 부분 때문에 그 효과성이나 유용성을 백지화할 수는 없다. 앞에서 언급했듯이, 대부분의 조직에서는 직원들의 동기를 높이기 위해 가시적이고 상징적인 보상을 사용한다. 또한 직원들의 회사에 대한 충성도와 업무 성과를 인정하는 대부분의 중요한 보상들은 모든 리더들에 의해 집행 가능하다. 보상 권력에 대한 기본적인 개념은 리더십 실천가들이 보상 권력을 사용해서 그들의 영향력을 높일 수 있다는 것이다. 단 기본 전제조건은 1) 보상이 가능하고, 2) 팔로워들이 어떤 보상을 선호하는지 파악 가능하며, 3) 좋은 성과를 보상하는 공정하고 일관적인 보상 집행 기준이 있을 경우이다.

보상 권력은 조직에서 리더의 지위에 따라 부분적으로 결정되므로, 팔로워는 보상 권력을 거의 가지고 있지 않다고 생각하기 쉽다.

마지막으로 보상 권력은 조직에서 리더의 지위에 따라 부분적으로 결정되므로, 팔로워는 보상 권력을 거의 가지고 있지 않다고 생각하기 쉽다. 그러나 반드시 그렇지는 않다. 만약 팔로워들이 부족한 자원에 대한 직접적인 통제 또는 결정권을 가지고 있고, 그들이 원하는 방식대로 그 자원을 사용할 수 있게 한다면 이는 팔로워들의 권력이라고 할 수 있다. 또한 팔로워들은 그들의 리더에 따라 더 많은 업무 노력을 할 수도 있고, 일부러 하지 않을 수도 있다. 이렇게 그들의 업무 노력 수준을 조절함으로써 리더의 태도와 행동을 조정할 수 있다. 그리고 팔로워들이 리더의 업무 성과를 칭찬하는 것은 보상 권력이 오로지 리더만의 전유물이 아니라는 것을 보여준다. 따라서 리더십 실천가들은 팔로워들 역시 리더들에게 보상 권력을 발휘할 수 있다는 점을 명심해야 한다고 한다.

강압적 권력

강압적 권력(Coercive Power)은 보상 권력과 반대되는 개념으로 어떤 부정적인 제재를 가하거나 아니면 팔로워가 선호하는 것을 제거함으로 팔로워에게 영향력을 행사하는 권력이다.

강압적 권력(Coercive Power)은 보상 권력과 반대되는 개념으로 어떤 부정적인 제재를 가하거나 아니면 팔로워가 선호하는 것을 제거함으로 팔로워에게 영향력을 행사하는 권력이다. 다른 말로, 처벌의 두려움을 주거나 팔로워가 가치 있다고 생각하는 결과를 제거함으로 상대방을 컨트롤하는 것이다. 보상 권력과 마찬가지로 강압적 권력 역시 리더의 기능이라고 생각할 수도 있으나, 어떤 상황들은 리더들이 강압적 권력을 사용하는 것이 쉽지 않은 상황들이 있다. 예를 들면, 강압적 권력은 경찰이 과속 티켓을 발부하거나, 수업시간에 소란스러운 학생을 방과 후 남게 한다거나, 게으른 직원을 해고하는 고용주, 그리고 자녀를 체벌하는 부모 등이다.[25] 심지어 대통령도 이러한 강압적 권력을 사용한다. 역사학자 Arthur Schlesinger는 Lyndon Johnson 대통령을 타인의 약점을 악용하는 사람으로 묘사하였다. Lyndon Johnson 대통령은 강압적 권력을 사용하는 데 아주 능숙했다. 그는 백악관 직원들에게 "백악관에는 2종류의 생물체가 있는데 하나는 코끼리이며, 나머지는 다 개미들이다. 그리고 나만이 코끼리이다."라고 한 적이 있었다.[26]

강압적 권력은 보상적 권력과 마찬가지로 적절하게 또는 부적절하게 모두 사용될 수 있다. 이는 아주 강압적인 전체주의 전형으로 보일 수 있다. 강압적 권력의 가장 비극적인 예는 Jim Jones가 저지른 이른바 JonesTown 집단살인 사건(Jonestown massacre)이다.[27] Jones의 지시에 따라 912명이 청산가리를 먹고 음독자살을 하였다. 이러한 자살 지시에 순응한 것은 Jones의 오랜 기간에 걸친 팔로워들을 대하는 강압적인 태도 때문이었다. 그의 태도에 공포에 떨던 사람들은 점차 자기 파괴적인 성향으로 변해갔다. 아마도 이러한 예들은 강압적인 권력이 우리의 생활 및 리더십에 밀접한 연관이 있음을 보여준다. 반면, 강압적인 권력에 대한 의존은 분명 제한점과 단점이 존재한다. 그렇다고 처벌적인 제재가 반드시 필요하지 않다는 것은 아니다.

공식적인 체벌과 반대인 비공식적인 제재는 타인의 태도와 행동을 바꾸는 데 활용될 수 있다. 비공식적인 제재는 주로 비언어적으로 은연중에 나타난다. 한 가지 좋은 예는 별로 신통치 않은 아이디어가 나왔을 때 째려보는 것이다. 또한 아주 흔한 강압적 제재의 형태는 단순히 상사가 화를 못 참고 버럭 하는 경우이다. 상사의 이런 통제되지 못한 신경질 또는 화는 오히려 장기적으로 리더에게 안 좋은 영향을 미칠 수 있다.

팔로워들 또한 강압적인 권력을 사용해서 리더의 행동을 조정할 수 있다. 예를 들면, 리더는 다수의 공격적인 팔로워를 대상으로 강압적인 제재를 하는 것을 꺼려 할 수 있다. 팔로워들은 물리적인 압박, 업무 태만 및 파업 등을 통해서 리더의 행동을 원하는 방향대로 변화시키려고 할 것이다. 유사하게, 다른 동료를 대상으로 친화적 권력을 가진 팔로워들은 리더를 대상으로 강압적인 권력을 사용하는 데 더 용이할 것이다. 그러한 예는 업무 태만 및 파업 등이다.

French와 Raven의 5가지 권력 분류에 대한 결론

이 모든 장이 끝났을 때, 우리는 어떤 권력이 가장 리더에게 효과적인지 알 수 있을까? 당신이 예상하는 대로, 이는 특정 상황에 대한 이해가 없으면 대답하기 어려운 질문이다. 예를 들면 그 팀이 위기 상황이냐 아니냐의 경우를 생각해보자. 이는 리더의 권력을 사용하는 것에 영향을 미친다. 왜냐하면 비상 상황에서는 리더들이 더 많은 권력을 사용하기 마련이기 때문이다. 또한 팔로워들과 친분 관계를 유지한 리더의 경우 보통 친화적 권력을 사용하지만, 비상 상황의 경우 그들은 권위적 권력 및 강압적 권력을 좀 더 사용하게 될 것이다.[28] 또한 이러한 비상상황에서는 팔로워들이 리더로부터 지시와 통제를 더 기대하기 때문일 수도 있다.

팔로워들과 친분 관계를 유지한 리더의 경우 보통 친화적 권력을 사용하지만, 비상 상황의 경우 그들은 권위적 권력 및 강압적 권력을 좀 더 사용하게 될 것이다.

하지만 이러한 다양한 권력 베이스에 대한 일반화는 불가능할까? 사실 French와 Raven의 권력 연구에 대한 많은 후속 연구가 있었다. 연구 결과에 따르면 주로 전문성 권력과 친화적 권력에 의존적인 리더들의 부하들은 동기부여가 잘 되어 있고 만족도가 높고, 성과가 더 높다고 한다.[29] 그러나 Yukl[30]과 Podsakoff, Schriesheim[31]은 이러한 결론은 리더의 권력을 평가하기 위해 사용하는 연구 도구의 문제점을 보여준다고 비판하였다. Hinkin과 Schriesheim[32]은 이러한 단점을 극복하기 위해 연구 도구를 개발하였고, 향후 연구는 좀 더 리더십 효과성과 5가지 권력 베이스의 관계에 대해 설명해줄 수 있어야 한다.

효과적인 리더는 모든 권력 유형을 골고루 활용한다.

지금까지의 5가지 권력에 대한 연구는 다소 불완전한 면이 있으나, 권력과 영향에 대한 4가지 일반화는 가능할 것 같다. 첫째, 효과적인 리더는 모든 권력 유형을 골고루 활용한다. 즉, 효과적인 리더는 각각 다른 유형의 권력의 상대적인 장점과 단점을 잘 이해하고, 주어진 상황에서 특정한 목적을 달성하기 위해 선별적으로 권력을 골라 사용한다. 둘째, 안정되고 잘 운영되는 조직의 리더들은 팔로워에 대해 강한 영향력을 미치며, 또한 팔로워에게 영향받는 것에 대해서도 수용적이다. 리더와 팔로워의 상호적인 영향은 가장 효과적인 조직의 특성이다.[33] 셋째, 리더들은 그들의 팔로워들과 권력을 공유하는 정도의 차이가 많다. 어떤 리더들은 그들의 권력을 고정된 자원으로 보기 때문에 타인과 권력을 공유한다면 본인의 권력이 줄어든다고 생각한다. 그들은 권력을 제로-섬(Zero-Sum)으로 본다. 다른 리더들은 권력을 확장 가능한 것으로 본다. 그들은 본인의 권력을 줄이지 않고도 타인의 권력을 키우는 것이 가능하다고 생각한다. 말할 필요도 없이, 그들은 권력을 공유하는 참여적 경영 및 위임 등의 활동을 많이 하게 된다. 리더의 권력을 공유하는 행동은 리더들이 부하직원들의 의사 결정 및 업무 행위의 책임을 지는 것에서 또한 영향을 받는다. 예를 들면, 결국 팀이 졌을 경우, 코치나 관리자는 해고되게 된다.[34,35] 넷째, 효과적인 리더들은 그들의 권력 기반을 높이려고 하고 또한 필요시 강압적인 권력을 사용하기도 한다.

5.3.2 리더의 동기

우리는 지금까지 각각 다른 권력 베이스가 어떻게 타인에게 영향을 미치는지 살펴보았지만, 이는 한 가지의 관점에 불과하다. 또 다른 방법으로 권력과 리더십의 관계를 보는 방법은 리더의 개인 성향을 통합적으로 보는 것이다. 이를 위해 다음 장에서는 리더십에서 개인의 성격이 어떻게 작용하는지 살펴볼 것이며, 우선 사람들이 권력의 소유 및 행사에 있어 개인차가 얼마나 있는지 살펴보자.

사람들은 타인에게 영향을 미치고 통제하려고 하는 동기 자체가 다르다. McClelland는[36] 이를 **권력에 대한 욕구**(Need for Power)라고 부르며, 이러한 권력 권력에 대한 욕구(Need for Power)라고 부르며, 이러한 권력을 가지고 싶어 하는 욕구가 높은 사람은 타인에게 영향을 미치는 것에 대해 심리적인 만족감을 많이 느낀다.

개인화된 권력(Personalized Power)과 사회화된 권력(Socialized Power)이 그것인데, 개인화된 권력에 대한 욕구가 높은 사람들은 상대적으로 이기적이고, 충동적이고, 남들의 시선 따위는 신경 쓰지 않는 자유분방한 면이 있다.

을 가지고 싶어 하는 욕구가 높은 사람은 타인에게 영향을 미치는 것에 대해 심리적인 만족감을 많이 느낀다. 그들은 타인에게 영향을 미칠 수 있는 직위를 좋아하고, 또한 의사결정 기구 및 타인에게 영향력이 높은 많은 다른 단체에 소속되어 있다. 이러한 활동에서 그들은 아이디어를 제공하고, 제안 및 의견을 내놓고, 타인에게 영향을 미칠 수 있는 정보를 찾는 것을 좋아한다. 그들은 신뢰 관계 구축, 사람들의 권력 관계를 파악하는 데 능숙하며 또한 큰소리치고 포스를 보여준다. 그들은 은연중에 타인과 차별되어 나타나는 표시뿐만 아니라 본인들의 권위와 지위에 대해 가시적으로 보여주는 것을 좋아한다. 사람들이 권력에 대한 욕구를 표출하는 2가지 방법은 다음과 같다. **개인화된 권력**(Personalized Power)과 **사회화된 권력**(Socialized Power)이 그것인데, 개인화된 권력에 대한 욕구가 높은 사람들은 상대적으로 이기적이고, 충동적이고, 남들의 시선 따위는 신경 쓰지 않는 자유분방한 면이 있다. 이러한 사람들은 그가 속한 팀이나 조직을 위해서가 아니라 그들의 개인적 필요에 의해 권력을 행사하는 경향이 있다. 반면 사회화된 권력은 더 성숙한 의미이다. 즉, 본인의 희생을 감수하더라도 조직의 목적이나 타인의 이익을 위해 행사되는 것으로, 독재/전제주의라기보다 위임 방식의 리더십을 포함하고 있다.

이러한 권력에 대한 욕구는 주로 설문지 또는 전통적인 성격 검사를 통해 측정되지만, McClelland와 그의 동료들은 주제통각검사(TAT: Thematic Apperception Test)를 통해 측정하였다. TAT는 **성격 투영 검사**(Projective Personality Test)로서, 여자가 창문 밖을 바라보고 있다거나, 소년이 바이올린을 들고 있는 이미지 등 해석에 따라 달라 보일 수 있는 이미지를 포함하고 있다. 이 성격 검사에서 참가자들은 각각의 그림에 대해 이야기를 만들게 되고, 각 참가자들이 만든 이야기들은 그들의 욕구의 강도를 측정하게 되는 것이다. 이 성격검사에 포함된 그림들은 다소 애매해서 개인의 욕구는 애매한 그림의 해석에 반영되는 것이다. 사람들에게 영향을 주고 또 타인을 통제하는 것에 대한 이야기는 권력의 욕구 측정에 높은 점수를 받게 된다.

권력의 욕구는 다른 리더십 효과성의 준거와 정적인 관계가 있는 것으로 알려졌다. 예를 들면, McClelland와 Boyatzis는[37] AT&T의 '경영' 관리자들의 성공과 권력의 욕구는 정적인 관계인 것으로 파악했다. 또한 Stahl에 따르면[38] 권력의 욕구가 관리자들의 업적고과 승진율과 정적인 관계가 있다. 또한 Fodor는[39] ROTC 학생들의 몇 소그룹은 극한 체험에서도 권력의 욕구가 강한 학생들이 더 잘 견딘다고 밝혔다. 물론 이러한 연구 결과는 바람직하게 보이지만, 몇 가지 주의해야 할 사항들이 있다. 첫째, McClelland와 Boyatzis는[40] AT&T의 '기술' 관리자의 성공과 권력의 욕구는 관계가 없는 것으로 조사했다. 분명 전문성 권력에 해당하는 지식의 수준은 기술 관리자와 경영 관리자의 성공에 중요한 역할을 할 것이다. 둘째, McClelland는[41] 몇몇 권력의 욕구는 리더십 잠재성에 필요하나, 성공적인 리더는 이러한 욕구를 표출하는 것을 통제할 수 있는 통제력도 필요하다고 하였다. 이러한 권력의 욕구를 통제하지 않고 그대로 표출하는 사람들은 독재자처럼 행동할 것이고, 충동적으로 사람들을 통제하고 억압할 것이다. 권력에 대한 강한 욕구를 가지고 있으며, 통제력이 부족한 리더들은 단기적으로는 성공할지 모르나, 장기적으로는 그 성공에 대한 대가를 분명히 치르게 되어 있다. 이러한 대가에는 팔로워들의 부정적인 인식, 예를 들면 신뢰 부족, 비협조적, 소통 불능, 과열 경쟁, 이기심 등이 포함되어 있다. 마지막으로 주목해야 할 점은 몇몇 팔로워들 역시 강한 권력의 욕구를 가지고 있다는 점이다. 팔로워가 높은 권력의 욕구를 가지고 업무를 주도할 때 리더와 팔로워 사이의 갈등이 초래될 수 있다.

Miner는 6가지 요소로 구성된 관리의 욕구(Motivation to manage)

개인들은 권력에 대한 욕구 수준이 상이할 뿐 아니라, 이를 관리하려는 동기 수준까지 다양하다. Miner는[42] 6가지 요소로 구성된 **관리의 욕구**(Motivation to manage)를 기술하였다.

- 권위적 인물과 좋은 관계 유지
- 타인으로부터의 인정과 승진 쟁취를 위한 경쟁
- 활동적이고 적극적인 자세
- 타인에게 영향력 행사를 원함
- 타인에게 특별하게 보이고 싶어 함
- 일상적으로 행해지는 행정적인 업무 처리를 기꺼이 함

McClelland와 마찬가지로 Miner 역시 사람들의 관리에 대한 동기부여를 측

정하기 위해 성격 투영 검사를 사용하였다. Miner의 문장 완성 검사(Miner's Sentence Completion Scale: MSCS)는 위에 있는 6가지 내용을 근거로 불완전한 문장으로 구성되어 있다. 예를 들면, "나의 상사와 나의 관계는…." 이 테스트에서 응답자들은 문장을 완성하도록 요청받으며, 이는 정해진 기준에 따라 점수가 매겨지게 된다. 이 MSCS 점수는 수직적 또는 권위적인 집단에서 한 개인의 리더십 성공을 잘 예측하는 것으로 나타났다.[43] 더욱이 권위적 인물에 대한 존경을 나타내는 개인들은 남들에게 인정받기를 원하고, 적극적으로 행동하고, 타인에게 영향을 미치고 싶어 하고, 본인과 팔로워들 사이에 심리적 거리를 두기를 원하며, 권위적 조직에서 성공하기 위해 기꺼이 반복적인 행정적인 일도 마다하지 않는 것으로 나타났다. 그러나 Miner는 좀 더 수평적인 조직에서는 다른 리더십 특성이 필요하다고 하였고, MSCS의 결과 또한 그의 주장을 뒷받침한다.[44] 권력의 욕구와 관리에 대한 동기부여에 관한 연구 결과는 리더십 실천가들에게 몇 가지 시사점을 준다.

개인들이 리더가 되고 싶어 하는 것은 아니다. 이것의 이유 중 하나는 어떤 사람들은 권력의 욕구 및 관리에 대한 동기부여 수준이 낮기 때문이다.

첫째, 모든 개인들이 리더가 되고 싶어 하는 것은 아니다. 이것의 이유 중 하나는 어떤 사람들은 권력의 욕구 및 관리에 대한 동기부여 수준이 낮기 때문이다. 이러한 점수들은 비교적 안정적이고 변하지 않기 때문에, 이러한 리더의 역할을 즐기지 않는 사람들은 관리 책임이 비교적 낮은 자리를 찾는다. 둘째, 높은 권력의 욕구 또는 관리에 대한 높은 동기 수준이 리더십 성공을 보장하는 것은 아니다. 상황변수는 권력의 욕구 또는 관리에 대한 동기가 리더십 성공과 관계 있을지를 결정하는 중요한 변수이다. 예를 들면, McClelland와 Boyatzis는[45] 권력에 대한 욕구는 경영 관리자들의 경우, 리더십 성공과는 관계가 있으며, Miner에 따르면[46] 관리에 대한 동기와 리더십 성공은 수직적 또는 관료적 조직일 경우에 연관이 있다고 하였다. 셋째, 장기적으로 성공하기 위해서는 리더들은 사회화된 권력에 대한 욕구와 이를 통제할 수 있는 능력을 갖추어야 한다. 본인의 이기적인 욕구를 충족시키기 위해 충동적으로 권력을 사용하는 리더들은 장기적으로 비효율적이다. 넷째, 팔로워들 역시 리더들처럼 권력에 대한 욕구, 권력 사용에 대한 통제 및 관리에 대한 동기 수준을 가지고 있다. 리더들은 팔로워들의 권력 욕구 수준 및 관리에 대한 동기 수준에 따라 행동을 다르게 해야 한다.

5.4 영향력 전술

권력이 타인에게 변화를 주어 영향을 미치는 능력 또는 잠재력이라고 한다면, 영향력 전술은 타인의 행동, 의견 및 태도에 변화를 야기하기 위한 실제 행동이다. Kipnis와 그의 동료들은 타인에게 영향을 줄 수 있는 영향력 전술의 타입에 대해 연구하였다.[47] 많은 연구 도구들이 영향력 전술을 연구하기 위해 개발되었으나, IBQ(Influence Behavior Questionnaire), 영향력 행동 척도[48]가 가장 적합한 것 같다. 다음에서는 IBQ에 의해 측정된 다른 영향력 전술에 대하여 자세히 논의할 것이다.

5.4.1 영향력 전술의 종류

> 이성적 설득(Rational Persuasion)은 논리 또는 사실에 입각해서 타인에게 영향을 미치는 것이다.

> 영감적 호소(Inspirational Appeals)는 사람들이 타인에 대해 어떤 감정적인 요소를 자극을 통해 요구나 제안을 하는 것이다.

> 컨설팅(Consultation)은 설득하고자 하는 사람을 본인이 참여하고 있는 작업에 참여시키는 것이다.

IBQ는 9가지 영향력 전술을 평가하기 위해 개발되었고, 이 점수들은 타인에게 영향을 미치는 여러 가지 방법에 대한 간략한 개요를 제공한다. 첫째, **이성적 설득**(Rational Persuasion)은 논리 또는 사실에 입각해서 타인에게 영향을 미치는 것이다. 이성적 설득의 예는 정치인의 자문관이 선거구역의 선거인 구성 비율의 변화가, 선거 구역의 유권자를 만나는 데 예전보다 더 많은 시간을 할애하는 것이 매우 중요하도록 만들었음을 설명하며 설득하는 것이다. 둘째, **영감적 호소**(Inspirational Appeals)는 사람들이 타인에 대해 어떤 감정적인 요소를 자극을 통해 요구나 제안을 하는 것이다. 예를 들면, 국회에서 어떤 목사가 교회가 건립된다면 어떤 좋은 일들이 발생할 수 있는지 설명하는 것이다. 셋째, **컨설팅**(Consultation)은 설득하고자 하는 사람을 본인이 참여하고 있는 작업에 참여시키는 것이다. 컨설팅의 예는 교회 건립의 경우, 목사가 교회 건축을 위한 교육 건립 위원회를 발족하는 것이다. 이 경우, 컨설팅의 결과는 더 나은 빌딩 설계도를 그릴 수 있을 뿐만 아니라, 사람들에게 새로운 아이디어를 창출할 수 있는 일종의 응집력을 강화할 수 있게 하는 효과가 있다. 넷째, **칭찬**(Ingratiation)은 어떤 요청을 하기 전에 일단 좋은 분위기를 먼저 만드는 전략이다. 가까운 예로는 영업사원이 물건 구입을 요청하기 전에 일단 고객을 기분 좋게 하는 것이다. 다섯째, **개인적 호소**(Personal Appeals)는 두 사람의 우정 또는 친분에 의해 호의를 베풀어달라는 것이다. 예를 들면, "Bill, 우리가 오랫동안 알아왔지만, 그동안 한 번도 뭔가 부탁을 한 적이 없다." 이렇게 개인적 호소를 시작하는 것이나, 호의를 교환하는 것은 또 다른 영향 전략인 여섯째, **교환**(Exchange)이라고 볼 수 있다. 만약 두 정당이 서로 올린 안건에 대해 투표를 해주기로 동의한다면 이는 일종의 교환이라고 할 수 있다. 일곱째, **연합전술**(Coalition Tactics)은 제3자를 통해서 영향력을 행사한다는 점에서 컨설팅과 다르다. 제휴의 예는 알코올 중독자한테 몇몇 중요한 사람들이 알코올 중독을 퇴치하겠다고 했을 때 극적인 효과가 나타나는 것이다. 영향력 행사를 위한 협박이나 지속적인 독촉은 여덟째, **압박전술**(Pressure Tactics)이다. 판사가 범죄를 저지른 죄인한테 종신형을 선고하는 대신, 한 번 더 법을 어기면 '머리 위에 칼을 매달아 놓겠다'라고 할 수도 있다. 아홉째, **권위적 전술**(Legitimizing Tactics)은 무언가 요청을 할 때 본인의 지위나 권위를 이용해서 하는 것이다. 교장은 교사들에게 학교 교육과정 위원회에 참석하게 요청하고, 교사들은 본인의 약속이 있음에도 불구하고 교장의 요청이기 때문에 그에 응한다. 이렇게 각각의 영향력 전술을 설명하였지만, 실제로 영향력 전술은 복합적으로 사용된다. 예를 들면, 다른 사람에게 효과적으로 호소를 하기 위해서는 감정적인 것만으로는 부족하다. 즉 이성적인 호소에 의한 부분이 반드시 필요하다.

권위적 전술(Legitimizing Tactics)은 무언가 요청을 할 때 본인의 지위나 권위를 이용해서 하는 것이다.

5.4.2 영향력 전술과 권력

이 장에서 계속 논의되었듯이, 영향력을 행사하는 사람과 영향을 받는 사람, 그리고 영향력 전술 사이에는 관계가 성립되어 있다. 친화적 권력을 가진 리더들은 팔로워들과 긴밀한 관계를 유지해왔기 때문에 팔로워들의 행동 및 태도를 변화시키는 데 더 많은 영향력 전술을 사용할 수 있을지 모른다. 예를 들면, 친화적 권력을 가진 리더들은 감성적 호소, 컨설팅, 칭찬, 개인적 호소, 교환 및 제휴적 협력까지 사용할 수 있다. 그러나 친화적 권력을 가진 리더들은 일반적으로 권위적 권력 또는 압력을 행사하지는 않는다. 왜냐하면 리더가 그의 친화적 권력을 잃는 것을 두려워하기 때문이다. 강압적 또는 권위적 권력만을 사용하는 리더들은 제휴 연합, 권위적 전략 및 압력 등 정도만 사용하게 된다.

강압적 또는 권위적 권력만을 사용하는 리더들은 제휴 연합, 권위적 전략 및 압력 등 정도만 사용하게 된다.

또한 다른 요소들 역시 영향력 전술을 선택하는 데 영향을 미치게 된다.[49] 사

사람들은 주로 저항이 예상되거나 타인의 행동이 중요한 기준을 위반하게 될 경우, 주로 하드 전략(Hard Tactics: 권위적 전략 또는 압력 전략)을 사용한다.

람들은 주로 저항이 예상되거나 타인의 행동이 중요한 기준을 위반하게 될 경우, 주로 하드 전략(Hard Tactics: 권위적 전략 또는 압력 전략)을 사용한다. 또한 사람들은 본인이 불리하거나 만약 본인이 원하는 것을 관철시킬 경우 개인적 이득이 예상될 경우, 칭찬 같은 소프트 전략(Soft Tactics)을 사용한다.

만약 양쪽의 입장이 상대적으로 균등할 경우, 저항이 예상되지 않거나 또는 예상되는 이익이 개인적인 것뿐만 아니라 조직적으로 유용할 경우에는 주로 이성적 호소를 사용하게 된다.

또 다른 연구에 따르면 중간 관리자들은 동료[50] 및 본인보다 상사에게[51] 영향을 주려고 할 때, 사실 및 논리적 분석에 의한 영향력을 행사하려는 시도가 가장 많이 사용된다고 한다. 상사에 대한 영향력 행사의 성공을 위해서는 철저한 준비, 타인의 지원(예를 들면, 제휴 연합), 그리고 여러 가지 접근을 잘 혼용하는 것이 중요하다.[52]

누가, 언제, 어떤 영향력 전술을 사용하는가에 대한 연구 결과는 영향력 과정에 대한 흥미로운 시사점을 제공한다. 개인의 영향력 전술에 대한 선택은 많은 요소들의 영향을 받으니, 예를 들면, 기대하는 결과, 영향을 미치고 싶어 하는 사람에 대한 상대적인 권력 등의 영향을 받는다. 사람들이 타인과 본인의 권력 관계에 기초하여 영향력 전술을 택하는 것은 그다지 놀라운 일이 아닐지 모르지만, 이 사실이 사회의 모든 분야에 통용된다는 것은 놀라운 것이다. 이러한 관계는 회사 임원, 부모와 자녀, 그리고 배우자들에게도 통용된다. 사람들은 다른 모든 전술이 실패하였을 때 하드 전략을 사용하는 경향이 있다.[53] 유명한 은행 강도 Willie Sutton은 "은행 강도에게 총과 스마일 두 가지 모두를 갖는 것이 스마일만 갖는 것보다 훨씬 강하다."라고 하였다. 또 어떤 연구에서는 부하직원의 성과가 안 좋을 경우, 처벌을 통해 문제를 해결하는 것에 대하여 효과적이라고 답했으며,[54] [하이라이트 5.2]는 어떻게 관리자들이 본인의 상사들에게 영향력을 미치기 위해 각각 다양한 방법을 사용하는지에 대해 설명하고 있다.

하드 전략은 효과적일 수 있지만, 그런 전략에 의존하는 것은 상대방에 대한 우리의 관점을 변화시킨다. 한 실험에서 리더들은 각각 다른 종류의 권위를 팔로워에 행사한 후, 팔로워에 대한 리더의 인식과 평가를 측정하였다.[55] 이를 위해 몇백 명의 경영학과 학생들이 자동차 조립회사의 소규모 팀의 관리자 역할로 실험에 참여하였다. 어떤 학생들은 독재적인 리더처럼 연기하라는 요청을 받았고, 또 다른 학생은 민주적인 리더로 연기하라는 요청을 받았다. 예상대로, 독재적인 리더는 하드 전략을 사용하였고, 민주적인 리더는 좀 더 합리적인 방법으로 팔로워들에게 영향을 미쳤다. 재미있는 사실은, 두 그룹의 팔로워들의 업무 성과는 동일하지만, 리더들은 두 개의 팔로워 그룹에 완전히 다른 평가를 했다는 것이다. 독재적인 리더는 그의 팔로워들에 대해 동기 부족, 기술 부족 및 승진 부적격이라고 평가하였다. 분명히 하드 전략을 사용하는 리더들은 팔로워들의 좋은 업무 결과를 팔로워들이 잘한 결과라고 원인을 돌리지 않았다. 역설적으로, 하드 전략을 사용하는 행위는 타인에 대해 부정적인 귀인을 하게 하였고, 계속적으로 하드 전략을 사용하게 한다는 점이다.

마지막으로 영향력 전술의 사용은 하나의 사회적 스킬(Social Skill)로 볼 수 있다. 적합한 전술을 선택한다고 해서 반드시 좋은 결과를 내는 것은 아니다. 즉 선택한 전술은 능숙하게 잘 실행되어야 한다.

우리는 타인에 대한 어떤 속임수나 조작적인 행동을 권장하는 것이 아니라, 타인에게 영향을 미치려는 어설픈 시도는 종종 거짓이 된다는 사실을 이해해야 한다. 이는 결과적으로 부작용을 낳을 수 있다.

영향력 전술에 대한 결론

위에 언급된 내용과 같이, 리더들에 대한 시사점은 사람들이 사용하는 영향력 전술과 각각의 전술에 따른 결과에 대해 이해함으로써 얻는 가치이다. 각 효과에 대한 이해는 리더들이 타인에 영향을 미치는 방법에 대해 더 나은 의사결정을 하도록 도와주고, 또한 왜 특정 영향력 전술이 효과적인지를 이해하게 한다. 연구결과에 따르면 다양한 영향력 전술 중 특정 전술을 선택하는 어떤 이유는 다른 전술에 비해 더 성공적인 결과를 자주 보여주기 때문이다. 좀 더 자세하게, 직원들의 자존감이나 도덕성을 높이는 행위는 성공적인 영향력 전술과 연계되는 경우가 많다. 반면 단지 회사의 방침이기 때문에 특정 전략을 사용하는 것은 그다지 좋은 결과를 내지 못한다.[56] 결론적으로 많은 리더십 연구들에 의하면 리더가 본인이 사용하는 영향력 전술에 좀 더 관심을 가져야 한다-어떻게 영향을 미칠 것인가, 그리고 왜 그 방법이 사용되어야 하는가 등-. 아마도 이러한 연구 결과들의 결론은 사람들을 격려하고 고무시키는 영향력 전술이 처벌하고 통제하는 것보다 더 효과적이라는 것이다.

승진관리에서의 성별 차이: 남성 관리자와 여성 관리자들이 자신만의 방식을 찾는 방식

하이라이트 5.2

Fortune 100대 기업의 남성과 여성 관리자들을 대상으로 그들의 상사들에게 어떻게 영향력을 주었는지 조사하였다. 그 결과, 여성 관리자들은 다른 사람들에게 더 많은 관심을 보여주는 것으로, 남성 관리자들은 자기 자신에게 더 많은 관심을 보여주는 것으로 영향력을 미치려는 시도를 하는 것으로 나타났다. 여성 관리자들은 기업의 다양한 이해관계를 고려하여 행동하려 하였고, 다른 사람들이 자신의 영향력을 어떻게 생각하는지를 살피려 하였고, 계획수립 시에도 다른 사람들을 참여시키려 하였고, 업무와 상황에 따른 대인관계를 중요시하였다. 반면에 남성 관리자들은 자신의 관심사에 따라 행동하려 하였고, 다른 사람들이 그의 영향력을 어떻게 느끼는지에 대하여 거의 고려하지 않는 모습을 보였고, 혼자서 전략개발을 하고, 업무에만 중점을 두었다.

이 연구에서 가장 놀라운 결과는, 일반적인 예측과 다르게 여성 관리자들이 영향력을 발휘할 때 남성 관리자들보다 덜 타협하거나 협상한다는 것이었다. 이는 여성 관리자들이 관련된 사람들에게 더 많은 관심을 보이는 특징과 일관성이 없다고 생각될 수 있다. 그러나 이는 여성 관리자들의 영향력 유형과 일관성이 높다. 왜냐하면 여성 관리자들은 그 쟁점사항에 대하여 이미 조직 내에서 다른 이들과 소통하였고, 그것이 다른 이들이 지지하는 것임을 알고 있기 때문에 옳다고 생각하는 것에 대하여 강한 자신을 보여주고 몰입하기 때문이다.

남성과 여성 관리자들이 다른 영향력 기술을 강조함에도 불구하고, 어떤 것이 더 효과적인 기술이라고 할 수는 없다. 그럼에도 불구하고, 이는 관리자들의 직장생활에서의 승진을 위해 여러 가지 기술들 중 유의미하게 활용된다. 상급자와 유사한 스타일을 가진 관리자들은 아마도 평가와 승진에 혜택이 있을 수 있는데, 만약 경영진에 남성에 편향된 시각을 가진 사람들이 있다면 이는 여성에게 중요한 요소가 될 수 있을 것이다.

5.5 요 약

이 장에서는 권력(Power)을 영향력을 행사하는 능력 또는 잠재력으로 정의하고, 영향력 전술(Influence tactics)을 타인의 행동, 태도를 변화시키는 실제 행동으로 정의하였다. 영향력(Influence)은 타인의 영향력 전술의 결과로 나타나는 타인의 태

권력(Power)을 영향력을 행사하는 능력 또는 잠재력으로 정의하고, 영향력 전술(Influence tactics)을 타인의 행동, 태도를 변화시키는 실제 행동으로 정의하였다.

도, 가치, 행동의 변화 정도이다. 리더십 프로세스에서 권력, 영향력, 영향력 전술은 매우 중요한 역할을 하기 때문에, 이 장에서는 이러한 개념을 명확하게 제시함으로써 리더들에게 효과성을 높이려고 하였다. 각각 다른 권력의 원천을 살펴봄으로써 리더들은 그들이 어떻게 팔로워들에게 영향을 미치고, 그들의 권력을 확장할 수 있을지 알 것이다. 다섯 가지 권력의 원천은 또한 어떻게 팔로워들 역시 리더에게 영향을 미치고, 리더의 영향력 행사에 저항할 수 있는지를 설명해준다.

리더들은 그들의 권력에 대한 욕구와 관리에 대한 동기를 스스로 살펴봄으로써 왜 본인이 본인 업무책임 부분 중 어떤 측면에 어려움을 겪는지 시사점을 얻을 수 있다. 예를 들면, 그들은 McClelland의 개인화된 권력과 권력 행사의 통제력에 대한 개념을 배움으로써 어떤 리더들은 왜 이기적으로 권력을 행사하는지 이해할 수 있을 것이다. 리더들은 본인의 개성을 살리고, 업무에서 파벌 형성을 방지함으로써 본인의 리더십 효과성을 높일 수 있다.

권력은 매우 중요한 개념이나, 이를 행사하지 않고 소유하는 것만으로는 크게 의미가 없다. 권력의 행사는 서로의 태도와 행동을 변화시키기 위해 주로 리더와 팔로워가 사용하는 영향력 전술을 통해서 이루어진다. 사용하는 영향력 전술의 종류는 본인이 가지고 있는 권력의 양, 예상되는 저항의 정도, 그리고 각각 영향력 전술 뒤에 있는 논리 등에 따라 달라진다.

다른 사람들을 더 도와주고 발전시키려는 영향력 전술은 일반적으로 다른 사람을 구속하고 통제하려는 전술보다 더 성공적이기 때문에, 리더십 실천가들은 영향력 전술을 직접 사용하기 전에 왜 그 특정 전술을 사용해야 하는지 잘 생각해보아야 한다. 영향력 전술 뒤에 있는 논리를 잘 고려함으로써 리더들은 압력과 권위적 권력 전략을 사용하는 것을 줄이고, 팔로워들의 용기를 더 북돋아주는 전략을 더 자주 사용하는 방법을 사용하여 효과성을 높일 수 있어야 한다. 팔로워의 태도와 행동을 바람직한 방향으로 변화시키고, 동시에 팔로워들의 자존감과 자신감을 높이는 영향력 전술을 사용할 줄 아는 것은 리더가 갖추어야 할 중요한 덕목이다.

핵심용어

권력	권력에 대한 욕구	컨설팅
영향	개인화된 권력	칭찬

영향적 전술	사회화된 권력	개인적 호소
서열(계층)	성격 투영 검사	교환
전문성에서 오는 권력	관리의 욕구	제휴연합
친화성 권력	이성적 설득	압박
권위적 권력	감정적 호소	권위적 전략
보상에 의한 권력	강압적 권력	

질 문

1. [하이라이트 5.1]의 Milgram 연구에 대해 답하세요.
   a. 실험자에게 어떤 권력 베이스가 사용 가능했나요? 그리고 연구 대상자들에게는 어떤 권력 베이스가 사용 가능했나요?
   b. 권력 욕구가 낮은 연구 대상자들은 권력 욕구가 높은 연구 대상자들과 다르게 행동한다고 생각하십니까? 또한 관리 욕구 수준에 따른 차이는 어떠한가요?
   c. 어떤 상황 요소가 실험자의 권력에 영향을 미쳤나요?
   d. 실험자의 행동을 변화시키기 위해 연구자는 어떤 영향력 전술을 사용했으며 이러한 영향력 전술은 연구자의 권력 베이스와 어떤 관련이 있습니까?
   e. 결과적으로 어떤 영향을 받았습니까? 즉 영향이란 영향력 전술의 결과로서 타인의 태도, 가치, 행동을 변화시키는 것이라면, 이 실험에서 실험자의 영향력 전술의 결과로 실험자들에게 어떤 변화가 일어났나요?
   f. 많은 사람들이 Milgram 연구를 윤리적인 이유로 비난합니다. 이러한 실험 연구에서 사회적으로 유용한 정보들을 얻을 수 있다고 가정할 때, 당신은 이러한 실험이 반복되어야 한다고 생각하십니까?
2. 어떤 리더십의 정의는 권위나 강압을 배제하고 있습니다(예를 들면 어떤 개인의 권위에서 오는 행동은 실제로 원하는 결과를 얻을 수 있으나, 리더십으로 간주되어서는 안 됩니다). 이러한 관점에 대한 찬반 의견에 대해 토론하세요.
3. Acton 경이 말한 대로 권력은 권력을 가진 사람을 부패시킬까요? 그렇다면 어떻게 그런 일이 이루어질까요? 또한 상사의 권력 때문에 부하가 부패하는 것도

가능할까요? 또한 상사 역시 부하의 권력 때문에 부패하는 것이 가능할까요?

4. 어떤 사람들은 부하가 상사의 성과에 대해 피드백할 수 있도록 허용하는 것이 리더의 권위를 약하게 만든다고 합니다. 동의하십니까?
5. 리더십은 영향의 동의어라고 생각하십니까? 영향력이 리더십이 될 수 없는 예를 들어 보세요.

활 동

이 활동은 개인행동에서 나타날 수 있는 다섯 가지 권력 베이스를 잘 보여줄 것입니다. 다섯 가지 권력 베이스를 칠판에 쓰세요. 학생들을 다섯 팀으로 나누어서 한 가지 권력이 써 있는 종이를 나눠 주세요. 각 팀은 10분 동안 그 권력 베이스에 대해 1분짜리 짧은 단막극을 준비해야 합니다. 각 팀은 전체 클래스 앞에서 1분 동안 단막극을 보여주고 다른 팀들은 그 권력이 무엇인지 맞춰야 합니다(대안적인 방법은 각 권력 베이스를 잘 나타내고 있는 기존의 드라마 영화 클립 등을 활용).

Chapter 6

리더십과 가치

6.1 서 론

5장에서 우리는 권력의 다양한 면과 리더십에서 권력이 어떻게 사용되는지에 대해 살펴보았다. 6장에서 다루어질 주제들 역시 5장의 주제인 권력과 밀접하게 연관이 있다. 리더가 좋은 의도 또는 나쁜 의도로 권력을 사용할 수 있기 때문에 리더의 개인적 가치체계는 어떻게 권력이 사용되는지에 대한 중요한 결정 요소가 된다. 예를 들면, 정치적 리더는 누군가를 국가 또는 지역 사회의 문제를 책임질 희생양으로 만들어 군중을 선동할 수도 있다. 하지만 이렇게 하는 것이 옳은 일인가? 정치가가 군중을 선동하는 것이 옳은 일인가? 개인들은 무한한 책임과 보상이 따르는 리더십 포지션에 올라갈 수 있으나, 그 대가로 가족관계는 소홀해질 것이다. 당신은 어떤 선택을 할 것인가?

권력을 단순히 소유하는 것은 어떻게 권력을 사용하고, 또한 제한해야 하는지에 대한 윤리적 문제와 연결된다. 리더십은 각 개인이 어떤 성장배경, 문화, 국적에 따라 다른 가치를 갖게 되는지를 고려하고, 또한 이들이 각각 상호작용을 하게 되면 얼마나 세상이 좁게 느껴지는지를 알게 될 것이다. 이 장에서는 리더십의 중요한 이런 측면을 살펴볼 것이다.

6.2 리더십과 올바른 일 행하기

1장에서 우리는 리더와 관리자의 구분을 리더는 올바른 일을 행하는 사람이고, 관리자는 효율적으로 일을 처리하는 사람으로 구분하였다. 올바른 일이란 무엇인가? 단순히 도덕적으로 옳은 일인가? 윤리적으로 옳은 일인가? 회사의 성공을 위해 옳은 일인가? 누가 옳은 일을 정의해 주어야 하는가? 리더들은 서로 상충되는 가치와 우선순위의 선택에 대해 딜레마 상황에 빠지게 되고, 좋은 리더는 단순히 편해서가 아니라 옳은 일을 해야 한다는 의무감이 있다. 물론 '옳은 일을 해야 한다(Doing what is right)'라는 말 자체는 아주 간단하다. 물론 가끔 옳은 행동이 아주 자명한 경우에도 그 옳은 행동을 하기 위해서는 도덕적 용기가 필요할 때가 있다. 또 다른 경우에는 리더들은 흑백 논리가 아닌 복잡한 상황에 처해질 수도 있다. 어떤 경우에도 리더들은 타인에게 도덕적 기준을 세우고 이것이 좋든 나쁘든 결국 조직 전체에 영향을 미치게 될 것이다. 진실되지 않은 리더는 타인을 변화시키지 못한다. 또한 본인의 이익만을 추구하는 리더 역시 타인을 변화시키지 못한다. 리더는 윤리, 올바른 행동 및 도덕적 가치로 무장해야 한다.

Gardner[1]와 Burns[2]는 리더십에서 도덕적인 측면의 중요성을 강조하였다. Gardner는 리더들은 궁극적으로 가치에 근거하여 평가를 받는 것이지, 그들의 효과성에 의해 평가받는 것이 아니라고 하였다. 그는 Kant를 인용하여 리더들에게 팔로워는 목적 그 자체이지, 리더의 목적을 달성하는 수단이 되어서는 안 된다고 하였다(그렇다고 리더가 반드시 민주적이거나 팔로워에게 무조건 양보를 해야 한다는 것은 아니다). Burns는 또한 윤리적으로 완벽하지 않으면 진정한 리더가 될 수 없다고 하였다.

'진정한 리더(True Leadership)'가 무엇을 의미하든지, 대부분의 사람들은 리더와 팔로워 사이의 강한 신뢰 관계가 기본이라고 생각한다.

'진정한 리더(True Leadership)'가 무엇을 의미하든지, 대부분의 사람들은 리더와 팔로워 사이의 강한 신뢰 관계가 기본이라고 생각한다. Bennis와 Goldsmith[3]는 신뢰를 쌓는 4가지 리더십 요소에 대해 설명하였다. 이는 비전(Vision), 공감(Empathy), 일관성(Consistency), 진실성(Integrity)이다. 첫째, 사람들은 비전을 만들어내는 리더를 신뢰한다. 사람들은 조직의 목적과 소속감 및 공통된 신념을 바탕으로 사람들을 끌어모으는 리더를 신뢰한다. 둘째, 사람들은 본인들과의 공감을 보여주는 리더를 신뢰한다. 팔로워들의 세계를 이해하는 리더를 신뢰한다. 셋째, 사람들은 일관성 있는 리더를 신뢰한다. 이는 리더의 지위/위치가 변하지 않는다는 뜻이 아니라 발전의 맥락에서 변화가 이해되면 가능하다. 넷째, 사람들은 자신의 완전한 성품(*Integrity*)을 소유한 강한 리더를 신뢰한다. 즉, 행동을 통해 고차원적인 생활 원칙 준수를 보여주는 리더이다.

리더와 팔로워 사이의 신뢰 수준에 영향을 미치는 또 다른 중요한 요소는 인간의 본성이다. 몇십 년 전 Douglas McGregor[4]는 인간 본성에 대한 사람들의 암묵적인 태도를 기초로 관리 행위에 대한 각각 다른 스타일에 대해 설명한 바 있는데, 그의 연구는 현재까지도 영향력을 가지고 있다. McGregor는 그의 **X 이론과 Y 이론**(Theory X and Theory Y)에서 인간 본성에 대한 2가지 상충되는 가정을 설명하였다.

X 이론은 타인에 대해 좀 더 비관적이다. 인간의 본성에 대해 이렇게 생각하는 사람들은 강압적이고, 통제적인 방법을 통해, 예를 들면, 급여, 체벌 및 처벌, 협박 등을 통해 직원들의 동기를 높인다.

Y 이론은 대부분의 사람들이 그들의 업무에 대해 내적으로 동기부여되어 있다고 가정한다. 사람들은 어떤 통제나 강압에 의해 일을 잘하는 것이 아니라 성취감, 개인 성장, 조직 기여도 및 본인 업무에 대한 자긍심 때문에 일을 하는 것이라고 가정한다.

간단하게 말하면, X 이론은 타인에 대해 좀 더 비관적이다. 인간의 본성에 대해 이렇게 생각하는 사람들은 강압적이고, 통제적인 방법을 통해, 예를 들면, 급여, 체벌 및 처벌, 협박 등을 통해 직원들의 동기를 높인다. 이 이론은 사람들이 원래 부지런하다거나 업무 동기가 높다고 생각하지 않는다. 그러므로 관리자의 역할은 직원들의 타고난 게으름을 최소화하고, 책임감 결여를 방지하기 위해 업무 관리를 철저히 하고, 잘하는 직원을 위해 외적 보상을 만들어 내는 것이다. 반면, Y 이론은 대부분의 사람들이 그들의 업무에 대해 내적으로 동기부여되어 있다고 가정한다. 사람들은 어떤 통제나 강압에 의해 일을 잘하는 것이 아니라 성취감, 개인 성장, 조직 기여도 및 본인 업무에 대한 자긍심 때문에 일을 하는 것이라고 가정한다. 반지의 제왕(*Lord of the Rings*)의 감독인 Peter Jackson은 Y 이론에 입각한 것 같다. "그는 윗사람들한테 어떻게 대합니까?"라는 질문에 대부분의 사람들은 정직함을 중요하게 여기는 것 같다. "만약 당신이 속이는 것 없이 진실을 말한다면, 그리고 사람들을 당신의 동료로 대한다면 같이 영화를 만드는 사람들은 당신에게 굉장히 호의적이고, 업무를 많이 지원해줄 것이다."라고 하였다.

하지만 실제 **X 이론과 Y 이론**의 실질적 장점은 존재하는가? 물론 그렇다. 인간의 본성에 대해 긍정적인 관점을 가진 리더들이 더 많이 성공한다고 한다. Hall

이론 X에 입각한 리더들이 성취도가 낮은 그룹의 리더일 가능성이 높다는 연구 결과를 보고하였다.

과 Donnell[5]은 만 이천 명이 참여한 관리 업적과 부하들에 대한 태도의 관계를 연구한 각기 다른 다섯 개의 연구 결과를 보고하였다. 전반적으로, 이론 X에 입각한 리더들이 성취도가 낮은 그룹의 리더일 가능성이 높다는 연구 결과를 보고하였다. 어떻게 윤리적 행동과 행동을 발달시키는가? 어떤 개인의 가치나 윤리적 기준이 다른 사람보다 높다고 할 수 있는가? 이러한 질문들에 대해 알아볼 것이다.

6.2.1 가치란 무엇인가?

가치(Values)란 개인에게 중요하다고 여겨지는 일반화된 행동이나 상황을 대표하는 구성요소이다.

가치(Values)란 개인에게 중요하다고 여겨지는 일반화된 행동이나 상황을 대표하는 구성요소이다.[6] Patrick Henry는 "나에게 자유를 달라. 아니면 죽음을 달라"라고 하였다. 그의 가치는 그의 정치적 자유에 녹아 있는 것이다. 끊임없이 학습하고 배울 수 있는 기회는 학자들에게 가장 근본적인 가치이며 중요한 상황일 것이다. 개인적인 정도경영을 최우선 가치로 하는 사람은 비윤리적인 회사를 그만둘 것이다. 따라서 이런 가치는 사람들의 심리적 결정에 중요한 역할을 하며 다양한 상황에 있어 행동에 영향을 미칠 것이다.[7] 예를 들면, 한 개인의 가치는 특정 회사에 취직을 할 것인지, 조직에 헌신할 것인지, 동료와의 관계에, 그리고 퇴사에 대한 결정에 영향을 미칠 것이다. 리더들이 명심해야 할 것은 같은 사무실에 근무하더라도 개인마다 가지고 있는 가치가 매우 다르다는 것이니, 특히 그 가치는 눈에 보이는 것이 아니기 때문에 그러하다. 우리는 한 개인의 가치를 그 사람의 행동을 통해서 추정할 뿐이다.

개인들에 의해서 중요하다고 여겨지는 주요 가치들은 <표 6.1>에 정리되어 있다. <표 6.1>에 기술된 **도구적인 가치**(Instrumental Values)들은 어떻게 행동할 것인가에 대한 문제이고, **궁극적 가치**는 이상적인 최종 단계를 말한다.[8] 예를 들면, 어떤 사람들은 평등, 가치 그리고 편안한 생활에 가치를 두고, 다른 사람들은 가족들의 안전과 봉사가 중요한 목적이다. 도구적 가치 측면에서 이러한 개인들은 적극적이고, 능력 있고, 정직하게 행동하는 것이 중요하며 반면, 다른 사람들은 적극적이고 능력 있는 것만이 중요하다고 생각할지도 모른다.

도구적인 가치(Instrumental Values)들은 어떻게 행동할 것인가에 대한 문제이고, 궁극적 가치는 이상적인 최종 단계를 말한다.

〈표 6.1〉 사람들이 중요하게 생각하는 서로 다른 가치들

궁극적 가치	도구적 가치
신나는 삶	용기 있는 것
성취감	도움이 되는 것
가족 보호	정직한 것
내부 조화	상상력이 풍부한 것
사회적 인정	논리 정연한 것
교우관계	책임감 있는 것

6.2.2 가치의 세대 차이는 존재하는가?

많은 학자들에 따르면 특정 시대의 주요 역사적인 사건이나 트렌드, 기술 진보, 경제 여건 등의 요소들이 다른 시간대를 살았던 사람들과 구별되는 그들만의 공통적인 가치 체계를 만들어낸다고 한다.[9-11] 따라서 다른 사회적 문화적 조건에서 기본적인 가치 체계가 형성되었기 때문에, 나이 많은 리더들과 젊은 팔로워들 사이에는 오해가 있을 수 있다고 보며, 리더와 팔로워들 사이의 갈등을 분석하는 데 유용한 관점을 제공한다.

Zemke는 세대 간의 가치의 차이, 그리고 어떻게 가치가 그들의 업무에 대한 태도와 리더십에 영향을 미치는지를 연구한 학자이다.[12] 다음은 각 특정 기간에 형성된 네 가지 세대에 대한 설명이다.

고참세대(The Veterans: 1922~1943)

고참세대는 대공황으로부터 제2차 세계대전까지 걸치는 세대이다. 지식과 지혜의 세대로 대표된다. 이들은 과거의 영화를 그리워하지만, 오랫동안 조직에서 안정화된 세대로 인식되고 있다.

베이비 붐 세대(The Baby Boomers: 1943~1960)

이들은 전후 세대로서 과격한 사회 저항, 새로운 라이프스타일, 현재의 가치에 대한 끊임없는 의문을 거친 세대이다. 그러나 그들 역시 늙어가고 있으며,

외부의 시선과 달리 본인들이 직장에서 문제 세대라고 불리는 것을 싫어한다(베이비 붐 세대는 참여, 정신세계, 인간존중 등에 대한 끊임없는 열정을 가짐).

X 세대(The Gen Xers: 1960~1980)

X 세대는 Watergate 스캔들, 에너지 파동, 높은 이혼율, MTV, 그리고 구조조정의 시대에서 성장하였다. 많은 X세대는 열쇠 세대(Latchkey kids: 학교에서 돌아오면 스스로 문을 열고 들어와야 하는 세대)이다. 다른 세대와 구분되는 점은 테크놀로지를 다루는 데 아주 능숙하고, 독립적이고 조직과 위계질서를 좋아하지 않는다는 점이다. 그들은 창업 정신이 뛰어나고 변화를 좋아한다. 많은 부모들이 하루 종일 회사에 매여 충성스럽게 일을 하지만 구조조정 때문에 회사에서 해고되는 것을 보고 자랐기 때문에 X 세대들은 직업 안정성(Job Security)을 믿지 않는다. 직업 안정성은 개인이 회사에서 필요로 하는 기술을 가졌을 때 가능하다고 생각한다. 따라서 그들은 직장보다는 본인의 직업에 더 관심을 갖는다. 직업 운동선수들에게 있어 한 조직에 머물다가 다른 조직에서 더 좋은 조건이 오면 이동하는 FA(Free Agency)제도는 X 세대와 유사하다. 직장에서 이들은 상사의 세세한 감시/감독은 싫어하지만, 본인 업무에 대한 피드백을 받기를 원한다. 또한 X 세대들은 전 세대와 달리 삶의 균형을 이루려고 노력한다.

신세대(The Nexters: 1981~)

이 신세대는 이 책을 읽는 독자층이므로 어떤 일반화하는 것이 쉽지는 않다. 그러나 일반적으로 이 신세대들은 태어날 때부터 Soccer Mom과 Little League Dads 같은 그들의 극성 부모들에 의해 낙관적으로 키워졌다. 신세대들은 인종과 성별에 의한 전통적인 구분을 거부하고, 이전 세대들과 달리 시공간을 초월하여 아시아나 기타 대륙에 있는 친구들과 인터넷 펜팔을 누렸던 세대이다.

창조적 리더십 센터(Center for Creative Leadership)의 연구자들은 X 세대에

관심이 있었고, 어떻게 그들의 가치가 직장에서 리더십 프로세스에 영향을 미치는지 연구하였다. 이러한 연구에서 명백한 사실은 X 세대들은 권위에 대한 관점이 이전 세대와 다르다는 것이다. "과거 세대에서는 지위에 의한 권위를 인정하였으나, 이 새로운 세대는 본인보다 능력 없는 리더에 대해서는 존경하지 않는다." 다른 말로, 이 세대는 리더를 미팅에서의 상석에 앉는 사람이거나, 심오한 비전을 만들어내는 사람이 아니라, 직원들이 일을 편하고 효율적으로 할 수 있도록 배려해주고 장애물을 제거해주는 역할로 정의한다.[13] X 세대는 관리자들에게 연공서열에 의해서가 아닌, 실제로 본인들이 능력에 의해 존경받기를 기대한다. 이러한 태도는 윗사람에 대한 존경심의 부족의 표시로 보인다(특히 상사의 경우). 더 정확하게 말하자면 존경심의 부족이 아니라 회의적인 것이다. 원인 중의 하나는 X 세대의 성장기에는 상대적으로 롤 모델이라고 생각되는 인물이 별로 없었기 때문이다. 이런 회의적인 입장은 X 세대 중 53%가 건강보험이나 사회 보장제도를 그다지 신뢰하지 않는다는 점에서도 드러난다.[15] 이런 세대 간 특징에도 불구하고 세대 간의 가치 차이는 그리 크지 않다(미국에 사는 1,000명을 조사한 결과).

전 세계에서 가장 큰 조사기관 중 하나의 책임자는 이 결과가 자신이 최근 30년간 해온 여론조사 결과 중 가장 영향력 있는 결과라고 하였다. 그는 젊은 사람들은 취향이 다를 수 있으나, 중장년층과 다른 가치를 받아들이는 것은 아님이 밝혀졌다고 했다.[16] 세대 차이에 대한 새로운 접근법은 그 세대의 태도와 가치를 만드는 것은 전쟁 또는 대공황 등의 외적인 사건이 아니라 그 사건이 일어났을 때의 특정 세대가 그들의 일생 중 어느 시기였느냐는 것이다.[17] 어떤 사건들은 그 사건의 속성뿐만 아니라, 그 사람이 청소년, 청년, 중년, 그리고 노년기이냐에 따라 다른 영향을 미칠 것이다. 이러한 경향은 어떤 세대의 전형적인 타입은 미국 역사에서 놀랄 정도로 반복적으로 나타나고 있으며, 다른 국가에서도 마찬가지라는 것을 연구에서 다시 한번 보여준다.[18]

선구자 세대(Prophet Generation)
전쟁 또는 큰 위기 이후에 태어난 세대로서 새로운 사회 질서를 바탕으로 활기찬 활동과 공감을 가진 세대

방랑자 세대(Nomad Generation)
문화적 변화기에 태어난 세대로서 기존의 사회 질서에 반항하여 사회적 이상과 정신적 어젠다를 많이 나타내는 세대

영웅 세대(Hero Generation)
정신적 혼란기 이후에 태어났으며, 개인적 실용주의, 자유방임주의, 국가 또는 인종적 맹목주의에 빠지는 경우가 있다.

예술가 세대(Artist Generation)
세계대전 또는 다른 위기 시대에 태어났으며, 세계적인 위험이 본질적인 것에 집중하게 하며, 구성원들의 공감 및 개인적 희생이 만연한 세대

각기 다른 세대별 전형들이 어떻게 서로 상호작용하는지 보여주는 예가 있다. 중년의 베이비 붐 세대는(이들은 가치, 개인주의 그리고 내면세계에 관심 있는 선구자 세대이다) 신세대를 키운다(이들은 영웅 세대이며, 실제 행동, 지역 세대 및 조직 생활에 관심이 많다). 베이비 붐 세대와 X 세대들은 그들의 경험에 근거하여 젊은 청년들의 세대는 좀 더 자기중심적이고 리스크를 감수하는 경향이 있다고 할 수 있다. 반대로 신세대들은 베이비 붐 세대의 실용성 결여와 X 세대의 군기/규율 부족을 고치려고 할 것이다. 신세대들이 20대를 넘어가면 어떤 사회 구성원이 될 것인가에 대한 예측은 다음과 같다.

- 그들은 본인에 의해 정의되는 것이 아니라, 동료들의 합의에 근거한, 보통 일반 사람의 이상을 실현할 것이다.
- 그들은 규칙, 기준, 그리고 개인 책임에 근거하여 지역사회의 준거를 만들 것이다.
- 그들의 생활은 좀 더 질서 있고, 구조화되어 있고, 시민 의식이 강할 것이다.
- 대학에서 그들은, 캠퍼스와 지역사회의 정신을 존중할 것이며, 개인화된 사적 생활보다 지역사회 구축과 사회적 행사 및 풍습에 더 관심을 가질 것이다.

- 그들은 사이버 공간에서 타인에게 위임을 하도록 정보를 활용하는 방법을 만들어 낼 것이다. 그들은 궁극적으로 소셜 네트워킹이 가능한 새로운 정보 기술력을 사용하여 다른 사람들과 지속적으로 상호작용을 계속할 것이다.

6.2.3 도덕적 추론

도덕적 추론(Moral Reasoning)은 리더가 윤리적/비윤리적 행동에 대한 의사결정을 내리는 과정이다.

지금까지 우리는 한 개인의 가치에 대해서 초점을 맞추어왔다. 또 하나 중요한 것은 개인이 가치가 내재된 이슈 또는 윤리적 딜레마에 대해 **어떻게 생각하느냐**의 문제이다. **도덕적 추론**(Moral Reasoning)은 리더가 윤리적/비윤리적 행동에 대한 의사결정을 내리는 과정이다. 도덕적 추론은 개인의 도덕성이나 가치 체계를 일컫는 것은 아니며, 오히려 **어떻게 도덕적 문제를 해결하는지에 대한 방법론**에 관한 것이다. 가치는 도덕적 추론 과정에서 중요한 역할을 하는데 그 이유는 개인적 가치의 차이에 따라 윤리적 또는 비윤리적 행동에 대한 판단 결과를 바꾸게 되기 때문이다. Kohlberg는 사람들이 도덕적 추론에서 발달단계에 따라 변화됨을 이론화하였다.[19] 각각의 단계는 전 단계보다 복잡한 도덕적 상황을 인지적으로 분석한다. 또한 단계의 순서는 변하지 않는다. 도덕적 추론은 예를 들면 어떤 남자가 죽어가는 아내를 위해 비싼 약을 훔치는 것이 옳은 것인지 아닌지의 이슈처럼 윤리적 딜레마에서 특정 답에 의해서가 아니라 **그 답이 어떻게 설명되는지**에 의해 **평가**된다. 만약 두 사람이 약을 훔치는 남편이 도덕적으로 옳은가 틀린가에 대해 논쟁하고 있을 때, 그 행동이 왜 그른가에 대해서는 질적으로 다른 의견이 나올 수 있다. 유사하게, 비싼 약을 훔친 남편의 행동이 정당하다고 생각하더라도 각기 다른 도덕적 추론으로 같은 결과를 얻을 수 있는 것이다. 초점은 정답이나 결론보다는 그 추론 과정에 있는 것이다. 이 차이점은 남편의 행동을 평가하는 각각 다른 방법을 살펴봄으로 더 명확해질 수 있다.

전인습적 단계(Preconventional level)는 도덕적 행동이 본인의 이익에 따라 판단되는 것이다.

인습적 단계(Conventional level)는 도덕적 행동이 주로 타인의 인정을 받거나 관습적으로 행동하는 것에 기반을 두고 있다.

<표 6.2>는 Kohlberg의 도덕성 발달의 6단계를 설명하고 있으며, 앞의 병든 아내를 구하려는 남편의 약을 훔친 행위에 대해 예를 들고 있다. 이 6가지 단계는 3가지 상위 단계로 분류될 수 있다. **전인습적 단계**(Preconventional level)는 도덕적 행동이 **본인**의 이익에 따라 판단되는 것이다. 예를 들면, 체벌을 피하거나, 보상을 받거나 하는 결과에 따라 달라진다. **인습적 단계**(Conventional level)는 도덕적 행동이 주로 타인의 인정을 받거나 관습적으로 행동하는 것에 기반을 두고

탈인습적 단계(Post-conventional level)는 어느 시대에나 통용되는 추상적이고 보편적인 원리에 기반을 두는 것이다.

있다. **탈인습적 단계**(Postconventional level)는 어느 시대에나 통용되는 추상적이고 보편적인 원리에 기반을 두는 것이다. 마지막으로 도덕적 단계에 있어 모든 사람들이 가장 높은 단계까지 도달한다고 할 수는 없다. 몇몇 사람들만이 그렇다. 예를 들면 인습적 단계의 정치가와 탈인습적 단계의 도덕성을 가진 정치가는 어떻게 다르다고 생각하는가?

〈표 6.2〉 도덕적 추론의 발달 수준과 단계

단계의 설명	도덕적 추론의 예 약을 훔친 것에 대한 지지적 측면	도덕적 추론의 예 약을 훔친 것에 대한 반대 측면
전인습적 단계		
단계 1: '나쁜' 행동은 처벌받는다.	'당신의 부인이 죽었다면 당신은 곤란을 겪게 될 것이다.'	'당신이 약을 훔쳤다면 당신은 곤란을 겪게 될 것이다.'
단계 2: '좋은' 행동은 보상을 받는다.	'만약 잡힌다면, 당신은 다시 약을 돌려주고, 큰 벌은 받지 않을 것이다.'	'당신이 잡히고 큰 벌을 받지 않는다고 해도, 당신이 감옥에 있는 동안 당신 부인은 죽을지도 모르고, 이는 당신에게 좋지 않을 것이다.'
인습적 단계		
단계 3: '좋은' 행동은 다른 사람에 의해 인정되는 것이다. '나쁜' 행동은 다른 사람에 의해 용인되지 않는 것이다.	'만약 당신이 약을 훔치지 않았다면, 당신은 그 얼굴을 다시는 볼 수 없을 것이다.'	'모든 사람이 당신을 도둑으로 생각한다.'
단계 4: '좋은' 행동은 사회제도에 의해 세워진 기준에 부합하고, 이를 위반하는 것은 죄책감이나 불명예를 초래한다.	'당신이 남편으로서의 사명감이 있다면, 의무를 다하기 위해 약을 훔쳐야 한다.'	'만약 당신이 약을 훔쳤는데, 될 대로 되라는 식의 생각을 했다면, 당신은 결코 자신을 거울로 볼 수 없게 될 것이다.'
탈인습적 단계		
단계 5: '좋은' 행동은 공평한 참여로 형성된 공동체의 규범으로 확인된다. 자아존중과 평등의 존중.	'당신이 약을 훔치지 않았다면 당신은 자존감을 잃게 될 것이며 다른 모든 사람들도 역시 그러할 것이다.'	'우리는 사회적 약속을 지키며 살아야 하는데, 어떤 형태든 절도는 이러한 약속을 깨는 것이다.'
단계 6: '좋은' 행동은 윤리적인 기준에 따르기로 한 개인의 양심의 문제이다.	'만약 당신이 그것을 훔치지 않았다면, 법을 준수한 것일지는 모르나 당신은 당신 자신의 양심의 기준에는 부응하지 못한 것이다.'	'다른 사람들은 당신의 절도 행위를 승인할지 몰라도, 절도는 여전히 당신의 양심과 정직함의 기준을 위반하는 것이다.'

출처: Adapted from L. Kohlberg, The Psychology of Moral Development: Essays on Moral Development. Vol. 2. San Francisco: Harper & Row, 1984.

그러나 개인들에 있어서 어느 단계에서 그 다음 단계로 넘어가게 하는 이유는 무엇인가? Rest에 따르면 사람들은 무엇이 도덕적으로 옳고 그른가의 본인의 정의에서 젊은 시절에 큰 변화가 있을 경우에 단계의 이동이 생긴다고 하였다.[20] Rest는 또한 어떤 특정 학문적 또는 개인적 경험이 중요하지는 않지만, 정규 교육이 이러한 변화와 밀접한 관련이 있다고 하였다. 도덕적 판단은 개인의 일반적 사회적 발달 중 일부이며, 그들의 도덕적 판단은 배우려고 노력하고, 새로운 변화를 시도하고 지적인 호기심이 가득한 환경에서 지내며, 성찰을 자주 하고, 목표와 계획을 세우고, 리스크를 감수하고, 책임감을 갖는 사람에게 많이 일어난다고 하였다. 동시에 도덕적 판단에 영향을 줄 수 있도록 준비된 교육 과정 역시 효과적인 것으로 나타났다.

[하이라이트 6.1]에서 도덕적 문제에 대한 성찰을 제시하였다. 물론 대부분의 사람들이 윤리적 질문에 대해 각각 다른 관점을 갖고 있는 것은 사실이다.

당신이라면 어떻게 하겠는가?

하이라이트 6.1

여기에는 당신의 대답을 결정하는 데 큰 역할을 하는 몇 가지 상황이 있다. 당신은 각각의 것에 어떻게 행동할 것이며, 원칙이나 추론 과정에서 각각 어떤 결정을 할 것인가?

- 당신은 정당의 후보를 투표할 때, 정직한 자, 유능한 자, 그리고 알코올중독에다 성적으로 난잡하며 두 번의 이혼한 사실을 알고 있지만 대부분의 이슈에서는 동의하는 자 중에서 어떤 정당의 후보자에게 투표할 것인가?
- 청소년 때 당신은 마리화나를 한두 번 피운 적이 있으나, 그건 여러 해 전으로 추정된다. 당신은 지금까지 마리화나를 사용했는지 여부를 묻는 고용 설문지에 솔직하게 응답하겠는가?
- 당신의 군대는 적군을 맞아 매복하였고, 많은 사상자를 냈다. 몇몇의 병사는 포로가 되었고, 당신은 적군의 병사 중 하나를 사로잡았다. 만약 당신의 병사를 살릴 수 있는 유일한 방법이 있다면, 당신은 사로잡은 적군의 병사를 고문하겠는가?
- 테러리스트가 관광객의 비행기를 사로잡고 몸값 요구 사항이 충족되지 않는 한 그들을 죽이겠다고 협박한다. 당신은 몸값 요구 사항을 충족시키는 것이 승객을 안전하게 석방하도록 이끌 수 있지만 동시에 미래의 테러 행위를 고취시킬 가능성이 있다고 믿는다. 당신은 테러리스트의 요구를 충족시키겠는가(아마도 인질을 구할 것임) 아니면 테러리스트의 요구를 거절하겠는가?(미래의 분쟁 가능성 감소)

- 당신이 초등학교 교장이었다면, 학교의 의무가 도덕적 가치도 가르치는 것이라고 생각하겠는가 아니면 단지 학문적 주제만을 가르치는 것이라고 생각하겠는가?
- 당신이 당신 국가의 입법부에 선출되어 당신의 국가에서 여성의 낙태를 법적으로 허용할지 여부에 대해 결정적으로 투표할 수 있다고 가정해 보자. 이 문제에 대해서 당신의 강한 개인적인 신념이 대다수 사람들의 의견과 정반대라면 당신은 어떻게 할 것인가?

출처: Adapted from G. Stock, *The Book of Questions: Business, Politics, and Ethics*. New York: Workman Publishing, 1991.

6.2.4 가치와 리더십

어떻게 가치가 리더십에 영향을 주는가?

가치는 개인의 정신세계에서 중요한 역할을 하므로, 리더십에 많은 영향을 준다.

가치는 개인의 정신세계에서 중요한 역할을 하므로, 리더십에 많은 영향을 준다. 가장 중요한 사실은 가치는 리더의 의사결정에 중요한 역할을 한다는 것이다. 가치는 리더가 어떤 자료를 보고 어떻게 문제를 정의하느냐를 결정하는 중요한 요소이다.[21] 물질적 가치를 가지고 있는 리더는 재무적 결과에 초점을 맞추고, 또한 미적 가치를 가지고 있는 리더는 질적인 수준에 관심을 갖는다. 또한 가치는 문제해결책과 그에 따른 의사결정에도 영향을 미친다. 예를 들면, 안정성에 대한 가치를 가지고 있는 팔로워는 안정적이고 예측 가능한 근무 환경을 만들 수 있는 문제해결책을 내놓을 것이다. 그러나 타인에게 인정받는 가치를 가진 리더는 어쩌면 좀 더 위험하지만, 남들의 주목을 받는 방법을 택할지도 모른다. 또한 가치는 리더의 개인과 조직의 성공뿐만 아니라 그 성공을 얻는 방법에 대해서도 영향을 미친다. 과학적 가치를 가지고 있는 리더는 권력 가치를 가진 리더들과 조직의 성공을 정의하는 방식이 다를 것이다.

가치는 리더들에게 그른 것에서 옳은 것을 택하게 하고, 윤리적인 행동과 비윤리적인 행동을 구분하게 한다. 이런 맥락에서 많은 연구에서, 물질적 가치가 높으며 이타적인 가치가 낮은 리더들은 주로 욕심 많고 이기적인 것으로 나타난다.[22] 따라서 많은 리더들은 부와 물질적 성공에 사로잡혀서, 돈을 벌기 위해서 의도적으로 사실을 왜곡하는 것은 그다지 나쁘다고 생각하지 않는다. [하이라이트

6.3]에서, Enron, Arthur Anderson, Tyco, WorldCom, Charter Communications, Computer Associates, Parmalat, Ahold NV, Boeing, Royal Dutch Shell 등 안타깝게도 많은 투자은행과 기업의 고위층 임원들이 돈을 벌기 위해서는 무엇이든 한다는 생각을 다시 한번 확인시켜 주었다.

조직 내에서 부패한 행동을 한 건 아니지만, 어떤 리더가 높은 물질적 가치와 낮은 이타적 가치를 가졌다면 주주의 가치를 증진시키기 위해 수천 명의 일자리를 없애는 것은 별 문제가 아니라고 생각할지도 모른다. 회사의 주식을 많이 갖고 있는 임원들은 경영을 망쳐놓으면서도 개인적으로는 이러한 방법을 통해 이득을 본다(예를 들면, Quest의 US West 인수와 AOL-Time Warner의 인수 합병).

가치는 리더의 의사결정에서 무엇이 중요하고 그렇지 않은지에 영향을 미칠 뿐 아니라, 그들의 상사와의 관계에도 영향을 미친다.

가치는 리더의 의사결정에서 무엇이 중요하고 그렇지 않은지에 영향을 미칠 뿐 아니라, 그들의 상사와의 관계에도 영향을 미친다. 리더는 그들과 비슷한 가치를 가진 팔로워를 좋아하고, 상반되는 가치를 가진 팔로워를 싫어하는 경향이 있다. 만약 당신이 잘 모르는 사람이라도 당신과 공통된 가치를 가지고 있는 사람이 있다면, 그 사람을 결국 좋아하게 될 것이다. 그 반대 역시 성립할 것이다. 비구조화된 인터뷰는 채용에서 많이 사용되는데, 이 비구조화된 인터뷰는 역량 기반의 평가보다 가치가 많이 내재되어 있다(4장 참조). 비슷한 가치를 가진 사람을 채용하는 것은 의사결정을 매우 용이하게 만들지만, 많은 경우, 유사한 가치만 가진 사람들이 조직에 모인다면 나무만 보고 큰 숲을 보는 것을 놓치게 될 수도 있다. 예를 들면, 저자 중의 한 명은 영국 의료시스템의 고위층 9명과 일을 할 기회가 있었다. 이 시스템은 5천만 달러의 채무가 있었고, 연말까지 이를 해결하지 못하면 큰 처벌을 받을 위기에 처해졌다. 그중 어떤 리더도 강한 물질적 가치 또는 권력 지향적 가치를 가지고 있지 않았고, 협력적 또는 이타적인 가치를 가지고 있었다. 그들의 회의는 환자에 대한 배려와 직원들의 윤리에 대해 집중 토론하였지만, 그들의 문제인 예산 부족에 대해서는 거의 논의하지 않았다. 결과적으로, 연말에 많은 리더들은 조직을 떠나야 했다. 여기서 가장 중요한 시사점은 리더들에게는 다양한 가치를 가진 팔로워들이 필요하다는 점이다. 물론 다양한 가치를 가진 팔로워들이 있을 경우 조직 내에는 긴장과 갈등이 있을지도 모르지만, 이런 접근법은 문제 정의와 해결을 좀 더 다양한 관점에서 할 수 있다는 장점이 있다.[23]

그렇다면 어떤 가치가 리더십 프로세스에서 가장 중요한가? 이 질문에 대한 정답은 없다.

〈표 6.3〉 핵심 업무 가치관

인정: 강한 인정의 가치관을 가진 리더들, 예컨대 정치인의 경우 두드러지게 사람들의 중심에 서기를 원한다. 그들의 가치는 명예, 가시성, 언론의 관심, 공공의 인정과 어디에서나 눈에 띌 수 있는 직업을 찾는 데서 동기부여된다.
권력: 강한 권력의 가치관을 가진 리더들은 경쟁을 즐기고, 영향력 있어 보이고 싶어 하며, 영향을 주기 위해 많은 노력을 한다. 그들은 성과와 성취에 가치를 두며, 성공하고 성취할 수 있는 일을 하고 싶어 한다.
쾌락주의: 쾌락주의 가치를 가진 리더들은 일에서 재미를 찾고 다른 사람들을 즐겁게 만든다. 그들은 즐거움, 다양성, 재미 등에 의해 동기부여되고, 주로 연예계, 여행, 스포츠, 영업 업계에서 많이 발견된다.
이타주의: 이타주의의 가치관을 가진 리더들은 주로 의료계나 교육계에 많으며, 그들은 사회적 도움이 필요한 사람들을 돕고, 사회를 발전시키는 데서 동기부여를 받으며, 사회적 정의를 믿는다.
친화: 영업관리자같이 강한 친화력을 가진 리더는 다른 사람과 함께 일하는 것에 대해 동기부여를 받는다. 그들은 새로운 사람을 만나고, 팀 환경에서 일하는 것을 좋아한다.
전통: 강한 전통적 가치관을 가진 리더들은, 예를 들면 종교나 군사 리더, 가족중심의 가치나 행동 규율 및 도덕적 기준을 중시한다. 이들은 종교적 또는 사회제도, 기준에 맞는 라이프스타일로 살아가는 것을 선호한다.
안정성: 안정성 성향이 강한 리더들은 예를 들면 관료주의 리더들, 안정적이고 예측 가능하고 위험이 적은 환경에서 일하는 것을 선호한다. 그들은 비난과 불확실성을 최소화하기 위해 업무 구조와 프로세스를 만들어 낸다.
물질적 가치: 강한 물질적 가치를 가지고 있는 리더들, 예컨대 비즈니스리더의 경우 경제적인 성공이 그들에게 동기부여가 되어준다. 그들은 끊임없이 새로운 사업기회를 알아보며 물질적 부에 대한 관심이 많다.
미적 가치: 영화나 뮤지컬 감독 또는 마케팅리더와 같이 강한 미적 가치를 가진 리더들은 실험, 미적 표현, 창조적 문제해결 등이 가능한 작업환경으로부터 동기부여된다. 그들은 양적보다는 질적 성과에 더 중요성을 둔다.
학문적/과학적 가치: 연구자나 개발가 리더와 같이 강한 학문적/과학적 가치를 가진 리더는 학습을 즐기고 문제를 깊이 있게 탐구하며 최신의 기술을 습득한다. 그리고 그들은 사실을 얻는 데이터 분석을 즐긴다.

출처: Adapted from J. Hogan and R. T. Hogan, Motives, Values and Preference Inventory. Tulsa, OK: Hogan Assessment Systems, 1996.

리더들의 다양한 가치에는 옳고 그른 것이 없고, 좋고 나쁜 것이 없다는 것을 인식하는 것이 중요하다.

<표 6.3>에서 살펴보듯이, 리더들의 다양한 가치에는 옳고 그른 것이 없고, 좋고 나쁜 것이 없다는 것을 인식하는 것이 중요하다. 어떤 리더들은 돈을 버는 것이 중요하다고 생각하고, 또 다른 리더들은 타인을 돕는 것이 중요하다고 생각하고, 남들에게 인정받는 것이 중요하다고 생각할지도 모르고, 본인의 종교적 신념대로 살아가는 것이 중요하다고 생각할지도 모른다. 리더들은 본인의 가치와 일관성 있게 살아가며, 또한 본인의 가치와 일맥상통하는 활동에 많은 시간을 할애한다. 마찬가지로, 개인으로서 리더와 팔로워는 본인의 가치와 상반되는 활동을 하는 데 관심이 없을 것이다.

대부분의 경우, 리더는 몇 가지 중요한 가치를 가지고 있다. [그림 6.1]은 어느 리더십 컨설팅 회사의 상품 개발 부사장이 가진 가치 측정 결과이다. 이 사람은 리더를 대상으로 다양한 심리측정 도구를 개발, 판매, 그리고 전달하는 팀을 맡고 있다. [그림 6.1]에서 보여주듯이, 팀제로 일하는 것(친화), 차별화하고 결과를 만드는 것(권력), 창의적이고 품질 높은 결과(미적 가치)가 매우 중요하다. 반대로, 안정적이고 예측 가능한 환경(안정), 매출을 창출하고(물질적 가치), 그리고 연구를 하는 것(학문적/과학적 가치)은 이 사람을 동기부여시키는 데 중요하지 않다.

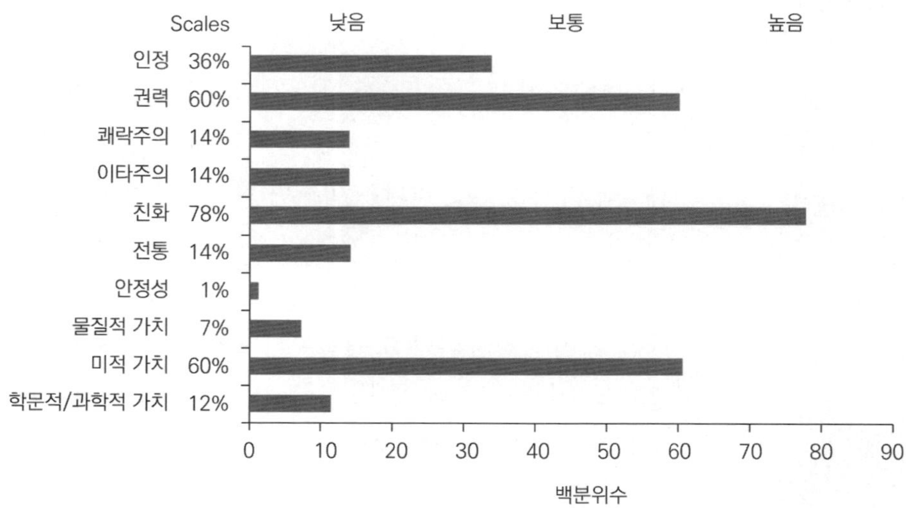

[그림 6.1] 리더십 가치 소개

출처: Adapted from J. Hogan and R. T. Hogan, Motives, Values and Preference Inventory. Tulsa, OK: Hogan Assessment Systems, 2002.

리더십과 조직적 가치

개인이 개인적 가치를 가지고 있듯이 조직도 조직의 가치를 가지고 있다. 많은 경우, 조직의 성문화된 가치들은 회사의 연간 보고서, 웹사이트, 포스터 등에 잘 나타나 있다. 이러한 가치들은 직원들이 업무를 수행하고 타인과 의사소통하고, 고객과 협력업체와 함께 일하는 데 영향을 미친다. 이러한 가치들이 회사의 운영에 실제로 근간으로 작용하는지는 조직의 가치와 고위 경영진의 가치가 얼마나 잘 조화를 이루느냐에 달려 있다.[24,25] 예를 들면, 많은 기업의 가치는 매출 창출을 포함하고 있지 않다(매출은 실질적으로는 임원들의 가장 큰 우선순위이자 회사의 많은 의사결정에 가장 주요 이슈임). 그러나 재미있게도, 회사의 성문화된 가치와 그것이 실제로 적용되는 것에는 큰 차이가 있다. 때로는 실제로 회사가 어떻게 운영되는지 알기 위해서는 고위 경영진 임원들의 가치를 아는 것이 성문화된 회사의 가치를 이해하는 것보다 빠를 수 있다.

> 팀 리더의 가치가 팀 분위기를 결정하듯이, 조직에 있어서 고위 임원진들의 가치는 조직의 문화를 결정하는 데 중요한 역할을 한다.

팀 리더의 가치가 팀 분위기를 결정하듯이, 조직에 있어서 고위 임원진들의 가치는 조직의 문화를 결정하는 데 중요한 역할을 한다. 이는 조직 문화와 분위기와 멤버들 간의 적합성이다. 연구 결과에 따르면, 조직의 가치와 유사한 가치를 가진 개인들은 좀 더 조직에 대한 만족도가 높고 오랜 기간 근무한다고 한다. 조직의 가치에서 괴리감을 느끼는 사람들은 좀 더 조직을 빨리 떠나는 경향이 있다.[26,27] 따라서 리더가 실패하는 이유 중 하나는 역량 부족이 아니라 개인과 조직의 가치에 대한 조화를 이루지 못했기 때문이다.

상이한 가치를 가진 리더는 어쩌면 회사가 변화를 추구하고 더 효과적이 되기 위해 필요할지도 모른다. [하이라이트 6.2]에서는 조직 문화에서 이러한 회사와 리더의 가치에 대한 차이에 대한 새로운 접근을 설명하고 있다.

한편, 가치는 갈등의 주요 원인이기도 하다. 리더들이 결정하기 어려운 경우는 주로 2가지 다른 가치 사이에서 갈등하기 때문이다. 특히 이 2가지 가치가 상반될 경우는 더 심각하다(<표 6.4> 참조).

리더십문화 발달단계

하이라이트 6.2

창조적 리더십 센터(The Center for Creative Leadership)의 연구원들은 사람들이 조직 내에서 어떻게 함께 일하는지에 대한 '가치', '신념', '종종 당연시되는 가정들'이라고 규정짓는 각각 다른 종류의 리더십 문화를 연구해왔다. 그리고 이는 방향, 협력, 그리고 헌신을 성취하기 위한 총체적 방법을 반영한다. 사실상 모든 큰 조직들은 모든 세 타입의 면모를 포함하긴 하지만, 종종 이 중 한 가지가 단연코 우세할 것이다. 게다가 이러한 리더십 문화의 형태들이, 3장에서 논의되는 개별 리더 개발의 단계와 유사한, 문화 개발의 연결되는 단계들을 대표한다고 간주된다. 이 연구의 중요한 실질적 의도는 조직이, 그가 처한 현재 그리고 미래의 도전에 부합하는 보다 나은 조직문화로 이행하는 것을 도와주기 위해서이다.

의존적 리더십 문화들은 리더십을 책임지고 있는 권위 있는 위치에 있는 사람들에게 널리 퍼져있는 신념과 실행에 의해 그 특성이 좌우된다. 이러한 가정은 상의하달식 통제나 권위에 복종하는 조직으로 이끌어낼 것이다. 일반적으로 의존적인 문화라면 "순응하는" 문화를 생각해볼 수 있을 것이다. 의존적 문화와 관련해서 다른 특성들은 다음과 같다.

- 명령과 통제의 성향이 있을 것이다.
- 연공서열과 지위가 존경의 중요한 기준이다.
- 일이 유연하게 잘 돌아가는 것에 큰 비중을 둔다.
- 대부분의 사람들이 새로운 방향으로 향하기 전에 윗사람과 의논하는 것이 대개는 가장 안전한 일이라는 철학으로 임한다.

독립적 리더십 문화는 리더십이 지식과 전문성에 근거한 개개인의 다양성으로부터 필요하여 나타난 신념과 실행에 의해 그 특징이 나타난다. 개인의 책임감이 강조되며, 의사결정의 분권화, 명인, 전문가, 그리고 개인(권위자에 기여한)들의 승진 등이 있다. 일반적으로 독립적인 문화는 "성취 지향적" 문화로 생각할 수 있겠다. 독립적 문화와 관련된 다른 특징들은 다음과 같다.

- 리더가 성취한 결과는 그것이 무엇이든 존경의 중요한 토대가 된다.
- 스트레스 상황에서도 성취의 높은 효율을 떨어뜨리지 않는 고도의 압력이 있다.
- 결과를 가져오는 과감하고 독립적인 실행은 높이 평가된다.
- 조직 내의 유능하고 야심 찬 직원들이 조직을 성공으로 이끈다.

상호의존적 리더십 문화는 리더십이 상호적 질문과 학습을 필요로 하는 총체적 활동이라는 신념과 실행에 의해 그 특성이 규명된다. 이런 문화에서는 대화와 협력, 수평적 네트워크, 차이점에 대한 존중, 그리고 학습에 집중하는 성향 등이 널리 퍼져있다. 일반적으로 상호의존적 문화는 "협력적" 문화로 생각해 볼 수 있겠다. 상호의존적 문화와 관련된 특성은 다음과 같다.

- 많은 사람들이 동시에 다양한 역할을 맡고 있으며, 조직이 변화하는 환경에 적응함에 따라 그 역할들은 변화

한다.

- 사람들은 각자 경험으로부터(그것이 실수일지라도) 배울 수 있도록 하는 것이 중요하다고 믿고 있다.
- 한 사람이 소유한 집단이 아닌, 전체 조직이 성공으로 가고자 하는 공동의 헌신이 있다.
- 개방성, 정직, 부서 간 신뢰 쌓기 등이 높이 평가된다.

〈표 6.4〉 상반된 가치

물질적(돈을 버는 것) vs. 이타적(다른 사람을 돕는 것)
협력(친밀감을 형성) vs. 권력(영향을 주는 것)
인정(위험 감수) vs. 안정(위험의 최소화)
쾌락주의(즐거움을 추구) vs. 전통(규범을 고수)
미적 가치(외모) vs. 학문적/과학적 가치(진리)

출처: Adapted from G. J. Curphy, *Team Leader Program*. St. Paul, MN: Author, 2004.

권력 지향적인 조직은 사람들이 눈치채지 못하더라도 악취가 나게 되어 있다. 이것은 조직원들의 수행, 생산성, 그리고 혁신에 영향을 준다. 이러한 환경의 가장 안 좋은 점은 조직원 개인의 성장과 발전을 저해한다는 것이다.[28]

물질적 그리고 이타적 가치를 동시에 가지고 있는 리더들은 아마 생산성 향상을 위해 구조조정을 하는 것에 대해 쉽게 의사 결정을 하지 못할 것이다. 반면, 물질적 가치를 가지고 이타적 가치가 낮은 리더의 경우, 동일한 의사결정을 더 쉽게 할 것이다. 또한 가치는 그룹 간의 갈등의 원인이기도 하다. 예를 들면, Kosovo의 기독교인과 이슬람인, 이슬람과 힌두, 이스라엘과 팔레스타인의 갈등 등이다. 가치는 조기에 형성되고 변하지 않기 때문에, 집단 간의 갈등이 해소되는 것은 쉬운 일이 아니다.

가치는 조기에 형성되고 변하지 않기 때문에, 집단 간의 갈등이 해소되는 것은 쉬운 일이 아니다.

리더들은 가치가 내재된 리더십에 대한 본보기를 보여야 하며, 조직에서 모든 사람의 행동의 가이드가 될 수 있는 명확한 가치체계를 세워야 한다. 이는 리더의 행동이 이상적인 행동의 본보기가 될 경우에만 일어날 수 있다. 당신은 이것이 조직 전체의 행동 기준을 세우는 데 필요조건이라고 생각하지만 충분조건은 아니라고 생각할지도 모른다. 왜냐하면 조직 고위층의 가치에 대한 무관심 또는 위선 때문에 기준이 되는 행동이 조직 전체에서 중요하다고 생각하지 않을 수 있다.

조직은 권력에 민감하게 되어 있으며, 권력은 성과, 생산성, 그리고 창의성 등에 영향을 준다. 이런 환경의 가장 최악의 상황은 직원들의 성격과 개인 성장을 저해한다는 사실이다.

최근 10년간의 예를 들면, 90년대의 경제 버블이 많은 투기꾼을 만들어냈는가? 사람들은 수갑을 찬 CEO와 주식 애널리스트들에 대해 비웃었지만, 그 비웃음은 쓴 결과로 나타났다. Martha Stewart 역시 무너졌다. Tyco는 임원들의 공금 횡령 등 부정 때문에 회사가 망했고, Enron과 World Com은 똑같은 방법으로 회사가 무너졌다. 그들의 주주와 직원들 역시 회사와 함께 침몰했으며, 거대 그룹의 희망과 신념 역시 그렇게 무너졌다.

타임 매거진(2003년 1월 2일)

원칙 중심의 리더십(Principle-centered leadership)은 개인 내부의, 대인관계에서의, 관리적인, 조직 수준의 리더십 사이의 근본적인 상호의존성에 대해 명확하게 그렸다.

다른 사람들 역시 윤리적 행동의 조직적 측면에 관심을 기울였다. 한 조직에서의 조직적 행동은 단순히 멤버들의 도덕성의 합이 아니다. 예를 들면, Covey 박사가 개발한 '**원칙 중심의 리더십**(Principle-centered leadership)'[29]은 개인 내부의, 대인관계에서의, 관리적인, 조직 수준의 리더십 사이의 근본적인 상호의존성에 대해 명확하게 그렸다. 각 수준의 독특한 역할은 다음과 같다.

- 개인 수준: 가장 중요한 것은 신뢰받는 사람이 되는 것이며, 이는 개인의 성격과 역량에 달려 있다. 본인이 신뢰받을 만해야 타인과의 신뢰 관계를 구축할 수 있다.
- 대인 관계 수준: 신뢰가 결여된 관계는 타인을 컨트롤하고 다른 사람의 행동을 테스트하려는 일종의 개인 방어적인 노력으로 그려진다.
- 관리 수준: 신뢰 관계가 있는 맥락에서 관리자들은 타인의 핵심인재와 에너지를 충분히 할 수 있도록 임파워먼트를 한다. 임파워먼트 스타일 중에서도 고성과 그룹을 이끄느냐 아니냐의 차이는 팀 빌딩, 권한 위임, 의사소통, 협의, 개인 관리 등에 따라 달라진다.
- 조직 수준: 조직 구조, 교육, 의사소통 및 보상 시스템, 전략 및 비전 등이 서

> 로 잘 조화되어 있고 상호 지원되어 있을 때 조직은 가장 창의적이고 생산성 높은 조직이 될 것이다.

이러한 조직적 조화는 멤버들 사이의 윤리적 행동을 촉진시키고 강화시키게 될 것이다. 이미 명확하게 모든 멤버들에게 조직의 가치가 받아들여질 때라도 가치에 대한 갈등은 일어날 수 있다. 또한 직원과 리더들은 리더의 행동이 회사의 중요한 가치를 반영하고 있는지에 대해 다른 생각을 가지고 있을 때 이러한 갈등이 나타날 수 있다. 예를 들면, 어떤 회사에서는 직원들이 그들의 CEO가 회사를 세웠을 때 만들었던 회사 가치를 위반하고 있다고 생각할 수도 있다. 직원들이 그 CEO가 점점 회사의 가치에서 벗어난다고 생각할수록, 직원들은 CEO가 회사를 버렸다고 생각하고 그의 리더십에 대해 환멸을 느끼게 된다.

이러한 환멸은 초기에 직원들이 CEO에게 가졌던 그런 인식과 너무나 멀어진 것이다. Maverick의 CEO인 John Bryant의 예를 살펴보고자 한다.

Bryant는 Maverick의 사무실을 창고가 많은 지역에 허름하게 얻었고, 그의 소수 인원의 스태프들에게 등에는 회사 로고가, 앞에는 개인 이름이 쓰인 티셔츠를 나누어주었다. 그는 회사 전체의 이익 분배 계획을 세웠고, 업계 수준 이상의 급여를 지급했으며, 금요일에는 회사에서 무료로 점심을 주었고, 6시만 되면 퇴근을 하도록 하였다. 그는 여러 인종과 다양한 성장배경을 가진 직원들을 고용했으며, Maverick은 다양성을 존중한다고 홍보를 했고, 주말에는 소수민족의 청소년들에게 공간을 빌려주었다. 그는 열정적으로 Maverick의 직원 중심의 가치를 홍보하고, 그 가치를 회사 포스터, 브로슈어, 인사 규정집에도 넣었다. 짧게 요약하면, Bryant는 모든 것을 완벽하게 잘했다. Maverick은 초기에 최고의 직장이었고, 직원들의 업무 동기는 높았고, 충성스러웠고, 열심히 일했고, 그리고 회사와 CEO인 Bryant가 내놓는 이상을 믿고 열심히 따랐다.[30]

그리고 얼마 후 비난이 시작되었다. 젊고 작았던 회사는 90년대 들어 두 배로 성장하였고, 회사와 그들의 리더에 대한 인식이 급격히 변화되었다. 직원들은 Bryant를 본인이 창립 당시 세웠던 가치를 스스로 위반하는 위선자로 치부하였고, 결과적으로 직원들의 조직에 대한 헌신과 창의력은 급격하게 떨어졌다.

이렇게 된 이유가 무엇일까? 이에 답하는 것은 간단하지 않으며, 특히 리더인 Bryant가 자신의 행동을 정당하다고 생각한다면 이를 설명하거나 납득하기는 더욱 어렵다. 이러한 수수께끼는 회사 역사의 중요한 사건과 관련이 있었다. 1995년에 Bryant는 회사의 직원과 운영을 두 배로 키우기로 결정하였다. 그에게 있어서, 이는 직원들에게 더 많은 기회와 가능성을 제공하는 방법이라고 생각했다. 그러나 직원들은 이를 Bryant의 욕심이라고 생각했다. 결국 이는 작고 가족같이 끈끈한 회사의 조직 문화와 가치를 갉아먹을 것이라고 생각했다. 사람들은 회사 확장이 Bryant 자신의 자기만족이라고 생각했다. Bryant가 장기근속자들에게 일종의 보상의 형태로 회사의 주식을 나누어주었을 때, 회사의 이념인 평등성과 일관성이 없다고 생각했고, 이러한 일들이 벌어졌을 때, 아무도 Bryant에게 그에 대한 직원들의 평이 180도 달라졌다고 이야기해주는 사람이 없었다.

Maverick에서 이러한 일이 있은 이후, 직원들은 암묵적으로 또는 무의식적으로 회사 가치에 대한 이해를 좀 더 본인들의 관점에서 생각하였다. 예를 들면, 직원들은 회사 내의 권력과 직위의 위계질서가 회사의 가치와 맞지 않다고 믿었다. 사실 아무도 그렇게 말한 사람은 없다. 결국 Bryant가 회사를 세우면서 만든 가치와 결코 상반되지 않음에도 불구하고, 사람들은 Bryant의 행동은 회사의 가치와 맞지 않으며 자신들이 더 회사의 가치를 잘 이해한다고 생각하였다.

이 실화에서 리더들이 배울 수 있는 시사점은 CEO인 Bryant가 조직 내에 그에 대한 부정적 인식이 점점 깊어진다는 것을 인식하지 못했다는 점이다. 아마도 부하직원들은 그들의 상사가 조직의 가치를 위배할 때 부정적인 피드백을 줄 가능성은 적다. 따라서 직원들이 어떻게 생각하고 느끼는지에 대해 리더가 자발적으로 토론을 시작하고, 정기적으로 의견을 들어야 한다. 당신은 John Bryant처럼 되고 싶지는 않을 것이다.

리더십의 긍정적인 형태

당신은 좋은 사람이 아니더라도 좋은 리더가 될 수 있는가? 예를 들어, Hitler가 사악하고 잔인한 사람이지만 효과적인 리더였다고 말할 수 있는가? 최근 다양한 형태의 리더십에 대한 관심을 다시 재조명하는 움직임이 있었다. 이에 대한 두 가지 접근법을 설명할 예정이다.

진성 리더십(Authentic leadership)은 '너 자신 그대로(To thine own self to the true)'라는 그리스 철학에서 유래되었다.

진성 리더십(Authentic leadership)은 '너 자신 그대로(To thine own self to the true)'라는 그리스 철학에서 유래되었다. 이는 심리학에서 인본주의 움직임의 다양한 표현에 뿌리를 두고 있으며, 예를 들면 Maslow의 욕구 단계(Maslow의 자기 실현: 9장 참조)와 Carl Roger의 충분히 기능하는 사람(Fully functioning person)[31] 등이다. 이러한 사상들은 개인들은 이해와 사회 환경과의 상호작용의 방식을 발달시킬 수 있으며, 이는 타인의 기대로부터 독립적이고, 절대 진리와 진실을 기준으로 삼는다는 것이다. 이러한 개인들은 내면적으로 본인이 어떻게 느끼는지와 그들이 어떻게 행동하는지, 그리고 본인들이 말하는 것과 행동하는 것 사이의 일치성을 명확하게 보여준다. 그들은 현실적인 자기에 대한 인식을 가지고 있으며, 대부분의 사람들이 갖고 있는 본인 인식에 대한 사각지대와 오해와는 거리가 멀다. 동시에 그들은 본인, 본인의 본성 그리고 타인까지 받아들일 준비가 되어 있다. 몇 년 전에 유행했던 책 제목을 다시 쓰면, 그들은 본인에 대해 좋게 생각하고, 다른 사람들 역시 좋게 생각한다는 것이다. 그들은 아주 높은 윤리적 기준을 가지고 있어서, 잘못되었다고 생각되는 행동은 피하려고 하고, 타인을 존경과 존엄성으로 대하는 등, 늘 옳은 행동만 하려고 노력한다. 그들은 본인이 본인의 가장 근본적인 가치와 주요 이슈를 위해 살아가는 것을 알고 있다. 진정한 리더는 어떤 지위, 보상이나 다른 이점을 얻기 위해서가 아니라 그들의 신념을 위해 살아간다.

진성 리더십(Authentic leadership)을 이해하는 한 가지 방법은 그렇지 못한 리더들과 비교를 해보는 것이다. 만약 리더가 본인이 만든 이미지를 유지하기 위해, 가식적으로 행동한다거나 다른 대상에게는 다른 행동을 보인다면 그것은 진정성이 없는 것이다. 예를 들면, 2명의 형사가 범인 심문을 할 때 좋은 경찰과 나쁜 경찰의 역할을 한다면 그것은 진정성이 없는 것이다(그럴 수 있다고 생각할지 모르지만 진정성이 없는 것은 사실이다). 또한 상사가 부하직원의 실수에 대해 그를 훈련시킬 목적으로 일부러 크게 화를 내는 것 역시 진정성이 없는 것이다. 또한 리더가 자신의 직속 부하로부터 받은 피드백으로 인한 기분 변화를 숨기려는 것도 진정성이 없는 것이다.

이러한 진성 리더십이 최근 주목받는 이유는 첫째, 조직에서 자기 인식을 잘 진성 리더십이 주목 받는 이유 첫째, 조직에서 자기 인식을 잘 하게 되면 사람들이 업무에서 좀 더 의미와 연결/관련성을 이해하기 쉽게 되기 때문이다. 둘째, 대인 관계에서 투명성과 개방성을 증진시키고, 셋째, 조직에서 포괄적인 구조(Inclusive Structures and Practices)를 증진시키는 것은 윤리적으로 건강한 조직 문화를 만드는 데 도움이 된다.

하게 되면 사람들이 업무에서 좀 더 의미와 연결/관련성을 이해하기 쉽게 되기 때문이다. 둘째, 대인 관계에서 투명성과 개방성을 증진시키고, 셋째, 조직에서 포괄적인 구조(Inclusive Structures and Practices)를 증진시키는 것은 윤리적으로 건강한 조직 문화를 만드는 데 도움이 된다.[32]

서번트 리더십(Servant Leadership)은 1970년부터 알려지기 시작했는데, 이는 조직원을 조직의 부품으로 보는 관점을 가진 관료주의 또는 기계적인 관점과는 전혀 다른 리더십이다. 관료주의 또는 기계적 관점의 리더십에서는 리더십의 주요 역할은 어떻게든 업무가 수행되고, 목표가 달성되고, 조직이 잘 운영되도록 하는 것으로 이해되었다. 또한 Top-Down 방식의 위계적인 접근과도 일맥상통한다. 그러나 서번트 리더십의 관점에서 리더의 역할은 조직원을 섬기는 것이다.

서번트 리더십은 Robert Greeleaf가 Hermann Hesse의 동방기행(*Journey to the East*)을[33,34] 읽은 후, 아이디어를 얻어 발전시켜 만들어졌다. 이는 동방으로 여행하는 한 순례단의 이야기이다. 순례단에는 Leo라는 서번트가 같이 동행을 했는데, 그의 그룹을 잘 이끄는 성격 덕택에 그가 어느 날 갑자기 사라지기 전까지 좋은 결과를 나타냈다. 그러나 Leo가 사라진 후, 서번트가 없이는 아무것도 할 수 없다는 것을 깨달았을 때, 순례단은 분열되었고, 목표를 상실했다. 마침내 몇 년에 걸친 계속적 노력 끝에, 이야기의 내레이터는 초기에 그들이 가졌던 종교적 미션을 찾았다. 결국 내레이터가 그저 서번트로 알았던 Leo가 그 종교적 미션을 수행하는 리더였던 것이다. 이 이야기는 Greenleaf에게 진성 리더십이란 개인이 진심으로 남을 돕고 싶을 때 나온다는 점을 의미했다.

진성 리더십이란 개인이 진심으로 남을 돕고 싶을 때 나온다는 점을 의미했다.

물론 서번트 리더십과 같은 아이디어는 수천 년 동안 있었다. 최소한 섬김의 원칙을 가치 있는 리더십의 가장 중요한 덕목이라고 가르친 예수의 가르침에서 시작되었다고 볼 수도 있다(예를 들면 예수는 사람들의 발을 씻겨주었다). 이러한 서번트 리더들과 연관된 10가지 특성이 있다. 이들의 특성은 진성 리더십과 꽤 밀접하게 연관되어 있다.[35]

서번트 리더십은 최소한 섬김의 원칙을 가치 있는 리더십의 가장 중요한 덕목이라고 가르친 예수의 가르침에서 시작되었다고 볼 수도 있다.

- 청취(Listening): 모든 리더들은 의사소통을 잘 해야 하지만, 중요한 것은 타인과의 의사소통이다. 그러나 서번트 리더십은 다른 사람의 이야기를 효과

적으로 듣는 것을 강조하였다.

- 공감(Empathy): 서번트 리더는 타인의 감정과 관점을 잘 이해한다.
- 치유(Healing): 서번트 리더는 각 개인의 감정이나 정신적 건강 증진을 돕는다.
- 인식(Awareness): 서번트 리더는 그들 자신의 가치와 감정, 장점과 단점을 이해한다.
- 설득(Persuasion): 서번트 리더들은 지위에서 오는 권위에 의지하기보다는 설득을 통해서 영향을 미친다.
- 개념화(Conceptualization): 서번트 리더는 현실과 미래의 가능성을 포괄적으로 통합할 수 있다.
- 통찰력(Foresight): 서번트 리더는 과거, 현재 및 미래에 대해 정확한 직관력을 가지고 있다.
- 집사의 역할(Stewardship): 서번트 리더는 조직의 자원을 가지고 있으며, 조직을 위해 더 좋은 목적으로 사용하려는 집사의 역할을 한다.
- 타인의 성장에 대한 헌신(Commitment to others' growth): 서번트 리더의 진정한 테스트는 그들이 섬기는 사람들이 좀 더 책임감 있고, 배려심 있고, 역량 있는 개인이 되느냐이다.
- 커뮤니티 형성(Building Community): 사람들은 본인의 성장을 지원해주는 커뮤니티 안에 있을 때 가장 성장할 가능성이 높다. 안타깝게도 현대 사회의 이동성(mobility) 및 조직의 비대화에 따른 비개인화 등의 요소는 사람들의 커뮤니티에 대한 소속감을 감소시켰다. 따라서 서번트 리더십의 역할은 다시 이런 커뮤니티의 소속감을 만드는 것이다.

서번트 리더십의 개념에 대해 반대자도 있고 지지자도 있다는 것은 당연한 일이다. 서번트 리더십에 대한 가장 흔한 비난은 서번트 리더십의 아이디어가 사람들이 좋아하는 소프트한 사항들을 가지고 있다 하여도(예를 들면, '리더들은 타인의 복지와 발전에 대해 좀 더 신경 써야 하고, 조직에서 좀 더 성장을 독려하는 분위기로 만들어야 하고, 개인의 발전보다는 전체 조직에게 유용한 것을 추구해야 한다'), 서번트 리더십을 문자 그대로 받아들이고 극단적으로 바라보게 되면 이러한 개념은 조직의 목적이나 목표 달성의 수단이라기보다는 타인을 섬기는 것 자체가 목적이 된다는 점이다.

이러한 관점은 서번트 리더십의 취지가 훌륭하지만, 비현실적이라는 문제점이 있다. 진성 리더십과 서번트 리더십의 중요한 특성을 가지고 있는 사람들에 대해서는 [리더십 프로파일 6.1]에서 설명할 것이다.

Gandhi

리더십 프로파일 6.1

Gandhi는 세계 역사의 가장 훌륭한 리더 중 한 명이다. Einstein같이 대단한 지성인조차 이렇게 말하였다: "아무리 세월이 흐른다 하여도, Gandhi와 같은 인간이 이 지구에 왔었다는 사실을 믿기는 어려울 것이다." 인도의 마지막 총독인 Mountbatten도 Gandhi를 부처와 예수에 비교하였다. William Shirer라는 젊은 기자는 영국의 식민지주의에 대항한 Gandhi의 혁명에 대하여 연대순으로 기록하기 위하여 만난 Gandhi와의 첫 만남을 다음과 같이 기술하고 있다. 다음을 읽으면서 Gandhi의 성격, 행동, 예지력과 가치의 어떤 성향이 그를 카리스마 있는 리더로 만들었는지에 대하여 생각해보자.

Gandhi는 복도 모퉁이에 쪼그려 앉아 있었다. 그는 얼굴을 반짝이며 나에게 따뜻한 미소로 인사를 건네었다. 그의 환영은 나를 무장해제시켜 버렸고, 그의 매너는 매우 친절하고 빛이 나서 말을 시작하기 전에 있었던 나의 초조함은 사라져버렸다.

대화를 하면서 나는 Gandhi가 말하는 것뿐 아니라 그의 생김새에도 주의를 기울였다. 나는 그의 많은 사진들을 봐왔지만, 그의 실제 모습을 보고는 다소 놀랐다. Gandhi의 첫인상은 그의 모든 위대함을 전달해주지는 않았다. 많은 군중들 속에서 특별히 알아차릴 수 있는 그런 사람이 아니었다. 못생기지는 않았지만, 그만의 어떤 특별한 아름다움이 빛나고 있었다. 61살의 나이에 금식을 하고 있었고, 감옥에서의 오랜 압박으로 코는 내려앉았고, 콧구멍은 넓어졌으며, 입술은 약간 내려앉아 아랫입술이 돌출되었고, 이빨들은 빠져 있었다. 그의 머리는 대머리처럼 바짝 짧게 깎였고, 토끼 같은 큰 귀는 옆으로 펼쳐져 있었다. 그의 회색 눈은 반짝였고 상대편을 응시해서 볼 때는 날카로웠다. Gandhi가 지고 온 짐이나 그가 견딘 고통이 있음에도 불구하고, 그런 약점에 대해서도 싱긋 웃게 만들 수 있는 사람이었다. 그는 끔찍하게 노쇠해 보였고, 겉보기에 그의 외모는 매우 검소하게 보였다. 그는 건강을 위해 신중히 식단을 짜고, 매일 아침 4~5마일을 걸으며 운동하였다. 그가 나에게 함께 동행하자고 초대하였을 때, 27살에 알프스에서 스키와 하이킹으로 다져졌던 나의 체력으로는 거의 따라가기가 힘들었다는 것을 나는 나중에 알아차렸다. 그의 앙상한 어깨에는 털로 된 흰색 숄이 둘러져 있었고, 그의 마른 맨다리에는 나무로 만들어진 샌들이 신겨져 있었다.

Gandhi와 이야기를 시작할 때, 그의 목소리 톤은 높았지만, 강조하는 부분과 함께 천천히 신중히 말을 하였다. 가벼운 워밍업이 끝나고 나서 그의 톤은 점차적으로 낮아졌다. 그의 특유한 악센트의 영어는 리듬을 타며 계속 이어졌고, 그의 말은 간결하고, 담백하였으며 강력하였다. 처음에 본 그의 겸손한 태도는 나를 당황시켰다. 하지만 그는 부드럽고 친절하게 말하며, 자만하지 않고, 그의 지지자들에게 감동을 주기 위한 약간의 가식도 없는, 가장 온화하고 겸손한 사람이었다. 어떻게 이렇게 겸손한 사람이 혼자 힘으로 외국의 통치에 저항하는 3억 3천명의 사람들을 일어나게 하여 대영 제국의 기초를 흔들 수 있었을까? 그것이 바로 내가 인도에 와서 발견하려고 했던 것이 아닐까?

출처: W. L. Shirer, *Gandhi*. New York: Simon & Schuster, 1979, pp. 27-29. Reprinted with the permission of Simon & Schuster Adult Publishing Group and Don Congdon Associates, Inc.

좋은 사람들이 나쁜 행동을 할 때

윤리적 행동의 중요한 측면 중 하나는 사람들의 도덕적 판단과 도덕적 행동이 일치하지 않을 수도 있다는 점이다.

윤리적 행동의 중요한 측면 중 하나는 사람들의 도덕적 판단과 도덕적 행동이 일치하지 않을 수도 있다는 점이다. 사람들의 어떤 가상적인 도덕적 이슈에 대해 추론하는 능력이 실제로 그렇게 행동할 것이라는 것을 보장하지는 않는다. 더구나 한 사람의 도덕적 행동은 반드시 그의 가치와 일치하는 것은 아니다. Bandura는 특히 굳건한 도덕적 기준을 가지고 있는 사람들 역시 아무 죄책감 없이 나쁜 행동을 할 수도 있다고 하였다.[36,37]

도덕적 합리화(Moral Justification)는 상위의 목적을 위해 비도덕적인 행동을 재해석하는 것이다. 전쟁에서 전투부대의 예를 보자.

살인에 대한 도덕적 재해석은 최근 전쟁에서 가장 훌륭한 전투병이라는 York 병장의 예에서 보면 잘 나타나 있다. 그의 신실한 종교적인 신념 때문에 York 병장은 고해성사를 신청하였지만, 그의 신청은 거부당했다. 그의 캠프에서 전투 지휘관은 성경을 인용하여 적절한 상황에서는 기독교인 역시 살인을 할 수 있다고 설득하였다. 마침내 많은 기도를 통해서 그는 헌신적인 군인이 되어 나라와 하나님 둘 다에 봉사했다고 믿게 되었다.[38]

도덕적 기준에 벗어난 행동을 설명하는 방법 가운데 하나는 **미화**(Euphemistic labeling)를 통해서이다. 즉, 듣기 좋은 또는 바람직하게 들리는 언어를 사용해서 도덕적으로 잘못된 행동을 포장하는 것이다. 예를 들면 테러리스트들은 스스로 '자유를 위한 전투자'라고 부르고, 살해하는 행위를 '원하는 대로 보내준다(Letting him go)'라고 표현한다. **유리한 비교**(Advantageous comparison)는 본인의 바람직하

유리한 비교(Advantageous comparison)는 본인의 바람직하지 못한 행동과 타인의 더욱 바람직하지 못한 행동의 비교를 통해 자신의 행동을 정당화한다는 것이다.

지 못한 행동과 타인의 더욱 바람직하지 못한 행동의 비교를 통해 자신의 행동을 정당화한다는 것이다(예를 들면, '당신이 만약 우리가 직원들의 요구에 민감하지 못하다고 생각한다면, Acme의 사례를 한번 봐야 한다'). **책임감의 대체**(Displacement of Responsibility)를 통해서 사람들은 자신의 도덕성 준거의 위배를 타인의 책임으로 돌린다. 예를 들어 나치의 포로 수용소 담당자는 본인들은 그저 명령에 따를 뿐이라고 변명을 할 수 있다.

유사한 것은 **책임의 분산**(Diffusion of Responsibility)이 있는데, 이는 어떤 비난받을 행동에 대해 다른 사람들이 동일하게 행동한다면 좀 더 마음 편하게 본인의 행동에 대해 변명을 할 수 있다는 것이다. 모든 사람한테 책임이 있다는 건 결국 아무에게도 책임이 없다는 것과 동일하다. 전체 행동을 위해 개인적인 도덕적 책임을 최소화하는 것은 팀의 의사결정에 부정적인 영향을 미친다. **결과의 무시 또는 왜곡**(Disregard or Distortion of Consequences)을 통해서, 사람들은 자신의 행동의 피해를 최소화하고자 한다. 특히, 위계질서가 강한 조직에서 바람직하지 않은 이유는, 최고위층의 의사결정자가 직접 본인의 의사결정의 결과를 볼 수 없기 때문이다. **비인간화**(Dehumanization)하는 것 역시 본인의 행동 결과에 대한 도덕적 판단을 피하는 방법이다. 만일 상대방을 '사탄숭배자'처럼 나쁜 별명으로 비인간화하여 부른다면, 상대를 나쁘게 대하기가 수월해질 것이다. 마지막으로 사람들은 본인의 비도덕적 행동이 다른 사람의 행동 때문에 발생한 것이라고 변명한다. 이는 **비난의 귀인**(Attribution of Blame)이다. 이러한 본인의 도덕적 책임을 최소화하려는 행동이 만연되어 있는가? 사람들이 바람직하지 않은 방향으로 행동할 때, Bandura는 특별히 개인 성향의 결함 때문이 아니라, 자기 방어적인 행동이라고 하였다.[39] Darley는 사람들이 비윤리적인 행동을 합리화하는 또 다른 방법을 제시하였는데, 그의 연구는 몇 가지 흔한 리더십 상황을 묘사하고 있다. 그는 이러한 방어적 행동이 성과를 측정하려는 시스템 안에 내재되어 있다고 하였다.[40]

사람들은 본인의 비도덕적 행동이 다른 사람의 행동 때문에 발생한 것이라고 변명한다.

개인이나 그룹의 보상이나 처벌을 결정하기 위해 양적 측정이 많이 사용될수록, 부패를 할 가능성과 어떤 행동 유형의 변형이나 부패를 가져올 가능성이 많다. 인간을 통제하려는 시스템은 오히려 인간의 잔머리/교묘한 잔재주를 부추기는 것이다. 사람들은 어떤 판단 기준을 확실하게 만들어 놓고 싶어 하지만, 그들은 그 준거를 만든 사람들의 생각과 다른 방향으로 하게 되며, 또한 그 준거의 타당성을 오히려 무시하는 방식으로 행동하게 될지도 모른다. 사람들은 최선을 다하려고 하지만, 그것은 당신이 생각하는 최선과는 거리가 있을지도 모른다.[41]

업무 성과측정이 시작되면 세 가지 일반적인 문제가 발생한다. 첫째, 사람들은 업무 성과를 인정받거나 아니면 실패의 두려움을 가지면서 업무 성과시스템의 약점을 탐색함으로 성과 시스템을 기만한다. 둘째, 업무측정 시스템은 현재 상태의 업무 결과를 측정하고자 하는 것이나, 사람들은 업무측정 시스템의 원래 의도와 달리 무조건 본인의 업무 성과를 극대화하려고 노력할 것이다. 셋째, 사람들은 그 업무 측정시스템에 대해서 잘 알면서도 계속 좋은 점수를 받기 위해 업무 측정시스템을 의도적으로 조작할 것이다.

그렇다면 만약 우리가 이런 업무 측정시스템에 참여하고 있다면 어떻게 해야 하는가? Darley는 사람들이 잘못된 행동을 하였을 때, 도덕성 대신 본인의 입장 설명을 통해 합리화하고 싶어질 때 도덕적 이슈는 발생한다고 하였다. 왜냐하면 그것이 시스템이 요구하는 것이기 때문이다. 측정 시스템 설계를 통해 이를 방지하게 되어 있다.[42] 업무 성과 시스템에 의해 측정되는 사람들에게는 이런 계속적인 경계 및 조심은 필요할 것이다. 사실 모든 리더십 지위에 있는 사람들도 마찬가지일 것이다.

David Halberstam은 생산성이나 수치에 집착하는 것("Numbers Game")이 부패의 효과를 가져온 예를 설명하였다.[43] 자동차 회사인 포드의 경우이다. 1950년대 포드에서 일한 사람들이 보기에 Robert McNamara(후에 베트남 전쟁 때 국방부 장관 역임) 같은 디트로이트에서 제일 높은 실적을 쌓는 사람들은 진실을 알고 싶어 하지 않았다. 디트로이트에서 McNamara와 그의 동료들은 노조와 관대한 협약을 맺음과 동시에 품질과 생산성 둘 다 달성하는 목표를 세웠다.

그들은 품질 향상을 주장했지만, 품질을 올릴 수 있는 수단을 제공하지 않았다. 그들이 진짜 원한 것은 생산성이었다. 그래서 공장 관리자들은 경영진에게 그들이 원하는 생산성을 주었고, 품질에 대한 것은 그냥 입으로만 때웠다. 베트남에서 나중에 McNamara가 생산성을 좋아한다는 것을 안 미국 장교들은 전쟁을 성공적으로 이겼음을 보여주기 위해 전사자 숫자를 조작하였다. 그렇게 한 이유는 그들이 부정직해서가 아니라, 만약 워싱턴에서 진짜 진실을 알고 싶어 했다면 어떤 방법으로든 알아냈을 거라고 생각했기 때문이었다. 이런 방법으로 그들은 포드 공장의 전설적인 관리자가 되었다.

6.3 문화를 뛰어넘는 리더십

미국에서 사무실 관리자들의 다소 공통된 문제는 복사기 사용을 원만하게 조정하는 것이다. 사무실 관리자들은 자주 복사기 사용에 대한 정책과 절차를 가다듬고, 행정비용을 줄이고자 한다. 인도네시아 수자원 프로젝트에 파견된 미국 관리자는 동일한 방식으로 복사기 사용에 대해 안내를 하였고, 별 대수롭지 않게 생각했지만 인도네시아인들에게 무척 세련되지 못한 방법으로 비난받았다. 사실 친근하지 못한 방법뿐만 아니라 비윤리적인 방법으로 비난받은 것이다. 이러한 몇 번의 불협화음을 겪은 후, 그는 직장을 잃었다. 문화를 뛰어넘어 리더십을 발휘하는 것은 다른 문화의 가치 시스템의 심오한 차이점을 이해하는 것부터 시작된다.

6.3.1 문화란 무엇인가?

문화(Culture)란 하나의 사회에서 멤버들의 생활방식을 나타내는 학습된 행동이다.

문화적 가치의 차이를 이해하는 가장 좋은 시작은 문화에 대한 개념 정립부터 시작하는 것이다. **문화**(Culture)란 하나의 사회에서 멤버들의 생활방식을 나타내는 학습된 행동이다. 개인이 서로 다르듯이, 문화 역시 서로 다르다. 외부 사람들에게는 어떤 문화든 가장 명백한 부분은 행동으로 보이는 것이다. 미국인이 태국을 방문하면 공중 장소에서 남자들끼리 손을 잡고 다니는 것을 보고 이상하게 여기거나 또는 눈에 거슬릴 것이다. 미국인의 관점에서 그것은 흔치 않은 일이기 때문에 그들은 부정적으로 반응할 것이다(여자들이 공중 장소에서 손을 잡고 다니는 것은 괜찮지만, 남자들은 안 된다는 것이 일반적인 개념). 이렇게 두드러지게 나타나는 행동은 빙산의 일각이다. 빙산의 대부분이 물에 잠겨 안 보이듯이, 문화의 대부분은 눈에 보이지 않는다. 이러한 가치, 믿음, 신념 안에 숨겨져 있는 것들은 행동에 어떤 맥락을 부여한다.[44] 이러한 글로벌 맥락에서 비즈니스 리더들에게 제시하는 시사점은 문화적 차이와 관점을 이해하려는 노력이 필요하다. Barnum은 타인의 관점에서 다른 문화를 바라볼 수 있는 능력의 중요성을 지적했다.

> 의식적으로 또는 무의식적으로 사람들은 그들의 믿음을 당신을 판단하는 잣대로 사용할 것이고, 어떻게 이러한 잣대를 비교할 것인지 그리고 타인과 그들이 어떻게 다르거나 유사한지를 알게 될 것이다. 예를 들면, 사람들의 운명론적 신념이 당신의 합리적인 신념보다 더 강하다면, 아마도 갈등이 있을 수도 있을 것이다. 무슬림의 종교에 대한 경배가 강한 곳인 중동에서 심각한 문제인데, 회사의 경영 스타일에도 영향을 미치고 생명 보험을 판매하는 능력에도 영향을 미치게 된다.[45]

6.3.2 문화적 차이를 이해하는 프레임워크

우리가 편견이 없는 관점으로 다른 문화를 보는 것이 도움이 되듯이, 마찬가지로 타인의 관점에서 우리의 문화를 보는 것은 도움이 된다.

우리가 편견이 없는 관점으로 다른 문화를 보는 것이 도움이 되듯이, 마찬가지로 타인의 관점에서 우리의 문화를 보는 것은 도움이 된다. 수십 년 동안 Hofstede는[46] 문화적 가치와 믿음의 근본적인 요소들에 대해 연구하였다. 그는 다섯 가지로 분류하였는데, 첫째, 개인주의 vs. 집단주의, 둘째, 남성성 vs. 여성성, 셋째, 불확실성에 대한 선호 vs. 불확실성에 대한 회피, 넷째, 권력거리지수(Power Distance), 다섯째, 인생의 장기적 관점 vs. 단기적 관점이다.

최근에 창조적 리더십 센터(The Center for Creative Leadership)에서는 모든 문화에서 다 직면하는 일곱 가지 근본적인 딜레마를 바탕으로 문화의 차이를 분석하는 개념적 프레임워크를 개발하였다.[47] 일곱 가지 딜레마에 대해 자세하게 살펴보자.

- 자아에 대한 근본(개인주의 - 집단주의)

  이는 개인들이 자신의 이익이나 목적 달성에 초점을 두는지 또는 본인의 가족, 인종, 그리고 회사에 기여하려고 하는지에 대한 정도이다.
- 성취감에 대한 목적과 방법(공격적 - 유순함)

  이는 그 문화에서 성공이 어떻게 정의되느냐에 관한 문제이다. 그 문화에서는 성공이 물질적인 성공 등으로 정의되는가 아니면 타인과의 친분 관계 유지 또는 정신적 만족 등으로 나타나는가?

- 권위에 대한 오리엔테이션(평등 - 불평등)

  다른 지위, 권위, 권력을 가진 사람들은 타인에게 어떻게 대하는가?: 평등하게 또는 불평등하게?

- 애매함에 대한 반응(동적인 - 정적인)

  어느 정도의 불확실성이 수용되는가? 조직을 운영하는 데 확실성을 보장하기 위해 철저하게 관리하는가 아니면 어느 정도 느슨하게 조직을 운영하여 애매함과 불확실성을 견디는가?

- 지식 습득에 대한 방법(행동 중심 - 성찰 중심)

  행동과 성찰 중 어떤 것이 정보와 지식 습득에 더 유용한가?

- 시간에 대한 개념(한정된 - 무한한)

  시간에 대해서 조급하게 생각하는가 아니면 느슨하게 생각하는가?

- 삶에 대한 태도(행동 - 존재)

  자연에서 자연과 더불어 살아갈 것인가? 인간의 행동에 더 의존할 것인가 아니면 신의 의지에 더 의존할 것인가?

당신이 다른 문화에서 온 사람과 함께 일을 하게 되면 이런 오해와 해프닝이 일어나는지를 두 가지 예로 살펴볼 수 있다. 첫째, 미국은 역사적으로 개인주의를 강조하는 국가임을 감안한다면 이것이 어떻게 업무에 영향을 주는지 알아보자. 개인주의 관점을 감안하면 어떤 경영 실행이나 기대는 너무나 당연한 것이다(예를 들면 개인의 성과를 인정하는 보상 구조 등).

개인적 기여도가 중요하다고 생각할 때, 예를 들면, 의사결정에 관한 권한은 개인 관리자들에게 위임된다. 또한 이러한 관리자들은 업무 성과가 좋을 때는 개인 공로로 인정받게 된다. 반면, 일본 같은 경우 다른 기준도 적용되게 된다. 일본에서는 의사결정에 매우 많은 시간이 소요되며, 그 결정에 영향을 받는 모든 사람들의 의견이 사전에 반영된다. 또 하나 다른 점은 미국의 경우 개인의 커리어 성장은 매우 바람직하고 좋은 것이나, 다른 문화에서는 관리자들이 조직의 융화를 위해 동료들과 승진과 보상을 위해 경쟁하는 것을 꺼려 한다는 점이다.

둘째, 권위 지향에 관한 것이다. 이는 어떻게 사람들이 타인과의 관계에서 권력과 권력 관계를 다루느냐이다. 미국은 상대적으로 젊고 역동성이 있는 나라이며, 이민자들이 많이 사는 나라이다. 다른 나라에 비해 상대적으로 가족 지향이나 본인이 소속되어 있는 사회 계층이 중요하지 않다. 그리고 성공은 본인의 타고난 출신에 의해서가 아니라, 개인의 노력과 핵심인재에 의해 이루어져야 한다는 믿음이 있다. 부하직원들은 그들의 상사가 언제든지 접촉 가능하고 어떤 식으로든 부하직원들에게 피드백을 준다. 그러나 다른 문화에서는 회사의 최고위층은 감히 다가갈 수 없는 권위이므로, 대부분의 의사결정은 위에서 이루어지는 것이다(이는 직원들에게의 위임과는 반대 개념임). 당신은 이 두 가지 예에서 문화 가치의 일곱 가지 요소가 다른 문화에서 온 사람들이 함께 일할 때 갈등을 일으킬 수 있다는 것을 배울 것이다.

독재자, 민주주의자, 엘리트 관료(프랑스, 영국, 독일의 비즈니스 리더 비교)

하이라이트 6.3

많은 사람들은 비즈니스 리더들이 갖고 있는 리더십 관점에 대해 당연히 비슷할 것이라고 생각한다. 최소한 유사한 서구사회에서는 그럴 것이라고 생각한다. 그러나 최근 조사된 영국, 독일, 프랑스의 고위임원들의 연구 결과는 리더십의 측면에 대해 각각 국가의 차이를 보여준다. 즉 결과적으로 프랑스 비즈니스 리더들은 독재주의, 독일 비즈니스 리더들은 민주주의, 영국 비즈니스 리더는 엘리트 관료주의라는 차이를 보여 주었다.

- 어떤 리더들도 그들이 내린 결정에 대해 도전받는 것을 싫어한다고 가정할 때, 그러한 도전에 대해 프랑스 리더들은 10명 중의 3명보다 적은 인원만이 수용가능하다고 하였고, 독일은 절반 정도, 그리고 영국은 10명 중의 9명이 그러한 도전을 수용하겠다고 하였다.
- 프랑스 리더의 2/3는 리더가 되어서 가장 좋은 3가지 중의 하나는 '간섭을 받지 않고 의사결정을 자유롭게 하는 것'이라고 하였다.
- 독일 리더의 반 정도, 영국 리더의 70% 정도는 본인 업무에 있어 가장 중요한 것은 회사의 인력을 양성하는 것이라고 한 반면, 프랑스의 경우는 약 14%만이 동일한 응답을 하였다. - 또한 본인의 직업에서 가장 좋은 것이 권력을 갖는 것이라는 설문 결과, 프랑스 리더는 영국의 3배, 독일의 8배에 해당하는 정도로 높은 응답을 보였다.

6.3.3 리더십 속성의 보편성

훌륭한 리더의 속성이 전 세계적으로 보편적이냐, 아니면 문화에 따라 달라지느냐는 흥미로운 질문이다. 추상적인 프로젝트인 GLOBE 연구 프로그램은 이 질문을 다루고 있다. 이 연구의 목적은 다양한 국가에서 리더와 조직 운영의 효과성을 예측하기 위한 실험 결과 기반의 리더십 이론을 만드는 데 있다. 1993년부터 진행되어 온 GLOBE 프로그램은 92개국의 17,000명의 중간 관리자를 대상으로 자료를 수집하였다. 지금까지 이 프로젝트는 문화를 뛰어넘어 리더십 효과성에 기여하는 22개의 특정 리더십 속성과 행동을 발견하였다(<표 6.5> 참조).[48] 또한 이 프로젝트는 리더십 효과성에 보편적으로 방해가 되는 8가지 속성에 대해서도 발견하였다(<표 6.6> 참조). 그리고 GLOBE 프로그램은 문화에 따라 긍정적으로 또는 부정적으로 작용하는 35개의 리더십 요소에 대해서도 발견하였다(<표 6.7> 참조).

〈표 6.5〉 긍정의 관점에서 보편적으로 존재하는 리더의 속성과 행동

신뢰할만한	긍정적인	총명한
공정한	역동적인	결단력 있는
정직한	동기부여	효과적인 교섭인
선견지명이 있는	자신감을 북돋워 주는	윈-윈(Win-win) 문제 해결자
장래의 계획을 세우는	동기조사	행정적으로 숙련된
격려의	믿을 수 있는	의사소통 능력이 뛰어난
정보수집이 뛰어난	조정자	팀 설계자
탁월함		

출처: Adapted from House et al., Cultural Influences on Leadership and Organizations: Project Globe. *Advances in Global Leadership*. Vol. 1. JAI Press Inc., 1990, pp. 171-233.

〈표 6.6〉 부정의 관점에서 보편적으로 존재하는 리더의 속성과 행동

혼자 있기를 좋아하는	솔직하지 않은
비사교적인	이기적인
비협력적인	무자비한
짜증을 잘 내는	독재의

출처: Adapted from House et al., Cultural Influences on Leadership and Organizations: Project Globe. *Advances in Global Leadership*. Vol. 1. JAI Press Inc., 1990, pp. 171-233.

〈표 6.7〉 문화적인 측면에 따른 리더의 행동과 태도

야심 있는	논리적인
신중한	정돈된
동정하는	진실된
지배하려 드는	세상 경험이 많은
독립된	격식을 차린
개인주의적인	세심한

출처: Adapted from House et al., Cultural Influences on Leadership and Organizations: Project Globe. *Advances in Global Leadership.* Vol. 1. JAI Press Inc., 1990, pp. 171-233.

6.4 리더십 실천가를 위한 시사점

가치는 대인관계 갈등의 근본 원인이 되기도 한다.

이 장에서 제시된 관점과 연구 결과들은 리더십 실천가들에게 시사점을 제공한다. 아마도 가장 중요한 것은 리더십 실천가들은 그들의 커리어에서 그들만의 윤리, 가치, 그리고 태도에 대해 많은 도전을 받게 될 것이라는 것을 알아야 한다. 추가적으로 가치는 대인관계 갈등의 근본 원인이 되기도 한다. 두 사람이 잘 지내지 못할 때 성격이 잘 안 맞아서 그렇다고 생각하지만, 많은 경우 그 갈등은 개인의 성격 특성 때문이 아니라 가치가 다르기 때문일 수도 있다. 많은 경우, 어떤 이슈에 대해서 한쪽 측면에 있는 사람들은 본인의 입장만 합리화시킨다. 특히 정반대의 가치를 가진 사람들이 일을 해야 한다는 것은 리더에게 있어서 늘 부딪히는 문제이다. 전에 언급되었듯이, 다양하고 상반되는 가치를 가진 사람들과 같이 일하는 것은 미래의 리더들에게 선택 불가능한 사항이다. 물론 이는 대인적 갈등이 꼭 필요하다는 것은 아니다. 그러나 리더와 팔로워들은 가치의 차이에서 오는 갈등을 최소화해야 한다. 특히 리더들은 업무와 조직과 관련 없는 자신의 개인적 가치가 리더와 팔로워의 관계를 방해하도록 하지 말아야 한다.

6.5 요 약

이 장에서는 가치와 리더의 관계에 대해 알아보았다. 가치는 개인들이 중요하다고 생각하는 행동이나 상태에 대한 일반적인 구인(Construct)이며, 이 가치들은 리더의 정신세계에 중요한 영향을 미친다. 가치는 긍정적이든 부정적이든 문화마다 다르게 인식되는 행동과 태도를 통해 리더십에 영향을 미친다.

핵심용어

윤리	방랑자 세대	도덕적 합리화
X 이론	영웅 세대	미화
Y 이론	도덕적 추론	유리한 비교
가치	전인습적 단계	책임감의 대체
구세대	인습적 단계	책임의 분산
베이비 붐 세대	탈인습적 단계	결과의 무시 또는 변형
X 세대	원칙 중심의 리더십	비난의 원인 파악
신세대	진성 리더십	문화
선구자 세대	서번트 리더십	

질 문

1. 리더는 반드시 최고위층에서 외롭게 혼자 있어야 한다고 생각하십니까?(그렇지 않으면, 리더가 무엇인가 잘못하고 있는 것입니까?)
2. 개인들의 인성에 대한 철학이 그의 리더십에 어떻게 영향을 미친다고 생각하십니까?
3. 리더와 팔로워들의 오해와 갈등의 원인이 되는 가치의 예를 드세요.
4. 리더들의 공적인 그리고 사적인 도덕기준은 분리될 수 있다고 생각하십니까? 아니면 분리되어야 한다고 생각하십니까?
5. 나쁜 사람도 좋은 리더가 될 수 있습니까?
6. 리더십 지위 중 남녀가 동일하게 경쟁할 수 없는 지위가 있습니까?

활 동

1. 학생 개인들은 다음 리스트 중 본인이 생각하기에 가장 중요한 10가지 가치를 정하고, 가장 중요한 가치(1)부터 가장 덜 중요한 가치(10)까지 순서대로 적습니다. 그리고 어떻게 개인의 리더십이 다른 우선순위 가치에 의해 영향을 받는지 토론을 합니다. 가치는 다음과 같습니다: 1) 성취, 2) 활동력, 3) 승진, 4) 모험, 5) 심미적 아름다움, 6) 친화, 7) 물질적 풍요, 8) 권위, 9) 자율, 10) 조화, 11) 도전, 12) 변화 및 다양성, 13) 협력, 14) 지역사회, 15) 역량, 16) 경쟁, 17) 용기, 18) 창조, 19) 경제적 안정, 20) 즐거움, 21) 명성, 22) 가족, 23) 우정, 24) 행복, 25) 이타적 행동, 26) 유머, 27) 영향, 28) 정도, 29) 정의, 30) 지식, 31) 위치, 32) 사랑, 33) 충성, 34) 명령, 35) 개인 발전, 36) 건강, 37) 타인으로부터의 인정, 38) 성찰, 39) 책임감, 40) 자기 존중, 41) 정신세계, 42) 지위, 43) 지혜
2. 어떻게 다른 세대의 경험이 그들의 가치 형성에 영향을 주는지 토론하세요. 팀으로 나눠서 특정 시대의 대중음악을 선정하세요. 예를 들면, 50년대, 베트남 전쟁 시대, 그리고 90년대 등입니다. 그 시대에 유행했던 음악을 선정하여 그 시대에 사람들의 관점, 가치 그리고 주요 이슈 등에 대해 논의하세요.

Chapter 7

리더십 특성

7.1 서 론

성공한 리더들은 공통적으로 세 가지 능력을 가지고 있다. 첫째, 다른 사람들과 잘 어울리는 팀을 형성하는 능력이다. 둘째, 시기적절한 결정을 내리는 능력이다. 셋째, 일을 완료해내는 능력이다. 그러나 안타깝게도 아주 소수의 리더들만이 세 가지 능력을 모두 갖추고 있다.

출처: *Gordy Curphy, Curphy Consulting Corporation*

1장에서는 리더십을 "조직의 목적을 달성하기 위하여 조직화된 그룹에 영향을 미치는 과정"이라고 정의하였다. 4장에서는 효과적인 리더들은 결속력이 강한 팀을 만들고 성과를 내는 능력을 가지고 있다는 예를 보여줌으로써 리더에 대한 정의를 더욱 정교화시켰다. 이러한 정의들을 고려해볼 때, 리더십 연구자들이 지난 100년 이상 답을 찾으려고 노력해왔던 한 가지 질문은 리더 개인이 가진 어떤 특정한 성격이나 특성이 리더십(형성/발휘)과정을 돕거나 혹은 방해하지는 않는지에 관한 것이다. 즉, 리더의 운동신경, 신장, 성격, 지능, 또는 창의성이 팀을 형성하고, 성과를 내거나 그룹에 영향을 미치는 데에 도움이 되는가? 미국 대통령 선거의 경우, 경선을 이기고 결국 선거의 승리자가 되어 대통령이 되는 사람들은 다른 후보자들에 비해서 더 창의적이고, 야망이 많고, 똑똑한가? 이러한 리더들은 그들을 따르는 지지자들과 비교해볼 때 본질적으로 다른 방식으로 행동하는가? 이러한 행동의 차이가 그들의 선천적인 지능, 어떤 성격의 특성이나 창의성 때문에 나타나는 차이인가? 만약 그렇다면, 이러한 똑같은 특성들이 성공하는 리더와 그렇지 못한 리더들을 구분하고 고위직과 이제 막 일선의 감독관이 된 사람들을 구분해 내는 데에도 똑같은 방식으로 적용될 수 있는 것인가? 이러한 질문들은 리더십 연구의 최초의 이론이라고 볼 수 있는 위대한 사람 이론[1](Great Man Theory)을 낳게 만들었던 것 같다.

위대한 사람 이론의 뿌리는 많은 리더십 연구자들과 유명한 출판사들이 리더와 팔로워들이 근본적으로 다르다는 주장을 펼쳤던, 1900년대 초로 거슬러 올라갈 수 있다. 이러한 관점은 개인의 특정 성격, 신체적 특성, 지능, 또는 개인의 가치가 리더와 팔로워를 차별화시키는지를 조사하는 수백여 개의 연구를 하도록 이끌었다. Ralph Stogdill은 이러한 연구들의 결과를 요약한 첫 번째 리더십 연구자로서 그는 두 가지 결론을 내렸다. 첫째, 리더들은 질적으로 팔로워들과 다르지 않다는 것이다. 즉, 많은 팔로워들도 리더들처럼 키가 크고 똑똑하며, 외향적이고 야망을 가진 사람들이라는 것이다. 둘째, 지능이나 스트레스 내구성, 책임감, 친절함, 주도권/계획력, 장악력과 같은 성격적 특성들이 성공적인 리더십과 다소 관련이 있다는 것이었다. 즉, 똑똑하고 성실하며, 친절하고 책임의식이 강한 사람들은 팀을 형성하고 목적 달성을 위해 그룹에 영향력을 행사하는 일에 게으르고 충동적이고 불평하며 명령을 내리기 싫어하는 사람들에 비해 성공하는 경우가 많았다는 것이다.[2] "적임자(the right stuff)" 특성을 가지고 있다는 것 자체가 성공적인 리더십을 보장하지는 않지만, 그러한 특성을 보유하는 것은 그룹의 목적 달성을 위해 성공적인 영향력을 발휘할 수 있는 가능성이 있다.

> 적임자(the right stuff) 특성을 가지고 있다는 것 자체가 성공적인 리더십을 보장하지는 않지만, 그러한 특성을 보유하는 것은 그룹의 목적 달성을 위해 성공적인 영향력을 발휘할 수 있는 가능성이 있다.

다음에서는 이와 같은 두 가지 결론에 도달하는 것보다 정교화된 수백 개의 연구 결과들을 이어서 살펴보게 될 것이다.[1,3] 비록 이러한 리뷰들이 적합한 특성을 지닌 사람들이 리더로서 성공할 가능성이 높다는 충분한 증거를 제공하긴 했지만, 많은 리더십 연구자들은 리더들이 팔로워들과 근본적으로 다르지 않다는 점에 초점을 맞추었다. 이들이 개인의 성격적 특성이 미래의 성공적인 리더십을 예측하는 데 사용될 수 없다는 잘못된 결론을 내리게 됨에 따라, 이후 대부분의 리더십 연구는 다른 리더십 현상에 초점을 두고 연구하기 시작했다. 1980년대와

1990년대 사이에 지능과 성격에 대한 주목할 만한 연구물이 등장하면서 이 주제는 리더십 연구자들 사이에서 다시 관심을 얻게 되었다.[4-6] 이러한 연구물과 계속되는 리더십 연구 덕분에 우리는 리더들이 팀을 형성하고 일을 완수해내는데 있어 그들이 지닌 지능과 다양한 성격 특성들이 어떻게 도움이 되거나 방해가 되는지에 대해 많은 이해가 되었다.[7-10] 이러한 연구는 리더의 지능과 성격이 업무에 영향을 미치는 다양한 상황과 팔로워 특성이 갖는 역할 등에 대한 통찰력을 제시한다. 이 장의 목적은 현재 우리가 성격, 지능, 리더십에 관해 알고 있는 바를 정리하는 데 그 목적이 있다. 개괄적으로 이 장은 성격, 지능, 창의성, 감성지능에 대하여 정의하고, 이러한 개념들과 관련된 주요 연구 결과를 살펴보고, 리더십 전문가를 위한 시사점에 대해 논의한다.

7.2 성격 특성과 리더십

7.2.1 성격이란?

그들은 모두 타고난 기질의 생명체로, 자신이 가지고 있는 성격에서 벗어나지 않으려는 경향성이 있다.

우리는 만나게 되는 모든 사람에 대한 시각적인 환상이 있다. 사실, 그들은 모두 타고난 기질의 생명체로, 자신이 가지고 있는 성격에서 벗어나지 않으려는 경향성이 있다. 그러나 우리가 이들을 볼 때, 그들은 살아있는 것처럼 보이고 우리는 그들에게 맥박이 있다고 가정한다. 그 순간에는 맥박 같아 보이지만, 일생을 살고 나면 사실 그것은 뮤직박스가 연주하는 돌고 도는 손풍금의 어떤 동일한 곡조로 밝혀진다.

출처: *Ralph Waldo, Emerson*

Robert Hogan은 성격(personality)에 대하여 매우 모호하며 적어도 두 가지의 매우 다른 의미를 가지고 있다고 설명했다.[6] 성격의 첫 번째 의미는 어떤 사람이 다른 사람에게 만드는 인상을 의미한다. **성격**에 대한 이러한 관점은 어떤 사람의 사회적 평판을 강조하고, 어떤 설명뿐 아니라 다른 사람의 눈에 비친 그 사람에 대한 평가도 반영한다. 리더십 관점에서 볼 때, 성격에 대한 이러한 관점은 두 가지의 상이한 이슈를 만들어낸다: "이 사람은 어떤 리더 혹은 사람인가?"와 "내가 이 사람을 위해 일하고 싶거나 연관되고 싶은 그런 종류의 사람인가?" 현실적으로 생각해보면, 성격에 대한 이러한 관점은 당신이 이 사람을 친구나 룸메이트에게 설명할 때마다 사용하게 된다. 예를 들면, 당신의 리더인 그 혹은 그녀를 일방적이고, 정직하고, 외향적이고, 충동적이고, 결단력이 강하고, 친절하고, 독립적이라는 단어를 사용하여 표현할 수도 있다. 더 나아가 당신의 리더가 당신에게 어떤 인상을 주었든 간에 다른 사람들도 그 리더에 대하여 상당히 유사한 단어를 사용하여 표현할 확률이 높다. 이와 같은 맥락에서 많은 사람들이 미국의 대통령인 George W. Bush에 대하여 그는 자신감이 넘치고, 친절하고, 외향적이며, 고집 세고, 충실하고, 다소 폐쇄적이라는 표현을 사용할 확률이 높다.

성격의 두 번째 의미는 왜 우리가 행동하는 방식으로 행동하는지, 개인의 행동이 여러 가지 다른 상황에 있어서 유사성을 가지지만 다른 사람과는 다른 행동을 하는 경향이 있는지 등을 설명하는 내면의 과정이나 보이지 않는 근저에 깔린 내용들을 강조한다. 심리학자들은 수년 동안 어떻게 개인의 보이지 않는 내용들이 개인의 성격을 나타내는 방향으로 행동하게 하는지에 대하여 설명하는 많은 이론 등을 개발하였다. 예를 들면, Sigmund Freud는 특정 행동을 하는 진짜 모티브에 대해서 본인이 모른다고 할지라도, 원초아(id), 자아(ego), 초자아(superego)사이의 정신적 긴장이 개인으로 하여금 어떤 특정한 성격을 나타내는 방향으로 행동하도록 한다고 믿었다.[11] 성격에 대한 많은 다른 이론들에서 유용한 견해를 얻어왔지만, 성격과 리더십의 관계를 언급하는 연구들의 대부분은 **특성 접근법**에 기반해 왔으며, 여기에서도 이 접근법이 가장 적합하다.

특성이란 어떤 개인의 행동에서 지속적으로 보이는 정규성이나 경향성을 의미하며, 성격에 대한 이러한 접근법은 그들이 가진 특성의 힘으로 인해 자신들이 행동하는 방식으로 행동한다고 주장한다.[6] 특성이라는 것이 눈에 보이지는 않지만, 행동의 지속적인 유형이나 성격 검사도구로 측정한 결과를 통해 예측할 수 있다. 예를 들면, 성격 검사에서 확실성(dependability)이라는 성격 특성은 성실히 일하며 규칙을 잘 지키는 성향을 보이는 리더들과 게으르며 규칙을 잘 어기는 경향

특성이라는 것이 눈에 보이지는 않지만, 행동의 지속적인 유형이나 성격 검사도구로 측정한 결과를 통해 예측할 수 있다.

을 가지는 리더들을 구분해낸다. 이 검사의 확실성에서 높은 점수를 보이는 리더들은 정시에 출근하고, 업무를 완벽히 수행해내며, 일찍 퇴근하는 경향이 거의 없을 것 같다는 것이다. 확실성 성향에서 낮은 점수를 보인 리더들은 약속시간에 지각하며, 충동적인 결정을 내리며, 약속한 바를 이루어내거나 결과를 달성해내는 데 실패할 가능성이 높을 것이다.

성격 특성은 한 사람이 여러 가지 상황과 맥락에서 왜 일관적으로 유사한 행동 유형을 보이는지를 설명하는 유용한 개념이다. 행동에 있어서 범상황적(cross-situational) 일관성은 다른 지역에서의 계절적 날씨 유형에 비유될 수 있을지도 모르겠다.[12,13] 1월의 Minneapolis는 매우 춥고 건조하며, 8월의 홍콩은 매우 덥고 습기가 높다는 것을 우리는 알고 있다. 그러므로 어떤 특정한 날에 대한 예측이 완벽히 맞지 않더라도 우리는 일반적으로 1월의 Minneapolis의 날씨가 어떨지 예측을 할 수 있다. Minneapolis의 평균온도는 화씨 20도(20°F) 정도를 맴돌지만, 1월의 어느 날의 온도는 영하 30도부터 영상 30도까지의 범주에 이르기도 한다. 이와 같이, 두 사람이 같은 성격 특성에 있어도 어떻게 다른지를 아는 것은 그들이 여러 가지 상황에서 어떻게 행동할 것인지를 보다 정확하게 예측할 수 있다.

여러 가지 기후 요소들이 어떤 날은 온도에 영향을 미치는 것처럼, 어떤 특정 상황에서 외부적인 요소들이 리더의 행동에 영향을 줄 수 있다. 특성 이론은 리더의 행동이 그의 성격 특성과 여러 가지 상황적 요소 사이의 상호작용을 반영한다. 특성은 사람들이 친숙하지 않고, 모호한, 소위 **약한 상황**에서 어떻게 행동하는지를 결정짓는 데 매우 중요한 역할을 한다. 이와 반대로, 명확하게 구체화된 규칙, 요구사항, 또는 조직의 정책들에 의해서 상황이 통제되는, 소위 **강한 장면이나 상황**은 개인의 특성이 행동에 미치는 영향을 종종 최소화시킨다.[14-18]

특성은 사람들이 친숙하지 않고, 모호한, 소위 약한 상황에서 어떻게 행동하는지를 결정짓는 데 매우 중요한 역할을 한다.

성격특성과 리더십 효과성 사이의 관계적인 강점은 상황의 상대적인 강점에 역으로 관련되어 있다(예: 성격 특성은 약한 상황에서 리더십 효과성에 보다 밀접하게 연관되어 있다). 오늘날 대부분의 조직에서 가속화되는 변화의 속도를 고려해볼 때, 리더들은 미래에 훨씬 더 익숙하지 않은 모호한 상황을 마주하게 될 가능성이 높다. 그러므로 성격 특성은 리더의 행동에 점점 더 중요한 역할을 하게 될 것이다. 조직이 그러한 성격 특성과 그러한 특성을 가진 사람들을 정확하게 밝혀낼 수 있다면, 리더의 자리에 보다 맞는 사람들을 승진시킬 수 있게 될 것이다. 그 자리에 합당한 사람들이 리더의 자리에 있다면, 조직의 성공을 달성해 낼 가능성은 상당히 증가할 것이다. 다음에서는 리더십 연구자들이 팀을 조성하고 사람들을 동원해서 성과를 내는 데 도움이 되는 성격 특성들을 밝혀내려는 주요한 노력들에 대해 기술한다.

Angela Merkel

리더십 프로파일 7.1

Angela Merkel은 세계에서 가장 힘 있는 여성들 중 한 명으로 평가된다. 2005년 11월, 그녀는 여성 최초이자 동독 출신 최초의 독일 총리로 선출되었다. 그녀는 또한 G8 회의에 초청받은 세 번째 여성이며 현재 EU 의장이다. 또한 53세의 그녀는 세계 2차 대전 이래 독일 최연소 총리이다.

Merkel은 동독의 시골에서 자랐고 아주 어렸을 때 수학과 과학에서 소질을 보였다. 동독에서 공산주의 청년 운동의 일원으로 활동하면서도 그녀는 양자 화학 분야에서의 물리학 박사 학위를 받았다. 그녀는 1970년대와 80년대에 학계에서의 화학 연구에 앞장섰으며 그녀의 연구 성과는 *Molecular Physics*와 *International Journal of Quantum Chemistry* 같은 정기 간행물에 발표되기도 했다. Merkel 총리는 1989년 베를린 장벽이 무너질 때까지 정치에는 전혀 개입하지 않았다.

1990년 이후 그녀는 Helmet Kohl 정부의 행정직에 임명되었고 Kohl 총리의 피후견인이 되었다. 이해가 빠른 머리로(Kohl의 멘토십 아래) 그녀는 복잡한 국제 정치와 외교를 배우고 그 지식을 이용해 2005년 독일의 국민 투표에서 승리했다. Merkel은 현재 독일 정치의 좌파, 우파 정당의 입장 모두를 대변하는 "대연정"을 이끌고 있다. 그녀는 주당 노동 시간을 35시간에서 40시간으로 늘리고 경제 침체 기간 동안 고용인의 임시 해고를 허락하는 등의 규제 완화 정책을 통해 독일 경제가 좀 더 유연해지도록 노력했다. 그녀는 또한 독일의 원자력 발전소가 2020년 이후까지 가동되도록 지원하고 터키가 EU의 정회원이 되는 것을 반대했다. 대중의 강력한 항의에도 불구하고 Merkel은 미국의 이라크 침략을 지원하여 미국과 유럽의 강한 유대를 이어갔다. 주어진 그녀의 배경에서, Merkel의 공공의 평판(즉 성격 특성), 가치 그리고 지성을 구분할 수 있는가?

출처: http://en.wikipedia.org/wiki/angela_merkel.

7.2.2 성격의 5요인 모형: 성격의 긍정적인 면

성격 특성이 구분 가능한 다양한 상황에 적용 가능한 행동 유형을 설명하는 데 유용한 접근법을 제시하기는 하지만, 한 가지 잠재적인 문제점은 누군가의 전형적인 행동을 묘사하는 특성과 유사한 용어들이 상당히 많다는 것이다. 1936년에 이미 학자들은 18,000여 개가 넘은 특성과 관련된 형용사를 영어사전에서 찾아냈다.[19] 이 수많은 특성을 나타내는 형용사들에도 불구하고, 연구 결과, 다른 사람들의 특성을 설명하는 데 사용되는 특성과 관련된 형용사들은 크게 다섯 가지로 나타났다. 이 다섯 가지 차원 모델은 1915년에 처음 제시되었고, 1934년 독립적으로 증명되었으나 많은 학자들이 매우 다양한 표본과 평가도구를 사용하여 유사한 결과를 보여주었다. 이러한 결과의 안정성을 고려해볼 때, 이러한 다섯 가지 차원의 성격 모델을 지지해 줄 충분한 연구 결과가 있어 보인다. 이러한 다섯 가지 모델은 성격 관련 문헌에서는 **성격의 5요인 모형**(Five Factor Model of Personality, FFM)이라고 불리며, 대부분의 현대 성격 연구자들은 이 모형을 어느 정도 인정한다.[5,6,8,9,17,22-23]

〈표 7.1〉 성격의 5요인 모형

5가지 차원	Hogan 성격 진단표 차원	행동/항목
외향성 (Surgency)	야망	나는 다른 사람을 위한 책임을 갖는 것을 좋아한다.
	사교성	나는 많은 무리의 친구들이 있다.
친화성 (Agreeableness)	대인관계에 관한 세심한 배려	나는 동정심이 있다.
확실성 (Dependability)		나는 해야 할 일의 목록을 만든다. 나는 무엇을 연설할지 연습한다. 나는 어려움을 겪지 않는다.
정서적 안정성 (Adjustment)	정서적 안정성	나는 압박적인 상황에서도 평정심을 유지한다. 나는 인물평을 잘한다.
성격의 개방성 (Openness to Experience)	호기심이 많은	나는 외국을 여행한다.
	학습 접근법	나는 어떠한 주제에 대해 기대 수준을 유지한다.

FFM의 5요인 성격특성 모형은 다른 사람들을 묘사하는 데 대부분의 사람들

주요 차원에는 외향성, 친화성, 확실성, 정서적 안정성, 성격의 개방성이 속한다.

외향성(지배성, 자신감, 권력에 대한 필요로도 불림)은 주로 그룹 세팅에서 보이며 출세하는 것에 관심을 가지는 행동 유형에 관한 것이다.

이 이 다섯 가지 차원 중 하나에 속할 것이다.(<표 7.1>참조) 이 주요 차원에는 외향성, 친화성, 확실성, 정서적 안정성, 성격의 개방성이 속한다.

첫째, **외향성**(지배성, 자신감, 권력에 대한 필요로 불림)은 주로 그룹 세팅에서 보이며 출세하는 것에 관심을 가지는 행동 유형에 관한 것이다. 이러한 행동 유형들은 다른 사람들에게 영향을 미치거나 통제하려고 할 때 나타나며 외향성 수준이 높은 사람들은 활발하고, 경쟁적이고, 결정적이고, 영향력이 있으며, 자신감이 넘치는 편이다. 반면, 외향성이 낮은 사람들은 일반적으로 혼자 일하는 것을 선호하고 다른 사람들에게 영향력을 행사하거나 경쟁하는 것에 관심이 없다. 리더의 결정성, 경쟁성과 자신감이 그룹의 성공에 영향을 미치고, 팀을 형성하고 성과를 내는 능력에 영향을 미칠 수 있기 때문에 리더가 아닌 사람들에 비해 리더들이 높은 외향성 점수를 보이는 것은 당연하다.[8,9,17,27,36,37] 사람들이 모여 그룹을 이룰 때마다 사람들 사이에 외향성 수준의 차이가 나타나는 것을 볼 수 있다. 그룹 내 어떤 사람들은 매우 활발하여 그 그룹이 어떤 일을 해내도록 노력할 것이며, 반면에 그룹활동에 논쟁하기보다 그냥 따르는 것을 편하게 여기는 사람들도 있다. 그룹에서 리더십의 위치를 가정하게 하는 이러한 강한 요구는 위험을 감수하고 의사결정까지 하고자 하는 의지와 조직에서의 승진과도 관련성이 있다.

미국 텔레비전 쇼인 *Apprentice*의 후보자 중 많은 사람들이 높은 외향성 점수를 가지고 있다. 이 후보자들은 프로젝트가 실패할 때, 왜 자신이 해고당하면 안 되는지에 관해 격렬하게 논쟁하고 어떤 의사결정을 내릴 용의가 있어 보인다. 낮은 외향성 점수를 가진 사람들은 프로젝트 팀에서 외향성이 높은 사람들에 의해 종종 패배하는 경우가 있다. 그러나 이 TV쇼의 여러 에피소드가 보여주는 것처럼, 그룹 내에서 가장 결정력이 있고 우세함을 보이는 사람이 반드시 프로젝트의 성공을 확보하는 것은 아니다. 외향성 점수가 높은 사람들이 프로젝트에 대한 잘못된 의사결정을 내려 사람들이 함께 효과적으로 일하도록 하는 것에 실패하는 경우가 많다.

높은 수준의 외향성을 지닌 사람들이 반드시 성공을 보장하지는 못하지만, 결단력 있고 자신감 있는 사람들은 보다 효과적인 리더로 보이며, 이러한 특성은 리더십 가능성에 대한 중요 척도가 된다. 이것은 4장에서 언급된 4가지 관리자 유형과도 관련성이 있다. 유능하고 결과를 중시하는 관리자들은 높은 외향성 수준을 가지며, 치어리더들은 중간 수준의 외향성을, 그리고 이름뿐인 관리자들은 낮은 외향성 점수를 보인다.

친화성(호의성, 감정 이입, 친절함, 대인관계 민감함 등으로 일컬어짐)은 다른 사람들을 앞서 성공하려고 하기보다 다른 사람들과 어떻게 잘 어울려 지내는지에 더 관심을 가진다.

둘째, **친화성**(호의성, 감정 이입, 친절함, 대인관계 민감함 등으로 일컬어짐)은 다른 사람들을 앞서 성공하려고 하기보다 다른 사람들과 어떻게 잘 어울려 지내는지에 더 관심을 가진다. 친화성이 높은 사람들은 매력적이고, 외교적이며, 따뜻함과 감정이입을 잘하고, 접근하기 쉬운 인상을 주는 편이다.[17,33,35] 친화성이 낮은 사람들은 무신경하고, 사회성이 떨어지고, 차갑고, 무뚝뚝하고, 부정적으로 보이기 쉽다. 또한 친화성에서의 차이는 TV쇼 아메리칸 아이돌(*American Idol*)에서 쉽게 찾아볼 수 있다. 심사위원 중 Paula Abdul은 높은 친화성 점수를 가지고 있어 후보자들이 아무리 공연을 못하여도 결코 심한 비평을 하지 않는다. Randy Jackson은 중간 정도의 친화성 점수를 가지며 후보자들에게 가능한 한 긍정적인 피드백과 부정적인 피드백을 모두 주려고 하는 편이다. 반면, Simon Cowell은 매우 낮은 친화성 점수를 주며 후보자들에게 피드백을 줄 때 주의를 기울이지 않고 사람들이 그를 싫어하는 것에 신경 쓰지 않고 비판을 쏟아낸다.

비록 높은 친화성 점수를 가진 사람들이 낮은 점수의 사람들에 비해 팀 형성을 더 잘해내는 경향이 있지만, 사람들을 동원하여 결과를 도출해내는 것에 어려움을 느낄 수 있다. 이것은 더 높은 점수를 지닌 사람들이 의견 충돌이나 성과문제를 다룰 때 팀의 효과성을 부정적으로 파괴시킬 수 있는 의사결정을 내리는 데 어려움이 있기 때문이다. 이러한 어려움들로 인해 친화성은 리더십 효과성을 예측하는 데 혼합된 연구 결과를 보여왔다.[8,27,37-39] 호의성 또한 4장에서 언급된 관리자 유형과 연관되어 있다. 유능한 관리자는 중간 수준, 결과 중시 관리자는 낮은 수준의 호의성을, 치어리더형은 매우 높은 수준의 친화성 점수를 보이며, 이름뿐인 관리자의 경우 다소 엇갈리는 결과를 보인다.

확실성(신중함 또는 양심적임으로도 불림)은 다른 사람들과 상호작용과 관련되지 않으며, 일에 대한 사람들의 접근방식에 관련된 행동방식을 의미한다.

셋째, **확실성**(신중함 또는 양심적임으로도 불림)은 다른 사람들과 상호작용과 관련되지 않으며, 일에 대한 사람들의 접근방식에 관련된 행동방식을 의미한다. 확실성이 높은 리더는 계획적, 조직적, 진실, 의무 등을 심각하게 받아들여 문제가 생기는 일이 거의 없다. 확실성이 낮은 리더들은 보다 즉흥적, 창조적, 충동적이며, 규칙을 왜곡하며, 책임이나 약속이행에 별 관심이 없다. TV쇼 *Seinfeld*에서 Jerry역은 확실성 점수의 높고 낮은 좋은 예를 보여준다. Jerry Seinfeld는 신중하고 깔끔한 괴짜인 반면, George Costanza는 게으르고 충동적이며 약속을 거의 안 지킨다. 연구결과에 의하면 확실성 점수가 높은 사람들이 보다 효과적인 리더이다. 확실성은 많은 경우 리더십보다는 관리나 경영에 더 많이 관련될 것이다. 높은 점수를 가진 사람들이 계획적, 조직적, 목표 중심적인 구조를 선호한다. 비창조적이고, 다소 지루하기도 하며, 변화를 싫어하는 것 또한 위험을 무릅쓰기 때문이다.[8,9,17,30,37,40,41]

정서적 안정성(신경증성, 감정적 안정성, 자기 조절 등)은 사람들이 스트레스, 실패, 개인적인 비판 등에 어떻게 반응하는지에 관련된 것이다.

넷째, **정서적 안정성**(신경증성, 감정적 안정성, 자기 조절 등)은 사람들이 스트레스, 실패, 개인적인 비판 등에 어떻게 반응하는지에 관련된 것이다. 정서적 안정성이 높은 리더들은 쉽게 동요하지 않고 침착하며 안정적인 경향이 있으며 실수를 하거나 실패하지 않고 감정을 잘 숨기지 않는 경향이 있다. 반면, 정서적 안정성이 낮은 리더들은 긴장하거나 스트레스를 받거나 비판을 당하면 화를 내기도 한다. 팔로워들은 스트레스를 많이 받는 동안 리더의 감정이나 행동을 모방하게 된다. 그리고 압박적인 상황에서 차분하고 쉽게 동요되지 않는 리더들의 그룹은 과제에 집중하여 풀기 어려운 문제들을 해결해 나갈 수 있다. 그러나 안타깝게도 이와 정반대의 경우도 있다.

정서적 안정성의 차이는 아메리칸 아이돌의 심사위원들에게서 쉽게 관찰될 수 있다. Paula Abdul은 낮은 정서적 안정성 점수를 가지는데 쇼에서 상황에 따라 잘 울기도 또는 웃기도 하는 편이다. 반면, Simon Cowell은 높은 정서적 안정성 점수를 가지며 거의 감정을 드러내지 않는다. 감정적인 변동성에서의 차이는 팀을 형성하고 성과를 만들어내는 사람의 능력에 영향을 미칠 수 있으며, 연구 결과에 의하면 정서적 안정성은 리더십 가능성을 예측할 수 있는 또 하나의 좋은 변수이다.[5,8,9,17,29,30,40,41] 정서적 안정성은 또한 4장에 언급된 4가지 관리자 유형과 관련성이 있다. 유능한 관리자는 중간 정도의 정서적 안정성 점수를, 치어리더와 결과 중심의 관리자들은 낮은 정서적 안정성 점수를 보이는 편이며, 이름뿐인 관리자들은 매우 높은 정서적 안정성 점수를 갖는 편이다.

어떻게 문제에 접근하며 새로운 정보를 알게 되고, 새로운 경험에 반응을 보

성격의 개방성(지력, 호기심, 학습 접근법으로도 알려진) 차원과 관련된다. 개방성이 높은 리더들은 상상력이 풍부하고 마음이 넓고 호기심이 많고, 전략적이며 거시적인 안목을 가지고 생각한다.

이는지에 대한 이러한 행동방식들은 마지막으로 **성격의 개방성**(지력, 호기심, 학습 접근법으로도 알려진) 차원과 관련된다. 개방성이 높은 리더들은 상상력이 풍부하고 마음이 넓고 호기심이 많고, 전략적이며 거시적인 안목을 가지고 생각한다. 이들은 여행, 예술, 영화, 스포츠, 독서, 문화 등을 통해 새로운 경험을 추구한다. 개방성이 낮은 리더들은 보다 실용적이며 관심 분야가 좁은 편이다. 이들은 새로운 것을 실험적으로 시도하기보다는 실효성이 이미 증명된 방식을 따르는 것을 선호한다. 개방성은 지능과 같은 것이 아니라는 점을 주목할 필요가 있다. 즉, 개방성 있는 사람들이 반드시 지적으로 호기심이 많은 것은 아니다.

다른 FFM 차원처럼, 성격의 개방성은 리더십 효과성의 중요한 구성요소이다.[8,17,28,29,30,31,37,41,42] 성격의 개방성은 조직에서의 위치가 높을수록 또는 해외 업무 수행에 있어서 특히 중요해 보인다. 예를 들면, 성격의 개방성 점수가 높은 사람들은 문제 해결 시에 보다 전략적인 접근법을 사용하는 것을 좋아한다. 높은 개방성을 지닌 사람들은 사업부서 리더나 CEO들이 시장 트렌드, 경쟁적 위협요소, 신제품과 규제 변화들에 대한 최근 정황을 알도록 돕는다. 이들은 또한 새롭고 신기한 경험을 좋아하기 때문에 해외에 거주하거나 리더십을 발휘할 때 생기는 도전들을 즐긴다.

7.2.3 성격의 5요인 모형(FFM)의 시사점

성격 특성들은 거의 무의식적으로, 행동은 자동적으로 나타난다는 것을 기억할 필요가 있다.

특성 접근법과 FFM은 리더십 연구자들과 실천가들에게 몇 가지 유용한 도구와 통찰력을 제공해준다. 첫째, 성격 특성은 지속적으로 같은 방식으로 행동하는 리더와 팔로워들의 성향에 대한 설명을 해준다. 이는 왜 어떤 리더들은 군림하거나 공손하며, 활발하거나 과묵하며, 계획적이거나 즉흥적이며, 따뜻하거나 차가운지 등에 대해 이해하는 데 도움이 된다. 성격 특성들은 거의 무의식적으로, 행동은 자동적으로 나타난다는 것을 기억할 필요가 있다. 예를 들면, 외향성이 높은 사람들은 그들이 속한 어떤 팀이건 그룹이든 생각조차 하지 않고 그 그룹이나 팀을 리드하거나 영향력을 행사할 것이다. 비록 성격 특성들이 어떤 특정한 방식으로 행동하게 만들지만, 그럼에도 불구하고 경험, 피드백이나 성찰 등을 통해 우리의 행동을 수정해 나갈 수 있다.

[그림 7.1]에 나온 것처럼, 성격특성은 행동의 중요한 구성요소 중 하나로 비교적 변화시키기 어렵다. 뿐만 아니라, 성격특성은 수년에 걸쳐 안정성을 띠며 성격이 행동으로 나타나는 것은 다소 자동적이기 때문에, 리더나 예비리더는 자신의 성격을 반드시 잘 인지하고 있어야 한다. 예를 들면, 적응력이 낮지만 스트레스가 높은 직업을 수락할 것인지 아닐지를 결정하는 리더의 모습을 생각해보라. 성격특성 점수 하나만으로 이 리더는 비판에 특히 민감하고 쉽게 감정의 기복과 감정의 분출을 할 것이라고 예상된다. 만약, 이 리더가 자신이 스트레스와 비판과 관련된 사건들을 다뤄야 할지도 모른다는 것을 알고 있다면, 그는 그 직업을 선택하지 않거나, 스트레스 수준을 줄이는 상황을 만들거나 또는 이러한 사건들을 효과적으로 잘 다뤄내는 기법을 배울 수도 있다. 이렇게 자기 통찰력이 부족한 리더는 올바른 선택을 하기 어려울 것이며, 이 직업이 요구하는 바에 어려움을 많이 느낄 것이다.[43]

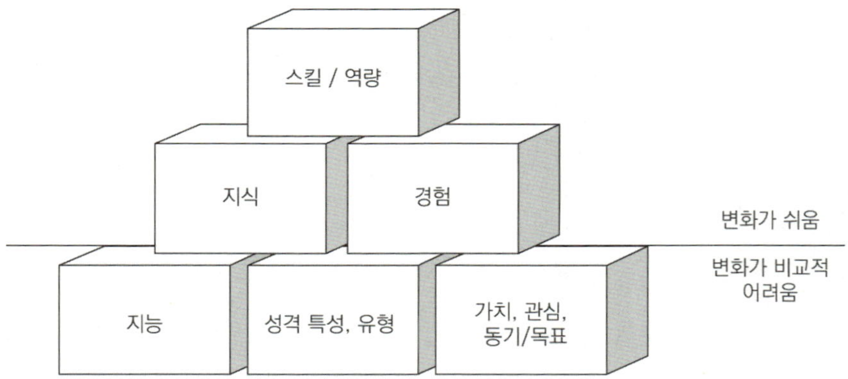

[그림 7.1] 기술의 기본 구성요소

FFM은 몇 가지 측면에서 매우 유용함이 증명되어 왔다. 이것은 상당히 견고하며, 현재 대부분의 성격 연구자들이 Big Five 모형의 일부 형태를 받아들인다.[6,8,17,22,23,26,29-31,37,40-45] 뿐만 아니라 이 모델은 성격과 리더십 수행 연구 결과를 범주화하는 데에도 유용한 체계로 사용되어 왔다. 연구 결과가 성격 특성이 리더십 잠재력을 평가하는 효과적인 도구라는 것을 나타내기 때문에 조직들은 새로운 리더를 선발하는 데에 FFM 성격 평가 검사 결과를 사용한다. 리더의 여러 가지 성격 특성 발달과 관련된 피드백을 제공하기도 하며, 승진을 위한 승계계획 절차에서 주요한 구성요소로 삼고 있다.[46]

FFM의 다른 장점은 리더에 대한 정보 수집이 유용하다는 것이다.

FFM의 다른 장점은 리더에 대한 정보 수집이 유용하다는 것이다. 예를 들면, 어느 부서 리더의 Hogan 성격 특성 진단 결과를 [그림 7.2]에 제시하였다.[47] 제시된 내용에 의하면, 이 리더는 사람들에게 일반적으로 압박 상황에서 긍정적이고, 굴하지 않는 원기를 가지고 있으며, 침착하게 행동할 것이라고 생각된다(높은 정서적 안정성). 또, 자신감 있고, 목적 지향적이며, 유능하며(높은 야망), 활발하고 관심이 집중되는 것을 좋아하지만, 집중력이 약하고 다른 사람들의 말을 경청하지 않는다. (높은 사회성)이 한편, 외교적이고 매력적이지만 수행 관련 문제들을 잘 다루지 못하고(높은 대인관계 민감성), 계획적이고 규율을 잘 지키며(높은 신중함), 전략적이고 큰 그림을 볼 줄 아는 사고력을 지니고 있으나(높은 호기심), 교실에 앉아 배우기보다는 필요한 때 직접 경험하며 배우는 것을 선호하는 리더인 것 같다.

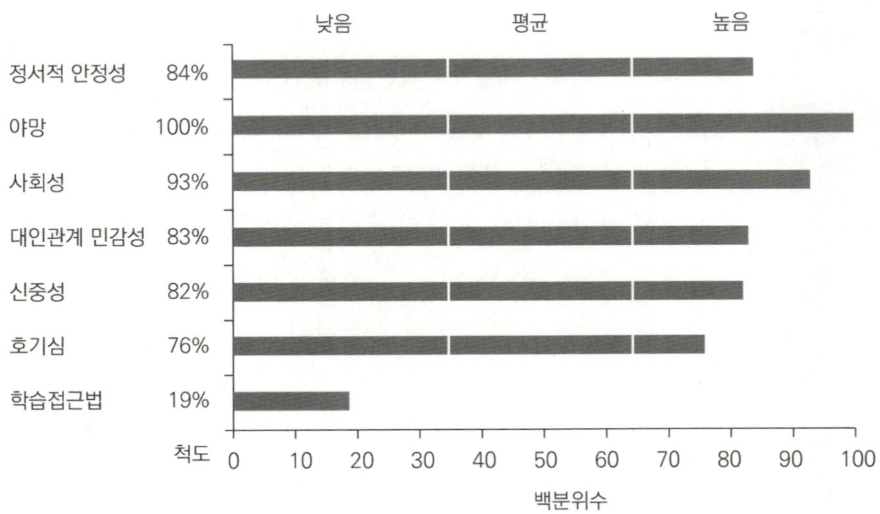

[그림 7.2] 리더십 잠재력 프로파일

출처: Adapted with permission of Hogan Assessment Systems.

리더들은 다양한 행동 성향을 가지게 마련이며, 리더의 자리에 누군가를 채용하거나 승진시키기 전에 이러한 정보를 파악하는 것은 조직이 성공하게 될 확률을 높이는 데 도움이 될 수 있다. 예를 들면, 어떤 특정한 고유의 성격 특성들이 미국 군대에서 사무를 보는 부대 군인들과 작전 부대의 고위 리더(계급 높은 군인)들에게서 다르게 나타났다.[48] 또, 엔지니어들과 회계사들은 외향성은 낮지만 높은 확실성을 지니는 경향이 있다는 것이 다른 연구자들에 의해 보고되기도 하였다.[28,49] 한편, 마케팅과 세일즈는 창의력과 다른 사람에게 영향력을 행사하는 면에 더 높은 가치를 부과하며, 이러한 직업군에 속하는 사람들은 외향성은 높으나 확실성은 낮은 경향이 있다는 것으로 나타났다.

외향성, 친화성, 확실성, 정서적 안정성, 개방성 등이 모두 리더십 성공에 긍정적인 상관관계를 가지고 있다고 보고되고 있다. 이 다섯 가지 FFM 차원의 하나 이상에 높은 점수를 가질수록, 그 사람은 더 효과적인 리더일 가능성이 높다는 것이다.[5,8,9,17,27,29,33,40,41,46,50-52] 어떤 연구결과는 또한 외향성이 인터뷰 후에 일자리 제의(포지션을 획득하는)를 받거나 해외 업무를 성공적으로 완수해 내는 데에 가장 좋은 혹은 정확한 예측요인이라고 주장한다.[53,54]

외향성, 친화성, 확실성, 정서적 안정성, 개방성 등이 모두 리더십 성공에 긍정적인 상관관계를 가지고 있다고 보고되고 있다. 이 다섯 가지 FFM 차원의 하나 이상에 높은 점수를 가질수록, 그 사람은 더 효과적인 리더일 가능성이 높다는 것이다.

친화성과 개방성은 해외에서의 리더십 업무완수와 잠수함 선원들과 같은 제한적인 팀 상황에서 성공하는 데 주요한 요인이다.[39,42] 확실성은 인터뷰를 준비하는 시간의 양, 직무 수행력과 만족도와 관련되며, 점수가 낮을수록 비생산적인 업무 행동을 할 가능성이 증가한다.[23,26,32,36,53,55,56] 높은 정서적 안정성 점수는 또한 리더들이 해외 업무를 완료하고 변화에 적응하고 기업공개 후 긍정적인 주식 배당을 받을 가능성을 높인다.[57,58] 연구에 따르면, FFM 특성은 기업가의 정신 상태와 회사의 성장-고용인 생산력-성과와 직무만족 등을 신뢰롭게 예측할 수 있다.[5,6,9,27,29,30,41,56,59,60] 이와 비슷한 맥락에서, 외향성과 친화성이 높은 사관후보생에 대한 흥미로운 연구 결과가 보고되었다.[61] 연구 결과에 따르면, 미국 해안경비아카데미에서 1~2학년 기간 동안에는 높은 친화성이 수행과 긍정적인 연관성이 있었지만, 나머지 기간 동안에는 높은 외향성이 수행 점수와 더 강한 긍정적인 관련성을 보였다. 군인으로서 첫 2년간은 다른 사람들과 잘 어울리고 강한 사회적인 지지도를 형성하는 것이 매우 중요하지만, 나머지 기간 동안에는 남들보다 앞서는 것이 보다 중요해진다. 강력한 사회적인 네트워크를 구축하는 데 몇 년이 걸릴 수도 있지만, 일단 네트워크가 확립되고 나면, 외향성과 같은 다른 성격적인 특성들이 보다 중요해진다.

FFM의 또 다른 하나의 장점은 여러 가지 문화에 관계없이 범용적으로 적용 가능하다는 것이다.

FFM의 또 다른 하나의 장점은 여러 가지 문화에 관계없이 범용적으로 적용 가능하다는 것이다.[12,14,16,37,62,63] 아시아, 서부 유럽, 중동, 동부 유럽이나 남아프리카 문화의 사람들이 모두 사람들을 범주화하고 묘사하는 데에 같은 다섯 가지 성격 차원을 사용하는 것으로 보인다. 다른 문화의 사람들을 설명하는 데 이 FFM 모델의 틀을 사용할 뿐 아니라, 이 다섯 가지 차원들은 모두 문화에 관계없이 직무나 리더십 수행을 예측하는 것으로 보인다. 예를 들면, 폭넓은 연구 결과의 고찰을 통해 Salgado는 FFM 모델의 다섯 가지 차원 모두가 유럽의 여러 나라에서 블루칼라로 대변되는 노동층, 전문직과 관리직의 수행 결과를 예측하였다고 보고하였다. 그러나 성격-직무 수행 관계의 강도는 특정 직무에 따라 다르다. 영업과 같은 직무는 대인관계 기술과 목표 지향성을 최우선시(예: 외향성과 친화성)하는 반면, 제조업의 직무는 안전과 제품 생산 규칙 준수와 기획성을 보다 중시한다(예: 확실성). 측정된 성격 특성이 어느 정도 직무와의 관련성을 지닐 때 연구자들은 성격과 직무 수행 간의 더 강력한 관계를 찾게 된다.[17,18,29]

요약하면, 성격 특성에 대한 긍정적인 면을 일곱 가지로 볼 수 있다. 첫째, 사람들은 특성과 유사한 용어들을 사용하여 다른 사람들을 묘사하는 경향이 있다. 즉, 성격 특성은 FFM의 다섯 가지 주요 차원으로 범주화될 수 있다. 둘째, 성격 특성은 리더십 잠재력을 측정하는 좋은 도구로서 후보자들이 리더십 지위에 올랐을 때 어떠할 것인가에 대한 예측에 사용될 수 있다. 셋째, 다양한 문화에서 FFM의 다섯 차원 모두가 리더십 성공과 관련되어 있다는 것을 뒷받침하는 압도적으로 많은 연구결과가 있다. 그러나 성격 특성-리더십 수행 관계의 관련성 정도는 특정 직무와 상황에 따라 차이가 있다. 넷째, 성격은 변화시키기 어려운 경향이 있다. 즉, 사람들은 자신의 성격 특성에 관련된 행동들을 거의 "자동적으로" 나타낸다. 다섯째, 모든 행동은 의식의 지배하에 있다. 우리는 적응성 점수를 기반으로 스트레스에 자동적으로 반응할 수도 있지만 원한다면 다르게 행동하도록 선택할 수 있다. 그러나 특성과 다른 행동을 하는 것은 의식적인 노력을 필요로 한다. 여

셋째, 누군가의 성격 특성을 인지하는 것은 리더십 잠재력, 강점, 발달 욕구와 이러한 욕구를 극복하기 위해서 얼마만큼의 노력을 들여야 할지에 대한 정보를 제공해준다. 성격은 리더십 잠재력에 대한 효과적인 예측 요인으로 알려져 왔기 때문에 점점 더 많은 조직들이 성격 진단을 채용과 승계 계획에 통합시키고 있다. 당신도 졸업 후에 어떤 직업에 지원할 때 성격 진단 검사 중 하나를 받게 될 가능성이 매우 높다.

성격유형과 리더십

하이라이트 7.1

유명한 심리학자인 Carl Jung의 연구에 기초하여 유형 분류체계를 만들었고 사람들의 성격을 16가지 유형으로 범주화하는 도구를 개발하였다. 이 도구가 바로 Myers-Briggs Type Indicator(MBTI)로, 오늘날 가장 인기 있는 심리특정 도구이며 한 해 2백만 명이 넘는 사람들이 이 도구를 사용한다. MBTI는 Fortune 100 회사들 중 89개사에서 사용되며, 대학교와 성인 리더십 개발 코스, 경력 및 결혼 카운슬링, 자녀양육, 코칭과 팀형성 프로그램에도 사용된다.

이 유형분류체계에 따르면, 사람들은 외향-내향, 감각-직관, 사고-감정, 판단-인식이라는 4가지 극단적인 차원에서 다르다는 것이다. 이 네 가지 차원의 각각의 점수는 16개의 성격 유형의 하나에 속하게 된다(예: 외향, 직관, 사고와 판단 유형, 내향, 감각, 사고와 판단 유형 등). 이 검사를 제작한 사람들이 수많은 연구를 하면서 MBTI가 성격을 측정하는 신뢰도와 타당성이 있는 도구라고 주장을 해왔지만, 적어도 이 도구는 세 가지 주요한 한계점을 가지고 있다.

첫째, MBTI는 다소 맹신적으로 추정하는 사람들이 있어 오로지 이 MBTI 결과를 통해서만 세상을 바라보는 경향이 있다. 성격 유형은 우리 자신의 또는 다른 사람들의 행동을 합리화할 뿐 아니라 우리가 다른 사람들을 인식하는 인식적인 필터가 될 수 있다.

둘째, 성격 유형은 변하지 않는 안정적인 것이 아니다. 연구 결과에 따르면, 재검사를 할 경우 50% 정도가 유형이 변할 것이라고 한다.

셋째, 이 검사는 상대적으로 거짓으로 답하기가 쉽다. 사람들이 이 4가지 차원에 대해 어느 정도 알고 나면, 검사 결과를 16가지 성격 유형 중 하나로 쉽게 조작할 수 있다는 것이다. 유형이란 환경에 따라 다르게 나타날 수도 있기 때문에, 이러한 한계점들로 인해 이 도구를 활용한 진단이 선발이나 개발 목적으로 어떻게 활용될 수 있을 것인지를 예측하기는 어렵다. 이러한 한계점들에도 불구하고 MBTI는 성격의 본질과 그것이 일상생활의 행동에서 어떻게 나타나는지를 이해하는 데 많은 사람들이 공감하는 잠정적으로 유용한 도구이다.

7.2.4 왜 어떤 리더들은 실패하는가? 성격 특성의 어두운 측면

4장에서 설명했듯이, 무능력한 관리자의 비율이 75%나 된다. 즉, 리더십 위치에 있는 사람들의 대부분이 결속력이 높고 목적 지향적인 팀을 형성하거나 우수한 결과를 달성해내는 데에 어려움을 지니고 있다.[41,46,64-71] 리더십 지위에 있는 어떤 사람들은 팀을 형성하지 않고 결과를 낼 수 있는 것처럼 보이지만 이러한 결과는 전형적으로 매우 단기간에 해당한다. 또 어떤 리더들은 치어리더의 역할을 하는 것에만 보다 중점을 두어 결속력이 강한 팀을 형성할 수 있는 것처럼 보이지만, 이러한 팀들은 성과를 제대로 내지 못하는 경우가 종종 있다.

이렇게 높은 무능력함을 보이는 데에는 몇 가지 이유가 있는데, 타당하지 않은 선발과 승계 계획 체계(4장 참고), 불분명한 수행에 대한 기대사항(9장 참고), 그리고 잘 설계되지 못한 리더십 개발 프로그램들이(3장 참고) 여기에 속한다. 그러나 **성격 특성의 어두운 측면**이 높은 실패율을 보이는 리더들의 주요 요인들이기도 하다. 어두운 성격 특성들은 리더가 결속력 강한 팀을 형성하고 목적 달성을 위해 팔로워들로 하여금 적은 노력으로 목적을 달성하도록 하는 리더의 능력을 방해하는, 신경을 거슬리게 하고 비생산적인 행동 특성들이다.[40,41,46,71,72] 일반적으로 볼 수 있는 11개의 어두운 성격 특성들이 <표 7.2>에 나와 있다. 이 11개 성향 중 어떤 것이라도 정기적으로 나타난다면, 사람들과 함께 일을 해나가는 리더의 능력에 부정적인 영향을 미치게 될 것이다. 당신이 지금까지 일했던 상사(리더) 중 가장 최악의 상사(리더)를 떠올려본다면, 이 11개의 성격 특성 중 하나 이상의 어두운 특성을 가졌을 확률이 높을 것이다.

어두운 성격 특성들은 리더가 결속력 강한 팀을 형성하고 목적 달성을 위해 팔로워들로 하여금 적은 노력으로 목적을 달성하도록 하는 리더의 능력을 방해하는, 신경을 거슬리게 하고 비생산적인 행동 특성들이다.

〈표 7.2〉 어두운 측면의 성격 특성들

흥분을 잘하는: 극적인 감정변화와 감정의 폭발, 무능력으로 프로젝트를 지속하기 어려운 성향을 지닌 리더의 경우 팀 설계에 어려움을 겪는다.
회의적인: 다른 사람을 믿지 못하는 어두운 성격을 지닌 리더는 지속적으로 이유에 대해 묻고 진실성을 확인한다. 그리고 신의 없음에 대해 바짝 경계한다.
조심스러운: 조심스러운 유형의 리더는 실수에 대한 두려움으로 그들의 부원들에게 현안에 대해 결정하거나 행동을 취하는 것으로부터 멀어지게 한다.
내성적인: 내성적인 리더는 자신의 스트레스 기간에는 보다 내성적이게 되어, 말을 잘 안 하고 찾아내기가 어려우며 직원들의 복지에 대해 신경 쓰지 않는다.
여유로운: 수동-공격적 리더는 자신의 안건을 추진하기 위해 노력을 기울이거나 자신의 안건과 다른 요청을 수용하지 않기 위해 미루는 경향이 있다.
용감한: 자기도취적인 성향 때문에 이러한 리더들은 꽤 많은 일들을 해낸다. 그러나 자격지심, 성공에 대한 인정을 하지 못하는 무능함, 자신의 실수를 남 탓으로 돌리는 경향 등은 결국 종종 상처 입은 팔로워들을 낳는 결과를 가져온다.
짓궂은: 이들은 상당히 매력적인 편이지만, 약속, 규칙, 정책과 법을 위반하고 도망갈 수 있는지 보는 것을 즐긴다. 만약 붙잡히더라도 이들은 어떤 문제에서라도 빠져나갈 수 있다고 믿는다.
화려한: 이러한 경향을 가진 리더는 자신이 열정적이라고 믿으며 사람들로부터 주목을 받는 중심에 있어야 한다는 건강하지 못한 욕구를 가지고 있다. 이들은 주목받는 것에 너무 신경을 쓰기에 신뢰를 공유하거나, 초점을 유지하거나, 많은 성과를 내는 것이 불가능하다.
상상력이 풍부한: 자기중심적인 방식으로 생각하고 종종 마음을 바꾸거나 이상한 의사결정을 내리기 때문에 이러한 성향을 가진 리더의 판단에 팔로워들은 의문을 가진다.
근면한: 이들의 완벽주의적인 경향들로 인해, 이러한 리더는 세부사항까지 관리하기, 우선순위를 잘 정하지 못하기, 위임하지 못하기 등으로 인해 직원들을 좌절스럽게 하고 권한을 빼앗아간다.
순종적인: 상사에게 아첨함으로써 스트레스를 푸는 이러한 성향을 가진 리더들은 비현실적인 요구에 반박하려고 하지 않으며 직원들을 위해 맞서 주장하지 않고 결과적으로 직원들을 혹사시킨다.

출처: Hogan Assessment Systems, The Hogan Development Survey. Tulsa, OK: 2002.

어두운 성격 특성에는 몇 가지 주목할 만한 측면들이 있다.

첫째, 모든 사람들은 적어도 하나의 어두운 성격 특성을 가지고 있다는 것이다. [그림 7.3]은 전형적인 어두운 성격 특성 측정 결과를 그래프로 나타낸 것으로, 이 사람의 경우 여유롭고 근면 성실한 성향은 강하고, 중간 정도의 신중하고 충실한 성향을 가지고 있는 것으로 보여진다(90% 이상의 점수는 높은 위험도를 의미하며 70~89%는 어두운 성격 특성이 적당히 중간 정도 있음을 의미한다).

[그림 7.3]의 리더는 위험에 처하게 되면 의사결정 과정을 늦추고 리더로서 헌신하며 팔로워들에게 필요한 자원을 공급하여 일을 달성하도록 지원하기보다는 사람들을 세세하게 관리하는 모습을 보이는 경향이 있다.

사람들은 스트레스를 받게 되면 다르게 행동하는데 어두운 성격 특성들과 연관된 행동들은 리더가 스트레스에 보다 효과적으로 대처하도록 돕는다.

둘째, 어두운 성격 특성들은 전형적으로 스트레스가 심한 상태나 위기의 순간에 나타나며 스트레스를 다스리는 기제이기도 하다. 사람들은 스트레스를 받게 되면 다르게 행동하는데 어두운 성격 특성들과 연관된 행동들은 리더가 스트레스에 보다 효과적으로 대처하도록 돕는다.

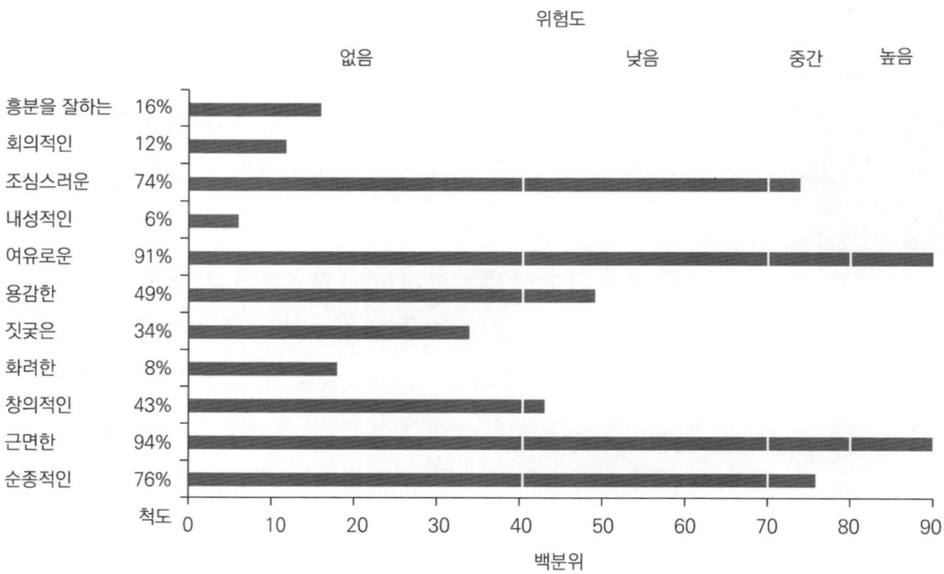

[그림 7.3] 리더십 챌린지 프로파일

출처: Adapted with permission of Hogan Assessment Systems.

문제는 비록 리더의 행동이 스트레스에 대처하는 리더의 능력에 긍정적인 영향을 미치기는 하지만, 리더가 보이는 이 같은 행동이 팔로워들의 동기와 수행에는 부정적인 영향을 미친다는 것이다. 고함을 지르고 발끈하며 성을 내는 것이 리더의 흥분이나 열을 가라앉히는 것에 도움을 줄 수 있을지 모르지만, 팔로워들로 하여금 살얼음판을 걷는 기분이 들게 하거나 자신이 리더의 다음 비난 목표가 되지는 않을까 두려움에 떨게 만들 수도 있다.

셋째, 어두운 성격 특성들은 팔로워 역할을 하는 사람들보다 리더의 자리에 있는 사람들의 수행에 더 큰 영향력을 가진다. 개개인은 여유롭거나 신중한 성향을 가질 수 있으나 사람들을 동원하여 일을 수행해야 하는 역할이 아니라면, 이와 같은 성향을 지닌 사람들이 최고 리더의 위치에 있을 경우보다 업무 부서나 조직에 미치는 영향은 적을 것이다. 의심할 여지없이 이러한 특성을 지닌 사람들과 함께 일하는 것이 즐겁지는 않겠지만, 이들이 팀을 이끄는 리더가 아니라면 이러한 개인들의 비생산적인 성향들이 팀에 치명적인 영향을 미치지는 않을 것이다.

어두운 성격특성들은 일반적으로 리더가 자신의 대중적인 이미지에 주의를 기울이지 않을 때만 명백하게 나타나기 마련이다.

넷째, 어두운 성격특성들은 일반적으로 리더가 자신의 대중적인 이미지에 주의를 기울이지 않을 때만 명백하게 나타나기 마련이다. 즉, 리더가 다른 사람들에게 자신이 어떤 모습으로 비춰질 것인가에 신경을 쓰고 있을 때는 사람들은 이들의 어두운 성격과 관련된 행동들을 볼 수 없을 것이다. 이러한 성향들은 리더들이 어떤 과제 달성에 집중하거나 다중작업을 하는 위기의 순간에 처해 있는 등 스트레스 상황하에 있을 때 혹은 마음 편한 사람들에 둘러싸여 있어 스스로의 "울타리를 내려놓았을 때" 더 잘 드러날 확률이 높다.[33,40,41,64,70-72] 대부분의 리더십 위치와 연관되어 있는 높은 스트레스, 도전과 복잡성 등은 리더들이 그들의 어두운 성격적 특성을 드러내기에 충분히 준비된 조건을 형성해준다.

다섯째, 대부분의 어두운 성격 특성들은 사회적인 기술과 서로 관련되어 있어 인터뷰나 진단평가 센터 또는 긍정적인 성격 검사 도구 등으로는 발견해 내기가 쉽지 않다.[5,41,64,68,70-72] 즉, 대담하고 해를 끼치며 다채로우며 상상력이 풍부한 어두운 성격 특성을 가진 사람들은 대개 인터뷰를 잘 해낸다. 이러한 성격 특성을 가진 사람들이 인터뷰에서 보여준 수행으로 인해 채용되는 경우가 많다. 어느 정도 시간이 지나 업무 수행을 하는 과정에서 이들의 어두운 성격 특성들이 비로소 나타나기 시작한다.

여섯째, 11가지 어두운 성격 특성들은 성격의 5요인 모형(FFM)의 극단과 관련되어 있다. 예를 들어, 근면함은 극단적으로 높은 의존성 점수와 연관되어 있으며, 흥분을 잘 하는 기질은 극단적으로 낮은 적응성 점수와 관련되어 있다. 그러나 어떤 개인이 극단적으로 높거나 낮은 FFM 점수를 가진다는 것이 반드시 그에 상응하는 어두운 성격 특성을 가지고 있다는 것을 의미하지는 않는다. FFM과 어두운 성격 특성 사이에 보다 강한 관련성이 있다는 것이다.[33,64]

일곱 번째, 어두운 성격 특성과 관련된 행동들은 리더십의 어느 단계에서나 나타날 수 있으며, 이러한 리더가 똑똑하고 경험이 많으며 독특한 기술을 가지고 있기 때문에 많은 조직들이 이들의 행동을 참아내는 것이다. 대담성이 있는 사람들은 조직에서 승진하는 것에 특히 능숙하기도 하다. 적정량의 자기연민과 대담성을 가진 리더들은 새로운 과제에 재빨리 자원하며, 불가능해 보이는 도전에 착수하고, 과제 수행에 필요한 시간, 물질 자원과 노력의 양을 계속해서 과소평가한다. 이러한 리더들은 외향적으로 불가능해 보이는 일들을 해내고 그 업적으로 인해 승진하게 되는 경우도 있다(예: 영화 *Aviator*에서 Howard Hughs의 경우). 그러나 일이 잘못되어 갈 경우(그러한 경우는 종종 발생한다), 이 같은 리더들은 재빨리 다른 사람들이나 상황 때문이라고 하여, 결과적으로 스스로의 실수로부터 절대 교훈을 얻고 배우지 못한다.[64,68,70,72,75-79]

어두운 성격 특성에 관한 마지막 측면은 이러한 성향이 무능한 관리자가 주요한 원인이라는 것이다. 어두운 성격 특성은 만연해있지만(누구나 적어도 한 가지는 가지고 있다), 인터뷰나 이력서와 같은 가장 흔한 선발 방법으로는 사실상 탐색해 내는 것이 불가능하다. 이러한 성향은 많은 업무량, 스트레스와 극도의 피로로 인한 소진상태와 같은 스트레스가 심할 때 나타나게 된다.

유능한 관리자는 자신의 어두운 성격 특성을 파악하고 이러한 성향이 팔로워들에게 미치는 영향을 약화시키는 방법을 찾아내는 사람들이라고 하였다.

4장에서 **유능한 관리자**는 자신의 어두운 성격 특성을 파악하고 이러한 성향이 팔로워들에게 미치는 영향을 약화시키는 방법을 찾아내는 사람들이라고 하였다. **결과 중심 관리자**들은 흥분을 잘 하고 대담하고 근면한 성향이 있으며, **치어리더형**은 손을 쓰지 못하는, 느긋하게 유해하며 의무를 이행하는 경향을 괴로워한다. **명목상 리더**는 종종 회의적이며, 신중하며 상상력이 풍부한 어두운 성격 특성과 관련된 행동들을 보인다.

거의 모든 사람들이 이러한 어두운 성격 특성을 가지고 있다면, 조직과 개인들은 이에 어떻게 대처할 수 있을까? 가장 먼저, 리더와 리더가 될 사람들은 자신의 어두운 성격 특성을 알아둘 필요가 있다. 신뢰할 수 있는 다른 사람들에게 자신이 스트레스하에서 어떻게 행동하는지 혹은 어떤 행동들이 자신의 팀 형성 능력을 방해하는지 묻거나 또는 어두운 성격 특성 측정 도구를 사용하여 진단해 볼 수도 있다. 이러한 비생산적인 성향들이 밝혀지면, 리더들은 이러한 성향들이 나타내는 또는 나타날 확률이 높은 상황을 이해할 필요가 있다. 이러한 어두운 성격 특성들은 심한 스트레스나 업무 상황에서 발생하게 될 확률이 높으므로, 스트레스와 업무량을 잘 조절하는 것이 이러한 성격 특성이 나타나게 될 확률을 줄이는 데 도움을 줄 수 있을 것이다. 어두운 성격 특성과 이러한 성향이 나타나는 상황만을 단순히 인지하는 것은 비생산적인 리더십 행동들이 나타나는 것을 조절하는 수준과는 거리가 있다. 스트레스를 감소시키는 테크닉을 시도해 보거나 신뢰할만한 팔로워가 리더가 어두운 성격 특성을 나타낼 때 일깨워 주도록 하는 것도 리더의 이러한 성향을 조절하는 데 도움이 될 수 있다. 마지막으로, FFM 차원에서 높은 적응성 점수를 보이는 것은 낮은 점수를 가진 리더에 비해 스트레스에 더 잘 대처할 수 있는 것으로 보이기 때문에 이러한 성향을 다루는 데 도움이 될 수 있다.

어두운 성격 특성들은 심한 스트레스나 업무 상황에서 발생하게 될 확률이 높으므로, 스트레스와 업무량을 잘 조절하는 것이 이러한 성격 특성이 나타나게 될 확률을 줄이는 데 도움을 줄 수 있을 것이다.

어두운 성격 특성의 부정적인 결과

하이라이트 7.2

U.S Navy는 1999년부터 2004년까지 최소 80명의 부대장을 다양한 성과문제로 인해 해고하였다. 약 1/3 정도는 함선의 충돌이나 승무원들의 죽음과 같은 사고 때문에 해고되었다. 하지만 또 다른 해고의 이유들은 간통, 부하직원들과의 적절하지 못한 관계, 지나친 음주와 같은 부적절한 행동 때문이었다. 좋은 소식은 U. S Navy의 1,300명의 부대장 중 극히 일부만이 해고되었다는 점이다. U. S Navy 중 어두운 특성(이런 특성들의 최소한의 징후)의 만연함이 꽤 낮은 것처럼 보인다. 하지만 이 점을 기억해야 한다. 어두운 경향이 보이는 많은 장교들이 승진에 실패하거나, 자발적인 퇴임을 하거나 혹은 해임당했거나, 이것도 아니면 부대장 자리를 맡기 전에 이곳을 떠났다는 사실이다. U.S Navy에서는 성공적인 계획 시스템을 운영하고 있었고, 이로 인해 많은 장교들이 부대장 자리를 맡기 전에 제외되었다. 부대장의 위치를 차지하고 있는 일부 장교들도 어두운 측면의 행동들을 드러내고 있었을 듯하지만, 이러한 경향들은 해임을 하기에 충분한 이유가 되지 않았던 것으

로 보인다(하지만 부하 직원들에게는 지옥 같은 생활이었을지도 모름).

나쁜 소식은 U. S 군인들보다 **비즈니스 세계에서 권위가 있는 중요한 위치에 있는 사람들 중에 어두운 측면의 특성을 드러내고 있는 경우가 훨씬 높다는 점이다.** 1978년부터 2002년까지 연방법규에서는 공공무역상사에 의해 재정상의 허위진술 관련 585개의 수사에 착수했다. 이 수사에서 657개의 회사의 2,310명이 연루되었고, 165억 달러의 벌금과 개인 벌금이 과해졌고, 그들이 일하는 회사에는 84억 달러라는 손실을 끼쳤음이 드러났다. 이런 금전적 손실은 단지 두 가지 어두운 측면(**대담한, 해를 끼치는**)의 특성을 갖고 있는 개인과 회사 때문이었다. 공기업이건 사기업이건 **권위가 있는 위치의 사람들이 드러내는 어두운 측면의 특징을 체크하지 않는다면, 이것이 주요한 이유가 되어 생산성의 손실과 연관된 비용, 낮은 도덕성, 높은 이직으로 인해 휘청거리게 될 것이다.**

출처: Associated Press, "Navy Assesses Troubling Performance Problems Among Commanding Officers." *Minneapolis Star Tribune*, December 23, 2004, p. A3; K. Cools, "Ebbers Rex." *The Wall Street Journal*, March 22, 2005, P. B2

7.3 지능과 리더십

7.3.1 지능이란?

지능과 리더십 사이의 첫 번째 공식적 연계는 기원전 1115년쯤 중국에서 확립되었는데, 중국 왕조에서 어떤 시민이 그들이 설립한 나라를 다스리는 데 주요한 리더십 역할을 할 수 있을지를 결정하는 표준화된 테스트를 사용한 데서 비롯된다.[80] 미국에서 잠재적인 리더를 발견해내기 위해 지능검사를 사용한 것은 1차 세계대전으로 거슬러 올라가며 대체로 이러한 지능 검사의 활용은 오늘날까지도 지속되고 있다. 100년 넘게 실시되어온 체계적이며 폭넓은 연구 결과에 따르면 일반적으로 지능이 인간사에 있어 상당한 역할을 한다는 것을 뒷받침하는 수많은 증거가 있다.[81-90] 지능과 지능검사는 여전히 사회과학 분야에서 가장 논쟁적인 주제이기도 하다. 유전과 환경이 지능에 어떠한 영향을 미치는가, 지능검사가 공립학교에서 사용되어야 하는가, 또는 민족에 따라 평균 지능 검사 점수에 차이가 발생하는가와 같은 질문들은 많은 논쟁을 초래하기도 한다. 그러나 여기서 우리는 이러한 논쟁은 건너뛰도록 하겠다. 우리는 지능과 리더십의 관계에만 초점을 둘 것이다.

우리는 **지능**이란 어떤 사람이 생각에 의해 지배되는 활동에서 보이는 전반적인 효과성이라고 정의한다.[81,91] 그렇다면 이러한 지능의 정의가 리더십과 어떠한 관계가 있을까?

연구 결과에 의하면, 보다 똑똑한 리더들은 더 빨리 배우며, 가정, 추론, 추리 등에 더 뛰어나며, 흥미로운 비전을 더 잘 만들어내고, 비전을 현실화하는 전략개발에 더 뛰어나며, 문제에 대한 더 나은 해결방법을 찾아내고, 의사결정에 대한 주요한 결과와 부차적인 시사점들을 더 잘 파악하며, 상대적으로 덜 똑똑한 리더들에 비해 재빠르다는 것이다.[4,7,50,66,86-90,92-100] 그러므로 높은 지능과 연관된 행동들로 인해 더 똑똑한 리더가 상대적으로 그렇지 않은 리더에 비해 목적 달성을 위해 그룹에 영향을 미치는 데 어떻게 더 성공적인지를 쉽게 찾아볼 수 있다. 그러나 성격 특성처럼, 지능 하나만으로 리더십 성공을 보장하는 것은 충분하지 않다. 비교적 덜 똑똑한 사람들도 위대한 리더가 되는 것처럼, 수많은 똑똑한 사람들이 실패한 리더가 되는 경우가 허다하다. 그럼에도 불구하고, 많은 리더십 활동들은 어느 정도의 의사결정, 문제해결 능력과 관련되어 있는 것으로 보이며, 이는 리더의 지능이 리더십 성공 확률에 영향을 미칠 수 있다는 것을 의미한다.

성격 특성처럼, 지능 하나만으로 리더십 성공을 보장하는 것은 충분하지 않다.

[그림 7.4]에 나타난 것처럼, 지능은 비교적 변화시키기 어렵다. 이는 또한 성격처럼 보이지 않는 특성이며 관찰되는 행동에 의해서만 추론될 수 있다. 더구나, 지능은 모든 상황에서 동등하게 행동에 영향을 미치지 않는다. 단순한 일과를 따르거나 하는 활동들은 다른 활동에 비해 지능에 대한 의존도가 적다.[89,99] 마지막으로, 여기서 지능에 대한 우리의 정의는 지능이 고정된 양을 가진다는 것을 의미하지 않는다는 것을 강조해야 할 것 같다. 비록 유전적인 요인이 어느 정도 역할을 하기는 하지만, 지능은 교육과 경험을 통해 변할 수 있다.[81,86-88,91,97,99,101,102]

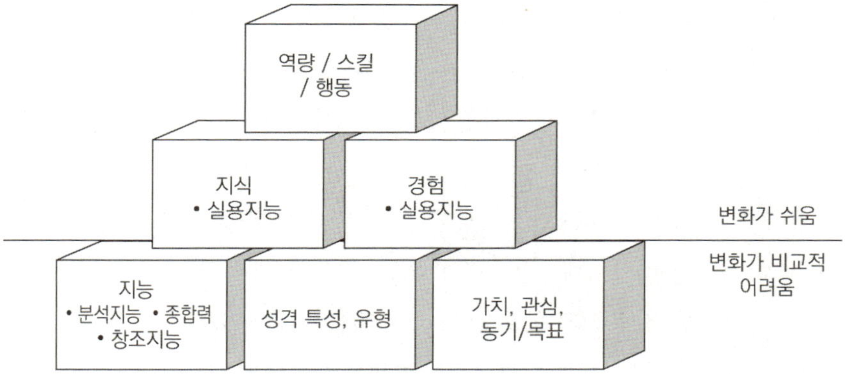

[그림 7.4] 기술의 블록

출처: © 1991-2000 Personnel Decisions International Corporation. Reprinted with permission.

삼원지능이론은 리더가 복잡한 정신 문제를 해결할 때 어떻게 정보를 종합하고 통합하는지, 어떤 가정과 시행착오가 생겨나는지 등 주로 리더가 무엇을 하는지 그의 행동에 초점을 둔다.

분석적 지능(analytical intelligence)은 일반적인 문제해결 능력으로 표준화된 정신 능력 검사를 사용하여 진단될 수 있다. 높은 분석적 지능을 가지는 리더와 팔로워들은 학습이 빠르고, 학교에서 뛰어나며, 사건들 간에 연계성을 잘 파악하고, 낯선 정보를 종합하여 비교적 정확한 추론을 해내는 능력을 가지기 때문에 분석 지능은 중요하다.

7.3.2 삼원지능이론

지능과 리더십 효과성 사이에 긍정적인 관련성이 있기는 하지만, 지능의 본질에 관한 논쟁은 여전히 계속되고 있다. 많은 심리학자들이 지능의 구조를 이해하기 위해 노력해 왔다. 지능은 단일 능력인가 아니면 유사한 정신적 능력의 집합체로 이루어져 있는가?[22,91,94,103] 심리학자들은 몇 가지 정신능력을 이해하는 것보다 복잡한 정신노동 과정이 훨씬 더 중요하다고 말한다.[85,88,104] 지난 20년간 개발되어온 지능 관련 이론 중 가장 포괄적이며 매력적인 이론 중 하나는 Sternberg의 지능에 대한 **삼원지능이론**이다.[85,86,87,97] 이 이론은 또한 리더십에 매우 중요한 시사점을 제시한다. 삼원지능이론은 리더가 복잡한 정신 문제를 해결할 때 어떻게 정보를 종합하고 통합하는지, 어떤 가정과 시행착오가 생겨나는지 등 주로 리더가 무엇을 하는지 그의 행동에 초점을 둔다. 삼원지능이론은 세 가지 지능으로 분류된다. **분석적 지능**(analytical intelligence)은 일반적인 문제해결 능력으로 표준화된 정신 능력 검사를 사용하여 진단될 수 있다. 높은 분석적 지능을 가지는 리더와 팔로워들은 학습이 빠르고, 학교에서 뛰어나며, 사건들 간에 연계성을 잘 파악하고, 낯선 정보를 종합하여 비교적 정확한 추론을 해내는 능력을 가지기 때문에 분석 지능은 중요하다.

그러나 분석 지능이 설명하지 못하는 부분들이 여전히 많이 남아있다. 표준화된 테스트에서는 높은 점수를 보이지만 실생활에서는 그렇지 못한 사람들이 있는 반면, 어떤 사람들은 표준화된 지능 검사에서는 낮은 점수를 보이지만 실질적인 문제에 대한 기발한 해결책을 개발해 내기도 한다.[86,87,97-99,105] 예를 들어, Sternberg와 연구자들은 정신지체 학생들이 학교에서 실시한 표준화된 검사에서는 매우 낮은 점수를 보였으나 그 학교의 정교한 보안 시스템을 무너뜨리는 방법을 지속적으로 발견해낸 사례를 설명하였다. 이러한 경우, 학생들은 비교적 높은 수준의 **실용 지능**(practical intelligence)을 지닌 street-smart라고 할 수 있다. 세상 물정을 잘 아는 사람들은 그렇지 못한 사람들과 비교해볼 때, 그들이 필요한 것을 얻기 위해, 새로운 상황에 어떻게 적응하고 선택해야 하는지를 안다(예: 뉴욕 도시 한복판에서 전형적인 컴퓨터 마니아와 도심 지역의 아이가 길을 잃었을 경우를 생각해보라). 즉, 실용 지능은 어떻게 일이 이루어지는지를 알고 어떻게 그것을 하는지를 아는 것과 관련되어 있다. 리더의 실용지능은 중요한데, 업무 수행결과가 좋지 않은 부하직원을 대하거나, 고객과의 문제 해결, 또는 팀원들이 서로 더 잘 협력하여 일하게 하도록 하는 것과 같은 특정 리더십 상황에 직면할 때 무엇을 해야 하며, 어떻게 해야 하는지를 아는 것과 관련되어 있다.[106]

실용 지능은 어떻게 일이 이루어지는지를 알고 어떻게 그것을 하는지를 아는 것과 관련되어 있다.

리더십 효과성에 대한 잠재적인 중요성 때문에 실용 지능을 다른 측면에서 살펴볼 수 있다. 첫째, 실용 지능은 분석 지능에 비해 지식과 경험과의 연관성이 높다([그림 7.4] 참고). 리더는 자신의 리더십 지식과 경험을 쌓으면서 실용 지식을 축적해 나갈 수 있다. 따라서 이 다양한 경험을 쌓고 그 경험들에 대하여 반추하는 것이 또한 실용 지능을 축적해 나가는 데 도움이 될 것이다. 그러나 어떤 주제를 진정으로 숙달하는 데 10년이 걸린다는 연구결과가 보여주듯이 리더십에 "전문가"가 되는 데에는 시간이 필요하다는 것이다.[107]

둘째, 실용 지능은 주제에 따라 달라진다. 제약사에서 연구팀을 이끈 지식과 경험이 많은 리더가 자선 행사를 위한 지원금 모집을 이끌게 된다면, 그는 물을 떠난 오리처럼 느끼며 잘 적응하지 못할지도 모른다. 예를 들어, 이 책의 저자 중 한 분이 십만 명이 넘는 조직원을 가진 매우 성공적인 제조업에 근무한 적이 있다. 요직의 리더들 모두가 20여 년이 넘는 상점 경영과 판매 경력을 가지고 있으나, 이들은 표준화된 지능검사 점수에서 매우 낮은 점수를 보였다. 이 회사는 실용지식을 바탕으로 미국 내에서는 성공적으로 사업을 확장해 갔으나, 해외 시장으로의 확장을 위한 시도는 끝없는 실패로 고전을 하였다. 이러한 실패의 일부 원인으로 다른 나라 문화의 복잡 미묘한 부분을 이해하고 배우는 것에 대한 리더들의 무능함(분석 지능), 해외 시장에 대한 경험과 지식의 부족(실용 지능), 이에 따른 해외에서 사업을 경영하는 데 있어 부적절한 전략의 개발(분석 지능과 실용 지능의 조합)을 들 수 있다. 그러므로 실용 지능은 유용한 환경에서 이끌 때는 매우 유용하지만, 리더가 새로운 환경에 접하게 될 때는 분석지능이 훨씬 중요한 역할을 하게 된다.

오늘날 많은 조직들은 성공에 필요한 지식과 기술을 가지며(실용 지능), 학습할 능력이 있는(분석 지능) 리더와 팔로워들을 찾는다.

셋째, 오늘날 많은 조직들은 성공에 필요한 지식과 기술을 가지며(실용 지능), 학습할 능력이 있는(분석 지능) 리더와 팔로워들을 찾는다.[86-88,97,99,108,109] 즉, 두 가지 지능을 함께 가져야 하는 중요성이 요구된다. 넷째, 높은 수준의 실용 지능이 낮은 수준의 분석적 지능을 보완할 수 있을지도 모른다. 낮은 분석 지능을 지닌 리더가 충분한 직무 관련 지식이나 경험이 있다면, 복잡한 문제를 해결하고 바른 의사결정을 내릴 수 있을 것이다. 그러나 모든 조건이 동일할 경우, 분석지능을 더 많이 보유한 리더는 분석 지능이 낮은 리더에 비해 자신의 실용 지능을 더 빨리 개발할 수도 있다. 분석지능은 어떤 주제에 대한 지식이 마스터되면 그 역할이 줄어들 수도 있지만, 새로운 상황을 마주하게 되면 보다 중요한 역할을 하게 된다.

창의 지능(creative intelligence)이다. 창의 지능이란 새로우면서도 유용한 것을 만들어내는 능력이다.

삼원지능 이론의 마지막 요소는 **창의 지능**(creative intelligence)이다. 창의 지능이란 새로우면서도 유용한 것을 만들어내는 능력이다. 창의 지능의 요소로서 이 두 가지 기준(새롭고 유용한)을 모두 활용하는 것은 채택된 해결책들이 현실적으로 시행되도록 함으로써 잠재적인 문제에 대한 이상한 해결책들을 제거하는 데 도움을 준다.[85,88,110-113] 실제 사례가 창의 지능의 새롭고 유용한 부분에 대한 개념을 명확히 하는 데 도움이 될 것이다. 3M의 포스트 잇 메모지 발명자는 교회 찬송가에 있던 북마크가 자꾸만 미끄러져 나가는 것에 좌절하다가 3M의 동료 과학자가 개발한 납작한 접착제에서 해결책을 찾아내었다.

창의성에 관련된 몇 가지 흥미로운 의문들 중 지능의 역할과 창의성의 진단에 관련된 것들이 있다. 연구 결과에 따르면, 분석 지능은 창의지능과 .5 유의성 수준에서 상관관계를 가진다.[112] 그러므로 분석 지능과 창의성은 연관되어 있지만, 이 관계는 매우 불완전하다. 어느 수준의 분석 지능은 창의성에 필수불가결해 보이기도 하지만, 높은 분석 지능을 지닌 것이 그 리더가 창의적이라는 것을 보장하지는 않는다. 실용 지능처럼, 창의성은 어떤 분야에 따라 다르게 나타난다. 빌 게이츠가 음악을 작곡하지 못하고 마돈나가 수학을 잘하지 못하는 것처럼 말이다.[86,91,110,112,114-116]

수렴적 사고 검사는 대부분 하나의 답을 가지며, 대부분의 지능 및 적성 검사가 여기에 해당한다. 반대로 창의성이나 확산적 사고 검사들은 가능한 많은 답을 가진다.

이와 더불어, 창의성을 실제로 진단한다는 것은 간단한 문제가 아니다. 창의성 또는 **확산적 사고** 검사는 수렴적 사고를 진단하는 검사들과는 매우 다르다. **수렴적 사고** 검사는 대부분 하나의 답을 가지며, 대부분의 지능 및 적성 검사가 여기에 해당한다. 반대로 창의성이나 확산적 사고 검사들은 가능한 많은 답을 가진다.[117] Sternberg와 연구자들이 다양한 응답의 상대적 창의성을 신뢰성 있게 판단하는 것이 가능하다는 것을 보여주기는 하지만, 창의성을 판단한다는 것은 수렴적 사고 검사를 채점하는 것보다 훨씬 어렵다는 사실이 여전한 문제로 남아 있다. 예를 들어, 영화, 마케팅 광고, 또는 새로운 제조 과정이 정말 창의적인지를 결정하는 정해진 기준이나 정답은 없다. 창의성을 진단하는 것의 또 다른 어려움은 시간이 지남에 따라 그 추이가 변할 수도 있다는 것이다. 대부분의 창의적인 사람들은 때때로 정체기나 슬럼프를 가지는 것으로 보인다.

7.3.3 창의 지능의 구성요소

창의력은 일곱 가지 요소들(종합력, 분석 지능, 실용 지능, 사고양식, 성격 요인, 내적 동기와 환경적인 요인[87,97,104,111-113,118-122] 등)로 구성된다(<표 7.3>). **종합력**(synthetic ability)은 우리가 전통적으로 창의성으로 여기는 것으로, 이 기술은 사물을 새로운 방식으로 보도록 하거나 새로운 유형이나 연계성을 인지하도록 돕는다. 분석 지능은 여러 가지 해결책을 평가하는 것에 도움을 주며, 실용 지능은 어떤 새로운 해결책을 고안할 것인가를 결정하는 지식과 경험의 기반을 제공해준다. 이 세 가지 구성요소들은 창의성 과정에 매우 중요하며, 이러한 요소가 부족한 리더들은 이 세 가지 모두를 지닌 리더에 비해 덜 창의적인 것이다.[89,97,112]

분석 지능은 여러 가지 해결책을 평가하는 것에 도움을 주며, 실용 지능은 어떤 새로운 해결책을 고안할 것인가를 결정하는 지식과 경험의 기반을 제공해준다.

〈표 7.3〉 창의 지능의 구성요소

종합력: 이 기술은 사람들이 외관상으로 전혀 관계없는 이슈나 개념에 대해 새로운 방식으로 인식하기를 돕는다.

분석적 지능: 문제의 잠재력 해결 유용성에 대한 평가를 돕는다.

실용적 지능: 문제의 새로운 해결책은 관련 지식이나 경험을 기반으로 한다.

사고: 존재하는 방식의 변경을 원하거나 새로운 해결방식으로 다시 시작한다.

성격적 요인: 낮은 신중성, 높은 경험의 개방성, 높은 외향성 점수는 창의성과 관련이 있다.

본질적인 동기: 문제가 개인적으로 관심 있는 것일 때 사람들은 보다 창의적인 해결책을 제시한다.

환경적 요인: 지지적 리더십, 시간의 무제한, 팀의 안정성, 약한 사회적 결합은 문제 해결을 위한 창의성 개발과 관련이 있다.

사고양식은 종합력과 관련 있다. 사고양식 그 자체가 능력은 아니지만, 보유하고 있는 능력들을 활용할 때 선호하는 방식이다.[123,124] 예를 들어, 어떤 사람들은 기존의 제품이나 과정을 개선시키고 변화시키는 것을 선호하는 것 같다. 제조업 공장의 관리자는 고객의 요구에 부응하기 위해 기존 제품의 생산 스케줄이나 장비를 수정하거나 바꾸는 데 매우 능숙하다.

한편, 완전히 새로운 제품을 개발하는 것을 선호하는 사람들도 있다. 맥주회사를 위한 새로운 캠페인을 개발하는 과제를 맡은 리더는 원시인이나 카멜레온 같은 주의집중을 시키는 장치들을 활용해 홍보 광고를 만들 수도 있다. 이러한 두 가지 사례는 **적응적 사고 양식**과 **혁신적 사고 양식**의 차이점을 잘 보여준다. 먼저, 적응적 사고양식을 지니는 사람들은 현재의 제품이나 과정을 수정하는 것을 선호하는 반면, 혁신자들은 완전히 새로운 제품이나 과정을 창조해내는 것을 선호한다.[125] 적응자와 혁신자들 모두 같은 수준의 종합능력을 가지고 있을지 모르지만, 이러한 능력들을 이들은 다른 방식으로 사용하는 것으로 보인다. 미국 회사들은 새로운 테크놀로지를 개발하는 것에 능숙한 반면, 일본 회사들은 기술을 개선시키고 사업화시키는 효율적인 방식을 찾아내는 것에 뛰어나다.

적응적 사고양식을 지니는 사람들은 현재의 제품이나 과정을 수정하는 것을 선호하는 반면, 혁신자들은 완전히 새로운 제품이나 과정을 창조해내는 것을 선호한다.

성격 요인들 또한 창의성에 영향을 미치는 것으로 보인다. 보다 구체적으로, 높은 수준의 자신감, 독립성, 에너지(시너지), 위험감수, 충동적 성향(의존성), 호기심(개방성)을 가진 사람들은 자신감이 결여되어 있고 순응적이며 새로운 경험에 덜 개방적인 사람들에 비해 창조적인 것으로 보인다.[112,119,126-129] 또한 사람들은 어떤 주제나 문제 자체에 의해 내적으로 동기화되거나 도전을 받거나 창의적인 모습을 보이도록 기대를 받게 된다면, 보다 창의적이 될 수도 있다.[86,119,121,130,131] 창의적인 사람들은 기한을 맞추거나 돈을 벌거나 다른 사람들을 감동시키는 것이 아닌 당면한 문제를 해결하는 것에 주의를 더 집중하는 경향이 있다. 끝으로, 몇 가지 상황적 또는 환경적 요인들이 창의성과 연관되어 있다. 복잡하고 도전적인 직무를 하는데 통제하기보다는 지원해주는 리더하에서 일하는 사람들은, 빡빡한 기한과 강한 통제력을 보이는 리더 밑에서 흥미롭지 않은 직무를 하는 사람들에 비해 창의성을 더 발휘할 수 있는 것으로 보인다.[96,121,129,132-135] 그룹의 몇 가지 측면들도 창의성에 영향을 미친다. 그룹의 크기가 중요해 보이지는 않지만, 명확한 목적을 가지고 과제 중심적이며, 상호 협력과 참여가 있는 팀들은 이러한 요소들이 결여된 팀들에 비해 훨씬 혁신적인 문제 해결책을 개발해내는 경우가 종종 있다.[136,137] 또한 팀의 안정성 또한 창의성에 영향을 미치는 경우도 있다. Amabile과 Conti는 기업의 업무나 조직의 규모를 줄이는 일을 겪기 전, 중, 후의 조직에 대해 연구하였는데, 이러한 변화의 과정에서 상대적으로 변화를 겪지 않고 그대로 남아있는 팀들은 특허출원 측면에서 와해된 팀들에 비해 훨씬 더 창의성이 뛰어난 것으로 보고되었다. 또한 시간과 자원 측면에서 창의성을 위한 조직의 지원이 개별 조직원의 창의성에 주요한 요인으로 나타난다.[138,139]

결속력이 높은 팀들은 대부분 유사한 가치를 공유하는 경향이 있기 때문에 팀원들은 세상을 바라보는 시각이 유사한 경우가 많다.

창의성에 영향을 미치는 또 다른 요인은 팀의 응집력이다. 높은 수준의 응집성을 지니는 팀들이 그렇지 않은 팀들에 비해 보다 창의적일 것이라고 생각할지 모르지만, 연구결과에 따르면 정반대의 경우가 사실이다. 결속력이 높은 팀들은 대부분 유사한 가치를 공유하는 경향이 있기 때문에 팀원들은 세상을 바라보는 시각이 유사한 경우가 많다. 서로 다른 가치를 지니는 팀원들 사이에 충돌이 일어날 확률이 높을 것 같지만, 이들은 문제를 서로 다른 관점에서 볼 가능성이 있다. 사건들을 다양한 방식으로 바라보는 것은 창조적인 문제해결에 매우 중요하다.[137,140-142]

Chester Carlson은 어떤 문제에 대한 창의적이고 유용한 솔루션을 개발하는 데 일곱 가지 구성요소들이 어떤 역할을 하는지 설명하고 있다. 먼저, Carlson은 사무실의 업무에 혁신을 가져온 문서 복사과정을 발명하였다. 오늘날에는 복사기가 너무 당연시되어 대부분의 사람들이 이 발명품이 곧바로 채택되어 환영을 받았을 것이라고 가정할 것이다. 그러나 사실은 그렇지 않았다. 대부분의 사람들은 Carlson이 이 아이디어를 낸 후 22년이 지난 후에야 복사기가 상용화되어 제품으로 생산되었다는 것을 모른다. 당시 먹지의 사용이 주요했기 때문에 Carlson의 복사기에 대한 아이디어는 힘겨운 전투를 겪어야 했다(사람들은 '먹지가 있는데 왜 다른 것이 필요할까?'라고 생각했다). 문서를 복사하는 기계에 대한 아이디어는 확실히 상상력이 풍부한 것이었으며, 이것은 또한 그의 상당한 기술 전문성에서 비롯되었다.

창의적인 사고는 완전히 이성적이거나 의식적인 과정이 아니다. 많은 경우 우리는 상상력을 무의식적으로 발휘하게 된다.

창의적인 사고는 완전히 이성적이거나 의식적인 과정이 아니다. 많은 경우 우리는 상상력을 무의식적으로 발휘하게 된다. 사람들은 어떤 오래된 문제에 대한 해결책을 갑자기 생각해내기도 한다. 사람들이 어떻게 창의적인 사고를 하게 되고 이러한 무의식적인 과정을 이용하는지에 관해 많은 일화가 있다. 예를 들면, Albert Einstein은 아침에 면도를 하면서 가장 좋은 아이디어를 얻는다고 한다. 위대한 발명가인 Thomas Edison은 잠이 들려고 할 때 일어나는 정신의 활동이나 특이한 심상들을 포착하여 스스로를 깨우는 기술을 개발했다고 하였다. 이 사상가들은 쉬는 동안 일어나는 정신의 역량을 인지하였다. Einstein과 Edison이 그들의 비논리적인 정신 과정으로부터 나오는 아이디어를 받아들인 수용성은 그들의 천재성에 매우 중요한 부분이었다. 대부분의 사람들이 의미 없어 보인다고 여기며 무의식의 정신 활동을 무시하거나 억누를 때, 이들은 자신의 무의식을 삭제해 버리지 않고 이용할 수 있었다.

7.3.4 삼원지능 이론의 시사점

지능검사 점수와 리더십 효과성의 관계에 대한 200여 개 정도의 연구가 있다. 리더십 효과성과 분석 지능이 긍정적인 상관관계를 지니고 있다는 것을 지지하는 연구결과가 상당히 많이 있다.[1,2,3,4,7,143-147] 그럼에도 불구하고, 분석지능과 리더십 성공 사이의 상관관계가 예상했던 것만큼 강하지 않다는 것에 주목할 필요성이 있다. 분석 지능보다는 성격 특성이 리더십 효과성을 더 잘 예측하는 것으로 보인다.[7,8] 비교적 일정하고 변화가 없으며 고도의 제품이나 과정에 대한 지식을 필요로 하는 리더십 상황은 분석 지능보다는 성격이나 실용 지능에 더 중요성이 강조된다. 조직의 최고 경영자들의 수준에서 당면하게 되는 모호하고 복잡한 문제를 풀 때는 높은 수준의 분석 지능을 가지는 것이 더 중요하다. 이러한 경우 리더들은 외관상으로 관련 없어 보이는 정보들의 유형을 탐색하고 시장의 상황에 대한 정확한 예측을 하고, 합병과 인수 또는 매각 등에 대한 현명한 결정을 내려야 한다. 최고 경영자들과 관련된 높은 수준의 분석 지능에 대한 증거는 [그림 7.5]에 나타나 있다.

비교적 일정하고 변화가 없으며 고도의 제품이나 과정에 대한 지식을 필요로 하는 리더십 상황은 분석 지능보다는 성격이나 실용 지능에 더 중요성이 강조된다.

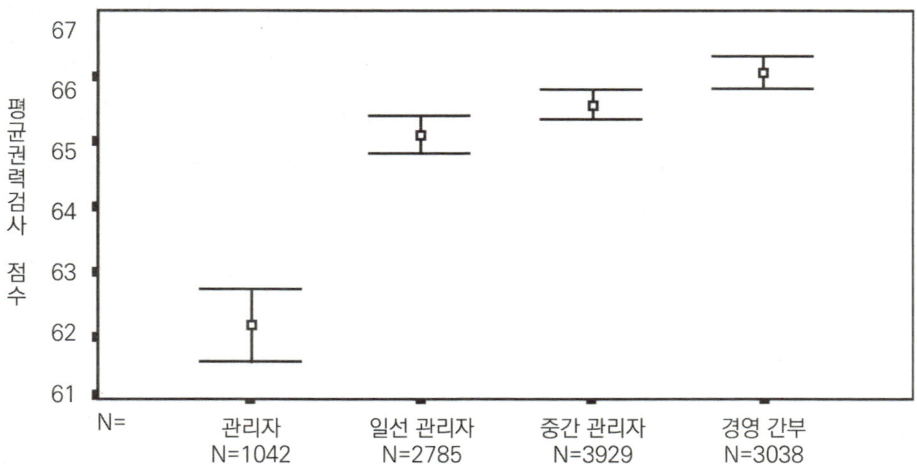

[그림 7.5] 직급에 따른 평균 지능 검사 점수

출처: N. Kuncel, “Personality and cognitive Differences among Management Levels.” Unpublished manuscript, Personnel Decisions International, Minneapolis, 1996.

높은 수준의 분석 지능은 일반적으로 리더에게 중요한 자산이기는 하지만, 연구 결과에 따르면, 어떤 상황에서는 분석 지능이 리더십 효과성과 비선형적 관계를 가진다. 리더와 팔로워들 사이의 분석 지능의 차가 너무 크면, 의사소통이 잘 이루어지지 않는다. 즉, 리더의 분석 지능이 팔로워들이 이해하기에는 어려운 것이 될 수 있다.[146,148] 분석 지능과 리더십 관계에 대한 비선형적 관계에 대한 또 다른 설명은 리더와 부하직원의 상호작용에 스트레스가 어떤 영향을 미치는지와 관계가 있다. Fiedler와 연구자들은 똑똑하지만 경험이 부족한 리더들은 덜 똑똑하며 경험 있는 리더들에 비해 스트레스 상황에서 덜 효과적이었다는 것을 보고하였다.[147,149,150] 이러한 결과는 영화 *Platoon*에서 미군 소대가 베트콩에 의해 기습 공격을 당하는 장면에서 명확하게 잘 그려진다. 경험이 없는 대학졸업자인 중위는 포병대의 도움을 요청한다. 그러나 그는 방향을 잘못 알려 적진에 떨어져야 할 포탄이 그의 소대에 떨어지게 한다. 이 상황은 경험 있는 사람이 상황을 판단하고 포병 부대에 발사를 중지할 것을 명령한 뒤에야 진정되었다. 이 예는 스트레스 상황에서 실용 지능의 중요성을 지적한다. 스트레스와 변화가 많은 상황에서 리더는 실제로 많이 했던 행동으로 돌아가며, 높은 수준의 실용 지능을 가진 리더들은 이러한 상황에 떨어졌을 때 상대적으로 폭넓은 문제해결과 대처 행동을 보인다. 오늘날 리더십의 지위와 함께 수반되는 많은 스트레스와 변화의 수준으로 인해 리더와 미래의 리더들이 교육과 경험을 통해 실질적인 리더십 기술을 체계적으로 향상시키는 것은 상당히 중요하다.

창의 지능과 관련하여 리더들이 기억해야 할 가장 중요한 점은 그들의 주요한 역할은 다른 사람들이 창의적이 될 수 있는 환경을 형성하도록 하는 것만큼 본인 스스로 창의적일 필요는 없다는 것이다. 이것은 리더들은 창의적일 필요가 없다는 것이 아니라 가장 혁신적인 아이디어의 뿌리는 문제나 기회에 직접 닿아있는 사람들로부터 나온다는 것이다. 리더는 여러 가지 방식으로 조직이나 그룹 내 창의성을 북돋을 수 있지만, 무엇보다도 창의적인 사람들을 선발하고 이들이 창의성을 개발할 수 있는 기회를 제공하고 창의성에 도움이 되는 다양한 조언과 도움을 제공함으로써 창의성을 신장시키도록 할 수 있다.[121,122,129,133,135,140,141,151,152]

창의성에 영향을 주는 그룹과 조직의 요인들을 향상시키기 위해 리더가 할 수 있는 일들이 있다. 리더는 창의성에 영향을 줄 수 있는 다양한 종류의 성과급과 보상에 대해 잘 알고 있어야 한다. 일에 대한 어떤 특정 동기가 다른 것에 비해 창의성에 더 효과적일 수 있다. 연구결과에 따르면, 사람들은 공개적인 인지도나 월급과 같은 외적인 동기보다 과제 해결의 기쁨과 같은 내적인 동기에 집중하라고 할 때 훨씬 창의적인 해결책을 찾아내는 경향이 있다. 이들이 창의성을 신장시킬 필요가 있을 때, 리더는 보상과 같은 외적인 동기를 가진 사람보다 내적으로 동기화되어 있는 팔로워들을 선발하는 것이 보다 효과적이라는 것을 발견하게 될 것이다.

일에 대한 어떤 특정 동기가 다른 것에 비해 창의성에 더 효과적일 수 있다.

〈표 7.4〉 창조성 킬러: 창조성을 억누르는 방법

팔로워의 창조성을 억누르고자 하는 리더들이 할 수 있는 행동들은 아래와 같다.

재량권과 자율성을 박탈하라: 사람들은 자신의 일에 어느 정도의 통제권을 가지기 원한다. Micro-managing(세세한 점까지 관리하기)은 예스맨을 만들어 내거나 업무로부터 정신적으로 분리되는 사람들을 만드는 것을 도울 것이다.

너무 세부적인 업무 스케줄을 만들어라: 사람들은 새로운 문제해결을 위해 방해받지 않고 일에 몰두할 수 있는 충분한 시간을 필요로 한다. 반복적인 간섭이나 새로운 문제해결을 위한 시간이라면서 다른 미팅을 기점으로 15분 정도의 시간을 배정한다면 창조적인 해결책을 내려는 능력을 파괴할 것이다.

불충분한 자원을 제공하라: 사람들은 창조성을 향상시키기 위해 적절한 데이터와 장비, 돈이 필요하다. 이러한 지원을 차단시킨다면, 창조성이 사라지는 것을 보게 될 것이다.

단기목표에 초점을 맞춰라: 지금 당장 창조적이 되도록 요구하는 것은 Chris Rock에게 당신을 처음 보자마자 웃기라고 하는 것과 같다. 충분한 시간이 주어진다면 사람들은 창조적이며 유쾌해질 수 있지만 단기간의 성과에만 초점을 두는 것은 창조성을 죽이는 일이다.

빡빡한 일정표를 만들어라: 일정과 마감일이 빡빡할수록 혁신은 감소될 것이다.

협업과 협동을 막아라: 베스트 아이디어는 다른 업무 경험과 배경을 가진 멤버들이 모인 팀으로부터 나오는 경우가 많다. 부서 간의 협력을 어렵게 함으로써 리더는 팀멤버들이 이미 시도해보거나 알려진 문제해결책만을 제시하는 것을 보장할 수 있다.

사람들을 계속 행복하게 해줘라: 만약 당신이 직원들을 계속 행복하게 해준다면 그들은 현재 상태를 벗어나려고 하는 동기부여가 되지 않을 것이다.

7.3.5 지능과 스트레스: 인지 자원 이론

Fiedler와 Garcia는 리더의 지능과 경험 수준, 그리고 스트레스 상황과 그렇지 않은 조건에서의 그룹의 수행 사이의 흥미 있는 관계를 설명하기 위해 인지자원이론(Cognitive Resources Theory: CRT)을 개발하였다.

어떤 상황에서는 지능이 리더에게 보다 중요한 자질이 될 수도 있다는 것에 주목하였다. 그러나 최근 연구에서 지능이 실제로 단점이 될 때가 있음이 제시되었다는 것을 알면 놀라게 될 것이다. 이러한 모순적인 결과에 영향을 미치는 주요한 변인은 리더가 스트레스 상황에 놓여있는가 아닌가에 달려있는 것 같다. 최근의 연구결과는 스트레스가 리더의 지능이 리더 자신의 효과성에 어떻게 영향을 미치는지에 주요한 역할을 한다는 것을 보여준다. 스트레스가 행동에 여러 방식으로 영향을 미친다는 것은 놀라운 것이 아니지만, Fiedler와 Garcia는 리더의 지능과 경험 수준, 그리고 스트레스 상황과 그렇지 않은 조건에서의 그룹의 수행 사이의 흥미 있는 관계를 설명하기 위해 인지자원이론(Cognitive Resources Theory: CRT)을 개발하였다.[156]

4장에서 처음 소개된 것처럼, 인지자원이론은 몇 가지 주요 개념으로 구성되어 있다. 이 중의 하나는 당연히 지능이다. Fiedler와 Garcia는 지능을 우리가 이미 알고 있는 개념으로 정의했다. 표준화된 지능 검사를 사용하여 전형적으로 측정되며(예: 분석 지능) 사고에 의해 결정되는 활동에서 보이는 다방면에 걸친 효과성을 의미한다.[149,156,157] 또 다른 주요 개념은 경험으로 습관적인 행동 유형, 숙달된 지식, 과제 관련된 문제를 효과적으로 다루기 위해 습득된 기술 등을 나타낸다(예: 실용 지능). 비록 경험이 종종 스트레스가 많고 불쾌한 조건하에서 얻어지기도 하지만, 경험은 또한 스트레스 상황에 처해 있을 때 되돌릴 수 있도록 "비상계획"을 제공하기도 한다.[147,149,157] Fiedler가 관찰한 것처럼, 사람들은 스트레스 상황에서 종종 다르게 행동하며 비상계획은 행동 유형의 이러한 변화를 설명해준다. 인지자원이론 연구의 대부분에서 경험은 직무나 조직에서의 시간으로 정의되어왔다. CRT 이론의 세 번째 주요 개념은 스트레스이다. 스트레스는 상위자와의 충돌 또는 수행 평가와 관련된 문제로 정의된다.[150,157]

이러한 대인관계 스트레스는 감정적으로 불안하게 여겨지며 문제해결 활동으로부터 주의를 분산시킬 수 있다.[158] 즉, 사람들은 자신들의 수행이 어떻게 평가받을지에 관해 걱정을 하게 되어 최적의 수행을 하지 못하게 될 수도 있다. 정리하면, 인지 자원 이론은 그룹의 수행에 영향을 미치는 리더의 행동이 스트레스 상황에서 어떻게 변하는지를 설명하는 개념적인 틀을 제공한다.

인지자원 이론은 지능, 경험, 스트레스와 그룹의 수행에 관련된 두 가지 주요한 예측을 한다. 첫째, 경험이 많은 리더는 의지할 수 있는 보다 다양한 행동의 목록을 가지고 있기 때문에, 높은 스트레스 조건하에서라면 경험이 많지만 지능은 낮은 리더는 수행수준이 높은 그룹을 갖게 된다는 가설이 세워진다. 경험이 많은 리더는 높은 스트레스 상황을 마주하게 될 때 "이미 많이 겪어본" 일이기에 무엇을 해야 하며 어떻게 일을 완수해내야 하는지에 대해 더 잘 알고 있기 때문이다. 그러나 낮은 스트레스 상황에서라면, 리더의 경험 수준이 수행에 방해가 될 수도 있다.

이것은 두 번째 가설로 연결된다. 경험은 습관적인 행동 유형을 이끌기 때문에 경험이 많은 리더는 창조적인 문제 해결책이 요구되는 문제들에도 오래된 해결책을 오용하려는 경향을 가지게 될 것이다.[147,149,157] 경험이 많은 리더는 새로운 문제에 마주하게 될 때, 상대적으로 스트레스 기간이 짧을 때조차도, 유효성이 증명된 방법에 지나치게 의존한다. 그러므로 높은 지능을 가졌으나 경험이 부족한 리더는 예전에 습득된 행동 유형에 의해 제한을 받지 않기에, 스트레스가 낮은 상황에서라면 높은 수준의 수행을 보이는 그룹을 이끌 것이다. 즉, 스트레스 상황에서라면 경험이 도움이 되지만, 스트레스가 없는 상황에서라면 경험은 오히려 수행에 방해가 되기도 한다.

스트레스 상황에서라면 경험이 도움이 되지만, 스트레스가 없는 상황에서라면 경험은 오히려 수행에 방해가 되기도 한다.

인지자원이론의 두 가지 주요 예측들은 일상생활에서 쉽게 관찰될 수 있다. 대부분의 운동팀, 군악대, 배우 또는 자원봉사 조직에서는 가장 똑똑하지는 않지만 가장 경험이 많은 사람이 리더로 선출된다. 다른 멤버들이 스포츠 이벤트나 대중 공연 등과 같은 높은 스트레스와 관계된 상황에서도 이들이 잘 수행해 낸다는 것을 인지하기 때문에 리더로 선택된다. 이와 같이 전투군대, 소방대, 고위임원과 학생을 대상으로 한 연구 결과들도 이 인지자원이론의 두 가지 원리를 잘 보여준다.[7,147,149,150,156,157]

이러한 경험적인 지지에도 불구하고, 인지자원이론이 가진 하나의 문제점은 지능과 경험 사이의 명백한 이분법과 관련되어 있다. Fiedler와 Garcia의 인지자원 이론의 초기 연구는 리더가 지능과 경험을 모두 가지고 있을 것이라는 가능성을 검토하지 않았다. Gibson에 의한 이후의 연구는 많은 리더들이 현명하면서도 경험을 보유하고 있을 뿐 아니라, 스트레스가 심한 상황에서는 경험에 의존하며, 스트레스가 심하지 않은 상황에서는 그룹의 문제 해결을 위해 그들의 지능을 활용한다는 것을 보여주었다.[150]

CRT와 관련된 또 다른 이슈는 스트레스를 인내하는 리더의 능력에 관한 것이다. Schonpflug와 Zaccaro가 정확히 지적한 것처럼, 어떤 리더들은 다른 리더들에 비해 높은 스트레스 수준을 잘 참아낼 수 있는 능력을 가지고 있을지도 모른다.[159,160] 어떤 리더들은 높은 적응성 점수로 표현되는 성격을 가지고 있으며, 이러한 리더들은 스트레스를 다루는 타고난 능력으로 인해 경험이 부족한 높은 스트레스 상황에서도 잘 해낼 수도 있다. 이러한 이슈에 대해서는 추후의 연구가 필요해 보인다.

CRT와 관련된 세 번째 이슈는 스트레스와 어두운 성격 특성에 관한 것이다. 어두운 성격 특성과 관계된 문제 있는 성향들은 스트레스를 받는 동안 더 나타나게 될 것이다. 스트레스를 많이 받는 동안 경험이 풍부한 리더들은 스트레스를 더 잘 참아낼 수 있거나 어두운 특성들이 나타나게 하는 것을 제한하는 방법을 배워왔을지도 모른다. 상대적으로 경험이 적은 리더들은 자신들의 어두운 성격 특성과 스트레스 상황에서 이 특성들이 어떻게 나타나는지에 대해 잘 알지 못했을지도 모른다. 어두운 성격 특성들의 표출이 CRT의 주요한 원리들에 모순되는 것은 아니지만, 왜 경험이 적은 리더들이 스트레스가 심한 조건에서 잘 수행하지 못하는지에 대한 설명을 제공할지도 모른다.

CRT의 주요한 원리들을 지지하는 탄탄한 증거들이 있어 보인다. 이러한 연구 때문에 CRT는 리더에게 몇 가지 중요한 시사점을 가진다. 첫째, 최고의 리더는 총명하고 경험이 풍부하다는 것이다. 지능검사가 선천적 정신능력에 대한 좋은 지표이지만, 높은 스트레스 상황에서 성공하기를 원한다면, 리더십 지식과 경험을 확장시키는 것도 중요하다. 리더십 지식과 경험을 확장시키는 것이 중요하다는 것은 오늘날에 더욱 중요하다고 할 수 있는데, 왜냐하면 기업의 업무나 조직의 규모를 줄이는 일이나(다운사이징) "직계간소화"와 같은 부가적인 스트레스가 과거보다 오늘날에 리더의 수행을 훨씬 더 면밀히 살펴보도록 하기 때문이다. 사실 이러한 부가적인 정밀조사는 이전에 성공적인 경험을 가진 리더라 하여도 스트레스가 높은 환경에서는 다소 잘 수행하지 못하게 만들 수도 있다.

둘째, 리더들은 그들이 어느 정도의 스트레스를 팔로워들에게 야기하는지를 잘 알지 못할지도 모른다. 만약 팔로워들이 자신들의 수행이 밀접하게 관찰된다는 것을 인지한다면, 그들은 비상계획으로 돌아가려고 할 것이다. 그러나 만약 어떤 문제에 대한 새롭고 참신한 해결책을 요구한다면, 리더의 행동은 역효과를 낳을지도 모른다. 여기서 주요한 점은 리더들이 자신이 팔로워에게 미치는 영향력을 잘 모를 수도 있다는 점이다. 예를 들면, 리더들은 팔로워에게 도움이 되려고 팔로워의 일을 더 밀접하게 검토하기를 원할 수도 있지만, 팔로워들은 이것을 그렇게 받아들이지 않을 수도 있다.

셋째, 리더를 선택하기 전에 그 지위에 내재된 스트레스의 수준을 이해할 필요가 있다. 높은 스트레스를 감당해야 하는 리더십 지위자를 선택해야 할 경우에는 경험이 많은 리더를 선택하거나 아니면 똑똑한 리더를 선택하되 스트레스 상황을 줄여야 한다.[149,161] 다른 대안으로는 더 지능이 높은 리더를 채용하되, 이들에게 일종의 스트레스 관리 프로그램에 참여하게 하여 스트레스의 효과를 최소화시키도록 하는 것이다.[149,157] 경험이 풍부한 리더가 낮은 스트레스 위치에 가게 되면 지루함을 느끼게 될 가능성도 있다.[162]

경험이 풍부한 리더가 낮은 스트레스 위치에 가게 되면 지루함을 느끼게 될 가능성도 있다.

7.4 감성지능과 리더십

7.4.1 감성지능이란 무엇인가?

리더십 기술의 축적 측면에서 보면, 6장은 리더십에서 가치가 차지하는 역할을 기술하였다. 이와 유사하게 이번 장에서는 밝은 성격 특성과 어두운 성격 특성이, 또한 분석적, 실용적, 창의적 지능이 어떻게 리더십 효과성과 관련되어 있는지에 관해 논의하였다. 즉, 사람들의 믿음과 그들이 어떻게 의사결정을 내리며 계획을 개발하며 사람들과 상호작용하며 스트레스에 대응하는지가 팀을 형성하고 성과를 내는 리더들의 능력에 영향을 미칠 수 있다는 점이다. 그러나 리더의 심기가 영향을 미치는가? 기분과 감정은 끊임없이 작용하지만 대부분의 사람들은 절친한 친구들 외에는 기분을 논하는 것을 주저한다. 리더의 심기가 팔로워들에게 긍정적으로도 부정적으로도 영향을 미친다는 면에서 전염성을 가지는 것처럼 보인다. 카리스마적이거나 변혁적인 리더들은 기대 이상으로 좋은 결과를 얻어내기 위한 촉매제로서 감정을 활용한다(13장 참고). 회사에서 감정의 중요성과 만연함을 고려해볼 때, 리더십 효과성과 리더의 기분에 관련된 연구가 많을 것 같지만 그렇지 않다. 리더십에 미치는 기분의 영향을 심각하게 살펴보기 시작한 것은 15~20년 정도밖에 되지 않았다.

리더의 감정과 팀 성과에 미치는 영향 사이의 관계에 대한 연구는 감성지능(EQ)을 쓴 Dan Goleman이라는 학자에 의해 많은 사람들에게 알려지게 되었다.[163] 그렇다면 감성지능이란 무엇이며, 이번 장에서 논의된 성격이나 세 가지 형태의 지능과 어떤 차이가 있는가? 안타깝게도 감성지능에 대해서 적어도 네 가지 주요 정의들이 있는 것 같다. 감성지능이라는 용어는 왜 똑똑한 사람들이 실패하게 되는지를 연구한 Peter Salovey와 John Meyer라는 심리학자들에게서 기인된다. 이들은 대부분의 리더들이 대인관계 기술이나 감각의 부족으로 인해 문제에 직면하게 된다는 것을 발견하고, 감성지능이란 자신의 감정뿐 아니라 다른 사람들의 감정을 인지하는 것을 도와주는 정신능력의 합이라고 정의하였다.[164] Reuven Bar-on은 감성지능은 인간의 효과성을 측정하는 또 다른 방법이라고 믿으며, 세상과 잘 어울려 살아가기 위해 일상생활에서 필요한 15가지 능력의 합으로 정의하였다.[165] Rick Aberman은 생각, 감정, 그리고 행동이 일치되는 정도를 감성지능으로 정의하였다. Aberman에 의하면, 리더들의 생각, 감정과 행동이 완벽하게 일치되는 영역에 있을 때 리더는 보다 효과적일 수 있다고 하였다.[166,167] 뉴욕 타임스의 과학기자인 Dan Goleman은 이러한 정의들을 실질적으로 확장시켜 "감성지능"이라는 책을 통해 이러한 개념들을 정리하였다.[163,168] Goleman은 인생에서 성공이란 그 사람의 분석적 지능이나 IQ보다 내적 동기, 좌절의 순간에 지속하는 능력, 감정관리, 적응력과 감정이입 능력 등에 달려 있다고 주장하였다. <표 7.5>는 감성지능에 대한 여러 학자들의 모형들을 비교한다.

〈표 7.5〉 감성지능의 혼합 모형과 능력 모형

능력 모형	혼합 모형	
Mayer, Salovey, & Caruso	Goleman et al.	Bar-On
감정인지	자아인지 • 감성적 인지 • 정확한 자기평가 • 자아 자신감	개인고찰적 • 자존감 • 감정적 자기 인식 • 주장 • 독립 • 자기 구체화
감정조절	자기 규제 • 자아 통제 • 믿을 수 있는 • 양심적인 • 적응성 • 혁신	적응 • 현실검사 • 융통성 • 문제해결
감정유발	동기 • 성취 • 책무 • 결단력 • 낙관론	스트레스 관리 • 스트레스 용인 • 충동조절
감정이해	감정이입 • 타인이해 • 타인개발 • 서비스 지향적 • 다양성 • 정치적 인식	대인관계 • 감정이입 • 사회적 책임 • 상호적 관계
	사회적 기술 • 영향력 • 의사소통 • 경영갈등 • 리더십 • 변화의 촉매제 • 빌딩본드 • 협업/협동 • 팀능력	일반적인 분위기 • 낙관론 • 행복

출처: R. Bar-On, *Emotional Quotient inventory*. North Tonawanda, NY: Multi-Health Systems, Inc., 2001; D. Goleman, *Working with Emotional Intelligence*. New York: Bantam Doubleday Dell, 1998; D. R. Caruso, J. D. Mayer, and P. Salovey, "Emotional Intelligence and Emotional Leadership." Mahwah, NJ: Lawrence Erlbaum Associates, 2002, pp. 55-74; online 출처: http://www.eiconsortium.org.

이러한 정의들은 감성지능에 관심을 가지는 사람들에게 혼동을 줄 수도 있지만, 감성지능에 관한 이 네 가지 정의들은 크게 두 가지 모형(능력모형, 혼합모형)으로 범주화될 수 있다. 능력 모형은 리더들이 생각하고 의사결정하고 계획하고 행동하는 것에 감성이 어떠한 영향을 미치는지에 초점을 맞추고 있다.[169] 이 모형은 감성지능을 독립되어 있으나 관련된 네 개의 능력으로 정의한다. 첫째, 자신과 다른 사람들의 감정을 정확히 인지하는 능력, 둘째, 생각과 행동을 촉진하는 감정을 유발하는 능력, 셋째, 감정의 원인과 그 의미를 정확히 이해하는 능력, 넷째, 감정을 조절하는 능력. Caruso, Salovey와 Meyer에 따르면 어떤 리더들은 감정을 잘 인지하고 조절하여 다른 사람들을 통해 결과를 도출해 내는 것을 잘하는 반면, 이들은 본인의 감정을 조율하는 데 어려움을 보인다. 또는 감정의 원인을 잘 이해하지만, 다른 사람들의 감정을 인지하는 데 어려움을 겪기도 한다. 능력 모형은 리더십의 모든 것을 망라하는 모형은 아니며, 삼원지능 이론과 FFM 모형을 보완한다.[169] 리더들이 적응성이나 실용 지능에 차이를 보이는 것처럼, 감정을 인지하고 조절하는 능력에 있어서도 차이를 보인다. EQ의 능력 모형은 감성지능이 실제로 별도의 능력인지 그리고 FFM과 인지능력을 넘어 리더십 효과성을 예측할 수 있는지 판단하도록 하기 때문에 유용하다.

능력 모형은 리더십의 모든 것을 망라하는 모형은 아니며, 삼원지능 이론과 FFM 모형을 보완한다.

Goleman과 Bar-on의 EQ 정의는 혼합 모형의 범주에 속한다. 이들은 감성지능에는 위에서 언급한 능력뿐 아니라 몇 가지 다른 특성들도 포함된다고 믿는다. 그만큼 혼합 모형은 훨씬 폭넓고 포괄적으로 감성지능을 정의한다. <표 7.5>를 살펴보면, 감성지능의 특성들은 대부분의 리더가 가져야 하는 자질이며, Goleman, Boyatzis와 McKee는 리더들은 거의 모든 감성지능 특성들을 가지고 있어야 한다고 주장한다.[168,170,171] 더욱이 이 혼합 모형은 능력 모형에 비해 HR 전문가들과 회사에 잘 알려져 있다. 그러나 이 모형이 우리가 이미 알고 있는 것과 정말 다른 것들을 말해 주는가? 보다 구체적으로, 이 모형은 성격모형과 다른가? 사실 이 혼합 모형은 FFM 모형과 상당히 유사하다. Van Rooy와 Viswesvaran의 연구에 따르면 EQ는 FFM만큼 직무수행이나 다른 중요한 업무결과를 예측한다고 한다.[169,172] Goleman과 Bar-on은 비인지적 능력들이 리더십 성공을 예측한다는 인식을 널리 퍼지게 했다는 점에서 인정을 받는다. 그러나 부정적인 측면에서, 이들은 완전히 새로운 것을 발견했다고 주장하며 혼합 모형의 많은 특성들의 기저를 이루고 있는 100여 년 이상 지속되어 온 성격 연구를 존중하지 않는다는 단점이 있다.

7.4.2 감성지능은 측정되거나 개발될 수 있는가?

감성지능이란 책의 출판은 감성지능의 측정과 개발에 관련된 다양한 서적, 훈련 프로그램, 진단도구시장이 성장할 수 있는 계기를 마련하였다. Mayer, Salovey, Caruso의 감성지능검사(MSCEIT)는 감성지능 능력 모형의 측정도구이며 검사자들이 그림에 묘사된 감정을 인지하게 하고 특정 사회적 상황에서 어떤 감성이 도움이 될 것인가 등을 질문한다.[173] Bar-on은 EQi-S나 360과 같은 자신, 자신과 타인, 청소년, 조직 대상의 감정지수(EQ)측정도구들을 가지고 있다.[174]

Goleman이 개발한 감성역량 검사지표(EQ-I)는 19개의 조사도구로 구성되어 있다. 이 질문지들은 개인과 9명의 다른 사람들에 의해 완성되고, 피드백 리포트에 그 응답 결과의 합이 제시된다. 연구자들이 감성지능을 각각 다르게 정의하고 감성지능의 측정을 위한 다양한 과정을 사용하고 있기 때문에 이 진단도구들은 리더들에게 혼동되는 결과를 제공하기도 한다.[175] 그럼에도 불구하고, 미국 공군의 채용서비스는 잠재적인 후보자들을 선발하는 데 EQ-i를 활용하였으며 감정이입, 행복감, 자기인지와 문제해결 등의 특성에 높은 점수를 가진 후보자들이 군인으로서의 지위에서 미성숙한 판단을 할 가능성이 훨씬 낮으며, 90% 이상이 자신이 채용된 역할을 감당하였다고 보고하였다.[175]

대부분의 EQ연구자들이 동의하는 한 가지 사안은 감성지능이 개발될 수 있다는 것이다. Goleman과 Aberman은 리더들의 감성지능 개발을 위해 1일에서 5일 정도의 훈련 프로그램을 개발하였다. Bar-on은 EQ University.com에 15개의 이러닝 모듈을 개발하였다. EQ 훈련 프로그램을 크게 도입한 곳 중의 하나는 아메리칸 익스프레스 재무 어드바이저(AEFA)의 세일즈 직원들이었다. AEFA 리더들은 회사가 고객들을 위한 잘 구성된 투자와 보험 상품들을 보유하고 있으나 많은 세일즈 직원들이 고객과의 통화를 하면서 고객들이 보이는 감정에 어떻게 반응해야 할지 몰라 어려워하고 있다는 것을 발견하였다. 게다가 베스트 세일즈맨으로 선정된 사람들은 고객들의 감성을 더 잘 '읽는' 능력을 가지고 더 감정 이입되어 고객을 응대하는 것 같았다. 1993년 이래 AEFA의 5500명이 넘는 세일즈 직원과 850명의 세일즈 관리자들이 고객들의 감성에 더 잘 인지하고 대응하기 위해 5일간의 훈련 프로그램에 참여해왔다. 이 프로그램에 참여한 세일즈 직원들은 평균 연 매출을 18.1% 증가시켰으며, 이 프로그램에 참여하지 않은 사람들은 16.1%의 증가율을 보였다. 그러나 통제그룹이 EQ 관련 훈련 프로그램과 관련하여 어떤 종류의 세일즈 훈련도 받지 않았기 때문에 작은 수의 대상과 비교하는 것은 공정성이 다소 떨어진다.[175] 그러므로 EQ 훈련의 내용이 5일간의 세일즈 훈련 이후에 실제로 이들의 수행에 가치를 더했는지는 불확실하다.

7.4.3 감성지능의 시사점

Aberman은 사람들의 생각, 감정과 행동들이 서로 보조를 같이하지 못할 때 심각하게 비효과적일 수 있다고 주장한다. 예를 들면, 고속도로를 운전해 가면서 휴대전화로 누군가와 논쟁을 벌이는 것을 생각해보라.[166,167] 어떤 것을 생각하고 있으면서 실제로는 다른 일을 하고 있는 리더들은 자신들의 그룹에 영향력을 발휘하는 데 덜 효과적일 것이다. EQ문헌은 스트레스에 대한 인내심, 자기주장, 감정이입과 같은 비인지적 능력들이 리더십 성공에 중요한 역할을 할 수 있다는 개념이 널리 알려지도록 공헌했다. 오늘날, 많은 조직들이 리더의 채용이나 승진과정의 일부로 인지적 비인지적 측정을 모두 활용하고 있다. 마지막으로, EQ문헌은 또한 감성이라는 것을 업무현장에 다시 가져오는 데 도움이 되었다. 인간의 감정은 일대일 상호작용과 팀워크 측면에서 매우 중요하지만,[176-179] 너무 많은 리더십 실천가와 연구자들은 감정의 역할을 무시한다. 감정은 잘 인지되고 조절될 때 개인과 그룹이 목적을 달성하도록 돕는 동기 연료가 될 수 있다. 감정이 무시되거나 무가치한 것으로 치부되면, 리더가 팀을 형성하거나 그룹에 영향력을 행사하는 능력을 감정이 방해할 수 있다. 이 장의 다섯 가지 성격요소 부분에서 논의된 것처럼, 다른 사람들과 잘 어울리고 공감할 수 있는 리더들은 이렇게 하지 못하는 리더들에 비해 성공적이다.

리더십 성공에 중요한 역할을 할 수 있다는 개념이 널리 알려지도록 공헌했다.

감성지능 분야의 최근 연구는 실업의 위기에 처했을 때 감성지능이 직원들의 일자리 불안감과 스트레스 대응 능력에 대한 반응을 완화시키는 것으로 나타났다.

낮은 EQ를 가진 조직원들은 높은 EQ를 가진 사람들에 비해 다운사이징(기업의 업무나 조직의 규모를 줄이는 일)을 겪을 때 더 부정적인 감정 반응을 보이며 덜 효과적인 대응 전략을 사용하였다.[180] 이러한 맥락에서, 다른 연구자들도 리더의 기분과 팔로워의 기분, 직무 수행, 직무만족도와 창의성 사이의 관계를 보고한다. Boyatzis, Stubbs Taylor는 대부분의 MBA 프로그램이 성공적으로 팀을 형성하고 사람들과 함께 성과를 내는 데 필요한 이러한 능력들보다는 인지능력이나 회계 기술을 개발하는 데 더 중점을 맞추고 있다고 정확히 지적한다.[182]

이러한 긍정적인 공헌에도 불구하고, 감성지능은 몇 가지 한계를 가지고 있다. 첫째, Goleman과 Bar-on과 같은 연구자들은 거의 100여 년 된 성격-리더십 효과성 연구의 실재를 인정하지 않는다. <표 7.6>에서 보이는 것처럼, Goleman의 EQ 개념화는 <표 7.1>에 나타난 FFM과 매우 유사해 보인다. 적어도 이 두 학자에 의해 개념화되면서, EQ가 어떻게 성격과 다른지를 구분해내는 것이 어렵다. 둘째, EQ의 특성이 본질적으로 성격 특성이라면, 이것이 훈련의 결과로서 어떻게 변화하게 될 것인지 알기 어렵다. 성격 특성은 매우 변화시키기 어려우며 이러닝 모듈이나 5일짜리 훈련 프로그램의 결과로 20년에서 40년간 쌓아온 매일매일의 행동 유형을 변화시킬 가능성은 매우 낮아 보인다. 8장에서 사람이 자신의 행동들을 변화시킬 수 있다는 것을 보게 되겠지만, 그렇게 하기 위해서는 장기간의 코칭과 상당한 노력이 필요하다. 마지막으로, 중요한 질문은 EQ가 정말 완전히 새로운 것인가 아니면 단순히 예전의 개념이나 연구결과 등을 재포장한 것인가 하는 것이다. Mayer, Salovey와 Caruso가 정의한 것처럼 EQ를 능력 모형으로 정의한다면, 감성지능은 앞으로 더 많은 연구 노력을 기울일 가치가 있는 독특한 능력이다([그림 7.6] 참고). 감정을 정확하게 인지하고 조절하며 영향력을 나타나게 하는 리더의 기술은 결속력이 강하고 목적 지향적인 팀을 형성하는 데 매우 중요해 보인다. 그리고 MSCEIT(감성지능검사)와 같은 측정도구는 성격의 5요인 모형이나 인지능력 측정도구와 함께 리더를 채용하거나 개발하기 위하여 사용될 수 있다. 그러나 EQ가 혼합 모형으로 정의된다면, Goleman, Bar-on과 같은 연구자들이 우리에게 정말 새로운 것을 제시하고 있는 것이라고 보기는 어렵다.

〈표 7.6〉 Goleman과 FFM(성격의 5요인) EQ

	Goleman의 분류	VS	FFM 연관요소
자아인지	• 감성적 인지 • 정확한 자기평가 • 자아 자신감		• 확실성 • 정서적 안정성 • 급작스러움
자아 규칙	• 자아 통제 • 믿을 수 있는 • 양심적인 • 적응성 • 혁신		• 정서적 안정성, 의존성 • 의존성 • 의존성 • 정서적 안정성, 의존성 • 경험의 확대, 의존성
동기	• 성취 • 책무 • 결단력 • 낙관론		• 외향성 • 외향성 • 외향성 • 정서적 안정성
감정이입	• 타인이해 • 타인개발 • 서비스 지향적 • 다양성 • 정치적 인식		• 친화성 • 경험의 확대 • 친화성 • 친화성 • 친화성
사회적 스킬	• 영향력 • 의사소통 • 경영갈등 • 리더십 • 변화의 촉매제 • 빌딩본드 • 협업/협동 • 팀 능력		• 외향성, 친화성 • 외향성 • 친화성 • 외향성 • 외향성 • 친화성 • 친화성 • 외향성, 친화성

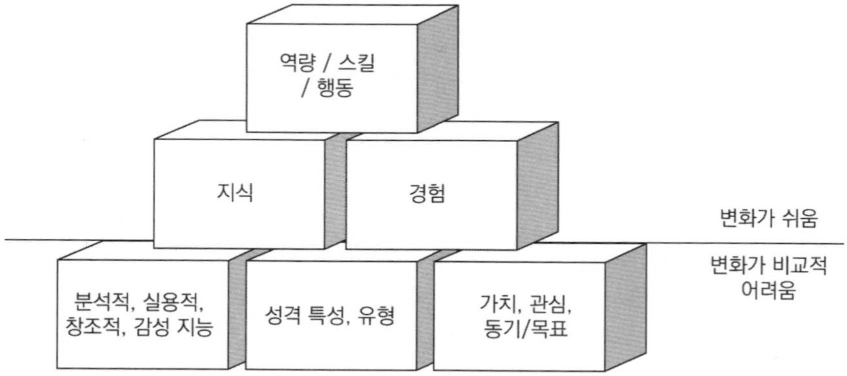

[그림 7.6] 감성지능과 기술의 기본 구성요소

7.5 요 약

이번 장에서는 성격, 지능과 감성지능이 팀을 형성하고 성과를 내도록 하는 리더의 능력과의 관계를 살펴보았다. 일반적으로 이러한 특성들은 리더가 목적 달성을 위해 그룹에 영향력을 행사하는 데에 도움이 되기는 하지만, 성공적인 리더십을 보장해 주는 것은 아니다. 리더의 어떤 성격 특성, 지능 요소와 감성지능이 팀을 형성하거나 사람들을 동원하여 성과를 창출해내는 리더의 능력에 긍정적인 영향을 미치게 될 것인지는 상황에 좌우될 것이다.

성격이라는 용어는 여러 가지 의미를 갖지만, 여기서는 사람의 전형적인 또는 특징적인 행동 유형을 설명하는 용어로 사용한다. 왜 사람들이 특정한 방식으로 행동하는지를 설명하는 몇 가지 이론들이 있지만 성격에 대한 특성 접근법은 그동안 가장 철저하게 연구되어 왔으며 본 장에서 주요한 역할을 한다. 성격에 대한 다섯 가지 요소 모형(FFM)은 성격과 리더십의 관계를 명확히 하는 데에 도움을 주었으며, 연구자들은 리더십 성공이 FFM 모형의 외향성, 확실성, 친화성 및 적응성과 긍정적인 상관관계가 있다는 것에 주목해왔다.

FFM 모형은 성격의 긍정적인 면으로 구성되어 있으나, 성격에는 몇 가지 어두운 측면도 있다. 어두운 성격 특성들은 스트레스를 받을 때 나타나는 신경을 거슬리게 하는 버릇이나 비생산적인 행동들로 리더가 팀을 조직하고 사람들과 함께 성과를 내는 데에 방해가 된다. 사실 모든 사람들이 한두 개 정도의 어두운 성격 특성을 가지는데, 보다 성공적인 리더가 되기 위한 방법 중 하나는 스스로 어떤 어두운 성격특성을 가지고 있으며, 어떤 상황에서 그 성격이 나타나는지, 그리고 어떤 관리 전략을 개발할 것인지를 아는 것이다.

지능에 대한 최근의 이론은 세 가지로 나누어진다. 분석지능, 실용지능 그리고 창의지능이다. 이 세 가지 구성요소들은 모두 상호 관련되어 있다. 대부분의 연구 결과는 리더들이 일반인들에 비해 높은 분석지능을 가지고 있으며, 보다 똑똑한 리더들이 더 좋은 리더가 된다는 것을 보여주고 있다. 분석지능은 리더들에게 두 가지 주요한 장점이 있는 것 같다. 첫째, 더 영리한 리더들은 문제해결을 더 잘하는 것처럼 보인다. 둘째, 더 영리한 리더들은 경험으로부터 더 많은 것을 얻는 것으로 보인다.

리더십에 미치는 실용지능과 창의지능의 역할은 점점 더 주목을 받고 있다. 실용지능 또는 관련 업무 지식과 경험은 리더들에게 매우 중요한 것으로 밝혀지고 있다. 높은 실용지능을 가진 리더는 스트레스 상황하에서 문제해결을 더 잘하는 것처럼 보인다. 게다가 실용지능은 세 가지 지능의 요소 가운데 가장 변하기 쉬운 것으로 보인다. 3장에서 설명된 것처럼, 리더는 자신들의 경험으로부터 가능한 한 많은 학습을 하기 위해 행동-관찰-성찰 모델과 같은 테크닉을 사용해야 한다.

창의지능은 새롭고 유용한 제품과 과정을 개발하는 것과 관련되어 있으며, 창의성은 오늘날 많은 사업의 성공에 매우 중요하다. 창의성은 종합력, 분석지능, 실용지능, 사고기술, 관련된 성격 특성, 내적 동기와 몇 가지 환경적 요인들의 일곱 가지 요소로 구성되어 있다. 일곱 가지 창의성 요소들이 리더에게 스스로의 창의성과 팔로워들의 창의성을 개발하는 방법에 대한 아이디어를 제공해줄 수 있기 때문에 이 구성요소들을 이해하는 것이 중요하다. 리더는 스스로가 창의적이 되는 것보다 창의성을 어떻게 성공적으로 활성화시키고 관리하는가를 배우는 것이 더 중요하다.

어떤 면에서 보면 감성지능은 비교적 새로운 개념이며 이것은 자신과 다른 사람들의 감정을 정확히 이해하고 반응하는 것과 관계된다. 자신의 생각과 느낌을 행동과 더 잘 조화시킬 수 있는 리더들은 생각하는 바와 행동하는 것이 다른 리더에 비해 더 효과적인 리더가 될 것이다. 감성지능이 리더십 성공에 있어 감정과 비인지적인 능력들의 역할을 나타내는 데 도움을 주었지만, 감성지능의 어떤 측면은 성격의 또 다른 측면에 지나지 않아 보인다. 만약 정말 그렇다면, 감성지능이란 시간이 지남에 따라 사라져버리게 될 일시적인 리더십 유행이 될지도 모른다.

핵심용어

위대한 사람이론	Myers-Briggs Type Indicator (MBTI)	수렴적 사고
성격	외향성-내향성	종합적 능력
특성 접근법	감지-직감	적응적 사고
특성	사고-감정	혁신적 사고 양식
성격의 FFM	판단-인식	기능 해충
외향성	성격 특성의 어두운 측면	인지 자원 이론(CRT)
친화성	특성	감성지능
확실성	지능	
정서적 안정성	삼원지능이론	
Level 5 리더십	분석적 지능	
성격의 개방성	실용 지능	
유형	창조 지능	
성격 유형론	확산적 사고	

질 문

1. 성격의 5가지 요소와 어두운 성격 특성들이 전문 스포츠 선수가 성공하거나 실패하는 데 도움이 될 것이라고 생각하십니까? 성공적인 코치들은 유사한 아니면 다른 성격 특성과 선호도를 필요로 합니까? 성공적인 선수들과 코치는 스포츠 종목에 따라 그에 맞는 다른 특성들을 필요로 합니까?
2. 정치가에게 분석지능, 실용지능, 창의지능과 감성지능 중 어떠한 것이 중요할 것인지 순위를 매긴다면? 이 순위는 대학교수나 대형마트인 Target이나 Best Buy와 같은 매장에서 일하는 관리자에게도 똑같이 적용될 수 있습니까?

3. 지금까지 함께 일해보았던 무능한 리더들을 모두 떠올려보세요. 이들의 어떤 어두운 성격 특성들이 이들을 무능한 리더로 만드는 데 기여했습니까?
4. 사람들의 분석지능을 기반으로 경력상으로 일찍이 리더십 위치에 오르거나 선발되거나 성공을 거둘 수도 있습니다. 그러나 시간이 지나고 경험이 쌓이면서 어떤 일이 발생하나요? 예를 들어 지혜라는 것이 지능을 표현하는 또 다른 단어라고 생각하십니까? 아니면 다른 것이라고 생각하십니까?
5. 조직에서의 다운사이징은 전반적인 실용지능의 수준에 어떤 역할을 하게 되나요?
6. 우리는 일반적으로 창의성을 개인의 특성이라고 생각하는데 어떤 조직이 다른 조직에 비해 더 창의적일 수 있을까요? 어떤 요인들이 조직의 창의성 수준에 영향을 미치게 될 것이라고 생각하십니까?
7. 훌륭한 리더들이 더 정확히 감정을 인지하고 조절할 수 있을까요? 만약 그렇다면 어떻게 이것을 밝힐 수 있을까요?

활 동

1. 당신의 교수자는 온라인 5가지 성격 요소 모델과 어두운 성격 진단검사뿐 아니라 자가채점 성격유형 진단검사에 접근권을 가지고 있습니다. 온라인 진단은 40분 정도 소요되며 숙제로 주어질 수 있습니다. 검사를 완료한 후에 피드백 결과를 검토하고 수업시간에 토론하세요.
2. 당신의 교수자는 30피트 길이의 줄을 바닥에서 2피트 위에 매달 수 있습니다. 당신과 동료 학생들은 줄의 한쪽에 서게 될 것입니다. 이 줄은 전기가 흐르는 담장을 상징하는데, 당신의 임무는 이 줄에 손대지 않고 성공적으로 모든 사람들이 이 줄을 넘어오도록 하는 것입니다. 어떤 식으로도 줄을 만지거나 높이를 낮추거나 높이는 등 움직이지 않도록 합니다. 피부나 옷의 어떤 부분도 이 줄에 닿지 않도록 해야 하며, 전류로부터 보호하기 위해 이 줄을 어떤 것으로도 덮을 수 없습니다. 이 줄을 성공적으로 다루기 위해 준수해야 하는 두 가지 규칙이 있습니다. 첫째, 담장을 넘기 전에 그룹 내 모든 사람들은 줄과 평행이 되도록 한 줄로 서야 하며, 다른 편에 있는 사람들과 손을 잡아야 합니다. 다른 사람들과의 연결이 깨지면 안 됩니다. 둘째, 그룹원 중 누군가 담장에 손대면 오

류가 발생합니다. 그룹이 스스로 자신들의 오류를 탐지하면 그 당시 담장을 넘으려고 시도하던 사람만이 처음부터 다시 시작할 수 있습니다. 교수자가 오류를 알아차렸으나 그룹은 탐지하지 못했다면, 교수자는 전체 그룹이 다시 시작하게 할 수 있습니다. 이것은 불량 제품이 고객에게 배달되기 전에 그것을 가려내는 것에 비유됩니다. 이 활동을 계획하여 실행할 시간으로 25분이 주어집니다. 이 활동 후에 분석, 실용, 창의 지능과 감성지능뿐 아니라 밝은 성격과 어두운 성격 특성들이 어떤 역할을 하였는지에 관해 그룹으로 토론해야 합니다.

Chapter 8

리더십 행동

8.1 서 론

리더십은 지위가 아니라 행동이다.

Donald H. McGannon, Westinghouse Broadcasting Corporation

효과적인 리더와 그렇지 않은 리더들을 구분해내는 또 한 가지 방법은 리더들의 일상적인 행동을 살펴보는 것이다.

4장에서 7장까지 우리는 리더들을 진단하는 다양한 방법에 관해 다루었다. 그러나 모든 진단이 끝난 후에, 어떻게 "좋은" 리더와 "나쁜" 리더들을 구분해낼 수 있을까? 리더들을 구분할 수 있는 한 가지 방법은 성과를 살펴보는 것이다. 즉, 여러 가지 상황에서 좋은 성과를 낸 기록을 가진 리더들이 있는 반면, 업무 완수에 어려움이 있어 보이는 리더들도 있다. 효과적인 리더와 그렇지 않은 리더들을 구분해내는 또 한 가지 방법은 리더들의 일상적인 행동을 살펴보는 것이다. 의사결정, 방향 제시, 계획 수립, 정기적 피드백, 부하 직원들에게 필요한 정보를 제공해 주어 결과적으로 결속력 있는 강한 팀을 만들어내는 일을 잘하는 리더들이 있다. 하지만 의사결정에 어려움을 느끼고, 모호하거나 명확하지 않은 목적을 설정하거나 부하직원들이 필요로 하는 시설이나 장비 요청 등을 무시함으로써 결과적으로 팀을 제대로 형성해내지 못하는 리더들도 있다.

리더의 개인적인 가치, 성격, 지능과 같은 요소가 중요하지만, 리더십 효과성에는 이러한 변인들이 간접적인 영향을 미칠 뿐이다. 이러한 변인들이 리더의 행동에 영향을 미치기 때문에 효과가 나타나게 되는 것으로 추정되며, 이는 팀을 형성하고 사람들을 동원하여 결과를 이루어내는 리더의 능력에 직접적인 관련성을 가지고 있다. 성격 대신 리더의 행동에 초점을 맞추어 리더들을 살펴보는 방법의 장점은 행동을 측정하기에 수월하다는 것이다. 즉, 성격 특성, 가치, 지능 등은 행동으로부터 추론해야 하거나 검사를 통해 측정되어야 하는 것에 반해, 리더의 행동들은 관찰을 통해 파악될 수 있다. 리더의 행동을 관찰하는 것의 또 다른 장점은 많은 사람들이 그들의 성격이나 지능을 측정하는 것에 비하여 덜 방어적인 태도를 보이며 자신의 행동에 대해 통제권이 있다고 느낀다는 것이다. 이것은 리더십 기술 개발에 중요한 시사점을 가지고 있다.(이 주제는 이 책의 뒷부분에서 보다 자세히 다룰 것이다.)

성격 특성, 가치, 지능 등은 행동으로부터 추론해야 하거나 검사를 통해 측정되어야 하는 것에 반해, 리더의 행동들은 관찰을 통해 파악될 수 있다.

어떠한 성격 특성, 가치, 태도를 가지고 있는 리더들은 어떤 리더십 행동을 보다 쉽게 발휘할지도 모른다. 예를 들면, 높은 친화력 점수를 보이는 리더들은(7장 참고) 부하 직원들에게 관심과 지원을 보이는 행동을 비교적 쉽게 하는 반면, 훈련시키는 일에는 어려움을 느낄 수도 있다. 이와 마찬가지로, 낮은 소속감과 사회성 성향을 가진 리더들은 다른 사람들과 함께 일하기보다는 혼자 일하는 것을 선호할 것이다. 행동은 의식의 통제하에 있기 때문에, 우리가 원한다면 언제나 리더로서 행동을 선택할 수 있다. 그러나 우리가 어떤 행동을 변화시키거나 그 행동을 쉽게 보여줄 수 있는 데에는 우리의 가치, 성격, 지능이 부분적으로 기능하고 있다는 사실을 기억해야 한다.

리더십 행동을 평가할 때 고려해야 하는 다른 두 가지 주요한 요소는 팔로워와 상황이다. 7장에서 설명한 것처럼, 강력한 상황적인 규준(norms)은 리더의 행동에 지대한 영향을 미칠 수 있다. 마찬가지로 팔로워들과 상황적인 요소들은 어떤 특정한 리더십 행동이 "좋은지" 혹은 "나쁜지"를 결정짓는 데 도움을 줄 수 있다. 어떤 리더가 팔로워들에게 어떤 업무를 달성하는 방법에 관한 매우 자세한 방법을 알려주었다고 생각해 보자. 만약 그 부하직원들이 그 조직에 들어온 지 얼마 되지 않았거나 그 업무를 한 번도 해본 적이 없을 경우, 상세한 방법에 대한 안내는 그 일을 완수하는 데 반드시 도움이 될 것이다. 하지만 만약 그 부하직원들이 경험이 매우 많은 사람들일 경우, 이 같은 리더의 행동은 오히려 역효과를 가져올 확률이 높다. 이는 그 회사가 재정적인 위기에 처해 있든지 혹은 수익 면에서 매우 성공적인 한 해를 보내고 있는지와 상관없이 같은 결과를 가져올 것이다.

이 장에서는 리더십 행동을 연구하는 것이 왜 중요한지에 관한 논의로 시작하고자 한다. 이에 리더십 행동에 관한 몇 개의 초기 연구들을 검토하고, 다양한 리더십 행동들을 범주화하거나 개념화하는 몇 가지 방법에 관해 논의할 것이다. 다음에는 일반적인 리더십 행동 진단 방법인, 360도 혹은 다중평가자 피드백 설문지에 관해 현재 알려진 바를 간단히 요약하였다. 그 다음은 관리 무능력과 밀접히 연관되어 있는 개념인 경영 탈선(managerial derailment)에 관한 연구에 대해 설명하였다. 마지막 부분은 행동 변화에 대한 연구 관점과 실질적인 조언의 두 가지 측면을 제시하며, 개발 계획, 코칭과 멘토링 등의 주제들도 포함하여 다루었다.

8.2 리더십 행동에 관한 연구들

8.2.1 왜 리더십 행동을 연구하는가?

지금까지 우리는 리더십 행동에 영향을 미치는 몇 가지 주요 변인들에 대한 연구들을 검토했지만, 리더들이 성공적으로 팀을 형성하거나 사람들과 함께 일을 완수해내기 위해 실제적으로 무엇을 하는지에 대해서는 구체적으로 살펴보지 않았다. 예를 들면, Shane Aguero와 Jerry Swope가 이라크에서 자신들의 소대에 영향력을 행사하기 위해 어떤 행동을 하였는가?([리더십 프로파일 8.1] 참조) Hillary Clinton, John McCain, Rudy Giuliani, Barack Obama가 2008년 미국 대통령 선거 출마를 위해 어떻게 하였는가? 어떤 행동들 때문에 각 정당의 공천을 성공적으로 받은 사람들과 예비선거에서 실패한 사람들이 구분되었는가? GE(General Electric)의 최고경영자인 Jeffrey Immelt는 지속적으로 회사의 수익성을 내기 위해 어떻게 하였는가? Peter Jackson은 많은 사람들이 불가능할 것이라고 말했던 3부작의 영화제작에 배우 전체를 7년간 몰두하도록 하기 위해 무엇을 하였는가? 또 뉴라인 제작사(New Line Productions)가 반지의 제왕이라는 영화시리즈를 제작하는 데 필요한 2억 5천만 달러를 어떻게 투자하게 되었는가? 이러한 질문들 때문에 리더의 행동 자체에 주목하는 것이 적절하다. 성공적인 리더들이 그렇지 못한 리더들과 비교했을 때 어떻게 다른 행동을 하는지를 밝혀낼 수 있다면, 조직이 미래의 성공에 필요한 기술들을 채용 및 개발하고 증진시키는 리더십 관리 시스템을 효과적으로 설계할 수 있을 것이다. 불행하게도 Dilbert 코믹 연재만화의 성공과 경영 컨설팅사의 폭발적인 성장을 고려해 볼 때, 높은 지위에 있는 사람들 가운데 팀을 형성하거나 사람들을 동원하여 일을 해낼 줄 모른다거나 그들의 행동이 부하직원들에게 부정적인 영향을 미치고 있다는 것을 깨닫지 못하는 리더들이 있다.[1-10]

리더십 행동들은(기술과 역량을 포함하여) 지능, 성격 특성, 감성지능, 가치, 태도, 관심, 지식, 경험의 작용이다.

리더들이 팀을 형성하거나 그룹에 영향을 미치기 위해 어떤 일을 하는지 다른 방식으로 범주화하기 전에, 현재까지 리더십 기술과 행동에 대해 알고 있는 것들을 검토해 보는 것이 좋을 것 같다. [그림 8.1]에서 보이듯이, 리더십 행동들은 (기술과 역량을 포함하여) 지능, 성격 특성, 감성지능, 가치, 태도, 관심, 지식, 경험의 작용이다. 가장 아래 블록에 있는 요소들은 비교적 변화시키기 어려우며, 리더가 독특한 방식으로 행동하도록 만든다. 7장에서 설명된 것처럼, 사람의 성격 특성은 그 사람에게 깊게 깃들여 있어 대부분 별다른 의식 없이 거의 자동적으로 나타난다. 가치, 태도와 지능이 행동에 어떤 영향을 미치는지도 이와 유사한 맥락에서 설명할 수 있다. 그런데 우리는 오랫동안 어떤 행동들이 보다 적합하며 효과적인지를 리더들이 스스로 배우고 구분하게 되기를 막연히 기대해왔다. 리더의 행동에서 개인차와 상황적인 변인들이 매우 중요한 역할을 한다는 것을 기억하는 것은 매우 유용하다([하이라이트 8.1] 참고).

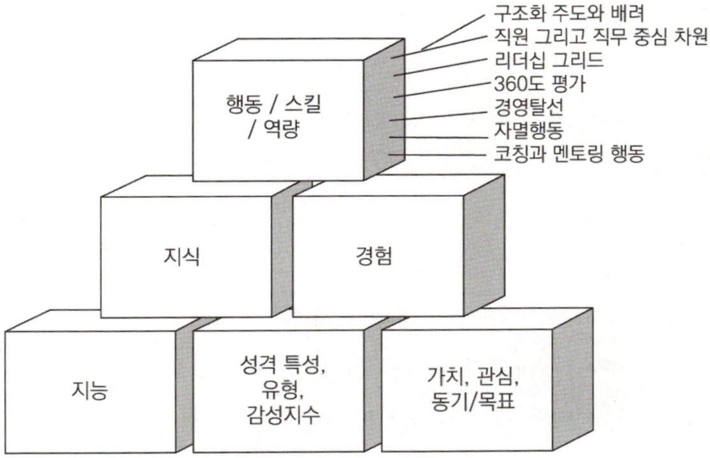

[그림 8.1] 스킬의 기본 구성요소

행동과 스킬

하이라이트 8.1

리더십 행동은 리더십 스킬과는 다소 차이가 있다. 리더십 행동은 "팀 멤버를 위해 어떤 성과 목표를 설정하는 것"과 같은 특정 행동에 대한 것이다. 리더십 스킬은 명확한 지식 요소, 일련의 관련된 행동 양식, 고성과에 대한 명확한 기준을 포함하는 세 가지 요소로 구성되어 있다. 아마도 리더십 스킬을 농구에 비유를 하는 것이 이해가 빠를 수 있다. 사람들은 농구 스킬에 관한 한 매우 다르다. 뛰어난 농구선수는 언제 패스를 하고 언제 슈팅을 하는지 알고 있으며, 레이업과 필드 슛, 자유투에 능숙하다. 언제 패스를 하고 언제 슈팅을 해야 하는지 안다는 것은 지식 요소의 예이며 레이업과 자유투를 하는 것은 스킬의 행동적 요소의 예이다. 게다가 슈팅률은 농구 스킬을 평가하는 하나의 지표로 사용될 수 있다. 위임과 같은 리더십 스킬도 같은 방식으로 보일 수 있다. 좋은 리더는 언제 그리고 누구에게 특정 업무를 위임해야 할지 알고 있으며 업무에 대한 기대치를 효과적으로 소통하고 만족스러운 방식으로 업무가 끝났는지 확인한다. 따라서 리더십 스킬은 언제 실행하는지 알고 상황에 맞게 적절한 방법으로 시행되며 리더가 팀의 목표를 달성할 수 있도록 도와주는 방식으로 실행된다.

8.2.2 초기 연구

만약에 당신이 효과적인 리더와 그렇지 못한 리더들을 가장 잘 구분할 수 있는 행동을 밝혀내고 연구하는 방법은 무엇인가에 관해 질문을 받는다면, 어떻게 답할 것인가? 4장에서 설명되었듯이 인터뷰, 행동 관찰, 지필 검사(예: 질문지) 등이 가장 적합한 방법처럼 보일 것이다. 리더들이 무엇을 하는지 질문할 수 있고, 그들이 실제로 어떻게 행동하는지 따라다니며 관찰할 수 있고, 또는 질문지를 사용하여 그들에게 직접 물어보거나 리더와 함께 일하는 사람들에게 리더들이 특정 행동을 얼마나 자주 보이는지 등을 질문할 수도 있다. 이러한 세 가지 접근법은 과거와 현재 리더십 연구에서 광범위하게 활용되고 있다.

초기 리더십 행동에 대한 연구는 오하이오 주립대와 미시간대에서 상당 부분 이루어졌다. 오하이오 주립대 연구팀은 업무 상황에서 리더의 다양한 행동을 측정하는 질문지를 개발했다. 연구자들은 리더십 행동의 다른 유형들을 나타내는 1,800개가 넘는 질문지 항목을 수집함으로 이 작업을 시작했다. 이 질문지 항목들은 150개의 진술문으로 추려졌고, 리더십 행동 기술 질문지(Leadership Behavior Description Questionnaire, LBDQ)[11,12]를 개발하는 데 사용되었다. 어떠한 특정 리더의 행동에 관한 정보를 얻기 위해 부하직원들에게 그들의 리더가 행동을 하는 정도를 아래와 같은 내용으로 순위를 정하도록 하였다:

- 리더는 부하직원들이 성공적으로 업무를 수행하였다는 것을 알고 있다.
- 리더는 업무 성과에 대한 명확한 기대수준을 설정하고 있다.
- 리더는 부하직원들에게 개인적인 관심을 보인다.
- 리더는 부하직원들이 편하게 느끼도록 한다.

배려(consideration)란 리더가 부하직원들에게 얼마나 친절하며 그들을 지원하는지에 관련된 것이다.

구조화 주도(Initiating Structure)는 리더가 업무 목적 달성과 업무 완수를 얼마나 강조하는가에 관한 것이다.

수천 명의 부하 직원들이 응답한 질문지를 분석한 결과, 리더들의 행동은 배려와 구조화 주도라는 두 가지 독립적인 차원으로 범주화될 수 있다는 것이 통계적인 유형으로 나타났다.[13,14] **배려**(consideration)란 리더가 부하직원들에게 얼마나 친절하며 그들을 지원하는지에 관련된 것이다. 배려심이 많은 리더들은 부하직원들에게 관심을 보이고, 개인적인 상황을 돌보아주고, 그들의 업무에 관심을 보이는 등의 지지와 관심을 보이는 행동을 한다. **구조화 주도**(Initiating Structure)는 리더가 업무 목적 달성과 업무 완수를 얼마나 강조하는가에 관한 것이다. 구조화 주도성이 높은 리더들은 기한을 주고, 수행기준을 설정하고, 수행 수준을 모니터링

하는 등 다양한 업무에 관련된 행동을 한다.

LBDQ는 오하이오 주립대 연구자들이 개발한 유일한 리더십 질문지가 아니었다. 이들은 또한 관리 행동 질문지(Supervisory Descriptive Behavior Questionnaire, SDBQ)라는 실제 산업 현장에서 리더들이 어느 정도의 배려와 구조화 주도 행동을 하는지를 측정하는 질문지를 개발하였다.[15] 리더 의견 질문지(Leadership Opinion Questionnaire, LOQ)에서는 리더들에게 다양한 배려와 구조화 주도 행동이 성공적인 리더십에 어느 정도 중요한 영향을 미치는지 생각해 보도록 하였다.[16] LBDQ-XII는 배려와 구조화 주도 외 10개의 다른 행동의 범주를 진단하도록 개발되었다.[17] 이 도구에 의해 측정된 부가적인 리더십 행동들에는 그룹의 대표로서 행동하고, 불확실성에 대해 인내하고, 생산성을 강조하며, 충돌하는 조직 내 요구사항들을 조정하는 것 등이 포함되었다.

미시간대의 연구자들은 리더들이 업무 상황에서 보이는 행동들의 다양성을 기술하기보다는 효과적인 그룹 수행에 도움이 되는 행동들을 밝혀내고자 하였다.[18] 이들은 네 가지 범주의 리더십 행동들이 효과적인 그룹 성과와 관련되어 있다고 결론지었다.[19] 즉, 리더 지지, 상호작용 촉진, 목표 강조, 업무 촉진이다. 목표 강조와 업무 촉진은 둘 다 앞서 언급되었던 구조화 주도와 유사한 **직무 중심의 차원**이다. **목표 강조 행동**은 부하 직원들이 당장 완수해야 하는 업무를 하도록 동기유발시키는 것과 관련되어 있으며, **업무 촉진** 행동은 역할을 명확히 하고, 자원을 습득하여 배분하고, 조직의 갈등을 조정하는 일들과 연관되어 있다.

리더 지지와 상호작용 촉진은 오하이오 연구팀 질문지의 배려 차원과 유사하며, **조직원(피고용인)중심의 차원**을 의미한다(<표 8.1> 참고). **리더 지지**는 리더들이 부하직원들에게 관심을 보이는 행동들을 의미하며, **상호작용 촉진**은 부하직원들 간에 갈등을 완화시키고 최소화시키는 행동들을 포함한다. 오하이오 주립대 연구팀처럼, 미시간대 연구자들 또한 리더들이 이러한 리더십 행동의 네 가지 차원을 얼마나 나타내는지 측정할 수 있는 질문지를 개발하였다.[19]

〈표 8.1〉 리더십 행동의 차원

오하이오 주립대 연구	미시간대 연구
• 구조화 주도	• 목표 강조와 작업 촉진
• 배려	• 리더 지지와 상호작용 촉진

미시간대 연구자들은 직무 중심과 피고용인 중심의 행동들이 리더십 행동의 단일 연속선상에 존재하는 극이라고 가정하였다.

오하이오 연구자들은 배려와 구조화 주도는 두 개의 독립적인 연속선상에 존재한다고 기본적으로 가정하였다.

두 연구 프로그램은 모두 업무 중심과 사람 중심으로 리더십 차원을 구성하였다는 공통점이 있지만, 미시간대 연구팀과 오하이오 주립대 연구팀의 연구에는 근본적인 차이가 있었다. 미시간대 연구자들은 직무 중심과 피고용인 중심의 행동들이 리더십 행동의 단일 연속선상에 존재하는 극이라고 가정하였다. 이론적으로 리더들은 강한 피고용인 중심의 또는 직무 중심의 행동을 보일 수는 있지만, 둘 다를 보일 수는 없다는 입장이었다. 반면, 오하이오 연구자들은 배려와 구조화 주도는 두 개의 독립적인 연속선상에 존재한다고 기본적으로 가정하였다. 그러므로 리더들은 구조화를 주도하고 배려하는 두 가지 차원이 모두 높을 수도 있고, 두 가지 차원이 모두 낮을 수도 있으며, 또는 한쪽은 높지만 다른 한쪽은 낮을 수도 있다고 보았다.

두 연구 프로그램 모두의 주요한 가정은 그룹의 목표를 달성하는 데 성공적인 영향을 미치는 리더의 능력과 연관되어 있는 특정 행동들을 밝혀낼 수 있다는 것이다. 다음은 연구자들이 관심을 가지는 종류의 질문들이다:

- 미시간대 연구팀의 관점에서 볼 때, 목표 달성을 돕기 위해 직무 중심 리더와 피고용인 중심 리더 중 누가 더 효과적인 리더인가?
- 오하이오 주립대 연구팀의 관점에서 볼 때, 업무와 사람 중심의 행동에서 높은 수준을 보이는 리더가, 업무나 사람 중심 행동 중 한 가지에서 높은 점수를 보이는 리더보다 효과적인가?
- 리더십 효과성에 상황적 요소들은 어떤 역할을 하는가? 비영리 조직이나 다운사이징 상황에서는 조직원 중심의 리더십 행동이 더 중요하고, 반면에 제조업이나 스타트 업 상황에서는 직무 중심의 리더십 행동이 보다 중요할 것인가?

이러한 질문들에 대한 답은 몇 가지 실제적인 시사점을 포함하고 있다. 만약, 리더들이 직무 또는 조직원 중심의 행동만을 보일 필요가 있다면, 선발이나 훈련 체계는 이러한 행동에만 초점을 맞출 필요가 있다. 그러나 상황적인 요소들이 개입된다면 연구자들은 어떤 변인이 가장 중요한지 밝혀내고, 이에 따른 행동 변화를 위해 리더들을 훈련시켜야 할 필요가 있다. 이 모든 질문에 대한 답은, 우리가 예상하듯이, "상황마다 다르다"라는 것이다. 즉, 높은 배려나 조직원 중심적인 행동을 보이는 리더들에게는 만족도가 높은 부하직원들이 더 많은 것으로 보고되었다. 이는 목표를 명확하게 설정하고, 팔로워들이 무엇을 해야 하며 주어진 일을 어떻게 달성해야 하는지를 설명해야 한다. 그리고 결과를 모니터하는 리더들은 그 그룹이 비교적 애매모호하거나 잘 정의되지 않은 업무를 하게 되더라도 보다 높은 성과를 보이게 된다.[20-22] 그러나 이와 같이 독재적인 행동을 보이는 리더들에게는 상대적으로 불만족스런 부하직원들이 있다. 이러한 결과는 **리더십 성공과 항상 연관되는 보편적으로 정해진 리더의 행동들은 없다**는 것을 보여주는 것이다. 리더가 업무 중심으로 또는 사람 중심의 행동을 보여야 하는 정도는 상황에 따라 다르며, 12장에서 설명하는 상황 적합 리더십 이론에 나타난 결과라 할 수 있다. 이 이론들을 살펴보면 40년 전에 밝혀진 직무와 조직원 중심 행동 이론과의 강한 연관성이 있다는 것을 파악할 수 있다.

8.2.3 리더십 행동에 대한 대안적 개념화

오하이오 주립대와 미시간대의 연구들은 리더들이 실제로 어떻게 행동하는지를 보여주는 첫 번째 좋은 사례이다. 이후 다른 연구자들이 이들의 결과를 확장시켜 보다 사용하기 쉬운 형태로 만들거나 리더십 행동을 범주화하는 계획을 만들기도 하였다. 초기 연구들처럼 이러한 대안 모색 작업은 첫째, 주요한 리더십 행동을 밝혀내고, 둘째, 이러한 행동들이 리더십 성공과 긍정적인 관계를 가지는지 결정하며, 셋째, 성공적인 리더십과 관련된 행동들을 개발하는 것과 관련되어 있다. 리더십을 개념화하는 데 많이 사용되는 접근법은 미시간대와 오하이오 주립대 연구자들이 보고한 연구결과의 연장선이라 할 수 있다. **리더십 그리드**(leadership grid)는 리더의 행동을 **사람에 대한 관심**과 **생산에 대한 관심**이라는 두 가지 차원

리더십 그리드(leadership grid)는 리더의 행동을 사람에 대한 관심과 생산에 대한 관심이라는 두 가지 차원으로 프로파일링한 것이다.

으로 프로파일링한 것이다.[23,24] 관심이라는 용어는 리더가 조직에서 일하는 사람들에 대해 가지는 암묵적인 추정과 수익성에 대한 중요성이 리더십 스타일에 얼마나 많은 영향을 미치는지를 의미한다. 이런 의미에서 리더십 그리드에서는 단순한 행동 이상의 영역을 다루고 있다. 그럼에도 불구하고 초기 행동 기반 연구의 직접적인 후속 연구라고 할 수 있기 때문에 그 내용을 본 장에 포함하였다.

[그림 8.2]에 제시된 것처럼, 리더들은 사람에 대한 관심과 생산, 즉 성과에 대한 관심 두 측면에 대해 주어진 질문지에 1부터 9까지 점수로 응답할 수 있다. 이 두 가지 점수는 리더십 그리드 위에 놓이고, 두 점수의 합은 다양한 리더십 지향성(leadership orientations)을 나타낸다. 각 지향성은 사람들을 생산과 연결시키기 위해 힘과 권력을 사용하는 데 필요한 고유한 가정들을 의미한다.

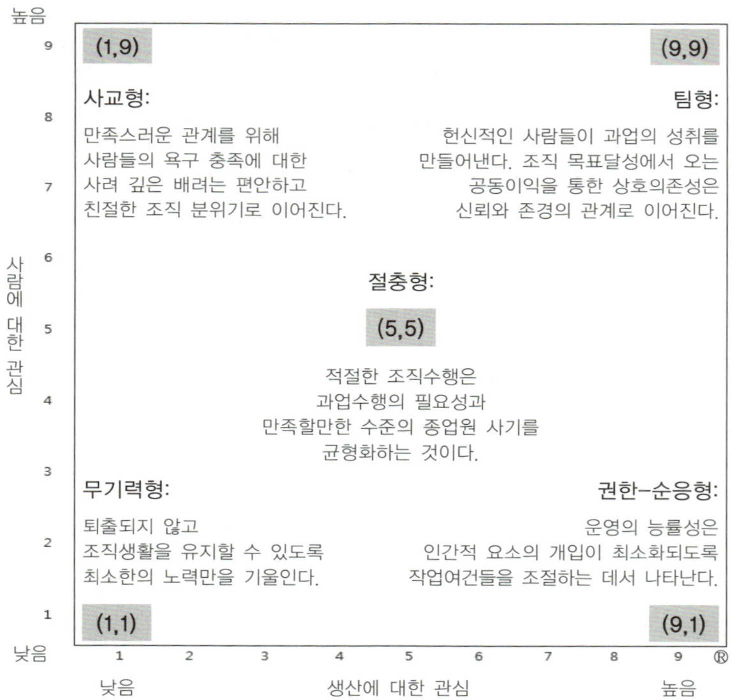

[그림 8.2] 리더십 그리드 모형

출처: Rovert R. Blake and Anne Adams McCanse, Leadership Dilemmas-Grid Solutions. Houston: Gulf Publishing, 1991, p. 29. Copyright 1991. Reprinted with permission of Grid International.

다양한 리더십 스타일 중 가장 효과적인 리더들은 사람에 대한 관심과 생산에 대한 관심 모두 높은 점수를 갖는다고 여겨진다. 리더십 그리드 훈련 프로그램은 리더들을 9,9 리더십 스타일로 만들기 위하여 설계되었다. 이 목표는 직관적으로는 호소력이 있어 보이지만, 전 미국방부 장관인 Donald Rumsfeld나 반기문 UN 사무총장의 경우를 떠올려볼 때 두 가지 측면에서 이들은 어떤 점수를 얻을 것이라고 생각하는가? 두 사람 모두 사람과 생산에 높은 관심도를 가지고 있는가? 이 두 리더 사이에 어떤 차이가 있는가 아니면 둘 다 9,9 리더들인가?

리더십 그리드가 다양한 리더들을 설명하거나 범주화하는 데 유용하기는 하지만, 9,9 리더들이 가장 효과적인 리더십 유형이라는 주장을 지지하는 증거는 Blake, Mouton과 동료 학자들로부터 나온 것이라는 점을 주목해야 한다. 최근의 연구들은 9,9 리더들이 가장 효과적인 리더 유형인가에 대하여 새로운 견해를 제시한다. Robie, Kanter, Nilsen과 Hazucha는 미국, 독일, 덴마크, 영국, 이탈리아, 스페인, 프랑스와 벨기에에서 1400여 명의 관리자들을 대상으로 똑같은 리더십 행동들이 리더십 효과성과 관계있는지를 연구하였다. 이들은 문제 해결과 결과 지향(구조화 주도 혹은 9,1 리더십)이 관련된 리더십 행동들이 성공적으로 팀을 형성하고, 그룹으로 하여금 목표를 달성하게 하며, 성과를 내도록 하는 것과 지속적으로 연관되어 있다는 공통된 결과를 보고하였다.[25] Judge, Piccolo, Ilies의 연구에서는 구조화 주도와 직무 수행에 관한 유사한 결과를 보여주었다. Goff는 미국의 첨단 기술 관련 회사의 관리자 800명을 대상으로 관계 형성(배려 또는 1,9 리더십)에 시간을 보다 많이 투자한 관리자들이 보다 만족스런 팔로워들을(예: 조직을 떠날 확률이 적다) 보유하고 있다고 보고하였다.[26] 이와 같이, 다른 연구자들도 깊은 배려의 행동을 많이 할수록 직원들의 이직 확률을 감소시킬 수 있다는 주장을 강력히 지지하는 연구 결과를 보고하였다. 이러한 결과들은 효과성을 판단하는 데 사용되는 준거에 따라 가장 효과적인 리더십 스타일이 달라질 수도 있다는 것을 보여준다. 리더의 행동 스타일이나 맥락 또한 팀을 형성하고 사람들을 동원하여 성과를 이루어내는 리더의 능력에 영향을 미치는 요소이다([하이라이트 8.2] 참고).

리더의 행동 스타일이나 맥락 또한 팀을 형성하고 사람들을 동원하여 성과를 이루어내는 리더의 능력에 영향을 미치는 요소이다.

글로벌 리더십 프로젝트: 세계적인 문화와 리더십

하이라이트 8.2

오하이오 주립대와 미시간 대학교, Blake와 동료들이 수행한 연구는 영향력 있는 사람들이 표출하는 행동에 중점을 두었다. 연구의 표본 전체를 미국에서 표집한 것은 아니지만, 거의 미국에서 표집한 것이고 대부분 남성이다. 지난 11년간 Bob House와 동료들은 문화, 사회, 국가를 초월하는 리더십의 공통적인 측면들이 있는지 알아보고자, 62개의 다른 문화로부터 17,000명의 중간 관리자들을 포함한 심도 깊은 연구를 해왔다. House와 동료들은 리더십에 여섯 가지 공통된 요소 등은(문화를 넘나드는 효율적인 리더십과 관련 있는 요소) 다음과 같다:

- **카리스마 있는/가치에 근거한***(Charismatic/Value-Based)*: 영감을 주고, 동기를 부여하고, 핵심 가치에 단단히 근거하여 타인으로부터 높은 수행 결과를 기대하는 능력
- **팀 지향적인***(Team-Oriented)*: 효율적인 팀을 구성하고 그 구성원들로 하여금 공동의 목표나 목적을 추구할 수 있도록 영향을 줄 수 있는 능력
- **참여적인***(Participative)*: 리더가 의사결정 절차에 타인들을 참여시키는 정도
- **인정 지향적인***(Humane-Oriented)*: 리더가 지원적이거나 사려 깊은 리더십을 입증해 보이는 정도
- **자기 방위적인***(Self-Protective)*: 리더가 팀 구성원들의 안전과 보안을 보장하는 정도
- **자주성 있는***(Autonomous)*: 독립적이고 개인주의적인 리더십과 관련 있다.

이러한 결과는 리더가 어떠한 나라나 문화 속에 있더라도 위의 여섯 가지 측면과 관련된 리더십 행동을 보인다면, 그가 팀을 구성하고, 타인을 통해 결과를 내기가 훨씬 쉬워진다는 것을 의미한다. 사람들은 무엇이 좋은 리더십과 나쁜 리더십을 구성하는지에 관해 동의한다. 그러므로 문화가 어떻든, 어떤 분야이든, 어떤 직업에 몸담고 있든지 리더는 리더이다.

지금까지 리더 혹은 리더십 행동을 범주화하는 몇 가지 방법에 대해 설명했는데, 이것은 리더십 실천가들에게는 어떤 시사점이 있을까? 거의 모든 글로벌 회사에서 믿거나 말거나, 리더십 행동 연구의 실제 적용점을 찾을 수 있다. 4장에서 소개된 것처럼, 역량 모델은 조직이 성공하기 위해 관리자가 보여야 하는 행동과 스킬에 대해 기술한 것이다.[6,27-34] 리더가 다른 나라에서 그 나라 상황에서 성공하려면 그에 적합한 행동을 보여야 하는 것처럼, 어떤 한 나라에서 이루어지는 사업과 산업이라도 종종 다른 리더십 행동들을 강조한다. 그러므로 다양한 조직들이 사업의 규모와 특성, 사업 모델, 글로벌화 정도, 테크놀로지나 팀의 역할 등에 따

라 차별화된 역량 모델을 가지고 있는 것은 당연한 일이다. 폐기물 관리 산업에서 150억 달러 가치의 회사로 알려진 Waste Management사 임원들을 위한 역량 모형의 예가 [그림 8.3]에 제시되어 있다.

개인적 특성

- 회사의 가치와 다른 사람들과 같은 기준으로 생활해야 한다.
- 긍정적 견해를 유지하고, 업무의 건설적인 압력이 필요하다.
- 변화, 모호성, 방해요소에 지략을 가지고 대응한다.
- 직원들의 공과 인지도를 인정하고 자신감을 유지하며 나타낸다.
- 약속을 잘 이행하며 다른 사람들로부터 신뢰를 불러일으킨다.
- 어려운 의사결정을 하는 용기를 가지며 냉혹한 현실과 마주하여 어려운 대화를 이끌어간다.

피플 리더십

- 개인적 능력과 협력 능력을 잘 조절 발휘할 수 있도록 팀을 구성하고 배치한다.
- 명확한 기대사항을 정하고, 다른 사람들을 정확히 평가하고, 솔직한 피드백과 코칭을 제공한다.
- 개인적인 투자, 탁월함, 책임감의 문화를 형성한다.
- 모든 직급의 직원들과 효과적으로 일하며 적극적으로 협동을 장려한다.
- 후계자 군과 일터에서 다양성과 포괄성을 적극적으로 증진시키도록 일한다.

이해 관계자 중심

- 경쟁적 우위를 창조하기 위해 높은 수행 성과를 가지는 인재들을 개발하고 활용한다.
- 고객의 욕구를 이해하고 고객 욕구를 넘어서는 열정을 보여준다.
- 조직이 일반 대중들과 커뮤니티에 대한 신뢰가 있음을 확신시킨다.
- 환경에 대한 장단기적 보호와 개선에 대한 중요성에 초점을 유지한다.
- 주주들에게 가장 이익이 되는 일을 할 것이라는 강한 약속 이행을 나타낸다.

개인적 리더십

- 자유로운 의견과 아이디어 개진을 격려하며, 조직 전체의 폭넓은 의사소통을 보장한다.
- 다른 사람들의 의견과 견해를 이해하려고 하며, 적극적으로 경청한다.
- 자신의 생각을 명확하고 강력하게 전달하며 청중의 욕구에 맞게 메시지를 전달한다.
- 솔루션을 얻기 위해 다른 사람들의 의견을 잘 조율하고, 아이디어를 설득력 있게 개진한다.
- 다른 사람들이 탁월한 결과를 달성하도록 북돋아주면서 높은 에너지와 열정을 보여준다.
- 어려운 역경 속에서도 프로페셔널리즘과 열정을 보이며 신뢰와 균형을 보인다.

실행과 결과

- 관련 정보를 추론할 때 폭넓은 지식과 축적된 경험을 적용하고 복잡한 문제들을 다루며, 시의적절한 바른 의사결정을 한다.
- 조직에서 성공하려면 무엇이 필요한지 알고 있으며, 산업의 역사, 고객, 경쟁적 환경에 대한 빈틈없는 지식을 가지고 있다.
- 전반적인 재정적 성과 관리와 사업 기회 평가를 위해 재무지표와 분석 결과를 활용한다.
- 앞으로 해야 하는 일을 위해 전략, 우선순위, 사람과 자원들을 연결하여 바람직한 결과물을 산출해낸다.
- 변화하는 시장 환경, 새로운 사업의 도전과 기회에 지략적으로 대응하며 확장해 나간다.
- 긴급성을 가지고 공격적인 개인과 팀의 목적을 설정하고 추구하며, 경쟁에서 이길 수 있는 열정을 보여준다.

전략적 리더십

- 큰 그림과 세부사항들 사이의 균형을 맞추며 "일상적인" 업무 수준 이상의 관점을 가지고 일한다.
- 독특한 전략적 기회와 방향을 파악하기 위해 조직의 경쟁적 지위와 외부 트렌드를 활용한다.
- 조직을 전략적 우선순위에 부합하도록 조정하며, 경쟁적 우위를 차지하기 위한 독특한 전략을 개발하고 실행한다.
- 혁신과 위험 감수를 하며 새로운 사업 기회를 발굴하여 현실화시킨다.
- 다른 사람들의 동의와 지지를 얻으며 사업을 향상시킬 변화를 만들고 성공시켜낼 용기가 있다.

출처: D. Roberts and G. Curphy, "Developing a Leadership Framework for Waste Management." Workshop Conducted with Executives at Waste Management, Banff, Alberta, Canada, and July 2006.

[그림 8.3] Waste Management의 중역들을 위한 리더십 역량 모형

최고의 조직들에서는 다양한 수준의 경영진을 위한 역량 모형들을 가지고 있다.[6,27,28,30,35,36] 예를 들면, Home Depot 부서 감독관, 스토어 관리자, 지역구 관리자, 지역 대표 및 부서 대표에게 필요한 행동과 기술들은 상당히 다르며, 이 차이는 각 그룹의 역량 모형에 반영된다. 역량 모형들은 다양한 리더십 포지션에 있는 사람들에게 요구되는 수행 기대수준을 명확히 하는 데 도움이 되며, 승진에 필요한 스킬도 기술되어 있다. 또한 역량 모형은 인사부서 전문가들이 조직 내 리더십 역량의 꾸준한 공급이 이루어질 수 있도록 선발, 개발, 수행 관리와 승계 계획 프로그램을 설계하는 데 도움이 된다.[2,5,6,7,28,30,37-42]

Hogan과 Warrenfelz에 의하면, 거의 모든 조직의 역량 모형에서 보이는 행동

개인고찰 스킬(intrapersonal skills)은 스트레스에 적응하고, 목표 지향적이며, 규칙을 준수하는 것과 관련된 리더십 역량과 행동을 의미한다.

과 스킬은 주로 다음의 4가지 범주에 포함된다. 첫째, **개인고찰 스킬**(intrapersonal skills)은 스트레스에 적응하고, 목표 지향적이며, 규칙을 준수하는 것과 관련된 리더십 역량과 행동을 의미한다. 이 스킬과 행동은 다른 사람들과의 상호작용과는 아무런 상관이 없으며, 변화시키기 가장 어려운 것 중의 하나라는 것임을 주목할 필요가 있다. 둘째, **대인관계 스킬**(interpersonal skills)은 다른 사람들과의 의사소통이나 관계 형성 등 직접적인 상호작용과 관련되어 있다. 이러한 스킬은 비교적 개발하기 쉽다. 셋째, **리더십 스킬**(leadership skills)은 팀을 형성하고 사람들을 동원하여 성과를 내는 것에 관련된 스킬과 행동으로서, 앞서 언급한 두 가지 범주와 비교해 보면 개발이 더 용이하다. 마지막으로, 사건을 분석하고, 의사결정을 내리고, 재정 문제와 전략적 사고를 하는 것과 관련된 역량은 **사업스킬**(business skills)의 범주에 해당한다. 이러한 역량과 기술은 MBA 프로그램의 주요 초점이며, 위 네 가지 범주 가운데 가장 쉽게 배울 수 있는 것들이다. 리더십 역량에 대한 Hogan과 Warrenfelz의 모델은 외관상으로는 매우 다르게 보이는 조직 역량 모형들 사이에 관련성을 제시함으로써 다양한 리더십 행동과 기술을 변화시키는 것이 얼마나 쉬운지 또는 어려운지를 예측 가능하도록 해준다.[41]

Hogan과 Warrenfelz 모형은 또한 팀을 형성하고 사람들과 함께 일하기 위해 리더들이 어떤 행동을 보여야 하는지를 제시하는 데 유용하다. 조직의 역량 모형들은 대체로 비슷하기 때문에 팀을 형성하는 데 필요한 행동들도 어느 조직이건 상당히 보편적이기 마련이다. 고성과 팀을 만들고자 하는 리더들은 스트레스를 잘 조절하고, 목표를 높게 설정하고 규칙에 맞게 움직일 필요가 있다. 그들은 또한 다른 사람들과 의사소통을 잘하고 관계형성도 잘해야 한다. 효과적인 리더들은 팔로워들에게 업무량을 적절히 잘 배분하고, 재능을 개발하고, 팀에 영향을 미칠 수 있는 사건들을 주시하고, 재정적으로 적합한 의사결정을 내린다. 따라서 역량 모형은 다양한 조직에서 팀을 형성하고 성과를 얻기 원하는 리더들에게 일종의 요리법을 제공하는 것이다. [하이라이트 8.3] 제시된 바와 같이, 리더십 행동들이 문화와 산업의 종류에 관계없이 일반적이기도 하지만, 회사나 리더십 수준에 따라 중요한 차이를 보일 수도 있다. Ancona, Malone, Orlikowski와 Senge는 대부분의 리더들이 많은 역량 모델에 나열되어 있는 스킬을 가지고 있지 않지만, 효과적인 리더들은 자신의 강점을 이해하고 상대적으로 기술이 부족한 영역에는 다른 사람들을 배치하는 방법을 아는 사람들이라고 주장한다.[43]

전시에 중요한 리더십 행동

하이라이트 8.3

평화로운 시기인지 전시 작전 동안인지에 따라 미군 장교들이 팀을 형성하고 성과를 이루어내는 데 필요한 행동들은 매우 다를 가능성이 높다. 미육군 교육사령부의 지원을 받은 연구에서 연구자들은 이라크 해방작전(OIF)을 진행하는 동안 팀을 형성하고 성과를 도출해내기 위해 리더들이 보여야 하는 중요한 행동들이 무엇인지 결정하도록 요구했다. 연구자들은 최근 OIF에서 돌아온 77명의 장교들을 대상으로 인터뷰와 설문조사를 실시하고, 전장에서 작전 수행 중에 리더가 보여야 하는 가장 중요한 행동들이 무엇인가를 밝혀내도록 하였다. 전시에 리더가 보여야 하는 가장 중요한 행동들 중에는 다음과 같은 것들이 포함되어 있다:

- 새로운 상황과 필요사항에 빨리 적응한다.
- 압박하에서도 침착함을 유지한다.
- 임무, 기준, 우선순위들을 명확하게 설명한다.
- 큰 그림을 보고 맥락과 관점을 제시한다.
- "무결점" 정신을 가지고 높은 기준을 세운다.
- "나쁜 소식"을 다룰 수 있다.
- 본부에서 나와 부대를 방문한다.
- 높은 윤리적인 분위기를 만들고 거짓 없는 보고를 요구한다.
- 위임하는 법을 알고 "세심한 관리"는 하지 않는다.
- 적절한 시기에 어렵지만 올바른 의사결정을 할 수 있다.
- 부대원 간과 부대 사이의 팀워크를 형성하고 지원한다.
- 긍정적이고, 북돋아주며 합리적으로 낙관적이다.

이러한 중요한 리더십 행동들을 밝혀낸 뒤, 미국 육군은 리더들을 이라크에 보내기 전에 이러한 행동들을 개발할 수 있도록 하는 훈련을 수행하고 있다. 여기에 나열된 행동 중 많은 부분이 Hogan과 Warrenfelz의 영역모델뿐 아니라 GLOBE 연구에서 발견된 행동들과 연관된다.

조직의 역량 모형이 정부와 사업 리더들을 선발, 개발, 승진시키는 데에 주요한 역할을 해오기는 했지만, 또 하나의 리더십 형태라 할 수 있는 커뮤니티 리더십에는 별다른 영향을 미치지 않았다. **지역사회 리더십**(community leadership)은 지역사회 내 어떤 성과 달성을 위해 자원봉사팀을 구성하는 과정이며, 리더십 행동의 대안적인 개념을 나타내기도 한다.[44] 지역사회 리더십의 예로는 새로운 도서관을 신축하기 위한 펀드 레이징 그룹을 만들거나 헌혈 캠페인을 위한 자원봉사자를 조직하거나 Wal-Mart 건설을 중지시키는 캠페인을 조직하는 것 등이 있다. 따라서 지역사회 리더십은 지역 커뮤니티 내에서 어떤 일이 발생하도록(또는 발생하지 못하도록) 하기 위하여 자원봉사자들이 모이게 될 때마다 생겨난다.

자원봉사자 그룹을 이끄는 것은 무역회사, 군대, 정부 조직의 리더가 되는 것과는 매우 다르다. 첫째, 지역사회 리더들은 어떤 지위가 주는 권력이 없다. 즉, 그들은 조직의 규범에 순응하지 않거나 업무를 완수하지 않거나 미팅에 나타나지 않는 팔로워들을 훈련시킬 수 없다. 또한 그들은 다른 리더들과 비교해볼 때 가용한 자원과 보상이 거의 없는 경우가 많다. 공식적인 선거나 승진 과정이 없기 때문에 누구나 지역사회 리더가 될 수 있다. 그러나 그들이 커뮤니티를 변화시키려는 노력에서 성공하게 될지 아닐지는 세 가지 역량에 따라 달라질 수 있다([그림 8.4] 참고). 불을 일으키기 위해서는 산소, 연료, 점화제라는 세 가지의 구성요소가 필요하듯이, 지역사회 변화의 노력을 성공적으로 이루어 내기 위해서는 프레이밍, 사회적 자본 형성, 동원이라는 세 가지 역량이 필요하다.

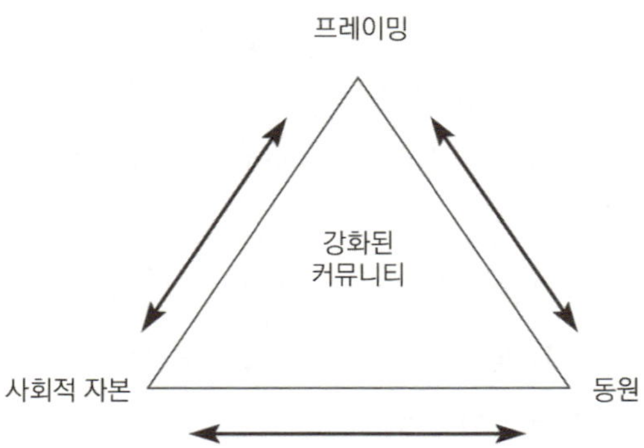

[그림 8.4] 지역사회 리더십의 요소

출처: J. Krile, G. Curphy, and D. Lund, The Community Leadership Handbook: Framing Ideas, Building Relationships, and Mobilizing Resources. St. Paul, MN: Fieldstone Alliance, 2006.

프레이밍(framing)은 어떤 그룹이나 커뮤니티가 그들의 이슈와 기회들을 인식하고 정의하여 이것을 효과적인 행동으로 결과를 낼 수 있도록 돕는 리더십 역량이다.

프레이밍(framing)은 어떤 그룹이나 커뮤니티가 그들의 이슈와 기회들을 인식하고 정의하여 이것을 효과적인 행동으로 결과를 낼 수 있도록 돕는 리더십 역량이다. 프레이밍은 그룹이나 커뮤니티가 어떤 일이 수행되어야 하고, 왜 그것이 되어야 하는지, 그리고 그것을 어떻게 이루어 내야 하는지 결정하는 데 도움이 된다. 커뮤니티를 통해 수많은 잠재적인 프로젝트에 착수할 수 있지만, 이를 책임지고 있는 사람이 다른 사람들이 잘 이해할 수 있는 방식 -(a) 결과 (b) 그 결과에 의해 어떤 혜택을 얻게 될 것인가 혹은 (c) 그 결과를 얻기 위해 어떤 일을 해야 하는가- 로 프로젝트를 프레이밍하지 않기 때문에 대부분 많은 프로젝트들이 실제로 시작되지는 못한다.

사회적 자본 형성(building social capital)은 사람들 간의 차이점을 넘어 지역사회 내에서 함께 일할 수 있도록 관계를 개발하고 유지하도록 하는 리더십 역량이다. 금융 자본으로 새로운 TV, 차, 집 등 개인이 원하는 것을 살 수 있는 것처럼, 사회 자본을 통해 커뮤니티 리더는 커뮤니티의 어떤 변화 노력이나 프로젝트가 성공할 가능성이 있을지 선택할 수 있다. 당신에게 돈이 없다면, 당신에게 선택권이란 매우 제한적일 것이다. 이와 같이, 사회자본이 부족한 리더들은 그들의 비전을 실현시키는 데 필요한 자원을 동원할 수 없기 때문에 지역사회 내에서 어떤 일이건 수행해내기가 매우 어렵다. 사회자본은 개인 간에, 개인과 그룹 간의 또는 그룹 간에 공유된 관계로부터 오는 힘이다.

어떤 특정 결과를 얻기 위해서 임계량에 달하는 주요한 다수의 군중을 이끌어내는 것이 **동원**(mobilization)이라는 리더십 역량이다. 지역사회에 새로운 사업을 유치하기 위해서는 사람, 돈, 장비, 시설들이 종종 필요하다. 동원은 명확히 정의된 결과를 얻기 위해 전략적이고 계획된 목적 있는 활동이라고 할 수 있다. 누구나 자원을 동원할 수는 있지만, 꼭 필요한 자원들을 같은 목표를 향해 움직이도록 하는 리더십이 필요하다.

만약, 당신의 학교 캠퍼스에 새로운 학생조합을 설립하기 원한다면 지역사회 리더십 모형을 어떻게 적용시킬 수 있을 것인가? 첫째, 새로운 학생조합에 무엇이 있으며, 이것을 현실화시키기 위해 다른 학생들이 어떤 일을 해야 하는지를 그들이 이해할 수 있는 방식으로 사건들을 프레이밍해야 할 필요가 있다. 둘째, 새로운 학생 조합의 잠재적 사용자들에게 접근하여 관계를 형성해야 할 필요가 있다. 다양한 사용자 그룹의 공식적, 비공식적 리더들을 알아내어 그들의 신뢰를 얻고 유지하기 위해 미팅을 해야 할 것이다. 셋째, 새로운 학생 조합 형성을 위해 다양한 사용자 그룹을 동원해야 한다. 예를 들어, 모금 행사, 전화 설득, 청원서에 서명하기, 홍보 활동 및 이슈에 대한 주요한 의사결정권자인 대학 관계자들과의 미팅 등을 해야 할 수도 있다.

자원봉사 팀을 구성하여 지역사회 결과를 성공적으로 달성하려고 한다면, 지역사회 리더십의 세 가지 모든 요소들을 다 사용할 필요가 있다. 간략하게 문제를 프레이밍할 수 있지만, 사회자본이 부족하거나 대중을 동원할 수 없다면, 새로운 학생 조합을 만드는 것이 성공적이지 못할지도 모른다. 반대로 학생 네트워크는 매우 잘 형성했지만, 팔로워들이 이해하기 쉽게 문제를 프레이밍하지 못할 경우 결과는 같을 것이다. 지역사회의 변화 노력은 많이 성공하는 것만큼이나 또 많이 실패하는 경향이 있다. 실패의 이유는 부적절한 프레이밍이나 사회자본 또는 동원력 때문이다. 따라서 지역사회 목표를 달성하고 자원봉사팀을 형성할 때 이 세 가지 요소들은 매우 중요하다.

유머가 중요한가?

하이라이트 8.4

리더들은 여러 종류의 행동들을 한다. 그중 몇 가지는 일의 완성에 포커스를 맞추는 반면, 다른 몇 가지는 지지자들을 서포트하는 것과 관련이 되어 있다. 몇몇 리더들은 유머가 있고, 다른 몇몇은 심각하고 재미가 없다. 리더의 유머감각은 그 또는 그녀가 팀을 형성하거나, 다른 사람에게 영향을 주거나 또는 결과를 얻음에 있어서 영향을 미치는가? 연구자들은 이 질문에 대하여 조사해왔으며, 답을 발견했지만, 그것은 단순히 '예', '아니요'가 아니었다. 유머의 효과는 환경, 리더가 달성하고자 하는 결과와 이용된 리더십 스타일에 따라 다른 것처럼 보인다. 자유방임주의의 리더들(1,1)은 유머를 사용하여 지지자들을 만족시키지만, 일하는 집단의 수행결과는 높지 않다. 일에 집중하는 리더들(9,1)은 실제로 유머를 사용하더라도, 만족도도 낮고 일의 수행결과도 낮다. 유머의 사용은 리더들의 꾸준한 목표설정과 비용삭감 계획에는 잘 조화되지 않는 것처럼 보인다. 변혁적인 리더들(9,9)은 높은 레벨의 감성지능을 가지고 유머를 사용함에 있어서 좀 더 높은 수행 결과를 가져오는 것 같다. 이 연구의 핵심은 리더의 유머 감각은 그의 스타일과 전달되는 환경에 따라 달라진다는 점이다. 일에 집중하는 리더들은 회사가 경제적 어려움, 조직적인 딜레마에 직면해 있을 때, 지지자들의 필요에 맞게 예리하게 조절할 수 있어야 하고, 이러한 상황에서 유머를 사용하는 것은 의도한 것과는 반대의 결과를 가져올 수도 있음을 인지해야 한다.

8.2.4 리더십 행동 진단: 다면 피드백 도구

리더십의 효과성을 높이는 한 가지 방법은 리더십 실천가들에게 그들이 실제로 보이는 다양한 리더십 행동의 빈도나 스킬 등에 관해 피드백(feedback)을 제공하는 것이다. 이러한 요구를 위해 지난 수십 년간 **360도** 혹은 **다면 피드백 도구**와 관련하여 2억 달러 규모의 산업이 성장해왔다. GE의 전 CEO인 Jack Welch는 다면 피드백 도구가 GE의 성공에 매우 중요한 역할을 해왔다고 말한다.[45] 전 세계 상위 1000대 기업 중에 거의 모든 회사들이 각 회사의 관리자들과 주요 인사들에게 이러한 다면 피드백 도구를 사용하고 있다.[2,6,7,8,46-52] 다면 피드백 도구는 16개의 언어로 번역되어 5백만 명 이상의 관리자들이 리더십 스킬과 행동에 대한 피드백을 받아왔다. 공기업이나 사기업에서 다면 피드백은 범용적으로 사용되고 있으므로, 이 도구들을 둘러싼 몇 가지 사건에 대해 살펴보는 일은 유용할 것이다.

전 세계 상위 1000대 기업 중에 거의 모든 회사들이 각 회사의 관리자들과 주요 인사들에게 이러한 다면 피드백 도구를 사용하고 있다.

많은 관리자들과 HR전문가들은 관리자의 자기평가가 리더십 강점과 단점을 파악하는 가장 정확한 정보라고 잘못 생각해왔다. 그러나 다면 평가 도구의 등장으로 이러한 관점에 많은 변화가 생기게 되었다. 다면 피드백 도구들은 직접적인 리포트, 동료, 상사의 의견 등을 통해 어떤 한 리더의 행동에 관해 매우 다른 견해를 보일 수 있음을 나타내주며, 이러한 다양한 견해들은 그 리더의 강점과 개발 필요에 대해 자기 평가보다 정확한 그림을 그리게 도와준다([그림 8.5]와 [그림 8.6] 참고). 관리자는 본인이 다른 사람들과 잘 어울린다고 생각할지도 모르지만, 만약 동료들로부터의 360도 피드백 결과와 함께 일하기 매우 어렵다고 나온다면, 그 관리자는 본인의 리더십 효과성을 높이기 위하여 어떤 점을 개선해야 하는지에 대하여 새로운 통찰력을 얻게 될 것이다. 360도 피드백 도구가 도입되기 전에는 주로 면대면 미팅을 통해 피드백을 받아 피드백 내용이 희석되는 경우가 많았기 때문에 관리자들이 실제 본인들의 업무 관련 행동에 관해 정확한 피드백을 받기가 어려웠다.[2,5,6,34,46,48,52-57] 특히 조직 내에서 지위가 높은 사람이 평가되는 경우에는 피드백을 잘 물어보지 않게 됨으로써 본인과 다른 사람들 간의 관점에 보다 큰 차이점을 가져오게 될 것이다.[6,56,58] 7장에서 언급된 것처럼, 리더가 보이는 행동의 대부분은 그들의 성격 특성에 그 뿌리를 두고 있어 거의 자동적으로 일어나며, 그 결과 많은 리더들이 그들의 행동이 다른 사람들에게 미치는 영향에 대해 잘 이해하지 못한다. 360도 피드백 도구가 도입되기 전까지 리더들에게 본인들의 강점과 개발 요구를 정확하게 결정해내는 것은 매우 어려웠다. 오늘날은 대부분의 조직들이 360도 피드백 도구를 훈련, 코칭, 승계 계획의 통합된 부분이나 포괄적인 리더십 인재 관리 시스템의 수행관리 구성요소로 사용한다.[6,34,41,42,48-50,53,59-61]

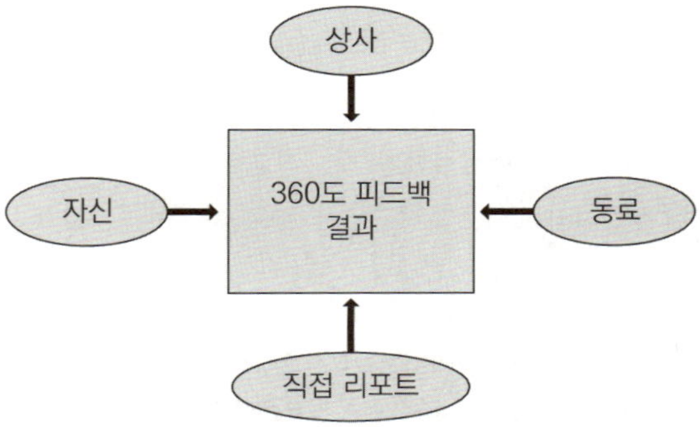

[그림 8.5] 360도 평가를 위한 요소

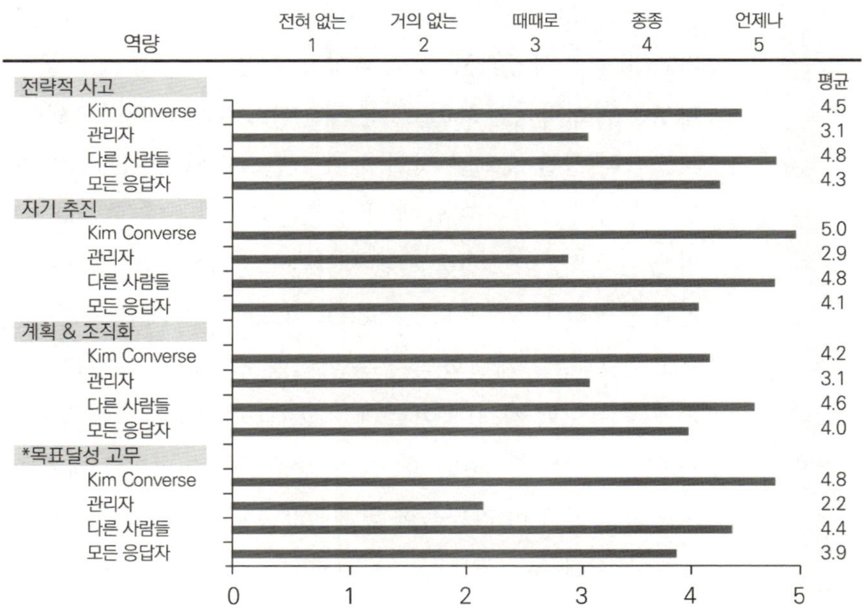

***정렬된 목표를 고무하기**

조직의 미션과 비전, 가치 그리고 방향 내에 속한 사람은 높은 수준의 동기를 갖게 된다.

각 항목과 응답자 유형에 따른 평균 비율

Items	나 자신	관리자	다른 사람들	모든 응답자
1. 미래에 대한 비전을 나누는 것	5.0	1.0	4.5	3.8
2. 팀을 위한 명확한 목표와 방향을 제시하는 것	5.0	3.0	4.3	4.0
3. 도전적 정신과 기대를 주는 것	5.0	4.0	4.5	4.4
4. 팀/조직을 위하여 열정과 buy-in을 기를 것	5.0	1.0	4.8	4.0
5. 말과 행동으로 고위 경영진의 계획을 도울 것	4.0	2.0	4.0	3.2

[그림 8.6] 360도 평가의 예

출처: K. Louiselle, G. J. Curphy, and S. Bridges. C3 *360-Degree Feedback Report*. Eagan, MN: Advantis Research and Consulting, 2003. Reprinted with permission of Advantis Research and Consulting.

오늘날의 많은 조직에서 360도 피드백 시스템의 범용적인 사용과 더불어, 이러한 도구의 사용과 구성 및 영향에 관한 광범위한 연구를 해왔다. 이러한 연구의 대부분은 효과적인 360도 질문지를 만들기 위한 역량모델을 사용하는 방법, 360도 피드백이 정말 중요한 것인지, 자기관찰자의 인지적인 차이가 중요한지, 리더의 평가방법이 시간이 지남에 따라 향상되는지, 그리고 360도 피드백과 관련하여 의미 있는 문화, 성별, 인종 관련 사건들이 존재하는지 등에 관한 것이었다. 첫 번째 사건과 관련하여, 연구자들은 360도 피드백 질문지를 구성하는 것의 중요성에 대해 보고해왔다. 잘 개념화되지 못한 역량모델과 잘 구성되지 못한 질문지 항목들은 거짓된 피드백 결과에 이르게 하고, 결국 관리자들에게 필요한 정보를 제공해주지 못한다.[6,34,49,50] 360도 피드백이 중요한 것인가에 관해서 몇몇 연구자들은 이 피드백을 받지 못한 리더들에 비해 360도 피드백을 받은 리더들이 보다 높은 성과를 내는 부서를 두고 있다고 주장하였다. 이러한 연구결과는 360도 피드백 결과가 중요함을 보여주는 것이다.[6,59,62-68] 그러나 HR 컨설팅회사인 Watson-Wyatt이 750여 개 회사를 대상으로 한 조사에 따르면, 360도 피드백 시스템을 사용한 회사들의 주식가치가 10.6% 감소하였다는 것이 보고되었다.[61] 이런 결과는 360도 피드백 시스템이 잘되지 않을지도 모른다는 강한 증거를 보여준다. 이러한 회사에서 이 시스템이 어떻게 사용되었는지를 살펴보는 것도 중요하다. Pfau와 Kay는 대부분의 회사들이 개발 목적이 아닌 수행 평가의 목적으로 360도 피드백을 사용했다고 보고했다. 대부분의 360도 피드백 시스템은 사람들 간의 차이를 발생시키기 위해 고안된 것이 아니기 때문에 이러한 차이는 매우 중요하다. 이 시스템은 리더들에게 그들의 상대적인 강점과 개발 요구에 관해 알려주기 위하여 설계된 것이다. 360도 피드백 도구들이 데이터 기반으로 좋은 개발 피드백을 제공해주기 때문에 많은 조직들이 이를 수행 평가 목적으로 변형시켜 사용했다. 이것은 실수라고 할 수 있는데, 수행평가에 사용된 360도 피드백 도구들은 잘 구성되어 있지 못하고 종종 부풀려진 순위를 낳아 고성과자, 중간 성과자, 그리고 저성과자 사이에 변별력이 없는 피드백을 제공하기 때문이다. 결과 또한 비용과 시간이 많이 소비되지만 개인이나 조직에 도움이 되지 않는 수행평가 시스템으로, Watson-Wyatt이 보고한 것과 유사한 결과를 낳게 되는 것이다. 결론적으로 360도 피드백 시스템은 그 도구들이 잘 조직되고 구성되었을 때만 큰 가치를 더할 수 있게 된다.[5,6,7,48-50,56,59,69,70]

360도 피드백의 장점 중의 하나는 리더십 스킬에 대한 자기 자신과 다른 사람들의 견해에 통찰력을 제공해 준다는 것이다. 그렇다면 자기 관찰자들의 차이는 문제가 될까? 통찰력을 가진 리더들이 보다 효과적인 리더들인가? [그림 8.6]에 보이는 것처럼, 상사, 동료는 리더에 대해 각기 다른 기대를 가질 수 있기에 어느 정도의 불일치한 결과를 보이기도 한다. 그럼에도 불구하고, 리더십 효과성에 대하여 통찰력은 큰 차이를 보이지 않는 것 같다. 자기 관찰에서 차이를 많이 보인 리더들조차 그들이 높은 관찰자 점수를 가지고 있는 한 효과적인 리더로 나타났다. 반대로, 가장 효과적이지 못한 리더들은 가장 높은 자기 평가 점수와 가장 낮은 동료 평가점수를 받은 리더들이었다. 여기서 발견할 수 있는 중요한 교훈은 리더십은 다른 사람들 눈에 달려있다는 것이다. 높은 관찰자 점수를 얻는 비법은 그룹 목표를 달성하도록 돕는 광범위한 리더십 스킬 세트를 개발하는 것이다.[52,54,62,53,66,71-75]

또 다른 연구주제는 360도 피드백 점수가 시간이 지나면서 향상되는가를 살펴본 것이다. 즉, 리더의 스킬에 대한 다른 사람들의 생각을 변화시키는 것이 가능한 것인가? 다른 사람들의 점수와 리더십 효과성의 관계를 고려해볼 때, 아마 이렇게 되는 것을 희망할 것이다. Walker와 Smither는 자신들의 360도 피드백 결과를 부하직원들과 공유하고, 액션 플랜을 작성하여 개선 노력을 한 관리자들이 5년 정도 후에 놀랍게 향상된 점수를 얻게 되었다는 것을 보고하였다. Johnson과 Johnson은 한 제조업 회사에서 515명의 관리자들을 대상으로 2년간 360도 피드백을 살펴보고 9.5%의 리더십 생산성 향상을 보고하였다.[77] 다양한 24개 연구 결과를 검토한 최근의 연구는 360도 피드백 결과가 시간이 지남에 따라 변화하기는 하지만, 그 변화의 폭이 크지 않다고 보고한다. 다른 연구자들 또한 360도 피드백 하나만이 리더십 스킬을 향상시키는 데 만병통치약이 아니라는 것을 지적한다. 리더들이 자신들의 점수를 향상시키기를 원한다면(리더십 효과성 향상), 360도 피드백으로부터 통찰력을 얻는 것 외에도, 일련의 자기 개발 목표를 세우고, 그 개발 계획을 성실히 이행해 나가야 할 것이다.[2,6,7,70,78,79]

360도 피드백과 관련하여 주요한 문화, 인종, 또는 성별 이슈가 있는지에 대해 살펴본 연구들이다.

마지막으로 360도 피드백과 관련하여 주요한 문화, 인종, 또는 성별 이슈가 있는지에 대해 살펴본 연구들이다. 문화적인 이슈와 관련하여, 어떤 나라들은, 일본의 예를 들면, 동료나 부하직원들이 리더에게 피드백을 주어야 한다고 여기지 않는다.[80,81] 다른 나라들은, 사우디아라비아의 경우, 리더들에게 충돌을 피하며 긍정적인 피드백만을 하는 경향이 있다. 후자의 경향은 다른 나라들에만 국한되는 것은 아니며, 작은 조직이나 시골 지역사회에서 일하는 미국의 연구자들의 경우에도 이와 유사한 결과를 보이기도 한다. 사람들은 업무와 관련되거나 그렇지 않을 경우에라도 피드백의 결과를 상대해야 한다면, 리더들에게 건설적인 피드백을 주기를 보다 주저하게 되는 것 같다. 이러한 결과는 360도 피드백이 만병통치약이 아니며, 사회적 또는 조직 문화가 360도 피드백 과정의 정확성과 유용성에 중요한 역할을 한다는 점을 보여준다.[2,4,6,33,33,37,47]

인종 차이와 관련하여 Mount, Sytsma, Hazucha와 Holt는 2만 명이 넘는 여러 미국 회사 관리자들의 상사, 동료, 부하직원들로부터의 응답 유형을 살펴보았다. 흑인들은 동료, 상사, 혹은 부하직원에게 점수를 주든지 간에 상관없이 흑인들에게 일반적으로 높은 점수를 주는 경향이 있다는 연구결과가 보고되었다. 그러나 이러한 효과는 전체적으로 볼 때 다소 적은 것으로 나타났다. 백인 동료와 부하직원들은 일반적으로 흑인과 백인 동료나 부하직원들에게 차별 없이 거의 비슷한 점수를 주었다. 그러나 백인 상사의 경우는 자신에게 직접 보고하는 백인들에게 높은 점수를 주는 경향이 있었다. 이 결과는 월급, 보너스, 승진 등의 80~90%의 결정이 상사에 의해 이루어지기 때문에, 흑인 리더들의 경우는 동급의 백인 리더들에 비해 훨씬 더 천천히 승진하게 될 것임을 의미한다.[82,83] 이 장의 후반부에서 이러한 인종적인 차이가 멘토링 프로그램에서 어떤 역할을 하게 되는지에 대해서 설명하게 될 것이다.

성별 문제와 관련해서, 비록 미미하기는 하지만 성별 차이가 존재한다고 연구에서 보고되었다. 여성 관리자들의 경우 대부분의 스킬 부분에서 높은 점수를 얻지만, 그들의 유사한 위치에 있는 남자 관리자들은 일반적으로 더 높은 승진 가능성을 가지는 것으로 인식된다. 360도 피드백 점수에서 동성에 대한 편견은 보이지 않으며, 여성 관리자들은 스스로를 낮게 평가하는 편이다. 남자 관리자들은 본인을 바라보는 시선이 정확하지 않은 편이며, 여성 관리자들과 비교해보면 본인에 대해 잘 모르는 부분이 더 많은 것으로 나타났다. 요약해보면, 남녀 관리자의 360도 피드백 점수는 매우 유사하며 실제적으로 중요한 차이점은 거의 없다.[84]

그렇다면, 리더십 실천가들은 이러한 일련의 360도 피드백 연구들로부터 어떤 점을 기억해야 할 것인가? 첫째, 당신의 경력상에 어느 시점엔가 당신도 360도 피드백을 받을 수 있다는 점이다. 둘째, 360도 피드백은 조직의 목적 달성에 필요한 리더십 행동을 설명하는 그 조직의 역량 모델을 기반으로 설계되어야 한다.[5-7,8,35,50] 셋째, 360도 피드백은 "어떻게" 피드백해야 하는지에 대하여 가장 좋은 자료 중의 하나가 될 것이다. 리더들은 그룹의 목표 달성을 위해 무엇을 진행하고 있는지, 무슨 고객 만족이 이루어지고 있는지 등등 대체로 수많은 "무엇을"에 관한 피드백을 받지만, 더 좋은 결과를 내기 위해서 "어떻게" 해야 하는지에 대한 피드백은 거의 받지 못하는 편이다. 다면평가 도구들은 보다 결속력이 강하고, 목적 지향적인 팀을 만들고, 이들을 통해 보다 나은 결과를 낼 수 있도록 하기 위해서 리더들에게 필요한 종류의 피드백을 제공한다. 넷째, 효과적인 리더들은 잘 개발된 리더십 스킬을 폭넓게 가지고 있는 것 같다. 즉, 그들은 한두 가지 일만 잘하고 나머지는 잘하지 못하는 것이 아니다. 대신 그들은 강점을 잘 활용할 수 있는 폭넓

다면평가 도구들은 보다 결속력이 강하고, 목적 지향적인 팀을 만들고, 이들을 통해 보다 나은 결과를 낼 수 있도록 하기 위해서 리더들에게 필요한 종류의 피드백을 제공한다.

은 팔레트를 가지고 있는 것 같다. 다섯째, 리더들은 스킬을 향상시키기 위하여 구체적인 목표와 개발 계획을 만들 필요가 있다. 360도 피드백 결과는 리더들에게 무엇을 향상시켜야 하는지에 대한 아이디어를 주지만 실제 그 행동의 변화를 일어나게 하기 위해서 충분하지는 않다. 여섯째, 리더십 행동은 시간이 지남에 따라 변화될 수 있지만, 새로운 스킬을 습득하고, 그 결과가 360도 피드백 결과에 반영되는 데에는 1~2년이 걸릴 수 있다. 마지막으로, 360도 피드백과 관련된 문화적, 인종적, 성별 문제들이 있으며, 실천가들은 360도 피드백 과정을 실시하기 전에 이러한 문제들에 대해 숙지하고 있어야 한다.

8.3 경영 탈선

지금까지 우리는 리더들이 팀을 형성하고 사람들을 동원하여 일을 해내는 능력을 향상시키기 위해서 무엇을 할 수 있는지에 대해 논의해왔다. 첫 번째 교훈은 역량 모형에 의한 주요한 행동인지를 밝혀냄으로써, 어떤 행동들이 성공과 밀접하게 연결되어 있는지를 결정하는 일일 것이다. 두 번째 교훈은 주요한 행동들에 대하여 360도 피드백을 얻는 것이다. 이 피드백은 강점과 잠재적인 개발 요구를 파악하는 데 도움이 된다. 그러나 모든 리더가 이러한 교훈들을 진정으로 배우는 것은 아니다. 우리는 리더들이 어떻게 성공하는지뿐 아니라 왜 어떤 리더들은 실패하는지와 같은 보충 질문들도 살펴보아야 한다. 실패한 리더들을 연구함으로써 리더로서 하면 안 되는 일은 무엇인지에 대한 값진 교훈을 얻을 수 있다.

실패한 리더들을 연구함으로써 리더로서 하면 안 되는 일은 무엇인지에 대한 값진 교훈을 얻을 수 있다.

4장과 7장에 소개된 것처럼, 높은 지위에 있는 많은 사람(리더)들이 팀을 형성하거나 좋은 성과를 내는 데 어려움이 있다는 결과를 제시하는 연구가 증가하고 있다.[2,5-7,9,34,85-87] 경영의 무능력과 밀접한 관계를 가지는 개념은 경영 탈선이다. **경영 탈선**에 관한 초기 연구는 창조적 리더십 센터(Center for Creative Leadership) 연구자들에 의해 1980년대 초에 실시되었다. CCL 연구자들은 포춘(미국의 경제지) 100사의 "**고성장 잠재력**(high potential)"을 지닌 관리자들의 리스트를 찾기 위해 인사부서를 찾아갔다. McCall과 Lombardo는 고성장 잠재력을 지닌 핵심인재(high potential)란, 조직 내에서 미래 CEO나 회장이 될 것으로 규명되거나 그들의 직속 보고선이 될 것으로 예상되는 사람들이라고 정의하였다. 그들은 3년을 기다려 다시 그 조직들을 찾아가 그 명단에 있었던 사람들에게 어떤 변화가 있었는지를 조사하였다. 각 조직의 최고 등급 중의 하나에 약 25%에 달하는 사람들이 승진하였으며, 25%의 사람들은 아직 승진하지는 않았지만, 자리가 생기는 대로 곧 그 자리에 가게 될 것임을 알아냈다. 나머지 25%는 회사를 그만두었는데, 일부는 자신의 회사 설립을 위해 떠났고, 다른 사람들은 다른 곳에서 더 좋은 제안을 받아 회사를 떠났다. 그리고 그 명단에 있었던 나머지 25%는 더 이상 승진의 대상으로 고려되지 않았다. 아직도 그 회사에 머물러 있다면, 상대적으로 덜 영향력이 있거나 눈에 띄지 않는 자리로 옮겨졌다. 이 마지막 그룹 사람들을 일컬어 경영 탈선의 경우를 대표한다고 할 수 있다.[88]

몇몇 다른 학자들도 이 경영 탈선에 대해 연구하였다.[87,89-93] 이 연구는 훨씬 큰 표본을 사용했으며(연구자 한 명이 600명 이상의 탈선한 관리자들을 조사함), 유럽인들을 대상으로 보다 세련된 진단도구를 사용하였다(예: 360도 피드백 도구). 초기 연구에는 백인 남성이 대부분을 차지했지만, 이 후기 연구에는 보다 높은 비율의 여성과 소수민족이 연구 대상에 포함되었다. Van Vesler와 Leslie는 이 연구는 탈선 후보자들이 궁극적으로 전문인으로서 탈선에 이르도록 한 원인뿐 아니라 처음에 핵심인재로 선정받도록 한 원인을 파악하는 데에 둘 다 초점을 맞추었다. 이 연구들은 많은 면에서 다양한 면모를 보이기도 하지만 많은 공통점을 보이기도 한다. 성공한 후보자들과 탈선하게 된 후보자들 모두 전문성을 가지고 있으며, 똑똑하고 야망 있으며 좋은 성과를 내기 위하여 무엇이든지 할 의사가 있었다. 다시 말하면, 핵심인재 후보자들 모두 그들의 조직 내에서 매우 인상적인 기록을 가지고 있었다. 반면에, 탈선한 후보자들은 성공한 핵심인재에서 보이지 않은 한두 가지의 행동 유형을 보였다. 탈선의 주제들은 <표 8.2>에서 찾을 수 있으며, 자세한 설명도 제시된다.[6,9,34,85,87]

〈표 8.2〉 탈선 조사의 주제

조사 / 주제	McCall & Lombardo(1983)	Morrison et al. (1987)	Lombardo & McCauley(1988)	미국 (1993–94)	유럽 (1993–94)
대인관계의 문제	다른 사람에 대한 몰이해, 냉담, 거만, 야심 있는	관계성 부족, 지나친 야망	대인관계의 문제, 자아 고립	실무관계의 부족	실무관계의 부족, 조직의 고립, 권위주의적인, 지나친 야망
사업 목표달성 실패의 문제	믿음에 대한 배신, 저성과	수행의 문제	마무리 능력의 부족	지나치게 야망적이며, 근무 태만	지나친 야망, 저성과
팀 리드와 형성의 문제	직원의 효과적 관리 실패	부하들을 지도할 수 없음	직원 몰딩의 어려움	팀 리드와 형성의 문제	팀 리드와 형성의 문제
개발과 수용의 문제	다른 스타일의 상사를 수용하지 못함, 전략적으로 사고하지 못함	상사 또는 문화에 대해 수용할 수 없음, 전략적이지 않음	경영의 전략적 차이, 전략변경의 어려움	개발을 할 수 없거나 고위 경영진과의 갈등을 수용할 수 없음	개발 또는 수용을 하지 못함
신생 주제	—	지나치게 좁은 비즈니스 경험	—	승진을 위한 준비가 되어있지 않음, 편협한 기능주의 지향	승진을 위한 준비가 되어있지 않음, 편협한 기능주의 지향
사라지는 주제	지지자나 멘토에 대한 지나친 의존도	—	지나치게 의존적	—	—

출처: E. Van Velsor and J. B. Leslie, "Why Executives across Time and Cultures." *Academy of Management Executive* 9, no. 4(1995), pp. 62-71

행동 유형을 보이는 탈선한 관리자들은 그들의 동료나 팔로워들의 욕구에 매우 둔감하고 종종 경쟁적이고 독선적인 자세를 보였다.

<표 8.2>에 나타나 있는 탈선 주제들은 미국과 유럽 지역 연구에서 공통적으로 나타나는 것들이며, 시간이 지남에 따라 새로운 주제가 생겨나기도 하고 사라지기도 한다. 첫 번째 탈선의 유형은 동료들과 **관계를 형성하지 못하는 무능력**과 관련 있다. 이러한 행동 유형을 보이는 탈선한 관리자들은 그들의 동료나 팔로워들의 욕구에 매우 둔감하고 종종 경쟁적이고 독선적인 자세를 보였다. 이들은 "내가 하자는 대로 하거나 아니면 떠나라"라는 입장을 고수하며, 4장에 나온 것처럼

결과만을 중시하는 관리자(Results Only Managers)로 범주화될 것이다. 많은 사람들이 극도로 거만하고 조직 내에서 그들만 한 사람이 없다는 것을 기회가 될 때마다 동료들에게 알리려고 했다. 탈선한 관리자들 가운데 일부는 일을 완수하기 위해, 그것이 심지어 다른 사람들을 방해하거나 감정을 상하게 하는 일이라 하여도, 할 수 있는 어떤 방법도 서슴지 않고 하기도 하였다. 이런 부류의 관리자들은 그들이 리더에서 내려오기만을 기다리던 상처받은 사람들의 트레일을 떠나게 되었다.

Van Veslor와 Leslie에 따르면, 대략 유럽인의 2/3와 미국인 탈선 후보자들의 1/3이 이러한 유형에 속한다. 예를 들면, 휴대전화 회사의 마케팅과 세일즈 담당 여성 임원은 위에 나열된 행동들을 범하여 이십만 달러 연봉을 받는 자리에서 해고되었다. 그녀는 매우 똑똑하고 훌륭한 배경을 가지고 있으며, 다른 작은 조직에서 CEO를 했던 경험이 있으며, 매우 오랫동안 일을 했었다. 그녀에 대한 심도 깊은 경영 진단 결과는 매우 강한 리더의 성격을 가지고 있으며, 외양성과 의존성에서 높은 점수를 보이며, 적응성과 친화성에서는 평균 정도의 점수를 보였다. 이러한 진단결과, 대담함 점수가 매우 높게 나타났는데, 이 여성 임원의 어두운 특성은 다른 사람들을 멸시하거나, 다른 사람의 잘못을 알아내어 이용하거나, 무능력을 지속적으로 조언하거나, 원하는 자료나 지지가 필요할 때면 동료들에게 재빨리 달려가며, 동료나 부하직원들 간에 내분을 조장하며, 자신은 귀하게 대접받기를 기대하는 행동에서 극명하게 나타났다. 재미있는 것은 그녀는 360도 피드백 결과를 받기 전까지는 사람들을 위축시키고 병들게 하는 그녀의 행동이 어떤 영향을 미치고 있는가에 대해 알지 못했다는 점이다. 조금 더 일찍 이러한 피드백을 받았더라면, 그녀의 경력이 트랙에서 탈선하게 되는 것을 막을 수 있었을지도 모른다.

Charan과 Colvin, Dotlich와 Cairo, Hogan과 Curphy는 사람 관련 문제가 CEO들이 실패하게 되는 주요 원인들 중의 하나라고 말해왔다. 그러나 탈선한 중간 관리자와는 다르게, 대부분의 CEO들은 회사 내에서 다른 사람들과 잘 어울린다. CEO들의 문제점은 몇몇의 직접 보고선과 너무 잘 지냄으로써 그들에 관한 문제가 제기되었을 때 시의 적절하게 대처하지 못했다는 것이다. 보다 구체적으로, 어떤 CEO들은 부하직원들이 충실하다는 이유로 그들을 능력도 안되는 어려운 직무에 배치함으로써, 혹은 인기는 있으나 (그러나 비효율적인) 임원을 해고하면 월스트리트나 이사회를 거스르게 될까 봐 그들을 해고하려고 하지 않음으로써, 혹은 주요 임원 자리에 외부인을 고용하는 것을 편안하게 여기지 않음으로써 실패하게 된다.

성공한 관리자들은 실패에 대해 개인적인 책임감을 발휘하여 문제해결 방법을 찾아 나섰다. 탈선한 관리자들은 침체의 원인을 다른 사람에게서 찾으려 하며 다른 사람들을 비난하였다.

<표 8.2>에 나타난 또 다른 탈선 유형은 **사업 목표 달성에 실패**하는 것이다. 성공한 관리자와 탈선한 관리자 모두 사업 침체를 경험하지만, 두 그룹은 이 좌절에 매우 다르게 대처하였다. 성공한 관리자들은 실패에 대해 개인적인 책임감을 발휘하여 문제해결 방법을 찾아 나섰다. 탈선한 관리자들은 침체의 원인을 다른 사람에게서 찾으려 하며 다른 사람들을 비난하였다. 그러나 일이 잘 풀리는 한, 이 두 그룹의 차이를 분별하는 것은 어려웠다. 어떤 관리자들은 또한 신뢰가 가지 않았다. 그들은 뻔뻔하게도 사업 결과에 대해 거짓말을 하고, 장부를 조장하거나 약속이나 기한을 지키지 않았다. CEO들이 실패하는 가장 공통적인 이유는 소득 예측을 잘 맞추지 못하기 때문이다. 그러나 이러한 재정적인 예측을 잘 하지 못하는 능력은 사업전략이나, 생산과 서비스, 또는 유통채널의 문제 때문이 아니다. 대부분의 최고경영자들은 평균 수준을 훨씬 웃도는 분석적, 실제적 지능을 가지고 있기에 회사를 향한 비전이나 전략을 개발해 내는 데 문제가 없으며, 어떤 시장을 개척하며, 어떤 상품을 개발해야 하는지에 관한 잘못된 결정을 내리지 않는다. 많은 경우에 있어서 CEO들은 사업 전략에 따라 그것을 실행하는 능력이 부족하여 실패를 한다. 그들은 주위가 산만해져 초점을 잃게 되는 경향이 있거나 직접 보고선들에게 사업 계획서에 짜여진 대로 결과를 내도록 책임을 가하지 않는다.

이러한 결과를 고려해볼 때, 높은 지위에 있는 사람들은 그들의 수행에 관해 정기적인 피드백을 반드시 받아야 한다. 이상적으로 리더십은 자기 자신의 견해보다는 다른 사람들의 눈을 통해 나타나므로, 이 수행 정보는 360도 피드백 형태로 이루어져야 한다.[96,97]

탈선한 리더의 예

하이라이트 8.5

다음의 이야기는 탈선 가능성을 가진 것으로 보이는 세일즈 관리자의 이야기입니다. 어떠한 탈선 요소가 이 이야기에서 영향을 미치는지 골라보시오. 또한, 당신은 저자에게 그 문제를 해결하기 위해 어떠한 충고를 주겠습니까?

나는 중소 제조 회사에서 지난 20년 동안 일해왔다. 나는 영업은 하지 않지만 영업사원들과 매일 상호작용을 한다. 지난 여러 해 동안, 나는 영업인력들이 침체되었다는 것을 알았다. 영업직에 있는 사람뿐만 아니라 회사에 속한 모든 부서의 사람들과의 수많은 대화 이후에, 나는 그러한 상황이 한 사람으로부터 야기되었다는 것을 알 수 있었다: 그는 판매 관리자 마이크였다. 그는 10년 넘게 회사에서 근무하였고, 교묘하게 성공적으로 판매 관리자라는 위치에 오를 수 있었다. 그의 모든 승진은 셀프 프로모션 때문이었다. 그의 불독 경영, 두 배의 기준, 명백한 거짓말인 그의 책략은 그의 영업 인력을 몰아냈고 회사 전체에 있는 사람들을 좌절시켰다. 그를 좋아하는 사람은 없었고 심지어 그는 회사의 거의 모든 이들에 의해 증오를 받았다. 놀랍게도 마이크는 사람들이 그에 대해 어떻게 생각하는지 알지 못했다. 나는 사장이 마이크의 행동을 참는 것은 그가 해마다 양산해내는 판매실적 때문이라고 생각했다. 나는 그 회사가 마이크 때문에 좋은 영업 인력을 잃고 있다고 믿었다. 그 이유는 다음과 같다. 만약 마이크에게 누군가 대항을 한다면 마이크가 그에게 상식 이하의 업무를 부여하거나 또는 위협을 가할 것을 알았기에 아무도 그에게 대항하려 하지 않았다. 마이크와 함께하는 대화는 한 측면(마이크 중심)으로만 흘렀다. 만약 당신이 그와 연관된 우려를 끌어낸다면, 그는 주제를 바꾸고 당신을 묵살해버릴 것이다. 이는 그가 진실을 두려워하는 것과 같았다. 그는 정직하지 못했고 돌발 행동을 많이 하는 사람이었다. 나는 고용주가 마이크에 대한 진실을 알고 있으면서도 그가 이런 식으로 행동하도록 계속해서 내버려둔다고 생각했다. 나는 마이크가 여기서 하는 행동을 다른 곳에서 한다면 남아나지 못할 것이라는 것을 그가 알았기 때문에 여기를 결코 떠나지 않을 것이라는 것을 알았다. 내 우려는 만약에 고용주가 "마이크 문제"를 고치지 않는다면 그들은 좋은 영업인력을 잃게 될 것이라는 것이다. 당신은 여기에 대해 어떠한 조언을 하겠는가?

8.4 행동변화

8.4.1 왜 행동을 변화시키는가?

지금까지 언급된 내용들은 리더십 실천가들이 결속력 높은 팀을 형성하고 성과를 얻는 것과 관련된 주요 행동(리더십 수준, 나라, 문화, 또는 사업에 따라 성공적인 리더십 행동들이 어떻게 다른지, 어떤 종류의 행동이 문제가 될 수 있는지,

이러한 행동에 대한 피드백을 어떻게 얻을 수 있는지)을 보다 잘 이해하도록 도울 수 있다. 그러나 이러한 정보를 아는 것만으로는 충분하지 않다. 팀을 효과적으로 형성하고 일을 완수하려면 곧 행동이 변화할 필요가 있기 때문이다. 그러나 오랫동안 유지되어온 행동의 유형을 바꾼다는 것은 매우 어려운 일이다.

자신의 행동이나 또는 다른 사람의 행동을 바꿀 수 있다고 몇 번이나 생각해보았는가? 자신과 다른 사람들의 행동을 변화시키는 것을 배우는 것은 주요한 리더십 스킬이다. 한 조직에서 다른 조직으로 옮겨갈 때, 중간급 관리자에서 임원급으로 옮겨갈 때 등 당신이 습득할 필요가 있는 새로운 행동과 스킬에 대해 생각해보라. 당신은 역할이나 상황의 변화하는 요구에 맞춰 당신의 행동을 적응시키는 방법을 배워야 할 뿐 아니라, 팔로워들이 효과적인 팀원이 되어 목표를 달성할 수 있도록 팔로워의 행동을 변화시키고 수정하는 방법도 알아야 한다. 다음 부분에서는 행동변화의 세 가지 방법에 관한 연구(개발 계획, 코칭과 멘토링)에 대해 논의한다.

8.4.2 개발 계획

당신은 얼마나 많이, 습관을 바꾸기 위해 결심을 하였지만 두 달 후에도 아직 같은 행동을 하고 있는 자신을 발견한 적이 있는가? 이는 종종 의도가 좋은 새해 결심의 숙명이기도 하다. 대부분의 사람들은 실패율이 높기 때문에 그러한 결심조차 하지 않는다. 이러한 일련의 것을 고려해볼 때, 사람의 행동을 변화시키는 것이 과연 가능한 것인지, 특히 반복되어 강화된 행동이라면 행동변화가 가능한지 의문을 갖게 될 것이다. 그러나 다행히도 아주 오래된 습관이라도 행동을 변화시키는 것은 가능하다. 예를 들면, 많은 사람들이 어떤 프로그램의 도움 없이도 담배를 피우거나 술 마시는 것을 완전히 그만두기도 한다. 지속적으로 행동의 변화를 유지시키기 위한 지원이 필요한 사람들이 있는 반면에 전혀 변하지 않을 것처럼 보이는 사람들도 있다.[10, 98-100]

관리자들도 이와 유사한 것처럼 보인다. 스스로 통찰력을 얻어 변하는 관리자도 있고, 도움을 받아야 변하는 관리자도 있고, 전혀 변하지 않는 관리자도 있다. 그러나 모든 사람들이 이러한 범주에 속할 수 있는가? 행동변화를 일으키는데 선호되는 방법이 있는가? 연구결과는 리더들이 스스로 리더십 기술을 개발할 수 있는 몇 가지 제안을 하며, 이를 범주화하는 방법으로 3장에 나온 개발 파이프라인(Development pipeline)을 사용할 수 있다고 제안한다.[3,6,8,100-106] [그림 8.7]의 다섯 가지 요소는 다섯 가지의 중요한 행동변화 질문을 만들며, 리더들이 영원히 행동변화를 할 가능성을 극대화하고자 한다면 다섯 가지 질문에 모두 긍정적인 답변을 해야 한다.

[그림 8.7] PDI 개발 파이프라인®.

사람들이 정말로 변할까?

하이라이트 8.6

모두가 말하기를 리더십과 변화는 거의 비슷하다고 한다. 그들 스스로와 팔로워들의 행동을 꾸준히 변화시키는 효과적인 리더들은 그래서 그들이 직면한 상황에 더 잘 적응한다. 리더와 팔로워들은 새로운 제품과 서비스를 출시할 때, 새로운 IT나 재정 시스템을 소개할 때, 회사가 합병이나 분할될 때, 직원을 감축할 때 새로운 행동을 보여야만 한다. 꾸준한 변화의 압박에도 불구하고, 대부분의 사람들이 본능적으로 변화에 저항한다는 것을 이해하는 것이 중요하다. 이 저항의 뿌리는 애매모호함을 다뤄야 하는 어려움, 무엇이 성공을 이끌 것인가와 더 이상 규칙을 알 수 없다는 공포에서 오는 것들, 그리고 정해진 것에서 벗어난 경쟁과 실패에 대한 강한 두려움에서 온다.

성공적인 리더는 꾸준한 변화에 대한 저항을 극복할 수 있고, 팀원들에게 팀의 목표를 성취하기 위해 필요한 새로운 행동들을 하게 만들 수 있다. 그러나 사람들은 얼마나 진정으로 바뀔 수 있을까? Buckingham & Coffman의 책에 따르면, 우선 모든 규칙을 다 바꾼다 하여도 사람들은 아주 적게 변한다고 한다. 사람들의 지성이나 성격과 같은 그들의 가치는 많거나 적게 고정화되었고, 그래서 리더들은 그들의 행동을 바꾸려고 하기보다는 팔로워들의 타고난 강점과 관련된 직업을 찾아주는 것이 낫다고 이 책의 저자들은 믿는다.

지난 5년 동안 매우 인기를 끌었지만, 그 안에 몇 가지 충고들은 옳지 않다.

첫째, 사람들은 변화를 하며 또한 변화할 수 있다는 것을 증명하는 실제적인 예가 있다. 그들은 아마도 많이는 변하지는 않겠지만, 미묘한 변화일지라도 리더십 포지션에 있는 사람들에게는 큰 결과가 될 수 있다.

둘째, 기본적으로 많은 리더들이 그들의 팔로워의 강점에 맞춰 직업을 바꿔주는 호사를 누리지 못한다. 예를 들어, Waste Management의 전형적인 관리자가 25명의 쓰레기 트럭 운전기사를 관리한다고 하자. 25명 각각의 강점에 맞추어 직업을 찾아주는 것은 분명 좋은 일일 것이다, 하지만 그렇게 되면 하루가 끝날 때에 여전히 누군가는 쓰레기를 수거해야 할 것이다.

셋째로, 언젠가는 그 강점이 치명적인 약점으로 쉽게 바뀔 수 있다는 점이다. 아주 계획적이고 디테일에 강한 누군가는 또한 중간단계의 관리자로서 사소한 일까지 챙길 수 있다. 리더들은 어디에서 언제 그들의 강점이 발휘될 수 있는지, 언제 이러한 같은 행동들이 문제를 일으킬 수 있는지를 이해해야 한다.

긍정적인 면으로 보면 Buckingham & Coffman은 잘 맞는 사람을 뽑아서 잘 맞는 일을 주면 팀의 목표의 성취를 오래도록 지속할 수 있다는 점을 지적했다는 데에서는 옳다고 볼 수 있다.

질문1: 리더들은 어떤 행동을 변화시켜야 하는지 알고 있는가? 리더들은 수백 가지의 다른 행동들을 보일 수 있지만 효과적인 팀을 만들거나 더 나은 결과를 얻기 위해 무엇을 시작하거나 그만두어야 하는지 또는 지속해야 하는지 알고 있는가? 그러므로 360도 피드백은 이러한 측면에서 매우 유용한 정보를 제공해줄 수 있다. 개발 요구에 대한 다른 정보의 출처는 평가센터, 수행평가, 또는 다른 사람들로부터의 직접적인 피드백으로부터 얻을 수 있다.

질문 2: 리더는 이러한 행동을 변화시키기 위해 동기부여되어 있는가? 리더십 스킬을 개발하는 다음 단계는 중요한 개발 목적을 찾는 것이다. 성공에 필요한 모든 지식과 스킬을 가진 리더는 없다. 즉, 대부분의 리더들은 여러 개의 개발 요구를 가지게 된다. 리더는 어떤 새로운 스킬이 개인적으로 또 조직에게 가장 도움이 되는지 결정하여 개발 계획을 수립할 필요가 있다. 개발 계획은 하나 또는 두 가지 욕구에 집중하는 것이 좋으며, 이 이상은 달성하기 어려울 수도 있다. 두 개 이상의 개발 욕구를 설정한 경우, 리더는 한두 개의 기술에 먼저 집중하고 다음 단계의 욕구를 단계적으로 개발해야 한다.

질문 3: 리더는 목표로 하는 행동 변화를 위한 계획을 가지고 있는가? [그림 8.7]은 새로운 지식과 스킬을 획득하는 것이 개발 파이프라인에서 다음 단계라는 것을 나타낸다. 리더에게 이것은 특정 개발 요구에 필요한 지식을 습득하기 위해 도서, 세미나, 대학 과정, 이러닝 모듈 등을 구체화한 **개발 계획**(development plan) 문서를 작성해야 한다는 것을 의미한다([그림 8.8] 참고). 새로운 스킬을 습득하는 데 지식만으로는 부족하며 관련 도서나 교육과정이 학습 과정을 가속화시킬 수 있다.[6,8,37,70,106,107] 또한 작성된 개발 계획을 가지고 있는 것의 힘을 과소평가하지 않는 것이 중요하다. 작성된 계획서를 가지고 있는 리더와 팔로워는 새로운 스킬 습득에 필요한 행동을 지속적으로 하게 될 것이다.

질문 4: 리더는 새로운 스킬을 실습해 볼 기회가 있는가? 책을 읽거나 코스를 수강하는 것은 기초적인 지식을 획득하는 데 도움이 되는 방법이지만, 새로운 스킬은 실제로 수행할 때만 습득될 것이다. 외과의사들은 수술방법에 대하여 읽고 배우지만 반복된 수술 경험을 통해서만 기술이 완벽해질 것이다. 이는 리더들의 경우에도 마찬가지다. 그러므로 개발 계획은 필요한 리더십 스킬을 연마할 수 있도록 직무 경험에서의 실습을 포함하고 있어야 한다. 개발 계획의 70~80%의 액션 단계는 직무와 연관되어야 하며, 이는 매우 중요한 on-the-job 활동이다.[100,103,105]

질문 5: 정해진 행동을 변화시키는 것에 리더는 책임이 있는가? 새로운 스킬을 획득하는 마지막 단계는 책무감으로, 개발 계획으로 이것을 가능하게 하는 몇 가지 방법이 있다. 책무성을 형성하게 하는 한 가지 방법은 스킬을 개발하는 데 행해지는 단계에 여러 명이 지속적인 피드백을 제공하도록 하는 것이다. 예를 들면, 미팅 종료 후에 리더는 그의 경청 스킬에 대하여 동료에게 피드백을 요구할 수 있다. 책무성을 형성시킬 수 있는 또 다른 방법은 상사와 개발 계획을 주기적으로 검토하는 것이다. 이 방식을 통해 상사는 스킬을 더 개발하기 위해 어떤 지원을 해야 하는지 알 수 있게 되고, 개발 계획에 새로운 개발 욕구를 더할 필요가 있는지 결정할 수도 있게 된다.

개인개발계획(IDP)

이름: Mark McMurry　　상사: Steve Tolley　　계획 기간: 2008년 4~12월

개발 목표	행동 계획-개발 활동 & 자원 (무엇을, 누가 & 어떻게)	시간일정 (목표일)	성공 기준 (성공적인 결과물은 무엇이 될 것인가?)
스트레스 상황에서 반응 조절	1. 정규적인 연습 루틴을 세운다(주당 적어도 5회) 2. 적어도 45분간, 주당 적어도 5번 연습한다.	2008. 4. 30. 연말까지 매주 검토 2008. 4. 30.	- 2008년 12월까지 상사는 감정적인 폭발 관련 어떤 보고도 받지 않음

	3. 나를 가장 화나게 만드는 상황이나 조건을 밝혀낸다. 4. 스트레스 상황을 이겨내거나 피할 수 있는 전략 개발을 위해 Steve Tolley와 함께 일한다.	2008. 4. 30. 시작	- 연말 직원설문에서 더 높은 관리자 등급을 받음
사람들과의 관계에서 인내심 개발	1. 내가 인내심을 잃게 하는 사람들이나 상황을 밝혀낸다. 2. 지속적인 인내심으로 경청 기술을 개발한다. 동료들과 함께 일하며 기술을 보인다. a) 대화에서 내 차례를 기다린다: 대화를 방해하지 않도록 노력한다. b) 회의에서 주요한 메시지를 메모하고 후에 다시 참고한다. c) 완전히 이해하고 문제를 탐지하기 위해 명확하게 하는 질문들을 묻는 연습을 한다. 3. 지속적으로 양방향의 대화를 하도록 한다. 목적, 토론의 요점, 결론적인 실행 항목에 대한 명확한 이해를 가지고 대화를 종료한다.	2008. 5. 15. 2008. 5. 15. 시작 2008. 5. 15. 시작	- 모든 직원들에 의해 접근가능하고 반응적인 것으로 보여짐: 관리자와 동료들 - 주요 이슈, 역할 책임과 결과 행동에 대한 이해가 깊어짐. 결과적으로 직무에서 더 나은 성과를 달성한다. - 연말 직원설문에서 더 높은 관리자 등급을 받음
팀형성 기술 향상	1. 팀의 비전과 목표에 대한 공통사항을 개발하기 위해 주요한 직접적인 보고자들과 함께 일한다. 2. 팀의 목적을 고려하여 팀의 견고성을 검토하고 한 차원 업그레이드를 위해 Steve Tolley와 함께 일한다. 3. 회의, 의사소통, 의사결정과 책임감 등에 대한 공통적인 규범을 개발하기 위해 팀으로 일한다. 4. 팀의 목적 달성에 필요한 자원을 습득하거나 팀멤버들을 동기화시키는 전략 개발을 위해 Steve Tolley와 일한다. 5. 팀멤버들과의 팀목적 달성에 대한 진행상황을 Steve Tolley와 검토한다.	2008. 5. 30. 2008. 6. 30. 2008. 7. 30. 2008. 7. 30. 매달	- Steve Tolley의 승인을 위해 제출된 팀 비전, 목적 및 전제사항 - Steve Tolley가 검토한 것처럼, 팀은 A와 B로 구성 - 새로운 규범이 작성되어 모든 팀멤버들에게 보내지고, 팀과 함께 정기적으로 검토 - 팀 결과

[그림 8.8] 개인개발계획의 예시

출처: G. J. Curphy, *Personal Insights and Development Planning Training Manual*. North Oacks, MN: Curphy Consulting Corporation, 2007.

개발 계획은 단순한 계획 이상의 것(즉 사실상 과정)임을 깨닫는 것이 중요하다. 좋은 개발 계획은 새로운 기술을 학습하거나 새로운 기술 개발 기회가 생겨나면 지속적으로 수정된다. 시간을 들여 개발 계획을 작성하고 실행해내는 리더들은 이후 360도 피드백 결과에서 가장 높은 향상을 보인다. 개발 계획은 리더들에게 그들의 행동을 개선시킬 수 있는 방법론을 제공하며, 이 개발의 상당 부분은 그들이 일상적인 업무 활동을 하면서 일어날 수 있다.

8.4.3 코칭

개발 계획은 자기중심적인 경향이 있다. 리더나 팔로워들은 이 개발 계획을 자신의 행동을 변화시키기 위한 로드맵으로 활용한다. 그러나 팔로워들의 행동을 변화시키려고 할 때, 리더들은 팔로워들의 개발 계획을 확인하는 차원을 넘어 지속적인 피드백을 주거나 주기적으로 팔로워들과 개발 계획을 함께 검토할 수 있다. 팔로워들의 개발을 위한 다음 단계는 종종 코칭이 포함된다. 코칭은 리더가 그룹의 힘을 향상시켜 결국 그룹의 목적 달성에 도움이 되게 하는 주요한 리더십 스킬이다. 개발에서 차지하는 역할로 인해 코칭은 능력 있는 팔로워들을 조직에 머물게 하는 것을 도울 수도 있다.[108,109] 이러한 결과물 덕분에 코칭은 요즘 매우 인기 있는 주제이면서도 종종 잘못 이해되기도 한다. 여기서는 코칭이 무엇인지 명확히 하고 몇 가지 베스트 코칭의 실제를 제시함으로써 이해를 돕고자 한다.

코칭은 리더가 그룹의 힘을 향상시켜 결국 그룹의 목적 달성에 도움이 되게 하는 주요한 리더십 스킬이다.

코칭이란 "보다 성공적으로 개발하는 데 필요한 도구, 지식 및 기회를 제공해주는 과정"이다. 일반적으로, 공식적 코칭과 비공식적 코칭 이렇게 두 가지 종류가 있다. **비공식 코칭**(informal coaching)은 리더가 팔로워들의 행동 변화를 도울 때마다 일어난다. Peterson과 Hicks에 의하면, 비공식적 코칭은 일반적으로 다섯 가지 단계로 구성되어 있다(<표 8.3> 참고).

비공식 코칭(informal coaching)은 리더가 팔로워들의 행동 변화를 도울 때마다 일어난다.

1. 파트너십의 구축이다. 리더들은 팔로워들과 신뢰를 기반으로 하는 관계를 형성하고, 팔로워들의 커리어 목적과 동기요인들을 규명해내는 것이다. 또 그들이 조직과 그들이 처한 상황에 대하여 어떤 견해를 가지고 있는지 알게 된다. 코칭

〈표 8.3〉 비공식 코칭의 5단계

1. 파트너십의 구축	코칭은 리더와 팔로워 사이에 신뢰적인 관계가 형성되어야 한다. 이 단계의 리더는 또한 팔로워가 무엇을 추진하기 원하는지, 그들이 원하는 커리어는 무엇인지 결정한다.
2. 의무의 이행	이 단계의 리더는 개발 시 가장 큰 성공을 가져올 수 있는 기술 또는 행동에 대한 팔로워의 결정을 돕는다. 일반적으로 이 단계에서는 수행평가의 결과, 360도 평가, 가치, 성격 평가보고 등의 검토로 이루어진다.
3. 기술 향상	리더는 팔로워와 함께 그들의 팔로워 개발을 위한 직무 내 경험을 활용 기회로 삼고 코칭 계획을 위한 개발 계획을 세워야 한다.
4. 향상의 지속	리더는 팔로워에게 피드백을 제공하기 위해 자주 만나야 한다. 팔로워의 관심 영역 내에 있는 개발을 도와야 하고 기술을 개발할 수 있는 새로운 업무나 프로젝트를 제공해야 한다.
5. 환경조성	리더는 주기적으로 어떻게 역할모델링 개발이 이루어지는지 작업장에서 그들이 무엇을 개발하고 있는지 주기적으로 검토할 필요가 있다. 왜냐하면 대부분의 사람들은 성공하기를 원하고 업무조직 내에서 팔로워를 보유하기를 원하기 때문이다.

출처: D. B. Peterson and M. D. Hicks, Leader as Coach: Strategies for Coaching and Developing Others. Minneapolis, MN: Personnel Decisions International, 1996.

리더가 팔로워와 상호 신뢰에 기반한 관계를 형성하는 데 실패한다면, 팔로워가 리더의 조언과 안내에 주의를 기울이지 않게 될 확률이 높다.

의 첫 번째 단계에서는 "무엇을 위한 개발인가?"라는 주요 질문에 대한 응답이 선행되어야 한다. 팔로워들은 그들의 경력을 어떻게 쌓아나가길 원하는가? 왜 그렇게 하려고 하는가? 이러한 질문들에 답하는 것은 개발을 위한 개인적인 보상뿐 아니라 목표 지향점을 만드는 데 도움이 된다. 그럼에도 불구하고, 리더가 팔로워와 상호신뢰에 기반한 관계를 형성하는 데 실패한다면, 팔로워가 리더의 조언과 안내에 주의를 기울이지 않게 될 확률이 높다. 그러므로 코치는 개발 요구를 설정하거나 피드백과 조언을 하기 전에 필요한 경우 상호 신뢰의 수준을 결정하고 그 관계를 개선시키는 것이 중요하다. 너무 많은 미숙한 코치들이 신뢰관계 형성에 실패하거나 관계성을 당연시하여 행동변화가 거의 일어나지 않으며 장기적인 결과가 없는 실패한 리더와 팔로워를 낳는다.

2. 경력 목표가 정해지고 탄탄한 신뢰관계가 형성되어야 한다. 그러면 리더는 목적 달성을 하도록 고무시켜야 한다. 이 단계에서 리더는 팔로워가 개발에 필

요한 자료를 수집하고 분석하는 일에 밀접하게 함께한다. 리더와 팔로워는 과거 수행평가, 동료나 예전 상사로부터의 피드백, 업무과제, 360도 피드백 결과를 검토할 수도 있으며, 팔로워의 경력 목표에 해당하는 조직의 준거기준을 살펴볼 수도 있다. 이러한 자료들을 검토하면서 리더와 팔로워는 경력 목표와 가장 밀접하게 관련 있는 개발 요구를 찾아내어 우선순위를 정할 수 있어야 한다.

3. 코칭 과정에서 다음 단계는 스킬 향상이다. 팔로워들은 우선순위가 정해진 개발 요구를 활용하여 개발 계획을 작성하고, 리더는 이를 구체적으로 어떻게 지원할 것인지를 담아 **코칭 계획**(coaching plan)을 수립한다. 리더와 팔로워는 각각 개발 계획과 코칭 계획을 검토하고 토의를 통해 필요한 수정 절차를 거쳐 실행하게 된다.

4. 계획이 수립되었다는 것이 그 계획이 차질 없이 실행된다는 것을 의미하지는 않는다. 학습이란 종종 불규칙하게 일어나기도 하며, 팔로워들은 때때로 업무처리로 주의가 산만해지거나 난관에 부딪치기도 한다. 지속성 향상(promote persistence) 단계에서는 리더들은 팔로워들이 일상적인 개발의 측면들을 관리하도록 도울 수 있다. 리더는 팔로워에게 관련된 즉시적인 피드백을 제공하여 기회를 활용하게 함으로써 팔로워들이 개발에 다시 집중할 수 있도록 도울 수 있다.

새로운 행동을 몇 차례 연습함으로써 팔로워 행동의 일부가 되어가기 시작하면, 리더는 팔로워가 새로운 환경에 그 기술을 적용하게 함으로써 전이를 도울 수 있으며, 개발 계획을 수정하도록 한다. 이 단계에서 리더는 개발을 어떻게 롤모델링하고 있는지 그리고 팔로워의 개인 개발이 가능하도록 환경을 조성하고 있는지 자문할 필요가 있다.

비공식적인 코칭에 관련하여 몇 가지 명심해야 할 사항들이 있다.

첫째, Peterson과 Hicks가 제안한 5단계 과정은 리더십 실천가들이 왜 행동의 변화가 일어나고 있지 않은지 그리고 이를 위해 무엇을 해야 하는지를 진단할 때 사용될 수 있다. 예를 들면, 팔로워들은 리더를 신뢰하지 않거나 어떤 스킬을 개발해야 하는지 명확하지 않거나, 또는 그것이 중요하다고 여기지 않아 개발할 계획을 가지고 있지 않기 때문에 새로운 스킬을 개발하지 않을지도 모른다.

둘째, 비공식적인 코칭은 조직 내 어디에서나 일어날 수 있으며, 실제로 일어나고 있다. 임원진들은 직원개발에 이 모델을 사용할 수도 있고 동료들끼리 이 모델을 활용하여 서로 도울 수도 있다.

셋째, 이 과정은 수행 수준이 낮은 팔로워들에게처럼 수행 수준이 높은 팔로워들에게도 똑같이 효과적이다. 리더십 실천가들은 그들의 최고 수준의 팔로워들(top performers)을 코칭하는 것을 잊어버리는 경향이 있는데, 이들이 사실 팀이나 조직의 성공에 막대한 공헌을 하고 있다. 선행연구에 의하면, 이들은 보통 수준의 수행자에 비해 업무의 복잡성에 따라 평균적으로 25~50% 이상의 수행성과를 더 낸다고 한다. 만약 리더들이 팀에서 가장 수행수준이 높은 수행자에 초점을 맞추고 이들이 더 좋은 성과를 내도록 집중적으로 지원한다면, 팀 내에서 가장 수행수준이 낮은 팔로워를 코칭했을 때보다 실질적으로 훨씬 더 효과성이 높은 팀을 만들 수 있게 될 가능성이 높다([그림 8.9] 참조).

넷째, 원거리 코칭과 다른 문화의 사람들을 코칭하는 것은 모두 매우 어렵다. 팔로워들과 물리적으로 먼 거리에 떨어져 있을 경우, 리더가 신뢰관계를 형성하는 것은 훨씬 어렵다. 이것은 다른 문화적 배경을 가진 팔로워들의 경우에도 마찬가지일 것이다.

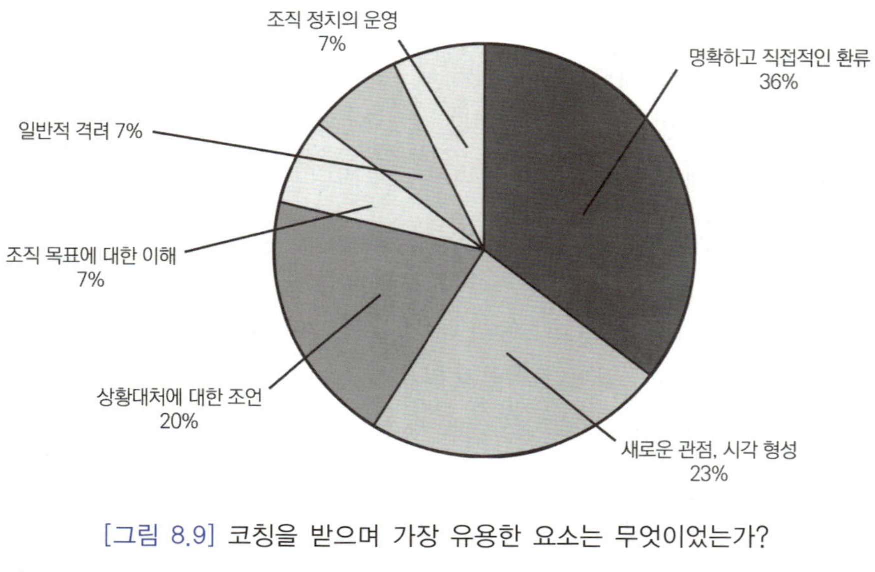

[그림 8.9] 코칭을 받으며 가장 유용한 요소는 무엇이었는가?

출처: "The Business Leader as Development Coach." PDI Portfolio, Winter 1996, p. 6

또한 개발되어야 할 행동의 종류도 문화마다 상당히 다를 수 있다. 예를 들면, 하이테크 회사의 임원이 상사에게 발표(presentation)를 잘하는 방법에 대하여 일본인 직원을 코칭하였다. 팔로워는 다소 딱딱하고 경직된 스타일을 가지고 있었으나 리더는 그의 발표에 유머나 비공식성을 첨가하기를 원했다. 그러나 그 팔로워는 그렇게 하면 그의 일본인 동료들의 존경심을 잃게 될 것이라고 말하며 행동 변화에 대한 의지가 낮았다. 서로 동의한 내용은 그의 발표 방식이 일본에서는 매우 효과적이며, 만약 그가 미국에서 발표를 할 경우에는 그의 스타일에 변화를 주어야 한다는 것이었다.

비공식적인 코칭은 조직원들의 이직을 줄일 뿐 아니라 그룹을 성공적으로 이끄는 데 도움을 줄 수 있다. 그러나 좋은 코치가 되기 위하여 어떤 자격이 필요한가? Wenzel의 연구는 가장 효과적인 비공식 코치들은 리더십 스킬과 특성의 독특한 조합을 가진다는 것을 보여주었다. 지능, 외향성과 사교성이 높은 리더들은 종종 낮은 점수를 가진 리더들에 비해 코치로서 보다 효과적이다. 이러한 성격 특성들은 관계를 형성하는 데 있어 기본이 되며, 경청, 단호함 및 피드백 스킬 등은 효과적인 비공식 코칭과 연관되어 있다. 훌륭한 비공식 코치들은 팔로워들과 신뢰관계를 형성하기 위해 이러한 특성과 스킬들을 활용하여 최고의 실전 사례 같은 개발 계획을 만들고, 필요한 경우 어렵지만 솔직한 피드백을 전달하기도 한다.

지능, 외향성과 사교성이 높은 리더들은 종종 낮은 점수를 가진 리더들에 비해 코치로서 보다 효과적이다.

대부분의 사람들은 개인의 목적과 요구에 맞게 운동 프로그램을 설계해주는 사람인 운동 코치 개념에 익숙하다. **공식적인 코칭**(formal coaching) 프로그램은 임원이나 관리자 등 리더십 지위를 가진 사람들에게 이와 유사한 서비스를 제공한다.[5,6,109,112,120] 글로벌 1000 회사 중 약 65% 가량이 공식적인 코칭을 활용한다. 공식적인 코칭 프로그램은 그 특성상 매우 개인화되지만, 몇 가지 공통점을 가지고 있다. 관리자와 코치(내부 혹은 외부 컨설턴트)와의 일대일 관계는 6개월에서 1년 정도 지속된다. 코칭 과정은 관리자의 업무와 관련된 사람들을 인터뷰함으로써뿐 아니라 관리자가 성격, 지능, 관심, 가치, 360도 피드백 등 일련의 검사도구를 완성함으로써 시작된다. 이러한 진단 과정을 거쳐 관리자와 코치 모두 개발 욕구에 대한 보다 명확한 그림을 그리게 된다. 코치와 관리자는 일반적으로 한 달에 한

번 정도 만나 피드백 결과를 검토하고 목표로 삼은 기술 습득과 행동을 변화시키는 작업을 한다. 역할극이나 비디오테이프가 이러한 세션에 광범위하게 사용되며, 코치는 실제 업무 상황에서 변화된 행동을 실습하는 고객에게 즉각적인 피드백을 제공한다. 코칭 프로그램의 가치 있는 결과물은 관리자의 가치를 명확히 하여 실제 행동과의 모순점을 찾아내어 지지하는 가치와 행동이 서로 정렬될 수 있도록 하는 것이다.

공식적인 코칭 프로그램은 십만 달러 이상의 비용이 들 수 있으니, 이 돈이 잘 사용되었는지 의문을 제기하는 것은 합당한 일이다. 상당수의 연구들이 잘 설계되어 실행되는 코칭 프로그램들은 실제로 행동을 변화시킨다는 것을 보여준다.[9,91,92,109,112,118-124] [그림 8.10]에 나타나듯이, 몇몇 연구결과는 코칭이 전통적인 훈련이나 학습 접근법보다 행동 변화에 보다 효과적이라는 것을 보여준다. 코칭이 종료된 후 1년이 지난 시점에도 행동 변화가 지속되는 것으로 나타나 이는 행동에 완전한 변화가 일어난 것으로 보인다. 행동 변화의 주체가 매우 높거나 책임이 막중한 지위에 있는 경우, 이러한 변화는 상당히 중요하다고 볼 수 있다. 대부분 코칭의 후보자가 되는 사람들은 수백 혹은 수천 명의 부하직원을 가지며 몇백만 혹은 몇천만 달러의 예산을 관리하는 사람들이다. 그러므로 코칭 프로그램에 사용되는 비용은 코칭 후보자가 관리하는 예산에 비교한다면 상당히 작은 부분을 차지하며, 결과적으로 매우 유용한 투자 대비 효과를 얻을 수 있다.

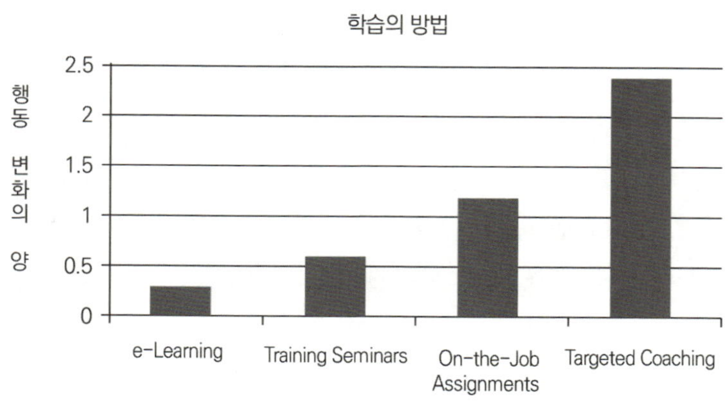

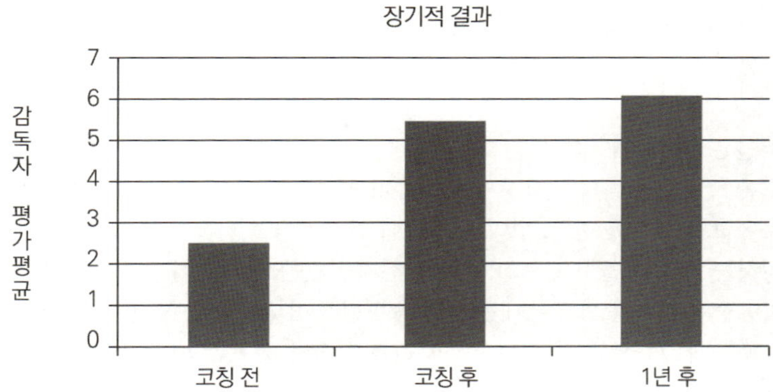

[그림 8.10] 코칭의 권력

형식적인 코칭으로부터 배운 중요한 내용들

하이라이트 8.7

1. 사람은 변화하기를 원하면 코치되어야 한다.

만약 그들이 변화를 원하지 않는 경우 그들의 행동을 변화시키는 것은 매우 어려운 일이다. 코치는 만약 그들이 변하지 않는다면 그들의 행동을 변화함으로써 얻게 되는 결과와 이익에 대하여 명확하게 이해시킬 필요가 있다. 종종 코치가 그들의 가치와 경력목표를 위해 새로운 행동을 연관 지을 때 사람들의 변화를 이끌어 내는 게 더 쉽다.

2. 평가는 중요하다.

성격, 가치, 정신력, 그리고 다중 평가자의 피드백을 포함한 공식적인 평가는 변화를 꾀하기 위해, 코치가 무엇을 해야 하는지, 무엇이 필요한 변화를 주도하는지, 어떻게 쉽게 혹은 어렵게 타깃이 되는 행동의 변화를 이끌어 낼 수 있는지를 이해하는 데 본질이 된다.

3. 어떤 행동은 변화될 수 없다.

어떤 행동은 너무 깊이 몸에 배어있거나 비윤리적이어서 최선의 선택은 종결일 수밖에 없다. 예를 들면, 어느 저자 중의 하나는 1년도 채 안되어 그의 두 명의 수석 조수를 임신시킨 기혼의 부사장에 대해 코치에게 질문을 했다. 코치는 피임과 라마즈 분만 등에 대한 전문가가 아니었기 때문에 개입을 거절하였다.

4. 실천이 매우 중요하다.

좋은 코치는 변화를 위해 필요한 것이 무엇인지 토의하는 것뿐만 아니라 타깃 행동에 대해 실천을 하도록 만들어야 한다. 종종 코칭 세션이 진행되는 동안 초기에 코치가 다른 상대방의 역할이 되어 개선을 위해 함께 제안하고 피드백을 제공하는 일들이 일어날 수 있다. 이러한 연습은 나중에 코치들이 실제상황에서 새롭게 획득한 행동을 사용함으로써 일로 확장될 수 있다.

5. 책임은 대신할 수 없다.

우수한 코치는 코치의 진행상황에 대하여 연결고리를 만들어 보관해야 하며, 실제 학습하는 것들에 대한 책임을 보유하고 있어야 한다. 만약 코치들이 잠재적인 탈선후보(문제 직원)와 일을 함께 하는 경우, 나중에 그들의 상사는 만약 그들이 필요한 변화를 하지 않는다면 기꺼이 코치에게 가게 해야 한다. 비록 두려움이나 위협은 사람들의 변화를 이끌어 내는 최선의 방법은 아니지만, 몇몇 문제 직원들은 자신의 문제점을 지나치게 부인하기 때문에 그들의 높은 지위의 일자리를 잃어버릴 수도 있다는 위협에 의해서만 변화의 동기부여가 가능하다.

8.4.4 멘토링

멘토는 프로테제에게 경력 개발 기회에 대한 지식, 조언, 상담 및 지원, 조직의 전략과 정책, 사무실 내 정치적 상황 등에 대해 알려준다.

멘토링은 조직 내에서 대개 2 레벨에서 4 레벨 정도 높은 위치에 있는 보다 경험이 많은 멘토가 상대적으로 경험이 적은 프로테제의 안내, 역할 모델 및 후원자로 활동하는 개인적인 관계를 말한다.[125-133] 멘토는 프로테제에게 경력 개발 기회에 대한 지식, 조언, 상담 및 지원, 조직의 전략과 정책, 사무실 내 정치적 상황 등에 대해 알려준다. 한 가지 주요한 차이점은 멘토링은 어떤 구체적인 개발 욕구를 목표로 하지 않을 수도 있다는 것이다. 프로테제는 조직에 대하여 또는 업무 관련 조언이나 승진 기회 등에 대한 견해를 얻기 위해 멘토를 종종 만난다. 또 하나의 다른 점은 이러한 안내가 프로테제의 직속상관이 아니라 조직 내 몇 단계 높은 리더십 위치에 있는 사람에게서 온다는 것이다. 프로테제는 상사로부터 비공식적인 코칭을 받기도 하지만, 경력에 관한 조언이나 개인적인 문제에 대한 조언은 멘토에게 받는 것이 더 용이할 것이다. 그리고 멘토가 같은 조직에 속한 사람이 아닐 수도 있다. 이미 조직을 은퇴한 사람일 수도 있고 또는 프로테제가 몇 년 전에 함께 일했던 예전의 상사일 수도 있다.

비공식적 멘토링(informal mentoring)은 프로테제와 멘토가 우정, 유사한 관심사와 상호 존중에 기반한 장기적인 관계를 형성할 때 일어난다.

코칭처럼 멘토링도 공식적, 비공식적 멘토링 프로그램이 모두 있다. 비공식적 멘토링(informal mentoring)은 프로테제와 멘토가 우정, 유사한 관심사와 상호 존중에 기반한 장기적인 관계를 형성할 때 일어난다. 이러한 관계는 대개 프로테제가 멘토의 조직에서 일하거나 멘토에게 눈에 띄는 프로젝트를 하면서 시작된

공식적인 멘토링(formal mentoring)프로그램은 조직에서 상대적으로 경험이 적지만 고잠재력(high-potential)이 있는 리더를 그 회사의 최고 임원에게 배정하면서 이루어진다.

다. 공식적인 멘토링(formal mentoring)프로그램은 조직에서 상대적으로 경험이 적지만 고잠재력(high-potential)이 있는 리더를 그 회사의 최고 임원에게 배정하면서 이루어진다. 프로테제와 멘토가 정기적으로 만남을 가지게 되면서 프로테제는 조직의 의사결정이 어떻게 이루어지는지 알 수 있게 된다. 조직 내 여성 혹은 소수집단 프로테제 개발을 촉진시키기 위해 멘토링 프로그램을 운영하는 조직들도 있다.[126-128,130,131]

오늘날 멘토링은 많은 조직에서 행해지고 있다. 연구 결과에 따르면, 미국 군인의 74%의 부사관들에게 멘토가 있으며, 미국 해군 장교의 67%가 그들의 경력 가운데 멘토가 있었던 적이 있다고 답하였다.[134,135] 또한 많은 장교들이 그들이 은퇴할 때까지 평균 3.5명의 멘토가 있었다고 응답하였다. 멘토링, 개인적인 학습, 경력 만족도, 급여, 승진 및 조직 내 잔류 사이에 긍정적인 관계가 있다고 보고한 연구자들도 있다.[128,129,131-133] 이러한 연구들은 공식적인 멘토링 프로그램이 없는 것보다 낫다고 하였으나 공식적 멘토링 프로그램은 비공식적 멘토링보다는 덜 효과적이라고 보고하였다.[126,130,131] 왜냐하면 대부분의 공식적인 멘토링 프로그램들이 비공식적 멘토링에서 보이는 강력한 결속력을 만드는데 어려움이 있기 때문이다. 따라서 대부분의 공식적 멘토링 프로그램은 1년 정도 지속되는 반면에, 많은 비공식적 멘토링 관계는 평생 지속될 수도 있다.

Thomas는 소수집단 리더의 경력에서 멘토링이 차지하는 역할을 살펴보았다. 조직의 제일 높은 자리에 있는 소수집단 리더들은 두 가지 주요한 자질을 가지고 있다. 첫째, 성공적인 소수집단 최고경영자들은 조직에 처음 합류했을 때 바른 리더십 스킬을 획득하고 경험을 얻는 것에 관심을 가지고 있었다. 이들은 지위나 보상보다는 각 리더십 수준에 맞는 개인적인 성장에 더 관심을 기울였다. 둘째, 이들은 경력 전반에 걸쳐 조언과 지원을 제공해 준 후원자와 멘토들을 가지고 있었다. 이러한 멘토와 후원자들은 최고경영자들이 승진에 필요한 3C(Confidence, Competence, Credibility)를 개발하는 데 도움을 주었다. Thomas는 또한 가장 성공한 백인 멘토와 소수집단 프로테제 관계에서는 인종 문제가 승진에 잠재적인 장애물이었지만 민감한 사건을 다루고 극복하였음을 언급하였다. 상대적으로 덜 성공적인 백인 멘토와 소수집단 프로테제 관계에서는 인종이나 민감한 문제들은 회피하거나 무시하거나 하는 등의 "보호적 망설임(protective hesitation)"의 관계가 형성되었다.[127]

비공식적 멘토링의 장점으로 인해 리더십 실천가들은 가능하다면 시니어 리더들과 멘토링 관계를 형성하도록 기회를 찾아야 한다. 그러나 프로테제가 이러한 관계를 스스로 만들 수 없다는 것을 깨닫는 것이 중요하다. 많은 경우 멘토가 프로테제를 구하거나 멘토와 프로테제가 관계를 형성하기 위해 서로를 찾아 나선다. 그러나 리더와 리더가 될 예정인 사람들은 멘토를 찾기 위한 가능성을 높이기 위해 몇 가지 일을 할 수 있다.

첫 번째 단계는 현재 직무에서 최고가 되는 것이다. 멘토들은 항상 재능을 가진 사람을 찾으며, 동기가 없어 보이거나 무능해 보이는 사람들을 프로테제로 삼지는 않을 것이다.

두 번째 단계는 잠재적인 멘토와 사회적 관계를 형성하거나 눈에 띌 수 있는 기회를 찾는 것이다. 주요한 특별 프로젝트 팀에서 일하거나 임원회를 위한 프레젠테이션을 하거나, 최고 경영진이 후원하는 지역 활동에 자원하는 등 잠재적인 멘토들의 주의를 획득할 수 있는 방법들이 있다.

8.5 요 약

리더들은 리더십 행동 연구로부터 몇 가지 혜택을 얻을 수 있다. 첫째, 행동주의적 접근은 성공에 절대적으로 중요한 리더십 행동의 유형을 밝혀내는 중요한 역할을 해왔다. 둘째, 행동주의적 접근은 리더십 실천가들로 하여금 리더 행동의 구체적인 예에 중점을 두도록 한다. 셋째, 행동주의적 접근법의 대성장은 역량모델과 360도 피드백(feedback) 도구의 개발을 가능하게 했다. 360도 피드백 도구들은 리더십 실천가들에게 매우 가치 있는 피드백을 제공하며, 훈련, 코칭, 승계계획 프로그램 등에 중요한 역할을 한다. 이러한 연구는 또한 고잠재력을 지닌 관리자들이 실패를 야기할 수 있는 요인들을 찾아내는 것에 도움을 주었다. 경영 탈선에 관한 연구는 거만함, 무감각, 신뢰 불가능 등과 같은 비생산적인 리더십 행동을 포함하는 "치명적인 결점"들을 찾아내었다.

이 장은 또한 행동변화의 과정도 살펴보았다. 연구 결과에 따르면, 자신의 행동이 다른 사람들에게 어떠한 영향을 미치는가에 대하여 깨달은 후에 스스로 행동을 변화시킬 수 있는 관리자들도 있다는 것을 보여준다. 이러한 통찰력은 심사숙고, 심도 있는 진단, 또는 360도 피드백을 통해 획득된다. 그럼에도 불구하고, 대부분의 관리자들은 행동변화의 공식적인 시스템이나 프로그램이 마련되면 행동에 변화를 일으키게 될 것이다. 개발 계획, 공식/비공식 코칭 프로그램과 멘토링 관계 등이 이러한 시스템에 속한다. 개발 계획은 개발 요구를 찾아내어, 개발 계획을 만들고, 계획을 실행하며, 정기적으로 계획을 수정하고 반추하는 과정으로 구성되어 있다. 잘 설계된 개발 계획은 한두 가지 개발 요구에 집중하고, 직무상의 경험을 활용하며, 피드백의 원천을 구체화한다. 공식적인 개발 시스템을 가진 조직들은 그런 시스템이 마련되어 있지 않은 조직들과 비교해볼 때 보다 많은 행동의 변화를 보게 될 것이다.

리더들은 자신들 스스로 개발 계획을 만들 수 있고, 코칭이나 멘토링 프로그램을 통해서 팔로워들이 개발 계획을 세워 행동의 변화를 이루어가는 것을 도울 수 있다. 비공식적인 코칭 프로그램들은 팔로워들에게 영원한 행동 변화를 만들도록 하는 일련의 절차로 구성되며, 리더와 팔로워 모두 비공식적인 코칭 프로그램에서 활동적인 역할을 하게 된다. 공식적인 코칭은 진단 과정을 사용하여 6개월 혹은 12개월 동안 일대일 코칭 세션을 갖는다. 이러한 세션들은 구체적인 개발 요구를 목표로 필요한 스킬 습득을 위해 피드백과 실습을 활용한다. 멘토링 프로그램들은 코칭 프로그램과 유사한 목표들을 가지나 조직 내에서 몇 단계 등급이 높은 리더인 멘토와 프로테제인 개인 사이에서 일어난다.

핵심용어

리더행동기술질문지 (LBDQ)	개인 고찰 스킬	팀 리드와 형성 불능
배려	대인 관계 스킬	적응부재
구조화 주도	리더십 스킬	승진에 대한 불충분한 준비

리더십 행동	비즈니스 스킬	개발 계획
리더십 스킬	커뮤니티 리더십	코칭
직무 중심 차원	프레이밍	비공식 코칭
목표 강조	사회자본형성	코칭 계획
업무 촉진	동원	공식 코칭
조직원 중심의 차원	360도 다면 피드백 도구	멘토링
리더 지지	피드백	고성장 잠재력
상호작용촉진	경영탈선	사람에 대한 관심
리더십 그리드	사업 목표달성에 실패	관계 구축의 무능력
생산에 대한 관심		

질 문

1. 대학교수들을 위한 역량 모델을 만들 수 있습니까? 대학생들을 위한 것은? 이 역량 모델들을 360도 피드백 도구를 개발하는 데 사용한다면, 교수들과 학생들에게 피드백을 주기에 가장 적합한 위치에 있는 사람들은 누구입니까?
2. 리더십의 위치에서 탈선한 사람을 아십니까? 그 사람은 어떤 일을 하였나요? 왜 그 사람이 탈선하게 되었는지 리더-팔로워 상황 모델을 이용하여 설명해보세요.
3. 학생 리더들을 위한 개발 계획은 어떤 식으로 구성되어 있습니까? 개발 계획의 한 부분으로서 학교 경험을 어떻게 활용할 수 있을까요?
4. 학생들을 위한 리더십 코칭이나 멘토링 프로그램은 어떻게 구성되어 있습니까? 당신이라면 이 프로그램이 잘되었다는 것을 어떻게 말하겠습니까?

활 동

1. 이 책의 파트 4에 나와 있는 개발 계획에 대하여 읽어보세요. GAPS 분석을 완료하고 당신만의 개발 계획을 수립해 보세요. 당신의 개발 계획을 교실 안의 다른 사람과 공유해 보세요. 당신의 파트너는 파트 4에 있는 개발 계획 체크리스트를 사용하여 당신의 개발 계획을 점검해야 합니다. 당신의 파트너와 2주나 4주 후에 계획대로 진행되고 있는지 검토하세요.
2. 이 책의 파트 4에 있는 코칭 자료를 읽어보세요. 당신이 코칭을 하고 싶은 사람

에 대한 GAPS분석을 완료하고, 분석 결과를 사용하여 그 사람을 위한 코칭과 개발 계획을 작성하세요.

3. 이 장의 앞부분에 설명된 커뮤니티 리더십 모델을 토대로, 진행 중인 하나의 커뮤니티 변화운동에 대해 분석하세요. 리더는 다른 사람들이 행동을 취하기 쉽도록 이슈를 잘 프레이밍하였습니까? 다른 그룹들과 강한 유대를 가지고 있습니까? 변화를 실현할 수 있도록 계획을 만들고 군중을 동원하였습니까?

Part 3

팔로워를 중심으로

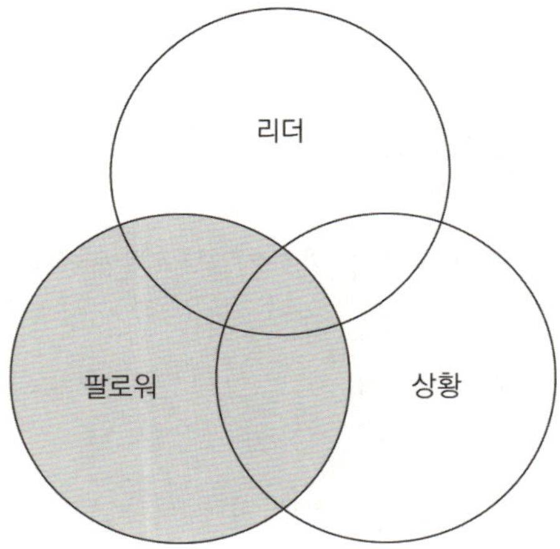

우리는 개인 리더가 리더십의 중요한 요소라는 나폴레옹의 확신으로 2부를 시작하였으며, 3부에서는 정서적인 부분을 살펴보는 것으로 시작하려고 한다. 훌륭한 리더의 중요성을 부인할 수는 없다. 그러나 종종 이러한 부분이 간과되나 어떤 그룹이나 조직의 성공을 이루는 데 팔로워 역시 중요한 역할을 한다. 다시 말해 그가 전쟁에서 이기건 지건 나폴레옹 그 혼자만의 힘으로 한 것이 아니라 그의 병사들 역시 중요한 역할을 했다는 것을 말하는 것이다. 3부에서는 리더십과정에 영향을 미치는 팔로워의 중요한 역할에 대해 살펴볼 것이다.

그리고 Paer 3에 관련된 8가지 리더십 스킬(LS10~LS17), 즉 LS10 건설적인 피드백 제공, LS11 처벌, LS12 권한 이양, LS13 작업집단의 팀빌딩, LS14 고성과 팀의 형성, LS15 개발 계획, LS16 코칭, LS17 권한 위임 등에 대한 상세한 내용은 Part 5(Chapter 15)에 종합하여 정리하였다.

Chapter 9

동기, 만족 그리고 수행성과

9.1 서 론

조사에 따르면, 회사가 직원 개개인에게 3.7%의 일을 더 하게 할 경우, 8시간의 근무시간에 18분을 더하는 것과 같으며, 미국의 국내총생산은 3천5백5십억 달러가 증가하게 될 것이고, 이는 그리스 GDP의 두 배에 달할 것으로 추정된다. - 갤럽

팔로워들이 왜 어떤 팀에는 합류하고 다른 팀에는 들어가려 하지 않을까? 어떻게 팔로워들이 팀 성공에 필요한 중요한 행동들을 보이도록 할 것인가? 왜 어떤 리더들은 팔로워들이 그들의 "직무 범위"를 뛰어넘도록 할 수 있는가? 다른 사람들을 동기부여시키는 능력은 기초적인 리더십 기술이며 4장에서 다루어진 경영(관리) 무능력과 강하게 연관되어 있다. 유능한 관리자들은 팔로워들이 팀의 목표 달성을 위해 필요한 행동들을 지속적으로 수행하도록 한다. 결과 중심 관리자들은 이처럼 할 수 있기는 하지만 상대적으로 짧은 기간만 유지한다. 치어리더와 명분뿐인 관리자들은 팔로워들이 팀 성공에 필요한 행동을 수행하도록 만드는 능력이 부족해 보인다.

팔로워의 동기에 관한 중요성은 연구 결과에서 찾아볼 수 있는데, 대부분의 사람들은 다른 사람들이 차이를 알아채지 못하게 하면서도 지금보다 15 내지 20% 더 노력을 들여 일할 수 있다고 믿고 있다는 것이다. 이보다 더 놀라운 것은, 이 사람들은 또한 아무도 그 차이를 알아차리지 못하게 하면서 15~20%의 노력을

덜 할 수 있다고도 믿는다는 것이다. 더욱이, 일의 결과물에서의 차이는 리더와 팔로워들 사이에 매우 크게 나타난다. 어떤 일을 하는 상위 15%의 근로자들은, 그 직무의 복잡성에 따라, 평균적인 근로자에 비해 20에서 50% 이상의 생산성을 가진다. 다시 말하면, 최고의 컴퓨터 프로그래머나 판매사원은 프로그램을 50% 더 만들거나 고객의 주문을 50% 더 처리할지 모른다.[1,2] 높은 생산성을 가지는 근로자들을 동기부여하는 것이 더 나은 방법일까? 보다 동기부여된 근로자들은 더 행복하거나 더 만족스러운 사람들인가? 돈이 생산성과 만족도를 향상시키는 데 도움이 되는가? 아니면 팔로워들의 동기와 만족도 수준을 높이기 위해 리더가 할 수 있는 다른 일들이 있는가? 예를 들어, 미국 군대는 2003년에 8천5백만 달러와 2007년에는 백만 달러가 넘는 돈을 잔류보너스로 지급하였다.[3] 이 돈은 유용하게 사용된 것인가?

대부분, 동기부여가 잘 되어 있고 만족한 팔로워들을 만드는 것은 다른 사람들을 이해하는가에 달려 있다. 그러므로 동기가 리더십의 본질적인 부분이기는 하지만, 팔로워에 초점을 두는 본 장에서도 동기를 포함하는 것이 적절하다. 개관으로서, 이 장은 세 가지 주요 영역을 다룰 것이다. 첫째, 리더십, 동기, 만족도와 수행, 이렇게 밀접하게 관련된 네 가지 개념 사이의 연결고리를 살펴볼 것이다. 둘째, 동기와 만족도에 관한 주요 이론과 연구들을 검토할 것이다. 마지막으로 가장 중요한, 리더들이 이렇게 다양한 이론들을 실제로 사용할 경우, 팔로워들의 동기와 만족도를 높이기 위하여 무엇을 할 수 있는지에 관해 논의할 것이다.

9.2 동기, 만족, 그리고 수행성과의 정의

동기, 만족도, 그리고 수행은 분명히 연관되어 있는 것 같다. 예를 들어, Colin Powell은 첫 번째 걸프 전쟁 시에는 미국 합동참모본부 의장이었으며, 두 번째 걸프 전쟁 때는 국무장관이었다. Powell은 틀림없이 수많은 다른 직업을 추구할 수 있었을 것이지만, 그는 ROTC를 마치고 미국 군대에 들어가는 것에 동기부여되어 있었다. 그는 또한 미군에 복무하는 동안 다양한 지위에서 추가적인 시간, 에너지, 노력들을 쏟도록 동기부여되어 있었고, 상급자들에 의해 뛰어난 수행가로서 평가받았다. 장교로서 그의 뛰어난 수행은 레이건과 조지 부시 행정부의 국가안보담당 보좌관과 이후에 국무장관으로 승진되는 데 매우 중요하였다. 그는 미군의 직업 군인이었기 때문에 그가 군대 생활에 만족하고 행복했었음을 추론할 수 있다. [그림 9.1]은 리더십, 동기, 만족도와 수행 사이의 일반적인 관계에 대한 개관을 제시한다. 관계형성이나 배려와 같은 리더십 행동들은 보다 만족스런 팔로워들을 만든다는 것을 볼 수 있다(8장). 보다 만족스런 팔로워들은 그 회사에 남을 가능성이 많으며, 다른 사람들을 돕는 활동을(예: 조직시민행동, organizational citizenship behavior) 하게 될 가능성이 더 높다. 목표설정, 계획, 피드백 제공과 수행에 대한 보상과 같은 리더십 행동들은(8장의 구조의 주도화) 팔로워들에게 그룹 목표 달성을 위해 더 많은 노력을 하도록 보다 직접적인 영향을 주는 것으로 보인다. 연구결과, 이러한 팔로워들의 행동은 높은 수준의 고객 만족과 충성을 낳고, 이것은 다시 소매, 판매, 또는 레스토랑에서 보다 나은 팀 수행 결과를 가져오게 한다는 것을 보여주었다.[4-15] 높은 수준의 수행을 하는 팀들은 흔히 더 많은 보상을 받게 되고, 이는 팔로워들의 만족도와 수행을 더욱 향상시킨다.[16,17] 그러므로 팔로워들을 동기 유발시키는 리더의 능력은 그룹의 수행과 사기를 높이는 데 매우 중요하다. 그러나 리더가 사용하는 좋은 동기부여 전략이 그룹의 수행결과에 영향을 미치는 유일한 요소가 아님을 이해하는 것이 중요하다. 팀에 적합한 사람을 뽑는 것(4장), 힘과 영향력의 전술을 잘 사용하는 것(5장), 윤리적이며 신뢰 있게 보이는 것(6장), 어두운 성격, 특이 사항 없는 밝은 성격을 소유하는 것(7장), 그리고 팔로워 기술을 개발하고 필요한 자원을 획득하는 것들이 그룹의 목표를 달성하는 그룹의 능력에 영향을 미치는 리더십 요인들이다.

조직시민행동: 직접적이나 명시적으로 조직의 공식적 보상을 받지 않지만, 대체로 조직의 효과적 기능을 촉진시키는 개인의 자유재량적 행동(organ, 1988)

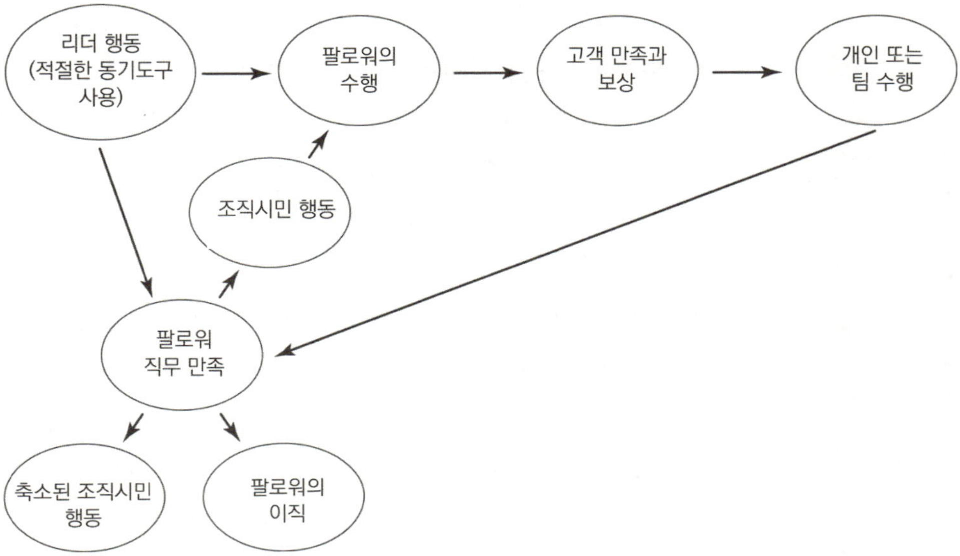

[그림 9.1] 리더십, 직무만족, 수행의 관계

행동을 유발, 방향설정, 지속시키는 과정

대부분의 사람들은 동기를 우리가 무엇을 하며 그 일에 어느 정도의 노력을 투입할 것인지에 대한 선택과 관련된 것이라고 생각할 것이다. 많은 연구자들이 **동기**(motivation)란 행동에 대한 방향을 제공하고, 행동을 강도 있고 끈기 있게 하도록 하는 어떤 것으로 정의한다.[18-20] 다른 정의는 동기라는 용어를 어떤 활동이나 과제를 선택하고, 이를 위해 필요한 노력의 수준을 세우고, 끈기의 정도를 결정하는 것 등을 설명하는 축약어로 여긴다.[21] 다른 연구자들은 동기를 행동 가능성으로 정의하기도 한다. 즉, 개인이 어떤 행동을 주도하고 계속적으로 보일 가능성이라는 것이다.[22] 성격 특성이나 유형처럼 동기는 직접적으로 관찰 가능하지는 않으며, 행동으로부터 추론되어야 한다. 어떤 사람이 시험 공부하는 데 시간을 많이 보낸다면, 우리는 일반적으로 그 사람은 학교에서 좋은 성적을 거두는 데 동기부여가 되어 있다고 추론할 것이다. 이 사람은 사교, 운동, 또는 자원 봉사에 시간과 에너지를 사용하도록 선택할 수도 있지만, 수업 노트를 리뷰하는 데 시간을 소비하기 때문에 우리는 이 사람이 학교에서 잘 수행하는 것에 동기부여되어 있다고 말한다. 어떤 사람이 일터에서 작업 그룹 내 다른 사람들에 비해서 두 배의 MP3

플레이어 조립을 한다면 – 모든 사람들이 같은 능력, 스킬과 자원을 가지고 있다고 가정할 때 – 이 사람이 다른 사람들에 비해 더 동기부여되었다고 말할 수 있다. 우리는 행동의 에너지와 방향에서 보이는 사람들 간의 차이를 설명하기 위하여 동기라는 개념을 사용한다. 그러므로 Peter Jackson이 반지의 제왕을 만들면서 쏟아부었던, 또는 이란 정부가 핵 시설을 개발하는 데 사용하는 노력과 에너지는 동기의 방향, 강도, 그리고 끈기 요소의 예가 될 수 있다.

반면에 수행성과는 조직의 미션이나 목표, 혹은 이 행동에서 나온 생산품이나 서비스와 관련되어 있다. 우리는 직장이나 학교에서 매우 다양한 행동을 하도록 선택할 수 있으나 수행이란 어떤 제품이나 서비스 또는 좋은 점수를 얻는 것과 관련된 행동을 의미한다. 수행은 그룹이나 조직의 목표와 같은 어떤 기준에 적합한 행동인가를 판단하는 **효과성**과는 다르다. Peter Jackson은 반지의 제왕 시리즈 세 편을 만들면서 7년을 보냈다. 그가 이 영화들을 제작하는 데 보인 행동들은 수행으로 구성되어 있다. 이 영화를 통해 얻게 된 수입과 아카데미상들은 영화감독으로서의 그의 효과성을 보여주는 지표들이다. 그러나 수행은 팔로워의 동기 이상의 것에 의해 영향을 받는다는 것을 이해하는 것이 중요하다. 지능, 스킬, 주요 자원의 이용가능성과 같은 요인들이 그 사람의 동기 수준과 관계없이 조직의 목표를 달성하는 팔로워의 행동에 영향을 미칠 수 있다. 그러므로 **적절한 수준의 동기는 효과적인 수행의 필요조건이지만 충분조건은 아니다.**

직무만족(Job satisfaction)은 얼마나 열심히 일하는가 또는 얼마나 잘 일하는가에 관련된 것이 아니고 특정 직무나 업무 활동을 개인이 얼마나 좋아하는가에 관한 것이다.

직무만족(job satisfaction)은 얼마나 열심히 일하는가 또는 얼마나 잘 일하는가에 관련된 것이 아니고 특정 직무나 업무 활동을 개인이 얼마나 좋아하는가에 관한 것이다. 직무만족은 직무 자체, 월급, 승진 및 교육 기회, 감독자, 동료, 일의 양 등에 대한 개인의 태도나 감정에 관한 것이다.[11,23-25] 지난 반세기 동안 여러 가지 투표 결과는 대부분의 남성과 여성들이 그들의 직무를 좋아한다고 보고해왔다.[26-30] 또한 사람들이 자신의 일에 만족할수록 자신의 일과 직접적인 관련은 없지만 조직의 다른 사람들에게 도움이 되는 행동인 **조직시민행동**(organizational citizenship behaviors)을 더 많이 보일 가능성이 있다는 연구결과가 있다. 조직시민행동은 보다 우호적인 일터를 만드는 데 도움이 된다. 어떤 과제나 프로젝트를 하는 직원을 자발적으로 돕거나 다른 사람을 대신해서 일을 해주는 것 등이 조직시

민 행동의 예가 될 수 있다. 행복한 근로자들일수록 도움이 되는 근로자가 되는 경향이 있다.[31-36]

비록 사람들이 일반적으로 자신의 일을 좋아하지만, 미국에서 두 가지 사건이 직무만족 수준을 떨어뜨리는 데 기여하였다. 지난 10~15년간 많은 조직들이 다운사이징을 하고, 아웃소싱을 하거나 또는 직원 수를 상당히 많이 감축해왔다. 비용절감과 수익성 증대를 위하여 인원을 감소시켰으나 이는 대부분 남아있는 근로자들의 업무량을 급격히 증대시켰다(예를 들면, 같은 양의 일을 훨씬 더 적은 인원에 의해 수행하게 되었다.) 그 결과는 근로자들 사이의 불만족 수준이 항상 높다는 것이다([하이라이트 9.1] 참고). 사람들이 자신의 일에 만족한다고 하긴 하지만, 강요된 시간 외 근무, 늘어난 일의 양, 고용인과 고용주 간의 신뢰의 감소 등은 직무만족 수준을 심각하게 낮게 만들었다.[37-41] 2000~2004년의 경제 침체기가 이직률을 줄이는 데 도움이 되긴 했지만, 지난 몇 년간 불만족스러운 근로자들은 회복된 경제와 더불어 보다 나은 기회를 찾아 떠나고 있다.

전 세계적인 생산성과 만족

하이라이트 9.1

지난 몇 년간 미국의 사업은 상당히 규모가 줄었다. 하지만 다수는 더 적은 직원 수로 높은 고객만족도와 수입수준을 유지한다. 노동시간 면에서, 평균 미국의 고용인들은 전형적인 일본인 고용인들보다 137시간 더 일하고, 평균 영국 고용인들보다 260시간 더 일하며, 프랑스의 고용인들보다는 260시간 더 일한다고 한다. 즉, 40년의 직업경력으로 보면, 미국의 고용인들은 평균 프랑스 고용인보다 10년만큼 더 일하게 될 것이다. 미국의 기업들은 세계에서 최고의 생산력을 보여줌에도 불구하고 이런 높은 수준의 생산력에는 부정적인 면이 있을 수도 있다. 한 조사는 더 긴 주당근무시간과 연관된 몇몇의 위험요소는 직업 불만족도, 나쁜 신체적 정신적 건강상태, 고통받는 가족과 사회적 관계를 포함한다. 미국의 경제에 더 많은 직업이 추가되지 않는 이상, 많은 고용인들은 실직되는 것보다는 그래도 긴 근무시간과 연관된 이런 결과를 선호할 것이다. 그러나 경제가 나아지고 더 많은 직업이 유효할수록, 지도자들은 많은 고용인들이 더 나은 환경을 위해 떠나는 것에 대해 놀라선 안 된다.

많은 회사들이 가장 훌륭하고 똑똑한 인재들이 회사를 떠나는 수가 많아지면서 조직의 효과성을 유지하는 것에 어려움을 느끼고 있다. 직무만족은 동기나 수행만큼 조직 목표 달성에 직접적인 영향을 미치지 않을지도 모르지만, 축소된 조직시민행동이나 증가하는 이직의 간접적인 영향 또한 매우 중요하기 때문에 리더들이 이러한 것을 간과해서는 안 된다.[12,15,42,43]

최고의 리더와 조직은 이러한 도전에 맞서는 한 가지 방법이 최고의 리더십과 기술을 가진 자를 선발, 개발, 보유하는 것이라고 여긴다.

오늘날 많은 리더들은 이전보다 적은 인원으로, 증가하는 어려운 수행 목표를 달성해야 하는 어려운 상황에 직면하고 있다. 최고의 리더와 조직은 이러한 도전에 맞서는 한 가지 방법이 최고의 리더십과 스킬을 가진 자를 선발, 개발, 보유하는 것이라고 여긴다. 최고의 사람들을 채용하고, 개발하고, 유지하는 데 상당한 시간과 노력을 투자하는 현명한 회사들은 우수한 재정적인 결과를 보고하기도 한다.[9,11,39-41,44-48]

예를 들어, 포춘의 "일하고 싶은 최고의 회사 100"의 순위에 드는 많은 회사들이 S&P 500지수에 비교해 보아도 역시 좋은 결과를 나타낸다. 최고의 리더는 근로자들이 높은 수준의 직무만족을 똑같이 유지하면서도 높은 수준의 수행이 가능하도록 동기부여할 수 있는 사람일 것이다.

동기, 수행, 그리고 직무만족을 정의했으니 이제 이들의 관계에 대하여 조금 더 깊이 탐색해 볼 수 있겠다. 우리는 이미 동기가 좋은 수행결과를 항상 보장하는 것은 아니라는 것을 언급하였다. 팔로워들이 그룹의 과제를 달성하는 데 필요한 스킬이나 자원이 부족하다면 그들에게 동기를 더 부여하는 것은 비생산적이며 심지어 좌절감을 주는 일이 될 것이다.[49,50] 예를 들어, 고등학교 농구팀이 LA Lakers를 이길 확률은 거의 없다. 아무리 그 고등학교 팀이 동기부여된 선수들이라고 해도 이길 가능성은 거의 없다. 고등학교 농구팀 선수들은 Lakers 선수들이 가진 기술과 능력이 말 그대로 부족하다. 팔로워들이 어떤 일을 하는 데 필요한 능력, 기술 및 자원을 이미 가지고 있는 경우에만, 높은 수준의 동기가 수행에 영향을 미칠 수 있다. 다른 사람들을 동기부여하는 것은 리더십의 중요한 부분이지만, 그것이 전부는 아니다. 격려의 말과 보상이 항상 충분한 것은 아니다.

동기와 직무만족의 관계는 보다 간단하다. 사실 많은 동기 이론들이 동시에 직무만족에 관한 이론들이기도 하다. 동기와 직무만족 사이에 내재되어 있는 연결고리는 사람들이 어떤 과제를 달성할 때 만족도가 증가한다는 것이며, 그 과제가 많은 노력을 요하는 것일수록 만족도는 높아진다.[12,24,51,52] 보다 만족도가 높은 근로자들 사이에서 수행결과가 높게 나타나야 하는 것이 논리에 맞는 것처럼 보이지만, 사실 항상 그러한 것은 아니다. 만족도와 수행이 .3 수준에서 상관관계를 가지고 있기는 하지만, 행복한 근로자들이 가장 생산적인 근로자라거나 불행하거나 불만족스러운 근로자들이 가장 질 낮은 수행결과를 나타낸다는 것은 아니다. 만족한 근로자들이 대개 더 좋은 수행결과를 보일 것이라는 직관적인 믿음에도 불구하고, 만족도는 수행 결과에 간접적인 영향만을 미칠지도 모른다. 그럼에도 불구하고, 만족도와 수행 수준 둘 다 높은 팔로워들을 보유하도록 고군분투하는 것이 일반적인 리더들의 목표이다.

9.3 팔로워의 동기에 대한 이해와 영향

그렇다면, 그룹의 목표 달성을 위하여 리더들은 무엇으로 팔로워들을 "동기유발"하는가?

모든 리더와 팔로워들이 같은 방식으로 동기유발되는가? 범용적인 동기 이론이 있는가? 다시 말해서, Osama bin Laden이나 이라크 미군의 최고사령관인 David Petraeus는 팔로워들을 동기유발시키기 위해 같은 혹은 다른 테크닉을 사용하는가? [하이라이트 9.2]에 나타나듯이, 조직들은 동기유발에 수백만 달러를 지출하지만 이러한 것들이 실제로 직무만족, 유지, 그리고 수행 수준을 향상시키는데 도움이 되는가? 연구결과가 이러한 질문에 아마 답을 제공할 수 있을 것이며, 인간 행동에 관한 주제 가운데 동기만큼 많은 주목을 받은 주제는 없었다. 동기에 관하여 상당히 많은 연구가 있었지만, 이 주제를 포괄적으로 살펴보는 것은 이 책의 범주를 벗어난다. 그러나 여기서 근로자들의 동기를 이해하기 위한 몇 가지 주요한 접근법뿐만 아니라 팔로워 만족과 수행에 대한 접근법들이 가지는 시사점을 함께 살펴볼 것이다. 동기 이론과 접근법들은 리더십 실천가들이 팔로워들을 다양한 행동에 참여하게 하고 지속하도록 하는 몇 가지 의견도 제시한다. 어떤 동기 이론들은 어떤 특정 상황에서는 유용하지만 다른 상황에는 적용되지 않는다는 것을 이해하는 것이 중요하다. 목수가 더 큰 도구 세트를 가지고 더 좋은 나무 구조나 가구를 성공적으로 만들 수 있는 것처럼, 리더십 실천가들도 다양한 동기 이론과 접근법에 친숙해짐으로써 팔로워들 사이에 동기 관련 문제들을 더 많이 해결할 수 있다. 도구 상자에 망치만 가지고 있는 사람들은 모든 문제를 망치질을 필요로 하는 못으로 여길 가능성이 있으며, 보다 덜 효과적인 리더들이 어떤 동기 문제에도 매우 제한적인 접근법들에 의존하려고 하는 것은 흔한 일이다. 다양한 동기 이론을 알고 있는 리더들은 특정 팔로워와 상황에 적합한 이론을 선택할 것이며, 그 결과 보다 높은 수행을 보이고 만족도가 높은 팔로워들을 가지게 될 것이다.

조직들은 수억 달러를 종업원들을 위해 사용하였지만, 결국 발바닥만 데였을 뿐이다.

하이라이트 9.2

조직들은 지속적으로 조직의 실적과 실효성 문제에 대해 빠른 대처방안을 찾고 있다. 팀 또는 조직의 실적을 방해하는 것으로는 자원과 기술의 부족, 불분명한 목표, 낮은 책임의식과 좋지 못한 성과, 또는 제대로 기능하지 않는 팀워크; 즉, 경영적 불완전함이 이런 장애물에 대해 큰 역할을 한다. 하지만 이런 경영적 불완전함을 줄이는 방안을 채택하는 대신에 많은 조직들은 고용인들이 그들의 리더십재능을 살피기보다는 동기부여 강사의 연설을 듣게 하거나 급류 래프팅, 번지점프, 불 속 걷기와 같은 활동에 참가하게 한다. 동기부여 강사는 전 운동선수, 우주비행사, 전투기 조종사, 군인장교, 성공하거나 실패한 사업리더들, 정치가, 심리학자 그리고 컨설턴트들을 포함한다. 동기부여 연설은 꽤 수익성이 좋을 수도 있다. —한 작가는 Las Vegas에서 점심에 한 연설과 같은 연설을 Minneapolis에서 저녁에 하고 150,000달러를 번 강사와 일했다. 또한 그는 30,000달러에서 75,000달러로 반나절만 근무하는 전 전투기조종사 그룹과 "비즈니스는 전쟁이다."라는 세미나를 했다.

회사들은 직원들을 동기부여하기 위해 이런 큰돈을 쓰는 것은 아무것도 아니라고 생각한다. 예를 들어, 소프트웨어 컨설팅 업체인 EMC는 5000명의 직원이 불타는 석탄 위로 걷게 하는 동기부여 프로그램 참여를 위하여 625,000달러를 지출하였다. 그러나 이런 고가의 강사들과 극심한 활동들이 실제로 조직의 실적을 향상시키는데 도움을 주는가? 불행히도 연구결과에 따르면, 사실상 동기부여 연설에 대한 소비와 회사의 수익률과 시장점유율에는 관계가 없다고 한다. 아마 가장 큰 문제점은 직원들이 이런 불타는 석탄 위를 걷는 것과 매주 20통의 판매 전화를 걸어야 하는 것에 대한 관계를 이해하기를 어려워한다는 데 있다. 문제는 이런 행사가 많은 조직의 문제, 경영적 불완전함의 근본 원인을 다루지 않는 대신 이 책임을 실적을 못 내는 직원에게 떠맡긴다는 것이다. 이런 프로그램은 막대한 비용을 지불하는 것 외에 또 다른 문제점도 있었다. 9명의 미국 공군의 신병 모집자들은 동기부여하는 프로그램 중 하나를 체험한 뒤 2-3도 화상을 입어 응급실에 가는 일도 생겼다.

대부분의 수행 문제들이 불명확한 기대, 스킬의 결핍, 자원/장비의 부족이나 동기의 부족에 기인할 수 있다는 것을 아는 것이 중요하다. 이러한 근본적인 원인들 중에, 리더들은 동기 문제를 인식하고 바로잡는 것을 가장 어려워하는 것 같다. 사례를 통해 설명하는 것이 도움이 될 것이다. 어떤 항공사가 승무원들의 고객 서비스에 심각한 문제점을 가지고 있었다. 승객들의 불만은 계속해서 증가하였고, 승객 수는 줄어들었다. 고객 서비스의 부재는 시장의 점유율과 수익에 영향을 미치기 시작했고, 이 문제를 바로잡기 위해 만 명의 승무원들 전원에게 이틀간의 고객서비스 훈련 프로그램을 받도록 하였다. 이 훈련 후에 고객들의 불만은 더 나빠지기만 했다. 이 문제에 대한 철저한 조사 결과, 승무원들은 그들이 어떤 일을 해야 하는지에 대해서 잘 알고 있었으며 고객 서비스에 필요한 지식이나 스킬, 자원을 이미 모두 갖추고 있었다. 근본 원인은 고객들을 위해 조금 더 나은 서비스를 하고자 하는 동기의 부족이었다. 승무원으로서 가장 동기 유발되는 요인은 무엇인지에 관한 질문을 받았을 때, 대부분의 사람들이 "휴가(time off)"라고 대답하였다. 다시 말하면, 승무원들은 그들이 일을 하지 않을 때 가장 동기부여되어 있었다. 승무원들의 이러한 강한 연합을 고려할 때, 이 딜레마를 어떻게 풀어나갈 수 있을 것인가? 다음 섹션에서 이 문제와 함께 리더로서 당신이 마주치게 될 수 있는 다른 동기 관련 문제들을 해결하는 방법에 관한 몇 가지 아이디어를 살펴볼 것이다.

이번 섹션에서 우리는 업무나 리더십 맥락에서 동기를 이해하는 11가지 다양한 접근법들이 가지는 주요한 측면들에 대하여 논의할 것이다. 이 접근법들을 욕구 이론, 개인차 접근법, 인지 이론 그리고 상황적 접근법 등 크게 네 가지 범주로 분류하였다. 이 분류법이 비이론적이기는 하지만, 설명하는 데 있어 도움이 될 것 같다. <표 9.1>에 이론과 접근법들이 소개되어 있다. 설명에 도움을 주기 위하여, 우리는 또한 어떻게 리더십 실천가들이 이러한 접근법을 두 명의 가상인물 팔로워들인 Julie와 Ling Ling을 동기 유발시키는 데 적용할 것인지를 논의할 것이다. Julie는 캐나다 앨버타주의 밴프라는 지역의 21살의 스키 리프트 작동 담당자이다. 그녀의 주요한 직무는 사람들이 스키 리프트를 안전하게 타고 내리는 것을 보장하는 것이다. 그녀는 또한 주기적으로 장비의 안전을 확인하고 리프트 라인의 유지보수를 한다. Julie는 아침 7시 반부터 오후 5시까지 일주일에 5일 동안 일하고 급여를 받으며, 일하는 시간이 아닐 때 언제든지 스키를 무료로 탈 수 있는 패스를 가지고 있다. Ling Ling은 홍콩에 사는 35세의 부동산 대리인이다. 그녀는 다양한 다국적 회사에 1년에서 3년 정도의 업무차 머무르는 사람들의 아파트를 찾아주고 렌트해주는 부동산 중개소에서 일한다. 그녀는 아파트를 소개하느라 저녁이나 주말에도 많이 일하며 급여 외에도 그녀가 렌트해주는 아파트마다 계약 수수료를 별도로 받는다. 어떻게 11가지 접근법들이 Julie와 Ling Ling을 동기유발시키는 데 사용될 수 있는지를 이 섹션을 통해 논의하게 될 것이다.

〈표 9.1〉 11개 동기 접근법

항목	이론 또는 접근	주요 특성
욕구(needs)	① Maslow의 욕구 위계	행동 변화를 위한 만족 욕구
	② Alderfer의 ERG이론	다양한 요구를 동시에 만족시킬 수 있음
개인적 차이	③ 성취지향	성격적 특성
	④ 가치	그들의 가치와 동일하게 함
인식	⑤ 내재적 동기	다른 사람들에 비해 상대적으로 몇몇 활동들에 대해 보다 많은 동기부여를 받음
	⑥ 목표 설정	행동을 변화시키는 목표를 설정함
	⑦ 기대이론	행동과 수행 그리고 보상의 관계를 명확하게 함으로써 다른 사람을 동기화함
	⑧ 형평성 이론	보상과 노력사이의 불형평성을 줄여야 동기화됨.
	⑨ 자기 효용감	업무를 성공적으로 끝낼 수 있다는 확신
상황	⑩ 자발적 접근 → 작동적 접근(operant)	보상과 벌의 변화로 인한 행동의 변화
	⑪ 권한부여	그들의 업무적 동기를 향상시키기 위하여 자율성을 허용함

9.3.1 욕구 이론

이러한 이론들은 사람들은 모두 기본적인 욕구를 가지고 있으며, 리더들은 팔로워들이 그들의 욕구를 만족시키도록 도움으로써 팔로워들을 동기부여시킬 수 있다고 가정한다. 팔로워들로 하여금 그룹의 목표 달성을 위해 필요한 행동을 하게 하고 지속시키도록 하는 한 가지 방법은 그들의 욕구에 호소하는 것이다. 승무원들이 가지는 근본적인 욕구는 무엇이며, 만약에 리더가 그 수요를 충족시킨다면 그들은 더 높은 수준의 고객 서비스를 보여줄 것인가? 두 가지 주요한 욕구 이론들에는 Maslow의 욕구의 위계론과 Alderfer의 ERG(Existence-Relatedness-Growth)이론이 있다.[53,54] 이 두 이론들은 모든 인간은 공통적으로 기본적인 욕구를 가진다고 가정하며, 사람들의 행동을 움직이거나 기저가 된다고 여겨지는 욕구의 종류에 있어 두 이론은 차이를 보인다. **욕구**(Needs)란 긴장이나 각성의 내적 상태 또는 결핍에 대한 불편한 상태를 말한다. 사람들이 배고픔을 느낄 때 먹는 것에 동기유발되기 때문에 배고픔이 어떤 욕구를 설명하는 좋은 예가 될 것이다. 다른 욕구로는 안전한 곳에서 살고 싶어 하는 욕구, 공통 관심사나 사회적 연대성을 가지는 그룹에 속하고 싶은 욕구, 또는 흥미 있거나 도전적인 일을 하고 싶어 하는 욕구들이 있다. 이러한 욕구들이 충족되지 않으면, 사람들은 만족할 때까지 어떤 행동들을 지속적으로 하도록 선택할 것이다. 이러한 동기 접근법에 따르면, 리더십 실천가들은 팔로워들의 욕구를 바로 찾아내고 욕구를 잘 들어줌으로써 어떤 행동에 참여하고 지속하도록 할 수 있다.

욕구(Needs)란 긴장이나 각성의 내적 상태 또는 결핍에 대한 불편한 상태를 말한다.

Maslow의 욕구 위계

Maslow에 의하면, 사람들은 다섯 가지의 기본적인 욕구에 의해 동기유발된다. 생리적으로 살아남기 위한 욕구, 안전에 대한 욕구, 다른 사람들과의 연대에 대한 욕구(소속감), 자존에 대한 욕구와 자아실현에 대한 욕구 등이 여기에 포함된다. 욕구에 대한 Maslow의 개념도는 다섯 가지 수준의 욕구를 가진 삼각형으로 표현되며, 이들은 말 그대로 **욕구의 위계**를 가지고 나열되어 있다([그림 9.2]). Maslow에 따르면, 사람의 행동은 이 위계도의 어떤 특정 수준의 욕구를 만족시키기 위한 노력으로서 이해될 수 있다는 것이다. 어떤 수준이 사람의 행동을 동기부여하게 되는 것은 위계도의 낮은 수준의 욕구가 충족되었는지 아닌지에 달려있다. Maslow는 낮은 수준의 욕구가 우선 충족되어야 그 다음으로 높은 수준의 욕구가 행동으로 뚜렷하게 나타날 수 있다고 주장한다.

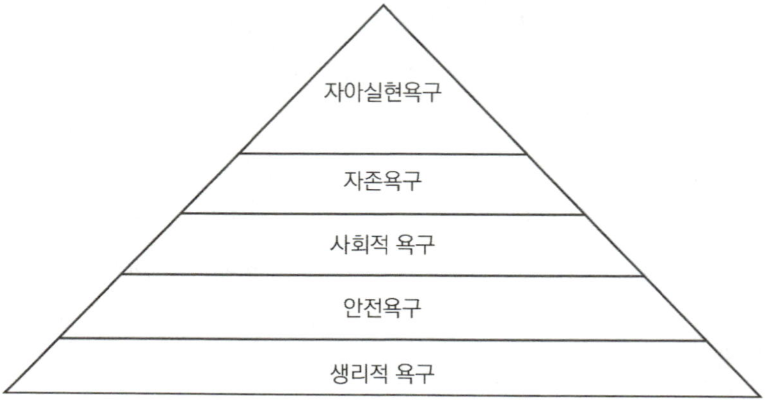

[그림 9.2] Maslow의 욕구 위계

Maslow는 자존감이나 자아실현과 같은 높은 수준의 욕구는 낮은 수준의 욕구들이 충족될 때까지 두드러지게 나타나지 않을 것이라고 믿었다. 그러므로 이 이론은 팔로워들이 이 욕구의 위계도에서 어디에 위치하고 있는지를 고려함으로써 리더들이 팔로워 행동을 동기부여하는 데 성공할지도 모른다는 시사점을 준다. Maslow의 이론을 Julie에게 적용해 본다면, 만일 그녀가 추운 날씨 조건에 맞는 의복을 갖추지 않은 경우에는, 성공적으로 직무 수행한 것에 얼마나 자부심을 느끼는가(자존감)로 스키 리프트 조작 담당 Julie를 동기부여하는 것은 비효율적이 될 것이다. 그녀의 상사가 Julie가 보다 높은 수준의 수행을 보이도록 하고 싶다면, 먼저 Julie의 생리적 욕구가 충족되었는지, 안전한 곳에서 일하며 사는지, 다른 직원들과 사회적인 활동을 할 기회가 충분히 있는지 등을 먼저 확실하게 해야 한다. 이러한 낮은 수준의 욕구가 충족되고 난 후에야 상사는 Julie의 자존감을 향상시키기 위한 시도를 해야 한다. 그러므로 직원들이 더 열심히 일하도록 동기부여하는 데 Maslow의 욕구의 위계를 사용하기를 원한다면, 리더십 실천가들은 팔로워들이 위계의 수준에서 어디에 있는지를 결정하고 팔로워들의 자존감이나 자아 실현과 같은 욕구 전에 다른 낮은 수준의 욕구들이 모두 충족되었는지를 반드시 보장해야 한다. 리더십 실천가들은 자신들의 동기유발을 위한 노력과 팔로워들의 욕구의 위계상의 충족되지 않은 욕구 사이에 "부조화"가 없는지 주의를 기울여야 한다.

ERG이론

Alderfer의 **ERG**(Existence-Relatedness-Growth)**이론**은 Maslow의 욕구의 위계와 유사하다. ERG이론에 의하면 존재(existence)는 Maslow의 생리적 욕구와 안전의 욕구에 해당하며, 관계(relatedness)는 Maslow의 사회 욕구와 자존감 욕구와 같으며, 성장(growth)은 자아실현의 욕구와 유사하다. 그러나 이러한 유사성 외에 두 가지 중요한 차이점이 있다.

ERG이론에 의하면 존재(existence)는 Maslow의 생리적 욕구와 안전의 욕구에 해당하며, 관계(relatedness)는 Maslow의 사회 욕구와 자존감 욕구와 같으며, 성장(growth)은 자아실현의 욕구와 유사하다.

첫째, 사람들은 때로 한 번에 한 가지 이상의 욕구를 만족시키려고 한다는 것이다. 예를 들면, 비록 팔로워의 존재 욕구가 완전히 충족되지 않았음에도 불구하고, 여전히 한 인간으로서 성장하고자 하는 동기가 부여되어 있을 수도 있다. 둘째, 높은 수준의 욕구가 좌절될 경우, 이는 낮은 수준의 욕구를 만족시키려는 노력으로 이어질 수 있다는 것이다. 즉, 어떤 욕구를 만족하는 것에 계속 실패를 경험한 팔로워는 퇴행하여 예전에 이미 만족시킨 낮은 수준의 욕구를 충족시키려는 노력을 기울일 것이다. 예를 들면, Ling Ling에게 강한 관계 욕구가 있지만 동료들과 친분을 쌓을 수 없다면, 존재 욕구를 충족시키는 쪽으로 퇴행할지도 모른다. 좋은 이웃지역으로 이사를 가거나 고가의 의복, 새로운 스포츠카, 또는 스테레오를 구매하는 것이나 더 높은 월급에 대한 욕구 등의 행동이 여기에 속한다. Alderfer는 이것을 **좌절 퇴행 가설**(frustration regression hypothesis)이라고 하였다.

팔로워들을 동기부여하는 데 ERG이론을 활용하는 것은 세 가지 시사점을 가진다. 첫째, 리더십 실천가들은 팔로워들의 존재, 관계와 성장 욕구의 정도를 명확히 파악해야 한다. 충족되지 못한 존재나 관계 욕구를 가진 팔로워들은 이러한 욕구를 충족시키는 일에 중점을 둘 것이며, 리더십 실천가들은 팔로워들의 욕구 달성을 도와줄 수도 있다. 둘째, 상대적으로 만족한 존재와 관계 욕구를 가진

리더십 실천가들은 팔로워들의 존재, 관계와 성장 욕구의 정도를 명확히 파악해야 한다.

상대적으로 만족한 존재와 관계 욕구를 가진 팔로워들은 성장 욕구에 집중하게 될 것이다.

리더십 실천가들은 또한 팔로워들 중에 좌절-퇴행 가설 위험이 있는지를 살펴야 한다.

팔로워들은 성장 욕구에 집중하게 될 것이다. 이러한 팔로워들은 새로운 스킬을 개발하고 연마하며, 새로운 상황에 이 스킬을 적용하려고 노력하며, 보다 많은 책임감과 독립을 추구하며, 더 큰 개인 또는 조직의 도전들을 달성하려고 노력하기 때문에, 리더십 실천가들은 팔로워들의 성장 욕구를 만족시키려는 것을 도움으로써 동기부여 "마일리지"를 많이 획득할 수 있다. 셋째, 리더십 실천가들은 또한 팔로워들 중에 좌절-퇴행 가설 위험이 있는지를 살펴야 한다. 팔로워들의 욕구 충족 노력이 계속해서 방해를 받아 낮은 수준의 욕구를 만족시키는 것에 노력을 집중하게 되면, 방해받은 욕구에 호소하는 것은 소용이 없을 것이다. 예를 들면, Ling Ling을 더 열심히 일하도록 동기부여하기 위하여 부동산 중개 대리점은 팀으로 함께 움직여야 한다고 말하는 것은 그녀의 행동을 변화시키는 데 도움이 되지 않을 것이다. 이보다는 왜 관계 욕구를 만족할 수 없었는지 그 이유를 파악하도록 밀접하게 일하면서 어떻게 다른 사람들과의 관계를 형성할 수 있는지를 코칭할 수 있다. 관계 형성이 잘 성립된 후에야 리더는 팀원으로서 Ling Ling이 일하도록 동기부여할 수 있다.

욕구 이론에 대한 맺는 생각

두 가지 욕구 이론에 따르면, 팔로워들이 특정 행동을 하게 하거나 더 많은 노력을 기울이기 원하는 리더들은 팔로워들의 하위순위 욕구가 충족되었는지를 파악하는 것에서부터 시작해야 한다. 대부분의 경우 팔로워들의 하위 수준 욕구가 충족되어 있지 않다면, 그룹의 성공을 위해 필요한 행동들을 나타내기는 어려울 것이다. 그러므로 리더들은 팔로워들이 욕구를 충족시킬 수 있도록 할 수 있는 모든 노력을 동원해야 한다. 하위 수준의 욕구가 만족되고 나면, 리더들은 그룹의 성공 가능성을 향상시키게 될 상위 수준의 욕구를 만족시키기 위한 작업을 할 수 있다. 그렇다면 승무원들의 고객 서비스를 향상시키기 위하여 욕구 이론을 어떻게 적용할 수 있겠는가? 승무원들의 욕구를 어떻게 파악하며, 고객 서비스를 향상시키기 위한 어떤 종류의 프로그램을 실행할 것인가? 두 가지 욕구 이론들이 고객 서비스를 향상시키는 법에 관한 유용한 아이디어를 제공하긴 하지만, 몇 가지 한계점이 있다는 것을 주목하는 것이 중요하다. 첫 번째 한계점은 개인이 어떤 욕구를 만족시키기 위해 어떤 행동을 할 것인가에 대한 구체적인 예측이 두 이론에서 제시되지 않는다.[18,54] 예를 들어, Ling Ling의 상황에서 그녀는 일터에서 새로운 친구를 만들기 위해 상당한 노력을 하거나, 일터 밖에서 새로운 사람들을 만날 수도 있고, 또는 새로운 차나 스테레오와 같은 것을 사는 데 많은 돈을 지출할 수도 있다. 이러한 구체성과 예측성의 결여는 실제 상황에서 이 요구 이론들을 적용하는 데 심각한 한계점을 드러낸다. 다른 한편으로, 두 이론에서 기술된 다양한 기본적인 인간의 욕구들의 본질을 아는 것이 리더들에게 유용할 것 같다. 만약 팔로워들이 최소한의 임금을 받으며 생계를 꾸려나가는 데 어려움을 가지고 있다면, 리더들이 동료들과의 좋은 관계형성을 강조하거나 자존심에 호소함으로써 팔로워들이 다양한 직무 행동을 하도록 하는 데에는 어려움이 있을 것이다. 어떤 정치적인 캠페인을 지지하는 기회에 참여하는 것이 어떤 사람의 재정적인 안전에 위협을 줄 가능성이 있다면, 그 사람은 이러한 자아실현의 기회에 자원하는 것을 주저하게 될 것이다. 이 두 가지 욕구 이론이 주는 공통된 의견은 리더들이 팔로워들로 하여금 직무 관련 행동에 더 많은 노력을 기울이기 전에 그들의 근본적인 욕구 부분을 언급할 필요가 있다는 것이다.

9.3.2 동기에서의 개인차

이러한 접근법들은 사람들은 주요한 성격특성, 일의 가치와 그들이 좋아하는 일이 다르다는 것을 가정한다. 리더들은 알맞은 특성과 직무 가치와 흥미를 가진 사람들만을 채용함으로써 팔로워들을 동기부여할 수 있다. 다른 사람들보다 선천적으로 더 많이 "동기부여된" 사람들이 있을 수 있을까? 그룹 목표 달성을 위해 무의식적으로 더 많은 노력을 기울이는 사람들은 본질적으로 그런 것인가 아니면 그 일을 즐기기 때문인가? 모든 사람들이 어떤 근본적인 욕구를 가진다고 가정하는 두 가지 욕구 이론들과 달리, 동기에 대한 개인차 접근법에서는 사람들 사이에 성취동기, 작업 가치와 내적 동기가 상당히 다르다는 것을 가정한다. 동기에 대한 이 접근법은 다소 단순하다. 그룹의 수행을 향상시키기 위하여 리더들은 적합한 기술을 가지고 있으며, 목표 달성 성향과 작업 가치가 높거나 일하는 것에 대하여 내재적인 동기유발이 된 팔로워들만을 선택해야 한다.

성취 지향성

Atkinson은 과제 완성을 위해 개인이 노력을 기울이는 성향은 성취 지향(Achievement orientation)이라고 불리는 성공에 대한 동기의 강도에 부분적으로 달려 있다고 제안하였다.

Atkinson은 과제 완성을 위해 개인이 노력을 기울이는 성향은 **성취 지향**(Achievement orientation)이라고 불리는 성공에 대한 동기의 강도에 부분적으로 달려 있다고 제안하였다.[56] McClelland는 Atkinson의 아이디어를 더욱 발전시켜 강한 성취 지향(McClelland의 용어로는 성취에 대한 강한 욕구)을 가진 사람들은 사회적으로 수용 가능한 노력과 활동들을 달성하려고 노력한다고 주장하였다. 이러한 사람들은 즉각적이며 충분한 피드백을 제공하며 적당히 어려운 과제를 선호하였다(예: 상당한 노력이 필요하지만 달성 가능한 과제). 이 외에, 성취에 대한 강한 욕구를 가지는 사람들은 성공적으로 문제를 해결하거나 직무 과제를 달성했을 때 만족감을 느꼈다. 상대적으로 성취에 대한 욕구가 낮은 사람들은 일반적으로 쉬운 과제를 선호하며 주어진 과제를 달성하거나 문제를 해결함으로써 만족감을 느끼지 않았다. McClelland는 성취 지향에서의 차이가 사람들이 어떤 과제, 목표, 또는 목적을 달성하기 위하여 노력하는 수준의 차이를 만드는 주요한 이유라고 주장하였다. 그러므로 성취 지향은 일종의 "야심"과 같은 것으로 성취 지향을 많이 가진 사람일수록 더 높은 개인적인 목적과 업무 목적을 설정하며 이를 달성하기 위한 노력을 더 기울이게 될 것이다. 낮은 수준의 성취동기를 가지는 사람들은 낮은 수준의 목적을 설정하며 이를 달성할 확률이 낮은 경향이 있다.[57]

McClelland는 성취 지향에서의 차이가 사람들이 어떤 과제, 목표, 또는 목적을 달성하기 위하여 노력하는 수준의 차이를 만드는 주요한 이유라고 주장하였다.

성취 지향은 또한 다섯 가지 성격 요소 중 확실성(dependability)의 구성요소이기도 하다(7장 참고). 지능처럼, 의존성도 학교, 군대, 노동자들과 관리직에 있는 사람들의 성공을 예측할 뿐 아니라 거의 모든 직무의 수행과 긍정적인 관계를 가지고 있다는 것이 밝혀졌다. 모든 조건이 같다고 가정할 때, 높은 수준의 성취 지향성을 가진 사람들이 그 반대성향을 가진 사람들에 비해 학교에서 더 좋은 성과를 내며, 더 높은 학위를 추구하고, 보다 빨리 진급하며, 더 높은 급여와 보너스를 받을 것이다.[39-41,48,58-67]

높은 성취 지향을 가진 사람들이 목적을 높게 설정하고 이를 달성하기 위해 필요한 시간과 노력을 투자한다는 것을 고려해볼 때, 성취 지향성이 조직의 가장 높은 자리로 진급하는 사람들에게 중요한 요인이라는 것은 놀랄 일이 아니다. 예를 들어, 성취 지향은 Michelle Bachelet, Bob Nardelli, Wu Li와 Conrad Black의 커리어 근저에 존재하는 공통적인 성공 요인으로 보인다. 성취 지향이 종종 높은 수행과 관련되어 있기는 하지만, 크게 성공한 사람들은 불명확하거나 불가능한 과제에 부딪히게 되면 극단적으로 사기가 저하된다는 것을 주목할 필요가 있다. 엘리트 군부대와 일하면서 Britt은 거의 항상 매우 높은 수준의 수행을 보였으며 매우 성공적이라는 것을 알게 되었다. 그러나 부족한 자원과 불가능한 타임라인과 함께 불명확한 임무가 주어지면, 이 같은 부대는 매우 빠르게 자포자기하였다. 이러한 상황에서 그 부대는 실패할 수밖에 없다고 느꼈으며 실제로 그렇게 되었다. 이런 현상은 소말리아인을 잡기 위해 소말리아의 모가이슈라는 지역에 파송된 군대의 이야기를 다룬 *Black Hawk Dawn*이라는 영화에서 명확하게 묘사된다. 여기서 중요한 교훈은 리더들은 높은 성공지향을 가진 사람들에게 명확한 목표와 성공에 필요한 자원을 줄 필요가 있다는 것이다.[68]

그렇다면 리더는 Julie, Ling Ling과 승무원들의 수행을 향상시키기 위하여 이러한 성취동기에 대한 지식을 어떻게 적용할 수 있을까? 첫 번째 단계는 높은 수준의 성취 지향을 가진 사람들을 선발하는 채용 과정을 보장하는 것이다. 이들이 높은 점수를 받는다고 가정하면, 우리는 Ling Ling이 아파트 렌트를 위한 공격적인 목표를 세우고 이 목표를 달성하기 위해 밤낮을 가리지 않고 일하기를 기대할 것이다. 또한 몇 년 후에 Ling Ling이 홍콩대에서 MBA를 획득할 것이라고 기대할 수도 있다. Julie 역시 높은 개인적인 목표와 직무 목표를 세울 것으로 기대될 수 있으나 그녀는 그녀의 직업이 이러한 목적을 추구하기 위한 그녀의 능력을 제한하고 있다는 것을 알게 될지도 모른다. 일하고 싶은 주말이나 밤 근무의 횟수를 조정할 수 있는 Ling Ling과는 달리, Julie는 그녀가 담당하는 리프트에 타는 사람 수에 대한 통제권이 없다. 이러한 맥락에서 그녀의 일 자체가 Julie가 높은 수준의 성취 지향을 충족시키기 위한 능력을 제한한다고 할 수도 있다. 결과적으로, Julie는 전문 스키선수나 스키 패트롤팀에 합류하거나 또는 승진을 위한 부가적인 책임이나 기회를 찾거나 혹은 그녀의 노력에 해당하는 보상을 성취할 수 있는 기회가 있는 다른 직업을 찾을 수도 있다. Julie는 높은 개인적인 목표를 설정하고 일하기 때문에 훌륭한 상사라면 그녀의 성취 지향을 활용하기 위하여 직무와 유관한 방법을 찾도록 밀접하게 일할 것이다. 그러므로 성취 지향은 양날의 칼일지도 모

Julie는 높은 개인적인 목표를 설정하고 일하기 때문에 훌륭한 상사라면 그녀의 성취 지향을 활용하기 위하여 직무와 유관한 방법을 찾도록 밀접하게 일할 것이다.

른다. 리더십 실천가들은 매우 동기부여된 팔로워 그룹을 고용할 수 있을지 모르지만, 이들 또한 명확한 기대수준이 정해져 있고, 업무 관련 목표가 설정되어 있고 이를 달성하도록 기회가 제공되며, 목표를 향한 진행과정에 피드백을 제공받을 필요가 있다. 그렇지 않을 경우, 팔로워들은 그들의 높은 성취 지향을 충족시키기 위한 다른 방법을 찾게 될지도 모른다.

가치

동기가 특정 행동을 하게 하고 지속시키도록 선택하는 것에 관한 것이라면, 팔로워들의 일의 가치에 호소하는 것은 매우 강한 동기부여 전략이 될 수 있다.[40,47,69] 6장에 기술된 것처럼, 가치란 어떤 사람이 가지는 가장 중요하고 오래 지속되는 믿음을 의미하며 동기와 관련된 또 하나의 개인차 변인들로 구성되어 있다. 직업 세계에서 어떤 사람들은 높은 품질의 생산품을 만들어내는 것이 매우 중요하다고 믿으며, 반면에 돈을 벌거나 다른 사람들을 돕는 것이 더 중요하다고 믿는 사람들도 있다. 일반적인 10가지 일의 가치와 특정 가치를 가지는 팔로워들에게 동기부여하기 위해 리더가 할 수 있는 일에 대한 제안사항이 <표 9.2>에 나와 있다.

> 가치란 어떤 사람이 가지는 가장 중요하고 오래 지속되는 믿음을 의미하며 동기와 관련된 또 하나의 개인차 변인들로 구성되어 있다.

절대적으로 옳거나 틀린 작업 가치가 존재하지 않는다는 것을 깨닫는 것이 중요하지만 팔로워들은 개인적인 가치와 일맥상통하는 활동을 할 때 동기부여가 될 것이며, 중요하지 않다고 믿는 활동을 할 때는 동기가 없어질 것이다. 대부분의 팔로워들은 두 가지에서 네 가지 정도의 핵심적인 작업 가치를 가지며, 리더들은 팔로워들의 기본 가치와 활동들을 연결시킴으로써 팔로워들이 특정 활동에 참여하고 지속하도록 동기부여할 수 있다. 변혁적 또는 카리스마적인 리더들이 변화를 야기하기 위한 중요한 동기 전략으로서 팔로워들의 가치에 호소하는 것처럼(13장 참고), 다른 리더들은 팔로워들의 만족도와 수행을 향상시키기 위하여 직무 활동들을 그들의 작업 가치에 맞추도록 할 수 있다. 여기에서 어려운 점은 팔로워들의 일의 가치를 정확히 파악하고 이를 직무 활동들과 연결시켜 나가는 것이다.

〈표 9.2〉 핵심 일의 가치와 동기 전략

일의 가치	팔로워를 위한 동기 전략
인정	강한 인정을 가지고 있는 팔로워들은 명예나 언론의 관심이 매우 중요하다고 믿는다. 리더는 팔로워에게 공개적으로 인정받을 수 있는 기회를 제공함으로써 지속적으로 기대하는 행동으로 이끌 수 있다.
권력	강한 권력을 가진 팔로워는 경쟁을 즐기고 영향력을 미친다. 리더는 이러한 팔로워들에게 그들이 성취하고, 성공할 수 있는 직무를 제공함으로써 동기부여할 수 있다.
쾌락주의	강한 쾌락주의를 가진 팔로워들은 즐겁고 다양하고 흥분되는 상황에 의해 동기부여된다. 팔로워들에게 다른 사람들과 즐기고, 즐거운 방법을 제시하는 기회를 제시함으로 리더는 개개인에게 동기부여할 수 있다.
이타주의	리더는 강한 이타주의 성향을 띠는 팔로워에게 사회의 발전과 다른 사람을 돕는 기회를 제공함으로써 동기부여할 수 있다.
협력	협력이 강한 팔로워들은 새로운 사람이나 팀 기반 작업 환경에서 동기부여를 받는다.
전통	이러한 개개인은 강한 관습과 기준화되어 있는 조직에서 일할 때에 동기부여된다.
안정성	강한 안정성을 가진 팔로워들은 안정성과 예측 가능하고 위험요소가 없는 상황을 만드는 활동들을 지원하는 데 속해 있을 때 동기부여를 받을 수 있다.
물질적	이러한 팔로워들은 물질적인 성공에 의해 동기부여를 받는다. 보다 많은 급여를 통해 보다 많은 업무를 수행한다.
미적 가치	이러한 팔로워들은 미적 표현과 창의적인 문제해결과 질을 우선 가치로 여기는 상황에서 최고의 동기부여를 받는다.
학문적/과학적 가치	이러한 팔로워들은 문제해결을 위해 깊이 있게 파고들 때 동기부여된다. 그들은 사실을 얻는 데이터 분석을 하는 것을 즐거워한다.

안타깝게도 많은 리더들이 팔로워들의 작업 가치를 정확히 진단하는 것을 잘하지 못하는 것 같다. 팔로워들이 일터에서 가장 중요하다고 믿는 것을 나열하라

는 질문을 받을 때, <표 9.2>에 나타난 많은 가치를 기술한다. 그러나 이들에게 일터에서 다른 사람들에게 동기 유발시키는 것이 무엇인가를 서술하라는 질문을 받으면, 75%의 사람들이 돈이 다른 사람들을 동기 유발시키는 가장 좋은 방법이라고 대답한다. 이와 같이 많은 리더들은 **외적인 동기적 편향**(extrinsic motivational bias)에 시달리며, 팔로워들이 직무 안정성, 인정, 또는 다른 사람들을 돕는 것보다 돈이라는 상업적 가치에 의해 더 동기부여된다고 그릇되게 믿고 있는 것 같다. 연구결과에 의하면, 대부분의 팔로워들은 중요한 일을 하며 훌륭한 수행에 대하여 인정받는 것에 가치를 둔다고 한다. 그러나 많은 사람들은 팔로워들에게 급여를 더 많이 주는 것이 높은 수행을 위한 유일한 길이라고 잘못 믿고 있다.[66,70] 외적인 동기적 편향은 3장에 기술된 기본적인 귀인 오류(fundamental attribution error)의 변형으로 사람들은 그들의 성공이 자신의 노력 때문이며 다른 사람들의 성공은 급여와 같은 외적인 요소 때문이라고 편향적으로 믿는 것이다.

그렇다면 가치에 관하여 우리가 배운 것을 승무원들, Ling Ling과 Julie가 더 높은 수준으로 수행하도록 동기부여시키기 위하여 어떻게 적용할 수 있을까? 성취 지향처럼, 작업 가치는 어릴 때 발달하기 때문에 바꾸는 것은 매우 어렵다. 그러므로 리더들은 사람들이 가치를 두는 것을 정확히 진단하고 일을 구조화하여 팔로워들의 신조와 더 잘 맞도록 할 필요가 있을 것이다. 승무원들의 경우를 보면, 이들은 강한 연대와 안정 가치를 중시하는 것으로 보인다. 그러므로 승무원들에게 급여를 더 주는 것은 고객 서비스를 향상시키는 데 도움이 되지 않지만 리더들은 비행기가 계속해서 승객으로 꽉 찬다면 다운사이징의 위험을 줄이는 데 얼마나 도움이 되는지를 강조함으로써 고객 서비스를 향상시키는 것을 성공할 수도 있다. Ling Ling은 판매 부서에서 일하며 그녀의 보수는 부분적으로 수행 결과에 따라 달라지므로 더 열심히 일하도록 동기부여되어 있을지 모른다. 더 많은 아파트를 임대할수록 더 많은 수임료를 받게 되고, 그녀는 더 열심히 일하게 될 것이다. 반면에 Julie는 쾌락주의, 연대감과 이타주의적인 면에 가치 비중이 더 강해 보인다. 그녀의 상사는 다른 사람들과 일하거나 도울 기회를 주고, 스키를 탈 수 있는 시간을 주며 근무를 쉬게 함으로써 더 열심히 일하도록 동기부여하는 데 가장 성공할 수도 있다. 이러한 세 가지 예시는 모두 특정 직무에서 강조하는 가치와 유사한 가치를 가지는 팔로워들을 채용하거나 직무를 재구조화하여 팔로워들의 작업 가치에 더 잘 맞도록 하는 것의 중요함을 지적하고 있다.

내재적 동기

직무 행동은 내적 외적 요인들 모두에 의해 동기부여된다. 이 섹션에서 우리는 이 두 가지 요소들이 어떻게 상호작용하는가를 살펴보되, 전자에 초점을 맞출 것이다. **내적 동기**(intrinsic motivation)란 그 자체 때문에 또는 개인적인 만족과 자신감이나 통제권에 대한 향상된 느낌으로 인해 동기부여된 것처럼 보이는 행동을 묘사한다. 즉, 어떤 사람들은 단지 그것을 하기 좋아한다는 이유만으로 어떤 행동을 지속적으로 하도록 동기부여된다. 이처럼 내적 동기는 사람들이 자신의 작업 가치에 잘 부합하는 활동들을 하는 것을 좋아한다는 측면에서 작업 가치와 밀접하게 연관되어 있다. 그러나 내적 동기는 좋아하는 행동이 특정 활동과 연관되어 있기 때문에 작업 가치보다 구체적이다. 어떤 사람이 강한 이타주의적인 가치를 가지고 있으며 중학교 학생들을 가르치는 것에 내적으로 동기부여되어 있을 수도 있다. 그러나 바로 그 사람이 이타주의적인 작업 가치와 관계되어 있는, 가족들을 상담하고 헌혈하며 노숙인 숙소에서 일하는 등의 일은 좋아하지 않을 수도 있다. 우리의 가상 인물들의 예로 돌아가서 생각해보면, Julie나 Ling Ling은 스키 리프트를 운영하거나 아파트를 보여주는 데 많은 시간을 들일지 모르는데 이는 단순히 이들이 이러한 활동들을 즐기기 때문이다. 그러나 어떤 사람에게 내적으로 동기 유발되는 것이 다른 사람에게는 그렇지 않을 수도 있다. 예를 들어, 취미란 사전적으로 보면 거의 내적으로 동기 유발되는 것이지만, 이는 또한 다양한 활동에 대한 개인 취향의 다양성을 반영하기도 한다. 우표를 수집하는 것은 어떤 사람에게 내적으로 흥미를 유발하는 것이지만, 다른 사람들에게는 지루한 일일지도 모른다. 리더십 실천가들에게 중요한 것은 팔로워들이 수행하기 좋아하는 활동들을 파악하고 이를 할 수 있는 업무 기회를 많이 주는 것이다.

내적 동기(intrinsic motivation)란 그 자체 때문에 또는 개인적인 만족과 자신감이나 통제권에 대한 향상된 느낌으로 인해 동기부여된 것처럼 보이는 행동을 묘사한다.

연구 결과들은 사람들은 종종 그들이 즐기는 활동을 향해 자발적으로 노력을 기울인다는 것을 지속적으로 밝혀내고 있다.[71-75] 어떤 사람이 내적으로 흥미를 느끼는 활동을 하고 있다면, 그 활동을 하고 있다는 내적인 보상에 외적인 보상이 더

해질 때 어떤 결과가 나올 것인가 우리는 질문해볼 수 있다. 처음에는 내적인 보상에 외적인 보상이 더해질 경우 그 활동이 훨씬 더 강화된다고 보일 수 있다. 그러나 항상 그런 것은 아니다. 연구 결과에 의하면, 어떤 과제를 수행하도록 이미 내적으로 동기부여된 사람에게 외적인 보상이나 인센티브가 주어진다면, 외적인 보상이 오히려 역효과를 낼 수도 있다는 것이다. 이는 과제 수행에 대한 내적인 동기를 감소시키는 결과를 초래할 수 있다. 이러한 **과잉정당화 효과**(overjustification effect)에 대한 연구는 외적 보상이 "통제적"이라고 인식될 경우에 내적인 동기마저 감소시키는 결과를 가져올 수 있다고 한다. 그러나 이러한 보상이 얼마나 잘하고 있는지를 알게 해주는 "정보적인" 가치를 지닌 것으로 보여지거나 급여와 혜택에 관한 사회적인 규범에 부합하는 것일 경우에는 내재적인 동기를 저하시키지 않는다고 한다. 100여 개의 연구 결과를 검토한 후에, Eisenberger와 Cameron은 실제로 이런 일이 일어난 상황이 매우 적기 때문에 과잉정당화 효과는 사실이라기보다는 신화에 더 가깝다고 주장하였다. 그러나 이러한 증거에 대한 우세함에도 불구하고 많은 교육자와 리더들은 보상이 과제에 대한 내적 동기를 감소시킨다는 생각을 계속적으로 믿고 있다.[76,77]

그렇다면 내적 동기와 과잉정당화 효과는 Julie와 Ling Ling에게 어떤 영향을 미칠 수 있을까? 두 가지 경우 모두에서 리더들은 이들과 시간을 보내면서 일터에서 이들이 하기 좋아하는 일이 무엇인지를 알아내야 할 것이다. Julie의 상사는 그녀가 정말 야외에서 일하는 것을 좋아한다는 것을 알 뿐 아니라 리프트 라인에서 기다리는 사람들과 상호작용하는 사회적인 본질을 좋아한다는 것을 알게 될지도 모른다. 이는 Julie가 사람들이 가장 밀집한 리프트에서 일하는 것을, 다른 사람들은 별로 좋아하지 않지만, 좋아할지도 모른다는 것을 나타내준다. Ling Ling은 판매하는 것은 좋아하지만, 계약 체결과 관련된 문서작업은 싫어할지도 모른다. 그녀의 상사는 Ling Ling의 행정처리 작업은 다른 직원에게 할당하거나 그녀의 행정적인 업무량을 줄이는 방법을 찾을 수도 있다. 팔로워들은 아마도 거의 항상 그들이 좋아하지 않는 활동들을 수행해야 할지도 모르지만, 리더가 팔로워들의 내적인 흥미와 업무 활동을 더 잘 연결시킬수록, 그 팀은 더 많이 동기부여될 것이다.

직업가치와 생도들의 동기

하이라이트 9.3

사관학교의 신입생들에게 가장 어려운 일 중 하나는 겨울방학 이후에 학교로 돌아오는 것이다. 대부분의 신입생들은 6월 이후 처음으로 집에 방문하는 것이고 일반시민과 군인의 생활의 차이가 너무 커서 사관학교를 떠나려는 마음이 생기기도 한다. 미국 공군사관학교의 신입생들에게 겨울방학 이후에 왜 학교로 돌아왔는지에 대해 글을 쓰라고 요청하였다. 아래의 글을 읽고 어떤 직업가치가 이 개개인을 돌아오게 했는지 살펴보자.

겨울방학 햇볕에 그을린 것도 사라졌고 겨울방학의 기억도 추억으로 자리 잡은 후, 우리는 책상에 앉았다. 그리고 우리는 다시 티셔츠와 수영복을 비행복과 위장 장비들로 교환했고 Colorado Springs의 모든 생도들은 그들 자신에게 여전히 묻는다: 우리는 왜 돌아왔는가? 왜, 가족과 2주의 시간을 보낸 뒤, 나라에서 가장 요구되는 것이 많은 곳으로 돌아와야 했는가? 공립학교 또는 아이비리그의 학교에서 집에 간 친구들의 이라크에서의 전쟁이 얼마나 부당한지 이야기를 듣고 난 뒤, 우리는 왜 돌아갔어야 했나? 그리고 모든 승리에 대해 비춰주지는 않고 군대의 모든 실수에 대해서는 책망하는 것처럼 보이는 신문과 뉴스를 보고 나서, 우리는 왜 평범한 대학생활을 하는 것을 희생하는 것이 가치 있다고 생각해야 하는 것인가?

우리가 속한 이 대학이 등록금이 면제라서? 이것을 주장한 사람은 우리가 졸업하자마자, 피와 땀과 눈물로 되갚는 것은 잊은 것이다. 우리가 받는 교육이 이 나라에서 최고의 교육이라서? 이 교육의 질이 어느 것에도 뒤처지지 않는 한, 이것을 주요 원인이라고 생각하는 이들은 학교를 졸업하고 미국공군에서 위임된 장교가 되기까지의 거대한 책임감에 대한 관점을 잃은 것이다.

나는 미래의 전쟁에서 미국의 아들딸인 우리 군인을 지도하는 위대한 책임을 맡기 위해 필요한 훈련을 받고 싶어서 사관학교로 돌아왔다. 그들은 나의 학업평점에 대해 절대 묻지 않을 것이다. 그들의 관심은 오직 내가 그들을 훌륭히 통치할 수 있는지일 것이며, 나는 겸허히 그러한 존경을 받고 싶다.

나는 아랍의 지도자들과 협상하는 사람들의 목숨을 살리는 지도자가 되고 싶어서 사관학교로 돌아왔다. 나는 만약 청해진다면, 2ft 너비의 통기 수갱을 통해 30,000ft로부터 적의 지역에 폭탄을 보내기 위해 공중 급유하는 3대의 비행기와 함께 지구의 반 바퀴를 도는 비행 조종사가 되고 싶어서 사관학교로 돌아왔다. 오늘날 공군에서 장관이 되는 것은 단지 사령관이 되는 것보다 더한 것이다; 이것은 물론 언제나 우선은 전사가 되는 것이지만 외교관, 병법가, 전달자 또한 되는 일이다.

사람들은 모두 성취 지향, 가치, 그리고 내적으로 동기 유발되는 과제 측면에서 다양하기 때문에 팔로워들이 과제를 달성할 수 있도록 보장하는 한 가지 방법은 높은 동기를 가진 사람을 선발하는 것이다.

동기(motivation)의 개인차에 대한 맺는 생각

사람들은 모두 성취 지향, 가치, 그리고 내적으로 동기 유발되는 과제 측면에서 다양하기 때문에 팔로워들이 과제를 달성할 수 있도록 보장하는 한 가지 방법은 높은 동기를 가진 사람을 선발하는 것이다. McClelland가 사람들을 보다 높은 성취 지향이 되도록 훈련시키는 것을 성공하는 것에 대해 연구한 바 있지만, 이는 비용이 많이 들고 비효율적인 과정일 수 있다. 처음부터 그 직무에 맞는 사람을 선발하는 것을 강조하는 것이 리더들에게는 더 선호할만한 접근법일 수 있다.[57]

팔로워들이 중요하다고 여기거나 내적으로 동기 유발되는 것을 알 수 있는 가장 효과적인 방법은 그들에게 직접 질문하는 것이라는 것을 기억해두는 것 또한 중요하다. 그러나 많은 리더들이 팔로워들과 좋은 관계를 가지고 있지 않거나 그들에게 동기부여하는 것이 무엇인지를 안다고 가정하여 이들에게 직접 질문하지 않는다. 팔로워들의 내적인 흥미와 과제를 완벽하게 일치하도록 하는 것은 불가능할지 모르지만, 리더들은 팔로워들의 동기 수준을 높이기 위하여 과제를 재배치하거나 주기적으로 순환시킬 수 있다. 리더들은 종종 직무와 과제가 정적이며 변화할 수 없다고 가정하지만, 대부분의 조직들은 일이 완료되는 한 누가 그 일을 하는지에는 관심을 두지 않는다. 리더들은 팔로워들의 가치와 내적 흥미에 따라 일을 재할당함으로써 보다 높은 질의 일을 하도록 하며 보다 만족도 높은 직원들을 가지게 될 수 있다. 고객 서비스부서의 책임자라면, 당신은 승무원들의 고객 서비스 수준을 향상시키기 위하여 동기의 개인차에 대한 이러한 정보들을 어떻게 사용하겠습니까?

9.3.3 인지 이론

앞에서 언급된 이론들은 리더가 목표를 설정하고 과제 달성에 대한 믿음을 보임으로써 팔로워들을 동기부여시킬 수 있다고 가정한다. 팔로워들이 팀 목표 달성에 필요한 행동을 지속하도록 만드는 또 다른 방법은 그들의 노력에 대하여 다르게 생각하도록 설득하는 것이다. 인지 이론은 욕구에 호소하거나 자연적으로 "동기부여된" 사람들을 채용하기보다는 수행에 대한 기대사항과 노력의 정도, 그리고 바람직한 결과물 사이의 연결고리가 명확할 때 팔로워들이 그룹의 목표 달성을 위해 더 많은 노력을 기울이는지를 중점적으로 본다. 리더들은 팀의 목표를 설정하거나 단순히 최선을 다해 일하라는 말을 해야 하는 것인가? 마찬가지로, 리더들은 그룹이 특정 목표를 달성할 경우 어떤 보상을 받게 될 것인지 명백하게 알려주어야 하는가? 만약 그 보상이 애매모호하고 대략적으로 성과와 연계될 경우, 팔로워들은 더 많은 노력을 기울일 것인가? 인지 이론을 근간으로 하는 연구들은 리더십 실천가들에게 이 두 가지 중요한 질문에 대한 답을 제공한다.

목표 설정

목표 설정은 팔로워들에게 사용할 수 있는 가장 친숙하고 쉬운 공식적인 체제 중 하나이다. 리더의 관점에서 보면, **목표 설정**은 팔로워들이 체계적인 계획을 차근차근 완수해 나갈 경우 그 목표가 어떻게 달성될 것인지 이해하는 데 도움을 준다. Locke와 Latham에 의하면, 목표는 과제 행동을 결정하는 가장 강력한 요인이다. 목표는 주의를 집중시키고, 노력을 기울이게 하고, 목표 달성을 위한 전략을 개발하도록 하며, 목표가 달성될 때까지 지속적으로 노력을 기울이도록 돕는 역할을 한다. 이는 다시 보다 높은 목표 달성을 하게 한다.[78-80]

목표 설정은 팔로워들이 체계적인 계획을 차근차근 완수해 나갈 경우 그 목표가 어떻게 달성될 것인지 이해하는 데 도움을 준다.

Locke와 Latham은 8개 국가의 4만여 명의 개인, 그룹 및 조직을 대상으로 수백여 개의 과제를 다룬 400여 개 연구결과가 목표 설정과 관련된 다음과 같은 측면들을 일관적으로 지지한다고 보고하였다. 첫째, 이 연구는 구체적이며 동시에 까다로운 목표들이 "최선을 다하라"라는 목표와 비교했을 때 지속적으로 보다 높은 수준의 노력과 성과를 가져오게 한다는 것을 보여주었다. 둘째, 목표에의 헌신이 매우 중요하다. 단순히 목표를 가지는 것만으로는 충분하지 않다. 목표 설정에 팔로워를 참여시키는 것이 책무를 높이게 하는 한 가지 방법이기는 하지만, 리더에 의해 설정되거나 팔로워들의 참여를 통해 정해지는 목표들이 필요한 헌신의 수준을 이끌어낼 수 있다. 정해진 목표에 대한 전념도는, 리더가 합법적인 권위를 가지며, 팔로워들에 대한 자신감을 표현하고 성과에 대한 명확한 기준을 제시한다고 인식되면, 팔로워가 함께 참여하여 세운 목표에 대한 헌신도만큼 높게 나타났다. 셋째, 피드백을 받으면서 목표를 달성할 때 팔로워들은 최고의 노력을 기울였다. 이와는 반대로 목표만을 달성하거나 피드백만 받을 때는 일반적으로 노력을 덜 기울이는 것으로 나타났다.

목표 설정에 관련된 몇 가지 다른 측면에 대해서도 주목할 필요가 있다. 첫째, 목표는 가격 인하, 서비스와 상품의 질 향상, 투표율 향상, 또는 챔피언십 획득 등 어떤 수행의 측면을 위해서도 세워질 수 있다. 그럼에도 불구하고, 팔로워들이 정해진 시간 내에 어느 정도의 노력만을 기울일 수 있으므로 리더들은 상충되는 목표들을 설정하지 않는지 보장할 필요가 있다. 둘째, 적당한 정도의 도전적인 목표를 설정하는 것은 리더들에게 딜레마가 되기도 한다. 성공적으로 달성된 목표들은 팔로워들에게 직무만족감을 주며, 쉬운 목표들은 까다로운 목표들에 비해 쉽게 달성될 확률이 높다. 그러나 쉽게 달성될 수 있는 목표들은 노력수준을 저하시키고, 결국은 성과에도 영향을 미치게 된다. 연구 결과에 의하면, 리더들이 적당히 어려운 목표를 설정하고, 부분적인 목표 달성을 인정해주며, 목표를 점진적으로 어렵게 만들어가는 지속적인 향상 논리를 사용함으로써 팔로워들을 가장 효과적으로 동기부여시킬 수 있다고 한다.[81-86]

리더들이 팔로워들에 대한 높은 기대수준을 명확하게 나타낼 때 피그말리온 효과(Pygmalion effect)가 나타난다.

목표 달성에 대한 리더의 명시적이며 암묵적인 기대는 팔로워와 팀의 수행에 영향을 미칠 수 있다. Dov Eden과 그의 이스라엘 동료들의 연구결과는 피그말리온과 골렘 효과에 대한 꽤 일관된 서포트 자료를 제공한다.[67,68] 리더들이 팔로워들에 대한 높은 기대수준을 명확하게 나타낼 때 **피그말리온 효과**(Pygmalion effect)가 나타난다. 즉, 대부분의 경우 리더들의 높은 기대수준 자체가 팔로워들이 더 높은 수준의 수행을 하도록 이끌 것이다. 불행히도, **골렘 효과**(Golem effect) 또한 사실로 나타난다. 즉, 팔로워들의 목표 달성 능력에 대한 확신이 없는 리더들은 결과적으로도 목표달성에 이르지 못하는 경우가 많다는 것이다. 따라서 팔로워나 팀에 대한 리더의 기대는 자기 충족 예언이 될 가능성이 있다(3장). 이러한 결과들은 팀의 성과를 향상시키기를 원하는 리더들은 높지만 달성 가능한 목표를 설정하고 팔로워들이 그 일을 해낼 수 있다는 자신감과 지지를 보여주어야 한다는 것을 나타낸다.[89,90]

Julie와 Ling Ling의 동기 수준을 향상시키기 위하여 리더십 실천가들은 목표설정을 어떻게 적용시킬 수 있을까? 위에서 언급된 연구결과에서 보여주듯이, 이들의 상사들은 구체적이며 적절히 어려운 목표를 설정하기 위해 이들과 함께 일해야 하며, 이들의 목표 달성에 대한 확신을 보여주며, 정기적인 피드백을 제공해야 한다. Julie와 그녀의 상사는 그녀의 과거의 수행이나 다른 리프트 운영자들의 수행을 기본으로 하여 근무시간, 고객만족도 및 불만도 조사, 리프트 사고 횟수 등 구체적이고 측정 가능한 목표를 세울 수 있을 것이다. 이와 유사하게, Ling Ling과 그녀의 상사는 부동산 근거 자료 수치를 보며 연간 아파트 임대체결 수, 임대계약의 총 가치, 계약체결 및 문서작업에 소요된 시간, 고객 불만 신고 수 등에 관한 목표를 세울 수 있다. 이들의 상사들은 목표를 설정할 때 서로 상충하는 목표를 설정하지 않도록 주의할 필요가 있다는 것을 주목하라. 예를 들면, 만약 Julie가 리프트에서 떨어진 사람 수만을 목표로 가진다면, 그녀는 리프트를 매우 천천히 운행하게 할 가능성이 높고, 이는 리프트 운행시간을 지연시켜 고객 불만족이라는 결과를 낳을지도 모른다. 유사한 맥락에서 상사들은 개인의 목표가 팀이나 조직의 목표와 상충하지 않도록 해야 한다. Ling Ling의 상사는 그녀의 목표가 회사 내 다른 부동산 중개대리인들의 목표를 방해하지 않는다는 것을 확인해줄 필요가 있다. Ling Ling의 목표가 지역적인 범위를 구체화하지 않는다면, 그녀는 다른 중개인들의 영역에 있는 부동산을 임대하게 될지도 모르며, 이는 매우 심각한 사내 충돌을 일으킬 수도 있다. 이들의 상사들은 또한 측정 가능한 목표를 설정함으로써 Julie와 Ling Ling에게 목표 달성에 필요한 적절한 피드백을 제공할 수 있다. 목표설정에 관한 구체적인 단계에 대한 내용은 이 책의 4부에서 기술된다.

기대이론

다음 인지이론은 사람들이 무엇을 하며 어떤 보상이나 결과물을 얻게 될 것인지 사이의 관계를 명확히 하는 것과 관련되어 있다. Tolman에 의해 처음으로 설명된 **기대이론**(expectancy theory)은 일터 상황에 맞도록 수정되었다.[91-95] 이는 두 가지 기본적인 가정을 가지는데, (a) 동기부여된 수행은 의식적인 선택의 결과라는 것과 (b) 사람들은 최고의 보상을 가져올 것이라고 믿는 일을 할 것이라는 것이다. 따라서 기대이론은 동기를 이해하는 데 매우 합리적인 접근법이다. 이 이론은 사람들은 가치 있는 결과물 획득에 대한 기대수준을 최대화시키고, 그 기대수준에 영향을 미치는 요소들이 수량화될 수 있다면, 행동에 대한 예측이 가능한 방식으로 행동한다고 가정한다. 이 모델에서는 수량화될 수 있는 세 가지 요소들이 있다. 첫째, 둘째는 확률 추정치(기대수준)이며 셋째, 예측된 긍정적, 부정적 결과물의 유인가이다. 기대 이론은 리더십 실천가들이 어떤 특정 행동이 가치 있는 보상으로 이어질 것인지를 결정하는 데 사용하는 과정을 이해한다면 팔로워들에게

기대이론은 동기를 이해하는 데 매우 합리적인 접근법이다.

동기부여할 수 있을 것이라고 주장한다.

첫째, 확률 추정치는 **노력 대비 수행 기대**(effort-to-performance expectancy)이다. 모든 확률은 사건이 전혀 일어나지 않을 확률부터 확실하게 일어날 확률, 즉 십진법 형태로 0.0부터 1.0 사이의 범위에 있다. 여기서 팔로워는 필요한 노력을 투자한다고 가정하고 기대되는 행동을 적절하게 수행할 가능성을 추정한다. 둘째, 확률 추정치는 **수행 대비 결과 기대**(performance-to-outcome expectancy)이다. 이 경우, 팔로워는 기대되는 수준의 성과를 달성한다는 가정하에 보상을 받을 가능성을 추정한다. 실제로 좋은 성과를 내지만 보상을 받지 못하는 경우가 흔하게 일어나기 때문에 이것은 필요한 단계이다. 셋째, 팔로워는 이전의 조건들이 만족되었다는 가정하에 나올만한 성과를 결정해야 하며, 비교한 **유인가**(valence)가 시간과 노력을 투자하는 가치에 충분히 긍정적인 효과를 가져오는지를 결정해야 한다. 보다 간단히 말하면, 기대이론은 이 세 가지 조건이 충족될 경우, 사람들은 어떤 과제를 수행하도록 동기부여될 것이라고 주장한다: (1) 충분한 노력을 기울이면 과제를 적절히 수행할 수 있다. (2) 이것을 달성할 경우, 보상을 받게 될 것이다. (3) 그 보상을 가치 있게 여길 것이다([그림 9.3] 참고).

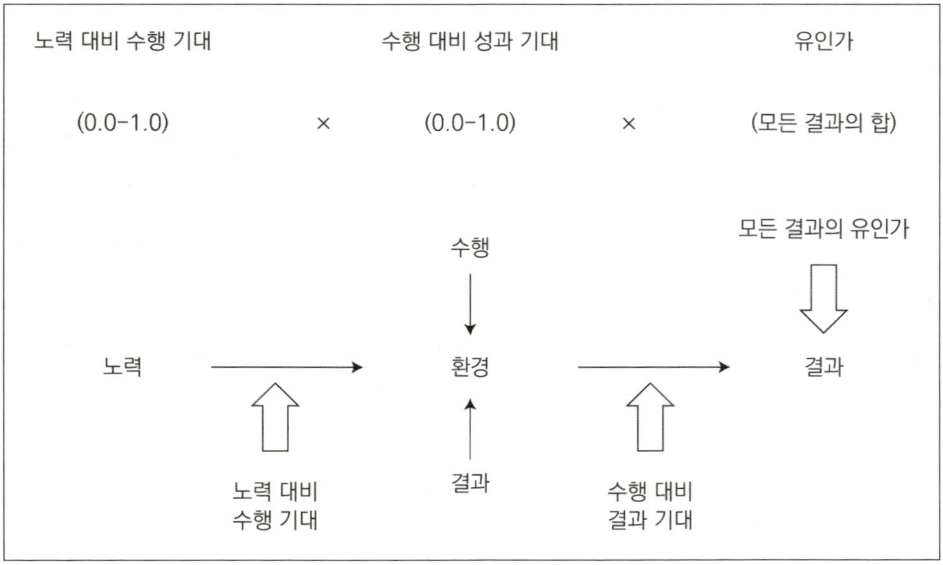

[그림 9.3] 기대 이론의 예

이 세 가지 개념을 Ling Ling의 경우에 적용시켜보는 것이 여기서 도움이 될 것이다. 첫째, 중국 경제의 개방과 함께, 홍콩 부동산 임대 시장이 활성화되었다. 그러나 Ling Ling은 고가의 아파트 임대에만 집중하며 이를 임대할 수 있는 사람들의 수는 한정적인 편이다. Ling Ling이 일주일에 3일은 저녁에 일하고 토요일은 하루 종일 일한다 해도 그녀가 채워야 하는 판매 할당량의 25%가 모자란다. 기대이론에 따르면, Ling Ling이 일주일에 추가로 2일의 저녁시간 근무를 하는 것이 더 많은 임대를 가능하게 할 지를(노력 대비 수행 기대) 결정해야 한다. 둘째, 부가적으로 임대하는 것이 연말까지 그녀의 판매 할당량을 채우는 데 충분할 것인지를 결정해야 한다(수행 대비 성과 기대). 셋째, Ling Ling은 판매 할당량을 달성할 경우의 장점과 그렇지 못할 경우의 단점을 비교해보아야 한다(유인가). 만약 Ling Ling이 (a) 추가로 주중 이틀의 저녁시간에 일하는 것이 아파트를 더 많이 임대하는 데 도움이 될 것이라고, (b) 이렇게 아파트를 부가적으로 더 많이 임대하는 것이 연간 판매 할당량에 충분할 것이라고, (c) 판매 할당량에 도달하는 것의 이점이 비용을 넘을 것이라고 믿지 않는다면, Ling Ling은 아파트를 더 많이 임대하는 것에 노력을 기울이지 않기로 결정하게 될 것이다. 그녀는 부동산 시장의 경기가 좋지 않다거나 보너스가 너무 적어서 그녀의 할당량을 채운다 해도 부가적인 노력을 할 가치가 없다고 느낄지도 모른다. [그림 9.3]에 나타난 것처럼, 세 가지의 구성요소들은 모두 높은 확률을 가져야 하며 Ling Ling이 아파트 임대를 위한 추가적인 노력을 하기 위해 우호적인 쪽으로 무게중심이 있어야 한다.

리더십 실천가들이 기대이론을 활용하여 팔로워들에게 동기부여하여 프로젝트를 완수하도록 하기 위해서는 다음의 세 가지 단계를 밟을 필요가 있을 것이다. 첫째, 리더는 팔로워의 노력 수준과 프로젝트 완성 간의 연계를 명확히 함으로써 노력 대비 성과 기대수준을 향상시켜야 할 것이다. 이를 위하여 리더와 팔로워는 팔로워가 해야 하는 일과 프로젝트 완수를 위해 필요한 시간과 자원의 양에 관해 논의할 수도 있다. 둘째, 리더는 프로젝트가 정해진 시간과 비용 안에서 완료될 경우 팔로워와 조직에게 돌아가는 긍정적인 결과물에 대하여 이야기함으로써 수행 대비 보상 기대를 향상시킬 필요가 있을 것이다. 연말 보너스, 상부로부터의 인식 또는 비용 절감이나 시장 점유율 증가와 같은 것이 여기에 해당한다. 마지막으로, 리더는 프로젝트를 성공적으로 완료할 경우 가능한 모든 유인가치를 명확하게 할 필요가 있을 것이다. 이것이 팔로워에게는 명백하지 않을 수도 있으므로 리더는 장점과 단점을 모두 명확하게 이야기하되 긍정적인 측면을 강조해야 할 필요가 있을 것이다.

형평성 이론

인지적인 접근법은 사람들은 리더-팔로워의 상호 관계에서 형평성에 가치를 둔다고 가정한다. 팔로워들은 그들이 어떤 활동이나 일에 투자하고 얻게 되는 결과물이 다른 사람들과 거의 동등하다고 믿을 때 가장 동기부여된다는 것이다. **형평성 이론**은 팔로워들이 어떻게 이러한 문제를 진단하는가에 대한 매우 합리적인 모델을 제시한다. 팔로워들은 [그림 9.4]에 나타난 네 가지 요소에 값을 부여하고 두 비율을 비교함으로써 공정한 관계에 대한 결론에 이르게 되는 것 같다. 각각의 비율에 대한 구체적인 요소들에 관하여 개인적인 성과(personal outcomes)는 자신의 노력에 대해 얻게 되는 것의 급여, 인지도, 직무만족도, 승진 기회나 개인적인 성장과 같은 것을 의미한다. 개인적인 투입(personal inputs)은 시간, 노력, 지식과 기술과 같은 어떤 활동이나 일에 쏟는 모든 것을 의미한다.[96-98]

형평성 이론은 팔로워들이 어떻게 이러한 문제를 진단하는가에 대한 매우 합리적인 모델을 제시한다.

$$\frac{\text{개인적 성과}}{\text{개인적 투입}} = \frac{\text{준거 그룹의 성과}}{\text{준거 그룹의 투입}}$$

[그림 9.4] 형평성 이론 비율

형평성 이론의 주요한 측면은 [그림 9.4]가 두 가지 비율로 구성되어 있다는 것이다. 형평성에 대한 판단은 항상 다른 준거 그룹에 근거를 두고 있다. 형평성 이론에서 중요한 것은 두 비율 간의 관계이지 어떤 한 쪽의 가치나 결과물의 절대적인 가치가 아니다. 여기에서 가장 중요한 것은 자신의 비율과 다른 조직에서 유사한 일을 하고 있는 동료와 같은 준거집단의 비율 사이의 비교치이다. 예를 들면, 연봉이 100만 달러이지만 급여에 매우 불만을 가지고 있는 투자 은행가의 경우를 생각해보자. 그녀는 그녀가 하는 일에 비해 우스울 만큼 많은 양의 돈을 받지만, 그녀보다 훨씬 더 많은 급여를 받는 투자 은행전문가들을 알고 있다고 말했다. 이처럼, Ling Ling도 그녀의 동료들보다는 더 많은 돈을 벌지만 그들보다 더 오래 일하고 더 많은 기술을 보유하고 있으며 더 많은 아파트를 임대할지도 모른다. 즉, 그녀의 결과물이 더 크긴 하지만, 그녀의 투입 또한 더 많기 때문에 비율은 여전히 같다는 것이다.

형평성 이론은 본질적으로 투입과 산출물의 균등을 평가하려고 하지 않으며, 결과물에 비례한 투입의 형평성에 관심을 둔다.

형평성 이론은 본질적으로 투입과 산출물의 균등을 평가하려고 하지 않으며, 결과물에 비례한 투입의 형평성에 관심을 둔다. 불공정성에 대한 인식은 긴장과 변화를 향한 내재적인 압력을 만들어낸다. 두 비율 사이에 형평성이 존재하는 한 어떤 것을 변화시킬 동기가 존재하지 않으며 사람들은 꽤 만족함을 느낀다. 그러나 그 비율이 다르면, 팔로워는 균형을 회복하기 위한 어떤 행동을 취하도록 동기부여될 것이다. 팔로워들이 정확히 어떤 행동을 하게 될지는 불균형의 방향에 달려 있을 것이다. Adams는 사람들이 균형을 회복하기 위해 하는 6가지 방법을 제안하였다. (a) 투입을 변화시키기, (b) 산출물을 변화시키기, (c) 자아개념의 전환, (d) 준거그룹에 대한 인식 전환, (e) 다른 것이 실패할 경우, 준거그룹 교체, (f) 상황 탈피이다. 따라서 Julie의 비율이 다른 동료들에 비해 낮다고 믿는다면, 그녀는 자신의 노력을 감소시키거나 다른 곳에서 더 높은 급여를 찾으려 할 수도 있다. 또 그녀는 다른 리조트에서 일하는 사람들로 준거 집단을 바꾸거나 일을 그만둘 수도 있다. 연구 결과, 일반적으로 저임금에 대한 인식은 이 모델을 지지하는 행동으로 나타나지만, 과임금(overpayment)에 대한 인지는 그렇지 않았다. 연구 대상자들은 과임금 조건에서 더 열심히 일하여 비율을 더 공정하게 만들려고 하기보다는 그들이 더 높은 급여를 받을 가치가 있다는 것을 합리화시켰다. 형평성 이론이 어떻게 급여 협상에 어떤 영향을 미치는지에 대한 예가 [하이라이트 9.4]에 나타나 있다.

리더십, 형평성 이론, 전문 운동선수, 최고의 급여 요구

하이라이트 9.4

전문적인 스포츠 팀의 총감독은 그들의 팀의 전반적인 성과에 대해 책임이 있다. 그들은 선수들과 코치를 정하는 것을 도우며, 매체와 선수들, 코치, 경기장계약의 협상을 하고, 팀의 사기를 높은 레벨로 유지시키며, 그리고 팀이 챔피언전에서 우승하고 돈을 벌도록 돕는다. 감독이 관여하는 가장 어려운 일 중 하나는 선수들과의 계약이다. 선수들은 그들의 계약금과 그들의 성과를 보고 이들을 다른 조직의 선수들과 비교한다. 만약 그들이 그들의 보상이 다른 선수들의 보상에 비교해 일관성이 없으면 그들은 대개 새로운 계약이 협상되기를 요구한다.

농구, 축구, 야구에서 가장 유명한 선수들, 그러나 한두 명의 선수들이 팀의 나머지 멤버들보다 결과적으로 더 많은 수익과 승패기록을 낼 때 팀의 사기에는 무슨 일이 일어나는가? 8년간 프로야구팀을 조사한 결과 계약금의 높은 분산(예로 입단선수의 최고와 최저 계약금의 차이)을 가진 팀은 재정적으로 그리고 전국 선수권대회에서 낮은 성과를 보였다. 연구자들은 이러한 팀의 하락은 팀의 성과를 약화시키고 팀의 다른 선수들과의 불공평을 증가시키는 계약금의 높은 분산에 있다고 추측했다. 높은 수준의 성과를 유도할 수 있는 충분한 경제적 보상을 주면서도, 팀의 다른 선수들과 불균형 상황을 만들지 않는 것이 바로 감독이 찾아내야 할 요령이다.

불공평 이론은 전문 운동선수의 급여에 대해서 사실이지만 고위간부들에게도 적용된다고 한다. 많은 임원들의 이사회는 만약 그들이 그들의 CEO들과 고위간부들에게 다른 회사만큼 지불하지 않을 경우 경영의 총매출량의 위기를 겪진 않을까 걱정한다. 그러나 사이닝보너스와 매년의 계약금을 협상하는 간부들은 더 적은 급여를 받는 상대보다 더 좋은 결과를 굳이 달성하지 않는다. 대다수의 간부들은 성과를 위한 급여의 장점을 내세우지만 자신의 성과보다는 자신의 급여에 대해 더 관심을 가진다. 그리고 높은 급여분산을 가진 회사가 높은 계약금분산을 가진 프로 운동선수 팀과 같은 결과를 가지는지 의아해하여야 한다. 일본 회사의 고위간부들은 평균 고용인의 20~30배를 받으며 미국은 400배를 받는다. 이런 사실을 감안하면, 덜 만족하며, 다른 회사로 옮기려는 직원이 있는 것이 이상하지 않지 않은가?

긍정적인 자기효능감(positive self-efficacy)이란 기대되는 효과를 창조해낼 수 있는 힘을 가지고 있다는 것에 확신을 느끼는 것을 의미하며, 부정적인 자기효능감(negative self-efficacy)은 자기를 약화시키는 믿음들을 일컫는다.

자기효능감

지금까지 우리는 목표의 중요성, 목표에 노력과 보상체계를 연계시키는 것, 노력에 상응하는 보상을 부여하는 것 등에 대해 논의하였다. 그러나 과제 수행 가능성에 대한 개인의 믿음이 동기와 수행에 영향을 미치는지에 대하여는 아직 논의하지 않았다. 동기와 관련된 마지막 인지이론은 어떤 주어진 과제를 성공적으로 할 수 있을 것이라는 핵심적인 믿음인 자기효능감이다.[99] **긍정적인 자기효능감** (positive self-efficacy)이란 기대되는 효과를 창조해낼 수 있는 힘을 가지고 있다는 것에 확신을 느끼는 것을 의미하며, **부정적인 자기효능감**(negative self-efficacy)은 자기를 약화시키는 믿음들을 일컫는다. 어떤 특정 과제를 수행할 수 있다고 믿는 사람들이 종종 그 과제를 달성하기 위하여 상당한 노력을 기울인다는 연구 결과가 있다. 이와 반대로, 부정적인 자기효능감을 가지는 사람들은 어려움에 직면하게 되면 쉽게 과제 수행을 포기하곤 한다.

자기효능감이 동기와 수행에 강한 연관성을 가지고 있다는 연구결과가 있기는 하지만, 자기효능감은 과제마다 다양하다는 것을 주목해야 한다.[99] 특정 팔로워나 팀이 어떤 과제에 대해서는 긍정적인 자기효능감을 가지지만, 다른 과제에 대해서는 부정적인 자기효능감을 가지기도 한다. 팔로워들의 자기효능감이 과제마다 다르기 때문에 리더들은 팔로워들의 자기효능감을 강화시키는 방법을 찾아 동기부여시킬 수 있다. 리더들은 유사한 업무경험을 제공함으로써 또는 훈련, 코칭, 격려를 하거나 팔로워들의 성공에 필요한 자원을 확보해 줌으로써 도움을 줄 수 있다.

그렇다면 스키 리프트 운영자인 Julie의 동기 수준을 향상시키기 위하여 자기효능감을 어떻게 활용할 수 있을까? 첫 번째 단계는 스키 리프트 장비를 운영하는 법에 대한 적절한 훈련을 받도록 하는 것이다. 그러고 나서 리더는 Julie가 여러 가지 응급 상황에서 리프트를 운영하는 실습을 해보게 하고 보다 나은 수행을 위한 피드백을 제공하게 될 것이다. Julie는 장비 운영에 익숙해지게 되면, 긍정적인 자기효능감을 얻게 될 것이고, 리프트를 더 많이 운영할수록, Julie의 자기효능감은 더욱 상승하게 될 것이다. 이는 Julie가 더 열심히 오래 일하게 될 것이라기보다는, 어떤 어려운 상황에 처했을 때 장비 운영법을 알지 못했을 때보다 끈기 있게 일할 가능성이 높다는 것을 의미한다.

Ling Ling의 관리자도 홍콩에서 아파트를 임대하는 일을 하는 Ling Ling을 도울 때 유사한 접근법을 사용할 수 있다. Ling Ling에게 적절한 훈련을 받게 하고, 초기 임대 건에 대한 코칭을 해주고, 보다 까다로운 임대 건에 대한 필요한 도움을 제공하는 것은 아파트 임대에 대한 Ling Ling의 자기효능감을 높이는 데 도움이 될 것이다. 그러나 비행기 승무원들의 상황 예가 지적한 것처럼, 긍정적인 자기효능감을 가지는 것이 어떤 활동을 지속적으로 하도록 동기부여하기에는 충분하지 않을지 모른다. 많은 승무원들이 수년간의 업무경험과 업무에 대하여 충분한 긍정적인 자기효능감을 가지고 있었지만 고객의 필요에 무관심하고 추가적으로 더 노력하려고 하지 않는 것처럼 보인다. 자기효능감은 왜 사람들이 어떤 과제수행에 동기 유발이 되지 않는지를 이해하는 데 매우 중요해 보이지만, 긍정적인 자기효능감은 사람들로 하여금 보다 높은 개인이나 팀 수행 결과를 낳는 행동들을 하도록 이끄는 데는 불충분할지도 모른다.

동기 관련 인지이론에 대한 결론

네 가지 인지이론(목표 설정, 기대 이론, 형평성 이론, 자기효능감)들은 모두 팔로워들의 생각을 변화시키는 것이 특정 과제나 활동에 참여하도록 도울 것이라고 가정한다. 팔로워들은 목표 달성에 필요한 행동들을 할 수 있다고 믿을 때, 구체적인 목표 달성을 이끄는 활동들을 더 하게 될 것이다. 리더들은 기대되는 결과물을 명시해주고, 노력과 보상과의 연계를 분명히 하며, 팔로워들이 과제달성을 진행할 때 적절한 훈련, 코칭 및 피드백을 제공함으로써 팔로워들의 동기 수준에 영향을 미칠 수 있다.

이 장에서 소개된 다른 이론이나 접근법보다 인지이론들은 리더와 팔로워 사이의 의사소통을 특히 중요하게 여긴다. 만약 리더가 목표를 명시하지 않고, 지속적인 피드백을 제공하지 않으며, 팔로워들과의 동기적인 유대를 계속적으로 확인하지 않는다면, 목표 설정, 기대 이론, 공정성 이론이나 자기효능감이 어떻게 작용하게 될 것인지는 상상할 수 없다. 만약 리더와 팔로워 간의 의사소통이 약하다면, 리더들이 이러한 네 가지 접근법의 장점들을 깨닫기 어려울 것 같다. 연구결과, 이러한 이론들은 근로자들의 동기를 효과적으로 향상시킬 수 있으며, 만약 실패한다면, 이는 그 이론의 부적정성보다는 그 이론이 어떻게 적용되었는가에 기인하는 경우가 더 많다. 그러므로 대인관계 소통능력, 피드백, 코칭 기술이 부족한 리더들은 팔로워들의 동기 수준을 향상시키기 위하여 이러한 이론들을 사용하는 것에 어려움을 느낄 수도 있다.

> 리더와 팔로워 간의 의사소통이 약하다면, 리더들이 이러한 네 가지 접근법의 장점들을 깨닫기 어려울 것 같다.

9.3.4 상황적 접근법

상황 접근법은 리더들이 팔로워들을 더 잘 동기유발시키기 위하여 상황을

상황 접근법은 리더들이 팔로워들을 더 잘 동기유발시키기 위하여 상황을 변화시킬 수 있다고 가정한다.

변화시킬 수 있다고 가정한다. 지금까지 우리는 잠재적인 욕구, 수행 성향에서의 개인차, 목표 또는 수행과 보상과의 연계 등이 팔로워의 동기 수준에 어떤 영향을 미칠 수 있는지를 논의해 보았다. 그러나 이러한 동기 테크닉들은 주로 팔로워 또는 리더 중심적이며 특정 팔로워의 자질이나 리더의 행동과 관계되어 있다. 우리는 2장에서부터 리더십은 리더, 팔로워, 그리고 상황의 상호작용이며, 동기 이론들도 이 같은 틀을 활용하여 범주화될 수 있다는 것을 알고 있다. 이 섹션에서 기술된 두 가지 접근법은 팔로워들의 동기 수준을 높이기 위하여 상황을 변화시키는 것이 어떻게 가능할지를 보여준다. 즉, 이 연구는 어떤 직무가 다른 것에 비해 보다 동기부여를 하는지 보여주며, 팔로워들의 동기수준 향상을 위하여 직무를 재설계하는 것이 가능하다는 것을 보여준다. 동기에 대한 이러한 두 가지 상황적 접근법은 자발적 접근법과 권한 위임/부여이다.

작동적 접근법

행동의 방향, 강도 또는 지속성을 바꿀 수 있는 한 가지 방법은 보상과 처벌을 이용하는 것이다. **작동적 접근법**(operant approach)에 대한 논의를 시작하기 전에 몇 가지 용어 정의를 하는 것이 좋겠다. 보상(reward)이란 어떤 행동을 반복하게 할 가능성을 향상시키는 결과이다.

처벌(punishment)은 어떤 행동을 반복하게 할 가능성을 감소시키는 혐오적인 자극제를 집행하거나 바람직한 것을 없애는 것을 일컫는다. 따라서 Ling Ling이 문서작업을 기한 내에 하지 않음으로써 보너스를 잃게 된다면, 다시는 그런 일을 하지 않으려고 할 것이다. 보상과 처벌은 둘 다 상황에 따라 일어날 수도 있고 그렇지 않을 수도 있다. **조건적**(contingent)인 보상이나 처벌은 어떤 특정 행동의 결과로서 집행된다. Julie가 스키 경기에서 이긴 후에 바로 메달을 수여하거나 Ling Ling이 판매 할당량을 초과했을 때 보너스를 지급하는 것이 이러한 예가 될 수 있다. **비조건적**(Non-contingent)인 보상이나 처벌은 특정 행동과 연관되어 있지 않다. Julie와 Ling Ling의 실제 노력이나 수행결과가 어떻든 간에 매달 주어지는 기본 급여가 같다면, 매달 지급되는 급여가 예가 될 수 있다. 마지막으로, 보상되지 않는 행동들은 **소거**(extinction) 과정을 통해 결국에는 사라지게 될 것이다.

작동적 접근법이 적절히 잘 적용된다면, 팔로워 동기와 수행을 향상시키는 매우 효과적인 방법이 될 수 있다는 충분한 증거가 있다.

작동적 접근법이 적절히 잘 적용된다면, 팔로워 동기와 수행을 향상시키는 매우 효과적인 방법이 될 수 있다는 충분한 증거가 있다.[47,101-109] 또한 보상이 상황에 따라 잘 집행될 경우, 처벌보다 효과적이라는 연구결과가 있다.[102,104,107,110-113] Stajkovic과 Luthans는 다양한 보상의 효과를 비교해볼 때, 신용카드 처리 센터에서 팔로워들의 수행을 향상시키기 위한 것으로 팔로워의 특정 행동을 목표로 하는 인센티브 지급이 가장 효과적이었으며, 그 다음으로 사회적인 인정과 수행결과에 대한 피드백이라고 보고하였다.[104] Kohn이 인센티브 지급 프로그램은 효과적이지 않다고 주장했지만, 이는 그의 개인적인 의견에 기반한 것으로 보인다.[114] 연구 결과는 상황적인 보상 체계를 적절히 설계하고 실행하는 리더들이 실제적으로 팔로워들의 생산성과 수행을 향상시킨다는 것을 명확히 보여준다.

그렇다면, 리더는 팔로워들의 동기와 수행 수준을 향상시키기 위하여 어떻게 자발적인 시스템을 설계하고 실행하는가? 팔로워들의 동기와 수행을 향상시키기 위한 자발적인 원칙들을 적절히 사용하는 것은 몇 가지 단계를 필요로 한다. 첫째, 리더십 실천가들은 먼저 어떤 행동들이 중요한지를 명확히 구체화할 필요가 있다. Julie와 Ling Ling의 리더들은 이들이 무엇을 하기 원하는지, 얼마나 자주 이러한 행동을 해야 하는지, 그리고 어떤 수준의 수행을 요구하는지 등을 구체적으로 제시할 필요가 있을 것이다. 둘째, 리더십 실천가들은 그 행동들이 현재 처벌되거나 보상되는지 또는 무시되고 있는지 등에 대한 상태를 결정할 필요가 있다. 가끔 리더들이 제거하려고 하는 행동에 팔로워들이 실제로 보상을 받고 있거나, 리더들이 향상시키기 원하는 행동을 보이는 팔로워가 처벌을 받고 있는 경우가 있다. 예를 들면, Julie는 스키 리조트의 의복 코드를 위반하는 것으로 인해 동료들로부터 상당한 긍정적인 주목을 받게 될 수도 있다. 또는 리더가 강화시키기 원하는 행동들을 무시해 버리는 경우도 있다. 이러한 예는 Julie가 열심히 일한 결과 안전과 고객서비스 부분에서 놀라운 평가 점수를 달성했음에도 불구하고, Julie의 상사가 계속해서 이에 적절한 보상을 하지 않는 경우가 될 수 있겠다.

리더십 실천가들은 먼저 어떤 행동들이 중요한지를 명확히 구체화할 필요가 있다.

리더십 실천가들은 그 행동들이 현재 처벌되거나 보상되는지 또는 무시되고 있는지 등에 대한 상태를 결정할 필요가 있다.

셋째, 리더십 실천가들은 팔로워들이 실제적으로 보상과 처벌이라고 생각하는 것이 무엇인지를 알아낼 필요가 있다. 리더들은 모든 팔로워들이 같은 것을 보상이라고 또는 처벌이라고 여길 것이라고 가정해 버리는 실수를 범해서는 안 된

리더십 실천가들은 팔로워들이 실제적으로 보상과 처벌이라고 생각하는 것이 무엇인지를 알아낼 필요가 있다.

다. 예를 들면, Ling Ling은 사람들의 시선집중 받는 것을 싫어하여 공개적으로 인정을 받게 된 후에 오히려 노력을 덜 쏟게 될 수도 있지만, 그녀의 동료들은 공식적인 자리에서 주목받는 것을 보상이라고 여길 수도 있다. 넷째, 리더십 실천가들은 개인적인 맞춤형 보상을 집행할 때 불공평성에 대한 인식을 만들게 될 가능성에 주의를 기울일 필요가 있다. Ling Ling과 같은 성과를 낸 동료가 Ling Ling보다 적은 보너스를 지급받았다고 느낄 수도 있다. 리더는 보상과 처벌에 관하여 명확하고 일관된 행동을 취함으로써 불공평 문제를 최소화시킬 수 있다. 다섯째, 리더십 실천가들은 조직적으로 승인된 보상과 처벌을 집행하는 것에만 제한을 두어서는 안 된다. 대부분의 경우 리더들이 훌륭한 수행결과에 대한 보답으로 팔로워들에게 줄 수 있는 금전적인 보상의 양은 제한적이다. 그러나 연구 결과에 따르면, 사회적 인정과 성과 피드백은 팔로워들의 수행 향상에 상당한 도움이 되며, 이러한 보상은 비용이 들지 않는다는 것이다.[103,104] 약간의 독창성을 발휘한다면, 리더들은 효과적이면서도 비싸지 않고 조직의 규범이나 정책에 위배되지 않는 보상과 처벌에 대한 다양한 아이디어들을 생각해낼 수 있다. 마지막으로, 비유관적인 보상을 집행하는 것은 효과가 거의 없기 때문에, 리더십 실천가들은 가능한 한 상황에 맞는 보상과 처벌을 집행해야 한다.

리더십 실천가들은 개인적인 맞춤형 보상을 집행할 때 불공평성에 대한 인식을 만들게 될 가능성에 주의를 기울일 필요가 있다.

리더십 실천가들은 조직적으로 승인된 보상과 처벌을 집행하는 것에만 제한을 두어서는 안 된다.

비유관적인 보상을 집행하는 것은 효과가 거의 없기 때문에, 리더십 실천가들은 가능한 한 상황에 맞는 보상과 처벌을 집행해야 한다.

권한부여/권한위임

권한부여(empowerment)는 동기에 대한 또 다른 상황적 접근법이다. 일반적으로 사람들은 권한부여와 관련하여 두 가지 진영 중 하나에 속하는 것 같다. 권한부여는 권한위임과 책임에 관한 것으로 리더들이 비전과 목표를 구체화하고 팔로워들이 목표를 달성하도록 책임을 부여하는 하향식 과정(top-down process)이라고 믿는 사람들이 있다. 또한 권한부여는 위험 감수, 성장, 변화, 신뢰와 오너십 등에 초점을 맞추는 상향식 접근법(bottom-up approach)에 더 가깝다고 믿는 사람들도 있다. 권한부여에 대한 이 두 가지 개념화는 리더와 팔로워들에게 매우 다른 시사점을 제공한다. 많은 조직에서 권한부여 프로그램을 실패하도록 만든 것이 바로 이 개념에 대한 혼란 때문이다.[115] 권한부여를 둘러싼 개념적인 혼동 때문에 모토롤라와 같은 회사들은 직급이 낮은 사람에게 의사결정을 하게 하는 프로그램을 설명하는 데 이 용어를 사용하지 않을 것이다. 이러한 성격을 가진 프로그램을 묘사하는 자신들만의 용어를 만들어냄으로써 권한부여를 둘러싼 혼동을 피하려고 할 것이다.

우리는 권한부여를 두 가지 핵심 구성요소를 가지는 것으로 정의한다. 리더들이 진정으로 직원들에게 권한을 부여하기 위해서는 가능한 한 가장 낮은 직급에게까지 리더십과 의사결정을 위임해야 한다. 보통 직원들이 해당 문제에 가장 근접해 있고 가장 많은 정보를 가지고 있으므로, 이들은 최선의 의사결정을 내릴 수가 있다. 이와 관련하여 잘 알려진 예로 크리스마스 혼잡으로 인해 누락된 선물들을 배달하기 위해 737비행기를 추가로 주문하여 배송한 UPS(United Parcel Service) 직원을 들 수 있다. 이 의사결정은 명백히 그의 권위 수준을 벗어난 행동이었지만 UPS는 문제를 직시하고 옳은 결정을 내린 이 직원의 주도성을 칭찬하였다. 권한부여의 두 번째 구성요소이자 흔히 간과되곤 하는 것은 팔로워들이 좋은 의사결정을 하도록 필요한 자원, 지식과 기술을 제공하는 것이다. 모든 회사들이 종종 권한부여 프로그램을 채택하고 의사결정을 직원 수준에서 내리도록 하지만, 직원들은 실제로 사업 계획을 작성하고, 예산을 수립하고, 고객이나 외부업체를 다루거나 회사 내 다른 부문과 협업을 한 경험이 없는 경우가 많다. 따라서 아직 준비가 되지 않은 직원들이 종종 의사결정 과정에서 잘못된 의사결정을 하게 되고, 관리자들은 결국 권한부여라는 것이 기대만큼 그렇게 좋지는 않다고 생각하게 될 것이다. 이것은 인원감소나 사업축소와 같은 다운사이징이 생기는 경우에도 유사하여 직원들이 더 많은 책임을 부여받게 되지만 이에 따른 어떤 훈련이나 지원을 받지 못한다. "강요된" 권한부여는 단기간의 주식 수익을 올리게 할지도 모르지만 장기적으로는 형편없는 결과를 낳는 경향이 있다. 따라서 권한부여는 이양(delegation)과 개발 요소를 모두 포함하고 있다. 즉, 개발 없는 이양은 방임 또는 유기(abandonment)로 인식되며, 이양 없는 개발은 세부사항까지 통제하는 마이크로 경영(micro management)으로 인식될 수 있다. 팔로워들에게 권한을 이양하고자 하는 리더들은 팔로워들이 무엇을 할 수 있는지와 어떤 능력을 강화시키고 확장시켜야 하는지를 파악하고, 이에 상응하는 권위와 책임감을 부여해야 한다.

권한위임 아래에는 동기, 학습 그리고 스트레스라는 세 가지 거시적인 심리적 요소들이 있다.

권한위임의 심리적인 요소는 거시 수준과 미시 수준 모두에서 검토될 수 있다. 권한위임 아래에는 동기, 학습 그리고 스트레스라는 세 가지 거시적인 심리적 요소들이 있다. 권한위임이라는 개념은 적어도 1920년대부터 존재해 왔으며, 권한위임 프로그램을 실행하는 대부분의 회사들은 이 프로그램을 통해 직원들의 동기를 향상시키고 결국엔 생산성을 향상시키기 위해 이 권한위임을 실행해왔다. 동기부여 테크닉으로서 권한위임의 사용은 다소 혼합된 결과를 보인다. 즉, 권한위임을 받은 직원들이 그렇지 않은 직원들보다 생산성이 더 높기도 하지만 항상 그러한 결과를 보이는 것은 아니다. 권한위임이 높은 생산성을 이끌지 못하는 것은 아마도 고위 관리자들은 권한위임을 낙관적으로 여기는 경향이 있기 때문일 것이다. 이들은 다른 회사에서 실시되고 있는 권한위임 프로그램의 장점을 듣지만 진정으로 권한이 위임된 직원들을 만드는 데 필요한 시간, 노력과 변화는 고려하지 않는다. 이와 유사하게 많은 권한위임 프로그램들이 과대광고되지만 잘 실행되지 못하고 실질적인 훈련이나 지원이 없으며, 팔로워들이 의사결정을 잘못 내리는 순간 관리자들은 이 프로그램을 재빨리 중단시킨다. 효과적인 권한위임 프로그램을 채택하는 것은 훈련, 신뢰와 시간이 필요하지만, 대부분의 회사들이 이러한 지원 없이(회사의 좋지 않은 재정 상황에 대한 만병통치약으로서) 권한위임 프로그램을 실행하는 것 같다.[121] 미국에서 직원들의 생산성과 직무 불만족도는 항상 높다. 많은 회사들이 이미 직원들의 높은 과로문제들(burnout)을 처리하고 있으며 이미 업무가 과다한 사람들에게 책임감을 가중시키는 것은 역효과를 낳는 일이 될 것이다. Xie와 Johns에 의하면 권한위임 프로그램 가운데 한 사람이 효과적으로 다루기 어려울 정도로 큰 지위를 만드는 경우가 있으며, 이러한 경우 극도로 에너지를 소진하는 번 아웃 상태가 된다.[122]

동기적 측면에서의 권한위임의 혜택에 대해서는 잘 현실화되지 않지만, 권한위임의 학습과 스트레스 감소에 대한 혜택들은 보다 명확하다. 잘 설계되고 실행되는 권한위임 프로그램들은 강력한 개발 요소들을 포함하고 있다는 것을 고려할 때, 이 프로그램의 주요한 혜택 중 하나는 직원들이 그들의 직무, 회사와 산업에 대하여 더 많이 배우게 된다는 것이다. 이렇게 얻게 된 지식과 기술들은 회사의 지적 자산을 증가시키고 회사가 전진해 나가는 데 경쟁우위가 될 수 있다. 학습 측면의 장점 외에도 잘 설계된 권한위임 프로그램은 직원들의 에너지 소진상태인 번아웃을 감소시키는 데 도움이 될 수 있다. 사람들은 통제력을 많이 가지고 있을 때 높은 수준의 스트레스를 참아낼 수 있다. 많은 직원들이 전보다 더 오랜 시간 일하며 업무 강도는 항상 높기 때문에 권한위임은 팔로워들이 스트레스에 더 잘 대처하고 그들의 생활에 통제권을 더 많이 갖도록 도울 수 있다. 권한위임을 받은 직원이 그렇지 않은 직원처럼 높은 강도의 업무를 가진다 하더라도 권한위임된 직원은 주어진 업무를 어떻게 그리고 언제 완성할 것인가에 대하여 선택권을 더 많이 가질 수 있게 되고 이로 인해 스트레스를 덜 받게 될 것이다. 스트레스가 비정상적인 이직률의 주요 요소이기 때문에 직원들에게 업무에 대하여 더 많은 통제권을 부여하는 것은 이직률을 감소시킬 수 있으며, 결국 그 회사의 손익계산점에 긍정적인 영향을 미칠 수 있다.

권한위임에 대한 미시적인 요소들도 있다. 미시적인 요소들은 직원들이 권한위임되는지 그렇지 않은지를 결정하는 데 사용될 수 있으며, 자아 결정권, 의미, 역량과 영향력이 해당한다.

권한위임에 대한 미시적인 요소들도 있다. 미시적인 요소들은 직원들이 권한위임되는지 그렇지 않은지를 결정하는 데 사용될 수 있으며, 자아 결정권, 의미, 역량과 영향력이 해당한다.[115,116,123] 권한을 위임받은 직원들은 자아 결정에 대해 생각하게 되고, 이들은 무엇을 할 것인지, 어떻게 할 것인지, 그리고 언제 이것을 완료해야 하는지에 관한 선택을 할 수 있다. 권한위임을 받은 직원들은 또한 의미에 대해 깊게 생각하게 되고 그들이 하는 일이 자신에게뿐 아니라 회사의 성공에도 중요한 일이라고 믿는다. 권한이 위임된 직원들은 그들이 하고 있는 일을 잘 알고 있으며 일을 완료할 수 있다는 자신감을 가진다는 점에서 역량 수준이 높다. 마지막으로, 권한이 위임된 직원들은 다른 사람들에게 영향력을 가지며 자신의 팀이나 부서에 영향력을 행사할 수 있으며 동료나 리더들이 자신의 아이디어에 귀를 기울일 것이라고 믿는다. 요약하면, 의사결정을 내릴 수 있는 자유를 가지는 권한이 위임된 직원들은 의사결정을 내리는 것을 편하게 여기고, 그들이 하는 일이 중요하다고 믿으며, 팀에서 영향력 있는 멤버로 간주된다. 권한위임이 되지 않은 직원들은 의사결정의 자유가 거의 없으며, 지원을 잘 받지 못하고, 의사결정을 내리는 것을 원하지 않을 수도 있으며, 좋은 아이디어가 있을지라도 부서에 미치는 영향이 크지 않을 것이다. 대부분의 직원들은 [그림 9.5]에 있는 권한위임의 양극단 사이의 어느 지점에 속할 것이다.

권한을 부여받은 종업원	⟷	권한을 부여받지 않은 종업원
-자기 결정력이 있음 -의미에 대한 감각이 있음 -높은 능력을 지님 -높은 영향력을 지님		-타인의 결정에 의존함 -자신들의 일의 중요성에 대한 불확실함 -낮은 능력을 지님 -낮은 영향력을 지님

[그림 9.5] 권한부여 연속체

동기 관련 상황적 접근법에 대하여 맺는 생각

권한부여와 자발적 접근법은 다른 동기 이론들이 간과한 중요한 점을 지적한다. 즉, 상황을 변화시킴으로써, 리더들은 팔로워들의 동기, 수행, 그리고 만족도를 강화시킬 수 있다. 많은 리더들은 순진하게도 상황을 바꾸는 것보다 개인을 바꾸는 것이 더 쉽다고 가정하지만, 사실은 그렇지가 않다. 상황은 항상 고정되어 있는 것이 아니며, 팔로워들이 그 성과 창출에 있어 유일한 변인이 아니라는 것을 기억해둘 필요가 있다. 리더들은 업무 과정과 절차를 재구조화함으로써 팔로워들의 동기 수준에 긍정적인 변화가 생기는 것을 볼 수 있으며, 이는 다시 의사결정에 융통성을 증가시키고 업무에 의미를 더 부여하게 할 수 있다. 이러한 변화를 잘 설계하고 실행된 보상 체계에 연결하는 것은 동기 측면에 더 큰 향상을 가져오게 할 수 있다. 그러나 아무리 이러한 변화가 보다 나은 것을 위한 것이라도 리더들이 어떤 과정, 절차와 보상 체계들을 바꾸려고 할 때마다 어느 정도의 저항에 부딪히게 될 것이다. Peterson과 Hick이 주장하듯이, 팔로워들은 수행에 대한 기대수준을 알고 있으며, 목표 달성에 필요한 기술들을 이미 개발하였기 때문에 예전 방식대로 일하는 것은 쉽다. 반면에 어떤 일을 새로운 방식으로 하는 것은 기대수준이 불분명하고 필요한 기술을 보유하지 못하고 있을 수도 있으므로 좌절스럽게 여길 수도 있다. 리더십 실천가들은 팔로워들이 새로운 과정과 절차에 대한 초기의 저항적 행동들을 극복해낼 수 있도록 지지하고, 새로운 기술에 대한 훈련과 코칭을 제공하거나 보상을 받을 수 있는 기회를 확대시키는 등 도움을 줄 수 있다. 새로운 과정, 절차와 보상이 적절하게 설계되어 운영된다면, 대부분의 팔로워들은 초기의 저항을 성공적으로 잘 극복하고 결국에는 이전의 방식으로 어떻게 일해왔는지에 대해 의문을 갖게 될 것이다. 새로운 업무 과정과 절차로의 성공적인 전환은 그대로 리더의 어깨 위에 놓이게 될 것이다. 그렇다면, 동기에 대한 상황적 접근법의 시사점을 고려해볼 때, 승무원들의 고객 서비스 수준을 향상시키기 위하여 권한부여와 자발적 접근법을 어떻게 사용할 수 있을까? 어떤 정보를 수집해야 하며, 이 프로그램을 어떻게 실행시킬 것이며, 이 프로그램이 가지는 잠재적인 위험요소는 무엇인가?

칭찬의 문화

하이라이트 9.5

요즘 세대의 노동인력으로 들어오는 사람들이 이전 세대의 사람들보다 자라는 동안에 더 긍정적인 영향을 받았다는 것은 분명하다. 이런 개인들은 어린 시절 단순히 학교의 체육대회나 학교 행사에 참가했다는 이유만으로 보상, 훈장, 상장 등의 형태로 긍정적인 영향을 받았다. 예를 들면 이 책의 저자 중의 한 명이 초등학생인 그의 아들의 학급회의에 참가하여 선생님들이 300명의 모든 학생들에게 상장을 주는 것을 보았다. 몇몇의 상장은 학생의 성취도에 관련된 것이었지만 그 외 대부분은 3일 동안 숙제마치기상 또는 예쁜 미소상이었다. 30년 전에는 한두 가지의 스포츠에서 운동증서를 받기 어려웠지만 오늘날은 10에서 15가지의 증서와 상들이 있다. 이런 상장 문화는 자신감을 북돋기 위해 또 고등학교 이후의 삶에 더욱 준비된 학생으로 만들기 위함이다. 그러나 이런 무조건적인 상장은 기업에서 맞서야 하는 의도되지 않은 영향을 초래하였다.

그중 한 가지 영향은 현재 노동인력으로 들어가는 사람들이 그들의 상사들보다 더 자기중심주의적이고 지나치게 자애적인 사람이 된다는 것이다. 그들이 자라는 동안 받은 지속적인 긍정적인 영향 때문에 이 세대의 더 많은 사람들이 그들이 하는 모든 일에 대해 보상받아야 하고 그들이 특별하다고 생각한다. 어린 직원들의 이런 필요를 자각한 기업은 이런 개개인의 자신감을 북돋기 위한 특별한 방안을 채택하고 있다. 예를 들어 Land's End와 Bank of America는 이메일과 상품패키지 감사표현을 위한 공공광고를 통한 직원들 칭찬하기를 관리자들에게 가르친다. Scooter Shop에는 매주 직원들에게 25파운드의 색종이조각을 뿌리고 100~150개의 헬륨풍선을 띄워주는 일을 하는 "축하보조원"이 있다. 법인기업 Container Store는 매 20초마다 4000명의 직원 중 한 명이 상을 받는다고 예측한다.

그러나 이런 표창프로그램과 칭찬프로그램의 효과는 무엇인가? 회사 임원들은 이런 프로그램이 없다면 그들은 더 높은 수익을 볼 수 있다고 주장한다. 그러나 만약 이런 젊은 세대의 사람들이 단지 최소한의 기준을 달성함으로 표창을 받는다면 그들이 더 높은 직위로 승진하고 나서는 어떤 일이 일어나겠는가? 동기부여와 인격유지를 위한 이런 방식은 다음 세대를 치어리더로 만드는 것이다. —팀원들을 칭찬하는 것은 잘하지만 성과는 아주 낮은 관리인(4장 참고). 그러므로 단기적으로는 젊은 직원들의 유지에 도움이 되겠지만, 장기간의 결과로는 기업 내에서 관리역량 부족을 초래할 것이다.

9.3.5 동기 요약

이 장을 읽고 나서 팔로워의 특성(욕구, 내재적 동기), 리더의 행동(목표 설정)과 상황적 요소(상황적 보상)들이 리더와 팔로워들의 동기에 어떠한 영향을 미치는지 조금 더 잘 이해하게 되기 바란다. 뿐만 아니라, 동기 수준의 문제와 관련하여 어떤 이론들이 다른 것들에 비해 더 나은 통찰력을 제공하는 상황이 있다는 것을 인지해야 한다. 예를 들면, 1장에서 묘사되었던 생존 상황으로 돌아가 보면, 내재적 동기나 직무 특성 모델보다 욕구 이론들이(Maslow와 Alderfer) 생존자들의 행동을 더 잘 설명한다는 것을 알 수 있다. 반면에 우리가 어떤 특정 과목을 잘하지 못하는 이유를 생각해 본다면, 성적에 대한 구체적인 목표를 세우지 않았거나 우리의 노력과 성적 사이의 연계가 명확하지 않았음을 알게 될 것이다. 또는 만약 관료적인 조직에서 일한다면, 뛰어난 성과에 대한 결과물이 거의 없기 때문에 부가적인 노력을 기울일 필요가 없다고 여길지도 모른다. 리더들이 활용할 수 있는 최고의 전략은 아마도 팔로워들의 동기에 영향을 미칠 것이라고 여겨지는 인터벤션(intervention) 유형들을 유동적으로 사용하는 것이다. 이렇게 하려면 리더들은 지금까지 여기에서 제시된 다양한 이론과 접근법들에 대하여 친숙해져야 할 것이다. 목수가 여러 가지 도구를 가지고 집을 보다 효과적으로 지을 수 있듯이, 리더는 업무 관련 문제 해결을 위해 다양한 동기 향상 방법을 효과적으로 사용할 수 있다.

팔로워들을 동기유발하기 위한 가장 중요한 도구 중의 하나가 이 장에서 충분히 언급되지 않았다. 13장에 제시되는 카리스마 또는 변혁적 리더십은 팔로워들의 매우 높은 동기 수준과 연관되어 있지만, 이 장에서 제시된 이론들 가운데는 어떤 이론도 리더들이 어떻게 상상 그 이상의 수준으로 팔로워들을 움직일 수 있는지를 적절히 설명하지 못한다. 그 이유는 아마도 이 장에서 소개된 이론들은 동기에 대하여 매우 이성적이거나 논리적인 접근법을 사용하기 때문일 것이다. 반면에 변혁적 리더십은 팔로워들의 동기 수준을 고조시키는 추진 연료로서 감정을 사용한다. 필요, 생각, 개인적 특성, 내재적 흥미와 보상이 무언가 다른 방식으로 행동하도록 동기유발할 수 있는 것처럼, 감정도 어떤 특정 활동에 참여하게 하고 지속하게 할 수도 있다. 정치 캠페인이 이에 대한 좋은 예가 될 수 있을 것이다.

변혁적 리더십은 팔로워들의 동기 수준을 고조시키는 추진 연료로서 감정을 사용한다.

사람들은 정치에 대한 내적인 흥미나 개인적인 목표 또는 어떤 필요 때문에 정치 캠페인에 자원봉사자로서 일하는가? 이러한 것들이 이유가 되는 경우도 있지만, 정치적인 캠페인에 의해 생성된 감정들 때문에, 특히 두 명의 후보가 서로 다른 가치 체계를 표방할 경우, 사람들이 많은 시간과 노력을 들이며 헌신봉사한다는 것을 더 잘 설명해 줄 것 같다. 리더십 실천가들은 감정과 동기 사이의 상호작용을 간과해서는 안 되며, 어떤 변화를 일으키려고 할 때, 감정에 대한 것을 잘 언급하고 활용할수록 성공하게 될 확률이 높다.

마지막은 동기와 수행 간의 관계에 관련된 것이다. 많은 리더십 실천가들이 이 두 가지를 동일시하지만, 이 장의 초반에 지적했듯이 이것은 같은 개념이 아니다. 팔로워들이 원하지 않는 행동을 시작한다면, 팔로워들로 하여금 어떤 행동에 더 많은 시간과 에너지와 노력을 하도록 하는 것은 팀의 성공에 도움이 되지 않을 것이다. 이와 유사하게, 팔로워들도 수행과 관련된 행동을 언제 어떻게 보여야 하는지 모를 것이다. 리더십 실천가들은 수행과 관련된 행동들을 명확하게 알려주고, 이 행동들을 언제 그리고 어떻게 보여야 하는지 훈련시키고 코칭해야 한다. 그러고 나서 팔로워들이 더 높은 수행 수준과 연관된 행동들을 나타내도록 이 장에서 소개된 이론 중 하나를 사용해야 할 것이다.

9.4 팔로워 만족도에 대한 이해와 영향

앞에서 언급되었듯이, 직무만족이란 일에 대한 태도와 관계된 것으로, 직무만족이 왜 리더들이 생각해 보아야 하는 중요한 개념인지에 관하여 몇 가지 이유가 있다. 연구결과에 따르면, 만족한 고용인들은 조직을 위해 계속해서 일할 확률이 높다.[19,42,43,125-129] 만족한 고용인들은 직무 기술서와 역할에 명시된 것 이상의 자발적인 행동으로 조직 내 다른 사람들의 일이나 스트레스 완화를 돕는 행동인 조직시민행동(organizational citizenship behavior)을 더 하게 될 것이다. 불만족스러운 사람들은 리더십에 적대적이며 여러 가지의 비생산적인 행동을 할 가능성이 높을 것이다.[130-138] 불만족은 또한 사람들이 조직을 떠나는 가장 큰 이유이며, 사람들이 일에 만족하거나 불만족하는 이유의 상당 부분은 리더의 통제권 내에 있다(<표 9.3> 참고).[43,126-128,139]

〈표 9.3〉 사람들이 왜 조직을 떠나거나 조직에 남는가?

사람들이 왜 조직을 떠나는가?		사람들이 왜 조직에 남는가?	
제한된 인정과 칭찬	34%	장기 고용 가능성	82%
보상	29%	훈련과 교육 지원	78%
제한된 권한	13%	근면하고 똑똑한 사람	76%
성격적 갈등	8%	즐거운 분위기, 관계	74%
기타	16%	혁신적인 직무평가 기반	72%

불만족과 관련된 총비용을 측정하는 것은 어렵지만, 슈퍼바이저나 임원 한 사람을 교체하는 데 드는 직접 비용은 채용, 재배치, 훈련비 등에 따라 5천 달러에서 40만 달러에 이르며, 이 비용은 비어있는 자리 때문에 발생하게 되는 생산성 손실과 관련된 비용은 포함하지 않은 것이다.[140] 고용인 불만족은 또한 조직의 확장과 향상에 필요한 매출과 자본금에 영향을 미칠 수도 있다. 한 설문조사 결과 고객서비스에 대한 불만족 때문에 49%의 회사들이 거래처를 바꾸었다고 답하였다.[141] 고용인들은 그들의 직무, 상사 또는 회사에 만족하지 않으면 최상의 서비스를 제공하지 않을 것이다. 고객들을 유지하지 못하는 이 무능력함은 결국 판매수익에 직접적인 영향을 미치며 투자자들로 하여금 그 회사의 주식 매수에 대하여 다시 한번 생각하게 만들 것이다. Schellenbarger는 여러 차례 투자자들이 내리는 결정의 35%가 재정적인 것과 관련 없는 요인들에 의해 이루어진다고 보고하였다. 투자자들이 어떤 회사의 주식을 사기 전에 비교하는 38개의 요소 중 5위가 해당 회사가 인재를 확보하고 유지하는 능력이라는 것이다. 이러한 결과는 어떤 회사의 주가는 시장 점유율과 수익성뿐만 아니라, 서비스와 작업대에 의해 결정된다는

시사점을 준다. 그러므로 고용인들의 만족은(또는 불만족) 그 조직의 손익분기점에 주요한 영향을 미칠 수 있다.[142]

기능적인 이직률(functional turnover)은 조직의 건강을 위해서는 괜찮겠지만(예: 퇴직자, 조직 부적응자 또는 언더퍼포머 등), 비기능적인 이직률(dysfunctional turnover)은 아니다. 비기능적인 이직은 조직에서 "가장 똑똑한 최고의" 인재들이 불만족하게 되어 조직을 떠날 때 일어난다.

이러한 결과물 가운데, 이직률이 리더들에게 직접적으로 가장 큰 영향을 미칠 것이다. Julie나 Ling Ling의 상사들이 각각 스키리조트와 부동산에서 계속해서 이직하는 직원들 때문에 새롭게 채용하고 훈련시키는 데 많은 시간과 비용을 들인다면, 이들은 좋은 성과를 얻기 매우 어려울 것이다. 어느 정도 수준의 **기능적인 이직률**(functional turnover)은 조직의 건강을 위해서는 괜찮겠지만(예: 퇴직자, 조직 부적응자 또는 언더퍼포머 등), **비기능적인 이직률**(dysfunctional turnover)은 아니다. 비기능적인 이직은 조직에서 "가장 똑똑한 최고의" 인재들이 불만족하게 되어 조직을 떠날 때 일어난다. 이러한 비기능적인 이직은 특히 조직의 쇠퇴에 대한 대응으로 다운사이징이 일어날 때 가장 많이 일어날 수 있다. 이러한 상황에서 비기능적인 이직률은 몇 가지 심각한 효과를 가져올 수도 있다. 첫째, 회사를 이끌어가던 최고의 자리에 있던 사람들이 더 이상 조직에 남지 않게 된다. 둘째, 다운사이징으로 인해 부가되는 업무량을 소화해 내어야 하는 사람들만이 조직에 남게 된다. 이러한 문제를 더욱 복잡하게 하는 것은 다운사이징이 이루어지면 훈련비용은 삭감되는 경향이 있다는 것이다. 셋째, 인원축소를 하는 조직은 회사를 회생시키기 위해 필요한 기술을 가진 사람들을 채용하는 데 매우 어려움이 있다. 직무의 불안적인 요소로 인해 조직 내에서 유능한 후보자들은 그 포지션에 지원하기를 꺼리거나 조직에 남아있는 상대적으로 덜 유능한 관리자들은 이들을 대체할 사람들을 채용하지 않을지도 모른다. 리더는 팔로워들의 만족도 수준에 중요한 역할을 할 수 있기 때문에, 그리고 팔로워들의 만족도 수준이 여러 가지 조직의 성과에 상당한 영향력을 가지기 때문에 이 주제에 관해서 조금 더 자세히 살펴볼 가치가 있다([하이라이트] 9.7과 9.8 참고).[42,43,129,143,144]

해안가 석유 굴착 장소에서 위험감수 행동을 줄이기

하이라이트 9.6

세상에서 가장 위험한 직업 중 하나는 해안가의 석유굴착장치에서 일하는 일이다. 이 직원들은 아주 좁은 장소에서 무거운 장비를 돌리며 2주에서 4주간 하루에 12시간에서 16시간 일한다. 이 일은 단순히 길고 어려울 뿐만 아니라 높은 바다와 추운 날씨, 빙하 그리고 태풍에서 오는 위험에 맞서 있다. 이런 조건과 자연재해로 대다수의 에너지원 기업은 안전에 관여한다. 그러나 안전한 석유굴착 플랫폼을 만들기 위해 관리자들이 할 수 있는 일은 무엇인가? 석유굴착 플랫폼에서의 사고를 줄이는 최선의 방법은 동기부여를 북돋는 기술을 복합적으로 이용하는 것이다.

첫째, 사고를 줄이기 위해서 관리자들은 우선 안전이 최우선이라는 분명한 목표를 설정해야 한다. 만약 직원들이 관리자들에게 중요한 것이 오직 생산이라고 생각한다면 그들은 그들의 안전 면은 별로 고려하지 않고 오직 생산성을 높이기 위해서만 일을 할 것이다. 그러므로 관리자들은 지속적으로 직원들에게 안전에 관련된 사례들을 상기시키고 안전에 관련된 목표를 세움으로써 안전에 대한 경향을 세워야 한다. 두 번째로 그들은 안전한 일을 하도록 모티브가 된 직원들을 채용해야 한다. 책임감 있는 직원들은 더 규율을 준수하고 사고에 반대하는 성향을 가지므로 관리자들은 그들의 개인 재량을 이용하여 책임감이 없는 직원보다 이런 직원을 고용하여야 한다.

세 번째로 관리자들은 그들의 포상제도가 안전성을 보답하고 인지하는 것을 확신해야 한다. 만약 포상제도가 오직 생산성만을 보답한다면 직원들은 그들의 보상을 극대화시키기 위해서 일을 할 것이다. 이것은 포상제도가 생산성과 안전성 둘 다 보답한다고 해도 같은 맥락이다. 이런 세 가지의 방안들이 석유굴착장치 사고를 완전히 없애지는 않겠지만 사고율을 줄이는 데에는 효과가 있을 것이다. 재미있게도 이 안전성을 높이기 위한 세 가지 방안은 다른 기업에서도 효과가 있다. 예를 들어, 안전에 대한 분명한 목표 세우기, 안전 규율을 잘 따르고 사고의 경향이 덜한 직원 채용, 안전한 행동에 대한 보상은 발전소, 생산 공장, 배포공장, 철도회사, 장거리 수송회사, 건축회사에서 안전에 관한 성과를 높이기 위해 사용한다. 예를 들어 Waste Management는 이 방안들을 채택하였고 결과적으로 안전 기록에 극적인 발전을 보여주었다. 그러나 Texas City 정유공장에서 알래스카의 파이프라인이 유출되었던 사건은 해안가의 석유굴착장치 플랫폼에서 사용하기 위한 이 방법을 BP가 최근에야 받아들였음을 알려준다.

성공에 대한 요리법: The Gallup 12

하이라이트 9.7

더욱더 많은 기업들이 그들의 전체적인 성공은 그들의 직원들을 어떻게 대우하는가에 달려 있다는 걸 깨닫고 있다. 인재 고용, 높은 목표와 기대성과의 설정, 새로운 기술 발전, 필요 자원 제공, 그리고 결과에 책임이 있는 사람들을 유지하는 것은 기업의 성공에 중요한 요소들이다. 이러한 요소들을 가진 리더는 더 많은 직원,

적은 인사이동, 높은 팀과 기업 성과를 가진다. Gallup Organization은 수천 개의 기업을 설문조사하고 아래와 같은 직원고용을 평가하는 12가지 주요 질문을 확인하였다.

1. 나는 직장에서 나에게 무엇을 바라는지 알고 있다.
2. 나는 내 일을 올바로 하기 위한 자료와 장비를 가지고 있다.
3. 직장에서 나는 매일 내가 잘하는 것을 할 수 있는 기회가 있다.
4. 최근 7일간 나는 일을 잘하는 것에 대해 칭찬이나 인식을 받았다.
5. 내 상사 또는 직장의 다른 사람들이 나를 인간으로 대우해 주는 것 같다.
6. 직장에서 나의 발전에 대해 격려해주는 사람이 있다.
7. 직장에서 내 의견이 고려되는 것 같다.
8. 나의 직장의 미션과 목표는 내 일이 중요하다고 느끼게 해준다.
9. 나의 동료들은 질 높은 일을 하는 것에 공헌한다.
10. 나는 직장에서 친한 친구가 있다.
11. 최근 6개월간 직장의 누군가가 나의 성과에 대해 얘기해 주었다.
12. 작년에 나는 직장에서 배우고 성장하는 기회가 있었다.

위의 12가지 질문에서 높은 점수를 받은 리더들은 더 많은 그들에게 만족한 직원들, 더 낮은 문제성의 인사이동 그리고 더 높은 팀 성과를 보이는 경향이 있다. 낮은 점수를 받은 리더들은 보통 상반되는 결과를 받았다. Gallup 12에 흥미 있는 점은 대부분의 항목이 이전 장에서 설명되었던 동기부여 기술과 관계되어 있고 이는 직속 상사의 직접적인 통제에 달려 있다는 것이다. 때때로 부적절한 리더들은 문제의 원인이 그 리더들 자신에게 있음에도 불구하고 팔로워들, 기업 또는 안 좋은 결과에 대한 상황을 탓한다.

9.4.1 글로벌, 측면, 그리고 삶에 대한 만족도

문항 1은 글로벌 만족도(global satisfaction) 항목으로 고용인들이 조직과 직무에 대하여 보이는 전반적인 만족 정도를 진단하는 항목이다.

문항 2부터 7은 측면 만족도(facet satisfaction)로 고용인들이 월급, 복지, 승진 정책, 근무 조건 등 직무와 관련된 다양한 측면에 대하여 만족하는 정도를 진단한다.

일에 대한 사람들의 태도를 알 수 있는 방법은 몇 가지가 있지만 대부분의 연구자들은 직무만족 설문조사를 사용하여 데이터를 수집한다.[39,40,47,128,145,146] 이러한 설문조사는 <표 9.4>에 나온 것과 같은 항목들을 포함하며 수집된 답변들은 조직 내에 모두 배포된다. <표 9.4>는 직무만족 설문조사에서 전형적으로 많이 볼 수 있는 세 가지 문항의 예이다. 문항 1은 **글로벌 만족도**(global satisfaction) 항목으로 고용인들이 조직과 직무에 대하여 보이는 전반적인 만족 정도를 진단하는 항목이다. 문항 2부터 7은 **측면 만족도**(facet satisfaction)로 고용인들이 월급, 복지, 승진 정책, 근무 조건 등 직무와 관련된 다양한 측면에 대하여 만족하는 정도를 진단한다. 사람들은 전반적으로 만족하지만 특정 측면에 대하여 불만족하기도 한다. 예를 들면, 미 해군 하급 사관들에 관한 연구에서 전반적인 직무만족도가 낮아져 왔으며 이는 재입대에 부정적인 영향을 미치기 시작하고 있다는 것이 나타났다. 이전보다 더 높은 %의 사관들이 군대를 떠날 것을 선택하고 있으며, 이렇게 증가하는 비기능적인 이직률의 주요한 두 가지 이유는 직속 상사와 최고 리더십에 대한 불만족으로 보인다. 많은 하급 사관들은 미시적인 수준에서 관리하며 자신들의 경력을 위해서라면 부사관들을 당장 버스 아래로 던져버릴 수도 있는 강한 성향을 보이는 경력 집착적인 관리자들을 위해 일하는 것에 지쳤다고 응답하였다.[147]

〈표 9.4〉 만족도 설문조사의 전형적인 항목들

1. 전반적으로 나는 내 직업에 만족한다.
2. 나는 조직 내 모든 사람에게 동일한 업무량이 주어진다고 생각한다.
3. 나의 관리자는 갈등을 잘 해결한다.
4. 나의 봉급과 혜택은 다른 조직과 비교할만하다.
5. 만약 그들이 그들 스스로 지원했다면 이 조직은 장래성이 있다.
6. 이 조직에서 우수한 수행은 보상을 받는다.
7. 이 조직 내에서 우리는 건강 관리 계획을 가지고 있다.
8. 전반적으로 나는 나의 삶과 장래에 대해 만족한다.

이 항목들에 대해 강하게 부정하면 (1) 강하게 긍정하면 (5), 1~5 사이의 범위로 표시한다.

리더십 실천가들은 글로벌 만족도와 측면 만족도에 관한 몇 가지 중요한 결과에 대하여 인지하고 있어야 한다. 첫 번째는 사람들은 일반적으로 그들의 직업에 대해 매우 만족한다는 것이다. 급여나 복지에 만족하지 않거나 상사를 좋아하지 않을지도 모르지만 사람들은 그들의 직업에 대체적으로 만족하는 것 같다. 대부분의 사람들이 자신이 관심을 가지거나 즐기는 업무에 끌리기 때문에 이러한 결과는 가치와 내적 동기의 중요성을 나타낸다. 이 두 번째 결과는 위계효과(hierarchy effect)에 해당한다. 일반적으로 조직에서 더 오래 근무하거나 높은 지위에 있는 사람들은 근무연수가 짧거나 직위가 낮은 사람들에 비해 더 높은 글로벌 만족도와 측면 만족도를 보인다.[149] 높은 지위에 있는 사람들은 직장에서 더 행복하기 때문에 이들은 상대적으로 낮은 지위에 있는 사람들이 왜 만족도가 낮은지 이해하지 못할 수도 있다. 아래에서 볼 때 최고 리더는 다소 순진하고 현실을 모르는 것처럼 여겨질 수도 있다. 위에서 볼 때 직원들이 사기, 급여, 자원 등에 대하여 항의하는 것은 투덜대는 것으로 보일 수 있다. 인재를 유치하고 유지하는 일을 담당하는 부회장급 임원은 왜 직원들이 불평하는지 알지 못하며 직원들이 그만 투덜대는 것이 좋겠다고 하였다. 이렇게 임원급의 리더들은 직원들의 불만족의 원천을 이해하지 못하기 때문에 사기진작을 위해 마련된 권한위임 프로그램은 그 목표 달성에 완전히 실패하게 되어 결국 직원들의 높은 비기능적 이직률은 지속되었다. 위계효과는 또한 경영진 이외의 직원들의 만족도 수준을 높이기 위해 최고 경영진의 상당한 집중과 에너지가 필요할 것이라는 것을 시사한다. 립서비스 하나로는 절대적으로 부족하다.

참고로 [하이라이트 9.8]에 직원들의 사기 진작을 위해 회사의 의도는 좋았으나 실행이 잘못 이루어진 사례가 제시되어 있다.

위계효과와 어리석은 기업 술수

하이라이트 9.8

계급 효과는 기업의 높은 계급의 사람들이 낮은 계급의 사람들이 느끼는 감정이나 좌절감을 잘 깨닫지 못하게 한다. 이런 계급 효과가 잘 나타난 예의 하나로 항공사를 들 수 있다. 미국의 주요 항공사는 9.11이후에 극심하게 손해를 입었다. United, Delta, Northwest, US Airways, America West와 같은 주요 항공 회사들은 줄어든 승객수와 높은 연료비로 인해 파산을 선언해야만 했다. 이런 항공 회사들이 경제적인 지불능력을 되찾기 위해선 대규모의 전 직원 삭감을 하고 조종사, 승무원, 직원들, 기계공 조합과 계약을 재교섭해야 했다. 많은 노동조합 연금은 항공사 주식에 속해 있다가 항공사가 파산을 선언하자 사라져버렸다. 그들의 잃어버린 연금과 더불어 직원들은 봉급에서 20~30% 삭감과 동시에 20%의 시간을 더 일하라고 요구되었다. 항공사에서 경영자 측과 노동자 측의 관계는 항상 문제가 있었다. 하지만 이런 변화가 시행되었을 때는 노동자들의 사기가 바닥을 치는 정도였다. 그러나 만약 경영진이 이러한 직원들의 어려움에 무심하지(관심이 없지) 않았다면 이렇게 되지 않았을 것이다. 한 항공사는 삭감된 봉급에 대해 대항하는 방법이 쓰인 책자를 발행하였다. 이 책자는 30000명의 직원에게 보내졌으며 이와 같은 유용한 아이디어를 담고 있다:

- 전당포에서 보석을 사라.
- 숲에서 산책을 하기 위해 날을 잡아라.

• 쓰레기통에서 네가 좋아하는 무언가를 꺼내는 것을 부끄러워하지 마라.

이런 것을 토대로 봤을 때, 왜 이 항공사의 고객 서비스와 분실 수화물, 정시출발과 도착에 대한 통계가 낮은지에 대한 이유가 있는가? 이 항공사는 이제야 직원들이 항공사의 장기적인 목표에 대해 비판적인 것을 인지하였다. 하지만 [하이라이트 9.2]에서 봤다시피 직원과 계약하기 위한 기업의 노력은 무조건적인 지지와 같은 타입의 형태에 지나지 않았다. 그리고 이런 근본적인 활동은 사기를 북돋기보다는 직원들을 심지어 더 화나게 하였다. 직원들이 이 동기부여 이벤트들이 “직원들을 위한” 것이 아닌 상사의 조치(연금손실, 장시간의 노동, 임금 낮추기)에 의한 것임을 알고 난 후에는 손님들에게 열성적으로 서비스를 주기란 힘들다.

보상은 리더십 실천가들에게 중요한 시사점을 줄 수 있는 또 하나의 직무만족도 측면이다. 예상한 바와 같이, 위계 효과는 급여와 함께 잘 실행된다: 3백만 명을 대상으로 한 설문조사 결과, 고위경영진의 71%, 중간 경영진의 58%, 그리고 경영진 이외의 직원들의 46%만이 자신의 급여 수준을 “매우 좋다”라고 답하였다. 직원들 가운데 33%는 자신의 급여를 “그냥 그런 수준”이라고 하였으며, 20%는 “아주 형편없다”라고 답하였다.[150] 남녀 사이의 임금 차 때문에 만족도가 낮은 그룹에서 여성들의 불균형적인 비율이 있다고 가정하는 것이 옳을지도 모른다. 많은 여성들이 자신의 직위에서 최고의 퍼포머일 것이므로 이러한 임금의 차이는 수년간의 임금 인상의 폭이 상대적으로 적은 여성들 가운데 보이는 높은 수준의 비기능적 이직률에 영향을 미칠 수도 있다.

일반적으로 자신의 삶에 만족하는 사람들이 직무에 대한 만족도도 높은 경향이 있다. 삶에 대한 만족도는 본인의 삶 전반에 대한 태도에 관한 것으로 <표 9.4>의 문항 8번이 전형적인 삶의 만족도에 대한 질문이다. 리더가 종종 팔로워들의 삶에서 가장 영향력 있는 사람들 중 하나이기 때문에, 팔로워들의 전반적인 복지에 미치는 영향을 절대로 과소평가해서는 안 된다. 불행하게도 가정이나 직장에서 증가하는 폭력의 일부는 부족한 리더십에 의해 악화될 수도 있다.[39-41,130,131,135,151,152]

삶에 대한 만족도는 본인의 삶 전반에 대한 태도에 관한 것으로 〈표 9.4〉의 문항 8번이 전형적인 삶의 만족도에 대한 질문이다.

직무만족도 설문조사는 공기업과 사기업 모두에서 폭넓게 사용된다. 이러한 도구를 사용하는 조직들은 직원들의 일에 대한 태도, 정책이나 업무 절차상의 변화, 또는 새로운 변화에 대한 직원들의 태도를 진단하기 위해 1~2년에 한 번씩 조사를 행한다. 이러한 조사결과는 어떤 **준거그룹**(reference group)과 비교될 때 가장 유용하다. 그 조직의 과거의 결과가 준거가 될 수도 있다 – 직원들의 급여, 승진, 전반적인 만족도에 대한 평가가 시간이 지남에 따라 향상되는가 아니면 감소하는가? 유사한 조직들의 직무만족도 결과 또한 또 다른 준거그룹이 될 수 있다 – 리더십과 직무 환경 등에 대한 만족도가 유사 조직과 비교해볼 때 더 높거나 낮은가?

[그림 9.6]은 미국 서부지역의 중소 규모의 공항에서 일하는 80여 명의 직원들의 측면 만족도와 글로벌 만족도를 나타낸다. 설문조사에는 항공사의 디렉터, 그의 스태프, 운영부서, 활주로 유지보수 부서, 의사소통 부서, 공항 시설 스태프, 운영부서와 고객관리 부서가 참여하였다. 이 공항은 시의 소유로 새로운 터미널을 오픈한 이후로 놀랄만한 성장을 해왔다. 그러나 오픈한 지 2년도 되지 않아 항공기가 15년의 예상 운행 수명에 이미 달하였으며, 새로운 터미널은 수용가능 수준을 초과하였다. 직원 수는 새로운 터미널 오픈 전과 변함이 없었고 그 결과로 발생하는 업무의 양과 스트레스는 직원들의 사기와 직무만족도에 악영향을 미치는 것으로 여겨졌다. 이러한 우려로 인해, 항공사의 디렉터는 직무만족도 조사를 실시하여 문제점들을 밝혀내고 이를 해결하기 위한 액션플랜을 개발하기로 결정했다.

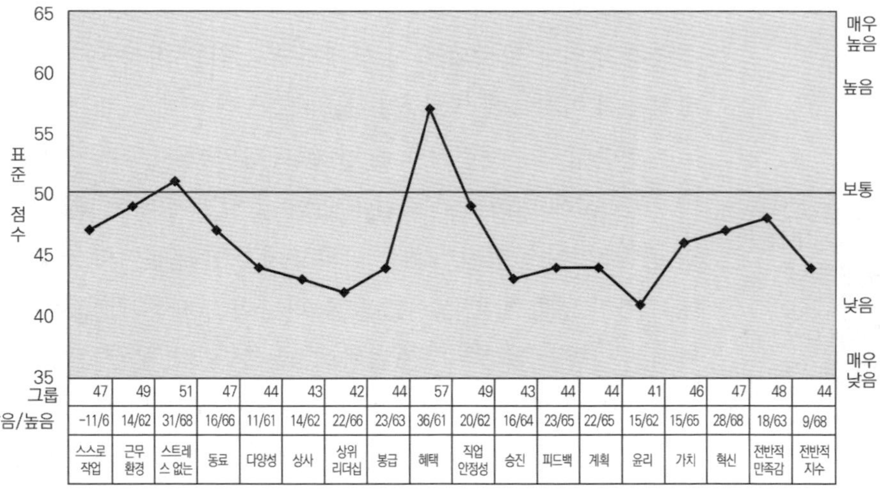

그룹	47	49	51	47	44	43	42	44	57	49	43	44	44	41	46	47	48	44
낮음/높음	-11/6	14/62	31/68	16/66	11/61	14/62	22/66	23/63	36/61	20/62	16/64	23/65	22/65	15/62	15/65	28/68	18/63	9/68
	스스로 작업	근무 환경	스트레스 없는	동료	다양성	상사	상위 리더십	봉급	혜택	직업 안정성	승진	피드백	계획	윤리	가치	혁신	전반적 만족감	전반적 지수

[그림 9.6] 측면 만족도 설문조사 결과

[그림 9.6]에서 50점 이상은 만족을 나타내며, 50점 이하의 점수들은 국가 표준에 비교해볼 때 불만족을 의미한다. 이 표를 보면, 전국 표준에 비교해볼 때, 이 공항 직원들은 복지혜택에 매우 만족하며, 업무 자체에 대해서도 만족하는 것으로 보이나, 최고 리더십, 윤리의식, 감독관리, 피드백, 승진 기회 등에 대하여 불만족하는 것으로 나타났다. 공항 직원들은 모두 설문 결과를 확인하고, 각 부서마다 이 결과의 기저하는 요인들이 무엇인지 논의를 통해 이러한 문제점들을 해결하기 위한 액션 플랜을 수립하고 실행하였다. 최고 리더십, 즉 이 항공사의 디렉터가 모든 부서에서 지적한 직원 불만족의 가장 큰 요인으로 나타났다. 디렉터는 친절한 성격을 가진 사람이지만, 공항에 대한 비전을 구체화하지 못했고, 각 직원들의 업무가 공항의 비전과 어떻게 연관되는지 설명하지 못했으며, 각 부서의 목적을 설정하는 데에 실패하였고, 직원들의 책임감이나 역할에 대하여 명확히 하지 않고 누구든지 복도에서 마주치는 직원에게 일을 시키기도 하고, 주요한 의사결정을 번복하기도 하며, 직원들에게 시의회의 의사결정사항을 제대로 전달하지 못하기도 했다. 즉 이 디렉터는 앞의 4장에서 소개되었던 팀을 형성하지도, 성과를 내지도 못하는 이름뿐인 관리자(In name only manager)의 모습이라 할 수 있다. 이러한 조사결과에 대하여 디렉터는 공항의 급격한 성장으로 인한 시의 지원 부족과 필요한 인력의 공급 부족으로 인해 이러한 결과가 나왔다고 응답하였다. 시의 관리자는 이 디렉터에게 직원들의 만족도 수준을 개선시키도록 6개월의 시간을 허락하였다. 그러나 이 디렉터는 이 설문결과를 대수롭지 않게 받아들였기 때문에 6개월 이후 직원들의 만족도 조사 결과는 거의 차이가 없었다. 그 결과, 공항에서 근무하는 직원들의 사기를 진작시키는 일에 실패한 디렉터는 자리에서 물러나게 되었다.

단순히 설문조사를 실시하는 것만으로 충분하지 않다는 것을 명심하는 것이 중요하다. 리더는 조사 결과에 근거하여 신뢰를 잃을 수도 있는 위험을 감당하면서도 기꺼이 실제 직무만족도를 향상시키기 위하여 필요한 액션을 취해야 한다. 좋지 않은 결과를 받게 되면, 리더들은 직원들과 이러한 결과를 공유하지 않으려는 생각이 들게 마련이지만, 이것은 실수하는 것이다. 결과가 아주 고무적이지 않을지도 모르지만, 실제 결과보다 소문이 더 좋지 않게 퍼질 수도 있다. 또한 팔로워들이 조사 결과가 거의 반영되지 않는다고 여기게 되면, 향후 실시되는 이와 유사한 만족도 조사에 참여하지 않으려고 할 것이다. 더욱이 부정적인 결과에 방어적인 태도를 가지거나 이 결과를 숨기고 싶은 유혹에 빠지게 되는 리더들은 이러한 결과가 그들 자신에게만 놀라운 사실이라는 것을 명심해야 한다. 그러므로 숨겨야 하는 것이 무엇인가? 실질적인 수준에서 리더가 조사결과를 팔로워들과 공유하고 필요한 조치를 취할 것이 아니라면, 직원들의 업무에 관한 태도 조사 자체를 실시하지 않아야 한다.

9.4.2 직무만족에 대한 세 가지 이론

이 장에서 소개된 모든 동기이론들도 팔로워들의 직무만족수준에 통찰력을 제공한다. 예를 들면, Julie가 추운 날씨에 제대로 된 의복을 갖추어 입지 않고 일한다면 그녀의 직무에 만족감을 느끼기 어려울 것이며, 또는 Ling Ling이 목표에 대하여 명확히 알지 못하거나 피드백을 제대로 받지 못하거나 혹은 훌륭한 수행결과에 대한 보상을 제대로 받지 못한다면 Ling Ling도 직무만족감을 느끼지 못할 것이다. 그럼에도 불구하고 몇 개의 다른 이론들은 직무만족에 대하여 훨씬 나은 설명을 제공한다.

정서

부정적인 성향(negative affectivity)을 지닌 사람들은 어떤 변화, 사건 또는 상황에 대하여 지속적으로 부정적인 태도로 반응하는 경향이 있다.

긍정적인 성향(positive affectivity)을 지닌 사람들은 어떤 변화, 사건 또는 상황에 대하여 지속적으로 긍정적인 자세로 반응하는 편이다.

정서란 지속적인 감정 상태에서 자극에 대하여 반응하는 경향을 일컫는다. **부정적인 성향**(negative affectivity)을 지닌 사람들은 어떤 변화, 사건 또는 상황에 대하여 지속적으로 부정적인 태도로 반응하는 경향이 있다. 이들은 자신의 삶에 대하여 불행하다고 여기며, 어떤 상황에 대하여 부정적인 측면이나 단점을 보다 집중적으로 생각한다. 이와는 반대로 **긍정적인 성향**(positive affectivity)을 지닌 사람들은 어떤 변화, 사건 또는 상황에 대하여 지속적으로 긍정적인 자세로 반응하는 편이다. 이들은 스스로의 삶에 대하여 행복하다고 느끼며, 새로운 상황에 직면할 때 긍정적이며 낙관적인 자세로 접근하는 경향이 있다. 긍정적인 성향을 지닌 사람들은 컵에 물이 반이 담겨 있다고 하는 반면에 부정적인 성향을 지니는 사람들은 컵에 물이 반이 비었다고 설명할 것이다. 이러한 두 그룹의 사람들은 정보에 집중하고 처리하며 회상하는 방식이 다르며, 이러한 차이는 직무만족이나 그들의 삶에 대한 만족도에도 영향을 미친다. 연구결과, 부정적인 정서 상태는 직무 불만족과 관련되어 있으며 긍정적인 정서는 직무만족과 연관되어 있다는 것이 나타났다. 물론 이러한 결과는 그리 놀라운 것은 아니다. 어떤 상황이 주어지더라도 행복해보이지 않는 사람이 있는가 하면, 반면에 역경 가운데서도 긍정적인 면모를 유지하는 사람들이 있다는 것을 이미 잘 알고 있다.[25,130,153-155]

이러한 결과는 정서적 성향이 극단적으로 부정적이거나 긍정적일 경우 리더십은 개인의 직무만족에 거의 영향을 미치지 못한다는 것을 암시한다. 예를 들어 Ling Ling이 부정적인 정서 성향이라면 그녀의 리더가 무엇을 하는지와 상관없이 Ling Ling은 급여나 근무 조건 등에 불만족할 것이다. 이것은 일란성 쌍둥이를 떨어져서 양육한 연구 결과 정서 상태는 강한 유전적 요인을 가진다는 것이 발견된 것과 같은 맥락이다.

리더들이 팔로워들의 유전적인 구성을 바꾸기 어렵다는 것을 감안할 때, 이러한 연구결과는 다시 한 번 직원을 고용할 때 바른 선택 절차를 사용해야 하는 것의 중요성을 강조하는 것이다. 팔로워들의 직무만족도를 향상시키려고 하는 것은 합리적인 목표이지만 리더가 아무리 노력하더라도 어떤 팔로워들을 만족시키는 것은 어려울 수도 있다.

리더의 관점에서 보면, 정서 상태는 몇 가지 시사점을 줄 수 있다. 무엇보다 먼저, 개인의 정서 상태는 팔로워의 도덕수준이나 만족도 수준에 강한 영향을 줄 수 있다. 부정적인 성향을 지닌 리더와 일을 한다고 가정해보자. 리더는 당신의 업무에 대하여 잘못된 점을 찾을 것이며 조직의 정책이나 자원 등에 대하여 끊임없는 불평을 늘어놓을 확률이 높다. 반대로 긍정적인 성향을 지닌 사람과 함께 일할 경우에는 정반대의 상황이 벌어지게 될 것이다. 둘째, 긍정적이거나 부정적인 감정 성향을 가지는 팔로워들이 많은 집단을 이끄는 것은 매우 다른 리더십 경험이 될 것이다. 긍정적인 그룹은 조직의 변화에 대하여 보다 참을성이 높은 반면에 부정적인 그룹은 리더가 시도하는 어떤 변화에 대하여도 잘못된 점을 잡아내려고 할 것이다. 정서를 통하여 직무만족도를 향상시킨다는 것은 긍정적인 성향을 가지는 사람들을 채용하는 것을 의미한다. 그러나 이 중요한 직무 환경 변인을 고려하는 채용 시스템은 그리 많지 않다. 부정적인 정서 상태는 진단하기 어려울 뿐 아니라 팔로워가 일정 기간 근무하고 나서야 나타나기 때문에 리더십 실천가들에게 가장 적합한 충고는 어떤 팔로워들은 영원히 적대적 성향을 지니고 있어서 리더로서 당신이 이를 변화시키기 위해 할 수 있는 일은 거의 없다는 것이다.

조직 적합성, 역할 혼란, 직무만족

하이라이트 9.9

동기부여에 관한 11가지의 이론과 만족도에 관한 3가지의 이론은 왜 사람들이 직장에서 행복한지 또는 그렇지 않은지에 대한 유용한 틀을 제공한다. 그러나 이런 틀에 꼭 맞지 않는 직업 불만족에 대한 주요 요인이 2가지 있다. 첫 번째로는 **조직의 적합성**(organizational fit)에 있다. 팀과 기업은 개인처럼 어떤 것은 중요하고 다른 것은 비교적 중요하지 않다고 믿는다. 팀과 기업은 기업적 결정, 기준, 풍조에서 쉽게 볼 수 있는 다른 일의 가치를 강화한다(<표 9.2> 참고). 리더들과 팔로워들은 그들 개인의 일의 가치가 기업의 가치와 같은 태도를 취할 때 이끌리거나 만족한다. 예로써 개인과 기업 모두가 사회의 기준에 따라 다른 사람들의 주변에 있거나 돈을 버는 것이 중요하다고 생각할 때를 들 수 있다. 그러나 사람들은 그들 개인의 가치와 기업의 가치가 일치하지 않으면 불만족을 경험할 것이다. 그리고 그 불일치가 커질수록 불만족도 커지고 보유 위험 또한 더하다. Curphy와 Hogan에 따르면 개인과 기업 간의 가치 적합성은 직원의 인사이동과 만족도에 관련된 중요한 이유이다. 직업 불만족의 또 다른 주요한 원인은 역할 모호성이다. 역할 모호성은 리더나 팔로워들이 그들 자신이 뭘 하는지 또는 어떻게 해야 하는지가 불분명하다고 느낄 때마다 일어난다. 대다수의 사람들은 성공하기 위해 직장에 오지만 너무 많은 리더들이 팔로워들에게 그들이 성공하기 위해 필요한 방향, 훈련, 자원을 제공하지 않음으로써 그들을 실패하게 만들어 버린다. 이런 상황에서 팔로워들은 대단한 노력을 발휘할 수도 있지만 종종 그들은 제대로 일을 하지 않고 결과적으로 성과도 아주 낮게 된다. 이러한 좌절감은 빠르게 불만족으로 이어지고 이는 사람들이 다른 직장을 찾는 것을 초래한다. 이 경우에 대한 예로 2주 만에 직책을 떠난 인사과 부장을 들 수 있다. 출근한 첫 2주간 그는 그의 상사를 본 적이 없으며 책상과 전화기마저 없었다. 여기서 아이러니한 것은 그는 유명한 캐나다의 전화회사에서 일하고 있었던 점이다. 즉 역할 모호성은 무서운 효과를 가질 수도 있지만 쉽게 피할 수도 있다. 그들은 성공하기 위해 무엇을 해야 하는지 확실하지 않기 때문에 리더들은 사람들이 떠나는 것에 대해서 핑계를 댈 것이 없다.

Herzberg의 2요인 이론(동기-위생요인이론)

Herzberg는 회계사들과 엔지니어들과의 일련의 인터뷰를 수행하여 **두 가지 요인 이론**(two-factor theory)을 개발하였다. 보다 구체적으로, 그는 사람들이 직무에 대하여 어떠한 것에 만족하는지를 질문하고 사람들의 응답이 대략 다섯 가지로 범주화될 수 있음을 발견하였다. 또한 사람들을 불만족시키는 것의 정반대가 사람들을 만족시키는 것이라고 가정하기보다는, 사람들이 직무의 어떤 점에 불만족을 느끼는지를 구체적으로 질문하였다. 놀랍게도, 만족하게 하는 것과 불만족하게 하는 것의 항목들은 완전히 다른 직무의 측면을 나타내었다.

일터에서 만족을 이끄는 요인들을 동기요인(motivators)이라고 명명하고, 불만족을 야기하는 것들을 위생요인(hygiene factor)이라고 하였다.

그는 일터에서 만족을 이끄는 요인들을 **동기요인**(motivators)이라고 명명하고, 불만족을 야기하는 것들을 **위생요인**(hygiene factor)이라고 하였다. <표 9.5>에 가장 흔한 동기요인과 위생요인들이 제시되어 있다.

〈표 9.5〉 이요인 이론의 동기요인과 위생요인

위생요인(불만족 요인)	감독, 근무환경, 동료, 급여, 정책/절차, 안정성
동기요인(만족 요인)	성취감, 인정, 직무 자체, 책임감, 승진, 성장

두 가지 요인 이론에 따르면, 위생요인을 개선시키려는 노력들은 팔로워의 동기나 만족감을 향상시키지 않을 것이다. 예를 들면, 리더가 근무환경, 급여, 또는 병가 등을 아무리 좋게 개선하더라도 팔로워들은 업무에 더 많은 노력을 기울이거나 하지는 않을 것이다. 단순히 좋은 사무실 가구가 생기는 것만으로 팔로워들은 지루하고 무료한 일을 하는 것에 만족하지는 않을 것이다. 다른 한편으로, 팔로워들은 불만족을 야기할 만큼 좋지 않은 환경에서 일하도록 요구받을 수도 있으며, 이 경우 그들은 건설적인 일을 할 수 없을 것이다.[157-159]

리더에게 주어진 제한적인 자원을 고려할 때, 두 가지 요인이론에 따르면, 팔로워들의 만족도 수준을 향상시킬 수 있는 핵심은 어떤 특정 직무에 대한 동기요인들을 최대화하면서 위생요인들은 적절한 수준에서 만족시키라는 것이다. 적정 수준의 근무환경도 중요하지만, 동기와 만족도를 강화시키기 위하여 이보다 훨씬 중요한 것은 충분한 사회적 인정, 책임감, 그리고 승진의 가능성을 제공하는 것이다([그림 9.7] 참고). 팔로워들에게 의미 있는 일을 부여하고, 그들의 목표 달성을 인정하는 것은 단순한 것처럼 보이지만 재미있게도 이것은 대부분의 리더들이 잘 활용하지 못하는 테크닉이다.[40,47,159] 대부분의 리더들은 팔로워들의 개인적인 가치에 호소하거나 의미 있는 일을 부여하기보다는 Kick in the Pants(KITA)방법으로 어떤 일을 하게 하는 것을 선호한다. 보복에 대한 두려움 때문에 고용인들을 만족하게 하고 조직에 오래 머무르도록 하기 위하여 대부분의 조직들은 복지제와 같은 긍정적인 KITAs를 활용한다. 그러나 Herzberg는 KITAs는 직무만족이나 동기를 이끌어내지 못하며, 리더들은 회사 로고가 새겨진 티셔츠를 주거나 의료보험 분담금을 높이기보다 직무를 재구조화하여 보다 의미 있고 중요하게 만드는 것이 보다 바람직하다고 주장한다.

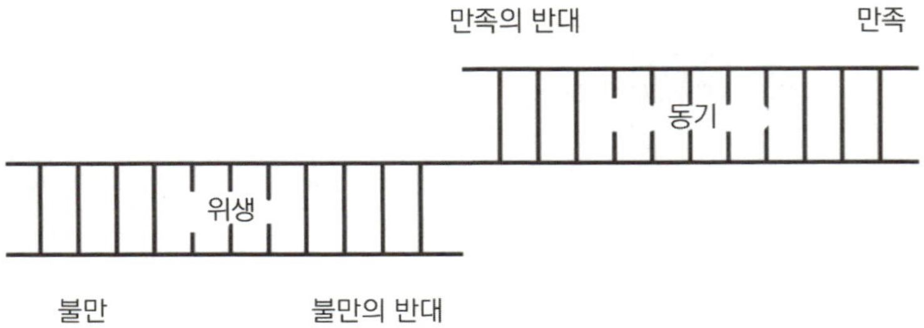

[그림 9.7] Herzberg의 이요인 이론

두 요인은 팔로워들의 만족도를 높이기 위한, 그리고 떨어뜨리기 위한 방법에 대한 아이디어를 제공하지만, Herzberg의 연구 외에는 경험적 연구의 지지를 거의 받지 못했다. 즉, 명백한 데이터에도 불구하고 그의 이론은 직무만족을 정확히 설명하지 못하는 것일지도 모른다. 우리는 여기서 이 이론을 일부 소개하였는데, 이는 직무 동기와 만족에 대하여 잘 알려진 접근법으로 이 이론을 무시한다면 불완전해보일 것이다. 그러나 두 가지 요인이 가지는 문제점은 그 장점처럼 보이는, 바로 그 점인 이 이론이 기본하고 있는 그 원래 데이터의 문제에 있다. 앞에서 언급된 것처럼, Herzberg는 회계사와 엔지니어들, 다른 직무들을 대표한다고 말하기는 어려운 사람들만을 인터뷰한 후에 그의 이론을 개발하였다. 뿐만 아니라, 그의 연구 대상자들은 그들의 직무만족을 그들의 기술이나 노력 때문이라고 하고, 반면에 그들의 통제할 수 없는 상황에 대하여 불만족을 나타내었다. 이 책의 초반에 언급되었던 기본 귀인 오류와 유사해 보인다. 이러한 한계점들에도 불구하고, 두 가지 요인 이론은 팔로워들이 그들의 직무에 대하여 만족하는 것이 무엇인지 그렇지 않은 것이 무엇인지에 대한 유용한 통찰력을 제공해주었다.

조직 공정성

조직 공정성(organizational justice)이란 불공정한 대우를 받는 사람들이 비교적 덜 생산적이며, 만족도가 낮으며 조직에 대한 충성도가 약하다는 전제에 기반한 인지적인 접근이다.

조직 공정성(organizational justice)이란 불공정한 대우를 받는 사람들이 비교적 덜 생산적이며, 만족도가 낮으며 조직에 대한 충성도가 약하다는 전제에 기반한 인지적인 접근이다. 이러한 사람들은 집단적인 행동을 조장하고 여러 가지 역효과를 가져오는 직무 행동들을 보일 것이다. Trevino에 따르면, 조직 공정성은 세 가지 요소로 구성되어 있다. **상호 공정성**(interactional justice)은 사람들이 다양한 보상 절차에 대한 정보를 얻게 되는 정도와 어느 정도의 존엄성과 존중감을 가지고 취급받는지를 나타낸다. **분배적 공정성**(distributive justice)은 팔로워들의 보상이나 처벌 수준이 그들의 성과나 위반에 상응하는가에 대한 인식이다. 팔로워들은 누군가 너무 적은 또는 너무 많은 보상이나 처벌을 받았다는 것을 알게 될 경우에 불만족하게 된다. **절차적인 공정성**(procedural justice)에 대한 인식은 보상이나 처벌이 이루어지는 과정에 대한 것이다. 누군가가 처벌을 받게 될 경우, 그 사람의 행동에 대하여 적절한 경고와 잘못된 행동을 설명할 기회가 있었으며 처벌이 시의 적절하게 이루어지는 경우, 팔로워들은 더 만족하게 될 것이다. 연구 결과, 이러한 다양한 조직 공정성의 구성요소들은 리더, 급여, 승진, 직무, 조직시민행동과 역효과적인 직무 행동들에 대한 만족도와 관련되어 있다는 것이 나타났다.[131,135,137,138,160-167]

그렇다면, 리더들이 조직 공정성 이론을 사용하여 팔로워들의 만족도를 높이고 이직률을 줄이기 원한다면, 어떤 일을 해야 하는가? 조직 공정성 이론의 기저는 공평성(fairness)이다. 잠재적인 보상이 수행에 상응하는가? Julie와 Ling Ling은 보상 체계가 공평하다고 여기는가? 항공사 승무원들이 존경심을 가지고 취급받았는지, 보상이 성과에 부합하는지, 또는 보상이 공평하게 집행되었는지 등에 대하여 어떤 대답을 할 것인가? 이 접근법을 사용하여 직무만족도를 향상시키고자 하는 리더들은 팔로워들이 이 세 가지 질문에 모두 예라고 답하는지를 확실하게 할 필요가 있다. 만약 팔로워들이 이 세 가지 질문 중 어떤 것에라도 아니요라고 답한다면, 리더들은 보상과 처벌 체계를 바꿔야 할 필요가 있다. Brockner는 업무현장에서 공정함은 직관적으로 이치에 맞는 것이지만, 많은 조직에서 형편없이 부족하다고 주장하였다. 많은 관리자들이 편파적이며, 불편한 상황을 직접적으로 다루기보다 회피하고, 법적인 이유로 특정 이슈들이 어떻게 처리되었는지 공개적으로 언급할 수 없다. 이렇게 인지된 불공정 사례들은 많은 조직에서 나타나는 높은 수준의 관리자의 관리역량 부족을 더욱 가속화시킨다.

9.5 요 약

이 장에서는 동기, 만족도, 그리고 수행에 관한 연구를 살펴보았다. 동기는 행동에 대한 방향, 강도와 끈기를 제공하는 어떤 것으로 정의되었다. 동기가 수행의 중요한 측면이기는 하지만, 수행과 동기는 같은 것이 아니다. 능력, 기술, 그룹의 규범과 자원의 이용가능성 모두가 팔로워의 수행 수준에 영향을 미칠 수 있기 때문에 수행은 동기보다 폭넓은 개념이다. 직무만족도는 사람들이 일에 관해 가지는 일련의 자세이다. 대부분의 사람들이 자신의 일에 만족하지만, 사람들은 종종 급여, 근무 조건, 상급자 또는 동료와 같은 자신의 직무와 관련된 다양한 측면에 대하여 여러 가지 수준의 만족도를 보인다.

동기에 대한 접근법들은 수행과 만족도를 향상시키기 위한 분명한 시사점을 가지고 있다. 동기에 대한 몇 개의 이론들이 이 장에서 검토되었는데 처음 두 이론인, Maslow의 욕구 위계와 Alderfer의 ERG이론은 사람들이 일련의 보편적인 욕구를 만족시키는 데에 동기부여되어 있다고 가정한다. 다음에 소개된 세 가지 이론들은 개인이 어떤 특정 과제를 수행하기 위한 내적인 동기, 개인적 가치, 또는 일반적인 성취 지향성 수준 등을 강조하면서 개인차 측면에서 동기를 살펴보았다. 다음으로 소개된 목표 설정, 공정성 이론, 자기효능감과 기대 이론들은 인지적인 관점에서 동기를 살펴보았다. 이 이론들은 사람들이 그들의 행동 방향, 강도, 그리고 지속성에 대하여 이성적이고 의식적인 선택을 하며, 일반적으로 성과를 최대화하고 비용을 최소화하는 행동을 한다고 가정한다. 마지막 두 이론들인 권한부여와 자발적 접근법은 상황적 관점에서 동기를 살펴보았다. 다양한 접근법을 사용하는 것이 유용한 상황을 인식함으로써 보다 효과적인 리더십 실천가가 될 수 있게 할 것이다. 목수가 다양한 도구를 사용하여 집을 지을 때 더 능률적으로 일할 수 있게 되는 것처럼, 리더는 업무를 향상시키기 위한 다양한 동기적인 인터벤션을 사용함으로써 보다 효과적인 리더가 될 수 있다.

또 몇 개의 다른 이론들이 일에 대한 팔로워들의 태도를 설명하는 데 더 도움이 되는 것 같다. 어떤 연구는 개인들은 다양한 특유의 감정상태를 보이며, 일과 삶에 대하여 긍정적인 태도를 가지는 사람들이 있는 반면에 이를 불만족스럽게 여기는 사람들도 있다는 것을 보여준다. 그러한 차이는 유전적 요소를 가지며 리더의 주도권이 팔로워의 만족도에 실제로 영향을 미치는 정도에 한계점으로 작용할 수도 있다. 리더는 또한 팔로워들에게 보다 의미 있는 일을 주고 공평하게 대함으로써 만족도 수준을 높일 수도 있다. 팔로워들은 그들이 하는 일이 중요하며 보상과 훈련 시스템이 공정하다고 믿는다면, 자신들의 일에 대하여 보다 긍정적인 태도를 갖게 될 것이다.

핵심용어

동기
수행
효과성
직무만족
조직시민 행동
욕구
욕구 위계
ERG이론
좌절 퇴행 가설
성취지향
동기적 편향
내적동기
피그말리온 효과
골렘효과
기대이론
노력 대비 수행 기대
수행 대비 성과 기대
대수합
공정성이론
자기효능감
긍정적인 자기효능감
부정적인 자기효능감
자발적 접근법
처벌
소거
권한부여
기능적인 이직률
비기능적인 이직률
글로벌 만족도
직무 관련 만족도 진단
위계효과
준거그룹
부정적인 감정상태
긍정적인 감정상태
조직의 적합성
역할분담

과잉 정당화 효과 상황적 두 가지 요인이론
목표설정 비상황적 동기요인
위생요인 조직 공정성 상호분배적 정의
절차적인 정의

질 문

1. 동기를 이해하는 데 왜 이렇게 많은 다양한 이론과 접근법들이 있다고 생각하십니까? 어떤 이론을 최고라고 결정하고 그냥 그 이론을 사용하는 것은 불가능한가요? 왜 그러하거나 그렇지 아니합니까?
2. 많은 훌륭한 리더들은 훌륭한 동기부여자들이라고 여겨집니다. 다른 사람들을 동기부여하는 측면에서 볼 때, Barack Obama, Hillary Clinton, John Edwards, Rudy Guililani, Mit Romney와 John McCain을 어떻게 평가할 수 있을까요?
3. 사람들이 일을 열심히 하고 수행을 잘하도록 동기부여하는 것에 대한 당신의 관점은 무엇입니까?
4. 보상 체계가 바람직한 행동과 일치하지 않는 사례를 알고 있는 것이 있습니까? 개인적인 가치들은 보상과 어떻게 관련되어 있습니까?
5. 개인적으로 직장에서 또는 학교에서 만족스러운 또는 만족스럽지 못한 것은 어떠한 것들이 있습니까? 불만족스러운 것들에 대하여, 어떻게 만족스럽게 만들 수 있을까요? 당신의 행동을 가장 잘 설명하는 직무만족 이론은 무엇입니까?

활 동

1. 본 장의 앞부분에서 당신은 비행 승무원들의 고객 만족도 수준을 향상시키기 위해 네 가지 동기 이론이 어떻게 사용될 수 있는지에 관하여 질문을 받았습니다. 욕구, 개인차, 인지적, 또는 상황적 접근법을 사용한 동기 프로그램을 어떻게 설계하고 실행할 수 있을지 네 개의 그룹으로 나누어 각 그룹에서 토론해 보세요. 각 그룹은 토론 결과에 대하여 15분 정도 발표해야 합니다. 프레젠테이션 내용에는 사용된 접근법, 필요한 부가자료 수집법, 프로그램 설계, 실행, 예상되는 장애물과 그 프로그램의 효과성에 대한 평가 등이 포함되어야 합니다.
2. Conrad Black과 Qwest의 전 CEO인 Joe Naccio 재판에 대하여 토론해 보세요. 배심원들은 어떤 판결을 하였나요? 이 두 사람들은 일에 대한 어떤 가치관을 가

지고 있나요?

3. 직원 만족과 유지를 담당하는 담당자를 인터뷰하세요. 그 조직은 정기적으로 만족도 조사를 시행합니까? 서베이 결과는 그 조직에 대하여 어떤 사실을 나타내고 있습니까? 그 조직은 이직과 관련된 문제를 가지고 있습니까? 왜 그러하거나 왜 그렇지 않습니까?
4. 팀과 조직의 가치는 리더십의 변화나 조직의 합병이나 매각과 함께 변하게 됩니다. 합병이나 다운사이징을 겪은 리더십 지위에 있는 사람을 인터뷰하고 이러한 일을 겪기 전후의 만족도 수준이 어떠한지 알아보세요.
5. 사람들은 조직이 아니라 그들의 상사를 떠납니다. 10-20년 정도의 경력이 있는 사람을 인터뷰하여 왜 그들이 과거의 직장을 떠났는지 그 이유를 나열해 보도록 하세요. 얼마나 많은 사람들이 상사가 보이는 관리역량 부족과 관련된 특성이나(4장) 어두운 개인적 특성들(7장) 때문에 회사를 떠났습니까?

Chapter 10

그룹, 팀, 그리고 리더십

10.1 서 론

리더십 스타일이나 선호를 결정하는 데 있어 그들의 스킬, 능력, 가치, 동기와 열망은 중요한 고려사항들이다.

리더는 자신에 대해 몇 가지 이해할 필요가 있다. 리더십 스타일이나 선호를 결정하는 데 있어 그들의 스킬, 능력, 가치, 동기와 열망은 중요한 고려사항들이다. 리더들은 또한 그들의 팔로워들의 특성에 대해서도 이해할 필요가 있다. 만약 리더 자신이나 팔로워들의 특성을 알 수 있다고 해도 그것으로는 충분하지 않을 것이다. 그룹과 팀은 이를 구성하는 사람들의 스킬, 능력, 가치와 동기의 단순 합과는 다르기 때문이다. 그룹과 팀은 그들만의 독특한 특성을 가진다.

오늘날 상당 부분의 서적 및 논문이 리더십 역할을 하는 개인에 주로 초점을 맞추고 있기는 하지만, 35개 조직 행동에 관한 문헌들을 조사한 결과, 리더십에 관한 부분이 그룹 행동 항목에 있다는 것은 눈여겨볼 만하다.[1] 리더들이 자기 자신의 행동 외에 어떤 다른 것에 영향을 미친다면 그룹이 반드시 존재해야 하므로 이것은 놀랄 일이 아니다. 놀랄 만한 일은 그룹이라는 개념이 리더십 서적에서 가끔 생략되어 버리는 것이다. **그룹 관점**(group perspective)은 어떻게 다양한 그룹의 특성들이 리더와의 관계에, 또 팔로워 간의 관계에 영향을 미칠 수 있는가를 살펴보는 것이다.

뉴밀레니엄 시대에 팀 또는 팀워크가 인기 있는 용어가 되고 있음을 고려해 볼 때, 그 차이가 미미할지라도 그룹과 팀의 차이를 명확히 할 필요가 있을 것이다. 이 장은 그 차이점을 명확하게 하는 것에서부터 시작할 것이다. 그룹의 특성과 개인들의 특성 사이에는 보다 큰 차이가 있다. 이 장의 첫 번째 반은 그룹의 독특한 요소들에 대해 논의할 것이다. 조직의 팀워크에 대한 높은 관심을 고려하여 이 장의 후반부에서는 팀의 효과성을 촉진시키는 조건을 만들기 위해서 리더들에게 영향을 미치는 중요한 요소들을 설계하고, 진단하고, 실제 효과를 발휘할 수 있도록 개발된 모델을 제시할 것이다.

10.2 개인, 그룹, 팀

개인의 일과 그룹의 일에는 상당한 차이가 있다. 그렇다면 그룹 워크와 팀워크 사이에는 차이가 있는가?

다음 항목에서 그룹의 두 가지 특징은 상호 작용과 상호 영향이라는 것을 배우게 될 것이다. 팀 멤버들도 상호작용과 상호 영향력을 발휘하지만, 팀과 그룹은 일반적으로 다음의 네 가지 측면에서 구분된다.

첫째, 팀 멤버들은 그룹 멤버와 비교해 볼 때 보다 강한 소속감을 가지고 있다. 팀 멤버들과 아웃사이더들은 누가 그들의 팀원인지 아닌지를 쉽게 구분해 낼 수 있다(운동 유니폼은 이것의 명백한 예이다). 그러나 그룹 멤버들을 구분하는 것은 보다 어려울 것이다.

팀은 공통되는 목표나 업무를 가지는데 신상품을 개발하는 일에서부터 운동경기 리그 챔피언십에 이르기까지 그 목표는 다양하다.

둘째, 팀은 공통되는 목표나 업무를 가지는데 신상품을 개발하는 일에서부터 운동경기 리그 챔피언십에 이르기까지 그 목표는 다양하다. 반면, 그룹 멤버들은 팀 멤버들만큼 같은 목표에 대하여 동의하지 않을 수도 있다. 그룹 멤버들은 다양한 개인적인 이유로 그 그룹에 속하며, 이러한 이유들은 그 그룹의 정의된 목표와 충돌할 수도 있다(비록 그 정도가 다르긴 하지만, 이러한 현상은 팀에서도 일어날 수 있다).

셋째, 과제의 상호의존성은 전형적으로 그룹보다는 팀의 경우에 더 크게 나타난다. 예를 들어, 배구 선수들은 다른 팀 멤버들이 공을 패스해주지 않는다면, 득점 기회를 노리며 공을 던질 수가 없다. 반면, 그룹 멤버들은 그들에게 할당된 과제를 성공적으로 완수하는 것이 다른 그룹 멤버에게 의존하지 않을 수도 있기 때문에 독립적으로 목표 달성에 기여할 수 있다. 물론 과제의 상호의존성은 팀들 간에도 매우 다양하게 나타날 수 있다. 예를 들어, 운동 선수팀 가운데도, 소프트볼, 축구, 미식축구, 하키 팀들은 높은 상호의존성을 가지는 반면, 수영이나 크로스컨트리, 트랙 팀들은 이에 비해 매우 낮은 상호의존성을 가진다.

넷째, 팀 멤버들은 그룹 멤버들에 비해 보다 차별화되며 전문적인 역할을 한다. 앞 장에서 그룹 멤버들은 그룹 내에서 다양한 여러 가지 역할을 수행한다는 것에 주목했었으나, 팀 멤버들은 팀에서 한 가지 주된 역할만을 한다. 마지막으로, 지금까지 강조해온 차이들은 각각 정도에 따라 차이가 있다는 것을 명심해야 한다.

10.3 그룹의 성격

우리는 여기서 그룹에 대한 정의를 내리는 일부터 시작해야 할 것 같다. 그룹이란 "각 사람이 영향을 주고, 또 다른 사람에게서 영향을 받는 방식으로 서로 상호작용하는 둘 혹은 그 이상의 사람들[2]"이라고 정의될 수 있다. 이 정의가 가지는 세 가지 측면이 리더십 연구에 중요하다. 첫째, 이 정의는 사전적 정의에 내포되어 있는 일방적인 영향력의 본질과 상당히 다른 개념으로, 리더와 팔로워 간의 상호적인 영향력의 개념을 통합하고 있다는 것이다. 둘째, 그룹 멤버들은 상호작용하며 서로에게 영향력을 행사한다는 것이다. 따라서 버스 정거장에서 기다리고 있는 사람들은, 그들 사이에 어떤 상호작용이나 영향력 행사가 일어나지 않기 때문에, 그룹이라 여겨지지 않는다. 반면, 학교 선거를 계획하기 위해 모인 8명의 사람들은, 참여자들 사이에 매우 높은 상호작용이 있기 때문에, 그룹이라고 할 수 있다. 셋째, 이 정의는 개인들이 오직 하나의 그룹에 속하도록 제한하지 않는다. 모든 사람들은 다양한 여러 개의 그룹에 속한다. 즉, 한 개인이 다양한 서비스, 생산, 스포츠, 종교, 학부모와 자원봉사 그룹 등에서 동시에 여러 멤버로 활동할 수 있다.

> 개인이 다양한 서비스, 생산, 스포츠, 종교, 학부모와 자원봉사 그룹 등에서 동시에 여러 멤버로 활동할 수 있다.

비록 사람들이 많은 그룹이나 조직에 속하기는 하지만, 그룹과 조직은 같은 것이 아니라는 것을 깨닫는 것이 중요하다(물론, 그룹은 조직 내에 속할 수도 있다). 조직은 매우 방대하여 대부분의 멤버들이 그 조직 내 나머지 멤버들을 알지 못한다. 이런 경우에는 내부 멤버 간의 상호작용과 상호 영향력은 거의 없다. 이와 같이 조직은 전형적으로 너무 크고 비개인적이어서 개인의 감정에 영향을 미치기 어려운 반면, 그룹은 감정뿐 아니라 자아상에도 영향을 줄 수 있을 만큼 작고 직접적인 영향을 미친다. 사람들은 자신이 속한 그룹에 심리적으로 더 많이 "투자했다"고 생각하기 때문에, 자신이 속한 조직보다는 그룹에 동질감을 많이 느끼는 경향이 있다. 또한 어떤 특정 심리적인 욕구(예: 사회적 접촉) 역시 조직보다는 그룹에 의해서 더 잘 충족된다.

예를 들어, 시각적 규모는 그룹과 조직의 차이점을 명확하게 해줄 것이다. 조직으로 설명될 만큼 규모가 꽤 큰 교회를 생각해보라. 규모가 커서 일요일 아침마다 여러 차례의 예배가 준비되어야 하고, 큰 규모로 인해 매주 수십 개의 성경공부 모임이 있어야 하고, 너무 커서 많은 성가대와 뮤지컬 앙상블 등이 있다. 이렇게 큰 교회 안에서, 멤버들은 특별한 경우를 제외하고는 서로 상호작용하거나 영향력을 행사할 수가 거의 없다. 이러한 규모는 멤버십에 장점과 단점을 모두 제공한다. 한편, 다양한 활동을 가능하게 하지만, 또다른 면에서는 거대한 규모는 교회라는 조직 자체를 상대적으로 비인격적으로 보이게 한다. 이름 외에는 거대한 조직과 동질감을 느끼기 어려울지도 모른다(예: 나는 서버나침례교회에 속해 있다. 혹은 나는 제일 장로교회에 속해 있다 등으로 조직에 속함). 이러한 경우에 많은 사람들은 그 교회 자체보다는 교회 내에서 만난 특정 그룹의 사람들과 동질감을 느끼게 된다. 청년부나 고등학교 합창단이나 매주 성경공부모임과 같은 보다 작은 그룹의 일부로서 동질감을 느끼기가 보다 쉽기 때문이다.

그룹들이 사회에서 만연해 있기는 하지만, 일반적으로 사람들은 모임과정과 모임 내 관계들에 영향을 미치는 요소들에 대하여 생각하는 데 거의 시간을 보내지 않는다. 따라서 이 장의 나머지 부분은 리더와 팔로워들 모두에게 영향을 미칠 수 있는 그룹 특성에 대하여 설명할 것이다. 그룹에 관한 대부분의 연구가 이 장의 영역을 넘어서지만, 여섯 가지 개념은 그룹 관점을 이해하는 데 기초적이므로 살펴볼 만하다. 이 여섯 가지 개념은 그룹 크기, 그룹 발달의 단계, 역할, 규준, 의사소통 그리고 결속력이다. 이 중 다섯 가지는 다음 장에서 언급될 것이며, 여섯 번째 의사소통은 그 안에 모두 포함되어 있다.

10.3.1 그룹의 규모

그룹의 크기는 리더와 팔로워 모두에게 시사점을 가진다. 첫째, 리더의 출현은 부분적으로 그룹의 규모가 갖는 역할이다. 작은 그룹 대비 큰 그룹에서의 엄청난 사람 수는 어떤 개인이 리더로 나타나게 될 가능성에 영향을 줄 것이다. 둘째, 그룹이 점점 커지면서, **소집단**(cliques)들이 더 많이 발달하게 될 것이다.[3] 소집단들이란 같은 목표, 가치와 기대를 공유하는 개인들로 이루어진 소집단모임들이다. 소집단들이 개인 멤버들보다 더 많은 영향력을 보이기 때문에, 그들은 긍정적으로 또는 부정적으로 큰 그룹에 상당한 영향력을 발휘할 수 있다. 많은 그룹 내 갈등이 소집단들이 다른 가치, 목표와 기대를 가지는 결과로 나타나므로, 리더들은 자기 그룹 내에서 소집단을 파악하고 그들을 다룰 줄 알아야 한다. 셋째, 그룹 크기 또한 리더의 행동 형식에 영향을 줄 수 있다. **관리범위**(span of control)가 넓은 리더들은 보다 지시적이고, 개인 부하직원들과 시간을 적게 보내며, 팔로워들에게 영향력을 행사할 때 보다 비인간적인 접근법을 사용하는 경향이 있다. 작은 관리범위를 지닌 리더들은 조금 더 배려하고, 팔로워들에게 영향력을 행사할 때 보다 인간적인 방식으로 접근하는 경향이 있다.[4-7] 넷째, 그룹 크기 또한 그룹 효과성에 영향을 미친다. 어떤 연구자들은 업무에 적합한 사람의 수를 다섯 명에서 일곱 명 사이[8,9]라고 제안해오긴 했지만, 이러한 단순한 일반화는 피하는 것이 현명할 것이다. 적절한 그룹 크기 질문에 대한 답은 "일을 완료할 만큼만 큰" 정도일 것 같다. 명백한 것은 그룹이 커질수록, 회원들 사이에 보다 더 차별화된 기술, 가치, 인식과 능력들이 관계하게 될 것이라는 점이다. 또한 그룹 크기가 커지게 되면 당연히 이용 가능한 "인력"이 더 많이 생겨날 것이다.

> 작은 관리범위를 지닌 리더들은 조금 더 배려하고, 팔로워들에게 영향력을 행사할 때 보다 인간적인 방식으로 접근하는 경향이 있다.

그러나 크기의 장점에는 한계도 있다. "1큐빅 피트의 구멍을 파는 데 한 사람이 2분이 걸린다면, 같은 크기의 구멍을 파는 데 20명이 동원될 경우 얼마나 걸릴까?"라는 질문을 생각해보라. 모든 사람이 동시에 할 경우, 사실, 여러 명이 동원될 때 상당히 시간이 더 걸릴 것이다. 어떤 업무에 대한 순수한 육체적인 한계점들을 넘어, 그룹 크기가 증가하면서 배당 또한 적어지게 될지 모른다. 소위 말하는 가산적인 과제에 모든 그룹 멤버들의 노력이 종합될 때조차 이것은 사실이다. **가산적인 과제**란 그룹의 결과물이 개인 결과물의 단순 합으로 이루어지는 것을 말한다.[10] 이러한 사례는 교차로에 서 있는 트럭을 미는 데 필요한 개인의 수에 의해 설명될 것이다. 한 명으로는 충분하지 않을 것이며, 두 명 또는 세 명으로도 어려울 수 있다. 이러한 가산적인 과제에서 그룹의 크기가 커지면서 어느 정점에 이르게 되면, 트럭을 움직일 수 있을 만큼 종합된 힘이 될 것이다. 그러나 트럭을 움직이는 데 필요한 정도를 넘어 그룹의 크기가 증가하면서, 개인 멤버의 개인적인 공헌도는 줄어드는 것처럼 보일 것이다. Steiner[11]는 이러한 현상은 몇몇 회원들이 똑바른 방향으로 밀지 않는 경우와 같은 요인으로부터 일어나는 **과정 손실**(process loss) 때문이라고 한다. 과정 손실은 점점 더 많은 사람들이 함께 일하게 됨으로써 생겨나는 비효율성이라고 생각될 수 있다.

과정 손실은 점점 더 많은 사람들이 함께 일하게 됨으로써 생겨나는 비효율성이라고 생각될 수 있다.

그룹 크기는 또 다른 여러 가지 면에서 그룹의 효과성에 영향을 줄 수 있다. 그룹의 크기가 커지면서, 큰 그룹의 감소하는 배당분은 **사회적 태만**(social loafing)[12]때문일 수도 있다. 사회적 태만이란 사람들이 그들의 업무에 개인적인 책임을 지지 않을 때 개인 노력을 덜 들이려는 현상을 의미한다. 다양한 종류의 업무를 통한 실험들을 통해 여러 개인들의 결과물이 익명으로 집단의 결과물에 합쳐질 때보다 개인의 업무가 모니터될 때 더 많은 노력을 들이는 경향이 있다는 결과가 나타났다. 그러나 최근의 증거들은 처음 생각했던 것보다 이 과정들이 상당히 더 복잡할 것이라고 암시한다.[13] 수행의 감소율은 결과물의 귀속성보다는 과제의 복잡성 정도나 보상 구조(예: 협동적 vs. 경쟁적)에 의해 더 영향을 받을지도 모른다.

사회적 태만이란 사람들이 그들의 업무에 개인적인 책임을 지지 않을 때 개인 노력을 덜 들이려는 현상을 의미한다.

다른 사람들이 있을 때 더 열심히 일하는 것은 **사회적 촉진**(social facilitation)이라는 현상을 통해 실제로 노력이나 생산성을 증가시키기도 한다. 사회적 촉진은 Western Electric Company([하이라이트 10.1] 참고)의 Hawthorne 공장에서의 고전적인 실험에 처음으로 잘 기록되었다. 그러나 사회적 촉진은 연구 상황에만 한정되지 않는다. 이것은 언제든지 다른 사람들이 있음으로 인해 사람들이 작업의 수준을 증가시킨다는 것을 말한다. 이러한 현상은 전형적으로 다른 사람들의 존재감이 일에 대한 개인의 책임감을 증가시킬 때 일어난다. 이는 그룹에 속해 있을 때 개인의 익명성과 사회적 태만[14]이 강화되는 경우와는 대조되는 것이다.

사회적 조장과 호손 효과

하이라이트 10.1

사회적 조장은 1920년대 후기부터 1930년대 초기 동안에 Western Electric Company의 Hawthorne 공장에서 처음으로 실시한 실험의 문서화였다. 본래 이런 전형적인 연구는 다른 작업 환경에 대한 효과를 평가하기 위해 디자인되었었다.[17,18] 여러 가지 것들 중에서 연구자들은 직원들이 전기 부품을 조립하는 장소의 조명에 변화를 주었고 조명이 밝아졌을 때, 생산능력이 향상되는 것을 발견하였다. 그러나 결과적으로 조명이 어두워지면 다시 생산능력이 향상되었다. 이런 혼돈되는 결과로, 연구자들은 작업 환경의 물리적인 양상에서 사회적인 양상으로 그들의 관심을 돌렸다. 직원들의 생산능력이 증가한 원인은 단순히 누군가가(이 상황에서는, 연구자들) 그들에게 관심을 주었기 때문이라고 밝혀졌다. **호손 효과**라는 용어는 개인이나 그룹이 단지 연구되고 있다는 사실만으로도 태도의 인공적인 변화가 일어나는 것을 설명하는 데 오늘날까지 사용되고 있다.

10.3.2 그룹의 발달 단계

아이들이 다양한 발달 단계를 거치는 것처럼, 그룹도 그렇다. 리더 없는 훈련, 실험 또는 치료 그룹들이 연관된 60여 개가 넘는 연구에 대해 Tuckman[15]이 리뷰한 결과에 의하면, 그룹들이 4가지 독특한 발달 단계(형성, 활성, 규범화, 수행)를 거치는 것으로 나타났다. 첫째, **형성**(forming) 단계는 예의 바른 대화, 동료 멤버들에 대한 초기 정보 습득과 낮은 신뢰로 특정되어 있다. 또한 이 형성 단계에서 그룹은 부정적인 특성을 보이는 잠재적 리더를 거절하기도 하였다. 둘째, **활성**(storming) 단계는 남아 있는 경쟁자들이 동맹을 결정하거나 그룹 리더의 역할을 하려고 고군분투하기 때문에 그룹 간 갈등, 긴장이 팽팽해진 감정 수준과 지위의 차 등으로 표현되었다. 셋째, 리더의 출현과 그룹의 규칙과 결속력이 발달하는 것이 **규범화**(norming) 단계의 주요 표상이었다. 끝으로, 그룹 회원들이 그룹의 과제 수행에 집중하여 기능적으로 상호의존적인 역할을 수행할 때 그 그룹은 **수행**(performing) 단계에 이르렀다고 한다.

Tuckman의 그룹 발달 4단계는[16] 몇 가지 면에서 중요하다. 첫째, 사람들은 그들이 깨닫는 것보다 리더 없는 그룹에 더 많이 속해 있다. 예를 들면, 많은 스포츠 팀, 운영회, 직장 그룹과 클럽들은 리더가 없는 팀으로 시작한다. 팀이나 클럽의 대장 또는 운영회의 대변인들은 각각 자신들이 속해 있는 그룹의 새로운 리더가 될 것이다. 아마도 대규모로 선출된 관리들조차 우선은 각 소집단이나 그룹의 새로운 리더로서 그들의 정치적 커리어를 시작한 후에, 후보자로서의 생명력을 입증해 보임으로써 남은 다수의 회원을 확신시킬 수 있었다.

그룹 발달 단계를 이해하는 것이 중요한 또 하나의 이유는 리더들의 행동과 그룹의 결속력과 생산성 사이의 잠재적인 관계 때문이다.

그룹 발달 단계를 이해하는 것이 중요한 또 하나의 이유는 리더들의 행동과 그룹의 결속력과 생산성 사이의 잠재적인 관계 때문이다. 어떤 전문가들은 리더들이 규범화 단계에서는 배려와 그룹을 유지하는 행동들에 초점을 맞추어야 하며, 수행 단계에서는 그룹의 생산성을 향상시키기 위해 과제 행동에 집중해야 한다고 주장하였다.[19,20] 또한 이 연구자들은 규범화와 수행 단계에서 이러한 행동을 거꾸로 하는 리더들은 결속력이 약하고 생산성이 적은 그룹을 갖는 경향이 있다는 것도 제안하였다. 그러므로 그룹 발달 단계를 인식하는 능력은 리더들이 이끄는 그룹의 결속력과 생산력을 향상시킬 뿐 아니라 자신이 리더로 떠오를 수 있는 가능성을 강화시킨다.

Tuckman의 모델이 널리 알려지고 그 구성요소들이 서로 잘 어울리는 것 같기는 하지만, 이에 대한 비평이 없는 것은 아니다. Tuckman의 연구 대상들은 훈련, 실험 또는 치료 그룹들이었다는 것을 다시 떠올려보라. 이 가운데 사실 조직 상황에서 형성되는 팀을 대표할만한 대상은 없다. 예를 들면, Ginnett은 많은 수술팀을 관찰하면서, 그들이 팀을 형성할 때 활성 행동들을 하는 것을 한 번도 본 적이 없었다. 만약, 외과의사, 마취의사, 수술실 간호사 사이에 오늘 누가 칼을 사용하게 될 것인지에 관해 논쟁이 형성된다면 당신은 그 환자가 되고 싶지 않을 것이다.

Gersick[21]은 조직 상황에서 팀을 위한 보다 나은 모델을 제안하였다. **프로젝트 팀**을 연구하면서, 팀들이 반드시 일에 달려들어 하지 않는다는 것을 알아내었다. 그보다는 여러 가지 아이디어와 전략들과 씨름하면서 팀으로서의 일생의 처음 반을 지내게 된다는 것이다. 그러고 나서, 프로젝트의 중간 부분에 이르게 될 때쯤, 그 팀은 일을 완수하도록 하는 활동과 재검토의 소용돌이를 거치면서 중년의 위기와 같은 것을 경험하는 것처럼 보인다. Gersick은 이러한 과정을 **단속평형**(punctuated equilibrium)이라고 명명하였는데, 이것은 Tuckman의 4단계 모델과는 분명히 매우 다르다.

10.3.3 그룹의 역할

그룹의 역할은 특정 직무나 지위와 관계된 기대되는 일련의 행동을 일컫는다. 대부분의 사람들은 그들이 연관되어 있는 여러 가지 그룹으로부터 다양한 역할을 가진다. 이외에도 같은 그룹 안에서 상황이 변하게 됨에 따라 어떤 사람이 여러 가지 역할을 하게 되는 것도 흔한 일이다. Ginnett[22]은 항공사 승무원들은 하루 동안 다양하게 변화하는 역할을 하게 된다는 것을 발견하였다. 비록 일반적으로 어떤 행동들은 특정 역할과 연관되지만, 항공사 승무원들에게 효과적인 팀 회원들은 역할에 대한 요구사항의 변화에 따라 행동을 변화시키는 데 보다 유연하다. 예를 들면, 비행기의 기장은 전반적인 비행과 의사결정에 책임이 있는 반면, 기내 승무원들은 종종 비행이 끝나고 난 후 승무원들의 저녁시간을 계획하는 것을 담당한다. 그러나 이 연구에서 한 기장은 승무원들의 일과 후 사회 활동 계획을 포함하여 모든 의사결정을 도맡아 하며, 의사결정자로서의 역할에 유연하지 못한 모습을 보였다. 우연하지 않게 그는 다른 유연한 기장들에 비해 실제 비행하는 동안에조차 보다 덜 효과적인 리더로서 비춰졌다.

운동팀의 위치와 같은 역할들은 비교적 구체적인 맥락에서만 그 의미를 가진다. 일반적으로 말해서, 예를 들면, 미식축구 경기 동안에는 라인맨의 역할을 한 사람만이 맡는다. 다른 역할들은 보다 일반적이며, 어떤 공통 역할은 그룹의 일을 잘 해내는 데 있어 부분적인 역할을 감당하기도 한다. [하이라이트 10.2]가 힘 있는 역할들이 어떻게 행동의 결정자로서 역할을 하는지에 대한 생생한 예를 제시한다.

스탠퍼드 대학의 교도소 실험

하이라이트 10.2

사회 심리학자인 Philip Zimbardo와 그의 동료들이 스탠퍼드 대학에서 시뮬레이션 감옥 환경을 만들어 역할의 위력을 보여주는 실험을 하였다.[24] 많은 지원자들 중에서 24명의 남자 대학생들은 무작위로 죄수 또는 경비요원으로 배정되었다. 이 시뮬레이션은 대학 빌딩 중 한 곳의 지하에 실제로 감옥을 만들어 꽤 현실적이었다. 요원들은 유니폼을 입었고 야경봉과 호루라기를 들고 다녔다; 그들은 선글라스도 착용했다. 죄수들은 격렬한 사이렌이 울리는 경찰차로 그들의 집에서 체포되었다. 그들은 수갑이 채워지고 몸수색을 당하고 눈이

가려진 채로 감옥에 수송되었다. 경찰들은 그들의 지문을 채취하고 죄수복을 주었으며 그들이 호명될 죄수번호를 주었다.

학생들의 평소 행동이 그들이 연기하고 있는 역할로 몰입하기에 오랜 시간이 걸리지 않았다. 요원들은 그들의 권력으로 더욱더 폭력적이게 되었다. 그들은 그들 자신이 만든 감옥생활의 임의적인 법을 죄수들이 강력히 지키게 했고 심지어 사소한 일들로 그들을 처벌하는 것을 즐기는 듯했다. 그들은 다른 대학생인 그 죄수들을 나쁜 사람이라고 생각하는 듯했다. 죄수들의 감정적인 스트레스는 심오해졌고 2주로 예정되었던 실험은 6일 만에 중단되었다. 이런 예상치 못했던 결과는 참가자들의 역할이 그들의 실상이 되었기 때문이다. 그들은 단순히 요원과 죄수의 역할놀이를 하는 학생이 아니었다; 그들은 당황스러울 정도로 죄수와 요원이 되어버렸다.

이 스탠퍼드 연구에 대해 사람들은 어떤 결론을 내려야 할까? 추상적인 면에서 이 연구는 행동이 사회적 역할에 따라 부분적으로 결정됨을 잘 보여준다. 더불어 리더의 역할에 있다는 것 자체가(특히 권력의 발현이 상징적이지만 구체적인 형태로 드러날 수 있을 때), 리더가 생각하는 것과 팔로워에게 행동하는 것에 영향을 줄 수 있음을 보여준다.

이 연구에서 끌어낸 또 다른 교훈은, 이 실험에 참여한 지원자들이 연구에서 그들에게 주어진 역할인(실험기간 중에는 죄수 혹은 경비요원인 것이 핵심역할이었음) 죄수나 경비요원 외에도 매우 다른 다양한 역할을 실제 삶에서는 맡고 있다는 점이었다. 모든 사람에게는 많은 역할이 주어져 있지만 그 역할 중 중요 역할이란 상황에 따라 결정되는 것이며, 사람의 행동은 그 사람의 소속 집단이 바뀔 때마다 변화된다는 점을 주목할 수 있다.

8장에서 리더의 행동은 두 가지 폭넓은 기능으로 특징지어졌다. 한 가지는 **과제를 완료하는 것과 관계**된 것이고(task role), 다른 하나는 직장 그룹 내에서 **관계를 돕는 것과 관계**된 것이다(relationship role). 이와 유사하게, 그룹에서의 역할들은 과제와 관계 기능에 의해 범주화될 수 있다([하이라이트 10.3] 참고). [하이라이트 10.3]의 많은 역할들은 공식적인 그룹리더가 아닌 팔로워에게 적합하다. 이러한 다양한 모든 역할들은 리더십 과정의 일부이며 그룹의 전반적인 효율성에 도움이 된다. 과제와 관계 역할 사이의 차이는 다소 임의적이라는 것을 아는 것이 중요하다. 어떤 주어진 행동에 대한 단기적인 영향을 살펴보면, 충분히 이해가 가지만 다른 의미에서 보면 관계 역할들은 과제에 기인한다. 결국 과제 중심의 행동은 단기 목표를 달성하는 데 적절하지만, 반면에 적절하게 결속력 있는 그룹은 현재 과제뿐 아니라 미래의 과제에도 장기간의 성과에 대한 잠재성을 향상시킨다.

[하이라이트 10.3]의 역할들은 전반적인 그룹의 효과성에 도움이 되긴 하지만, 그룹의 수행을 방해할 수 있는 그룹 역할과 몇 가지 유형의 문제점을 발생시킬 수 있다. 역할 문제의 한 가지 유형은 [하이라이트 10.4]에 나열된 **제대로 기능하지 않는**(dysfunctional) **역할**이다. 이러한 역할들의 공통분모는 그 사람의 행동이 어떻게 그룹의 목적보다는 이기적이거나 자기중심적인 목적을 위주로 하는가에 관한 것이다.

그룹에서의 과제와 관계역할

하이라이트 10.3

과업역할

시작: 프로그램을 정의함, 활동을 제안함, 과업을 할당함.
정보 탐색: 질문하기, 적절한 데이터 또는 견해를 탐색함.
정보 공유: 자료 제공, 의견 제공.
요약: 재검토와 다른 이들의 견해를 통합, 행동에 대한 준비와 공통적인 이해 검토.
평가: 추정의 유효성 평가, 추천의 합리적임.
지도하기: 그룹에 일을 시키기.

역할의 관계

조화: 대인관계의 갈등 해소, 사람들 사이의 긴장 감소.
격려: 다른 이들을 칭찬하고 지지, 다른 이들의 공헌에 대한 감사 표현, 따뜻하고 친절히 대하기.
게이트키핑: 모든 그룹 멤버가 공평하게 참가하도록 보장하기, 반드시 모두가 들을 기회가 있고 개인적인 지배가 없도록 하기.

제대로 기능하지 않는 역할

하이라이트 10.4

지배: 그룹의 시간을 독점, 다른 사람들에게 견해를 강요함.
방해: 그룹 일을 완강하게 방해하고 지연시킴, 끈질긴 부정주의.
공격: 다른 사람들을 하찮게 만듦, 적대적이거나 겁주는 환경 조성.
산만하게 하기: 부적절한 행동으로 다른 사람들의 주의를 분산시킴.

역할 충돌은 기대되는 행동에 대해 모순되는 메시지를 받으며, 그것이 다시 한 사람의 감정적인 안녕(웰빙)이나 수행에 악영향을 줄 수 있다는 것이다.

또 다른 역할 관련 문제는 **역할 충돌**(role conflict)이다. 역할 충돌은 기대되는 행동에 대해 모순되는 메시지를 받으며, 그것이 다시 한 사람의 감정적인 안녕(웰빙)이나 수행[23]에 악영향을 줄 수 있다는 것이다. 역할 충돌은 몇 가지 다른 방식으로 일어날 수 있다. 아마도 가장 흔한 경우는 같은 사람으로부터 기대되는 행동에 대한 비일관적인 신호를 받는 것이다. 같은 사람이 혼동되는 신호를 보낼 때, **조직 송신자 내 갈등**(intrasender role conflict)이라고 한다("이 보고서를 5분 안에 다시 가져와야 하는데, 그때는 완벽해야 할 거야"). 조직 내부의 송신자 간 갈등(intersender role conflict)은 기대되는 행동에 대하여 몇몇 사람에게서 비일치되는 신호를 받을 때 발생한다.

또 다른 역할 충돌(interrole conflict)은 한 사람이 가지는 여러 가지 역할들 사이에 기반한다. 예를 들어, 직업과 가족의 요구사항들이 종종 역할 충돌문제를 일으킨다. **역할 간 갈등**(interrole conflict)은 어떤 사람이 그의 역할을 모두 수행하고 싶을 뿐 아니라 수행할 수 없을 때 일어난다. 마지막 유형의 역할 충돌은 역할에 대한 기대가 그 사람의 가치를 위반할 때 생겨나며, 이는 **사람-역할 충돌**(person-role conflict)이라고 한다. 사람-역할 충돌의 예는 가게 관리자가 상품의 질에 대하여 판매원으로 하여금 고객을 오도하는 행동을 부추기는 상황일 때, 그리고 이러한 행동이 판매원의 가치나 믿음과 일치하지 않을 때 일어나게 되는 경우이다.

역할 간 갈등(interrole conflict)은 어떤 사람이 그의 역할을 모두 수행하고 싶을 뿐 아니라 수행할 수 없을 때 일어난다.

조금 다른 역할 문제는 **역할의 모호성**(role ambiguity)이다. 역할 충돌에서는, 한 사람이 기대치에 대한 명확한 메시지를 받지만, 메시지들이 모두 일치하지 않는다. 역할 모호성의 경우 문제는 기대하는 바가 무엇인지에 대한 명확성이 부족한 것이다. 역할 기대 자체가 없어왔을 수도 있고 또는 명확하게 대화를 하지 않았을 수도 있다.[25,26] 역할의 모호성을 경험하고 있는 사람은 "그래서 내가 정확히 무엇을 해야 하는가?"에 대해 궁금해한다. 이러한 비기능적인 역할, 역할 충돌과 역할의 모호성과 같은 문제들은 조직 몰입, 직무 몰입, 무단결근과 동료나 상위자에 대한 만족도에 부정적인 영향을 준다는 것으로 밝혀졌다. 이에 리더들은 그룹에서 이러한 문제가 일어나는 정도를 최소화할 수 있는 능력이 있어야 한다.[27]

10.3.4 그룹 규범

규범(norms)이란 그룹 멤버들의 행동을 규범화하기 위해 그룹들이 채택하는 비공식적인 규칙들이다.

규범(norms)이란 그룹 멤버들의 행동을 규범화하기 위해 그룹들이 채택하는 비공식적인 규칙들이다. 규범들은 자주 기록되지 않거나 공개적으로 논의되지 않지만, 그럼에도 불구하고 그룹 회원들의 행동에 강력하고 지속적인 영향력을 가진다.[28] 이는 대부분의 사람들이 그룹 내에 존재하는 규범에 대해 알려주는 사회적인 힌트(cue)를 비교적 잘 읽어내기 때문이다. 예를 들어, 대부분의 사람들은 안내문구의 필요 없이 새로운 업무 환경에서의 의복 코드를 쉽게 구분해낸다. 사람들은 비록 그 규범이 위반되기 전에는 그 규범을 명확히 할 수 없었을지 모르지만, 어떤 규범이 깨질 때 그것을 쉽게 알아차린다. 예를 들어, 대부분의 학생들은 다른 학생들을 위해 여분의 과제를 남겨 놓는 것에 대해 기대를 가지고 있다. 어떤 교실에서 한 학생이 읽기 과제의 분량이 충분하지 않다거나 학기말 분량의 최소 분량을 더 많이 늘려야 한다고 불평하였을 경우 그 반응을 상상해보라.

규범들이 모든 행동을 규제하지는 않는다. 규범이 (a) 그룹의 생존을 도우며, (b) 어떤 행동이 그룹 멤버들에게 기대되는지를 보다 더 예측 가능하도록 하며, (c) 당황스러운 인간관계의 문제들을 피하도록 도우며, (d) 그 그룹의 중심 가치를 표현하고, 그 그룹이 독특한가를 명확히 한다면, 규범은 보다 중요하게 여겨지고 강화되는 것 같다.[30]

그룹 회원들이 채택하는 규범들은, 위에 나열된 것과 같이, 본질적으로 자기 성찰적이다. 규범은 팀이 스스로 돌보도록 하며, 부적절한 회원의 행동으로 야기되는 당황스런 상황들을 피하는 것을 돕는다. Hackman[31]은 리더가 그 팀이 외적으로 수행을 향상시키는 것에 집중하도록 하는 일에 책임이 있을 것을 추천한다. 구체적으로, 수행 강화를 위해 두 가지 핵심 규범이 만들어져야 한다고 제안한다:

1. 그룹 회원들은 전략을 수행하는 데 어떤 변화를 필요로 하는 기회들을 찾기 위해 환경을 능동적으로 탐색해야 한다.
2. 단체(팀)는 회원들이 항상 해야 하는 몇 가지 행동과, 조직의 목표에 순응하여 결코 하지 말아야 하는 행동 몇 가지를 명확히 해야 한다.

이러한 두 가지 규범들을 능동적으로 실행함으로써, 팀은 조직의 상황뿐 아니라 그 조직이 움직이는 산업이나 환경에 대해서도 살펴보도록 강요받는다. 규범에 관하여 한 가지 모순되는 것은 그룹의 아웃사이더가 종종 그 그룹의 인사이더보다 규범에 대해 더 잘 알 수 있다는 것이다. 스스로 그 규범에 종속되지 않는 아웃사이더가 규범들을 더 잘 알아보는 경향이 있다. 사실 관찰자가 더 그 조직에 "낯설수록", 규범들은 더 쉽게 인식될 것 같다. 어떤 사람이 출근할 때 넥타이를 매는 것에 익숙하다면, 다른 조직 사람들도 넥타이를 매고 일하는 것에 별로 주목하지 않겠지만, 사무실에서 스웨터나 후드티를 입는 제3의 조직에 근무하는 사람은 이를 주목하게 될 것이다.

10.3.5 그룹 결속력(집단 응집력)

그룹 결속력(Group cohesion)은 그룹을 지속적으로 함께 하도록 하는 접착제이다.

그룹 결속력(Group cohesion)은 그룹을 지속적으로 함께 하도록 하는 접착제이다. 이것은 회원들을 그룹으로 끌어들이는 힘의 합으로, 떠나려는 회원들에게 저항을 하며, 그 그룹 안에서 멤버들이 능동적으로 활동하도록 동기부여한다. 결속력이 강한 그룹들은 그렇지 않은 그룹들에 비하여 상호작용이 높고 서로에게 강한 영향력을 발휘한다. 뿐만 아니라, 결속력이 강한 그룹은 조직이탈률이 낮으며, 이러한 낮은 결석률과 이탈률은 더 높은 조직 수행에 도움이 되고, 이것은 다시 더 높은 결속력에 이바지하게 되어 점차적으로 긍정적인 소용돌이를 이루게 된다.

그러나 강한 결속력이 항상 높은 수행을 이끄는 것은 아니다. 결속력은 높지만 기술이 부족한 팀은 여전히 그러하며, 이러한 팀은 결속력은 조금 약하지만 보다 숙련된 팀에 패배할 것이다. 이외에도 결속력이 높은 그룹은 보다 큰 조직의 목표에 반하는 목표를 세울지도 모른다. 예를 들어, 결속력이 높은 어떤 대학의 연구단체 회원들은 그들에게 관심 있어 보이는 문제를 연구하는 데 몰두하였다. 그러나 열정적으로 그 프로젝트에 몰입한 멤버들은 그들의 연구가 대학의 명시된 목표와 잘 맞는지에 의문을 갖는다거나 혹은 다른 사람들이 질문하는 것조차 허용하지 않았다. 그들의 매우 지엽적이며 기본적인 연구 노력은 응용연구를 강조하는 그 대학이 표방하는 연구 흐름에서 상당히 벗어나 있었다. 그 결과, 그 대학은 상당한 외부의 재정 지원을 잃고 말았다.

결속력이 강한 그룹에서 또 다른 문제들도 발생할 수 있다. 연구자들은[32,33] 어떤 그룹들은 너무 결속력이 강해서 그들과 다른 사람들 사이에 상당한 벽 또는 울타리를 세운다는 것을 발견하였다. 이러한 **과도한 울타리 세우기**(overbounding)는 그룹을 보다 효과적으로 만들 수 있는 외부 자원의 활용을 차단시킬 수 있다. 경쟁적인 상품 개발팀들은 너무 튀어 오르게 되어(종종 "아이디어 도둑"에 대한 두려움이나 안전 문제라는 이유로 정당화시켜) 조직 내 사람들에게도 도움을 구하지 않을 것이다.

과도한 울타리 세우기(overbounding)는 그룹을 보다 효과적으로 만들 수 있는 외부 자원의 활용을 차단시킬 수 있다.

Carter 대통령의 집권기에 이란에서 인질로 잡혀 있었던 미국 대사관 직원을 구출하는 임무가 실패했던 일을 들 수 있다. 구출 작전 자체가 많은 미국 군대를 동원하는 다소 복잡한 임무였다. 그중에는 바다를 기지로 한 헬리콥터도 포함되었는데, 해군함에 승선하고 있었던 대부분의 선원들은 이 비밀 임무에 대해 모르고 있었지만, 헬리콥터와 그 승무원들은 일반 해군함을 이용하여 움직였다. 고참들은 혹시라도 선원들이 이 정보를 누출하지는 않을지를 걱정했기에 매우 중요한 임무를 수행하기 직전에 헬리콥터의 유지보수를 강화하지 않았다. 헬리콥터가 50시간 내에 중요한 점검이 예정되어 있었어도(이 경우 구조 임무시간을 초과할 텐데) 승무원들은 그 유지보수 작업을 하라는 지시를 받지 않았다. 믿을만한 정보통에 의하면, 이러한 실행이 적어도 실패한 헬리콥터 중 한 대의 수행력에 영향을 미치게 되었고, 이는 결국 이 임무 전체에 영향을 미쳤다.

Janis[34]는 결속력이 높은 그룹에 대해 또 다른 단점을 발견하였다. 그는 결속력이 강한 그룹에 속한 사람들은 종종 객관적으로 다른 행동에 대해 평가하기보다는 만장일치를 이루는 것에 더 관심을 보이게 되는 것을 알아냈다. Janis는 이러한 현상을 집단 사고 또는 **그룹 사고**(groupthink)라 명명하고 진주만 전쟁이나 피드만 침공을 포함한 몇 가지 역사적인 대혼란을 설명해 준다고 믿었다. 이러한 사고는 챌린저 우주 왕복선 참사에 어떤 역할을 했을 수도 있으며, 사업 회의부터 비행기 승무원이나 치료 그룹에서 학교 위원회에 이르기까지 다른 결속력이 있는 그룹에서도 일어날 수 있다.

그룹 사고란 무엇인가? 결속력이 있는 그룹들은 친근한 내부 관계를 유지하기 위해 강한 비공식적인 규범을 만들어나가는 경향이 있다. 편하고 조화로운 그룹 환경을 보존하는 것은 갈등, 반대나 비판적 사고를 억누르는 경향이 있는 숨겨진 의심이 된다. 지혜롭지 못한 결정들은 멤버들 간에 동의를 구하고 비판적으로 사고하며 초점에서 벗어난 관점을 표현하거나 참아내려는 노력들을 무효화한다. Janis[35]는 [하이라이트 10.5]에서 몇 가지 그룹사고의 징후들을 밝혀내었다.

집단 사고 증후군

하이라이트 10.5

보장되지 않은 낙관주의와 그룹으로부터 지나친 위험부담을 리드하는 **안전함의 환상**.
그룹의 도덕성에 대한 **의심할 수 없는 추정**과 그로 인한 그룹 활동의 도덕적 결과에 대한 평가의 부재.
부정적인 정보 또는 경고를 무시하기 위한 **단체적 합리화**.
상대편이 나쁘고, 약하고 어리석다는 **고정관념**.
그들의 중요성이나 타당성에 대한 의심으로 그룹의 만장 일치된 의견에서 벗어난 아이디어를 표현하는 데서 오는 그룹 멤버에 의한 **자기자신검열**.
실존하는 것보다 더 큰 만장일치를 인지한다는 **만장일치의 착각**.
의견충돌이 그룹에 대한 불성실을 의미한다고 하여 규범을 강화하는 것으로 **동의하지 않는 멤버에 대한 직접적인 압박**.

[하이라이트 10.5]에 나타난 대부분의 징후를 보이는 정책수립이나 의사결정 그룹은 비능률적이 될 큰 위험이 있다. 목표를 명확히 하고, 관련된 정보를 찾아내고, 대안을 평가하고, 위험요소를 진단하며, 만일의 사태에 대비한 계획수립 필요성을 예측하는 등의 일을 잘 수행하지 못할지도 모른다. Janis[36]는 그룹 사고를 줄이고 정책이나 의사결정 시 그룹의 조언의 질을 향상시키는 방법으로 다음과 같은 것을 제안하였다. 첫째, 리더는 모든 그룹 멤버들이 비판적인 평가자의 역할을 수행하도록 격려해야 한다. 그룹의 모든 사람들은 떠도는 의문점이나 반대의견의 중요성을 이해할 필요가 있다. 리더가 기꺼이 자진하여 자신의 의견에 대한 비판에 귀 기울이려는 자세도 여기에 포함된다. 둘째, 리더는 자신들의 공명정대함과 객관성을 통해 열린 탐구의 분위기를 만들어야 한다. 처음부터 리더는 그

리더는 모든 그룹 멤버들이 비판적인 평가자의 역할을 수행하도록 격려해야 한다.

룹의 토론에 편견을 줄 수 있는 개인적인 선호나 기대사항들을 말하는 것을 삼가야 한다. 셋째, 같은 사건에 대하여 다른 그룹들이 추천사항들을 잘 만들어 놓았다면 그룹사고의 위험은 줄어들 수 있다. 넷째, 적어도 그룹 멤버 중 한 명은 선의의 비판자(devil's advocate) 역할을 맡고, 매번 회의마다 돌아가면서 이 역할을 맡도록 해야 한다.

결속력이 강한 그룹들의 마지막 문제점은 Shephard[37]가 명명한 올리즘(ollieism)이라는 것이다. 그들이 하는 행동이 리더를 기쁘게 할 것이라고 믿는 과도하고 열정적이며 충성심 강한 부하직원들에 의해 불법적인 행동이 일어날 때, 그룹사고의 변형인 올리즘이 나타났다. Iran-Contra 사건 동안 백악관 직원으로 근무하면서 미국 의회에 거짓말을 했다고 인정한 Oliver North 중령의 행동으로부터 파생되어 나온 말이다. Shephard는 올리즘의 또 다른 예로 Henry 2세의 기사들에 의해 죽은 Thomas Becket과 Watergate 침입사건을 인용하였다. Enron사의 재판에서도 아마 비슷한 예를 볼 수 있을 것이다. 올리즘은 부하들의 불법적인 행동들이 리더의 명백한 동의 없이 이루어진다는 점에서 그룹사고와 차이점이 있다. 그럼에도 불구하고, Shephard는 비록 올리즘의 사례들이 공식적으로 처벌을 받지는 않았지만, 그에 대한 책임은 그대로 리더에게 부과되었다는 것을 지적하였다. 윤리적인 그룹 분위기를 만드는 것은 리더의 책임이며, 결속력이 매우 강하지만 비윤리적인 그룹을 조성한 리더들은 그룹의 행동에 대한 책임 또한 감당해야 한다.

올리즘은 부하들의 불법적인 행동들이 리더의 명백한 동의 없이 이루어진다는 점에서 그룹사고와 차이점이 있다.

그룹의 응집성과 수행 사이의 불확실한 관계, 집단사고와 올리즘에 의한 문제들에 대해 읽고 나면, 응집성이란 피해야 하는 것으로 생각할지도 모른다. 그러나 절대로 그렇지 않다. 무엇보다 먼저, 응집성이 과도한 그룹의 문제점들은 매우 드물게 나타나며, 일반적으로 리더들은 지나친 집단사고의 잠재적인 발생 가능성을 우려하기보다는 응집력이 강한 팀을 만들고 유지시키는 방법에 관해 생각하는 것이 더 좋을 것이다. 둘째, 응집성이 강한 그룹을 개발하는 데 있어 가장 큰 논쟁은 대안 즉, 결속력이 약하거나 없는 그룹을 고려하는 것이다. 이러한 경우 팔로워들은 일반적으로 리더와 멤버 서로에 대해 불만족스러워하고, 그룹과 조직의 목표를 달성하는 일에 몰입이 낮고, 그룹 내 의사소통이 힘들어짐에 따라, 상호의존적인 업무 수행에 어려움을 겪게 될지 모른다.[38] 낮은 응집성을 갖는 그룹의 문제들 때문에 리더십 실천가들은 결속력이 강한 그룹을 개발하는 것이 그들이 추구해야 하는 방향이라는 것을 깨달을 필요가 있다.

요약해보면, 그룹의 관점은 이 장 앞에 제시되었던 개인 관점에 상호보완적인 내용을 제공한다. 팔로워의 행동은 그들의 가치, 특성, 또는 경험에 기반할 수도 있고(개인 관점) 또는 팔로워의 역할, 그룹의 규범, 그룹의 발달 단계, 혹은 그룹의 응집성 수준 등에 기인할지 모른다(그룹 관점). 그러므로 그룹의 관점 또한 리더와 팔로워들에게 왜 그룹 내 개인들이 어떤 특정한 방식으로 행동하는가에 대한 몇 가지 설명을 제시해 줄 수 있다. 그 밖에, 위에서 언급된 여섯 가지 그룹 특성은 리더와 팔로워 모두에게 (a) 다른 그룹 멤버들에게 영향력을 행사하는 데 작용하는 요인들과 (b) 그룹 내에서의 영향력 수준을 향상시키기 위해 무엇을 해야 하는지에 관한 아이디어를 줄 수 있다.

10.4 팀

오늘날 조직에서 팀과 팀워크에 대한 많은 관심을 고려하여 팀과 팀의 효과성에 영향을 미치는 요인들에 대해 살펴보는 것이 적합하다. 팀의 효과성에 관한 차등측정에 대해 생각해본 후에 종합적인 팀 리더십 모형을 살펴볼 것이다.

10.4.1 효과적인 팀의 특성과 팀빌딩

팀들도 효과성 면에서 다르다. 거의 동일한 팀조차 실패 또는 성공의 면에서 극적으로 달라질 수 있다. 그러므로 무엇이 팀을 성공적으로 만들고, 또 다른 팀을 그렇지 못하게 만드는지에 의문을 가져야 한다. 이 분야가 최근에 연구되기 시작했지만, Center for Creative Leadership(CCL)은 예비 작업을 통해 효과적인 팀 수행을 위한 몇 가지 주요 특성을 시험적으로 제시하였다([하이라이트 10.6] 팀워크에 대한 우주비행사의 관점 참고).

여성 리더십: 비행사 관점에서의 팀워크

하이라이트 10.6

Bonnie J. Dunbar 박사는 미국의 우주비행사이다. 그녀는 4차례의 우주왕복선 미션을 수행했다. 우리는 팀워크와 팔로워십이 현재 우주 프로그램에서 그녀의 역할에서뿐 아니라 자라온 과정에서도 그녀에게 어떤 의미를 가지는지에 대한 개인적 생각을 알려달라고 요청하였다. 그녀는 1992년 6월 그녀의 비행 준비기간에 이것을 썼다. 그녀는 그 우주왕복선 미션에서 탑재장비 지휘관이었다.

무엇보다도, 우주 비행의 성공은 승무원 간, 그리고 지상의 관리자들과 승무원 간의 팀워크에 달려 있다. 팀워크는 현재 선택된 우주비행사들에 따른 자질이라고 평가된다. 나는 어린 소녀로서 나의 가족으로 인해 이런 개념에 노출되었다는 것이 정말 행운이었다. 4명의 아이들을 키우고 많은 허드렛일을 하면서 나의 어머니와 아버지는 우리에게 가족에 대한 책임감이라는 깊은 인상을 주었다. 농장과 우리의 미래의 성공은 우리의 공헌에 달려 있다. 장녀로서 나는 트랙터를 운전하고 말을 타고 가축들을 모으는 것을 포함한 모든 집안을 거들기를 기대받아왔다. 나와 내 동생 간에 이런 책임에 대한 차이는 없었다. 4-H운동과 야구, 배구, 농구팀들 내의 그룹 경험은 성공을 같이 나누고 패배에서 서로서로를 위로하는 자부심을 강화시켰다.

내가 대학을 다닐 때, 이런 몇몇의 팀 경험을 놓쳤었다. 내가 여자라는 이유로 나는 공과대학에서 환영받지 못하는 소수로 여겨졌다. 그러므로 나는 연구그룹이나 숙제 솔루션 그룹에 절대 초대받지 못했었다. 그럼에도 불구하고 나는 그룹 활동에서 Angel Flight(남녀 공동의 예비 공군인 ROTC－나는 2학년 때 50명의 지휘관으로 뽑혔다)에 속하여 그리고 남녀 혼성 야구를 계속하며 탈출구를 찾았다. 아이러니하게도 나의 공과대학 학우들은 나의 1루수로서의 육상능력을 필요로 했다.

또한 나는 이때 3명의 아주 중요한 사람인 아버지, 어머니 그리고 Ceremic Engineering Department의 의장인 James I. Mueller 박사로부터 지지를 받았다. 나의 부모님은 언제나 내가 나의 꿈을 추구하는 것과 내가 될 수 있는 한 최고의 사람이 되기를 응원해주셨다. 내가 가족에서 첫째라는 것은 그들에게 나를 대학에 진학시키려는 자부심의 원천이었다. 내가 그들의 고된 노동의 규범과 인간 동정심과 정직성에 참여한 것이 아마 큰 자부심의 원천지였을 것이다. 그들은 우주비행사가 되겠다는 나의 선택을 자랑스러워했지만 아버지는 내 부츠에 묻은 거름을 제거하는 것을 까먹을까 봐 걱정하셨다. 전문가로서의 나의 삶에서, 단결심은 우주비행사 사무소와의 유대관계에서 나왔다. 이는 "같은 반 훈련", 즉 관련 개인 간의 유사성이라는 개념 때문이었는데, 나는 함께 일하는 사람들을 가장 친한 친구라고 여겼다. 우리의 성공은 정말로 가족 팀의 성공이라 할 수 있으니, 우주 셔틀 프로그램의 엔지니어, 매니저, 관리자에 이르는 모두가 가족 같은 팀이었다.

나는 현재 NASA 우주왕복선의 승무원이 3회째이다. 탑재화물 선장으로서 나는 다음 비행 시 처음으로 승선하는 탑승과학기술자에게 승무원의 일부가 되는 것의 중요성에 대해 전달하려고 노력했다. 그 중요성이란 우리는 비행의 성공과 실패 둘 다를 공유한다는 것이다. 팀의 일부가 되기 위해 다른 이들의 능력을 평가하는 것은 흥미로운 경험이 되었다. 나는 아주 위험할 수도 있는 비행 환경에서 팀의 일부가 되지 못하는 경우 무엇을 하는지 보았다. 팀 멤버의 일부가 되지 못하는 것은 승무원들 간의 내부 마찰 정도를 지나 정말 위험할 수도 있다.

그래서 팀의 일부가 된다는 것은 무엇을 뜻하는가? 이것은 언제나 가장 현명하고 빠른 것이라고는 할 수 없다. 이는 더 큰 목표와 각각 개인이 전체에 기여하는 공헌을 인지하는 것이다. 단체의 삶이 된다고는 말할 수는 없어도 이것은 사람들과 어울려 언제 타협하고 언제 나서지 말아야 하는지를 알며 결승점을 디디는 것을 가능케 한다고 말할 수 있다. 그리고 우리와 같이 쟁쟁한 개인들이 있는 단체에서는 언제 Chief가 되고 언제 Indian이 되어야 하는지 아는 것을 뜻한다. 우주비행사 사무소에서 우주비행 전문가들은 비행 중에 기술적인 일과 다른 책임을 통해 로테이션된다. 때때로 그들은 Chief보다는 Indian이다. 일을 최고로 잘하고 호평 받는 사람들은 동등하게 일을 잘한다.

CCL의 팀 연구는 성공적인 팀과 그렇지 않은 팀은 8가지 특징에 기반하여 구분될 수 있다고 하였으며, 이 중 여섯 가지는 과제 달성과 관계된 것이다.[39] 첫째, 효과적인 팀은 명확한 미션과 높은 수행 기준을 가지고 있다. 팀원 모두는 그 팀이 무엇을 달성하려고 하는지, 그 팀의 미션을 달성하기 위하여 각 사람이 얼마나 잘 수행해야 하는지를 알고 있다. 둘째, 성공한 팀의 리더들은 팀원들에게 필요한 장비, 훈련 시설과 기회, 외부의 자원 등을 종종 조사하였다. 효과적인 팀의 리더는 팀 멤버들의 전문기술을 진단하는 데 상당한 시간을 투자하였다. 활용 가능한 자원과 스킬을 조사한 후에, 좋은 리더들은 팀의 효과성에 필요한 장비나 자원을 확보하는 일을 할 것이다. 이외에도 효과적인 팀 리더들은 활용 가능한 자원의 최적의 활용방법을 마련하고, 전문기술이 필요한 새로운 멤버를 선정하거나 기존 멤버들의 스킬 향상을 위해 계획을 수립하는 데 상당한 시간을 보낼 것이다.

성공한 팀의 리더들은 팀원들에게 필요한 장비, 훈련 시설과 기회, 외부의 자원 등을 종종 조사하였다.

효과적인 리더의 마지막 두 가지 특징은 그룹의 유지 또는 대인관계 측면과 관계되어 있었다. Hallam과 Campbell[40]의 연구는 높은 수준의 의사소통이 종종 효과적인 팀과 연관되어 있다는 것을 보여주었다. 이 높은 수준의 의사소통은 팀 멤버들로 하여금 목표에 집중하도록 했으며, 이용 가능한 스킬, 지식과 자원들의 활용도를 높이는 데 도움을 주었다. 또 팀의 성공과 효과성에 필요한 에너지를 고갈시키는 팀 내 대인관계에서의 갈등을 줄이는 데도 도움이 되었다. 이 연구에서 밝혀진 효과적인 팀의 특성들은 리더십 실천가들에게 어떻게 팀이나 작업 단위의 효과성을 높일 수 있는지에 관한 몇 가지 아이디어를 제공한다.

그룹과 팀 효과성에 이르는 다른 길은 규범적 접근법을 사용하는 것이었다. 이 테크닉의 한 예는 *Groups that work(and those that don't)*[41]라는 책에 잘 기술되어 있다. Ginnett은 우리가 이 장의 뒷부분에서 살펴보게 될 팀 리더십에 중점을 두고 확장된 모델을 개발하였다. 이제, 팀 설계에 초점을 맞춘 Ginnett[42,43]의 모델에 나타난 세 가지 주요한 리더십 기능 중 하나에 관심을 가지고 살펴본다. 그 모델은 어떤 과제를 수행하든지 팀이 순조로운 출발을 할 수 있도록 돕는 팀 설계의 4가지 구성요소를 제안한다. 그 시작부터 적절하게 설계되어 있지 않아서 팀이 실패하는 경우를 쉽게 찾아볼 수 있기 때문에 이 모델은 중요하다. 팀이 효과적으로 일하려면, 다음의 4가지 변인들이 처음부터 잘 마련되어 있어야 한다.

1. 과제 구조(task structure): 팀은 그 팀의 과제가 무엇인지 알고 있는가? 과제는 팀의 목표와 일관성을 가지며 합리적으로 규정되어 있는가? 그 팀은 의미 있는 일을 하며, 그것을 수행할 수 있는 충분한 자율권이 있으며, 그 결과에 접근 가능한가?
2. 그룹 영역(group boundaries): 팀의 집단적 멤버십은 주어진 과제를 수행하기에 적절한가? 너무 많거나 또는 적은 멤버가 있지는 않은가? 멤버들은 그 일을 수행하기에 집단적으로 충분한 지식과 기술을 가지고 있는가? 과제 기술 외에, 팀은 함께 일하며 갈등을 해결할 수 있을 만큼의 성숙함과 대인관계 기술을 가지고 있는가? 팀은 적절히 다양한 수준으로 구성되어 있는가?
3. 규범(norms) 팀으로서 일하는 데 필요한 적절한 수준의 규범들을 공유하고 있는가? 규범은 다음의 세 가지 방식으로 습득될 수 있다. 첫째, 팀 외에 존재하는 조직으로부터 가져올 수 있다. 둘째, 팀의 리더에 의해 제정되거나 강요될 수 있다. 셋째, 상황에 따라 팀에 의해 개발될 수 있다. 만약 시간이 흐르면서 작용하는 전략이 있다면, 상충되는 규범들이 멤버들에게 혼동이 되지 않도록 해야 한다. 또한 팀의 목적 달성을 위하여 정기적으로 지배적인 규범들이 있는지 리뷰할 필요가 있다.

팀의 목적 달성을 위하여 정기적으로 지배적인 규범들이 있는지 리뷰할 필요가 있다.

4. 권위(authority): 리더는 엄격한 분위기가 아닌 융통성 있는 분위기에서 권위를 발휘하도록 분위기를 만들어 놓았는가? 어떤 상황이 발생했을 때 그룹이 순응하도록 충분한 권한을 확립해놓았는가? 팀의 어떤 멤버도 필요

한 경우 전문적 도움을 제공하도록 권한부여의 분위기를 마련해놓았는가? 명확한 답이 없는 의사결정에 대하여 멤버들이 리더에게 의문을 가지는 것을 편하게 여기는가? 간단히 말하면, 상황에 따라 권위를 적절히 이양할 수 있는 분위기가 형성되어 있는가?

이러한 팀 설계 구성요소의 많은 부분들은 그 팀이 형성되고 있는 조직의 기존 조건들로부터, 그 조직이 속한 산업에서 또는 그 산업이 속한 환경에서 가져오기도 한다. 팀 리더들이 이러한 다양한 수준을 고려하도록 돕기 위하여, Hackman과 Ginnett[44,45]은 **조직 보호막**(Organizational shells)이라는 개념을 개발하였다([그림 10.1] 참고). 팀 설계에 필요한 4가지 주요 요소들이 그룹이 효과적으로 일하기 위해 필요하다는 것에 주목하라. 어떤 경우에는 이러한 주요 요소들의 한 가지가 해당 산업이나 조직 보호막 수준에서 투입된 것일 수도 있다. 이런 경우는 리더가 별다른 일 없이 이를 확인하게 된다. 다른 경우에는 팀이 효과적으로 일하도록 하는 조직 수준에서의 입력이 너무 없을지도 모른다. 따라서 리더는 팀 설계를 위한 요소를 수정할 필요가 있다. 이상적으로 이것은 팀이 실제로 일을 하기 전 마지막 보호막인 형성 과정에서 이루어진다.

이러한 아이디어들은 리더와 팔로워들 사이의 관계에 대해 새로운 사고방식을 필요로 할지도 모른다. 많은 조직에서 리더는 대부분 정해진다. 그러나 그룹의 효과성을 위해 환경을 조성하는 사람들은 지정된 리더가 아니며, 팔로워 계층 사이에서 부상된다. 이 모델은 리더와 팔로워들이 같은 사람들로 구성된 팀인 "자기관리 그룹(self-managing work group)"들을 효과적인 그룹과 그렇지 않은 그룹으로 구분하는 데 사용되어 왔다. 이 모델은 또한 처방적인 성격을 가지기 때문에 비효율적인 그룹들이 성공하기 위해서 어떻게 해야 하는지에 대하여 여러가지 제안을 제시하였다.

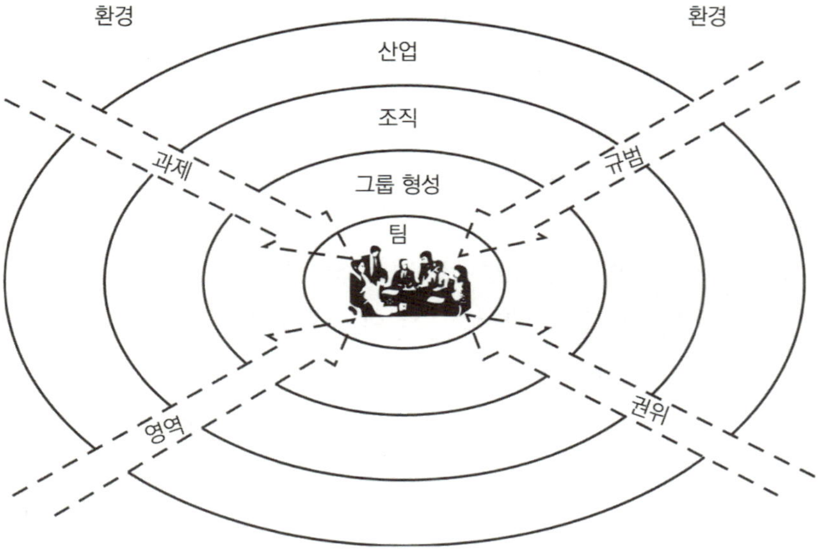

[그림 10.1] 조직 보호막

10.5 팀 리더십 모형

팀 리더십 모형(Team Readership Model, TLM)에 대한 또 다른 이해방식은 효과적인 팀이 되기 위해 무엇을 해야 하는지를 먼저 규명하고, 리더에게 그 팀의 효과성을 방해하고 있는 것은 무엇인지 혹은 지금보다 더 효율적인 팀이 되기 위해 어떤 방향으로 나아가야 하는지를 알려주는 메커니즘으로 활용하는 것이다.

우리는 리더십이 그룹이나 팀의 기능임을 강조하고 그 팀의 목표를 달성하였는지 여부가 리더십 효과성을 측정하는 하나의 방법이라고 제안해왔다. 그리하여 팀이 보다 효과적인 방법으로 수행하는 것을 돕도록 설계된 모형을 구체적으로 살펴보는 것이 타당하다. **팀 리더십 모형**(Team Readership Model, TLM)[46-48]에 대한 또 다른 이해방식은 효과적인 팀이 되기 위해 무엇을 해야 하는지를 먼저 규명하고, 리더에게 그 팀의 효과성을 방해하고 있는 것은 무엇인지 혹은 지금보다 더 효율적인 팀이 되기 위해 어떤 방향으로 나아가야 하는지를 알려주는 메커니즘으로 활용하는 것이다. 이는 리더의 주요 업무가 팀이 어떤 요구에 직면하고 있는지 결단하고, 이를 해결하는 것이라는 McGrath[49]의 리더십에 대한 입장과 유사하다. 이 접근은 리더십이 어떤 리더와 그 리더의 특성이 아니라 팀의 기능이라는 것을 생각하도록 한다. 이 모델의 제목에서 나타내듯이, 팀 효과성은 근본적인 동인이다.

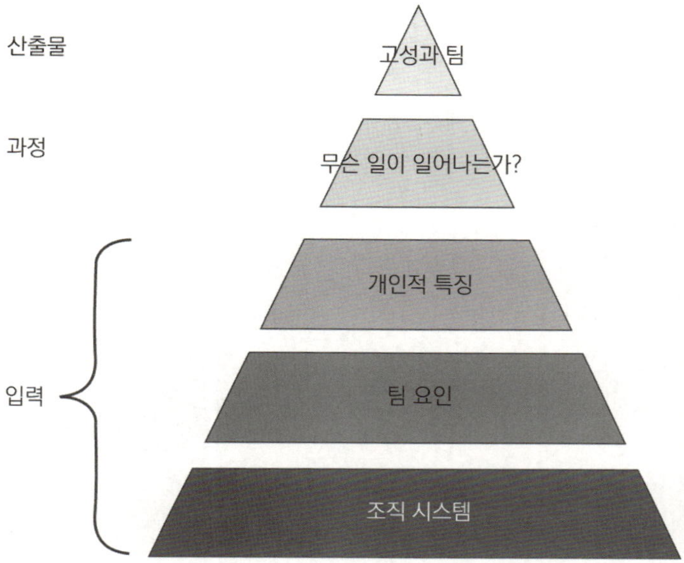

[그림 10.2] 팀에 적용된 시스템 이론

그룹 또는 팀 효과성에 대한 이 모형을 앞에서 짧게 언급하였지만, 이제 보다 상세히 검토해 볼 것이다. "그룹의 동력(engine of a group)"을 살펴보는 원래 모형은 Richard Hackman에 의해 개발되었으며, 이것은 지난 30년간 그룹과 팀에 대한 연구에 기반이 되어왔다. 여기에 소개된 모형은 Ginnett에 의해 수정된 모형이며 주로 필드 연구를 통해 개발된 리더십 모형의 예를 대표적으로 보여주고 있다.[50] 이 모형의 일부분의 타당성을 증명하는 통제된 실험연구가 행해졌지만, 주요한 개발이나 타당성 검증은 실제 상황에서 수행하는 고성과 팀을 활용하여 완성되었다. 이 과정에서 연구대상이 된 팀으로는 상업용 비행 승무원과 군인 비행기 승무원들, 외과수술팀, 상품개발 및 제조팀, 우주선 발사 준비팀 등이 포함되었다. 이 모형[51]의 자세한 설명은 뒤에 제시될 것이다. 모형의 복잡성 때문에, 몇 가지 쉬운 예를 가지고 설명을 시작하는 것이 이해하기 더 쉽다.

가장 기초적인 수준에서, 이 모형은 기저에 입력(예: 개인, 팀과 조직의 요소들), 중심에 과정 또는 처리량(예: 일터에서 팀 멤버들을 실제로 관찰하고 그 팀에 대하여 말할 수 있는 것들), 그리고 꼭대기에 산출물(예: 그 팀이 얼마나 그 목표를

가장 기초적인 수준에서, 이 모형은 기저에 입력(예: 개인, 팀과 조직의 요소들), 중심에 과정 또는 처리량(예: 일터에서 팀 멤버들을 실제로 관찰하고 그 팀에 대하여 말할 수 있는 것들), 그리고 꼭대기에 산출물(예: 그 팀이 얼마나 그 목표를 잘 달성했는가, 이상적으로는 고성과팀)의 구조를 가지는 시스템 이론 접근법이다.

잘 달성했는가, 이상적으로는 고성과팀)의 구조를 가지는 시스템 이론 접근법이다. 이제 각 단계에 대하여 살펴보고자 한다. 그러나 산출물, 과정, 그리고 입력 순으로 이 모델에 대하여 거꾸로 살펴보겠다.

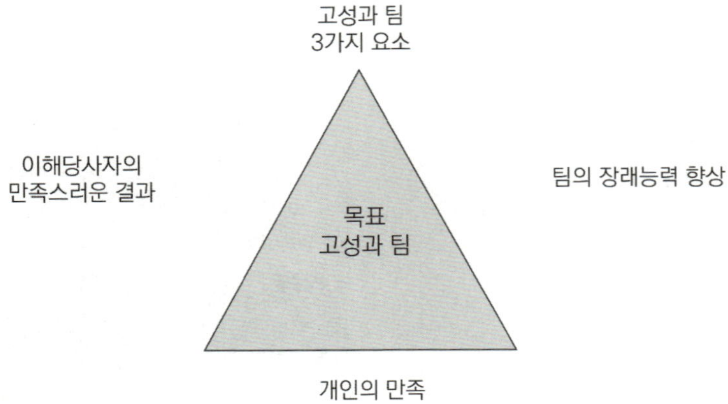

[그림 10.3] 기본 팁 리더십 모형(TLM) 산출물: 고성과 팀의 결과물

10.5.1 산출물

산출물이란 무엇인가? 아주 간단히 말해서, **산출물**(outputs)이란 팀의 일에 대한 결과물이다([그림 10.3] 참고). 예를 들어, 미식축구 팀은 24점을 기록하고, 생산팀은 하루에 24개의 밸브를 제작하고, 탱크 조종사는 대포 사격 범위에서 24개의 목표물을 맞춘다.

팀의 산출물에 대한 성과를 어떻게 알 수 있는가? 그 팀이 효과성이 있는 팀이라는 것을 어떻게 알 수 있는가? 위에서 언급되었던 세 가지 다른 팀의 수행의 일부를 측정하는 것이 가능하긴 했지만, 이러한 측정방법은 절대적으로나 상대적으로나 이 팀의 효과성을 결정하는 데 많은 도움이 되지 못한다. 비교와 연구 목적으로, 어떤 팀이나 과제에 상관없이 적용될 수 있는 팀의 효과성 측정법을 마련하는 것이 바람직하다. Hackman[52]은 (a) 그 팀의 산출물(상품, 서비스, 결정)이 그것을 사용하는 사람들의 양, 질 및 타임라인에 대한 기준에 부합할 경우, (b) 그룹이 과제를 수행하는 동안 생기는 프로세스가 팀멤버로서 일하는 멤버들의 능력을 향상시켜줄 경우, (c) 그룹의 경험이 그 그룹을 구성하는 개인들의 성장과 행복을 강화시켜주는 경우에 그룹은 효과적이라고 주장한다.

10.5.2 과정

산출물에 대해 왜 리더들이 관심을 두는지에 관해서 명확해야 한다. 팀이 산출물을 "생산해내지" 않는다면, 결국 그 팀은 효과적이라고 여겨질 수 없다. 그렇다면 과정이란 무엇인가? 그리고 왜 리더는 이것에 신경을 써야 하는가? 사실 리더가 팀이 어떻게 수행하고 있는지, 팀 프로세스에 주의를 기울이고 싶어 하는 이유는 몇 가지가 있다. 예를 들면, 궤도에 올릴 한 개의 위성을 제작하는 것이 과제인 팀은 두 번의 기회는 없을 것이다. 위성이 일단 발사된 후에는 어떤 문제를 수정할 수 있는 기회가 없을지 모른다(허블 망원경의 경우처럼, 엄청난 비용을 치른 후에 오류의 수정이 가능한 경우도 있다). 그러므로 이러한 팀의 리더는 위성이 발사된 이후보다는 작업이 진행되고 있을 때 그 팀의 수행을 평가하는 것이 바람직할 것이다. 다른 부류의 팀들은 최종 산출물 측정결과로부터 그 팀의 효과성을 판단하기에 주요한 지표가 충분하지 않기 때문에 일상적인 업무에 높은 기준들을 적용하기도 한다. 이러한 상황에서 원자력 발전소를 운영하는 팀이 수많은 테크니컬 백업 시스템에 둘러싸여 있어서 "안전작동"이라는 측정 기준으로만 그 팀의 효과성을 판단하는 것은 어려운 경우를 들 수 있다. 그러나 모든 원자력 발전소의 팀이 똑같이 잘 운영되는 것은 아니다(Chernobyl과 three mile섬의 예). 실패한 결과물을 추적하여 팀의 문제에 대해 알게 되는 것보다 실제 팀이 "과정 중에" 있을 때 그 팀을 평가하는 것이 도움이 될 것이다. 위험한 일을 하지 않는 팀의 리더들도 효과적인 과정과 그렇지 않은 과정에 대한 증거로 그 팀의 일상을 모니터링할 수 있기를 바랄지도 모른다. 팀이 어떤 일을 수행하는 방식은 리더에게 매우 유용한 정보를 제공해줄 수 있는 것으로 나타났다.

과정에 대한 진단이 매우 중요하므로, [그림 10.4]에 나타난 효과성을 측정하는 네 가지 과정에 대한 블록에 잠시 집중해보자. 효과성에 대한 네 가지 **과정 측정법**은 팀이 일하는 방식을 검토해볼 수 있는 기준을 제공한다.

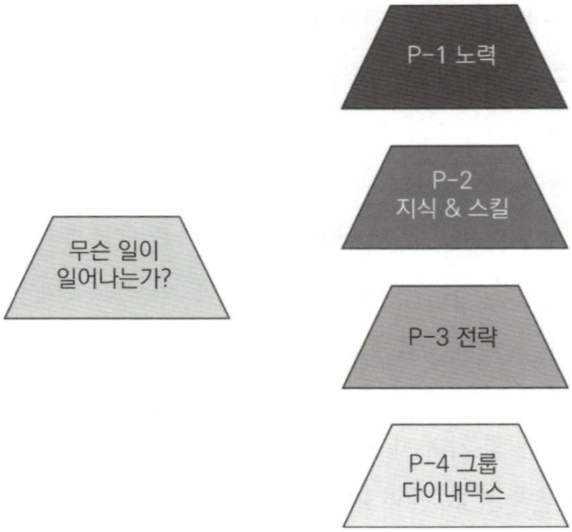

[그림 10.4] 팁 리더십 모형(TLM) 진단 과정: 과정 변인들을 이용한 진단

그룹 역학이란 팀 멤버들 간의 상호작용을 말하는데, 서로 어떻게 의사소통하는지, 서로에게 어떻게 감정 표현하며, 갈등을 어떻게 다루는지 등이 여기에 포함된다.

어떤 팀이 효과적으로 수행한다면, 그 팀은 (a) 열심히 일해야 하며(노력), (b) 팀 내에 과제를 수행할 수 있는 충분한 지식과 기술을 보유하고 있어야 하며, (c) 그 일을 해낼 수 있는 적절한 전략을 가지고 있어야 하며, (d) 멤버들 사이에 건설적이고 긍정적인 그룹 다이내믹이 있어야 한다. 그룹 역학이란 팀 멤버들 간의 상호작용을 말하는데, 서로 어떻게 의사소통하는지, 서로에게 어떻게 감정 표현하며, 갈등을 어떻게 다루는지 등이 여기에 포함된다. Wheelan[53]의 그룹 프로세스에 대한 광범위한 관점과 평가에서 기록된 것처럼, 그룹의 프로세스를 진단하고 개선시키는 것은 하찮은 일이 아니다.

이러한 네 가지 프로세스 측정 중의 하나에서 문제가 발견된다면, 리더는 어떻게 해야 할까? 답은 모순적이지만 그 과정 자체에 집중하지 않는 것이다. 이 네 가지 과정 측정이 팀의 효과성을 측정하는 데 좋은 진단 측정법이기는 하지만, 이들이 반드시 문제를 해결하는 좋은 지점인 것은 아니다. 의료의 비유를 하면, 어떤 감염의 징후에 대한 진단을 한 의사가 진정한 병의 원인을 공격하기보다는 감염의 징후만을 치료하는 경우에 비유할 수 있을 것이다. 이와 같이 팀 수준에서, 그 과제에 적용되고 있는 노력의 부족함을(아마도 동기의 문제인) 고치려고 노력하기보다는, 팀 리더는 기본적 문제를 발견하여 그것을 고치는 편이 더 낫다는 조언을 받아야 한다. 팀에게 동기를 더욱 부여하도록 연설하기보다는 그것이 더 낫다. 이것은 팀이 과정으로부터 도움을 얻지 못한다는 것을 의미하는 것은 아니다. 이것은 단순히 리더가 우선적으로 해결되어야 하는 설계상의 문제가 없다는 것을 확실하게 해야 한다는 것을 의미한다.

10.5.3 입력

입력이란, 팀이 일을 할 때 그들에게 이용 가능한 자원을 의미하는 것이다.

제조공장에서 **입력**(inputs)이란 판매상품으로 과정되는 원재료 물질이다. 이와 같은 팀 상황에서 입력이란, 팀이 일을 할 때 그들에게 이용 가능한 자원을 의미하는 것이다. 산업 공장과 팀의 중요한 차이점은 공장의 경우, 입력되는 것이 물리적 자원이라는 점이다. 팀을 설계할 때 우리는 흔히 심리적 요소들을 고려한다. 개인적인 수준에서부터 환경적인 수준에 이르기까지 입력에는 다양한 레벨이 있다. 입력되는 것들의 일부는 리더가 거의 영향력을 미칠 수 없는, 주어진 것들이 있다. 리더는 흔히 환경, 산업, 조직의 상황 등에 대해 거의 통제권이 없는 상태로 팀을 맡게 된다. 그러나 효과적인 팀워크를 위한 조건을 만드는 데 리더가 직접적으로 영향을 미칠 수 있는 입력들도 있다. [그림 10.2]는 입력단계의 여러 가지 수준을 보여준다. 개인과 조직 수준에서 입력 요소들이 있으며, 이러한 수준들은 둘 다 팀 설계 수준에 영향을 미친다는 것을 주목하라.

10.5.4 모형에 대한 리더십 처방

생성

McGrath[54]의 리더 역할에 대한 관점(리더의 주요 역할은 팀의 요구를 찾아내어 만족시키도록 돕는 것)을 따라 TLM(팀 리더십 모형)을 이용하면, 리더가 추구해야 하는 건설적인 접근법을 찾아낼 수 있다. 이 장 초반에 언급된 것처럼, 리더의 행동은 팀이 어느 정도의 발달단계에 있는가에 달려있다. 이상적으로, 우리는 집이나 자동차를 만들듯이 팀을 만들어야 한다. 어떤 개념에서부터 시작해서, 설계를 하고, 우리가 원하는 대로 제작하고, 사양에 맞게 만든다. TLM은 팀 설계에 대한 같은 1차적인 흐름을 제공한다. 조금 더 복잡한 버전의 TLM이 [그림 10.5]에 소개되어 있는데, 리더는 왼편에 있는 꿈으로부터 시작하여, 설계 변인들을 지나, 팀의 개발 요구에 주의를 기울이게 된다. 이런 방식의 팀리더는 팀 리더십의 세 가지 주요 기능인 **꿈, 설계 그리고 개발**(dream, design, development)을 실행시킨다.

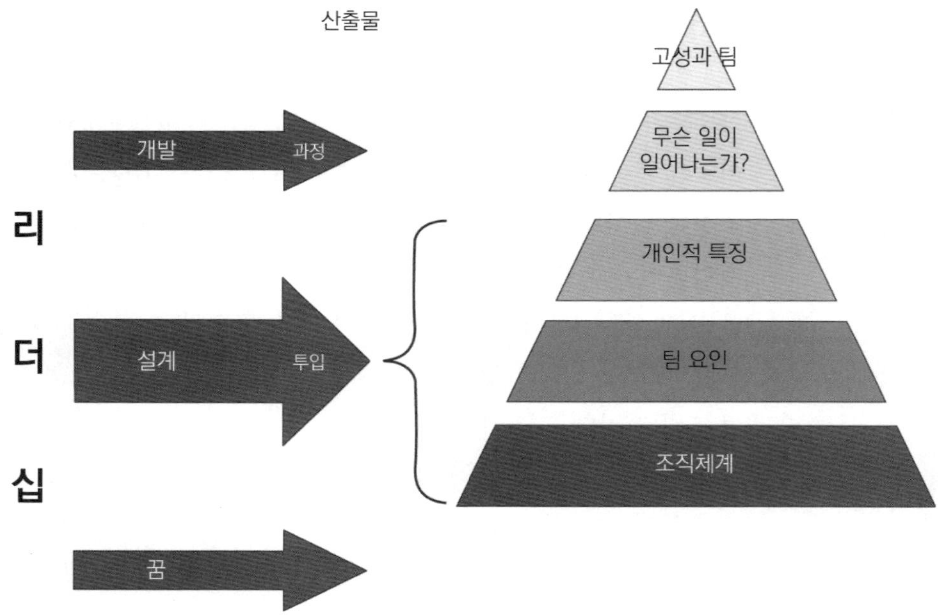

[그림 10.5] 리더십의 세 가지 기능

꿈

팀은 명확한 비전을 가질 필요가 있다.

팀은 명확한 비전을 가질 필요가 있다. *The wisdom of teams*[55]라는 책에서 Katzenbach와 Smith는 이것이 팀워크에서 가장 중요한 스태프(staff)라고 제안하였다. 팀이 도전적인 목표를 가지고 있다면, 그 과제를 완수하기 위하여 팀워크는 필수적일 것이다. 효과적으로 일하는 팀에서 리더는 팀이 어디를 향해 가고 있는지에 대한 명확한 비전을 가질 것을 보장한다. 비전에 대하여 자주 의사소통하는 것은 은유적인 언어를 포함하고, 팀멤버들은 각자 그 팀이 향하고 있는 방향에 대

하여 실제로 그릴 수 있어야 한다.(그들 스스로 그림을 그릴 수 있다)

설계

팀을 새롭게 시작하든지 리더가 중간에 지정되든지 상관없이 팀을 설계하는 것은 매우 중요한 일이지만, 또한 가장 흔하게 생략되는 단계이기도 하다.

리더십의 설계기능의 중요성은 정말 중요하다. 팀을 새롭게 시작하든지 리더가 중간에 지정되든지 상관없이 팀을 설계하는 것은 매우 중요한 일이지만, 또한 가장 흔하게 생략되는 단계이기도 하다. 관리자들은 오랫동안 일탈을 탐지하여 개선하도록 훈련받아 왔다. 하지만 이러한 탈선이 산출물 단계에 이르러서야 탐지된다면? 관리자들은 흔히 과정 단계에서 탈선을 감지하고 "그 자리에서 바로" 고치려고 시도한다. 너무나 흔하게 투입 수준에는 시간이나 주의력이 별로 강조되지 않는다. 고참 리더들은 여러 이유를 들어 조직의 체계를 변화시키는 것에 저항할 수도 있다. 현 조직의 체계는 예를 들어, 현재의 상황을 유지시키는 기득이권을 포함한다(현 체계가 무엇이건 이는 고참 리더를 현재의 위치에 오르도록 한 것이다!). 개인 팀 리더들이 조직 상황과 체계에는 통제권이 거의 없는 반면, 그들 자신의 팀 설계에는 영향력을 행사할 수 있는 기회가 항상 있다.

개발

개발이란 이미 잘 설계된 팀을 향상시키기 위한 방법을 지속적으로 찾기 위하여 개발과정 수준에서 행해지는 일이다.

리더가 팀이 명확한 방향감각과 비전을 갖고 있음을 알게 되면, 그리고 개인, 팀과 조직 수준에서의 투입 변인들이 팀의 효과성에 긍정적으로 기여하고 있다는 것을 파악하게 되면, 리더는 개발 수준으로 관심을 가지게 된다. 개발이란 이미 잘 설계된 팀을 향상시키기 위한 방법을 지속적으로 찾기 위하여 개발과정 수준에서 행해지는 일이다. 효과적인 팀워크란 효과적인 개인의 일과는 매우 다른 개념에 기초할 수가 있다. 예를 들어, 팀이 잘하기 위해서는 그 팀을 구성하고 있는 개인들은 때론 그들의 개인적인 노력을 극대화하지 말아야 할 때가 있다. 하위조직 비최적화(subsystem nonoptimization)라고 불리는 이 개념은 많은 새로운 팀 멤버들에게는 직관적으로 명확히 이해되지 않는다. 그럼에도 불구하고, 수비팀 멤버로 매우 우수한 방어 라인맨과 엄청나게 빠른 러닝백(라인 후방에 있다가 공을 받아 달리는 공격팀의 선수)을 가진 고등학교 미식축구팀의 경우의 예를 생각해 보자. 팀멤버들은 그 팀이 잘하려면 모두 최선을 다해야 한다고 듣게 된다. 러닝백이 마지막에 정말 최선을 다한다면, 그는 그가 달릴 수 있는 최고의 속도로 달리게 될 것이다. 그렇게 함으로써, 러닝백은 자신을 막고 있는 라인맨을 뒤에 남기게 될 것이다. 이렇게 경기를 하면 팀은 많은 야드수를 획득하지 못하게 될 것이며, 각각 최선을 다한 러닝백과 라인맨은 팀워크에 대한 중요한 경험적 교훈을 얻게 될 것이다. 무엇보다 중요한 것은, 몇 번의 이런 경기 후에는, 모든 팀 멤버들은 형편없는 팀 프로세스를(팀 내 불화로 인한 형편없는 전략, 그룹 다이내믹스, 노력 등) 보이게 될 것이다. 모든 투입 단계의 변인들이 제자리에 만족스럽게 놓여있다면, 이제 지속적인 코칭이 필요한 때이다. 코치가 러닝백과 라인맨 사이에 보다 조화로운 계획을 세웠더라면 보다 나은 결과를 얻었을 것이다. 이러한 경우, 빠른 러닝백은 조금 느리지만 훌륭한 블러커가 일할 수 있도록 느려질 필요가 있다. 이 둘이 모두 경기에 도움이 될 기회가 주어진 후에, 러닝백은 개인적으로 더 훌륭하게 공헌할 수 있는 기회가 주어질 것이며, 이것은 또한 팀 전체에도 도움이 될 것이다.

이렇게 간단해 보일지라도, 팀을 이렇게 바닥부터 이끌어 세울 기회를 가지는 리더들은 많지 않다. 이보다 리더들은 종종 이미 존재하는 팀에 배정되거나, 팀이 이미 거의 다 구성된 곳에 투입되거나, 팀에 우호적이지 않은 조직 상황에 놓인다. 이러한 상황들은 조금 더 어렵기는 하지만, 그렇다고 아무것도 할 수 없는 것은 아니다. 팀 리더십 모형(TLM)은 또한 변화를 위한 주요 **지렛점**을 진단하고 확인하는 방법을 제공한다.

10.5.4 진단과 지렛점

당신이 새로운 리더로서 성과가 좋지 않은 기존의 팀을 맞게 되었다고 가정해보자. 며칠간의 관찰 후에, 당신은 팀 멤버들이 그저 열심히 일하지 않는다는 사실을 발견하였다고 하자. 이들은 업무에 무관심하고 예정된 팀 스케줄에 자주 방황하거나 심지어 나타나지 않는 것 같다. TLM의 과정 블록에 초점을 맞춘다면 ([그림 10.6]에 나타난 TLM의 핵심 또는 “엔진”은 네 면을 가진 피라미드로 여겨질 수 있다) 노력의 문제인 과정 수준의 문제로 진단하게 될 것이다. 과정 수준에서의 노력이라는 용어는 P-1이다. 더 열심히 일하라고 단순히 격려하기보다 투입 수준에서 기저하고 있는 어떤 문제가 없는지 먼저 살펴보아야 한다. 그러나 12개개인 수준(I1)에서는 개인 팀 멤버의 흥미와 동기를 나타내며, 이는 모형에서 개인적인 요소(individual factors)라고 한다.

Campbell의 흥미와 기술 검사와 같은 도구를 사용하여 사람을 선발하는 것이 팀의 노력 수준에 도움이 될 것이다.

의 모든 변인을 살펴볼 필요는 없다. P-1(노력) 수준의 과정에서 이미 문제가 진단되었기 때문에 TLM은 변화를 일으키기 위해 초점을 맞출 주요 요소에 집중하도록 설계된다. 피라미드의 각 면은 개인, 팀, 조직 수준에서 투입 변인을 보여준다. 이러한 것들은 영향을 미치는 노력을 위한(P-1) 지렛대점으로 일컬어진다([그림 10.6]에서 피라미드의 첫 번째 면). 개인 수준(I1)에서는 개인 팀 멤버의 흥미와 동기를 나타내며, 이는 모형에서 **개인적인 요소**(individual factors)라고 한다. 기계적인 조립 업무를 수행하기 위해 팀을 형성할 때 기계적인 업무에 관심이 없는 개인들을 배정한다면, 이들은 팀의 업무를 완료하는 데 노력을 기울이지 않을지도 모른다. Campbell의 흥미와 기술 검사와 같은 도구를 사용하여 사람을 선발하는 것이 팀의 노력 수준에 도움이 될 것이다.[56]

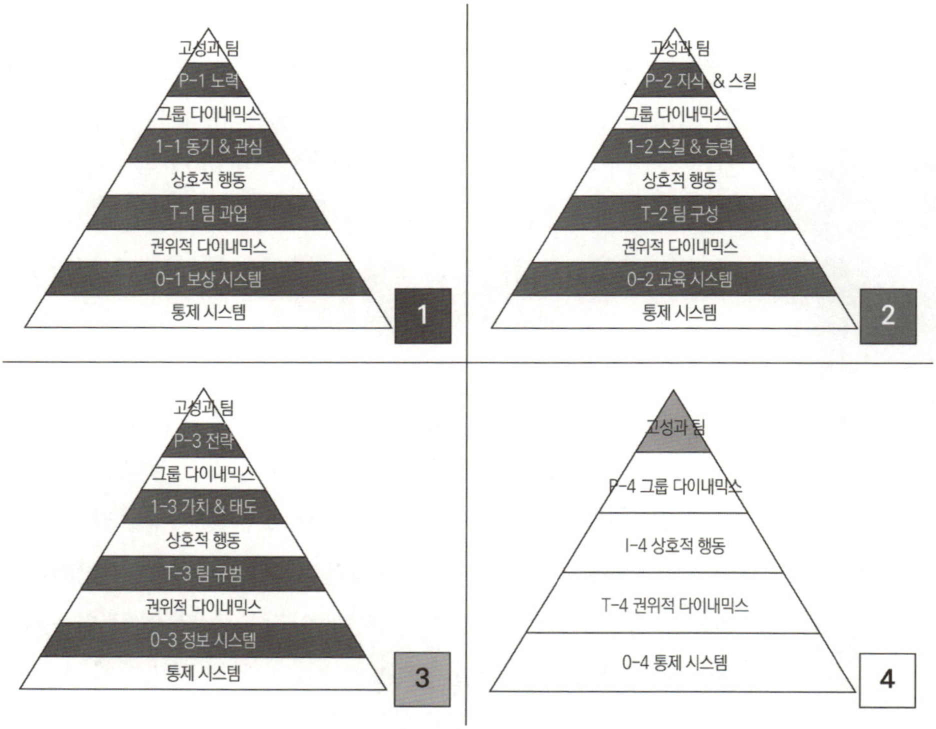

[그림 10.6] Robert C. Ginnett 박사의 팀 리더십 모형: 팀 리더십 모형 "엔진"의 네 가지 면

다음으로 팀 수준의 투입요소로 넘어가고 싶겠지만, 이 모형은 팀이 개인과 조직 수준의 투입에 의해 영향을 받는 방식을 강조한다는 것을 기억하는 것이 중요하다. 그러므로 다음은 조직 수준에서 살펴보고자 한다. 이 모형은 **조직 수준**에서(O-1: 보상시스템) 팀에 영향을 미칠 수 있는 보상체계에 대하여 살펴볼 것을 제안한다. 조직 차원에서 개인의 노력에 상응하는 보상이 없다면, 사람들은 많은 노력을 기울이려고 하지 않을 것이다. 이와 유사하게, 보상 체계는 개인의 수행만을 보상하도록 구조화되어 있을 수도 있다. 이러한 보상 체계는 상호 의존과 협력을 기저로 하는 업무를 하는 팀에게는 적합하지 않을 수 있다. 만약, 프로 농구단이 선수들에게 게임의 승리나 우승결정전에서 팀의 성과에 대한 보너스 없이 개인 획득 점수에만 근거하여 보상을 지급한다면, 팀동료들에게 서로 패스하거나 하는 등의 플레이는 거의 기대할 수 없을 것이다.

개인과 조직 수준의 변인들은 둘다 팀의 업무 수행 능력에 영향을 미친다. 그러나 **팀 설계** 수준에서 문제가 있을 수도 있다. T-1(팀 과업) 수준에서 잘못 설계된 업무는 동기부여되지 않는다고 가정된다(직무 특성에 근거하여 내재적으로 보상이 이루어지는 일의 설계에 대한 접근법이 다음 장에서 논의될 것이다). 직무가 의미 없고 충분한 자율성이 보장되지 않으며, 결과에 대한 지식을 제공해주지 않는다면, 팔로워들이 많은 노력을 기울일 것이라고 기대할 수 없을 것이다.

> 직무가 의미 없고 충분한 자율성이 보장되지 않으며, 결과에 대한 지식을 제공해주지 않는다면, 팔로워들이 많은 노력을 기울일 것이라고 기대할 수 없을 것이다.

이 모형을 활용하여 우리는 팀 프로세스에 관하여 팀에 영향을 미치는 투입단계의 다양한 수준에 대한 주요 지렛점들을 발견하였다. 인용된 사례에서 프로세스 수준의 문제를 진단하였고(P-1: 노력), 투입 단계의 문제들을 찾는 가장 적합한 장소로서 개인, 조직 그리고 팀 수준에서 1수준 변인들을 살펴보았다. 여기서 지렛점이라는 개념은 해당 "숫자들"의 요인들만이 고려되어야 하는 것을 의미하지는 않는다. 예를 들면, 팀의 노력은 권위적이고 억압적인 리더에 의해 영향을 받기도 한다. 다음에서 논의할 것처럼, 이러한 "기본적인 수준의 변인"은 다른 변인들에 엄청난 영향을 미칠 수 있다. 사실 이 영향은 막대하여 그룹의 역동성(P-4: 그룹 다이내믹스)과 그에 상응하는 지렛점에 대한 과정 측정을 두 가지 사례에서 면밀히 살펴보고자 한다.

첫째, **수술팀**이다. 수술 절차와 관련하여 경험이 많은 멤버들로 구성된 수술팀이 구성되었다. 수술하는 동안 의사가 특정 도구를 요청한다. 간호사는 의문이 담긴 눈빛으로 수술대 건너편에 있는 보조를 쳐다본 후 의사가 요청한 도구를 건넨다. 의사는 그가 받은 도구가 이 수술절차에 맞지 않는 것을 인식하고서 도구를 던지며 간호사를 나무란다. 수술팀의 모든 멤버들은 수술대에서 반 발짝 물러나고 대화는 중단된다. 이후로 그 의사에게는 아무도 더 이상의 자발적인 도움을 제공하지 않는다.

둘째, **민간 항공사 승무원**이다. 한 항공사 승무원이 맑은 날 복잡하지 않은 공항으로 일상적인 접근을 하고 있다. 기장이 비행하고 있었고 시계 접근을 하겠다고 하였다. 그런데 그의 활주로로의 접근은 좋지 않았고 이것이 비행기의 착륙을 곤란하게 하여 착륙이 매끄럽지 못하였다. 게이트에 도착한 후에 기장과 그의 전 승무원은 매끄럽지 못한 착륙에 대하여 논의하며 기장이 매끄러운 착륙을 하도록 개인적으로 또 팀 전체로서 어떻게 해야 할지에 대하여 토의하였다. 기장은 팀원들의 노력에 감사하며 팀원들의 제안사항들을 다른 상황에 처했을 때 실행할 수 있도록 격려한다.

위의 두 가지 사례에서 그룹의 역동성이 명백하게 다르게 나타난다. 첫 번째 예에서는 의사의 지위와 함께 그의 행동은 효과적인 팀워크에 부적절한 조건을 만들었다. 두 번째 사례에서 비행기 기장은 비록 해당 업무를 잘 수행하지 못했지만, 앞으로 수행을 향상시킬 수 있는 팀 환경을 조성하였다. 위의 두 가지 경우 모두에서 업무를 하는 동안 흔하지 않은, 즉, 하나는 부정적이고 하나는 긍정적인 그룹 역동성을 관찰하였다. 이는 P-4(그룹 다이내믹스) 수준에서의 그룹 역동성의 예이다.

조직 수준에서 O-4(통제시스템) 변인은 팀이 의사결정을 하는 방식을 지나치게 구조화하거나 가로막는 조직의 통제 시스템이 있는지 알아내기 위하여 조직의 구성요소들을 확인할 것을 제안할 것이다.

다시 지렛점을 결정하는 모형으로 돌아가서, 관련된 팀이 상호작용을 적절히 할 수 있는 대인관계 스킬을 가지고 있는지 알아내기 위하여 개인 수준의 I-4(상호적 행동) 변인을 확인해 볼 것이다. 조직 수준에서 O-4(통제시스템) 변인은 팀이 의사결정을 하는 방식을 지나치게 구조화하거나 가로막는 조직의 통제 시스템이 있는지 알아내기 위하여 조직의 구성요소들을 확인할 것을 제안할 것이다. 이러한 요소는 조직의 설계나 구조의 한계점 등을 포함할 수도 있고, 팀 전체뿐 아니라 팀을 구성하고 있는 개개인의 상세한 일거수일투족을 명시하는 엄격히 컴퓨터화된 통제 시스템일 수도 있다. 조직 수준에서 이러한 지나친 통제는 효과적인 팀워크를 방해할 수 있다.

마지막으로 팀 설계 수준에서, T-4(권위적 다이내믹스) 변인은 리더와 팔로워들 사이에 형성된 권한 역학관계를 우리로 하여금 살펴보도록 할 것이다. 권한의 역학관계란 리더를 포함한 팀 멤버들이 권위에 대응하고 관계를 맺는 여러 가지 방식을 뜻한다. 팔로워들이 그 팀의 권위자인 리더와 직접적으로 관계를 맺을 기회를 갖게 되는 팀 수준에서 일어난다. 이 다양한 권한 역동성이 팀의 수명에 어떠한 역할을 하는지는 이 장에 할당되기에는 너무 복잡하다. 여기에서는 독재적인 수준에서 자유방임까지 형성될 수 있는 권한 관계의 범위가 있다고만 말해두는 것이 충분할 것 같다. 이 개념에 대한 보다 자세한 내용은 Ginnett[57]의 글을 참고하라. 그러나 더 상세한 설명 없이도 앞에서의 두 가지 사례에서 보인 다양한 그룹의 역학관계를 보면 다양한 방식으로 리더의 권한 활용에 의해 영향력이 발휘되었다는 것은 놀라운 일이 아니다.

리더가 자신과 자신의 팀에게 이상적인 형태의 권위를 미리 명확히 규정하고 구체화한다면, 그런 후 그 목표를 향해 일한다면 간단할 것이다. 그러나 지속적으로 한 가지 고정된 형태의 권위 밑에서 효과적으로 운영될 수 있는 팀은 거의 없다. 리더가 자신이 선호하는 스타일이 있을 수도 있으며, 또 팔로워들도 어떤 형태의 권위보다 다른 종류의 권위에 대한 선호도를 가질 수 있다. 하지만 팀이 효과적이려면, 그들이 실행하는 권위의 역학관계는 상황이 요구하는 것을 보완할 수 있는 것이어야 한다. 상황은 때때로 변화하기 때문에 팀의 권한 역학 관계도 변해야 한다. 이는 앞 장에서 언급되었던 효과적인 리더는 다섯 가지 리더의 권력을 모두 사용하는 경향이 있다는 아이디어와 매우 유사하다.

앞 장에서 언급되었던 효과적인 리더는 다섯 가지 리더의 권력을 모두 사용하는 경향이 있다는 아이디어와 매우 유사하다.

팀을 형성하는 리더들의 행동에 관한 연구에서 Ginnett[58]은 대단히 뛰어난 리더들은 팀 형성 초기의 첫 몇 분 동안 다양한 권한 역동성을 활용하였다는 것을 발견하였다. 이것은 각각의 뛰어난 리더들이 다른 리더들과 다른 한 가지 스타일을 사용했다는 것을 의미하는 것이 아니다. 뛰어난 리더들 각각이 다양한 권한의 형태를 활용했다는 것을 의미한다. 팀의 첫 번째 미팅의 어느 시점에 리더는 지시적인 행동을 하여 그의 역량을 확립하도록 하였고 이는 결국 적당한 권위를 형성하였다. 또 다른 시점에 그는 매우 참여적인 과정에 팀을 움직여 팀의 각 멤버들로부터 활발한 참여를 이끌어내기도 하였다. 팀 일생의 초반기에 다양한 권위 행동을 보여줌으로써 뛰어난 리더들은 상황이 변함에 따라 지속적으로 권위를 변화시킬 것이라는 기대감에 대한 기틀을 마련하였다.

10.5.5 Ginnett의 팀 리더십 모형에 대한 맺는 글

팀 리더십 모형의 복잡성 때문에 모델의 모든 구성요소가 여기에서 다 논의되지 않았음을 인정한다. 예를 들면, 우리는 여기에서 물질 자원(material resources)에 대해서 논의하지 않았다. 어떤 팀이 잘 설계되고, 그 일을 지원하는 우수한 조직 체계를 가지고 있으며, 지속적인 개발이 가능하다고 해도, 적절한 물리적 자원이 없다면 좋은 산출물을 내지 못할 것이다. 또한 산업과 환경을 의미하는 배경 보호막이 단순화된 TLM의 설명에 포함되지 않았다는 것을 주목하라. 팀리더가 이러한 보호막에 영향을 미칠 기회가 거의 없기는 하지만, 이 보호막은 팀에 분명히 영향을 미친다.

조직의 여러 수준에 정보를 제공하는 몇 개의 피드백의 고리가 있다. 대개 어떤 팀이 잘하는지 그리고 어려움을 겪고 있는지에 대한 정보는 공식적으로 또 비공식적으로 이용 가능하다. 이러한 정보에 리더들이 접근성이 있는가는 그들이 편안한 분위기를 만들었는가 아닌가에 달려있다. 그 팀의 전반적인 능력은 그 팀이 아직 시도하지 않은 과제에 영향을 미치는 반면, 개인 수준에서의[59,60] 피드백은 팀의 개인 멤버들의 인지된 효능감에 영향을 줄 수 있다.[61]

마지막으로, 앞서 언급된 한계점을 강조해야겠다. 활용과 안내의 편리를 위하여, 이 모형은 기계에 비유하여 소개되었다. 그러나 다른 리더십 모형이나 인간 체계는 그렇게 간단하지 않다. 팀과 팀의 효과성에 영향을 미치는 다른 변인들이 분명히 존재한다. 이 모형에 소개된 변인들 사이에조차도 복잡한 상호작용이 있다. 우리는 팀과[62] 리더십 관계에 대하여 팀을 이해하는 데 이 모형이 유용하다는 증거를 가지고 있으며, 리더들이 보다 효과적인 팀을 이끌도록 돕는 데 이 모형을 기본 틀로 사용하고 있다.

(a) 팀이 명확한 목적의식과 수행에 대한 기대를 가지는지 보증함으로써, (b) 개인, 조직, 팀 설계 수준에서 투입 단계 변인들을 설계하거나 재설계함으로

써, (c) 그리고 여러 단계에서 지속적인 코칭을 통해 팀의 수행력을 향상시킴으로써, 리더들은 팀 효과성에 영향을 줄 수 있다는 것을 보여주었다. 이러한 "중간궤도 수정"은 팀의 결과물을 향상시킬 뿐 아니라 팀의 수행 수준 저하를 야기하는 많은 팀 관련 문제들을 피하는 데 도움이 된다.[63] 리더가 팀을 만들어내는 호사를 누리든 아니면 이미 존재하는 팀에 할당이 되든 간에, TLM은 리더들의 행동을 안내해주는 유용한 도구가 되어왔다. 또한 팀이 효과적으로 일하도록 하는 환경을 만드는 것이 리더의 역할이라면, 이 모델은 가장 효과적인 도구이다.

이 모델의 변인들을 L-F-D(리더 · 팔로워 · 상황) 프레임워크와 [그림 10.7]을 통합시켜보자. 이 세 가지 영역 각각에 중요한 변인들이 있다. 그러나 이 모형에서 리더의 역할은 팀이 과제를 수행하기 위해서 팀에게 주어져 있지 않은 것을 파악하는 것이기 때문에, 여기서 리더의 특성은 상대적으로 큰 역할을 하지 않는다. 따라서 중심은 리더로부터 팔로워와 상황으로 옮겨진다.

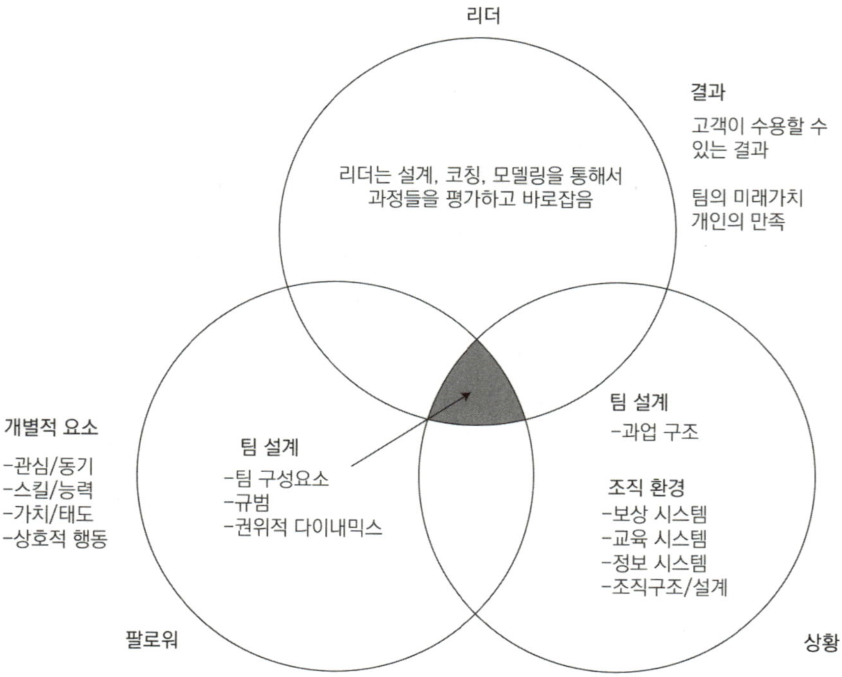

[그림 10.7] 그룹 효과성 및 상호작용 틀에 대한 규범 모형

10.6 가상팀

팀과 팀워크가 조직 내에서 업무 달성에 필수적인 요소가 되어온 것처럼, 앞으로는 한 장소에만 국한되지 않는 팀 형태에 대한 이해가 필요할 것이다. 글로벌 시장과 그 결과로 생겨난 조직의 글로벌화 움직임과 함께 **지리적으로 떨어져 있는 팀** 혹은 **가상팀**(virtual team)이라고 불리는 팀들을 이끄는 어려움과 추천사항들을 간단히 언급하는 것이 좋을 것 같다. 이러한 형태의 팀을 명명하는 것에 대하여 상당한 논의가 있지만, 여기서 우리는 이러한 팀을[64] 간단히 가상팀이라고 부르기로 한다.

전 세계가 하나의 시장이다. 서방의 기업들은 북미와 유럽과 같은 전통적인 시장보다 중국, 남미, 아프리카, 러시아와 이전의 구소련 연합의 국가 등지에서 성장과 개발의 기회가 더 많다는 것을 인지하고 있다. 그러나 이러한 인지와 함께 지리적으로 떨어져 있는 문제뿐 아니라 문화적으로도 다양한 팀들을 이끄는 것에 대한 새로운 도전사항들이 발생하고 있다. 밀레니엄 초기인 현재 개인용 컴퓨터의 판매가 매년 1억 대에 달하고, 6천만 명의 사람들이 휴대전화를 사용하게 될 것이며, 인터넷과 월드와이드웹은 매년 100%씩 증가하고 있다.[65] 이러한 도전적인 상황에 완전한 해결책은 아니지만 다행히도 정보 통신 기술의 발달이 어느 정도 도움이 되어주고 있다. 이렇게 전자적으로 의사소통하는 것이 팀워크를 보장하는 데 충분한가? 절대로 그렇지 않다.

콘퍼런스 보드[66]의 연구자들은 글로벌팀이 잘 움직이려면 다섯 개의 주요 영역이 변화될 필요가 있다고 보고하였다. 다섯 개 영역에는 고위 경영진의 리더십, 혁신적인 정보통신 기술의 사용, 글로벌 운영을 강화하는 조직 설계의 도입, 팀 멤버들 간에 구축된 신뢰, 그리고 다양한 문화, 언어와 사람들을 사로잡을 수 있는 능력이 속한다.

Armstrong과 Cole[67]은 가상팀에 대한 심도 깊은 연구를 통해 이러한 가상팀의 리더가 고려해야 하는 세 가지 결론을 제안하였다. 첫째, 가상팀의 멤버들 사이의 거리는 다면적이다. "거리"는 단순한 지리적 거리만을 포함하는 것이 아니라 조직적인 거리(예: 다른 그룹 또는 부서의 문화), 일시적인 거리(예: 시간차), 그리고 국가의 문화적인 차이까지도 포함한다. 둘째, 흩어져 있는 그룹의 수행에 이러한 거리가 미치는 영향은 거리에 대한 객관적인 측정치에 비례하지 않는다. 사실 Armstrong과 Cole은 그룹의 응집력과 정체성의 정도를 반영하는 멤버들 사이의 심리적인 거리 측정치가 지리적인 거리를 측정하는 것보다 그룹의 수행을 예측해내는 데 더 도움이 될 것이라고 하였다. 마지막으로, 거리가 그룹에 미치는 것으로 보이는 영향의 차이는 적어도 부분적이나마 두 가지 방해 요인들 때문이다: (1) 가상 팀 내에서의 통합 실제 (2) 가상팀과 전체 조직 사이의 통합 실제.

리더들이 가상팀과 일하는 것을 돕도록 하는 몇 가지 틀이 있으며, 이 틀이 도움이 될 수 있는 구체적인 요인들이 있을 것이다. 그러나 순수한 연구 의미에서 가상팀에 대한 제한적인 경험으로, 앞서 논의했던 TLM이 과정상의 문제를 고려하고 개입을 위한 지렛점을 제안해 주는 데 매우 도움이 되었다.

선도적인 가상 팀: 10가지 원칙

하이라이트 10.7

Terence Brake는 TMA-Americas의 사장이고 세계화에서 전문가이다. 그는 가상의 팀의 리더들에게 아래의 가이드를 제안했다.

팀워크와 관련해 사용할 때 **가상**은 당혹스런 용어이다. 이것은 거의 팀워크가 있지만 꽤 그렇지도 않음을 의미한다. 가상은 '거의, 가까이, 경계에 가는'이라는 의미를 가진다. "만약 당신이 가상의 결과를 원한다면 가상의 팀을 만들어라"라는 농담이 있다. 대신에 만약 가상의 팀에서 진짜 팀워크를 달성하기 위해 더 큰 노력이 필요하다는 것을 의미하기 위해서 쓰인다면 이것은 다행스런 용어가 된다. 어떤 규범들이 당신이 이것을 하도록 도와주는가?

1. **상황을 앞서 주도하라.** 우리는 종종 가상의 팀(VTs)에 대해 마치 그들이 모든 종류이면서 각각은 그것의 독특한 도전을 가진 것처럼 이야기한다. 어떤 팀들은 높은 수준의 문화의 다양성을 가진다. 다른 팀들은 더 동일한 편이다. 어떤 사람들은 공동 작업을 위해 다양한 혼합된 기술을 쓰는 반면, 어떤 사람들은 기본적인 기술을 쓴다. 몇몇은 단기간에 당장 직면한 문제들을 해결하는 데 목표를 삼고, 다른 팀들은 장기적이고 체계적이다. 몇몇은 표준 시간대를 넘지만 다른 팀들은 그렇지 않다. 가장 발생될 만한 도전을 이해함으로써 당신은 앞서 주도하는 방안을 가질 수 있고 팀의 자신감을 높일 수 있다. 자신감은 가상의 팀의 성과 창출에 기여하는 요소이다.

2. **주어진 일 전에 관계에 집중하라.** 초기에 팀 대화는 분명히 "상대를 이해하기" 요소가 있었어야 했다. 팀 대

화는 또한 열정과 낙관주의를 보여야 한다. 멤버들은 단지 그들이 무엇을 하느냐가 아니라 그들이 누구인가에 대해 가치가 있다고 느낄 필요가 있다. 그들은 소속감과 결합성을 느껴야 한다. 믿음이란 주로 초기에 가상 팀에서 구축되거나 혹은 그렇지 않다. 몇몇의 관찰자들은 "가상의 역설성"에 대해 말한다. 가상 팀이란 믿음에 많이 의존하지만, 신뢰구축을 지원하는 조건에서는 작동하지 않기 때문이다. 믿음은 종종 유사성이 인지되었을 때 구축된다. 하지만 거리감은 이 과정을 어렵게 한다. 잘못 이해할 가능성 또한 증가될 수 있다. 친선과 소속이 대부분의 문제를 해결할 것이다. 고립과 소외는 문제를 일으킨다. 연결되고, 그리고 협력하여야 한다.

3. **명확성을 찾고 초기에 집중하라.** 팀의 목표와 역할, 책임감을 명확하게 하는 데 일찍이 시간을 투자해라. 거리를 두고 일을 하게 되면 불확실하게 된다: 모호함이나 혼돈은 필요하지 않다. 확실한 목표와 책임이 화합을 가능케 한다. 언제 누구로부터 무엇이 기대되었는지를 모두가 알게 하기 위하여 목표와 전체적인 책임을 특정한 목적과 일로 변환시켜라. 가상 팀은 분열과 "초점산란"에 극도로 민감하다. 그러므로 지속적으로 팀에게 목표와 목적 등을 상기시켜라.

4. **예언과 순서를 만들어라.** 혼돈도 포용하기를 원하는 요즈음 세상에서, "순서"와 "예언"은 그다지 세련되지 않게 보일 수도 있다. 그러나 이것은 가상 팀의 성공에서 중요한 것이다. 불확실성은 걱정, 두려움, 철수를 만들어낸다. 그 결과는 의욕이 상실되고 생산적이지 않은 팀을 초래한다. 일반적인 팀 도구, 견본, 과정을 사용해라. 즉, 팀 멤버를 서로 확인하고 함께 대화하는 미리 예정된 시간을 주기적으로 가져라. 이때 사소한 것까지 체크할 필요는 없다. 팀에게 접근적이고 정신적인 지주가 되어라. 기대를 공유하면 분산된 마음을 심리적인 줄로 연결할 수 있다.

5. **냉정하고 객관적인 문제 해결사가 되어라.** 가상 팀의 문제는 실제보다 더 크게 보일 수도 있다. 고립되었다고 느끼는 사람들이 관점을 잃을 수 있기 때문이다. 대면해서 일할 때는 빠르게 해결되는 작은 문제들이 종종 곪아서 편집증 피해망상이나 불신을 퍼트릴 수 있다. 당신은 당신 자신을 완전히 편파적이지 않은 사람, 다른 사람들을 희생시키며 과중한 부담을 주지 않는 정당한 사람으로 만들어야 한다. 또한 당신은 실용적인 사람이 되어야 한다. 문제가 있을 때, 당신은 진정하고 종종 대화를 하며 팀이 실용적인 답안을 찾도록 이끌어야 한다. 패닉은 예외적으로 조용하고 고립된 공간에서 퍼지는 바이러스이다.

6. **공동 운영 계약을 개발하라.** 불확실성과 불분명함의 위험을 줄이기 위해 운영 계약이라는 공통적인 방법과 과정이 빨리 수립되어야 한다. 이런 계약은 함께 일하는 것에 대한 공동의 정신적인 모델을 팀에게 제공한다. 일반적으로 운영 계약은 계획하기, 결정하기, 의사소통하기, 합동하기와 같은 분야에서 생겨나야 한다. 팀의 헌장은 참고사항으로 작용하며, 새로운 팀 멤버에게는 방향을 찾도록 도움을 준다. 팀 회의 중에 운영 계약이 얼마나 잘 운영되고 있는지 검토하기 위한 시간을 가져라.

7. **팀 멤버에게 개인적인 관심을 줘라.** 당신이 팀과 서로 대면을 한다면 개개인을 만나기 위해 시간을 할당하여라. 그 또는 그녀가 이런 것들에 대해 어떻게 느끼는지 알아보아라. 개인에게 개인적인 성공, 도전, 필요, 요구를 공유할 기회를 주어라. 이것은 공동의 작업과 문제해결에 집중된 팀 회의에서는 하기 어려울 것이다. 외부에 있

거나, 재택근무 중이거나 또는 원거리 직장에 있는 그 사람과 공감하여라. 듣기, 돌보기, 동정하기, 인지하기 – 이것들은 값으로는 얼마 안 하지만 모두에게 이득이 된다.

8. **가상공간의 도전을 존중하라.** 한때 나는 보트 위에서 생활했었고, 난 곧 바람, 파도, 물결, 비, 얼음 그리고 가뭄과 같은 자연의 힘을 존중하는 법을 배웠다. 나는 이런 것에 지대한 관심을 보여야 했다. 그렇지 않으면 이것들이 나를 가라앉히거나, 뒤덮고 묻을 수 있기 때문이었다. 어떤 환경에서 다른 환경으로 바뀔 때도(예컨대 대면하여 함께 일하는 팀워크 환경으로부터 원거리에서 각자 일하는 환경으로 바뀔 때) 우리는 이전의 습관을 가지고 가려 하는 유혹을 받기 마련이다. 우리는 차이점과 적응을 인지해야만 한다. 듣기, 공감하기, 의사소통하기, 합동하기, 이끌기, 활기를 북돋기, 모든 필요를 가능하게 하는 것이 향상되어야 한다.

9. **현존하는 기술의 한계를 깨달아야 한다.** 당신이 정말 해야만 하는 것이 아니라면, 모든 것을 가상 팀을 통해 하려고 시도하지 마라. 때때로 너무 복잡한 프로젝트를 진행 중이라면 영상이나 화상회의를 아무리 많이 해도 부족한 경우가 있다. 때로는 며칠이라도 한자리에 모여 일하는 것이 큰 이익을 주는 경우가 있다. 가상 팀이라고 하여 반드시 가상의 방법으로만 일해야 하는 것은 아니다. 그 프로젝트의 비용과 이익을 감안해야 한다. 기술은 하나의 도구일 뿐이며, 모든 기술이란 어떤 일에는 좋아도 다른 일에는 좋지 않을 수도 있는 법이다.

10. **인력에 집중하라.** 거리감은 우리 모두를 추상적으로 느끼게 만들 수 있다. 당신의 가상 팀 멤버들이 실제 사람들임을 절대 잊지 말아라. 소유, 의미, 성취, 인정을 필요로 하는 사람들, 좌절, 분노, 흥분, 지루함, 소외를 느끼는 사람들, 정치적, 개인적 압박을 느끼는 사람들임을 잊지 마라. 당신의 실제 물리적인 작업공간, 예컨대 회의실, 사적 공간, 커피 마시는 곳 등을 생각해 보라. 그리고 당신의 가상 작업공간, 예컨대 팀 사진, 게시판, 채팅방 등을 어떻게 인간적으로 만들지 생각해 보라.

10.7 요 약

그룹 관점은 팔로워들의 행동은 팔로워 개인들의 특성과는 독립적인 요인들의 결과라는 것을 보여주었다. 팔로워들의 행동에 영향을 줄 수 있는 그룹 요소들로는 그룹의 크기, 그룹 발달 단계, 역할, 규범과 응집력 등이 있다. 리더십 실천가들은 팔로워들의 행동을 더 잘 이해하기 위하여 이러한 개념들을 사용해야 한다. 리더들은 또한 팔로워들의 행동과 그룹 수행을 파악하기 위하여 팀 관점을 활용해야 한다. 리더십 실천가들은 팀의 정체성, 공통 목표나 과제, 과제의 상호의존성 수준, 그리고 차별화된 역할 등이 기능하는 또는 기능하지 않는 팔로워 행동에 어떻게 영향을 미치는지 기억해 둘 필요가 있다. 이외에도, 효과적인 팀은 몇 가지 눈에 띄는 특성들을 가지므로, 리더십 실천가들은 Hackman,[68] Ginnett[69] 또는 Hallman과 Campbell[70]의 더 효과적인 팀 개발을 위한 제안사항들을 활용할 수도 있다.

팀 리더십 모형(TLM)은 팀의 효과성은 투입, 과정, 그리고 산출물에 의해서 가장 잘 이해될 수 있다고 주장하였다. 투입은 팔로워들의 개인적인 특성, 팀 설계 자체, 그리고 팀이 활동하게 되는 다양한 조직 체계로 구성된다. 과정은 팀이 과제를 수행하는 방식에 관심을 가지며, 산출물은 고객이 팀의 결과물에 만족하는가, 팀이 향상되고 개발되는가, 그리고 팔로워들이 팀 멤버가 된 것에 만족하는가 등에 관심을 가진다. 팀 내 어떤 과정의 문제들을 밝혀냄으로써, 리더는 이 모델을 개인 수준, 팀 설계 또는 조직 레벨에서 어떤 조치를 취하거나 혹은 과정 수준에서 지속적인 개발을 위한 적절한 지렛점을 찾아내는 데 사용할 수 있다. 조직에서 팀워크에 관심을 가지는 리더들은 이 틀이 팀의 효과성에 영향을 주는 요소들을 개념화하고 변화의 지점을 찾아내는 데 유용하다는 것을 알아내었다.

핵심용어

그룹관점	그룹의 역할	올리즘(Ollieism)
도당	과제수행관계	조직 보호막
관리범위	관계를 돕는 관계	팀 리더십모형
가산적인 과제	Dysfunctional 역할	산출물
프로세스 손실	역할 충돌	과제 측정법
사회적 태만	조직 내부의견 충돌	꿈, 설계 및 개발
사회적 촉진	Interrole 충돌	지렛점
형성	사람-역할 충돌	개인적인 요소
확정	역할의 모호성	조직수준
규범화	규범	팀 설계
수행	그룹 결속력	지리적으로 떨어져 있는 팀
프로젝트 팀	과도한 울타리 세우기	가상팀
단속평형	그룹사고	

질 문

1. Ginnett의 팀 리더십 모형은 이전에 설명된 팀수행의 구성요소와 어떻게 비교됩니까?
2. 리더의 관점에서 볼 때 모든 그룹의 규범이 긍정적이거나 건설적인 것은 아닙니다. 만약 어떤 그룹이 역효과를 낳는 규범을 가지고 있다면, 리더는 어떻게 해야 할까요?
3. 글로벌 문화에 대하여 당신이 알고 있는 바에 기초해볼 때, 미국, 일본 또는 칠레의 국민들은 그룹이나 팀기반으로 일하는 것을 더 편하게 여길 것이라고 생각하십니까?

활 동

NASA exercise: Lost on the Moon

당신의 우주선이 달의 어두운 쪽에 불시착하여 200마일 떨어진 달의 밝은 부분에 있는 모선과 재회를 하기로 예정되어 있습니다. 충돌을 하면서 우주선이 손상되어 아래 나열되어 있는 15가지 항목을 제외하고 모든 장비가 파괴되었습니다. 당신의 승무원의 생존은 모선과의 연락에 달려 있으므로, 200마일의 여행을 하기위해 필요한 가장 중요한 아이템들을 선택해야 합니다. 당신의 생존에 필요한 중요한 순서대로 15개의 아이템을 고르는 것이 과제입니다. 가장 중요한 아이템에 “1”, 그 다음으로 중요한 것에 “2”, 이런 방식으로 다음 15가지 아이템의 순위를 정하세요.

______	성냥 상자
______	식량
______	50 피트 길이의 나일론 로프
______	낙하산 실
______	태양열 발전 휴대용 난로
______	.45 구경 권총 두 개
______	전지분유 한 통
______	100 파운드 산소통 두 개
______	천체 지도
______	자가팽창식 구명 뗏목
______	자기 나침반
______	물 5갤런
______	신호기
______	피하 주사기를 포함한 응급처치 키트
______	태양열 발전의 FM 송신기/수신기

Part 4

상황을 중심으로

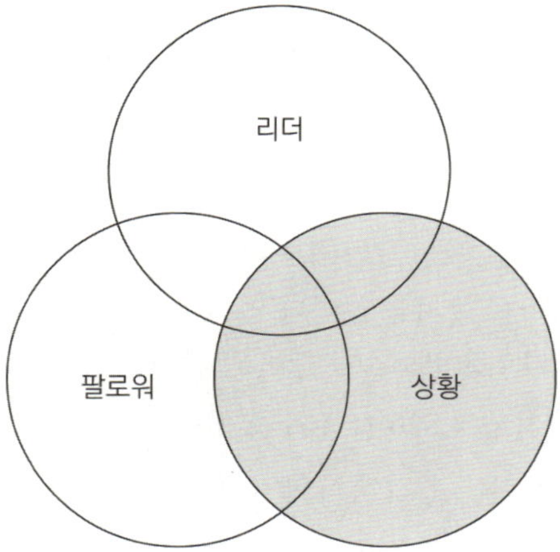

앞 장에서 우리는 리더와 팔로워가 사람들이 생각하는 것 이상으로 복잡한 관계임을 확인하였다. 구체적으로, 우리는 리더의 개인적 특성, 행동, 그리고 태도가 리더십 과정에 어떻게 영향을 미치는지 알아보았으며, 이와 유사하게 팔로워의 태도, 경험, 개인적 특성 그리고 행동뿐만 아니라 그룹의 규범과 응집력 역시 리더십 과정에 영향을 미치는 것으로 확인하였다. 리더와 팔로워의 복잡한 관계에도 불구하고 상호작용 프레임워크의 요소들 중 상황(situation)만큼 복잡한 요소는 없다. 다양한 업무 수행, 조직적, 환경적인 요인들이 행동에 영향을 미칠 뿐만 아니라 상대적인 특징 또는 이러한 요인의 힘은 사람에 따라서도 다르다. 어떤 사람이 그녀 혹은 그의 행동에 영향을 미치는 중요한 요인이라고 인식하는 것이 다른 사람에게는 상대적으로 중요하지 않을 수도 있다.

게다가 상황적 요소의 상대적인 중요성은 시간의 흐름에 따라서도 달라진다. 심지어 축구 한 경기에서도 상황은 끊임없이 변한다: 선두가 달라지고, 남아있는 경기시간, 날씨 상황의 변화, 부상의 상황 등. 상황의 역동적 특질을 고려해볼 때 리더십에 관하여 "그" 상황이란 표현은 부적절한 말이 될 것이다.

상황의 복잡함과 역동적 특질 그리고 상황의 이해에 있는 중요한 역할 인식수행 때문에, 인간의 행동에 영향을 미치는 모든 상황의 가변성을 설명한 포괄적인 분류체계를 개발할 수 있는 사람은 없었다. 앞으로도 이를 할 수 있는 사람은 없을 것이다. 그럼에도 불구하고 리더십에 관한 상황적 영향에 대한 주목할 만한 연구가 수행되어왔다. 리더십 연구자들은 다른 업무, 조직상, 환경상의 요소가 리더와 팔로워의 행동에 어떻게 영향을 주는지에 대해 연구해왔다. 물론 리더와 팔로워의 행동에 관한 한 가지 혹은 두 가지 상황적인 변동의 요인에 대해서만 대부분 연구해 온 것이다. 예를 들면 조직의 정치 또는 구조와 같은 여러 가지 조건들이 그들의 업무 수행에 영향을 줄 수 있음을 무시한 채 부하의 업무 수행에 관한 업무적 어려움의 요인에 대해서만 연구했을지도 모른다. 이러한 이유는 주로 행동에 관한 조직적, 환경적 요인의 결과를 찾는데 어려움을 겪기 때문이다. 당신이 생각하는 것처럼, 시장의 환경 또는 위기 상황과 같은 다양한 요인은 상황이 통제되고 상호작용을 분석한 현실적인 실험실 연구에는 적합하지 않다. 그럼에도 불구하고 몇 가지의 일관된 결과가 나왔다. 4부에서는 이러한 것들을 살펴볼 것이다.

그리고 Part 4에 관련된 리더십 스킬(LS18~LS25), 즉 LS18 목표설정, LS19 회의의 진행, LS20 갈등관리, LS21 협상, LS22 문제해결, LS23 창의성향상, LS24 개인・집단・조직에서의 수행문제 진단, LS25 고위층의 팀빌딩 등에 대한 상세한 내용은 Part 5(chapter 16)에 종합하여 정리하였다.

Chapter 11

상황의 특징들

11.1 서 론

2007년 4월 16일은 버지니아 공대와 미국 전체에 암울한 날이었다. 그 날 조승희는 총기를 난사하여 학교에 남은 32명의 학생들과 교수진을 사망시키고 다른 사람들을 다치게 만들었다. 노리스 홀에서 그가 만든 공포의 상황은, 그가 미친 것이 아니라면, 그가 악당임을 의심할 여지가 없었다. 하지만 끔찍한 상황과 동시에 노리스 홀에서는 Zach Petkewicz라는 영웅이 탄생하였다.

끔찍한 상황과 동시에 노리스 홀에서는 Zach Petkewicz라는 영웅이 탄생하였다.

Zach와 그의 학급 친구들은 조승희가 그의 대학살을 시작한 곳에서 가까운 교실에 있었다. 그들은 벽을 통해서 총성을 들었고, 총성이 점차 가까워지는 것을 들을 수 있었다. 처음에는 모두가 공포를 느꼈고, 보호를 할 수 있는 것은 무엇이든지 찾아서 뒤에 숨었다. 하지만 "이곳으로 다가오고 있는 그를 막을 수 있는 것이 아무것도 없었다. 우리는 그저 바닥에 앉아 있었다."라고 생각하던 Zach는 다른 사람들과 함께 행동을 취하였다.

Zach는 테이블을 들어서 문을 가로막고 벽돌처럼 쌓아 올렸다. 그의 계획을 본 다른 학생들도 그를 도와, 문틀 주변 벽에 테이블들을 고정하였다. 바로 그때, 조승희가 그들의 교실에 들어가려 하고 있었다. 문의 손잡이를 열려고 시도한 후, 포기하고 다른 교실로 이동하기 전에 탄약의 클립을 비웠다.

공격이 있은 후, Zach는 NBC 투데이쇼의 Matt Lauer와 인터뷰를 하였다. 만약 총격이 발생하기 전에 그가 예측하였다면, 그가 어떤 행동을 했을지를 Lauer가

Zach에게 질문을 하였다. 그 역시 처음에는 공포를 느꼈던 젊은 영웅은 아무에게나 가능한 것은 아니라고 말하였다. "당신이 그 상황에 놓이기 전까지 내가 어떻게 한 것인지 말할 방법은 없습니다."

두 가지에 대해 Zach가 옳았다. 첫째, 말한 바와 같이, 상황을 고려하지 않는다면, 인간의 행동을 예측하는 것은 어려우며, 특히 리더십 행동을 예측하기는 어렵다. 둘째, 리더십 공식에서 가장 영향력 있는 변수 중에 하나는 상황이라는 것이다. 그것이 이번 장의 주제이다.

11.2 배경

학생들에게 리더십의 주제를 소개하도록 설계된 도서에서, "상황"에 관한 장에는 도전적 장애물과 딜레마가 있다. 바로 주제의 광범위함이 난제이다. 그것은 이전의 장에서 설명되지 않은 세상의 거의 모든 것을 포함할 수 있기 때문이다. 직장 생활을 아직 시작하지 않은 학생들에게 다양한 상황 변수의 규모를 곰곰이 생각해보라는 것은 만만치 않은 요구이다. 우선 첫째로, 당신이 처해 있는 상황은 종종 전적으로 당신이 통제할 수 없는 것으로 보인다. 예를 들면, "이봐요, 저는 이곳의 규칙을 만들지 않아요. 그저 그것들을 따를 뿐이죠."라고 누군가가 하는 말을 당신은 얼마나 많이 들어보았는가, 더욱이 대부분의 학생들이 참조의 틀로 인해 조직 경험의 한계를 가진다는 사실로 인해 이 주제는 보다 어렵게 만들어져 있다. 그렇다면 왜 이 장에서 이러한 자료를 귀찮게 소개해야 할까? 왜냐하면 우리가 속한 상황이 무슨 일이 일어나고 있는지에 관해 훨씬 더 많이 설명해주는 경우가 종종 있기 때문이며, 어떤 유형의 리더십 행동인가가 우리가 지금까지 논의한 다른 어떤 단독 변수보다 최고일 것이기 때문이다.

> 우리가 속한 상황이 무슨 일이 일어나고 있는지에 관해 훨씬 더 많이 설명해주는 경우가 종종 있기 때문이다.

이번 장에서 우리는 이 광범위한 주제의 복잡성과 규모의 일부를 정리하려고 노력할 것이다. 우선, 우리는 이러한 문제들을 고려하게 만든 몇 가지 연구를 살펴볼 것이다. 그런 다음, 현재 나타나고 있는 거대한 상황적 변화를 고려한 후에, 우리는 주요 상황적 변수들을 고려하는 데 도움이 되는 모형을 소개할 것이다. 마지막으로, 흥미로운 렌즈(lens)를 통해 앞으로를 살펴볼 것이다. 이번 장의 처음부터 끝까지 우리의 목적은 특정한 리더 행동의 방향을 처방하기보다는 주로 인식을 높이는 것이 될 것이다.

팔로워들의 그룹에서 리더 행동의 타당성은 오직 행동이 발생하게 된 상황적인 맥락을 바라볼 때만이 이해가 될 것이다. 팔로워를 엄격하게 훈련하는 것이 서투르게 리드하는 방식으로 보인다 하여도, 만약 문제의 팔로워가 수백 명의 사람들의 삶을 위태롭게 하는 안전 위반을 저질렀다면, 그 리더의 행동은 분명히 옳은 것이다. 유사하게, 성격 특징, 경험 또는 인식 능력들이 리더십 출현보다 리더십 효과에 덜 지속적으로 관련되어 있는 주요한 이유는 상황이라고 할 수 있다. 대다수 리더십 출현 연구들은 리더가 없는 토론 그룹에 관련되고, 이러한 연구들을 통한 상황의 대부분은 매우 비슷하다. 그러나 리더십 효과의 연구들은 상황이 극적으로 차이가 있을 수 있다. 전투 부대 단위, 화학 연구 및 개발 부서, 사회봉사 조직, 패스트푸드점의 효과적인 리더가 되는 데 필요한 개인적 속성은 상당히 다양할 수 있다. 이와 같은 그룹의 리더들이 직면한 상황은 매우 가변적일 수 있기 때문에, 직무 또는 상황에 걸쳐 리더십 효과를 바라볼 때 리더 특성에 관한 연구들이 모순되는 결과를 내놓은 것은 놀라운 일이다. 따라서, 리더십 프로세스에서 상황의 중요성은 간과할 수가 없는 것이다.

역사적으로, 일부 리더십 연구자들은 리더십의 위인설(Great Man Theory)에 응하여 리더십 프로세스에서 상황의 중요성을 강조하였다. 이러한 연구자들은 상황은 어떤 누군가의 특성이나 능력이 아닌, 리더로서 출현을 하게 결정하는 가장 중요한 역할을 한다고 주장한다.[3-5] 상황을 지지하는 관점에서, 이러한 연구자들은 훌륭한 리더는 전형적으로 경제 위기, 사회의 격변, 혁명 동안에 출현하였던 점에 주목하였다. 일반적으로 훌륭한 리더는 상대적으로 평화롭고 안정된 기간과는 관련되지 않았다. 예를 들어, Schneider[6]는 어느 시대이건, 영국군 중 위대한 군인 지도자로 분류되는 사람의 숫자는 영국이 얼마나 많은 분쟁에 관여하는가와 연관됨에 주목하였다. – 분쟁이 많을수록 군대의 위대한 지도자의 수가 많아졌다. 게다가, 상황적 관점을 옹호하는 연구자들은 리더들이 타고나는 것이 아니

상황은 어떤 누군가의 특성이나 능력이 아닌, 리더로서 출현을 하게 결정하는 가장 중요한 역할을 한다고 주장한다.

라 만들어지는 것이며, 이전의 리더십 경험이 효과적인 지도자를 만드는 데 도움이 되는 것이라고 주장한다.[7] 이러한 리더십의 초기 상황적 이론은 미국에서 매우 인기가 있었는데, 평등과 실력주의라는 미국의 이상에 보다 가까웠기 때문이며, 이는 당시 유럽에서 더 인기가 있었던 리더십의 유전적 관점과는 어긋나는 것이었다.[8][많은 유럽 연구자들이 귀족적인 배경을 가지고 있었다는 사실은 유럽에서 위인 이론(유전적관점)이 유행했던 것과 연관이 있는 듯하다.]

보다 최근의 리더십 이론들은 상황적 요인들이 리더들의 행동에 어떻게 영향을 주는지를 조사해왔다. **역할 이론**(Role Theory)에서, 예를 들어, 리더의 행동은 상황-역할과 직무를 관리하는 규칙들; 부하들, 동료들과 상사들의 역할 기대; 과업의 성격; 부하들의 성과에 대한 피드백-의 몇 가지 중요한 측면에 대한 리더의 통찰력에 의존한다고 이야기되어왔다.[9] 역할 이론은 이러한 상황적 요구들과 제한들이 역할 분쟁과 역할의 모호성을 어떻게 야기하는지 명확하게 설명하고 있다.[10] 리더는 리더의 행동에 대해 부하와 상사가 갖는 기대가 다를 때, 또는 회사의 정책이 상사들이 과업 수행에서 기대하는 바와 모순될 때, 역할 분쟁을 경험할 것이다. 그러한 분쟁들을 성공적으로 해결하는 리더의 능력은, 물론 리더십의 효과를 결정할 것이다.[11]

역할 이론(Role Theory)
역할 이론은 이러한 상황적 요구들과 제한들이 역할 분쟁과 역할의 모호성을 어떻게 야기하는지 명확하게 설명하고 있다.

리더십 이론에 상황적 변수를 포함하려는 다른 노력은 Hunt와 Osborn[12]의 **다중 영향 모형**(Multiple-Influence Model)이었다. Hunt와 Osborn은 상황에서의 소변수들(microvariables)(예: 과업 특징들)과 대변수들(macrovariables)(예: 외부적 환경)을 구분하였다. 대부분의 연구자들이 과업이 리더 행동에 영향이 있음을 목격하였음에도, Hunt와 Osborn은 대변수가 리더의 행동 방식에 영향을 주고 있다고 주장하였다. 역할 이론과 다중 영향 모형 모두, 앞에서 언급하였던 상황적 요인의 해결을 주요 문제라고 강조한다. 상황은 너무나 많은 방법으로 달라질 수 있기 때문에, 상황을 개념화하기 위해 추상적인 계획을 가지는 것이 리더에게 도움이 된다. 이것은 어떤 특정 사례에서 무엇이 가장 핵심적이고 중요한 것인지를 알아가는 한 단계가 될 것이다.

가장 기본적인 추상적 개념 중 하나는 **상황적 수준**(situational levels)이다. 상황적 수준에 관한 아이디어는 예를 통해 가장 잘 전달될 수 있다. 누군가가 당신에게 "직장에서 일이 어떻게 되어가는가?"라고 묻는다면, 아마도 당신이 수행하고 있는 특정 과업에 대해 견해를 밝히는 대답을 하게 될 것이다(예: "여전히 굉장히 힘들어요. 저는 내년의 예산을 마련하는 데 스트레스를 많이 받고 있고, 그 전에 그것을 해 본적이 없어요"). 또는 전체 조직의 관점에서 견해를 밝히는 대답을 하게 될 것이다(예: "정말 어려워요. 따라야 할 규칙이 너무 많아요. 저의 예전 회사는 전혀 그렇지 않았어요"). 또는 조직 그 자체에 영향을 주는 요인들을 언급할 것이다(예: "일을 계속 해나가는 것에 대해 정말 걱정이 많아요. -최근 우리 산업 전체에 얼마나 많은 감축이 있었는지 잘 아시잖아요). 각각의 대답은 그 상황을 말하고 있지만, 관념의 아주 다른 수준(과업 수준, 조직 수준, 환경 수준)에 주목한다. 이러한 각각의 세 가지 수준은 리더십 프로세스 검토에 각기 다른 관점을 제공한다([그림 11.1] 참조).

이러한 세 가지 수준은 물론 상황이 달라질 수 있는 모든 방법을 다루지는 않는다. 상황은 또한 물리적 변수에 따라 달라지니, 예컨대 소음과 기온수준, 작업량요구, 어떠한 작업 그룹이 다른 그룹과 교류하는 규모 등의 변수가 있다. 조직은 또한 독특한 "협력 문화"를 가지고 있으니 이러한 문화가 리더십의 맥락을 정의할 수 있다. 그리고 리더십 프로세스가 발생하게 되는 상황의 보다 광범위한 경제적, 사회적, 법률적, 기술적 측면도 있다. 모든 이러한 상황적 복잡성 가운데에서, 리더는 무엇에 주의를 기울여야 하는가? 우리는 이러한 요인들이 많이 고려된 모형을 통해서 이 질문에 대한 통찰력을 제공할 수 있도록 노력해야 할 것이다. 하지만 우선, 우리가 새로운 밀레니엄으로 이동함에 따라 거의 모든 것이 변화하는 상황의 환경적 측면을 생각해보자.

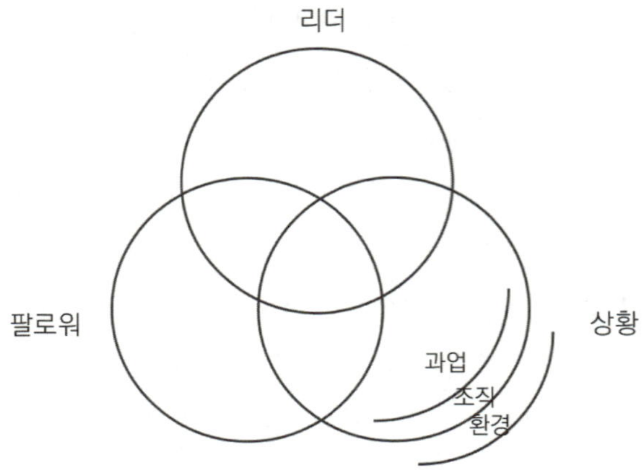

[그림 11.1] 확장된 리더-팔로워-상황 모형

11.2.1 산업 시대에서 정보 시대로

우리 모두는 산업 시대에서 성장하여 왔지만, 아마도 산업 시대는 저물어 가고 있다. 미국 남북전쟁 전에 바로 시작되어 20세기의 지난 분기까지 지속되어온 산업 시대는 농경 시대를 대체하였다. 산업 시대 동안, 기업들은 "규모와 범위의 경제[13]"로부터 어떻게 이익을 잘 잡아내느냐에 따라 성공하였다. 테크놀로지가 중요하지만, 대부분은 기업들이 대량 생산의 효율성을 증가할 수 있는 정도였다. 이제 새로운 시대가 출현하고 있고, 이런 정보 시대에서는 산업 시대의 많은 기본 가정들이 더 이상 쓸모가 없는 것으로 되어가고 있다.

Kaplan과 Norton[14]은 정보시대에서의 새로운 운영 가정(a new set of operating assumptions) 설정을 설명하였고, 새로운 운영 가정을 산업 시대의 자신들의 가정들과 대조하였다. Kaplan과 Norton은 기업 운영에 관해 아래와 같은 방법들에서 변화를 설명하였다.

기능적 기술의 전문화(specialization)를 통해 앞선 경쟁력을 얻었었다.

하지만 또한 시간이 지남에 따라, 막대한 비능률성과 느린 반응의 프로세스를 초래하였다.

교차 기능(Cross Functions)은 산업 시대 조직들의 제조, 배분, 마케팅, 테크놀로지와 같은 영역에서 기능적 기술의 전문화(specialization)를 통해 앞선 경쟁력을 얻었었다. 이런 전문화는 상당한 이익을 산출하였었다. 하지만 또한 시간이 지남에 따라, 막대한 비능률성과 느린 반응의 프로세스를 초래하였다. 정보 시대의 조직은 전통적인 사업 기능을 지름길로 가로질러 통합적 사업 프로세스로 운영하고 있다.

고객 및 공급업체에 대한 연결(Links to Customers and Suppliers)은 산업 시대 기업들의 공정한 거래를 통하여 고객들 그리고 공급업체들과 일하였다. 정보 기술(IT)은 오늘날의 조직이 공급, 생산, 운송 프로세스를 통합하고 막대한 비용, 품질, 대응 시간 개선을 실현하는 것을 가능하게 한다.

고객 세분화(Customer Segmentation)는 산업 시대 기업들의 낮은 비용이지만 표준화된 제품과 서비스들을 제공함으로써 번성하였다(Henry Ford가 그의 고객들에게 "고객들이 원하는 어떠한 색상이든 가질 수 있습니다. 그것이 검은색이 될 만큼 오래도록" 이라고 언급한 것을 떠올려보자). 정보 시대 기업들은 고객이 다양하게 세분화되어 주문하는 상품과 서비스를 제공하는 것을 익혀야만 한다.

정보 시대 기업들은 고객이 다양하게 세분화되어 주문하는 상품과 서비스를 제공하는 것을 익혀야만 한다.

세계적 규모(Global Scale)는 정보 시대 기업들의 전 세계에서 최고의 기업들과 경쟁하고 있다. 사실, 대규모 투자를 필요로 하는 새로운 제품과 서비스들은 비용을 충분히 돌려받기 위해서 전 세계 고객들에게 공급해야 할 것이다.

혁신(Innovation)은 제품 수명 주기가 지속적으로 짧아지고 있다. 제품 수명의 1개 세대에서 경쟁 우위는 제품의 미래 세대를 위한 성공을 보장하지는 않는다. 급속한 기술적 혁신의 환경에서 기업의 운영은 고객의 미래욕구를 예측하고, 새로운 제품과 서비스를 획기적으로 만들고, 새로운 테크놀로지를 효과적인 전달 프로세스로 급속히 배치하는 데 달인(master)이 되어야만 한다.

지식 노동자(Knowledge Workers)는 산업화 기업이며 한편으로는 교육을 많이 받은 엘리트(특히 관리자와 엔지니어)와 다른 한편으로는 직접 노동 인력 사이에 극명한 구분을 만들었었다. 후자 그룹은 화이트칼라 엔지니어와 관리자의 직접적인 관리하에 과업과 프로세스를 수행하였었다. 이것은 전형적으로 정신적 능력보다 육체적인 것을 수반하였다. 이제는, 모든 종업원이 그들이 알고 있는 것과 그들이 제공할 수 있는 정보에 의하여 가치를 기여하여야 한다.

오늘날 리더가 처한 상황이 20년 전의 상황과는 다르다는 점을 인식하기 위해서 우리는 Kaplan과 Norton의 운영 가정 변경(changing operating assumptions) 목록을 생각해 볼 필요가 있다. 게다가 변화속도는 아마도 훨씬 빠를 것이다.

아주 현실적으로, 오늘날의 변화 속도는 마치 급류 속도를 파악하려고 노력하는 것과 같다. 모든 것이 급격하게 변화하고 있고, 그러한 환경에 익숙해지는 것은 어려운 것일 수 있다. 그러므로 우리는 조직을 설정함에 있어서 상황의 몇 가지 주요 요소들을 확인할 수 있는 모형을 사용하는 것이 도움이 된다고 생각한다.

11.3 적합성 모형

적합성 모형은 투입(inputs), 프로세스(processes), 산출물(outputs)의 체제 모형이다.

앞 장에서 설명하였던 Ginnett의 팀 리더십 모형(TLM)과 같이, 적합성 모형은 **투입**(inputs), **프로세스**(processes), **산출물**(outputs)의 체제 모형이다. 이번 장에서 우리는 조직의 프로세스를 결정하는 네 가지 요인에 초점을 맞출 것이다. 하지만 우리는 투입과 산출물을 먼저 간략하게 살펴보아야 한다. [그림 11.2]에서 볼 수 있듯이, 투입에는 환경, 자원, 역사 세 가지 요소가 있다. 이 요소에 대한 관심은 여기에서 최소로 유지되어야 하지만, 리더와 팔로워들에게 영향을 주는 그 요소들의 중요성은 그럼에도 불구하고 중요하다. 우리는 이미 산업 시대에서 정보 시대로의 환경의 이동으로부터 결정되는 변화의 규모에 주목하여 왔다. 그 이상으로 **환경** 또한 시장 변화, 정부 규제, 법률, 경쟁자, 금융 기관, 심지어는 기후 유형(1998년 엘니뇨의 영향 또는 2002년 이후 미국 서부의 가뭄을 고려해보자)의 변화까지도 포함하고 있다. 우리는 장의 뒷부분에서 환경적 요인들을 명시하는 몇 가지 방법을 돌아가서 검토할 것이다. **자원**은 조직이 이익을 위해 사용할 수 있는 모든 것이다. 자본이나 정보와 같은 물질적 구성요소뿐만 아니라, 품질의 인식(예를 들면, 니콘 카메라 또는 메르세데스 자동차)과 같은 무형의 구성요소 또한 포함할 수 있다. 조직의 **역사**는 현재의 작업에 영향을 주는 가장 최근에 지나간 것뿐만 아니라, 조직의 기원에 관련한 신화까지도 포함하는 것이다. 예를 들어, 대규모 제조 공장에서 시설 투어의 중요한 방문자를 안내할 때, 안내인이 건물의 본부 가까이에 위치한 여러 방문자 주차장을 가리킨다고 하자. 그러고는 공장 설립 당시 초대 공장장과 그 팀이 합의하에 중역 전용 주차장을 없애기로 결정했었다고 설명한다고 하자. 그러면서 25년이 지난 지금도 "합의를 통한 결정이라는 방식이 오늘날 여전히 이곳의 업무 방식이다"라고 설명하는 것을 들 수 있다.

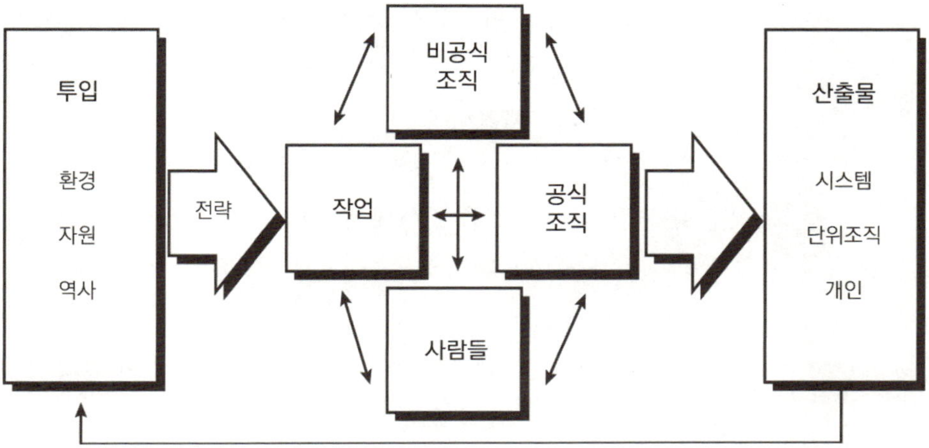

[그림 11.2] 적합성 모형

출처: David Nadler and Michael Tushman, *Competing by Design: the Power of Organizational Architecture.* Copyright©1997 Oxford University Press. Used by permission of Oxford University Press, Inc.

산출물은 전체, 단위, 개개인으로서 체제에 영향을 주는 것에 의해 평가된다(다시, TLM과 아주 유사하게). 이러한 수준의 각각에서 조직이 어떻게 목적 달성을 잘 할 것인가, 어떻게 능률적으로 결과물을 달성할 것인가, 조직이 어떻게 새로운 기회와 위협에 대한 전망을 잘 검토할 것인가에 대해 적절하게 질문을 한다. 이 모형에서 중심 프로세스인 상황의 변수로 옮겨가기 전에, 전략이 사업 결정의 집단적 기준임을 주목할 필요가 있다. 이때 사업결정이란, 외적 기회가 제공하는 부족한 자원을 어떻게 할당하여 조직의 세력을 최대화할 것인지와, 외적 위협이 제공하는 조직적 약점을 어떻게 최소화시킬 것인지에 대한 사업 결정을 의미한다.

적합성 모형의 중심은 작업, 사람, 공식 조직, 비공식 조직의 네 가지 요소를 가지고 있다.

적합성 모형의 중심은 작업, 사람, 공식 조직, 비공식 조직의 네 가지 요소를 가지고 있다. 각각의 요소는 서로 다른 세 가지와 관련되어 있음을 알아야 한다. 이것은 적합성 모형의 주요 구성 요소이며, 이것의 이름을 바탕으로 하고 있다. 체제 이론의 원리에 근거하여, 모형의 구성요소는 균형 또는 항상성의 유지를 시도한다. 모든 구성요소의 적합성(fit)이 좋을수록, 다양한 요소 사이의 적합성(congruence)이 더 크다. 이 아이디어의 의미는 리더가 그의 팀의 산출물에서 변화를 만들기를 원한다면, 그 모형은 단지 하나의 구성 요소에서 상당한 변화를 만드는 것보다는 모든 하부조직에서 변화를 적게 또는 동등하게 만드는 것이 더 좋을 수 있을 것이라고 제안하고 있다. 만약 단 하나의 요소만을 변화시킨다면, 모형에서 다른 중요한 구성 요소들은, 항상성을 달성하기 위해 노력하는, 선의 뒤쪽에서 "균형을 벗어난" 요소를 밀어내려는 반응과 저항을 하는 경향이 있다.

11.3.1 작업(Work)

가장 기본적 단계에서 작업이란, 조직과 그것의 구성 요소에 의해 "되어야 하는 것"이다. 사람이 다양한 작업을 수행하면서, 그 일을 정돈하고 또 의미 있게 하고자 하는 것은 당연한 일이다. 당신이 수행하여왔던 서로 다른 과업들을 되돌아 생각해보면, 당신은 아마도 그것들을 지루하다, 도전적이다, 위험하다, 재미있다, 흥미롭다 등으로 분류할 것이다. 그러나 과업을 분류하는 것은 단지 그것에 대한 반응일 뿐이며, 어떤 과업의 어떤 면이 특정한 반응을 일으킨다는 관점에 대한 이해를 발전시키는 것은 아니다. 그러므로 과업을 보면, 우리는 주관적인 반응을 넘어 그것을 보다 객관적인 방법으로 분석한 것을 얻기 원한다.

리더와 팔로워들에 의해 수행된 과업을 분류하는 객관적인 방법은 몇 가지가 있다. 과업은 그것을 수행하는 데 필요한 과업의 기능(function), 스킬, 또는 능력, 과업을 수행하는 데 필요한 장비 등등에 의해서 분류될 수 있다. 앞의 장에서 본 바와 같이, 과업은 또한 직무 그 자체-스킬의 다양성, 과업 정체성, 과업 중요성, 자율성, 직무로부터의 피드백-의 특징들 측면에서 이야기될 수도 있다. 우리는 그러한 특징들에 과업 구조와 과업 상호 의존성이라는 두 가지 다른 관점을 추가할 것이다.

과업은 또한 직무 그 자체-스킬의 다양성, 과업 정체성, 과업 중요성, 자율성, 직무로부터의 피드백-의 특징들 측면에서 이야기될 수도 있다.

직무 특성(Job Characteristics)

스킬 다양성
직무가 다른 활동들 또는 기술들의 다양한 수행을 관여하고 있는 정도를 의미한다.

스킬 다양성과 다음의 과업의 네 가지 관점은 모두 9장에서 설명한 직무 특성 모형(Job characteristics model)의 구성 요소들이다.[15,16] 스킬 다양성은 직무가 다른 활동들 또는 기술들의 다양한 수행을 관여하고 있는 정도를 의미한다. 예를 들어, 만약 한 개인이 자동차 조립 라인에서 기계적인 나사 결합에 의해 자동차의 왼쪽 미등을 붙인다고 한다면, 점차 그의 작업이 향상될 수도 있겠지만, 만약에 그가 오른쪽 미등을 설치하기 위해 라인을 벗어나 반대쪽으로 갈 경우, 스킬의 다양성 향상은 없을 것이다. 스킬 다양성은 기계적이든, 의식적이든, 육체적이든 다른 기술을 사용하는 것을 수반한다. 우리는 또한 스킬 다양성에 질적인 관점도 추가할 수 있을 것이다. 일반적으로, 많은 기술 다양성을 필요로 하는 직무가, 적은 스킬 다양성을 필요로 하는 직무보다 더 즐겁다. 하지만 자신이 수행하는 스킬에 대한 개인적 가치평가에 따라 즐거움이 달라질 수 있다.

만족도가 성장-욕구 강도(growth-need strength, 개인적 성취를 원하는 개개인의 심리적 욕구로, 학습적 성취나 개인 발전의 성취를 원함)에 의존할 것이라 할지라도, 전형적인 낮은 기술의 다양성이 요구되는 직무들은 반복적이고, 단조롭고, 지루하고, 불만족스러운 것들이다.[17-19] 그리고 구조화된 과업들과 같이, 기술 다양성의 낮은 수준에 있는 과업들은 리더에게 지시행동을 사용하기 쉽게 만들지만, 팔로워들은 이미 직무를 어떻게 하는지 알고 있기 때문에, 또한 다소 불필요한 직접적 리더십 행동을 만들기도 한다.[20-23] 이와 같은 상황에서, 리더는 필요한 스킬의 수를 늘리기 위해 부하들의 직무를 재구조화하려고 노력할 수도 있다. 만약 그것이 불가능하다면, 그 다음에는 팔로워들을 위한 높은 수준의 지원과 배려가 도움이 될 것이다.[24-25]

과업 정체성
가시적 결과를 내는 한 작업의 전체 단위의 시작부터 끝까지의 완성 과정에서, 어떤 상황이나 직무가 그 완성에 요구되는 정도와 관련 있다.

과업 정체성이란, 가시적 결과를 내는 한 작업의 전체 단위의 시작부터 끝까지의 완성 과정에서, 어떤 상황이나 직무가 그 완성에 요구되는 정도와 관련 있다. 예를 들어, 어떤 사람이 CD 플레이어가 생산되는 회로기판 조립 라인에서 한 전선에 하나의 전기적 요소를 납땜하고 회로 기판에 올려 다음 조립 작업자에게 전달하는 직무를 하고 있다면, 이 직무는 과업 정체성이 부족한 것이다. 극단적으로는, 만약 한 사람이 전체 CD 플레이어를 조립하였다면, 아마도 30 또는 40여 개의 다른 과업들을 포함하여, 한 사람의 노력의 최종 결과들을 순조롭게 볼 수 있기 때문에 그의 과업 정체성의 인식은 극적으로 증가할 것이다. 게다가, 직무의 스킬 다양성(위에서 설명한 것과 같이)도 증가할 것이다.

과업 중요성
직무가 다른 사람들의 삶에 상당히 영향을 주는 정도와 관련 있다.

과업 중요성은 직무가 다른 사람들의 삶에 상당히 영향을 주는 정도와 관련 있다. 볼트를 너트에 끼우고 그것을 토크 렌치를 이용하여 특정 사양서대로 조이는 작업을 하는 한 개인을 생각해보자. 만약 그 볼트가 조립 라인에서 자동차 몸체 부분의 방현재(fender)를 고정시키는 몇 개 중의 하나라면, 기술 다양성과 과업 정체성 둘 다 분명히 아주 낮은 것이다. 더욱이, 만약 그 조립자가 한 볼트를 끼지 않았어도 "끽" 하는 소리나 달그락거림을 야기할 수는 있지만, 반드시 방현재가 떨어져 나가지는 않을 수 있다. 그러한 직무에서는, 그의 과업 중요성은 아주 낮을 수 있다. 그러나 만약 어떤 작업자가 우주 왕복선에서 브레이크 조립의 안전에 중요한 요소인 볼트를 조이고 있다면, 그 작업의 기술 다양성과 과업 정체성은 물론 방현재 설치자의 경우와 같겠지만, 그의 과업 중요도는 월등히 높을 것이다.

자율성
직업에서 한 개인이 자신이 하는 일에 대해, 그리고 그 일을 하는 방법에 대해 갖고 있는 권한의 정도와 관련된다.

자율성이란, 직업에서 한 개인이 자신이 하는 일에 대해, 그리고 그 일을 하는 방법에 대해 갖고 있는 권한의 정도와 관련된다. 상당한 자율성을 가진 어떤 사람은 작업 일정과 그것을 달성하는 데 사용된 절차 결정에 재량권을 가질 수 있다. 자율성은 종종 기술적 전문 지식과 더불어 변화한다. 상당한 전문 지식을 가진 작업자는 보다 많은 자유가 주어질 것이다. 그리고 그러한 일부 기술들은 과업을 달성할 때보다 더 많은 명령과 코칭이 주어질 것이다.[26-27] 게다가, 책임과 직무만족은 종종 자율성이 증가할 때 증가되기도 한다.[28]

직무 특징 모형에서의 마지막 과업 요소는 한 사람이 과업을 달성하기 위해 과업 그 자체를 수행하면서 얻는 성과에 대한 정보를 받는 정도를 참조하는 **피드백**(feedback)이다. 이 문맥에서 피드백은 상사들로부터 받는 피드백을 참조하는 것이 아니라 작업 활동 그 자체의 본질적인 것이 무엇인가 하는 것이다. 자동차를 운전하는 것은 과업 본질적인 것에 대한 피드백의 한 가지 예이다. 만약 당신이 구불구불한 도로에 숙련된 운전자라면, 당신은 관찰을 통해 과업을 어떻게 잘 달성하고 있는지, 당신이 투입한 것에 대해 자동차가 어떻게 반응을 할 것인지에 관한 당신이 필요한 모든 피드백을 얻을 수 있다. 이것은 다른 사람들(여기에서의 예는, 고전적으로 뒷자리에 앉은 운전자일 것이다)로부터의 피드백이 아닌 직무 그 자체로부터의 피드백이다. 이 예를 작업, 팀 설정으로 확장하여 리더는 보다 본질적인 피드백을 공급하는 과업을 재설계할 수도 있다. 이것이 비록 성과에 관해 리더가 주기적으로 피드백을 줄 책임을 없애 주지는 않지만, 그것은 다른 작업과 관련된 활동들을 위한 리더의 시간을 자유롭게 하는 데 도움이 될 수 있다. 게다가, 만약 이미 본질적 피드백을 팔로워가 받을 수 있는 작업에 대해 리더가 높은 강도의 피드백을 준다면, 팔로워는 불만족할 수 있다는 점을 리더는 이해해야 한다.[29-31]

과업 구조(Task Structure)

아마도 **과업 구조**를 설명하는 가장 쉬운 방법은 구조적인 것과 비구조적인 것 사이의 차이점을 예를 들어 보여주는 것이다. 공식 $3\chi + 2\chi = 15$에서 χ를 푸는 것이 달성되어야 할 과업이라고 가정해보자. 만약 이 문제가 대수학의 기초 규칙을 알고 있는 사람들의 그룹에 주어졌다면, 모든 사람은 같은 대답에 이를 것이다. 이 예시에서는 과업을 달성하기 위해 모두에게 알려진 절차가 있다. 어떻게 해야 하는지 지배적 규칙들이 있다. 그리고 만약 사람들이 이러한 규칙들을 따른다면, 결과는 하나이다. 이러한 특징들이 **구조적 과업**(structured task)의 특징이다.

반면, 만약 과업이 팀, 위원회, 작업 그룹에서 팀의 사기에 관한 문제를 해결하는 것이라면, 해결하기 위한 명확한 방법은 없을 것이다. 많은 다양한 방법이 있으며, 아마도 분명하거나 필연적인 최상의 해결 접근 방법이란 없을 것이다. 다른 관찰자라면 그 문제를 같은 방법으로 보지 않을 수도 있다. 그들은 아마 사기란 무엇인가에 대하여 아주 다른 견해를 가질 수 있다. 그러므로, 사기와 관련된 문제를 해결하는 것을 비구조적인 과업의 전형적인 예가 된다.

사람들은 다루는 능력, 구조적 vs 비구조적인 것에 대해 선호나는 것이 서로 다르다. 예를 들어, Myers-Briggs 유형 지표(MBTI)에서 인지자(perceivers)는 비구조적인 상황을 선호하는 반면 판단자(judgers)는 계획되고 조직화된 활동을 선호하는 것으로 보였다.[32] 스트레스에 강한 개인들은 스트레스에 약한 사람들보다 애매하고 비구조적인 과업을 보다 쉽게 처리한다.[33] 그러나 이러한 차이점들과는 별도로, 우리는 과업 구조의 기능으로서 리더가 팔로워들과 어떻게 상호 작용을 해

> 스트레스에 강한 개인들은 스트레스에 약한 사람들보다 애매하고 비구조적인 과업을 보다 쉽게 처리한다.

야 하는가에 대한 일반적인 규칙들이 있는가를 질문할 수 있다. 여기서 고려할 한 가지는, 구조적 과업에서 리더나 코치가 지도를 하는 것이 쉬울 수는 있지만, 그것이 가장 유용한 방법은 아닐 수도 있다는 점이다.

우리는 앞에서 설명하였던 대수학 문제로 돌아가 다시 살펴볼 수 있다. 만약 한 학생이 그와 같은 대수학 문제를 전에는 한 번도 본 적이 없다면, 문제를 푸는 데 필요한 규칙들을 교사가 학생에게 가르치는 것이 비교적 쉬울 수 있을 것이다. 그러나 한 번이라도 과정을 배운 적이 있다면, 그는 자신이 가진 문제 해결 방법으로 스스로 그와 유사한 문제를 풀 수 있다. 이것을 다른 상황에 확장하여, 한 부하가 과업을 알거나 이해하고 있을 때, 상사의 지속적인 지도(예: 과업 중심 또는 지시 행동)는 불필요한 정보 제공이거나 결과적으로 귀찮게(irritating) 만드는 것일 수 있다.[34,35] 부하들이 필요한 것은 과업이 비구조적일 때, 원하는 결과가 어떻게 보이는지 모를 때, 어떻게 달성하는지 모를 때 도와주는 것이다. 상사나 리더가 부하직원이 비구조적인 과업을 수행하는 능력을 향상시키기 위해 할 수 있는 것은 무엇이건 그들의 성과와 직무만족을 향상시킬 수 있을 것이다.[36] 역설적으로, 비구조적 과업들은 본래 다소 불명확한 것이다. 그렇기 때문에 비구조적 과업들은 리더 자신이 달성의 방향을 분석하고 제공하는 데 보다 어려운 것일 수가 종종 있다. 그렇더라도, 비구조적 상황에 내재된 모호성의 정도를 감소시키는 것이 일반적으로 팔로워들이 인정하는 리더십 행동이다.

> 부하들이 필요한 것은 과업이 비구조적일 때, 원하는 결과가 어떻게 보이는지 모를 때, 어떻게 달성하는지 모를 때 도와주는 것이다.

과업 상호 의존성(Task Independence)

> 과업 상호 의존성
> 작업 그룹이나 팀이 원하는 목표를 달성하기 위해 과업이 협력과 동기화를 필요로 하는 정도에 관한 것이다.

과업 상호 의존성이란 작업 그룹이나 팀이 원하는 목표를 달성하기 위해 과업이 협력과 동기화를 필요로 하는 정도에 관한 것이다. 과업 상호 의존성은 작업자 또는 팀의 구성원이 자신들의 과업을 달성할 수 있게 하는 자치적인 방식인 자율성과는 다르지만, 그들의 노력의 생산품은 그룹이나 팀이 성공하기 위해서는 반드시 협동되어야 한다. 높은 수준의 상호 의존성을 가진 과업은 리더의 조직, 계획, 연출, 소통 기술을 중요하게 여긴다.[37] 예를 들어, 한 연구에서, 코치가 높은 수준의 과업 중심 행동 특징을 보이면(성과가 좋은 팀을 가졌다), 축구, 하키, 라크로스, 럭비, 농구, 배구와 같이 비교적 상호 의존적 노력이 요구되는 스포츠에서 그러했다. 반면에 동일한 리더의 행동이 상대적으로 독립된 노력을 요구하는 스포츠에서는 팀의 성과와 관련이 없었다. 수영, 육상, 크로스컨트리, 골프, 야구 같은 경우가 그러했다.[38] 과업 구조와 기술 다양성과 같이, 과업 상호 의존성도 리더 행동이 특정 상황에서 효과적인지에 영향을 줄 수 있다.

요약하면, 이러한 일곱 가지 과업 관점(dimension)은 과업을 분류하거나 설명하는 다양한 방법들을 제공한다. 예를 들어, 셔츠를 다리는 것은 높은 과업 구조, 자율성, 과업 정체성, 피드백, 그리고 낮은 스킬 다양성, 과업 중요성, 과업 상호 의존성을 가진다. 반면에, 당신의 집을 건축하는 것은 일곱 가지 관점들 모두 높은 등급을 모아야 할 것이다. 또다른 익숙한 활동이 [하이라이트 11.1]에서 이러한 관점들에 의해 평가되어 있다. 이러한 일곱 가지 관점들은 리더의 행동과 작업 배치가 팔로워들의 만족도와 성과를 어떻게 돕거나 방해할 수 있는지에 관한 통찰력을 리더에게 제공할 수 있을 것이다. 동시에 리더는 이러한 관점이 보는 사람의 눈에 따라 존재한다는 것을 기억해야 한다. 한 팔로워에게 비구조적 과업으로 인식되는 것이 다른 사람에게는 상당히 구조적인 것으로 보일 수 있다는 것이다. 마지막으로, 우리가 전에 강조했듯이, 리더는 자신이 부하들이 수행하고 있는 작업에 관한 부하들의 감정과 신념을 이해하고 있다고 확인하기 위해서 자신의 의사소통과 경청 기술을 이용해야 한다.

골프와 상황의 과업 요소들

하이라이트 11.1

골프는 이번 장에서 설명한 일곱 가지 과업 요소들을 보여주는 데 편리한 기술을 제공해준다. 골프는 적당한 양의 과업 구조(Task Structure)를 제공한다. 왜냐하면 우드, 롱 아이언, 쇼트 아이언, 퍼팅을 적절히 사용하기 위한 기본적 룰과 절차가 있기 때문이다.

기술 다양성은 골퍼들이 다양한 기술과 재능을 사용하기 때문에 골프 플레이에서 나온다. 이러한 것은 클럽을 결정하고, 스윙 클럽에 사용된 방법, 어느 강도로 스윙을 할 것인가, 어떤 장비를 사용할 것인가, 공의 어느 지점을 타깃으로 할 것인가, 바람을 어떻게 이용할 것인가, 언제 퍼트할 것인가 등등을 포함한다.

한 사람이 드라이빙, 피칭, 퍼팅을 하고, 오직 자신의 점수에만 책임이 있기 때문에, 골프의 라운드는 높은 수준의 과업 정체성을 가진다.

과업 중요성은 아마도 이번 예시에서 나타내기는 조금 어려울 것이다. 특별히 가난한 골퍼(다른 사람의 삶을 위험에 빠뜨리는) 또는 자신의 성과에 의존하는 가족을 가진 프로 골퍼의 경우가 아니라면 나타나기 어려울 것이다.

자율성은 골프를 칠 때 확실하게 나타난다. 골퍼는 "작업"을 언제 할지, 어떻게 할지, 어느 클럽을 사용할지, 어떤 전략과 전술을 사용할지를 결정하게 된다.

직무에서의 피드백 또한 분명하다. 짧게는 골퍼가 공을 친 후, 자신의 스윙이 어떻게 잘 되었는지를 피드백받는다. 슬라이스인지, 훅인지 또는 페어웨이에 직접 칠 것인지는 골퍼가 자신의 작업을 어떻게 잘 달성하고 있는지를 즉시 알려주는 정보이다.

마지막으로, 골프는 일반적으로 과업 상호 의존성이 결여된다. 골퍼들은 자신의 점수가 4인조의 다른 구성원에게 의존되지 않기 때문이다.

11.3.2 사람

많은 도서가 이미 이 주제에 중점을 두었기 때문에 우리는 여기서 아주 간략하게 이야기할 것이다. 여전히, 리더가 기술, 지식, 경험, 예측, 욕구, 선호의 측면에서 팔로워들을 바라보아야 한다는 것은 반복할 가치가 있다. 점점 세계화되어감에 따라, 리더는 자신의 팔로워들을 선택함에 있어 더 이상 좁은 지역주의(parochial)에서만 있을 수는 없다. 앞에서 주목하였듯이, 작업의 본질을 세계화로 만드는 것은 환경에서 변화율을 증가시키는 것이다. 안정적인 환경에서, 모든 종(種)들이 적합한 환경을 선택하고, 수백억 년(for eons)을 생존한다. 하지만 급격하게 변화하는 환경에서, 다양성은 모든 종(種)이 보다 빠르게 감지하고 적응할 수 있도록 만든다. 리더십 세계에서도 이와 유사한 것이 사실이다. 다양성은 더 이상 리더십에서 정치적으로만 올바른 외관(façade)이 아니다. 그것은 급격하게 변화하는 세계에서 질적이며 생존적인 본질이다.

점점 세계화되어감에 따라, 리더는 자신의 팔로워들을 선택함에 있어 더 이상 좁은 지역주의(parochial)에서만 있을 수는 없다.

11.3.3 공식 조직

과업과 마찬가지로, 상황의 조직 수준을 개념화하기 위한 다양한 관점들이 있다. 이번 부분에서는 권위의 수준, 조직 구조, 조직 설계, 상호 의존 측면, 조직 문화가 리더와 팔로워들의 행동에 어떻게 영향을 주는지 설명할 것이다.

권위 수준

권위 수준은 조직에서의 계층 수준에 관한 것이다. 리더십 효과에 중요한 대부분의 행동 유형들은 대체로 조직적 사다리로 승진하면서 변화할 수 있다. 상사의 첫 번째 라인, 리더의 낮은 수준, 그리고 코치들은 상당히 많은 시간을 팔로워들의 훈련, 작업 단위 또는 팀 수행 문제 해결, 실행 스케줄 또는 작업 스케줄 마련, 정책 실행에 소비한다. 조직의 높은 수준에 있는 리더들은 보다 자율성을 가지고, 정책 설정, 활동 협력, 직원채용 결정에 비교적 보다 많은 시간을 사용한다.[39,40] 게다가 조직의 높은 수준에 있는 리더들은 종종 보다 크고 다양한 활용을 수행하거나 참여와 위임을 사용하는 데 보다 능숙하다.[41,42] 권위의 수준이 리더십에 어떻게 영향을 주는지에 관한 아주 다른 관점은 [하이라이트 11.2]에 나타나 있다.

조직의 높은 수준에 있는 리더들은 종종 보다 크고 다양한 활용을 수행하거나 참여와 위임을 사용하는 데 보다 능숙하다.

유리 천장과 벽

하이라이트 11.2

지난 15년 동안 리더십 직위에서 여성들의 활동이 증가해오고 있음을 보여주고 있지만, 여성들은 여전히 상위 리더십 직위의 적은 비율만을 차지하고 있다. 예를 들어, 포춘지 500개 기업들에서 여성이 기업 담당자인 경우는 5% 미만이었다. 창조 리더십 센터의 연구자들은 그 이유를 알기 위한 여성 임원 프로젝트를 시작하였다.[43]

그들은 25개 기업의 일반 관리자 단계 또는 바로 그 아래 단계에 있는 76명의 여성 임원을 연구하였다. 표본 중 여성 임원들의 평균은 41세의 기혼자였다. 절반 이상이 적어도 한 명의 아이가 있었고 대다수가 백인이었다.

연구자들은 여성이기 때문에 자신의 조직에서 일정 직급 이상으로 진급하는 것을 막는 보이지 않는 장벽인 "유리 천장"의 증거를 찾아내기를 기대했다. 이 특정 표본에 있는 여성들이 흥미로운 이유는 명확하게 그들이 유치 천장을 "부수고", 그 결과 노동층의 1%로 진입했기 때문이다. 이 여성들은 동일한 환경 속의 남자가 마주하는 것보다 훨씬 더 강력한, 서로 다른 세 가지 압력을 커리어 속에서 성공적으로 대면했다. 첫 번째 압력은 직무 그 자체에서 오는 것으로 이것은 다른 남성들이 받는 압력과 다르지 않다. 그러나 두 번째 수준의 압력은 여성 임원이 되는 것과 연관되어 있다. 그 예로 특별히 눈에 띄고, 지나치게 관찰되고, 다른 여성 직원들의 롤모델이 되어야만 하는 스트레스가 있다. 세 번째 수준의 압력은 개인적 삶과 직업적 생활의 조화를 요구하는 데서 비롯된다. 여전히 대부분의 사람들은 여성들은 가정에서 살림과 자녀 양육에 보다 큰 책임을 맡기를 기대한다. 그리고 그 요구 이상으로, 이 두 가지 삶의 영역에서 여성들의 역할은 서로 상반된다.(예: 직장에서는 사업적이고 유능하고, 심지어 터프하기도 하나 집에서는 친밀하게 자녀를 양육해야 함). 그리고 그 요구 이상으로, 이 두가지 삶의 영역에서 여성들의 역할은 서로 상반된다.(예: 직장에서는 사업적이고 유능하고 심지

어 터프하기도 하나, 집에서는 친밀하게 자녀를 양육해야 함)

창조 리더십 센터 연구자들은 유리 천장을 깨뜨린 이 여성 그룹의 "성공 레슨"을 설명하였다. 그들은 또한 의외의 발견을 보고하기도 하였다. 유리 천장을 깨고 보니 여성 간부들은 더 큰 장애물을 마주했다. 그들은 최상위 직급으로부터 그들을 가로막는 "벽에 부딪혔다" 연구자들은 표본에 있는 여성 임원들 중 아주 소수만은 고위 간부라 불리는 최상위 직위에 들어갈 수도 있겠지만, 회사의 사장이 되는 사람은 없을 것이라고 추정하였다.

조직 구조

조직 구조는 조직의 활동들이 편성되고 조정되는 방법을 나타낸다. 그리고 리더와 부하들이 반드시 해야 하는 상황의 레벨도 나타낸다. 조직 구조는 개념적이며 절차적인 현실이지만, 육체적이거나 유형적인 것은 아니다. 전형적으로, 그것은 조직 안에서 공식적 권위 관계와 의사소통의 유형을 명확하게 하는 차트의 형태로 그려진다. 대부분의 사람은 조직구조는 정말 조직에서 일을 끝내기 위한 도구일 뿐이라는 것을 깨닫지 못하고, 조직 구조를 당연하게 여긴다. 조직구조는 그것 자체가 목적이 아니다. 그래서 조직이 비슷한 업무를 수행하는 데에 다른 여러 구조가 존재할 수 있으며, 각각이 장・단점이 있다. 어느 구조이든 신성불가침이나 영구적인 것은 아무도 없다. 리더는 조직 구조에 대한 기본적인 이해가 유용할 뿐만 아니라 필수적이라는 것을 알게 될 것이다. 리더는 원하는 결과물을 얻을 수 있는 가능성을 높일 수 있는 조직 설계를 바라거나, 미래 요구들에 맞게 조직을 변화시키기를 원할 것이다. 조직 구조를 설명하는 방법은 무수히 많이 있지만, 가장 간단한 방법은 복잡성, 형식화, 집중화 측면에서 구조를 생각하는 것이다.

조직 구조를 설명하는 방법은 가장 간단한 방법은 복잡성, 형식화, 집중화 측면에서 구조를 생각하는 것이다.

복잡성(Complexity)은 수평적, 수직적 그리고 공간적인 요소는 조직의 복잡성을 만들어 낸다. 조직 차트를 보면, **수평적 복잡성**은 어느 특정한 조직 수준에서 "박스"의 수를 참조한다. 주어진 수준에서 더 많은 수의 박스가 있을수록 더 넓은 수평적 복잡성을 의미한다. 전형적으로, 넓은 수평적 복잡성은 부차적 단위에서의 전문성과 연관되어 있고, 부차적 단위들 사이의 의사소통 실패 가능성을 증가시킨다. **수직적 복잡성**은 조직 차트에 보이는 계층 수준의 수를 참조한다. 수직적으로 간단한 조직은 아마도 최상위에서 최하위까지가 두서너 개의 수준만을 가지고 있을 것이다. 반면에 **수직적으로 복잡한 조직**은 10개 이상의 수준을 가지고 있을 것이다. 수직적 복잡성은 권위 역학과 의사소통 네트워크와 같은 다른 요인들에 영향을 줌으로써 리더십에 영향을 줄 수 있다. **공간적 복잡성**은 지리적인 확산을 설명한다. 한 지역에 모든 사람을 가지고 있는 조직은 전 세계 여러 나라에 퍼져있는 조직에 비해 공간적인 복잡성이 적다. 분명히, 공간적 복잡성은 리더들이 지역적으로 분리된 곳에서 부하들과 일대일 대면을 통한 의사소통, 그리고 개인 관리 보상 또는 지지와 용기를 주는 것을 어렵게 만든다. 일반적으로, 이러한 세 가지 요소 모두 조직 규모의 부분적인 기능이다. 보다 큰 조직일수록 부차적인 단위(수평적 복잡성)의 전문화, 많은 수의 계층 수준(수직적 복잡성), 지역적으로 분산된(공간적 복잡성) 부차 단위를 가지기를 좋아하는 경향이 있다.

형식성(Formalization)은 조직에서 표준화의 정도를 설명한다.

형식성(Formalization)은 조직에서 표준화의 정도를 설명한다. 조직은 각각의 직위에 맞는 직무 명세서와 표준 작업 절차를 작성하여 가지고 있음으로써 형식성의 높은 수준을 가진다. 조직에서 형식의 수준은 일반적으로 복잡성이 규모가 커짐에 따라 증가하듯, 그것의 규모에 따라 달라지는 경향이 있다.[44] 형식성은 작업 수행의 본질에 의해 달라질 수 있다. 예를 들어, 제조업 조직은 정형화된 구조를 가지는 경향이 있는 반면, R&D 조직은 덜 정형화된 경향이 있다. 존재하지 않는 제품을 개발하거나 과학적인 발견을 하기 위한 직무 명세서를 어떻게 자세하게 만들 수 있겠는가?

조직에서 형식성의 수준은 리더와 팔로워들을 위한 이점과 불리한 점 모두 지니고 있다. 형식적인 절차는 운영과 상호 작용의 방법을 명확하게 보여주는 것과 동시에 리더와 팔로워들에게 요구와 제약을 제공할 것이다. 리더들은 아마도 요구의 의사를 전하거나, 소모품 주문, 부하들을 상주고 벌하는 방법에 제약을 받을 것이다.[45] 만약 팔로워들이 연맹에 속해 있다면, 연맹의 규칙은 작업 시간, 일별 달성 작업량, 또는 누가 우선 감원 대상이 될 것인지 등을 명시하고 있을 것이다.[46]

집중화(Centralization)는 의사 결정을 조직 곳곳에 확산하는 것을 의미한다.

집중화(Centralization)는 의사 결정을 조직 곳곳에 확산하는 것을 의미한다. 오직 한 사람에 의해 의사가 결정되도록 허용되어 있는 조직은 아주 높게 집중화되어 있다. 의사를 결정할 때 조직의 가장 하위 계층까지 확산하는 조직은 매우 분권화되어 있다. 분권화된 조직의 이점은 의사 결정 단계에서 참여가 증가하고, 따라서 보다 확대된 수용과 결정 결과물의 주인 의식을 포함한다는 점이다. 이러한 두 가지 모두 바람직한 결과이다. 그러나 집중화 또한 균일한 정책과 절차(더 공정하고 느끼게 해주는)들, 더 명확한 조정 절차와 같은 이점을 갖고 있다.[47] 한편으로는 조정과 통제를 달성하기 위해 필요한 집중화 정도를 균형 잡기, 다른 한편으로는 가치 있는 참여와 수용을 얻는 과업은 리더에게 지속되는 도전이다.

조직 설계

복잡성, 형식성, 집중화의 수준에 의해 분류되는 조직은 추가적으로 또 몇 가지 다른 조직 설계로 분류될 수 있다. **조직 설계**는 다음의 두 가지 질문에서 가장 쉽게 생각할 수 있다. (1) 나는 작업을 어떻게 배분하기를 원하는가? (2) 나는 각 분과가 어떻게 그들의 작업을 편성하기를 원하는가? 전통적(또는 산업 시대) 구성 방식에서 조직 설계 유형의 가장 공통적인 세 가지는 기능성, 제품, 그리고 조직 매트릭스이다.

조직 설계 유형의 가장 공통적인 세 가지는 기능성, 제품, 그리고 조직 매트릭스이다.

기능성(Functional)은 일부 조직은 특정하게 중요하고 연속적인 기능들 중심으로 설계된 자신의 구조를 가지고 있다. 예를 들어, **기능적으로 설계**된 제조 기업은 그것의 조직 차트를 가지고 있을 것이다. 제조를 위한 분야, 영업이나 마케팅을 위한 분야, R&D를 위한 분야 등을 포함한다([그림 11.3] 참조). 기능적 조직의 장점은 한정된 자원의 효율적인 사용, 기술(technical)인력을 위한 기술(skill)발전, 의사 결정의 집중화와 통제, 각 기능적 부서에서의 뛰어난 협력을 포함하고 있다. 기능적 조직의 단점은 부서들 간의 약한 협력, 변화에 느린 반응, 상위 계층의 의사 결정 누적, 종업원들의 조직 목표에 대한 좁거나 한정된 시각이 있다.[48] 다시 말하면, 기능적으로 구조화된 조직에서, 다양한 기능적 단위 간의 공통성은 문제를 유발할 수 있다. 기능적 그룹들은 너무 응집된 나머지, 뚜렷한 경계선을 만들고, 동일 조직 내 다른 그룹 사이에 비기능적인 경쟁심을 만들어낼 수 있다.

기능성(Functional)은 일부 조직은 특정하게 중요하고 연속적인 기능들 중심으로 설계된 자신의 구조를 가지고 있다.

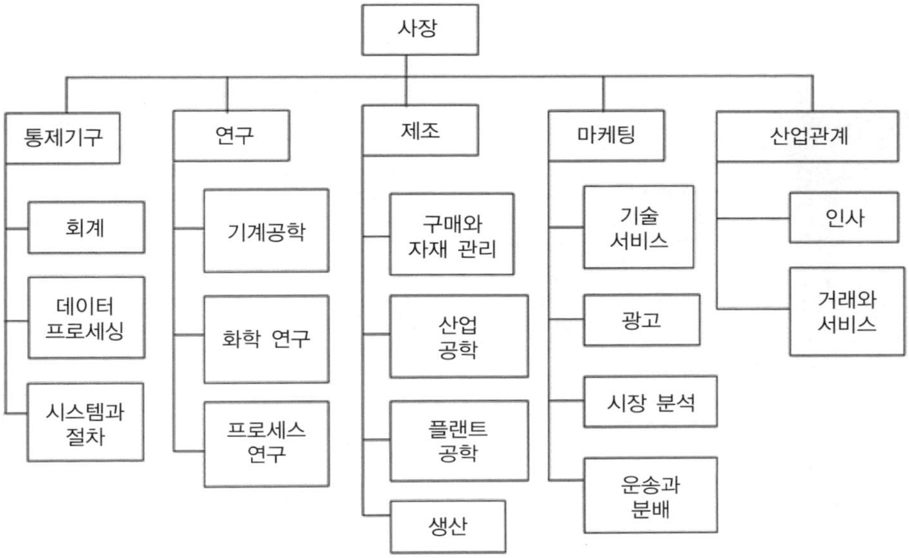

[그림 11.3] 제조 회사의 기능적 설계

제품 설계는 조직 차트 구역에서 다양한 제품과 서비스들이 궁극적으로 고객에게 전달되는 것이라고 정의한다.

제품(Product). 조직에서의 **제품 설계**는 조직 차트 구역에서 다양한 제품과 서비스들이 궁극적으로 고객에게 전달되는 것이라고 정의한다. Buick, Chevrolet, Cadillac, Saturn, Pontiac으로 나누어 소유하고 있는 제너럴 모터스와 같은 자동차 조직을 생각할 수 있을 것이다. 인식 가능한 제품들이 있고, 종업원들은 이러한 제품군으로 할당된다. 다른 제품 설계는 [그림 11.4]에 보인다. 제품 조직 설계는 기능적인 조직과 연관된 몇 가지 문제점들을 극복하고 있다. 왜냐하면 제품 조직은 기능적 기술 보다 더 나은 조화를 이끌어내고, 기능적 목적보다 조직적 목적을 중요하게 여기고, 다양한 제품들이나 서비스들에 보다 나은 통제력을 가지기 때문이다. 제품 조직의 단점은 자원의 중복, 낮은 깊이의 기술력, 서로 다른 제품군들 사이의 약한 협력이다.

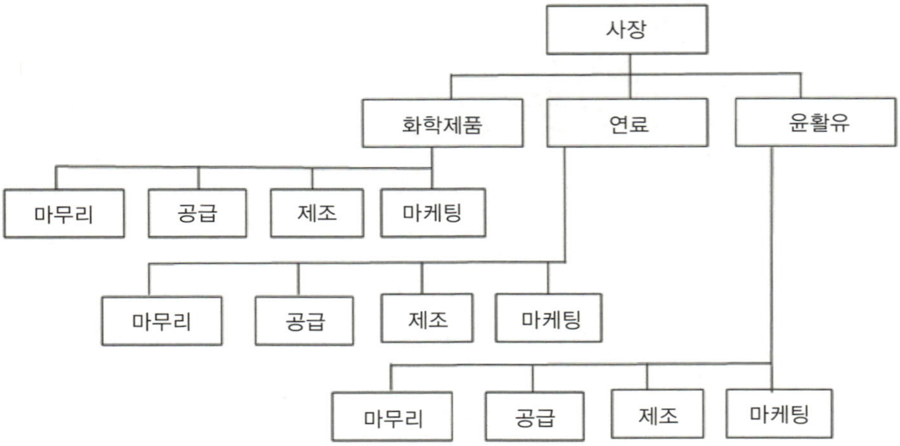

[그림 11.4] 석유 회사 제품 설계

매트릭스(Matrix) 설계는 제품과 기능적 설계와의 조합이다.

매트릭스(Matrix) 설계는 제품과 기능적 설계와의 조합이다. 이 설계에서는 제품 지향성과 기능적 특성 모두가 유지된다([그림 11.5] 참조). 매트릭스 조직에서는 각각 제품을 위한 제품 관리자가 있고, 그들의 과업 중 하나는 요구 사항의 요구로서 기능적 특성으로부터 필요한 자원을 획득하는 것이다. 예를 들어, 만약 제품이 컴퓨터 소프트웨어 엔지니어의 서비스를 요구받게 된다면, 제품 관리자는 엔지니어링 기능의 관리자로부터 그러한 서비스를 반드시 얻어야 한다.

매트릭스의 가장 큰 장점은 인적 자원의 효율적인 활용이다. 새로운 제품 설계를 위해 팀을 구성한다고 상상해보자. 더 구체적으로 화학 엔지니어의 서비스가 팀에서 필요하다고 가정해보자. 또한, 그 화학 엔지니어는 단 한 달간의 작업이 요구되지만, 제품 전체 설계 단계는 1년여를 필요로 한다고 상상해보자. 만약 우리의 가상적 조직이 제품 지향적으로 설계되었다면, 제품 관리자는 그 엔지니어의 서비스가 단 한 달만 필요함에도 불구하고 화학 엔지니어를 풀타임으로 고용해야만 할 것이다. 반면에, 매트릭스 조직에서는, 화학 엔지니어가 엔지니어링 부서에 할당될 수 있을 것이고, 다양한 제품 관리자들이 필요를 바탕으로 사용할 수 있는 엔지니어의 시간을 편성할 수 있을 것이다. 이러한 배치는 살인적인 스케줄을 만들 수도 있지만, 그것은 또한 드물거나 한정된 자원들을 보다 효율적으로 이용할 수 있는 결과를 가져다준다. 매트릭스 설계의 또 다른 장점은 소통과 협력의 측면이 향상되는 것을 포함한다.

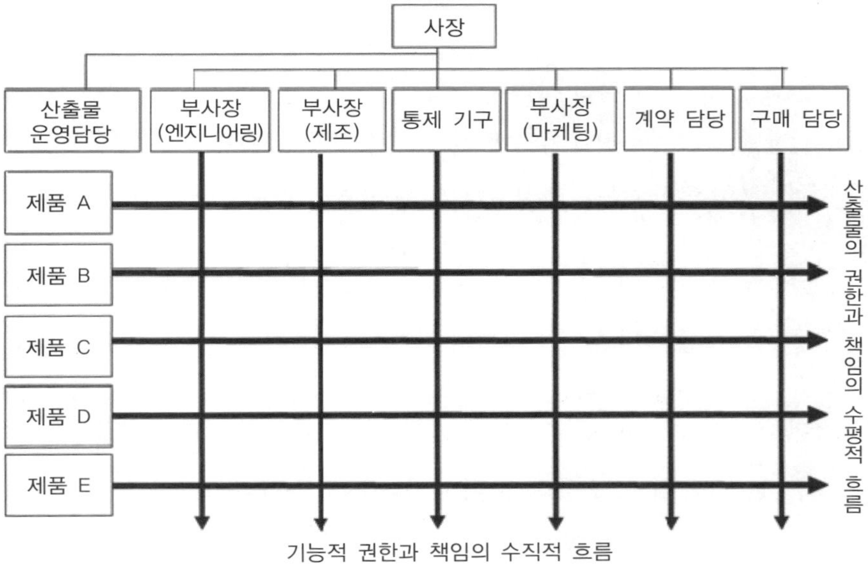

[그림 11.5] 매트릭스 설계의 제조 회사

매트릭스 설계의 가장 큰 단점은 종업원들이 결국 두 명의 보스를 위해 작업을 한다는 것이다.

매트릭스 설계의 가장 큰 단점은 종업원들이 결국 두 명의 보스를 위해 작업을 한다는 것이다. 이중-권위 체계는 혼란과 실망을 유발할 수 있다. 위의 경우에, 화학 엔지니어는 엔지니어링 그룹(가능한 최고 품질의 엔지니어링을 지시할 것이다)에는 "전문적 충성도(professional loyalty)"를 가질 것이고, 제품 그룹(가장 비용 효율적인 엔지니어링을 지시할 것이다.)에는 "수익성 충성도(profitability loyalty)"를 가져야 할 것이다. 우리의 화학 엔지니어는 충성도 우선을 넘어 갈등을 경험하는 것이 아주 당연할 것이다. 추가적으로 매트릭스 설계는 공유된 자원들의 사용 이상의 분쟁과 반대를 야기할 수도 있고, 이러한 문제들을 해결하기 위한 빈번한 회의들 때문에 시간이 낭비된다. 따라서, 매트릭스 조직에서는 관리 비용이 높다. 마지막으로, 매트릭스 조직들은 관리자가 큰 그림을 보고, 사소한 기능적 또는 제품적 관점을 대하지 않을 때만, 아주 잘 진행될 수 있다. 실제로, 설령 매트릭스 구조로의 이동을 옹호하는 조직들조차도 현재 그것의 설계를 다시 고려하고 있는 것으로 보이기 시작했다. 네덜란드 가전의 대기업 Philips도 이러한 수정된 사고의 한 가지 사례이다.[49]

수평적 상호 의존성

수평적 상호 의존성
조직적 단위 간에 작업-그룹 또는 조직 목표를 달성하기 위해 요구되는 협력이나 동기화의 정도에 관한 것이다.

조직에서 **수평적 상호 의존성**의 수준은 리더와 팔로워들의 행동에 영향을 줄 수 있다. 수평적 상호 의존성은 조직적 단위 간에 작업-그룹 또는 조직 목표를 달성하기 위해 요구되는 협력이나 동기화의 정도에 관한 것이다. 따라서, 수평적 상호 의존성은 과업 상호 의존성과 비슷하지만 보다 높은 조직 수준이다. 수평적 상호 의존성은 리더의 작업 그룹이 조직 안에서 다른 부차적 단위의 행동이나 활동들에 의해 영향을 받는 정도를 나타낸다.[50,51] 예를 들어, 개인용 컴퓨터의 마지막 조립 공정을 담당하는 리더는 성공적으로 생산 목표를 맞추기 위해 동력배급, 캐비닛, 모니터, 마더 보드, 플로피 드라이브, 하드 드라이브 제조 공정의 활동에 매우 의존할 것이다. 반면에, 배낭을 조립하는 데 사용되는 모든 제품을 만드는 제조 공정의 리더는 수평적 상호 의존성의 수준이 매우 낮다. 수평적 상호 의존성이 증가함에 따라서, 리더들은 일반적으로 다른 작업 공정 또는 공공의 관련 활동들에 연락을 하고, 유지하는 데 보다 많은 시간을 보낸다.[52,53] 더욱이, 리더들은 수평적 상호 의존성의 수준이 높을 때 영향 전술로서 이성적 인지를 사용하기를 더 좋아하는 경향이 있다.[54,55]

11.3.4 비공식 조직

조직 문화(organizational culture)그룹의 구성원들 간에 공유되는 배경, 규준, 가치, 신념의 체계로 정의되고 있다.

조직 풍토(organizational climate)는 조직에 대한 구성원들의 주관적인 반응에 관한 것이다.

비공식 조직을 요약하는 단어는 다른 그 무엇보다도 문화이다. 대부분의 사람들이 분명히 아주 큰 사회적 그룹의 측면에서 문화를 생각하지만, 그 개념은 조직에도 적용할 수 있다.

조직 문화(organizational culture)는 그룹의 구성원들 간에 공유되는 배경, 규준, 가치, 신념의 체계로 정의되고 있다.[56] **조직 풍토**(organizational climate)는 조직에 대한 구성원들의 주관적인 반응에 관한 것이다.[57,58] 이러한 두 가지 개념들의 차이는 뚜렷하다. 조직 풍토는 부분적인 조직 문화에 대한 반응 또는 조직 문화의 기능이다. 조직에 대한 한 사람의 느낌이나 감정적 반응은 분명히 그 사람이 공유하는 우세한 가치들, 신념들, 조직 구성원들의 배경에 의해서 영향을 받는다.[59] 만약 한 사람이 구성원들 다수의 가치나 신념을 공유하지 못한다면, 십중팔구 이 사람은 전체 조직에 대해 부정적 반응을 가지고 있을 것이다. 따라서, 조직 풍토는 조직 구성원들이 서로 얼마나 잘 어울리는가와 관련이 있다.[60,61] 조직 풍토가 범위는 좁지만 직무만족과 높은 관련이 있음을 아는 것은 중요하다. 일반적으로 조직 풍토는 동료나 회사 정책에 관한 감정과 같이 작업의 비과업적 인식을 포함하는 반면, 직무만족은 대체적으로 작업량의 인식과 과업 수행의 본질을 포함한다.

일반적으로 조직 풍토는 동료나 회사 정책에 관한 감정과 같이 작업의 비과업적 인식을 포함하는 반면, 직무만족은 대체적으로 작업량의 인식과 과업 수행의 본질을 포함한다.

전 세계에 많은 문화들이 있듯, 조직 전체에는 무수히 다른 문화들이 존재한다. 예를 들어, 군대 조직의 많은 구성원들은 각기 다른 규준, 배경 경험, 가치, 신념들을 가지고 있다. 마치 많은 대학의 학부가 그렇게 다른 것처럼 비슷하게, 한 투자회사의 문화는 R&D 회사, 화물 운송 회사, 또는 대학 럭비 팀의 문화와는 아주 다르다. 문화 차이는 모든 분야 안에서 다른 조직들 간에 존재할 수 있다. 미국 공군의 문화는 미국 해병대와 다르고, 예일 대학과 콜로라도 대학은 비록 두 학교 모두 높은 교육 수준의 훌륭한 학교임에도 불구하고 다른 문화를 가지고 있다.

〈표 11.1〉 조직 문화를 정의하는 몇 가지 질문들

- 대화가 가능한가 또는 불가능한가?
- 사람들이 권력을 어떻게 행사하는가?
- 문제를 어떻게 앞서 나가는가 또는 해결하는가?
- 게임의 불문율은 무엇인가?
- 조직의 도덕성과 윤리는 무엇인가?
- 조직에 대한 어떤 스토리가 이야기되는가?

출처: Adapted from R. H. Kilmann and M. J. Saxton, *Organizational cultures: Their Assessment and Change*. San Francisco: Jossey-Bass, 1983.

조직문화의 흥미로운 점은 외부에서 인식된다는 점이다. 조직문화는 그 구성원들에게는 너무 자연스러운 제2의 천성이 되어서, 구성원들은 자신의 행동과 인식이 이에 영향받는다는 것을 인지하지 못한다.[62] 이렇게 인지되지 못하는 투명성(transparency)에도 불구하고, 꽤나 일관성 있는 관점들이 조직문화를 구분하기 위해 사용된다. 예를 들어, Kilmann과 Saxton은 조직 문화는 <표 11.1>과 같이 구성원들의 질문에 대한 대답을 바탕으로 구분될 수 있다고 이야기하였다.[63] 조직 문화를 이해하는 다른 방법은 신화와 스토리, 상징. 의식, 언어의 측면이다.[64]

조직 문화를 이해하는 다른 방법은 신화와 스토리, 상징. 의식, 언어의 측면이다.

이것은 스토리가 조직 문화에 어떻게 기여하는지의 사례이다. 한 컨설턴트가 수년간 도덕성과 생산 문제를 가진 한 공장의 도움을 요청받았다. 공장에서 일부 개별자들과 면담을 한 후, 컨설턴트는 그가 문제점을 발견했다고 믿었다. 그와 대화를 한 모든 사람이 공장 관리자인 Sam에 대해 이야기를 하는 것 같았다. 그는 성미가 고약한 사람이었다. 그는 용납되지 않는 제품을 큰 망치로 부수거나, 공장의 지붕 위에서 작업자들에게 소리 지르는 등 주변의 모든 사람들에게 겁을 주는 무수한 행동들을 하여왔다. 컨설턴트는 이 공장 관리자에게 이야기할 필요가 있다고 생각하였다. 그러나 그가 공장 관리자를 만났을 때, 그는 Paul이라는 아주 친화적인 사람을 만났다. Sam은 거의 십 년 전에 죽었지만, 그의 전설(악행의 전설)은 계속 이어졌다.[65]

리더들이 단지 조직 문화에 의해 영향받는 것이 아니라, 그들 스스로 조직 문화를 바꾸기 위해 적극적 역할을 할 수 있다는 사실을 깨닫는 것은 매우 중요하다.

리더들이 단지 조직 문화에 의해 영향받는 것이 아니라, 그들 스스로 조직 문화를 바꾸기 위해 적극적 역할을 할 수 있다는 사실을 깨닫는 것은 매우 중요하다.[66-69] 리더는 특정한 이슈들, 문제들, 프로젝트들을 무시하거나 주목함으로써 문화를 변화시킬 수 있다. 그들은 자신들의 위기에 대한 반응을 통해서, 새롭거나 다른 유형의 행동의 보상에 의해, 그 이전의 처벌, 어떤 행동 때문에 초래된 부정적 결과를 지워주며 문화를 수정할 수 있다. 그들의 일반적인 인사 정책은 조직에서 종업원들의 가치에 관한 메시지를 보낸다(예: 해고를 피하기 위한 급여 삭감). 다른 사람들에게 보다 활발하게 작업을 하게 하거나, 영감을 주고, 동기부여하는 방법으로 리더들은 역할 모델과 자기희생을 이용할 수 있다. 마지막으로, 리더는 그들이 팔로워들을 선택 또는 해고하는 기준을 통해 조직 문화를 변화시킬 수 있다.

물론, 조직의 문화가 변화하는 것은 시간과 노력이 소모되고, 때로는 그것이 매우 어려울 수도 있다. 이것은 대규모 조직이나 강한 문화를 가진 조직에서는 사실이다. 반면에 새로운 조직은 동일한 규모의 오랜 조직이 갖는 전통, 스토리, 신화, 의례가 없다. 따라서 이러한 조직에서 리더들이 문화를 변화시키는 것은 보다 쉬울 것이다.

왜 리더는 조직의 문화를 변화시키기를 원하는가? 그것은 조직문화가 다양한 바람직한 결과들에 긍정적 또는 부정적 영향을 끼치는가에 따라 결정되어야 한다. "예의 바른(polite)" 문화, 처음에는 매우 긍정적이라 여겨지는 문화를 가진 한 조직을 떠올려보자. 그 조직에는 잠재적으로 파괴적인 그 어떤 감정 폭발(outbursts)도 없고, 모든 상호 작용에서 다른 개인에 대한 극명한 배려가 있다. 그러나 그 문화의 어두운 면이 서서히 나타나기 시작한다. 성과 평가나 종업원 발전에 대한 피드백을 적절히 주려고 할 때, 상사들은 행동의 부정적인 측면을 올리는 것을 망설이게 된다. 그들은 그렇게 하는 것이 예의 바르지 못하다고 여기고 있다. 그래서 그 조직은 종원업들의 행동이 개선되지 않는 경향에 대해 계속해서 이유를 알아낼 수 없었다. 그 조직은 자신들의 조직 문화의 희생양이 되어버렸다.

리더는 특히 리더 자신만의 "멋진 생각들(brilliant ideas)"이 조직 문화에 미묘하지만 중요한 영향을 역으로 줄 수 있음에 민감할 필요가 있다.

리더는 특히 리더 자신만의 "멋진 생각들(brilliant ideas)"이 조직 문화에 미묘하지만 중요한 영향을 역으로 줄 수 있음에 민감할 필요가 있다. 주요한 기술적 혁명으로 보이는 것이(외견상으로 바람직한 것처럼 보이는 것) 조직 문화에 엄청난 손상을 끼칠 수도 있다. 예를 들어, 영국에서 수백 년 동안, 석탄은 3인 1조에 의해 채굴되었다. 영국에서, 석탄은 아주 좁은 층으로 겹겹이 쌓여있기 때문에, 대부분 몇 피트의 높이밖에 되지 않았다. 과거에는, 석탄을 끌어낼 수 있는 유일한 방법은 3인 1조의 광부들이 광산으로 내려가 석탄을 캔 후, 표면으로 끌어 올리는 것이었다. 이러한 광부팀은 최고로 높은 수준의 그룹 협동성을 가지고 있었다. 그러나 기술이 발전되면서 장벽법(long-wall)이라 불리는 석탄 추출 방식이 이들의 친밀한 관계을 틀어지게 만들었다. 장벽법에서는, 작업자들이 뚜렷한 팀으로서가 아니라, 석탄의 전체 줄기를 따라 배열된다. 장벽법은 광부들 간에 보다 높은 생산성의 결과를 가져올 것이라 예측되었다. 그러나 작업 팀의 붕괴는 생산성에서 예기치 못한 감소, 작업자들의 불만족도 수준 상승, 심지어는 광부 가족들 간에 사회적 생활이 붕괴되는 결과를 가져왔다. 장벽법이 3인1조의 방법보다 기술적으로 우세하다 할지라도, 석탄-광산 기업들의 리더는 이러한 기술적 진도의 결과에서 문화적인 것을 고려하는 데 실패하였다.[71]

이러한 사례를 읽고서, 리더가 상호 간에 관계나 조직 생산성을 강조하는 문화를 만드는 것이 더 좋은 것인지 아닌지 질문할 수 있을 것이다. 우리는 성공적인 조직의 두 개 그룹에 대한 Mitchell의 연구를 살펴봄으로써 이러한 질문에 대해 몇 가지 통찰력을 얻을 수 있다.[72] Mitchell은 다른 조직 문화를 가진 두 그룹을 비교했다. 하나는 잘 관리된다고 여겨진 그룹이고, 다른 하나는 사람들이 그 조직에서 일하기를 좋아한다고 여겨진 그룹이었다. 전자의 그룹은 「초우량 기업(In Search of Exellence)」[73]에 나타난 62개의 조직을 포함하였고, 후자의 그룹은 「미국에서 일하기 좋은 100대 기업(The 100 Best Companies to Work for in America)」[74]에 나타난 회사들을 포함하였다.

흥미롭게도, 두 가지 리스트 사이에는 중복되는 것이 비교적 적었다. Mitchell에 따르면, 중복의 부재는 주로 과업 지향 조직 문화와 관계 지향 조직 문화가 다르기 때문이었다. 사람들이 선호하는 조직의 문화는 종업원들이 가족의 일원으로 느끼고, 사회적 거리감을 감소하고, 조직을 일하기 즐거운 곳으로 만드는 것을 강조하였다. 반면에, 잘 관리되는 조직에서의 문화는 조종하는 데 더 능숙하였다. 이러한 회사들은 사람을 사람 자체의 가치로 여기는 것이 아니라 생산성의 수단으로 여기는 문화를 가지고 있었다. 어느 문화가 조직에 최상인 것인가는 여전히 논쟁 중이지만, Peters와 Warterman에 의해 훌륭하게 관리된다고 간주되는 62개의 기업들이 덜 관리되는 회사들보다 더 높은 투자 회수를 하지 못했고,[75] 이 62개 중 많은 기업들과 문화들이 오늘날 그다지 훌륭하게 보이지 않는다는 것에 주목하는 것이 중요하다.

> 사람들이 선호하는 조직의 문화는 종업원들이 가족의 일원으로 느끼고, 사회적 거리감을 감소하고, 조직을 일하기 즐거운 곳으로 만드는 것을 강조하였다. 반면에, 잘 관리되는 조직에서의 문화는 조종하는 데 더 능숙하였다.

학생들과 젊은 리더들을 위한 조직 이슈에 대한 보충

학생들이나 직장 생활 초기의 사람들, 자신의 조직 안에서 낮은 단계의 리더십에 있는 사람들이 가질 수 있는 적절한 조직은 무엇인가에 관한 이슈에 대해 추가적으로 보충을 하면서 이 부분을 결론지으려고 한다. 그들에게 자신들의 조직의 구조를 재설계하거나 조직의 문화를 변화시키라는 요청이 있지는 않을 것이다. 앞에서 살펴보았듯이, 이번 장은 문화를 변화시키기 위한 작동법을 제기하려는 것은 아니다. 반면에, 젊은 직장인들이 때로는 리더에 대해 선입견을 가지거나,

조직 내 의사 결정에 대해 비현실적인 기대를 하는 것을 확인할 수 있었다. 왜냐하면 이번 부분에서 다루어진 조직 활동에 대해 익숙함과 평가가 부족하기 때문이다. 다시 말해서, 그러한 조직 변수들에 익숙해지기 위한 주요 요인 중에 하나는 당신이 조직에서 자신의 수준의 리더십 프로세스를 이해하는 맥락이다. 마지막으로, 우리는 자신의 전체 경력을 자신의 회사에서 보낸 큰 조직의 고위 관리자와 작업을 해왔다. 그들은 다른 문화를 경험한 적이 없기 때문에 종종 자신들의 문화를 어떤 차원에서도 정의하지 못했다. 이 경우에서, 우리는 하위 관리자들이 큰 조직의 문화를 훨씬 더 잘 설명했기에 놀랐다. 이러한 하위 관리자들은 총 직장 경력이 겨우 5~8년 정도였지만, 그 경력을 몇몇의 다른 조직에서 획득했기에, 자신들의 새로운 큰 조직의 문화의 특징들을 설명하는 것을 고위 임원들보다 훨씬 잘 할 수 있었다.

11.4 환경적 특징들

환경적 특징은 업무 외적인 상황적 요소에 영향을 주며, 혹은 여전히 리더십 프로세스에 영향을 주는 조직에 영향을 준다.

우리는 이번 장의 앞부분에서 적합성 모형에서 투입 변수로서 환경을 언급하였었다. 이제 우리는 환경적 특징들에 대해 보다 깊이 분석하도록 하겠다. 왜냐하면 환경적 특징에 주의를 기울이지 않으면 조직의 멸종, 크게는 인구 전체 차원에서 멸종의 근원(root of extinction)이 될 것이기 때문이다.([하이라이트 11.3] 참조). 환경적 특징은 업무 외적인 상황적 요소에 영향을 주며, 혹은 여전히 리더십 프로세스에 영향을 주는 조직에 영향을 준다. 기술적, 경제적, 정치적, 사회적, 법률적 힘 등이 환경적 특징에 포함된다. 예를 들어, 불경기, 적대적 인수 합병, 글로벌 "오프쇼링(off-shoring)"으로부터 해고의 위협이 리더와 팔로워들의 행동에 영향을 주는 것과 같은 경제적 조건들이 어떻게 변화하는지를 생각해보자. 이러한 요인들은 종종 불안을 만들어내고 그러므로 종업원의 안전 욕구 상승을 야기한다. 또한 작업자들을 위한 훈련 예산을 낮추는 결과를 가져오기도 한다.[76] 최근 하이 테크놀로지와 텔레의사소통 주식의 평가에서 변화들은 간과할 수 없다. 정치적 변화는 또한 리더와 팔로워들에게 상당한 영향을 줄 수 있다. 예를 들어, 리더와 팔로워들의 행동이 동유럽에서 어떻게 변화되는지를 생각해보자. 동유럽 국가들은 공산주의체제에서 사유경제 체제로 변화되면서, 그 변화가 쉽고 단일하지 않았어도 리더와 팔로워들의 행동 변화를 나타났다. 서구 조직들에 영향을 주는 법률적 힘은 새로운 산업(예: 산업 폐기물 처리) 성장 또는 정치적 규칙과 규제에서 변화하였기 때문에 다른 산업에서 인원을 감축하는 데 기여했다.[77] 마지막으로, 기술적 진보는 리더-팔로워 관계를 변화시키고 있다. 예를 들어, 개인용 컴퓨터, 팩스, 광랜의 출현은 사람들이 지역적으로 분산된 곳에서 일을 할 수 있도록 만들었다.

작업장 트렌드

하이라이트 11.3

1. **고용 시장 대변동이다.** 안정적인 종업원들이 예전보다 더 많이 노동 시장에서 전례 없는 회오리(churning)를 일으킬 것이다. 이 대변동은 기업의 안정성, 고객에게 봉사하는 제공하는 능력(capacity), 특히 근 몇 년간 종업원을 당연하게 여겼던 고용주를 위협할 것이다.
2. **노동의 판매자 시장으로 이동이다.** 고용주는 역사상 가장 심각한 숙련된 기술자의 부족에 직면할 것이다. 기업들은 인재를 끌어들이고 머물게 하기 위해 보다 공격적으로 변할 것이다. 사람들은 자신들의 기호대로 고용주를 선택하여 직업을 바꿀 것이다.
3. **국제적 직업 이동 유동성이다.** 미국에서 경제 이슈와 숙련 기술자의 부족은 보다 많은 직업을 다른 나라로 이동시킬 것이다. 그러나 고용주들은 상황이 불만족스럽다는 것을 발견할 것이고, 직업들은 되돌아올 것이다.
4. **은퇴가 사라진다.** 전통적인 은퇴는 지속적으로 변형될 것이다. 은퇴자들은 다른 현장에 직무로 이동할 것이고, 자신들의 사업을 시작할 것이고, 활동적이고 생산적인 상태를 유지하기 위해 다른 활동들에 참여할 것이다.
5. **훈련과 교육은 가속화될 것이다.** 협력 발전 프로그램들은 새로운 종업원과 현재의 스태프들에게 관심을 보일 것이다. 직업과 관련된 교육 수요가 증가할 것이다. 교육자들은 빠르게 움직이는 세계에서 준비된 생산적인 졸업생을 배출하기 위해 큰 변화를 만들어야 하는 도전을 받을 것이다.
6. **리더십 부족은 극복되어 갈 것이다.** 고용주가 심각한 부족을 발견함으로써 리더십 개발은 새로운 중요성으로 나타날 것이다. 유망한 관리자들은 새로운 직위에 가기 전에 리더십 기술 연습과 습득을 할 것이다.
7. **유연한 고용은 인기를 얻을 것이다.** 사람들의 작업 시간이 유동적으로 변화함에 따라, 재택근무와 기술을 이용한 원거리 근무가 가능해질 것이고, 전통적인 업무 배치는 곧 약화될 것이다.
8. **격식을 벗어난 일상이 지배할 것이다.** 작업장에서 격식을 더 따지는, 일부 직장도 있지만, 비형식은 의복, 문화, 사무실 인테리어, 작업장 구조적 설계에서 우세할 것이다.

9. **민첩함의 장점**. 기업들은 고객이나 종업원들에게 보다 민첩하고, 영리하고, 즉시 반응할 수 있도록 재창조될 것이다. 관계, 자원, 지식, 속도는 전략의 무기가 될 것이다.
10. **작업자들은 독립적이 되어간다**. 보다 많은 사람들이 독자적 계약자가 되어 자신들의 서비스를 프로젝트성, 계약성, 단기성으로 판매할 것이다. 이러한 움직임은 작업자와 고용주를 연결해주는 전문적인 스태프 회사와 전자 커뮤니티 출현을 자극할 것이다.

출처: © Copyright 1998-2004 by The Herman Group, Inc.-reproduction for publication is encouraged, with the following attribution: From "The Herman Trend Alert," by Roger Herman and Joyce Gioia, Strategic Business Futurists(800)223-3566 or http://www.hermangroup.com. The Herman Trend Alert is a trademark of The Herman Group, inc

11.4.1 테크놀로지와 불확실성

낮은 기술적 복잡성(technological complexity)의 환경에서는, 작업자들이 큰 역할을 하니, 그들은 상황에 따라 자신들의 행동을 수정할 수 있다.

테크놀로지는 다른 방법에서도 리더십 프로세스에 영향을 준다. 예를 들어 어떤 설계가 조직을 위해 최상인가를 결정하는 것이다.[78] 낮은 **기술적 복잡성**(technological complexity)의 환경에서는, 작업자들이 큰 역할을 하니, 그들은 상황에 따라 자신들의 행동을 수정할 수 있다. 높은 **기술적 복잡성**의 환경에서는, 작업 흐름은 매우 예측 가능하다.

낮은 기술적 복잡성의 환경에서의 조직의 사례는 인쇄 공장, 양복점, 캐비닛 제조자들이다. 각각의 경우에, 그 조직은 특정한 고객들의 주문에 적합하도록 만들어져 있다. 이 책의 저자 중 한 사람이 이 틀(mold)에 맞는 조직을 찾아내었다. 즉, 자신의 오디오 스테레오 시스템에 맞는 참나무 벽체를 찾아내려고 노력하는 조직이었다. 대량 생산된 제품을 수없이 찾고 쇼핑을 하면서 실망한 후, 그는 다양하게 다른 벽체들을 가진 한 상점을 발견하였다. 이 중 일부는 그가 원하던 것에 근접하였지만, 딱 맞는 것은 아니었다. 이러한 세부적인 요구사항들을 들은 후, 주인은 매장에는 그가 원하는 것이 없다는 사실에 동의하였다. 그러나 그 다음 그가 말하기를 "하지만 만약 당신이 그것을 그릴 수 있다면, 우리가 만들 수 있을 것이다"라고 하였다.

높은 수준의 기술적 복잡성은 대량 생산이 중심이고, 주문이 재고로 채워질 때 발생한다. 대형 창고 매장으로부터 구매한 가구를 예로 들 수 있겠다. 위에서 설명하였던 벽체 공예와는 반대로, 대부분의 가구는 특별히 설계되거나 특정한 고객의 요구를 맞추기 위해 만드는 것이 아니다. 그 대신, 제조자들은 대부분의 고객들의 기호와 요구를 적절히 맞추는 다양한 가구를 대량으로 생산한다.

가장 높은 수준의 기술적 복잡성은 연속적인 공정이 처음부터 끝까지 기계화 될 때 발생한다. 사람들은 그와 같은 조직에서 프로세스 공정의 검사와 문제점 감시 외에 그다지 큰 역할을 하지 않는다. 오일 정제 작업, 화학 생산 공장, 핵 연료 공장은 모두 연속적인 공정 조직의 사례이다. 그러한 공장에서 사람들은 거의 공정 관찰과 검사, 이상 검출을 바로잡는 것에만 필요하다.

이렇게 기술적 복잡성의 범위가 중요하다는 것은, 다른 기술 환경에서는 다른 종류의 조직 구조나 디자인이 적합하다는 것을 의미한다. 만약 조직 구조가 기술에 적합하다면, 그 조직은 가장 성공적일 수 있을 것이다. 만약 기술적 환경이 중간 정도의 복잡성(대규모 가구 제조 회사와 같은)이라면, 조직에 기계적 구조나 관료적 구조가 가장 적절할 것이다. 반면에, 만약 기술적 환경이 낮은 복잡성(캐비닛 제조나 인쇄와 같은) 중 하나라면, 엄격하게 설정하여, 관료주의적 구조는 특정 주문에 의해 요구된 제품을 유동적으로 생산하는 데 조직을 어렵게 만들 것이다.

변화가 적은 안정적인 환경에서는, 상대적으로 형식화되고, 집중화되고, 관료적인 구조가 아마도 바람직할 것이다.

테크놀로지에 추가적으로, **환경적 불확실성**(environmental uncertainty) 정도 또한 조직 설계를 최적화하는 데 영향을 준다. 변화가 적은 안정적인 환경에서는, 상대적으로 형식화되고, 집중화되고, 관료적인 구조가 아마도 바람직할 것이다. 반면에 격변하는 환경에서 구조는 변화하는 조건들에 적응할 수 있도록 충분히 유동적이어야 한다.[79] 이와 비슷하게, 단순하며, 매우 차별화되고, 유기적인 구조들은 매우 불확실한 환경에 가장 적절하다.[80]

11.4.2 위기

리더십 프로세스에 영향을 주는 다른 환경적 변수는 **위기**(risk)의 존재 유무이다. 일부 연구자들은 특정한 리더들이 카리스마적으로 인식되기 위해 위기를 의식적으로 만들어내는 카리스마적 리더십에서 위기는 중요한 부분으로 작용한다고 믿는다.[81-83] 더 나아가, 위기 시에 효과적 리더십과 연계되는 행동들은 위기가 없을 때 효과적 리더십과 연계되는 행동과는 다르다. 위기 시에, 팔로워들은 문제점이 나타났을 때 해결안을 개발하고 시행하는 리더들을 기대하는 경향이 있다. 따라서 작업 그룹들이 강한 마감 시간이나 위기에 직면하였을 때 일반적으로 그들의 리더가 보다 적극적이고, 지시적이고, 결단력 있기를 기대한다.[84] 게다가 리더들은 위기 시에 참여나 협의를 적게 사용하는 경향이 있다.[85,86] 이러한 발견들은 상황의 출현과 비출현이 대조적일 때 이치에 맞다. 예를 들어, 외과는 어려운 수술을 시행하기 이전에 동료들과 상당히 많은 시간을 협의한다. 하지만 수술을 하는 동안에 환자의 심장이 멈췄을 경우, 다른 전문가들과 상의를 할 시간이 없다. 마찬가지로, 코치들은 경기를 준비할 때, 다른 코치들과 스태프 구성원들과 많은 시간을 협의하는 데 사용하지만, 경기 중에는 경기가 끝나기까지 그들은 자신의 스태프 일부와만 협의할 것이다.

리더들은 위기 시에 참여나 협의를 적게 사용하는 경향이 있다.

11.5 상황적 공학

이번 장에서 가장 중요한 요점의 한 가지는 **상황적 공학**의 개념을 살펴보는 것이다. 리더와 팔로워들의 행동이 다양한 상황적 요소들에 의해 영향을 받는다 할지라도, 리더와 팔로워들은 변화하고 있는 상황이 자신들의 행동 변화에 어떻게 도움이 되는지를 전적으로 간과하고 있다. 마치 다이어트를 하는 사람이 나쁜 식습관 분석과 음식 조절을 통해 보다 나은 다이어트를 고수할 수 있듯이, 리더 또는 팔로워들도 문제의 범위를 분석하고, 이러한 문제들을 보다 쉽게 극복하게 하는 상황을 구조개편하여 보다 효과적이 될 수 있다.

리더 또는 팔로워들도 문제의 범위를 분석하고, 이러한 문제들을 보다 쉽게 극복하게 하는 상황을 구조개편하여 보다 효과적이 될 수 있다.

예를 들어, 한 리더가 리더십 개발 프로그램에 참여하여, 자신의 부하들과 충분하지 않은 상호 작용의 피드백을 받았다고 이야기한다면, 이 리더는 이후 목표를 설정하고 그의 부하들과의 상호 작용 수준을 향상시키려고 성실히 노력할 것이다. 그러나 그의 전형적인 하루가 정신없이 바쁘고, 그가 상호 의존성이 적은 작업 그룹과 일하기에 상황적 요구들이 그에게 예전 행동 방식으로 되돌아가도록 어느 정도 강요할 수 있다. 이 리더가 만약 이 목표의 달성을 가능하게 하기 위하여 상황을 구조개편한다면, 보다 성공한 자신을 발견하게 될 것이다.

예를 들어 그가 부하에게 보다 많은 활동을 위임할 수 있을 것이다. 이것은 부하들과 상호 작용할 수 있는 보다 많은 기회를 리더에게 주는 것이고(공통으로 수행 목표를 설정하고 과정을 감독한다), 그것은 다른 활동들에 몰두할 수 있는 보다 많은 시간을 리더에게 줄 것이다. 더욱이, 그 리더는 사무실 가구를 재배치하거나, 가능한 한 많이 그의 사무실 문을 열어두거나, 자신의 일과에 "현장에 직접 가서 관리하는 시간(manage by wandering around)"을 구축하는 등을 통해서 보다 다가가는 친숙한 태도를 보일 수 있다.[87]

리더와 팔로워들이 과업, 조직, 자신들의 행동과 태도에 영향을 주는 환경적 요인들을 변화시킬 수 있는 방법은 다양하다. 질문을 하고, 효과적으로 듣는 것을 통해서, 리더는 부하들의 만족과 생산성 수준을 개선하기 위해 Hackman과 Oldham[88]의 직무 특성 모형(job characteristics model) 또는 Herzberg[89]의 그 요인 이론(two-factor theory)의 제안을 적용하여 작업을 재설계할 수 있을 것이다. 마찬가지로, 리더는 부하들의 업무량, 책임, 과업 상호 의존성의 수준을 조정하는 방법을 발견할 수 있다.(사무실 레이아웃 재배치, 새롭거나 다른 정책 또는 절차의 수립, 관계와 평가 체계 보고의 수정)[90] 더 고위의 리더들은 조직 그 자체나 환경의 변화에 영향을 주는 작업을 변화할 수 있다. 상황적 공학에서 간주되는 가장 중요한 요점은 리더와 팔로워들이 상황이 확정적이지 않다는 것을 이해하고 모든 사람들이 보다 만족스럽고 생산적이기 위해서 그들이 어떻게 상황을 변화시킬 수 있는지에 관해 생각해보게 하는 것이다.

상황적 공학
가장 중요한 요점은 리더와 팔로워들이 상황이 확정적이지 않다는 것을 이해하고 모든 사람들이 보다 만족스럽고 생산적이기 위해서 그들이 어떻게 상황을 변화시킬 수 있는지에 관해 생각해보게 하는 것이다.

최종 사례는 상황적 변수들의 강력한 영향을 보여줄 뿐만 아니라 10장에 소개되었던 Ginnett의 팀 리더십 모형(Team Leadership Model, TLM)의 앞선 논의와도 연결된다. TLM에서 중요한 투입(input) 중의 하나는 팀 프로세스에 영향을 주고 있는 시스템의 네 가지 유형을 분석한 조직의 수준이었다. 이러한 시스템들은 보상, 정보, 교육과 통제를 포함한다. 권위자의 연구 프로젝트를 수행하여 우리는 고도로 통제되고 집중화된 조직에서 팀에 의해 수행되는 일련의 작업 공정을 관찰했다. 복잡한 컴퓨터 프로그램에 의해 만들어지는 특정한 지시 없이는 작업이 전혀 수행되지 않았다. 작업이 수행되는 건물에 없는 엔지니어들은 컴퓨터 시스템을 통합해, 각 과업이 수행되는 새로운 작업 절차를 준비했다. 엔지니어들은 절차를 바꿀 수 있지만, 공정 설비에 있는 작업자들은 그 절차들을 "마치 성경처럼 바꾸기 어려운"것으로 인식했다. 어떤 작업 순서의 과정을 보자. 준비한 팀이 (프린트된 지시에 따라서) 유연적 절연(insulation)시트를 설치팀의 설치를 위해 접음으로써 준비를 한다. 하지만 우리는 설치팀이 하는 첫 번째 작업의 유연적 시트를 다시 펼치고 그것을 다시 접는 것으로, 준비팀과 정확히 반대 방식으로 그 작업이 설치하고 있음을 발견하였다. 우리가 설치팀이 준비팀의 작업을 재작업하는 것을 알고 있느냐고 준비팀에게 질문하였을 때, 그들은 그러한 상황에 대해 모르고 있었다. 더욱 놀라운 것은 그들이 이 사실을 알게 된 때, 두 팀 모두 작업을 변경하는 것보다 컴퓨터 작업 시트에 설명된 그대로 계속 작업하는 것이 더 쉽다고 결정하였다는 점이다. TLM(팀 리더십 모형)을 적용하여, 우리는 적어도 문제를 발생시키는 두 가지 시스템을 분석할 수 있었다. 첫째, 내부팀 정보 체계가 부족하였다. 정보가 부적절한 전략들을 바로잡도록 해야만 했는데, 그렇지 않았다. 그들에게 작동하는 억압적인 통제 시스템 때문에 팀이 무력하다고 인식하는 것 또한 영향이 문제가 발견된 후조차도 그 팀이 운영되는 상황은 업무 흐름의 정확한 지식 파악 시 창조적 잠재력을 감소시키는 조건들을 유발하였다. 정보 체계를 개선하고, 관리 체계를 수정함으로써, 작업이 수행되는 방식을 리더십이 변경시킬 수도 있었을 것이다. [하이라이트 11.4]는 상황을 다루는 마지막 예시이다. 이 하이라이트에서는, 한 젊은 리더가 막 만난 팀이 새롭고 위험한 상황에 놓인 것에 대해 받고 있는 스트레스를 다루고 있다.

책임 감당하기

하이라이트 11.4

모든 리더에게 첫 명령을 내린 몇 가지 순간과 날들은 중요하다. 바로 그 때 첫인상이 형성되고 기대가 설정되는 것이다. 그것은 모든 리더에게 언제나 중요한 시간이지만, 전투 상황에 있는 젊은 리더에게는 죽느냐 사느냐의 문제가 될 수도 있다. 군대를 지휘하기 위해 동남아시아에 도착한 한 젊은 장교의 첫 반응을 살펴보자.

나는 혼자였다. 그것이 리더로서 나의 첫 느낌이었다. 부하들은 아침의 일과를 하고 있었다. - 야전 식량을 시작하고, 소변을 보고, 면도를 하고, 양치를 했다. 그들은 각자 편하게 여기저기서 이야기하고 웃으며 이동하였다. 나는 대화의 일부를 들을 수 있었다.: "밤에 잠은 잘 잤어…." "겨우 90일이 지났어…." 가끔 한 남자가 내쪽으로 고개를 끄덕이거나, 잠시 나를 힐끗 보곤 했다.

나는 내 소유물들 - 무기, 웹 기어, 배낭 - 을 모았다. 그리고 지휘 본부로 이동하였다. 군대 리더로서 등장을 하기 전에 잠시 나의 생각을 정리할 필요가 있었다. 나는 그것이 힘든 일이라는 것을 알고 있었다.

나는 내가 내릴 명령을 알려주는 동료 지휘관이 곁에 있을거라고 가정했었다. 하지만 아직 그를 만나지조차 못 했다. 몇 주간 못 만날 수도 있다. 사실 나는 전적으로 혼자였다. 무엇을 해야 할까? 누구에게 조언을 구할까? 군대 병장? 분대 리더? 조만간 나도 그들의 생각을 듣고 그 생각을 통합할 수 있을 것이다. 하지만 "글세, 우리가 무엇을 해야 한다고 생각하나?"라는 말로 나의 첫 대면을 시작할 수도 없는 노릇이었다. 나는 기본적인 결정들은 내가 내려야 한다는 것을 알고 있었다.

처음 몇 순간이 아주 중요할 것이다. 분명하게, 나는 그날 아침 관심의 대상이었다. 모두가 새로운 중위가 어떤 사람인지 궁금해하였다. 그리고 나의 첫 마디, 나의 제스처, 나의 행실, 나의 눈으로 그들에게 나의 인상이 형성될 것이었다. 나는 내 주위를 배울 수 있는 유예 기간이 없었다. 이것은 삶과 죽음의 환경이었다. 만약 내가 실수를 하게 된다면 리더로서의 나의 신용은 끝장날 것임은 물론 부하 몇 사람도 희생될 것이었다.

나는 전술에 관심을 주는 것으로 시작하기로 결정하였다. 군대 환경에서, 모든 것은 전술에 의해 결정된다. 어디서 잘 것인지, 언제 잘 것인지, 어디로 갈 것인지, 무엇을 할 것인지, 어떤 동료와 할 것인지 - 모든 것이 암시된 전술적 필요성을 바탕으로 결정된다. 나는 전술 지시를 통해 나만의 스타일의 리더십을 보일 수 있을 것이다.

수년간 내가 받았던 전술 훈련을 상기하며, 군사들, 주변 마을, 논의거리, 덤불의 무게, 다양한 지형들을 조사하였다. 부하들의 응시를 의식하며, 나는 바르고 정확하게 결정해야 한다는 공포와 싸우고 있었지만, 내가 차분하게 보이길 바랐다.

출처: J. M. McDonough, Platoon Leader. San Francisco, CA: Presidio Press, 1985, pp. 30-31. Reprinted with permission.

11.6 요 약

상황은 리더-팔로워-상황 프레임워크에서 가장 복잡한 요인일 수 있다. 더욱이, 상황은 복잡성 측면에서뿐만 아니라 강도(strength) 측면에서도 아주 다양하다. 상황적 요인들은 성격 특성, 지능, 가치, 리더와 부하의 행동에 대한 선호, 태도, 관계에 대한 영향을 효과적으로 최소화하는 것과 같은 역할을 할 수 있다. 리더십 상황의 역동적인 본질을 고려했을 때, 상당히 일관된 결과들을 찾는 것은 리더십 연구자들에게 상당히 고무적인 성과이다.

조직 구성 틀로서, 이 장은 리더가 고려해야 하는 많은 상황적 요소들을 생각하는 방법의 하나로, 적합성 모형을 소개하였다. 작업 요인들의 측면에서, 리더는 과업 상호 의존성, 과업 구조, 직무 특징들이 자신과 자신의 팔로워의 행동에 영향을 줄 수 있다는 사실과 팔로워들의 만족과 성과를 향상하기 위해서 이러한 요인들을 어떻게 변경해야 하는지에 대해 알고 있어야 한다. 연구는 측면 상호 의존성, 구조, 설계, 문화와 같은 조직 요소가 왜 특정소통문제와 갈등이 존재하는지, 어떻게 작업이 성취되는지, 왜 일부 사람들이 조직에서 다른 사람보다 더 만족하는지 같은 질문을 답하는 데 큰 역할을 한다. 비공식 조직 또는 조직적 문화는 리더와 팔로워의 행동 방식에 깊은 영향을 끼칠 수 있다. 하지만 그것은 모든 물고기가 헤엄치고 있는 어항의 물 같은 것이기 때문에 가장 알아채기 어려울 것이다. 법률적, 정치적, 또는 경제적 힘과 같은 환경적 요소들 또한 리더와 팔로워들의 행동에 영향을 준다. 때로는 이러한 환경적 요소가 직업-그룹 구성원들의 생산성 또는 만족도를 개선하기 위해 리더가 취해야 하는 변화를 효과적으로 없애주기도 한다.

마지막으로 이 예제를 풀어보자. 다른 현장이나 직업군에서 허구적이든 사실적이든 당신이 가장 존경하는 영웅 두 명을 선택해보자. 극단적인 예로, 당신이 Dalai Lama(실존인물)와 Jack Bauer(인기 TV쇼 24시간에 등장하는 영웅)를 골랐다고 가정하자. 이제, 이들 두 영웅들이 처한 상황을 서로 바꾸어보자. 이러한 상황에서 그들의 성격이 작업에 어떤 영향을 줄 것인지와 무엇이 여전히 그들에게 효과적인지를 생각해보자. 이러한 종류의 질문이 바로 21세기에 우리가 지속적으로 질문하고 연구해야 하는 것이다.

핵심용어

역할이론	자율성	매트릭스 설계
다중영향모형	피드백	상호의존성
상황적 수준	과업구조	조직문화

교차기능	과업 상호의존성	조직풍토
고객 및 공급업체에 대한 연결	권위 수준	신화와 스토리
고객 세분화	조직구조	상징과 조형물
세계화 규모	수평적 복합성	의식
혁신	수직적 복합성	언어
지식 노동자	공간적 복합성	기술적 복합성
스킬 다양성	조직설계	환경적 불확실성
과업 정체성	기능적 설계	위기
과업 중요성	제품설계	상황적 공학

질 문

1. **관료적**(bureaucratic)이라는 용어는 대부분의 사람들에게 경멸적인 함축을 가지고 있습니다. 당신은 관료(bureaucracy)의 긍정적인 측면을 떠올릴 수 있습니까?
2. 그룹, 팀, 조직 또는 국가와 관련된 당신이 익숙한 위기 상황을 생각해보고, 리더-부하-상황 프레임워크의 측면에서 분석해보세요. 예를 들어, 부하들은 리더에게서 특정 유형의 행동을 기대하고 있습니까? 그것을 필요로 하는 상황이었나요? 그 상황이 알고 보니 특정한 리더의 출현에 기여한 것은 아니었습니까?
3. 팀 또는 그룹 프로젝트에서 학생의 노력 수준에 영향을 줄만한 보상 체계를 정의할 수 있습니까? 이러한 보상 체계는 개인적 노력을 요구하는 프로젝트와는 별개로 설계되어야 합니까?

Chapter 12

리더십 상황 이론

12.1 서 론

지금까지 이 책을 아주 간단히 요약한다면, 리더십은 리더, 팔로워, 그리고 상황의 여러 가지 측면들이 관련되어 있는 과정이라고 말할 수 있을 것이다. 1부에서는 과정 측면에 대해 논의하였고, 2부에서는 리더에 대하여 집중적으로 다루었다. 3부는 팔로워에 초점을 맞추었고 이 앞 장에서는 리더십의 상황적 요소들에 관해 논의하였다. 해당 부분의 관심 요소들에 집중하려고 하는 만큼, 리더 – 팔로워 – 상황(L-F-S)모형에 겹치는 부분이 종종 있다는 것도 알게 되었을 것이다. 실제로 중복되는 부분들이 있으며, 개념들을 분리시키려는 시도는 그저 단순화하는 것에 불과하였다. 리더십의 세계는 L-F-S모형의 다양한 측면들이 함께 활동하는 매우 복잡한 곳이다. 리더십은 이 모형의 세 가지 면의 상호작용에 달려 있으며, 이 장에서는 상황적인 적합성(contingencies)을 살펴볼 것이다.

리더십의 세계는 L-F-S 모형의 다양한 측면들이 함께 활동하는 매우 복잡한 곳이다.

여기에서는 이미 잘 알려진 네 가지의 리더십 상황이론을 다룰 것이며, 네 가지의 이론 모두 리더, 팔로워와 상황의 특정 측면을 설명한다. 이 네 가지 이론은 또한 몇 가지 유사한 점을 공유하고 있다. 첫째, 이는 어떤 개인의 의견이라기보다는 이론이기 때문에, 이 네가지 이론은 수년간에 걸친 상당한 양의 경험적 연구에 중점을 두고 있다. 둘째, 이 이론들은 암묵적으로 리더들이 팔로워와 리더십 상황의 주요한 측면을 정확히 진단할 수 있다는 것을 가정한다. 셋째, Fiedler의 상황적합 모형[1]을 제외하고, 리더는 모두 유연한 태도로 행동할 수 있다고 여겨진다.

즉, 리더는 상황과 팔로워의 특성이 변하면 그들의 행동도 변화시킬 수 있으며 변화시켜야 한다는 것이다. 넷째, 상황, 팔로워의 특징과 리더의 행동 사이의 적절한 매치는 그룹이나 조직의 결과물에 긍정적인 효과를 가진다고 여겨진다. 그러므로, 이 리더십 이론들은 리더가 어떤 특정 상황과 팔로워의 특성에 부합하는 행동을 할 때 리더십의 효과성이 극대화된다고 주장한다. 이러한 유사성[2] 때문에, Chemers는 이 네 가지 이론들은 다른 점보다는 유사한 부분이 더 많다고 주장한다. 이 이론들은 상황과 팔로워 특성의 유형 면에서 주로 차이점이 발견되었다.

12.2 규범 결정 모형(The Normative Decision Model)

리더는 어떤 상황에서는 부하직원에게 의사결정을 위임할 수 있고 혹은 의사결정을 하기 전에 부하직원들에게 관련 정보를 물어볼 수 있다. 응급상황이나 위기 상황 같은 또 다른 상황에서는 리더는 부하직원들로부터의 의견 수렴 없이 의사결정을 하기도 한다. 의사결정 과정에 부하직원들의 의견 투입 수준은 직면한 이슈, 팔로워의 전문성 수준, 또는 위기의 유무 등에 따라 매우 달라질 수 있다. 다양한 리더, 팔로워와 상황적 요소[3]로 인해 참여 수준이 달라지기는 하지만, Vroom과 Yetton은 리더가 의사결정 과정에서 적절한 참여도를 활용하여 그룹의 수행을 향상시킬 수 있다고 주장하였다. 따라서, 규범 결정 모형은 의사결정 과정에서 부하직원들의 투입이 얼마나 있어야 하는지를 결정하는 것에 달려 있다. 규범 결정 모형은 의사 결정에만 제한되어 있으며 모든 것을 다 포함하는 이론이 아니기 때문에, 이번 장을 시작하는 데 적합한 모형을 제시하도록 하겠다.

규범 결정 모형
의사결정 과정에서 부하직원들의 투입이 얼마나 있어야 하는지를 결정하는 것에 달려 있다.

12.2.1 참여 수준

이 장에 소개되는 다른 이론들과 같이, **규범 결정 모형**[4]은 리더십 효과성을 향상시키기 위하여 설계되었다. Vroom과 Yetton은 다양한 리더, 팔로워, 상황적 요소들이 어떻게 의사결정 과정에 대한 부하직원들의 참여도와 그룹 수행에 영향을 미치는지를 탐구하였다. 어떤 상황적 요소와 팔로워들의 요소가 참여 수준과 그룹 수행에 영향을 미치는지 답을 찾기 위하여, Vroom과 Yetton은 그룹 상황에서 리더들이 사용하는 의사결정 과정을 먼저 조사하였다. 이들은 완전히 독재적인 형태부터("AI"로 명명됨) 모든 그룹 멤버들이 동일하게 참여하는 완전히 민주적인("GII") 범주에 이르는 의사결정 과정의 연속선을 발견하였다. 이 과정은 [하이라이트 12.1]에서 자세히 다루어진다.

규범 결정 모형에서의 참여 수준

하이라이트 12.1

독재적인 과정

AⅠ: 리더는 그때 유효한 정보를 사용해 스스로 결정을 내리거나 문제를 해결한다.

AⅡ: 리더는 부하로부터 필요한 정보를 얻는다. 그리고 난 뒤 문제에 대한 해결책은 스스로 결정한다. 리더는 자신의 질문에 대한 목적 또는 결정을 부하들에게 말할 수도 또는 말하지 않을 수도 있다. 그들로부터 제공된 인풋은 특정 정보에 대한 리더의 요구에 대한 명확한 답이다. 그들은 문제의 정의 또는 대안 평가하거나 만들어내는 역할을 하지 않는다.

상담하는 과정

CⅠ: 리더는 믿을만한 부하들과 개인적으로 문제를 공유한다. 그는 그들을 함께 그룹으로 모으지 않은 상태에서 그들의 아이디어나 제안을 받는다. 그 후 그는 결정을 내린다. 이 결정은 부하들의 영향을 반영할 수도 또는 하지 않을 수도 있다.

CⅡ: 리더는 그룹회의에서 자신의 부하들과 문제를 공유한다. 이 회의에서, 리더는 그들의 아이디어와 제안을 받는다. 그 후 리더는 부하들의 영향을 반영할 수도 또는 하지 않을 수도 있는 결정을 내린다.

그룹 과정

GⅡ: 리더는 그의 부하들과 그룹으로서 문제를 공유한다. 그들은 함께 대안을 만들어내고 평가하고 해결책에 대해 만장일치에 도달하려는 시도를 한다. 이 리더의 역할은 회의를 조정하고 문제에 집중하게 하고 비판적인 이슈가 논의될 수 있도록 하는 사장과 같다. 리더는 그룹에게 자신이 가진 아이디어나 정보를 제공할 수 있다. 하지만 리더는 "자신의" 해결책을 선택하도록 "압박"을 주지는 않는다. 더불어, 이 정도의 참여를 하고 있는 리더들은 전체 그룹의 지지를 받는 어떤 해결책을 수행하거나 받아들이려는 의지가 있다.

12.2.2 의사결정의 질과 수용

의사결정 과정의 연속선을 확립한 후에, Vroom과 Yetton[5]은 의사결정의 적절성을 평가하기 위한 준거－리더들에게도 신뢰를 줄 수 있으며, 참여도의 5수준에 모두 동일하게 적용될 수 있는–를 확립하였다. 다양한 준거가 사용될 수 있기는 하지만, Vroom과 Yetton은 의사결정의 질과 수용은 의사결정의 적절성을 판단하는 데 있어 가장 중요한 두 가지 준거가 된다고 믿었다.

의사결정의 질
(decision quality)
리더가 그 결정에 대해 합리적이나 객관적으로 확인할 수 있는 "더 좋거나 더 나쁜" 대안을 가지고 있을 경우, 리더는 더 나은 쪽으로 선택해야 한다는 것을 의미한다.

의사결정의 질(decision quality)은 리더가 그 결정에 대해 합리적이나 객관적으로 확인할 수 있는 "더 좋거나 더 나쁜" 대안을 가지고 있을 경우, 리더는 더 나은 쪽으로 선택해야 한다는 것을 의미한다. Vroom과 Yetton[6]은 그 의사결정이 그룹이나 조직에 객관적으로 또는 측정 가능한 더 나은 결과물을 가져올 때 이를 의사결정의 질이라고 하였다. 사기업 조직에서 이러한 준거는 몇 가지 방법으로 평가될 수 있지만, "이 결정사항이 대차대조표에 보일 것인가?"가 가장 이해하기 쉬운 방법일 것이다. 이러한 경우, 최고의 질(혹은 반대로 낮은 질)의 의사결정은 조직의 이익에 직접적이고 주목할 만한 영향을 미치게 될 것이다. 공기업에서는 "어떤 선택이 다른 대안에 비하여 더 큰 비용효과성을 가질 것인가?" 또는 "이 의사결정이 고객에 대한 서비스를 향상시키는가?"라는 질문을 함으로써 의사결정 과정에 질에 대한 고려가 있는지 파악하기도 한다. 리더들은 항상 최고의 의사결정 질을 가지고 대안을 선택해야 하는 것처럼 보일지 모르지만, 항상 그런 것은 아니다. 리더들도 종종 비슷하게 좋은(혹은 나쁜)대안을 마주하게 된다. 때로는, 질문이 되는 문제가 너무 사소해서 의사결정의 질이 상대적으로 중요하지 않을 때도 있다.

의사결정의 수용(decision acceptance)
팔로워들이 마치 그들 스스로의 결정인 것처럼 여기며 결정에 단순히 순응하는 것을 의미한다.

의사결정의 수용(decision acceptance)은 팔로워들이 마치 그들 스스로의 결정인 것처럼 여기며 결정에 단순히 순응하는 것을 의미한다. 팔로워들이 의사결정 결과물을 수용하는 것이 중요하며, 의사결정을 실행하는 주요 책임이 팔로워들에게 있을 경우에는 특히 더욱 그러하다. 이러한 수용성이 있다면, 관리자들은 시간 소모적인 순응도 모니터링(지역적으로 멀리 떨어진 세일즈 직원의 경우처럼 거의 불가능한 경우도 있음)을 할 필요가 없을 것이다.

의사결정의 질처럼, 의사결정에 대한 수용이 실행을 하는 데 있어 항상 중요한 것은 아니다. 예를 들어, 대부분의 조직에는 여행 경비를 돌려받기 위해 직원들이 사용하는 회계 형식이 있다. 이 회사의 CFO가 여행 경비 입금 형식의 포맷을 바꾸기로 결정하고 새로운 폼을 인쇄하여 회사 전체에 배포하였다고 가정해보

자. 이외에 6월 1일부터 새로운 포맷이 유효하며, 이전 폼을 사용하여 청구할 경우 여행경비를 받지 못할 것이라고 공지하였다. 이 새로운 문서형식이 치명적인 에러나 문제점 또는 빠진 부분이 없다고 가정한다면, 이 CFO는 수용에는 관심을 두지 않을 것이다. 사람들이 그들의 여행 경비를 청구하여 돌려받고 싶다면, 그들은 새로운 폼을 사용할 것이다. 본질적으로 이 의사결정은 스스로 실행된다.

다른 한편으로 종종 리더는 팔로워들에 대해 자신이 충분한 권한을 가지고 있어 어떤 의사결정에 대한 공개적인 거절이 일어나지 않을 것이라고 믿기 때문에 수용도에 대하여 걱정할 필요가 없다고 여긴다. 주니어급 회계사가 회사의 새로운 정책에 찬성하지 않는다고 하여도, 이 주니어급 회계사가 새로운 정책 실행을 지지하는 CEO의 결정에 공개적으로 도전하는 것을 보기는 쉽지 않다. 일반적으로 팔로워들은 이 정도의 권력을 가진 리더에 의해 내려진 결정에 공개적으로 반대하지 않기 때문에, 리더는 종종 그들의 결정이 잘 받아들여지고 제대로 실행될 것이라고 착각한다. 이는 조직에서 실제 일어나고 있는 일에 대한 다소 순진한 관점이다. 부하 직원이 공개적으로 목소리를 내지 않았다는 것이 그가 진심으로 그 결정을 받아들이고 실행할 것을 의미하는 것은 아니다. 사실, CEO에 비교해 볼 때 주니어급 회계사는 이 그 정책을 파괴적으로 약화시킬 수 있는 시간이 더 많다.

12.2.3 의사결정 나무

Vroom과 Yetton은 질(quality)과 수용(acceptance)을 효과적 의사결정을 위한 두 가지 중요 준거로서 정하고, 규범 결정 모형을 개발하였다(규범 모형은 어떤 일이 일어나는지를 설명하기보다는 어떤 일이 일어나야 하는지에 기반한 모형이다). 그들은 또한 잘못되거나 부적절해질 수 있는 의사결정 과정을 제거함으로써 질과 수용도를 보호하는 일련의 질문들도 개발하였다. 이 질문들은 문제 자체, 리더와 팔로워들이 가진 지속적인 정보의 양, 그리고 다양한 상황적 요소들에 관련되어 있다.

잘못되거나 부적절해질 수 있는 의사결정 과정을 제거함으로써 질과 수용도를 보호하는 일련의 질문들도 개발하였다.

리더로 하여금 의사결정의 질과 수용도를 최적화하기 위하여 부하직원들이 얼마나 참여해야 하는가에 대한 결정을 쉽게 할 수 있도록, Vroom과 Yetton[7]은 이러한 질문들을 의사결정 나무([그림 12.1])에 통합시켰다. 의사결정 나무를 사용하려면, 먼저 문제를 진술하면서 왼편에서 시작하며 모델을 통해 왼편에서 오른편으로 진행해나간다. 상자를 만날 때마다 그 상자와 관련된 질문에 예와 아니요 가운데 하나로 대답해야 한다.

마지막으로 모든 경로는 질과 수용을 모두 보호하는 의사결정으로 이끄는 일련의 의사결정 과정으로 연결된다.

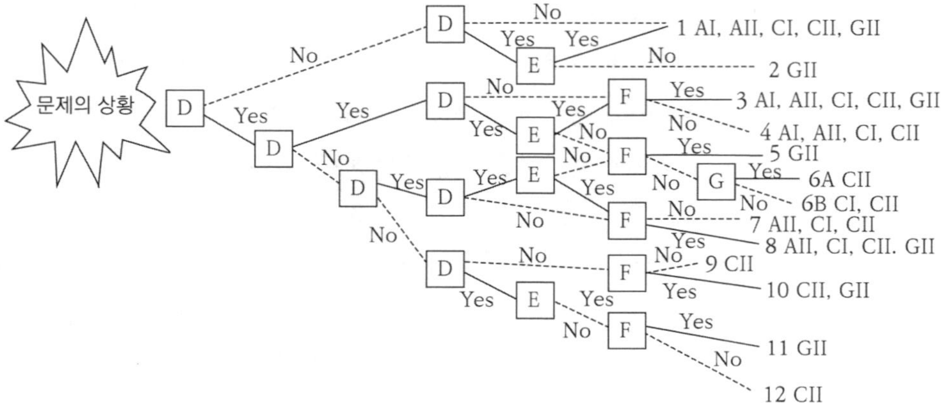

A. 문제는 가치 있는 요구를 포함하는가?
B. 높은 질의 의사결정을 위해 충분한 정보를 가지고 있는가?
C. 문제는 구조화되었는가?
D. 부하들에 의해 실행의 중요성이 수용되었는가?
E. 의사 결정에 있어 단독으로 결정한 경우, 부하들이 이를 수용할 것인가?
F. 부하들은 문제 해결을 위해 조직의 목표를 공유하는가?
G. 부하들 사이에서 선호하는 해결방법을 두고 갈등이 있는가?

[그림 12.1] Vroom과 Yetton의 리더십 의사결정 나무

출처: Reprinted from Victor H. Vroom and Philp W. Yetton, Leadership and Decision Making, by permission of the University of Pittsburge Press, © 1973 University of Pittsburge Press.

팔로워들 사이에서 의사결정의 질과 수용도를 위한 준거에 맞는 실현 가능한 대안들에 이르게 되면, 리더는 부가적인 준거를 고려하기를 원할 것이다. 한 가지 매우 실질적인 고려사항은 이용 가능한 시간에 관한 것이다([하이라이트 12.2] 참고). 시간이 중요한 요인이라면, 리더는 실행 가능한 대안을 선택해야 하며, 이는 AI부터 GII에 이르는 범위에 있다. 자문을 받거나 그룹 의사결정을 하는 것보다 독재적인 의사결정을 내리는 것이 시간이 덜 소요될 것이다. 그럼에도 불구하고, 첫 번째 단계가 의사결정의 질과 수용도를 보장하는 것임을 기억하는 것이 중

요하다. 어떤 적절한 산출물을 얻은 후에 리더는 의사결정 과정에서의 시간을 고려해야 할 것이다. 직장에서 준거로서 시간을 지나치게 강조하는 리더는 이러한 기본적인 것을 때때로 무시한다. 물론, 죽느냐 사느냐의 응급상황처럼, 시간이 절대적으로 중요한 상황들이 있다. 그러나 리더는 너무 자주 응급상황인 것처럼 의사결정을 하도록 요구하는데, 실제로는 리더들 자신이 시간의 압박을 만들어 내는 경우가 자주 있다. 이런 행동에도 불구하고, 리더가 질과 수용도가 떨어지는 빠른 결정을, 질적으로도 높고 팔로워들에게도 높은 수용도를 가지지만 시간이 훨씬 더 많이 걸리는 결정보다 선호한다는 것은 상상하기 어렵다.

1. 시간
2. 팔로워 개발
3. 리더스타일

다른 중요한 고려사항은 팔로워 개발에 관한 것이다. 의사결정 나무를 사용하여 질과 수용도를 고려한 후에, 리더가 시간이 중요한 요소가 아니라고 한다면, 리더는 팔로워들의 의사결정 기술의 개발을 돕는 의사결정 과정을 따르기를 원할 것이다. 이것은 의사결정 나무를 활용하고 나서, 맨 오른쪽에 있는 실행 가능한 것들 가운데에서 선택하여 얻어질 수 있다. 위 사례처럼, AI에서 GII까지의 과정 처리 방식은 독재적인 결정에서 그룹의 의사결정으로 움직이도록 함으로써 팔로워 개발의 양이 증가하게 한다.

마지막으로, 시간이나 팔로워 개발 어느 것도 관심사가 아니며, 실행 가능한 여러 대안 가운데 선택이 가능하다면, 리더는 본인의 필요에 가장 부합한 스타일을 선택할 것이다. 이것이 아마도 리더가 가장 편안해하는 과정이거나("나는 CII 종류의 사람이다") 리더가 더 많은 기술을 개발하고 싶어 하는 과정일 것이다.

12.2.4 규범 결정 모형에 대한 결론

이 모형을 상세하게 살펴보았으므로 이제는 리더-팔로워-상황(L-F-S)틀의 관점에서 살펴보려고 한다. 이를 위해 우리는 L-F-S 틀의 다양한 요소들을 보여주는 의사결정 과정과 의사결정 나무로부터의 질문들을 사용하였다([그림 12.2]). 이 그림에서 몇 가지 이유가 명백해진다. 첫째, 간단한 표현을 위해 우리는 하나의 원 안에 한 개의 질문이나 요소만을 그려 넣었다. 그럼에도 불구하고, 어떤 질문들은 이 모형의 다른 부분에 위치해야 한다고 주장할 수도 있다. 예를 들어, "높은 질의 의사결정을 하기 위해 충분한 정보를 가지고 있는가?"란 질문은 리더 블록에 놓인다. 그러나 상황에 대한 어느 정도의 지식 없이는 어떠한 리더도 이 질문에 대답할 수 없다고 반박할지도 모른다. 그러므로 엄격히 말하면, 이 질문은 리더와 상황의 교차지점에 위치해야 할 것이다.

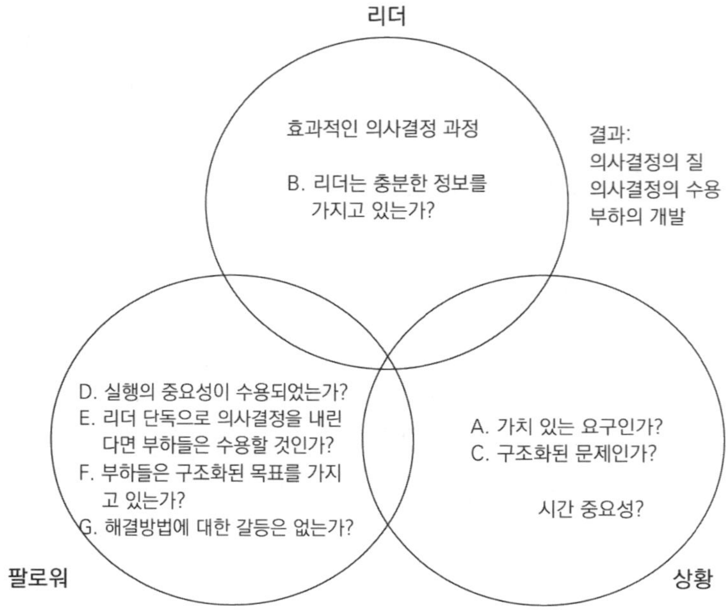

[그림 12.2] **규범 결정 모형의 요소와 상호작용 틀**

둘째, 리더-팔로워-상황의 틀을 통해 규범 결정 모형을 볼 때 명백해진다. Vroom과 Yetton[8] 모형의 중심이 리더로부터 상황과 팔로워 모두에게 어떻게 옮겨가는지를 주의해보라. 리더의 성격, 동기, 가치 또는 태도에 대한 질문은 없다. 사실 리더의 선호도는 높은 우선순위 요소들이 고려된 후에만 고려된다. 유일하게 근저에 있는 가정은 팔로워들에게 수용 가능한 높은 질의 의사결정을 실행시키는 데 리더가 관심이 있다는 것이다. 상황과 팔로워들의 여러 가지 면을 고려할 의사가 있다면, 리더의 행동은 보다 효과적인 의사결정 과정으로 바뀔 수 있다.

셋째, 리더-팔로워-상황의 틀은 친숙한 구조에 개념들을 조직시킨다는 것이다. 이 틀은 규범 결정 모형의 장점이다. 이것은 이후에 보다 복잡한 이론들을 다루게 될 때 더 많은 도움이 될 것이다.

마지막으로, 규범 결정 모형은 Vroom과 Yetton의 개인적인 의견이라기보다는 리더십 이론이기 때문에 이 모형의 효용성을 조사하는 몇몇의 경험적 연구들이 있었다. Field[9]와 Vroom과 Jago[10,11]의 연구는 리더들이 어떤 원리를 무시하는 것보다 이를 따름으로써 보다 효과적이며 성공적인 의사결정을 할 수 있었다는 것을 보여줌으로써 이 모형에 대한 강한 지지를 제공하였다. 그럼에도 불구하고, 이 모형을 사용함으로써 리더들이 보다 효과적인 의사결정을 하기 쉬울 수 있겠지만, 그렇다고, 이러한 리더들이 이 모형[12]을 사용하지 않은 리더에 비해 전반적으로 효과적이라는 것을 보여줄 증거는 없다. 이러한 결과는 다시 한 번 리더십 과정과 리더십 효과성이 둘 다 복잡한 현상이며, 좋은 의사결정자가 되는 것이 좋은 리더가 되는 데 충분한 조건은 아니라는 것을 의미한다. 이 모형과 관련한 다른 문제점은, 이 모형이 의사결정을 어떤 시점에 단발적으로[13] 일어나는 것으로 보다는 것 리더들이 5가지 의사결정[14] 절차에 모두 동일한 기술을 가지고 있다고 가정한 것, 이 모형의 처방 내용의 일부는 주어진 상황에 바람직하지 않다는 것이다. 예를 들어, 규범 결정 모형은 어떤 결정에 대하여 충돌이[15] 생길 때 리더들이 GII 결정 과정을 사용하라고 처방하지만, AI 결정을 하여 그룹 내 충돌을 피하는 것이 보다 효과적인 방법이 될 수도 있다. 이러한 문제점에도 불구하고, 규범 모형은 네 가지의 대표적인 리더십 상황 이론 가운데 하나이며, 리더는 의사결정을 할 때 이 모형의 사용을 고려하는 것이 현명할 것이다.

12.3 상황 리더십 모형(The Situational Leadership Model)

리더가 모든 팔로워들과 똑같은 방식으로 상호작용하지 않는다는 것

리더가 모든 팔로워들과 똑같은 방식으로 상호작용하지 않는다는 것은 상당히 명백해 보인다. 예를 들어, 리더는 매우 유능하고 동기부여된 팔로워들에게는 일반적인 가이드라인이나 목표를 줄 수 있지만, 기술이 부족하고 비동기화된 팔로워들에게는 코칭, 감독과 훈련을 하는 데 상당한 시간이 걸릴 수 있다. 혹은 리더가 자신감이 높은 팔로워들에게는 칭찬과 확인을 제공하지 않고, 낮은 자신감

을 가진 사람들에게는 높은 관심과 지지를 보일 수도 있다. 리더가 각각의 팔로워를 대할 때 종종 다양한 상호작용 스타일을 보이지만, 리더가 다양한 팔로워들에게 맞도록 리더가 행동을 조정함으로써 성공의 가능성을 높일 수 있는 최적의 방법이 있을까? 만약 그런 것이 존재한다면, 리더는 그의 행동을 어떤 요소에 기반하여야 할까? 팔로워의 지능? 개인 특성? 가치? 선호도? 기술적 능력? **상황적 리더십**(situational leadership)이라고 불리는 모형은 이러한 두 가지 중요한 리더십 질문에 답을 제공한다.

12.3.1 리더 행동

• 구조의 주도화
→ 과제 행동
• 배려
→ 관계 행동

상황 리더십 모형은 시간에 따라 진화해왔다. 이 모형의 본질적 요소는 1969년에 처음으로 오하이오 주립대학 연구에 뿌리를 두고 나타났는데,[16] 구조의 주도화와 배려라는 리더 행동의 두가지 범주가 처음으로 밝혀졌다(8장). 상황리더십이 진화함에 따라 이 두 가지 리더십 행동 범주에 대한 명칭도 변화하였다. 구조의 주도화는 **과제 행동**(task behaviors)으로 변하였으며, 리더가 개인이나 그룹에 책임감을 지우는 정도로 정의되었다. 과제 행동은 사람들에게 무엇을 할지, 어떻게 그것을 할지, 언제 할지, 그리고 누가 그것을 할지에 관해 말하는 것을 의미한다. 이와 유사하게, 배려는 **관계 행동**(relationship behaviors)으로 명칭이 바뀌었으며, 이는 리더가 양방향 의사소통에 얼마나 관계되느냐에 관한 것이다. 관계 행동에는 듣기, 격려하기, 촉진하기, 명확히 하기, 왜 그 과제가 중요한지 설명하기, 지원하기 등이 포함된다.

실제 리더들의 행동이 연구될 때, 이 두 가지 리더 행동의 범주가 리더십 성공에 일관되게 관련되어 있는지를 보여줄 증거는 거의 없었다. 반면에 이 두 가지 행동 차원에 대한 상대적 효과성은 상황에 따라 다르다. Hersey의 상황리더십 모형은 왜 리더십 효과성이 이 두 가지 행동 차원과 상황에 따라 다른지 설명한다. 오하이오 주립대학 연구에서처럼 두 가지 직각 차원을 배열하고 각각의 차원을 높은 부분과 낮은 부분으로 구분한다([그림 12.3]). 이 모형에 따르면, 어떤 과제와 관계 행동의 합이 어떤 상황에서 보다 효과적일 수도 있기 때문에 두 가지 리더십 차원을 그리는 것이 유용하다.

예를 들면, 어떤 상황에서는 높은 과제 행동과 낮은 관계 행동이 효과적이고, 다른 상황에서는 그 반대가 적합하다. 그러나 지금까지는 어떠한 과제 행동과 관계 행동의 합이 가장 효과적인지에 관한 함께 주요 팔로워나 상황 특성을 고려하지 않았다. Hersey는 과제 행동과 관계 행동의 네 가지 합이 주어진 과제를 수행하는 개인 팔로워의 준비도 수준의 상황에 맞게 제공된다면, 리더십 효과성을 향상시킬 것이라고 말한다.

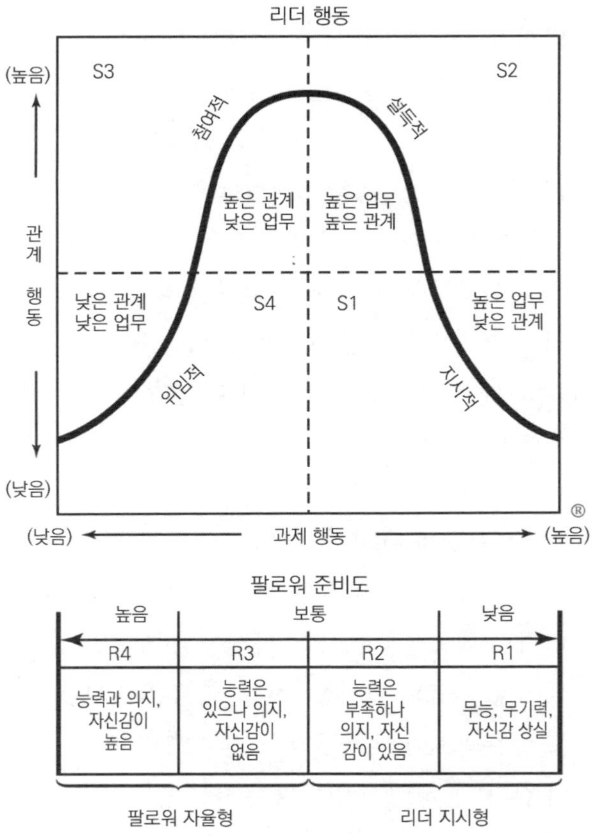

[그림 12.3] 상황 리더십

출처: Paul Hersey, Kenneth Blanchard, and Dewey Johnson, Management of Organizational Behavior: Utilizing Human Resources, 7th ed. Englewood Cliffs, NJ: Prentice Hall, 1996, p.200.

12.3.2 팔로워 준비도

> 팔로워 준비도(follower readiness)는 특정 과제를 달성해내는 팔로워의 능력과 의지를 뜻한다.

상황리더십에서 **팔로워 준비도**(follower readiness)는 특정 과제를 달성해내는 팔로워의 능력과 의지를 뜻한다. 준비도는 개인의 성격, 특성, 가치, 나이 등에 관한 진단이 아니다. 개인의 성격이 아니라 특정 과제를 수행하기에 그 사람이 얼마나 준비되었는지에 관한 것이다. 어떤 과제를 수행할 준비도가 낮은 사람이 다른 과제를 수행하는 데에는 준비도가 높을 수도 있다. 숙련된 응급실 의사는 환자의 상태를 진단하는 과제에 대해서는 준비도가 높지만 부서 간 협력을 격려하고, 병원진료를 개발하는 것과 같은 모호하고 복잡한 문제를 해결하기 위한 부서 간 팀 미팅을 돕는 일에는 상대적으로 낮은 준비도를 가질 수 있다.

12.3.3 모형의 활용 및 처방

핵심 상황요소인 팔로워 준비도가 밝혀졌으니 그림의 또 다른 측면인 팔로워 준비도 수준과 앞에서 설명된 리더 행동의 혼합 부분을 살펴보자. [그림 12.3]의 수평선은 오른편에서 왼편으로 증가하는 팔로워 준비도를 나타낸다. 가장 낮은 R1에서 가장 높은 R4까지 이 연속선상에 네 개의 영역이 있다. 그러나 이 연속체를 따라 팔로워 준비도를 높이면 진단은 주관적일 수 있다. 업무를 하지 못하거나 할 의지가 없는 팔로워들이 R1영역에 드는 것처럼, 높은 수준의 준비도를 가진 팔로워들은 R4 범주에 명확히 들어갈 것이다.

이 모형을 완성하기 위해 특정 팔로워 준비도 수준에 가장 효과적일 것 같은 리더십 행동을 나타내는 곡선을 추가하였다. 이 모형을 적용하려면 리더는 달성해야 할 과제와 관련한 준비도 수준(R1-R4)을 먼저 진단해야 한다. 다음으로 준비도 수준의 중심에서부터 [그림 12.3]의 곡선을 가르는 지점에까지 수직선을 그려야 한다. 이 분할이 일어나는 사분면은 가장 성공적인 결과물을 낼 확률이 높은 과제 수준과 관계행동을 나타낸다. 예를 들면, 당신이 소방대장이고 수색 및 구조팀을 거느리고 있다고 상상해보라. 산에서 조난당한 배낭여행자를 구출하기 위해 팀원 중 한 명이 필요하여 그 과제를 달성하기 위해 특정 팔로워를 선택하였다. 어떤 리더십 행동을 보여야 할까? 이 팔로워가 구조에 대한 충분한 훈련도 받았고 경험도 있다면 준비도 수준을 R4로 진단할 것이다. R4로부터 수직선은 리더의 낮은 과제 행동과 낮은 관계행동이 가장 성공적인 부분의 사분면을 분할한다. 리더로서 당신은 낮은 수준의 과제 행동과 관계 행동을 보이고 팔로워에게 권한을 이양해야 한다. 한편으로 당신은 소방 업무에 대하여 아직 배워야 할 것이 많은 소방부서의 새내기를 데리고 있을지도 모른다. 이러한 팔로워는 과제 준비도가 낮기 때문에(R1) 이 모형에 따르면 리더가 이 팔로워를 초반에 훈련할 때 높은 수준의 과제를 주고 낮은 수준의 관계행동을 사용해야 한다.

발달적 개입: 팔로워의 준비도 수준을 향상시키는 것

Hersey는 더 나아가 리더가 고려할 수도 있을 다음 단계를 제안한다. 앞에서 제시된 모형은 팔로워의 현재 준비도에 따라 리더가 가장 적합한 행동을 선택하도록 돕는다. 그러나 팔로워의 준비도 수준 향상을 돕는 일련의 **발달적 개입**을 취함으로써 특정 과제에 대한 팔로워의 준비도 수준이 높아지는 것을 보고 싶어 하는 경우도 있을 것이다. 팔로워의 현 수준을 진단하고 그 과제를 수행하는 팔로워에게 가장 알맞은 리더 행동을 결정하는 것으로 이 과정은 시작된다. 그러나 모형에 의해 처방된 행동을 활용하는 대신에 리더는 다음 단계의 높은 리더십 행동을 선택할 수도 있다. 이것에 대한 또 다른 접근방법은 팔로워의 준비도가 한 수준 더 높다면 리더가 팔로워에게 맞는 행동유형을 선택하는 것일 것이다. 이러한 개입은 팔로워들의 개발을 돕도록 설계되어 있다.

12.3.4 상황 리더십 모형에 대한 결론

[그림 12.4]에서 상황 리더십의 요소들이 어떻게 리더-팔로워-상황의 틀에 맞는지 볼 수 있다. Vroom과 Yetton의 모델과 비교하면, 세 가지 요소 각각에 고려되어야 할 요인들이 적다. 유일한 상황적 고려사항은 과제에 대한 지식, 유일한 팔로워 요인은 준비도이다. 다른 한편으로, 이 이론은 규범 결정 모형의 유일한 영역인 의사결정의 범위를 넘어선다.

상황 리더십은 이해하기 쉬울 뿐 아니라 상식적인 접근법 때문에 학생들과 실천가들에게 호소력이 있다. 그러나 불행하게도, 직장에서 상황 리더십의 예측을 지지하는 연구는 거의 없다.[17,18] 상황 리더십을 실행해 온 조직에서 상당한 연구가 되어 왔으나 대부분의 연구 결과에 대해서는 알 수 없다. 그러나 이러한 단점에도 불구하고, 상황 리더십은 리더가 다음과 같은 점을 고려하는 데 유용한 방법이다. 즉, 효과성은 모든 부하직원을 같은 방향으로 행동하도록 하는 것이 아니라 서로 다른 부하들이 어느 정도 유연하게 행동하도록 하는 데 달려 있을 수 있다는 점이다.

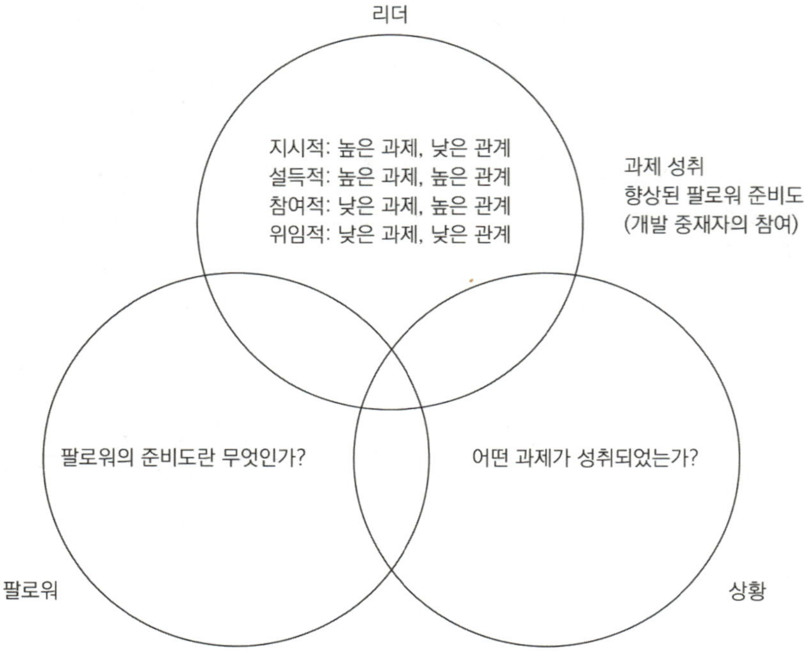

[그림 12.4] 상황 리더십 모형의 요인과 상호작용 틀

12.4 상황 적합 모형(The Contingency Model)

리더는 개인 부하직원들을 위해 자신의 행동을 변화시킬 수 있기는 하지만, 리더는 또한 지배적인 행동의 경향을 가지고 있다. 어떤 리더는 일반적으로 보다 관계 지향적이며, 반면에 다른 리더는 과제나 목적을 달성하는 일에 더 관심을 가진다. 상황 적합 모형은[19] 리더들이 이러한 일반적인 행동 경향을 가지고 있다는

것을 보여주며, 어떤 리더가(또는 행동 특성이) 다른 리더보다 더 효과적인 상황을 구체적으로 보여준다.

Fiedler[20]의 리더십 **상황 적합 모형**은 상황 적합 이론 중 가장 잘 알려진 이론이며 학생들은 종종 이 이론을 SLT의 반대로 인식한다. 상황 적합 모형에 비교해 보면 SLT는 리더의 행동에서 융통성을 강조하는 반면에, 상황 적합 모형은 리더들의 행동이 일관성을 가진다고 주장한다. 상황적 리더십 이론이 팔로워의 성숙에 리더의 행동을 정확히 기초시키는 리더가 보다 효과적일 것이라고 주장하는 반면에, 상황적 모형은 특정 상황에 맞는 리더를 선택하거나 특정한 리더의 스타일에 맞도록 상황을 변화시킴으로써 리더의 효과성이 결정된다고 제안한다. 다시 말하면, 리더십의 효과성은 리더의 스타일과 리더십 상황에 대한 우호성 둘 다에 좌우된다는 것이다. 어떤 상황에서 더 나은 리더들이 있지만 그들은 다른 상황에서는 덜 효과적일 수 있다. 그러므로, 상황 이론을 이해하기 위해서 우리는 리더의 주요한 특성을 먼저 살펴보고 나서 상황의 주요한 면을 살펴볼 필요가 있다.

어떤 상황에서 더 나은 리더들이 있지만 그들은 다른 상황에서는 덜 효과적일 수 있다.

12.4.1 LPC 척도

리더의 일반적인 스타일 또는 경향을 결정하기 위해, Fiedler는 가장 함께 일하고 싶지 않은 **동료의 특성에 대한 선호 경향**(Least-Preferred-Co-Worker, LPC) 척도를 개발하였다. 이 도구는 리더에게 가장 함께 일하기 힘든 동료(the least-preferred co-worker) 한 명을 떠올리고 일련의 양극화된 형용사를(예: 친절한-적대적인, 따분한-재미있는, 신실한-믿을 수 없는) 활용해 그 사람을 설명하도록 한다. 이러한 순위는 점수로 전환된다.

LPC 척도: 리더의 동기위계를 설명함

이러한 과정을 생각하면서, 많은 사람들이 이 점수는 리더가 가장 선호하지 않는 동료로 지적한 사람의 특성에 의해 결정된다고 가정한다. 그러나 상황이론의 맥락에서 본다면, 그 점수는 그 리더가 평가한 특정 개인에 관한 점수가 아니라, 그 리더에 대한 점수를 나타낸다고 여겨진다.

이러한 점수들은 리더의 동기의 위계[21]를 밝혀주는 것이라고 해석된다. LPC 점수에 기반해서 리더들은 두 가지 그룹으로 범주화된다: **낮은 LPC 리더**와 **높은 LPC 리더**. 동기 위계에 의하면, 낮은 LPC 리더들은 주로 과제에 의하여 동기부여되며, 이는 이러한 리더들은 과제를 달성하는 것으로부터 주로 만족을 얻는다는 것을 의미한다. 따라서, 이들의 주요한 행동의 경향은 오하이오 연구팀이나 SLT의 과제 행동에 기술된 구조를 주도화하는 행동과 유사하다. 그러나 과제가 달성되면, 낮은 LPC 리더들은 그들의 두 번째 동기 수준으로 이동하게 되는데, 이것은 팔로워들과의 관계를 형성하고 유지하는 것이다. 그러므로, 낮은 LPC 리더들은 주어진 과제를 만족스럽게 달성한 것을 확인한 후에 팔로워들과의 관계를 향상시키는 일에 초점을 맞추게 될 것이다. 그러나 과제가 만족할 만큼 달성되지 않는 순간, 낮은 LPC 리더들은 다시 과제 달성에 재초점을 맞추고 노력을 기울이며 과제 수행이 어느 정도 제 궤도에 오를 때까지 이것에 지속적인 노력을 기울일 것이다.

- 높은 LPC 리더 =관계 지향
- 낮은 LPC 리더 =과업 지향

동기의 위계에 의하면, 높은 LPC 리더들은 주로 관계에 의해 동기유발되는데, 이것은 이러한 리더들은 밀접한 인간관계를 형성하고 유지함으로써 만족하게 된다는 것을 의미한다. 그러므로, 이들 행동의 지배적인 경향은 오하이오 대학 연구팀 또는 SLT에서 보이는 관계 행동에서 기술된 배려 행동과 비슷하다. 높은 LPC 리더들이 팔로워들과의 좋은 관계를 형성했다면, 그들은 두 번째 동기 수준인 과제 수행으로 관심을 이동할 것이다. 그러나 리더와 팔로워 관계가 위험에 빠지게 되면, 높은 LPC 리더들은 과제를 수행하는 것을 그만두고, 팔로워들과의 관계를 향상시키는 것에 다시 초점을 맞추게 될 것이다.

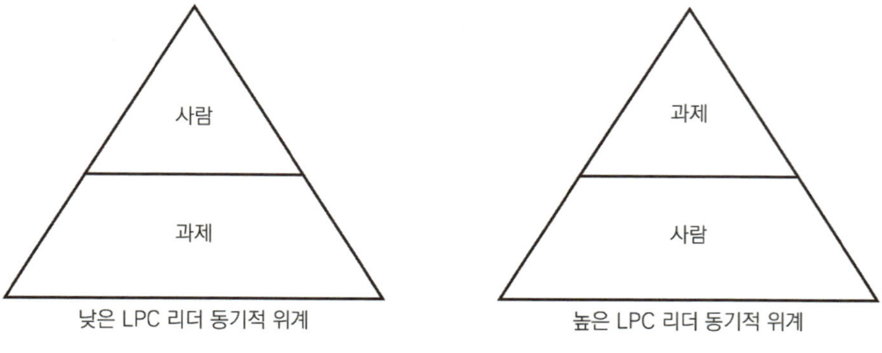

[그림 12.5] 낮은 그리고 높은 LPC 리더들을 위한 동기의 위계

[그림 12.5]에 나타난 동기의 위계를 볼 때, LPC 척도를 두 종류의 리더를 구분해주는 것으로 생각할 수 있다. 낮은 수준의 욕구는 먼저 만족되어야 한다. 낮은 LPC 리더들은 과제가 만족스럽게 달성됨을 확신할 때 관계 욕구 쪽으로 올라갈 것이다. 높은 LPC 리더들은 팔로워들과의 좋은 관계가 확립되었을 때 과제 달성을 강조하기 위해 올라갈 것이다.

모든 테스트가 어느 정도의 비정확성을 가지기 때문에, Fiedler[22]는 LPC 척도는 중간 정도의 점수를 가지는 사람들에게는 동기의 위계를 파악하는 데 정확할 수 없다고 한다. Kennedy[23]의 연구는 이에 다른 관점을 제시하였다. Kennedy는 중간 점수 범위의 LPC 척도 내에 있는 사람들은 양극의 점수를 가지는 사람들에 비해 보다 쉽게 과제 중심 또는 관계 중심의 리더로 전환한다는 것을 보여주었다. 이들은 과제 중심으로 일하거나 팔로워들과 관계를 형성하는 것에 의해 똑같이 만족을 얻을 것이다.

12.4.2 상황적 우호성

상황적 우호성
이는 팔로워에 대해 리더가 가지는 통제권의 양을 의미한다.

상황 모형에서 다른 중요한 변인은 **상황적 우호성**으로, 이는 팔로워에 대해 리더가 가지는 통제권의 양을 의미한다. 적어도 리더의 관점에서 볼 때, 리더가 팔로워에 대하여 통제권을 가질수록, 상황이 더 호의적이라는 것이다. Fiedler는 상황 우호성에 세 가지 하부요소를 포함시켰으며, 이는 리더-멤버 관계, 과제 구조와 지위 권력이다.

리더와 멤버의 관계(leader-member relations)
전반적인 상황의 우호성을 결정하는 데 있어 세 가지 하부요소 중 가장 강력하다. 이것은 리더와 팔로워 사이의 관계가 일반적으로 협동적이고 친근한지 아니면 적대적이고 어려운지의 정도와 관계되어 있다. 리더-멤버 관계를 높다고 평가한 리더들은 팔로워들의 지지를 받고 있으며 그들의 충성심에 의지할 수 있다고 느낄 것이다.

과제 구조(task structure)
전반적인 상황의 우호성을 결정하는 데 있어 두 번째로 중요하다. 리더는 최종 산출물에 대한 상세한 설명, 표준적인 실행 절차 또는 과제가 얼마나 잘 달성되는지에 대한 객관적인 지표들이 있는지를 평가함으로써 과제 구조를 객관적으로 결정할 것이다. 이러한 질문들에 더 확실히 대답할수록, 그 과제의 구조는 높은 것이다.

지위가 가지는 권한(position power)

세 가지 상황적 우호성 가운데 가장 약한 것이다. 권위를 가진 리더들, 상벌을 줄 수 있는 권위, 팔로워들에게 수행 평가를 하는 권위를 가진 리더들은 그렇지 못한 리더들에 비하여 더 많은 지위의 힘을 가진다.

이 세 가지 요소의 상대적인 무게는 상황적 우호성의 연속성을 만드는 데 도움이 될 수 있다. 상황 모형을 사용할 때, 리더들은 리더-멤버 관계의 강도, 과제의 정도, 그리고 지위의 힘을 측정하는 항목에 순위를 매기게 된다. 통합된 점수는 리더가 직면하고 있는 전반적인 상황의 우호성 수준을 결정하게 된다.[24] 어떤 특정 상황에 대한 우호성은 명확히 다른 수준의 상황 우호성을 나타내는 8분할 공간으로 나누어진 연속선상에 표시될 수 있다. 하부요소들에 대한 상대적인 가중치와 이들이 8개의 분할을 어떻게 구성하고 있는지는 [그림 12.6]에 나타난다.

상황적 우호성의 8분할면은 1(가장 우호적)부터 8(매우 우호적이지 않은)까지의 범주를 가진다. 상황적 우호성의 가장 높은 수준은 리더-멤버의 관계가 좋으며, 과제가 구조화되고, 지위의 힘이 높을 때 일어난다. 가장 낮은 상황적 우호성은 리더-멤버 사이에 높은 수준의 갈등이 있으며, 과제가 구조화되어있지 않거나 명확하지 않고, 리더가 부하직원에게 포상 혹은 벌을 내릴 힘이 없을 때 일어난다. 이 외에도 세 가지 하부요소의 상대적인 무게는 [그림 12.6]에 나타난 우선권의 순서에 따라 나타나는데, 리더-멤버 관계가 가장 먼저 나타나고, 과제 구조와 지위의 힘이 그 뒤를 따른다. 예를 들면, 리더-멤버 관계가 너무 많은 무게를 가지고 있기 때문에, 좋은 리더-멤버 관계를 가진 리더들은 과제 구조나 위치의 힘에 관계없이 중간 정도의 상황적 우호성을 갖는 것보다 더 나쁜 것을 갖기란 불가능하다. 즉, 좋은 리더-멤버 관계를 유지하는 리더들은 4팔분면보다 나쁘지 않은 상황적 우호성을 갖게 될 것이다. 반면, 리더-멤버 관계가 좋지 않은 리더는 5팔분면보다 좋지 않은 상황적 우호성을 갖게 될 것이다.

높음 　 대체로 우호적인 상황 　 낮음

리더와 멤버와의 관계	Good				Poor			
과제 구조	구조화		비구조화		구조화		비구조화	
지위가 가지는 권한	높음	낮음	높음	낮음	높음	낮음	높음	낮음
8분할	1	2	3	4	5	6	7	8

[그림 12.6] 상황적 우호성을 결정하는 상황 모형 8분할면 구조

12.4.3 모형 처방

Fiedler와 그의 동료들은 다양한 상황에서(상황적 우호성에서 설명된 것처럼) 어떻게 다양한(LPC 점수에 따라) 리더들이 수행하는지를 밝히는 연구를 많이 수행하였다.

[그림 12.7]은 상황 우호성 수준에 따라 Fiedler가 밝혀낸바 어떤 형태의 리더가(높거나 낮은 LPC) 가장 효과적인지를 보여준다. 직선은 LPC 점수가 낮은 리더들의 상대적인 효과성을 나타내며, 점선은 높은 LPC 점수를 가진 리더들의 효과성을 나타낸다. 그림에서 두 선이 교차하고 다시 교차하는 방식을 볼 때 리더의 스타일과 전반적인 상황적 우호성 사이에 명백히 어떤 상호작용이 있는 것으로 보인다. 상황적 우호성이 중간 정도 수준이라면(8분할의 4, 5, 6, 7), 관계 형성과 유지에 관심을 가지는 LPC 수준이 높은 리더가 이끄는 그룹이 가장 잘 해낼 것으로 보인다. 그러나 상황이 좋지 않거나(8) 매우 호의적인 경우라면(8분할의 1, 2, 3의 경우), 낮은 LPC 점수를 가지는 과제에 동기부여된 리더들이 이끄는 그룹이 가장 수행을 잘 할 것으로 보인다.

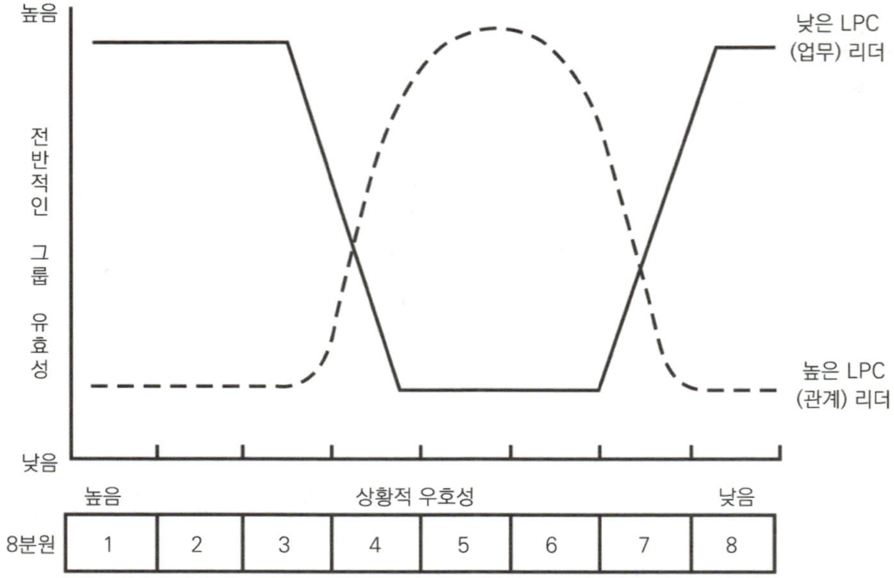

[그림 12.7] 리더의 LPC 점수와 상황의 우호성에 따른 리더의 유효성

Fiedler는 리더들이 불리하거나 중간 정도의 호의적인 상황에 처할 때 자신들의 주된 동기를 만족시키기 위해 노력할 것이라고 한다. 즉 리더들이 이러한 두 가지 수준의 상황적 호의성에 직면할 때, 낮은 LPC 점수의 리더들은 과제에 집중할 것이며, 높은 LPC 점수를 보이는 리더들은 관계에 초점을 둘 것이라는 것을 의미한다. 그럼에도 불구하고, 매우 호의적인 상황에 처한 리더들은 자신들의 주요 동기가 충족될 것이며 다음 단계의 동기 수준으로 옮겨가게 되리라는 것을 알고 있다. 이는 리더들이 매우 호의적인 상황에 직면할 때만 2차적인 동기 상태에 따라 행동하게 될 것임을 의미한다([하이라이트 12.2] 참고).

부가적으로 언급할 가치가 있는 Fiedler[25]의 모형은 몇 가지 시사점이 있다. 리더들은 평생의 경험을 통해 그들만의 독특한 동기의 위계와 지배적인 행동 성향을 개발해 왔기 때문에 Fiedler는 이러한 위계와 성향들은 훈련을 통해 변화시키기 어렵다고 믿었다. Fiedler는 또한 비교적 짧은 리더십 훈련 프로그램에 리더를 참여하게 하는 것으로 리더의 성격이나 리더십 상황에서의 전형적인 행동방식을 상당히 변화시킬 것이라고 믿는 것은 매우 어리숙한 것이라고 하였다. 결국

Fiedler는 이러한 위계와 성향들은 훈련을 통해 변화시키기 어렵다고 믿었다.

그러한 경향은 수년의 경험으로 생겼기 때문이다.

Fiedler는 리더를 변화시키려고 하기보다는, 리더들에게 주요한 상황적인 특성들을 인지하는 방법과 개인적인 동기 위계와 행동 성향에 더 잘 부합하도록 변화시키는 방법을 알려준다면, 훈련이 보다 효과적일 것이라는 결론을 내렸다. 그러므로, Fiedler에 따르면, 리더십 훈련 내용은 리더의 행동적인 유연성보다는 상황적인 엔지니어링을 강조해야 한다. 이와 관련하여 상황에 맞추기 위해 리더의 행동을 변화시키려고 노력하기보다 리더의 특성(LPC 점수)과 상황이 요구하는 바(상황적 우호성)가 조화를 이루도록 한다면 보다 효과적인 조직이 될 것이다. 이는 부조화된 상황에서 LPC 점수가 높거나 낮은 리더들이 상황을 변화시키거나 혹은 자신의 동기 위계와 행동 유형에 더 잘 부합하는 직무로 옮겨가야 함을 의미한다.

상황에 맞추기 위해 리더의 행동을 변화시키려고 노력하기보다 리더의 특성(LPC 점수)과 상황이 요구하는 바(상황적 우호성)가 조화를 이루도록 한다면 보다 효과적인 조직이 될 것이다.

LPC가 높고 낮은 리더와 상황 적합성 모형

하이라이트 12.2

우리에게 Tom Low(낮은 LPC 또는 과업 지향적 리더)와 Brenda High(높은 LPC 또는 관계 지향적 리더)인 두 명의 리더가 있다고 가정해 보자. 불리한 상황에서 Tom은 자신이 우선시 하는 것에 의해 동기 부여를 받을 것이고 그러므로 그는 과업행동을 보일 것이다. 비슷한 상황에서 Brenda는 그녀가 우선시 하는 것에 의해 동기 부여를 받을 것이고 결과적으로 그녀는 관계행동을 보일 것이다. Fiedler는 불리한 상황에서는 과업행동이 그룹을 더 효과적이도록 도우므로, Tom의 행동이 이 상황의 요구에는 더 잘 맞을 것을 알아냈다. 이런 상황에서 Brenda의 관계행동이 그룹효과를 돕지는 않을 것이다.

어느 정도의 호의가 있는 상황에서도 Tom과 Brenda는 역시 자신이 우선시 하는 동기 부여를 받을 것이고 그래서 같은 행동을 할 것이다. 즉, Tom은 과업행동을 보이고 Brenda는 관계행동을 보일 것이다. 하지만 상황이 바뀌었기 때문에 그룹 효과는 더 이상 과업행동을 요구하지 않는다. 대신, 상황적 변수의 결합은 리더의 관계행동이 그룹효과에 최고의 공헌을 만드는 조건으로 이끈다. 그러므로 어느 정도의 호의가 있는 상황에서는 Brenda가 가장 효과적인 리더가 될 것이다.

아주 호의적인 상황에서, Fiedler에 의해 제공된 설명은 더 복잡해진다. 리더가 그들 자신이 아주 호의적인 상황에 있다는 것을 알 때, 그들은 그들의 우선적인 동기를 만족시켜야 함에 대한 걱정을 더 이상 하지 않는다. 리더들은 그들의 이차적인 동기를 만족시키려 한다. Tom의 이차적인 동기는 관계를 설립하고 유지하는 것이기 때문에 아주 호의적인 상황에서 그는 관계행동을 보일 것이다. 비슷하게, Brenda 역시 그녀의 이차적인 동기에 의해 동기를 부여할 것이다. 그러므로 그녀는 아주 호의적인 상황에서는 과업행동을 드러낼 것이다. Fiedler는 아주 호의적인 상황에서는 관계행동을 드러내는 리더들이 그룹을 더 효과적이 되도록 돕는다고 믿었다. 이런 경우에 Tom이 그룹을 더 효과적이 되도록 하고 있는 것이다.

12.4.3 상황 적합 모형에 대한 결론

실증적인 증거를 살펴보기 전에, L-F-S 틀을 통해 상황 모형에 대하여 보다 명확한 이해를 할 수 있을 것이다. [그림 12.8]에 제시된 것처럼, 과제 구조는 상황의 기능으로 생기며 LPC 점수는 리더에 의해 결정된다. 직위가 가지는 힘은 리더의 특성이 아니라 리더가 처한 상황이 가지는 특성이기 때문에 상황적인 원 안에 포함된다. 리더-멤버 관계는 리더와 팔로워들의 연합된 기능이므로 리더와 팔로워 원에서 교차하는 부분에 속한다.

Hersey와 Blanchard[26,27]의 상황이론의 부족한 증거에 반하여, Fiedler와 그의 동료 연구자들은 이 모델의 추정치가 특히 실험실 환경에서,[28-32] 실증적으로 타당성이 있다는 상당한 증거를 제공하였다. 그러나 실제 현장에서 수행된 연구를 검토한 결과는 이 모델에 대한 다소 혼합된 결과를 보여주었다.[33] 이에 더하여, 연구자들은 LPC 점수[34-36]의 의미에 관한 불확실성, 상황적 우호성[37,38]에 대한 해석, 그리고 LPC 점수와 상황적 우호성의 관계에 대하여 비판해왔다.[39-41] 그러나 이러한 질문들에도 불구하고, 상황 적합 모형은 상당한 연구를 이루었으며 리더십 이론들 가운데 가장 많이 입증된 모형이다.

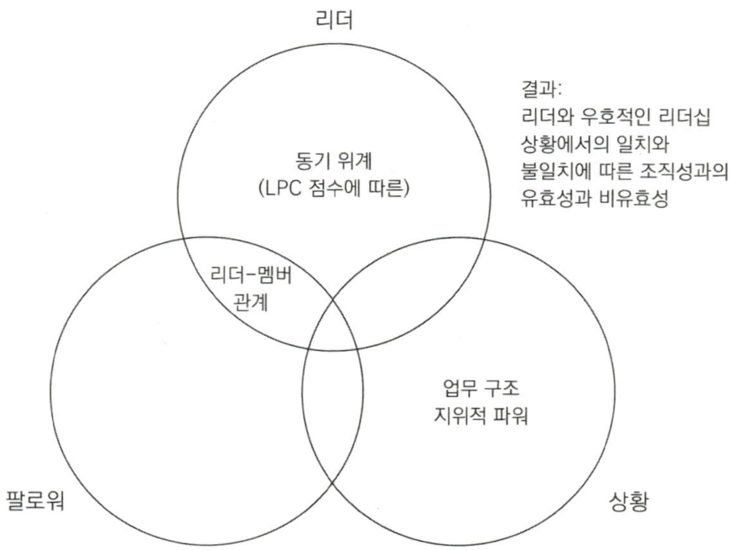

[그림 12.8] Fiedler의 상황 적합 이론의 요소와 상호작용 틀

12.5 경로-목표 이론(The Path-Goal Theory)

네 가지의 상황모델 가운데 가장 정교한 것이 경로-목표 이론이다. 경로-목표 이론의 기본적인 메커니즘은 기대감과 관련되어 있는데, 이는 노력 대비 수행의 확률(만약 12시간을 공부한다면, 기말시험에서 A를 받게 될 확률은 얼마인가?), 수행 대비 결과의 확률(기말시험에서 A를 받을 경우, 이 과목에서 A를 받을 확률은 얼마인가?), 그리고 결과에 대한 가치(높은 GPA에 얼마나 많은 가치를 두고 있는가?)를 계산하는 동기를 이해하기 위한 인지적인 접근법이다. 적어도 이론적으로, 사람들은 이성에 근거하여 이러한 계산을 한다고 가정되며, 이 이론은 제한적인 선택이 주어졌을 때 어떤 과제에 에너지를 쏟아야 하는지를 예측하는데 사용될 수 있다.

효과적인 리더는 팔로워들을 위한 가치 있는 보상의 이용가능성을 보장하고("목적"), 팔로워들이 이에 도달하기 위한 가장 좋은 방법을("경로") 찾도록 도울 것이다.

경로-목표 이론은 기대이론과 같은 기본 가정을 가지고 있다. 가장 근본적인 수준에서, 효과적인 리더는 팔로워들을 위한 가치 있는 보상의 이용가능성을 보장하고("목적"), 팔로워들이 이에 도달하기 위한 가장 좋은 방법을("경로") 찾도록 도울 것이다. 효과적인 리더는 팔로워들이 걸림돌을 찾아 제거하고 막다른 길을 피하도록 도울 것이며, 필요할 경우에는 감정적인 지원도 할 것이다. 이러한 "과제"와 "관계" 리더십 행동들은 본질적으로 증가하는 노력 대비 수행과 수행 대비 보상 기대에 대한 팔로워의 확률/개연성 추정치를 포함한다. 다시 말해, 리더의 행동은 팔로워들이 어느 정도의 노력을 기울이면 과제를 달성하기 더 쉬울 것이며, 과제를 완성하게 되면 어떤 가치 있는 결과물을 얻게 될 것이라는 팔로워들의 믿음을 강화시켜야 한다는 것이다. 그 기초개념은 복잡하지 않았지만, 이 모형은 시간이 지남에 따라 변인과 상호작용을 더해갔다. 경로-목표 이론의 첫 번째 버전은 Evans[42]가 만들었지만, 우리는 여기서 House와 Dressler[43]가 개발한 이후 버전에 초점을 맞출 것이다. 이들의 개념적 틀은 리더의 행동, 팔로워와 상황의 세 가지 변인들을 묘사하고 있기 때문에 L-F-S 틀에 잘 맞는다.

12.5.1 리더 행동

경로-목표 이론에서 리더 행동의 네 가지 형태는 <표 12.1>에서 볼 수 있다. SLT처럼, 경로-목표 이론은 리더들이 각각 다른 부하직원들에게 다양한 스타일을 사용할 뿐만 아니라 각각 다른 상황에 있는 같은 부하직원들에게도 다양한 스타일을 사용할 것이라고 가정한다. 경로-목표 이론은 팔로워와 상황에 따라서, 다양한 리더 행동이 팔로워들의 리더에 대한 수용도를 늘릴 수 있고, 만족도 수준을 향상시킬 수 있고, 그 노력이 효과적인 수행을 낳게 되는 기대감을 높을 수 있고, 그 결과 가치 있는 보상으로 이끌 수 있다고 제안한다.

〈표 12.1〉 경로-목표 이론의 네 가지 리더 행동의 유형

지시적 리더십: 지시적 리더의 행동은 SLT의 유형 중 업무중심과 매우 유사하다. 그들은 팔로워에게 그들이 무엇을 기대하는지, 어떻게 해야 하는지, 언제까지 끝내야 하는지 어떻게 다른 사람과 조율해가며 일해야 하는지에 대해 말해준다. 또한 일정과 규범을 설정해주고 팔로워들이 정해진 절차와 규칙에 따라 행동하기를 기대한다.

지원적 리더십: 지원적인 리더 행동은 정중하고 우호적인 상호작용을 포함한다. 팔로워의 복지와 개개인의 욕구에 대한 관심을 표현하고 열린 마음으로 그들에게 다가간다. SLT유형중 관계중심과 유사하며 리더와 팔로워 사이의 서로 다른 상황을 인식하고 팔로워의 욕구 충족에 관심을 갖는다.

참여적 리더십: 참여적 리더는 Vroom과 Yetton에 의해 설명된 상담과 조직중심과 연계되어 있다. 그들은 업무적 문제를 팔로워와 공유하여 그들로부터 제안이나 추천, 우려의 목소리를 듣는다. 그리고 의사결정 시에 이를 반영한다.

성과지향 리더십: 성과지향 리더는 그들의 팔로워와의 상호작용에 있어 요구와 지지를 함께 나타낸다. 그들은 조직과 팔로워에게 매우 도전적인 목표를 제시하고, 그들이 지속적으로 업무 수행능력을 향상시킬 수 있는 방법을 찾으며 높은 수준으로 업무를 수행하기를 기대한다. 리더가 그들에게 지속적인 자신감을 갖도록 지지해준다면 부하들은 더욱더 노력하게 될 것이고 만족할만한 성과를 얻게 될 것이다. 더 나아가 주어진 업무에 대해 책임감을 가지고 일하게 될 것이다.

12.5.2 팔로워

경로-목표 이론은 두 가지 그룹의 팔로워 변인을 포함한다. 첫 번째는 팔로워들의 만족과 관계된 것이며, 두 번째는 달성하게 될 과제에 대한 자신들의 능력에 대한 팔로워들의 인식에 관련된 것이다. 팔로워의 만족 측면에서 볼 때, 리더의 행동을 팔로워 자신의 만족 수준을 높이기 위한 수단으로서 보는 경우 팔로워들은 리더를 적극적으로 지지할 것이다. 그러나 만족이라는 것이 팔로워들의 개인적인 특성에 달려있기 때문에, 팔로워의 만족 수준을 향상시키기 위하여 리더가 할 수 있는 일이 그리 많지는 않다.

통제 소재(locus of control)
자신이 자신의 배의 주인이라고 믿는 사람들은 내적 통제 소재를 가지고 있다고 하며, 상대적으로 그들이 운명에 저당 잡혔다고 믿는 사람들은 외적 통제 소재를 가진다고 한다.

팔로워의 만족도 수준에서 어떻게 팔로워의 특성이 리더 행동에 영향을 미치는지에 대하여 흔히 인용되는 예는 통제 소재(locus of control)에 대한 특성이다. 자신이 자신의 배의 주인이라고 믿는 사람들은 내적 통제 소재를 가지고 있다고 하며, 상대적으로 그들이 운명에 저당 잡혔다고 믿는 사람들은 외적 통제 소재를 가진다고 한다. Mitchell과 그의 동료들[44]은 팔로워의 만족도는 리더에 의해 보이는 참여적인 행동 수준과 직접적으로 관련되어 있지 않다는 것을 밝혀내었다(예: 참여도가 높은 리더를 가진 팔로워들은 보다 독재적인 리더를 가진 팔로워에 비교해 볼 때 만족도가 높은 것은 아니었다. 그러나 팔로워들의 통제 소재에 대한 유형이 고려될 때, 상황에 따라 달라지는 관계가 발견되었다. [그림 12.9]에서 보이는 것처럼, 결과는 자신들 스스로의 결정에 대한 결과라고 믿는 내적 통제 소재를 가진 팔로워들은 지시적인 리더들보다 참여적인 행동을 보이는 리더들에게 더 만족하였다. 이와는 반대로, 외적 통제 소재를 가지는 팔로워들은 참여적인 리더 행동보다는 지시적인 리더 행동에 보다 만족하였다.

특정 과제를 수행하는 자신의 기술과 능력에 대한 팔로워들의 인식 또한 어떤 리더 행동에 영향을 줄 수 있다. 과제를 수행할 수 있는 능력을 가지고 있다고 믿는 팔로워들은 지시적인 리더에 의해 쉽게 동기부여되거나 잘 수용하지 않는다. 통제 소재에 관해 같은 근거를 사용하면, 과제를 수행할 충분한 능력이 있다고 인지하지 않는 팔로워들에게는 정반대의 관계를 예측할 수 있다. 다시 말하면, 리더에 대한 수용도와 수행하기 위한 동기는 부분적으로 팔로워의 특성에 의해 결정된다. 그러므로, 경로-목표 이론은 리더행동과 팔로워 특성 모두 다 결과를 결정하는 데 있어서 중요하다고 제안하고 있다.

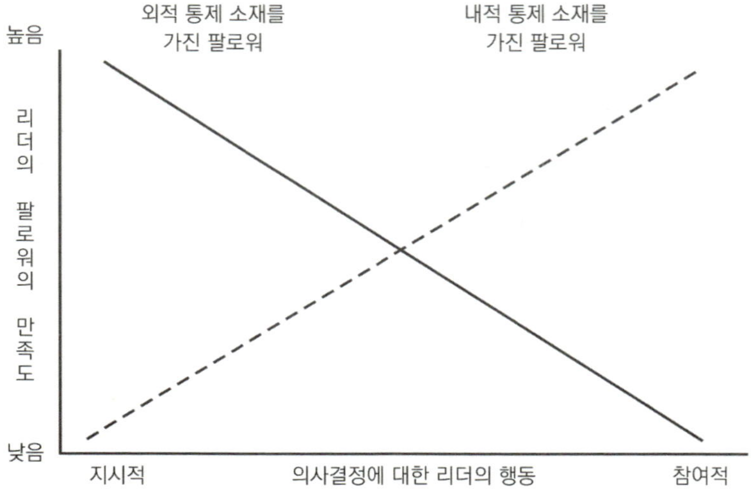

[그림 12.9] 팔로워의 통제 소재 유형과 의사결정에서의 리더 행동 간의 상호작용

12.5.3 상황

경로-목표 이론은 리더 행동이 팔로워 태도와 행동에 대한 효과를 완화시키는 세 가지 상황적 요소를 고려한다. 과제, 공식적 권위 시스템, 그리고 주요 워크 그룹이 여기에 포함된다. 이 세 가지 요인은 각각 리더십 상황에 영향을 미칠 수 있다. 이 세 가지 요소는 독립적인 동기적 요소로서, 팔로워 행동에 대한 통제로서, 혹은 보상으로서 기능할 수 있다.

그러나 이러한 변인들은 종종 다양한 리더 행동의 영향에 영향을 미칠 수 있다는 것 또한 점점 더 명백해져야 한다. 예를 들면, 과제가 매우 구조화되어 있고 정례적이고, 공식적인 권위 시스템이 팔로워 행동을 제안하고, 워크 그룹이 분명한 수행 규범을 세웠다면, 리더는 지시적이거나 성과 중심의 행동을 보임으로써 중복적인 기능을 하게 될 것이다. 팔로워가 알아야 할 모든 것들은 상황에 의해 제공되었기 때문에 이러한 처방은 리더십 이론[46]에 대한 대체물의 일부와 유사하다. 따라서 반복적인 리더의 행동은 이해나 공감의 부족 혹은 과도한 통제를 하려는 시도 중 하나로 팔로워들에 의해 해석될 수도 있다. 이러한 해석의 어떤 것도 리더의 수용도나 동기를 증가시키는 데 도움이 되지 않을 것이다.

이미 어떻게 팔로워의 특성과 상황적인 특성이 리더 행동에 영향을 미칠 수 있는지 설명하였지만, 경로-목표 이론은 또한 팔로워와 상황적 변인들이 서로 영향을 미칠 수 있다고 주장한다. 즉, 과제와 같은 상황적 변인들이 팔로워의 기술, 능력, 또는 성격 특성이 팔로워의 만족도에 미치는 영향에 영향을 줄 수 있다. 이것은 완벽히 이해가 되는 것처럼 보이지만, 상황적 변인들, 팔로워 특성, 리더 행동이 리더십 과정에서 어떻게 상호작용하는지에 관해 생각하기 시작한다면 경로-목표 이론이 얼마나 복잡한 것인지 알게 될 것이다.

12.5.4 이론에 대한 처방

경로-목표 이론은 리더가 상황을 먼저 진단하고 상황적 요구에 적합한 리더십 행동을 선택해야 한다고 주장한다.

일반적으로, 경로-목표 이론은 리더가 상황을 먼저 진단하고 상황적 요구에 적합한 리더십 행동을 선택해야 한다고 주장한다. 적합한 행동을 분명히 드러내 보임으로써, 리더는 팔로워의 노력 대비 수행 기대감, 수행 대비 보상 기대감, 또는 결과에 대한 기대를 증가시킬 수 있다. 이렇게 높아진 기대감은 부하직원들의 노력 수준을 향상시킬 것이며, 이것은 다시 부하직원들의 만족과 수행 수준과 리더에 대한 수용도를 높일 것이다. 이 복잡한 과정을 설명하는 가장 쉬운 방법은 아마도 예를 통해서 살펴보는 것이다. 새롭게 만들어진 부서에 직위의 요구사항에 대한 명확한 이해가 없는 팔로워들이 있다고 생각해보자. 즉, 이 팔로워들은 역할 모호성 수준이 매우 높다고 할 수 있다. 경로-목표 이론에 따르면, 리더는 팔로워들의 역할 모호성을 줄이기 위하여 높은 수준의 지시적인 행동을 보여야 한다. 리더가 팔로워에게 애매모호한 상황에서 무엇을 해야 하며 어떻게 해야 하는지를 알려준다면, 노력 대비 수행 연결은 보다 명확해질 것이며, 이는 팔로워들이 노력 수준을 향상시키도록 할 것이다. 역할의 모호성은 달갑지 않은 것으로 여겨지므로, 이러한 지시적인 리더 행동과 더 높은 노력 수준은 더 높은 만족도를 낳을 것이다. [그림 12.10]은 이 과정을 보여준다. 마찬가지로, 리더가 리더십 상황의 고찰 결과 팔로워의 수행 수준이 좋지 않음을 발견했는데 현 상황이 팔로워에게 수행을 잘해도 인센티브가 거의 없는 경우라고 하자. 이러한 경우, 리더는 보상의 가치를 높이는 지시적인 행동을 사용할 수 있고, 이는 다시 팔로워들의 노력 수준과 수행을 향상시킬 수 있다.

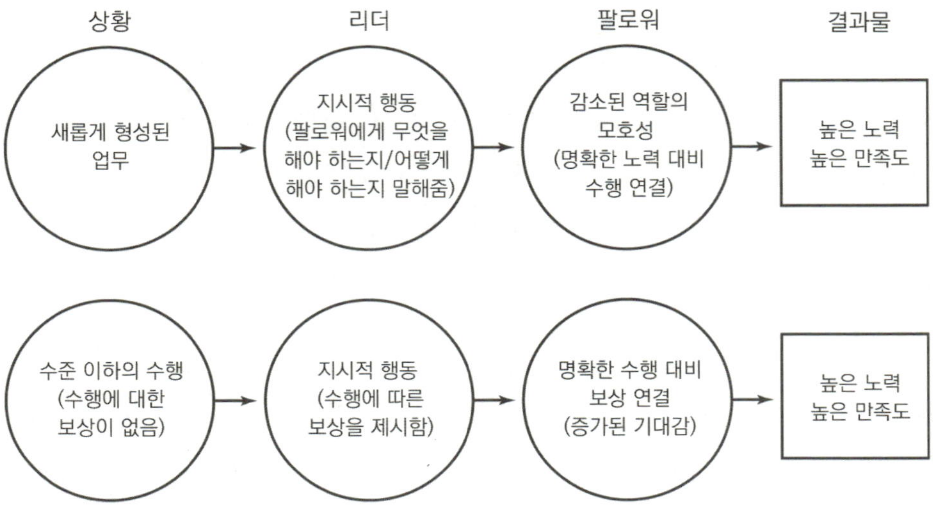

[그림 12.10] 경로-목표 이론의 적용 예

12.5.5 경로-목표 이론에 대한 결론

경로-목표 이론을 둘러싼 연구를 살펴보기 전에, L-F-S 틀을 사용한 이론을 살펴보기를 원할 수도 있을 것이다. [그림 12.11]에서 나타나듯이, 경로-목표 이론의 구성요소들은 L-F-S 틀에 잘 들어맞는다. 네 가지 리더 행동은 리더 영역 안에 들어가고, 팔로워들의 특성은 팔로워 영역에 잘 맞아 들어가고, 과제와 공식적 권위 체계는 상황 원 안에 맞는다. 경로-목표 이론의 모든 구성요소들 가운데 L-F-S 모델과 잘 맞지 않는 것은 워크 그룹과 관계된 것이다. 그룹의 규범, 응집력, 크기와 발달 단계는 L-F-S 모델에서 팔로워 기능의 부분으로 고려되지만, 경로-목표 이론에서는 상황적 기능의 일부이다. 이 점과 관련하여, 우리는 L-F-S 틀을 주로 발견적인 목적으로 사용한다는 것에 주목해야 한다. 이 네 가지 이론에 설명된 개념들은 충분히 복잡하고 모호해서 아마도 어떤 한 가지 묘사만으로는 정답이 없을 것이다.

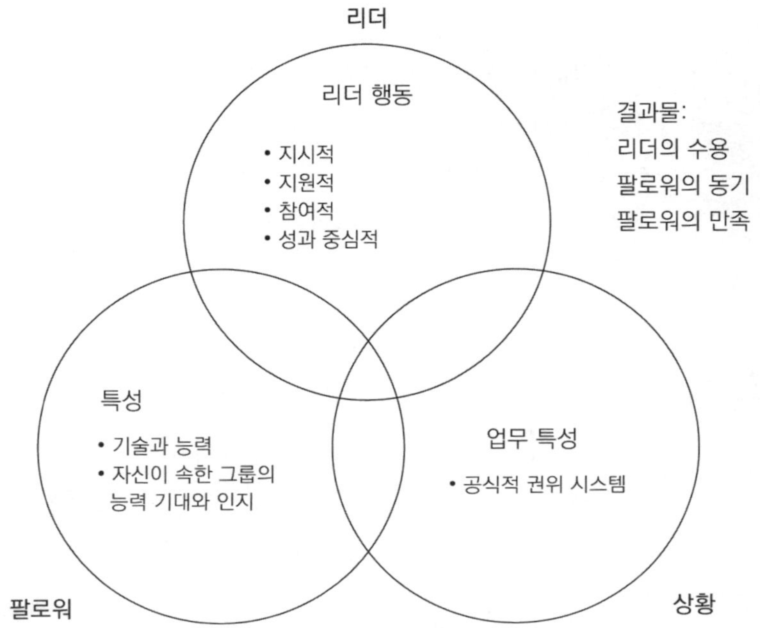

[그림 12.11] 경로-목표 이론의 요소와 상호작용 틀

연구 측면에서 볼 때, 경로-목표 이론은 지금까지 혼동된 지지를 받아왔다.[47-50] 이렇게 혼동된 연구 결과 중의 대부분이 경로-목표 이론이 리더십 과정에 영향을 미치는 변인들을 제외시키기 때문일지도 모르지만, 이것은 이론의 문제 때문이기도 하다. Yukl[51]은 이러한 비평의 대부분이 경로-목표 이론을 연구하는 데 사용된 방법론과 기대 이론의 한계점과 관련되어 있다고 주장한다. 이외에도 경로-목표 이론은 수행을 향상시키는 유일한 방법은 팔로워들의 동기 수준을 높이는 것이라고 가정한다. 이 이론은 재능 있는 팔로워 선발, 훈련을 통한 기술 빌딩과 업무의 재설계에서의 리더의 역할을 무시한다.[52]

그럼에도 불구하고, 경로-목표 이론은 두 가지 점을 실증하는 데 유용하다. 첫째, Yukl[53]이 지적하듯이, "경로-목표 이론은 잠재적으로 관련된 상황적 매개변인들을 찾아낼 때 연구자들을 가이드하는 개념적 틀을 제공함으로써 리더십 연구에 이미 공헌하였다." 모델이 점점 복잡해지면서, 경로-목표 이론은 또한 연구자들에게 보다 유용하며 실천가들에게는 다소 호소력이 떨어질지도 모른다는 것

을 보여주고 있다. 실용적으로 지향하는 학생들과 현재 리더를 맡고 있는 사람들은 이 모형으로부터 무엇인가를 취하고 싶어 하고 즉시 그들의 업무 상황에 적용시킬 수 있다. 이는 그들이 타당성보다 단순함을 선호한다는 것을 의미하지는 않는다. 이들은 대개 리더십 과정의 복잡성을 이해한다. 그러나 이들 중 누구도 너무 복잡해서 해독 불가능한 모형을 원하지는 않는다.

12.6 요 약

본 장은 리더십 상황 이론들 가운데 보다 잘 알려진 네 가지 이론들인, 규범 결정 모형,[54] 상황 리더십 모형, 상황 적합 모형,[55] 경로-목표 이론[56]에 대한 개관을 제시하고 있다. 네 개의 모델 모두 리더십 효과성을 향상시키기 위해 리더는 팔로워나 특정 상황을 고려하여 행동해야 한다는 것을 명시한다는 점에서 상당히 유사하다. 이외에도 이 네 가지 이론들은 암묵적으로 리더가 주요 팔로워나 상황적 요소를 정확히 진단할 수 있다고 가정한다. 그러나 3장에 소개되는 인식에 관한 내용에 따르면, 같은 상황에 있는 두 명의 리더가 팔로워의 지식수준, 리더-팔로워 관계의 강점, 과제 구조의 정도, 또는 팔로워들이 경험하고 있는 역할의 모호성 수준 등에 대하여 서로 다른 결론에 이를 수도 있다.

인식에 있어서 이러한 차이는 두 리더로 하여금 그 상황에 대하여 각기 다른 결론에 이르게 하였고, 이는 다시 매우 다른 행동을 취하도록 하였다. 이러한 행동들은 위에서 언급된 네 가지 이론들의 처방과 일치할 수도 또는 충돌할 수도 있다. 또한, 리더의 지각이 어떤 특정 모형에 의해 처방된 방식이 아닌 다른 방식으로 행동하게 했을지 모른다는 사실은 왜 이 네 가지 이론들이 특히 실제 상황에서 서로 충돌하는 결과를 보였는지에 대한 근원적인 이유가 될 것이다.

이 이론들이 실제 상황에서 일반적으로 엇갈린 지지를 받아온 또 하나의 이유는 이들의 영역이 상당히 제한적이라는 사실과 관련되어 있다. 팀이나 자원봉사회 상황에서 리더와 팔로워 행동에 영향을 미치는 많은 요인들은 실험실 연구에서는 나타나지 않지만 현장 연구에서는 매우 중요한 역할을 한다. 예를 들면, 스트레스 수준, 조직문화와 분위기, 작업 조건, 기술, 경제적 수준 또는 조직 설계의 유형들이 리더십 프로세스에 얼마나 영향을 미치는가를 고려한 모형은 없다. 그럼에도 불구하고, 이 네 가지 상황 모형들은 상당한 연구 주제가 되어 왔으며, 이 모형들에 대한 엇갈린 지지가 있었음에도 불구하고, 이러한 연구들은 리더십에 대한 지식을 확장시키는 데 도움이 되었으며, 리더십 프로세스에 대하여 보다 수준 높은 이해를 가능하게 해주었다.

핵심용어

규범 결정 모형	과제 행동	높은 LPC 리더
의사결정의 질	관계 행동	상황적 우호성
독재적인 과정	팔로워 준비도	경로-목표 이론
상담하는 과정	발달적 개입	지시적 리더십
그룹 과정	상황 적합 모형	지원적 리더십
의사결정 수용	LPC 척도	참여적 리더십
상황적 리더십	낮은 LPC 리더	성과지향 리더십

질 문

1. 1장에 나타난 비행기 사고 생존자들이 직면한 리더십 상황이 주어졌을 때, 규범 결정 모형, 상황 리더십 이론, 상황 적합 모형과 경로-목표 이론은 리더가 어떻게 행동해야 한다고 처방하고 있습니까?
2. 리더들은 다른 사람들과의 상호작용에서 유연해질 수 있을까요? 당신은 리더들이 행동을 변화시킬 수 있다고 믿습니까? 그들의 성격은?
3. 당신이 친숙한 리더십 상황을 떠올려보세요. 이 장에 나온 각 이론들을 그 상황에 적용해보세요. 어떤 이론이 당신이 생각하고 있는 예시의 리더, 팔로워와 상황의 상호작용에 가장 잘 맞습니까? 현재의 도전상황에 그럴듯한 또는 선호하는 결과를 예측하도록 하는 이론이 있습니까?

Chapter 13

리더십과 변화

13.1 서 론

새로운 질서를 도입하려는 것만큼 실행하기 어렵고, 다루기 위험하고, 성공하기 힘든 것은 없다. *Nicolo Machiavelli, Writer*

변화를 주도한다는 것은 아마도 모든 리더가 직면하는 가장 어려운 도전일 것이다.

오늘날 조직들은 무수히 많은 잠재적 도전들에 직면해 있다. 성공을 위해서 조직은 신기술, 세계화, 사회적 변화와 정치적 기후, 새로운 경쟁자의 위협, 경기 흐름의 변화, 산업 간 통합, 소비자 기호 변화, 그리고 새로운 성과와 법률 등의 영향에 효과적으로 대응하여야만 한다. 테크놀로지가 반지의 제왕 3부작을 만들어 낸 Peter Jackson 감독의 능력에 어떻게 영향을 주었는지, 또는 테크놀로지가 미국 군대가 공산주의 물결을 저지하는 것으로부터 지역적인 분쟁과 싸워야 하는 흐름으로 변화되는 데에 어떻게 영향을 주었는지 생각해 보라. 911 사건, 이라크와 아프가니스탄의 전쟁, 국제 테러의 위협, 유럽 연합의 탄생, 중국과 인도 경제의 성장, 원유 가격 상승 그리고 지구 온난화 등은 리더들의 사적과 공적인 모든 주변 세계에 어떻게 영향을 주고 있는지 생각해 보아야 한다. 변화를 주도한다는 것은 아마도 모든 리더가 직면하는 가장 어려운 도전일 것이다. 그렇기 때문에 변화 주도는 리더에서 관리자, 우수한 리더에서 그렇지 않은 리더를 구분하는 가장 좋은 기술일 것이다. 최고의 리더들은 상황과 변화를 억제 또는 가능하게 하는 팔로워 요인을 인식하고, 미래의 강력한 비전을 제시하거나, 그들의 비전을 이상으로부터 현실화할 수 있는 계획을 수립하고 실행하는 사람들이다.

어떤 변화 주도(change initiative)의 범위는 크게 달라질 수 있다. 리더는 개인의 직접 보고의 행동과 스킬을 효과적으로 변화시키기 위하여 목표설정, 코칭, 멘토링, 권한이양 또는 권한위임 스킬을 사용할 수 있다. 하지만 만약 당신이 5,000명 종업원 규모의 제약회사를 운영하고 있고, 이제 막 FDA의 승인을 받은 혁신적인 새로운 약을 시장에 출시하였다면 당신이 해야 할 일은 무엇인가? 연구와 개발, 마케팅, 판매, 제조, 품질, 운송, 고객 서비스, 회계, 그리고 수익성 제품 출시 보장을 위한 정보 기술 부서와 협력 등을 어떻게 해 나갈 것인가? 또는 만약 회사 비용을 향후 2년간 40%까지 절감하여야 하거나, 최근 경쟁 업체 인수를 처리하여야 한다면 당신은 어떻게 할 것인가? 분명히, 이러한 규모의 변화는 개별 코칭과 멘토링보다 더 많은 것이 수반되어야 한다. 본 장에서는 이전 장의 대부분의 내용을 다루어야 하므로, 책의 끝부분에 나오는 것이 적합하다. 대규모 변화 계획을 성공적으로 이끌기 위해서, 리더는 자신의 그룹 또는 조직에 영향을 주는 요인과 상황을 주시할 필요가 있다(10~12장). 그때 리더는 자신의 지능, 문제 해결 능력, 독창성, 그리고 중요한 것에 대한 가치 정렬, 자신의 그룹이 직면한 문제들에 대한 해결 방안 등을 사용하여야 한다(6~8장). 하지만 그들 자체의 해결법이 변화를 보장하는 것은 아니므로, 리더는 자신의 능력과 영향력, 개인적 특성, 코칭과 계획 능력, 그리고 동기부여 기술의 지식과 변화를 추진하기 위한 그룹의 원동력을 사용하여야 한다(5, 7~10장). 마지막으로, 리더는 자신의 변화 계획의 진행 사항을 확인하기 위해 4장에서 언급했던 몇 가지 방안들을 사용할 수도 있다.

하나의 개관으로서, 이번 장은 1, 2장에서 논의한 리더십과 매니지먼트를 다시 논의하는 것으로 시작한다. 우리는 조직 변화에 대한 이성적 접근을 설명하고, 만약 그들의 변화 노력이 성공하기를 원한다면, 리더가 할 수 있는 것이 무엇인가에 대해 명쾌하게 설명하고자 한다. 또한 이 모형은 많은 변화 노력의 실패 원인을 이해하는 좋은 진단 시스템을 제공해 줄 것이다. 우리는 변화에 대한 대안적 접근인-카리스마적 리더십과 변혁적 리더십을 언급하면서 장을 매듭지으려 한다. 이러한 리더들의 개인적 매력, 영웅적 자질, 마음을 사로잡는 능력은 종종 극적인 조직, 정치적인 또는 사회의 변화를 이끌어내는 팔로워들에게 아주 강한 영향을 미칠 수 있다. 변화에 대한 이성적 접근과 달리, 카리스마적 리더십과 변혁적 리더십 틀은 팔로워들이 조직 변화 추진을 위해 정서적 수위를 고취시키는 것을 매우 중시한다. 수많은 리더십 연구는 지난 20여 년간 카리스마적 또는 변혁적 리더십을 유발하는 데 필요한 상황, 팔로워, 리더 특성들을 우리가 조금 더 이해하는 데 도움이 되어주고 있다. 본 장에서는 이러한 요인들의 개요와 학계에 지배적인 이론, Bass의 변혁적(transformational) 및 거래적(transactional) 리더십 이론을 살펴보려 한다.[1]

13.2 리더십과 매니지먼트: 재논의

리더십: 옳은 일을 행함(doing the right thing)
매니지먼트: 일을 제대로 행함(doing things right)

이 책의 앞에서 우리는 리더십을 "그 목표 달성을 향한 조직 집단에 영향을 주는 과정"으로 설명하였었다. 또한 우리는 리더십은 옳은 일을 행함(doing the right thing)에 보다 더 관심을 가지는 것으로, 매니지먼트는 일을 제대로 행함(doing things right)에 보다 더 관심을 가지는 것으로 매니지먼트와 리더십을 구별하였다. 리더는 다른 이들에게 영감을 주고 발전시키고, 현재의 상황에 도전하고, 무엇을 왜 하는지 묻고, 보다 장기적인 관점을 가지며, 관리자는 프로그램을 시행하고, 예산과 비용을 관리하며, 현재 상황을 유지하고, 보다 단기적인 관점을 가질 확률이 높다고 Bennis[2]는 진술하였다. Bennis의 구분을 토대로 보면, 리더십은 일의 변화과정을 수반하는 것인 반면 매니지먼트는 현재 상태의 일을 유지하는 것이라 말할 수 있다. 리더십과 매니지먼트의 구분을 <표 13.1>에 더 명확하게 그려놓았다. 운전자가 자동차의 방향과 속도를 조절하기 위해 연료, 브레이크, 클러치, 기어, 운전대를 사용하는 것과 같이, 관리자는 다양한 회계 매니지먼트, 정보체계, 고용, 성과 매니지먼트, 보상, 훈련, 계획 수립, 품질, 재고 시스템 등을 정렬하여 부하들의 행동이 팀이나 조직의 목표 달성에 나아갈 수 있도록 사용한다. 만약 부하가 출장비 예산을 초과하였거나 지각을 하였을 경우, 상황을 바로잡기 위해 다양한 회계 수단 또는 수행 평가 시스템을 사용할 수 있다. 이러한 시스템들은 부하들이 일관되고 능률적인 태도로 행동하는 데 도움이 된다. 조직은 부하들이 조직 목표와 최대한 근접한 선상에서 행동할 때 조금 더 성공적인 경향을 보인다. 그리고 상품과 서비스 전달에 적은 자원을 사용하는 조직이, 같은 수준의 일에 보다 많은 자원이 투여되어야 하는 조직에 비해 높은 이익률(예: 능률성)을 나타내는 경향이 있다. 조직 시스템에서는 내재된 좋음이나 나쁨이 존재하지는 않지만, 어느 정도는 이러한 시스템의 질이 관리자가 그들이 할 수 있는 일을 쉽게 수행하는 데 영향을 준다.

〈표 13.1〉 리더십 대 매니지먼트

리더십 = 변화	매니지먼트 = 통제
비전	계획
영감 부여	보상
권한위임	지시/지도
코치	훈련
수익	비용
예상/예측	예산
가능성	시스템과 절차
기회	스케줄
협동	조정

비록 조직 시스템이 어느 정도 이득이 된다 하여도, 그 안에 내재된 문제 중 하나는 바로 변화에 대한 저항이 있다는 점이다. 그럴 만도 한 것이, 왜냐하면 그 시스템은 비용 측면에서 변화를 최소화하도록 특별히 설계되어 있고, 소프트웨어 활용법이나 상품의 질, 제공되는 서비스 등을 포함하기 때문이다. 이러한 저항 요소를 추가하자면, 많은 사람들이 높은 안정성을 추구하고, 자신들의 시스템에 안주하려는 경향이라 할 수 있다. 관료와 부서는 조직 시스템을 지원하는 것 외에는 하는 일이 없도록 설계되어 있다. 흔히 회계, 정보 기술 또는 품질 부서에 있는 사람들이 조직 전체에서 사용되는 관련 시스템을 개발하는데, 이들의 자부심이 필요한 변화를 방해할 수 있다. 유사하게, 이러한 시스템의 사용자들은 그래픽 프

로그램, 회계 절차, 판매 모형, 린(lean)생산, 또는 6시그마 품질 프로세스와 같은 새로운 것을 습득하려 하지 않을 수 있다. 비록 현재의 시스템이 비능률적이고 제대로 기능을 하지 않더라도, 사람들은 그 시스템의 사용법을 알고 있고, 이러한 지식으로 일정 수준의 안전성과 예측을 확보하고 있다. 새로운 시스템과 행동 학습은 모호성에 대한 어느 정도의 인내심과 끈기, 저항과 힘든 업무의 수행을 필요로 한다. 모든 조건이 같다면, 많은 부하들은 미래에 대한 미지의 성공보다는 예측 가능한 길을 더 선호할 것이다.[3-13]

많은 부하들은 미래에 대한 미지의 성공보다는 예측 가능한 길을 더 선호할 것이다.

그러면 자동차로 비유할 때 리더십은 어떻게 작용할까? 리더는 서로 다른 길로 차를 몰거나 서로 다른 최종 목적지를 가지거나, 자동차가 올바른 운송 수단인지를 결정해야 하는 사람이다. 테크놀로지, 세계화, 시장 여건, 고객 선호와 인구의 변화들이 어느 팀 또는 조직이든 간에 큰 영향을 줄 수 있기 때문에, 리더십은 조직 시스템을 정렬하여 새로운 조직 비전에 대한 부하들의 행동을 정렬하는 핵심 열쇠라고 할 수 있다. 관리자는 현재 진행의 상태에 중점을 두는 반면, 리더는 한 걸음 물러서서 왜 시스템이 있는지를 물어본다. 그들은 현재 가지고 있는 시스템에서 조직이 무엇을 할 수 있고, 할 수 없는 것인지를 진단하기보다는 새로 설정된 조직의 목표를 기준으로 시스템을 만들고 정렬한다. 또한 성공적인 리더들은 새로운 비전과 시스템에 맞추어 부하들의 행동을 조정할 수 있는 능력을 가지고 있다. 하지만 부하 행동과 조직 시스템, 구조, 목표의 변화는 엄청난 기술과 노력이 필요하다. 어느 팀 또는 조직의 변화하려는 노력이 성공적인 방법이 되기 위해서는 리더십과 매니지먼트 기술 두 가지가 조합이 되어야 한다는 것을 알 수 있을 것이다. 매니지먼트 무능력(managerial incompetence)의 주요 원인은 권위적 위치에 있는 많은 사람들이 리더십, 매니지먼트 또는 두 가지 모두 합쳐진 스킬과 씨름하고 있기 때문이다. 이번 장의 나머지 부분은 몇 가지 관련 연구와, 만약 조직 변화 추진을 위해 이성적이거나 감성적인 접근법을 사용하려 한다면 반드시 가져야 하는 리더십 실천 단계에 대해 언급하고자 한다.

13.3 조직 변화에 대한 이성적 접근법

조직 변화에 관해서는 O'Toole,[3] Pritchett,[4,23] McNulty,[5] Heifetz와 Linsky,[6] Moss Kanter,[7] Krile, Curphy,[12,13] Lund,[8] Ostroff,[9] Rock and Schwartz,[10] Kotter,[11] Burns,[14] Kanter,[15] Bennis and Nanus,[16] Tichy와 Devanna,[17] Bridges,[18] Collins와 Porras,[19] Treacy와 Wiersma,[20] Beer,[21,22] Heifetz와 Laurie[24]와 Collins[25]를 포함한 많은 저자들이 출간하였다. 이러한 모든 저자들은 리더십과 변화에 관해 독특한 관점들을 가지고 있기는 하지만, 그들은 또한 다수의 공통된 특성도 공유하고 있다. Beer[21,22]는 변화 주도 실패 이유를 이해하기 위한 진단 도구뿐만 아니라 다른 저자들에 의해 문제 제기된 논점인 조직 변화에 대해 이성적, 직선적 접근법을 제공하였다.

Beer에 따르면:

$$\mathbf{C = D \times M \times P > R}$$

이 공식에서 D(Dissatisfaction)는 부하들의 현재 상태에서의 **불만족도**를 나타낸다. M(Model)은 목표와 새로운 비전을 지지하기 위해 필요한 시스템뿐만 아니라 변화와 미래의 리더의 비전을 포함한 **모형**을 상징한다. P(Process)는 **프로세스**를 나타낸다. 이것은 개발과 누가, 무엇을, 언제, 어디에서, 어떻게 변화를 시행할 것인지를 분명히 나타낸 계획의 시행과 관련이 있다. R(Resistance)은 **저항**을 의미한다. 사람들은 정체성의 상실이나 사회적 접촉의 상실을 두려워하며, 좋은 변화 계획도 그러한 저항에 부딪히게 된다. C(Change)는 **변화의 양**과 관련된다. 리더들은 부하들에게서 불만족의 수준이 증가하거나, 비전의 투명성이 높아지거나, 변화 계획이 전사적으로 잘 진행되거나, 저항의 정도가 감소함에 따라 변화 양이 증가할 수 있다는 것을 주목하고 있다. 또한 D x M x P가 곱셈의 함수(불만족도의 증가)라는 것에 주의해야 한다. 그렇지만 계획이 없다는 것은 적은 결과를 가져올 것이다. 마찬가지로, 부하들이 현재 상태에 만족한다면, 아무리 그들의 비전이나 변화 계획이 뛰어나더라도 부하들의 변화를 얻는 것은 리더들에게 굉장히 어려울 것이다. 이 모형은 조직 변화가 매우 체계적인 프로세스이고, 대규모 변화

시행을 위해서는 수년간이 아니더라도 수개월은 소요된다고 주장한다.[21,22] 모형의 프로세스를 잘 이해한 리더십 실무자는 변화 주도의 개발과 자신들의 수준이 어디에 위치하는지 진단하는 작업을 보다 잘할 수 있을 것이다. 변화는 리더십의 중요한 요소이기 때문에, Beer의 모형의 각각의 구성요소들에 대해 조금 더 세부적으로 살펴볼 것이다.

13.3.1 불만족도

비교적 만족하는 부하들은 변화가 쉽지 않다.

부하들의 만족 수준은 변화를 주도하는 리더 능력에서 가장 중요한 구성요소이다. 비교적 만족하는 부하들은 변화가 쉽지 않다. 불평가들은 상황을 변화하기 위해 무엇을 하기가 훨씬 쉽다. 종업원 만족은 리더십의 중요한 결과이기는 하지만, 현재 상황의 변화를 원하는 리더들에게는 종업원의 만족 수준을 낮추는 조치가 필요할 수 있다. 부하들의 정서는 조직 변화의 연료인데, 변화는 종종 상당량의 연료를 필요로 하기도 한다. 리더십 실무자들을 위한 핵심은 부하들이 행동을 취하게 할 정도까지 불만족도를 증가시키는 것인데, 그렇다고 조직을 떠나려는 결심을 하는 수준까지 불만족도를 높이지는 않는 것이다. 그렇다면 부하의 불만족 수준을 높이기 위해 리더가 해야 하는 것은 무엇일까? 첫 번째 단계는 아마도 부하들이 지금 현재 상황에 얼마나 만족을 하고 있는가를 결정하는 것이다. 이러한 정보는 종업원 만족도 조사, 고충사항 기록, 고객 불만, 또는 부하와의 대화를 통해 수집할 수 있다. 불만족도를 증가시키기 위해, 리더들은 잠재적 경쟁자, 기술 또는 법적 위협요인이나 현재 상태에 관한 종업원의 관심에 대해 대화를 나눌 수 있다. 리더는 재정적 또는 정치적 위기, 기타 조직에 대한 벤치마킹, 실질적인 성과 표준을 높이는 등의 방법을 이용하거나 만들어 낼 수도 있다. 이러한 모든 방법은 부하들의 감정 수준을 높일 가능성이 있다. 그러나 리더는 반드시 이러한 감정들이 조직을 위한 리더의 비전으로 향하고 있도록 해야 한다.

13.3.2 모형

변화 공식에 모형 변수는 네 가지 요소가 있다. 그리고 이는 환경 탐사, 비전, 비전을 지원하는 새로운 목표의 수준 설정, 시스템 변화 필요성을 포함한다. 앞에서 논의한 바와 같이, 조직은 경제, 기술, 경쟁자, 법률과 사회적 도전들로부터 끊임없이 공격을 받고 있다. 훌륭한 리더는 이러한 위협들의 심각성을 평가할 수 있도록, 끊임없이 외부 환경을 살펴보아야 한다. 그들은 내부적인 고찰도 능숙하다. 그들은 조직이 어떤 면에서 잘하고 어떤 면에서 부족한지 이해하고 있다. 그러므로 최신의 현황을 주시하고, 조직 보고서 검토에 시간을 투자하고, 부하들의 관심사를 경청하는 것이 리더가 외부적 고찰과 내부적 고찰을 위해 사용하는 여러 방법이다.[3,8,11,12,22,27] 이 정보는 변화 주도를 위한 비전을 공식화하는 데 순차적으로 사용된다. 만약 그것이 성공적으로 심각한 외부 요인을 막아낸다면 신규 조직은 무엇을 바라는 것일까? 신규 시장 기회의 이점을 확보하고, 조직의 결점을 극복하려는 것인가? 신규 조직의 목적이 무엇이고, 사람들은 왜 그것을 하기를 원하는 것인가? 적격한 비전의 발표는 이러한 질문에 대한 해답이 되어 줄 것이다. 비전 발표에 관한 좋은 소식은 리더 혼자만의 노력일 필요는 없다는 것이다. 흔히 리더는 부하들에게 아이디어를 요청하거나 비전 발표를 위해 조직된 팀과 함께 작업을 할 것이다.[8,16,17,28-30] 두 가지 방법 다 새로운 비전에 대한 부하들의 몰입을 증가시키는 데 도움이 될 것이다.

비전: 지침서
목표: 최종목적지

조직의 비전과 목표의 차이점을 이해하는 것이 중요하다. 고대의 선원들이 별자리를 항해의 수단으로 사용하였던 것과 같이, 비전은 조직의 행동을 위한 지침서를 공급할 수 있어야 한다. 비전은 조직이 무엇을 해야 하고 하지 말아야 하는지, 어떤 사람을 고용하고 유지하여야 하는지, 어떤 원칙을 운영하여야 하는지 등에 관한 사항들을 결정하는 데 도움을 준다. 하지만 별자리가 고대의 선원들의 최종 목적지가 아니었듯이, 비전이 조직의 최종 목적지는 아니다. 조직의 목표는 고대 선원들의 최종 목적지에 해당하는 것이고, 그것은 조직이 성과를 이루기 위해 노력하는 것과 그것을 끝마칠 수 있는 때에 대해 명확하게 설명할 수 있어야 한다.[3,8,19,26,28-31] 조직에 의존하여, 이러한 목표들은 시장 점유, 수익성, 수입, 고객 확대, 품질, 신규 고객 서비스 수단이나 기술 체계 정보, 인정받은 특허의 수, 학교 성적, 기금 모금 목표 또는 범죄율 감소에 관계할 수 있다. 이렇듯 조직의 목표는 조직의 환경적 검토나 조직의 비전의 결과에 의존하여 외부중심적이거나 내부중심적 혹은 내외부 모두에 초점이 맞추어질 수 있다. [하이라이트 13.1]은 폐기물 에너지 전력 회사의 비전 진술과 조직 목표의 예를 보여주고 있다(이 회사는 전력 생산을 위해 쓰레기를 소각한다).

비전 진술과 조직 목표의 예

하이라이트 13.1

비전 진술

폐기물 에너지 운영 회사들 중에서 업계 리더가 된다.

조직 목표 설정

- 수익성 증가를 5%에서 8.5%로 증가시킨다.
- 유지와 보수 비용을 2006년 수준으로 유지한다.
- 모든 공장의 보일러의 가동률을 90%로 유지한다.
- 예정되지 않은 보일러의 중단 시간을 29%까지 낮춘다.
- 회계 기능의 중앙 집권화를 통해 회계 비용을 12%까지 감소시킨다.
- 모든 공장의 안전사고 제로를 달성한다.
- 모든 공장에 재활용 수익을 26%까지 올리기 위해 금속 회수 체계를 시행한다.
- 2007년에 5개의 폐기물 에너지 공장 가동 계약을 성사시킨다.

출처: G. J. Curphy, *The Competitive Advantage Program for Wheelabrator Technologies Incorporated*. North Oaks, MN: Author, 2006

목표 설정 후에, 리더는 조직의 비전을 이행하고 목표를 달성하기 위해 어떤 시스템을 변화시켜야 할지를 결정할 것이다. 즉, 만약 조직이 성공하려면, 마케팅, 영업, 제조, 품질, 인적 자원, 운송, 회계를 어떻게 할 것인가 또는 고객 서비스 시스템에 변화가 필요한가? 그리고 현재의 조직 구조나 문화가 새로운 비전을 뒷받침하는가 또는 저해하는가? 자신의 조직 변화 주도의 성공을 바라는 리더는 조직 목표 설정 후에 체제적 사고 접근을 택하는 것이 필요할 것이다.[27-29,32] **체제적 사고 접근**이란 리더에게 조직을 상호 연결된 한 세트의 체제들로 생각하기를 요구하며, 한 체제에서의 변화가 어떻게 조직의 다른 부분에 결과를 미치거나 미치지 않는지를 설명한다. 예를 들어, 만약 기업이 시장 점유율과 수익을 확대하기를 원한다면, 영업판매자가 신규 고객을 잡으려는 동기를 유발할 수 있는 보상 체제

체제적 사고 접근이란 리더에게 조직을 상호 연결된 한 세트의 체제들로 생각하기를 요구한다.

의 변화가 있어야 할 것이다. 그러나 이런 접근법은 제조, 품질, 운송, 회계, 고객 서비스 부서에서 일부의 문제를 발생시킬 수도 있다. 이러한 문제들을 예측하는 리더는 조직의 성공 확률을 높이기 위해 필요한 체제의 모든 변화를 만들어낸다. 리더는 목표 설정이 필요할 것이고, 이러한 각각의 시스템의 변경을 위한 사업 계획을 내놓아야 할 것이다. 이 계획들은 **사일로식 사고**(siloed thinking), 즉 리더가 조직의 전체적인 유효성을 희생하더라도 조직의 한 부분을 최적화하려는 것과 대조될 수 있다. 예를 들어, 영업 부사장이 만약 자신의 유일한 관심사가 연간 수익이라고 믿는다면 영업 부사장은 영업 보상 계획을 변화시킬 수 있다. 이러한 믿음은 만약 우선적으로 일정한 수익 목표를 달성하는 것에 보상이 설정되어 있다면, 강화될 것이다. 만약 영업 부사장이 사일로식 사고를 하는 사람이라면, 수익성, 품질, 고객 서비스는 그의 관심 사항이 될 수 없을 것이다. 하지만 이 사고방식의 모형은, 품질문제나 지시 이행 문제가 고객 이탈률을 신규 고객의 제품 구매력보다 빠르게 진행시킴으로써 결국 실패하게 될 것이다.

사일로식 사고(siloed thinking), 즉 리더가 조직의 전체적인 유효성을 희생하더라도 조직의 한 부분을 최적화하려는 것

[그림 13.1]은 리더십 실무자를 위한 체제 모형의 그래픽 설명이다. 이 모형의 모든 구성 요소들은 서로 간에 상호작용하고 영향을 준다. 그러므로 리더가 변경하려는 조직 비전이나 목표는 조직의 구조, 문화, 체제, 리더와 부하의 역량에 있어 균등한 변화를 통한 사고를 필요로 할 것이다. 비슷하게, 정보의 변화나 채용 체제는 조직의 역량, 문화, 구조, 비전이 목표를 달성하는 데 영향을 줄 것이다. 성공적인 조직 변화 핵심 중에 하나는 [그림 13.1]에 있는 모든 구성 요소들의 정렬을 확실하게 하는 것이다. 많은 리더의 공통적인 실수는 조직의 비전, 구조, 시스템을 변화하면서 조직의 문화, 리더와 부하의 역량을 간과한다는 것이다. 이것은 새로운 비전, 조직도, 보상 계획을 상대적으로 쉽게 만드는 것이라 이해할 수 있다. 리더는 조직 문화와 역량의 중요성을 고려하지 않거나, 그것의 변화가 쉽다고 잘못된 확신을 가지거나, 그것의 변화가 매우 어렵기 때문에 기정사실이라고 믿는다. 조직의 문화와 역량을 변경하는 것은 가능하기는 하지만, 상당한 시간과 집중된 노력이 요구된다. 불행하게도, 변화 주도의 약 70% 정도가 실패하며, 이러한 많은 실패의 근본적인 원인은 조직의 문화와 역량 문제를 다루는 리더의 무능력이나 무지함 때문이다.[6-8,11,22,24,28,29,33-38]

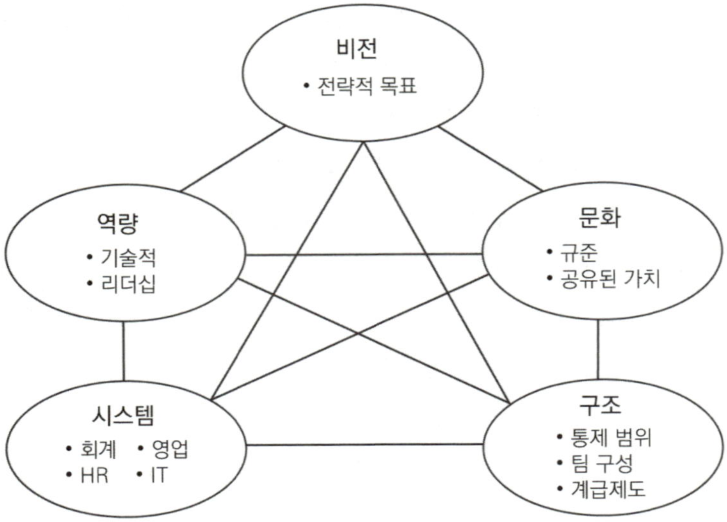

[그림 13.1] 조직 정렬의 구성요소

13.3.3 프로세스

이러한 변화 프로세스의 시점에서는, 리더가 부하의 불만족도를 증가시키는 특정 단계의 조치를 했을 수 있다. 아마도 새로운 비전 성명 작업, 새로운 팀 또는 조직의 목표 설정을 하거나, 변화에 필요한 조직 시스템, 역량, 구조를 결정하는 작업을 부하들과 함게 했을 수도 있다. 여러 방면에서, 변화 모형의 D와 M의 구성 요소들은 리더십 실무자가 가장 쉽게 달성할 수 있는 것이다. 변화 모형에서 프로세스(P)구성 요소는 **변화 계획**의 개발과 실행으로 구성되어 있기 때문에, 변화 주도가 가능하고 실용적이 되게 하는 지점이다.[8,12,28-30,39] 훌륭한 변화 계획은 새로운 조직 목표 달성을 위해 필요한 사건의 순서(the sequence of events), 주요 결과물(key deliverables), 시간표(timeline), 책임자(responsible parties), 성과 지표(metrics), 피드백 절차(feedback mechanisms)의 개요가 포함된다. 그것은 또한 불만족도를 늘리기 위해 필요한 단계를 포함할 수 있으며, 예상되는 저항, 훈련과 자원 필요성의 윤곽을 잡고, 관련 당사자들이 정보를 유지하기 위한 종합적 정보 교환에 필요한 단계를 다룬다.

변화의 깊이와 폭에 의존하는 변화 계획은 아주 세부적이고 복잡할 수 있다.

예를 들면, 폐기물 에너지 회사는 [하이라이트 13.1]에 보인 그들의 목표에 도달한다면 이전에는 항상 해왔던 것을 더 이상 할 수 없는 것으로 설명한다. 회사는 목표 달성을 위한 새로운 행동과 성과 지표, 피드백 시스템이 필요하다. 이 회사의 변화 계획은 공장 특유의 목표와 변화 계획과 마찬가지로 회사를 위해 광범위하고 종합적으로 구성된 계획이다. 이러한 계획들은 각각의 행동 단계, 책임자, 성과 지표, 마감기한이 그려진다. 계획에 대한 진행 상황은 월별 정기적으로 사업과 운영 검토 안을 살펴보는 것이다. 목표와 변화 계획은 예상된 진행 상황보다 빠르게 눈에 보이지 않는 장벽에 부딪히는 경우가 있으므로 지속적으로 조정되어야 한다.

변화 계획에 대한 팔로워의 몰입을 얻는 가장 최선의 방법은 아마도 그들이 그것을 만들어 내게 하는 것이다.

물론 계획 그 자체는 변화를 위한 유일한 로드맵이다. 변화는 정해진 계획의 행동 단계가 실제로 수행되기 시작할 때 발생하게 될 것이다. 이것은 리더십 실무자가 곤란을 겪게 되는 다른 영역이다. CEO의 실패 이유 중 하나는 실행의 무능력함이고, 그것은 최상위의 관리자가 실행에서 실패를 하게 되는 이유 중의 하나이기도 하다.[38-42] 변화 계획에 대한 팔로워의 몰입을 얻는 가장 최선의 방법은 아마도 그들이 그것을 만들어 내게 하는 것이다. 이러한 방법을 통해 팔로워들이 계획은 일찍 받아들이게 만들고, 무엇을, 왜, 언제, 어디서, 누가, 어떻게 해야 하는지를 알게 만든다. 그럼에도 불구하고, 모든 팔로워들에게 계획의 수립에 참여하게 하여 변화에 영향을 주는 것은 불가능한 일이다. 이러한 경우에는, 행동과 성과에 대한 기대치가 명시적이거나, 변화 주도로 인한 개인적 이익을 명확하게 만들거나, 이미 팔로워들이 리더와 강력하고 믿을만한 관계를 형성하고 있다면, 팔로워들의 몰입이 높아질 수 있을 것이다.[8,28,29,31] 이러한 단계를 모두 수행한 다음이라도, 리더십 실무자들은 진행 사항과 사람들이 변화 계획에 맞춰 자신들의 역할과 책임을 다하고 있는지를 정기적으로 검토하는 시간을 가질 필요가 있다. 팔로워들은 시간과 노력의 경쟁적 요구에 직면하므로, 후속 조치가 부족해지면, 대부분의 팔로워들이 자신의 레이더망에서 변화주도를 벗어나게 만들 것이다. 리더는 팔로워 유형에 따라 한 번 더 변화 계획 수행 흐름을 예측하여야 한다. 대표적으로 팔로워들이 소외된 팔로워(alienated followers), 순응적에서 소극적 팔로워(conformist to passive followers), 소극적에서 소외된 팔로워(passive to alienated followers)로 이동될 수 있다. 이동 유형별, 이동에 따른 부적합한 팔로워 행동에 대해 신속하고 일관된 자세로 처리하는 리더들은 변화 주도에서 성공할 가능성이 높다.

13.3.4 저항

변화 주도의 결과에 따라서 팔로워십 유형이 왜 이동하게 되는가? 한 가지 이유는 변화의 이익을 깨닫기 전까지 얼마간의 시간이 소요되기 때문이다. 리더, 부하 그리고 성과, 생산성, 고객 서비스를 담당하는 책임자들은 새로운 도구, 시스템, 행동 등을 즉각적으로 개선할 것이다. 그러나 종종 부하들이 새로운 시스템과 기술을 습득함으로 인해 성과나 생산성이 일시적으로 저하되는 경우도 있다. 초기 기대치와 현실 사이가 서로 다른 경우를 기대-성과 차이라고 칭한다. 그리고 **기대-성과 차이**는 상당한 좌절의 원인이 된다([그림 13.2] 참조). 제대로 관리하지 않는다면, 그것은 부하들로 하여금 필요한 것을 얻기 위해 과거의 행동과 시스템으로 되돌아가게 되는 저항(R)을 불러일으킨다. 리더십 실무자들은 현실적인 기대치 설정, 인내의 높은 수준 증명, 조속한 시일에 새로운 시스템과 기술에서 부하들이 얻는 숙련도 보장을 통해 부하들의 좌절감을 극복하는 데 도움을 줄 수 있어야 한다. 올바른 변화 계획은 부하들의 기술 수준 개선을 위한 훈련과 코칭 프로그램 구축을 통해 기대-성과 차이를 줄인다.[28,29,31,41]

기대-성과 차이

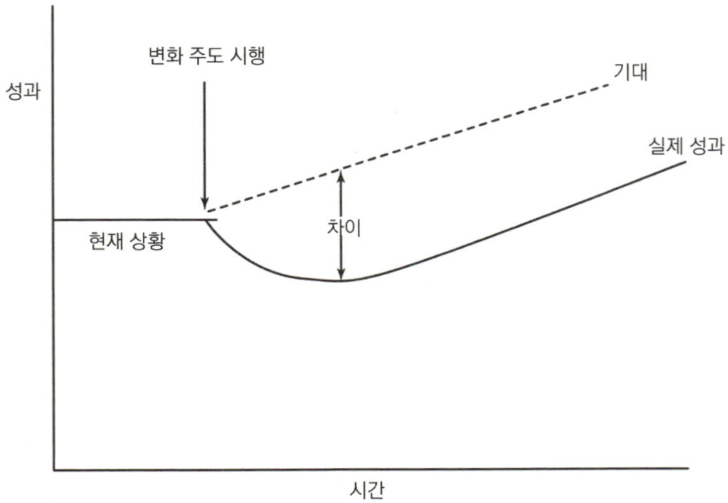

[그림 13.2] 기대-성과 차이

부하직원들이 변화에 저항하는 또 다른 이유는 상실의 두려움 때문이다.

부하직원들이 변화에 저항하는 또 다른 이유는 상실의 두려움 때문이다.[4-6,8-10,21,23, 24,28,29,35,36] 변화로 인해서, 부하직원들은 권력 상실, 타인과의 관계 차단, 책정되어 있는 보수, 자신들의 자의식, 다른 측면으로, 무능력해 보임과 같은 두려움을 갖게 된다. Beer에 따르면, 상실의 두려움은 어떠한 변화 주도에서도 예측 가능하고 당연한 반응이다. 이러한 두려움에 대한 일부 리더들의 반응은 <표 13.2>에서 볼 수 있다.

〈표 13.2〉 변화에 따른 상실

상실의 종류	가능한 리더의 조치
권력(Power)	감정 공감 표현, 경청 기술, 권력 구축의 새로운 방법
능력(Competence)	코칭, 멘토링, 훈련, 동료 코칭, 직무 설정 등
관계(Relationships)	변화 발생 이전 또는 직후에 종업원의 새로운 관계 형성
보상(Rewards)	변화 주도를 지원하기 위한 새로운 보상 체계 설계 및 시행
정체감(Identity)	감정 공감 표현, 새로운 역할 가치 강조

변화 계획의 저항의 범위가 잠재적이고 설명 가능한 범위와 동일하다면, 변화 주도는 성공적으로 채택될 가능성이 높다. 사람들은 변화와 대면하였을 때, 매우 예측 가능한 반응을 겪는 것을 보여준다. 다음의 예는 변화에 대처할 때 사람들이 겪는 전형적인 단계를 명확하게 하는 데 도움이 될 것이다. 만약 당신이 경제 상황 악화와 수익 감소로 인하여 노동인구의 30%를 해고해야 하는 대기업에서 일을 하고 있다고 가정해보자. 만약 당신이 해고 대상자라면, 당신은 시장 상황이 약세이며 해고의 영향을 받는 사람이 당신이라는 것을 인식하지 못해왔기 때문에 당신의 첫 번째 반응은 아마도 충격과 놀람일 것이다. 그 다음으로 분노를 겪게 될 것이다. 당신이 회사에 수많은 야근과 주말을 헌신해왔음에도 회사가 더 이상 당신을 원하지 않는다는 사실에 분노를 하게 될 것이다. 분노 다음에는 거절의 단계가 온다. 이 거절의 단계에서는 회사가 정말로 당신을 해고하려는 것인가에 대

해 질문을 하기 시작하고, 회사가 반드시 당신을 재고용할 것이라고 합리화하기 시작할 것이다. 마지막은 수용 단계로 회사가 당신에게 재고용은 요청하지 않을 것이라는 사실을 깨닫고, 다른 일자리를 찾기 시작하게 된다. 변화에 대한 이러한 네 가지 반응-충격(Shock), 분노(Anger), 거절(Rejection), 수용(Acceptance)-은 SARA 모형으로 알려져 있다. 승진에서 누락되거나, 360도 피드백에서 부정적 피드백을 받거나, 상사로부터 비평을 받는 등의 경우에 대부분의 사람들은 이러한 네 가지 단계를 겪는다는 데 주목하는 것이 중요하다.

SARA 모형
Shock,
Anger,
Rejection,
Acceptance

그렇다면 리더십 실무자가 SARA 모형에서 할 수 있는 행동은 무엇인가? 그것의 첫 번째 단계는 아마도 변화에 대한 네 가지 반응을 간단히 인지하는 것이다. 두 번째, 리더는 개별 부하들이 네 가지 단계를 겪는 시간의 정도를 이해하는 것이 필요하다. 단, 리더가 개방 정책 유지, 감정 공감 표현, 관심에 대한 경청을 통해 부하의 네 가지 단계를 겪는 속도를 가속화할 수 있다. 세 번째, 사람들은 수용의 단계에 이르기 전까지는 변화 주도에 대해 적극적인 행동을 취하는 것을 좋아하지 않는 경향이 있음을 주목하는 것이 중요하다. 이는 사람들이 변화에 만족한다는 것을 의미하는 것은 아니다. 단지 그들은 변화의 불가피성을 수용한 것이다. 네 번째, 변화하는 조직 수준에 따라 사람들이 SARA 모형의 어느 지점에 있는지를 이해할 필요가 있다. 일반적으로 변화 주도 시행의 필요성을 깨닫는 첫 번째 사람들은 조직의 최고위 리더들이다. 조직의 최고위 리더들도 다른 사람들처럼 네 가지 단계를 거친다. 하지만 그들은 최초로 겪어야 하는 사람이다.

뉴스를 접하는 그 다음의 사람들은 중간 관리자, 최상위 관리자, 개별 실무자들이다. 이 세 그룹은 SARA 모형의 감성 단계 또한 겪게 되지만, 시간의 차이가 있다. 조직의 위계에 따른 감성적 반응에서의 차이는 [그림 13.3]에 나타나있다. [그림 13.3]에서 흥미로운 것은 최상위 관리자가 수용의 단계에 이르렀을 때 중간 관리자와 개별 실무자가 충격 또는 분노의 단계에 있다는 점이다. 이 시점까지 고위 리더는 변화 주도의 시행을 준비하고 있고, 조직의 나머지 부분에서 왜 여전히 분투하고 있는지를 이해하지 못할 것이다. 그들은 이미 수용의 단계에 있기 때문에, 고위 리더는 감성 공감 표현과 경청 기술에 실패할 가능성이 있으며, 이것은 [그림 13.2]에 그려진 성과를 저하시키는 또 다른 이유가 된다.

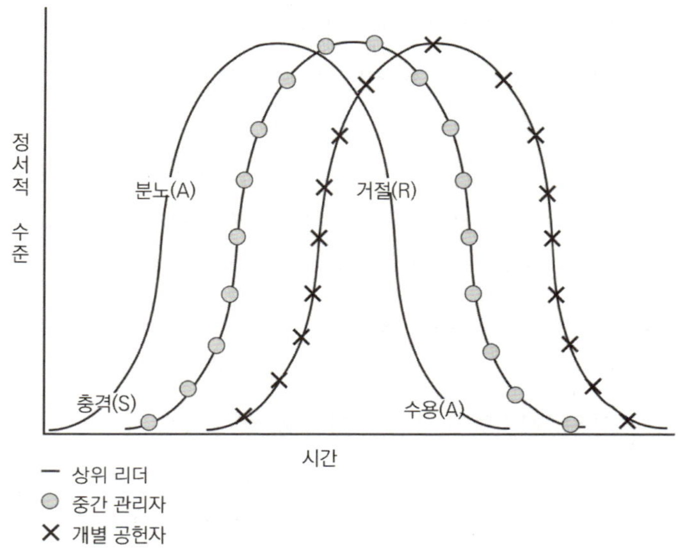

[그림 13.3] 변화에 따른 반응

13.3.5 조직 변화에 대한 이성적 접근법에 관한 결론

> 리더는 변화 진행을 위한 임계질량(critical mass)의 중요성에 관해 생각할 필요가 있다.

조직 변화에 대한 이성적 접근법의 상황, 부하, 리더 구성 요소는 [그림 13.4]에서 보여준다. 흔히 조직의 비전, 목표, 변화 계획이 리더와 부하 간의 협력적인 노력이기는 하지만, 주된 책임은 리더에게 있다. 또한 리더는 변화 진행을 위한 임계질량(critical mass)의 중요성에 관해 생각할 필요가 있다.[8,28,29,37] 처음에는 그들의 변화 노력을 현재 상태 유지에 대해 가장 강경한 부하들에게보다는 초기 도입자나 경계선에 있는 부하들에게 집중하는 것이 보다 성공적일 수 있다. 이미 임계질량에 도달된 도입자는 변화에 저항하는 동료들에게 압력을 가할 수 있다.[8,22,28,29] 이 접근법은 만약 변화 주도가 장기적으로 성공할 수 있다면, 리더가 좋은 리더십과 좋은 관리 기술 모두를 필요로 함을 주장한다. 리더십 기술은 조직을 위한 새로운 비전 결정과 불만족 증가, 부하에게 어떻게 다르게 행동할 것인가에 관한 코칭, 저항 극복에서 중요하다. 매니지먼트 기술은 언제 새로운 목표를 설정하고, 만들고, 시행하고, 변화 계획에 관한 진행 상황을 검토하는 가에서 중요하다. 리더십 기술과 매니지먼트 기술의 설정은 조직 변화의 구성 요소가 중요할 뿐만 아니라 새로운 회사가 성공하느냐 실패하느냐를 결정하는 중요한 역할을 한다. 강한 리더십 기술로 인해서, 기업가들은 종종 새로운 조직을 잘 시작하기도 한다. 상당수의 이러한 사람들은 새로운 회사에 대한 그들의 비전에 대해 사람들이 흥미로워하도록 만들 수 있다. 그러나 만약 기업가들이 매니지먼트 기술의 중요성을 인식하거나 통찰하는 데 실패한다면, 고객 선호, 수익, 고객 만족, 품질, 비용의 이동 변화를 유지하기 위한 시스템, 정책, 필요한 절차를 만들어 내지 못할 것이다. 결과적으로, 대부분은 파산에 대비한 바른 운영, 재무 결정, 그들 회사의 최종 서류철을 만들 필요성에 대한 정보를 가지고 있지 않을 것이다. 한편으로는, 계획과 실행 기술의 방법만 가지고는 신규 회사를 형성하거나 조직 변화의 실행을 하기가 어렵다. 만일 담당자가 강력한 비전을 가지고 있지 않거나, 다른 사람들을 다르게 행동하게 만드는 동기 유발에 실패하게 된다면, 조직의 성공적인 변화나 새로운 회사의 개업은 거의 불가능한 일이다. <표 13.3>에서와 같이, 조직 변화가 성공 또는 실패하는 많은 이유는 리더십이나 매니지먼트 스킬을 개발하지 않은 것에서 기인한다.

조직 변화가 성공 또는 실패하는 많은 이유는 리더십이나 매니지먼트 스킬을 개발하지 않은 것에서 기인한다.

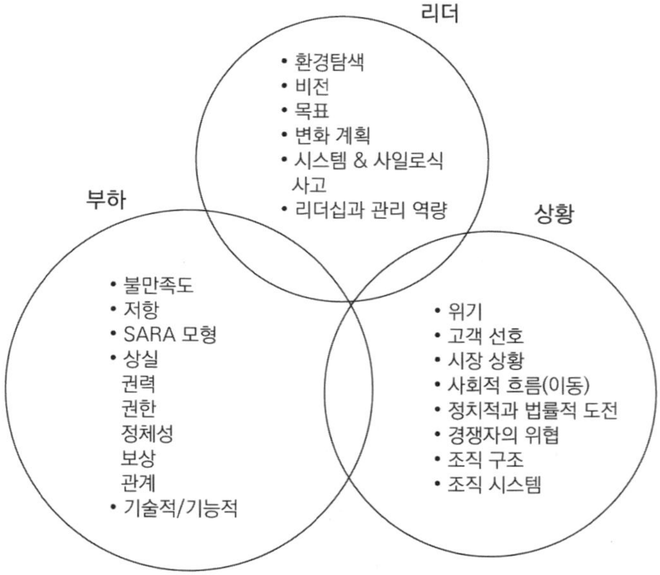

[그림 13.4] 조직 변화와 내부 프레임워크를 위한 이성적 접근법

출처: J. P. Kotter, *Leading Change*. Boston: Harvard Business School Press, 1996. Reprinted by permission of Harvard Business School Publishing.

〈표 13.3〉 변화 노력의 성공 또는 실패의 8가지 원인

성공 원인	실패 원인
1. 위기감 표현	1. 지나친 자아 만족 허용
2. 강한 변화의 유대감 형성	2. 강한 변화의 유대감 형성 실패
3. 미래 구상과 전략 수립	3. 비전의 힘 경시
4. 비전에 대한 지속적 소통	4. 10가지 요인에 의한 비전에 관련하여 소통 실패
5. 장벽과 조직 배열 제거	5. 비전의 장애물 허용
6. 조속한 성공 구축	6. 단기 승리 획득 실패
7. 변화 속도 유지(또는 가속)	7. 이른 성공 공표
8. 시스템을 배치하여 변화를 강화	8. 문화에 고정된 변화 무시

두 가지 스킬의 집합이 중요하다 하더라도, 리더십 실무자는 리더십과 매니지먼트 스킬 사이에 자연적 긴장감이 있다는 것을 인식하여야 한다. 여러 면에서 매니지먼트 스킬은 현재 상황을 유지하는 데 도움이 된다. 그 스킬은 행동과 결과에 연속성을 보장하는 데 도움이 된다. 종종 리더십 스킬은 현재 상황을 변화시키는 데 사용이 된다. 리더십 스킬은 조직의 업무에서 목표변화와 프로세스 변화에 도움을 준다. 두 가지 스킬의 어느 한 쪽을 남용하거나 지나치게 강조하는 리더는 팀 또는 조직의 성과를 부분적으로만 최적화하는 경향이 있다. 이 장의 첫 번째 부분에서는 리더십 실무자가 변화 프로세스에서 이러한 스킬을 사용할 때 조금 더 쉽게 이해하는 데 도움이 되도록 설계하였다. 교육과 경험은 리더십 실무자가 두 가지 스킬 집합을 개선하는 데 도움이 될 것이다.

마지막으로, 이성적 접근법이 리더에게 어떻게 다음과 같은 체계적 과정을 제공하는 가를 주목하는 것은 중요하다. 즉, 어떻게 변화를 이끌고 이해를 증진시키는가의 체계적 과정과 왜 변화주도가 조직에서 성공하거나 실패하는가의 체계적 과정을 말한다. 리더십 실무자는 신규 비전과 목표를 만들고, 자신들이 공급하고 있는 제품과 서비스를 변경, IT 변경, 재무, 운영, 유지, 조직 목표 지원에 사용된 인적 자원 시스템을 위한 로드맵으로서 C= D x M x P > R 모형을 사용할 수 있

다. 마찬가지로, 리더십 실무자는 자신의 변화 주도가 미달-아마도 부하들이 현재 상황에 상당히 만족하고 있거나, 새로운 비전과 목표를 받아들이지 않거나, 중요 시스템 변화가 충분히 증명되지 않았거나, 변화 계획이 불충분하거나, 정확히 시행되지 못함-하는 점을 진단하기 위해서도 이 모형을 사용할 수 있다. 이 모형의 설명적 힘으로, 변화에 대한 이성적 접근법은 리더에게 조직과 공동체 변화를 이끌기 위해 유용한 학습을 제공한다.

13.4 조직 변화에 대한 감성적 접근법: 카리스마적 및 변혁적 리더십

이성적 접근법이 조직 변화에 대해 간단한 모형을 보여주고 있다 하더라도, 많은 대규모의 정치적, 사회적, 조직 변화는 정형화되지 않은 것 같아 보인다. 예를 들어, Jesus Christ, Muhammad, Joan of Arc, Vladimir Lenin, Adolf Hitler, Mahatma Gandhi, Mao Zedong, Martin Luther King, Jr., Ayatollah Khomeini, Nelson Mandela, Fidel Castro, Hugo Chávez, Osama bin Laden 등이 그러한 변화 공식이나 계획을 따랐다고 할 수는 없을 것이다. 그럼에도 불구하고 이들은 자신들의 국가를 완전히 변화시킬 수 있었다. 이들 리더들은 비록 여러 가지 중요한 방법이 다르기는 하지만, 그들 모두 공통적으로 가지고 있는 한 가지 분명한 특징은 **카리스마**(charisma)이다. 카리스마적 리더는 열정적이고, 미래에 대한 강력한 비전을 그릴 줄 아는 의욕이 넘치는 사람이다. 이 비전을 통해 부하들 간에 강한 감성적 신뢰감을 쌓아 높은 흥분의 수준을 만들어 낼 수 있다. 강력한 비전과 높은 감정 수준, 그리고 강한 유대감의 결합은 조직이나 사회의 도전에 부딪혔을 때 부하들이 보다 많은 노력을 기울이는 쪽으로 만들어 내기도 한다. 그러나 카리스마적 리더에 의해 만들어진 열광과 열정은 양날의 검과 같다고 할 수 있다. 한편으로, 카리스마적 움직임은 조직 또는 사회의 변화를 긍정적이고 비교적 평화적인 결과로 만들어 낼 수 있다. 최근 몇 가지 사례로 중국의 파룬궁 운동, Al Gore와 지구 온난화 현상 인식, Louis Farrakhan의 백만인 행진(Million Man March)를 포함할 수 있다. 반대로, 이러한 열

> **카리스마적 리더**
> 열정적이고, 미래에 대한 강력한 비전을 그릴 줄 아는 의욕이 넘치는 사람이다.

정이 이기적이거나 개인적인 이익을 위해 이용될 때, 사회를 파괴하는 것과 동일한 효과를 가지는 슬픈 역사가 나타난다. 예를 들면 텍사스주 웨이코의 David Korsch 참사, Adolf Hitler, 세르비안 지도자 Slobodan Milosevic, 시에라리온의 Foday Sankoh, 아프가니스탄 탈레반 지도자 Muhammed Omar를 포함할 수 있다.

그렇다면, 부하들로 하여금 미래의 가능성에 관해 그토록 흥분하게 만들고, 대의를 위해 자신들의 삶을 기꺼이 포기할 수 있게 만드는 카리스마적 리더십은 무엇인가? 많은 사람들이 리더십에 관한 생각을 할 때, 각자 개인적인 카리스마적 리더십의 이미지를 떠올린다. 카리스마적 리더십의 체계적인 연구는 비교적 최근에야 이루어졌다. 이번 장의 나머지는 카리스마적 리더십에 대한 연구의 역사적 검토와 카리스마적 리더십의 리더-부하-상황 구성 요소들부터 시작하고자 한다. 그 다음으로 카리스마의 가장 일반적인 개념과 변혁적 및 거래적 리더십의 Bass의 이론을 살펴볼 것이다. 조직 변화에 대한 이성적과 감성적 접근법을 비교와 대조를 함으로써 이번 장을 마칠 것이다.

Nelson Mandela

리더십 프로파일 13.1

남아프리카는 지난 200년 넘게 백인 소수 정부에 의해 지배되었다. 흑인 인구가 인구의 75% 이상임에도 불구하고, 백인들이 대부분의 자산을 소유하고, 기업을 운영하고, 국가의 거의 모든 자원을 관리하였다. 게다가, 흑인들은 선거권을 가지고 있지 않았고, 무임금 또는 저임금의 열악한 조건에서 일을 하였다. 그들의 절망을 보면서, Nelson Mandela는 50여 년의 시간을 백인 소수 정부를 뒤집기 위해 애썼다. 그는 조업 중단, 파업, 집회를 통한 백인 정부에 항의하는 비폭력 조직인 아프리칸민족회의를 조직하면서 시작하였다. 몇몇 백인이 초기 집회에서 사망하였으며, 1960년 샤프빌에서 경찰이 250명 이상의 흑인 사상자를 만들었다. 샤프빌 폭동 사건은 흑인 노동자의 95%가 2주간 파업에 돌입하고 국가 비상사태를 공표하게 만들었다. Mandela는 남아프리카 정부의 변화에 더욱 압력을 가하기 위해 사보타주(sabotage) 활동을 조직하였다. 이 조직은 폭동으로 인하여 살 곳이 없는 이들을 보살피고 시설을 만드는 것을 목표로 하였다. Mandela는 1962년에 체포되어, 이후 감옥에서 27년을 보냈다. 감옥에 있는 동안에도 계속해서 그는 시민 분규와 다수결 원칙을 추진하였고, 그의 노력은 결국 국가의 승인을 받아냈다. 1985년에는 감옥에서 풀어주는 조건을 제안받았지만 거절하였다. 국내외 엄청난 압력이 계속되자, 남아프리카의 대통령 F. W. de Klerk은 ANC의 규제를 풀고, 조건 없이 Nelson Mandela를 석방하였다. 그러나 남아프리카는 혼란이 지속되어 1992년 400만 명의 노동자들이 백인 정부에 대항하여 파업을 하였다. 이러한 압력으로 Mandela는 de Klerk에게 다수 정당 선거 개요의 서류에 서명하도록 강요하였다. Mandela는 1994년 국가 선거에서 당선이 되었고, 최초로 민주적으로 당선된 국가의 지도자였다.

출처: M. Fatima, *Higher than Hope*: The *Authorized Biography of Nelson Mandela.* New York: Harper&Row, 1990; S. Clark, *Nelson Madela Speakers: Forming a Democratic, Nonracist South Africa.* New York: Pathfinder Press, 1993.

13.4.1 카리스마적 리더십: 역사적 고찰

Weber의 권위 체계 분류
- 전통적 체계
- 법적-합리적 체계
- 카리스마적 체계

1970년대 중반 이전에 카리스마적 리더십은 원래 역사가, 정치학자, 사회학자에 의해 연구되었다. 이러한 초기 연구중에는, Max Weber가 단일 작업으로는 가장 중요한 업적을 남겼다. Weber는 원래 권위, 종교, 경제 원동력이 시간이 흐르면서 사회에 어떻게 영향을 주는가에 관심을 가진 사회학자였다. Weber는 권위 체계가 다음의 세가지 유형 중 하나로 분류된다고 보았다; 즉, 전통적 체계, 법적-합리적 체계, 카리스마적 체계.

전통적 권위 체계에서는, 사회의 전통이나 불문법이 권위를 누가 가지고 있고, 이 권위를 어떻게 사용하는가를 좌우한다. 이러한 체계에서 권위의 전달은 왕이 죽은 후 왕의 장자가 권력을 승계받는 것과 같은 전통에 바탕을 둔다. 역사적인 사례는 1400년에서 1600년대까지 이어진 영국의 수도원, B.C. 3000년에서 1700년대까지의 중국 왕조가 있다. 전통적 권위 체계의 조금 더 현대적인 사례는 사우디아라비아, 쿠웨이트, 시리아, 북한, 브루니와 리비아를 이야기할 수 있겠다. 하지만 이러한 사례들은 국가에만 한정되지 않는다. 개인 기업이나 과반수 이상의 주주에게 관리를 받는 상장 회사의 CEO들은 이전 CEO의 자녀이거나 친척이다. Ford, Marriott, Anheuser-Busch, Cargill, Molson-Coors, Amway, Canlson Companies (T.G.I. Friday's식당과 Radisson 호텔 소유주)가 여기에 해당한다. **법적-합리적 권위 체계**에서는 사람이 가지는 권위는 전통 또는 출생 권리 때문이 아니라 법적 통치 직위로 인해 주어지게 된다. 예를 들면, 선거의 당선자나 비영리 또는 상장 회사의 대부분의 리더들은 그들이 차지하는 직위로 인해 특정한 행동을 취함으로써 권위가 생긴다. 권력은 누가 그 직위에 있는가보다는 직위 그 자체에 있다.

Condoleezza Rice는 그녀가 누구인가 또는 그녀가 누구와 관계가 있는가 때문이 아니라, 미국의 장관으로서의 역할 때문에 특정한 행동을 취할 수 있는 것이다.

카리스마적 리더 사회의 가장자리(margins)에서 오게 되며, 사회의 심각한 위기의 순간에 출현하게 된다.

이 두 가지 권위 체계는 사람이 자신의 본질적인 특징 때문에 얻는 권위인 **카리스마적 권위 체계**와는 대조적이다. 카리스마적 리더는 평범한 사람들과는 다르게 그들에게 정해진 초인적 능력 또는 권력을 지니고 있다고 여겨진다. 이 체계에서 권위의 중심지는 개인이 지니고 있는 비범한 능력에 달려 있다. 그것은 출생 권리나 법에서 얻어지는 것이 아니다. 베버에 따르면, 카리스마적 리더는 사회의 가장자리(margins)에서 오게 되며, 사회의 심각한 위기의 순간에 출현하게 된다. 이러한 리더들은 사회가 직면한 문제와 리더에 의해 제안된 혁명적 해결 방안, 두 가지 모두에 중점을 두고 일을 한다. 그래서 카리스마적 권위 체계는 일반적으로 전통적 권위 체계와 법적-합리적 권위 체계에 맞서는 혁명의 결과이다. 이러한 혁명의 사례로는 Ayatollah Khomeini의 이란의 샤왕조 전복, Mahatma Gandhi의 인도에서 영국을 몰아냄, Martin Luther King, Jr.의 성공, 미국의 시민권법 변경 성공, 베네수엘라 Hugo Chavez의 경제와 사회의 변화 움직임 선도 등이 있다. 전통적, 법적-합리적 권위 체계와 다르게, 카리스마적 권위 체계는 수명이 짧은 경향이 있다. 카리스마적 리더는 자신이 지닌 초인적 능력을 팔로워들이 믿을 수 있게 하기 위한 성공의 이미지를 만들어 내야 한다. 어떤 실패라도 팔로워들에게 리더의 능력에 의문을 갖게 만들 것이며, 결국 리더의 권위는 무너지게 된다.

수많은 역사학자, 정치학자, 사회학자들은 Weber의 카리스마적 리더십 체계의 개념화에 대해 다양한 관점으로 논의해왔다. 하지만 이러한 모든 논의 중 가장 큰 논란은 Weber의 이론을 둘러싸고 있는 카리스마적 리더십의 핵심과 관련 있다. 카리스마는 카리스마적 리더와 팔로워 사이에서 상황이나 사회적 문맥이 리더나 리더의 비범한 능력 또는 강한 관계와 직면한 결과일까? 수많은 권위자들이 사회가 위기에 처하지 않을 때는 카리스마적 움직임이 생기지 않을 것이라는 점에 대해 논쟁하고 있다.[44-46] Friedland, Gerth and Mills, 그리고 Kanter에 이르는 이들은 비범한 능력을 가진 리더가 카리스마적으로 인식받기 전에, 사회적 상황이 그러하여 리더의 능력에 대한 타당성을 팔로워들이 인식하게 된다고 주장하였다.[47-49] 이 외에 카리스마적 리더십은 상황이 아닌 근본적인 리더의 비범한 능력의 작용이라는 주장도 있다. 비범한 능력에는 팔로워를 위한 비전의 놀라운 힘, 이 비전을 소통할 수 있는 수사적(rhetorical) 기술, 사명감, 높은 자아 효능감과 지능을 가지고 있거나, 높은 기대감이 설정되어 있는 것을 포함한다.[50,51] 마지막으로 일부 권위자들은 카리스마적 리더인지 구별하는 척도는 리더의 능력이나 위기의 상황에 의존하는 것이 아니라, 팔로워들이 리더에게 반응하는 정도에 달려있다고 주장한다. 이 논쟁에 의하면, 카리스마는 팔로워와의 강한 감성적 유대감을 발전시킨 리더의 결과로 보인다.[52-56]

카리스마적 리더십을 둘러싼 이 논쟁은 James MacGregor Burns의 "리더십"이 출간되면서 급격히 변화되었다. Burns는 국가 정치계에서의 리더십에 관한 연구를 해 온 유명한 정치학자였다. 그는 리더십은 두 가지 형태 중 하나를 택하는 것이라고 생각했다. **거래적 리더십**은 리더와 팔로워가 욕구를 충족하기 위해 교환적 관계의 유형일 때를 일컫는다. 여기서 교환은 경제적, 정치적 심리적일 수 있으니, 예를 들면 일에서의 금전 교환, 정치적 선호의 투표, 배려를 위한 충성도 등을 포함할 수 있다. 거래적 리더십은 아주 흔하지만, 일시적인 경향이 있으니, 일단 성립되면 당사자들을 결속시킬 수 있는 목적이 지속되지 않는 한 일시적이 된다. Burns는 이 리더십 유형은 매우 효과적이기는 하지만, 조직이나 사회의 변화의 결과를 가져오지 않고, 대신 현재 상태를 지속하거나 정당화하는 경향이 있다고 언급하였다.[14]

팔로워들의 가치와 그들의 더 높은 목적의식을 불러일으켜 현재 상태를 변화하게 만드는 변혁적 리더십이다.

리더십의 두 번째 형태는 팔로워들의 가치와 그들의 더 높은 목적의식을 불러일으켜 현재 상태를 변화하게 만드는 **변혁적 리더십**이다. 변혁적 리더는 현재 시스템에서의 문제들을 분명하게 표현하고, 새로운 사회나 조직이 될 수 있는 강력한 비전을 가지고 있다. 사회의 이 새로운 비전은 리더와 팔로워 모두의 가치를 공유하는 것이다. 그것은 그들의 가치 체계에 적절한 이상형을 나타낸다. Burns에 따르면, 변혁적 리더십은 결국 인간 행동의 표준을 높이는 것을 돕는다는 점에서 도덕성의 활동이라고 할 수 있다. 이는 변혁적 리더십인가의 척도가 바로 다음의 질문에 대한 답변임을 의미한다. 리더에 의해 파생된 "변화가 조직이나 사회의 발전을 진행시키는가? 혹은 방해하는가?" 변혁적 리더는 또한 이슈들을 **재구성**하는 데 전문가들이다. 그들은 팔로워들이 문제나 이슈에 직면하였을 때, 만약 그들이 미래에 대한 리더의 비전을 이행하고 있다면, 그것을 어떻게 해결할 수 있는지를 제시한다. 변혁적 리더는 또한 자신들의 권한 안에서 어떻게 리더가 되는지를 가르쳐주고, 변화의 움직임 안에서 적극적인 역할을 하도록 선동한다([리더십 프로파일 13.1-13.3] 참조).

모든 변혁적 리더가 카리스마적이지만, 모든 카리스마적 리더가 변혁적이지는 않음을 인식하는 것이 중요하다. 변혁적 리더는 미래의 설득력 있는 비전을 그려낼 수 있고, 팔로워들과 강한 정서적 유대감을 형성할 수 있기 때문에 카리스마적이다. 하지만 비전과 그것들의 관계는 팔로워의 가치 체계와 정렬되어야 하고, 팔로워들의 욕구와 일치될 수 있도록 도와야 한다. 변혁적이지 않은 카리스마적 리더는 비전을 전달하고, 팔로워들과 강한 정서적 유대감을 형성할 수는 있다. 하지만 그들은 리더 자신의 욕구 충족을 위해서 그렇게 행하는 것이다. 카리스마적 리더와 변혁적 리더 둘 다 조직이나 사회의 변화를 위해 노력한다. 차이점은 리더의 이익을 위한 변화인가 아니면 팔로워를 위한 변화인가이다. 마지막으로, 변혁적 리더는 항상 논란이 많다. 카리스마적 리더십은 거의 대부분 사회적 '선'에 대한 가치와 정의에 대해 갈등을 불러일으킨다. 기존 체제에서 갖고 있는 많은 것을 잃어야 하는 사람들이 변혁적 변화 주도에 가장 저항할 것이므로 그러한 논란 또한 일어날 것이다. 변혁적 리더십 움직임에 저항하는 사람들의 감정수준이 그것을 수용하는 사람들의 감정 수준만큼 높은 것이기에 Martin Luther King, Jr., John F. Kennedy, Mahatma Gandhi, Joan of Arc, Jesus Christ는 폭력적인 죽음의 최후를 맞이했다. Burns는 변혁적 리더십은 항상 갈등과 변화를 포함하고 있으므로, 변혁적 리더는 갈등, 반대파의 발생을 수용할 줄 알아야 하며, 높은 자기 희생을 드러내고 목적을 영속시키도록 집중하고 쉽게 동요되지 않아야 한다고 했다([리더십 프로파일 13.2] 참조).[57-63]

카리스마적 리더와 변혁적 리더 차이점은 리더의 이익을 위한 변화인가 아니면 팔로워를 위한 변화인가

리더십 연구가 Gary Yukl, Jerry Hunt, Jay Conger 이들 모두 "리더십"의 출간은 리더십의 주제에 대한 관심을 새롭게 하는 중심 역할을 하였다고 이야기한다.[64-66] 결과적으로, 지난 30년 이상의 연구는 카리스마적 또는 변혁적 리더십에 관한 이슈를 문화, 성, 성공, 리더, 팔로워, 상황, 성과에 교차하면서 탐구하여왔다. 이러한 노력으로부터 우리는 카리스마적 또는 변혁적 리더십이 흔하기도 하고,

드물기도 하다는 것을 알 수 있었다. 흔하다고 하는 것은 변혁적 리더십이 거의 모든 사회의 계층에서 모든 문화를 거쳐 생길 가능성이 있기 때문이다. 예를 들면, 프랑스의 고등학생 리더, 미국 사관학교의 사관생도의 리더, 케냐의 지역사회 리더, 인도네시아 병원의 리더, 러시아 기업 임원 등 모든 곳에서 카리스마적 또는 변혁적 리더를 찾을 수 있다. 하지만 또한 드물다고 할 수 있는 것은 권위의 직위에 있는 대부분의 사람들이 카리스마적 또는 변혁적 리더로 보이는 것은 아니기 때문이다. 우리는 또한 Margaret Thatcher, Mary Kay Ash, Anita Roddick과 같은 여성들이 그녀들의 남성 상대보다 더 카리스마적인 경향을 보여주기도 한다는 점을 알고 있다. 그리고 변혁적 리더십은 거래적 리더십에 비해 그룹 성과가 보다 높은 결과를 보여준다는 점을 알고 있다.[67-85] 카리스마적 또는 변혁적 리더십이 대대적인 조직 변화와 조직 성과를 높이는 결과를 보여줌에도 불구하고, 리더가 바뀐 후에도 이러한 변화들이 기업에 설정된 변화를 지속한다는 증거는 거의 없다.[86] 게다가 일부 연구가들은 카리스마적 또는 변혁적 리더가 조직 성과를 더 높이는 결과를 가져오지 않더라도 자신들을 위한 급여는 보다 상승하였다는 것을 발견하였다.[86-89] 다시 말하자면, 이러한 리더들이 주목을 끌어내고, 신임을 얻고, 자신들의 조직을 변화시키는 것을 아주 훌륭히 했다 하더라도, 그러한 변화들이 조직 성과를 보다 높이 올리는 결과는 아니었다는 것이다.

Conger와 Kanungo는 비카리스마적 리더와 카리스마적 리더를 구분하는 단계 모형을 사용하였다.

House와 그의 동료들에 의해 발전된 이론은 어떻게 카리스마적 리더가 팔로워의 자아개념을 변화시킴으로써 보다 높은 성과를 수행하는지를 설명하면서 발전하였다.

이 연구의 결과로서, 카리스마적 또는 변혁적 리더십의 보다 새로운 세 가지 이론이 있다. Conger와 Kanungo는 비카리스마적 리더와 카리스마적 리더를 구분하는 단계 모형을 사용하였다. 카리스마적 리더는 현재 상황을 철저히 측정하고 현재 상태의 문제점을 찾아내는 것으로부터 시작한다. 그 다음 현재 상황에서 변화를 나타내는 비전을 분명하게 설명한다. 이 비전은 도전과 팔로워들에게 변화에 대한 동기 유발을 할 수 있도록 나타낸다. 이 비전은 현재 상태에 대한 불만족을 증가시키고, 팔로워들이 행동을 취할 수 있게 만드는 방법으로 분명하게 설명되어야 한다. 마지막 단계에서, 리더는 개별 평가, 위험 감수, 비전에 대한 전체 몰입을 통해 자신들의 비전과 목표에 신뢰를 쌓는다.[90] House와 그의 동료들에 의해 발전된 이론은 어떻게 카리스마적 리더가 팔로워의 자아개념을 변화시킴으로써 보다 높은 성과를 수행하는지를 설명하면서 발전하였다. 카리스마적 리더는 팔로워 작업 자체에 대한 인식을 변화시킴으로써, 미래의 강력한 비전을 제공함으로써, 팔로워들 간의 공통 정체성을 발전시킴으로써, 일이 진행됨에 따라 자신감 증가의 인식을 변화시킴으로써 팔로워들의 동기를 유발한다고 여겨진다.[91-93] 변혁적 및 거래적 리더십의 Avolio와 Bass의 이론은 기본적으로 Burns의 이론의 연장이다. 거래적 리더십과 변혁적 리더십을 단일 연속체의 극단의 관점으로 본 Burns와 달리, Avolio와 Bass는 이 두 가지를 독립된 리더십 범위의 개념으로 보았다. 따라서, 리더는 변혁적이면서 거래적, 혹은 거래적이지만 변혁적이지 않을 수 있다. 변혁적 리더는 팔로워의 목표 인식을 고취하고, 그 목표를 달성하기 위한 방법을 높이기에 보다 강력한 결과를 달성할 수 있다고 여겨진다. 그들은 팔로워가 그룹의 집단 '선'을 위해 행동하도록 만들며, 리더의 미래 비전은 팔로워들에게 고차원적 욕구를 만족시키는 데 도움이 된다. Avolio와 Bass가 거래적 및 변혁적 리더십에 대한 리더의 표준을 평가할 수 있는 질문지를 만들었기 때문에, 이 이론은 지금까지 가장 철저하게 연구되었고, 이 장의 뒷면에서 조금 더 자세하게 설명될 것이다.[94]

> Avolio와 Bass
> 변혁적 리더는 팔로워의 목표 인식을 고취하고, 그 목표를 달성하기 위한 방법을 높이기에 보다 강력한 결과를 달성할 수 있다고 여겨진다.

Osama bin Laden

리더십 프로파일 13.2

오사마 빈 라덴은 사우디아라비아의 명망 있는 빈 라덴가(家)의 일원이며, 알카에다의 창설자이다. 빈 라덴은 사우디아라비아의 리야드에서 태어나, 독실한 무슬림 수니파로 성장하였다. 그는 엘리트 학교인 제다이에 있는 Al-Thager 모델 학교에 다녔으며, 성장하는 동안 무슬림 단체(Brotherhood)의 가르침에 노출되었다. 고등학교 졸업 후 대학에 입학했으나, 졸업을 했는지는 확실하지 않다. 17살에 그의 첫 번째 부인과 결혼을 하였고, 소문에 따르면 4명의 아내와 12명에서 24명의 자식들이 있는 것으로 전해진다. 그 사람 자체는 목소리가 부드럽고, 매력 있으며, 존경스럽고, 예의가 있는 것으로 이야기되고 있다. 그는 절제된 생활을 하고, 소박하고, 자기희생적이고, 본인 개인의 삶을 개선하기보다는 알카에다의 이익을 위해 자신의 재산을 사용하는 것을 선호하는 것으로 보인다.

빈 라덴은 1970년대 아프가니스탄에서 소련 연방을 몰아내기 위해 게릴라전을 하는 이슬람 전사들(무자헤딘)을 돕기 위해 파키스탄으로 이동하여 처음으로 전투적 교전을 하였다. 그의 가족 관계와 재산은 이후의 10년 이상 동안 수많은 무자헤딘의 노력을 지원하는 기금에 도움이 되었다. 그의 돈과 무기 일부는 아프가니스탄에서 소련 연방을 축출하기를 원하는 미국의 중앙정보부로부터 나오기도 하였다.

1990년 이라크의 쿠웨이트 침공 이후, 빈 라덴은 12,000명의 무장자들은 사우디아라비아를 보호하는 데 지원하려고 하였으나, 사우디 왕족에 의해 그의 지원 의사가 거절당하였다. 그 후 얼마 지나지 않아 빈 라덴은 사우디 땅 위의 미국 군대의 주둔과 아랍 반도 전체에서 미군의 철수를 요구하며 미국에 대해 공개적으로 비난을 하였다. 그는 결국 사우디아라비아를 떠나 무자헤딘 운영을 위해 새로운 기지를 설립한 수단에 머물렀다. 그의 아프리카 조직의 목적은 이슬람 교리를 전파시키고 새로운 멤버를 모집하는 것이었다. 1996년 빈 라덴은 수단을 떠나 새로운 조직 운영을 위해 새로운 탈레반 정부의 리더와 친밀한 관계를 맺은 아프가니스탄으로 갔다.

빈 라덴은 1996년과 1998년에 이스라엘 지원과 이슬람 국가들의 군대를 철수할 때까지 무슬림은 미국과 미국의 동맹국 출신의 시민과 군인을 죽여야 한다는 것을 언급한 이슬람 명령(fatwas)을 만들었다. 그는 1992년 예멘의 아델 골드 미호 호텔 폭파 사건과 1997년 이집트 룩소의 독일 관광객 학살, 1998년 두 차례의 아프리카의 미국 대사관 폭파, 2001년 9월 11일 월드 트레이드 센터와 미국방부 폭파 등의 사건에 직접 참여 또는 연계되어 있는 것으로 여겨진다. 그와 알카에다, 분리 행동 조직은 런던 지하철 폭파, 아프가니스탄과 이라크 전쟁, 필리핀, 태국, 인도네시아와 소말리아의 폭동에도 관여하여 왔다. 그의 체포와 흔적 기록 회피 능력은 세계를 더욱 폭력적으로 보이게 만드는 경향이 있다.

빈 라덴의 팔로워들이 지난 20년 넘게 수만 명으로 성장한 것은 확실하다. 이러한 팔로워들은 매우 헌신적이다. 자살 폭발을 자원할 만큼 헌신적이다. 훨씬 더 많은 사람이 알카에다에서 직접 활동을 하지는 않아도 빈 라덴에 동조하고 있다. 하지만 팔로워들의 빈 라덴에 대한 이러한 감정이 강해질수록, 다른 쪽에서는 그가 죽거나 감옥에 갇히기를 원한다.

출처: http://en.wikipedia.org/wiki/Osama_bin_Laden.

13.5 카리스마적 및 변혁적 리더십의 공통적 특징

Conger와 Kanungo, House 그리고 Avolio와 Bass에 의해 보여준 이론에는 몇 가지 중요한 차이점이 있기는 하지만, 실제적으로는 차이점보다 유사점이 더 많다. 이러한 연구가들은 변혁적 리더십에서 카리스마적 리더십이 구별되지 않는다거나 또는 변혁적 리더십의 구성 요소로서 카리스마가 있다는 점을 주목한다는 점이 중요하다. 그러므로, 우리는 리더십의 이 두 가지 유형 간의 차이를 인정하지만, 다음 파트에서는 이 두 용어를 다소 혼용하여 사용할 것이다.

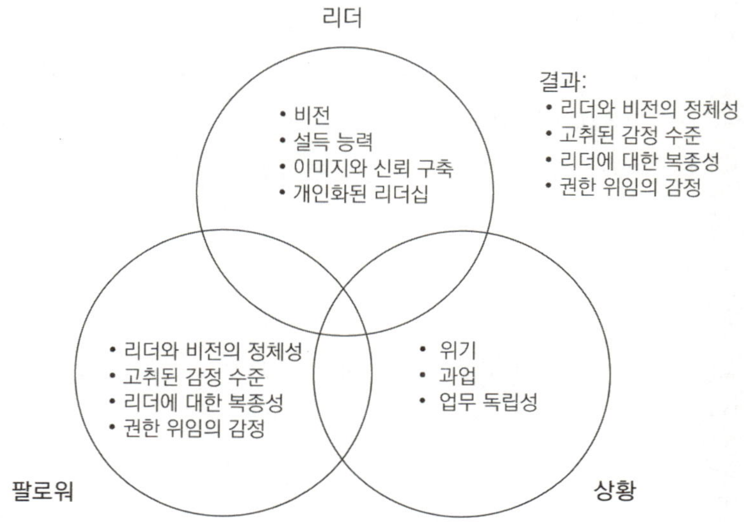

[그림 13.5] 카리스마적 리더십에 존재하는 요인들과 상호작용 틀

Burns와 최근의 세 가지 이론에서 나온 공통된 리더, 팔로워, 상황적 요소는 [그림 13.5]에서 볼 수 있다. 카리스마적 리더십을 둘러싼 과거의 논쟁과 같이, 현대의 연구자들도 카리스마적 리더십이 리더의 초인적 능력에 기인한 것인지, 리더와 팔로워 사이의 특별한 관계에 기인한 것인지 혹은, 상황, 또는 이러한 요소들의 결합에 기인하는 것인지를 두고 논쟁한다. 카리스마적 리더십의 중심과 상관없이, 연구가들은 변혁적 리더십이 대규모 사회나 조직에서의 변화에 효과적이라는 개념에 압도적인 지지를 보내고 있다.

변혁적 리더십이 대규모 사회나 조직에서의 변화에 효과적이라는 개념에 압도적인 지지를 보내고 있다.

13.5.1 리더 특징들

리더십 연구가들은 팔로워와 상황의 요인들을 조사하는 것보다 카리스마적 리더의 독특한 특징을 찾아내는 데 더 많은 시간과 노력을 쏟아왔다. 이것은 카리스마적 리더를 선출하거나 훈련을 하는 것을 통해 보다 높은 수준의 조직 변화나 성과를 이끌어 내는 것이 가능하다고 일부 연구가들은 믿기 때문이다.[62,67,73,74,79,80,95,96] 일부 학자들은 리더의 개인적인 능력이 카리스마적이거나 변혁적인 리더십의 핵심이라는 것에 대해 논쟁을 하고 있지만, 우리는 오직 리더의 능력만으로 카리스마적 리더십의 결과를 도출한다고 믿지를 않는다.[97,98] 그러나 우리는 카리스마적 및 변혁적 리더 두 가지 모두의 유형과 행동이 몇 가지 공통적인 맥락에 있다는 것은 인정하는데, 그 공통점은 그들의 비전과 가치, 설득 기술, 팔로워들의 마음과 정신에 특정한 이미지를 만드는 능력, 리더십의 개인적 스타일 등을 포함한다.

비전

카리스마적 리더는 "현재의 상태(the way things are)"와 "변화될 수 있는 상태(the way things can be)" 사이의 근본적인 차이를 인지한다.

변혁적 및 카리스마적 리더 모두 근본적으로 미래 지향적이다. 그들은 "이곳에서 그곳으로"의 그룹의 움직임을 돕는 것에 관여한다. 카리스마적 리더는 "현재의 상태(the way things are)" 와 "변화될 수 있는 상태(the way things can be)" 사이의 근본적인 차이를 인지한다. 그들은 현재 질서의 결점을 찾아내고, 그것을 극복할 수 있는 상상의 비전을 제공한다. 비전의 몇 가지 관점은 가치정교화이다. 첫째, 비전은 원대한 사회적 움직임에만 국한되지 않는다. 리더는 비전이 조직의 어떤 유형이나 단계에서도 조직적 변화와 성과를 이끄는 데 도움이 되도록 사용할 수 있다. 둘째, 미래에 대한 리더의 비전은 협력적 노력임이 연구되었다. 리더의 재능은 외관상으로 다른 이슈와 문제를 종합하고, 관심을 한데 묶은 비전을 발전시키는 능력이다. 역설적으로, 리더의 비전의 마술은 종종 문제가 더욱 복잡할수록, 보다 많은 사람들이 극단적으로 단순화된 해결점에 빠지게 만드는 것이다. 셋째, 가치는 리더의 비전에서 핵심 역할을 하고, 변화 주도에서 리더와 팔로워의 정렬된 행동을 위한 도덕적 나침반으로서 기능한다.[57,58,67,93,98-100] 앞서 살펴본 것과 같이, 이것은 단지 변혁적 리더와 카리스마적 리더를 구분하는 한 가지 방법이다. 전자가 팔로워들의 가치를 바탕으로 비전을 구축하는 반면, 후자의 비전은 오로지 자기 자신의 가치를 바탕으로 한다.[99-104] 넷째, 리더의 비전은 공통적인 사고의 구조 측면에서 팔로워들이 사건과 행동에 개입하는 것을 돕는다. 다섯째, 카리스마적 리더의 비전은 팔로워들의 노력을 자극하는 효과와 통합하는 효과를 모두 가진다. [그림 13. 6]에서 볼 수 있듯이, 이러한 효과들은 팔로워들에 의해서 보다 나은 조직 변화와 보다 높은 성과를 이끄는 데 도움을 줄 수 있다.[105]

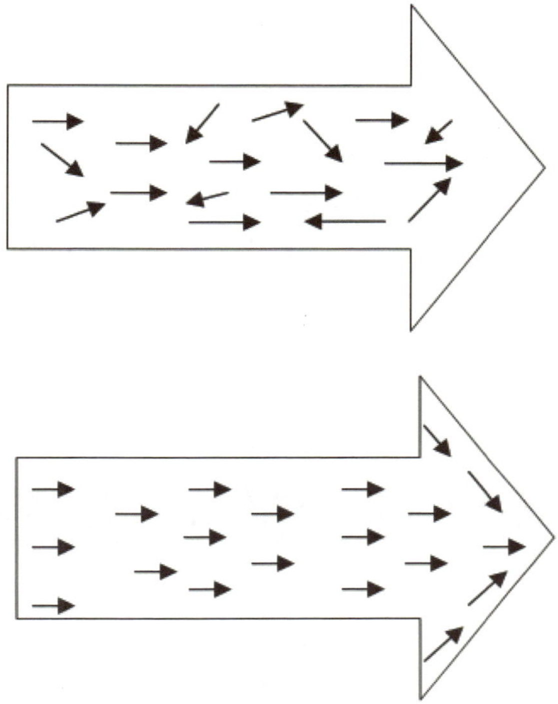

[그림 13.6] 미래에 대한 리더의 비전은 노력을 정렬하고 그룹의 나은 성취를 돕는다

설득 스킬

비전을 가졌을 뿐만 아니라, 카리스마적 리더는 자신들의 비전을 공유하는 재능이 있다.

비전을 가졌을 뿐만 아니라, 카리스마적 리더는 자신들의 비전을 공유하는 재능이 있다. 앞서 설명한 대로, 카리스마적 리더와 변혁적 리더는 팔로워들의 감정 수준을 높이고, 비전을 가지도록 영감을 주는 훌륭한 설득 스킬을 가지고 있다. 이미 증명되었듯이, 변혁적 리더의 연설 내용과 그 연설이 전달되는 방법 두 가지 모두가 필수적으로 중요하다. 카리스마적 리더는 추상적이고 무채색적인 이성적 담론으로 문제를 재구성하기보다는 은유법, 비유법, 이야기를 광범위하게 사용하여 이슈를 부각하고 요점을 전달한다. 더욱이, 이러한 스토리와 은유는 그들이 강력한 문화적 상징을 불러일으키거나 강한 감정을 끌어낼 때 특히 효과적일 수 있다. 변혁적 리더는 자신의 언어를 특정한 그룹에 맞추어 재단하기 때문에, 그들을 감성적으로나 정신적으로 호감을 느끼게 만드는 데 능숙하다. 많은 변혁적 리카리스마적인 종교적, 정치적 리더들은 자신의 메시지의 영향을 강하게 하기 위해서 반복, 리듬, 균형, 두운과 같은 연설 테크닉을 효과적으로 사용한다.

더와 카리스마적인 종교적, 정치적 리더들은 자신의 메시지의 영향을 강하게 하기 위해서 반복, 리듬, 균형, 두운과 같은 연설 테크닉을 효과적으로 사용한다.[26,90,100,102,103,107-109] 때로는 연설의 전달이 문맥 그 자체보다 훨씬 더 중요하다. 빈약한 전달은 설득력 있는 문맥을 손상시킬 수도 있다. Adolf Hitler, 그의 연설은 독일을 이해하지 않는 사람조차도 혼을 빼놓는 힘을 가지고 있을 만큼 전달 테크닉이 능숙하였다.[109] 마찬가지로, 많은 사람들이 Martin Luther King, Jr.의 "I Have a Dream" 연설이 지금까지 들어 본 연설 중에 가장 감동적인 연설의 하나라고 생각한다. [하이라이트 13.2]에서 나타난 애국적이고 문화적인 주제의 거장다운 환기와 다른 연설 기법의 사용에 주목해보자.

"나에게는 꿈이 있다"

하이라이트 13.2

바로 그날은 모든 하나님의 자녀가 새로운 의미로 노래할 수 있는 그날이 될 것입니다. - "당신은 나의 조국 달콤한 자유의 땅, 나는 조국을 노래합니다. 나의 조상이 묻힌 땅, 순례자의 자부심의 땅, 모든 산허리에서, 자유가 울려퍼지게 합니다." - 그리고 만약 미국이 위대한 국가가 되려면, 이것은 반드시 이루어져야 합니다. 그래서 뉴햄프셔의 거대한 언덕에서 자유를 울려퍼지게 합시다. 뉴욕의 거대한 산에서 자유를 울려퍼지게 합시다. 콜로라도의 눈 덮인 로키산맥에서 자유를 울려퍼지게 합시다. 캘리포니아의 굽은 산에서 자유를 울려퍼지게 합시다. 하지만 거기서 멈추지 맙시다. 조지아의 스톤산에서 자유를 울리게 합시다. 테네시의 룩아웃산에서 자유를 울리게 합시다. 미시시피의 모든 언덕에서 자유를 울려퍼지게 합시다. 모든 산허리에서, 자유를 울려퍼지게 합시다. 그리고 자유가 울려퍼지게 한다면, 모든 마을과 모든 부락, 모든 주와 도시에서 자유가 울려퍼지게 한다면, 하나님의 모든 자녀–흑인과 백인, 유태인과 이교도들, 개신교도와 가톨릭 신자들–가 손을 잡고 옛 흑인 영가를 함께 부르는 그날이 빨리 올 수 있을 것입니다. "마침내 자유, 마침내 자유: 전능하신 하나님 감사합니다. 우리는 마침내 자유를 얻었습니다."

출처: Martin Luther King, Jr., "I Have a Dream" speech.

이미지와 신뢰 구축

[리더십 프로파일 13.1]과 [리더십 프로파일13.2]에서 보았듯이, 변혁적 리더는 외관상 확고한 자신감의 이미지, 도덕적 신념의 강화를 통해서, 그리고 몸소 시

범을 보이고, 자신을 희생하며, 관습에 얽매이지 않는 전략이나 행동을 통해서 그들의 목표의 달성 가능성 및 리더십에 대한 신뢰를 구축한다.[61,91,106,110-115] 변혁적 리더는 평범하지 않은 통찰력과 능력을 가지고, 자신들의 비전과 가치에 일관된 자세로 행동한다고 여겨진다. 심지어 일부 카리스마적 리더는 성공 그 자체보다 성공의 외관을 창조하는 것이 더 중요하다고 평가하는 것 같다.[87,88,91] 변혁적 리더가 자신의 이익보다 팔로워의 욕구에 헌신을 보여줌으로써 **신뢰를 구축**하는 반면에, 일부 카리스마적 리더는 다른 사람이 성취한 공을 차지하거나 그들의 전문지식을 과장하는 것 이상으로 나아가지 못한다.[106]

개인화된 리더십

카리스마적 및 변혁적 리더십의 가장 중요한 특성 중 하나는 리더의 권력의 개인적 특성이다. 이러한 리더는 강하고, 팔로워와 개인적 유대감을 공유하며, 심지어 리더가 공식적 조직 역할을 하고 있을 때도 그러하다.[62,74,86] 카리스마적이거나 변혁적인 리더의 팔로워들 사이에서 주목할 만한 임파워먼트(권한위임)의 느낌을 주는 데 책임 있어 보이는 것은 바로 이 개인화된 리더십 유형이다. 그리고 그것은 세 가지 중요한 구성요소를 가진다. 첫째, 카리스마적 리더는 팔로워들의 감정 상태에 대해 보다 민감하다. 그들은 사회적 신호를 찾아내고 자신의 메시지에 맞추어 재단하는 것에 보다 능숙한 것처럼 보인다.[59,60,62,116] 둘째, 그들은 감성적으로 표현하는 경향이 있다. 특히 시선 맞추기, 자세, 움직임, 제스처, 목소리의 톤, 얼굴 표정과 같은 무언의 수단을 통해서 감성적으로 표현을 한다.[1,26,59,62,117,118] 어떤 사람들이 "대단히 매력적인" 성격을 가지고 있다고 여겨지는 것은 바로 감성적 사인과 비언어적 행동들을 잡아내는 그들의 능력에 부분적으로 기인한다. 셋째, 변혁적 리더는 팔로워들의 자아 효능감 구축을 통해 팔로워에게 자율권을 준다. 그들은 팔로워에게 보다 큰 성공을 경험하게 하고, 자신감을 높여주고, 팔로워들의 기술을 지속적으로 개선하여 용기를 주고, 높은 기대의 환경을 만들어 주고, 긍정적인 감정을 연속적으로 이끄는 과업을 줌으로써 자율권을 준다.[59,60,90,110,111,119] 개인 특징의 측면에서, 카리스마적 리더는 비카리스마적 리더보다 외향성(surgency), 사교성을 더 지니고, 조정은 덜 한다(7장 참조).[62,79,116,120,121]

13.5.2 팔로워들 특징

카리스마적 리더십이 오직 리더의 특징에 의해 정의된다면, 올바른 비전, 설득력, 감동 관리 기술로 이러한 개인들을 정의하여 그들을 리더십 위치에 자리매김하는 것이 쉬울 것이다. 그리고 시간이 흐르면서 많은 팔로워가 그러한 리더의 비전을 받아들이고 행동할 것이라고 기대할 수 있을 것이다. 그러나 다수의 리더들이 이러한 속성을 지니고 있는 것으로 보이지만, 그렇다고 카리스마적으로 보이지는 않는다. 그들은 그 나름대로 훌륭하고 능력 있는 리더일 수 있지만, 팔로워에게 강한 감정을 불러일으키지 못하거나 팔로워가 생각하는 것 이상을 하도록 만들지 못하는 것으로 보인다. 현실적으로, **카리스마**는 리더의 성격적 특징의 기능보다 분명히 리더에 대한 팔로워들의 반응의 기능 면에서 더 많다. 만약 팔로워들이 리더의 비전을 수용하지 않거나, 리더에게 감정적으로 애착하지 않는다면, 리더는 단순히 카리스마적으로나 변혁적으로나 어느 쪽이라고 여겨지지 않을 것이다. 따라서 카리스마는 보는 사람의 눈과 마음에 있다. 그것은 특별히 강한 감정의 반응, 공감을 동반한, 일부 팔로워들에 의한 일부 리더에 대한 믿음이다. 이러한 정의는 가치 중립적임을 주목하는 것이 중요하다. – 카리스마적으로 보이는 리더가 팔로워가 동일한 가치를 공유할 수도 있고, 공유하지 않을 수도 있으며, Burns의 기준에 의한 변혁적 리더십에 해당될 수도 있다. 최근 팔로워들의 다른 반응의 사례로는 George W. Bush 미국 대통령에 관한 것을 들 수 있다. 일부 팔로워들, 특히 공화당에 있는 팔로워들은 Bush 대통령이 매우 카리스마적인 리더라고 인식하고 있다. 그가 분명히 동일 인물임에도, 대부분의 민주당원은 그가 카리스마가 부족하고 미국 국민으로서 동일한 가치를 공유하지 않고 있다고 믿는다. 또한, 오늘날 조금 더 대중화된 개념의 카리스마와 카리스마 리더십은 리더에 대한 팔로워들의 반응 측면에서 카리스마를 정의한다.[1,74,90,93,109,111,122,123] 팔로워들이 리더에게 가지는 반응으로 카리스마를 정의하는 것은 이제 이러한 반응의 네 가지 독특한 특징을 우리가 살펴보는 것이 합당할 것이다.

> 오늘날 조금 더 대중화된 개념의 카리스마와 카리스마 리더십은 리더에 대한 팔로워들의 반응 측면에서 카리스마를 정의한다.

리더와 공감 그리고 비전

카리스마적 리더십과 연관된 두 가지 효과는 리더에 대한 위한 강한 애정과 리더가 가진 신념과 팔로워의 신념의 유사성을 포함한다. 이러한 효과들은 리더와의 개인적 유대감이나 동질감을 형성하며, 자신보다 더 위대한 목표나 행동(대의)을 위한 평행적인 심리적 투자를 형성한다. 팔로워들은 리더의 비전의 실행이 자신들의 모든 문제의 해결책이라고 느끼기에 리더와 유대감을 갖는다. 팔로워들은 현재 상황에 대해 몹시 불만족스럽지만, 그들 자신으로서는 만족하는 해결방법을 발전시키는 데 성공하지 못했을 수 있다. 카리스마적 리더들은 이러한 불만족과 대부분의 사람들이 자신들의 조직이나 사회를 다르게 만들기 원한다는 신념을 활용한다. 팔로워들의 정체성이나 자아 개념도 리더의 면에서 정의되게 된다. 리더처럼 된다는 것, 또는 리더에게 인정받는다는 것이 자부심의 중요한 일부가 되는 것이다.[124-127] 이러한 효과들은 상관과 부하 사이의 대부분의 특정한 계약이나 교환 관계에서 기대되는 것 이상의 효과를 가져온다.

상승된 감성 수준

카리스마적 리더는 팔로워들의 감정을 움직일 줄 안다. 그리고 이러한 **상승된 감성 수준**은 노력과 성과의 수준을 높이는 결과를 가져온다.[59,60,62,119,128] 감성은 변화를 위해 대대적인 결단을 하게 만드는 연료이다. 카리스마적 리더는 그것을 유지하기 위해 그들이 할 수 있는 모든 것을 할 것이다. 팔로워들이 현재 상태에 관해 불만족스럽게 생각하게 만들거나, 팔로워들에게 직접적인 호소로 감동하게 만드는 것을 포함한다. 그러나 팔로워들의 감정 수준을 높이는 것에는 몇 가지 위험이 있다. 리더는 팔로워들의 감정이 변화 주도를 향해 열려있다는 것을 반드시 명심해야 한다. 그렇지 않다면 팔로워들은 자신들의 느낌과 노력을 위해 다른 배출구를 찾을 것이다(<표 13.4> 참조). 추가적으로, 카리스마적 리더와 그의 운동으로 소외되는 사람들은 리더와 같은 비전을 가진 팔로워들의 감정만큼이나 강렬한 감정을 가질 수 있다. 이와 같은 양극화 효과는 카리스마적 리더가 폭력적 죽음을 맞이하는 경우가 많은 이유 중 하나이며, 카리스마적 리더에 의해 소외된 사람들은 동일한 운동을 하는 팔로워가 그러하듯, 자신의 감정에 따라 행동하는 경향이 있다.[129]

팔로워들의 감정 수준을 높이는 것에는 몇 가지 위험이 있다.

〈표 13.4〉 변화에 대한 팔로워들의 반응

감정수준	특성
적대적 준수	팔로워들이 변화 요청을 무시하거나 활발히 사보타주를 할 때 발생한다.
준수	팔로워들이 변화 요구를 둘러싸고 있는 정책들과 절차들을 단지 준수할 뿐이다.
협력	팔로워들이 기꺼이 변화 요구가 현실화되는 데 필요한 활동에 참여한다.
몰입	팔로워들이 변화 요구를 자신들의 것으로 염두에 두고, 일을 끝마치기 위해 특별히 애를 쓴다. 카리스마적 리더와 변혁적 리더는 팔로워가 미래에 대한 리더의 비전에 몰두할 수 있게 만드는 데 매우 능숙하다.

리더에 대한 자발적인 복종

바로 앞에서 팔로워들의 리더에 대한 감성적 정신적 밀접성에 대해 다루었다면, **리더에 대한 자발적인 복종**이란 리더의 권위에 대한 팔로워의 존경을 포함한다.[126] 때로는 카리스마적 리더들이 초인적 능력으로 가득 채워진 것처럼 보인다. 그 결과, 팔로워들은 리더의 외적 권위와 우월성에 종종 자연적으로, 자발적으로 복종한다. 팔로워들은 자신의 비판적 사고 기술을 중지시킨 듯 보인다. 팔로워들은 리더의 의도와 기술에 대하여, 비전이나 변화 프로그램의 올바름에 대하여 또는 비전을 달성하기 위하여 취해야 할 조치들에 대해 거의 의심하지 않는다.

권한위임의 느낌

카리스마적 리더의 팔로워들은 자신들이 가진 것보다 더 많은 기대감을 가지게 되고 보다 높은 목표를 달성하기 위해 열심히 일한다. 카리스마적 리더들은 피그말리온 효과를 이용한다. 그들은 자신들의 능력에 자신감을 표현하여 팔로워들의 자부심을 끌어올리고, 진행 과정에서 용기와 지지를 주면서 높은 기대감을 설정한다.[78,110,119,130] 약간 역설적으로, 팔로워들은 카리스마적 리더에게 기꺼이 복종하면서 자신이 보다 강하고 힘이 있다고 느낀다. 카리스마적 리더는 자신들의 팔로워를 현재 상태에 대해 어떠한 위축이나 위협 없이 보다 강하게 느끼도록 만들 줄 안다. 이러한 **권한위임의 느낌**은 높은 감정 수준과 리더의 미래 비전과 결합될 때, 조직, 그룹, 팀 수행의 성과와 의미 있는 사회적 변화라는 결과를 가져온다.

피그말리온 효과 (Pygmalion effect)
타인의 기대나 관심으로 인하여 능률이 오르거나 결과가 좋아지는 현상
(출처: 두산백과)

Barack Obama

리더십 프로파일 13.3

Barack Obama는 현재 미국 대통령 선거를 위한 민주당 후보에 선두 주자 중의 한 사람이다. 캔자스에서 케냐인 아버지와 백인 어머니 사이에서 태어났고, Obama는 성장의 중요한 시간의 대부분을 하와이와 인도네시아에서 보냈다. 고등학교를 졸업 후, Obama는 콜롬비아 대학에 입학하여, 정치학을 전공하였다. 그 후 그는 시카고로 가서, 지역 교회가 운영하는 직업 훈련 프로그램을 돕는 비영리 단체에서 3년의 시간을 보냈다. 그는 그 후 하버드 로스쿨에 입학하였고, 개교 이래 104년 역사에서 최초로 선출된 흑인 학생 회장이었다. 그는 법학박사를 차석으로 졸업하고 시카고로 옮겨 로펌에서 일을 하였다. 시카고에 있는 동안 Obama는 유권자 등록 드라이브를 조직하였고, 시카고 대학에서 헌법을 강의하였으며, 일리노이주 하이드파크 지구의 상원으로 당선되었다. 2004년 미국 상원의원이 되기 전까지 주상원의원으로 8년의 시간을 보냈다. 미국 상원에 있는 동안 Obama는 이민에 관한 법률과 선거개혁, 로비에 관한 규정 강화, 국회의원 여행을 위한 공동 제트기 사용, 온실가스 감소, 대학 건강 케어 프로그램 만들기, 이란 핵 농축 프로그램을 막기 위한 승인 연장, 이라크 전쟁 종결을 발의하거나 지지하여왔다. 그는 2004년 민주당 전당 대회 기조연설로 전 국민의 명성을 얻었다. 깔끔하고, 분명하고, 매력적이고, 카리스마적인 대중 연설자, 이러한 자산들이 Obama가 미국 대통령 후보로 성공하는 데 영향을 주었다. 비록 그의 초기 모금 활동 노력이 공화당과 민주당 라이벌을 뛰어넘었다 하여도, 기금 모금 활동, 예비선거, 2008년 대통령 선거는 그에게 거대한 도전이 될 것이다. 내년 유권자들은 Obama가 민주당 임명자와 차기 대통령이 될 올바른 사람인지 아닌지 결정하게 될 것이다.

출처: http://en.wikipedia.org/wiki/Barack_Obama.

13.5.3 상황적 특징

연구자의 대부분은 지금까지 카리스마적 리더십과 연관된 리더의 속성을 밝히는 데 중점을 두어왔다. 그러나 팔로워의 기본 속성과 카리스마적 또는 변혁적 리더십의 상황적 특성에 대해 배울 것이 매우 많이 있다.[86,131]

많은 연구가들은 상황적 요인들이 리더가 카리스마적 리더인지 아닌지 여겨지는 결정에 중요한 역할을 하고 있다고 믿는다.

지식의 차이에도 불구하고, 많은 연구가들은 상황적 요인들이 리더가 카리스마적 리더인지 아닌지 여겨지는 결정에 중요한 역할을 하고 있다고 믿는다.[77,79,86,88,132] 아마도 각 개인이 카리스마적 리더의 능력을 갖고 있다고 하여도 특정한 유형의 상황에 직면한 때만 카리스마적이라고 여겨지고 있기 때문일 것이다. 카리스마적 리더십을 위한 상황이 호의적일수록, 리더가 카리스마적이라고 여겨지기 위해 필요한 자질은 별로 필요하지 않기 때문이다. 상황이 카리스마의 속성에서 아주 중요한 역할을 하기 때문에, 일부 상황적 요인들이 카리스마적 리더십에 영향을 준다고 믿는 관점은 유용할 것이다.

위기

아마도 상황적 요인에서 카리스마적 리더십과 연관되는 가장 중요한 것은 **위기**의 유무이다. 현재 상황에 만족하는 팔로워들은 비교적 카리스마적 리더가 필요하다고 여기거나 근본적으로 조직이나 사회의 변화를 위해 기꺼이 많은 노력을 바쳐야 한다고 여기지는 않는다. 다른 한편으로는, 위기는 – 전통적 사회 제도의 실패나 기업의 재정 실패 임박에 의해 반영되는– 종종 팔로워들에게서 카리스마 갈망(charisma hunger)을 탄생시킨다. 팔로워들은 리더가 자신들의 위기를 완화하거나 해결해주기를 기대한다.[134,135] 리더는 상당한 자유와 자치권을 부여받고, 일시적으로(또는 때로는 영구적으로) 위기의 조직을 밀어내기 위해 수락될 규칙, 정책, 절차를 중지할 수도 있다. 일부 연구자들은 일부 리더들이 팔로워들이 리더의 비전을 받아들이게 하기 위해 또 그들이 취할 수 있는 조치의 범위로 늘리기 위해, 그리고 팔로워들의 노력 수준을 높이기 위해, 고의적으로 위기를 발생시키거나 만들어 낸다고 생각한다. 위기 상황이 필연적으로 모든 리더를 카리스마적으로 보이게 만들지는 않지만, 상황은 특정한 리더의 행동을 효과적으로 보이게 하기 유형을 위한 무대 설정(set the stage)일 수 있다.[77,79,88,97,98,118,133,136]

팔로워들은 리더가 자신들의 위기를 완화하거나 해결해주기를 기대한다.

과업 상호 의존성과 사회적 네트워크

자신의 팔로워들이 수행하는 작업이 독립적 노력보다 높은 수준의 상호 의존성을 필요로 할 때 리더들에게 카리스마적 리더로 보이는 것이 더 쉬울 수 있다. 예를 들어, 리더는 **과업 상호 의존성**면에서 영업부서보다는 소프트웨어 설계부서를 이끌 때 카리스마적 리더로 여겨지는 것이 더 쉬울 것이다. 왜냐하면 소프트웨어 설계부서의 경우 각 개별 프로그래머의 코드가 다른 프로그래머가 개발한 코드에 의해 영향을 받을 수 있기 때문이다. 반면에, 정해진 영역이 있는 영업 담당자는 부서 내 다른 영업 담당자의 영향을 반드시 받지는 않는다.[76,132,137] 과업 상호 의존성 이외에, **사회적 네트워크** 또한 카리스마의 속성에 영향을 줄 수 있다.

카리스마의 속성은 조직이 잘 구축된 사회적 네트워크를 갖고 있을 때, 즉 모든 사람이 다른 사람에 대해 알고자 하는 경향이 있는 곳에서 보다 빠르게 확산될 것이다. 그리고 대개, 카리스마적 리더는 덜 카리스마적인 리더보다 더욱 넓은 사회적 네트워크를 가지며, 자신들의 네트워크 안에서 더 중심 역할을 할 것이다.[138,139]

기타 상황적 특징들

기타 상황적 특징
• 혁신적 조직
• 아웃소싱, 인원삭감
• 암묵적 계약을 파괴
• 시간

몇 가지 기타 상황적 특징들은 카리스마적 리더의 출현을 도울 수도 방해할 수도 있다. Howell과 Avolio는 혁신을 중시하는 조직은 혁신을 덜 중시하는 조직보다 변혁적 리더십에 대해 더 많은 뒷받침을 한다는 점을 밝혔다. 카리스마적 리더십에 영향을 주는 다른 상황적 요인은 아웃 소싱과 조직의 인원삭감이다. 많은 사람들이 인원삭감은 고용주와 종업원 사이의 암묵적 계약을 파괴한 것이며 많은 종업원들이 조직 생활에 환멸을 느끼게 만든다고 본다. 한편으로 카리스마적 또는 변혁적 리더십은 본래 강한 유대감을 가지므로 리더와 팔로워 사이에 암묵적 계약이 파괴되면 카리스마적 리더십 출현의 가능성은 크게 줄어들게 된다. 다른 한편으로, 이러한 환멸은 많은 유능한 관리자가 큰 조직을 떠나 자신의 회사를 만들게 한다. 종업원들은 그런 창업 회사의 비전이 자신들의 개인적 가치와 정확히 일치하기 때문에 이러한 창업 조직에에 빠져들게 된다. 하지만 카리스마적 리더십에 영향을 주는 모든 상황 변수들 중 가장 중요하지만 간과하는 변수는 **시간**이다. 카리스마적 또는 변혁적 리더십은 하루아침에 발생하는 것은 아니다. 리더들이 자신들의 비전을 개발하고 상세히 설명하고, 팔로워들의 감정 수준을 높이고, 팔로워와 신뢰 관계를 구축하고, 팔로워들이 비전을 이행하기 위해 지시하고, 권한을 주기 위한 시간이 걸린다. 아마도 그렇기에 위기상황은 카리스마적 리더십의 출현에 필요한 시간을 단축시키지만, 반면에 비교적 안정된 상황은 그러한 리더십의 출현에 필요한 시간의 양을 늘리는 것이다.

13.5.4 카리스마적 및 변혁적 리더십의 특징에 관한 결론

카리스마적 리더십이 만들어질 필요성의 특징들에 대해 몇 가지 최종적으로 지적해야 하겠다. 첫 번째, 리더가 팔로워들과 맺는 관계 양상에 기초하여 일정 리카리스마적 리더십은 리더와 상황적 요인들이 이러한 귀인 과정(attribution process)에 어떻게 영향을 주는지를 염두에 둘 때 가장 잘 이해가 된다.

더들에게 부여된 자질은 우리가 카리스마적이라고 정의하였는데, 카리스마적 리더십은 리더와 상황적 요인들이 이러한 귀인 과정(attribution process)에 어떻게 영향을 주는지를 염두에 둘 때 가장 잘 이해가 된다. 카리스마적 리더가 팔로워들과 공유하는 특별한 관계는 우연히 일어나는 것이 아니다. 그러한 관계는 리더의 자질, 리더와 팔로워 가치, 특정 상황적 요인의 유무 사이 상호 작용의 결과이다. 두 번째, 카리스마적 리더십의 모든 특징이 카리스마가 리더에 의해 나타나야 하는 것 같지는 않다. 카리스마의 핵심은 특정한 리더가 팔로워와 공유하는 관계일 것이다. 그리고 이러한 관계를 발전시킬 수 있는 방법은 다양하게 있을 것이다. 이것은 또한 카리스마가 전부 혹은 전무의 현상이기보다는 연속적인 것임을 의미한다. 어떤 리더는 다수의 팔로워와 강한 유대감을 형성할 수 있고, 또 어떤 리더는 적은 수의 팔로워와 강한 유대감을 형성할 수 있으며, 또 다른 리더는 대부분의 팔로워와 좋은 관계를 유지하되, 어느 누구와도 강한 유대감을 형성하지 못하는 경우도 있다. 세 번째, 카리스마적 리더십이 어느 곳-학교, 교회, 지역사회, 기업, 정부 조직, 국가-에서도 발생할 수 있는 것처럼 보인다. 단지 세계무대에서만 일어나는 것이 아니다.

네 번째, 팔로워들과 강한 감정적 애착관계를 발전시키는 방법은 무수히 많이 있지만, 한 가지 중요한 질문은 오직 한 개인의 직위 또는 유명세에 바탕을 두고 카리스마를 부여하는 것이 가능한지 아닌지이다. 대중적으로 높게 보이고 존경받는 지위(예: 영화배우, 음악가, 운동선수, TV 전도사, 정치인들)에 있는 일부 개인들은 자신들의 팬과 숭배자들에게 카리스마적 이미지를 발전시킬 수 있다. 이러한 경우에, 카리스마적 리더십이 양방향이라는 것을 인식하면 도움이 된다. 팔로워들이 리더와 강한 감정적 유대감을 발전시킬 것뿐만 아니라, 리더들 또한 팔로워들과 강한 감정적 유대감을 발전시키고, 팔로워 개발에 관심을 가진다.[14,78,130] 라디오와 TV처럼 단일 방향 소통 채널이 어떻게 이러한 양방향 관계를 형성하는지를, 또한 팔로워 확대를 향상시키는지를 확인하기는 어렵다. 우리는 때로 대중 매체의 조직이나 광고에 기초하여 어떤 인물을 카리스마적이라고 볼 수 있지만 이는 진정한 의미에서의 변혁적 리더십이 아니다.

만일 리더십 실무자들이 조직 변화를 이끌기 위해 감정적 접근법을 이용하려 한다면, 리더십 실무자들이 이런 연구로부터 얻을 수 있는 것이 무엇일까? 만일 그들이 위기를 이용하거나 만들어 낸다면, 그들은 분명히 조직 변화를 이끄는 것에 더욱 성공적일 것이다. 그들은 또한 불만의 자원을 결정하고, 자신들의 비전이 팔로워들의 가치와 정렬되어 있는 것을 보장하고, 미래의 설득력 있는 그림을 그리기 위해 자신의 부하들과 충분히 가까울 필요가 있다. 리더는 미래의 자신의 비전을 열정적으로 상세하게 설명해야 한다. 불확실한 비전이나 그 비전에 대해 별로 관심이 없어 보이는 리더의 비전에 팔로워들이 동기 유발을 받는 것은 상상하기는 어렵다. 리더십 실무자들은 또한 자신들 혼자서는 비전을 현실화하기 어렵다는 것을 이해할 필요가 있다. 그들은 자신의 조직 또는 사회를 변화시키기 위해 팔로워의 도움과 지지가 필요하다. 같은 맥락으로 그들은 롤 모델이 되고, 팔로워들이 무엇을 해야 하는지(하지 말아야 하는지)를 조언해주고, 피드백과 용기를 제공해주고, 팔로워 자신들의 기술과 자부심을 키우는 책임감을 더 가질 것을 부하들에게 설득할 필요가 있을 것이다. 마지막으로, 조직 변화를 위해 이러한 접근법을 사용하는 리더십 실무자들은 뻔뻔하고 탄력적이고, 인내심이 있어야 한다. 그들은 카리스마적 리더십의 양극화 효과에 대처해야 하며 이러한 유형의 리더십이 결실을 맺기 위해서는 시간이 소요된다는 것을 이해할 필요가 있을 것이다. 그렇지만 그 보상은 노력할 만한 가치가 있다. 카리스마적 또는 변혁적 리더가 비카리스마적 리더에 비해 더 효과적이라는 증거는 매우 많다. 그들이 미국의 대통령이건,[141] CEO이건,[77,81,142] 사관생도와 장교이건,[75,76,137,143] 대학교수이건,[144] 공기업이나 사기업의 최상위 관리자와 중간 관리자이건 그러하다.[74,79,82-85,119,145,146]

13.6 Bass의 변혁적 및 거래적 리더십 이론

카리스마적 또는 변혁적 리더와 관련이 있는 리더, 팔로워, 상황적 특징들에 관해 우리가 알고 있는 대부분은 Bass의 **변혁적 및 거래적 리더십의 이론**에서 나온 것이다. Bass는 변혁적 리더는 앞서 설명한 리더 특징들을 지니고 있다고 믿었고, 리더가 변혁적인지 아닌지를 결정하기 위해 부하들의 인식과 반응을 사용한다고 믿었다. 따라서, 변혁적 리더들은 좋은 비전과 설득력, 인상적인 관리 기법을 가지고 있고, 그것을 이용하여 팔로워들과 강한 정서적 유대감을 발전시킨다. 변혁적 리더들은 팔로워들의 감정 수준과 그들의 의지를 향상시키고 리더의 비전 달성을 위해 일을 하게 만들기 때문에 조금 더 성공적으로 조직 변화를 이끌어 간다고 여겨진다. 대조적으로, 거래적 리더들은 그러한 리더의 특징들을 지니고 있지 않고, 부하직원들과의 강한 정서적 유대감 발전이 없으며, 부하들이 할 수 있는 것보다 더 잘할 수 있도록 영감을 주지도 않는다. 대신에, 거래적 리더들은 목표 설정과 자신들이 바라는 성과를 위한 보상 약속을 통해 팔로워들의 동기를 유발한다고 여겨진다. Avolio와 Bass는 거래적 리더십이 팔로워들 만족도와 성과 수준에 긍정적인 효과가 있을 수 있다고 주장하였다. 하지만 이러한 행동은 시간의 한계, 리더의 기술 부족, 보상이 성과를 높일 것이라는 점에 대한 리더의 불신으로 인해 충분히 활용되지 않는다는 점 또한 주장하였다. Bass는 또한 거래적 리더십은 오직 현재 상태를 지속하는 것이라고 주장하였다. 리더가 보상을 이용하는 것은 변혁적 리더십과 연관되는 장기적인 변화를 낳지는 않는다.

"과업 중심(initiating structure)"과 "배려(consideration)"와 같은 행동들은 8장에서 설명하였다. Bass는 변혁적 및 거래적 리더십이 두 가지 독립적 리더십 관점을 구성한다는 가설을 세웠다. 그러므로 어떤 개인은 매우 변혁적이지만 별로 거래적이지 않은 리더, 별로 변혁적이지도 않고 별로 거래적이지도 않은 리더 등이 될 수 있다. Bass는 리더의 변혁적 및 거래적 리더십을 나타내는 정도를 측정하며, 팔로워들이 자신들의 리더에게 만족하며 자신의 리더가 효과적이라고 믿는 정도를 측정하는, **다중요인 리더십 설문지**(MLQ)로 알려진 질문지를 개발하였다. MLQ는 다섯 가지 변혁적 및 거래적 요인, 비리더십(nonleadership) 요인을 측정하는 360도 피드백 도구이다. 변혁적 리더십 요인들은 리더들이 다른 사람들에게 자부심을 주입하거나, 힘과 자신감을 보여주거나, 희생을 하고, 새로운 가능성과 투쟁, 결정의 윤리적 또는 도덕적 결과를 고려하고, 미래의 강력한 비전을 설명하고, 도전적 기준을 설정하고, 팔로워들을 개인적으로 대우하고, 팔로워들이 직면한 문제를 이해하도록 돕게 만드는 등을 평가한다. 세 가지 거래적 리더십 요인들은 리더가 목표를 설정하고, 성과에 따른 보상을 만들고, 필수 자본을 얻고, 성과

Bass
리더의 변혁적 및 거래적 리더십을 나타내는 정도를 측정하며, 팔로워들이 다중요인 리더십 설문지(MLQ)로 알려진 질문지를 개발하였다.

목표가 달성되었을 때 보상을 제공하고, 부하들의 성과 수준을 평가하고, 문제가 발생하였을 때 개입하는 정도를 측정한다. MLQ는 또한 자유방임 리더십이라 불리는 다른 요소도 측정한다. 즉, 리더가 책임을 회피하고, 의사 결정에 실패하고, 필요시 부재하며, 요구의 후속 조치를 실패하는 정도를 측정한다.

13.6.1 변혁적 및 거래적 리더십의 연구 결과

지금까지 300개가 넘는 연구들이 다양한 상황에 걸친 변혁적 리더십과 거래적 리더십 연구에 MLQ를 사용해오고 있다. 이러한 연구의 결과들은 변혁적 리더십이 모든 나라, 제도, 조직에서 관찰될 수 있다는 것을 보여주고 있지만, 공공제도 및 하위 조직단계에서 변혁적 리더십이 보다 일반적이었다.[67,74,75,79,113] 다시 말하자면, 다른 그 어느 영역보다도 군대의 하위 조직 단계에서 또는 기타 공공 부문의 조직에서 변혁적 리더가 더 많이 있는 것처럼 보였다는 것이다. 두 번째로, 변혁적 리더십이 거래적 리더십이나 자유방임적 리더십에 비해 조직의 효과를 확실히 더 잘 예측한다는 압도적인 증거가 있다. 미국의 대통령이든, CEO이든, 학교 관리자 또는 공장 관리자이든 변혁적 리더는 거래적 리더보다 조직 변화를 주도하고, 결과를 얻는 데 더 효과적인 것처럼 보인다. Avolio와 Bass는 또한 변혁적 리더십의 성과 논쟁은 거래적 리더십과의 관련을 넘어선 것이라고 주장한다.[74] 세 번째, 예상과 같이, 자유방임적 리더십은 효율성이 떨어진다.

변혁적 리더십이 거래적 리더십이나 자유방임적 리더십에 비해 조직의 효과를 확실히 더 잘 예측한다는 압도적인 증거가 있다.

MLQ가 변혁적 리더를 구별할 수 있으며, 이러한 변혁적 리더들이 거래적인 리더들보다 조직 변화와 효율성의 수준을 보다 높일 수 있으므로, 카리스마적 리더를 양성하거나 선택할 수 있는지를 고민해보는 것은 합리적인 일일 것이다. 다행히도, 연구자들 모두 미국, 캐나다, 이스라엘을 대상으로 군대, 공공 부문과 개인의 산업 리더들의 성과에서 변혁적 리더십 훈련의 효과를 고찰하였다. 일반적으로 이러한 훈련 프로그램들은 1~5일 양성 훈련 기간 참가자들이 변혁적 및 거래적 리더십의 이론에 관해 배울 수 있도록 구성되어 있었다. 그들은 변혁적, 거래적, 그리고 자유방임적 리더십을 나타내는 정도의 MLQ 피드백을 받게 되었다. 그런 다음, 그들은 리더십 효과 향상을 위해 일련의 스킬-형성(skill-building) 연습과 활동을 수행했다. 양성 훈련의 마지막에는 참가자들이 구체적인 변혁적 또는 거래적 리더십 스킬의 개선을 위한 개발 계획을 만드는 요청을 받았다. 양성 훈련 프로그램 이후 거의 6~24개월에 참가자들은 2차 MLQ 피드백 제공을 위한 두 번째 양성 훈련 기간에 참가했다. 1차와 2차 MLQ 결과들은 양성 훈련 프로그램이 참가자들의 변혁적 그리고 거래적 리더십 스킬을 향상시켰는지 아닌지를 양적으로 결정하는 것을 연구자들에게 가능하게 했다. 이러한 결과들은 변혁적 리더십 스킬을 향상시키는 것이 상당히 쉬움을 나타냈다. 거래적 리더십 스킬 개선을 목표로 참가한 참가자들은 거래적 리더십 요소에서 1차 보다 높은 2차 MLQ 점수를 기록했다. 변혁적 리더십 요소 점수는 2차 MLQ에서 변혁적 리더십 스킬을 자신들의 개발 계획의 목표로 한 참가자들은 그다지 많이 상승하지 않았다. 게다가 기술 개선을 목적으로 하지 않은 분야에서는 2차 MLQ 점수가 상승하지 않았다. 따라서 더 높은 2차 점수는 어떤 일반적 효과에 기인한다기보다는, 참가자들의 개발 계획에 해당하는 분야에 한정하여 상승한 것이다. 따라서, 이러한 결과들은 리더들이 자신들의 변혁적 및 거래적 리더십 스킬을 체계적으로 개발 가능하다는 확실한 증거를 제공한다.[67,74,79,80,95,149-151]

리더들을 더 변혁적으로 훈련하기 위한 대안으로는 처음부터 변혁적이거나 카리스마적인 성향이 있는 리더들을 선택하는 것이다. 일부 연구자들은 변혁적 리더십에서 어린 시절 경험, 리더십 특성, 심지어 유전의 중요성을 살펴보아왔다. Zacharatos, Barling 그리고 Kelloway는 코치들과 동료들로부터 보다 변혁적이라고 평가된 청소년은 변혁적인 리더인 부모를 가졌을 가능성이 더 많다고 보고하였다.

특정 리더십 특성이 거래적 리더와 변혁적 리더를 구별하는 특성이라는 증거도 있다. Antonakis와 House, Hogan, Curphy와 Hogan, Curphy, Nilesn, House, Spangler와 Woycke, House, Woyche 그리고 Fodor, Ross와 Offermann 그리고 Judge와 Bono는 모두 특정한 5요인 모형(FFM) 리더십 특성(7장)이 변혁적 리더를 구분하는 데 사용될 수 있다는 것을 보여주었다.[73,116,121,129,153-156] FFM 성격 특성과 125명의 CEO들 사이의 관계를 주목한 Nilsen의 연구는 가장 주목할 만하다. <표 13.5>에서와 같이, FFM 성격 규모가 변혁적 리더십의 특정 구성 요소와 강하게 연관성을 갖고 있을 뿐 아니라, 높고 낮은 상관관계의 유형도 의미가 있는 것으로 보인다.[155] 특정 리더십 특징이 변혁적 리더십과 관련되어 있고, 그 리더십 특성이 유전적 요소를 가지고 있다고 한다면, 일부 연구자들이 변혁적 리더십 또한 유전적일수 있다는 관점을 믿는 것은 놀라운 일이 아닐 것이다.[96]

〈표 13.5〉 125개 기업 CEO와 대표들을 위한 FFM의 차원과 카리스마적 리더십 간의 관련성

FFM 5차원	변혁적 리더십 특징			
	비전적 사고	권한위임	신뢰 형성	높은 전달 효과
외향성	.32	.33	.16	.47
확실성	-.08	-.01	.06	-.04
친화성	.02	.52	.48	.35
정서적 안정정	-.03	.29	.38	.22
개방성	.47	.30	.14	.40

출처: D. Nilsen, "Using Self and Observers' Ratings for Personality to Predict Leadership Performance." Unpublished doctoral dissertation, University of Minnesota, Minneapolis, 1995.

변혁적 리더십을 선택하고 훈련할 수 있다는 이러한 증거에도 불구하고, 카리스마는 보는 사람의 눈에 근본적으로 존재한다는 사실은 여전하다. 따라서, 올바른 자질이 있으며 적절한 방법으로 교육받은 리더이기에 팔로워들에게 카리스마적으로 보일 것이라는 보장은 결코 있을수 없다. 앞에서 이야기하였듯이 팔로워와 상황적 변수들은 리더가 변혁적으로 여겨지는지, 조직 변화를 주도할 수 있는지 아닌지를 결정하는 주요한 역할을 할 것이다. 훈련 프로그램의 결과로서 변혁적 리더십에서 보다 높은 점수를 얻은 특정 리더들이 프로그램 실시 후에 실제로 팔로워들의 감정 수준을 향상시키고, 팔로워들의 추가적인 노력을 얻고, 대대적인 조직 변화 또는 성과를 달성하는 결과를 얻을 수 있을까? 더욱이 어떤 리더는 비전, 인상적인 매니지먼트, 설득 스킬의 개선을 위해 훈련을 하는 것이 가능하지만, 어떤 성격 특성에서 상대적으로 낮은 점수를 받은 리더들, 그리고 다른 개인 특성(즉, 지능, 창조성, 외향성, 친화성, 지적 능력)에서 상대적으로 낮은 점수를 받은 리더들은 변혁적 리더십 훈련에서 그다지 개선되지 않을 수 있다. Bass,[1]

Curphy,[38,76,120] Judge와 Bono[116] 그리고 Hogan[153]은 모두, 성격이 리더가 카리스마적으로 보이는지 아닌지에 가장 큰 영향을 줄 것이라고 이야기하였다. 개인적 차이와 리더십 기술 훈련에 관해 우리가 알고 있는 것에 덧붙여, 리더의 성격은 그 리더가 그러한 훈련에서 개선될 수 있는지를 결정하는 중요한 역할을 하는 것으로 보인다.

마지막으로, 변혁적 및 거래적 리더십의 이론에 관한 몇 가지 중요한 지적들은 주목할 가치가 있다. 첫째, 아마도 가장 중요한 이 이론은 리더십 연구자들 사이에 상당한 흥미를 불러일으켰다. 이 연구는 리더십 실무자들이 카리스마적 리더와 변혁적 리더에서 리더 팔로워 그리고 상황요인을 더 잘 이해하는 데 도움을 주었다. 또한 변혁적 리더가 타고난 것인지 만들어지는 것인지 등의 이해에도 도움을 주었다. 둘째, 그럼에도 불구하고, 많은 연구가 조사와 상관 연구를 기초로 한다. 즉, 변혁적 리더십과 거래적 리더십의 효과를 연구하는 몇 안되는 실험은 리더십 실무자가 아닌 대학생들을 대상으로 했다는 한계가 있다.[64,65] 셋째, 리더십에 대한 접근법은 사람들에 대한 강한 편견을 가지고 있는 것으로 보인다. MLQ와 같은 측정은 리더에게 필요한 전반적 역량보다는 사회적으로 바람직한 리더십 행동만을 반영한 경향이 있다.[121,131,157] 예를 들어, 조직 변화나 성과를 주도하기를 원하는 기업 리더는 산업, 사업 운영, 시장 흐름, 재무, 전략, 기술적/기능적 지식의 올바른 이해를 가질 필요가 있을 것이다. 기업 리더들은 또한 효과적인 스트레스 대처, 협력 업체와 계약 협상, 훌륭한 계획 기법 입증, 주요 측정기준의 개발과 검토를 필요로 한다. 그러나 이러한 특성과 기법의 측정은 MLQ에 의해 전혀 측정되지 않는다. 관련하여, Beyer, Yukl, Antonakis, House는 이 이론의 기본적인 문제는 효과적인 리더가 되는 데 오직 한 가지 방법만 있는 것처럼 변혁적 리더십 기술을 보여 줌으로써만 가능하다고 보았다는 점이라고 했다. 그 결과 리더십의 상황이론(contingency)은 더 이상 문제가 되지 않고 상황이나 팔로워 요인들이 리더십 효율성에 거의 영향을 주지 않는다고 본 점을 문제로 지적하였다. 이 점에서 연구자들은 아마도 옳을 것이다. 리더는 만약 그들이 거대한 조직 변화와 성과 달성을 원한다면, 단지 변혁적 리더십 기술만 보여주기보다는 더 많은 것을 해야 할 필요성이 있다.[64,121,131]

13.7 요 약

이번 장은 리더십과 관리의 주제를 다시 논의하는 것에서 시작하였다. 관리 기술은 현재 있는 시스템, 프로세스, 진행 준수를 확보하는 것이 중요하고, 이러한 것은 현재 상태, 일관성과 효율성, 관리 유지를 지키는 데 도움이 되도록 사용된다. 리더십 기술은 현재의 시스템과 프로세스의 변화를 만드는 데 필요하다. 이러한 것들은 새로운 시스템과 조직 변화 주도를 만들기 위해 사용된다. 이번 장에서는 그 다음으로 조직 변화에 대한 두 가지 주요 접근법을 살펴보았다. 조직 변화를 위해 필요한 이성적 접근법과 감성적 접근법을 발전시키기 위해서 각각 독립된 연구가 이루어졌음에도 불구하고, 현실에서는 이러한 접근법들이 몇 가지 중요한 유사점을 가지고 있다. 이성적 접근법에서는, 리더들이 현재 상태의 문제점을 지적하고, 필요한 변화의 범위를 체계적으로 나타내고, 미래의 비전을 개발하고, 변화 계획을 개발, 실행함으로써 팔로워들에게 현재에 대한 불만족을 이끌어낸다. 감성적 접근법에서, 리더들은 미래의 비전을 개발하고 세세하게 설명, 팔로워들의 감정을 고취시키고, 그들의 비전에 대해 행동하도록 권한을 부여한다. 카리스마적 리더들은 또한 불확실한 때 위기의 기간 동안에 나타나는 경향이 있고, 실질적으로 부하들이 미래의 자신들의 비전에 몰입하게 만들 가능성을 향상하기 위해서 위기를 만들어내기도 한다. 이성적 접근법은 분석적, 계획 수립, 관리 기법을 보다 강조하는 반면, 감성적 접근법은 리더십 기법, 리더-팔로워 관계, 조직 변화 주도를 위한 위기의 존재를 보다 강조한다. 이 장은 리더십 실무자들이 만약 조직 변화 주도를 하고자 한다면, 반드시 거쳐야 하는 단계에 대해 설명하였다. 이성적 접근법도 감성적 접근법도 조직 변화에 결과를 가져올 수 있음을 보여주는 충분한 증거가 있지만, 리더십 실무자가 본인이 가장 편안하고, 그것을 잘 수행할 수 있는 기법을 선택함으로써 변화의 효율성이 나타난 것이다.

핵심용어

$C = D \times M \times P > R$	카리스마적 권위 체계	권한의 느낌
불만족도	거래적 리더십	위기

모형	변혁적 리더십	과업 상호 의존성
프로세스	재구성	사회적 네트워크
저항	비전	시간
변화의 양	설득기술	변혁적 리더십과 거래적
체제적 사고접근	이미지	리더십의 이론
사일로식 사고	신뢰구축	다중요인 리더십 질문지(MLQ)
변화 계획	개인화된 리더십	법적-합리적 권위 체계
기대 성과 차이	카리스마	상승된 감정수준
역장 분석	리더의 공감	전통적 권위 체계
리더에 대한 자발적 복종		

질 문

1. Hillary Clinton, John McCain, Rudy Guiliani는 변혁적 또는 카리스마적 리더인가요? 이 질문에 답하기 위해서는 어떤 자료를 수집하여야 합니까?
2. Vladimir Putin 또는 George W. Bush는 카리스마적 또는 변혁적 리더입니까? 만약 당신이 러시아 시민이거나 공화당의 멤버라면 당신의 대답이 달라질까요?
3. 연구에 의하면 여성이 보다 변혁적 리더처럼 보이지만, 고위 리더십 직위에 있는 여성은 남성과 비교하여 상대적으로 적습니다. 이런 경우의 이유가 무엇이라고 당신은 생각하십니까? 무엇이든, 이러한 상황을 변화시키기 위해서 당신은 무엇을 할 것입니까?
4. 지역사회 리더십(community leadership) 모형은(8장) 조직 변화를 위한 이성적/정서적 접근법과 어떻게 비교할 수 있습니까?
5. 리더가 7장에서 설명한 어두운 측면의 성격 특성을 가진 경우 여전히 카리스마적 리더로 보일 수 있습니까?
6. 카리스마적 리더십과 변혁적 리더십은 4장의 시작 부분에 설명한 네 가지 관리 유형과 어떠한 관계가 있습니까?
7. 만약 당신이 당신의 학교에 새로운 학생 조합을 설립하고자 한다면, 조직 변화를 위해 당신은 이성적 접근법과 감성적 접근법 중에서 어떤 것을 할 필요가 있나요?

Part 5 리더십 스킬

리더십은 공동의 목적을 달성하기 위한 리더와 팔로워, 그리고 상황 사이의 역동적 상호작용의 결과로 조직에 영향을 주는 과정이다. Part 2에서는 리더십의 주요 요소인 리더를 초점에 두고 설명을 전개하였다. 리더십 프로세스의 중심적 역할을 하는 리더의 파워와 영향, 특성과 영향을 논의하였다. Part 3에서는 리더십 프로세세에 영향을 미치는 팔로워의 역할을 다루었고, Part 4에서는 리더-팔로워-그리고 상호적용적 프레임워크에서 복잡하고 역동적인 상황의 영향에 대하여 논의하였다.

Part 5에서는 리더십 프레임에 영향을 주는 리더, 팔로워, 그리고 상황 각각에 관련된 리더십 스킬을 다룬다. 특히 관련된 총 25개의 리더십 스킬을 망라하며 14장에서는 리더 관련 기본적 스킬(LS1~LS9) 9가지를 포함하고, 15장에서는 리더-팔로워 관계에서 특별히 도움되는 부가적인 8가지 리더십 스킬(LS10~LS17)을, 그리고 16장에서는 상호작용 프레임에서 상황에 관련된 8가지 리더십 스킬(LS18~LS25)을 논의한다.

Chapter 14

기본적 리더십 스킬

리더십 효과성이 향상 가능한 이유는 리더십의 일부가 스킬(기능, 기술)을 포함하고 있으며 스킬은 연습을 통해 개발될 수 있기 때문이다. 리더십 스킬을 연구하는 이유는 대부분의 사람들이 성격(personality)의 부족보다는 스킬의 부족이라는 지적에 덜 민감하기 때문이다. 우리는 상호작용적인 틀의 각 요소들(리더, 팔로워, 상황)을 보면서 이 책의 세 가지 부분들(즉, 2부, 3부, 4부)에 관련된 리더십 스킬을 통합하여 제시하고자 한다.

chapter 14는 리더 자신에게 적절한 스킬(기본적 리더십 스킬)을 중심으로 다룬다. 이 스킬 목록에는 경험으로부터의 학습(LS1), 의사소통(LS2), 경청(LS3), 자기주장(LS4), 효과적인 스트레스 관리(LS5), 전문적 역량 구축(LS6), 상사와의 관계 형성(LS7), 동료와의 관계 형성(LS8), 그리고 신뢰성 구축(LS9) 등이 포함된다.

14.1 경험으로부터의 학습

- 피드백을 얻기 위한 기회 만들기
- 10% 경험 확장하기
- 타인으로부터 배우기
- 꾸준히 저널 기록하기
- 발전 계획 세우기

리더십 실천가들은 1) 피드백을 얻을 기회를 만들고, 2) 10% 경험을 더 확장하고, 3) 타인으로부터 배우고, 4) 리더십 사건에 대해 저널을 기록하고, 5) 발전계획을 가지고 있음으로써 경험의 학습 가치를 강화시킬 수 있다고 한다.

14.1.1 피드백을 얻기 위한 기회 만들기

리더들이 적절한 피드백을 받는 것은 어려울 수 있다. 특히 리더들이 조직 내 힘 있는 지위를 차지하고 있는 경우에는 더욱 그렇다. 그러나 리더들은 종종 부하직원들보다 더 많은 피드백을 필요로 한다. 그들의 행동에 대한 피드백을 얻지 못한다면 리더들은 그들의 리더십 경험으로부터 많은 것을 배우지 못할 것이다. 그러므로 그들은 피드백을 얻기 위한 기회들을 만들어야 할 필요가 있으며, 그들의 부하직원들로부터의 피드백이 중요하다.

먼저, 리더들은 단지 자신의 방문이 언제나 열려 있다고 해서 그들이 피드백을 얻을 수 있는 길을 만든 것이라 가정해서는 안 된다. 몇몇 상사들은 단지 그들이 '문제들을 의논하러 오는 길은 언제나 열려있다.'라고 말한 것만으로 다른 사람들이 그들을 열린 상사로 인식할 것이라고 여기는 실수를 범한다. 즉, 진정한 열린 문은 지켜보는 사람의 눈에 의해서 인식되는 것이다. 이러한 맥락에서 보면 건설적인 대화(예를 들어, 피드백)으로의 핵심은 단지 물리적으로 문을 열어놓는 것뿐 아니라 가까이하기 쉽고 진실해 보이는 제안에 있다고 할 수 있다.

당신의 리더십을 개발하기 위해 가장 도움이 되는 정보는 타인으로부터 당신의 행동과 당신 그룹의 전반적인 효과성에 대한 피드백을 구하는 과정에서 얻어질 수 있다. 심리테스트를 받거나 정기적인 조사를 사용하는 리더들은 부하직원들에게 피드백을 구하는 리더들보다 더 많은 피드백을 얻을 수 있을 것이다. 만약 리더들이 피드백을 청하지 않는다면 그들은 아마 피드백을 얻지 못하게 될 것이다.

> 당신의 리더십을 개발하기 위해 가장 도움이 되는 정보는 타인으로부터 당신의 행동과 당신 그룹의 전반적인 효과성에 대한 피드백을 구하는 과정에서 얻어질 수 있다.

14.1.2 10% 경험 확장하기

학습은 언제나 확장을 수반한다. 학습은 위험을 감수하기도 하고 사람의 편안함 너머의 영역까지 이른다. 이것은 아기들의 불안정한 첫걸음, 학생들의 첫 번째의 발산적 사고의 세상 직면, 그리고 리더십 개발에 해당한다. 10% 경험 확장하

10% 경험 확장하기라는 어구는 리더십 기술을 향상시키기 위한 자발적이지만 단호한 노력의 의미를 전달한다.

기라는 어구는 리더십 기술을 향상시키기 위한 자발적이지만 단호한 노력의 의미를 전달한다. 이것은 신체적인 운동과 유사하지만 여기서 확장이란 근육이 아니라 그 사람의 행동을 편안함 너머의 영역으로 확대시킨다는 의미로 사용되었다. 예를 들어 사무실에 있는 모든 사람들과 적어도 하루 한 번 비공식적인 대화를 나누는 것을 중시하거나, 위원회의 장이 될 기회를 찾거나, 평소의 회의보다 조용하게 행동하거나 혹은 경우에 따라 독단적으로 행동하거나 하는 경우가 포함될 수 있다. 진행 중인 특별활동 전념으로부터 개인적인 성장과 리더십 발달이 많이 얻어진다.

몇몇 긍정적인 결과들은 주기적으로 10% 경험 확장하기를 연습한 리더들에게 나타난다. 먼저, 무언가 새롭거나 다른 행동을 하는 것에 대한 두려움이 서서히 감소한다. 둘째, 리더들은 그들의 리더십 스킬 레퍼토리를 확장할 것이다. 셋째, 이 늘어난 레퍼토리들 덕분에 그들의 효과성도 함께 증가할 것 같다. 마지막으로, 주기적으로 10% 경험 확장하기를 취해온 리더들은 타인에게 매우 가치 있는 모형이 될 것이다. 리더 자신이 어떻게 자신을 개발했는지에 관해 예를 제시하는 것은 그 어떤 것보다 중요한 메시지를 다른 사람들에게 전달하는 것이다.

10% 경험 확장하기의 마지막 하나의 측면은 언급할 가치가 있다. 10% 경험 확장하기는 측정할 수 있으면서 또한 감당할 수 있는 변화라는 점에서 매력적이다. 많은 사람들은 몇몇 행위에 10% 경험 확장하기를 시도하는 것에 심각하게 반대하지는 않을 것이다. 반면에 자신의 성격이나 대인관계 방식에 근본적인 변화를 요구하는 목표를 제시한다면, 그에 대해서는 반항하게 될 것이다. 위협적이지 않음에도 불구하고 행동에서 실제로 10%가 변화된다면, 효과는 엄청나게 달라질 수 있다. 많은 사례를 살펴보면 평균적인 수행자들과 예외적인 수행자들 사이의 차이는 10%이다. 예를 들어, 야구에서 많은 야구선수들은 .275의 타율을 보이고 있지만 가장 잘 쳤을 때는 약 10% 차이를 보이는 .300의 타율을 기록한다.

14.1.3 타인으로부터 배우기

리더들은 그들이 어느 누구에게서든 배울 수 있다고 인식함으로써 타인에게 배운다.

무엇보다도 리더들은 그들이 어느 누구에게서든 배울 수 있다고 인식함으로써 타인에게 배운다. 이것은 매우 자명해 보이나 사실상 사람들은 종종 관심을 두는 사물이나 사람, 학습을 제한한다. 예를 들어, 운동선수들은 코치들이 어떻게 리더십을 발휘하느냐에 매우 큰 관심을 둘 것이다. 그러나 그들은 학교장배 경기나 밴드 지휘자에게서 배울 점이 많다는 것은 깨닫지 못한다. 리더들은 그들이 주의를 기울이는 사람들의 부류를 좁게 정의함으로써 학습을 제한해서는 안 된다.

리더들은 또한 일상에 주의를 기울이고 질문을 함으로써 배울 수 있다. 질문을 하기에 특히 중요한 경우는 리더들이 어떤 그룹이나 활동을 새롭게 알게 되었거나 그것에 대해 책임을 져야 할 때이다. 가능하다면 리더들은 이전에 그 위치에 있던 사람들과 이야기함으로써 그들의 통찰력과 경험, 상황에 대한 평가에 대해 배워야 한다. 게다가 관찰력이 좋은 리더들은 일상생활에서 중요한 리더십 교훈을 얻어낼 수 있다. 고등학교 스쿨버스 세차나 패스트푸드 음식점에서의 일과 같은 일상적이고 평범한 일들이 재미있는 리더십 레슨을 제공할 것이다. 리더들은 타인이 어떻게 반응하는지, 그리고 다양한 도전이나 상황을 어떻게 통제하는지, 심지어 평범한 것들까지도 적극적으로 관찰함으로써 많은 것을 배울 수 있다.

14.1.4 꾸준히 저널 기록하기

리더들이 풍부하게 경험을 쌓고 그들의 학습을 지속할 수 있는 또 다른 방법은 꾸준히 저널을 기록하는 것이다.

리더들이 풍부하게 경험을 쌓고 그들의 학습을 지속할 수 있는 또 다른 방법은 꾸준히 저널을 기록하는 것이다.[1] 저널은 일기와 비슷하지만 단지 하루의 이벤트를 보고하는 것이 아니다. 저널에는 반드시 리더나 리더십의 양상에 대한 것을 기입해 놓아야 한다. 이 저널 기입 사항에는 통찰력 있고 재미있는 인용이나 일화, 신문 기사, 심지어 리더십에 관한 만화도 포함할 수 있다. 또한 상사나 코치, 선생님, 학생, 종업원, 선수, 팀원, 룸메이트 등과의 상호작용과 같은 개인적인 이벤트들에 대한 회상도 포함될 수 있다. 이러한 기록은 어떤 사람이 무언가를 잘 처리한 방법(혹은 잘못 처리한 방법)이나 문제점, 상황에 따른 사람들의 반응의 차이, 뉴스, 책, 영화 속의 인물들에 대해 강조해둘 수 있다. 리더들은 책이나 공식적인 리더십 프로그램으로부터 얻을 수 있는 리더십 관련 글들에 대해 생각하거나 글에서 설명하고 있는 것과 같은 자신들의 경험을 적기 위해 저널을 기록해야만 한다.

저널을 꾸준히 기록하는 것의 장점 3가지는 다음과 같다. 첫째, 기록하는 과정을 통해 리더들은 이벤트를 다른 시각을 가지고 보고 다르게 느끼는 경향이 생긴다. 경험을 글로 표현함으로써 자신의 경험을 객관적인 시각으로 바라볼 수 있게 된다. 둘째, 리더들은 이전의 기재사항들을 다시 읽을 수 있고 읽어야만 한다. 이전에 기록된 사항들은 리더십과 그들의 특별한 경험에 대한 한 리더의 진화하는 생각이 담긴 흥미롭고 가치 있는 자서전을 제공한다. 셋째, 저널의 기입 사항들은 리더들이 나중에 논문이나 격려의 말, 연설에 공식적으로 사용하고 싶어 할 아이디어들의 저장소이다.

14.1.5 개발 계획 세우기

리더십 발달은 완벽하게 예측되거나 통제된 방향으로 발생하는 것은 아니다. 그렇다고 리더들이 자신의 발달의 어떤 면을 적극적으로 추진하는 것을 피할 이유는 없다. 자기개발 목표와 전략을 골자로 한 체계적인 계획은 리더들이 간과할만한 기회를 잡을 수 있도록 도와줄 것이다. 또한 체계적인 계획을 개발함으로써 리더들은 쉽게 다양한 목표의 우선순위를 정할 수 있을 것이다. 어떤 세미나나 컨퍼런스에 참석할 것인지 신중하게 정하는 리더들은 아마도 그들의 개인적인 발전 목표 달성의 가능성을 극대화시킬 것이다. 리더들은 직장에서나 봉사활동을 통해 자신의 성장을 일으킬 책임감을 위한 기회를 찾아야만 한다. 그러나 리더들은 그들이 내적으로나 외적으로 지금까지 잘 해왔던 것을 더 많이 하는 것과 새로운 영역으로 확장 발전해 나가는 것 사이의 갈등을 경험하게 될 것임을 인식해야 한다.

자기개발 목표와 전략을 골자로 한 체계적인 계획은 리더들이 간과할만한 기회를 잡을 수 있도록 도와줄 것이다.

다음은 위에 설명한 갈등의 예이다. Sheila를 방금 지역 자선 단체에 가입한 회계사라고 가정해 보자. 금전적인 기록들을 관리하는 것이 많은 사람들이 즐겨하는 일이 아니고 Sheila가 그것에 명백한 재능과 흥미를 가지고 있기 때문에 다른 위원회 회원들은 그녀에게 회계 담당자가 되겠냐고 권유할 것이다. Sheila는 확실히 다른 위원회 회원들보다 그 일을 잘 해낼 수 있을 것이다. 그러나 Sheila의 개인적인 목표가 그녀의 군중 연설 스킬을 연마하는 데 있다고 가정한다면, 그녀가 가장 잘하고 다른 사람들이 그녀에게 원하는 일의 분야가 그녀 자신이 원하는 다른 영역에서의 성장을 의미하지는 않을 것이다.

Sheila는 몇몇 대안을 지니고 있다. 회계학이라면 지겨운 그녀이기 때문에, 그녀는 그 회계 담당자 자리를 거절할 수 있다. 혹은 그녀는 회계 담당자 일은 수용하고, 군중 연설 스킬을 기를 수 있는 또 다른 활동을 찾아볼 수도 있을 것이다.

불행히도 이 두 가지 선택 모두 각각의 문제점을 수반한다. 그녀의 발전 계획의 역할과 회계 담당자의 역할을 섞어 그녀에게 더 많은 기회를 줄 또 다른 대안이 남아 있다. 예를 들어, Sheila는 문서로 작성된 보고를 하기보다는 구두로 위원회에 보고하는 방법을 택할 수 있다. 또한 그녀는 자선활동과 전문가적 측면에서의 자선의 필요성에 대한 대중 교육을 목적으로 지역 서비스 클럽에서 발표를 할 수도 있을 것이다. 여기서 중요한 것은 리더들이 그들의 개인 개발 계획을 행동으로 옮기기 위한 기회를 찾는 것을 숙고해야 한다는 점이다. 리더들은 그들이 할 수 있는 범위 안에서 사건을 조절하는 것을 연습해야만 한다. 그들은 이러한 상황들이 역효과로 나타나지 않도록 해야 한다.

리더 본인의 발전을 위한 계획의 첫 번째 단계는 실제로 그의 목표가 무엇인지를 규명하는 것이다. 위에서 제시한 예에서 Sheila는 이미 대중 연설하기를 발달시키고 싶은 목표로 규명했음을 보여준다. 그러나 리더가 자신이 증진시켜야 하는 것이 무엇인지 확실히 알지 못한다면 어떻게 해야 할까? 앞서 설명했듯이 리더들은 많은 다양한 자료들로부터 체계적으로 정보를 수집해야 한다. 리더들은 현재 직업성과에 대한 리뷰가 적용할만하다면 그것을 통해 어디서부터 개선해 나갈지에 대한 정보를 얻을 수 있다. 이상적으로 리더들은 그들의 상사로부터 자신의 상대적인 강점과 약점을 파악하기 위한 피드백을 받아왔을 것이다. 그들은 이 피드백을 자신의 개발 요구에 도움이 되는 시각으로 여겨야만 한다. 또한 리더들은 동료들과의 상호작용이 그들이 노력해야 하는 것에 대한 아이디어를 얻을 수 있는 원천임을 알아야 한다. 특히 전혀 다른 상황에서 다른 사람들과의 관계에서 같은 종류의 문제가 발생하더라도 리더들은 그것을 알아차려야 한다. 다양한 경우에 그들 자신의 역할을 가능한 한 객관적으로 보아야 한다. 어떤 행동의 변화가 타인들과의 업무 관계를 더 잘 촉진할 수 있는지에 대한 단서를 찾을 수도 있기 때문이다. 개발 목표를 규명하는 또 다른 방법은, 조직 내 더 높은 단계에서 혹은 지금까지와는 다른 역할에서 효과적으로 기능을 하기 위해 요구되는 새로운 기술을 예견하는 것이다. 마지막으로, 리더들은 리더로서 그들이 지니고 있는 상대적인 강점과 약점을 파악하기 위해 공식적인 심리검사나 설문조사를 이용할 수 있다.

또한 리더십에 대한 인식의 폭을 넓히기 위해, 리더들이 그들의 개발 계획에

리더십에 대한 인식의 폭을 넓히기 위해, 리더들이 그들의 개발 계획에 포함시켜야 할 여러 가지의 활동 중에 중요한 하나의 활동은 독서이다.

포함시켜야 할 여러 가지의 활동 중에 중요한 하나의 활동은 독서이다. 독서는 고전뿐만 아니라 현대 소설, 전기, 성공한 리더들의 자서전, 윤리와 사회적 책임에 대한 수필, 다양한 리더십과 관리 사건에 대해 다룬 다채로운 자기계발 서적들을 포함한다. 리더십 개발의 아주 중요한 부분은 지적 자극과 성찰이다. 따라서 적극적인 독서 프로그램은 리더십 개발에서 절대로 빼놓을 수 없다. 심지어 리더들은 그들이 읽은 책에 대한 의견을 교환하기 위한 정기적인 그룹 토론 모임을 형성하거나 그 모임에 참여하기를 원할 수도 있다. Bass는 의사소통 효과성은 누군가가 다른 사람들에게 무엇인가를 말하고 그들이 말한 것을 확실히 이해하게 하는 정도라고 정의했다.[2] 일반적으로 효과적인 의사소통은 의도된 메시지가 송신자에게서부터 수신자에게 전달되는 확률을 높이는 능력을 포함한다. 연구에서는 좋은 리더들은 감정과 아이디어를 소통하고, 타인의 새로운 생각을 구하고, 효과적으로 논쟁을 하고, 입장을 옹호하며, 타인을 설득한다.[3-5] 비록 부하들에 대해서는 훨씬 적은 연구들이 수행되었지만, 이것은 좋은 부하들을 설명하는 데도 똑같이 적용될 수 있다. 게다가 리더의 의사소통 수준은 부하직원들의 만족뿐만 아니라 그들의 생산성과 서비스의 수준과도 긍정적인 상관관계를 보인다.[6,7] 또한 효과적인 의사소통 스킬은 리더와 부하들 모두에게 중요한 조직 의사결정에 필요한 정보에 접근할 권한을 더 많이 제공하기 때문에 더욱 중요하다.[8]

효과적인 의사소통 기술은 리더와 부하들 모두에게 중요한 조직 의사결정에 필요한 정보에 접근할 권한을 더 많이 제공하기 때문에 더욱 중요하다.

14.2 의사소통

- 당신의 목적이 무엇인지 이해하라
- 적절한 문맥과 매체를 선택하라
- 명백한 신호를 보내라
- 타인이 메시지를 이해하도록 적극적으로 지원하라

의사소통의 체제적 관점은 [그림 14.1]에 그려져 있다. 의사소통은 특정한 정보를 사람들과 교환하기 위한 의도를 가지고 시작되는 과정으로 이해하는 것이

의사소통은 특정한 정보를 사람들과 교환하기 위한 의도를 가지고 시작되는 과정으로 이해하는 것이 가장 바람직하다.

가장 바람직하다. 그 의도는 결과적으로 의도한 바가 적절히 전달되거나 그렇지 못하기도 한 특정한 표현으로 나타난다. 다음은 받아들이는 이해 단계이다. 약하거나 왜곡된 라디오 신호 또는 오작동하는 안테나처럼 받은 것은 항상 송신자가 보낸 것과 동일하지 않을 수 있다. 이해 단계 이후로는 해석 단계가 뒤따른다. 만약 운전기사가 "여기서 돌까요?"라고 물어보았을 때 승객이 "Right!"이라고 대답한다면 승객은 오른쪽을 의미한 것일까? 여기서 돌아 달라고 대답한 것일까? 결국 단지 정보를 받고 해석하는 것만으로는 충분하지 않음을 보여준다. 다른 사람들의 해석이 최초에 의도된 것과 일치하지 않을 수도 있다. 그러므로 피드백 고리를 갖는 것은 의사소통의 효과성을 평가하는 데 항상 큰 도움이 된다.

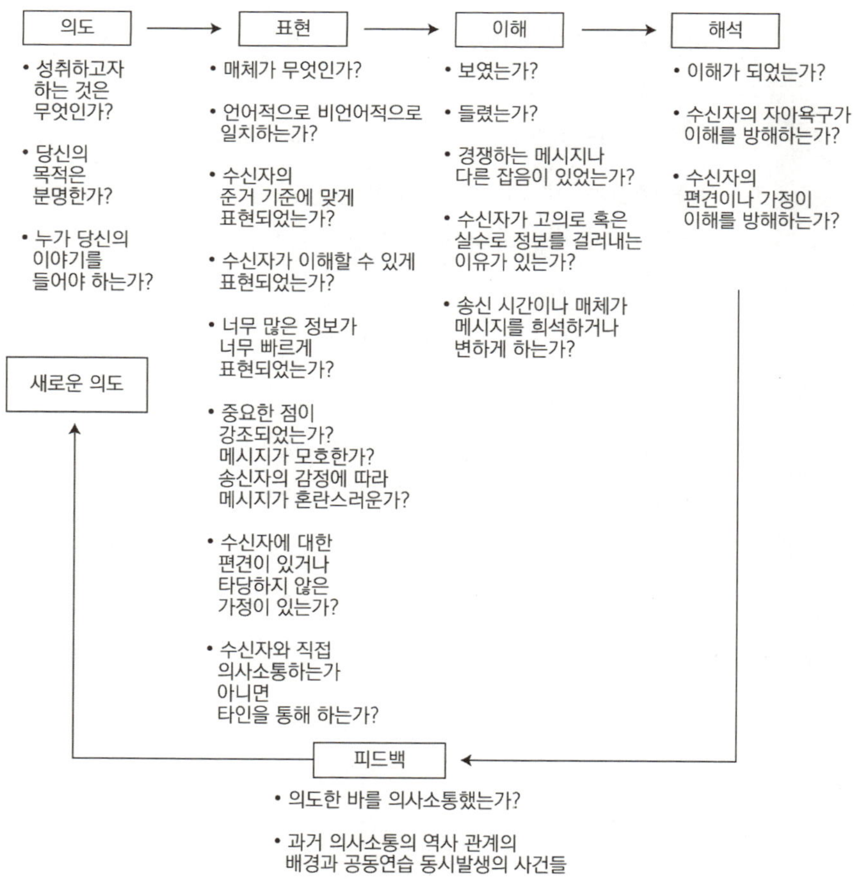

[그림 14.1] 의사소통의 체제적 관점

의사소통 스킬의 행동 구성요소는 언어적이고 비언어적인 의사소통에 수반되는 행동들을 고려한다.

우리는 또한 의사소통 스킬을 평가하기 위해 이용되어 온 지식, 행동 및 기준에 대해 생각하기 위해 [그림 14.1]에 나와 있는 도식을 이용할 수 있다. 이 모형에 의하면 의사소통 스킬의 지식 구성요소는 리더들의 의도를 고려한다. 그들은 어떤 매체가 가장 효과적인지 알고, 메시지가 전달되고 이해되었다는 것을 알고 있다. 의사소통 스킬의 행동 구성요소는 언어적이고 비언어적인 의사소통에 수반되는 행동들을 고려한다. 수신자가 메시지를 잘 이해했는지 아닌지를 고려하는 피드백은 의사소통 스킬의 평가 구성요소들을 구성한다. 피드백 측면에서 중요한 측면은 그것이 의사소통 과정에서 이전 단계의 결과라는 점이다. 실제로 의사소통 과정의 효과성은 이 의사소통 과정의 모든 단계를 성공적으로 통합하는 것에 달렸다. 예를 들어, 말하는 능력, 즉 단지 한 단계의 효과성으로는 충분하지 않다. 이 모든 시스템이 효과적으로 운영되었는지에 따라 성공적인 의사소통 여부를 판단해야 한다.

이 모형은 또한 왜 의사소통 장애가 발생하는지에 대한 많은 이유를 제안한다. 예를 들어, 의사소통 장애는 메시지의 목적이 불분명하거나 리더나 부하직원의 언어적, 비언어적 행동이 일치하지 않을 때 발생한다. 또한 수신자가 메시지를 듣지 못하거나 다른 사람이 메시지를 잘못 해석할 수도 있다. 대부분의 사람들은 자신들을 효과적인 의사소통자라고 생각한다. 그리고 메시지를 보낸 사람들과 받은 사람들은 의사소통 장애가 상대방의 잘못이라고 믿는 경향이 있다. 의사소통 장애는 종종 문제에 대해 다른 사람을 비난하거나 손가락질하게 만든다([그림 14.2] 참조). 의사소통 장애를 수반한 비난을 받지 않기 위해서는 의사소통을 별개의 개인적인 활동이 아닌 하나의 과정이라고 생각해야 한다(예를 들어, 어떤 사람에게 지시를 하는 것). 이 의사소통 모형을 이용함으로써 리더십 실천가들은 흔히 의사소통 장애로 인해 발생하는 갈등을 최소화할 수 있게 된다.

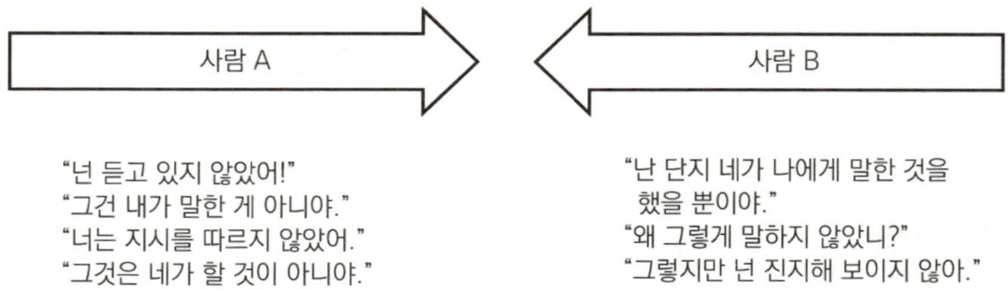

[그림 14.2] 의사소통의 장애는 때때로 비난을 유발한다

[그림 14.1]의 모형은 리더십 실천가들에게 어떻게 하면 의사소통 기술을 향상시킬 수 있을 것인지에 대한 많은 의견들을 제공할 수 있다. 그들은 1) 이야기를 시작하기 전에 그들의 의사소통 목적이 무엇인지 분명하게 하고, 2) 메시지에 적합한 문맥과 매체를 선택하고, 3) 명백한 신호를 보내고, 4) 적극적으로 타인이 메시지를 이해하게 함으로써 의사소통 스킬을 발달시킬 수 있다. 다음은 리더들이 그들의 의사소통 기술을 향상시킬 수 있는 다른 방법들에 대해 더 자세히 논의하겠다.

14.2.1 당신의 목적이 무엇인지 이해하라

> 어떤 사람이 그가 무엇을 전달하고자 하는지 확실히 알고 있다면 사람들과 보다 효과적으로 의사소통할 것이다.

어떤 사람이 그가 무엇을 전달하고자 하는지 확실히 알고 있다면 사람들과 보다 효과적으로 의사소통할 것이다. 목적을 앎으로써 리더와 부하직원은 의사소통을 공식적으로 할 것인지 혹은 사적으로 할 것인지, 구두로 할 것인지 서면으로 할 것인지 등을 결정할 수 있다. 이러한 의사결정들은 사소해 보이지만 어떻게 그리고 어디에서 의사소통이 되는지에 따라 메시지의 특별한 내용은 강화되거나 사라질 것이다.

14.2.2 적절한 문맥과 매체를 선택하라

경험상 리더들은 부하직원들을 공식적인 자리에서는 치하하고, 사적인 자리에서만 벌을 주거나 비난해야 한다. 이는 모든 의사소통의 효율성을 높이기 위해 물리적이고 사회적인 상황의 설정이 중요함을 의미한다. 예를 들어, 리더가 사무실을 가지고 있다면, 부하직원들과의 의사소통이 얼마만큼 그의 사무실에서 발생해야 하고 얼마만큼 부하직원의 근무 공간에서 이루어져야 하는가?

때로는 사무실이 이야기를 하기에 가장 좋은 공간이다. 그러나 위의 결정이 리더들이 고려해야 할 전부는 아니다. 사무실 가구의 배치는 효과적인 의사소통을 강화할 수도 방해할 수도 있다. 비공식적인 개인적인 대화는 두 사람이 90도 각도로 앉아 있거나 서로 가까이 앉아 있을 때 강화된다. 더 공식적인 대화는 리더는 앉아 있고 부하 직원들은 선 채로 있을 때, 혹은 리더가 책상 너머로 직원들과 대화할 때 강화된다.

게다가 리더의 의사소통은 더 넓은 의미의 실제 연습, 정책, 절차를 포함하는 전체적인 조직 맥락에서 주로 발생한다. 리더들은 그들의 언행이 무의식중에 잘리거나 그들의 상사를 포함한 폭넓은 조직의 의사소통에 모순되지 않도록 신경써야 한다. 조직의 요소들은 어떤 특정한 의사소통이 구두로 표현되는 것이 적합한지 서면이 가장 적당한지 결정하는 것을 돕는다. 구두 의사소통은 가장 즉각적, 개인적이고 역동적이며 주로 가장 감동적이다. 의사소통은 쌍방향이고 개인적인 측면이 특히 중요시되는 것이 바람직하다. 이와는 정반대로 리더들에게 의사소통의 기록이 필요하거나, 다른 사람들에게, 다른 시간에, 다른 상황에서 특정한 방법으로 표현되어야 할 때는 서면 의사소통(영구적 형태인)이 가장 적절하다.

14.2.3 명백한 신호를 보내라

리더들과 부하직원들은 여러 방법으로 그들의 의사소통의 명료성을 강화시킬 수 있다. 첫째, 타인의 지식, 가치, 경험 그리고 기대의 정도를 고려하는 것과 어떻게 이 특징들이 그들의 준거 기준에 영향을 미칠지 염두에 두는 것이 도움이 될 것이다. 예를 들어, 리더가 조직의 새로운 정책에 대해 부하직원들에게 간단히 설명할 때, 부하직원들은 그들의 각기 다른 가치와 기대에 따라 정책을 다르게 해석할 것이다. 직원들의 준거 기준에 민감하고 그에 상응하게 메시지를 수정함으로써 리더들은 의사소통 장애를 최소화할 수 있다. 메시지를 명료화하는 또 하나의 방법은 메시지를 전달하기 전에, 직원들과 공동의 준거 기준을 만들어 놓는 것이다. 옳은 준거 기준이 알려진다면, 이전의 혼란스러웠던 요소를 이해할 수 있을 것이다. 새로운 것을 소개하기 이전에 공통의 준거 기준을 그린다면, 직원들은 새롭

> 메시지를 명료화하는 또 하나의 방법은 메시지를 전달하기 전에, 직원들과 공동의 준거 기준을 만들어 놓는 것이다.

거나 모호한 요소들을 더 쉽게 이해하게 된다.

명백한 신호를 보내는 또 다른 방법은 익숙한 용어와 개념을 이용하는 것이다. 수신자들이 그 용어들에 익숙하다면 메시지를 명확히 하고 생략할 수 있을 것이다. 그러나 전문 용어들을 포함한 내용들은 그 용어에 익숙하지 않은 수신자들을 혼란스럽게 할 것이다. 예를 들어, 미국 공군사관학교의 신입 사관학교 생도가 다른 사람에게 "나는 3개의 GR과 PCE, SAMI 후에 우리에게 필요할 이번 주말 ONP를 받았으면 좋겠다."라고 말했다. 2학년 생도들은 이 조직의 전문 용어들을 알고 있기 때문에 신입 생도가 무슨 말을 했는지 이해하는 데 어려움이 없을 것이다. 그러나 공군사관학교에 대해 잘 모르는 사람은 이 대화가 무슨 뜻인지 감도 잡지 못할 것이다. 리더들은 그들이 사용하는 전문 용어를 부하직원들(특히 경험이 부족한 경우)이 이해하는지 확실히 알고 있어야 한다(궁금해하는 분들을 위해, 위 문장에서 생도가 말한 문장은 "나는 3개의 이론 시험과, 군사시험, 방 검사를 마치고 우리에게 필요할 이번 주말 시내 외출 허가증을 받았으면 좋겠다."라는 의미이다).

메시지의 명료성을 향상시키기 위한 다른 두 가지 방법은 애매하지 않고 구체적인 용어들을 사용하는 것과, 언어적 · 비언어적으로 일치하는 신호를 보내는 것이다.

메시지의 명료성을 향상시키기 위한 다른 두 가지 방법은 애매하지 않고 구체적인 용어들을 사용하는 것과, 언어적 · 비언어적으로 일치하는 신호를 보내는 것이다. 실제로 "당신의 매출액은 지난달에 비해 22%나 떨어졌어."라고 부하 직원에게 말하는 리더는 "당신의 성과는 정말 한심해."라고 이야기하는 리더에 비해 리더의 걱정과 경고를 직원들의 거부 없이 효과적으로 전달할 것이다. 그러므로 메시지가 구체적일수록 수신자는 메시지의 의미에 대해 혼란스럽지 않을 것이다. 게다가 리더는 그들의 비언어적 신호가 메시지의 내용과 일치할 때 더 효과적인 의사소통가가 될 것이다. 모든 사람들과 마찬가지로 부하직원들은 리더가 언어적 메시지와 비언어적 메시지를 섞어 사용할 때 혼란스러워할 수 있고 비언어적 신호를 믿는 경향이 있다.[10] 이와 유사하게 부하직원들은 혼합된 메시지를 보낼 수도 있다. 의사소통은 이 두 가지 방법 모두를 사용해 이루어진다.

언어적인 신호와 비언어적인 신호가 불일치하는 하나의 파괴적인 형태는 풍자이다. 리더와 팔로워 간의 신뢰를 무너뜨리는 것은, 메시지 자체에 대한 분노라기보다는 정직하지 못한 단어로 전달되는 암시적 메시지이다. 리더들이 부하직원들과 그들의 일시적인 감정을 나누는 것은 현명한 생각이 아니다. 그러나 만약 리더가 그들의 감정을 공유할 것이라면, 두 신호가 일치하는 방법으로 공유하는 것이 좋다. 이와 같이 부하직원들도 상사들과 그들의 일시적인 감정을 공유하는 것은 현명하지 못한 것이다. 그러나 만약 공유했다면, 언어적, 비언어적 행동이 일치하는 것은 매우 중요하다.

14.2.4 타인이 메시지를 이해하도록 적극적으로 지원하라

리더와 직원들은 쌍방향 의사소통을 실행하고 타인의 감정 반응을 살핌으로써 다른 사람들이 메시지를 이해했음을 확신할 수 있다. 효과적인 리더들과 부하직원들은(주로 부하직원보다는 리더의 통제하에 있는) 쌍방향 의사소통에 적극적으로 참여하는 경향이 있다. 이것은 피드백을 구하고 서로의 업무 분야에 참가하는 것과 같은 많은 방법을 통해 이루어진다. 리더의 경우 개방 정책에 대해 진지한 태도를 갖는 것이 해당된다.[11]

비록 이러한 단계들은 똑바로 나타날지라도, 리더들은 보편적으로 부하직원이 인식하는 것보다 훨씬 더 자신이 쌍방향 의사소통을 자주 사용한다고 믿는다[12]. 리더는 자신의 메시지가 정확하게 전달되었는지를 알기 위해, 팔로워가 보내는 비언어적 신호에 주의를 기울이면 도움이 된다. 직원들의 언어적, 비언어적 메시지들이 일치하지 않는 것처럼 보이는 것은 아마 전달된 메시지가 분명하지 않기 때문일 것이다. 예를 들어, 부하직원들은 그들이 특정 업무를 이해하고 있다고 언어적으로 인정할 때 혼란스러워 보일 수 있다. 이런 경우에 리더들은 혼합된 신호를 직접 보냄으로써 혼란을 해소하는 데 유용할 수 있다.

14.3 경청

- 당신이 듣고 있는 것을 비언어적으로 표현하라
- 송신자의 메시지를 적극적으로 해석하라

- 송신자의 비언어적 행동에 주목하라
- 방어적인 자세를 피하라

우리 의사소통의 체제적 관점은 의사소통의 효과성이 정보의 전달과 수신에 의존함을 강조했다. 따라서 일반적인 의사소통 주제에서 경청의 주제를 구별해 내는 것은 일관적이지 않아 보일 수도 있다. 당신은 경청이 의사소통의 부분이 아니냐고 물어볼 것인가? 당연히 경청은 의사소통의 일부이다. 우리가 경청을 따로 떼어 다루는 것은 중요성을 강조하기 위함이다. 대부분의 의사소통 토론은 전송 부분만 강조되고 수신 부분은 무시되는 것 같아 보인다. 좋은 리더들과 부하직원들은 쌍방향 의사소통의 가치를 인식하고 있다. 다른 사람의 말을 경청하는 것은 그들에게 자신을 분명하게 표현하는 것만큼 중요하다. 리더 역할을 하는 사람들은 그들이 가지고 있는 정보가 최상이라고 생각하는데, 그들이 지닌 정보의 대부분은 그들 주변에서 일어나는 일들을 보고 듣는 것으로부터 온다.

경청이란 자유투처럼 따로 능력을 기르기 위해 연습을 해야 하는 것이 아니라, 단지 말해진 것에 대한 반사적인 반응처럼 보일 수 있다.

먼저, 경청하는 것을 스킬로 이야기하는 것은 이상하게 느껴질 수 있다. 경청이란 자유투처럼 따로 능력을 기르기 위해 연습을 해야 하는 것이 아니라, 단지 말해진 것에 대한 반사적인 반응처럼 보일 수 있다. 그러나 가장 좋은 청자는 소극적이지 않고 적극적인 사람이다.[13] 소극적으로 듣는 경우, 수신자는 발표자가 말을 하고 있으나 그 말을 이해하는 것에 집중하지 않게 된다. 그 대신, 다음에 나올 이야기가 무엇일지에 대해서 생각하거나 발표자의 이야기를 듣는 것이 얼마나 지루한지에 대해 생각할 수 있다. 둘 중 어떠한 경우이든 수신자는 송신자의 이야기에 관심을 두고 있지 않다. 다른 사람이 이야기한 전체적인 내용을 온전히 얻기 위해서는 적극적인 경청을 연습해야 한다. 적극적으로 경청하는 개개인은 특정한 비언어적인 행동 유형을 보인다. 송신자의 메시지를 방해하지 않으며, 송신자의 메시지를 자신의 언어로 정리하고 송신자의 다양한 비언어적 신호를 살펴보는 것이 비언어적 행동 유형의 예이다. 자신이 어떤 비언어적 신호를 보내야 하는지를 아는 것과 송신자의 비언어적 신호를 바르게 해석하는 것은 경청 스킬의 지식 구성요소이다. 어떤 사람의 비언어적 신호들은 행동의 구성요소이며, 송신자의 메시지를 얼마나 쉽게 바꾸어 말할 수 있는지는 경청 기술의 평가 요소를 구성한다.

또한 타인을 더 잘 이해하는 것에 덧붙여, 적극적인 듣기는 어떤 사람이 다른 사람을 존경한다는 가시적인 표현 방법이다. 특히 높은 자기관찰 점수를 지닌 사람들은 그들이 말하는 것에 다른 사람들이 진심으로 주의를 집중하지 않는 것을 종종 느낄 수 있다. 만약 부하직원들이 자신이 경청된다고 느끼지 않는다면, 그들은 자신의 시간을 리더에게 정보를 제공하는 데 쓰는 것이 가치 있는 일이 아니라고 쉽사리 결정할 것이다. 리더도 마찬가지일 것이다. 다른 사람이 이야기하는 것을 그만두지 않도록 하기 위해서는 리더들과 부하직원들은 많은 방법으로 그들의 적극적인 경청 스킬을 발전시켜야 할 것이다. 기술을 향상시키기 위한 몇 가지 팁은 1) 적극적 경청과 함께 수반되는 비언어적 신호를 표현하고, 2) 송신자의 메시지를 적극적으로 해석하고, 3) 송신자의 비언어적 행동을 인식하고, 4) 방어적인 태도를 최소화하는 것이다. 다음은 적극적인 경청 기술을 향상시키기 위한 이 4가지 방법에 대해 자세히 논의하겠다.

14.3.1 당신이 듣고 있는 것을 비언어적으로 표현하라

당신이 발표자에게 온전히 집중하고 있음을 반드시 비언어적인 행동을 통해 보여줘라.

당신이 발표자에게 온전히 집중하고 있음을 반드시 비언어적인 행동을 통해 보여줘라. 많은 사람들은 듣기가 일방적인 과정이라고 착각한다. 정보의 흐름이 단지 송신자에서부터 수신자로 이루어진다고 생각하는 것이 그럴듯해 보일지라도, 적극적인 경청의 핵심은 모든 의사소통과정, 심지어 듣기까지도 쌍방향 과정으로 보는 것이다. 듣는 사람들은 그들이 말하는 사람에게 집중하고 있음을 몸짓을 통해 보여준다. 그들은 정신적으로, 육체적으로 몰입하게 된다. 적극적으로 듣는 사람들은 말하는 사람과 시선을 마주치고, 멍하니 시간을 보내지 않고, 다른 곳으로 시선을 돌리지 않는다. 그들은 그들이 말하는 사람이 해야 하는 말에 진짜로 관심이 있음을 보여준다.

14.3.2 송신자의 메시지를 적극적으로 해석하라

적극적인 듣기의 핵심은 송신자가 실제로 의미하는 바를 이해하려고 노력하는 것이다. 즉, 완벽한 인간 녹음기가 되는 것만으로는 충분하지 않다. 우리는 사람의 언어 뒤에 숨어 있는 의미를 찾아야만 한다. 첫째로 이것은 듣는 사람이 송신자의 생각에 열린 생각을 가지고 있어야 함을 의미한다. 이것은 말하는 사람을 방해하지 않으며, 발표자가 메시지를 전달하는 중에 미리 자신이 발표자에게 무엇을 말할지를 계획하지 않는 것을 의미한다. 게다가 좋은 청자(聽者)는 말하는 사람의 메시지를 전부 듣기 전까지는 판단을 보류한다. 이러한 방법으로 청자(聽者)는 그들 마음속의 메시지를 보내는 것을 피하고 송신자가 말하고자 하는 것에 대해 성급히 결론 내리는 것을 피한다. 너무 단정적으로 말하기를 피하는 이유는 그것이 오히려 하고 싶은 이야기를 하지 못하게 할 수도 있기 때문이다.

송신자가 무엇을 말하고 있는지 적극적으로 해석하는 또 하나의 좋은 방법은 송신자의 메시지를 자신의 말로 나타내는(paraphrase) 것이다.

송신자가 무엇을 말하고 있는지 적극적으로 해석하는 또 하나의 좋은 방법은 송신자의 메시지를 자신의 말로 나타내는(paraphrase) 것이다. 말하는 사람의 생각을 그들 자신의 말로 표현함으로써 리더들은 부하직원들이, 또 직원들은 리더들이 말하는 것을 완전히 이해하고 있다고 더 잘 확신시킬 수 있다. 아무리 간단한 생각이라도 의역하는 것의 중요성은 다음 대화에서 분명히 드러난다.

Sarah: "Jim은 절대로 선생님이 되지 말았어야 했어."

Fred: "네 말은, 그가 아이들이랑 함께 일하는 것을 좋아하지 않는다는 말이니? 아니면 그가 너무 참을성이 없다는 말이야?"

Sarah: "아니, 둘 다 아니야. 내 생각에 그의 눈이 높아서, 그가 선생님의 봉급에 실망할 것 같다는 거야."

이 예를 보면, Fred는 Sarah가 한 말의 의미를 자신은 어떻게 생각하는지를 말함으로써, 그녀가 자기 말의 의미를 분명히 하도록 했다. 만약 그가 단지 "나는 네가 무슨 의도로 말했는지 알아."라고만 말했다면, Fred와 Sarah는 서로 동떨어진 생각을 하고 있음에도 불구하고 동의했다는 결론을 내렸을 것이다. 의역은 또한 다른 사람이 한 말에 대한 당신의 관심을 적극적으로 표현한다. [하이라이트 14.1]는 당신의 경청 기술을 향상시켜주기 위한 메시지의 부연설명을 돕는 다양한 "의사소통 길잡이"를 제공한다.

의역과 상호 이해를 돕기 위한 의사소통의 길잡이

하이라이트 14.1

당신의 입장에서 보면...
당신이 ...하는 것처럼 보인다.
당신이 이것을 ...하게 보았듯이...
당신은 ...하게 생각한다.
내가 듣기로는 당신이 ...라고 했다.
당신은 ...하다는 의미인가요?
내가 당신이 의도한 것을 이해했는지 잘 모르겠는데 ...가 맞습니까?
나는 ...에 대해 ...한 인상을 받았다.
당신은 ...라고 생각하는 것 같다.
내가 틀렸다면 정정해 주세요, 그러나...

14.3.3 송신자의 비언어적 행동을 주목하라

송신자의 메시지를 의역하는 것, 송신자의 비언어적 신호를 예리하게 잡아내는 것을 포함한다.

사람들은 다른 사람이 말한 것을 이해하기 위해 모든 도구를 이용해야만 한다. 이것은 송신자의 메시지를 의역하는 것, 송신자의 비언어적 신호를 예리하게 잡아내는 것을 포함한다. 메시지에 담긴 사회적인 의미는 비언어적으로 전달되는 경우가 많으며, 언어적인 신호와 비언어적인 신호가 대립할 때, 사람들은 주로 비언어적 신호를 믿게 되는 경향이 있다. 그러므로 비언어적 신호에 주의를 기울이지 않고서는 어느 누구도 효과적인 청자가 될 수 없다. 경청은 단지 말하는 사람이 사용하는 언어 이상의 것을 듣는 것을 요구한다. 이것은 말하는 사람의 목소리 크기, 톤, 빠르기를 통해 표현되는 감정을 듣는 것뿐만 아니라 얼굴 표정, 자세, 몸짓 등을 보는 것을 의미한다. 마치 대본을 읽는 것보다 무대에서의 연기자들을 보는 것이 좋듯이, 행동은 메시지에 담긴 순수한 언어적인 내용보다 훨씬 풍부한 의미를 지닌 충분한 정보를 전달한다.[14] 송신자가 “진짜” 느끼는 것이 무엇인가를 해석할 수 있는 비언어적 단서에 대한 쉬운 암호 해독책은 없을지라도, 청자는 송신자의 언어적, 비언어적 행동의 혼합된 신호를 지각할 때마다 송신자가 말하고자 하는 바를 탐구해야만 한다.

14.3.4 방어적인 자세를 피하라

방어적인 행동은 위협당했다고 느껴질 때 가장 나타날 가능성이 높다.[15] 비난받았을 때 방어적인 자세를 취하는 것은 당연해 보일지라도, 이러한 태도는 정보를 건설적으로 이용하는 능력을 약화시킨다. 방어적 자세를 취하면, 팔로워가 리더나 동료 직원에게 불쾌한 정보를 추가로 제공하지 않도록 만들 뿐 아니라, 리더 또한 팔로워에게 피드백을 주려는 의지가 감소하게 된다. 리더에게 있어서 방어적인 태도는 팀이나 조직 전체를 다치게 할 수도 있다. 왜냐하면 리더의 방어적인 태도는 누군가를 비난하고, 도덕적으로 좋고 나쁜 사람들을 구분하고, 다른 사람들의 동기에 의문을 품는 경향을 띠기 때문이다. 리더의 이러한 행동들은 긍정적인 업무나 팀 분위기를 형성할 수 없다.

리더들은 그들이 다른 사람의 입장에서 생각해보며 타인의 불평에 귀 기울임으로써 방어적인 자세를 줄일 수 있다.

리더들은 그들이 다른 사람의 입장에서 생각해보며 타인의 불평에 귀 기울임으로써 방어적인 자세를 줄일 수 있다. 리더는 자신과 자신의 정책이 다른 사람에게 어떻게 비쳐지는지를 중요시한다면 이점을 얻을 수 있다. 즉 다른 사람들이 리더를 어떻게 인식하고 있는지 안다면, 그들의 행동이나 정책을 더 좋게 바꿀 수 있을 것이다. 리더들은 다른 사람이 얼마나 틀렸는지 설명하려는 유혹을 피해야 하고, 대신 다른 사람이 인식하고 있는 바를 이해하려고 노력해야 한다. 리더가 방어적으로 행동하거나 옹졸하게 행동하는 사람인 경우에 이용하는 경고 신호는 대화를 시작할 때 "그건 그래, 하지만..."이라고 하는 것이다.

14.4 자기주장

- "나는"이라는 진술문을 사용하라
- 당신이 필요한 것을 표현하라
- 거절하는 방법을 배워라
- 당신의 내적인 대화를 관찰하라
- 끈기 있는 태도를 유지하라

자기주장적(단정적, 독단적) 행동이란 무엇이고, 자기주장 스킬이란 무엇인가? 기본적으로 단정적인 행동을 보이는 사람들은 다른 사람들이 같은 방식으로 동일하게 권리를 인식하는 바와 같이 그들이나 그들이 속한 그룹의 권리를 옹호할 수 있다([하이라이트 14.2] 참조). 앞서 논의된 기술들처럼, 자기주장 스킬도 지식, 행동, 평가라는 구성요소를 지니고 있다. 이미 언급되었듯이, 자기주장 스킬의 행동적인 요소는 건설적이며 적대적이지 않은 방법으로 자기 자신 또는 그룹의 권리를 옹호하는 것이다. 자기주장 스킬의 지식요소는 어디서, 그리고 언제 단정적으로 행동해서는 안 되는지를 아는 것을 포함한다. 지나치게 독단적인 사람들은 공격적이거나 주로 "전투는 이기지만 전쟁에서는 질 수도 있다"(작은 것은 얻을지 모르나, 궁극적인 목표 달성은 못 한다는 의미). 마지막으로 평가적인 요소는 개인이 자기 자신이나 자신이 속한 그룹의 권리를 옹호하는 데 성공하거나(실패하거나), 타인과 효과적인 방법으로 계속 일하는 데 성공하거나(실패하거나) 하는 면으로 작용한다.

자기주장에 대한 설문지

하이라이트 14.2

당신은 다른 사람들이 당신을 부당하게 대한다고 생각할 때 그것을 표현합니까?
당신은 공개적으로 타인의 생각을 비판할 수 있습니까?
당신은 회의에서 발표할 수 있습니까?
당신은 타인에게 작은 부탁을 청할 수 있습니까?
당신은 타인을 칭찬하는 것이 쉽습니까?
당신이 칭찬을 받았을 때, 당신은 마음속으로 그 칭찬을 깎아내리지 않고 받아들입니까?
당신은 사람들에게 이야기할 때, 그들의 눈을 바라볼 수 있습니까?

만약 당신이 대부분의 질문에 단호하게 대답할 수 있다면, 당신은 단정적으로 행동하고 있는 것입니다.

출처: R. E. Alberti and M. L. Emmons. *Your Perfect Right* (San Luis Obispo, CA: Impact, 1974)

묵인은 포기하고 항복하거나 변명하고, 표면에 나서지 않는 방법으로, 자신의 요구를 사과하듯 혹은 자신을 내세우지 않고 표현함으로써 상호 간의 갈등을 완전히 피하는 방법이다.

아마도 자기주장(단정적 행동)을 이해하기 위한 가장 좋은 방법은 갈등을 해결하기 위해 사람들이 가지고 있는 두 가지 스타일인 묵인(acquiescence, 단정적이지 않음)과 공격(aggression)을 구별하는 것이다.[16] **묵인**은 포기하고 항복하거나 변명하고, 표면에 나서지 않는 방법으로, 자신의 요구를 사과하듯 혹은 자신을 내세우지 않고 표현함으로써 상호 간의 갈등을 완전히 피하는 방법이다. 묵인은 때때로 정중함 혹은 유익함으로 합리화되기도 하지만, 같은 뜻은 아니다. 묵인하며 단정적이지 않은 사람들은 도전적인 것이 주어졌을 때 쉽게 항복한다. 그들 자신을 옹호하지 않음으로써, 그들은 권력을 타인에게 양도하고 그러한 과정에서 무시당하고 짓밟힌다. 목적을 달성하지 못한 실제적인 결과뿐만 아니라 묵인하는 태도는 죄책감, 분개, 자기비판, 낮은 자아상 등과 같은 여러 가지 부정적인 감정을 유발한다. 사람들은 가끔 다른 사람에 대한 묵인이 공손한 것이며 도움이 된다는 생각을 하여 본인들이 단정적이지 못함을 정당화한다. 그러나 이것은 단지 합리화에 불과하다.

반면에 **공격**은 타인을 공격하거나 다치게 함으로써 목표를 달성하는 것이다. 공격적인 사람들은 다른 사람들을 짓밟고, 그러한 공격적인 자세는 위협, 언어적 공격, 신체적 위협, 감정 폭발, 격정, 왕따시키기, 그리고 적개심과 같은 직접적인 형태와 잔소리하기, 소극적인 공격, 비협조적인 태도, 죄의식 환기, 그리고 상대방의 자율성을 침해하는 행동들과 같은 간접적인 형태를 포함한다. 공격적인 행동이 단지 감정적으로 강한 독단적인 형태가 아니라고 이해해야 한다. 공격적인 성향은 반작용을 나타내는 경향이 있고, 상처 받기 쉬운 감정과 자기 자신감의 부족에서부터 오는 경향이 있다. 공격적인 사람들은 상호 평등하게 존중하며 직접 대면하여 협조함으로써 문제점을 건설적으로 해결해 낼 수 있는 자신의 능력에 대해 마음속으로 의심을 품고 있다. 공격적인 것은 자신을 "승자"의 위치에 놓고 다른 사람들을 "패배자"의 역할에 놓음으로써 대인 관계의 조작 형태를 보인다.[17] 게다가 공격적인 사람들은 긍정적인 감정을 표현하는 데 어려움을 겪는다.

자기주장(단정적인 행동)은 묵인과 공격의 경우와는 다르다. 자기주장은 단지 묵인과 공격의 타협 또는 중간점이 아니다. 자기주장은 자신의 목적과 감정을 직접적으로 그리고 솔직히 표현하는 것을 의미하며, 상호 문제 해결의 정신과 숨

> 자기주장은 자신의 목적과 감정을 직접적으로 그리고 솔직히 표현하는 것을 의미하며, 상호 문제 해결의 정신과 숨기거나 감추기보다는 터놓고 말하는 믿음으로 타인에 대한 관심을 기꺼이 말하는 것을 포함한다.

기거나 감추기보다는 터놓고 말하는 믿음으로 타인에 대한 관심을 기꺼이 말하는 것을 포함한다. 자기주장은 [그림 14.3]에서 그리고 있듯이 묵인과 공격에서 정반대로 나타난다. 이 3가지 스타일의 질적인 차이들은 도망가고(묵인), 싸우고(공격), 문제를 해결하는 것(자기주장) 사이의 차이와 같다.

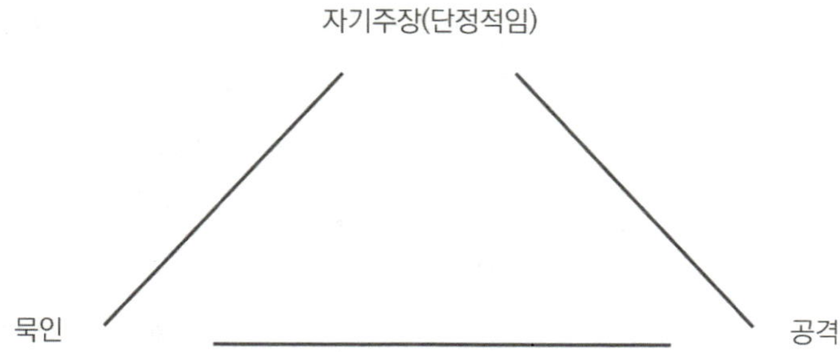

[그림 14.3] 자기주장적(단정적)인 행동과 묵인과 공격 사이의 관계

리더들이 부하직원에게 단정적으로 행동해야 할 필요는 어쩌면 자명해 보인다. 그러나 때때로 리더들은 그들의 상사들에게도 단정적이어야 할 필요가 있다. 필요에 따라 부하직원들도 종종 다른 동료직원들, 때로는 그들의 상사들에게까지도 단정적이어야 한다. 예를 들어, 중간 단계의 상사는 수행기대에 대해 분명하고 직접적으로 부하직원과 의사소통해야 할 것이다. 그리고 그들은 상사들에게 그들의 부하직원들의 이익을 위한 강력한 옹호자가 되어야 한다. 마찬가지로, 리더들은 때로는 그들의 상사에게 안 좋은 소식을 전해야 하기도 한다. 이때 머뭇거리거나 조심스럽게 하는 것보다는 오히려 직접적으로 전하는 것이 가장 좋은 방법이다. 직원들은 좋지 않은 업무 습관으로 인해 그룹에 불리한 영향을 미치고 있는 동료에게 단정적으로 행동할 필요가 있다. 게다가 리더들은 이따금 권력을 쥐고 있는 집단의 대표자들이나 특별한 이익 집단들에 대해 단정적이어야 한다. 예를 들면, 거주 지역에서 새로운 초등학교를 찾는 공동체 집단의 리더는 지역 학교 위원회 직원들에게 매우 단정적인 기준을 적용해야 할 것이다.

가장 단정적으로 대하기 힘든 사람들은 친구들, 가족들, 그리고 동료들임을 알아두는 것이 좋다. 친구들이나 동료에 대해 단정적으로 행동하기를 실패한 리더들은 "애빌린 패러독스(Abilene paradox)"의 희생자가 될 위험을 감수한다([하이라이트 14.3] 참조).

애빌린 패러독스(Abilene paradox)

하이라이트 14.3

5,607명이 살고 있는 텍사스 Coleman의 7월 오후는 화씨 104도로 유난히 더웠다. 게다가 바람은 고운 텍사스 흙을 집 안으로 날리게 하고 있었다. 그러나 오후는 아직 참을만, 즉 즐길만했다. 선풍기는 뒤 현관에서 공기를 휘젓고 있었고, 그곳에는 차가운 레모네이드도 한 잔 있었다. 마지막으로 그곳에는 도미노도 있었다. 완벽한 조건이다. 이 게임은 때때로 "그것들을 섞어."라고 중얼거리는 것보다 좀 더 많은 신체적인 노력을 필요로 한다. 또한 도미노 칩을 탁자 위 적절한 위치에 놓기 위해서는 차분한 팔의 움직임이 요구된다. 무엇보다도 중요한 것은 그들은 Coleman에서 마음에 드는 일요일 오후를 보냈다는 점이다. 그 즐거웠던 기분은 나의 장인이 갑자기 "차를 가지고 Abilene에 가서 식당에서 저녁을 하자꾸나."라고 하기 전까지였다.

나는 "뭐? 53마일이나 되는 Abilene에 가자고? 이 먼지 날리고 후끈거리는 날씨에? 그리고 에어컨도 나오지 않는 1958년형 Buick을 타고?"라고 생각했다.

그러나 나의 아내는 "좋은 생각 같네요. 저도 가고 싶어요. Jerry, 당신은 어때요?"라며 장단을 맞추었다. 내 생각은 명백히 나머지 사람들이 원하는 것에서 벗어나 있었기 때문에, 나도 "그게 좋을 것 같아. 당신의 어머니도 가고 싶어 하시면 좋겠어."라고 대답하였다.

그러자 장모님은 "당연히 나도 가고 싶다네. Abilene에 가본 지 꽤 오래됐구먼."이라고 하셨다.

그래서 우리는 차를 타고 Abilene으로 향했다. 나의 예상은 적중했다. 열기는 살인적이었고, 도착할 때 즈음, 우리의 피부는 땀과 먼지가 결합된 것이 층을 이루고 있었다. 106마일을 달려 한 4시간쯤 후에, 우리는 더위에 지쳐 Coleman으로 돌아왔다. 우리는 말없이 선풍기 앞에 오랜 시간 앉아있었다. 그러고 나서 나는 정적을 깨고 사교성 있게, "정말 즐거운 외출이었어요, 그렇죠?" 하고 마음에 없는 말을 하였다. 아무도 대답하지 않았다.

마침내 나의 장모님은 짜증 섞인 목소리로 "글쎄, 사실 정말 재미없었다네. 차라리 집에 있을 걸 그랬구먼. 난 사실 나를 제외한 3명이 정말 가고 싶어 하는 것 같아서 따라간 것뿐이었어. 너희 모두가 나에게 가자고 하지 않았다면, 나는 가지 않았을 것이라네."라고 하셨다. 나는 믿을 수가 없었다. 나는 장모님께 "'너희 모두'라니 무슨 말씀이세요? 저를 '너희 모두' 집단에 넣지 말아 주세요. 저는 도미노가 재미있었어요. 가고 싶지 않았다구요. 저는 단지 다른 분들을 만족시켜드리기 위해 갔어요. 당신들이 원인이에요."

내 아내도 충격 받은 듯해 보였다. "나를 문제의 원인으로 취급하지 말아요. 당신이랑 아버지, 어머니가 가고 싶어 하던 사람들이잖아요. 난 단지 우리 가족을 기쁘게 하기 위해 갔던 것뿐이에요. 내가 미쳤어요? 이렇게 더운데 나가고 싶어 하게?" 그녀의 아버지가 한 마디로 대화에 끼어들었다. "쉿." 그리고 그는 이렇게 이야기함으로써 이미 명백한 사실을 다시 한 번 확인시켰다. "잘 듣게, 나는 Abilene에 가고 싶어 한 적이 없다네. 난 단지 자네들이 지루해할지도 모른다는 생각이 들었을 뿐이라네. 거의 놀러가지 않으니까 자네들이 그것을 즐기기를 바랐다네. 나는 도미노 한 판 더 하고 아이스박스에 남은 음식을 먹고 싶었어."

서로 비난하고 난 후에, 우리는 모두 침묵 속에 앉아 있었다. 여기 아무도 가고 싶지 않았지만, 그들의 의지로 용광로 같은 열기와 먼지폭풍 속에서 황량한 사막을 건너 106마일을 이동해 Abilene의 하찮은 식당에서 맛없는 음식을 먹으러 다녀온 이성적으로 분별 있는 4명의 사람들이 있다. 간단히 말해, 우리는 우리가 원하던 것과 정반대의 것을 했던 것이다. 이 모든 상황이 말이 되지 않는다.

적어도 그 당시에는 이 상황이 말이 되지 않았다. 그러나 Coleman에서의 그날 이후, 나는 여러 조직에서 똑같은 상황에 봉착한다는 것을 관찰했고 상담하였다. 결과적으로 조직은 일정에서 벗어난 여행을 하거나 때로는 Dallas나 Houston, Tokyo에 가고 싶음에도 불구하고 Abilene으로 여행을 떠난다. 그리고 이러한 대부분의 조직에서 이러한 여행의 부정적인 결과는 우리의 Abilene으로의 외출보다 훨씬 큰 인간의 비참함과 경제적인 손실로 측정된다.

나는 그룹 구성원들이 그들이 원하지 않는 여행에 동참하는 이 현상을 "애빌린 패러독스(Abilene paradox)"라고 부른다. 간단히 말해, 조직이 애빌린 패러독스에 빠졌을 때, 그들은 그들이 진정 원하는 것과 반대되는 행동을 취하고 결국 그들이 성취하고자 하던 목적을 좌절시킨다. 영업 이론가들은 일반적으로 관리 갈등이 조직이 직면하는 가장 큰 도전이라고 설명하고, 애빌린 패러독스의 결과가 관리 협약의 무능함에 따른 조직 기능 장애의 주요 원인이 될 것이라고 설명한다.

출처: Jerry B. Harvey, "Abilene Paradox: The Management of Aqreement" Organizational Dynamics, 1974. Elsevier: New York.

애빌린 패러독스는 그룹이 특정한 활동이나 일련의 행동에 속해 있을 것이 제안되었을 때, 심지어 제안을 한 사람을 포함해 그룹 구성원 어느 누구도 그 활동을 하고 싶어 하지 않을 때 발생한다.

애빌린 패러독스는 그룹이 특정한 활동이나 일련의 행동에 속해 있을 것이 제안되었을 때, 심지어 제안을 한 사람을 포함해 그룹 구성원 어느 누구도 그 활동을 하고 싶어 하지 않을 때 발생한다.[18] 그러나 그룹 구성원 모두가 그 활동을 하고 싶어 한다는 잘못된 믿음 때문에, 아무도 단정적으로 행동하거나 그것에 대해 솔직한 의견을 내지 않는다. 모든 활동이 끝나고 난 후에야 사람들은 주로 그것에 대한 부정적인 의견을 이야기하기 시작한다. 예를 들어, 당신 친구들 무리 중의 하나가 금요일 밤에 모든 친구들이 함께 특정한 영화를 보러 가자고 제안할 수 있다. 사실 그룹의 어느 누구도 가고 싶어 하지 않지만, 다른 사람들은 관심 있어 할 것이라는 잘못된 판단 때문에, 아무도 영화가 재미있지 않을 것이라거나 영화관람 대신 다른 것을 해야 한다고 지적하지 않는다. 만약 그룹 구성원들의 솔직한 의견이 영화 관람 후에 표면으로 떠오른다면, 그 그룹은 애빌린 패러독스의 희생양이 되는 것이다. 리더들은 처음 그룹 의사결정이나 활동에 대한 제안이 되었을 때, 단정적인 태도를 취함으로써 애빌린 패러독스를 피할 수 있다.

좀 더 단정적으로 행동하기 위해 도움을 줄 수 있는 것들에는 여러 가지가 있다. 이러한 것들은 1) "나"라는 문구 사용하기, 2) 원하는 것 표현하기, 3) 거절하는 법 배우기, 4) 내적인 대화 관찰하기, 5) 끈기 있게 행동하기를 포함한다. 다음은 이 단정적인 자세의 팁에 대해 보다 깊게 논의한 것이다.

14.4.1 "나는"이라는 진술문을 사용하라

단정적인 사람들은 그들이 말하고자 하는 것에 대해 책임을 진다. 그들은 그들의 생각과 타인의 믿음과 소망에 대해 분명히 알고 있다. 이렇게 하기 가장 쉬운 방법은 말을 할 때, 1인칭 대명사를 사용하는 것이다. [하이라이트 14.4]에 1인칭 대명사를 사용해 더 단정적으로 되는 방법의 예가 제시되어 있다.

자기주장적인 사람이 되기 위한 요령

하이라이트 14.4

'나' 중심 전달법의 좋은 예와 나쁜 예

나쁜 예: 어떤 사람들은 새로운 형식을 포함하는 것을 좋아하지 않을지도 몰라요.

좋은 예: 전 이런 새로운 형식이 좋다고 생각하지 않아요. 전 그것들이 노력에 비해 가치 있다고 생각하지 않아요.

나쁜 예: 아마도 그 지원자는 우리가 찾는 모든 요건을 갖추지 않았어요.

좋은 예: 제 생각에 그 사람의 학력은 좋아 보이네요. 하지만 우리는 적어도 5년 정도의 경험을 가진 지원자만 고려하기로 동의했었어요. 제 생각에는 계속 사람을 찾아야 한다고 생각해요.

당신이 필요로 하는 것을 이야기할 때

- 지나치게 사과하지 말고 도움이나 지원을 필요로 하는 당신을 해명하지 마라(예: 당신에게 부탁하는 것이 싫고, 내가 일반적으로 이럴 필요 없지만…).
- 동시에 당신의 요청에 대한 간단한 이유를 주는 것이 도움이 된다.
- 직설적으로 이야기해라. 당신이 필요로 하는 것에 대해 힌트를 주며 다른 사람들이 메시지를 파악하기를 바라면서 둘러 이야기하지 마라.
- 우정을 이용하지 마라.
- 거절을 인신공격으로 받아들이지 마라.

'No'라고 이야기하는 요령

- 응답할 때는 짧고 공손하게 하라. 길고 장황한 이유를 피하라.
- 구실을 만들지 마라.

- 사과를 할 때 적당히 해라.
- 당신의 한계와 지원해 줄 수 있는 옵션에 대해 솔직해져라.
- 필요하다면 고민할 시간을 요구하라.

출처: K. Back and K. Back, Assertiveness at Work (New York: McGraw-Hill, 1982)

14.4.2 당신이 필요한 것을 이야기하라

아무도 모든 기술, 지식, 시간 또는 그들에게 할당된 모든 업무를 위해 필요한 자원을 다 가지고 있지는 않다. 사실상 모든 사람들은 도움을 구하기 위해 때로는 상사나 동료, 부하직원에게 물어보아야 할 것이다. 효과적인 리더와 효과적인 부하직원은 모두 필요할 때 타인에게 도움을 요청한다. [하이라이트 14.4]는 도움을 요청하는 법에 대한 지침도 제공하고 있다.

14.4.3 거절하는 방법을 배워라

어느 누구도 모든 사람들에게 모든 것이 되어 줄 수는 없기에 다른 사람에게 "아니요"라고 말하는 데 단호함이 필요하다.

어느 누구도 모든 사람들에게 모든 것이 되어 줄 수는 없기에 다른 사람에게 "아니요"라고 말하는 데 단호함이 필요하다. 예를 들어, 리더들은 그들의 부하직원들이나 조직의 권리를 옹호할 때, "아니요"라고 말할 필요가 있을 수 있다. 게다가 거절하지 못하는 사람들은 종종 이용당했을 때의 감정을 수반하는 부정적인 감정들을 축적해둔다. 무언가 하기를 단호하게 거절하는 요령 또한 [하이라이트 14.4]에서 찾아볼 수 있다.

14.4.4 당신의 내적인 대화를 관찰하라

우리는 대부분 큰 소리로는 아니더라도 우리 자신에게 이야기한다. 대부분의 사람들은 자기 자신과의 대화가 얼마나 자주 발생되고 있는지, 그 대화가 행동에 미칠 수 있는 효과가 얼마나 강력한지 인식하지 못하고 있지만, 자신과의 대화는 자연스럽고 흔한 것이다. 자기주장이 강한 사람들은 긍정적이고 확신에 찬 자신과의 대화를 갖는다. 자기주장이 강하지 못한 사람은 부정적이고, 의심스럽고, 의문스러운 자신과의 대화를 갖는다. 거절하는 법 배우기가 자신과의 대화가 단정적인 행동에서 하는 역할을 보여주는 좋은 예이다. 만약, 어떤 사람이 하고 싶지도 않고 할 시간도 없는 자원봉사위원회에서 활동하기를 요청받았다고 가정해 보자. 단호하게 행동하기 위하여 그 사람은 적극적으로 그 자신과 대화를 해야 할 것이다. 그는 그 자신과의 대화로부터 지지 않아야만 할 것이다. 예를 들어, "내가 그들의 요구에 동의하지 않는다면 그들은 나를 이기적이라고 생각할 거야." 혹은 "만약 그 사람들이 이 위원회를 위한 시간을 낼 수 있다면, 나 또한 시간을 낼 수 있어야 해."라고 속으로 생각하는 것은 그 문제를 해결하는 데 전혀 도움이 되지 않을 것이다. 따라서 좀 더 단호하게 행동하는 것을 배우는 데에는, 리더들이 그들의 자신과의 대화의 역효과에 대해 인지하고, 그것에 맞서고, 바꾸는 것이 꼭 필요하다.

14.4.5 끈기 있는 태도를 유지하라

단정적인 사람들은 짜증 내고 화내고 언성을 높이지 않고도 그들의 의견을 알린다. 그들은 다른 사람의 변명이나 반대에 처해 있을지라도 끈기 있게 그들의 목적을 추구한다. 상품을 교환하는 것은 단호한 인내력에 좋은 기회를 제공할 수 있다. 만약 어떤 사람이 백화점에서 셔츠를 사서 한 번 입고 난 후, 옷 솔기의 바느질이 잘못된 것을 알아차렸다고 가정해 보자. 단정적으로 행동하는 사람은 [하이라이트 14.5]에서 나타나는 것과 같은 교환을 할 것이다. 단정적인 사람은 그 자신 혹은 그가 속한 그룹의 권리를 옹호하는 데에 마찬가지로 끈기가 있다.

구매자와 점원 사이의 교환 사례

하이라이트 14.5

구매자: "이 셔츠를 지난주에 샀는데 제품의 질이 정말 안 좋더군요."
점　원: "고객님이 이미 셔츠를 입은 것 같아 보이는데요. 저희는 이미 입은 옷은 교환해 드리지 않습니다."
구매자: "회사의 정책은 이해하지만, 이건 단지 내가 이 셔츠가 마음에 안 들어서 바꾸려고 하는 건 아니지 않습니까? 이 제품은 명백히 불량품이에요. 입기 전에는 이러한 결점이 있는지 미처 몰랐어요."
점　원: "고객님이 입는 과정에서 옷 솔기가 헐렁해진 걸지도 몰라요."
구매자: "저는 보통 때와 똑같이 했어요. 이 제품은 불량이고 저는 교환을 원해요."

점 원: "죄송하지만, 좀 더 일찍 가지고 오셨어야 했어요. 이젠 교환이나 환불이 안 됩니다."
구매자: "당신이 이야기하는 것은 이해했는데, 나는 내가 값을 치른 것에 대한 대가를 얻지 못했어요. 새 셔츠로 바꿔주든지 환불해 주어야 해요."
점 원: "그것은 제 권한 밖의 일이네요. 제가 정책을 만든 것은 아니니까요. 저는 단지 정책을 따르고 있을 뿐이에요."
구매자: "당신이 정책을 바꿀 수 있는 권한이 있을 것이라고는 생각하지 않아요. 그러나 당신의 상사는 할 수 있겠죠. 지금 당장 상사를 만나고 싶다고 전해주세요."

14.5 효과적인 스트레스 관리

- 당신과 당신의 부하직원들의 스트레스 정도를 관찰하라
- 무엇이 스트레스를 야기하는지 규명하라
- 건강한 생활방식으로 살아라
- 휴식을 취하는 방법을 배워라
- 보완적인 관계를 개발하라
- 다른 관점으로 생각하라
- A-B-C 모형

사람들은 스트레스라는 용어를 다양한 방법으로 사용한다. 사람들은 때때로 이 용어를 특정한 종류의 이벤트나 환경적인 조건을 설명하기 위해 사용한다. 예를 들어, 팬들은 전문 축구코치의 심장 마비가 그의 직업으로부터의 압박으로 인해 야기되었다고 추측할 것이다. 다른 스트레스의 예로는 물리 시험에서 낙제점을 받은 것, 중요한 회의에 지나치게 늦게 도착한 것, 또는 하키 연장 경기에서 1점 승부를 실행하는 것 등이 있다. 우리는 회의에 늦게 들어가는 것이 매우 당황스러울 것(예: 스트레스가 많을 것)임을 안다. 마찬가지로 크리스마스 다음 날 주요 백화점의 서비스 센터에서 일하는 것은 엄청나게 스트레스 받는 일이다. 이 각각의 예에서 볼 수 있듯이, 스트레스는 환경의 특징과 관련되어 언급되고 있다. 그러나

사람들은 스트레스라는 용어를 꽤나 다른 방법으로도 사용한다. 때때로 그것은 그 환경의 결과에 사용되기도 한다. "나는 스트레스를 많이 받고 있어."라는 문장은 한 사람이 경험하는 근육 긴장이나 집중장애와 같은 다양한 증상들을 설명한다. 그러므로 여기서 더 나아가기 전에, 용어를 어떻게 사용할지 협정하는 것이 도움이 될 것이다.

스트레스는 너무 복잡하거나, 요구가 지나치거나 불분명한 상황에서 주로 발생한다.

우리를 도전케 하거나 위협하는 상황에 대해 우리가 인식하거나 반응하는 과정을 우리는 스트레스라는 용어로 정의할 것이다. 이러한 반응들은 주로 증가된 감정적인 흥분 정도와 땀, 심장 박동, 콜레스테롤 수치, 또는 혈압의 증가와 같은 심리적 증상들의 변화를 포함한다. 스트레스는 너무 복잡하거나, 요구가 지나치거나 불분명한 상황에서 주로 발생한다. 스트레스의 요인은 개인, 업무, 조직, 환경에서의 특정 특징으로, 어느 정도의 위협과 도전을 사람들에게 제공한다([하이라이트 14.6] 참조). 비록 [하이라이트 14.6]에 있는 모든 요인이 사람들에게 불리한 영향을 미친다고 하더라도, 그들이 겪는 스트레스의 정도는 스트레스를 견딜 수 있는 전반적인 정도와 의문적인 스트레스요인에 대한 선행 경험에 따라 달라진다.[19] 이와 같이 스트레스가 보는 사람들의 관점에 따라 달라지는 것을 깨닫는 것도 중요하다. 어떤 사람은 스트레스를 도전적이고 잠재적으로 보상받을 수 있는 것이라고 볼 수도 있고, 다른 사람은 스트레스를 위협적이고 괴로운 것으로 볼 수도 있다.[20,21]

스트레스 증상

하이라이트 14.6

- 당신은 당신 자신과 "다르게" 행동하고 있나요?
- 당신의 기분이 부정적이고 적대적이고 우울해졌나요?
- 당신은 수면 장애가 있나요?
- 당신은 방어적이거나 과민한가요?
- 당신은 관계로부터 고통받고 있나요?
- 당신은 최근에 더 많은 실수를 하거나 잘못된 결정을 내리고 있나요?
- 당신은 평범하게 즐길만한 활동들에 흥미를 잃고 있나요?

- 당신은 술이나 다른 약물을 복용하고 있나요?
- 당신은 힘이 없어 보이나요?
- 당신은 걱정을 많이 하나요?
- 당신은 대부분의 시간을 긴장한 채로 보내나요?
- 당신은 과식(過食) 또는 소식(小食)하나요?
- 당신은 두통이나 허리의 통증이 증가하고 있나요?

이 체크리스트는 부하직원들의 스트레스 수준을 측정하는 데 도움을 주기 위해 사용될 수 있습니다.

리더들은 부하직원들이 스트레스를 극복할 수 있도록 돕거나 반대로 그들의 스트레스 정도를 실제로 높일 수 있다.

당신은 리더와 부하직원 중 일반적으로 누가 더 큰 스트레스를 경험하고 있다고 생각하는가? 어떤 측면에서 보면, 정답은 많은 심리학 연구와 같이 '경우에 따라 다르다'일 것이다. 리더의 역할은 분명 매우 스트레스가 많을 것이다. 리더들은 적어도 한 달에 한 번, 하나의 괴로운 사건을 직면한다. 반면에 부하직원들의 스트레스 정도는 주로 그들의 리더들에 달려 있다. 리더들은 부하직원들이 스트레스를 극복할 수 있도록 돕거나 반대로 그들의 스트레스 정도를 실제로 높일 수 있다. 많은 리더들은 언제 부하직원들이 크게 스트레스를 받는지 알아채고 그들에게 휴식 시간을 주거나 업무량을 줄여주고, 부하직원들을 돕기 위해 다른 행동을 취할 것이다. 반면에 3명 중 2명의 근로자들은 다른 어떤 개인적, 조직적, 환경적 요인보다 그들의 상사가 스트레스 창출에서 큰 비중을 차지하고 있다고 말한다.[23,24] 이와 유사하게, 포악한 상사를 위해 일하는 것은 근로자들 사이에서 가장 자주 거론되는 스트레스의 근원이라고 본다. 리더들이 좋든 나쁘든, 그들의 부하직원들의 업무 경험이 얼마나 스트레스 받느냐에 상당한 역할을 하고 있는 것은 분명하다.[25]

스트레스는 상황에 따라 성과를 촉진시키거나 억제할 수 있다. 너무 많은 스트레스는 개인과 조직에게 건강 악화와 정신적 건강 악화, 직무 성과 감소, 조직 효과 감소와 같은 손해를 미칠 수 있다([하이라이트 14.7] 참조: 너무 많은 스트레스가 어떻게 사람의 성과를 떨어지게 하는지의 예).

TV 게임 쇼에서의 스트레스

하이라이트 14.7

텔레비전 게임 쇼 '운명의 바퀴'는 흔한 속담을 알아맞히는 것으로 경기자들을 경쟁시킨다. 바퀴를 돌림으로써 경쟁자들은 잠재적 성공에 따라 추가될 돈의 금액이 결정된다.

이 게임은 미국에서 어린이들이 하는 게임인 "행맨(Hangman)"과 비슷하다. 이것은 속담에 들어있는 단어의 개수와 그 단어를 구성하는 각각의 철자의 개수를 지칭하는 빈 공간들로부터 시작한다. 한 경기자가 상금을 결정하는 바퀴를 돌리고 철자 하나를 추측한다. 만약 그 철자가 속담 어딘가에서 나타난다면, 경기자는 바퀴를 한 번 더 돌리고, 철자도 하나 더 추측할 수 있다. 모든 철자들이 "채워지는 것"은 그들이 정확히 맞히었음을 의미한다. 경기자는 올바른 철자를 맞힌 후에 그 속담을 추측해볼 수 있다.

만약 경기자가 속담에 들어있지 않은 철자를 말한다면, 상금은 더해지지 않고 기회도 다른 경기자에게로 넘어간다.

하루는 한 경기자가 $50,000를 놓고 아래 퍼즐을 풀고 있었다. 아마도 그 경기자는, TV에 나오고 있다는 것과 너무 큰 상금액이 걸려 있다는 것에 대한 스트레스 때문에, 4개의 남은 빈 칸 중에 하나의 정확한 철자를 말할 수 없을 것이다. 이 스트레스를 경험하지 않는 대부분의 사람들은 쉽게 이 문제를 풀 것이다. 당신은 할 수 있겠는가? 정답은 맨 아래 나와 있다.

T H E T H R I _ _
O F _ I _ T O R Y
A N D T H E
A G O N Y O F
D E F E A T

(정답: The Thrill of Victory and the Agony of Defeat)

스트레스의 효과를 이해하기 위해서는, 비유가 아마 도움이 될 것이다. 예를 들어, 연이 날기 위해서는 최적의 양의 바람이 필요하다. 연은 바람이 없는 날에는 날지 않을 것이다. 그리고 너무 바람이 많이 부는 날에는 줄이 끊어질 수도 있다. 당신은 연에게 있어서의 바람 같은 즉, 너무 적지도 많지도 않고 최적의 상태가 있는 스트레스에 대해 생각해 볼 수 있다. 다른 비유도 가능하다. 자동차의 엔진이 일정 분당 회전(RPM)범위 안에서 최적으로 작동하는 것처럼, 대부분의 사람들은 일정한 스트레스 정도에서 가장 잘 활동한다. 일정한 양의 스트레스나 흥분은 동기와 성과를 향상시키는 데 도움이 된다. 그러나 너무 많은 스트레스는 역효과가 될 수도 있다. 예를 들어, 발표를 하기 전에 약간 불안함을 느끼는 것은 흔한 현상이고 도움이 될 수도 있지만, 너무 많이 긴장하는 것은 그 사람의 효율성을 파괴시킬 수 있다.

최적의 스트레스 정도는 많은 요인에 따라 달라진다. 하나는 실제로 직무에 의해 요구되는 신체적 활동의 정도이다. 또 다른 요인은 인지된 직무의 어려움이다. 성과는 어려운 직무가 스트레스가 많은 상황에서 수행되었을 때 주로 나빠진다. 예를 들어, 어떤 사람이 처음 운전을 배울 때, 소리를 지르는 강사가 아니라 조용하고 말수가 적은 강사에게 배우는 것이 그의 성과에 얼마나 큰 차이를 가져올 것인지 생각해 보자. 조용하고 말수가 적은 강사에게 배웠을 때의 성과가 훨씬 더 좋을 것이다.

직무의 어려움이 일반적으로 경험의 함수임을 아는 것은 중요하다. 직무에 대해 더 많은 경험을 할수록, 더 적은 어려움이 나타난다. 그러므로 더 많이 운전 연습을 할수록, 운전이 더 쉬워지는 것이다. 게다가 사람들이 쉬운 직무를 수행할 때만 쉽게 스트레스를 극복하는 것은 아니다. 사람들은 최선을 다해 직무를 수행하기 위해서 종종 높은 정도의 스트레스가 필요하다. 그것이 악대든 축구든 드라마든 어떤 종류의 연습이라도 거기에 깔려있는 하나의 목적은 팀원이나 경기자들이 주요 공연이나 게임의 스트레스를 직면했을 때, 더 높은 수준의 수행을 할 수 있도록 도와주고 직무의 어려움을 줄이는 것이다.

비록 스트레스가 긍정적인 효과를 가져오는 면도 있지만, 지금까지의 연구는 너무 많은 스트레스가 건강과 일에 가져오는 부정적인 영향에 초점을 두고 있다. 건강 측면을 살펴보면, 스트레스는 심장병,[26] 면역체계 결함,[27] 종양들의 진행속도들[28]과 연관되어 있다. 업무 활동의 측면에서 본다면, 업무 관련 스트레스는 일터에서 약물사용과 술을 마시는 비율을 극적으로 증가시킨다.[29,30] 또한 스트레스는 무단결근, 퇴직 의도, 직무 전환의 빈도와도 상관관계가 있다.[31] 미국의 기업에 미치는 스트레스의 경제적인 영향이 대략 연간 $700억에서 $1500억 사이를 맴돌 것으로 추정된다.[32,33] 또한 스트레스는 의사결정 과정에 영향을 미칠 수 있다. 비록 리더들이 스트레스 받는 상황(예: 위기들)에서 결단적으로 행동해야 할지라도, 그들은 스트레스를 받으면 좋은 결정을 내리지 못할 수도 있다.[34-36] 사람들은 스트레스하에서, 문제에 대해 합리적으로 생각하기보다 그들의 직관으로 돌아가기 때문에 형편없는 의사결정을 내린다고 한다.[37,38]

사람들은 스트레스하에서, 문제에 대해 합리적으로 생각하기보다 그들의 직관으로 돌아가기 때문에 형편없는 의사결정을 내린다고 한다.

우리가 알고 있듯이, 너무 많은 스트레스는 개인과 그들의 조직에 타격을 입힐 수 있다. 개인에게 있어서 타격은 건강, 정신적이고 감정적인 건강, 직무 수행, 또는 대인 관계를 뜻할 수 있다. 조직에게 있어서의 타격은 감소된 생산성과 증가된 직원의 무단결근, 직무 전환과 의료비용을 포함한다. 이것은 어떤 활동에 속해 있는 리더라도 스트레스에 대해 알고 있어야 함을 설명하는 이유가 된다. 리더들은 리더십 역할 자체가 스트레스가 많고, 리더들의 스트레스가 부하직원들의 성과나 행복을 감소시킬 수 있기 때문에 스트레스의 특성을 이해해야만 한다. 당신과 당신의 부하직원들의 삶의 중요한 차원에 타격을 입힐 스트레스가 과도해지는 것을 막기 위하여 효과적인 스트레스 관리를 위한 다음의 안내를 제공한다.

14.5.1 당신과 당신의 부하직원들의 스트레스 정도를 관찰하라

스트레스를 관리하는 가장 중요한 단계들 중 하나는 당신과 당신의 부하직원들의 스트레스 정도를 관찰하는 것이다.

스트레스를 관리하는 가장 중요한 단계들 중 하나는 당신과 당신의 부하직원들의 스트레스 정도를 관찰하는 것이다. 비록 이것은 간단해 보이지만, 겉보기에 역설적인 스트레스에 관한 사실은 사람들이 의식적으로 알지 못한 채 심각한 타격을 줄 수 있다는 점이다. 과도한 스트레스를 겪고 있는 사람은 자신에게는 보이지 않지만 다른 사람에게는 명백한 다양한 증상을 보여줄 수 있다. 이러한 이유로, 당신의 스트레스 정도가 너무 높아질 수 있다는 위험 신호에 정기적으로 주의를 기울이도록 하는 습관을 들이는 것은 유용하다. 스트레스의 몇몇 위험 신호들은 [하이라이트 14.6]에 나타난다. [하이라이트 14.6]의 질문 중 어느 하나라도 "예"라고 대답했다면, 당신과 당신의 부하직원들의 스트레스 정도가 너무 높아졌을 가능성이 있으므로 즉시 후속 스트레스 관리 전략을 적용하는 것이 필요할지도 모른다. 반면에 몇몇 질문들에 단호하게 대답하는 것이 반드시 당신의 스트레스 수준이 너무 높음을 의미하는 것은 아니다. 예를 들어, 다른 생리학적인 설명이 있을 수 있다.

14.5.2 무엇이 스트레스를 야기하는지 규명하라

당신의 스트레스를 관찰하는 것은 당신의 건강이 악화되는 위험을 줄여줄 것이다. 그러나 관찰하는 것만으로는 충분하지 않다. 리더들은 그 스트레스의 원인이 무엇인지 규명해야 할 필요가 있다. 처음엔 스트레스의 원인이 명백할 것만 같아 보이지만, 실제로는 그렇지 않다. 비록 때때로 해결책들은 분명하지 않지만, 문제들은 충분히 분명하다(예: 가정 재무 또는 많은 업무량과 마감이 있는 일터). 그러나 그 밖에도, 문제의 근원을 밝혀내는 것은 어려운 일일 것이다. 예를 들어, 한 코치는 그의 감정적인 고통의 더 큰 원인이 가정에서 그의 10대 아들과 함께 겪는 문제임을 인식하지 못한 채, 그가 화가 난 이유를 그의 팀이 기록을 잃었기 때문으로 돌릴 수 있다. 어떤 근로자는 그녀의 내성적인 성격으로 인해 상사에게 그녀의 감정을 표현하지 못한 것이 문제임을 깨닫지 못한 채, 상사가 그녀에게 너무 많은 양의 업무를 주어 좌절하고 있다고 생각할 수 있다. 문제가 첫 번째 단계에서 적당히 규명되었을 때에만, 문제 해결은 스트레스 관리에 건설적으로 적용될 수 있다. 한 번 문제가 규명이 되고 나면, 스트레스를 최소화시키기 위한 계획이나 스트레스 요인의 효과는 발전될 수 있다.

14.5.3 건강한 생활방식으로 살아라

건강한 생활방식으로 살아가는 것은 스트레스를 최소화하기 위한 가장 좋은 방법들 중 하나이다. 균형 잡힌 영양, 규칙적인 운동, 적당한 수면, 흡연행위 자제, 적당한 양의 음주(가능하다면 금주)를 대체할만한 건강한 삶으로의 열쇠는 없다. 약 7,000명에 달하는 성인들의 생활방식에 대한 장기적인 연구에 따르면, 위에서 언급한 것들은 건강함과 스트레스 없는 증상들에 기여하는 독립적인 요인들이다.[39] 불충분한 수면은 에너지를 약화시키고, 빈틈없음과 판단을 방해하고, 짜증을 잘 내게 하며, 질병에 대한 저항력을 낮춘다. 운동은 장기적인 건강 전략의 중요한 부분일 뿐만 아니라 긴장을 완화시키는 좋은 방법도 될 수 있다.

14.5.4 휴식을 취하는 방법을 배워라

믿거나 말거나, 몇몇 사람들은 어떻게 휴식을 취하는지 모른다. 비록 신체적인 운동이 좋은 휴식 기법일지라도, 가끔 당신은 운동을 하는 것이 아니라 편히 쉴 필요가 있을 것이다. 다른 휴식 기법들을 경험해 보는 것은 격한 운동으로부터 상황을 막으려 할 때 도움이 될 것이다. 또한 몇몇 사람들은 단순히 운동보다 다른 선택안인 휴식 기법들을 선호한다. 깊이 호흡하는 기법, 점진적인 근육 이완, 그리고 차분한 말과 이미지를 생각하는 것은 흥분 정도를 낮추는 데 강력한 즉석 진정기법이 될 수 있다. 이것들은 취업 면접에서부터 스포츠에 이르기까지, 스트레스가 많은 상황에 적용될 수 있다. 이러한 기법들의 효과성은 다소 개인적인 선호도의 문제이고, 어떤 것도 모든 목적과 모든 사람에게 최선은 아니다.

14.5.5 보완적인 관계를 개발하라

또 다른 강력한 스트레스 해소 방법은 다른 사람들과 가깝고 보완적인 관계를 갖는 것이다.[40] 결혼, 교회 사람들, 또는 다른 그룹들을 통해 사람들과의 가까운 관계를 맺은 사람들은 사회적 연분이 약한 사람들보다 더 건강한 경향이 있다. 또한 다양한 종류의 사회적인 지지(예: 배우자, 동료, 또는 상사를 향한 지지)는 직무 스트레스의 영향을 완화할 수 있다.[41,42] 그리고 부대의 단결은 전투로부터의 극도의 신체적이고 심리적인 스트레스를 견디기 위한 군인의 능력의 중요한 요소라고 여겨진다.[43] 리더는 부하 직원 간의 상호 보완성과 결속력을 발전시키는 데에 건설적인 역할을 할 수 있다. 그리고 그들의 부하직원들과의 솔직하고 열린 의사소통은 스트레스가 많을 상황에서뿐만 아니라 모호한 상황에서도 매우 중요하다.

14.5.6 관점을 유지하라

앞서 이야기했듯이, 모든 사건들로부터의 스트레스는 그 사건 자체뿐만 아니라, 부분적으로는 사람들이 그것을 해석하는 방법에 따라 달라진다. 예를 들어, 어떤 학생에게 시험에서의 나쁜 성적은 다른 학생들보다 더 스트레스 받는 일일 수 있다. 상사로부터의 질책 또한 사람에 따라 크게 스트레스 받는 일일 수도, 사람에 따라서 아닐 수도 있다. 이것은 사람들이 각기 다른 것에 가치를 두기 때문에, 활동들에 각기 다른 정도로 그들 자신을 투자한다는 사실에 기인한다. 자신이 중요하게 생각하여 많이 투자하는 분야에서의 문제는 가볍게 생각하는 분야에서의 문제보다 더 스트레스를 줄 것이다. 그러나 이것은 더 깊이 살펴보아야 하는 문제이다. 스트레스를 효과적으로 관리하는 것은 균형감을 유지하는 것에 달려있다. 주어진 사건에 대해 자신이 느끼는 스트레스를 악화시키도록 해석하는 경향이 있는 사람에게는 이러한 균형감 유지는 어려운 일이다.

스트레스를 효과적으로 관리하는 것은 균형감을 유지하는 것에 달려있다.

자신을 여러 가지 방식으로 가늠해 볼 수 있는 상대적으로 복합적인 자아개념을 가진 사람들은, 자기 복합성의 정도가 덜한 사람들보다 흔히 스트레스와 관련된 불만에 덜 민감하다.[44] 예를 들어, 직장에서 원하던 승진을 얻지 못한 것과 같은 패배로 고통받은 사람을 생각해 보자. 자기 복합성이 낮은 사람(예: 자아개념이 오직 직업의 성공으로 정의된 사람)은 그 사건에 의해서 압도될 수 있다. 낮은 자기 복합성은 사람들의 자아의 위협에 대한 회복력의 부족을 의미한다. 반면에 같은 패배를 직면하고 있는 자기 복합성이 높은 사람을 생각해 보라. 그녀는 분명히 일에 대해 실망하고 낙담할 수 있지만, 자기 복합성이 높으면, 그 사건의 영향이 긍정적인 자아상의 비교적 더럽혀지지 않은 영역의 존재로 인해 완화될 것이다. 예를 들면, 단지 승진뿐만이 아니라 보다 많은 준거가 직업적 성공에 대한 그녀의 기분의 바탕이 될 수도 있다. 동료들로부터 존경받는 것과 같은 다른 기준들이 그녀의 직업적 성공에 대한 기분에 더 중요한 근거가 될 수 있다. 더 나아가서, 그녀의 인생의 다른 차원(예: 지역 민주당에서의 그녀의 리더십, 그녀의 가족 부양) 역시 더 많은 영역의 긍정적 자아상을 제공할 수도 있는 것이다.

14.5.7 A-B-C 모형

불행히도, 자기 복합성을 개발하는 지름길이 없기 때문에 이것은 진정한 실용적인 스트레스 관리 전략이 아니다. 반면에 좀 더 즉각적인 결과를 만들어낼 수 있는 스트레스 관리를 위한 다른 인지적인 접근들이 있다. 이러한 접근들은 스트레스 받는 사건들에 대한 사람들의 자기 대화를 변화시킨다는 공통의 목표를 지니고 있다. 이것들 중 가장 적용하기 간단한 것이 A-B-C 모형이다.[45,46]

A-B-C 모형의 유용성을 판단하기 위해서, 스트레스 감정에 앞서서 오는 사건의 연속을 고려하는 것은 도움이 된다.

A-B-C 모형의 유용성을 판단하기 위해서, 스트레스 감정에 앞서서 오는 사건의 연속을 고려하는 것은 도움이 된다. 사람들은 때때로 이것을 두 단계의 순서로 진행된다고 생각한다. 외적인 무언가가 발생하고(예: 스트레스 받는 사건), 내

적인 것이 따른다(예: 스트레스의 증상). 그 순서는 다음과 같이 설명해볼 수 있다:

A. 사건의 유발(예: 상사와 부딪쳐 커피를 상사의 무릎에 쏟음)
C. 감정과 행동[예: 걱정, 두려움, 당황, 발한(發汗)]

다시 말해, 많은 사람들은 그들의 기분과 행동이 외부의 사건으로부터 온 직접적인 결과라 생각한다. 그러나 이러한 시각은 우리의 생각이나 자기대화로 인한 결정적인 역할을 고려하지 않는다. 실제의 순서는 다음과 같다:

A. 사건의 유발(상사와 부딪쳐 커피를 상사의 무릎에 쏟음)
B. 당신의 생각("그는 분명 내가 멍청이라고 생각할 거야.")
C. 감정과 행동[걱정, 두려움, 당황, 발한(發汗)]

이러한 관점으로부터 당신은 스트레스의 감정에 영향을 미치는 내적인 대화나 자기 대화로 인한 일반적인 역할을 볼 수 있다. 개개인의 통제 아래 있을 이러한 내적 대화는 합리적일 수도 비합리적일 수도 있고, 건설적일 수도 파괴적일 수도 있다. 사람들은 자기 대화를 변화시킴으로써 주변의 사건에 대한 자신의 감정적 반응을 통제할 수 있음을 깨달을 때, 스트레스로부터 상당한 자유를 얻는다. 우리의 시나리오를 위해 다른 순서를 고려해보자.

A. 사건의 유발(상사와 부딪쳐 커피를 상사의 무릎에 쏟음)
B. 당신의 생각("젠장! 그렇지만 이건 단지 사고였어.")
C. 감정과 행동(사과하고 깨끗이 닦는 것을 도움)

그러므로 특정한 사고가 여러 가지 다른 방향으로 해석될 수 있다. 일부는 스트레스와 고민의 느낌을 증가시키고, 다른 일부는 자기 존중감과 긍정적인 대처를 유지시킬 수 있을 것이다. 내부 대화에 귀를 기울이는 것을 연습하고 파괴적인 자기 대화를 건설적으로 고쳐 나간다면, 당신은 스트레스를 더 잘 헤쳐 나갈 수 있을 것이다. 그러나 이것은 간단히 만들 수 있는 변화는 아니다. 자기 대화를 바꾸는 것은(특히 감정적인 상황에서) 당신이 생각하는 것보다 훨씬 어렵다. 자기 대화는 숨겨져 있고, 자발적이고, 순간적이며, 사려 깊기 때문에, 다른 나쁜 습관들처럼 고치기 어렵다.[47] 그럼에도 불구하고, 엄밀히 말하면 자기 대화는 단지 습관이기 때문에, 당신은 고칠 수 있다.

마지막으로, 리더들은 부하직원의 스트레스 정도에서 자기 자신의 역할을 인식해야 한다. [하이라이트 14.6]에 나타난 몇 가지 증상들을 눈에 띄게 보여주는 스트레스 상황에 처한 리더는 팔로워에게 본보기가 돼주지 못할 것이다. 반면에, 부하직원들은 리더들이 안내나 지지를 해주리라는 기대를 걸고 있기 때문에, 리더의 이러한 행동과 증상들은 전염성이 높고, 부하직원들의 스트레스 수준을 올리는 데 기여할 것이다. 리더들은 부하직원들의 스트레스 레벨을 낮추거나 높이는 역할 모델링의 중요성에 대해 인식하여야만 한다. 또한 그들은 부하직원들과의 상호작용 스타일이 리더들을 "스트레스 배달원"으로 만들지 않도록 주의해야만 한다.

리더들은 부하직원들의 스트레스 레벨을 낮추거나 높이는 역할 모델링의 중요성에 대해 인식하여야만 한다.

14.6 전문적 역량 구축

- 직업이 얼마나 전반적인 사명에 기여하는지 결정하라
- 그 직업에서 전문가가 되어라
- 경험을 넓힐 기회를 찾아라

전문적/기술적 역량("technical" competence)이란 지식과, 성공적으로 과제를 마치기 위해 노력을 쏟을 수 있는 행동의 레퍼토리와 관련되어 있다. 예를 들면, 매우 기능이 뛰어난 외과 의사는 인간 해부학과 수술 기법에 대해 방대한 지식을 가지고 있고, 아주 광범위한 숙련된 수술 절차를 수행할 수 있다. 또한 매우 기량이 뛰어난 배구 선수는 배구의 규칙, 전술, 그리고 전략에 대해 철저히 이해하고 사람들은 주로 전문화된 주제의 형식적 교육이나 훈련(예: 법, 의학, 회계, 용접, 목공)을 통해서, 현장훈련 또는 경험을 통해 전문적 역량을 얻는다.

있고, 효과적으로 준비하고, 서브를 넣고, 막을 수 있다. 사람들은 주로 전문화된 주제의 형식적 교육이나 훈련(예: 법, 의학, 회계, 용접, 목공)을 통해서, 현장훈련 또는 경험을 통해 전문적 역량을 얻는다.[48] 그리고 많은 연구들은, 리더와 직원들 모두에게 있어 성공과 효과성을 위한 전문적 역량의 중요성을 언급해왔다. 여기서는 왜 전문적 역량이 리더들과 부하직원들에게 있어서 중요한지에 대해 설명하고자 한다. 또한 독자들에게 전문적 역량을 증진시키는 방법에 대해서도 알려줄 것이다.

부하직원들이 높은 정도의 전문적 역량을 가져야 하는 이유는 여러 가지가 있다. 첫째, 수행성과는 주로 전문적(technical) 역량의 함수이다.[49,50] 관련된 연구에서 전문성(technical expertise)은 상사의 부하직원 성과 평가에서 가장 중요한 역할을 함을 보여주고 있다.[51,52] 둘째, 높은 수준의 전문적 역량을 지닌 부하직원들은 전문가의 힘을 지니고 있고, 가끔 집단 속에서 리더들보다 더 큰 영향력을 행사할 수도 있다.[53,54] 셋째, 높은 단계의 전문적 역량을 지닌 개개인은 리더들의 내집단의 일원이 될 가능성이 더 높다.[55] 이처럼, 뛰어난 전문적 역량을 지닌 부하직원들도 직무를 위임받고 의사 결정 과정에 참여해 주기를 요청받을 것이다. 거꾸로 말하면, 상사들이 전문적 기능(technical skills)이 부족한 부하직원들과 대화할 때는 가깝고 직접적인 리더십 스타일을 사용하는 것이 좋다.[56-59] 이와 유사하게 전문적으로 유능한 구성원이 비교적 많은 조직이 평평한 조직 구조를 가지는 경향이 있고, 유능한 구성원이 적은 조직은 중앙 집권적이고 독재적인 경향이 있다.[60] 그러므로 만약 부하직원들이 더 큰 보상을 원하고, 조직 내에서 더 큰 영향력을 발휘하고, 의사 결정 과정에 더 참여하고 싶다면, 그들은 전문적 역량을 강화시키기 위해 그들이 할 수 있는 모든 것을 해야만 한다.

높은 수준의 전문적 역량을 보유하고 있는 것이 리더들에게 이익을 주는 이유에는 여러 가지가 있다. 먼저, 전문적 역량은 경영 승진율에 일관되게 관련되어 있음이 발견되었다. 뛰어난 전문적 역량을 가지고 있는 관리자들은 낮은 역량을 보유한 사람들보다 AT&T에서 최고의 단계까지 올라갈 가능성이 더 높다.[61,62] 둘째, 많은 리더들이(특히 일선 관리자들) 주로 부하직원들을 훈련시키는 데 상당한 시간을 소비하기 때문에, 높은 수준의 전문적 역량을 가지고 있는 것은 중요하다.[63] 아마도 훈련에서의 전문적 역량의 중요성이 코칭에서보다 더 명백히 드러나는 곳은 없을 것이다. 팀 구성원들보다 게임에 대해 더 적게 아는 코치는 당황스럽다. 셋째, 우수한 전문적 역량을 지닌 리더들은 조직 내에서 역할 모호와 역할 갈등의 정도를 줄일 수 있을 것이다.[64,65] 그리고 부하직원들은 일반적으로 평균적인 수준의 전문적 역량을 지닌 리더들보다 그 수준이 높은 리더들에게 더 만족한다.[66,67] 마지막으로, 뛰어난 전문적 역량을 가지고 있는 리더들은 팔로워들이 새로운 방식으로 여러 가지 문제와 사건을 생각하도록 자극할 것이다. 이러한 방식들은 차례로 조직문화 정도와 팔로워의 성공에 대한 동기와 강력하게 연관이 되어왔다.[68,69] 리더와 부하직원 모두에게 이러한 발견이 주어질 때, 다음의 내용이 전문적 역량을 증진시키는 데 실용적인 조언이다.

뛰어난 전문적 역량을 가지고 있는 리더들은 팔로워들이 새로운 방식으로 여러 가지 문제와 사건을 생각하도록 자극할 것이다.

14.6.1 직업이 얼마나 전반적인 사명에 기여하는지 결정하라

전문적 역량을 키우는 첫 번째 단계는 당신의 일이 얼마나 전반적인 조직의 성공에 기여하는지 결정하는 것이다. 이 단계를 거침으로써, 사람들은 무엇이 전문적인 지식이고, 어떤 행동들이 직업과 조직 성공에 가장 강하게 연관되어 있는지 더 잘 결정할 수 있다. 다음 단계에서 사람들은 동료와 상사로부터 언어적 피드백을 구하고, 지난 성과 평가 결과를 돌이켜보고, 객관적인 성과 자료(예: 골프 점수, 팀 통계, 저품질로 인해 반품된 제품의 수)를 리뷰함으로써 그들의 전문적 기능의 현재 수준을 평가해야 한다. 이러한 행동들은 개개인이 그들의 강점과 약점을 더 잘 다룰 수 있게 도울 수 있고, 또한 그들이 추구하는 어떤 공교육이나 훈련 프로그램이 그들의 요구를 충족시키기 위해 가장 적합한지를 확신하도록 도울 수 있다.

14.6.2 직업에서 전문가가 되어라

당신의 주요 분야에서 전문가가 되는 것은, 더 나아갈 발전적인 기회를 위한 도약판이 되는 경우가 많다. 사람들이 그들의 분야에서 전문가가 될 수 있는 방법은 많다. 그리고 이 방법들은 공식화된 교육과 훈련 프로그램에 등록하는 것, 다른 사람을 관찰하는 것, 질문하는 것, 다른 사람을 가르치는 것을 포함한다. 적절한 교육과 훈련 과정에 참석하는 것은 기술적인 능력을 얻기 위한 하나의 방법이며,

해당 분야에서 전문가적 지식을 증진시키기 위한 또 다른 방법은 사람의 행동을 예리한 관찰자의 입장에서 관찰하는 것이다.

많은 회사들은 이러한 과정들에 수반되는 등록금 및 비용을 주로 지원한다. 해당 분야에서 전문가적 지식을 증진시키기 위한 또 다른 방법은 사람의 행동을 예리한 관찰자의 입장에서 관찰하는 것이다. 다른 사람들은 어떻게 업무 조정 문제를 해결하며, 생산 목표를 달성하고, 팀 구성원을 훈련하고, 또는 낮은 기술의 구성원을 개발시키는지를 관찰함으로써 많이 배울 수 있을 것이다. 그러나 단지 다른 사람들이 어떻게 하는지를 관찰하는 것은 관찰과 성찰을 함께 하는 것만큼 효과적이지는 않다. 성찰을 위한 하나의 방법은 사람들의 행동을 이 책에서 묘사된 개념이나 이론들에 입각해 설명하려고 노력하는 것이다. 관찰자는 왜 어떤 사람이 특정 방식으로 행동하는지에 대해 사람들이 어떻게 생각하고 행동하는지의 유형과 또한 차이점을 설명할 수 있는 개념을 정립해야 한다. 게다가 관찰자들은 다른 사람의 행위를 평가하기 위한 가능한 한 많은 다양한 기준을 생각하려고 노력함으로써 발전할 수 있다.

질문을 하는 것 또한 중요하다. 모든 사람은 다른 사람의 행위에 깔린 동기, 기대, 가치 또는 이론적 설명에 대하여 추론을 하기 때문에, 자신의 추론의 정확성을 검증하기 위해 질문을 하고 정보를 구하는 것은 핵심적이다. 질문을 함으로써, 관찰자들은 왜 팀 연습이 특정한 방법으로 행해졌는지, 어떤 업무 진행 절차가 과거에 적용되었는지, 또는 무엇이 그 사람이 자원봉사하는 것을 그만두게 만들었는지에 대해 더 잘 이해할 수 있다. 마지막으로, 직업, 클럽, 스포츠, 또는 활동과 관련된 장비, 절차, 전략, 문제, 지원 그리고 연락에 대해 다른 사람에게 가르치는 것이 다른 어떤 것보다 기술적 전문가가 되는 데 도움이 될 것이다. 선생님은 다른 사람에게 효과적으로 가르치기 위해서는 직업과 직위에 대해 철저한 이해를 가지고 있어야만 한다. 다른 사람들을 가르칠 기회를 찾음으로써, 자신들도 각자의 전문지식까지도 강화할 수 있다.

14.6.3 경험을 넓힐 기회를 찾아라

사람들은 그들의 경험을 넓힐 기회를 찾음으로써 전문적 역량을 향상시킬 수 있다.

사람들은 그들의 경험을 넓힐 기회를 찾음으로써 전문적 역량을 향상시킬 수 있다. 다른 팀 구성원들의 공헌을 더 잘 평가하기 위하여 다양한 직무를 경험해 보아야만 하는 것처럼, 업무가 조직의 성공에 얼마나 기여했는지 더 잘 평가하기 위해서는 업무 집단 내 다른 직무들과 연관된 직무를 수행하기 위해 노력해야 한다. 이와 유사하게, 사람들은 전체적인 운영에 대한 이해를 얻기 위해 조직의 다른 부서들도 방문해야 한다. 게다가 팀 프로젝트를 함으로써, 사람들은 다른 업무 집단의 사람들과 의사소통할 기회를 갖고, 종종 새로운 기능을 개발할 기회도 갖게 된다. 더욱이 학교나 정치, 공동체 활동을 지원해 주기를 자원하는 것은, 어떤 직업에서는 전문적 역량의 중요한 측면이 될 수 있는 조직과 계획, 대중 연설, 기금 조성, 그리고 홍보 기술을 향상시키는 또 다른 방법이다.

14.7 상사들과의 효과적인 관계 형성

- 상사의 세계를 이해하라
- 상사의 스타일에 적응하라

여기서 정의되었듯이, 상사들은 다른 집단 구성원들보다 비교적 더 많은 권력과 권한을 지닌 사람들이다. 그러므로 상사란 선생님일 수도 있고, 밴드 리더일 수도 있고, 코치, 팀의 주장, 위원회의 우두머리, 또는 일선 관리자일 수도 있다. 말할 것도 없이, 상사들과 좋은 업무 관계를 가지고 있는 것의 장점은 많이 있다.

첫째, 같은 가치와 접근, 태도를 공유하는 상사들과 부하직원들은 갈등을 덜 겪고, 높은 수준의 상호 보완을 제공하고, 상사-부하 관계가 좋음에 더 만족할 것이다.[70,71] 이와 관련하여 좋은 상사-부하 관계를 지닌 사람들은 주로 상사의 내집단에 속한다. 그러므로 그들은 의사 결정 과정에 참여하고, 흥미로운 직무를 위임받으며, 진로 발달을 위한 상사의 지지를 받을 가능성도 높아질 것이다.[72]

둘째, 상사-부하 관계가 안 좋을 때, 부하직원들은 주로 그들의 상사에 대해 덜 만족하며 더 낮은 성과 평가 등급을 받는다.[73,74] 비록 상사들과 좋은 업무 관계를 갖는 것의 이점이 명백해 보일지라도, 어떤 사람은 팔로워들이 관계의 질을 덜 중요하게 생각한다고 착각을 할 수도 있다. 다시 말해, 부하직원들은 상사가 좋든 나쁘든, 상사가 자신들을 좋아하든 싫어하든, 상사들과의 관계가 그저 운에 의한 것이라고 믿을 수 있으며, 그들이 이 현실에 대해 할 수 있는 것이 거의 없다고 생각할 수 있다. 그러나 업무 관계의 질이 오직 상사에 의해 결정되는 것은 아니며, 효율적인 부하직원들은 그들 자신을 상사에 대해 수동적인 자세로만 국한시키지 않는다. 효율적인 부하직원들은 상사-부하 관계를 강화시키기 위해 적극적인 행동을 취하는 법과 그들이 조직과 상사에게 제공받는 지원을 강화시키는 법을 알고 있다.[75,76]

효율적인 부하직원들은 상사-부하 관계를 강화시키기 위해 적극적인 행동을 취하는 법과 그들이 조직과 상사에게 제공받는 지원을 강화시키는 법을 알고 있다.

사람이 조직 어느 위치에 있든, 그 사람의 일에서 중요한 측면은 그의 상사가 성공하도록 돕는 것이다. 상사의 일의 중요한 한 부분이 부하직원이 성공하도록 돕는 것에 있는 것처럼 말이다. 그렇다고 부하직원들이 아첨하는 사람이나 권모술수를 부리고, 그들의 상사를 좋게 보이게 하기 위해 정보를 왜곡하는 사람이 되어야 한다는 말은 아니다. 그러나 부하직원들이 그들의 성공과 상사의 성공이 상호 의존적이라고 생각해야 하는 것은 맞다. 이것은 부하직원들이 그들 상사의 팀의 경기자로서, 그들 자신만의 성과가 아닌 팀의 성공을 바탕으로 평가되어야 함을 의미한다. 만약 팀이 성공한다면, 코치와 팀 구성원 모두 이익을 얻을 것이고, 만약 팀이 실패한다면, 비난은 코치와 팀 구성원 모두에게 쏟아질 것이다. 팀, 클럽, 또는 조직의 결과가 좋은 상사-부하의 관계에 어느 정도 달려 있기 때문에, 상사가 세상을 어떻게 이해하느냐와 상사의 스타일에 적응하는 것이, 부하직원들이 그들의 행동이 그들 자신과, 상사, 그리고 조직을 위해 긍정적인 결과를 가져오는 가능성을 높이기 위해 할 수 있는 2가지 방법이다.[77]

14.7.1 상사의 세계를 이해하라

부하직원들이 그들의 상사의 세계를 더 이해하기 위해 할 수 있는 것은 여러 가지가 있다. 첫째, 그들은 상사의 개인적이고 조직적인 목적이 무엇인지 이해하도록 노력해야 한다. 충성도와 지원은 쌍방향적이다. 상사가 부하직원들이 그들의 목표를 이해함으로써 그것들을 가장 쉽게 달성하도록 도울 수 있는 것처럼, 부하직원들도 상사의 목표나 목적을 안다면, 그들을 도울 수 있을 것이다. 위와 같이, 상사의 가치, 선호 그리고 성격을 아는 것은 부하직원들이 왜 상사가 그렇게 행동하는지를 더 잘 이해하는 데 도움이 될 수 있고, 부하직원들에게 어떻게 상사들과의 관계를 강화시킬 수 있는지에 대한 의견을 줄 수 있다.

부하직원들은 상사의 약점을 인식하고 보완하고, 그의 제약 사항들을 이해함으로써 팀의 전체적인 성공에 크게 기여할 수 있다.

둘째, 부하직원들은 상사들이 슈퍼맨이나 슈퍼우먼이 아니라는 것을 깨달아야만 한다. 상사들도 정답을 모두 알고 있는 것은 아니고, 강점과 약점을 다 가지고 있다. 부하직원들은 상사의 약점을 인식하고 보완하고, 그의 제약 사항들을 이해함으로써 팀의 전체적인 성공에 크게 기여할 수 있다. 예를 들어, 크게 성공한 경영 컨설턴트는 1년의 200일 이상을 중역 개발 워크숍을 수행하고, 의뢰인들에게 조직적인 피드백을 제공하거나 다양한 대중 행사에서 연설을 하면서 시간을 보낸다. 그러나 이 컨설턴트는 발표를 위한 효과적인 시각적 자료를 만드는 것에 대한 기술이 없을 수도 있으며, 그녀 자신의 여행을 위한 계획을 세우는 것을 싫어할 수도 있다. 부하직원은 자신의 뛰어난 조직력과 계획 세우기, 세부사항에 대한 주의, 컴퓨터 그래픽 기술을 통해, 그리고 자신의 상사가 바쁜 가운데 적어도 하루의 휴가를 보냄으로써 가장 효과적으로 일할 수 있다는 것을 이해함을 통해, 컨설턴트와 컨설팅 회사를 더 성공적으로 만들 수 있다. 다른 분야나 활동에서의 전문지식과 선행 경험을 가진 상사가 새롭게 부임한 경우, 부하직원이 그 상사를 돕고 교육할 때도 다른 맥락이지만 이와 비슷한 과정이 발생할 수 있다.

더 일반적인 관점에서 보면, 부하직원들은 상사들에게 업무 집단에서의 다양한 활동이나 분야에서의 발전과 기회에 대해 지속적으로 알림으로써, 상사-부하의 관계를 강화시킬 수 있다. 정보를 갑작스레 알게 되는 걸 좋아하는 상사란 거의 없다. 어떤 뉴스이든(특히 뉴스가 나쁘거나 호의적이지 못한 내용을 담고 있는 경우에) 특정 분야에 대해 책임을 지닌 사람으로부터 나와야 한다. 좋은 상사-부하 관계를 발달시키기를 원하는 직원들은, 절대로 그들의 상사가 그들의 분야에 대해 다른 사람이 그 상사보다 더 많이 알고 있는 상황에 처하게 해서는 안 된다. Kelley가 주장하였듯이,[78] 최고의 부하직원은 비판적으로 사고하고, 조직에서 적극적인 역할을 함으로 그들의 상사가 지속적으로 비판적인 정보와 조직의 사건에 대해 적절한 의견을 숙지하도록 해야 한다.

14.7.2 상사의 스타일에 적응하라

리더십 연구는 어떤 중역이 승진에 실패하게 되는 원인이 상사의 리더십 스타일이 자신과 다른 경우 이에 적응하는 것을 원치 않았기 때문인 사례를 보여주었다(예: 탈선함).[79] 부하직원들은 상사의 리더십 스타일에 적응하는 것은 그들의 책임이라는 것을 염두에 두어야 한다. 상사가 부하들의 스타일에 적응하는 것이 아니다. 예를 들어, 부하직원들이 상사와 얼굴을 맞대고 대화하는 것을 선호한다고 하더라도, 상사가 글로 적힌 형태를 더 인정한다면, 서면 형태로 의사소통이 이루어져야만 한다. 이와 유사하게, 부하직원이 상사와의 비공식적인 대화에 익숙해진 경우라도, 사무적이고 형식적인 스타일을 선호하는 새로운 상사가 올 수 있는 것이다. 부하직원들은 상사들의 의사 결정 스타일, 문제 해결 전략, 의사소통의 방법, 상호 작용 스타일 등에 유연하게 적응해야만 한다.

부하직원들이 상사의 스타일에 잘 적응할 수 있는 하나의 방법은 팀, 위원회, 업무 집단에서의 그들의 역할에 대한 기대를 명확히 하는 것이다.

부하직원들이 상사의 스타일에 잘 적응할 수 있는 하나의 방법은 팀, 위원회, 업무 집단에서의 그들의 역할에 대한 기대를 명확히 하는 것이다. 젊은 근로자들은 종종 직무 명세서와 실제 그들의 역할의 차이를 인식하지 못한다. 직무 명세서는 직무나 활동에 대한 공식화된 기술(記述)이고, 역할은 재직자가 직무를 위해 하는 개인적인 특징에 대한 설명이다. 예를 들어, 고등학교 육상 코치의 직무 명세는 선수들을 고르고 훈련시키거나 라인업을 결정하는 일에 대한 책임을 명확히 할 것이다. 그러나 두 명의 다른 코치의 경우, 각기 다른 방법으로 이 기본 책임을 완수할 수 있다. 한 코치는 넓은 의미에서 선수에 대해서 알아가고, 스포츠를 개인적 성장의 도구로 사용하는 등의 선수의 개발을 강조할 수도 있을 것이다. 다른 한 코치는 그의 역할을 단지 가능한 한 가장 승률이 높은 팀으로 만드는 것으로 볼 수도 있다. 그러므로 부하직원들이 그들의 직무가 무엇인지 알고 있다고 하더라도 그들의 역할은 분명하지 않을 수도 있다.

비록 앞장서서 그들이 부하직원들에게 기대하는 역할을 분명하게 설명하는 몇몇 상사가 있기도 하지만 대부분은 그렇게 하지 않는다. 자신의 역할을 파악하는 것은 주로 부하직원들의 몫이다. 자신들의 역할을 파악하기 위한 방법은 업무의 상대적 우선순위를 정하고, 주요 책임 사항에 대한 목록을 작성하여 직무가 수행되는 각기 다른 방법들에 대해 상사와의 토론을 이끌어 가는 데 사용하는 것이다. 또한 부하직원들은 해당 상사와 전에 일해 본 경험이 있는 사람들과 이야기를 나눠본다면 도움이 될 수 있을 것이다. 마지막으로, 상사들과의 효과적인 관계 개발에 관심이 있는 부하직원들은 솔직하고 신뢰할 수 있는 사람이어야만 한다. 부하직원들이 다른 어떤 자질이나 재능이 있다고 할지라도, 정직함이 부족하다면 이는 명백하게 치명적인 흠이다. 상사든 동료든 부하직원이든, 어느 누구도 신뢰할 수 없는 사람과 일하고 싶어 하지 않는다. 상사들은 정직성 다음으로 신뢰성에 가치를 둔다. 상사들은 믿을만한 업무 습관을 가지고, 제때에 올바른 순서로 맡은 업무를 완수하고, 약속한 것을 지키는 사람들을 중요시한다.[80]

14.8 동료들과의 효과적인 관계 형성

- 공통의 관심사와 목표를 인식하라
- 동료의 직무, 문제, 그리고 보상을 이해하라
- Y이론의 태도를 실천하라

"권한 없는 영향력[81]"이라는 문구는 점차 사람들의 업무 생활의 주요한 요소로 자리 잡았다. 점점 더 많은 사람들이 그들이 공식적 권한을 가지고 있지 않음에도 불구하고, 그들의 직업이 그 사람들로 하여금 다른 사람에게 영향을 미치도록 요구하는 것을 발견하고 있다. 어느 누구도 고립되지 않았다고 말한다. 그리고 아마 오늘날의 조직에서는 어떤 근로자들도 스스로 홀로 살아남지 못할 것이다. 사실상 모든 사람들은 언제나 동료들의 보조나 자원들을 필요로 한다. 몇몇 연구자들은 리더십 효과성의 기초적인 요구사항들 중 하나는 다른 사람들과 강한 협조를 형성하는 능력이라고 주장한다. 그리고 동료 집단들은 일반적으로 따로따로 일하는 개인들보다 더 큰 영향력을 행사하고 더 많은 것을 수행할 수 있다.[82] 이처럼, 동료들과의 효과적인 관계를 위해 시간과 노력을 투자하는 것은 단지 즉각적인 이익을 챙겨줄 뿐만 아니라, 미래에 권위 있는 지위에 오르게 된다면, 장기적인 이익도 챙겨줄 수 있다. 리더들은 집단, 위원회, 클럽, 또는 팀의 구성원들 가운데서 선출된다. 그리고 많은 경우에, 업무 집단 구성원들과의 적대적인 관계보다 다정한 관계를 만들기 위해 시간을 보내는 것이, 상사들과 효과적인 관계를 쌓고, 상사들의 내집단의 구성원이 되기 위한 기초를 쌓는 것이다. 동료들과의 강한 관계의 이점이 주어질 때, 다음은 좋은 동료 관계를 만들고 유지하기 위한 방법에 대한 몇 가지 생각이다.

14.8.1 공통의 관심사와 목표를 인식하라

동료들과의 효과적인 업무 관계를 형성하기 위한 최선의 방법들 중 하나는 공유된 관심사, 가치, 목표, 그리고 기대를 인식하는 것이다.

5장에서부터 8장까지 사람들의 다양성에 대해 다각적으로 설명했지만, 동료들과의 효과적인 업무 관계를 형성하기 위한 최선의 방법들 중 하나는 공유된 관심사, 가치, 목표, 그리고 기대를 인식하는 것이다.[83] 그러나 공유된 열망과 관심사를 인식하기 위해서는, 우리는 무엇이 동료들의 진정한 목표, 가치, 그리고 관심사인지 알아야만 한다. 비공식적인 의사소통 고리를 만드는 것은 공통의 관심사와 가치를 찾게 하는 가장 좋은 방법 중 하나이다. 이를 하기 위해, 어떤 사람은 다른 사람의 요구, 열망, 관심을 알려고 하는 노력뿐만 아니라 다른 사람의 요구, 가치, 목표 등에 관해 의사소통하기 위해 열려 있고 정직할 필요가 있다. 같은 문제에 대해 다른 사람의 의견은 듣고 싶어 하지 않으면서, 과도하게 자신의 문제와 신념만을 공유하고자 하는 사람들보다 동료들과의 관계를 더 빨리 파괴하는 사람은 거의 없다. 게다가 몇몇 사람들이 사회적인 모임, 단체, 위원회의, 오찬, 회사 스포츠 팀, 또는 공동체 활동에 참석하는 것이 시간 낭비라고 믿을지라도, 상당한 권력을 지닌 동료들은 종종 이러한 활동들을 다른 사람들과의 관계를 형성하고 향상시키는 기회로 여긴다. 그러므로 팀, 위원회, 또는 조직의 구성원들과 관계를 형성하기 위한 효과적인 방법은 평범한 업무 관계의 연장선 밖에서 만나는 것이다.

14.8.2 동료의 업무, 문제, 그리고 보상을 이해하라

상대의 업무의 특성을 이해하는 것보다 동료들 간의 존중을 돈독히 하는 방법은 없다. 그러므로 다른 사람들과 협조적인 관계를 형성하는 것은 조직에서 타인이 수행하는 직무를 이해하는 것에 달려 있다. 또한 협조적인 관계의 형성은 동강한 관계를 형성하는 가장 좋은 방법 중 하나는 동료가 개인적이거나 조직적인 문제에 직면해 있을 때 도움의 손길을 내미는 것이다.

료의 문제와 보상이 무엇인지를 이해하는 것에도 의존한다. 문제에 대해 살펴보면, 강한 관계를 형성하는 가장 좋은 방법 중 하나는 동료가 개인적이거나 조직적인 문제에 직면해 있을 때 도움의 손길을 내미는 것이다. 보상의 경우에는, 사람들이 보상을 받은 행동은 반복하고 그렇지 않은 행동은 반복하지 않는 경향이 있음을 기억하는 것이 특히 중요하다고 할 수 있다. 어떤 사람의 비생산적이거나 부정적인 행동은 그 사람의 개인적인 성격(예: "그는 비협조적이야")보다 보상체계에 기인한다. 예를 들어, 만약 선생님들이 교실의 효과성에 근거해서 성과급을 받는다면, 성공적인 교실의 사례들을 다른 선생님들과 공유하려고 하지 않을 수 있다. 타인들로부터 협조를 확보하기 위해서는, 어떤 상황적 요소들이 긍정적이거나 부정적인 행동을 강화시키는지 아는 것이 도움이 된다.[84] 사람들의 눈앞에 놓인 상황을 더 잘 이해함으로써, 그들은 그들의 긍정적인 피드백이 동료들과의 효과적인 관계에 기여를 하고 있는지 아니면 그것의 형성을 방해하고 있는지 판단할 수 있다. 사람들은 자신의 동료들의 행동에 긍정적인 영향을 미치는, 진심에서 우러난 격려, 감사, 그리고 칭찬의 힘을 과소평가하지 말아야 한다.

14.8.3 Y이론의 태도를 실천하라

동료들과의 효과적인 업무 관계를 형성하는 또 다른 방법은 Y이론 측면에서 그 관계를 바라보는 것이다(6장 참조). 어떤 사람이 동료들을 유능하고, 신뢰할만하고, 가능하면 협조적이며, 그들의 일에 대해 자랑스러워한다고 가정했을 때, 동료들 역시 그 사람을 같은 시각으로 바라볼 것이다. 그러나 비록 어떤 사람이 Y이론의 태도를 실천하고 있다 하더라도, 몇몇 동료들과 어울리는 것은 여전히 어려울 수도 있다. 이러한 경우에, 그 사람이 싫어하는 자질에 신경 쓰기 쉽다. 이것은 가능한 한 최소화해야만 한다. 서로 적이 되어가고, 건설적인 일에 에너지를 소비하기보다는 서로를 비난하고 나쁘게 보이게 만드는 데 그들의 에너지를 소비하는 악순환이 전개될 수 있는 것이다. 지나치게 껄끄러운 관계는 개인 모임의 범위를 넘어설 수 있다. 더 큰 집단의 효과성을 악화시킬 수 있는 파벌이나 당파는 다른 동료들 사이에서도 발달할 수 있다. 여기서 핵심은 대인 관계의 문제를 간과해서는 안 된다는 점이다. 문제를 감당할 수 없게 만들어서도 안 된다.

Y이론을 실천하는 것은 장밋빛 안경을 통해 세상을 바라보는 것을 의미하지 않으며, 누군가의 약점뿐만 아니라 강점까지도 인식하는 것을 의미한다. 그럼에도 불구하고, 동료들이 서로 어울리지 못할 때에도 그들은 때때로 함께 일하도록 배정될 수도 있다. 그리고 "Y이론의 태도를 실천하라"라는 조언은 너무 이상적인 것 같아 보일 수도 있다. 그럴 때에는, 에너지를 먼저 관계 개선에 집중할지(직무에 착수하기 전에) 오직 직무에만 집중할지(관계에서의 문제는 철저히 무시한 채)를 결정하는 것이 중요하다.

Cohen과 Bradford[85]는 문제 해결을 위한 몇 가지 가이드라인을 제안했다. 그들은 다음과 같은 경우에는 직무에 입각해 일하는 것이 최선이라고 말했다. 두 단체 간에 적개심이 거의 없는 경우, 적개심이 있음에도 불구하고 성공을 이루어낼 수 있는 경우, 또 집단의 규범이 개방적 태도를 억누르는 경우, 직무의 성공이 집단 간의 감정을 개선시킬 수 있는 경우, 상대의 방향성이 적절하게 설정되지 못한 경우, 당신의 방향성이 적절하게 설정되지 못한 경우, 직무에 집중하는 것이 최선이라고 했다. 이와 반대로, 그들은 두 단체 사이에 큰 적개심이 있거나, 부정적인 감정이 직무 성공을 어렵게 만든다면, 집단의 규범이 개방성을 더 강조한다면, 단체 사이의 감정이 직무의 성공을 향상시킬 것 같지 않다면, 다른 사람들이 방향성을 잘 설정했거나 당신이 방향성을 잘 설정했다면, 관계를 위해 노력하는 것이 최선이라고 말했다.

14.9 신뢰성 구축

- 신용의 2가지 구성요소
- 전문지식을 쌓아라
- 신뢰를 쌓아라
- 전문지식 × 신뢰

수천 명의 부하직원들의 인터뷰뿐만 아니라 50만이 넘는 360도 피드백 보고의 결과는 신용(credibility)이 리더십 성공과 효과성의 가장 중요한 구성요소들 중 하나일 것임을 가리킨다.[86,87] 신뢰할 만한 리더들과 일하는 종업원들은 더 오랜 시간 일할 의향이 있고, 회사에 대해 주인의식을 더 많이 느끼며, 개인적으로 업무에 더 관련되어 있다고 생각하고, 향후 2년간 회사를 떠날 가능성이 더 적다.[88] 어려움이 생기면 회사는 핵심리더와 작업자를 발굴하여 유지하고, 지적 자본이 조직 성공에서 큰 역할을 해 줌으로써 신용이 조직의 이익에 강력한 영향을 준다. 신용은 많은 사람들이 그것이 무엇인지에 대해서는 알고 있지만, 신용의 "진정한" 정의에 대해서는 정확하게 일치하지 않는다는 점에 있어서 리더십과 통하는 점이 있다. 여기에서는 우리가 신용이 무엇인지를 정의하고, 신용의 2가지 구성요소를 제시하며, 리더십 실천가들이 신용을 구축하려면 무엇을 해야 하고 무엇을 피해야 하는지를 탐구한다.

신뢰할 만한 리더들과 일하는 종업원들은 더 오랜 시간 일할 의향이 있고, 회사에 대해 주인의식을 더 많이 느끼며, 개인적으로 업무에 더 관련되어 있다고 생각하고, 향후 2년간 회사를 떠날 가능성이 더 적다.

14.9.1 신용의 2가지 구성요소

신용(credibility)은 사람들 사이에서 신뢰(trust)를 생기게 하는 능력으로 정의될 수 있다.

신용(credibility)은 사람들 사이에서 신뢰(trust)를 생기게 하는 능력으로 정의될 수 있다. 높은 수준의 신용을 지닌 리더들은 신뢰할 수 있어 보인다. 그들은 옳고 그른 것에 대한 강한 인식을 지니고 있고, 그들이 믿는 것을 지지하고 주장하며, 기밀 정보를 보호한다. 또한 사업 및 업무 문제에 대한 윤리적인 토론을 장려하며, 공약을 지킨다. 때때로 카리스마 있는 리더로 표현되는 부정직한 리더들이나 권력을 행사하는 사람들은, 초기에는 부하직원들에게 믿음직하게 보이겠지만, 시간이 흐를수록 그들의 이기적인 욕심이 드러나게 된다. 신용은 **전문지식**(expertise)과 **신뢰**(trust)를 포함하는 2가지 구성요소로 이루어져 있다. 부하직원들은 만약 그들의 리더가 자신이 이야기하는 것에 대해 모르고 있다고 느껴진다면, 리더를 신뢰하지 않을 것이다. 이와 유사하게, 만약 기밀 정보가 새어나갔다고 느끼거나, 리더들이 윤리적 문제에 대해 입장을 취하기를 꺼려 하거나, 공약을 이행하지 않는다면, 리더를 신뢰하지 않을 것이다. 이 신용의 두 요소들에 대해서는 이미 "전문적 역량 쌓기", "상사들과 효과적인 관계 형성하기", 그리고 "동료들과 효과적인 관계 형성하기"에서 논의되었다. 뒤의 내용은 이 3가지 기술뿐만 아니라, 리더십 실천가들이 신용을 쌓는 것을 도울 수 있는 추가적인 고려사항을 포함한다.

14.9.2 전문지식을 쌓아라

전문지식은 전문적 역량뿐만 아니라 조직과 산업 지식으로 구성되어 있다.

전문지식은 전문적 역량뿐만 아니라 조직과 산업 지식으로 구성되어 있다. 전문지식을 쌓는 것은 이 세 가지 영역에서 지식과 스킬을 향상시키는 것을 의미한다. 앞에서 설명되었듯이, 전문적 역량을 쌓는 것은 직무를 성공적으로 마치는 데 집중할 수 있는 지식과 행동의 레퍼토리를 늘리는 것과 관련된다. 전문적 역량을 쌓기 위해 리더십 실천가들은 그들의 직무가 회사나 조직 전체의 임무에 어떻게 기여할지를 결정하고, 공식적인 훈련이나 다른 사람들을 가르치는 활동을 통해 자신의 직무에서 전문가가 되어야 하며, 그들의 전문지식을 넓히기 위해 기회를 찾아야만 한다.

조직적, 산업적 지식을 쌓는 하나의 방법은 규칙적으로 산업 관련된 신문, 연간 보고, 월 스트리트 신문, 포춘지, 혹은 다양한 웹사이트를 읽는 것이다.

과제(stretch assignments)를 수행하기도 한다.

그럼에도 불구하고, 전문지식을 쌓는 것은 전문적 역량 이상을 필요로 한다. 리더들은 그들이 속해 있는 회사와 산업을 이해하고 있어야 한다. 많은 부하직원들은 그들을 가르쳐줄 리더들을 찾고 있을 뿐만 아니라, 그들의 리더들이 조직, 산업 그리고 시장 사건들을 위한 정황을 제공해주기를 바라고 있다. 조직적, 산업 지식을 쌓는 것은 전문적인 역량을 쌓는 것만큼 중요할 것이다. 그러나 리더십 실천가들이 이러한 두 가지 지식기반을 형성하는 방법은 전문적인 역량을 쌓는 것과는 다소 다르다. 전문적 역량을 쌓는 일은 발달을 위한 실제적 접근(hands-on approach) 이상의 것을 요한다. 그러나 조직적이거나 산업적인 지식을 쌓을 때는 이렇게 하기 어렵다. 조직적, 산업적 지식을 쌓는 하나의 방법은 규칙적으로 산업 관련된 신문, 연간 보고, 월 스트리트 신문, 포춘지, 혹은 다양한 웹사이트를 읽는 것이다. 많은 리더들은 1주일에 5~10시간을 이러한 접근법을 사용해 그들의 산업, 조직적 지식 기반을 쌓는 데 소비한다. 멘토를 갖거나 상사로부터 가르침을 받는 것은 이 지식기반을 갖추기 위한 또 다른 방법이다. 다른 리더십 실천가들은 고위중역들과 함께하는 특별한 프로젝트를 다루는 확장된 과제(stretch assignments)를 수행하기도 한다. 이러한 과제들을 통해서 그들이 고위 중역들과 더 가까이 일할 수 있는 기회를 가지고, 경쟁적인 구도, 조직의 역사와 사업 전략, 그리고 조직의 정책에 대해 더 잘 이해하게 된다. 배움은 끝이 없다.

마지막으로, 전문지식은 경험 이상임을 기억하는 것이 중요하다. 앞서 언급했듯이, 몇몇 리더들은 5년간 일을 하며 1년의 가치가 있는 경험을 얻는다. 반면에 다른 리더들은 1년 일하고 5년의 가치가 있는 경험을 얻는다. 그들의 경험으로부터 가장 많은 것을 얻는 리더들은 동료들과 함께 무엇을 배웠는지에 대해 규칙적으로 토론하며, 이러한 토론의 결과로서의 개발 계획을 자주 업데이트하는 사람들이다.

14.9.3 신뢰를 쌓아라

신용의 두 번째 구성요소는 당신의 가치를 명확히 하고 의사소통하는 것과 타인과의 관계를 형성하는 것, 즉 신뢰를 쌓는 것이다. 많은 경우에 리더십은 도덕적 실천이다. 예를 들어, 권위적인 리더와 변혁적 리더들 사이의 핵심 차이점 중 하나는 후자의 경우에 그들의 비전이 그들 자신 혹은 부하직원들의 가치에 바탕을 두고 있다는 점이다. 반면에 전자의 경우, 그들의 비전이 그들 자신의 이기적이라 할 수 있는 요구들에 바탕을 두고 있다. 강력한 가치 체계를 소유하는 것은 기술의 근본원리 모형을 구축하는 것과 리더십 성공에 모두 중요한 구성요소이다. 신뢰를 쌓음에 있어서 가치와 관계의 중요성 때문에, 이 장의 나머지 부분에서는 이 2가지 주제에 대해 보다 상세하게 알아볼 것이다.

6장에서 가치는 개인이 중요하다고 생각하는 일반화된 행동이나 상태라고 정의된다. 그러나 만일 리더들이 윤리적인 의사 결정을 내리고 조직의 규칙을 지킨다면, 리더들과 부하직원들의 가치에는 큰 차이가 없을 것이다. 사람들의 이마에 그들의 가치가 적혀있지 않기 때문에, 다른 사람들은 주로 일상의 행동이나 특정한 일상 행동의 부재를 바탕으로 리더의 가치에 대해 추론한다. 불행히도 많은 경우에 리더들의 일상 행동들은 그들의 개인적인 가치와 일치하지 않는다.

자신의 가치에 따르는 삶을 살지 않는 리더의 예가 여기 있다. 석유 및 가스 회사의 한 중역이 캐나다 서부에서 일어나는 모든 탐사(예: 드릴링)시행에 대해 책임을 지고 있었다. 그는 새로운 유전이나 가스전의 발견이 회사의 장기적 성공의 핵심이라고 생각했기 때문에, 하루에 18시간가량 일하며 부하직원들도 그 정도 일하도록 강요했다. 또한 스케줄에 뒤처진 석유 굴착 작업에 대하여 공공연하게 비난했으며, 부하직원에게 아들이 태어나는 것을 보기 위해 미국으로 돌아가도록 1주일의 휴가를 준 관리자는 거의 해고당할 뻔했다. 시간이 지나고 이러한 행동들이 계속됨에 따라, 더 많은 부하직원들은 다른 지점으로의 전임을 요청하거나 다른 회사로 옮기기 위해 일을 그만두었다. 이직률과 사기에 관한 이 문제들 때문에, 그는 공식적인 코칭 프로그램에의 참가를 요청받았다. 놀랄 것도 없이, 그의 360도 피드백은 그의 상사, 동료 그리고 부하직원들이 그를 함께 일하기 매우 어려운 사람으로 여기고 있음을 보여주었다. 이러한 결과는 그가 결과를 얻는 것과 출세하는 것, 경제적 보상을 중시하고 있음을 가리킨다. 그러나 그는 리더로서 그에게 가장 중요한 것이 무엇인지 말해보라는 물음에, 그의 우선순위가 그의 가족과 종교, 타인과의 관계, 그리고 부하직원들의 개발에 있다고 응답하였다. 그가 실제로 믿고 있는 것과 그의 행동 사이에는 명백히 큰 차이가 있었다. 그는 회사가 그에게 그 비용이 어떻든 간에 직원들에게 압력을 가하고 결과를 내기를 기대한다고 느꼈지만, 상사나 동료 어느 누구도 이것이 사실이라고 느끼지 않았다. 그 중역은 이 상황에 대해 오해했고, 그의 가치와 일치하지 않는 행동을 보여주었다.

비록 위의 사례가 다소 극단적일지라도, 자신들의 가치와 불일치하는 방향으로 행동하는 리더들을 찾는 것은 흔한 일이다. 리더들이 그들의 개인적인 가치에 따라 삶을 살고 있는 정도를 평가하기 위한 하나의 방법은 그들이 실제로 믿는 것이 무엇이며, 그들이 무엇에 시간과 돈을 쏟고 있느냐를 물어보는 것이다. 예를 들면, 당신은 당신이 가장 강하게 믿는 5가지 사항(예: 당신의 상위 5가지 가치)을 적을 수 있다. 그리고 당신이 어디에 돈과 시간을 쓰고 있는지 판단하기 위해 당신의 달력과 일정, 가계부, 그리고 신용카드 명세서를 조사한다. 만약 이 두 가지 목록이 일치한다면, 당신은 당신의 가치에 따라 삶을 살고 있을 가능성이 높다. 만약 그렇지 않다면, 당신은 다른 사람들이 당신에게 기대하는 행동에 따라 살고 있을 가능성이 높다. 그런데 만약 이 두 목록 사이에 차이가 존재한다면 당신은 어떻게 해야 하는가? 목록들 간의 큰 오차는 당신이 당신의 가치와 일치하는 삶을 살고 있지 않음을 설명한다. 그리고 당신과 관계를 맺고 있는 사람들이 당신이 믿는 것과는 매우 다른 종류의 가치를 추구하고 있음을 추측할 수 있다. 이 차이를 명백하게 설명하는 바람직한 첫 번째 단계는 개인적인 사명 진술서(mission statement)나 리더로서 당신이 믿는 것에 대해 설명해 놓은 리더십 신조(leadership credos)를 만드는 것이다.

리더십 신조는 개인적이고 리더 각자의 가치와 밀접하게 연관되어 있다. 신조는 리더가 무엇을 믿는지와 무엇을 옹호하고 옹호하지 않는지에 대해 설명해야만 한다.

미국 기업에 퍼져 있는 리더들을 위한 다양한 리더십 신조의 예는 [하이라이트 14.8]에서 찾을 수 있다. 그리고 추가적인 설명을 할 만한 가치가 있는 리더십 신조의 여러 가지 측면들도 있으니, 이를 살펴보면 다음과 같다. 첫째, 리더십 신조는 개인적이고 리더 각자의 가치와 밀접하게 연관되어 있다. 신조는 리더가 무엇을 믿는지와 무엇을 옹호하고 옹호하지 않는지에 대해 설명해야만 한다. 둘째, 신조는 이상적인 상태를 묘사해야만 한다. 리더의 행동은 결코 그의 개인적인 사명 진술서와 완벽하게 일치하지는 않을 것이지만, 그가 달성하려고 노력하는 일상 행동의 모습이어야만 한다. 셋째, 리더십 신조는 동기부여를 해야만 한다. 리더들은 그들이 동경하는 종류의 리더에 대해 열정적이어야만 한다. 만약 리더가 자신의 사명 진술서가 특히 고무적임을 발견하지 못한다면, 부하직원들이 그것으로부터 동기부여가 되는 것을 보기는 어렵다. 리더십 신조의 많은 영감은 개인적이고 가치에 기반한 것으로부터 유래된다. 넷째, 개인적인 사명 진술서는 공식적으로 표명되어야 한다. 리더들은 그들의 가치를 다른 사람들에게 전달해야 한다. 그리고 의사소통을 하기 위한 좋은 방법은 그들의 리더십 신조를 사무실에 걸어두는 것이다. 이는 사람들로 하여금 당신이 리더로서 생각하는 것이 중요함을 알게 한다. 뿐만 아니라, 당신의 리더십 신조에 대한 신뢰를 쌓는 또 다른 중요한 방법은 타인과 강한 관계를 형성하는 것이다.

리더십 신조의 예

하이라이트 14.8

나는 리더로서...

- 전인(全人)의 개념을 믿으며 가능하다면 동료들의 재능과 능력의 전부를 사용하도록 할 것이다.
- 사람들이 충분히 정보를 공급받을 수 있도록 할 것이다.
- 훌륭하게 완수한 직무에 대하여 더 지속적으로 감사를 표현할 것이다.
- 정책이나 조약이 우리가 효과적으로 고객을 섬기는 것을 허락하지 않을 때, 그것들에 도전하는 위험을 감수할 것이다.
- 가능한 모든 전투에서 싸우려고 노력하기보다는 싸울 전투를 선택적으로 선정할 것이다.
- 우리 회사를 위해 가장 효과적인 방향을 제시하는 이들을 적극적으로 지지할 것이다.

출처: *Impact Leadership* (Minneapolis: Personnel Decisions International, 1995).

만약 리더들과 부하직원들이 강력한 관계를 공유한다면, 상호 간 신뢰도가 높은 경향이 있다. 그러나 만약 이들의 관계가 약하다면, 상호 신뢰도는 낮은 경향을 보일 것이다. 동료들, 상사들과 관계를 쌓기 위한 기술은 이미 설명되었다. 아마 부하직원들과 관계를 형성하는 가장 좋은 방법은 그들이 이야기하는 것에 귀를 기울이는 것이다. 부하직원들과 관계를 형성하려고 시간을 보내는 리더들은 조직의 문제에 대한 부하직원들의 견해와 내재적인 동기요인, 가치, 다양한 직무에 따른 역량, 또는 경력 목표에 대해 이해할 가능성이 높다. 이러한 지식으로 무장한 리더들은 타인에게 영향을 미치고, 타인을 통해 업무를 더 잘 완수할 수 있을 것이다. 부하직원들과 관계 형성하기에 대한 더 많은 내용은 3부의 리더십 기술 "코칭" 부분에서 찾아볼 수 있다.

14.9.4 전문지식 × 신뢰

리더들은 전문지식과 신뢰, 이 둘의 수준이 엄청나게 다양하게 나타난다. 그리고 이러한 차이는 신뢰를 높이고 싶어 하는 리더들을 위한 분명한 암시를 지닌다. [그림 14.4]의 1사분면에 놓인 리더들을 살펴보자. 이 사람들은 매우 높은 정도의 신뢰와 높은 정도의 전문지식을 지니고 있고, 타인으로부터 매우 믿을만한 사람으로 여겨질 가능성이 높다.

> 이 사람들은 매우 높은 정도의 신뢰와 높은 정도의 전문지식을 지니고 있고, 타인으로부터 매우 믿을만한 사람으로 여겨질 가능성이 높다.

2사분면에 놓인 사람들은 부하직원들과 적은 시간을 함께하고, 약속을 지키지 않으며, 조직에 새로 부임해 동료들과 관계를 형성할 시간이 부족했던 리더들을 포함할 것이다. 이 모든 3가지 경우에서, 그들의 신뢰도를 높이고 싶은 리더들은 동료들과의 관계 형성하기를 핵심 개발 목표로 삼아야만 한다. 3사분면에 위치한 리더들은 새로운 교직원이나 완전히 다른 산업으로부터 옮겨온 사람들일 것이다. 이러한 리더는 전문적인 역량, 조직 혹은 산업적 지식, 동료들과의 관계를 쌓을 시간을 가졌을 가능성이 거의 없다. 이러한 리더들도 자신의 가치에는 밝고, 개인적인 사명 진술서를 지니고 있을 수 있다. 그러나 그들은 그들의 진술서를 타인과 공유하고, 신뢰도를 쌓기 위해 진술서와 일치하는 방식으로 행동해야 할 필요가 있다. 다른 개발 목표들은 전문적 지식 쌓기와 타인과의 강한 유대 형성을 포함할 수 있다. 4사분면에 위치하는 리더들은 동료들에 의해 승진되거나 사내

타 부서로부터 전임해온 사람들을 포함할 것이다. 이 두 종류의 리더 모두 그들의 가치에 밝고, 리더십 신조를 지니고 있으며, 동료들과 강한 유대를 공유하고, 조직적, 산업적인 지식을 지니고 있다. 그러나 만약 그들이 신뢰도를 높이고 싶어 한다면, 전자의 경우는 리더십 지식이나 스킬을 개발할 필요가, 후자의 경우는 전문적인 역량을 개발할 필요가 있을 것이다. 마지막으로, 리더십 신조와 개발 계획이 신뢰도 암시를 지니고 있음을 알고 있는 것은 중요하다. 왜냐하면 자신들의 이상에 맞게 살고자 노력하지 않는 리더들이나 개발 약속을 지키는 것을 실패한 리더들은, 그렇지 않은 리더들보다 덜 믿음직스러울 가능성이 높기 때문이다.

신조와 개발 계획이 신뢰도 암시를 지니고 있음을 알고 있는 것은 중요하다.

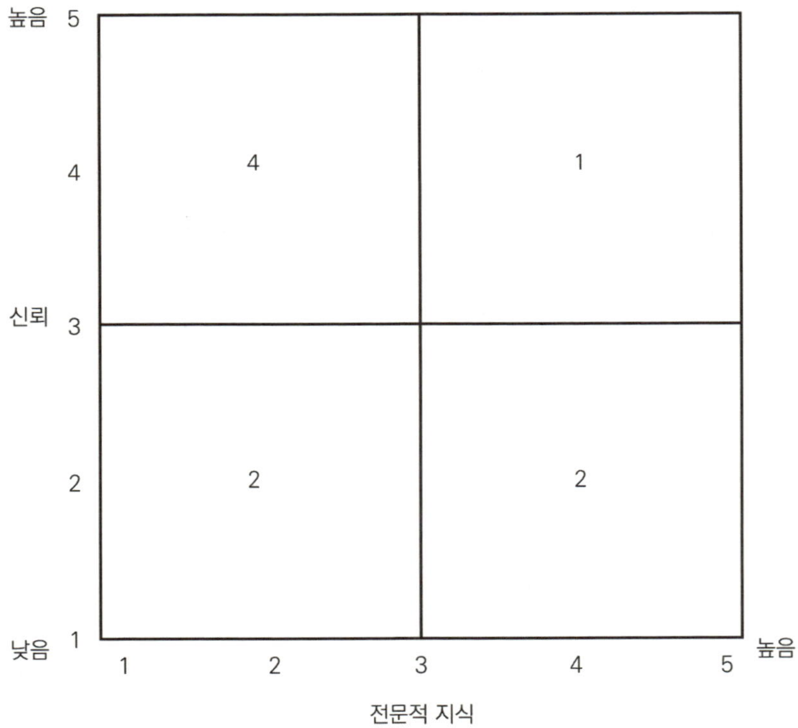

[그림 14.4] 신용 매트릭스

출처: G. J. Curphy, *Credibility: Buingding Your Reputation throughtout the Organization* (Minneapolis: Personnel Decisions International, 1997).

Chapter 15

팔로워 관련 리더십 스킬

제2부에서 우리는 리더 자신에게 초점을 두는 스킬(LS 1-LS 9)에 대한 유용한 정보를 제시했다. 제3부에서 우리는 리더와 팔로워들의 관계에 있어 특별히 도움되는 여러 부가적인 리더십 스킬을 다룬다. 여기에는 다음의 8가지 스킬이 포함된다:

- 건설적인 피드백 제공
- 벌/처벌
- 권한이양/권한하부위양(Delegating)
- 작업팀을 위한 팀 빌딩
- 고성과팀 구축: 로켓모형
- 개발 기획
- 코칭
- 권한부여/권한위임(Empowerment)

15.1 건설적인 피드백 제공

- 도움이 되게 하라
- 구체적으로 표현하라
- 묘사적으로 표현하라
- 적시에 제공하라
- 유연하게 표현하라
- 부정적인 피드백뿐만 아니라 긍정적인 피드백도 주어라
- 비난이나 당혹스러움을 피하라

건설적인 피드백을 주는 것은 어떤 사람의 행동의 특징이나 자질, 혹은 영향에 대한 그 사람의 정보나 인식을 나누는 것을 의미한다.

건설적인 피드백을 주는 것은 어떤 사람의 행동의 특징이나 자질, 혹은 영향에 대한 그 사람의 정보나 인식을 나누는 것을 의미한다. 이 피드백의 범주는 그 사람의 업무(예: 성과피드백)과 구체적으로 연관된 내용부터 그 사람의 대인 행동 양상이 타인과의 관계에 어떻게 침투되어 영향을 미치는지에 대한 인상까지 걸쳐져 있다. 여기서 피드백이라는 용어의 사용은 의사소통의 체제적 관점(2부의 [그림 14.1])에서 본 피드백의 사용과는 사뭇 다르다. 의사소통 모형에서 피드백 루프는 메시지에 대한 수신자의 해석을 적극적으로 체크하는 것으로부터 시작된다. 그리고 필요에 따라 후속 의사소통을 시작하거나 수정한다. 예를 들면, 당신이 복잡한 내용을 설명하다가 다른 사람의 어리둥절한 표정을 본다면, 다른 방법으로 설명하는 것이 더 나았을 것임을 깨닫는 것이 될 수 있다. 그러나 건설적인 피드백을 주는 기술은 본질적으로 다른 사람에게 적극적으로 피드백을 주는 것을 의미한다.

도움이 되는 피드백을 얻는 것은 부하직원의 성과와 발전을 위해 필수적이다. 피드백 없이는 부하직원이 일을 잘하고 있는지, 혹은 그의 불쾌함이 사람들을 돌아서게 만들어 승진의 기회를 박탈하는지를 설명할 수 없다. 한편 배우고 성장하기 위해 피드백이 필요한 것은 부하직원들뿐만은 아니다. 동료들은 다른 동료들로부터 피드백을 구할 것이고, 리더들은 부하직원들로부터 피드백을 구할 것이다. 효과적인 관리자의 피드백은 성장을 촉진시킬 뿐만 아니라, 사기를 진작시키는 데 매우 중요한 역할을 한다.

다양한 방법에서, 좋은 피드백 기술의 발전은 좋은 의사소통, 경청, 단정적인 행동 기술의 발달의 결과이다. 좋은 피드백을 주는 것은 명확한 피드백의 목적 설정과 전달을 위한 적절한 문맥과 매체의 사용, 적절한 비언어적 신호의 활용, 피드백을 받는 사람의 감정적 신호 감지 여부에 달려 있다. 또한 좋은 피드백이란, 비록 피드백이 한 사람의 성과와 행동에 대한 비판일지라도 단정적인 내용이어야 할 것이다. 피드백 기술은 의사소통, 경청, 그리고 단정적인 행동 능력의 영향을 받지만, 이들은 각각 개별적인 요소들이다. 좋은 의사소통, 경청, 단정적인 행동 능력을 지니고 있을지라도, 피드백 기술은 형편없을 수 있는 것이다. 아마도 이 구별은 피드백 기술의 지식, 행동 그리고 평가적인 요소들을 관찰함으로써 더 확실히 구별될 수 있다.

피드백 기술은 의사소통, 경청, 그리고 단정적인 행동 능력의 영향을 받지만, 이들은 각각 개별적인 요소들이다.

피드백의 지식 구성요소는 언제, 어디서, 어떤 피드백을 전달할 것인지 아는 것이 포함된다. 예를 들어, 언제, 어디서, 그리고 어떻게 긍정적인 피드백을 줄 것인지 아는 것은 아마도 언제, 어디서, 어떻게 부정적인 피드백을 줄 것인지 아는 것과는 매우 다를 것이다. 피드백의 행동 구성요소는 실제로 어떻게 피드백이 전달되는지를 고려한다. 좋은 피드백은 구체적이고, 서술적이며, 직접적이고 도움이 되어야 한다. 형편없는 피드백은 주로 수용자에게 유용하지 않다. 결과적으로, 피드백을 평가하기 위한 하나의 방법은 피드백 수용자들이 피드백을 받은 후 실제로 그들의 행동을 수정했는지를 조사하는 것이다. 물론, 이것이 피드백 기술을 평가하는 단 하나의 방법은 아니다. 피드백의 내용이 정확하고 서술적으로 전달되었을 때조차도, 피드백 수용자가 그것을 인식하거나 반응을 하는 데 실패할 수도 있다.

대부분의 리더들은 피드백이 중요한 기술임을 알고 있고, 부하직원들에게도 충분한 피드백을 제공하고 있다고 믿고 있지만, 연구결과는 그렇지 않다. 리더들은 다음과 같은 이유로 피드백을 주는 것을 꺼려 한다. 긍정적인 피드백의 경우, 리더들은 시간적인 압박, 피드백의 효력에 대한 의심, 또는 부족한 피드백 기술로 인해 긍정적인 피드백을 주는 것을 꺼려 할 수 있다.[2] 또는 긍정적인 피드백을 부하직원들이 정치적인 속임수나 아첨, 위선이라고 받아들일 것이라고 믿기 때문에 때로는 긍정적인 피드백을 사용하기를 머뭇거린다.[3] 주로 책상에서 떠나지 않거나, 인간적인 기준이 너무 높거나, 좋은 성과가 예측되고 그것이 전혀 인지되지 않을 것이라고 믿는 리더들 역시 긍정적인 피드백을 거의 주지 않는다.[4] 한편, 부정적인 피드백의 경우, 리더-부하직원 관계를 방해하는 것에 대한 두려움, 또는 직원 보복의 두려움과 같은 이유들로 방해받는다.[5,6,7]

긍정적인 피드백은 부하직원들에게 잘하고 있는 것을 계속 할 수 있도록 하기 위해서 반드시 필요하다.

부정적인 피드백은 부하직원들이나 그들의 성과 향상을 위해 어떤 행동의 변화가 필요한지 알려주기 위해 필요하다.

부정적인 피드백과 긍정적인 피드백을 제공하기를 머뭇거리는 많은 이유들이 있을지라도, 리더들은 부하직원들, 위원회 구성원들, 팀 구성원들이 정확하고 빈번한 피드백을 받는다면 더 높은 단계의 수행을 이룰 수 있다는 점을 염두에 두어야 한다. 피드백 없이 작업 그룹이나 팀의 성과가 향상되기는 어렵다. 긍정적인 피드백은 부하직원들에게 잘하고 있는 것을 계속 할 수 있도록 하기 위해서 반드시 필요하다. 또한 부정적인 피드백은 부하직원들이나 그들의 성과 향상을 위해 어떤 행동의 변화가 필요한지 알려주기 위해 필요하다. 피드백을 정확하고 빈번하게 해주어야 하는 것 외에도, 피드백 기술의 향상을 위해 다음의 내용을 상기해야 한다. (a) 반드시 피드백이 도움이 되도록 하고, (b) 직접적이어야 하며, (c) 구체적으로 표현되어야 한다. 또한 (d) 서술적으로 표현해야 하고, (e) 적시에 제공되어야 하며, (f) 유연하고, (g) 긍정적, 부정적 피드백을 모두 제공해야 하며, (h) 피드백을 제공할 때 비난이나 당혹스러움을 피해야 한다.

15.1.1 도움이 되게 하라

피드백의 목적은 사람들에게 그들의 행동을 변화할 수 있다는 정보를 제공하는 것이다.

피드백의 목적은 사람들에게 그들의 행동을 변화할 수 있다는 정보를 제공하는 것이다. 그러나 피드백을 주는 것은 주로 그것을 받는 사람과 주는 사람 모두에게 감정적일 수 있으므로 그 의도와 목적에 대해 명확한 것이 중요하다. 만약 피드백을 주는 사람이 감정적인 상태라면(예: 화남), 그 사람은 듣는 사람을 멀리하고, 단지 자신의 일시적인 기분을 좋게 하는 말을 할 것이다. 도움이 되게 하기 위해서는, 피드백을 줄 때 개개인이 명확하고 감정적이지 않아야 한다. 그리고 실제로 다른 사람의 통제 아래 있는 행동들에 대해서만 피드백을 주어야만 한다.

사람들은 그들이 주는 피드백을 구체적인 사람에게 보냄으로써 그 영향을 높일 수 있다. 피드백을 줄 때 하는 흔한 실수는 구체적이지 않고 "넓은 범위의 사람들"에게 초점을 맞추는 것이다. 이러한 경우에 피드백을 받도록 의도된 사람들은 피드백이 그들과 관련이 있다고 믿지 않을 수도 있다. 피드백의 영향을 극대화시키기 위해서는 다수의 그룹이 아니라 특정한 사람들에게 피드백을 제공하도록 노력해야 한다.

15.1.2 구체적으로 표현하라

피드백은 그것이 긍정적이거나 부정적인 특정한 행동을 구체화시킬 때 가장 도움이 된다. 구체적인 피드백의 가치에 대한 가장 잘 된 설명 중 하나는 학교에서 볼 수 있는 작문이나 학기말 리포트에 담겨있다. 만약 어떤 사람이 건설적인 조언을 얻고 싶어서 교사에게 리포트 초안을 제출하고 교사가 "시작은 좋지만, 몇 가지 부분에서 더 노력이 필요함"이라고 조언을 주었다면, 그 사람은 무엇을 고쳐야 할지에 대해 파악하는 데 어려움을 겪을 것이다. 교사로부터 더 도움이 되는 피드백은 "이 단락은 앞서 설명한 것과 논리적으로 연결이 안 됨"이나 "예를 들어 설명할 것"과 같은 구체적인 것이다. 업무 현장에서도 피드백은 같은 논리로 받아들여진다. 리더들이 고쳐져야 할 행동에 대해 더 자세히 지적한다면, 다른 사람들은 무엇을 해야 할 것인지에 대해 더 분명히 알게 될 것이다.

15.1.3 서술적으로 표현하라

서술은 사람들의 감정, 태도, 성격, 동기, 또는 특성에 대한 추론으로부터 구별되어야만 한다.

피드백을 주는 것에 있어서는 가능한 한 사실적인 것이 좋다. 추론이나 속성으로부터 피드백을 구별하도록 해야 한다. 행위 서술에 대한 보고는 다른 사람도 알 수 있는 것들, 즉 의문이 들지 않고 동의할 수 있는 행동을 보고해야 한다. 이러한 서술은 사람들의 감정, 태도, 성격, 동기, 또는 특성에 대한 추론으로부터 구별되어야만 한다. 예를 들어, Sally가 회의에서 다른 사람이 이야기할 때 벌떡 일어나 걸어 나왔다고 말하는 것은 행위 서술이다. 그렇지만 그녀가 화가 나서 뛰쳐나왔다고 말하는 것은 추론이다. 그러나 피드백을 줄 때, 행동 자체와 대응되는 인상 모두를 서술하는 것은 때때로 도움이 된다. 특히 서술 대상이 자신의 행동이 타인에게 얼마나 부정적 인상을 주었는지를 깨닫지 못하고 있다고 피드백 제공자가 느낀다면 더욱 도움이 된다.

피드백을 서술적으로 표현하는 또 다른 이유는 그것을 평가로부터 구별하기 위함이다. 누군가가 대부분 추론에 근거해서 피드백을 줄 때, 그는 주로 행동의 "좋은 것"과 "나쁜 것"에 대한 평가를 전달한다. 예를 들어, "당신은 너무 수줍어해요."라는 문장은 "당신이 말이 별로 없군요."라는 문장보다 더 부정적인 암시를 담고 있다. 앞의 문장의 예를 보면, 사람의 행동이 명백히 주관적인 잣대로 비판적으로 평가되었다. 그러나 평가는 종종 상사의 책임감에 있어서 본질적인 부분이며, 좋은 성과 피드백은 부하직원들에게 평가적 정보를 전달하는 데 필요하기도 하다. 성과를 평가하기 위한 명백한 준거가 마련되었을 때, 리더들이 평가적인 피드백을 제공하는 것은 더 좋다.[8]

인상과 평가적인 피드백에 관련된 문제는 직무 연관된 것(예: 성과 피드백)과 좀 더 개인적인 피드백의 구별을 고려하는 것이다. 비록 리더가 부하직원들이 성과 피드백을 따르도록 기대하는 권리를 지니고 있다 하더라도, 다른 행동에 대한 피드백을 고려하는 것이 반드시 옳은 것은 아니다. 사람 행동에 대한 인식을 공유하게 되면 사람의 행동이 형식적인 책임에 구체적으로 적절하지 않을 때조차도 매우 유용하다. 그러나 이런 경우에 이 인식을 듣느냐 안 듣느냐는 부하직원의 선택에 달려 있는 것이 좋다.

15.1.4 적시에 제공하라

피드백은 주로 행동이 발생한 직후에 제공되었을 때 가장 효과적이다.

피드백은 주로 행동이 발생한 직후에 제공되었을 때 가장 효과적이다. 최근에 발생한 사건이나 행동의 문맥이나 관련된 세부사항일수록, 모든 사람들에게 더 쉽게 받아들여지고, 따라서 더 서술적이고 도움이 되는 피드백을 촉진한다.

15.1.5 유연하라

피드백이 적시에 제공되는 것이 가장 좋지만, 가끔은 너무 이른 기회에 피드백을 주는 것보다 기다리는 것이 더 좋을 때도 있다. 일반적으로, 모든 사람들은 피드백의 주요 목적이 도움을 주는 것임을 기억한다. 피드백 세션은 이것을 염두에 두고 계획되어야 한다. 예를 들어, 한 부하직원의 일정이 그가 편하게 즉각적인 피드백을 받는 것을 방해할 수 있다. 그리고 그 즉각적인 피드백을 주는 것은 그를 뒤따르는 더 중요하고 급한 업무를 방해할 수 있기 때문에 적절하지 않을 수 있다. 더욱이 피드백을 받는 사람이 매우 감정적인 상태(의문적인 행동이나 다른 문제들 전반에 걸쳐)에 있을 때 피드백을 받는 것은 건설적이지 않을 수도 있다. 피드백을 주는 동안, 다른 사람들의 감정적인 반응에 주의를 기울이고 그 사람의 행동에 적응할 준비를 하는 것도 중요하다.

마지막으로, 관리 가능한 양 안에서 피드백을 주는 것이다. 피드백을 주는 데 있어서, 한 번에 모든 부분을 다 다룰 필요는 없다. 그렇게 하는 것은 듣는 사람으로 하여금 정보의 과잉만 불러일으킬 뿐이다. 대신에, 많은 양의 피드백을 주어야 하는 사람은 피드백 장을 잘 나누어 각 장마다 하나에서 둘 정도의 사항만 다루는 것이 좋을 것이다.

15.1.6 부정적인 피드백뿐만 아니라 긍정적인 피드백도 주어라

긍정적인 피드백은 다른 사람이나 집단에게 그들이 잘하고 있는 부분에 대한 피드백만 주는 것이고, 부정적인 피드백은 그들이 잘못하고 있는 부분에 대해서만 피드백을 주는 것이다.

긍정적이고 부정적인 피드백을 모두 주는 것은 둘 중 한 영역의 피드백을 주는 것보다 훨씬 도움이 된다. 긍정적인 피드백은 다른 사람이나 집단에게 그들이 잘하고 있는 부분에 대한 피드백만 주는 것이고, 부정적인 피드백은 그들이 잘못하고 있는 부분에 대해서만 피드백을 주는 것이다. 이러한 두 가지 종류의 피드백을 다 제공하는 것이 가장 바람직하다.

15.1.7 비난이나 당혹스러움을 피하라

피드백의 목적은 다른 사람들이 발전하도록 돕기 위해 유용한 정보를 주는 것이기 때문에, 단지 그들의 기분을 나쁘게 하고 품위를 떨어뜨릴 의도로 그들에게 말을 하는 것은 도움이 되지 않는다. 부하직원들은, 그들의 행동을 관찰할 기회가 있었고 신뢰성 있고, 유능한 리더들로부터의 피드백을 더 믿는 경향이 있다.[9-11] Bass는 자신의 리더들이 유능하거나 믿을만하지 않은 경우에도 부하직원들은 피드백을 계속 원할 것인데, 이 경우, 그들의 리더 대신, 자신이 믿는 동료나 다른 상사에게 피드백을 구할 것이라고 지적하였다.

15.2 처벌

- 처벌의 사용에 관한 오해
- 처벌, 만족, 그리고 성과
- 처벌 관리

세상에서 대부분의 사람들은 의존적이고, 성취 지향적이며, 조직의 목표에 헌신적일 것이다. 그러나 실상, 리더들은 주로 동료들 간의 분쟁을 만들고, 표준에 맞게 일하지 않으며, 중요한 규칙이나 정책을 공공연히 거스르고, 적대적이거나 복종하지 않는 부하직원들을 다루게 된다. 이러한 경우 리더들은 부하직원들의 행동을 변화시키기 위하여 벌을 주어야 할 것이다.

각기 다른 모든 리더십 양상들 중에서, 처벌은 논쟁의 대상이다. 이러한 논쟁의 주요 원인들은 부하직원들의 동기, 만족, 그리고 성과에 미치는 처벌의 영향력과 지식의 부족뿐만 아니라, 처벌의 사용을 둘러싼 오해들로부터 유래한다. 이 부분을 통하여 (a) 처벌의 사용에 대한 몇 가지 오해를 검토하고, (b) 처벌과 다양한 조직의 변수들 간의 관계를 조망하는 연구 결과를 회상하며, (c) 리더십 실천가들에게 어떻게 벌을 적당히 주는지에 대한 조언을 제공함으로써 처벌에 대한 논쟁에 도움을 주고자 한다.

15.2.1 처벌의 사용에 관한 오해

처벌은 특정한 행동이 반복될 가능성을 낮추기 위한 징계의 이행, 긍정적인 것이나 자극의 철회이다.

처벌은 특정한 행동이 반복될 가능성을 낮추기 위한 징계의 이행, 긍정적인 것이나 자극의 철회이다. 처벌의 예로는 언어적인 비난, 덜 좋은 사무실로의 이전, 봉급의 삭감, 해고, 운동 경기장 몇 바퀴 돌기, 또는 대회 출전 자격을 잃는 것 등이 있다.[13] 우리는 이 정의에 따라 단지 부수적으로(상황적으로) 가해진 징계만이 처벌의 형태로 고려되어야 함을 알아야 한다. 부수적이지 않게 가해진 징계는 처벌이 아니라 가혹하고 지나친 처우와 같을 것이다. 게다가 처벌은 지켜보는 사람의 눈에 나타난다. 부하직원의 행동의 방향, 격렬함, 또는 고집을 고치는 효과적 징계가 혐오스러운 것이라면 이는 다른 사람들의 행동에는 아무런 영향도 미치지 못할 것이다.[14] 벌은 심지어 어떤 부하들에게는 해로운 것을 실행하고 긍정적인 것을 제거하게 할 수도 있다. 예를 들어, 아이들은 자신들의 버릇없는 행동이 부모의 주의를 끈다면, 그것이 타인들로부터 꾸지람받는 행동일지라도, 버릇없이 굴 것이다(아이들에게는 그것이 어떤 종류든 부모의 관심을 받는 것이 집중받지 못하는 것보다 낫다). 이와 유사하게, 몇몇 부하직원들은 불복종하거나 회사의 정책을 흩뜨림으로써 얻어진 언어적인 비난과 악평을 주의의 형태로 보기도 한다. 이 부하직원들은 주의의 중심에 있는 것을 즐기기 때문에, 이 악평을 보상으로 받아들일 수도 있다. 작동적인 관점에서, 그들은 앞으로 더 반항하게 될 가능성이 높다.

우리는 처벌의 적용을 둘러싸고 있는 4가지 오해를 조사할 것이다. 이 오해

중 셋은 Arvey와 Ivancevich에 의해 검토되었다. 받는 사람의 입장에서 바람직하지 않은 감정 부작용을 낳는 처벌의 사용이란 비윤리적이고 비인간적이며, 거의 작용하지 않는다(예: 바람직하지 않은 행동이 좀처럼 제거되지 않음)는 믿음이 포함된다.[15]

행동심리학에서 B. F. Skinner의 연구는 처벌이 효과적이지 않고 바람직하지 않은 부작용을 야기한다는 의견을 뒷받침했다. 그는 다양한 조건실험에서 처벌받은 쥐들과 비둘기들에 의해 나타난 자연스럽지 못한 행동에 근거하여 결론을 도출했다.[16] 쥐의 행동으로부터 사람의 행동을 일반화하는 데에 위험이 따를지라도, 많은 사람들은 처벌이 인간의 행동을 통제하는 데 효과가 없고 비생산적인 도구라는 Skinner의 주장을 수용했다. 인간에게 있어서 처벌의 감정적 효과를 다룬 주목할 만한 연구들이 Skinner의 주장을 뒷받침하지 못함에도 불구하고 그의 주장이 수용되었다.[17-19] Parke는 처벌이 무차별적으로 가해지거나 부분적으로 가혹할 때만 바람직하지 못한 감정 부작용이 발생할 것이라고 주장했다.[20]

미래지향적 처벌은 바람직하지 못한 행동을 감소시키거나 제거하는 데 효과적일 수 있다. 반면, 과거지향적 처벌, 혹은 우리가 흔히 응보라고 여기는 것은 단지 과거의 나쁜 짓에 대한 보복이다.

처벌이 비윤리적이거나 비인간적이라는 오해에 관해서, Arvey와 Ivancevich는 "미래지향적" 처벌과 "과거지향적" 처벌 사이에 윤리적인 구별이 있다고 주장했다. 행동을 개선시킬 의도의 미래지향적 처벌은 바람직하지 못한 행동을 감소시키거나 제거하는 데 효과적일 수 있다. 반면, 과거지향적 처벌, 혹은 우리가 흔히 응보라고 여기는 것은 단지 과거의 나쁜 짓에 대한 보복이다. 특히, 사람들을 단념하게 하는 것이 아니라 보복의 의도로 처벌이 사용될 때, 윤리적으로 더 의심스러울 수 있다. 게다가 처벌 시행의 윤리를 고려할 때, 우리는 반드시 처벌 적용 실패의 윤리에 대해서도 생각해야 한다. 위험한 작업장 업무와 같은 잠재적으로 해로운 행동에 대한 처벌 실패의 비용은 처벌 그 자체에 드는 비용보다 훨씬 클 것이다.[21]

처벌에 대한 효력과 관계가 있다는 Skinner[22]와 Campbell과 Luthans의 연구에서는 처벌이 영구적인 행동변화가 아니라 일시적으로 억압된 행동을 낳는다고 주장한다.[23] 이러한 주장의 근거는, 감금된 죄수들이 재범할 확률이 85%가 된다는 Huberman의 보고에서 찾을 수 있다.[24] 그러나 이 높은 재범률은 범죄자들이 받는 처벌이 행동을 수정하기 위한 목적이라기보다 주로 응보를 위함이기 때문일 것이다. 미래에 어떻게 처벌을 피할 것인지에 대한 조언이 포함된 사려 깊은 처벌은 보다 영구적으로 비합리적인 행동을 성공적으로 제거할 것이다.[25] 나아가 Skinner가 그랬던 것처럼, 처벌이 단지 일시적으로 행동을 억압한다는 것은 논의의 여지가 있을 것이다. 나쁜 행동을 위한 처벌이 남아있는 한, 행동에 대한 처벌의 영향력은 계속되어야만 한다. 이러한 관점에서, 행동에 대한 처벌의 "일시적인" 효과는 행동에 대한 강화의 "일시적인" 효과와 다른 점이 없다는 것을 알아두는 것은 중요하다.

15.2.2 처벌 · 만족 · 성과

적절히 시행된 처벌은 바람직하지 않은 감정 부작용을 유발시키지 않고, 비윤리적이지도 않으며, 바람직하지 않은 행동을 효과적으로 억압할 것이다. 그러나 우리는 처벌이 부하직원들의 만족과 성과에 대해 어떤 영향을 미치는지도 물어보아야 한다. 대부분의 사람들은 처벌을 더 자주 사용하는 리더들이 덜 만족하며, 낮은 성과를 내는 부하직원을 가질 것이라고 예측할 것이다. 그러나 재미있게도, 적어도 처벌이 적절히 사용된다면, 이것은 문제가 되지 않는다. 이 문제를 좀 더 자세히 들여다보자.

리더들의 조건부 보상 행동과 조건부 처벌행동 사이에는 적당한 긍정적 관계가 존재함을 발견하였다.

상황에 따라 처벌을 시행하는 리더들이 보상 또한 상황에 따라 제공함을 몇몇 연구자가 밝혀냈다. 일반적으로 연구자들은 리더들의 조건부 보상행동과 조건부 처벌행동 사이에는 적당한 긍정적 관계가 존재함을 발견하였다.[26-28] 또한 리더들의 조건부 보상과 상황에 무관한 처벌행동 사이에는 항상 강한 부정적 상관관계가 있다. 그러므로 상황을 고려하여 조건부로 보상을 주는 리더들은 부하직원들이 부적절하게 행동하거나 기준 이상으로 행동하지 못할 때에만 처벌을 주는 경향이 있었다.

Keller와 Szilagyi는 처벌이 몇 가지 건설적인 조직의 목적을 채울 수 있다고 주장했다.[29,30] 그들은 처벌이 역할 모호성을 없앨 뿐만 아니라, 역할과 기대를 명확히 하는 것을 도울 수 있다고 말했다. 몇몇 다른 저자들은 임시적인 처벌이 그들 상사의 평가에 대한 부하직원들의 만족과 연관이 없거나 낮은 정도의 상관 관계를 가졌음을 발견해냈다.[31,32] 다시 말해, 처벌을 주는 것에 있어 특정한 규칙을 따르는 리더들이 불만족스러운 부하직원들을 갖는 것은 아니다. 사실상, 리더들에 의한 현명하고 적절한 처벌의 사용은 전반적인 부하직원들의 다소 높은 만족을 이끌어낼 것이다. 이러한 결과는 전체 작업단위가 고려될 때 의미가 있다. 대부분의 부하 눈에 필요한 처벌 사용이 실패하게 되면 불평등으로 인식되고 마침내는 낮은 집단응집력과 만족을 야기한다.[33,34]

부하직원들의 업무 행동의 측면에서, Arvey와 Jones는 처벌이 일반적으로 무단결석과 지각을 줄이기 위한 것이었음을 발견했다.[35] 그럼에도 불구하고, 성과에 대한 처벌의 영향에 대한 증거는 상반되게 나타났다. 몇몇 저자들은 처벌과 성과 사이에 강력한 긍정적인 관계가 있다고 하고,[36-39] 다른 저자들은 처벌과 성과 사이에 관계가 없거나 부정적인 관계가 있다고 보고했다.[40,41]

처벌과 성과 사이의 관계에 대한 몇 가지 사항들은 여전히 가치가 있다.

이러한 상반된 발견에도 불구하고, 처벌과 성과 사이의 관계에 대한 몇 가지 사항들은 여전히 가치가 있다. 첫째, 여러 연구에서 처벌의 시행 방법뿐만 아니라 강도가 급격하게 달랐고, 이러한 요인들은 결과에 영향을 미칠 수 있다. 둘째, 긍정적인 결과를 보고하는 연구에서, Schnake의 처벌의 대리적 효과에 관한 연구는 훨씬 더 흥미를 유발시킨다. Schnake는 임시직으로 대학생들을 고용했고, 몇 시간 일한 후에 공개적으로 봉급을 삭감하거나 업무 집단 내 동료의 봉급을 삭감할 것이라고 위협하였다. 예상되었듯이, 더 심각한 처벌이 목격될수록(임금 삭감의 위협 또는 실제 감봉), 다른 조직원들의 뒤따르는 성과는 더 높았다.[42] 비록 이러한 발견들이 실제 그 처벌을 받는 것이 아니라 단지 목격하는 것도 성과를 향상시킬 수 있는 것으로 설명하여도, 약간의 주의사항과 함께 해석되어야 한다. 이 실험에서의 대부분의 사람들이 서로를 몰랐고 몇 시간 동안만 함께 일했기 때문에, 아마 그들은 집단 결합이나 규범을 개발할 시간이 충분하지 않았을 것이다. 결속력 있는 집단, 또는 강력한 규범을 가진 집단이거나, 다른 집단 구성원이 처벌받는 것을 본 집단이라면, 실험 결과와 똑같이 반응할 것인지는 전혀 분명하지 않다. 셋째, 처벌-성과 결과에 대해 덜 우호적인 연구 중의 하나는 처벌의 기회의 중요성을 지적했다. 이 연구에서는 리틀 리그 코치들의 행동과 그들의 팀의 승패 기록의 관계를 조사했다. 그들은 더 자주 처벌을 가한 코치들이 주로 덜 성공적인 팀을 가지고 있음을 발견하였다. 또한 이 코치들은 능력이 덜 좋은 선수들을 가지고 있었고, 따라서 처벌을 사용할 일이 더 많았다. 성공하는 팀의 코치들은 처벌을 사용할 이유가 있다 해도, 거의 사용하지 않았다. 넷째, 처벌을 받을만한 많은 행동들은 직무 성과와 직접적으로 연결되어 있지 않을 수도 있다. 예를 들면, 불복종하기, 회사의 복장 지침 어기기, 그리고 회의에 늦기는 업무 관련 문제를 해결하거나 제품 또는 서비스를 생산하는 데 직접적으로 연관되어 있지 않지만, 모두 처벌받을만한 행동들이다.[43]

마지막으로, 대부분의 연구들은 암시적으로 처벌이 성과를 강화했다고 가정했다(문제 행동을 수정함으로써). 그러나 Curphy와 그의 동료들은 이 가정을 실제로 검증했던 유일한 연구자들이다. 그들은 40개의 동일한 조직들로부터 3개월간 기록된 처벌과 성과 자료 4,500건을 수집했다(처벌과 성과 자료는 매달 수집되었다). 그들은 낮은 성과가 높은 처벌의 수준으로 이어짐을 발견하였다. 게다가 경험이 부족한 리더들이 경험이 풍부한 리더들에 비해 거의 2배나 많은 처벌을 가한다는 사실을 발견하였다. 저자들은 경험이 부족한 리더들이 조직에 가장 최근에 도착하였기 때문에, 그 조직의 규칙, 규범, 그리고 정책(예: 전문가 권력)에 대한 지식이 부족하고, 부하직원들과의 관계도 아직 형성하지 못했고, 부하직원들에게 제공할 수 있는 보상(예: 보상 권력)도 심하게 제한되어 있기 때문에 처벌(예: 그들의 강압적인 권력에 의존하여)을 더 자주 사용할 것이라는 가설을 세웠다.[44]

요약하면, 연구 근거는 처벌이 적절히 가해진다면, 긍정적인 조직의 성과를 이끌어낼 수 있음을 보여준다. 상황을 고려한 처벌이 가해질 때, 처벌은 직무만족도를 높이는 데 도움을 줄 수 있고, 역할 모호성과 무단 결석률을 줄일 수 있고, 처벌받는 행동에 의존해 성과에 긍정적인 효과를 줄 수 있다. 그러나 상황과 무관한 변덕스러운 방법으로 강렬한 처벌을 가하는 것은 작업 집단에게 파괴적인 효과를 줄 수 있다. 집단 결속력이 나빠질 것이고, 부하직원들은 더 불만족하거나 일하러 오기 싫어할 가능성이 높아지며, 장기적으로 낮은 수준의 성과를 낼 것이다. 그러므로 적절히 처벌을 내리는 법을 학습하는 것은 처벌의 사용에 수반된 이익을 극대화하기 위한 핵심일 것이다.

15.2.3 처벌 관리

리더는 주로 처벌을 업무상의 행동이나 수행 문제를 고치기 위한 목적으로 시행한다.

리더는 주로 처벌을 업무상의 행동이나 수행 문제를 고치기 위한 목적으로 시행한다. 그러나 모든 행동이나 수행 문제가 처벌되는 것은 아니다. 리더는 아마도 처벌을 가할지 말지를 결정하기 전에 여러 가지 다른 요인들을 비교할 것이다. Green과 Mitchell은 처벌에 대한 리더의 결정이, 부하직원들의 수준 이하의 성과에 대해 리더가 내적 귀인을 하는지, 외적 귀인을 하는지에 의존한다고 주장했다. 내적 귀인을 하는 리더는 처벌을 가할 가능성이 더 높았고, 외적 귀인을 하는 리더는 수준 이하의 성과에 대한 비난을 부하직원들의 통제 밖에 있는 상황적인 요인들에 돌린다.[45]

귀인이론은 리더가 부하직원들의 기준 이하의 성과에 대한 내적 또는 외적 귀인을 결정할 때 3가지 요인들을 비교 검토한다고 주장한다. 좀 더 구체적으로, 부하직원이 그 직무를 전에 이미 완성시킨 경험이 있을 때, 다른 부하직원들이 그 직무를 성공적으로 마쳤을 때, 그리고 그 부하직원이 과거에 다른 업무들은 성공적으로 마쳤을 때, 리더가 부하직원의 기준 미달의 성과에 대해 내적 귀인을 하고 처벌을 내릴 가능성이 높아질 것이다. 게다가 리더는 부하직원의 나쁜 성과에 대해 내적 귀인을 하는(예: 기본적인 귀인 오류) 경향이 있으며, 직원들의 행동을 수정하기 위해 처벌을 사용할 가능성이 높음이 보고되었다.[46,47]

리더는 사람이 아닌 행동에 초점이 맞추어졌을 때 처벌이 가장 효과적으로 작용한다는 팁을 이용함으로써, 처벌을 가하는 방법이나 기술을 개선할 수 있다.

리더가 부하직원들의 수준 이하의 성과에 대해 내적 귀인을 하는 경향이 있기 때문에, 리더는 이 편견에 대해 인지하고, 처벌을 내릴지 말지 결정하기 전에 가능한 한 많은 사실을 얻어냄으로써, 처벌을 더 효과적으로 시행할 수 있다. 또한 리더는 사람이 아닌 행동에 초점이 맞추어졌을 때 처벌이 가장 효과적으로 작용한다는 팁을 이용함으로써, 처벌을 가하는 방법이나 기술을 개선할 수 있다.[48] 부하직원들은 그들의 성격, 가치 또는 기호를 바꿀 수는 없지만, 그들의 행동은 변화시킬 수 있다. 구체적인 행동에 주의를 집중함으로써, 리더는 부하직원들의 자아개념에 대한 위협을 최소화할 수 있다. 또한, 처벌은 행동과 리더들에 걸쳐 일관적이어야만 한다. 그리고 같은 행동은 작업 집단들에 걸쳐 같은 결과를 가져와야 한다. 그렇지 않으면, 불평등함과 편애에 대한 감정이 조직에 스며들 것이다. 처벌에 있어서 일관성을 향상시키는 하나의 방법은 명백하게 기술된 조직의 정책과 절차를 세우는 것이다.

처벌을 적절히 적용하는 것은 리더와 부하직원 사이의 효과적인 쌍방향 의사소통에 달려 있다. 리더는 처벌에 대한 명백한 근거를 제시하고 앞으로 용인할 수 없는 행동의 결과를 지적해야만 한다. 마지막으로, 리더는 부하직원들에게 성장하는 방법에 대한 지침을 제공해야만 한다. 이 지침은 부하직원들에게 알맞은 행위를 역할 모델로 삼는 것, 추가적인 훈련 과정을 받을 것을 제안하는 것, 또는 일터에서 그들의 행동에 대한 정확한 피드백을 주는 것을 수반할 것이다.[49]

부하직원들의 만족과 성과에 가장 큰 영향을 미치는 것은 처벌의 강도가 아니라 처벌이 가해지는 방법일 것이다.

종합해보면, 부하직원들의 만족과 성과에 가장 큰 영향을 미치는 것은 처벌의 강도가 아니라 처벌이 가해지는 방법일 것이다. 리더는 그들이 부하직원들의 기준에 미달된 성과를 고치기 위한 처벌에 대해 편견을 가지고 있다는 사실과, 이 편견을 극복하기 위한 가장 좋은 방법은 처벌을 할지 말지 결정하기 전에 가능한 한 많은 정보를 수집하는 것임을 깨달아야 한다. 사실들을 수집함으로써, 리더는 사람이 아닌 행동에 더 집중할 수 있을 것이고, 회사의 정책에 맞는 일관된 처벌을 가할 수 있을 것이며, 처벌의 근거와 성장 방법에 대한 지침을 제공할 수 있을 것이다.

리더가 알아야만 하는 마지막 주의사항은 처벌의 강화나 보상의 특성을 고려하는 것이다. 앞서 동기에 대한 작동적 접근에 대한 논의에서 다루었듯이, 보상된 행동들은 반복될 확률이 높다. 리더가 처벌을 관리하여 결과적으로 부하직원의 행동의 향상을 보게 될 때, 리더는 보상받을 것이고 앞으로도 처벌을 사용하기 더 쉬울 것이다. 시간이 흐르면서 처벌에 지나치게 의존하게 되고, 수행 문제를 수정하기 위한 다른 동기 유발 전략들은 간과하게 할 수도 있음에 유의해야 한다. 가능한 한 많은 정보를 모으고 조심스럽게 목표 설정의 적용 가능성과 작동적 접근, 직무특성이론(job characteristics theory) 등을 고려함으로써, 리더는 그들의 동기부여를 위해 하나의 도구가 아닌 여러 도구를 갖는 데 성공할 것이다.

15.3 권한이양/권한하부이양

- 왜 권한이양이 중요한가?
- 권한이양을 피하는 일반적인 이유
- 효과적인 권한이양의 원칙

권한이양은 한 사람이 그의 리더, 보스, 또는 코치로부터 권한이 이양되어 특정 업무를 마치고, 특정 활동에 종사하기 위한 책임을 지는 것을 의미한다.

비록 권한이양이 리더가 허드렛일에 시간을 소비하는 것으로부터 자신을 해방시키고, 부하직원들에게 발달 기회를 제공하고, 작업 집단, 팀, 또는 의회로 인해 성취되는 작업의 수를 늘리는 비교적 간단한 방법이지만, 이것은 자주 간과되고 충분히 이용되지 않은 관리 옵션이다.[50,51] 권한이양은 한 사람이 그의 리더, 보스, 또는 코치로부터 권한이 이양되어 특정 업무를 마치고, 특정 활동에 종사하기 위한 책임을 지는 것을 의미한다. 권한이양은 의사결정을 실행하거나 영향을 받을 개인들에게 의사결정의 책임을 부여하는 것이다. 권한이양은 리더 자신의 참가보다는 자율성, 책임감, 부하 육성에 더 중점을 둔다. 그리고 권한이양은 참여보다 자율과 책임, 부하직원들의 발달에 무게를 싣는다.

한 연구는 자주 권한을 이양한 리더들이 주로 높은 성과를 내는 업무들을 보유하고 있음을 보여주었다.[52] 그러나 부하직원들은 리더가 직무를 자주 이양할 때 반드시 행복한 것은 아니다.[53] Bass는 후자의 발견은 부하직원들이 (a) 이양된 직무를 수행하기 위해 필요한 권한이 이양되지 않았다고 느끼고, (b) 너무 가까이서 관찰된다고 느끼고, (c) 리더가 하기 싫은 일들만 이양했다고 느끼는 것에서 기인한다고 주장하였다.[54] 그럼에도 불구하고, Wilcox는 기술적으로 권한을 위임한 리더들이 그렇지 못한 리더들보다, 더 만족한 부하직원들을 보유하고 있음을 보여주었다.[55] 기술적으로 권한을 이양한 리더들이 주로 더 만족하고 높은 성과를 내는 작업 집단이나 팀, 위원회를 가지고 있기 때문에, Taylor는 리더십 실천가들이 더 효과적이고 성공적으로 권한을 이양하도록 돕기 위해 다음을 제안한다. Taylor는 왜 권한이양이 중요한지, 권한이양을 피하는 일반적 이유는 무엇인지와 더불어, 효과적인 권한이양의 원칙에 대한 유용한 생각들을 제공했다.[56]

15.3.1 왜 권한이양이 중요한가?

권한이양은 다른 활동을 위한 시간을 자유롭게 한다

리더십의 핵심은 스스로 목표를 달성하기 위해 노력하는 것이 아니라, 다른 사람들을 통해 목표를 달성하는 것이다. 리더처럼 생각하기를 배운다는 것은 부분적으로 개인적인 측면에서 생각하는 것이 아니라, 전체 집단이나 조직의 능력 측면에서 생각하는 사고의 틀을 개발하는 것을 포함한다. 이것은 많은 사람들(특히 과거의 성공이 상호 경쟁적인 상황 내에서 주로 개인적인 성취의 결과인 사람들)을 위한 새로운 준거 기준을 요구한다. 게다가 리더는 일반적으로 매우 다양한 책임을 지고 있고 그중 일부는 다른 사람들에게 반드시 이양해야만 하는 것이다.

권한이양을 필요하게 만드는 것은 단지 업무의 양이 아니다. 여기에는 정성적인 측면도 존재한다. 리더가 어떤 책임이 이양되어야 할지 결정하기 때문에, 권한이양의 과정은 리더가 자신의 시간이 이 과정을 통해 집단의 요구에 가장 현명하게 할당됨을 확신할 때 이루어진다. 리더의 시간은 소중한 원자재로, 리더만이 할 수 있는 행동에 사용되어야 하고, 그 집단이 최대의 장기 이익을 달성하기 위한 행동에 쓰여야 한다. 리더는 무엇을 이양할 수 있고, 무엇을 이양해야만 하는가?

리더의 시간은 소중한 원자재로, 리더만이 할 수 있는 행동에 사용되어야 하고, 그 집단이 최대의 장기 이익을 달성하기 위한 행동에 쓰여야 한다.

권한이양은 부하직원들을 발달시킨다

부하직원들을 개발하는 것은 모든 리더가 지닌 중요한 책임 중 하나이다. 그리고 중요한 업무를 그들에게 이양하는 것은 그들의 성장을 지원할 수 있는 가장 좋은 방법들 중 하나이다. 리더는 독창력, 문제 해결, 혁신, 경영, 그리고 의사 결정을 위한 기회를 제공함으로써 권한이양을 한다. 통제된 방식 내에서 실용적인 경험을 제공함으로써, 권한이양은 부하직원들이 행함으로써 배우는 가장 좋은 훈련 경험을 하도록 허락한다.

리더는 독창력, 문제 해결, 혁신, 경영, 그리고 의사 결정을 위한 기회를 제공함으로써 권한이양을 한다.

권한이양은 조직을 강화시킨다

권한이양은 부하직원들 개개인을 개발하기 위한 중요한 방법이지만, 조직 전체 또한 강화시킨다. 권한이양을 기술적으로 사용하는 조직은 사람들이 업무에 열중하도록 동기를 부여할 것이다. 권한이양은 부하직원들이 신뢰받고 있고 그들의 발달은 중요하다는 조직적인 신호를 보낸다. 게다가, 능숙한 권한이양은 본질적으로 대부분의 직업의 중요성과 만족도를 높이는 경향이 있다. 또한 권한이양은 단지 개인뿐 아니라, 조직 전체를 개발하기 위한 방법으로 여겨질 수도 있다. 전체 조직이 사원들을 체계적으로 권한이양을 이용해 개발하면, 조직의 전반적인 경험치와 능력, 중요도가 상승한다. 마지막으로, 권한이양은 전체 조직을 통해 혁신을 자극하고 참신한 아이디어와 새로운 접근법을 산출한다.

권한이양은 전체 조직을 통해 혁신을 자극하고 참신한 아이디어와 새로운 접근법을 산출한다.

15.3.2 권한이양을 기피하는 일반적인 이유

권한이양에는 너무 많은 시간이 걸린다

긴 안목으로 보면, 권한이양은 리더의 시간을 절약한다. 그러나 단기적으로는 리더의 시간을 소비한다. 부하직원들이 새로운 직무를 수행하기 위해서는 훈련받는 시간이 요구된다. 그래서 주로 다른 사람이 그 직무를 할 수 있도록 훈련시키기 위해 노력하는 것보다 리더 스스로가 그 일을 하는 것이 훨씬 시간이 덜 든다. 그러나 어떤 직무가 순환적이거나 반복해서 발생할 때는, 초기훈련에서 추가적 노력을 하는 것이 리더와 부하직원 모두에게 가치 있는 장기적 절약이 될 것이다.

권한이양은 위험부담이 크다

중요한 책임을 다른 사람에게 이양하는 것은, 그 일에 대한 자신의 직접적인 통제가 줄어들기 때문에 위협적으로 느껴질 수 있다.[57] 권한이양은 한 사람의 명성이 다른 사람들의 동기와 기술, 성과에 걸려있기 때문에, 직업적 위험으로 여겨지기도 한다. 그러나 리더가 부분적으로 전체 팀의 성공으로부터 평가받는 것은 리더십의 핵심이다. 게다가, 권한이양은 다른 사람에게 위임된 일에 대해 리더가 통제권을 완전히 잃는 것을 포함하지 말아야만 한다. 리더는 수행 기대를 설정할 책임이 있고, 직무가 이해되고 받아들여졌는지 확인하며, 훈련을 제공하고 정기적으로 모든 위임된 업무와 책임의 상태를 관찰해야 한다.[58]

권한이양은 한 사람의 명성이 다른 사람들의 동기와 기술, 성과에 걸려있기 때문에, 직업적 위험으로 여겨지기도 한다.

업무 결과가 좋지 않을 것이다

리더는 종종 어느 누구보다도 많은 구체적인 업무와 일을 잘 해낼 수 있다. 리더가 주로 집단 내에서 가장 경험이 많은 사람이라는 것은 놀라운 일이 아닐 것이다. 그러나 이 사실은 권한이양에 있어 방해가 될 수 있다. 리더는 직무를 다른 사람에게 이양하지 않는 것은 직원이 기술적 역량이 부족하고 그 일이 결과적으로 고통스러울 것이기 때문이라고 합리화한다.[59] 그러나 이것은 단기적인 관점에서만 사실일 것이다. 리더의 발전에 있어 자신이 과거에 그러했듯, 부하직원들도 약간의 실수를 하도록 두는 것이 그들의 발전에 있어서 필요하다. 실수에 대한 리더의 완벽주의자적 두려움만큼 숨 막히는 것은 거의 없을 것이다. 직무를 다른 사람에게 이양하는 것을 생각할 때, 리더는 그들의 기술 수준이 현재 어느 정도인지가 아니라, 과거에 어느 정도였었는지를 기억해야만 한다. 그들은 과거의 그들의 기술 수준에 입각해, 부하직원들이 새로운 책임을 다룰 준비가 되었는지를 평가해야 한다.

직무는 탐나는 것이다

이양된 직무의 중요성과 탁월함이 더 클수록, 부하직원들이 얻게 될 잠재적인 발달도 더 클 것이다.

상사는 권력 또는 명성의 근원인 직무를 이양하는 것을 반대할 수 있다. 그는 비교적 덜 중요한 책임은 이양할 의향이 꽤 있지만, 남의 시선을 끄는 중요한 직무를 위임하는 것에 대해서는 망설일 것이다.[60,61] 이양된 직무의 중요성과 탁월함이 더 클수록, 부하직원들이 얻게 될 잠재적인 발달도 더 클 것이다. 게다가, 행동은 언제나 말보다 분명히 의미를 전달한다. 그리고 부하직원들에게 주요 책임을 이양하려는 리더의 의지보다 더 진정으로 신뢰감을 전달하는 것은 없을 것이다.

사람들은 이미 너무 바쁘다

리더는 부하직원의 이미 꽉 찬 업무량을 늘리는 것에 대해 죄책감을 느낄 것이다. 그러나 조직 내에서 행해지는 직무들의 상대적 우선순위를 지속적으로 검토하는 것은 리더의 책임이다. 이러한 검토는 언젠가 제거될 수도 있고, 수정될 수도 있고, 다시 할당될 수도 있는 현존하는 활동들을 규명할 것이다. 부하직원과 그의 업무량과 경력 목표에 대해 나눈 의논은, 부하직원이 더 많은 일을 감당할 수 없을 것이라는 리더에 의한 독단적이고 일방적인 결정보다, 의사 결정을 위해 더 나은 기반이 될 것이다. 새로운 책임감은 부하직원이 원하고 필요로 하는 것일 수 있으며, 그는 그의 현재 의무를 관리하기 위한 대안적인 방법에 대한 도움이 되는 몇 가지 생각을 가지고 있을 것이다.

15.3.3 효과적인 권한이양의 원칙

무엇을 이양할 것인지 결정하라

리더가 무엇을 이양할 것인지 결정할 때 취해야 하는 첫 번째 단계는 자신의 모든 현재 활동을 규명하는 것이다. 이것은 규칙적으로 행해진 기능들과 정기적으로 만들어진 의사 결정들을 포함해야만 한다. 그러고 나서 리더는 이 활동들에 소요된 실제 시간을 추정해야만 한다. 즉, 일시적인 로그를 개발하고 유지시킴으로써 꽤 쉽게 행해질 수 있다. 이 정보들을 수집한 후에, 리더는 각각의 행동이 자신이 그것에 소비한 시간을 정당화하는지 아닌지 평가해야 한다. 적어도 가장 시간이 오래 걸린 몇 가지 순환적인 활동들은 다른 사람들에게 이양되어야만 한다. 이 과정은 아마 리더로부터든 아니든, 더 효율적으로 수행될 수 있는 활동들을 규명할 것이다. 그리고 아주 적은 이익을 제공하는 다른 활동들은 완전히 제거될 수도 있다.

누구에게 이양할 것인지 결정하라

리더는 특정한 기회를 각각의 개인적 요구와 기술, 목표와 연결시킴으로써, 일련의 과제에 걸쳐 모든 부하직원들의 성장을 최적화하기 위한 방법을 찾아야만 한다.

어떤 과제가 주어지든, 그의 능력과 경험이 가장 논리적으로 최상의 선택이 되는 사람이 있을 수 있다. 그러나 리더는 항상 최고의 근로자라는 이유만으로 그에게 과도한 부담을 주지 않도록 조심해야만 한다. 게다가 리더는 모든 부하직원들 사이에서 발전 기회의 균형을 맞추어야 하는 책임이 있다. 리더는 특정한 기회를 각각의 개인적 요구와 기술, 목표와 연결시킴으로써, 일련의 과제에 걸쳐 모든 부하직원들의 성장을 최적화하기 위한 방법을 찾아야만 한다.

과제를 분명하고 구체적이게 만들어라

목표를 설정할 때, 과제를 이양한 리더는 직무가 어떠한 것들을 수반하는지, 그리고 그에게 기대되는 바가 무엇인지에 대해 부하직원들이 반드시 이해하고 있도록 해야 한다. 그럼에도 불구하고, 리더는 때때로 이양된 직무에 대해 너무 간단한 설명을 제공한다. 흔한 의사소통의 오류는 한 사람의 명료성을 과대평가하고, 이양의 경우 리더가 특정 직무에 대한 투입과 산출을 이미 알고 있을 때 이러한 오류가 발생할 수 있다. 과제의 어떤 필수 단계나 잠재적 함정은 리더에게는 자명해 보이지만, 그 일을 해본적이 없는 사람에게는 분명하지 않은 경우가 있다. 리더는 질문을 언제든 환영해야만 하고, 직무에 대한 완벽한 설명을 제공해야만 한다. 리더가 초기 훈련에 투자하는 시간은 후에 이익을 가져올 것이다. 리더가 과제를 제공할 때, 그들은 [하이라이트 15.1]에 나열된 모든 사항을 다루고 있음을 확실히 해야 한다.

리더가 초기 훈련에 투자하는 시간은 후에 이익을 가져올 것이다.

직무를 이양할 때 다루어야 할 사항들

하이라이트 15.1

- 이 직무가 어떻게 조직의 목표와 연결되어 있는가?
- 언제 부하직원이 이 직무에 책임지기 시작하는가?
- 과거에는 이 직무가 어떻게 성취되었는가?
- 과거에 이 직무에서 어떤 문제들이 있었는가?
- 미래에는 어떤 평범하지 않은 상황이 발생할 수 있는가?
- 부하직원의 권한의 한계는 무엇인가?
- 리더가 어떻게 직무(예: 피드백 제공)를 관찰하는가?

마지막으로, 위에 제시한 사항들을 모두 다루기 위해서는 항상 높은 자신감과 기대를 가지고 있어야 한다.

절차가 아니라, 목표를 할당하라

어떻게 직무가 수행되어야 하는지가 아니라 어떤 것이 성취되어야 하는지를 알려주어야 한다. 결과물은 주로 그 수단보다 더 중요하다. 이전에 행해진 절차를 설명하는 것이 도움은 되겠지만, 앞으로도 따라야 하는 확고한 방법으로 설명하지는 말아야 한다. 리더는 자신의 방법이 항상 최고였고, 최고일 것이라고 가정해서는 안 된다. 리더는 성공이 측정될 기준에 대해 분명히 해야만 한다. 부하직원들이 그들 자신의 방법으로 성취하도록 허락하는 것이 그들의 만족과 새로운 아이디어를 북돋울 것이다.

자율을 허용하되, 수행을 관찰하라

리더는 부하직원들이 새로운 책임을 수행할 수 있도록 시간과 자원, 그리고 권한뿐만 아니라 특정 종류의 실수를 범하는 것을 포함하여 어느 정도의 자율도 주어야만 한다.

효과적인 권한이양은 부하직원들이 하는 모든 일들을 세세히 관리하는 것도 그들의 성과에 대해 무관심으로 방임하는 것도 아니다. 리더는 부하직원들이 새로운 책임을 수행할 수 있도록 시간과 자원, 그리고 권한뿐만 아니라 특정 종류의 실수를 범하는 것을 포함하여 어느 정도의 자율도 주어야만 한다. 실수를 범하면 처벌받는 조직의 분위기는 독창성과 혁신을 억압한다. 게다가 실수는 발전의 중요한 근원이다. 이러한 것을 알고 있는 한 현명한 중역은 큰 실수를 범하고 해고당할 거라 생각하고 있는 부하직원에게 "난 당신의 발전을 위해 $100,000를 투자했는데, 왜 내가 당신을 해고해야 하나요?" 하고 말함으로써 직원을 안심시켰다.[62]

직무가 이양되었을 때, 비록 부하직원의 훈련과 발전이 계속된다고 할지라도, 리더는 요구받지도 않은 조언들을 지나치게 제공하거나 "구조" 활동에 속하는 것을 조심해야만 한다. 부하직원들의 실수가 중요한 조직의 자산을 위험에 노출시킬 때는 예외일 수 있다. 반면에 리더는 부하직원의 위임된 직무 수행을 주기적으로 검토하기 위한 구체적인 절차를 세워놓을 필요가 있다. 리더는 자신이 이양한 모든 과제들에 대해, 적절한 이정표와 임무 완수일을 포함한, 좋은 기록을 유지할 필요가 있다.

신뢰를 주고, 비난하지 말라

리더는 권한을 이양할 때마다, 부하직원들에게 권한에 따르는 책임도 함께 부여해야만 한다. 그러나 마지막 분석을 보면, 리더는 항상 이양된 직무에 대한 온전한 책임을 지고 있는 상태로 남아있다. 만약 일이 잘못된다면, 리더는 그 실패에 대해 책임을 온전히 지고, 그 비난을 부하직원에게 전가하려고 시도해서는 안 된다. 반면에, 일이 잘 된다면, 리더는 모든 공식적인 공을 부하직원에게 돌려야 한다. 또한 부하직원에게 개인적으로 성과 피드백을 제공할 때, 무엇이 잘못되었는지보다 무엇이 잘 되었는지를 강조해야만 한다. 리더는 판단이나 실행에 있어 오류를 무시해서는 안 된다. 그러나 오류에 너무 머물러 있어서도 안 된다. 성과 피드백에 대한 하나의 도움이 되는 접근은 샌드위치 기술이라고 일컬어진다. 이 기술에서 부정적인 피드백은 "두 조각"의 긍정적인 피드백 사이에 놓여진다. 이것은 부하직원들이 잘한 일을 단언하여 그들을 적어도 어느 정도 긍정적인 상태에 둔 후에, 긍정적인 비판과 부정적인 비판의 균형 비를 맞추어 준다. 그러나 샌드위치의 원리는 너무 문자 그대로 받아들여져서는 안 된다. 이것은 부정적인 피드백 한 조각에 대한 긍정적인 피드백 두 조각의 마술이 아니다. 사실상, 수신자의 입장에서 긍정적인 피드백과 부정적인 피드백 사이의 균형 비가 2:1보다 상당히 높을 때, "대략" 맞아 보인다.

요약하면, Taylor는 더 효과적인 권한이양에 대한 구체적이고 도움이 되는 제안뿐만 아니라, 권한이양의 중요성에 대한 유용한 통찰력을 제공했다.

15.4 작업 집단의 팀빌딩

- 팀빌딩 중재(intervention)
- 팀빌딩 워크숍에는 무엇이 포함되는가?
- 중재(intervention)의 예

오늘날 조직에서 "팀빌딩 워크숍"보다 더욱 흔한 활동은 거의 없다. 팀빌딩 워크숍이 행하여지는 이유는 현장에서 개인 중심의 업무가 팀 중심으로 이동하기 때문이다. 그러나 불행히도 그들은 항상 그들의 목표를 성취하지는 못한다. 앞서 설명했듯이, 만약 조직의 환경 안에서 어떤 것도 변화하지 않는다면, 팀이 업무에 책임감을 지니도록 할 수 없다. 팀 수준에서의 팀빌딩 중재는, 팀 구성원들로 하여금 왜 그들이 그들의 목표를 달성하는 데 많은 어려움을 겪고 있는지를 이해하게 하고, 심지어는 견딜 수 없는 상황을 위한 대항 전략을 제안함으로써 팀을 도울 수 있다. 그러나 팀빌딩 중재는 문제의 근본 원인을 해결할 수 있을 것 같지는 않다. 팀을 이러한 방법으로 바라보는 것의 중요성을 더 잘 이해하기 위해서, 다른 맥락으로부터 이런 종류의 잘못된 생각의 예를 사용해 보자.

15.4.1 팀빌딩 중재

당신이 다음에 운전할 차는 반드시 뛰어난 승차감과 핸들링(조정감)의 특징을 지닌 것이어야만 한다고 결정했다고 가정하자. 당신이 시험해 본 거대한 미국산 자동차들은 뛰어난 승차감 특성은 지니고 있었지만 핸들링은 썩 뛰어나지 않았다. 당신이 시험해본 다른 자동차들은 정반대의 특성들을 지니고 있었다. 그 차들은 회전하거나 멈출 때, 당신이 기대하는 것만큼 단단하고 안정적이었으나 승차감은 당신의 치과 치료를 위험한 상태로 이끌 만큼 안 좋았다. 그러나 당신은 당신의 요구조건들을 충족시키는 것 같아 보이는 차를 찾을 수 있다. 사실상, 벤츠는 엄청 편안한 승차감과 도로 조종 특성, 두 가지 모두를 제공한다. 그러나 여기에는 작은 문제 하나가 있다. 벤츠는 당신이 이 프로젝트에 지불할 의향이 있는 금액보다 훨씬 더 많은 비용이 든다. 따라서 당신은 대안에 도달하게 된다. 유고슬라비아에서 제작되고, 제품의 열등한 질 때문에 더 이상 미국으로 수입되지 않는 Yugo를 찾아보자. 이것은 정말 싸고, 당신이 원하는 벤츠의 승차감을 제공하기 위해 구매 후에 완충장치, 조종, 브레이크 시스템을 강화할 수 있을 만큼 많은 돈이 남을 것이다.

이 얼마나 터무니 없는 일인가! 사실상 엄청난 양의 돈과 노력을 미리 투자하고, 당신의 모든 돈을 수리하는데 쏟아붓지 않는다면, 당신은 벤츠의 승차감을 절대로 얻지 못할 것이다. 그러나 이것은 정확하게 많은 조직들이 팀과 함께 해보려고 시도한 것이다. 팀빌딩은 하향식("top-down") 또는 상향식("bottom-up")으로 이루어질 수 있다. [그림 15.1]은 팀 훈련의 타당성을 가장 잘 묘사하고 있다. 조직 업무에서 우리는 자주 노력하고 있는 팀을 도와줄 것을 요청받을 것이다. [그림 15.1]에서 우리는 이러한 요구사항을 아래에서부터 3번째 플랫폼인 "팀" 수준에 놓을 수 있다. 우리는 이러한 종류의 중재가 단지 팀 구성원들이 안정적인 플랫폼을 다 거친 후에만 작동할 것이라 믿는다. 이 경우는, [그림 15.1]에 있는 두 가지

전 단계들을 포함한다. 만약 기초가 잘 정립되지 않았다면, 오직 팀 기반으로만 된 중재는 주로 팀 내 경쟁이나 무관심과 물러남으로 이끌 것이다.

팀 수준의 업무를 위한 기본으로서, 팀 구성원 개개인들은 먼저 그들 자신에 대해 만족해야만 한다.

팀 수준의 업무를 위한 기본으로서, 팀 구성원 개개인들은 먼저 그들 자신에 대해 만족해야만 한다. 그들은 "내가 팀으로 무엇을 가져올 것인가?"와 "내가 팀으로부터 무엇을 원하고 있는가?"에 대한 대답을 할 수 있어야만 한다. 이 질문들에 대답하지 않는 것은 고유의 두려움과 불신을 낳는다. 이 질문들이 응답되었을 때, 팀 구성원들은 대인 관계 수준을 다루기 시작하는 위치에 놓이게 된다. 즉 대인 관계 수준이 되고 나서야 그들은 비로소 "당신이 팀으로 무엇을 가져올 것인지와 당신은 팀으로부터 무엇을 원하고 있는가?"에 대해 편안하게 물을 수 있을 것이다. 이 문제들을 해결하지 않는 것은 다른 구성원들을 다루는 데에 있어서 조심스러움을, 그리고 진실과 이해의 측면보다는 '정중한 겉치레'의 상호작용을 초래한다. 만약 첫 번째와 두 번째 플랫폼이 제자리에 있다면, 진정한 팀빌딩 중재는 유용할 수 있다(덧붙여 말하자면, 팀 구성원들이 1단계와 2단계에서 그들 자신을 안정시키지 않았기 때문에 중재가 시행될 수 없음을 의미하지는 않는다. 오히려 오로지 팀 기반 노력보다는 더 강력한 중재가 요구될 것임을 의미한다).

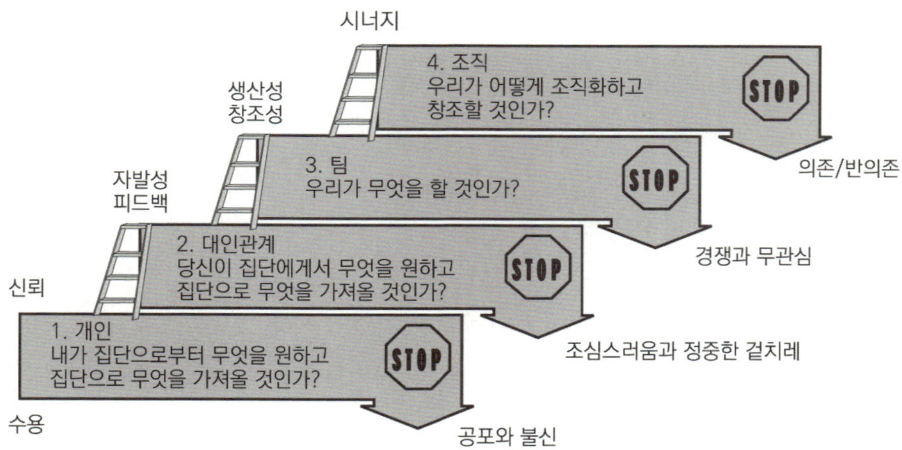

[그림 15.1] 개인, 대인 관계, 팀, 그리고 조직의 훈련을 위한 이론적 근거

15.4.2 팀빌딩 워크숍에는 무엇이 포함되는가?

오늘날 수천 내지 수백 개에 달하는 팀빌딩 중재가 행해지고 있다. 갈등 해소, 문제 해결, 규준의 개발, 신뢰 쌓기, 또는 목표 설정과 같은 팀 기반 활동들을 담고 있는 많은 좋은 출처가 있으며, 그 예로는 '팀과 조직 개발 자료집' 같은 것이 해당된다. 그러나 우리는 이 모든 제안들을 설명하려고 노력하기보다 차라리 도움이 되는 약간의 충고와 우리가 사용했던 중재의 몇 가지 예를 나눌 것이다.

창조적 리더십 센터에서 스태프들은 종종 중간에서부터 상위 수준의 팀을 위한 팀 중재를 설계해 줄 것을 요청받는다. 우리가 이 설계 회의에 활동에 대한 의제 하나 없이 들어간다 하지만, 어느 누구도 완전히 백지 상태로 회의에 임하지는 않는다. 우리는 팀 수준에서의 중재가 성공하기 위해서는 3가지 일반적인 요구사항을 충족시키고 이 3가지 요구사항에 각각의 중재가 포함되어야 한다.

> 팀 구성원들이 그들과 팀 구성원들이 어디에 위치해 있는지 알 수 있는 합리적이고 타당한 지도(map)를 가질 수 있도록 하는 진단상의 도구기반 피드백이 필요하다.

첫째, 요구사항은 인식 향상을 의미한다. 모든 문화가 똑같이 팀 업무 차원에서 준비되거나 양성된 것은 아니다. 사실상 팀에 대해서 우리가 배웠다고 생각하는 대다수의 교훈은 옳지 않다. 그래서 우리는 이런 미신을 없애고, 어떻게 팀이 워크숍의 비판적인 요소로 작동하는지에 대한 팀기반 연구 결과의 건강한 처방을 포함할 필요가 있다고 믿는다. 둘째, 우리는 팀 구성원들이 그들과 팀 구성원들이 어디에 위치해 있는지 알 수 있는 합리적이고 타당한 지도(map)를 가질 수 있도록 하는 진단상의 도구기반 피드백이 필요하다. 셋째, 각각의 중재는 Senge의 용어를 빌리면, 실천 분야를 포함해야만 한다.[63] 실천은 운동 경기의 성공을 위해 필요하며, 조직에서도 필수적이다. 만일 하키 팀의 새로운 시행 전략을 라커룸에서 말로만 이야기하고, 실전 게임에 앞서 실제 연습은 하지 않는다면, 이는 매우 어리석은 일일 것이다. 이와 유사하게 만약 당신이 사람들에게 팀워크를 향상시키기 위해 상호작용하는 방법으로 그들의 행동을 고치기를 요구한다면, 위험이 없고 보호된 환경에서 그들의 새로운 행동을 시험해 볼 수 있도록 실제 상황을 제공하는 것만이 공정할 것이다. 이것은 경험적인 연습이 아주 유용한 상황이다. 그리고 여기서 팀빌딩 촉진자의 자질은 가장 중요한 덕목이다. 우리가 촉진자 기술에 있어 가장 큰 장애로 여기는 것은 실행된 연습과 팀에게 수행하도록 요구되는 실제 현장 사이의 연결을 만들 수 있는지 여부이다. 여기서 촉진자들은 실시간 팀 역학에 대해 잘 이해하고 있을 뿐만 아니라, 팀이 작동하는 사업까지도 알고 있어야 한다. 그들은 참가자들이 제조 현장이나 회의실에서 발생하는 팀 역학으로 다시 연결할 수 있게 도와주어야 한다. 그리고 이것은 아주 효율적인 촉진자를 그 그룹으로부터 구별해내는 기술이라고 할 수 있다.

15.4.3 중재의 예

지금부터 팀빌딩에 포함시킬 수 있는 중재 범위의 몇 가지 예를 살펴보자. Ginnett은 주립 청소년 정신 병원의 상호 의존적인 팀 세 개와 함께 중재를 시행했다. 팀들은 행정 서비스 구성원들, 전문 스태프들, 그리고 직접적인 보살핌 제공자들을 포함했다. 각각의 팀의 구성원들은 그들의 보살핌을 받는 청년들에게 양질의 서비스를 제공하는 그들의 역할에 전념했다. 그러나 이 세 집단들은 서로 함께 일하는 데 있어서 큰 어려움을 경험했다. 집단에 대한 광범위한 진단은 두 개의 숨겨져 있던 문제를 드러냈다. 첫째, 각각의 집단은 병원이 과거에 어땠고 앞으로 어때야 할지에 대한 매우 상이한 비전을 가지고 있었다. 둘째, 각각의 집단은 그들 자신을 "돌보는 사람"이라 정의했고, 그들의 마음속에서는 도움을 요청하는 것이 환자의 역할이었기 때문에 다른 사람에게 도움을 요청하는 것을 매우 어려워했다. 우리는 병원의 일치된 비전에 도달하기 위해서 워크숍을 실시했지만, 두 번째 문제는 상당히 많은 노력을 필요로 했다. 스태프들이 도움을 요청한다고 해서 그들이 열등한 위치에 처하게 되는 것이 아님을 경험적으로 이해하게 해야만 했기 때문에, 모든 스태프들은 4일 동안 복잡한 하이킹, 등산 용품을 가지고 원시적인 야생 환경에서 함께 지내게 하는 "황무지 체험"이 설계되었다. 이 경험이 끝날 때쯤, 모든 사람들은 실제로 다른 사람에게 도움을 구하게 되었다. 더욱 중요한 것은, 다른 사람에게 도움을 구하는 것이, 예전에는 꺼려 했던 일이지만, 오히려 팀 전체가 더 높은 수준의 수행을 하도록 변화시켰음을 모두가 발견했다는 점이다. 매일 저녁 그날의 교훈을 실제 병원 업무와 연결시키는 데 상당한 시간을 쏟았다.[64]

우리가 실시했던 더 재미있는 프로그램들 중 하나는 중역들의 팀이 콜로라도의 한 농장에서 함께 1주일을 보내는 것이었다. 매일 아침에 팀은 일련의 인식 세션과 자료 피드백 세션을 보냈다. 오후에는 최고운영자가 진행하는 즐거움과 휴식을 위한 시간이 마련되어 있었다. 이 시간에는 참가자들이 하나의 팀으로 활동하는 것만이 요구되었다. 우리는 촉진자로서 팀에 적극적으로 참여했고, 그날의 팀 경험을 다음 날 아침의 교훈과 그들이 일반적인 업무에서 직면할 도전에 연결시켰다. 우리는 이러한 중재를 통해 팀빌딩도 재미있는 것이고, 그 실행 장소도 거의 제한이 없음을 알게 되었다. 둘째로 팀빌딩 촉진자들에게, 실시간 팀 활동을 관찰하고 진행할 수 있는 것은 매우 중요한 일임을 알게 되었다. 통찰력 있는 집단 원동력과 구조화되지 않은 팀 활동에서 나타나는 행동들의 다양성의 기반처럼 직접 관찰하는 것을 대체할 것은 없다.

15.5 고성과팀의 형성: 팀 유효성 로켓 모형

- 사명
- 인재(재능)
- 규범
- 매입
- 권력
- 사기
- 결과
- 로켓 모형의 시사점

우리는 팀이 집단 크기, 규준, 개발 단계 그리고 단결력과 같은 수많은 주요 요인들로 인해 다양해짐을 알았다.

리더십은 개인적인 과정이 아니다. 오히려, 리더십은 중요한 목표를 추구하도록 집단에 영향을 미치는 것을 포함한다. 10장에서 우리는 팀이 집단 크기, 규준, 개발 단계 그리고 단결력과 같은 수많은 주요 요인들로 인해 다양해짐을 알았다. 또한 우리는 리더가 팀을 창조하거나 이끌 때, 이 요인들을 고려해야 함을 알았다. 10장에서 살펴본 팀 유효성 리더십 모형은 팀 역학과, 높은 성과를 내는 팀을 만들고 싶은 리더가 해야만 하는 일이 무엇인지에 대한 포괄적인 묘사를 제공한다. 다음은 훨씬 단순하고 실용적인 팀 유효성 모형이다. **팀 유효성 로켓 모형**은 팀빌딩의 처방적이며 진단적인 모형이다.[65-68] 이 모형은 처방적이기 때문에 리더가 새로운 팀을 만들 때, 어떤 단계를 거쳐야 하고, 언제 그 단계를 취해야 할지 말해준다. 또한 이 모형은 기존 팀들이 어디서 어긋나고, 올바른 길로 다시 들어오게 하기 위해서 리더가 무엇을 할 수 있는지를 이해하기 위한 진단적인 도구로도 사용될 수 있다.

로켓 모형은 건강관리, 교육, 소매, 제조, 서비스, 소프트웨어, 전자통신, 에너지 그리고 금융 서비스 산업에 대한 광범위한 연구와 팀의 경험을 기반으로 하고 있다.

로켓 모형은 건강관리, 교육, 소매, 제조, 서비스, 소프트웨어, 전자통신, 에너지 그리고 금융 서비스 산업에 대한 광범위한 연구와 팀의 경험을 기반으로 하고 있다. 이 모형은 Home Depot사, Waste Management사, 영국 전략 건강국의 중역 팀에 의하여, Waste Management사와 Pfizer사, 많은 교외의 병원과 학교 구역의 중간관리 팀에 의하여, 그리고 Qwest Communications사와 Hewlett-Packard사의 프로젝트 팀에 의해 사용되어 왔다. 이 모형은 다른 산업 내의 다른 조직 수준의 다른 종류의 팀에게 모두 똑같이 적용될 수 있을 것이다. 특히 리더는 팀빌딩에 대한 솔직하고 실용적인 접근 때문에 로켓모델을 좋아한다.

로켓 모형의 그림은 [그림 15.2]와 같다. 그림에서 묘사되었듯이, 팀을 구성하는 것은 집을 짓는 것과 유사할 수 있다. 부스터 단계가 로켓을 땅에서부터 쏘아 올리기 위해 중요한 단계인 것처럼, 사명과 재능 단계도 팀을 시작하는 데 중요한 단계이다. 사명과 재능 문제가 해결되고 나서야, 리더는 팀 구성원들과 팀의 규범과 수용 등을 구분하려 노력해야 할 것이다. 연구는 가장 우수한 결과를 낸 팀이, 주로 로켓 모형의 나머지 6개 구성요소들에 있어서 높은 수준의 팀 기능을 보고하는 팀임을 보여준다. 단지 몇 가지 구성요소들에만 우수한 기능을 보고한 팀은 주로 평범한 결과를 발표한다. 그리고 6개 요소 모두에서 낮은 수준의 기능을 보인 사람들은 성취한 결과가 있다고 하더라도, 거의 없을 것이다. 다음은 로켓 모형을 구성하고 있는 일곱 가지 요소들에 대한 더욱 자세한 설명이다.

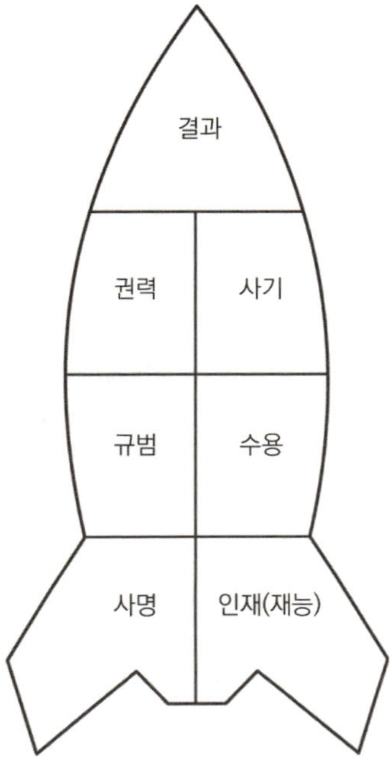

[그림 15.2] 로켓 모형

15.5.1 사명(Mission)

새로운 팀을 만들 때, 리더가 가장 먼저 팀의 목적과 목표를 분명히 하고, 팀 성과 기준을 세우고, 팀 구성원 개개인의 목표가 팀의 목표와 일치하는지를 확인해야만 한다. 그러므로 로켓 모형의 구성요소 중 사명은 팀에게 공통의 방향을 설정하는 것과 함께 고려된다. 몇몇 경우에 리더는 이러한 문제들을 구별해내기 위하여 팀 구성원들과 가까이 일한다. 다른 경우에 리더는 이러한 결심을 한다. 또 다른 경우에 조직이 이러한 결정을 내릴 것이다. 모형의 이 구성요소에서는 누가 이러한 결정을 하는지가 모든 팀원들이 그들이 성취해야 하는 것이 무엇이고 팀의 성공에 어떻게 기여할 수 있는지 이해하도록 하는 것만큼 중요하지는 않다. 이런 공통의 이해를 가지고 있는 팀은 주로 역할 모호성과 역할 갈등 경험을 거의 하지 않는다.

로켓 모형의 모든 구성요소들 중에서 사명이 가장 중요한 요소일 것이다. 이것은 아마 사명이 모형의 다른 모든 구성요소들을 작동시키기 때문일 것이다. 팀

팀의 사명은 결과를 달성하기 위해 필요한 사람의 수와 기술(재능), 팀으로부터 운용되는 규칙(규범), 그리고 필요한 장비와 예산(권력)을 결정하는 데 큰 역할을 할 것이다.

의 사명은 결과를 달성하기 위해 필요한 사람의 수와 기술(재능), 팀으로부터 운용되는 규칙(규범), 그리고 필요한 장비와 예산(권력)을 결정하는 데 큰 역할을 할 것이다. 사명이 팀빌딩에서 이렇게 중요한 역할을 하기 때문에, 성과가 좋지 못한 팀의 리더들은 팀의 성과를 향상시키기 위해 노력할 때, 주로 팀의 목적과 목표, 성과 기준을 검토할 가치가 있음을 찾아내야 한다.

만약 우리가 로켓 모형을 대학 리더십 과정의 학습 팀에게 적용시켰다면, 팀이 제일 먼저 해야 하는 일은 팀이 성취하고자 하는 것이 무엇인지 명확히 하는 것이었을 것이다. 이는 팀원 모두가 중간고사와 기말고사 그리고 전체 과정에서 A를 획득하는 것을 포함한다. 전체의 사명과 팀의 목표가 결정되고 나면, 학습 팀은 누가 무엇을 할 것이고, 각각의 팀원들을 위한 성과 기준은 무엇이 되어야 할지 결정해야 할 것이다.

15.5.2 인재(재능, Talent)

너무 사람이 많거나 너무 사람이 적은 팀의 경우, 또 팀의 목표 달성을 위해 필요한 기술이 결핍된 팀의 경우는, 적절한 기술과 적절한 수의 사람을 지닌 팀보다 주로 낮은 인재(재능) 점수를 기록할 것이다. 적절한 종류의 사람을 선발하고 계속해서 팀 목표 달성을 위해 필요한 기술을 개발하는 것은 로켓 모형의 구성요소에서의 2가지 주요 리더십 활동이다. 인재를 선택하고 재능을 개발하는 것에 많은 팀들이 주로 부족한 면이 있다. 전문 운동선수와 우수한 군 전투 팀은 고용 의사결정에 사로잡혀 있고, 연습에 많은 시간을 보낸다. 그들은 실제로 수행하는 데는 약간의 시간만을 보낸다. 다른 대부분의 팀들은 가능한 사람을 함께 모아 놓고서는 그들에게 생산하라고 기대하는 것 이상은 하지 않는다는 점에서 정 반대로 하는 것 같아 보인다. 후자와 같은 팀은 누가 팀에 있어야만 하는지를 충분히 생각하지 않고, 필요한 기술을 개발할 시간이 있다 하더라도 거의 시간을 투자하지 않으며, 절대 연습하지 않을 것이다.

학습 팀의 예에서, 팀 리더가 팀원을 그들의 성적을 고려하며 선정하고 잠재적 팀원들과 다른 팀원들이 잘 어울렸는지를 바탕으로 선정할 때, 인재는 작용하기 시작할 것이다. 팀이 소집되면, 팀 리더는 그들에게 어떤 기술의 개발이 필요한

지를 결정하고, 그 분야에서 팀의 향상을 보장하기 위해 노력해야 할 것이다. 팀의 기술은 코칭과 훈련 프로그램, 모의시험 세션 등을 통해 개발될 수 있다. 물론 이 시나리오는 리더가 팀원을 선택하는 것을 가정으로 한다. 리더는 많은 경우에 이러한 풍요로움을 가지지 못한다. 만약 리더가 반드시 팀원을 선발하지 않아도 된다면, 그들이 팀 목표 달성을 위해 필요한 기술들을 평가하고 개발하는 것은 필수적인 일일 것이다.

15.5.3 규범(Norms)

규범은 어떻게 팀이 의사결정을 내리는지와 회의를 하는지, 업무를 마치는지, 결과에 대한 책임을 팀원에게 지우는지, 그리고 정보를 공유하는지를 지배하는 규칙이다.

팀원이 선택되고 팀의 목적과 목표에 대해 분명한 이해가 되었다면, 리더는 로켓 모델의 구성요소인 규범을 설명해야 한다. 규범은 어떻게 팀이 의사결정을 내리는지와 회의를 하는지, 업무를 마치는지, 결과에 대한 책임을 팀원에게 지우는지, 그리고 정보를 공유하는지를 지배하는 규칙이다. 무가치한 규범의 몇 가지 중요한 측면들이 있다. 첫째, 팀이 내린 의사 결정, 의사 결정이 내려진 방법, 얼마나 자주 그리고 오래 팀이 만났는지 등은 모두 팀의 목적과 목표로부터 노출되어야 한다. 둘째, 규범은 생기게 마련이다. 만약 팀이나 팀 리더가 팀의 행동을 지배하는 규칙을 세우는 것에 대해 분명한 입장을 가지지 않는다면, 그들은 시간이 한참 지난 후에야 서서히 발전할 것이다. 그리고 규범이 명확히 설정되지 않았을 때, 이 규칙들은 팀의 목적이나 목표와는 반대로 작용할 수 있을 것이다. 예를 들어, 한 작가가 몇 가지 새로운 제품을 6개월 안에 출시해야만 하는 소프트웨어 개발팀과 함께 일하고 있었다. 시간이 매우 촉박했음에도 불구하고 서서히 변화한 팀 규범 중 하나는 회의에 늦게 나타나거나 심지어 나타나지 않아도 괜찮다고 하고 있었다. 그러나 팀 회의는 팀원들이 문제 사항을 논의하고 소프트웨어 개발 노력을 조정할 수 있는 유일한 시간이었기 때문에, 팀의 성공에 매우 중요한 부분을 차지하고 있었다. 팀원의 행동은 팀 회의 참석에 대한 명확한 규범이 설정되기 전까지 변하지 않았다.

셋째, 많은 팀 규범들이 있다. 이 규범들은 회의에서 사람들이 어디에 앉는지, 팀원들이 언제 일하러 와야 하는지, 무엇을 입어야 하는지, 그들이 사용하는 두문자와 용어 등을 포함할 수 있다. 그러나 가능한 규범의 영역에서, 의사 결정과 의사소통, 회의, 책임을 포함하는 것은 팀의 기능에서 가장 중요해 보인다. 높은 성과를 내는 팀은 팀이 어떠한 의사 결정을 하는지와 어떻게 의사 결정을 내리는지에 대해 매우 분명하다. 이러한 팀들은 팀 회의의 기밀성과 언제 발언을 해야 하는지, 회의에서 얼마나 어렵거나 논쟁의 여지가 있는 주제가 제기될 것인지에 대한 정해진 규칙을 가지고 있다. 또한 높은 성과 집단은 팀 회의와 팀원 책임감에 대한 명백한 규칙을 지니고 있다. 우리의 학습 팀의 경우에, 팀은 어떻게 중간고사를 준비할 것인지, 준비 자료의 형식과 질은 어떨지, 얼마나 자주 그리고 어디에서 시험 준비를 위해 만날 것인지, 준비 회의 안과 밖에서 무엇을 할 것인지, 그리고 그들의 중간고사 결과를 기말고사 준비에 어떻게 적용할 것인지에 대해 결정해야만 할 것이다. 조직의 팀들은 명확하게 의사 결정, 의사소통, 회의 그리고 책임감 규범을 설정해 놓지 않았고, 적용한 규칙이 여전히 작동하는지 개선이 필요한지에 대해서 확인하지 않았기 때문에 종종 실패한다.

15.5.4 수용(Buy-In)

팀원들이 팀의 목적과 목표 그리고 운영하는 규칙을 이해한다고 해서 반드시 그들이 자동적으로 그것들에 전념하게 될 것은 아니다. 많은 경우에 팀원들은 팀의 목표와 규칙, 회의의 진행 단계에 대해 위아래로 고개를 끄덕일 것이다. 그러나 회의 후에는 돌아서서 무언가 완전히 다른 것을 할 것이다. 이것은 수용이 부족한 팀의 예이다. 높은 수용 수준을 지닌 팀들은, 팀이 성공을 위해 필요한 노력을 열정적으로 쏟아 붓고 이를 달성하려고 노력한다고 믿고 있는 팀원들을 지니고 있다.

> 높은 수용 수준을 지닌 팀들은, 팀이 성공을 위해 필요한 노력을 열정적으로 쏟아 붓고 이를 달성하려고 노력한다고 믿고 있는 팀원들을 지니고 있다.

여기에는 팀 리더가 수용을 쌓을 수 있는 3가지 기초적인 방법이 있다. 수용을 쌓을 수 있는 하나의 방법은 강제적인 팀 비전이나 목적을 개발하는 것이다. 많은 경우에 팀원들은 그들보다 큰 것의 일부가 되기를 원하고, 팀은 이 요구를 충족시키기 위한 장소가 될 수 있다. 카리스마 있거나 변형된 리더(13장)는 특히 부하직원들의 개인적 가치와 동일선상에 위치한 비전을 만드는 일에 숙달되어 있다. 수용을 만드는 두 번째 방법은 팀 리더가 높은 수준의 신뢰도를 지니게 하는 것이다. 팀원들과 신뢰 관계를 공유하는 높은 수준의 관련 전문성을 지닌 리더는 주로 높은 수용 수준을 즐긴다. 팀원들은 관련 전문성이 부족한 팀 리더의 판단에 대해 의문을 가지고, 그들이 믿지 않는 팀 리더의 의제에 대해서도 질문을 던진다. 그리고 사람들이 해야만 하는 일과 반대된 선택을 하는 것을 선호하기 때문에, 팀의 수용을 강화하는 세 번째 방법은 목표, 표준, 그리고 규칙 설정 과정에서 팀원들을 포함하는 것이다.

학습 팀의 예에서, 팀이 모이고 그들이 함께 그들의 목적과 목표, 역할, 규칙을 결정한다면, 팀의 수용이 강화될 가능성이 높을 것이다. 대신 팀 리더는 같은 방법을 달성하고 싶어 하고, 팀의 일부로 있는 것이 A를 얻기 위한 가장 좋은 방법이라 믿고 있는 학생집단을 모을 수 있다. 팀의 수용은 교수자가 학습 팀의 사명과 규범을 결정한다면, 다소 낮아질 수도 있다. 공적인 그리고 사적인 영역의 많은 팀들은, 팀원들이 팀의 리더를 믿지 않고, 리더가 무능력하다고 믿고, 팀 내에서 그들이 개인적으로 무엇을 얻는지 보지 못하고, 팀의 목표를 설정하는 데 포함되어 있지 않기 때문에 실패한다.

15.5.5 권력(Power)

로켓 모형의 권력 구성요소는 목표 달성을 위한 팀의 의사 결정의 폭과 팀의 자원을 고려한다. 높은 정도의 권력을 지닌 팀들은 상당한 의사 결정 권한과 팀의 목표 달성을 위해 필요한 장비, 시간, 시설, 그리고 자금을 지니고 있다. 낮은 권력의 팀은 주로 꼭 필요한 의사 결정 권한이나 무언가 마치기 위해 필요한 자원이 부족하다. 한 저자는 그들이 학교 구역에 영향을 미치는 의사 결정을 내리는 데 매우 적은 권력을 지니고 있다고 느끼는 공립학교 관리자 집단들과 함께 일하고 있었다. 이 구역에는 지난 4년간 3명의 감독자들이 있었고, 결과적으로 학교 이사회는 학교 구역의 나날의 운영을 맡기 위해 진출해 있었다.

> 높은 정도의 권력을 지닌 팀들은 상당한 의사 결정 권한과 팀의 목표 달성을 위해 필요한 장비, 시간, 시설, 그리고 자금을 지니고 있다.

로켓 모형의 구성요소인 권력을 향상시키기 위해서는, 만약 그들에게 의사 결정의 자유와 집단 목표 달성을 위해 필요한 자원이 주어졌다면, 팀 리더들은 먼저 결정해야만 할 것이다. 만약 그들이 충분한 권력을 지니고 있지 않다면, 그들이 원하는 것을 얻기 위해 높은 자리에 있는 사람들에게 로비를 펼치거나, 제한된 자원으로 팀 목표를 성취할 수 있는 방법을 고안하고, 부족한 자원을 미루어 보아 팀 목표를 수정해야 할 것이다. 대부분의 팀들은 그들이 성공을 위해 필요한 시간과 자원, 또는 의사 결정의 자유를 모두 지니고 있다고 믿지 않는다. 그러나 대개 그들은 그들의 목표를 성공적으로 달성하기 위해 위와 같은 것들을 충분히 지니고 있다. 좋은 팀들은 그들이 가지고 있는 것으로 만드는 방법을 찾아내고, 그들이 필요한 것을 얻어내는 방법을 고안한다. 기능 장애를 지닌 팀들은 그들의 모든 시간과 에너지를 팀의 목표 달성을 위한 방법을 생각해 내는 것보다, 지각된 자원의 부족에 대해 불평을 늘어놓는 데 소비한다. 이에 따라 형편없는 성과를 내는 많은 팀들은 종종 잘못된 가정을 세우거나 실제로 존재하지 않는 장애물을 세운다. 팀 리더들은 팀의 성공을 돕고 싶다면, 이 가정들에 이의를 제기하고 장애물을 허물어야 할 것이다.

팀 권력은 학습 팀에서도 역할을 할 것이다. 이 경우에, 팀 리더는 연구 세션을 진행할 방이나 시설을 확보하거나, 팀원들을 위한 컴퓨터 자원을 마련하고, 심지어 팀원들이 개별 시험이 아니라 그룹 시험을 볼 수 있는지를 알아보기 위해 교수자와 함께 작업해야 할 것이다. 또한 그들은 시험을 적절히 준비하기 위해 얼마나 많은 시간이 필요한지, 팀의 성공을 위해 팀원 모두가 그들의 시간을 바칠 수 있는지 없는지도 결정해야만 한다. 만약 팀이 필요한 자원이나 시간을 모두 가지고 있지 않다면, 팀은 가지고 있는 것으로 할 수 있는 방법을 찾거나 팀의 목표를 한 단계 낮추어 수정해야만 할 것이다.

15.5.6 사기(Morale)

팀원 개개인이 팀이 성취하고자 하는 것이 무엇인지 이해하고 있고, 팀의 목적을 달성하기로 약속했고 업무를 완성하기 위해 필요한 규칙을 이해한다고 해서 반드시 팀원들이 서로 어울릴 것임을 의미하지는 않는다. 사기가 높은 팀들은 효과적으로 상호 간의 갈등을 처리하고, 높은 도덕성과 결속력을 지니는 경향이 있다. 잘 결속된 팀이 상호 간의 갈등을 겪지 않음을 의미하는 것은 아니다. 대신, 높은 도덕성 점수를 보유한 팀들은 어떻게 갈등을 제거하고, 효과적인 방법으로 그것을 다루어야 하는지에 대해 학습해 왔다. 리더들이 사기를 향상시킬 수 있는 하나의 방법은 팀 갈등을 해결하기 위한 규칙을 정하기 위해 팀원들과 함께 일하

> 사기가 높은 팀들은 효과적으로 상호 간의 갈등을 처리하고, 높은 도덕성과 결속력을 지니는 경향이 있다.

는 것이다. 반면, 리더들이 팀의 사기를 파괴시키기 위한 가장 좋은 기법은 상호간의 갈등을 무시하거나 팀원들에게 "그만 싸우고 사이좋게 지내라"고 이야기하는 것이다.

가치가 다르고, 업무량이 다르고, 의사소통에 오해가 있고, 책임의 수준이 다르기 때문에, 우리 학습 팀은 어느 정도의 상호 갈등을 경험할 가능성이 높다. 학습 팀이 결속력을 개선하고 싶었다면, 어떻게 팀원들이 집단 안에서 갈등을 해결할 것이었는지 토론했어야만 한다. 이 토론은 집단 형성의 비교적 초기 단계에서 이루어져야만 하고, 팀의 갈등은 회의의 일상적인 주제가 되어야만 한다. 재미있게도, 많은 공적 그리고 사적인 팀들은 사기가 낮으며, 종종 그들의 팀 결속력을 높이기 위해 몇 가지 종류의 행동을 취한다. 보통 이 행동은 팀빌딩을 위해 팀을 야외 학습에 보내는 것을 포함한다. 대부분의 경우에 이러한 중재들은 팀 결속력에 장기적인 영향을 미친다 하더라도 얼마 미치지 못한다. 로켓 모형의 사기 구성요소의 존재의 이유는 주로 심각한 조직 문제의 증상이다. 팀원들이 잘 어울리지 못하는 이유는 대개 분명하지 않은 목표와 역할, 그리고 잘 정의되지 않은 수행 기준 또는 책임 규범, 책임과 자원의 결핍 등 때문이다. 다시 말해, 팀원들이 싸우는 이유는 로켓 모형의 하나 이상의 구성요소들 안에서의 문제들과 연관되어 있다. 성공적으로 이 문제 요소들을 해결하는 것은 결과를 향상시킬 뿐만 아니라 팀의 사기에도 긍정적인 영향을 미칠 것이다.

15.5.7 결과(Results)

로켓 모형의 사기 요소를 통한 사명은 팀빌딩 "방법"을 설명한다. 다시 말하면, 이 요소들은 팀 리더들에게 그들이 팀의 사명과 규범 등을 발달시켜야 할 때, 무엇이 구체적으로 필요한지를 말해 준다. 로켓 모형의 결과 요소는 팀빌딩의 "무엇", 즉 팀이 실제로 달성하고자 하는 것이 무엇이었는지에 대해 묘사한다. 사기처럼, 결과는 로켓 모형의 다른 구성요소들의 증상 또는 산출물이다. 높은 수준의 성과를 내는 팀들은 로켓 모형의 나머지 6가지 요소들을 잘 수행했기 때문에 우수한 결과를 얻는다. 최적의 결과보다 낮은 수준을 성취한 팀들은 로켓 모형의 문제적 요소들에 더 집중함으로써 팀의 성과를 향상시킬 수 있다. 우리의 학습 팀의 예

높은 수준의 성과를 내는 팀들은 로켓 모형의 나머지 6가지 요소들을 잘 수행했기 때문에 우수한 결과를 얻는다.

에서, 만약 팀이 중간고사에서 B를 받았다면, 그 팀은 자신들의 목적과 목표를 재검토하고, 재능 차이가 있는지 결정하고, 그들이 옳은 일을 연습하는 데에 충분한 시간을 보내는지 보기 위한 규칙을 살펴보고, 공부할 다른 장소와 시간을 찾는 등의 행동을 할 수 있다.

높은 성과를 내는 팀에 대해 우리가 한 가지 알고 있는 점은 그 팀들은 주로 정확한 스케줄과 결과를 성취하기 위한 책임감 있는 집단들과 함께 실행 가능한 행동 계획을 세운다는 점이다. 이 계획들은 핵심 이정표와 기준을 포함하고, 좋은 팀들은 규칙적으로 팀의 진보를 검토하고 그에 따른 그들의 계획을 수정한다. 많은 경우에 이러한 계획들은 팀원들이 성과를 내기 위해 필요한 행동뿐만 아니라, 팀의 기능을 향상시키기 위한 구체적인 행동 단계들까지도 포함한다.

15.5.8 로켓 모형의 시사점

로켓 모형은 처방적이면서 진단적이다. 그리고 이 모형은 학생팀에서 중역팀까지 동등하게 적용된다. 팀을 설립하거나 어디서 현존하는 팀이 어긋나는지 판단할 때, 리더들은 모형의 다른 부분으로 옮겨가기 전에, 언제나 사명과 인재 구성요소에서부터 시작해야 한다. 마치 로켓이 발사될 때 큰 부스터가 필요한 것처럼, 팀들도 성공하기 위해서는 역시 분명한 목적과 적절한 구성원들이 필요하다. 이에 따라, 팀 사정 조사는 팀들에게 로켓 모형의 일곱 가지 구성요소들을 기준으로 어디에 서야 하는지에 대한 피드백을 제공하기 위하여 설계되었다. [그림 15.3]과 [그림 15.4]는 2개의 중역 수준 팀의 결과를 보여준다. [그림 15.3]은 수십억 달러의 건강관리 조직을 이끄는 심한 기능장애를 지닌 중역 집단의 경우를 보여준다. 이 중역들은 단 한 번도 한 팀으로서 함께 일하는 것을 배운 적이 없다. [그림 15.4]는 60억 달러의 판매 조직을 운영하는 최고의 중역의 결과를 보여준다. 이 팀은 전력을 다했다. 이 팀의 유일한 문제는 곧 은퇴할 부서장의 후임자를 훈련시키는 것이었다.

로켓이 발사될 때 큰 부스터가 필요한 것처럼, 팀들도 성공하기 위해서는 역시 분명한 목적과 적절한 구성원들이 필요하다.

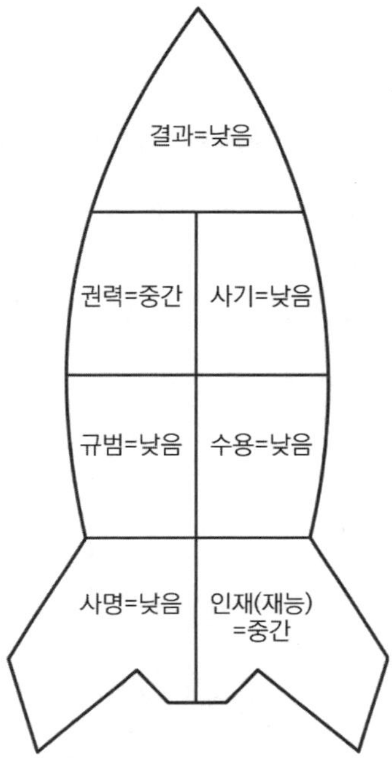

[그림 15.3] 기능장애를 보인 건강관리 팀의 사정 결과

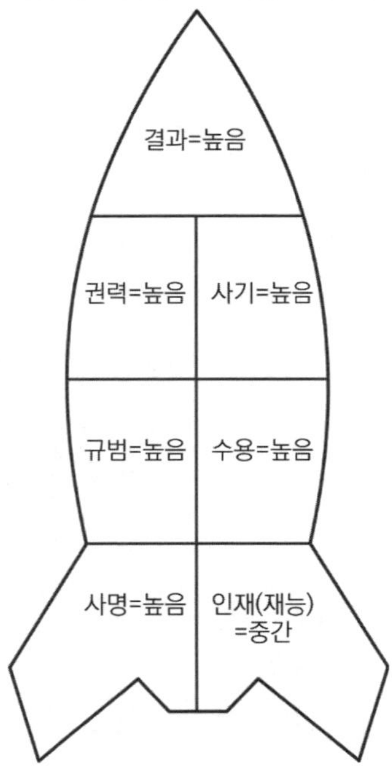

[그림 15.4] 높은 성과를 낸 판매 팀의 사정 결과

둘째로, 로켓 모형의 구성요소들은 대충 Tuckman의 집단의 4개의 발단 단계와 일치한다.[69] Tuckman에 의하면, 형성하는 것이 팀이 거쳐야 할 첫 번째 단계이다. 팀 리더들은 팀들이 로켓 모형의 사명과 인재 요소에 집중함으로써 성공적으로 이 단계를 지나도록 도울 수 있다. Tuckman은 그러고 나서 팀들이 모형의 구성요소들 중 규범과 수용에 집중해야 하는 격한 단계에 접어든다고 주장했다. 팀 리더들은 Tuckman의 기준을 정하는 단계에는 권력과 사기 요소에 주의를 집중해야 하고, Tuckman의 수행 단계에는 로켓 모형의 결과 요소에 집중해야 한다.

15.6 개발 계획

- GAPS 분석 수행
- 개발 요구의 규명과 우선순위 선정: GAPS의 격차
- 격차 연결: 개발 계획 수립
- 배움의 성찰: 개발 계획 수정
- 배움을 새로운 환경으로 전이

개발 계획하기는 지식과 경험을 쌓거나 행동을 변화하는 체계적인 과정이다.

개발 계획하기는 지식과 경험을 쌓거나 행동을 변화하는 체계적인 과정이다. 개발 계획 단계에 대한 상당한 양의 날카로운 연구를 마친 두 사람은 Peterson과 Hicks이다.[70-72] 이 두 연구자들은 개발 계획하기가 5가지 상호 연관된 단계들로 구성되어 있다고 믿는다. 개발 계획하기의 첫 번째 단계는 개발 요구를 규명하고 있다. 여기서 리더십 실천가들은 경력 목표를 규명하고, 경력 목표에 비추어 그들의 능력을 사정하고, 그들의 행동이 다른 사람들에게 어떠한 영향을 미치는지에 대해 피드백을 찾고, 그들의 경력 목표에 딸린 조직의 기준을 검토한다. 이러한 정보들이 모아졌다면, 두 번째 단계 분석하기로, 개발 요구를 규명하고 우선순위를 정하기 위해 이 자료들을 분석한다. 우선순위가 매겨진 개발 요구들은 매우 집중되고 달성 가능한 개발 계획을 위해 사용된다. 개발 계획이 이 과정의 세 번째 단

계이다. 영구적인 행동 변화가 일어나게 하기 위해서는 계획 자체가 8장에서 설명된 최상의 사례, 기술들을 이용해야만 한다. 이 최상의 사례 중 몇몇은 2개에서 3개 이상의 목표에 제한되고, 현장 활동들을 포함하며, 피드백의 다양한 근원을 통합하는 계획을 가지는 것을 포함한다. 개발 계획하기의 네 번째 단계는 계획 검토하기로, 정기적으로 계획을 검토하고, 학습한 것을 반영하며, 적절한 계획을 수정하거나 업데이트하는 단계이다. 3장에서 소개된 행동-관찰-반영(A-O-R)모형은 개발 계획 과정의 네 번째 단계에서 핵심 구성요소이다. 개발 계획하기의 마지막 단계는 배운 것을 새로운 환경에 적용하는 것이다. 3명의 사람으로 구성된 팀에게 성공적으로 행동을 위임한 리더라고 해서 그가 25명의 집단을 이끌 때도 효율적으로 스태프를 활용하거나 업무를 효과적으로 위임할 것임을 의미하지는 않는다. 이러한 경우에, 리더는 더 작은 팀을 이끌 때 배운 위임 기술을 더 쌓고 확장해야만 할 것이다. 이 다섯 번째 단계는 여러 연구에 근거를 두고 있고, 이 단계들을 적용하고 있는 리더십 실천가들의 약 75%가 그들의 행동을 영구적으로 변화시키거나 새로운 기술을 개발하는 데 성공적임을 보여주고 있다.

15.6.1 GAPS 분석 수행

개발 계획 과정의 첫 번째 단계는 GAPS(목표, 능력, 인식, 기준) 분석을 수행하는 단계이다.

개발 계획 과정의 첫 번째 단계는 GAPS(목표, 능력, 인식, 기준)분석을 수행하는 단계이다. GAPS 분석은 리더십 실천가들이 개발 계획에 관련된 정보를 모으고 분류하는 것을 돕는다. 제조업체에서 근무하는 기술자를 위한 GAPS 분석의 예는 [그림 15.5]에서 찾아볼 수 있다. 이 사람은 내년이 되기 전에 일선관리자로 승진하기를 원하고, 이 승진과 관련된 모든 정보는 GAPS 분석에서 찾아볼 수 있다. GAPS 분석을 수행하기 위한 구체적인 단계들은 다음과 같다.

목표(Goals): 당신은 어디로 가고 싶은가?	**능력**(Abilities): 당신은 지금 무엇을 할 수 있는가?
1단계: 당신의 경력 목표는 무엇입니까? 경력 전략:	2단계: 당신은 경력 목표를 위해 어떠한 강점을 지니고 있습니까?

	3단계: 당신은 어떤 개발 욕구를 극복해야 합니까?
기준(Standards): 당신의 상사나 조직은 무엇을 기대하는가?	**인식**(Perceptions): 다른 사람들이 당신을 어떻게 인식하는가?
5단계: 기대사항: (구체적인 기대사항)	4단계: 360도 조사와 성과 검토 결과, 그리고 타인들로부터의 피드백: • 상사 • 동료들 • 직접적인 보고

[그림 15.5] GAPS 분석의 예

출처: D. B. Peterson과 M. D. Hicks, *Leader as Coach* (Minneapolis: Personnel Decisions International, 1996); G. J. Curphy, *Career and Development Planning Workshop: Planning for Individual Development* (Minneapolis: Personnel Decisions International, 1998).

• **1단계: 목표**

GAPS 분석의 첫 번째 단계는 당신이 원하는 것이 무엇인지 혹은 당신이 내년에 가고자 하는 경력 방향은 어디인가를 분명하게 규명하는 단계이다. 이것은 반드시 다음 단계로 올라가거나 승진함을 의미하지는 않는다. 당신이 막 승진이 되었거나 현재 시점에서 진급하는 것이 중요하지 않을 때, 대안적인 경력 목표는 현재 자신의 직무를 마스터하는 것일 수도 있다. 다른 경력 목표들은 현재 직위에 더 많은 책임감을 지거나, 회사의 다른 부분에서 변두리 업무를 맡거나, 해외 업무를 맡거나, 심지어 일과 삶의 균형을 더 맞추기 위해 업무 책임감을 줄이는 것들을 포함할 수 있다. 후자의 경력 목표는 가족을 막 꾸리거나 안 좋은 건강상태로 인해 괴로움을 겪고 있는 연인을 둔 리더들에게 매우 적절할 것이다. GAPS 분석의 1단계에서 가장 중요한 2가지 측면은 리더십 실천가들이 경력 목표와 일직선상에 놓인 개발 요구를 위해 훨씬 더 많은 에너지를 쏟을 것이라는 점과 많은 경우에 다음 단계로 전진하는 것이 실행 가능한 경력 목표가 아닐 것이라는 점이다. 이 후자의 핵심은 특히 최근에 인원을 대폭 축소한 조직에게 알맞을 것이다. 관리직은 주로 승진하고자 하는 기대되는 지위를 줄어들게 하는 인원 축소 발안에 반발한다.

- **2단계: 능력**

사람들은 그들의 경력 목표에 대한 많은 강점들과 개발 요구를 불러일으킨다.

사람들은 그들의 경력 목표에 대한 많은 강점들과 개발 요구를 불러일으킨다. 수년간, 당신은 당신의 현재와 과거의 직무를 성공적으로 마치도록 도와준 전문화된 지식이나 많은 기술을 개발해왔을 것이다. 또한 이와 유사하게, 당신은 수년간 당신이 개발해야 할 특정한 기술이나 고쳐야 하는 행동들에 대해 피드백을 받아왔을 것이다. 좋은 리더들은 그들 자신에 대해 안다. 즉, 그들은 그들이 어떠한 강점에 투자를 해야 하는가와 어떠한 기술을 개발해야 하는가에 대해 잘 알고 있다.

- **3단계: 인식**

GAPS 모형의 구성요소인 인식은 당신의 능력과 기술, 행동이 다른 사람들에게 얼마나 영향을 미치는지를 고려한다. 당신의 다양한 특성에 대해 다른 사람들이 뭐라고 말하는가? 당신의 강점과 개발 요구에 대한 그들의 반응은 어떠한가? 이러한 정보를 얻는 가장 좋은 방법은 다른 사람들에게 피드백이나 수행 검토 또는 360도 피드백 도구를 요청하는 것이다.

- **4단계: 기준**

조직은 해외에서 근무하는 사람들이 그 나라의 모국어에 능숙해야 하거나, 다양한 직업을 위한 교육적, 경험적인 요구사항을 만족해야 하는 정책을 지니고 있을 것이다.

GAPS 분석의 마지막 단계는 당신의 상사나 조직이 당신의 경력 목표에 대해 지니고 있는 기준을 고려한다. 예를 들어, 당신의 상사는 당신이 승진되기 이전에 더 나은 공식석상의 발표, 권한위임, 혹은 코칭 기술을 개발할 필요가 있을 것이라고 이야기한다. 또한 조직은 해외에서 근무하는 사람들이 그 나라의 모국어에 능숙해야 하거나, 다양한 직업을 위한 교육적, 경험적인 요구사항을 만족해야 하는 정책을 지니고 있을 것이다.

GAPS 분석을 마치면, 당신은 필요한 모든 정보를 얻지 못했음을 발견할 것이다. 만약 필요한 정보를 다 가지고 있지 못하다면, 당신은 개발 계획 과정의 다음 단계가 끝나기 전까지 그 정보들을 얻어야만 한다. 당신의 경력 목표에 대해 결정을 내릴 수 있을 뿐만 아니라, 타인에게서 이 목표들이 현실적인 당신의 능력인지 아닌지, 타인의 인식, 그리고 조직의 기준에 대한 조언을 구할 수 있다. 이러한 경우에, 당신은 당신의 경력 목표를 다시 사정하거나, 궁극적으로 당신의 경력 목표의 달성을 도울 많은 소규모 경력 단계들을 거치는 것을 고려해야 할 것이다. 만약 당신이 다른 사분면에 대한 정보가 부족하다면, 당신은 당신의 상사나 존경하는 의견을 지닌 다른 사람들에게 당신의 능력이나 인식, 조직의 기준에 대해 질문할 수 있다. 당신의 GAPS 분석을 위해 업데이트된 관련 정보를 가능한 한 많이 얻어야 당신의 개발 계획이 최우선순위의 목표에 초점이 맞추어져 있음을 확실하게 할 수 있을 것이다.

15.6.2 개발 요구의 규명과 우선순위 선정: GAPS의 격차

[그림 15.6]이 보여주고 있듯이, 목표와 기준 사분면은 미래 지향적이다. 이 사분면들은 당신이 어디로 가고 싶어 하는지와 당신의 상사나 조직이 이러한 지위에 있는 사람들에게 기대하는 것이 무엇인지를 묻는다. 능력과 인식 사분면은 현재에 초점이 맞추어져 있다. 당신은 현재 어떤 강점과 개발 요구를 지니고 있고, 이들은 다른 사람들에게 어떠한 영향을 미치는가? 당신이 현재 가지고 있는 것과 당신이 어디를 가고 싶어 하는지에 따르면, 당신의 GAPS의 격차는 무엇인가? 다시 말해, GAPS 분석으로부터 얻은 모든 정보를 본 후, 당신의 가장 큰 개발 요구는 무엇인가? 그리고 이 개발 요구들이 어떻게 우선순위가 매겨져 있는가? 당신은 GAPS 모형으로부터 정보를 검토하고, 감춰져 있는 주제와 유형을 찾아야 하며, 당신의 경력 목표를 달성하기 위해 어떤 행동과 지식, 경험 또는 기술의 변화 및 개발이 가장 중요할지를 결정해야 한다.

GAPS 모형으로부터 정보를 검토하고, 감춰져 있는 주제와 유형을 찾아야 하며, 당신의 경력 목표를 달성하기 위해 어떤 행동과 지식, 경험 또는 기술의 변화 및 개발이 가장 중요할지를 결정해야 한다.

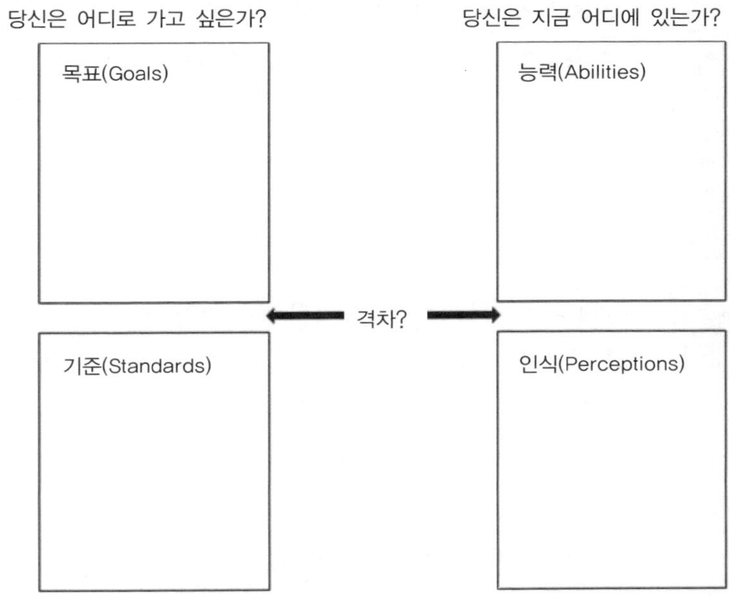

개발 목표

현재 상황: ____________________

____

____

____

____

향후 제안된 상황: ____________________

____

____

____

____

____

[그림 15.6] GAPS 분석의 격차

출처: D. B. Peterson과 M. D. Hicks, *Leader as Coach* (Minneapolis: Personnel Decisions International, 1996); G. J. Curphy, *The Leadership Development Process Manual* (Minneapolis: Personnel Decisions International, 1998).

15.6.3 격차 연결: 개발 계획 수립

GAPS 분석의 격차는 리더십 실천가들이 최우선순위를 매길 개발 요구를 규명하는 데 도움을 준다. 그러나 이 요구들을 극복하기 위해서 리더들이 무엇을 해야만 하는지에 대해서는 설명하지 못한다. 좋은 개발 계획은 도로 지도와 같다. 최종 목적지를 명백하게 묘사하고, 단계나 중간 체크포인트를 준비하고, 사람들을 잘 따라오게 하기 위해 규칙적으로 피드백을 주며, 어디에 추가적인 자원이 필요한지를 규명해야 한다. 그리고 사람들이 정기적으로 진보를 돌이켜보는 반성의 시간을 갖고 대안적인 길이 필요한지 아닌지를 결정해야 한다(개발 계획의 예는 [그림 8.8]을 참조). 큰 영향을 미치는 개발 계획을 만들기 위한 구체적인 단계는 다음과 같다.

최종 목적지를 명백하게 묘사하고, 단계나 중간 체크포인트를 준비하고, 사람들을 잘 따라오게 하기 위해 규칙적으로 피드백을 주며, 어디에 추가적인 자원이 필요한지를 규명해야 한다.

- **1단계: 경력과 개발 목표**

  당신의 경력 목표는 GAPS 분석의 목표 사분면으로부터 나온다. 이는 당신이 어디에 있고 싶은지나 당신의 경력에서 앞으로 1년쯤 후에 무엇을 하고 싶은지를 의미한다. 개발 목표는 GAPS 분석의 격차로부터 나온다. 그리고 개발 목표는 반드시 당신의 경력 목표와 관련된 최우선순위의 개발 요구여야 한다. 사람들은 동시에 2개에서 3개 이상의 개발 요구에 착수해서는 안 된다.

- **2단계: 성공을 위한 기준**

  만약 당신이 특정의 기술을 개발하거나, 기술적인 전문지식을 획득하거나, 개발 목표를 담도록 행동을 변화시켰다면 어땠겠는가? 이는 특히 경청하기, 갈등 관리하기, 또는 타인과의 관계 형성하기와 같은 “보다 부드러운” 기술과 함께 개발 계획에 있어 매우 어려운 단계일 수 있다.

- **3단계: 실행 단계**

  개발 계획에서의 초점은 리더십 실천가들이 그들의 개발 요구를 이루기 위해 취하는 구체적인 현장 실행 단계에 있어야 한다. 그러나 리더들이 현장 실행 단계를 그들의 개발 요구를 달성하기 위한 것이라 생각하기는 쉽지 않다. 다양한 개발 요구를 충족시키기 위한 현장 실행 단계를 제공하는 3가지 훌륭한 출처는 「성공적인 관리자의 입문서(*The Successful Manager's*

개발 계획에서의 초점은 리더십 실천가들이 그들의 개발 요구를 이루기 위해 취하는 구체적인 현장 실행 단계에 있어야 한다.

Handbook)」[76]와 「당신의 발전을 위하여(*For Your Improvement*)」[77]라는 두 책과, 「개발멘토(*DevelopMento*)」[78]라는 개발 계획과 코칭 소프트웨어이다. 이 3가지 출처들은 리더십 실천가들이 그들의 개발 요구를 달성하기 위한 실행 단계의 다양성을 제공한다는 점에서 음식점의 메뉴들에 비유할 수 있다.

- **4단계: 누가 참여할 것인지와 날짜 조정**

  개발 계획의 네 번째 단계는 누구로부터 피드백을 받아야 하는지와 피드백을 얼마나 자주 받아야 하는지를 수반한다. 개발 계획에서의 이 단계는 당신을 제 위치에 있도록 도와주기 때문에 중요하다. 당신의 노력이 알려졌는가? 사람들이 발전을 보였는가? 이것들은 당신이 다르게 해야만 하는 것들인가? 당신은 당신의 노력에 다시 초점을 맞추어야 하는가?

- **5단계: 과제를 확장하기**

  사람들이 언제 가장 많이 배웠는지 생각할 때, 그들은 주로 방도를 잃었던 상황에 대해 이야기를 한다. 이러한 상황들은 그들의 지식과 기술을 확장시켰고, 주로 학습에 매우 효과적인 것으로 보인다. 만약 당신이 태스크 포스와 프로젝트 관리팀, 또는 순환 과제와 같은, 학습을 가속화시키고 발달시키기 위해 필요한 지식이나 기술을 강조하는 잠재적인 과제에 대해 알고 있다면, 당신은 그것들을 당신의 개발 계획에 포함시켜야 한다.

- **6단계: 자원**

  사람들은 주로, 특정한 개발 요구에 대한 기초적인 지식을 얻기 위해 책을 읽고, 과정에 참석하거나 녹화된 프로그램을 보는 것이 유용하다고 여긴다. 이러한 방법들은 일반적으로 특정한 기술이나 행동을 위해 어떻게 해야 하는가를 설명한다.

- **7단계: 동료와 함께 반성하기**

  3장의 행동 관찰 반영 모형에 따르면, 사람들은 동료와 함께 정기적으로 그들의 학습과 진보를 돌이켜 보아야 한다. 당신이 그들의 의견을 믿고 동료들이 당신의 업무 상황과 개발 계획에 대해 잘 알고 있는 한 동료의 신분이 특별히 중요한 것은 아니다.

당신이 그들의 의견을 믿고 동료들이 당신의 업무 상황과 개발 계획에 대해 잘 알고 있는 한 동료의 신분이 특별히 중요한 것은 아니다.

15.6.4 배움의 성찰: 개발 계획 수정

개발 계획이 도로 지도와 유사한 것처럼 개발 계획의 이 단계는, 리더들이 대안적인 길이 더 나은지, 최종 목적지가 여전히 옳은지, 더 많은 자원이나 도구가 필요한지를 보게끔 도와준다. 동료와 함께 당신의 배움을 살펴보는 것 또한 공식적인 약속(commitment)의 형태이다. 그리고 공약을 만드는 사람들은 그것들을 달성할 가능성이 훨씬 높다. 대부분의 경우 모든 것을 고려할 때, 당신의 발달상황을 정기적으로 상사와 검토하는 것이 좋다. 당신의 상사는 당신의 발달상황을 몰라서는 안 된다. 상사와 함께 정기적으로 당신의 발달을 돌이켜 보는 것이 당신의 성과 평가에 의문점이 없도록 도울 것이다.

상사와 함께 정기적으로 당신의 발달을 돌이켜 보는 것이 당신의 성과 평가에 의문점이 없도록 도울 것이다.

15.6.5 배움을 새로운 환경으로 전이

개발 계획의 마지막 단계는 진행 중인 개발을 고려하는 것이다. 당신의 개발 계획은 "살아 있는" 문서여야 한다. 당신이 경험으로부터 배우고, 피드백을 받으며, 새로운 기술을 획득하고, 목표로 삼은 개발 요구에 응할 때, 계획은 변화되어야 하며, 수정되고 업데이트되어야 한다. 학습을 새로운 환경에 전이하기 위한 3가지 기본적인 방법이 있다. 첫째, 끊임없이 당신의 개발 계획을 업데이트하는 것이다. 둘째, 새로 획득한 기술을 새로운 환경에서 실행시키는 것이다. 셋째, 새로 획득된 기술의 발달에 있어, 다른 사람들을 코치하기 위해 당신의 기술을 연마하고 정제하는 것이다. 학생의 역할에서부터 지도자의 역할로 옮겨가는 것은 당신의 배움을 강화하기 위한 아주 훌륭한 방법이 된다.

15.7 코칭

- 협력을 맺어라
- 약속을 고무시켜라(GAPS 분석 실행)
- 스킬을 향상시켜라: 발달을 만들어내고 계획을 코치하라

- 인내심을 증진하라: 부하직원들의 계획을 고수하도록 도와라
- 스킬을 전이하라: 학습 환경을 조성하라
- 결론을 내려라

오늘날 대부분의 조직에서 핵심 성공 요인은 올바른 지식과 기술을 지닌 리더와 직원을 보유하는 것이다. 점점 더 많은 회사가 "벤치의 힘"을 다음 세기로 옮겨가는 데 필요한 경쟁력 있는 강점으로 보고 있다. 벤치의 힘을 얻기 위해서는 필수적으로 2가지 방법이 존재한다. 경영자는 그들이 필요로 하는 인재(Talent)를 살 수도(예: 고용) 있고, 코칭 프로그램이나 개발을 통해 현존하는 인재를 향상시킬 수도 있다. 많은 경영자가 어떤 위기 상황에서 노동력 부족에 직면한다고 가정하면, 많은 경우에 그들은 그들의 내적 재능을 향상시키려고 할 것이다[79]. 많은 재능이 비공식적인 코칭을 통해 개발된다. 8장에서 살펴보았듯이, 대부분의 리더는 몇몇 비공식적 코칭의 어떤 형태에 연락된다. 그러나 그들이 코치로서 얼마나 훌륭하다고 할 수 있을까? 저자들은 많은 리더와의 대화에서, 사람들이 코치로서 자신들이 무엇을 해야 하는지에 대해 확신이 없음을 알 수 있었다. 몇몇은 코칭이란 직원들에게 어떻게 직무를 수행하는지를 지도하는 것을 수반한다고 여겼다. 다른 사람들은 코칭이란 직원들의 사적인 문제에 대해 상담하는 것을 포함한다고 생각했다. 어떤 사람은 자신의 고등학교 시절의 풋볼 코치가 그가 경험한 단 하나의 코칭의 예이며, 어느 누구에게도 그러한 코칭이 적용되기를 원하지 않는다고 했다.

리더는 코칭이란 "사람들을 그들 자신의 발전과 성공을 위해 필요한 도구와 지식, 기회로 무장시키는 과정"이라고 묘사한 Peterson과 Hicks[80]라고 할 수 있다. Peterson과 Hicks를 따르면, 좋은 코치는 개발을 명령하기보다는 조정을 하는 편이다. 좋은 코치는 부하직원들이 경력 목표를 분명히 하고, 개발 요구를 규명하고 우선순위를 매기며, 개발 계획을 세우고 고수하고, 학습과 코칭을 뒷받침해주는 환경을 조성할 수 있도록 돕는다. 그러므로 코칭은 여러 가지 다른 리더십 스킬들의 혼합이다. 좋은 코치가 되는 것은 잘 개발된 기술을 지니고, 부하직원들이 코칭 과정의 어디에 있는지를 결정하며, 적절한 때 개입하는 것을 의미한다. 코칭의

좋은 코치는 부하직원들이 경력 목표를 분명히 하고, 개발 요구를 규명하고 우선순위를 매기며, 개발 계획을 세우고 고수하고, 학습과 코칭을 뒷받침해주는 환경을 조성할 수 있도록 돕는다.

5단계는 리더들에게 좋은 로드맵을 제공하며 또한 그들의 부하직원들의 벤치의 힘을 기르기 위한 진단 모형을 제공한다.

Peterson과 Hicks는 이 모형이 특히 높은 성과를 내는 사람들에게서 잘 작동함을 지적했다. 우리는 높은 성과를 내는 사람들이 평균적인 종업원들보다 20~50% 더 생산한다는 사실을 9장에서 살펴보았다. 그래서 코칭은 높은 성과를 내는 사람들을 타깃으로 할 때, 그 결과에 상당한 영향을 미칠 수 있다. 상위 성취자들이 코칭으로부터 가장 많은 이익을 얻는다는 의견을 더 뒷받침하는 예로는 운동선수를 들 수 있다. 2000년도 시드니 올림픽 중 어느 종목을 보아도, 세계적으로 상위권에 있는 운동선수에게는 적어도 하나, 때로는 2~3명의 코치가 있음을 알 수 있다. 이렇게 세계급 선수들이 코칭이 자신의 성과를 강화시킬 수 있다고 느낀다면, 좋은 코치들은 어떤 조직이건 최상위 종업원들의 성과도 향상시킬 수 있는 가능성이 높을 것이다. 비록 이 5단계 모형이 형편없는 성과를 거둔 자들에게도 적용된다고 할지라도, 적절한 중재는 다음과 같을 것이다. 즉, 그들의 수행능력을 진단하고, 목표를 설정하고, 보상 및 건설적 피드백을 제공한 후, 비공식적 코칭이 기대하는 결과를 도출하지 못하면, 그러한 사람들을 벌하는 것이다.

15.7.1 협력 맺기

비공식적 코칭의 첫 번째 단계는 부하직원들과의 상호 신뢰와 존경을 형성하는 관계 성립을 포함한다. 만약 부하직원이 자신의 리더를 믿고 존경하지 않는다면, 그 직원은 리더가 자신의 발전을 위해 내놓은 아이디어에 주의를 기울이지 않을 가능성이 높을 것이다. 코치 받는 사람들과 협력을 맺기 위해 리더가 할 수 있는 몇 가지 요소들이 있다. 첫째, 높은 신용을 지닌 리더가 낮은 신용을 지닌 리더보다 강한 협력 관계를 형성하기 훨씬 쉬울 것이다. 그러므로 리더는 그들이 신용 매트릭스([그림 15.4])에서 어디에 위치하는지를 결정해야 하고, 그들의 코칭 제안이 큰 효과를 내기 위해서는 그들의 신용 향상을 위해 적절한 개발 단계를 취해야만 할 것이다. 이 개발 단계들은 그들이 코치하고 싶은 사람들과 강한 관계를 형성하는 것뿐만 아니라, 기술적, 조직적 지식을 쌓는 것을 포함할 것이다. 근로자들이 관리하는 환경에 대해 이해하는 것은 리더가 근로자들과 공유하는 관계

> 높은 신용을 지닌 리더가 낮은 신용을 지닌 리더보다 강한 협력 관계를 형성하기 훨씬 쉬울 것이다.

만큼이나 중요하다. "신용" 부분에서, 우리는 리더가 그들의 시간을 코치받는 사람들의 이야기를 듣는 데 보내야만 함도 알 수 있었다. 리더는 코치받는 사람들의 경력 목표, 가치, 내적 동기유발 요인, 조직에 대한 관점, 그리고 현재 업무 상황에 대해 이해해야만 한다. 좋은 코치들은 그들 자신이 코치받는 사람의 입장이 되어 생각할 수 있으며, 그들이 문제와 기회들을 자신들과는 얼마나 다르게 보는지를 이해할 수 있다. 협력을 맺는 동안에, 코치받는 사람들이 때때로 그들의 기술과 기회에 대해 비현실적인 추정을 할 수 있으므로, 리더는 그들에게 현실적인 경력 조언을 제공할 수 있다. 예를 들어, 상위권 MBA 프로그램의 새로운 졸업생이 2년간 회사에서 일한 후, 컨설팅 펌의 협력자가 되고 싶어 하지만, 회사의 정책은 그녀가 컨설팅 펌에서 적어도 8년 이상 일했을 때 그러한 결정이 내려질 수 있는 경우라고 하자. 그 졸업생의 코치는 그녀에게 이 정책을 설명해주어야만 한다. 그리고 그녀가 좀 더 단기의 경력 목표를 잡아 향후 8년 후에 협력자가 될 수 있도록 도와주어야 한다. 만약 코치들이 그들로부터 코치받는 사람들의 행동이 어디서부터 비롯되는지 모른다면, 협력을 맺기 위해 그들에게 질문을 많이 하는 새로운 단계가 시작될 것이다. 이는 리더에게 경청하는 기술을 연습하기 위한 훌륭한 기회가 될 것이며, 리더는 자신으로부터 가르침을 받는 사람들의 경력 목표와 내재적 동기유발 요인에 대해 더 잘 이해하기 위해 경청할 것이다.

좋은 코치들은 그들 자신이 코치받는 사람의 입장이 되어 생각할 수 있으며, 그들이 문제와 기회들을 자신들과는 얼마나 다르게 보는지를 이해할 수 있다.

15.7.2 약속을 고무시키기: GAPS 분석 실행

코칭 과정에서의 이 단계는 "개발 계획하기"에서 논의된 'GAPS 분석'과 'GAPS의 격차' 분석과 매우 유사하다. 이 두 분석이 코치받는 사람의 입장에서 실행되었다는 점이 유일한 차이이다. [그림 15.7]은 전체적인 관점에서 이 차이를 명백히 하는 것을 도울 것이다. 그러므로 GAPS 분석의 목표 사분면에서는 리더가 코치받는 사람들의 경력 목표를 적어야만 하고, 인식 사분면에서는 리더가 코치받는 사람의 행동이 다른 사람에게 얼마나 영향을 미치는지를 적어야만 한다. 리더가 직원들을 위해 GAPS의 모든 사분면을 채워줄 수 없는 경우도 전적으로 가능하다.

<table>
<tr><td>목표(Goals):
종업원이 무엇을 하고 싶어 하는가?</td><td>능력(Abilities):
종업원은 지금 무엇을 할 수 있는가?</td></tr>
<tr><td>1단계: 경력 목표:
- 엔지니어링 감독자가 되는 것</td><td>2단계: 종업원은 경력 목표를 위해 어떠한 강점을 지니고 있습니까?
- 사업의 경영상의 측면을 이해하기
- 좋은 계획 기술
- 좋은 직무기능 정의 기술
- 분명한 개인, 팀 목표를 설정하기

3단계: 종업원은 어떤 개발 욕구를 달성해야 합니까?
- 다각적 의사소통; 경청 기술을 향상시켜야 함
- 갈등 해소 기술을 향상시켜야 함</td></tr>
<tr><td>기준(Standards):
당신과 당신의 조직은 무엇을 기대하는가?</td><td>인식(Perceptions):
다른 사람들이 종업원을 어떻게 보는가?</td></tr>
<tr><td>5단계: 기대사항:
• 상사: 승진되기 위해 필요한 것:
- 동료들과 잘 어울리기
- 강한 경청 기술 개발하기</td><td>4단계: 타인으로부터의 PPRP와 피드백:
• 상사
- 좋은 기술자
- 좋은 계획을 개발하고 사람들에게 책임을 지움

• 동료들
- 직무를 마치도록 서로 의지할 수 있음
- 고집이 너무 세고, 너무 논쟁적일 수 있음

• 직접적인 보고
- 분명한 목표를 지님
- 사업의 기술적 측면을 이해함
- 우리의 생각이나 선택을 존중하지 않음</td></tr>
</table>

[그림 15.7] 종업원을 위한 GAPS 분석

출처: D. B. Peterson, and M. D. Hicks, *Leader as Coach* (Minneapolis: Personnel Decisions International, 1996); and G. J. Curphy, *The Leadership Development Process Manual* (Minneapolis: Personnel Decisions International, 1998).

만약 그렇다면, 리더십을 더 진전시키기 전에, 더 많은 정보를 모아야 할 것이다. 이러한 정보 수집이란 경력 목표와 능력에 대해 코치받는 이와 논의하는 것, 그들의 360도 피드백 결과를 검토하는 것, 동료들에게 코치받는 이가 다른 사람들을 어떻게 만나고 영향을 미치는지 물어보는 것, 그들의 경력 목표와 관련된 교육이나 경험 기준에 대해 인사과에 물어보는 것을 포함할 것이다. 추가적인 정보를 모으기 위한 하나의 방법은 리더와 코치가 독립적으로 GAPS 분석을 마치게 하고, 그것을 한곳에 모아 동의하거나 그렇지 않은 부분을 논의하는 것이다. 이것은 GAPS 분석에서의 가장 좋은 정보를 활용하며, 리더와 코치받는 사람 사이에 협력 관계를 맺도록 도울 수 있을 것이다. 이 논의 동안, 리더와 코치받는 사람은 개발 요구를 규명하고 우선순위를 매기기 위해 GAPS 분석의 격차를 찾아낼 수 있다. 만약 코치받는 사람들이, 자신이 개발 요구를 결정하는 데 중요한 역할을 지니고 있다고 느낀다면, 리더는 그 요구에 대한 더 많은 헌신을 얻을 수 있을 것이다. 그리고 GAPS의 격차에 대한 논의는 수용(Buy-In)을 형성하기 위한 방법이다. 또한 이 논의는 개발 요구와 경력 목표가 일직선상에 놓일 수 있도록 도울 수 있을 것이다.

GAPS 분석에서의 가장 좋은 정보를 활용하며, 리더와 코치받는 사람 사이에 협력 관계를 맺도록 도울 수 있을 것이다.

15.7.3 스킬 성장: 발달 창출과 계획 코칭

코치받는 사람의 개발 요구가 규명되고 우선순위가 매겨지고 나면, 그들은 목표로 삼은 요구를 달성하기 위한 개발 계획을 세워야만 할 것이다. 이 계획들은 "개발 계획하기" 부분에서 묘사된 것들과 동일하다. 리더는 일반적으로 그들의 직원들을 위해 개발 계획을 세워주지 않는다. 대신, 그들은 개발 계획의 예나 자기 자신의 개발 계획을 검토하고 싶어 할 것이며, 계획을 세우는 7단계에 입각해 직원들을 코치할 것이다. 그러면 그들은 공동으로 계획을 세우거나 코치받는 사람들이 개인적으로 계획을 세우게 할 수 있다. 코치받는 사람들에게 개발 계획에서의 중요한 역할을 주는 것은 그들이 계획에 헌신하는 정도를 높일 것이다. 일단 개발 계획의 초안이 작성되고 나면, 리더와 코치는 계획을 검토하기 위해 <표 15.1>에 있는 개발 계획 체크리스트를 사용할 수 있다.

개발 계획 외에도, 리더는 그들의 코치를 받는 사람들의 발전을 지원해주기 위해 취할 수 있는 행동의 아웃라인인 코칭 계획을 세울 필요가 있을 것이다. 이 행

개발 계획 외에도, 리더는 그들의 코치를 받는 사람들의 발전을 지원해주기 위해 취할 수 있는 행동의 아웃라인인 코칭 계획을 세울 필요가 있을 것이다.

동 중 일부는 발전적인 피드백을 제공하기 위해 정기적으로 코치받는 사람들을 만나는 것, 개발 자원이나 기회를 규명하는 것, 또한 그들이 배운 것을 반영할 수 있게 돕는 것을 포함할 수 있다. 개발 계획처럼, 리더는 코치받는 사람들로 하여금 자신들이 어떠한 지원을 받는지를 알게 하도록, 그들의 코칭 계획을 공유해야만 한다.

〈표 15.1〉 개발 계획 체크리스트

목표:
- 1년 치 경력 목표가 규명되었는가?
- 개발 목표가 2~3개를 넘지 않는가?
- 종업원들이 고치고 개발하기 위해 동기부여되고 전념한 분야는 무엇인가?

성공을 위한 준거:
- 새로운 행동이 명백하게 설명되었는가?
- 행동을 측정하거나 관찰할 수 있는가?

실행 단계:
- 구체적이고, 이룰 수 있고, 측정 가능한 단계인가?
- 대부분 업무 현장 활동인가?
- 다양한 종류의 행동을 포함하는가?
- 활동들은 작고 행할 수 있는 단계들로 나누어지는가?

피드백과 지원 추구:
- 다양한 사람들의 참여가 이루어지는가?
- 경영 지원을 위한 요구도 포함하는가?
- 다시 할당된 날짜는 현실적인가?

과제 확장:
- 과제 확장이 종업원들의 경력 목표와 연결되어 있는가?

출처:
- 다양한 책과 세미나, 다른 자원들을 이용하는가?

동료와의 반성:
- 배움에 대한 정기적인 반성을 포함하는가?

출처: G. J. Curphy, 리더십 개발 과정 설명서(Minneapolis: Personnel Decisions International, 1998).

15.7.4 인내심의 증진: 부하직원들의 계획을 고수하도록 돕기

개발과 코치 계획이 적절하다고 해서, 반드시 발전이 일어나는 것은 아니다. 때때로 코치받는 사람들은 커다란 흥미를 가지고 개발 계획을 세우지만, 그 이상의 행동은 절대 취하지 않는다. 코치 과정의 이 단계는 그들이 "현실적인 것을 관리하는 것"을 돕기 위해 설계되었다. 현실적인 것을 관리하는 다음의 예는 실례가 될 것이다. 저자들 중 한 명은 철인 3종 경기를 성공적으로 마쳤다. 이 성취에서 가장 어려웠던 부분은 그 행사 자체가 아니라, 그 행사를 성공적으로 마치기 위해 필요한 모든 훈련이었다. 이와 유사하게도, 다이어트를 지속하고 새해 다짐을 지킬 수 없음은 주로 현실적인 것을 관리할 수 없기 때문이다. 사람들은 처음에는 이러한 목표들을 약속하지만, 이것들을 지키기 위해서는 힘든 시간을 보낸다. 개발 계획도 마찬가지이다. GAPS 분석을 시행하는 것과 개발 계획을 세우는 것은 비교적 쉽다. 반면에, 그 계획을 지켜나가는 일은 훨씬 더 어렵다. 리더의 관점에서 코칭의 많은 부분은 부하직원들이 자신들의 개발 계획을 지키도록 돕는 것을 포함한다.

몇몇 개발 계획 단계는 인내심을 증진시키기 위해 구체적으로 설계되었다. 예를 들면, 경력 목표와 개발 목표 사이의 일치를 보장하는 것, 다양한 원천으로부터 정기적인 피드백을 얻는 것, 그리고 동료들과 함께 반성하는 것은 코치받는 사람들이 자신들의 발달에 계속해서 초점을 맞추고 있도록 도울 수 있다. 만약 리더가 코치받는 사람의 발달 파트너라면, 반성 세션은 부하직원들이 그들의 발달을 계속 추구하도록 도울 수 있다. 만약 리더가 개발 계획에서 파트너로서 지명되지 않았다면, 그들은 발달과, 개발, 발전 기회, 발전적인 피드백 등을 지지하기 위해 리더가 할 수 있는 일에 대해 직원들과 논의하기 위해 규칙적으로 회의에 전념해야 한다.

가르칠만한 순간들을 이용하기 위해서, 리더는 부하직원들의 개발 목표를 알고, 부하직원들이 그들의 목표를 실행하는 것을 관찰할 수 있는 곳에 위치하고, 그들의 관찰에 대한 즉각적인 피드백을 제공해야만 한다.

또한 리더는 가르칠만한 순간들을 이용함으로써 인내심을 기르도록 도울 수 있다. 가르침을 받는 사람이 경청 기술을 위해 노력하고 있고, 리더와 코치가 함께 스태프 회의에 참석했다고 가정해보자. 만약 리더가 회의가 끝난 직후, 코치받는 사람에게 그의 경청 기술에 대한 피드백을 제공한다면, 리더는 가르칠만한 순간을 잘 이용했다고 볼 수 있다. 가르칠만한 순간들을 이용하기 위해서, 리더는 부하직원들의 개발 목표를 알고, 부하직원들이 그들의 목표를 실행하는 것을 관찰할 수 있는 곳에 위치하고, 그들의 관찰에 대한 즉각적인 피드백을 제공해야만 한다. 가르칠만한 순간을 잘 이용하는 코치는 매우 드물다. 그러나 그들은 코치받는 사람의 인내심을 키워주기 위해 먼 길을 갈 수 있다. 가르칠만한 순간을 이용할 때는 짧은 시간에 해야 함은(주로 2분 이내) 알아두는 것도 중요하다. 위의 예에서, 리더는 코치받는 사람에게 회의를 마치고 사무실로 돌아가는 동안에 피드백을 제공할 수도 있다.

15.7.5 스킬의 전이: 학습 환경을 조성하기

Ticky와 Cohen은 가장 성공적인 조직은 학습과 교수 과정을 강조하는 조직이다.

벤치의 힘을 기르기 위해서 리더들은 개인적인 발전이 일시적인 계획이라기보다는 진행 중인 과정이 되는 학습 환경을 조성해야만 한다. Ticky와 Cohen[79]은 가장 성공적인 조직은 학습과 교수 과정을 강조하는 조직이다. 그들은 회사 전체에 걸쳐 지속적으로 리더를 만들어내는 것에 집중하고 있다. 사실상 리더는 그들이 부하직원들을 위해 만들고 싶어 하는 학습 환경에 대해 아주 약간의 통제권을 가지고 있다. 아마도 리더에게 가장 중요한 중재는 역할 모델의 개발일 것이다. 규칙적으로 부하직원들로부터 피드백을 요청함으로써, 리더는 피드백이 풍부한 업무 환경을 만들 가능성이 높아진다. 피드백이 집단의 규범이 되어버리면, 사람들은 팀원들이 집단의 성과에 촉매효과를 가져올 수 있는 기술을 쌓는 것을 더욱 기꺼이 돕고자 할 것이다. 리더가 이 집단의 규범에서 큰 역할을 할 것임을 알아두는 것은 중요하다. 만약 리더가 피드백을 싫어한다면, 이 규범이 부하직원들에 의해 어떻게 받아들여지는지 보기 어려울 것이기 때문이다.

또한 리더는 규칙적으로 부하직원들의 발달을 검토함으로써 학습 환경을 형성할 수 있다. 아마 가장 쉬운 방법은 리더와 부하직원들이 개발 동료를 만드는 방법일 것이다. 그러면 두 집단 모두가 규칙적인 피드백과 지속적인 지지를 제공할 수 있다. 이 논의가 진행되는 동안, 리더와 부하직원들은, 새로운 발전 기회를 이용하고 새로운 기술을 얻기 위한 그들의 개발 계획을 검토하고 업데이트해야만 한다. 또한 리더와 부하직원들은 무엇이 작동하고 안 하는지를 보고, 필요한 적응을 만들기 위해 코치 계획을 돌이켜볼 수 있다.

15.7.6 결론 내리기

코칭에 대한 가장 잘못된 인식들 중 하나로, 리더들이 자신이 다른 사람들을 가르치지 않는다고 말하는 주요한 이유 중 하나는, 코칭이 많은 시간을 소비하기 때문이다. 실제로는 전혀 사실이 아니다. 리더는 부하직원들과 신용과 관계를 쌓고, 부하직원들의 경력 목표와 세상을 보는 견해를 이해하기 위해 노력하고 있다. 시간은 좀 걸리겠지만, 비록 부하직원들을 코치하는 것이 아닐지라도, 리더는 위의 활동들에 관여되어야만 한다. GAPS 분석을 하는 것과 개발 요구를 규명하고 우선순위를 매기는 것, 부하직원들이 개발 계획을 세우도록 도와주는 것, 코치 계획을 세우는 것은 주로 4시간보다 덜 걸린다. 비록 리더들이 모든 부하직원들과 이 단계들을 거쳐야 하겠지만, 이 4시간은 4주에서 6주의 기간에 걸쳐 전개될 수 있다. 앞서 설명되었듯이, 발달을 검토하기 위해 부하직원들과 규칙적으로 만나는 것(거의 매달마다)과 가르칠만한 순간을 이용하는 것은 약간의 시간만을 필요로 한다. 마지막으로, "학습 환경을 조성하라"에서 소개된 많은 실행은 적은 시간이 걸리거나 앞서 소개된 실행의 확장이다. 결론적으로, 코칭에는 약간의 시간만이 추가적으로 요구된다는 것이다. 당신이 부하직원들과 시간을 보내는 방법을 변화시킴으로써, 부하직원들의 발달을 극대화시킬 수 있다.

코칭 모형의 또 다른 주의사항은 바람직한 코치들은 코칭의 다섯 단계에서 고르게 다재다능해야 한다는 것이다. 몇몇 리더들은 협력을 맺는 것은 매우 잘하지만, GAPS 분석을 실시하거나 부하직원들이 개발 계획을 세우는 것을 도와 다음 단계로의 발달을 이끄는 것은 실패한다. 다른 리더들은 부하직원들이 개발 계획을 세우는 것을 도울 수 있지만, 인내심을 기르거나 학습 환경을 조성하는 것에 대해서는 아무것도 하지 않는다. 리더들이 그들의 기술적인 기술을 개발해야 하는 것처럼, 그들은 일정한 코칭 기술도 평가하고 개발해야 한다. 코칭이 매우 역동적인 과정임을 기억하는 것 또한 중요하다. 좋은 코치들은 직원들이 코칭의 어느 단계에 속해 있는지를 평가하고, 적절히 중재한다. 규칙적으로 그들과 부하직원들이 어디에 있는지 평가함으로써, 특정한 직원과의 관계가 그들이 생각했던 것만큼 끈끈하지 않음을 판단할 수도 있다. 이렇게 관계가 결핍된 경우 그 부하직원은 자신의 개발 계획에 집착하지 않는 것이다. 이 경우, 바람직한 코치는 부하직원

좋은 코치들은 직원들이 코칭의 어느 단계에 속해 있는지를 평가하고, 적절히 중재한다.

들과 협력을 맺기 위해 돌아갈 것이며, 일단 신뢰 관계가 형성되면, 또 다른 GAPS 분석을 실시할 것이다.

결국, 사람들이 스스로 기술을 개발할 수 있으며 또한 개발함을 알아두는 것은 중요하다. 그럼에도 불구하고, 위에서 간단히 설명된 비공식적 코칭의 5단계를 맡은 리더들은 학습 환경을 조성하고, 다음 단계로의 발달을 이룰 수 있도록 도울 것이다. 잘 개발되고 사용 가능한 인력을 지닌 회사들의 경쟁력 있는 장점이 있을 때, 미래에는 코칭 없는 리더십의 탁월함이란 상상하기 어려울 것이다. 바람직한 리더들은 후임자들을 길러내고, 코칭은 이것을 가능하게 하는 가장 좋은 방법일 것이다.

15.8 권한위임(Empowerment)

- 권한위임이란 무엇인가?
- 권한위임의 심리적 구성요소들
- 권한위임의 6가지 우수 사례

권한위임은 지난 10년간 매우 인기 있는 개념이 되었다. 많은 회사들은 결과를 향상시키기 위해 다양한 종류의 권한위임 프로그램에 종사해 왔지만, 그 프로그램들의 성공은 기껏해야 혼란스러웠다. 이러한 혼란스러운 결과가 나오는 이유 중 하나는 권한위임이 주로 각기 다른 사람들에게 다른 의미를 지니기 때문이다. 이 장은 권한위임의 기저에 깔려 있는 심리적 구성요소들뿐만 아니라, 권한위임이 무엇인지, 권한위임의 최우수 사례들에 대해 설명한다.

15.8.1 권한위임이란 무엇인가?

일반적으로, 사람들은 권한위임과 관련하여 두 가지 중 하나를 선택한다. 몇몇 사람들은 권한위임(empowerment)이 권한이양(delegation)과 책무성, 상사들이 비전과 구체적인 목표를 명료하게 표현하는 하향식 과정, 그것들을 성취하기 위해 부하직원들이 책임감을 지니는 것에 대한 모든 것이라고 믿는다. 다른 사람들은 권한위임이 이성적인 위험 감수, 성장, 변화, 신뢰, 그리고 주인의식에 초점을 맞추고 있는 상향식 접근법 이상이라고 믿는다. 이 경우 부하직원들은 의문이 많은 기업가와 소유권자처럼 행동하며 현명한 의사 결정을 내린다. 이때 리더들은 실수를 너그럽게 보아주고, 권한위임에의 이 접근법에 입각해 협동적인 행동을 장려한다.[82] 말할 필요도 없이, 권한위임의 이 두 개념화는 리더들과 부하직원들에 대해 매우 다른 적용을 지닌다. 그리고 이 개념적 혼동은 많은 조직에서 권한위임 프로그램을 실패하게 한다.[83] 권한위임을 둘러싼 개념적 혼동 때문에, 모토로라와 같은 회사들은 조직 내 낮은 지위에 있는 사람들에게 의사 결정권을 주는 프로그램에 이 용어를 사용하지 않는다. 이 회사들은 권한위임을 둘러싼 혼란을 피하기 위해, 이 프로그램들을 설명하는 그들만의 용어를 만들어 낼 것이다.

권한위임이 이성적인 위험 감수, 성장, 변화, 신뢰, 그리고 주인의식에 초점을 맞추고 있는 상향식 접근법 이상이라고 믿는다.

우리는 권한위임을 두 가지 핵심 요소를 지니고 있는 것으로 정의한다. 리더가 진정으로 직원들에게 권한을 위임(empower)하기 위해서는, 그들은 반드시 리더십과 의사 결정권을 가능한 한 낮은 단계로 이양(delegate)해야 한다. 종업원들은 주로 문제에 가장 가까이 있고, 가장 많은 정보를 지니고 있다. 그렇기 때문에 그들은 주로 가장 좋은 결정을 내릴 수 있다. 전통적인 예로는 크리스마스 주문 쇄도의 막판에 내팽개쳐진 선물들을 운반하기 위해 여분의 737항공기를 주문했던 UPS 종업원이 있다. 이 의사 결정은 명백히 종업원 수준의 권한을 벗어난 것이었다. 그러나 UPS는 문제 상황을 직시하고 올바른 의사 결정을 내린 그의 직관을 칭찬했다. 권한위임의 두 번째 구성요소로 가장 흔히 간과되는 것은, 부하직원들을 올바른 의사 결정을 내리기 위해 필요한 자원과 지식, 그리고 기술로 무장시키는 것이다. 너무나 빈번하게 모든 회사가 권한위임 프로그램을 도입하고 의사 결정을 종업원 수준으로 끌어내린다. 그러나 종업원들은 사업 계획을 세워보거나 예산을 올려본 경험이 없다. 또한 그들은 회사 내 다른 부서들과 거래를 한 경험도, 소비자나 판매자와 직접적으로 거래를 한 경험도 없다. 잘 준비되지 않은 종업원들이 형편없고 무식한 의사 결정을 내리는 것은 별로 놀랄 일도 아니며, 이 경우 매니저는 권한 위임이 좋은 것도 아니라고 믿을 수 있다. 조직의 규모를 줄일 때도

권한위임의 두 번째 구성요소로 가장 흔히 간과되는 것은, 부하직원들을 올바른 의사 결정을 내리기 위해 필요한 자원과 지식, 그리고 기술로 무장시키는 것이다.

같은 현상이 일어나니, 종업원들은 추가적으로 책임질 업무가 늘어나지만 그에 대한 훈련이나 지원을 거의 받지 않게 된다. 9장에서 설명했듯이, 이 "강요된" 권한위임은 몇몇 단기적 주식을 오르게 이끌지만, 장기적으로는 피해가 막심한 경향이 있다. 그러므로 권한위임은 위임과 발전의 요소로 이루어져 있다. 발전 없는 위임은 그만두어야 할 것으로 인식되며, 위임 없는 발전은 주로 소극적인 경영(micromanagement)으로 여겨질 것이다. 부하직원들에게 권한을 위임하고자 하는 리더는 부하직원들이 무엇을 할 수 있는지를 판단하고, 그들의 능력을 강화하고 확장시키며, 그들에게 권한과 책임의 균형 잡힌 증대를 허락해 주어야 한다.

15.8.2 권한위임의 심리적 구성요소들

권한위임의 아래에는 잠재되어 있는 3가지 거시적 심리 요소인 동기 유발, 학습, 스트레스가 있다.

권한위임의 심리적인 요인들은 거시적이고 미시적인 수준에서 관찰될 수 있다. 권한위임의 아래에는 잠재되어 있는 3가지 거시적 심리 요소인 동기 유발, 학습, 스트레스가 있다. 개념으로서의 권한위임은 적어도 1920년대부터 일어나기 시작했다. 권한위임 프로그램을 실행했던 대부분의 회사는 종업원들의 동기와 생산성을 높이기 위하여 이를 수행했다. 그러나 동기유발의 기법으로서의 권한위임은 예상과는 달랐다. 권한을 부여받은 근로자들이 그렇지 않은 사람들보다 더 생산적이지도 않았던 것이다. 왜 이러한 경우가 발생하는지에 대한 몇 가지 이유가 있다. 첫째, 상사들은 권한위임을 낙관적인 시각으로 보는 경향이 있다. 그들은 다른 회사에서 권한위임 프로그램이 가져온 이점만 듣고, 진정으로 권한을 위임받은 노동력을 만들어내기 위해 필요한 시간, 노력, 그리고 변화는 고려하지 않았다. 이처럼 많은 권한위임 프로그램들은 불완전하게 시행된다. 권한위임 프로그램은 화려한 팡파르와 함께 시작되지만, 실제적으로는 아주 적은 안내나 훈련, 지원이 제공되기에, 부하직원들이 안 좋은 의사 결정을 내리는 즉시 관리자는 이 프로그램을 재빨리 중단해야 한다. 효과적인 권한위임 프로그램을 채택하기 위해서는 훈련, 신뢰, 그리고 시간을 필요로 한다. 그러나 회사는 대부분 이 3가지의 특징이 결핍된 채로 권한위임 프로그램(그들의 궁핍한 금전적 상황을 위한 해결책)을 실시하고 있다.[84] 둘째, 9장에서 소개되었듯이, 미국의 근로자의 생산성과 직무 불만족은 항상 높다. 많은 회사들은 종업원의 높은 수준의 피로를 다루며,

비생산적인 너무 많은 업무에 대한 추가적인 책임감을 더하고 있다. 몇몇 권한위임 프로그램은 한 사람이 효과적으로 책임을 맡기에는 너무 큰 위치를 만든다. 그리고 주로 직무 스트레스가 그 결과로서 나타난다.[85]

비록 권한위임의 동기부여의 이점은 의문점이 있어도, 권한위임의 학습과 스트레스 감소 효과는 훨씬 명백해 보인다. 적절히 설계되고 실행된 권한위임 프로그램들은 강한 개발 요소를 포함한다는 사실을 고려하면, 이 프로그램의 주요한 사항은 이것이 종업원들이 그들의 직무, 회사, 그리고 산업에 대해 더 배울 수 있도록 돕는다는 점이다. 이렇게 습득된 지식과 기술은 회사의 지적 자산을 늘리며, 앞으로 나아가는 데 경쟁력 있는 장점이 우위가 될 수 있다. 학습의 이점 이외에도, 잘 설계된 권한위임 프로그램은 실제로 스트레스를 줄이는 것을 도울 수 있다. 사람들은 높은 통제권을 지니고 있을 때, 더 많은 스트레스를 견딜 수 있다. 많은 종업원들이 전보다 훨씬 더 오래 일하고, 근로요구가 항상 높다고 가정하면, 권한위임은 부하직원들이 자신들의 삶을 통제하고 스트레스를 더 잘 견딜 수 있도록 도울 수 있다. 비록 권한을 위임받은 근로자가 그렇지 않은 근로자와 동일한 근로 요구를 지니고 있더라도, 권한을 위임받은 근로자가 언제 그리고 어떻게 이 요구들을 충족시킬 것인지에 대해 더 많은 선택권을 지닐 것이며, 이로써 그들은 스트레스로 덜 고통받을 것이다. 역기능적인 이직은 주요 구성요소가 스트레스이기 때문에, 근로자들에게 근로 요구에 대해 더 많은 통제권을 주는 것은 이직을 줄이고 회사의 최종 결산에 긍정적인 영향을 미칠 수 있다.

권한위임의 4가지 미시적인 구성요소들 자기 결정력(self-determination), 의미(meaning), 역량(competence), 그리고 영향력(influence)을 포함한다.

또한 권한위임의 4가지 미시적인 구성요소들이 있다. 이 요소들은 종업원들이 권한을 위임받았는지 아닌지 판단하기 위해 사용될 수 있고, 자기 결정력(self-determination), 의미(meaning), 역량(competence), 그리고 영향력(influence)을 포함한다.[86,87] 권한을 위임받은 종업원들은 자기 결정력이 있고, 그들이 무엇을 해야 하는지와 어떻게 해야 하는지, 언제 그 일을 마쳐야 하는지에 대한 선택권이 있다. 또한 그들은 강한 의미를 부여하여, 자신이 하는 일이 그들과 회사의 성공에 중요한 부분이라고 믿는다. 권한을 위임받은 종업원들은 높은 정도의 역량을 지니고 있기 때문에, 그들이 하는 일이 무엇인지를 알고, 그들이 직무를 완수할 수 있다는 자신감을 가지고 있다. 마지막으로, 권한을 부여받은 종업원들은 다른 사람에게 권한을 부여받은 종업원들은 의사 결정의 자유를 지니고 있고, 의사 결정을 내리는 것을 편하게 여기고, 자신들이 하는 일이 중요하다고 믿으며, 그들의 팀에서 영향력 있는 멤버로 여겨진다.

영향을 미치며, 그들이 팀이나 업무 집단에 영향을 줄 수 있고, 동료들과 리더들이 그들의 생각을 따를 것이라고 믿는다. 요약하자면, 권한을 부여받은 종업원들은 의사 결정의 자유를 지니고 있고, 의사 결정을 내리는 것을 편하게 여기고, 자신들이 하는 일이 중요하다고 믿으며, 그들의 팀에서 영향력 있는 멤버로 여겨진다. 권한이 없는 종업원들은 의사 결정의 자유가 적을 것이며, 준비가 덜 되어 있고 의사 결정을 내리고 싶어 하지 않을 수도 있다. 또한 비록 그들에게 좋은 아이디어가 있더라도, 업무 집단에 적은 영향을 미칠 것이다. 대부분의 근로자들은 아마 [그림 15.8]에 묘사된, 두 극단적인 권한위임의 연속 사이 어딘가에 있을 것이다. 더욱 많은 권한을 부여받은 부하직원들을 기르고 싶은 리더들은 다음에 간단히 소개된 우수 사례의 기법들을 도입하고 싶어 할 것이다.

권한을 부여(위임)받은 종업원 ⟷	권한을 부여(위임)받지 않은 종업원
- 자기 결정력이 있음 - 의미 부여 - 높은 능력을 지님 - 높은 영향력을 지님	- 타인의 결정에 의존함 - 자신들의 일의 중요성에 대한 불확실함 - 낮은 능력을 지님 - 낮은 영향력을 지님

[그림 15.8] 권한위임의 연속성

15.8.3 권한위임의 6가지 우수 사례

우리는 권한위임을 정말로 원하고 필요로 하는가?

아마 리더가 권한위임 프로그램을 도입하기 전에 첫째로 해야 할 질문은 회사가 권한위임을 정말로 원하거나 필요로 하는가일 것이다. 리더들은 권한 위임이 중요하다는 점에는 모두 동의하겠지만, 권한을 부여하는 조직을 만들기 위해 리더가 취해야 할 행동에 대해서는 각각 차이를 지닐 수 있다. 권한위임이 무엇인지에 대한 분명한 초기 이해를 가지고 있는 것은 프로그램의 실행을 훨씬 용이하게 해줄 것이다.

> 권한을 부여받은 종업원들이 상당히 많은 정보에 접근권이 있기 때문에, 그들은 과거나 현재의 의사 결정에 훨씬 더 많은 의문을 제기할 것이며, 리더들은 의사 결정을 채택하기 위해 개인적인 권력을 행사해야만 할 것이다.

또한 권한위임 프로그램을 도입하고 싶은 리더들은 그들 자신의 직무와 역할이 어떻게 영향을 받을 것인지에 대해 고려해야만 한다. 그들은 종업원들의 실수를 더 잘 견디기 위해 기본적으로 그들의 리더십 스타일을 고치고, 역할을 명령하기보다는 코치하며, 규칙적으로 도전을 받을 의향이 있어야만 할 것이다. 권한을 부여받은 종업원들이 상당히 많은 정보에 접근권이 있기 때문에, 그들은 과거나 현재의 의사 결정에 훨씬 더 많은 의문을 제기할 것이며, 리더들은 의사 결정을 채택하기 위해 개인적인 권력을 행사해야만 할 것이다. 이 역할 전환이 너무 확장되었다고 느끼는 리더들의 경우 그들은 열정적으로 권한위임 프로그램을 수용하지 않으며, 회사 전체가 이 프로그램을 채택하기 어렵게 만들 것이다.

분명한 비전과 목표, 책임감을 형성하라

권한위임 프로그램을 개발하고 이행하기 위한 의사결정이 내려지면, 최고 경영층은 회사의 비전, 사업 전략, 그리고 운영상의 목표가 분명한지와 그것들이 회사 내 모든 사람들로부터 이해되었는지를 확인해야만 한다. 만약 그들이 회사가 어느 방향으로 나아가는지 모른다면, 종업원들에게 현명한 의사 결정을 하라고 요구하는 것은 어려운 일이다. 종업원들은 회사와 업무 집단이 무엇을 성취하려고 노력하는지와 어떻게 이 성취가 측정될 것인지를 알아야만 하고, 그들의 발전에 따라 규칙적으로 피드백이 주어져야만 한다. 게다가, 종업원들은 어떻게 그들의 목표가 업무 집단과 회사의 목표와 연관되어 있는지를 이해해야만 할 것이다.

타인을 개발하기

종업원들이 그들의 업무 목표에 대해 분명하게 이해하고 있다고 해서 그들이 그 목표를 성취하기 위해 필요한 지식과 기술, 자원을 가지고 있음을 의미하는 것은 아니다. 리더는 종업원들이 현재 할 수 있는 일이 무엇인지와 무엇을 할 수 있어야만 하는지, 그리고 종업원들이 현재와 미래의 능력 사이의 차이를 연결하도록 하기 위해 무엇을 도와줄 수 있는지를 결정해야만 할 것이다. 아마 가장 좋은 방법은, 리더가 5부의 "코칭"에서 설명된 5단계를 채택하는 것일 것이다. 권한위임의 핵심 요소는 신뢰이다. 그리고 리더는 "협력을 맺어라"에서 지시된 행동을

> 권한위임의 핵심 요소는 신뢰이다.

취함으로써 신뢰를 쌓을 수 있다. 리더는 GAPS 분석을 통해 개발 요구를 규명하고 우선순위를 매길 수 있고, 개발 계획, 코치 계획, 그리고 "인내심을 증진하라"와 "기술을 전이하라"에서 설명된 행동들을 통해 지식과 기술을 향상시키고자 노력할 수 있다. 비공식적인 코칭의 5단계는 리더에게 부하직원들의 벤치의 힘을 기르기 위한 로드맵을 제공하고, 권한위임의 늘어난 도전에 대응하기 위해 체계적으로 그들을 준비시킨다. 이 개발 단계를 거치는 것은 권한위임의 능력 구성요소를 돕는다.

부하직원들에게 의사 결정을 위임하기

부하직원들이 현명한 의사 결정을 내리기 위해 필요한 기술, 지식, 그리고 경험을 개발하기 시작했다면, 리더는 체계적으로 종업원들의 의사 결정에 주어지는 자율성과 자치권을 높여야만 한다.

부하직원들이 현명한 의사 결정을 내리기 위해 필요한 기술, 지식, 그리고 경험을 개발하기 시작했다면, 리더는 체계적으로 종업원들의 의사 결정에 주어지는 자율성과 자치권을 높여야만 한다. 비록 이것이 꽤 간단해 보일지라도, 실제로는 꽤 어려울 수 있다. 이 분야에서 리더가 흔히 저지르는 실수는 부하직원들을 급한 의사 결정으로 내몰고, 의사 결정권을 너무 오래 쥐고 있거나, 위기 순간 동안 의사 결정권을 직원으로부터 가져오는 것이다. 또 다른 어려움은 많은 리더가 리더십과 의사 결정권을 결합시키기에, 다른 사람에게 의사결정 권한을 위임함으로써 위협감을 느낀다는 사실을 포함한다. 이것은 조직이 최근에 조직의 규모를 줄였거나 리더와 부하직원 사이에 신뢰도가 낮을 때, 부분적으로 사실일 수 있다. 또한 몇몇 부하직원들은 늘어난 의사 결정에 대해 책임지기를 꺼려 할 수도 있다.[88] 또 다른 문제는, 몇몇 종업원들이 추가적인 책임감을 지고 있기 때문에, 그들이 급여를 더 받아야 한다고 느낄 수도 있다. 권한위임 프로그램이 연합 환경에서 소개되었다면, 이는 부분적으로 옳다.

부하직원들에게 얼마만큼의 자율성과 권한을 부여해야 하는지를 결정하는 방법은 12장에서 설명된 상황적 리더십 이론을 사용하는 것이다. 이 모형은 종업원들을 개발하고, 언제 추가적인 의사 결정 책임을 질 준비를 할지 결정하기 위한 유용한 교수법을 제공한다. 부하직원들에게 효과적으로 의사 결정을 위임하기 위한 또 다른 방법은 그들의 의사 결정에 명백한 경계를 제공하는 것이다. 예를 들어, Ritz-Carlton 호텔의 종업원들은 불만이 있는 고객들을 만족시키기 위해 노력하는 양의 고정된 한계를 가지고 있다. 부하직원들의 지식과 경험의 수준이 높아짐에 따라, 의사 결정의 범위는 늘어나고 제약은 느슨해질 수 있다. 또한 직무와 책임을 위임한 리더들은 본 책의 앞부분에서 설명된 목표 설정과 권한위임의 주의를 따라야만 한다. 부하직원들이 현명한 의사 결정을 내리는 데 아주 숙련되지 않을 것이기 때문에, 리더는 부하직원들의 실수를 너그럽게 보아 넘기고, 이러한 경험으로부터 배우도록 그들을 돕기 위한 준비가 되어 있어야만 할 것이다. 이 최상의 사례에서 설명된 실행들은 권한이양의 자기 결정력과 영향력 요소를 도울 것이다.

사례로 이끌어 나가기

리더가 성공적으로 부하직원들에게 권한을 위임하고 싶다면, 리더는 스스로 권한이양의 예가 되어야 한다.

리더가 성공적으로 부하직원들에게 권한을 위임하고 싶다면, 리더는 스스로 권한이양의 예가 되어야 한다. 어떻게 리더가 권한위임의 역할 모델이 될 수 있는지에 대한 설명은 유용할 것이다. 저자 중 한 명이 경영하는 억만 달러의 컨설팅 펌은 심각한 노동력 부족을 겪고 있었다. 추가적인 서비스를 원하는 고객의 요구를 맞추기 위해서는 4개의 새로운 직무를 만들어야 할 상황이었다. 이 사무실은 훌륭한 재정 실적이 있었고, 재정 분석 결과상으로도 추가의 직무를 만드는 것이 필요했다. 게다가, 종업원들의 업무량은 극도로 많았고, 사무실은 추가적인 도움이 절실했다. 이러한 현실에 놓인 터라, 저자는 추가된 4개의 직무에 대한 직무 요청서를 회사의 본사에 제출했다. 그러나 회사 직원과의 수많은 통화를 하고 나서 2달이나 되어서도, 이 직무들이 승인될 것 같지 않아 보였다. 저자는 그대로 진행했고, 4명의 직원을 새로이 고용했다. 그리고 그는 새로운 직원들을 현장에 파견시키는 의사결정을 내린 후에야 본사에 이를 알렸다. 비록 저자가 최고운영책임자 및 인적자원부서의 부사장으로부터 상당한 비난을 받았지만, 이 사무실은 성공적으로 재정적 안정을 유지했고, 사무실의 사기도 크게 진작되었다. 저자는 자신의 직원에게 허락을 받기보다는 용서를 구하라는 명백한 신호를 보낸 것이다.

Quinn과 Spreitzer는 권한을 부여받지 못한 리더들이 부하직원들에게 권한을 이양하는 것은 거의 불가능하다고 주장했다.[89] 비록 이 의견에 약간의 진실이 있을지라도, 권한위임은 어디에선가 시작할 필요가 있다. "그들이" 우리에게 직원한테 권한 위임하는 것을 허락하지 않는다고 리더가 말하는 것은 너무나 쉬운 일이다. 그런데 이 "그들이" 바로 이 말을 하는 사람과 동일인인 경우가 매우 허다하니, 그들 자신의 리더십에 대한 선입관, 권한 위임에 대한 오해가 바로 방해요소인 것이다. 이러한 일이 일어나면, 리더는 손가락질하며, 자신이 직원에게 권한위임할 수 있는 영역이 무엇인지 재검토하는 데 시간을 허비하게 되기가 쉽다. 위의 예에서 보았듯이, 저자는 이 고용 의사결정을 내리도록 권한을 부여받지 않았지만, 그는 어쨌든 소신대로 일을 진행시켰다. 이것은 저자에게 경력을 마감하는 의사결정이 될 수도 있었지만, 그는 추가적인 고용에 실패했을 때의 결과를 따져보고, 정치적인 손해보다 그 이익이 더 클 것이라고 생각했다. 리더십에는 어느 정도 양적 위험 감수가 있다. 그리고 바람직한 리더들은 총명한 위험(intelligent risks)을 스스로도 감수하고, 부하직원들도 감수하게끔 한다. UPS와 추가로 737 항공기를 주문했던 종업원처럼, 좋은 리더는 총명한 위험 감수를 보상하고, 실패했지만 좋은 생각이었던 의사 결정을 벌하지 말아야 한다.

권한위임이 성공적이기 위해서는 체계적이어야만 한다

솔선하는 각각의 리더가 그들의 부하직원들에게 권한을 부여할 수 있다 하더라도, 만약 고위 경영진이 권한위임을 주요 경영전략으로 받아들인다면, 권한위임은 훨씬 쉽고 효과적일 것이다. 보상과 성과평가체계, 선택체계, 업무과정, 훈련 프로그램, 조직구조, 그리고 정보체계가 조직의 권한이양에 대한 정의와 강하게 일치한다면, 이 모든 프로그램들은 매우 성공적일 것이다. 반면에, 단지 권한위임 프로그램을 소개하는 데 그칠 뿐, 조직체계, 과정, 그리고 구조에 필요한 적응에 실패한다면 권한위임의 실패를 초래할 가능성이 높을 것이다.

Chapter 16

상황 관련 리더십 스킬

제4부에서 우리는 상호작용 프레임워크(리더, 팔로워, 상황)의 마지막 요소에 적절한 리더십 스킬에 관한 몇 가지 아이디어를 제공하고자 한다. 아래의 8가지 스킬은 비교적 구체적인 종류의 상황이나 요구에 직면하는 리더들에게 도움이 될 것이다:

- 목표 설정
- 회의 진행
- 갈등관리
- 협상
- 문제해결
- 창의성 향상
- 개인, 집단, 조직에서 수행문제 진단
- 고위층의 팀 빌딩

16.1 목표 설정

- 구체적이고 관찰 가능한 목표를 설정하라
- 달성할 수 있으며 도전적인 목표를 설정하라
- 약속이 요구되는 목표를 설정하라
- 피드백이 요구되는 목표를 설정하라

로마의 철학자 Seneca는 "사람들은 자신이 어떤 항구로 향하고 있는지 모를 때는 어떠한 바람도 올바른 바람이 아니다."라고 하였다. 목표를 설정하고 그것을 달성하기 위한 실천 계획을 세우는 일은 개인과 집단을 위해 중요하다. 예를 들어, 목적이나 목표는 보통 어떤 그룹에서든 우선적인 기준이다. 집단의 목표가 한번 결정되면, 목표는 구성원들을 유순하게 따르도록 유도하고, 집단 구성원들의 리더십 능력을 평가하기 위한 하나의 준거로서 기능하며, 집단의 성과를 평가하는 준거가 된다.[1]

아마도 개인 또는 집단의 목표를 달성하는 가장 중요한 단계는 가장 먼저 목표를 진술해야 한다. 많은 사람이 그들의 새해 결심의 결과에 대해 당황스러워하는 이유는 그들의 성격적인 결함(예: "나는 의지력이 하나도 없어") 때문이 아니라, 그들의 결심이 명백한 결과로 나타나기 어려울 정도로 너무 막연하거나 비현실적이었기 때문이다. 새해 결심을 지켜나가는 것은 가능하지만, 목표를 똑똑하게 설정해야만 한다. 좀 더 일반적인 측면에서 보면, 목표 진술서를 적는 몇 가지 방법은 사람들이 바라던 목표를 성공적으로 달성할 가능성을 높여준다. 목표는 구체적이고 관찰 가능해야 하고, 달성할 수 있고 도전적이어야 하며, 처음부터 끝까지 약속을 바탕으로 해야 하고, 사람들에게 목표의 진척에 대한 피드백을 제공하도록 설계되어야만 한다.

16.1.1 구체적이고 관찰 가능한 목표를 설정하라

일반적인 목표는 주로 어떤 행동이 변해야 하는지, 분명한 최종상태가 달성되었을 때에 대해 충분한 정보를 제공하지 않기 때문에 잘 작동하지 않는다.

9장에서 설명하였듯이, 연구결과 구체적인 목표가 포괄적인 목표보다 높은 수준의 노력과 성과를 이끈다고 강하게 주장한다. 일반적인 목표는 주로 어떤 행동이 변해야 하는지, 분명한 최종상태가 달성되었을 때에 대해 충분한 정보를 제공하지 않기 때문에 잘 작동하지 않는다. 이것은 개인적인 사례들과 함께 보는 것이 가장 쉬울 것이다.

한 학생이 그녀의 학업 성적에 만족하지 않고, 그것을 위해 무언가 하기를 원한다고 가정해보자. 그녀는 "나는 내년에 최선을 다할 거야"나는 "내년에 더 잘할 거야."와 같은 아주 포괄적인 목표를 세울 수 있다. 일단 그녀가 잘하도록 동기부여가 되는 한, 이런 목표들이 괜찮아 보일 수 있다. 그러나 결국 어떤 것이 더 필요하게 될까? 그러나 더 나아가서 생각해 보면, "최선을 다하자" 또는 "더 잘 하자"는 매우 모호한 표현이라 그녀의 행동을 지시하거나 궁극적으로 그녀의 성공을 평가하는 데 도움이 되지 않을 것임을 알 수 있다. 포괄적인 목표는 즉각적인 행동을 유발하고 이끄는 것에 대해 상대적으로 약한 영향력을 가지고 있으며, 마지막에 그 목표를 달성했는지 아닌지를 평가하기 어렵게 만든다. 이 학생에게 더 좋은 목표 진술은 "이번 학기에는 평균 B를 달성하거나 B 이하의 성적은 받지 말자."일 것이다. 이와 같은 구체적인 목표는 그 사람의 발전을 기록하기 쉽게 한다. 더 업무 지향적인 예는 업무 생산성 향상에 관해 다룰 것이다. 이 경우에 구체적인 목표 진술서는 "향후 3개월 동안 작업 단위가 생산하는 제품의 수 20% 증가"나 "내년에는 품질 관리로 인한 제품 반환 수 40% 감소"를 포함한다.

구체적인 목표를 갖는 것은 관찰 가능한 목표를 갖는 것과 밀접하게 연관되어 있다.

구체적인 목표를 갖는 것은 관찰 가능한 목표를 갖는 것과 밀접하게 연관되어 있다. 목표가 달성되었거나 달성되지 못했을 때, 그것은 모두에게 분명해야 한다. 당신의 목표가 다이어트하는 것임은 쉽게 말할 수 있다. 그러나 더 좋은 목표는 "3월까지 10파운드 감량하기"이다. 이와 마찬가지로, 스포츠 팀이 다음 시즌에 더 잘해야 한다고 이야기하는 것은 쉽지만, 더 좋은 목표는 다음 시즌의 경기 중 절반 이상을 이길 것이라고 하는 것이다. 구체적이고 관찰 가능한 목표들은 시간 제약적이라는 점도 알아두는 것이 좋다. 목표 달성을 위한 시간 제약이 없다면, 목표에 수반되는 긴급성을 설명하지 못할 것이다. 예를 들어, 다음 분기의 판매 실적을 높이자는 목표가 단지 판매량을 늘리자는 목표보다 더 낫다.

16.1.2 달성할 수 있으며 도전적인 목표를 설정하라

어떤 사람은 목표를 그들이 반드시 거쳐야 하는 충성도 맹세의 한 종류라고 여기는 것 같다. 하버드에 들어가겠다는 목표를 설정하고 고군분투하는 고등학생은 비현실적일 수도 있다. 그러나 지역 주립 대학을 들어가는 것을 목표로 잡는 것은 현실적일 것이다. 한 시민권 운동가는 선입견을 완전히 없애기를 소망할 것이다. 그러나 더 달성 가능한 목표는 지역 주택 프로젝트에서 향후 5년 안에 인종차별을 없애는 것일 것이다. 한 육상 경기 팀이 모든 경주를 이길 가능성은 거의 없지만, 리그 챔피언이 되기를 목표로 하는 것은 현실적일 것이다.

앞서 언급된 점을 추론해볼 때, 목표는 도전적이기도 해야 한다는 것을 알 수 있다. 만약 목표가 단지 달성 가능하기만 해도 된다면, 목표를 쉽게 설정하므로 그 목표를 달성하는 것이 사실상 보장되어 있다는 것에 대해 잘못된 점이 하나도 없을 것이다. 우리가 앞서 보았듯이, 쉬운 목표를 세우는 것은 높은 수준의 성과를 낳지 않는다. 높은 수준의 성과는 목표가 확장되고 그들이 할 수 있다고 생각하는 것 이상의 것을 하도록 고무시킬 때 나타난다. 목표는 달성 가능하기도 해야 하지만, 여럿 가운데 최선의 것을 얻기 위해서는 도전적이어야 한다.

높은 수준의 성과는 목표가 확장되고 그들이 할 수 있다고 생각하는 것 이상의 것을 하도록 고무시킬 때 나타난다.

16.1.3 약속이 요구되는 목표를 설정하라

목표를 갖는 것에 있어서 이상한 점은 없다. 목표를 갖는 것, 그 자체는 성공을 보장하지 않는다. 만약 실제 사람들과의 약속으로 뒷받침되지 않는다면, 목표 진술서는 단지 말에 불과하다. 만약 조직의 상부와 하부 모두에서 목표에 대한 약속이 있다면, 조직의 목표는 가장 달성되기 쉬울 것이다. 상부의 리더십은 스스로 한 말을 실제 행동으로 보여주려 하는 것을 분명히 해야 한다. 상부의 리더십은 목표를 설정했을 때, 그 목표를 달성하기 위해 근로자들이 필요로 하는 지원들을 제공해야 하고, 그들의 수행에 대해 보상을 주어야 한다. 부하직원들은 단지 목표에 대한 상부 리더십의 진실되고 열정적인 약속을 봄으로써 목표에 전념하게 된다.

부하직원으로 하여금 목표를 수용하고 약속을 지키도록 만드는 또 다른 방법은 첫 번째 단계에서 목표를 설정할 때 그들을 참여시키는 것이다. 목표 설정의 효과에 대한 한 연구는, 근로자의 수용과 만족은 그들이 목표 설정에 참여하도록 허락되었을 때 증가하는 경향이 있다고 설명한다.[2,3] 반면에 그 연구는 목표 설정에 참여하는 것이 실제로 성과나 생산성을 높이는지 아닌지에 대해서는 덜 결정적인 영향을 미친다고 하였다. 참여와 성과에 대한 이 복합적인 발견은 그룹과 리더의 다양한 자질에서 기인할 것이다. 그룹 측면에서 보면, 집단 사고는 비현실적이고 달성 불가능한 목표를 약속하기 위한 잘 단결된 집단을 만들어낼 수 있다.

16.1.4 피드백이 요구되는 목표를 설정하라

성과를 향상시키기 위한 가장 효과적인 방법 중 하나는 그 사람의 행동이 기준과 얼마나 밀접하게 연결되는지 피드백을 제공하는 것이다.

성과의 종류가 어떠하든, 성과를 향상시키기 위한 가장 효과적인 방법 중 하나는 그 사람의 행동이 기준과 얼마나 밀접하게 연결되는지 피드백을 제공하는 것이다. 그리고 한 연구는 목표나 피드백 중 어느 한 가지만 사용되는 것보다 목표에 피드백이 수반될 때 성과가 훨씬 더 높게 나타남을 보여준다. 구체적이고, 관찰 가능하고, 시간적 제약이 있는 목표는 진행 중의 평가와 성과 기반 피드백에 대해 전도력이 있다. 또한 리더와 부하직원들은 꽤 규칙적으로 피드백을 제공하거나 구하도록 노력해야만 한다. 게다가 사람들은 피드백을 다양한 근원으로부터 구하거나 다양한 준거를 사용하여 피드백을 제공해야만 한다. 다른 근원들과 준거들은 목표 경과에 대해 아주 다른 그림을 그릴 수 있으며, 사람들은 제공되는 정보를 조사하고 다른 근원과 준거들에서 얻어진 정보를 통합함으로써 그들의 발달의 참된 수준에 대해 더 좋은 생각을 얻을 수 있다.

16.2 회의의 진행

- 회의가 필요한지 결정하라
- 목표들을 나열하라
- 의제를 벗어나지 말라
- 미리 관계있는 자료들을 제공하라
- 편리하게 만들어라
- 참여를 장려하라
- 기록하라

회의는 조직 생활의 실제이다. 회의를 피할 수 있는 리더는 거의 없다. 특히, 집단 또는 팀이 높은 수준의 업무 또는 상호의존성을 가지고 있을 때에는 더욱더 그러하다. 잘 짜인 그리고 잘 이끌어진 회의는 다양한 목표들을 달성하기 위한 가치 있는 메커니즘이며 동시에 업무 집단이나 자원 봉사자 조직 사이에 정보를 교환하고 의사소통의 라인을 열어두는 중요한 방법이기도 하다.[7,8] 비록 회의가 많은 장점을 지니고 있다 할지라도, 회의는 또한 시간과 돈을 소비한다. 회사의 한 부서에서의 연간 회의비용은 수십억 달러에 달할 것이다. 게다가 불필요하거나 비효율적인 회의는 당황스러울 수도 있고, 주로 참석자들의 불만족의 원인이 된다. 회의에 요구되는 시간과 에너지의 투자가 이루어질 때, 리더들은 가능한 한 회의를 생산적으로 만들어야 할 책임감을 가지게 된다. Guth와 Shaw(1980)는[9] 회의를 진행하기 위한 일곱 가지 유용한 요령을 제공하였다.

16.2.1 회의가 필요한지 결정하라

회의를 진행하기 위한 가장 중요한 단계는 아마 회의가 진짜 필요한지 아닌지 결정하는 시간을 갖는 것일 것이다.

회의를 진행하기 위한 가장 중요한 단계는 아마 회의가 진짜 필요한지 아닌지 결정하는 시간을 갖는 것일 것이다. 만약 당신이 회의를 할 것인지 아닌지 평가한다면, 회의를 통해 달성할 수 있는 것이 무엇인지 사정하라. 회의를 통한 이익이 비용보다 클 때에만 회의를 해야 한다. 이러한 과정의 부분으로서, 가능하다면 먼저 다른 참석자들의 의견을 구하라. 게다가 회의가 주기적으로 계획되어 있다면, 매 회의마다 다루어야 할 명백한 업무가 존재해야만 한다. 만약 그렇지 않다면, 이 회의들은 좀 더 긴 간격을 두고 실시되어야 한다.

16.2.2 목표들을 나열하라

회의에서 얻고자 하는 바에 대해 우선순위를 매겨라.

회의가 필요하다고 판단했다면, 회의의 목표를 나열하고, 순서대로 그 목표들을 달성하기 위한 계획을 세워야 한다. 회의에서 얻고자 하는 바에 대해 우선순위를 매겨라. 각각의 의제에 얼마만큼의 시간이 소요될 것인지 대략적으로 표시해두는 것도 도움이 된다. 마지막으로, 참가자들에게 회의에서 논의될 의제와 사건들을 미리 제공하고, 누가 회의에 참석할 것인지 알려주도록 한다.

16.2.3 의제를 벗어나지 말라

회의가 시작되면, 리더는 의제에 충실해야 한다. 논점에서 벗어난 문제나 재미있는 이야기로 인해 그룹이 회의의 핵심을 벗어나게 되기가 쉽다. 당신이 회의에서 협조적이고 편안한 분위기를 유지하려 노력해야 한다 할지라도, 늘어지고 자유방임하는 것보다는 조직적이고 사무적인 것에 치우치는 것이 낫다. 항목들이 의제에 포함될 만큼 중요하다면, 회의에서 그것들을 위해 시간을 할당해야 할 것이다.

16.2.4 미리 관계있는 자료들을 제공하라

리더가 참가자들에게 미리 관계있는 보고서나 증빙 자료들을 제공한다면 회의는 더 효과적이다.

의제를 갖는 것뿐만 아니라, 리더가 참가자들에게 미리 관계있는 보고서나 증빙 자료들을 제공한다면 회의는 더 효과적이다. 회의에서 자료들을 배포하고 사람들이 그것을 읽기를 기다리는 것은 그 자체로 소중한 시간을 낭비하는 일이다. 당신이 관련 자료들을 미리 나누어줬다면, 대부분의 사람들은 미리 그 자료들을 다 읽고 준비된 상태로 올 것이다. 또한 대부분의 사람들은 미리 마무리되었어야만 하는 중요한 일을 함으로써 회의를 길게 만드는 것에 대해 분개할 것이다. 이와 유사한 맥락으로, 어떤 발표든 미리 잘 준비해야만 한다. 만약 당신이 회의 전에 보고서를 제공하지 못했다면, 당신의 발표에 대해 간단한 메모를 할 수 있는 개요를 제공하는 것이 도움이 될 것이다. 마지막으로, 당신이 나눠주는 정보가 정확해야 함을 명심해야 한다.

16.2.5 편리하게 만들어라

모든 참가자들에게 최대한 편리한 장소와 시간을 정하는 것이다.

회의의 이점을 극대화하기 위한 또 다른 방법은 모든 참가자들에게 최대한 편리한 장소와 시간을 정하는 것이다. 이는 출석을 극대화시킬 뿐만 아니라, 주요 참석자들이 다른 부담스러운 요인들로 인해 방해받지 않도록 해야 할 것이다. 또한, 참가자들에게 편리하며 회의의 특성에 적합한 장소를 골라야 한다. 회의를 위해 책상이나 칠판, OHP, 시청각 자료들, 커피 또는 다과, 그리고 회의 장소를 찾는 방법을 적은 약도가 필요한지 아닌지 등을 반드시 고려해야 한다. 그리고 회의는 정시에 시작해야 한다. 지각하는 사람들을 기다리는 것은 시간을 지켜 온 사람들에게 불공정한 처사이며, 회의의 중요성에 대한 잘못된 신호를 보낼 수 있다. 따라서 미리 회의의 시간 약속을 정해 놓고 발표하며, 그것을 지켜나가야 한다.

16.2.6 참여를 장려하라

회의에 참석한 모든 사람은 이야기할 기회가 있어야 하며, 회의의 결과에 대해 소유 자격을 느껴야만 한다.

리더는 참여를 북돋워야 할 책임이 있다. 회의에 참석한 모든 사람은 이야기할 기회가 있어야 하며, 회의의 결과에 대해 소유 자격을 느껴야만 한다. 몇몇 경우에, 당신은 회의에서 조용한 참석자들에게 참여를 독려할 필요가 있을 수 있다. 그들은 자신에게 기회가 주어졌을 때, 집단에 가치 있는 공헌을 한다. 더욱이, 조용한 구성원들의 참여를 확보하는 것은 당신이 사람들의 침묵을 안건에 대한 동의로 간주하게 하는 것을 방지할 수 있도록 도울 것이다. 마찬가지로 당신은 때때로 너무 많이 말하는 참가자의 발언기회를 줄여야 할 필요가 있다. 당신은 그 집단이 좋은 아이디어를 가지고 있다고 지적함으로써, 그리고 다른 사람들의 의견도 들어볼 필요가 있다고 언급함으로써 훌륭하게 회의를 이끌 수 있다. 당신은 또한 집단 토론에 대한 잠정적인 요약을 제공함으로써 참석자들을 격려하도록 한다.

16.2.7 기록하라

회의 중에는 토론의 핵심과 다양한 의사결정 또는 취해진 행동이 분명하게 느껴질 수 있다.

회의 중에는 토론의 핵심과 다양한 의사결정 또는 취해진 행동이 분명하게 느껴질 수 있다. 그러나 당신의 기억력이 이 모든 것을 저장할 것이라고 믿지 않는 것이 좋다. 당신과 다른 참석자들이 무엇을 생각하고 있었고, 왜 그 행동을 취하거나 취하지 않았는지를 재구성할 수 있도록, 시간을 내어 회의의 내용을 기록해야만 한다. 의사결정과 앞으로 행해져야 할 행동(누가 그 책임을 지고 있고, 언제 그것이 성취될 예정인지를 포함하여)을 기록해야 한다. 이러한 기록들은 미래의 회의 의제를 준비하는 데에 매우 유용한 것이다.

앞서 진행된 간단한 단계들을 따름으로써, 리더와 부하직원들은 회의에서 더 많은 것을 얻을 수 있을 뿐만 아니라, 잘 조직되고 효과적인 회의의 결과를 얻게 될 것이다.

16.3 갈등 관리

- 갈등이란 무엇인가?
- 갈등은 항상 나쁜가?
- 갈등 해소 전략

우리는 매일 뉴스에서 다양한 종류의 협상에 대해서 보고 듣는다. 국가들은 주로 땅이나 어업권, 무역 협정, 또는 외교적인 관계에 대해 협상한다. 영토 개척자들은 주로 시의회와 그들의 프로젝트를 위한 지역 영토법 변화들에 대해 협상한다. 사업자들은 노조들과 근로자들의 봉급 및 부가 급부를 협상하는 데 많은 시간을 쓴다. 유사하게, 고등학교 육상 스케줄에서부터 어디에 새로운 복사기를 놓을 것인지에 이르기까지 다양한 문제들에 대한 협상은 매일 진행된다. 크든 작든 이 모든 협상들은 비슷하다. 모든 경우에 서로 다른 집단들의 대표들이 모여, 갈등을 해결하고자 한다. 갈등은 삶에서도, 리더십에서도 피할 수 없는 요소이다. 연구자들은 일선 관리자들과 중간 관리자들이 갈등을 관리하는 데 그들의 시간의 25%를 보낸다는 사실을 발견해냈다.[10] 그리고 갈등을 해결하는 것은 리더십 효과성에 있어서 중요한 요소임이 발견되었다.[11] 성공적으로 갈등을 해결하는 것은 매우 중요해서, 갈등 해소는 조직에 대한 몇몇 문학 작품에서 중심 테마가 되기도 한다.[12-14] 게다가 성공적인 갈등 해소는 리더십처럼 더욱 중요한 기술이 될 것이고, 경영의 실제는 전제주의적인 명령에서 벗어나서 합리적인 설득, 협력, 타협 및 상호 도움되는 해결안을 강조하는 협동적 접근으로 이동한다.

16.3.1 갈등이란 무엇인가?

갈등은 두 개의 다른 집단이 서로 양립할 수 없게 나타나는 관심과 목표를 지니고 있을 때 발생한다.

갈등은 두 개의 다른 집단이 서로 양립할 수 없게 나타나는 관심과 목표를 지니고 있을 때 발생한다.[15] 팀, 위원회, 작업 집단, 그리고 조직의 설정 내에서의 갈등의 원인은 다양하다. 예를 들면, 갈등은 집단이나 팀의 구성원들이 (a) 가치, 믿음 또는 목표에 대해 강한 차이를 보일 때, (b) 높은 수준의 직무 또는 상호 의존성을 지닐 때, (c) 부족한 자원이나 보상을 위해 경쟁할 때, (d) 힘든 스트레스 받는 상황에 처해 있을 때, 또는 (e) 역할 갈등이나 역할 모호성과 같은 불확실하거나 양립할 수 없는 요구에 직면했을 때 발생할 수 있다.[16] 갈등은 리더들이 조직에게 공표한 비전이나 목표와 불일치하는 방법으로 행동할 때 발생할 수 있다.[17] 집단 내 혹은 집단 간의 갈등의 정도에 기여하는 요인들 중에서 아마도 가장 중요한 갈등의 근원은 단체 간의 의사소통의 부족일 것이다.[18] 많은 갈등이 오해와 의사소통 장애의 결과이기 때문에, 리더는 사람들과 네트워크를 형성하는 데 시간을 보내는 것뿐만 아니라, 그들의 의사소통과 경청 기술을 향상시킴으로써 집단 내, 집단 간의 갈등을 최소화시킬 수 있다.[19]

갈등은 리더들이 조직에게 공표한 비전이나 목표와 불일치하는 방법으로 행동할 때 발생할 수 있다.

구체적인 협상의 요령과 갈등 해소 전략을 검토하기 전에, 해소 과정에 영향을 미칠 수 있는 몇 가지 갈등의 양상을 설명하는 것도 필요하다. 첫째, 사건의 크기(사건이 클수록 해결하기 어렵다), 단체들이 문제를 이기적으로 정의한 정도(문제에 개인적으로 얼마나 많이 투자하였는가), 그리고 숨겨진 의제의 존재(언급되지는 않았지만 중요한 사안 또는 목표들)는 모두 갈등 해결 과정에 영향을 미칠 수 있다. 둘째, 갈등 상황을 승패 또는 양자택일의 개념으로 보는 것은, 가능한 결과를 전적으로 만족하는 것이나 전적으로 좌절하는 것으로 제한한다. 비슷하지만 덜 극단적인 변형은 상황을 제로섬 개념으로 보는 것이다. 제로섬 상황은 양자택일이 아니라 중간 정도의 만족을 가능하게 하지만, 본질적으로 한 단체의 만족을 높이고 다른 단체의 만족을 낮추며, 그 반대의 경우도 마찬가지이다. 게다가 다른 변형은 단체들이 갈등을 해결되지 않는 것으로 인식할 때 나타난다. 이런 사례에서는 어느 당사자도 상대방을 희생하여 얻는 것이 없지만, 각자는 상대방을 만족의 장애물로서 인식한다.[20]

제로섬 상황은 양자택일이 아니라 중간 정도의 만족을 가능하게 하지만, 본질적으로 한 단체의 만족을 높이고 다른 단체의 만족을 낮추며, 그 반대의 경우도 마찬가지이다.

16.3.2 갈등은 항상 나쁜가?

지금까지, 우리는 갈등을 모든 집단, 팀, 의회 또는 조직에 있어서의 본질적으로 부정적인 양상으로 설명해왔다. 이것은 1930년대와 1940년대 동안, 연구자들 사이에서 갈등에 대해 널리 알려진 시각이었고, 오늘날에도 많은 사람들이 이렇게 생각한다(예: 대부분의 사람들은 갈등을 최소화시키거나 피하기 위한 강한 가치를 가지고 있다). 오늘날, 조직의 효과성에 대해 연구하는 연구자들은 다른 결론에 이르렀다. 어느 정도의 갈등은 혁신과 수행을 지지하는 데 도움이 될 수 있다는 것이다. 집단 생산성을 강화하는 갈등은 유용하게 여겨지며, 조직의 수행을 방해하는 갈등은 비생산적으로 여겨진다.[21] 여러 가지 일어날 수 있는 갈등의 긍정적, 부정적 효과는 [하이라이트 16.1]에 나열되어 있다.

이 경향들을 따라서, 연구자들은 갈등이 정치적인 권력에 있어서 급진적인 변화를 야기할 수 있다는 점을 발견해냈다.[22,23] 그뿐만 아니라 갈등은 조직의 구조와 설계, 집단 결속력, 그리고 집단이나 조직에 있어서도 급격한 변화를 야기할 수 있다.[24,25] 그럼에도 불구하고, 현재 갈등에 대한 개념화의 영역이 여전히 다소 제한되어 있다는 점을 깨닫는 것은 중요하다. 예를 들어, 집단이나 팀 내의 갈등의 정도를 높이는 것은 즉각적인 성과를 강화시킬 수 있겠지만, 조직의 분위기와 이직에 대한 피해, 막심한 효과 또한 가져올 것이다. 그러나 4장에서 살펴보았듯이, 리더는 많은 기준에 의해 평가되며, 단지 그중 하나가 집단의 성과일 뿐이다. 그러므로 리더는 갈등이 좋은지 나쁜지 결정하려고 할 때, 이직률과 무단 결근율, 부하직원들의 만족 또는 조직의 분위기, 집단의 성과 측정까지 기준으로 사용해야 한다. 이 지침들이 집단이나 팀에 대해 전반적인 갈등의 효과를 드러내지 않을 때, 리더들은 집단의 성과만을 기준으로 사용하지 않도록 주의를 해야 한다.

집단이나 팀 내의 갈등의 정도를 높이는 것은 즉각적인 성과를 강화시킬 수 있겠지만, 조직의 분위기와 이직에 대한 피해, 막심한 효과 또한 가져올 것이다.

일어날 수 있는 갈등의 효과들

하이라이트 16.1

긍정적 효과	부정적 효과
•노력의 증가	•감소된 생산성
•좋은 기분	•의사소통의 감소
•다른 사람들을 더 잘 이해하게 됨	•부정적인 감정
•변화를 위한 기세	•스트레스
•더 나은 의사 결정	•더 좋지 못한 의사 결정
•직면한 중요한 사건	•협력의 감소
•비판적인 사고에 대한 자극	•정치적인 모략

16.3.3 갈등 해소 전략

현 상황을 명확히 이해하고, 사람들을 문제로부터 분리시키고, 관심사에 집중하는 데 시간을 보내는 것과 더불어, 리더가 갈등을 해소하기 위해 사용할 수 있는 다섯 가지 전략 또는 접근법이 있다. 아마도 이 다섯 가지 전략들을 차별화할 수 있는 가장 좋은 방법은 갈등 해결을 협조와 비협조, 독단과 비독단의 두 가지 독립적인 축으로 생각하는 것일 것이다([그림 16.1] 참조). 갈등의 당사자들은 상대의 관심을 충족시켜주기 위해 얼마나 헌신하느냐에 따라서도 다르고, 또 얼마나 자신의 관심을 관철시키기 위해 강경한 입장을 취하느냐에 따라서 다르다.[26] 그러므로 갈등 해소는, 단체들이 얼마나 협조적이거나 비협조적인지, 그들이 얼마나 독단적이거나 비독단적인지에 입각하여 이해될 수 있다.

이 2차원의 도식을 사용하면서, Thomas[27]는 갈등을 관리하기 위한 다섯 가지 일반적인 접근법을 설명했다:

1. **경쟁**은 다른 사람들에게 손해를 끼쳐가면서까지 목적을 성취하고 싶은 사람의 욕구를 반영한다. 이것은 승패 지향이라고도 알려져 있는 지배이다.
2. **적응**은 자신의 목적 성취에 어떠한 노력도 하지 않고 타인의 관심에 전적으로 양보하는 경쟁의 거울 이미지를 반영한다. 이것은 양보의 전술이다.
3. **공유**는 지배와 양보 사이의 타협을 반영하는 접근이다. 두 단체 모두가 무언가를 포기하면, 모두가 무언가를 얻을 수 있다. 두 단체 모두가 적당히, 그러나 불충분하게 만족된다.
4. **협동**은 두 단체를 모두 충분히 만족시키려는 노력을 반영한다. 이것은 각 단체의 고려사항의 통합이 요구되는 문제 해결을 위한 접근이다.
5. **회피**는 두 단체의 관심에 대한 무관심을 의미한다. 회피는 어떤 단체에 대한 관심을 철회하거나 무시함을 반영한다.

협동은 두 단체를 모두 충분히 만족시키려는 노력을 반영한다. 이것은 각 단체의 고려사항의 통합이 요구되는 문제 해결을 위한 접근이다.

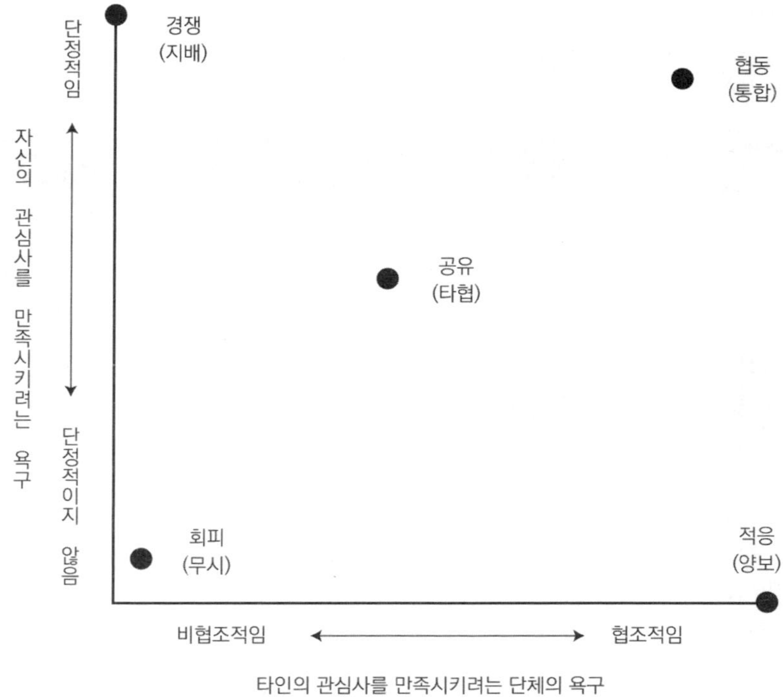

[그림 P 16.1] 5가지 갈등해소 전략

출처: K. W. Thomas, "conflict and conflict management." In *handbook of industrial and organizational psychology*, ed. M. D. Dunnette(Chicago: Rand McNally, 1976).

갈등을 관리할 가장 좋은 한 가지 방법을 찾는 것보다는, 모든 접근법의 상대적인 장점과 단점을 올바르게 인식하는 것이 가장 현명한 방법일 것이다.

당신은 위의 다섯 가지 중 하나의 접근법이 다른 것들에 비해 좋은 방법이라고 분명하게 느껴지는가? 적어도 저들 각각은 문화적으로 가치 있는 행동 양식을 반영한다. 예를 들면, 운동선수와 사업가, 군의 영웅에 대해 많은 사람들이 가지고 있는 추측은 우리의 문화적 경쟁 가치 평가를 반영한다. 문제해결에 대한 사용주의적 접근의 가치는 타협적 접근에 반영된다. 헌신적임과 친절함, 관대함에 대한 문화적인 가치는 적응에 반영된다. 그리고 회피조차도 주의, 외교, 세계의 관심에서 멀어짐을 강조하는 철학에 뿌리를 두고 있다. 갈등 관리를 위한 각각의 접근법의 문화적인 뿌리 중 그 어느 것도 항상 맞는 것은 없다. 아마도 갈등해결의 형태가 적절해질 수 있는 환경이 존재할 것이다. 갈등을 관리할 가장 좋은 한 가지 방법을 찾는 것보다는, 모든 접근법의 상대적인 장점과 단점을 올바르게 인식하는 것이 가장 현명한 방법일 것이다. 언제 각각의 전략을 사용할 것인지에 대한, 경험이 많은 리더들의 추천의 요약은 [하이라이트 16.2]에 나타나 있다.

갈등 관리를 위해 5가지 접근법을 사용해야 하는 상황들

하이라이트 16.2

경쟁

1. 빠르고 결단력 있는 행동이 필수적일 때(예: 비상사태)
2. 인기 없는 행동을 시행해야 할 필요가 있는 중요한 사건(예: 비용 절감, 인기 없는 규칙 강화, 원칙)
3. 당신이 옳다는 것을 알고 있는 회사의 번영에 필수적인 사건
4. 비경쟁적인 행동을 통해 이익을 얻는 사람에 대항

협동

1. 양쪽 모두의 관심사가 타협되기에 동등하게 중요할 때 통합적인 해결책을 찾기 위하여
2. 당신의 목표가 배우는 것일 때
3. 다른 시각을 가진 사람들로부터 통찰력을 합치기 위해서
4. 관심사를 통합해 일치를 이룸으로써 참여를 얻기 위해서
5. 관계 내에서 충돌하는 감정들을 뚫고 일하기 위해서

타협

1. 목표가 중요할 때, 그러나 더 단정적인 상태로 노력할 가치가 없을 때
2. 동일한 힘을 지닌 상대방이 상호 배타적인 목표를 약속했을 때
3. 복잡한 사건의 임시적 안정을 얻기 위해서
4. 제한된 시간 내에 쓸모 있는 해결책에 도달하기 위해서
5. 협동이나 경쟁이 성공적이지 못했을 때, 차선책으로

회피

1. 사건이 사소하거나 더 중요한 사건이 있을 때
2. 당신의 관심사를 만족시킬 기회가 없음을 알았을 때
3. 잠재적인 방해가 해결의 이득보다 클 때
4. 사람들을 안정시키고, 관점들을 다시 얻고자 할 때
5. 모아진 정보가 즉각적인 의사 결정을 대체할 때
6. 다른 사람들이 갈등을 더 효과적으로 해결할 수 있을 때
7. 사건들이 관계가 없어 보이거나 다른 사건들의 징후를 보일 때

적응

1. 당신이 틀렸음을 발견했을 때
2. 사건들이 당신 자신보다 다른 사람들에게 더 중요할 때(다른 사람을 만족시키고 협조를 유지)
3. 최근의 사건들에 대한 사회적인 평판을 쌓고 싶을 때
4. 당신이 경쟁에서 탈락하거나 졌을 때, 손실을 최소화하기 위해서
5. 조화와 안정이 특히 중요할 때
6. 부하직원들이 실수로부터 배움으로써 발전하기 위해서

출처: K. W. Thomas, "Toward Multidimensional Values in Teaching: The Example of Conflict Management" Academy of Management Review 2, no. 3(1977), pp.484-90.

16.4 협상

- 협상을 위해 준비하라
- 사람들을 문제로부터 분리하라
- 지위가 아니라 이익에 집중하라

협상은 갈등을 해결하는 것을 도울 수 있는 하나의 접근이다. Fisher와 Ury (1981)[29]에 따른 다른 협상의 요령은 협상 세션을 위한 준비 시간 갖기, 사람들과 문제 분리하기, 지위가 아닌 문제에 집중하기, 상호 승리할 수 있는 결과 찾기가 있다.

16.4.1 협상을 위해 준비하라

갈등을 성공적으로 해소하기 위해서, 리더는 상당한 시간을 협상 세션을 준비하는 데 보내야만 할 것이다.

갈등을 성공적으로 해소하기 위해서, 리더는 상당한 시간을 협상 세션을 준비하는 데 보내야만 할 것이다. 리더는 각 측면의 주요 관심사와 사건, 태도, 가능한 협상 전략, 그리고 목표를 예상해야 한다.

16.4.2 사람들을 문제로부터 분리하라

Fisher와 Ury는 협상가들에게 사람과 문제를 분리하라고 충고했다.[30] 모든 협상이 독립적인 사건들과 협상가들 사이의 관계를 포함하기 때문에, 이 부분들이 뒤섞이기는 쉽다. 이러한 일이 발생했을 때, 단체는 사람과 문제를 우연히 같은 것으로 취급할 수 있다. 예를 들어, 급여가 연속 4년간 오르지 않아 화가 난 교사 집단은 자신들의 분노를 학교 교장에게 향하게 할 수 있다. 그러나 이와 같은 반응은 실수이다. 의사 결정이 상대방의 입장에서 나올 때, 개인적으로 상대방을 공격하는 것은 단지 갈등을 해결하기 더 어려운 상태로 만들 뿐이다.

리더는 자신의 두려움이 각각의 입장의 의도를 인식하는 데 영향을 주게 해서는 안 된다.

사람들을 문제로부터 분리하기 위해 리더가 할 수 있는 일은 여러 가지가 있다. 우선, 리더는 자신의 두려움이 각각의 입장의 의도를 인식하는 데 영향을 주게 해서는 안 된다. 어떤 사람이 위협당하고 있다고 느낄 때, 부정적인 특징을 다른 사람들의 탓으로 돌리기 쉽다. 이와 같이, 자기 자신의 문제로 다른 사람을 비난하는 것은 좋지 않다.[31] 만약 그것이 정당하다고 하더라도, 그것은 여전히 역효과를 불러일으킨다. 리더가 문제로부터 사람을 분리할 수 있는 또 다른 방법은 분명하게 대화하는 것이다. 이 책의 서두에서, 우리는 적극적인 경청을 위한 기술들을 제안했다. 이 지침들은 갈등을 협상하고 해결하는 데 특히 도움이 된다.

16.4.3 지위가 아니라 이익에 집중하라

Fisher와 Ury의 또 다른 주요 핵심은 지위가 아닌 이익에 초점을 맞추라는 것이다. 이익에 집중하는 것은 이익과 지위 사이의 차이에 대해 이해하는 것에 달려 있다. 여기 한 가지 예가 있다. Raoul이라는 사람이 지난 몇 년간 지역 교향악단의 분기별 연주회에 매번 같은 자리를 예약했었는데, 앞으로는 그 자리가 예약되지 않을 것임을 알게 되었다고 하자. 그는 화가 나, 티켓 사무실에 가서 불평을 늘어놓을 것이다. 그가 취할 수 있는 하나의 접근은 그가 항상 앉아오던 것과 같은 자리를 요구하는 것이 있을 수 있다. 이것이 그의 "지위"에 해당할 것이다. 다른 접근은 그의 예전 자리들만큼 만족스러운 대안 좌석을 찾아보는 것일 수 있다. 이것은 그의 "이익"에 해당할 것이다. 협상을 할 때, 지위를 차지하기 위해 싸우는 것보다 이익을 만족시키는 것이 훨씬 더 건설적일 것이다. 게다가 당신과 당신의 상대방의 지위가 아닌 이익에 집중하는 것이 중요하다.

마지막으로, 상대방에게 손해를 입혀 협상에서 이익을 얻는 것은 단기적인 이익을 얻는 것에 그칠 것이다. 리더는 단기적인 목표보다 장기적인 목표를 바라봄으로써 해결책이 작동하는지 시도해보아야 한다. 그리고 그들은 이번 협상이후에도 서로 믿을 수 있고, 유익한 관계를 만들도록 노력해야만 한다. 이에 따라 리더는 항상 양측의 요구와 지속적인 관심사를 만족시킬 수 있는 서로 이기는(win-win) 결과를 찾아야만 한다. 즉, 양측 모두에게 이익을 제공하는 새로운 선택안을 찾아내는 창의적 문제 해결을 말한다. 그러나 현실적으로 모든 상황이 서로 이기는(win-win) 결과를 구할 수 있는 것은 아니다.

> 리더는 단기적인 목표보다 장기적인 목표를 바라봄으로써 해결책이 작동하는지 시도해보아야 한다.

16.5 문제 해결

- 개선해야 하는 문제와 기회를 규명하라
- 원인을 분석하라
- 대안을 개발하라
- 최적의 해결책을 선택하고 시행하라
- 해결책의 영향을 평가하라

16.5.1 개선해야 하는 문제와 기회를 규명하라

문제를 해결하는 첫 번째 단계는 해결책 개발에 관련된 모든 사람들이 공통된 의견과 직무에 대한 이해를 가지고 문제를 진술하는 것이다. 이 단계는 문제 해결에 있어 비판적인 단계로 시간이 걸리고, 집단 토론도 수반한다. 모두가 처음부터 문제가 무엇인지 알 것이라고 가정하는 것은 위험하다. 문제에 대한 섣부른 정의(예: 집단사고의 결과)는 상당한 좌절과 노력의 낭비로 이어지기 때문이다. 예를 들면, 조언과 충고를 할 때, 의뢰인 과업의 상당한 부분은 문제를 명확히 하는 데 쓰인다. 한 학생이 많은 시간을 공부하는 데 쓰고 있는데도 시험 성적이 좋지

> 해결책 개발에 관련된 모든 사람들이 공통된 의견과 직무에 대한 이해를 가지고 문제를 진술하는 것이다.

않다면, 공부 기술을 향상시키기 위해 학교 상담실에 도움을 구할 것이다. 그러나 약간의 토론 후, 그가 가정생활에 문제가 있기 때문에, 학교생활에 집중하는 데에 어려움을 겪고 있는 것이 드러났다고 하자. 만약 상담가가 즉시 그 학생의 공부 기술을 개발하기 위해 착수했다면, 그의 문제점의 진짜 원인을 다루지 않은 채 지나갔을 것이고, 의뢰인은 그의 능력과 다른 사람들로부터 도움을 받을 수 있는 가능성에 대해 더 비관적이었을 것이다. 이번에는, 자신의 부서에 있는 시민자문위원회에서 일하고자 하는 자원봉사자가 너무 적어서 고민인 경찰서장의 경우를 생각해 보자. 경찰서장은 시민의 무관심이나 이 위원회의 필요성과 중요성에 대한 부족한 홍보와 같은 많은 문제를 문제점으로 파악할 수 있다. 그러나 진정한 문제는 과거 비슷한 자문 기구에서 만들어진 추천 사항을 경청하지 않았거나, 주의를 기울이지 않았던 그 자신의 평판일 것이다. 만약 경찰서장이 처음부터 문제를 탐구하고 명확히 하기 위해 시간을 투자했다면, 그는 이 중요한 사실을 발견할 수 있었을 것이고, 진짜 문제(그 자신의 행동)를 해결하기 위한 노력을 할 수 있었을 것이다. 반면에, 만약 그가 문제에 대한 자신의 평가를 믿고 공격적으로 밀어붙였다면, 아무것도 변하지 않았을 것이다.

시간을 갖고 문제를 조심스럽게 정의하는 것이 도움이 되는 이유는, 때때로 사람들이 원인의 증상을 오해하기 때문이다. 앞서 본 학생의 사례에서, 그의 형편없는 공부는 그의 나쁜 성적의 원인이 아니라, 가족 문제라는 또 다른 원인의 증상이었다. 경찰서장의 사례를 보면, 시민들의 저조한 자문 위원회 참여는 문제 자체가 아니라, 문제의 증상이었다. 만약 어떤 계획이 문제의 원인보다 증상을 설명한다면, 바람직한 결과를 얻기 어려울 것이다. 또한 이 단계 동안에 문제에 대해 개인이나 집단에게 책임을 전가하거나 그들을 비난하지 않는 것은 중요하다. 왜냐하면 방어적 자세를 취하거나 창의적 사고를 가로막을 수 있기 때문이다. 갈등 해소 기술들과 협상 능력들이 매우 중요할 수 있는 단계가 있다. 마지막으로, 문제의 진술을 할 때 어떤 해결책이 옳다는 식의 암시가 읽어서는 안 된다.

이 고려사항들의 적용 사례로서, 교사가 그의 학급에 불만족스러운 상황은 어떤 것인지를 설명하는 첫 번째 단계로서, 두 쌍의 문제의 진술에 대해 생각해 보자. 이 대화는 앞서 책에서 언급되었던 의사소통, 경청, 그리고 피드백 기술의 다양한 측면에 대해 다루고 있다. 그러나 여기서 우리는 문제를 정의하는 것에서 나타나는 차이에 대해 주목할 것이다. 각각의 경우를 살펴봤을 때, 두 번째로 말한 것이 문제 해결을 더욱 건설적으로 이끌 것이다.

A: 나는 여러분이 이 수업에 대해 충분히 걱정한다고 생각하지 않아요. 아무도 준비되어 있지 않아요. 여러분이 숙제를 하는 데 더 많은 시간을 쏟을 수 있도록 내가 무엇을 해야 할까요?

B: 이 과정에서 여러분들이 일을 잘 하는 것을 방해하는 것은 무엇인가요?

A: 여러분의 시험 성적은 너무 낮아요. 성적이 오르기 전까지 현장 학습은 취소해야겠군요. 질문 있나요?

B: 나는 여러분의 시험 점수에 대해 생각 중이에요. 점수가 제가 기대했던 것보다 더 낮군요. 어떻게 된 일인지 모르겠네요. 여러분은 문제가 뭐라고 생각하나요?

문제 해결의 첫 번째 단계의 또 다른 측면은, 불만족스러운 상황을 개선하는 데 가장 큰 영향을 미칠 수 있다. 요소들을 규명하는 것이다. 왜냐하면 개선이 필요한 문제들이 거의 언제나 투입 가능한 시간이나 에너지보다도 더 많이 있기 때문이다. 여기서 유용한 개념은 파레토 법칙이다. 그것은 어떤 시스템에 속해있든지, 약 80%의 문제들이 20%의 원인의 결과라고 말한다. 예를 들어, 학교에서 대부분의 징계 문제들은 소수의 학생들로부터 야기된다. 소득세 환급 신청을 하면서 겪는 많은 작성 착오 중에 단지 몇 가지의 착오(예: 서류에 사인하는 것을 까먹음)만이 거의 대부분의 신청서 기각 이유가 된다. 시내버스가 고장 나는 이유 중에 가장 자주 일어나는 상위 20%의 이유가 전체 고장 비율의 80%를 차지한다. 파레토 법칙은 문제 해결을 위한 노력을 가장 큰 영향력을 지닌 원인들에 집중시키는 데 사용될 수 있다.

> 파레토 법칙은 어떤 시스템에 속해있든지, 약 80%의 문제들이 20%의 원인의 결과라고 말한다.

16.5.2 원인을 분석하라

문제가 규명되면, 다음은 그 원인을 분석하는 단계이다. 문제의 원인의 분석은 그 해결책을 위한 조사보다 먼저 이뤄져야 한다. 문제 상황에 영향을 미치는 주요 요소들을 규명하기 위한 두 가지 유용한 도구는 인과 관계 도표[그 형태 때문에 어골도(fishbone)라고도 일컬어지고, 개발자의 이름을 따 Ishikawa 도표라고도 일컬어짐]와 역장(force field) 분석이다. 인과 관계 도표는 문제의 근본 원인, 다른 원인들 사이의 관계, 그리고 어떤 원인들이 가장 중요한지 우선순위를 체계적으로 묘사하기 위하여 도표 접근법을 사용한다([그림 16.2] 참조).

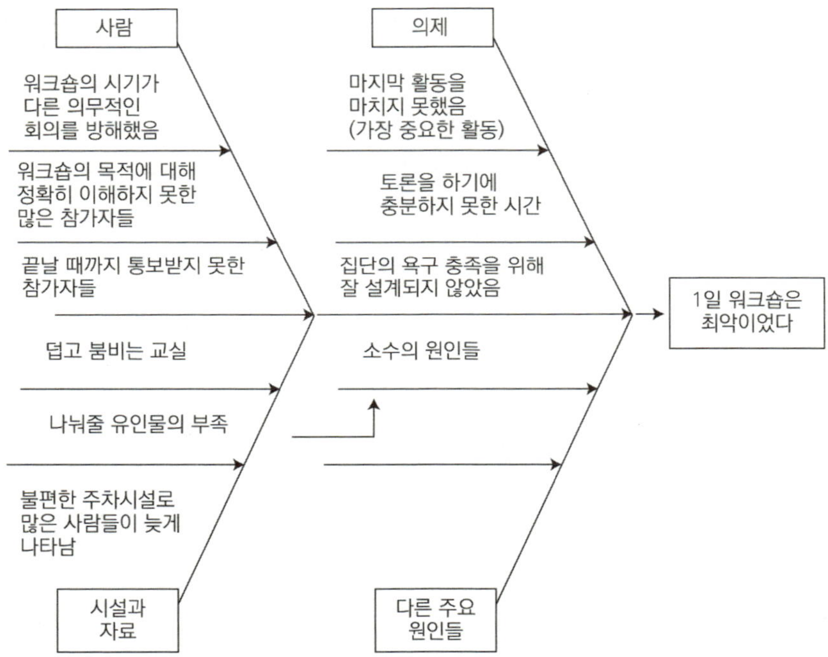

[그림 16.2] 인과 관계 도표

이것은 동적인 균형, 또는 한 방향으로 움직이고자 하는 경향이 있는 세력들과 그 방향으로의 움직임을 제지하려는 세력 사이의 평형상태와 같은 안정적인 상황을 묘사하는 방법이다.

역장 분석(force field analysis)은 현재의 상황을 영속시키는 경향이 있는 반대되는 세력을 묘사하기 위해 도표 접근법을 사용한다([그림 16.3] 참조). 이것은 동적인 균형, 또는 한 방향으로 움직이고자 하는 경향이 있는 세력들과 그 방향으로의 움직임을 제지하려는 세력 사이의 평형상태와 같은 안정적인 상황을 묘사하는 방법이다. 이 모든 세력들의 순 합계가 0인 한, 어떠한 움직임도 발생하지 않는다. 변화가 바람직할 때, 세력 영역 분석은 다른 평형상태에 도달할 수 있는 긍정적이고 부정적인 세력들 간의 균형을 뒤엎을 가장 좋은 방법을 규명하기 위해 사용될 수 있다.

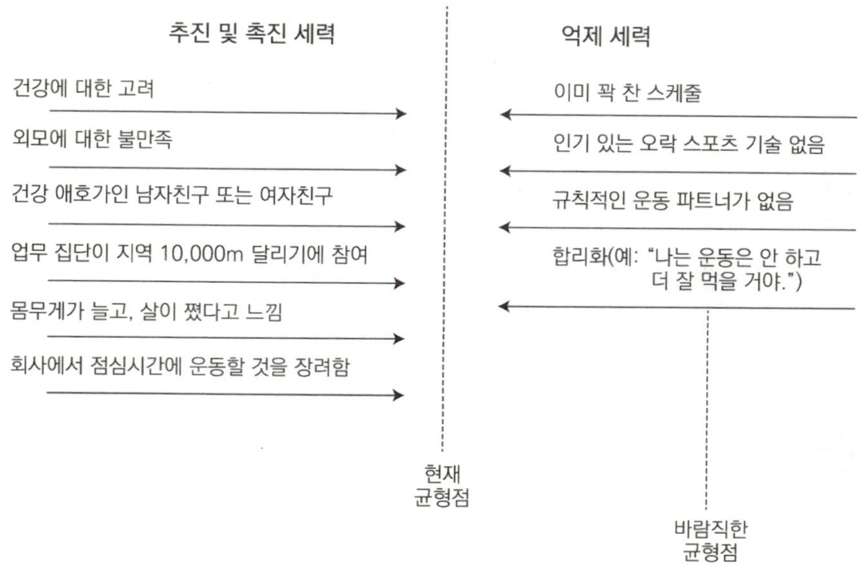

[그림 16.3] 역장 분석의 예: 개별 운동 프로그램의 시작

16.5.3 대안을 개발하라

우리가 앞서 조사했던 몇 가지 아이디어들은 관련성(예: 브레인스토밍)이 있다. 명목집단기법(NGT: Nominal Group Technique)이라고 불리는 절차는 문제와 관련된 많은 생각들을 만들어내는 또 다른 방법이다.[32] 이 절차는 집단 상황에서 아이디어를 만들어내는 활동인 브레인스토밍과 비슷하다. 그러나 명목집단기법하에서, 집단 구성원들은 자신의 종잇조각에 먼저 아이디어를 적고, 후에 칠판이나 플립 차트에 옮겨 적으며 전체 집단과 함께 아이디어들을 개발한다.

명목집단기법하에서, 집단 구성원들은 자신의 종잇조각에 먼저 아이디어를 적고, 후에 칠판이나 플립 차트에 옮겨 적으며 전체 집단과 함께 아이디어들을 개발한다.

16.5.4 최적의 해결책을 선택하고 실행하라

모두가 어떤 해결책이 수용 가능함을 밝혀냈다고 하더라도, 한 사람이 첫 번째로 생각해낸 것이 반드시 최고의 해결책은 아니다. 확립된 기준에 근거한 해결책을 고르는 것이 더 낫다. 이것은 다음과 같은 질문들을 포함한다. 가능한 대안들의 장점과 단점들을 모두 고려해 보았습니까? 모든 가능한 대안들은 단지 팀이나 부서가 아닌 조직 전체에 미치는 영향에 입각해 평가되었습니까? 이 정보는 가능한 대안들 가운데 좋은 결정을 내리기 위해 필요합니까?

16.5.5 해결책의 영향을 평가하라

단지 단계들을 진행시킴으로써 실행된 행동들이 문제를 해결할 것이라고 가정해서는 안 된다. 해결책의 지속적인 영향은, 되도록 해결책 결정에 참여한 모든 집단이 동의할 수 있는 측정 가능한 성공의 기준에 의하여 평가되어야만 한다.

16.6 창의성 향상

- 새로운 방법으로 보라
- 권력을 건설적으로 사용하라
- 다양한 문제 해결 집단을 형성하라

16.6.1 새로운 방법으로 보라

리더가 자신과 부하직원들의 창의성을 증진시키기 위하여 할 수 있는 몇 가지 방법이 있다. 이 촉진 요소 중 일부는 이미 토론되었다. 적절한 정도의 전문지식의 보장과 해결책의 평가나 판단의 최소화와 연기, 직무의 내재적 동기부여에의 집중, 부하직원을 향한 불필요한 압박의 제거, 부하직원들이 의사 결정을 하는 것에 더 많은 자유 부여 등이 포함된다. 집단 내 창조적인 사고를 자극하는 하나의 인기 있는 기법은 브레인스토밍이다([하이라이트 16.3] 참조).

집단 내 창조적인 사고를 자극하는 하나의 인기 있는 기법은 브레인스토밍이다

브레인스토밍을 통한 창의성 강화 단계

하이라이트 16.3

브레인스토밍은 문제 해결을 위해 노력하는 집단의 창조적 잠재력을 강화하기 위해 고안된 방법이다. 리더는 브레인스토밍 세션을 진행할 때, 다음의 규칙을 사용해야만 한다.

1. 집단은 5명에서 7명의 사람들로 구성되어야 한다. 5명 이하의 사람들의 경우 생성되는 아이디어가 부족하지만, 7명 이상의 사람들이 있는 경우는 세션이 자칫 너무 거대하게 될 수 있다. 그리고 몇몇이 세션에 참여하는지 보다 어떤 사람이 세션에 참석해야 할지 신중하게 정하는 것이 더 중요하다.
2. 모든 사람이 세션에 기여할 기회를 주어야만 한다. 브레인스토밍의 첫 번째 단계는 아이디어 창출의 단계이며, 구성원들은 아이디어가 생각나는 즉시 자발적으로 참여하도록 장려되어야 한다. 첫 번째 단계의 목적은 질보다 양이다.
3. 아이디어 창출 단계에서는 비판이 허용되지 않는다. 이것은 상상력이 풍부한 사고와 아이디어 평가를 통한 아이디어 생산을 명백하게 구분시켜 놓는 것을 돕는다.
4. 자유분방하고 기이한 생각들도 장려되어야 한다. 이 아이디어들도 결과적으로는 약간의 수정을 통해 수용될 수 있다.
5. 다른 사람의 아이디어에 묻어가는 것도 장려되어야 한다. 아이디어를 통합하거나 다른 사람의 의견을 확장하는 것은 종종 결과적으로 더 좋은 해결책을 가져온다.
6. 아이디어의 양이 많고 다양할수록 더 좋다. 더 많은 아이디어가 나올수록, 더 좋은 해결책이 나올 확률이 높아진다.
7. 아이디어들은 기록되어야만 한다. 구성원이 낸 모든 아이디어들을 검토할 수 있도록 칠판이나 종이에 기록해야 한다.
8. 아이디어들이 모두 창출된 후에, 각각의 생각은 장단점, 비용과 이익, 실행 가능성 등에 의해 평가되어야만 한다. 최종 해결책을 선택하는 것은 주로 이 분석의 결과에 달려 있다.

출처: A. F. Osborn, *Applied Imagination* (New York: Scribner's, 1963)

기능적 고착
(functional fixedness)

리더가 창의력을 신장시키기 위해 할 수 있는 또 하나의 방법은 현상을 새로운 시각으로 바라보거나 가능한 한 다양한 많은 시각으로 문제를 바라보는 것이다. 그러나 이것은 말은 쉽지만, 행동으로 옮기기는 쉽지 않다.[33] 우리에게 익숙한 것은 새로운 사용 용도로 보거나 새로운 시각으로 보는 것은 어려울 수 있다. 심리학자들은 이러한 종류의 정신적 상태를 기능적 고착(functional fixedness)이라고 부른다. 창의적 사고는 우리가 주변의 사물에 대해 지니고 있는 확고하고 진부한 인식에 따른 기능 고착을 극복함에 달려 있다.

현상을 다르게 보는 방법은 유추법에 입각해 생각하는 것이다. 유추를 바탕으로 생각하는 것은 새로운 관찰을 하는 것, 어떤 것을 무언가 다른 것으로 보는 Cronbach의 창조성에 대한 정의의 실용적인 확장이다.[34] 이러한 경우에, 유추를 위한 적극적인 탐색은 문제 해결 방법의 핵심이다. 사실상 유추를 발견해 내는 것은 시넥틱스(Synectics)[35]라고 불리는 상업적인 창조적 문제 해결 접근법의 기초이다. 시넥틱스 문제 해결 집단에서의 유추의 실례로는, 여름에는 열을 반사시키기 위해 흰색으로, 겨울에는 열을 흡수하기 위해 검정색으로 색을 조절하는 새로운 지붕 재료로 설계한 것이 있다. 집단의 첫 번째 직무는 주변 환경에 맞춰 자신의 색을 변화시키는 물고기와 같은 자연에서 유사한 점을 찾는 것이었다. 물고기의 색 변화와 같은 체제는 자신의 껍질 표면에서부터 색소를 가까이 혹은 멀리 하는 원리로부터 나타난다. 약간의 토론 후, 그 집단은 더울 때 그 부피를 팽창시켜 지붕을 밝게 하고, 추울 때 그 부피를 축소시켜 지붕을 어둡게 할 작은 흰색 플라스틱 공이 들어있는 검정색 지붕을 디자인했다.[36]

시넥틱스 문제 해결 집단에서의 유추의 실례로는, 여름에는 열을 반사시키기 위해 흰색으로, 겨울에는 열을 흡수하기 위해 검정색으로 색을 조절하는 새로운 지붕 재료로 설계한 것이 있다.

현상을 다르게 보는 또 다른 방법은 문제나 생각을 글로 표현하지 않고 그림으로 표현하려고 노력하는 것이다. 언어적 묘사가 결여된 감정이나 관계는 사건에 대해 참신한 통찰력을 이끌고 가져오는 것으로 이어질 수 있다.

16.6.2 권력을 건설적으로 사용하라

또한 부하직원들이 가능한 한 다양한 시각으로 문제를 보게 하기 위해서, 리더는 자신의 권력을 건설적으로 이용해 창조성을 강화시킬 수 있다. 앞서 설명했듯이, 집단은 지나치게 비판적이거나, 해결책 형성 단계 동안 판단을 보류함으로써 창조적 사고를 억압할 수 있다. 이 영향은 강력한 권한 관계와 지위의 차이가 존재할 때 더 많이 나타난다. 집단 구성원들의 상사가 있을 때, 특히 만약 리더가 일반적으로 수용력이 없다고 여겨질 때, 그들은 "기이한" 아이디어를 제기하는 위험을 감수하기를 마음 내키지 않아 할 수 있다. 또한 만약 다른 집단 구성원들이 리더가 보는 앞에서 자신을 공격할 것이라 믿는다면, 그들은 특이한 아이디어를 제공하기를 꺼려할 것이다. 창의력을 조성하기 위한 적절한 분위기를 만들고자 하는 리더는 아이디어의 열린 표현을 북돋워 주거나 집단 구성원들 사이의 비협조적이거나 공격적인 반응들을(그것이 명백하든, 암암리에 일어나든) 억압하기 위해 자신의 권력을 사용해야 한다. 게다가 리더는 성공에 대한 보상을 주고 실수를 벌하지 않음으로써, 창의력을 향상시키기 위해 자신의 권력을 사용할 수 있다. 리더는 또한 권한과 책임을 위임하고, 부하직원들의 제약을 풀어주고, 위기를 헤쳐 나갈 수 있는 힘을 주기 위해 자신들의 권력을 이용할 수 있다. 이러한 단계들을 거침으로써, 리더는 부하직원들이 위험을 감수하고 더 창조적이도록 장려할 특유의 믿음을 쌓을 수 있도록 도울 수 있다. 이와 같은 단계를 따르면, 조직 전체의 분위기는 조직 내 권력 사용으로 인한 차이에 따라, 창조적 사고에 더 많거나 적은 영향을 미칠 것이다. "권력 부패"라는 잘 알려진 격언의 통찰에 따르면, Kanter는 무기력함이 어떻게 타락하는지에 대해 언급하였다.[37] 그는 조직에서 파워가 없다고 느끼는 관리자들이, 생산 활동에서 다른 사람들과 협동하는 것보다는 더 많은 에너지를 자신의 영역을 지키는 데 사용함을 지적했다. 많은 사람들을 상대적으로 무기력하게 느끼게 하는 유연성이 없고, 형식을 중요시하는 중앙 집중적인 관료제적 조직의 리더에게 부하직원들의 창의력을 적극적으로 지원하기 위한 필요성이 특히 더 중요할 것이다.

리더는 또한 권한과 책임을 위임하고, 부하직원들의 제약을 풀어주고, 위기를 헤쳐 나갈 수 있는 힘을 주기 위해 자신들의 권력을 이용할 수 있다.

16.6.3 다양한 문제 해결 집단을 형성하라

리더는 다양한 문제 해결 집단을 형성함으로써 창의력을 기를 수 있다. 비슷한 경험, 가치, 그리고 기호를 지닌 집단 구성원들은 다양한 해결책을 만들어 내지 못할 가능성이 더 높을 것이며, 다양성이 존재하는 집단보다 성급하게 해결책에 도달할 것이다. 그러므로 집단이나 위원회를 위해 다양한 경험, 가치, 기호를 지닌 사람들을 선발하여 집단의 창의력을 향상시켜야만 한다. 비록 이러한 차이로 인해 집단 간 갈등의 정도도 높아지고, 최종 해결책 도출에 의견을 모으기까지 리더가 더 많은 어려움을 겪겠지만 말이다. 문제 해결 집단의 다양성과 창조성을 높이기 위한 하나의 스킬은 Myers-Briggs Type Indicator(MBTI)라고 불리는 4가지 선호(preference)축의 사용을 포함한다. 예를 들어, 다양성은 기술적인 지식의 부재를 대신하지 못한다. 비록 MBTI의 축이 다양한 집단을 골라내는 데 유용하다 하더라도, 이 방법은 모든 구성원들이 높은 수준의 기술적 전문성을 지니고 있음을 확인한 후에만 이용되어야 한다. 단지 MBTI 선호에만 의존해 구성원들을 뽑는 것은 기술적 전문성과 내재적 동기부여가 창조성에서 중요한 역할을 한다는 점을 간과하는 것이다. 창의력과 리더십 사이의 관계에 대한 또 다른 측면은 [하이라이트16.4]에 설명되어 있다.

창조성 관리

하이라이트 16.4

T. Hogan과 Morrison(1993)은 리더가 창조적인 부하직원들을 성공적으로 이끌기 위해서는 다음의 단계를 따라야 한다고 주장했다.

1. 목표를 설정하라. 창조적인 사람들이 자유와 독립에 가치를 두기 때문에, 리더가 목표 설정 과정에 크게 관여한다면, 이 단계가 가장 잘 성취될 수 있을 것이다. 리더는 부하직원들에게 그들이 특정 시간 내에 성취할 수 있는 것이 무엇인지 물어보아야만 한다.
2. 적절한 자원을 제공하라. 부하직원들이 일하기 위한 적절한 도구를 가지고 있으면, 업무를 해결할 도구를 찾는 데 시간을 허비하지 않고 문제 해결에 그들의 시간을 쏟을 수 있기 때문에 더 창조적일 것이다.
3. 시간의 압박을 줄이고, 부하직원들이 궤도에 있도록 유지하라. 목표를 세울 때, 현실적인 이정표를 설정하려고 노력하고 그 이정표에 도달하면 조직적 보상금을 주어야 한다. 게다가 리더는 필요한 자원을 얻고 프로젝트를 잘 이끌어 가기 위해 잘 조직화될 필요가 있다.
4. 금전적인 보상뿐만 아니라 비금전적인 보상도 고려하라. 창조적인 사람은 주로 금전적인 보상이 아니라, 스스로 문제를 해결함으로부터 만족을 얻는다. 그러므로 피드백은 개개인에게 적절한 감정을 강화시키는 데 초점이 맞추어져야 한다. 통제되는 것으로 인식된 금전적인 보상은 직무에 대한 동기부여를 강화시키기보다는 감소시킬 것이다.
5. 창조성은 혁명적이 아니라 진화적임을 인식하라. 비록 부하직원들이 Xerox 기계와 같은 참으로 새로운 제품을 만들어 낼 수 있다 하더라도, 종종 창조성의 열쇠는 끊임없는 제품 개선이다. 차기 년도 제품을 빠르고 가볍고 싸고 더 효율적으로 만드는 것은 사소한 수정사항들이지만 시간이 지나 이것이 축적되면 혁명적인 것이 된다. 그러므로 리더는 창조성을 중요한 큰 발전으로서가 아니라 작은 혁신으로 생각한다면 도움이 될 것이다.

출처: R. T. Hogan and J. Morrison, "Managing Creativity." In *Create & Be Free: Essays in Honor of Frank Barron*, Ed. A. Montouri(Amsterdam: J. C. Gieben, 1993).

16.7 개인, 집단, 조직에서의 수행 문제 진단

- 기대
- 역량
- 기회
- 동기부여
- 진단 모형에 대하여

많은 경우에 리더만이 그들이 이끄는 부하직원들과 팀만큼 효과적일 것이다. 그렇기에, 리더가 반드시 다루어야 하는 더 어려운 일 중 하나는 기대에 못 미치는 수준으로 일하는 개인이나 팀을 관리하는 것이다. 이 일을 더욱더 어렵게 만드는 것은, 업무수행의 수준이 부족한 것은 명백하지만, 그 이유가 분명하지 않을 수 있는 것이다. 왜 부하직원이나 팀이 최선의 성과를 내지 못하는지를 정확하게 판단하는 리더는 그 문제를 해결하기 위해 적절한 조정을 시행할 가능성이 높을 것이다. 불행히도, 많은 리더는 일터에서 수행 문제를 진단하기 위한 모형이나 틀을 가지고 있지 않다. 결과적으로 그들은 문제를 일으키는 사람들을 잘 다루지 못할 것이다. [그림 16.4]의 모형은, 리더가 왜 부하직원이나 팀이 기대에 못 미치게 수행하는지와 그 상황을 개선하기 위해 그들이 할 수 있는 일이 무엇인지를 이해하게 하기 위한 실용적인 틀을 제공한다. 이 모형은 성과가 기대, 역량, 기회, 그리고 동기부여의 함수임을 주장하고, 이 책 앞부분에서 자세히 논의된 개념을 통합한다.

$$수행성과 = f(기대 \times 역량 \times 기회 \times 동기부여)$$

[그림 16.4] **수행성과의 모형**

이 모형은 또한 앞서 다양한 전문가에 의하여 개발된 초기모형들의 변형이다.[39-41] 보완하는 모형이라기보다 증식하는 모형으로서, 한 구성요소의 부족이 수행성과의 상당한 감소를 야기하며, 그 감소는 다른 요소의 증가로는 쉽게 보충될 수 없는 것이다. 다음 사례가 이 점을 조명하는 것을 도울 것이다. 최근에 한 저자는 발전소에 영향을 끼치는 안전상, 작동상의 문제들을 관리자가 고칠 수 있게 도와달라는 요청을 받았다. 명백히 많은 발전소 직원들은 적절한 안전 장비 사용에 대한 정부의 규제를 따라야 한다고 느끼지 않았다. 문제에 대한 조사를 함으로써, 규제에 순응할 것이라는 기대가 분명했고, 모든 사람이 안전 장비의 적절한 사용을 위해 훈련받았다는 것과, 이 장비들이 쉽게 사용 가능함을 밝혀냈다. 그러나 많은 직원은 이 장비들과 절차들이 성가시고 불필요하다고 느꼈다. 발전소 관리자의 이 문제를 해결하기 위한 초기 시도는 모든 발전소 직원을 3일짜리 원자력 안전 훈련 프로그램에 참여하도록 하는 것이었다. 놀랍게도, 이 훈련 프로그램은 실제로 안전 규칙준수에 부정적인 영향을 끼쳤다. 이는 문제의 원인이 기대도 능력도 기회도 아니고 동기부여라는 사실을 드러냈다. 직원이 30일간의 훈련을 받았다고 한들 실질적 수행의 장애물인 '동기부여'에 긍정적 영향을 끼치지는 못했을 것이다. 그 장비를 적절하게 사용하는 직원에 대하여 긍정적이거나 부정적인 결과가 거의 없기 때문에, 그 문제는 그 관리자가 안전 규칙준수에 대한 보상과 벌의 시스템을 실행할 때까지는 개선되지 않는다. 이 모형의 구성요소들에 대한 더욱 자세한 설명과 성과를 향상시키기 위해 리더가 할 수 있는 것이 무엇인지에 대해서는 다음에서 알 수 있다.

16.7.1 기대

수행 문제들은 주로 개인이나 집단이 그들이 해야 할 일이 무엇인지 이해하지 못하기 때문에 발생한다. 잘못된 의사소통 때문에 능력 있는 집단이 옳지 않은 목표를 성취하거나, 절대 주어지지 않을 지시를 기다리느라 하는 일 없이 앉아 있는 경우가 많다. 부하직원들이 그들의 역할과 목표, 성과 기준, 성공을 결정하는 주요 측정 요소를 이해하도록 만드는 것은 리더의 책임이다. 목표 설정과 팀 목표와 역할의 명시에 대한 더 많은 정보는 이 챕터의 앞부분 "목표 설정"과 피드백 스킬을 다루고 있는 15장의 "고성과 팀구축" 부분을 참고하도록 한다.

16.7.2 역량(Capabilities)

능력(ability)과 스킬(skill)은 역량(capability)을 구성하는 2개의 구성요소이다.

단지 부하직원들이 그들이 무엇을 해야 하는지 이해한다고 해서, 반드시 그들이 그것을 할 수 있음을 의미하는 것은 아니다. 때때로 부하직원들과 팀은, 기대 이상의 목표를 달성하고 수행하는 데 필요한 역량이 부족하다. 능력(ability)과 스킬(skill)은 역량(capability)을 구성하는 2개의 구성요소이다. 능력(ability)은 가공되지 않은 재능(talent)의 또 다른 이름이며, 운동신경, 지능, 창조성, 성격 특징과 같은 개인적 차이 변수들을 포함한다. 이렇듯이, 능력은 훈련을 통해 바꾸기에는 비교적 어려운 특징들이다. 능력이 상대적으로 훈련 조정에 영향을 받지 않기 때문에, 요구되는 능력이 결여된 사람들을 일을 더 많이 하게 하려고 훈련이나 동기부여를 하는 곳으로 보내는 것은 성과에 비교적 적은 영향을 줄 것이다. 대신, 이러한 상황에 가장 좋은 처방은 성과를 위해 필요한 능력을 지닌 사람들을 뽑는 것이다.

비록 부하직원들이 직무를 수행하기 위해 필요한 가공되지 않은 재능을 지니고 있다 하더라도, 수행을 잘하기 위해 필요한 기술은 부족할 수 있다. 이러한 경우는 운동 경기 팀이나 음악단체가 시즌을 시작할 때, 또는 업무 집단이 이전에 경험해 보지 못한 직무를 위해 새로운 도구나 책임을 얻었을 때, 많이 발생한다. 8장의 "리더십 행동"에서 논의되었듯이, 스킬은 잘 정의된 지식과 연관된 일련의 행동으로 구성되어 있다. 능력과는 달리, 기술은 훈련으로 습득되기 쉽다. 그리고 높은 수준의 전문성을 지닌 리더들은 기술을 개발할 수 있게 타인을 가르친다. 기술은 직무를 수행하며 다양한 방법으로 습득되기도 한다. 리더들은 때로는 부하직원들의 기술 수준을 높이기 위해 그들을 훈련 프로그램에 보낸다. 올바른 능력(타고난 재능)을 지닌 사람들을 선택하는 것에 대한 자세한 정보는 4장에서 찾을 수 있다. 기술을 쌓는 것에 대한 더 많은 정보는 3장과 9장을 참조하면 된다.

16.7.3 기회

부하직원들이 직무를 수행하기 위해 필요한 자원이 부족할 때, 성과 역시 제약을 받을 수 있다. 또 어떤 때에는 부하직원들에게 획득된 기술을 설명하기 위한 기회가 부족할 수 있다. 승객은 배가 고픈데 승무원들이 비행 동안 나눠 줄 식사를 가지고 있지 않는 경우가 이에 해당한다. 이러한 상황에서, 승무원은 매우 높은 수준의 고객 서비스 목표와 능력, 동기부여를 지니고 있을 수 있지만, 여전히 고객의 요구를 충족시키지 못할 수도 있다. 이러한 성과를 제약하는 상황의 재발을 막고 싶다면, 리더는 부하직원들과 팀에 필요한 장비들과, 재정적인 자원, 그리고 그들의 기술을 보여줄 기회가 있는지 확인해야 한다.

16.7.4 동기부여

많은 수행 문제들은 동기부여가 제대로 되지 않았기 때문에 발생한다. 여기서 두 가지 중요한 사항은 부하직원들이나 집단이 수행하거나, 아니면 직무를 완수하기 위해 필요한 노력의 정도를 보여주는 것이다. 그렇지 못하고 만약 동기부여가 일어나지 않았다면, 리더는 왜 사람들이 동기부여가 안 되었는지부터 파악하려 노력해야 한다. 때로는 리더가 인지하지 못하고 있는 위험을 직무가 포함할 수 있다. 또 때로는 개인이나 집단이 단순히 직무를 수행하기 위한 동력을 잃었을 수도 있고, 탁월한 또는 불만족스러운 수행을 야기할 만한 결과가 없었을 수도 있다. 리더는 부하직원들과 팀의 동기부여 문제를 해결하기 위해 몇 가지 선택을 할 수 있다. 첫째, 리더는 더 높은 수준의 성취도를 지니고 있거나 직무를 위한 내재적 동기부여가 되어 있는 부하직원들을 선택할 수 있다. 둘째, 리더는 분명한 목표를 설정하거나 성과에 대한 피드백을 더 잘 제공할 수 있다. 셋째, 리더는 팀에 업무를 재분배하거나 기술 다양성, 직무 중요성, 그리고 직무 동일성을 향상시키기 위해 직무를 재설계할 수 있다. 넷째, 리더는 수행 수준에 밀접하게 보상과 처벌을 재구조화할 수 있다. 부하직원의 동기부여에 대한 더 많은 내용은 9장의 "동기부여, 만족, 그리고 성과"에 나와 있다.

리더는 더 높은 수준의 성취도를 지니고 있거나 직무를 위한 내재적 동기부여가 되어 있는 부하직원들을 선택할 수 있다.

16.7.5 진단 모형에 대하여

리더는 조직의 분위기와 직무만족과 같은 다른 바람직한 결과도 있다는 점과, 성과를 향상시키기 위한 행동은 다른 바람직한 결과에 반대의 영향을 미칠 수 있음을 유념해야 한다.

이 모형은 성과에 영향을 미치는 많은 주제를 위한 통합적인 틀을 제공한다. 이는 성과에 영향을 미치는 요인들을 검토하고, 수행 문제를 해결하기 위한 아이디어를 제안한다. 그러나 이 모형이 단지 부하직원, 집단, 그리고 조직의 성과만 설명함은 반드시 강조되어야만 한다. 리더는 조직의 분위기와 직무만족과 같은 다른 바람직한 결과도 있다는 점과, 성과를 향상시키기 위한 행동은 다른 바람직한 결과에 반대의 영향을 미칠 수 있음을 유념해야 한다.

16.8 고위층의 팀 빌딩

- 중역의 팀들은 다르다
- 개인적인 기술과 팀 기술을 적용하라
- 올가미 교훈

어떤 경우에는, 중역의 팀들은 다른 팀들과 유사하다. 예를 들어, 극단적인 위기에 처하고 그것을 극복한 중역 집단은 팀워크가 그들의 생존에 필수적인 요소였다고 언급할 것이다. 간단히 말해, '팀워크가 중요할 때' 앞 장에서 말한 "고성과 팀구축"의 모든 교훈이 적용된다. 더 자세히 말하자면 팀 빌딩 중재로부터 정말 이익을 얻을 수 있기 위해서, 각각의 구성원들은 그들 자신의 강점과 약점, 그리고 동료들의 강점과 약점에 대해 잘 알고 있어야만 한다. 그러나 이것은 의문을 불러일으킨다. 만약 이 모든 것들이 사실이라면, 왜 우리가 상위 팀들을 위한 팀 빌딩이라는 개별적인 영역을 만들어 설명해야 하는가? 왜냐하면 대부분의 팀들과 "고위직의 팀"들 사이에는 설명되어야 할 두 가지 중요한 차이점이 존재하기 때문이다.

16.8.1 중역의 팀들은 다르다

다른 종류의 작업 집단과는 정반대로, 중역 수준의 모든 업무가 팀 전체의 참석을 필요로 하지는 않는다. 한 가지 예를 살펴보자. 팀에 대한 연구에서, 우리는 B-1 폭격기를 조종하는 승무원을 연구했다. 이 팀은 조종사, 부조종사, 공격 시스템 관리자, 그리고 방어 시스템 관리자를 포함한 4명으로 구성되어 있었다. 각각이 개인적 책임을 가지고 있었지만, 우리가 관찰했던 각각의 폭격 투하에서, 팀이 미션을 수행하기 위해 함께 일하는 것은 너무나 필수적이었다. 스킬은 진정한 팀의 모든 구성요소들(복잡하고 공통적인 목표, 차별화된 스킬, 독립성)을 지녔고, 홀로 행동하면 어느 누구도 성공을 이룰 수 없었다. 그러나 중역의 팀의 상황이 항상 이러한 것은 아니다.

중역의 팀을 위한 진정한 비결은, 개개인을 팀의 리더가 되게 만들어 준 스킬 등의 개인 능력과 팀이 처한 상황에서 좋은 성과의 팀워크를 만들어내는 능력, 이 두 가지를 모두 적용할 수 있게 만드는 것이다.

Katzenbach가 관찰했듯이,[42] 많은 고위직 리더십 과제는 팀워크를 전혀 요하지 않는다. 게다가 진정한 팀의 기회를 구성하는 많은 고위직 리더십 과제는 공식적으로 팀에 속한 모든 사람들의 완전한 참여를 요구하거나 보장하지는 않는다. 사실상, 공식적인 "고위 팀"은 좀처럼 모든 공식적 구성원의 참여를 요구하는 집단으로 기능하지 않는다. 그러므로 중역의 팀을 위한 진정한 비결은, 개개인을 팀의 리더가 되게 만들어 준 스킬 등의 개인 능력과 팀이 처한 상황에서 좋은 성과의 팀워크를 만들어내는 능력, 이 두 가지를 모두 적용할 수 있게 만드는 것이다.

16.8.2 개인적인 스킬과 팀 스킬을 적용하라

이것이 작동되려면, 두 가지 중요한 필요조건이 있다. 첫째, 나타난 도전이 개인 상황에 해당하는지 팀 상황에 해당하는지를 식별하는 진단 스킬을 가지고 있어야만 한다. 그리고 이것은 팀 상황이 나타났을 때 리더들이 "과정에 머무르기"를 요구한다. 예를 들면, 결과를 향한 압박이 심해질 때, 개개인(예: 고위 집단의 한 구성원)에게 업무를 할당하는 전통적 방식으로 다시 돌아가는 것이 아니라, 하나의 팀으로서 업무를 마치도록 허락하는 것을 의미한다.

요약하자면, 중역들은 효율적으로 일하기 위해 항상 팀으로 업무를 수행해야 할 필요는 없다. 그러나 그들이 팀으로서 활동해야만 할 때, 앞서 논의된 팀빌딩에 대한 교훈은 팀의 수행능력을 증진시키기 위해 그들을 돕는 데 아주 유용할 수 있다.

조직에서 팀워크를 강화하기 위해 다른 사람들이 거의 지니지 못한 기회를 갖고 있다는 점이다.

중역 팀의 두 번째 차이점은, 그들이 조직에서 팀워크를 강화하기 위해 다른 사람들이 거의 지니지 못한 기회를 갖고 있다는 점이다. 우리는 중역 팀만이 조직 시스템을 바꿀 수 있다는 점을 경험을 통해 알았다. 본 책의 앞 장에서 팀 유효 리더십 모형에 대해 설명하고, 팀 성과에 중요한 4개의 시스템 문제들에 대해 언급한 내용을 떠올려보자. 이 시스템들은 모두 조직 수준에 위치해 있고, 보상 시스템, 교육 시스템, 정보 시스템, 그리고 통제 시스템으로 구성되어 있다. 이 시스템은 조직 전체에 널리 영향을 끼치기 때문에 시스템의 작은 변화라도 조직에 엄청난 영향을 미칠 수 있다. 어떤 의미에서는 중역팀은 우리가 지금까지 논의한 바와는 매우 다른 팀빌딩을 시행할 힘을 가지고 있다. 개인 기반 보너스로부터 팀 기반 보너스로의 급여 시스템(보상 시스템의 하나)으로 변화시킬 때의 영향력을 생각해보자.

16.8.3 올가미 교훈

마지막으로, 중역들과 함께 일한 우리의 경험을 통해 우리는 이 단계의 리더들은 고위직에서의 팀 빌딩에 대해 배우기 위해 중요한 교훈이 있음을 알게 되었다. 많은 사람들의 내용을 하나의 통일성 있는 책으로 출판하기 위해 편집 업무를 준비하고 있던 Richard Hackman은 여러 저자들을 회의장에 소집했다. 하나의 공헌자로서, 이 책의 저자들 중 하나는 여러 사람의 각각의 최선의 합이 아니라, 자기혼자 통일성을 부여해야 했던 가장 당황스러운 작업에 대해 회상한다. 팀이 제대로 조직되었는지 보장하는 간단한 체크리스트를 통합하려던 작업 말이다. 고된 과정이 지루하게 계속되고, 평정심이 깨어질 때 쯤 "형식상의 팀워크(teamwork for dummies)"가 절대 등장하지 않을 것임은 분명해졌다. 그러나 다른 것들이 보이기 시작했다. 리더가 개입된 어떤 행동들은 사실상 그 팀의 실패를 보장하는 것이 뚜렷해졌다. 우리의 의도는 아니었지만, 이 경험은 가치 있는 교훈들을 가져왔다. 그 교훈들의 압축판이자, Hackman에 의해 "올가미"라고 명명된 교훈은 고위직의 팀 빌딩에 대한 우리의 논의를 마무리한다.[44]

올가미 1: 수행 단위는 팀이라 부르지만, 실제 구성원들은 개개인으로 관리하라

업무를 정하는 하나의 방법은 구체적인 책임을 구체적인 사람들에게 할당하고, 그들의 산출이 팀 산출과 합체할 수 있도록 사람들의 활동을 구성하는 것이다.

업무를 정하는 하나의 방법은 구체적인 책임을 구체적인 사람들에게 할당하고, 그들의 산출이 팀 산출과 합체할 수 있도록 사람들의 활동을 구성하는 것이다. 이와 대조적인 전략은 전체 업무에 대한 팀 책임감을 할당하고, 구성원들이 업무를 달성하기 위해 어떻게 진행할 것인지 스스로 결정하게 하는 것이다. 물론 두 전략 모두 효과적이지만, 둘 중 하나만이 선택되어야 한다. 팀으로 불리지만, 자신이 해야 할 구체적인 업무가 있고, 개개인의 수행자로서 역할하는 혼합된 모형은 구성원들에게 뒤섞인 신호를 보내고, 모두를 혼란스럽게 만들 것이며, 장기적으로 성립할 수 없을 것이다.

팀워크의 이익을 거두기 위해서는 실제로 팀을 만들어야만 한다. 한 무리의 사람들을 팀이라 부르거나 함께 일하라고 권하는 것은 충분하지 않다. 대신, 팀의 경계를 정하고, 구성원들이 책임을 지니고 있는 업무를 정의하고, 그들의 의뢰인과 동료들과 같은 외부 개체들과 팀의 관계를 관리할 권한을 주고, 내부적 단계를 관리하는 권한을 주는 것과 같은 명백한 행동이 취해져야만 한다. 이것이 완료되면, 행동 관리와 조직 체계는 필요에 따라 팀워크를 지지하기 위해 서서히 변할 수 있다.

올가미 2: 부적절한 권한 균형을 만들어라

권한의 실행은 불안을 생산한다. 특히 업무의 일부를 위해 팀 권한을 할당하는 것과 다른 부분을 위해 권한을 보류하는 것 사이에 균형을 맞추어야 할 때 그렇다. 관리자와 팀원 모두 이러한 상황을 불편해하는 경향이 있다. 그래서 그들은 이러한 상황들을 "명확히 하기" 위해 결탁하기도 한다. 때로는 실제로 모든 권한을 팀에게 주어버려서 무정부 상태가 되어버리거나, 잘못된 방향으로 가버리는 결과가 발생하기도 한다. 다른 경우에는 관리자들이 사실상 모든 권한을 가지고 있어서 팀원들에게 업무 절차에 대해 자세히 지시해야만 하고, 그래서 팀으로 일할 때 얻을 수 있는 많은 이익을 잃게 한다. 두 경우 모두, 혼합된 모형이 생산하는 불만은 줄여주지만, 팀의 유효성에 있어서는 상당한 비용을 발생시킨다.

경영 권한과 팀 권한의 적절한 균형을 이루는 것은 어렵다. 게다가 얼마만큼의 권한이 집단에 할당될 것인지와 얼마만큼의 권한이 경영권에 의해 보유될 것인지를 결정하는 것은 불충분하다. 할당되거나 보유되는 권한의 영역은 동일하게 중요하다. 우리의 조사결과는 관리자가 미안해하지 않고, 팀의 방향에 대한 권한을 행사할 것을 제안한다. 팀이 절대 해서는 안 되거나, 해야만 하는 제약에 대해서도 완강히 권한을 행사해야 한다. 동시에 관리자들은 팀이 업무를 집행하기 위한 수

> 경영 권한과 팀 권한의 적절한 균형을 이루는 것은 어렵다. 게다가 얼마만큼의 권한이 집단에 할당될 것인지와 얼마만큼의 권한이 경영권에 의해 보유될 것인지를 결정하는 것은 불충분하다.

단으로, 그들에게 완전한 권한을 부여해야만 한다. 그리고, 앞으로 업무를 어떻게 수행할지를 결정하기 위해 필요한 책임감을 이해하고, 수용하도록 그들이 할 수 있는 모든 것을 해야 한다.

관리자와 팀 사이의 권력을 분할하지 않고 오랜 기간 팀으로 이행될 결과를 도출하는 경우는 거의 없다. 이것을 잘 달성하기 위한 기술이 필요하고, 그 기술은 인지적인 구성요소만큼 감정적이고 행동적인 요소를 갖고 있다. 단지 권한을 분할하기 위한 규칙을 아는 것만으로는 불충분하다. 자기 자신의 걱정을 포함하며 근심 걱정이 많은 상황에 이 규칙들을 적용하는 연습이 필요하다. 특히 관리자에 대한 도전은 팀 주기에서 초기 단계에 나타나며(관리자들이 너무 많은 권한을 양도하려 할 때) 일의 진척이 거칠 때 나타난다(권한을 너무 일찍 되찾으려 할 때). 업무 수행 팀과의 권한 관계를 관리하는 것은 정말 균형 잡힌 갑판을 걷는 것과 같다. 그리고 우리의 증거들은 갑판에서 떨어지지 않기 위해 지식, 기술, 인내를 잘 가져야 한다고 조언한다.

올가미 3: 많은 사람들을 모으고, 그들에게 어떤 요구가 성취되어야 하는지 전반적으로 이야기하라. 그리고 그들이 "세부사항들을 해결"하도록 해라.

전통적으로 개개인에 초점이 맞추어진 업무의 설계는, 종업원들의 행동을 관찰하고 통제하기 위해 수년에 걸쳐 형성된 억압된 구조에 시달리고 있다. 집단이 업무 수행에 익숙해지면, 그러한 구조는 팀 기능에 불필요한 관료제적 장애로 느껴지곤 한다. 그러므로 관리자들이 가끔(그리고 실수로) 그들의 모든 권한을 양도하려고 시도하거나 단순하게 할 수 있는 한 모든 구조들을 무너뜨려서, 조직구조 안에 존재하는 기능장애적 특징들을 제거하려는 시도를 하기도 한다. 구조의 제거가 팀을 자유롭게 하고 구성원들을 효과적이고 창조적으로 함께 일하도록 할 것이라는 표면적 기대가 있다.

> 구조의 제거가 팀을 자유롭게 하고 구성원들을 효과적이고 창조적으로 함께 일하도록 할 것이라는 표면적 기대가 있다.

이러한 견해를 지니고 있는 관리자들은 종종 팀이 실제로 필요로 하는 것보다 적은 구조를 팀에게 제공한다. 업무들은 단지 모호하고 일반적인 용어들로 정의된다. 집단의 구성은 불분명하거나 유동적이다. 팀 권한의 한계는 고의적으로 모호하게 유지된다. 언급되지 않은 가정은 집단 상호작용 과정에 마법이 있어서,

협동하면서 구성원들이 팀에게 실제로 필요한 구조를 서서히 발전시킬 것이라는 점이다.

그러나 이는 잘못된 기대이다. 마법이라는 것은 존재하지 않는다. 실제로, 우리의 연구 결과는 정반대를 제안한다. 적절한 구조를 지닌 집단은 건강한 내적 과정을 발달시키는 반면에, 불충분하거나 부적절한 구조를 지닌 집단은 과정에 문제를 갖는 경향이 있다. 설상가상으로, 엄밀히 말하면 코칭과 과정에 대한 자문이 팀 구조에 기반을 두고 있기 때문에, 자문과정을 거쳐도 문제들을 해결할 가능성은 낮다. 흠이 있거나, 명확하지 않은 구조 안에서 구성원들이 상호작용을 잘하는 법을 배우려는 것은 매우 거센 물살을 거슬러 올라가 수영을 하려는 것과 같다.

올가미 4: 도전적인 팀 목적을 구체화해라. 그러나 조직적인 지원은 아껴라.

비록 업무 집단이 분명하고 밀접한 방향성을 갖고 있고, 권능을 부여하는 구조를 지니고 있다 하더라도, 팀이 잘 지원받지 못한다면, 그 성과는 집단의 능력 이하로 떨어질 수 있다. 헌신적 조직의 팀에 달성할 수단도 없이 확장된 목표(stretch objectives)만 주어지면, 그 팀은 올가미의 희생이 된다. 초기의 높은 열정은 곧 환멸감으로 변한다.

팀에게 이러한 지원을 제공하는 것은 사소한 일이 아니다. 특히 개별적으로 업무를 지원하도록 설계된 조직에서 말이다. 예를 들어, 기업 보상 정책은 팀 보너스를 위한 조항을 만들지 않을 수도 있고, 실제로 공공연하게 그것을 금지할 수도 있다. 인적 자원 부서는 개인의 훈련 요구를 규명하고 이 요구들을 충족시키기 위한 최상의 과정을 제공하려는 준비가 되어 있다. 그러나 팀 기술에 있어서의 훈련 과정은 전혀 준비되어 있지 않다. 개인적인 기여도를 측정하는 데 가장 적합한 기존의 성과 평가 체계는 팀에 의해 완료된 업무를 평가하고 보상하는 데 전체적으로 부적절할 가능성이 높다. 정보 시스템과 제어 시스템은 관리자들이 업무 과정을 관찰하고 통제하기 위해 필요한 자료들을 관리자에게 제공할 수 있다. 그러나 정보 시스템과 제어 시스템은 업무 집단이 사용하기엔 가능하지도 적절하지도 않을 것이다. 끝으로 그 작업을 위하여 필요한 자료의 자원은 원래 설계된 사람들에 의하여 미리 구체화되었을 수 있지만, 그 자원이 있다 하여도 적절한 적용절차

정보 시스템과 제어 시스템은 관리자들이 업무 과정을 관찰하고 통제하기 위해 필요한 자료들을 관리자에게 제공할 수 있다.

가 없을 수 있다. 즉, 그것을 개발할 때 예상했던 특별한 성과를 얻어내기 위해 그 자원을 어떻게 특별히 적용시킬지 모를 수 있다. 팀의 요구와 현존하는 조직 체계를 나란히 두기 위해서 종종 관리자들은 권력과 영향력을 조직의 위로 그리고 옆으로 행사할 것을 요구받는다.

팀 업무를 전폭적으로 지원하기 위해 세워진 조직은 개인적인 업무를 지원하고 통제하기 위한 체계나 정책을 가진 조직과는 눈에 띄게 다르다. 그리고 많은 관리자들은 집단 지향의 조직으로서의 변화를 불안정하고 심지어는 막연히 혁명적인 것이라고 전망할 것이다.

업무 수행 팀을 위해 바람직한 조직적 지원을 제공하는 것은 어려운 일이지만 그럴만한 가치가 있다. 잘 규제되고 잘 구조화되고 잘 후원된 팀의 능력은 엄청나다. 게다가 조직 후원 올가미에 걸려 비틀거리는 것은 모든 팀의 실패 중에 가장 애석한 일일 것이다. 집단이 훌륭하게 업무를 수행하기 위해 준비되어 있고 자신들의 업무에 대해 들떠 있는데, 단순히 흥분해 있을 때, 요구된 조직지원이 확보될 수가 없다는 이유로 실패한다면 엄청나게 안타까울 것이다. 이것은 마치 모두 차려 입고 졸업 파티에 갈 준비가 되었는데, 유감스럽게도 가는 길에 차가 고장 난 것과 같은 형상이다.

올가미 5: 팀원들이 이미 팀으로서 일을 잘 하기 위해 필요한 역량을 모두 갖추었다고 가정하자.

한 팀이 스스로 시작하고 작동한다면, 관리자들은 때때로 자신들의 임무가 끝났다고 생각한다. 우리가 앞서 보았듯이 팀에게 자신의 방식대로 자신의 일을 할 수 있는 재량을 줘야 할 좋은 이유들이 있다. 우리의 연구에서, 적당하지 않거나 시기 적절하지 않은 경영상의 개입은 하나 이상의 집단의 일을 손상시켰다. 반면에, 엄격하며 간섭하지 않는 경영 자세 또한 도리어 팀의 효율성을 제한시킬 수 있다. 특히 구성원들이 팀워크에 있어서 아직 숙련되거나 경험이 풍부하지 않을 때 그러하다.

참고문헌

Part 1

Chapter 1

1. Read, P. P. *Alive*. New York: J. B. Lippincott, 1974.
2. Meindl, J. R., and S. B. Ehrlich. "The Romance of Leadership and the Evaluation of Organizational Performance." *Academy of Management Journal* 30(1987), pp. 90-190.
3. Bennis, W. G. "Leadership Theory and Administrative Behavior: The Problem of Authority." *Administrative Science Quarterly* 4(1959), pp. 259-60.
4. Fiedler, F. *A. Theory of Leadership Effectiveness*. New York: McGraw-Hill, 1967.
5. Merton, R. K. *Social Theory and Social Structure*. New York: Free Press, 1957.
6. Roach, C. F., and O. Behling. "Functionalism: Basis for an Alternate Approach to the Study of Leadership." *In Leaders and Managers: International Perspectives on Managerial Behavior and Leadership*. Eds. J. G. Hunt, D. M. Hosking, C. A. Schriesheim, and R. Stewar. Elmsford, NY: Pergamon, 1984.
7. Campbell, D. P. *Campbell Leadership Index Manual*. Minneapolis, MN: National Computer Systems, 1991.
8. Ginnett, R. C. "Team Effectiveness Leadership Model: Identifying Leverage Points for Change." *Proceedings of the 1996 National Leadership Institute Conference*. College Park, MD: National Leadership Institute, 1996.
9. Hogan, R. T., G. J. Curphy, and J. Hogan. "What Do We Know about Personality: Leadership and Effectiveness?" *American Psychologist* 49(1994), pp. 493-504.
10. Mumford, M. D., S. J. Zaccaro. F. D. Harding, T. O. Jacobs, and E. A. Fleishman. "Leadership Skills for a Changing World." *Leadership Quarterly* 11(1), 2000, pp. 11-35.
11. Bass, B. M. *Bass and Stogdill's Handbook of Leadership*, 3rd ed. New York: Free Press, 1990.
12. Foushee, H. C. "Dyads and Triads at 35,000 Feet: Factors Affecting Group Press and Aircrew Performance." *American Psychologist* 39(1984), pp. 885-93.
13. Bennis, W. G., and B. Nanus. *Leader: The Strategies for Taking Charge*. New York: Harper & Row, 1985.
14. Zaleznik, A. "The Leadership Gap." *Washington Quarterly* 6, no. 1(1983), pp. 32-39.
15. Bennis, W. G. *On Becoming a Leader*. Reading, MA: Addison-Wesley, 1989.
16. Zaleznik, A. "The Leadership Gap." *Washington Quarterly* 6, no.1(1983), pp. 32-39.
17. Burns, J. M. *Leadership*. New York: Harper & Row, 1978.
18. Adapted from Macrorie, K. *Twenty Teachers*. Oxford: Oxford University Press, 1984.
19. Kouzes, J. M., and B. Z. Posner. *The Leadership Challenge*: How to Get Extraordinary Things Done in Organizations. San Francisco: Jossey-Bass, 1987.
20. Slovic, P., and B. Fischoff. "On the Psychology of Experimental Surprises." *Journal of Experimental Social Psychology* 22(1977), pp. 544-51.
21. Wood, G. "The Knew-It-All-Along Effect." *Journal of Experimental Psychology: Human Perception and Performance 4*(1979), pp. 345-53.
22. Lazarsfeld, P. E. "The American Soldier: An Expository Review." *Public Opinion Quarterly* 13(1949), pp. 377-404.
23. For example, Tellegen, A., D. T. Lykken, T. J. Bouchard, K. J. Wilcox, N. L. Segal, and S. Rich. "Personality Similarity in Twins Reared Apart and Together." *Journal of Personality and Social Psychology* 54(1988), pp. 1031-39.

Chapter 2

1. Bennis, W. G., and B. Nanus. *Leader: The Strategies for Taking Charge*. New York: Harper & Row, 1985.
2. Astin, H. S., and C. Leland. *Women of Influence, Women of Vision*. San Francisco: Jossey-Bass, 1991.
3. Fiedler, F. *A Theory of Leadership Effectiveness*. New York: McGraw-Hill, 1967.
4. Hollander, E. P. *Leadership Dynamics: A Practical Guide to Effective Relationships*. New York: Free Press, 1978.
5. Graen, G. B., and J. F. Cashman. "A Role-Making Model of Leadership in Formal Organizations: A Developmental Approach." *In Leadership Frontiers*. Eds. J. G. Hunt and L. L. Larson. Kent, OH: Kent State University Press, 1975.

5a. Ibid.

5b. Gerstner, C. R., and D. V. Day. "Meta-analytic Review of Leader-Member Exchange Theory: Correlates and Construct Issues." *Journal of Applied Psychology* 82(1997)(6), pp. 827-44.
6. Stogdill, R. M. "Personal Factors Associated with Leadership: A Review of the Literature." *Journal of Psychology* 25(1948), pp. 35-71.
7. Stogdill, R. M. *Handbook of Leadership*. New York: Free Press, 1974.
8. Hogan, R. T., G. J. Curphy, and J. Hogan. "What We Know about Personality: Leadership and Effectiveness." *American Psychologist* 49(1994), pp. 493-504.
9. Lord, R. G., C. L. DeVader, and G. M. Alinger. "A Meta-Analysis of the Relationship between Personality Traits and Leadership Perceptions: An Application of Validity Generalization Procedures." *Journal of Applied Psychology* 71(1986), pp. 402-10.
10. Kanter, R. M. *The Change Masters*. New York: Simon & Schuster, 1983.
11. Baltzell, E. D. *Puritan Boston and Quaker Philadelphia*. New York: Free Press, 1980.
11a. Hollander and Offerman, 1990.
12. Jones, 2003.
13. Bass, 1981.
14. Bass, B. M. *Bass and Stogdill's Handbook of Leadership*. 3rd ed. New York: Free Press, 1980.
15. Stogdill, 1974.
16. Sutton, C. D., and R. W. Woodman. "Pygmalion Goes to Work: The Effects of Supervisor Expectations in the Retail Setting." *Journal of Applied Psychology* 74(1989), pp. 943-50.
17. Burke, 1965.
18. Moore, L. I. "The FMI: Dimensions of Follower Maturity." *Group and Organizational Studies* 1(1976), pp. 203-22.
19. Scandura, T. A, G. B. Graen, and M. A. Novak. "When Managers Decide Not to Decide Autocratically: An Investigation of Leader-Member Exchange and Decision Influence." *Journal of Applied Psychology* 52(1986), pp. 135-47.
20. Sales, C. A., E. Levanoni, and D. H. Saleh. "Satisfaction and Stress as a Function of Job Orientation, Style of supervision, and the Nature of the Task." *Engineering Management International* 2(1984), pp. 145-53.
21. Lippitt, R. "The Changing Leader-Follower Relationships of the 1980s." *Journal of Applied Behavioral Science* 18(1982), pp. 145-53.
22. Block, P. *Stewardship*. San Francisco: Berrett-Koehler, 1992.
23. Hollander, 1994.
24. Tanoff, G. F., and Barlow, C. B. "Leadership and Followership: Same Animal, Different Spots?" *Consulting Psychology Journal: Practice and Research*, Summer 2002, pp. 157-65.
25. Senge, 1990, or 94(5th discipline).
26. For example, Conlin, M. "The New Gender Gap. From Kindergarten to Grad School, Boys Are Becoming the Second Sex." *Business Week*, May 26, 2003.
27. White House Project, 2002.
28. Adler, N. J. "Global Leaders: Women of Influence." In *Handbook of Gender & work*. Ed. G. N. Powell. Thousand Oaks, CA: Sage, 1999.
29. De Zarate, R. O. "Women World Leaders: 1945-2003" 2003, retrieved from http://www.terra.es/personal2/monolith/00women.htm.
30. U. S. Bureau of Labor Statistics. *Labor Force Statistics Derived from the Current population Survey: A Databook*(Vol. 1: Bulletin 2096). Washington, DC: U. S. Department of labor, 1982.
31. U. S. Bureau of Labor Statistics. "Household Data: Monthly Household Data(Table A-19: Employed persons by occupation, sex and age)," 2002, retrieved November 24, 2002, from ftp://ftp.bls.gov/pub/auppl/empsit.cpseea19.txt.
32. Schein, V. 1973.
33. Schein, V. 1975.
34. Schein & Mueller, 1990.
35. Brenner, O. C. J. Tomkiewicz, and V. E. Schein. "The Relationship Between *Academy of Management Journal* 32(1989), pp. 662-69.
36. Morrison, A. M., R. P. White, and E. Van Velsor. *Breaking the Glass Ceiling*. Reading, MA: Addison-Weslet, 1987.
37. Rosener, J. B. "Ways Women Lead." *Harvard Business Review* 68(1990), pp. 119-25.
37a. Ibid, p. 124.
38. Eagly, A. H., and L. L. Carli. "The Female Leadership Advantage: An Evaluation of the Evidence." *The Leadership Quarterly* 14(2003), pp. 807-34.
39. Astin, A. W., S. A. Parrott, W. S. Korn, and L. J. Sax. *The American Freshman: Thirty Year Trends.* Los Angeles: Higher

Education Research Institute, University of California, 1997.

40. Twenge, J. M. "Changes in Masculine and Feminine Traits over Time: A Meta-analysis." *Sex Roles* 36(1997), pp. 305-25.
41. Twenge, J. M. "Changes in Women's Assertiveness in Response to Status and Roles: A Cross-Temporal Meta-analysis, 1931-1993." *Journal of Personality and Social Psychology* 81(2001), pp. 133-45.
42. Konrad, A. M., J. E. Ritchie, Jr., P. Lieb, and E. Corrigall. "Sex Differences and Similarities in Job Attribute Preferences: A Meta-analysis." *Psychological Bulletin* 126(2000), pp. 133-45.
43. Kotter, J. "What Leaders Really Do." *Harvard Business Review*, May-June 1990, pp. 103-11.
44. Ibid.
45. Fairholm, G. W. *Values Leadership*. Praeger: New York, 1991, p. 40.
46. Ibid.
47. Heifetz, Ronald A. *Leadership without Easy Answers*. Cambridge, MA: Belknap, 1998.
48. Heifetz, Ronald A., and Marty Linsky. *Leadership on the line: Staying Alive through the Dangers of Leading*. Harvard Business School Press, 2002.
49. Fairholm, G. W. *Values Leadership*. Praeger: New York, 1991, p. 41.
50. Kotter, J. "What Leaders Really Do." *Harvard Business Review*, May-June 1990, p. 104.

Chapter 3

1. McCall, M. W. Jr., M. M. Lombardo, and A. M. Morrison. *The Lessons of Experience: How Successful Executives Develop on the Job*. Lexington, MA: Lexington Books, 1988, p. 122.
2. Kolb, D. *Experiential Learning: Experience as the Source of Learning and Development*. Englewood Cliffs, NJ: Prentice-Hall, 1983.
3. Powell, C., with Joe Pirsico. *My American Journey*. New York: Random House, 1995. p.109.
4. Ibid.
5. Reason, J., and K. Mycielska. *Absent-Minded? The Psychology of Mental Lapses and Everyday Errors*. Englewood Cliffs, NJ: Prentice Hall,1982, p. 183.
6. Ross, L. "The Intuitive Psychologist and His Shortcomings: Distortions in the Attribution Process." *In Advances in Experimental Social Psychology*, Vol. 10. Ed. L. Berkowitz. New York: Academic Press, 1977, pp. 173-220.
7. Miller, D. T., and M. Ross. "Self-Serving biases in the Attribution of Causality: Fact or Fiction?" *Psychological Bulletin* 82(1975), pp. 213-25.
8. Jones, E. E., and R. E. Nisbett. "The Actor and the Observer: Divergent Perceptions of the Causes of Behavior." In *Attribution: Perceiving the Causes of Behavior*. Eds. E. E. Jones, D. E. Kanouse, H. H. Kelly, R. E. Nisbett, S. Valins, and B. Weiner. Morristown, NJ: General Learning Press, 1972.
9. Green, S. G., and R. E. Wood. "An Attributional Processes of Leaders in Leader Member Interaction." *Organizational Behavior and Human Performance* 23(1979), pp. 429-58.
10. Mitchell, T. R., S. G. Green, and R. E. Wood. "An Attributional Model of Leadership and the Poor Performing Subordinate: Development and Validation." *In Research in Organizational Behavior*. Eds. B. M. Staw and L. L. Cummings. Greenwich, CN: JAI 1981, pp. 197-234.
11. Mitchell, T. R., and R. E. Wood. "Supervisors" *Responses to Subordinate Poor Performance* 25(1980), pp. 123-38.
12. Jones, E. E. "Interpreting Interpersonal Behavior: The Effects of Expectancies." *Science* 234(3)(October 1986), pp. 41-46.
13. Eden, D., and A. B. Shani. "Pygmalion Goes to Boot Camp: Expectancies, Leadership, and Trainee Performance." *Journal of Applied Psychology* 67(1982), pp. 194-99.
14. Argyris, C. *Increasing Leadership Effectiveness*. New York: John Wiley, 1976.
15. Bennis, W. G., and R. J. Thomas. "Crucibles of Leadership." *Harvard Business Review*, September 2002, pp. 39-45.
16. Kouzes, J. M., and B. Z. Posner. *The Leadership Challenge: How to Get Extraordinary Things Done in Organizations.* San Francisco: Jossey-Bass, 1987.
17. Lombardo, M. M., and R. W. Eichinger. *Eighty-eight Assignments for Development in Place: Enhancing the Developmental Challenge of Existing Jobs.* Greensboro, NC: Center for Creative Leadership, 1989.
18. Kouzes, J. M., and B. Z. Posner. *The Leadership Challenge: How to Get Extraordinary Things Done in Organizations.* San Francisco: Jossey-Bass, 1987, p.286.
19. Lombardo, M. M., and R. W. Eichinger. *Eighty-eight Assignments for Development in Place: Enhancing the Developmental Challenge of Existing Jobs.* Greensboro, NC: Center for Creative Leadership, 1989.
20. Gibble, J. L., and J. D. Lawrence. "Peer Coaching for Principals." *Educational Leadership* 45(1987), pp. 72-73.
21. Wilson, J. A., and N. S. Elman. "Organizational Benefits of Mentoring." *Academy of Management Executive* 4(1990), pp.

88-93.
22. Uecker, M. E., and B. L. Dilla. "Mentoring as a Leadership Development Tool in the United States Air Force." *Proceedings of the 26th Annual Meeting of the Military Testing Association*, Munich, Germany, 1985, pp. 423-28.
23. Clutterbuck, D. "How Much Does Success Depend upon a Helping Hand from Above?" *International Management* 37(1982), pp. 17-19.
24. Bass, B. M. *Bass and Stogdill's Handbook of Leadership*. 3rd ed. New York: Free Press, 1990.
25. Whitely, W., T. W. Dougherty, and G. F. Dreher. "The Relationship of Mentoring and Socioeconomic Origin to Managers' and Professionals' Early Career Progress." Proceedings of the Academy of Management. Anaheim, CA, 1988, pp. 58-62.
26. Zey, M. G. *The Mentor Connection*. Homewood, IL: Dow Jones-Irwin, 1984.
27. Astin, H. S., and C. Leland. *Women of Influence, Women of Vision*. San Francisco: Jossey-Bass, 1991.
28. Rosenbach, W. E. "Mentoring: A Gateway to Leader Development." *In Comtemporary Issues in Leadership.* 2nd ed. Eds. W. E. Rosenbach and R. L. Taylor. Boulder, CO: Westview, 1989, pp. 139-48.
29. Lombardo, M. M., and B. W. Eichinger. *Eighty-eight Assignments for Development in Place: Enhancing the Developmental Challenge of Existing Jobs*. Greensboro, NC: Center for Creative Leadership, 1989.
30. Kouzes, J. M., and B. Z. Posner. *The Leadership challenge: How to Get Extraordinary Things Done in Organizations*. San Francisco: Jossey-Bass, 1987. p. 286.
31. Lombardo, M. M., and R. W. Eichinger. *Eighty-eight Assignments for Development in Place: Enhancing the Developmental Challenge of Existing Jobs.* Greensboro, NC: Center for Creative Leadership, 1989.
32. Gardner, J. W. *On Leadership.* New York: Free Press, 1990.
33. Bunker, K. A., and A. Webb. *Learning How to Learn from Experience: Impact of Stress and Coping*. Report No. 154. Greensboro, NC: Center for Creative Leadership, 1992.
34. Janis, I. L. *Stress and Frustration*. New York: Harcourt Brace Jovanovich, 1971.
35. Grey, R. J., and G. G. Gordon. "Risk-Taking Managers: Who Gets the Top Jobs?" *Management Review* 67(1978), pp. 8-13.
36. Hambrick, D. C. "Environment, Strategy and Power within Top Management Teams." *Administrative Science Quarterly* 26(1981), pp. 253-75.
37. Jennings, G. *The Mobile Manager*. New York: McGraw-Hill, 1971.
38. Schein, E. *Career Dynamics: Matching Individual and Organizational Needs*. Reading, MA: Addison-Wesley, 1978.
39. Csikszentmilhalyi, M. *Flow: The Psychology of Optimal Experience*. New York: Harper & Row, 1990, p. 142.
40. Hogan, R. T., and R. Warrenfelz. "Educating the Modern Manager." *Academy of Management Learning and Education* 2(1)(2003), pp. 74-84.
41. Bray, D. W., R. J. Campbell, and D. L. Grant. *Formative Years in Business: A Long-term AT&T Study of Managerial Lives.* New York: Wiley-Interscience, 1974.
42. Howard, A. "College Experiences and Managerial Performance." *Journal of Applied Psychology* 71(1987), pp. 530-52.
43. Wakabayashi, M., and G. B. Graen. "The Japanese Career Progress Study: A Seven-Year Follow-Up." *Journal of Applied Psychology* 71(1986), pp. 530-52.
44. Burke, M. J., and R. R. Day. "A Cumulative Study of the Effectiveness of Managerial Training." *Journal of Applied Psychology* 71(1986), pp. 242-45.
45. Brungardt, C. "Benchmarking Employee Attitudes." *Training and Development*, June 1992, pp. 49-53.
46. Burke, M. J., and R. R. Day. "A Cumulative Study of the Effectiveness of Managerial Training." *Journal of Applied Psychology* 71(1986), pp. 242-45.
47. McCall, M. W. Jr., and M. M. Lombardo. "Using Simulation for Leadership and Management Research: Through the Looking Glass." *Management Science* 28(1982), pp. 533-49.
48. Conger, J. "Can We Really Train Leadership?" *Strategy, Management, Competition,* Winter 1996, pp. 52-65.
49. Nevins, M., and S. Stumpf. "21st-Century Leadership: Redefining Management Education. *Strategy, Management, Competition*, 3rd quarter 1999, pp. 41-51.
50. Hernez-Broome, G., and R. L. Hughes. "Leadership Development: Past, Present and Future." *Human Resource Planning* 27(1)(2004), pp. 24-32.
51. Gardner, J. W. "The Antileadership Vaccine." Essay in the Carnegie Corporation of New York annual report, 1965.
52. MaCall, M. W. Jr. M. M. Lombardo, and A. M. Morrison, *The Lessons of Experience: How Successful Executives Develop on the job.* Lexington, MA: Lexington Books, 1988.

Chapter 4

1. Curphy, G. J., M. J. Benson, A. Baldrica, and R. T. Hogan, *Managerial Incompetence*. Unpublished manuscript, 2007.

2. Hogan, R. T. *Personality and the Fate of Organizations*. Mahwah, NJ: Lawrence Erlbaum Associates, 2007.
3. Nadler, D. A. "The CEO'S Second Act." *Harvard Business Review*, January 2007, pp. 66-75.
4. Lucier, C., P. Kocourek, and R. Habbel. "CEO Succession 2005: The Crest of the Wave." *Strategy + Business* 43(2006), pp. 40-50.
5. Bossidy, L., and R. Charan. *Execution: The Discipline of Getting Things Done.* New York: Crown Business, 2002.
6. Neilson, G. L., B. A. Pasternack, and K. E. Van Nuys. "The Passive-Aggressive Organization." *Harvard Business Review*, October 2005, pp. 82-95.
7. Pace Communication, Inc. *Hemispheres Magazine*, November 1994, p. 155.
8. Klein, K. E. "What's Behind High Small-Biz Failure Rates." *Frontier Advice and Columns*, September 30, 1999. http://www.businessweek.com/smallbiz/news/coladvice/ask/sa990930.htm.
9. Denbow, C. "Small Business Failure." http://www.elib.org/articles/292/small-business.
10. Tushabomwe-Kazooba, C. "Causes of Small Business Failure in Uganda: A Case Study from Bushenyi and Mbarara. *African Studies Quarterly* 8(4)(2006), pp. 1-12.
11. Ward, S. "4부: Avoiding Business Failure." *Small Business: Canada*, 1997. A. http://sbinfrocanada.about.com/cs/startup/a/startownbiz.
12. The Standish Group. *Latest Standish Group CHAOS Report Shows Project Success Rates Have Improved 50%.* March 25, 2003. www.standishgroup.com/press/article.
13. Johnson, C. *Visualizing the Relationship between Human Error and Organizational Failure*. 1998. http://www.dcs.gla.ac.uk/~johnson/papers/fault_trees/organizational_error.
14. Warden, J. A., and L. A. Russell. *Winning in Fast Time*. Montgomery, AL: Venturist Publishing, 2002.
15. Kotter, J. P. Leading Change. Boston: Harvard Business School Press, 1996.
16. Roach, C. F., and O. Behling. "Functionalism: Basis for an Alternative Approach to the Study of Leadership." *In Leaders and Manager: International perspectives on Managerial Behavior and Leadership.* Eds. J. G. Hunt, D. M. Hosking, C. A. Schriesheim, and R. Stewar. Elmsford, NY: Pergamon, 1984.
17. Hogan, R. T., G. J. Curphy, and J. Hogan. "What Do We Know about Personality: Leadership and Effectiveness?" *American Psychologist* 49(1994), pp. 493-504.
18. Huselid, M. A., R. W. Beatty, and B. E. Becker, "A Players'or A Positions'? The Strategic Logic of Workforce Management." *Harvard Business Review*, December 2005, pp. 110-21.
19. Dowdy, J., S. Dorgan, T. Rippen, J. Van Reenen, and N. Bloom. *Management Matters.* London: McKinsey & Company, 2005.
20. "The Search for Talent." *Economist*, October 7, 2005. p. 11.
21. Church, A. "Talent Management." *The Industrial-Organizational Psychologist* 44(1) (2006), pp. 33-36.
22. Curphy, G. J. "The 3 Rules for Hiring 'A' Players." *Job Dig's HR Forum*, June 19-26, 2006, p. 28.
23. Cohn, J. M., R. Khurana, and L. Reeves. "Growing Talent as if Your Business Depended on It." *Harvard Business Review*, October 2005, pp. 63-70.
24. "SIOP Hits 'Home Run' With Leading Edge Consortium." *The Industrial Organizational Psychologist* 44(3)(2006), pp. 119-22.
25. Ginnett, R. C. "Cockpit Crew Effectiveness from the Inside Out: A Micro-analysis Leading to Macro Considerations." *Proceedings of the Eleventh Psychology in the Department of Defense Symposium.* Colorado springs, CO, 1988.
26. Leib, J. "Poor Management Blamed on Most New-Airline Failures." *Denver post*, July 1, 1998, p. 10C.
27. Bunker, K. A., K. E. Kram, and S. Ting. "The Young and the Clueless." *Harvard Business Review*, December 2002, pp. 80-88.
28. Conger, J. A., and R. M. Fulmer. "Developing Your Leadership Pipeline." *Harvard Business Review,* December 2003, pp. 76-85.
29. Curphy, G. J., and T. Hogan. "Managerial Incompetence: Is There a Dead Skunk on the Table?" Working paper, 2004.
30. Curphy, G. J. "Leadership Transitions and Succession Planning." In *Developing and Implementing Succession Planning Program*. J. Lock(chair), Symposium conducted at the 19th Annual Conference for the Society of Industrial and Organizational Psychology, Chicago, IL, April, 2004.
31. Menkes, J. "Hiring for Smarts." *Harvard Business Review*, November 2005. p. 100-11.
32. Morgeson, F. P, M. H. Reider, and M. A. Campion. "Selecting Individuals in team Settings: The Importance of Social Skills, Personal Characteristics. And Teamwork Knowledge." *Personal Psychology 58*(2005), pp. 583-611.
33. Curphy, G. J. "Early Leadership Talent Identification and Development." Paper Presented at the Conference for Executive of Saudi Aramco, Dhahran, Saudi Arabia, October 2001.
34. Curphy, G. J. "Comments on the State of Leadership Prediction." In Predicting Leadership: *The Good, The Bad, the indifferent, and the Unnecessary.* J. P. Campbell and M. J. Benson(Chairs), Symposium conducted at the 22nd Annual Conference for the Society of Industrial and Organizational Psychology, New York, April 2007.

35. Saal, F. E., and P. A. Knight. *Industrial Organizational Psychology*: Science and Practice. Belmont, CA: Brooks/Cole, 1988.
36. Curphy, G. J. "Concluding Remarks on Executive Assessment and Development." *In The Role of I/O Psychology in Executive Assessment and Development.* G. J. Curphy(chair). Symposium presented at the 15th Annual Conference of the Society for Industrial and Organizational Psychology, New Orleans, LA, 2000.
37. Curphy, G. J. "In-Depth Assessments, 360-Degree Feedback, and Development: Key Research Results and Recommended Next Steps." Presentation at the Annual Conference for HR Managers at US West Communications, Denver, CO.
38. Curphy, G. J. "Executive Integrity and 360-Degree Feedback." *In Assessing Executive Failure: The Underside of Performance.* R. T. Hogan(chair). Symposium presented at the 18th Annual Conference of the Society of Industrial and Organizational Psychology, Orlando, FL, 2003.
39. Curphy, G. J. "Leadership Transitions and Teams." Presentation given at the Hogan Assessment Systems International Users Conference, Istanbul, September 2003b.
40. Naglieri, J. A., F. Drasgow, M. Schmitt, L. Handler, A. Prifitera, A. Margolis, and R. Velasquez. "Psychological Testing on the Internet: New problems, Old Issues." American Psychologist 59(3)(2004), pp. 150-62.
41. McElreath, J., and A. R. Bass. *Development of a Biodata Measure of Leadership Effectiveness: A Life History Essay Approach.* Paper Presented at the 14th Annual Conference of the Society for Industrial and Organizational Psychology, Atlanta, GA, May 1999.
42. Oswald, F. L., N. Schmitt, B. H. Kim, L. J. Ramsay, and M. A. Gillespie. "Developing a Biodata Measure and Situational Judgement Inventory as Predictors of College Student Performance." *Journal of Applied Psychology* 89(2)(2004), pp.187-207.
43. Muir, C. "Managing the Initial Job Interview: Smile, Schmooze, and Get Hired?" *Academy of management Executive* 19(1)(2005), pp. 14-16.
44. Garman, A. N., and T. Lesowitz. "Interviewing Candidates for Leadership Roles." *Consulting Psychologist Journal* 57(4), pp. 266-73.
45. Maurer, T. J., and J. M. Solamon. "The Science and Practice of a Structured Employment Interview Coaching Program. *Personnel Psychology* 59(2006), pp. 433-56.
46. Simoneit, M. *Grundriss der charakterologischen Diagnostik*. Leipzig: Teubner, 1944.
47. Garforth, F. I. de la P. "War Office Selection Boards." *Occupational Psychology 19(1945)*, pp. 97-108.
48. Murray, H. A., and D. W. Mackinnon. "Assessment of OSS Personnel." *Journal of Consulting Psychology* 10(1946), pp. 76-80.
49. Sorcher, M., and J. Brant. "Are You Picking the Right Leaders?" *Harvard Business Review*, February 2002, pp. 78-86.
50. Byham, B. C., A. B. Smith, and M. J. Pease. *Grow Your Own Leaders: How to Identify, Develop, and Retain Leadership Talent*. New York: Financial Times/ Prentice Hall, 2002.
51. Kwaske, I. H. "Individual Assessments for Personnel Selection: An Update on a Rarely Researched But Avidly Practiced Practice." *Consulting Psychology Journal* 56(3)(2004), pp. 186-95.
52. Anderson, N., F. Lievens, K. Van Dam, and M. Born. "A Construct-Driven Investigation of Gender Differences in a Leadership-Role Assessment Center." *Journal of Applied Psychology* 91(2006), pp. 555-66.
53. McFarland, L. A., G. Yun, C. M. Harold, L. Viera, Jr., L. G. Moore. "An Examination of Impression Management Use and Effectiveness Across Assessment Center Exercises: The Role of Competency Demands." *Personnel Psychology* 58,(2005), pp. 949-80.
54. *The Evolution of Assessment over the Past Three Decades*. Minneapolis, MN: Personnel Decisions International, 2001.
55. Heine, D. "Using I/O Psychology to Turn Around a Business." *In The Role of I/O Psychology in Executive Assessment and Development.* G. J. Curphy(chair). Symposium Presented at the 15th Annual Conference of the Society for Industrial and Organizational Psychology, New Orleans, LA, 2000.
56. Hogan, R. H., and J. Hogan. "Assessing Leadership: A View from the Dark Side." *International Journal of Selection and Assessment* 9(1/2)(2001), pp. 40-51.
57. Louiselle, K., S. Bridges, and G. J. Curphy. "Talent Assessment Overview." Working Paper, 2003.
58. Bass, B. M., and F. J. Yammarino. *Long-term Forecasting of Transformational Leadership and Its Effects among Naval Officers: Some Preliminary Findings.* Technical Report No. ONR-TR-2. Arlington, VA: Office of Naval Research, 1988.
59. Arvey, R. D., and K. R. Murphy. "Performance Evaluation in Work Settings." *Annual Review of Psychology* 49(1998), pp. 141-68.
60. Marentette, D. *SHRM/PDI 2000 Performance Management Survey*. Minneapolis, MN: Personnel Decisions International, 2000.
61. Kaiser, R. B., and R. T. Hogan. "Leadership and the Fate of Organizations." Paper presented at the 20th Annual Conference of the Society for Industrial and Organizational Psychology, Los Angeles, CA, April 2005.
62. Kaiser, R. B., and S. G. Ferrell. "Leadership and the Fate of Organizations: On the Measurement of Effectiveness." *In Making Research More Relevant*, R. B. Kaiser(chair). Symposium presented at the 20th Annual Conference of the Society for Industrial and Organizational Psychology, Los Angeles, CA, April 2005.

63. Ittner, C. D., and D. F. Larker. "Coming Up Short on Nonfinancial Performance Measurement." *Harvard Business Review*, November 2003, pp. 88-95.
64. Greguras, G. J., C. Robie, D. J. Schleicher, and M. Goff Ⅲ. "A Field Study of the Effects of Rating Purpose on the Quality of Multisource Ratings." *Personnel Psychology* 56(1)(2003), pp. 1-22.
65. Craig, S. B., and K. Hannum. "360-Degree Performance Assessment." *Consulting Psychology Journal* 58(2)(2006), pp. 117-22.
66. Phelps, J. L., and M. F. Addonizio. *How Much Do Schools and Districts Matter? A Production Function Approach to School Accountability*. Working paper, Wayne State University, 2002.
67. *Male-Female Income Disparity in the United States*. 2007. http://en.wikipedia.org/wiki/Male-Female_income_disparity_in_the_USA.
68. Fitzpatrick, D. "Nonprofits Pay Men More than Women." Pittsburgh Post-Gazette, January 27, 2007. http://www.post-gaztte.com/pg/07027/757292-28.stm.
69. Gruenberg. "Male-Female Pay Gap Static Over 20 Years, Wider for Minority Women." Press Associate News Service, March 26, 2004.
70. Bryman, A. "Qualitative Research on Leadership: A Critical But Appreciative Review." *The Leadership Quarterly* 15(60), pp. 729-69.
71. Hogan, J., and B. Holland. "Using Theory to Evaluate Personality and Job Performance Relations: A Socio-analytic Perspective." *Journal of Applied Psychology* 88(1)(2003), pp. 100-12.
72. Howell, J. M., and P. Frost. "A Laboratory Study of Charismatic Leadership." *Organizational Behavior and Human Decision Processes* 43(1988), pp. 243-69.
73. Yukl, G. A. "Reflections and Directions in Leadership Research." Paper presented at the 14th Annual Conference of the Society of Industrial and Organizational Psychologists, Atlanta, GA, May 1999.
74. Hogan, R. T., and G. J. Curphy. "Leadership Matters: Values and Dysfunctional Dispositions." Working paper, 2004.
75. Klimoski, R. "There is Nothing as Dangerous as a Bad Theory." *Academy of Management Learning and Education* 4(1)(2005). p. 74.
76. Ghoshal, S. "Bad Management Theories Are Destroying Good Management Practices." *Academy of Management Learning and Education* 4(1)(2005), pp. 75-91.

Part 2

Chapter 5

1. Hill, N. "Self-Esteem: The Key to Effective Leadership." *Administrative Management* 40, no. 9(1985), pp. 71-76.
2. Donno, D. "Introduction." In *The Prince and Selected Discourses: Machiavelli*. Ed. and trans. D. Dunno. New York: Bantam, 1966.
3. Gardner, J. W. *On Leadership*. New York: Free Press, 1990. The Tasks of Leadership. Leadership paper no. 2. Washington, DC: Independent Sector, 1986.
4. Hinkin, T. R., and C. A. Schriesheim. "Development and Application of New Scales to Measure the French and Paven(1959) Bases of Social Power," *Journal of Applied Psychology* 74(1989), pp. 561-67.
5. Burns, J. M. *Leadership*. New York: Harper & Row, 1978.
6. House, R. J. "Power in Organizations: A Social Psychological Perspective." Unpublished manuscript, University of Toronto, 1984.
7. Bass, B. M. *Bass and Stogdill's Handbook of Leadership*. 3rd ed. New York: Free Press, 1990.
8. Gardner, J. W. *On Leadership*. New York: Free Press, 1990. The tasks of Leadership. Leadership paper no.2 Washington, DC: Independent Sector, 1986.
9. Gardner, J. W. *On Leadership*. New York: Free Press, 1990. The tasks of Leadership. Leadership paper no.2 Washington, DC: Independent Sector, 1986.
10. Schriesheim, C. A., and T. R. Hinkin. "Influence Tactics Used by Subordinates: A Theoretical and Empirical Analysis and Refinement of the Kipnis, Schmidt, and Wilkinson Subscales." *Journal of Applied Psychology* 75(1990), pp. 246-57.
11. Bass, B. M. *Bass and Stogdill's Handbook of Leadership*. 3rd ed. New York: Free Press, 1990.
12. Enrlichman, J. *Witness to Power*. New York: Simon & Schuster, 1982.
13. Wilson, P. R. "The Perceptual Distortion of Height as a Function of Ascribed Academic Status." *Journal of Applied Psychology* 74(1968), pp. 97-102.
14. Cialdini, R. B. *Influence*. New York: William Morrow, 1984.
15. Bickman, L. "The Social Power of a Uniform." *Journal of Applied Psychology*(1974), pp. 47-61.
16. Mulder, M., R. D. de Jong, L. Koppelar, and J. Verhage. "Power, Situation, and Leaders' Effectiveness: An Organizational study." *Journal of Applied Psychology* 71(1986), pp. 566-70.

17. French, J., and B. H. Raven. "The Bases of Social Power." *In Studies of Social Power*. Ed. D. Cartwright. Ann Arbor, MI: Institute for Social Research, 1959.

18. French, J., and B. H. Raven. "The Bases of Social Power." *In Studies of Social Power.* Ed. D. Cartwright. Ann Arbor, MI: Institute for Social Research, 1959.

19. Associated Press, January 9, 1991.

20. Peters, T. J., and R. H. Waterman. *In Search of Excellence*. New York: Haper & Row, 1982.

21. Yukl, G. *Leadership in Organizations*. 2nd ed. Englewood Cliffs, NJ: Prentice Hall, 1989.

22. Deci, E. L. "Effects of Contingent and Noncontingent Rewards and Controls on Intrinsic Motivation." *Organizational Behavior and Human Performance* 22(1972), pp. 113-20.

23. Ryan, E. M., V. Mins, and R. Koestner. "Relation of Reward Contingency and Interpersonal Context to Intrinsic Motivation: A Review and Test Using Cognitive Evaluation Theory." *Journal of personality and Social Psychology* 45(1983), pp. 739-50.

24. Wakin, M. M. "Ethics of Leadership." In *Military Leadership*. Eds. J. H. Buck and L. J. Korb. Beverly Hills, CA: Sage, 1981.

25. Klein, S. B. *Learning*. 2nd ed. New York: McGraw-Hill, 1991.

26. Barnes, F. "Mistakes New Presidents Make." *Reader's Digest*, January 1989, pp. 43.

27. Conway, F., and J. Siegelman. *Snapping*. New York: Delta, 1979.

28. Mulder, M., R. D. de Jong, L. Koppelar, and J. Verhage. "Power, Situation, and Leader's Effectiveness: An Organizational Study." *Journal of Applied Psychology* 71(1986), pp. 566-70.

29. Yukl, G. *Leadership in Organizations.* 1st ed. Englewood Cliffs, NJ: Prentice Hall, 1981.

30. Ibid.

31. Podsakoff, P. M., and C. A. Schriesheim. "Field Studies of French and Raven's Bases of Power: Critique, Reanalysis, and Suggestions for Future Research." *Psychological Bulletin* 97(1985), pp. 397-411.

32. Hinkin, T. R., and C. A. Schriesheim. "Development and Application of New Scales to Measure the French and Raven(1959) Bases of Social Power." *Journal of Applied psychology* 74(1989), pp. 561-67.

33. Yukl, G. *Leadership in Organizations*. 2nd ed. Englewood Cliffs, NJ: Prentice Hall, 1989.

34. Hollander, E. P., and L. R. Offermann. "Power and Leadership in Organizations." *American Psychologist* 45(1990), pp. 179-89.

35. Pfeffer, J. "The Ambiguity of Leadership." In *Leadership: Where Else Can We Go?*, Eds. M. W. McCall, Jr., and M. M. Lombardo. Durham, NC: Duke University Press, 1977.

36. McCelland, D. C. *Power: The Inner Experience*. New York: Irvington, 1975.

37. McCelland, D. C., and R. E. Boyatzis. "Leadership Motive Pattern and Long Term Success in Management." *Journal of Applied Psychology* 67(1982), pp. 737-43.

38. Stahl, M. J. "Achievement, Power, and Managerial Motivation: Selecting Managerial Talent with the Job Choice Exercise." *Personnel Psychology* 36(1983), pp. 775-89.

39. Fodor, E. "Motive Pattern as an Influence on Leadership in Small Groups." Paper Presented at the meeting of the American Psychological Association, New York, August 1987.

40. McClelland, D. C., and R. E. Boyatzis. "Leadership Motive Pattern and Long-Term Success in Management." *Journal of Applied Psychology 67(1982), pp. 737-43.*

41. McClelland, D. C. *Human Motivation*. Glenview, IL: Scott Foresman, 1985.

42. Miner, J. B. "Student Attitudes toward Bureaucratic Role Prescriptions and the Prospects for Managerial Shortages." *Personnel Psychology* 27(1974), pp. 605-13.

43. Miner, J. B. "Twenty Years of Research on Role Motivation Theory of Managerial Effectiveness." *Personnel Psychology* 31(1978), pp. 739-60.

44. Miner, J. B. "Twenty Years of Research on Role Motivation Theory of Managerial Effectiveness." *Personnel Psychology* 31(1978), pp. 739-60.

45. McClelland, D. C., and R. E. Boyatzis. "Leadership Motive Pattern and Long-Term Success in Management." *Journal of Applied Psychology* 67(1982), pp. 737-43.

46. Miner, J. B. "Twenty Years of Research on Role Motivation Theory of Managerial Effectiveness." *Personnel Psychology* 31(1978), pp. 739-60.

47. Kipnis, D., and S. M. Schmidt. *Profiles of Organizational Strategies*. Form M. San Diego, CA: University Associates, 1982.

48. Yukl, G. A., R, Lepsinger, and T. Lucia. "Preliminary Report on the Development and Validation of the Influence Behavior Questionnaire." In *Impact of Leadership*. Eds. K. E. Clark, and D. P. Campbell. Greensboro, NC: Center for Creative Leadership, 1992.

49. Kipnis, D., and S. M. Schmidt. "The Language of Persuasion." *Psychology Today* 19, no. 4(1985), pp. 40-46.

50. Keys, B., T. Case, T. Miler, K. E. Curran, and C. Jones. "Lateral Influence Tactics in Organization." *International Journal of Management* 4(1987), pp. 425-37.

51. Case, T., L. Dosier, G. Murkison and B. Keys. "How Managers Influence Superiors: A Study of Upward Influence Tactics." *Leadership and Organization Development Journal* 9, no. 4(1988), pp. 3, 25-31.
52. Case, T., L. Dosier, G. Murkison and B. Keys. "How Managers Influence Superiors: A Study of Upward Influence Tactics." *Leadership and Organization Development Journal* 9, no. 4(1988), pp. 3, 25-31.
53. Kipnis, D., and S. M. Schmidt. "The Language of Persuasion." *Psychology Today* 19, no. 4(1985), pp. 40-46.
54. Green, S. G., T. Fairhurst, and B. K. Snavely. "Chains of Poor Performance and Supervisory Control." *Organizational Behavior and Human Decision Processes* 38(1986), pp. 7-27.
55. Kipmis, D. "Technology, Power, and Control." *Research in the Sociology of Organizations* 3(1984a), pp. 125-56.
56. Dosier, L., T. Case, and B. Keys "How Managers Influence Subordinates: An Empirical Study of Downward Influence Tactics." *Leadership and Organization Development Journal* 9, no. 5(1988), pp. 22-31.

Chapter 6

1. Gardner, J. W. *On Leadership*. New York: Free Press, 1990.
2. Burns, J. M. *Leadership*. New York: Harper & Row, 1978.
3. Bennis, W., and J. Goldsmith. *Learning to Lead*. Reading, MA: Perseus Books, 1997.
4. McGregor, D. *Leadership and Motivation*. Cambridge, MA: MIT Press, 1966.
5. Hall, J., and S. M. Donnell. "Managerial Achievement: The Personal Side of Behavioral Theory." *Human Relations* 32(1979), pp. 77-101.
6. Gordon, L. V. *Measurement of Interpersonal Values*. Chicago: Science Research Associates, 1975, p. 2.
7. Boyatzis, R. E., and F. R. Skelly. "The Impact of Changing Values on Organizational Life." *In Organizational Behavior Readings*. 5th ed. Eds. D. A. Kolb, I. M. Rubin, and J. Osland. Englewood Cliffs, NJ: Prentice Hall, 1991, pp. 1-16.
8. Rokeach, M. *The Nature of Human Value*. New York: Free Press, 1973.
9. Boyatzis, R. E., and F. R. Skelly. "The Impact of Changing Values on Organizational Life." *In Organizational Behavior Readings*. 5th ed. Eds. D. A. Kolb, I. M. Rubin, and J. Osland. Englewood Cliffs, NJ: Prentice Hall, 1991, pp. 1-16.
10. Maccoby, M. "Management: Leadership and the Work Ethic." *Modern Office Procedures* 28, no. 5(1983), pp. 14, 16, 18.
11. Massey, M. *The People Puzzle: Understanding Yourself and Others.* Reston, VA: Reston, 1979.
12. Zemke, R., C. Raines, and B. Filipczak. *Generations at work: Managing the Class of Veterans, Boomers, Xers, and Nexters in Your Workplace*. New York: AMA Publications, 2000.
13. Deal, J. J., K. Peterson, and H. Gailor-Loflin. *Emerging Leaders: An Annotated Bibliography.* Greensboro, NC: Center for Creative Leadership, 2001.
14. Deal, J. J., K. Peterson, and H. Gailor-Loflin. *Emerging Leaders: An Annotated Bibliography.* Greensboro, NC: Center for Creative Leadership, 2001.
15. Foley, E., and A. LeFevre. *Understanding Generation X.* Zagnoli McEvoy Foley LLC, 2001. www.zmf.com.
16. Ladd, E. C. "Generation Gap? What Generation Gap?" *The New York Times*, December 9, p. A16.
17. Giancola, F. "The Generation Gap: More Myth Than Reality." *Human Resource Planning* 29, no. 4(2006), pp. 32-37.
18. Howe, N., and W. Strauss. "The Next 20 Years: How Customer and Workforce Attitudes Will Evolve." *Harvard Business Review*, July-August 2007.
19. Kohlberg, L. *The Psychology of Moral Development: Essays on Moral Development.* Vol. 2. San Francisco: Harper & Row, 1984.
20. Rest, J. "Research on Moral Judgment in College Students." In *Approaches to Moral Development, New Research and Emerging Themes*. Ed. A Garrod. New York: Teachers College Press, Columbia University, 1993, pp. 201-13.
21. England, G. W., and R. Lee. "The Relationship between Managerial Values and Managerial Success in the United States, Japan, India, and Australia." *Journal of Applied Psychology* 59(1974), pp. 411-19.
22. Hogan, R. T., and G. J. Curphy. "Leadership Matters: Values and Dysfunctional Dispositions." Working paper, 2004.
23. Hogan, R. T., and G. J. Curphy. "Leadership Matters: Values and Dysfunctional Dispositions." Working paper, 2004.
24. Hogan, R. T., J. Hogan, and B. W. Roberts. "Personality Measurement and Employment Decisions: Questions and Answers." *American Psychologist* 51, no. 5(1996), pp. 469-77.
25. Hogan, R. T., and G. J. Curphy. "Leadership Matters: Values and Dysfunctional Dispositions." Working paper, 2004.
26. Hogan, R. T., J. Hogan, and B. W. Roberts. "Personality Measurement and Employment Decisions: Questions and Answers." *American Psychologist* 51, no. 5(1996), pp. 469-77.
27. Hogan, R. T., and G. J. Curphy. "Leadership Matters: Values and Dysfunctional Dispositions." Working paper, 2004.
28. O'Brien, B. "Designing an Organization's Governing Ideas." *In The Fifth Discipline Fieldbook.* Eds. P. Senge et al. New York: Doubleday, 1994, p. 306.

29. Covey, S. R. *Principle-Centered Leadership*. New York: Simon & Schuster, 1990.
30. Edmondson, A. C., and S. E. Cha. "When Company Values Backfire." *Harvard Business Review*, November 2002, pp. 18-19.
31. Rogers, C. "Fully functioning person."
32. Avolio, B. J., and W. L. Gardner. "Authentic Leadership Development: Getting to the Root of Positive Forms of Leadership." *The Leadership Quarterly* 16(2005), pp. 315-38.
33. Spears, L. "Practicing Servant-Leadership." *Leader to Leader* 34(Fall 2004).
34. Greenleaf, R. K. *Servant Leadership*. New York: Paulist Press, 1977.
35. Spears, L. "Practicing Servant-Leadership." *Leader to Leader* 34(Fall 2004).
36. Bandura, A. *Social Foundations of Thought and Action*. Englewood Cliffs, NJ: Prentice Hall, 1986.
37. Bandura, A. "Mechanisms of Moral Disengagement." In *Origins of Terrorism: Psychologies, Ideologies, Theologies, State of Mind.* Ed. W. Reich. Cambridge: Cambridge University Press, 1990, pp. 161-91.
38. Bandura, A. "Mechanisms of Moral Disengagement." In *Origins of Terrorism: Psychologies, Ideologies, Theologies, State of Mind.* Ed. W. Reich. Cambridge: Cambridge University Press, 1990, p. 164.
39. Bandura, A. "Self-Efficacy: Toward a Unifying Theory of Behavioral Change." *Psychologies Review* 84(1977), pp. 191-215.
40. Darley, J. "Inadvertent Moral Socialization in Military Simulations: Making Disasters Happen." Keynote address at the Applied Behavioral Sciences Symposium, U. S. Air Force Academy, 1994.
41. Darley, J. "Inadvertent Moral Socialization in Military Simulations: Making Disasters Happen." Keynote address at the Applied Behavioral Sciences Symposium, U. S. Air Force Academy, 1994.
42. Darley, J. "Inadvertent Moral Socialization in Military Simulations: Making Disasters Happen." Keynote address at the Applied Behavioral Sciences Symposium, U. S. Air Force Academy, 1994.
43. Halberstam, D. *The Reckoning*. New York: Avon, 1986.
44. Kohls, L. R. *Survival Kit for Overseas Living*. Intercultural Press, 2001.
45. Barnum, D. F. "Effective Membership in the Global Business Community." In *New Traditions in Business*. Ed. J. Renesch. San Francisco: Berrett-Koehler, 1992, p. 153.
46. Hofstede, G. *Cultural Consequences: Comparing Values, Behavior, Institutions and Organizations across Nations*. 2nd ed. Thousand Oaks, CA: Sage Publications, 2001.
47. Wilson, M. S., M. H. Hoppe, and L. R. Sayles. *Managing across Cultures: A Learning Framework*. Greensboro, NC: Center for Creative Leadership, 1996.
48. House, R. et al. *Cultural Influences on Leadership and Organizations: Project Globe. Advances in Global Leadership*. Vol. 1. JAI Press Inc., 1999, pp. 171-233.

Chapter 7

1. Stogdill, R. M. *Handbook of Leadership*. New York: Free Press, 1974.
2. Stogdill, R. M. "Personal Factors Associated with Leadership: A Review of the Literature." *Journal of Psychology* 25(1948), pp. 35-71.
3. Mann, R. D. "A Review of the Relationships between Leadership: A Review of the Literature." *Psychological Bulletin* 56(1959), pp. 241-70.
4. Lord, R. G., C. L. De Vader, and G. M. Allinger. "A Meta-analysis of the Relationship between Personality Traits and Leadership Perceptions: An Application of Validity Generalization Procedures." *Journal of Applied Psychology* 71(1986), pp. 402-10.
5. Hogan, R. T., G. J. Curphy, and J. Hogan. "What Do We Know about Personality: Leadership and Effectiveness?" *American Psychologist* 49(1994), pp. 493-504.
6. Hogan, R. T. "Personality and Personality Measurement." In *Handbook of Industrial and Organizational Psychology* Vol. 2. Eds. M. D. Dunnette and L. M. Hough. Palo Alto, CA: Consulting Psychologists Press, 1991, pp. 873-919.
7. Judge, T. A., A. E. Colbert, and R. Ilies. "Intelligence and Leadership: A Quantitative Review and Test of Theoretical Propositions." *Journal of Applied Psychology* 87(3),(2004), pp. 542-52.
8. Judge, T. A., J. E. Bono, R. Illies, and M. W. Gerhardt. "Leadership and Personality: A Qualitative and Quantitative Review." *Journal of Applied Psychology* 87(4)(2002), pp. 765-80.
9. Zaccaro, S. J. "Trait-Based Perspectives on Leadership." *American Psychologist* 62(1)(2007), pp. 6-16.
10. Hogan, R. T., J. Hogan, and B. W. Roberts. "Personality Measurement and Employment Decisions: Questions and Answers." *American Psychologist* 51, no. 5(1996), pp. 469-77.
11. Freud, S. *Group Psychology and the Analysis of the Ego*, trans J. Strachey. 2nd ed. The Standard Edition of the Complete Works of Psychological Works of Sigmund Freud, Vol. 2. London: Hogarth Institute for Psycho-Analysis.

12. Curphy, G. J. "*The Consequences of Managerial Incompetence*." Presentation given at the 3rd Hogan Assessment Systems International Users Conference, Prague, Czech Republic, September 2004.
13. Roberts, B. W. "An Alternative Perspective on the Relation between Work and Psychological Functioning: The Reciprocal Model of Person-Environment Interaction." In *Personality and Organizational Behavior*. R. T. Hogan, Chair Symposium presented at the 104th Annual Meeting of the American Psychological Association, Toronto, Canada, 1996.
14. Curphy, G. J. *Personality, Intelligence, and Leadership*. Presentation given to the Pioneer Leadership Program at Denver University, Denver, CO, 1997.
15. Curphy, G. J. "Personality and Work: Some Food for Thought." In *Personality Applications in the Workplace: Thinking Outside the Dots*. R. T. Hogan(chair). Symposium presented at the 12th Annual Conference of Society of Industrial and Organizational Psychology, St. Louis, MO, 1997.
16. Curphy, G. J. "New Directions in Personality." In *Personality and Organizational Behavior*. R. T. Hogan(chair). Symposium presented at the 104th Annual Meeting of the American Psychology Association, Toronto, Canada, 1996.
17. Hogan, J., and B. Holland. "Using Theory to Evaluate Personality and Job Performance Relations: A Socio-analytic Perspective." *Journal of Applied Psychology* 88(1)(2003), pp. 100-12.
18. Tett, R. P., and D. D. Burnett. "A Personality Trait-Based Interactionalist Model of Job Performance." *Journal of Applied Psychology* 88(3)(2003), pp.500-17.
19. Allport, G. W., and H. S. Odbert. "Trait-names: A Psycho-Lexical Study." *Psychological Monographs* 47(1963), pp. 171-220.
20. Deary, J. J. "A(Latent)Big-Five Personality Model in 1915? A Reanalysis of Webb's Data. *Journal of Applied Psychology* 71, no. 5(1996), pp. 992-1005.
21. Thurstone, L. L. "The Factors of the Mind." *Psychological Review* 41(1934), pp. 1-32.
22. Azar, B. "Searching for Intelligence Beyond G." *APA Monitor* 26, no.1 (1995), p. 1.
23. Barrick, M. R., and M. K. Mount. "The Big Five Personality to Performance Motivation: A Meta-analysis." *Personal Psychology* 44(1991), pp. 1-26.
24. Curphy, G. J. *Users Guide and Interpretive Report for the Leadership Personality Survey*. Minneapolis, MN: Personnel Decisions International, 1998.
25. Costa, P. T., Jr. and R. R. McCrae. "Domains and Facets: Hierarchical Personality Assessment Using the Revised NEO Personality Inventory." *Journal of Personality Assessment* 64(1995), pp. 21-50.
26. Barrick, M. R. "Answers to Lingering Questions about Personality Research." Paper presented at the 14th Annual Conference of the Society of Industrial and Organizational Psychology, Atlanta, GA, 1999.
27. Thoresen, C. J., J. C. Bradley, P. D. Bliese, and J. D. Thoresen. "The Big Five Personality Traits and Individual Job Growth Trajectories in Maintenance and Transitional Job Stages. *Journal of Applied Psychology* 89(5)(2004), pp. 835-53.
28. Bono, J. E., and T. A. Judge. "Personality and Transformational and Transactional Leadership." *Journal of Applied Psychology* 89(5)(2004), pp. 901-10.
29. Davies, S., J. Hogan, J. Foster, and F. Elizondo. "Recombinant Personality Measures for Predicing Leadership Competence." Paper presented at the 20th Annual Conference of the Society for Industrial and Organizational Psychology, Los Angeles, CA, April 2005.
30. Barrick, M R., L. Parks, and M. K. Mount. "Self Monitoring as a Moderator of the Relationships between Personality Traits and Performance." *Personnel Psychology* 58(2005), pp. 745-67.
31. Zhau, H., and S. E. Seibert. "The Big Five Personality Dimensions and Entrepreneurial Status: A Meta-analytic Review." *Journal of Applied Psychology* 91(2)(2006), pp. 259-71.
32. Mount, M., R. Ilies, and E. Johnson. "Relationship between Personality Traits and Counterproductive Work Behaviors: The Mediating Effects of Job Satisfaction." *Personnel Psychology* 59(2006), pp. 591-622.
33. Curphy, G. J. *Hogan Assessment Systems Certification Workshop Training Manuals*. Tulsa, OK: Hogan Assessment Systems, 2003.
34. Michel, R., and R. T. Hogan. "Personality and Organizational Behavior." In *Personality and Organizational Behavior*. R. T. Hogan(chair). Symposium presented at the 104th Annual Meeting of the American Psychological Association, Toronto, Canada, 1996.
35. Hogan, R. T. "The Role of Big Five Personality Traits in Executive Selection." *In The Role of I/O Psychology in Executive Assessment and Development.* G. J. Curphy(chair). Symposium presented at the 15th Annual Conference of the Society for Industrial and Organizational Psychology, New Orleans, LA, 2000.
36. Hurtz, G. M., and J. J. Donovan. "Personality and Job Performance: The Big Five Revisited." *Journal of Occupational and Organizational Psychology* 85, no. 6(2000), pp. 869-79.
37. Salgado, J. F. "Predicting Job Performance Using FFM and non-FFM Personality Measures." *Journal of Occupational and Organizational Psychology* 76(3)(2003), pp. 323-46.

38. Curphy, G. J., and K. D. Osten. *Technical Manual for the Leadership Development Survey*. Technical Report No. 93-14. Colorado Springs, CO: U. S. Air Force Academy, 1993.
39. Hogan, R. T., J. Hogan, and R. Warrenfelz. *The Hogan Guide*. Tulsa, OK: Hogan Assessment Systems, 2007.
40. Benson, M. J. "New Explorations in the Field of Leadership Research: A Walk on the Dark Side of Personality & Implications for Leadership(In)Effectiveness." Ph.D dissertation, University of Minnesota, 2006.
41. Hogan, R. T. *Personality and the Fate of Organizations*. Mahwah, NJ: Lawrence Erlbaum Associates, 2007.
42. Lievens, F., M. H. Harris, E. Van Keer, and C. Bisqueret. "Predicting Cross Cultural Training Performance: The Validity of Personality, Cognitive Ability and Dimensions Measures by an Assessment Center and a Behavior Description Interview." *Journal of Applied Psychology* 88(3)(2003), pp. 476-89.
43. Curphy, G. J., "Executive Coaching: How to Achieve Long-Term Behavioral Change." Panel presentation at the 15th Annual Applied Behavioral Sciences Symposium, U. S. Air Force Academy CO 1996.
44. Howard, P. J., and J. M. Howard. "Buddy, Can You Paradigm?" *Training & Development*, September 1995, pp. 28-34.
45. Bono, J. E. "Transformational Leadership: What We Know and Why You Should Care!" Presentation delivered to Minnesota Professionals for Psychology Applied to Work, Minneapolis, MN, September 2002.
46. Curphy, G. J. "Comments on the State of Leadership Prediction." In *Predicting Leadership: The Good, The Bad, the indifferent, and the Unnecessary*. J. P. Campbell and M. J. Benson(Chairs), Symposium conducted at the 22nd Annual Conference for the Society of Industrial and Organizational Psychology, New York, April 2007.
47. Hogan, R. T., and J. Hogan. The Leadership Potential Report. Tulsa, OK: Hogan Assessment Systems, 2002.
48. Mumford, M. D., S. J. Zaccaro, J. F. Johnson, M. Diana, J. A. Gilbert, and K. V. Threlfall. "Patterns of Leader Characteristics: Implications for Performance and Development." *Leadership Quarterly* 11, no.1(2000), pp. 115-36.
49. Heckman, R. J., and B. W. Roberts. "Personality Profiles of Effective Managers across Functions: A Person-Centered Approach." In *Personality Applications in the Workplace: Thinking Outside the Dots*. R. T. Hogan(chair). Symposium presented at the 12th Annual Conference of the Society of Industrial and Organizational Psychology, St. Louis, MO, 1997.
50. Curphy, G. J. "Early Leadership Talent Identification and Development." Paper presented at the Conference for Executives of Saudi Aramco, Dhahran, Saudi Arabia, October 2001.
51. Curphy, G. J. "Leadership Transitions and Succession Planning." In *Developing and Implementing Succession Planning Programs*. J. Lock(chair). Symposium conducted at the 19th Annual Conference for Society of Industrial and Organizational Psychology, Chicago, April 2004.
52. Quirk, M. P., and P. M. Fandt. *The Second Language of Leadership*. Mahwah, NJ: Erlbaum, 2000.
53. Caldwell, D. F., and J. M. Burger. "Personality Characteristics of Job Applicants and Success in Screening Interviews." *Personnel Psychology* 51, no. 1(1998), pp. 119-36.
54. Caliguiri, P. M. "The Big Five Personality Characteristics as Predictors of Expatriot's Desire to Terminate the Assignment and Supervisor-Rated Performance." *Personnel Psychology* 53, no. 1(2000), pp. 67-88.
55. Sarchione, C. D., M. J. Cuttler, P. M. Muchinsky, and R. O. Nelson-Grey. "Prediction of Dysfunctional Job Behaviors among Law Enforcement Officers." *Journal of Applied Psychology* 83, no. 6(1998), pp. 904-12.
56. Judge, T. A., D. Heller, and M. K. Mount. "Five-Factor Model of Personality and Job Satisfaction." *Journal of Applied Psychology* 87(2)(2002), pp. 530-41.
57. Judge, T. A., C. A. Higgins, C. J. Thoresen, and M. R. Barrick. "The Big Five Personality Traits, General Mental Ability, and Career Success across the Life Span." *Personnel Psychology* 52, no. 3(1999), pp. 621-52.
58. Welbourne, T. M., and L. A. Cyr. "The Human Resource Executive Effect in Initial Public Offering Firms." *Academy of Management Journal* 42, no. 6(1999), pp. 616-29.
59. Erdogan, B., and T. N. Bauer. "Enhancing the Benefits of Employee Proactive Personality: The Role of Fit in Organizations." *Personnel Psychology* 58(2005), pp. 859-91.
60. Baum, R. J. and E. A. Locke. "The Relationship of Entrepreneurial Traits, Skill, and Motivation to Subsequent Venture Growth." *Journal of Applied Psychology* 89(4)(2004), pp. 587-98.
61. Blake, R. J. "Relations between Worker Satisfaction and Personality." In *Personality and Organizational Behavior*. R. T. Hogan(chair). Symposium presented at the 104th Annual Meeting of the American Psychological Association, Toronto, Canada, 1996.
62. Schmidt, M. J., J. A. Kihm, and C. Robie. "Development of a Global Measure of Personality." *Personnel Psychology* 53, no. 1(2000), pp. 153-92.
63. Salgado, J. F. "The Five-Factor Model of Personality and Job Performance in the European Community." *Journal of Applied Psychology* 82, no. 1(1997), pp. 30-43.
64. Hogan, R. H., and J. Hogan. "Assessing Leadership: A View from the Dark Side." *International Journal of Selection and Assessment* 9(1/2)(2001), pp. 40-51.

65. Curphy, G. J. "Executive Integrity and 360-Degree Feedback." In *Assessing Executive Failure: The Underside of Performance*. R. T. Hogan(chair). Symposium presented at the 18th Annual Conference of the Society of Industrial and Organizational Psychology, Orlando, FL, 2003.
66. Curphy, G. J. "Leadership Transitions and Teams." Presentation given at the Hogan Assessment Systems International Users Conference, Istanbul, September 2003b.
67. Curphy, G. J. "What We Really Know about Leadership(But Seem Unwilling to Implement)." Presentation given at Minnesota Professionals for Psychology Applied to Work, Minneapolis, MN, January, 2004a.
68. Hogan, R. T., and G. J. Curphy. "Leadership Matters: Values and Dysfunctional Dispositions." Working paper, 2004.
69. Curphy, G. J. and R. T. Hogan. "Managerial Incompetence: Is There a Dead Skunk on the Table?" Working paper, 2004.
70. Curphy, G. J., and R. T. Hogan. "What We Really Know about Leadership(But Seem Unwilling To Implement)." Working paper, 2004.
71. Dotlich, D. L., and P. E. Cairo. *Why CEOs Fail: The 11 Behaviors That Can Derail Your Climb to the Top and How to Manage Them*. New York: Wiley, 2001.
72. Curphy, G. J. "A Commentary on Moral Character Screening." In *Moral Character Screening: Sorting Good and Bad Apples*. W. Sellman(chair). Symposium presented at the 105th Annual Meeting of the American Psychological Association, Chicago, 1997.
73. Curphy, G. J., F. W. Gibson, B. Asiu, J. Horn, and G. Macomber. *The Attache & Selection Project.* Technical Report No. 94-2. Colorado Springs, CO: U. S. Air Force Academy, 1994.
74. Rosenthal, S. A., and T. L. Pittinsky. "Narcissitic Leadership." *The Leadership Quarterly* 17(2006), pp. 617-33.
75. *The Economist.* "The Brand of Me," August 12, 2006, p.51.
76. Judge, T. A., J. A. LePine, and B. L. Rich. "Loving Yourself Abundantly: Relationship of the Narcissistic Personality to Self-and Other Perceptions of Workplace Deviance, Leadership, and Task and Contextual Performance." *Journal of Applied Psychology* 91(4)(2006), pp. 762-76.
77. Spreier, S. W., M. H. Fontaine, and R. L. Malloy. "Leadership Run Amok: The Destructive Potential of Overachievers. *Harvard Business Review*, June 2006, pp. 72-81.
78. Paunonen, S. V., J. E. Lonnqvist, M. Verkasalo, S. Leikas, and V. Nissinen. "Narcissism and Emergent Leadership in Military Cadets." *The Leadership Quarterly* 17(2006), pp. 475-86.
79. Dubois, P. H. "A Test Dominated Society: China 1115 B. C.-1905." In *Testing Problems in Perspective*. Ed. A. Anastasi American Council on Education, 1964.
80. Arvey, R. D., et al. "Mainstream Science on Intelligence." *The Wall Street Journal*, December 13, 1994.
81. Riggio, R. E. "Multiple Intelligences and Leadership: An Overview." In *Multiple Intelligences and Leadership*. R. E. Riggio, S. E. Murphy, and F. J. Pirozzolo. Eds. Mahwah, NJ: Lawrence Erlbaum Associates, 2002, pp. 1-7.
82. Schmidt, F. L., and J. E. Hunter. "Development of a Causal Model of Job Performance." *Current Directions in Psychological Science* 1, no. 3(1992), pp. 89-92.
83. Scarr, S. "Protecting General Intelligence: Constructs and Consequences for Inventions." In *Intelligence: Measurement, Theory, and Public Policy*. Ed. R. L. Linn. Chicago: University of Illinois Press, 1989.
84. Sternberg, R. J. "The Concept of Intelligence: Its Role in Lifelong Learning and Success." *American Psychologist* 52, no.10(1997), pp. 1030-37.
85. Sternberg, R. J. "Creativity as a Decision." *American Psychologist*, May 2002, p. 376.
86. Sternberg, R. J. "WICS: A Model of Leadership in Organizations." *Academy of Management: Learning and Education* 2(4)(2003a), pp. 386-401.
87. Sternberg, R. J. "A Model of Leadership in Organizations: WICS." *American Psychologist* 62(1)(2007), pp. 34-42.
88. Salgado, J. F., N. Anderson, S. Moscoso, C. Bertua, F. de Fruyt, and J. P. Rolland. "A Meta-analytic Study of General Mental Ability Validity for Different Occupations in the European Community." *Journal of Applied Psychology* 88(6)(2003), pp. 1068-81.
89. Menkes, J. "Hiring for Smarts." *Harvard Business Review*, November 2005. pp. 100-11.
90. Cronbach, L. J. *Essentials of Psychological Testing*. 4th ed. San Francisco: Harper & Row, 1984.
91. Herrnstein, R. J., and C. Murray. *The Bell Curve: Intelligence and Class Structure in American Life*. New York: Free Press, 1994.
92. Curphy, G. J. "Concluding Remarks on Executive Assessment and Development." *In The Role of I/O Psychology in Executive Assessment and Development.* G. J. Curphy(chair). Symposium presented at the 15th Annual Conference of the Society for Industrial and Organizational Psychology, New Orleans, LA, 2000.
93. Curphy, G. J. "Early Leadership Talent Identification and Development." Paper presented at the Conference for Executives of Saudi Aramco, Dhahran, Saudi Arabia, October 2001.

94. Curphy, G. J. "What Role Should I/O Psychologists Play in Executive Education?" In *Models of Executive Education*. R. T. Hogan(chair). Presentation given at the 17th Annual Society for Industrial and Organizational Psychology Toronto, Canada, April 2002.
95. Curphy, G. J. "Leadership Transitions and Succession Planning." In *Developing and Implementing Succession Planning Program*. J. Lock(chair), Symposium conducted at the 19th Annual Conference for the Society of Industrial and Organizational Psychology, Chicago, IL, April, 2004.
96. Sternberg, R. J. "A Broad View of Intelligence: The Theory of Successful Intelligence." *Journal of Consulting Psychology* 55(3)(2003b), pp. 139-54.
97. Ferris, G. R., L. A. Witt, and W. A. Hochwarter. "Interaction of Social Skill and General Mental Ability on Job Performance and Salary." *Journal of Applied Psychology* 86(6)(2001), pp. 1075-82.
98. Hogan, R. T., and J. Hogan. *The Hogan Business Reasoning Inventory*. Tulsa, OK: Hogan Assessment Systems, 2007.
99. Goffee. R., and G. Jones. "Leading Clever People." *Harvard Business Review*, March 2007, pp. 72-79.
100. Brody, N. "Intelligence, Schooling, and Society." *American Psychologist* 52, no. 10(1997), pp. 1046-50.
101. Humphreys, L. G. "Intelligence: Three Kinds of Instability and Their Consequences for Policy." In *Intelligence: Measurement, Theory, and public Policy*. Ed. R. L. Linn. Chicago: University of Illinois Press, 1989, pp. 193-216.
102. Gardner, H. *Frames of Mind: The Theory of Multiple Intelligences*. New York: Basic Books, 1983.
103. Sternberg, R. J. *Beyond IQ: A Triarchic Thoery of Human Intelligence*. New York: Cambridge University Press, 1985.
104. Sternberg, R. J., R. K. Wagner, W. M. Williams, and J. A. Horvath. "Testing Common Sense." *American Psychologist* 50, no. 11(1995), pp. 912-27.
105. Hedlund, J., G. B. Forsythe, J. A. Horvath, W. M. Williams, S. Snook, and R. J. Sternberg. "Identifying and Assessing Tacit Knowledge: Understanding the Practical Intelligence of Military Leaders." *The Leadership Quarterly* 14(2)(2003), pp.117-40.
106. Sternberg, R. J. *Handbook of Creativity*. New York: Cambridge University Press, 1999.
107. Connelly, M. S., J. A. Gilbert, S. J. Zaccaro, K. V. Threlfell, M. A. Marks, and M. D. Mumford. "Exploring the Relationship of Leadership Skills and Knowledge to Leader Performance." *The Leadership Quarterly* 11(1)(2000), pp. 65-80.
108. Ireland, D. R., and C. C. Miler. "Decision-Making and Firm Success." *Academy of Management Executive* 18(4)(2004), pp. 8-12.
109. Sternberg, R. J. and N. K. Dees. "Creativity for the New Millenium. *American Psychologist* 56, no. 4(2001), p. 332.
110. Kersting, L. M. "What Exactly Is Creativity?" *Monitor on Psychology*, November 2003, pp. 40-41.
111. Sternberg, R. J. and T. I. Lubart. "Investing in Creativity." *American Psychologist* 52, no. 10(1997), pp. 1046-50.
112. Sternberg, R. J., E. L. Grigorenko, and J. L. Singer. *Creativity: From Potential to Realization*. Washington DC: American Psychological Association Press, 2004.
113. Kaufman, J. C., and J. Baer. "Hawking's Haiku, Madonna's Math: Why It Is Hard to Be Creative in Every Room." In *Creativity: From Potential to Realization*. Eds. R. J. Sternberg, E. L. Grigorenko, and J. L. Singer. Washington DC: American Psychological Association Press, 2004.
114. Lubart, T., and J. H. Guigard. "The Generality-Specificity of Creativity: A Multivariate Approach." In *Creativity: From Potential to Realization*. Eds. R. J. Sternberg, E. L. Grigorenko, and J. L. Singer. Washington DC: American Psychological Association Press, 2004.
115. Feist., G. J. "The Evolved Fluid Specificity of Human Creative Talent." In *Creativity: From Potential to Realization*. Eds. R. J. Sternberg, E. L. Grigorenko, and J. L. Singer. Washington DC: American Psychological Association Press, 2004.
116. Guilford, J. P. *The Nature of Human Intelligence*. New York: McGraw-Hill, 1967.
117. Sternberg, R. J. "What Is the Common Thread of Creativity? Its Dialectical Relationship to Intelligence and Wisdom." *American Psychologist* 56, no. 4(2001), pp. 360-62.
118. Amabile, T. M. "Beyond Talent: John Irving and the Passionate Craft of Creativity." *American Psychologist* 56, no. 4(2001), pp. 333-36.
119. Collins, M. A., and T. M. Amabile. "Motivation and Creativity." In *Handbook of Creativity*. Ed. R. J. Sternberg. New York: Cambridge University Press, 1999.
120. Amabile, T. M., E. A. Schatzel, G. B. Moneta, and S. J. Kramer. "Leader Behaviors and the Work Environment for Creativity: Perceived Leader Support." *The Leadership Quarterly* 15(1)(2004), pp. 5-32.
121. Reiter-Palmon, R., and R. Ilies. "Leadership and Creativity: Understanding Leadership from a Creative Problem Solving Perspective." *The Leadership Quarterly* 15(1)(2004), pp. 55-77.
122. Sternberg, R. J. and E. L. Grigorenko. "Are Cognitive Styles Still in Style?" *American Psychologist* 51, no.7(1996), pp.677-88.
123. Sternberg, R. J. *Wisdom, Intelligence, and Creativity Synthesized*. New York: Cambridge University Press, 2003.
124. Kirton, M. J. *Test Manual for the Kirton Adaptation-Innovation Inventory*. Hatfield, UK: Occupational Research Centre, 1987.
125. Amabile, T. M., and S. S. Gryskiewicz. *Creativity in the R&D Laboratory*(Tech Report No. 30), Greensboro, NC: Center for

Creative Leadership, 1987.
126. Hogan, R. T., and J. Morrison. "Managing Creativity." In *Create to Be Free: Essays in Honor of Frank Barron.* Ed. A. Montouri. Amsterdam: J. C. Gieben, 1993.
127. Curphy, G. J. "In-Depth Assessments, 360-Degree Feedback, and Development: Key Research Results and Recommended Next Steps." Presentation at the Annual Conference for HR Managers at US West Communications, Denver, CO, January 1998.
128. Zhou, J. "When the Presence of Creative Co-Workers Is Related to Creativity: Role of Supervisor Close Monitoring, Developmental Feedback, and Creative Personality." *Journal of Applied Psychology* 88(3)(2003), pp. 413-22.
129. Tierney, P., and S. M. Farmer. "Creative Self-Efficacy: Potential Antecedents and Relationship to Creative Performance." *Academy of Management Journal* 45(6)(2002), pp. 1137-48.
130. Carmeli, A., and J. Schraubroeck. "The Influence of Leader's and Other Referents' Normative Expectations on Individual Involvement in Creative Work." *The Leadership Quarterly* 18(2007), pp. 35-48.
131. Oldham, G. R., and A. Cummings. "Employee Creativity: Personal and Contextual Factors at Work." *Academy of Management Journal* 39(1996), pp. 607-34.
132. Shally, C. E., and L. L. Gilson. "What Leaders Need to Know: A Review of the social and Contextual Factors That Can Foster or Hinder Creativity." *The Leadership Quarterly* 15(1)(2004), pp. 33-53.
133. Dingfelder, S. F. "Creativity on the Clock." *Monitor on Psychology*, November 2003, p. 58.
134. Basadur, M. "Leading Others to Think Innovatively Together: Creative Leadership." *The Leadership Quarterly* 15(1)(2004), pp. 103-21.
135. West, M. A., and N. R. Anderson. "Innovation in Top Management Teams." *Journal of Applied Psychology* 81, no. 6(1996), pp. 680-93.
136. Fischer, B., and A. Boyton. "Virtuoso Teams." *Harvard Business Review*, July-August 2005, pp. 125-31.
137. Amabile, T. M., and R. Conti. "What Downsizing Does to Creativity." *Issues & Observations* 15, no. 3(1995), pp. 1-6.
138. Kaufman, J. C. and R. J. Sternberg. *The International Handbook of Creativity*. New York: Cambridge University Press, 2006.
139. Florida, R., and J. Goodnight. "Managing for Creativity." *Harvard Business Review*, July-August 2005, pp. 125-31.
140. Florida, R., R. Cushing, and G. Gates. "When Social Capital Stifles Innovation." *Harvard Business Review*, August 2002, p. 20.
141. Perry-Smith, J. E., and C. E. Shalley. "The Social Side of Creativity: A Static and Dynamic Social Network Perspective." *Academy of Management Review* 28(1)(2003), pp. 89-106.
142. Ghiselli, E. E. "Intelligence and Managerial Success." *Psychological Reports* 12(1963), p. 89.
143. Bray, D. W., R. J. Campbell, and D. L. Grant. *Formative Years in Business: A Long-term AT&T Study of Managerial Lives*. New York: Wiley-Interscience, 1974.
144. Bray, D. W., and A. Howard. "The AT&T Longitudinal Study of Managers." In *Longitudinal Studies of Adult Psychological Development*. Ed. K. W. Schaiel. New York: Guilford, 1983.
145. Bass, B. M. *Bass and Stogdill's Handbook of Leadership*. 3rd ed. New York: Free Press, 1990.
146. Fiedler, F. E. "The Effect and Meaning of Leadership Experience: A Review of Research and a Preliminary Model." In *Impact of Leadership*. Eds. K. E. Clark, M. B. Clark, and D. P. Campbell. Greensboro, NC: Center for Creative Leadership, 1992.
147. Ferris, G. R., L. A. Witt, and W. A. Hochwarter. "Interaction of Social Skill and General Mental Ability on Job Performance and Salary." *Journal of Applied Psychology* 86(6)(2001), pp. 1075-82.
148. Fiedler, F. E. "The Curious Role of Cognitive Resources in Leadership." In *Multiple Intelligences and Leadership*. Eds. R. E. Riggo, S. E. Murphy, and F. J. Pirozzolo. Mahwah, NJ: Lawrence Erlbaum Associates, 2002, pp. 91-104.
149. Gibson, F. W. "A Taxonomy of Leader Abilities and Their Influence on Group Performance as a Function of Interpersonal Stress." In *Impact of Leadership.* Eds. K. E. Clark, M. B. Clark, and D. P. Campbell. Greensboro. NC: Center for Creative Leadership, 1992.
150. Mumford, M. D., G. M. Scott, B. Gaddis, and J. M. Strange. "Leading Creative People: Orchestrating Expertise and Relationships." *The Leadership Quarterly* 13(6)(2002), pp. 705-50.
151. Sternberg, R. J. "WICS: A Model of Leadership in Organizations." *Academy of Management: Learning and Education* 2(4)(2003a), pp. 386-401.
152. Amabile T. M. "The Motivation to Be Creative." In *Frontiers in Creativity: Beyond the Basics*. Ed. S. Isaksen. Buffalo, NY: Bearly, 1987.
153. Zhou, J. "Feedback Valence, Feedback Style, Task Autonomy, and Achievement Orientation: Interactive Effects on Creative Performance." *Journal of Applied Psychology* 83, no. 2(1998), pp. 261-76.
154. Prince, G. M. "Creative Meetings through Power Sharing." *Harvard Business Review* 50, no. 4(1972), pp. 47-54.
155. Fiedler, F. E., and J. E. Garcia. *New Approaches to Leadership: Cognitive Resources and Organizational Performance*. New York: John Wiley, 1987.

156. Fiedler, F. E. "Cognitive Resources and Leadership Performance." *Applied Psychology: An International Review* 44, no. 1(1995), pp. 5-28.
157. Sarason, I. "Stress, Anxiety, and Cognitive Interference: Reactions to Stress." *Journal of Personality and Social Psychology* 46(1986), pp. 929-39.
158. Schonpflug, W. "The Noncharismatic Leader-Vulnerable." *Applied Psychology: An International Review* 44, no. 1(1995), pp. 39-42.
159. Zaccaro, S. J. "Leader Resources and the Nature of Organizational Problems." *Applied Psychology: An International Review* 44, no. 1(1995), pp. 32-36.
160. Levy-Leboyer, C. "Leadership Performance: Towards a More Complex Model." *Applied Psychology: An International Review* 44, no. 1(1995), pp. 43-44.
161. Curphy, G. J. *Personality, Intelligence, and Leadership*. Presentation given to the Pioneer Leadership Program at Denver University, Denver, CO, 1997.
162. Goleman, D. *Emotional Intelligence.* New York: Bantam Doubleday Dell, 1995.
163. Salovey, P., and J. D. Mayer. "Emotional Intelligence." *Imagination, Cognition, and Personality* 9(1990), pp. 185-211.
164. Bar-On, R. The *Emotional Quotient Inventory*(EQ-i). Toronto, Canada: Multi Health Systems, 1996.
165. Aberman, R. "Emotional Intelligence." Paper presented at the Quarterly Meeting of the Minnesota Human Resource Planning Society, Minneapolis, MN, November 2000.
166. Aberman, R. "Emotional Intelligence and Work." Presentation given to the Minnesota Professionals for Psychology Applied to Work, Minneapolis, MN, January, 2007.
167. Goleman, D. *Working with Emotional Intelligence*. New York: Bantam Double day Dell, 1998.
168. Caruso, D. R., J. D. Mayer, and P. Salovey. "Emotional Intelligence and Emotional Leadership." In *Multiple Intelligences and Leadership*. Eds. R. E. Riggio, S. E. Murphy, and F. J. Pirozzolo. Mahwah, NJ: Lawrence Erlbaum Associates, 2002, pp. 55-74.
169. Goleman, D., R. Boyatzis, and A. McKee. *Primal Leadership: Realizing the Power of Emotional Intelligence*. Boston: Harvard Business Review, December 2001, pp. 42-53.
170. Goleman, D., R. Boyatzis, and A. McKee. *Primal Leadership: Realizing the power of Emotional Intelligence.* Boston: Harvard Business School Press, 2002.
171. Antonakis, J. "On Why Emotional Intelligence Will Not Predict Leadership Effectiveness beyond IQ and Big Five. An Extension and Rejoinder." *Organizational Analysis* 12(2)(2004), pp. 171-82.
172. Mayer, J. D., D. R. Caruso, and P. Salovey. "Selecting a Measure of Emotional Intelligence: The Case for Ability Testing." *In Handbook of Emotional Intelligence*. Eds. R. Bar-On and J. D. A. Parker. New York: Jossey-Bass, 2000.
173. Bar-On, R. "The Bar-On Emotional Quotient Inventory(EQ-i): Rational, Description, and Summary of Psychometric Properties." *In Measuring Emotional Intelligence: Common Ground and Controversy.* Ed. Glenn Geher, Hauppauge, NY: Nova Science Publishers, 2004, pp. 111-42.
174. Schwartz, T. "How Do You Feel?"*Fast Company*, June 2000, pp. 297-312.
175. Druskat, V. U., and S. B. Wolff. "Building the Emotional Intelligence of Groups." *Harvard Business Review*, March 2001, pp. 80-91.
176. Sy, T., S. Cote, and R. Saavedra. "The Contagious Leader: Impact of the Leader's Mood on the Mood of Group Members, Group Affective Tone, and Group Processes." *Journal of Applied Psychology* 90(2)(2005), pp. 295-305.
177. Ting Fong, C. "The Effects of Emotional Ambivalence on Creativity." *Academy of Management Journal* 49(5)(2006), pp. 1016-30.
178. Bradberry, T., and J. Greaves. "Heartless Bosses?" *Harvard Business Review*, December 2005, p. 24.
179. Jordan, P. J., N. M. Ashkanasy, and C. E. J. Hartel. "Emotional Intelligence as a Moderator of Emotional and Behavioral Reactions to Job Security." *Academy of Management Review* 27(3)(2002), pp. 361-72.
180. Wong, C. S., and K. S. Law. "The Effects of Leader and Follower Emotional Intelligence on Performance and Attitude: An Exploratory Study." *The Leadership Quarterly* 13(3)(2002), pp. 243-74.
181. Boyatzis, R. E., E. C. Stubbs, and S. N. Taylor. "Learning Cognitive and Emotional Intelligence Competencies through Graduate Management Education." *Academy of Management Learning and Education* 1(2)(2002), pp. 150-62.

Chapter 8

1. Curphy, G. J. "In-Depth Assessments, 360-Degree Feedback, and Development: Key Research Results and Recommended Next Steps." Presentation at the Annual Conference for HR Managers at US West Communications, Denver, CO, January 1998.
2. Curphy, G. J. "What Role Should I/O Psychologists Play in Executive Education?" In *Models of Executive Education*. R. T. Hogan(chair). Presentation given at the 17th Annual Society for Industrial and Organizational Psychology Toronto, Canada,

April 2002.
3. Curphy, G. J. "Leadership Transitions and Teams." Presentation given at the Hogan Assessment Systems International Users Conference, Istanbul, September 2003.
4. Curphy, G. J. "*The Consequences of Managerial Incompetence*." Presentation given at the 3rd Hogan Assessment Systems International Users Conference, Prague, Czech Republic, September 2004.
5. Curphy, G. J. "Comments on the State of Leadership Prediction." In *Predicting Leadership: The Good, The Bad, the Indifferent, and the Unnecessary*. J. P. Campbell and M. J. Benson(Chairs). Symposium Conducted at the 22nd Annual Conference for the Society of Industrial and Organizational Psychology, New York, and April 2007.
6. Curphy, G. J., M. J. Benson, A. Baldrica, and R. T. Hogan. *Managerial Incompetence.* Unpublished manuscript, 2007.
7. Curphy, G. J., and R. T. Hogan. "What We Really Know about Leadership(But Seem Unwilling to Implement)." Working paper, 2004.
8. Hogan, R. T., and G. J. Curphy, *Leadership Effectiveness and Managerial Incompetence*. Unpublished manuscript, 2007.
9. Charan, R., and G. Clovin. "Why CEOs Fail." *Fortune*, June 21, 1999, pp. 69-82.
10. Goldsmith, M., and M. Reiter. *What Got you Here Won't Get You There*. New York: Hyperion, 2007.
11. Hemphill, J. K. " The Leader and His Group." *Journal of Educational Research* 28(1949), pp. 225-29, 245-46.
12. Hemphill, J. K., and A. E. Coons. "Development of the Leader Behavior Description Questionnaire." In *Leader Behavior: Its Description and Measurement*. Eds. R. M. Stogdill and A. E. Coons. Columbus: Ohio State University, Bureau of Business Research, 1957.
13. Fleishman, E. A. "Twenty Years of Consideration and Structure." *In Current Developments in the Study of Leadership.* Eds. E. A. Fleishman and J. G. Hunt. Carbodale: Southern Illinois University Press, 1973.
14. Halpin, A. W., and B. J. Winer. "A Factorial Study of the Leader Behavior Description." *In Leader Behavior: Its Description and Measurement*. Eds. R. M. Stogdill and A. E. Coons. Columbus: Ohio State University, Bureau of Business Research, 1957.
15. Fleishman, E. A. *Examiner's Manual for the Supervisory Behavior Description Questionnaire.* Washington, DC: Management Research Institute, 1972.
16. Fleishman, E. A. *Examiner's Manual for the Leadership Opinion Questionnaire.* Rev. ed. Chicago: Science Research Associates, 1989.
17. Stogdill, R. M. *Individual Behavior and Group Achievement*. New York: Oxford University Press, 1959.
18. Likert, R. M. *New Patterns of Management*. New York: McGraw-Hill, 1961.
19. Bowers, D. G., and S. E. Seashore. "Predicting Organizational Effectiveness with a Four Factor Theory of Leadership." *Administrative Science Quarterly* 11(1966), pp. 238-63.
20. Bass, B. M. *Bass and Stogdill's Handbook of Leadership*. 3rd ed. New York: Free Press, 1990.
21. Judge, T. A., R. F. Piccolo, and R. Ilies. "The Forgotten Ones? The Validity of Consideration and Initiating Structure in Leadership Research." *Journal of Applied Psychology* 89(1)(2004), pp. 36-51.
22. Eisenberger, R., F. Stinglhamber, C. Vandenberghe, I. L. Sucharski, and L. Rhoades. "Perceived Supervisor Support: Contributions to Perceived Organizational Support and Employee Retention." *Journal of Applied Psychology* 87(3)(2002), pp. 565-73.
23. Blake, R. R., and A. A. McCanse. *Leadership Dilemmas-Grid Solutions*. Houston, TX: Gulf, 1991.
24. Blake, R. R., and J. S. Mouton. *The Managerial Grid.* Houston, TX: Gulf, 1964.
25. Robie, C., K. Kanter, D. L. Nilsen, and J. Hazucha. *The Right Stuff: Understanding Cultural Differences in Leadership Performance.* Minneapolis, MN: Personnel Decisions International, 2001.
26. Goff, M. *Critical Leadership Skills Valued by Every Organization*. Minneapolis, MN: Personnel Decisions International, 2000.
27. Davis, S., J. Volker, R. C. Barnett, P. H. Batz, and P. Germann. *Leadership Matters: 13 Roles of High Performing Leaders*. Minneapolis, MN: MDA Leadership Consulting, 2006.
28. Hollenbeck, G. P., M. W. McCall, and R. F. Silzer. "Leadership Competency Models." *The Leadership Quarterly* 17(2006), pp. 398-413.
29. Tischler, L. "IBM's Management Makeover." *Fast Company*, November 2004, pp. 112-16.
30. Lievens, P., J. I. Sanchez, and W. DeCorte. "Easing the Inferential Leap in Competency Modeling: The Effects of Task-Related Information and Subject Matter Expertise." *Personnel Psychology* 57(2004), pp.881-904.
31. King, A. W., S. W. Fowler, and C. P. Zeithaml. "Managing Organizational Competencies for Competitive Advantage: The Middle-Management Edge." *Academy of Management Executive* 15, no. 2(2001), pp. 95-106.
32. Curphy, G. J. *The Blandin Education Leadership Program*. Grand Rapids, MN: The Blandin Foundation, 2004f.
33. Curphy, G. J. *The Blandin Education Leadership Program*. Grand Rapids, MN: The Blandin Foundation, 2004g.
34. Curphy, G. J. and R. T. Hogan. "Managerial Incompetence: Is There a Dead Skunk on the Table?" Working paper, 2004.
35. Ulrich, D., J. Zenger, and N. Smallwood. *Results-Based Leadership*. Boston Harvard Business School Press, 1999.

36. Peterson, D. B. "Making the Break from Middle Manager to a Seat at the Top." *The Wall Street Journal*, July 7, 1998.
37. Curphy, G. J. "Early Leadership Talent Identification and Development." Paper presented at the Conference for Executives of Saudi Aramco, Dhahran, Saudi Arabia, October 2001.
38. Louiselle, K., S. Bridges, and G. J. Curphy. "Talent Assessment Overview." Working paper, 2003.
39. Gabelein, S. H. "360-Degree Feedback Goes Strategic." *PDI Portfolio,* Summer 1996, pp. 1-3.
40. Shippmann, J. S., R. A. Ash, M. Battista, L. Carr, L. D. Eyde, B. Hesketh, J. Kehoe, K. Pearlman, E. P. Prien, and J. I. Sanchez. "The Practice of Competency Modeling." *Personnel Psychology* 53, no. 3(2000), pp. 703-40.
41. Hogan, R. T., and R. Warrenfelz. "Educating the Modern Manager." *Academy of Management Learning and Education* 2(1)(2003), pp. 74-84.
42. Church, A. H. "Talent Management." *The Industrial-Organizational Psychologist* 44(1)(2006), pp. 33-36.
43. Ancona, D., T. W. Malone, W. J. Orlikowski, and P. M. Senge. "In Praise of the Incomplete Leader." *Harvard Business Review*, February 2007, pp. 92-103.
44. Krile, J., G. J. Curphy, and D. Lund. *The Community Leadership Handbook: Framing Ideas, Building Relationships and Mobilizing Resources.* St Paul, MN: Fieldstone Alliance, 2005.
45. Tichy, N. M., and E. Cohen. *The Leadership Engine: How Winning Companies Buil Leaders at Every Level.* New York: Harper Collins, 1997.
46. Campbell, D. P., G. J. Curphy, and T. Tuggle. *360 Degree Feedback Instruments Beyond Theory*. Workshop presented at the 10th Annual Conference of the Society for Industrial and Organizational Psychology, Orlando, FL, May 1995.
47. Curphy, G. J. "Executive Integrity and 360-Degree Feedback." In *Assessing Executive Failure: The Underside of Performance*. R. T. Hogan(chair). Symposium presented at the 18th Annual Conference of the Society of Industrial and Organizational Psychology, Orlando, FL, 2003.
48. Toegel, G., and J. A. Conger. "360-Degree Assessment: Time for Reinvention." *Academy of Management Learning and Education* 2(3), pp. 297-311.
49. Kaiser, R. B., and S. B. Craig. "Building a Better Mousetrap: Item Characteristics Associated with Rating Discrepancies in 360-Defree Feedback Program." *Consulting Psychology Journal* 57(3)(2005), pp. 235-245.
50. Morgeson, F., T. V. Mumsford, and M. A. Campion. "Coming Full Circle: Research and Practice to Address 27 Questions about 360-Degree Feedback Programs." *Consulting Psychology Journal* 57(3)(2005), pp. 196-209.
51. Smither, J. W., M. London, and R. R. Reily. "Does Performance Improve Following Multisource Feedback? A Theoretical Model, Meta-analysis, and Review of Empirical Findings." *Personnel Psychology* 58(2005), pp. 33-66.
52. Bono, J. E. and A. E. Colbert. "Understanding Responses to Multi-source Feedback: The Core of Self-Evaluations." *Personnel Psychology* 58(2005), pp. 171-203.
53. Bracken, D. W., C. W. Timmreck, and A. H. Church. *The Handbook of Multi*-source *Feedback*. San Francisco: Jossey-Bass, 2000.
54. Atkins, P. W. B., and R. E. Wood. "Self-Versus Others' Ratings as Predictors of Assessment Center Ratings: Validation Evidence for 360-Degree Feedback Programs." *Personnel Psychology* 55(2002), pp. 871-84.
55. Curphy, G. J. "Some Closing Remarks about the Use of Self-and Other-Ratings of Personality and Behaviors." In *Multirater Assessment Systems*: *What We've Learned.* M. D. Dunnette, chair. Symposium conducted at the 99th American Psychological Association Convention, San Francisco, August 1991.
56. Jackman, J. M., and M. H. Strober. "Fear of Feedback." *Harvard Business Review*, April 2003, pp. 101-08.
57. Peiperl, M. A. "Getting 360-Degree Feedback Right." *Harvard Business Review*, April 2003, pp. 101-08.
58. Sala, F. "Executive Blind Spots: Discrepancies Between Self-and Other-Ratings." *Consulting Psychology Journal* 55(4)(2003), pp. 222-29.
59. Craig, S. B., and K. Hannum. "Research Update: 360-Degree Performance Assessment." *Consulting Psychology Journal* 58(2)(2006), pp. 117-24.
60. Church, A. H., and J. Waclawski. "A Five-Phase Framework for Designing a Successful Multi-source Feedback System." *Consulting Psychology Journal* 53, no. 2(2001), pp. 82-95.
61. Pfau, B., and I. Kay. "Does 360-Degree Feedback Negatively Affect Company Performance?" *HR Magazine*, June 2002, pp. 55-59.
62. Antonioni, D. "360-Degree Feedback for a Competitive Edge." *Industrial Management* (42)(2000), pp. 6-10.
63. Sala, F., and S. A. Dwight. "Predicting Executive Performance with Multirater Surveys: Whom You Ask Makes a Difference." *Consulting Psychology Journal* 55(3)(2003), pp. 166-72.
64. Curphy, G. J. "An Empirical Investigation of Bass"(1985)Theory of Transformational and Transactional Leadership." PhD dissertation, University of Minnesota, 1991.
65. Curphy, G. J. "The Effects of Transformational and Transactional Leadership on Organizational Climate, Attrition, and

Performance." *In Impact of Leadership.* Ed. K. E. Clark, M. B. Clark, and D. P. Campbell. Greensboro, NC: Center for Creative Leadership, 1992.

66. Church, A. H. "Managerial Self-Awareness in High-Performing Individuals in Organizations." *Journal of Applied Psychology* 82, no. 2(1997), pp. 282-92.
67. Church, A. H. "Do Higher Performing Managers Actually Receive Better Ratings?" *Consulting Psychology Journal* 52, no. 2(2000), pp. 99-116.
68. Ghorpade, J. "Managing Six Paradoxes of 360-Degree Feedback." *Academy of Management Executive* 14, no. 1(2000), pp. 140-50.
69. Greguras, G. J., C. Robie, D. J. Schleicher, and M. GoffⅢ. "A Field Study of the Effects of Rating Purpose on the Quality of Multi source Ratings." *Personnel Psychology* 56(1)(2003), pp. 1-22.
70. Curphy, G. J. *Afterburner 360 Training Manual*. North Oaks, MN: Curphy Consulting Corporation, 2003.
71. Greguras, G. J., and C. Robie. "A New Look at Within-source Interrater Reliability of 360-Degree Feedback Ratings." *Journal of Applied Psychology* 83, no. 6(1998), pp. 960-68.
72. Mount, M. K., T. A. Judge, S. E. Scullen, M. R. Sytsma, and S. A. Hezlett. "Trait, Rater, and Level Effects in 360-Degree Performance Ratings." *Personnel Psychology* 51, no. 3(1998), pp. 557-77.
73. Ostroff, C., L. E. Atwater, and B. J. Feinberg. "Understanding Self-Other Agreement: A Look at Rater and Ratee Characteristics, Context, and Outcomes." *Personnel Psychology* 57(2)(2004), pp. 333-76.
74. Atwater, L. E, C. Ostroff, F. J. Yammarino, and J. W. Fleenor. "Self-Other Agreement: Does It Really Matter?" *Personnel Psychology* 51, no. 3(1998), pp. 577-98.
75. Fleenor, J. W., C. D. McCauley, and S. Brutus. "Self-Other Rating Agreement and Leader Effectiveness." *Leadership Quarterly* 7, no. 4(1996), pp. 487-506.
76. Walker, A., and J. W. Smither. "A Five-Year Study of Upward Feedback: What Managers Do with Their Results Matters." *Personnel Psychology* 52, no. 2(1999), pp. 395-423.
77. Johnson, K., and J. Johnson. *Economic Value of Performance Change after 360 Degree Feedback*. Minneapolis, MN: Personnel Decisions International, 2001.
78. Curphy, G. J. *Role of the Supervisor Training Manual*. North Oaks, MN: Curphy Consulting Corporation, 2007.
79. Smither, J. W., London, R. Flautt, Y. Vargas, and I. Kucine. "Can Working with an Executive Coach Improve Multi source Feedback Ratings over Time? A Quasi-Experimental Field Study." *Personnel Psychology* 56(1)(2003), pp. 23-44.
80. Tornow, W. W., and M. London. *Maximizing the Value of 360-Degree Feedback.* San Francisco, CA: Jossey-Bass, 1998.
81. Chhokar, J. S., F. C. Brodbeck, and R. J. House. *Culture and Leadership Across the World: The Globe Book of In-Depth Studies of 25 Societies*. Mahwah, NJ: Lawrence Erlbaum Associates, 2007.
82. Mount, M. K., M. R. Sytsma, J. F. Hazucha, and K. E. Holt. "Rater-Ratee Effects in Development Performance Ratings of Managers." *Personnel Psychology* 50, no. 1(1997), pp. 51-70.
83. Bernardin, H. J., and R. W. Beatty. *Performance Appraisal: Assessing Human Behavior at work.* Boston: Kent, 1984.
84. Personnel Decisions International. PROFILOR® *Certification Workshop Manual*. Minneapolis, MN: Author, 2007.
85. Hogan, R. T. *Personality and the Fate of Organizations*. Mahwah, NJ: Lawrence Erlbaum Associates, 2007.
86. Hogan, R. T. G. J. Curphy, and J. Hogan. "What Do We Know about Personality: Leadership and Effectiveness?" *American Psychologist* 49(1994), pp. 493-504.
87. Dotlich, D. L., and P. E. Cairo. *Why CEOs Fail: The 11 Behaviors That Can Derail Your Climb to the Top and How to Manage Them*. New York: Wiley, 2001.
88. McCall, M. W., Jr., and M. M. Lombardo. "Off the Track: Why and How Successful Executives Get Derailed." Technical Report No.21. Greensboro, NC: Center for Creative Leadership, 1983.
89. Hazucha, J. F. *PDI Indicator: Competence, Potential, and Jeopardy. "What Gets Managers Ahead May Not Keep Them out of Trouble*. Minneapolis, MN: Personnel Decisions, September 1992.
90. Lombardo, M. M., M. N. Ruderman, and C. D. McCauley. "Explorations of Success and Derailment in Upper-Level Management Positions." Paper presented at meeting of the Academy of Management, New York, 1987.
91. Peterson, D. B. *A Psychometric Approach to Evaluating Individual Training Outcomes.* Paper Presented at the Eighth Annual Conference of the Society of Industrial and Organizational Psychology. San Francisco, April 1993.
92. Peterson, D. B. "Skill Learning and Behavioral Change in an Individually Tailored Management Coaching and Training Program." Unpublished doctoral dissertation, University of Minnesota, 1993.
93. Van Velsor, E., and J. B. Leslie. "Why Executives Derail: Perspectives across Time and Cultures." *Academy of Management Executive* 9, no. 4(1995), pp. 62-71.
94. Bossidy, L., and R. Charan. Execution: *The Discipline of Getting Things Done.* New York: Crown Business, 2002.
95. Charan, R., S. Drotter, and J. Noel. *The Leadership Pipeline: How to Build the Leadership-Powered Company.* San Francisco:

Jossey-Bass, 2001.
96. Abrahams, M. "Those Who Can't, Don't Know It." *Harvard Business Review,* December 2005, p. 9.
97. Nilsen, D. L. *Using Self and Observers' Rating of Personality to Predict Leadership Performance.* Unpublished doctoral dissertation, University of Minnesota, 1995.
98. Miller, W. R., and S. Rollnick. *Motivational Interviewing: Preparing People to Change Addictive Behavior.* New York: Guilford Press, 1991.
99. Polivy, J., and C. P. Herman. "If at First You Don't Succeed: False Hopes of Self-Change." *American Psychologist* 57(9)(2002), pp. 677-89.
100. Peterson, M. D., and M. D. Hicks. *Development FIRST: Strategies for Self- Development*. Minneapolis, MN: Personnel Decisions International, 1995.
101. Hazucha, J. F., S. A. Hezlett, and R. J. Schneider. "The Impact of 360-Degree Feedback on Management Skills Development." *Human Resource Management* 32(1993), pp. 325-51.
102. McCauley, C. D., M. N. Ruderman, P. J. Ohlott, and J. E. Morrow. "Assessing the Developmental Components of Managerial Jobs." *Journal of Applied Psychology* 79, no. 4(1994), pp. 544-60.
103. Peterson, D. B., and M. D. Hicks. *Leader as Coach: Strategies for Coaching and Developing Others.* Minneapolis, MN: Personnel Decisions International, 1996.
104. Behar, K, D. Arvidson, W. Omilusik, B. Ellsworth, and B. Morrow. *Developing Husky Oil Leaders: A Strategic Investment.* Calgary, Canada: Husky Energy, 2000.
105. Peterson, D. B. *The Science and Art of Self-Development*. Paper presented at the Arabian States Human Resource Management Society Annual Conference, Bahrain, October 2001.
106. Curphy, G. J. "Good Leadership is Hard to Find." *JobDig*. August 21-28, 2006, pp. 23-24.
107. Arthur, W., Jr., W. Bennett Jr., P. S. Edens, and S. T. Bell. "Effectiveness of Training in Organizations: A Meta-analysis of Design and Evaluation Features." *Journal of Applied Psychology* 88(2)(2003), pp. 234-45.
108. Wenzel. L. H. "Understanding Managerial Coaching: The Role of Manager Attributes and Skills in Effective Coaching". Unpublished doctoral dissertation, Colorado State University, 2000.
109. Wasylyshyn, K. M., B. Gronsky, and J. W. Hass. "Tigers, Stripes, and Behavior Change: Survey Results of a Commissioned Coaching Program." *Consulting Psychology Journal*, 58(2)(2006), pp. 65-81.
110. Hunter, J. E., F. L. Schmidt, and M. K. Judiesch. "Individual Differences in Output Variability as a Function of Job Complexity." *Journal of Applied Psychology* 74(1990), pp. 28-42.
111. Curphy, G. J. *The Accelerated Coaching Program Training Manual*. North Oaks, MN: Curphy Consulting Corporation, 2003.
112. Peterson, D. B., and M. D. Hicks. *Professional Coaching: State of the Art, State of the Practice*. Minneapolis, MN: Personnel Decisions International, 1998.
113. Cashman, K., and J. Forem. *Awakening the Leader Within*. Hoboken, NJ: John Wiley & Sons, 2003.
114. Sherman, S., and A. Freas. "The Wild West of Executive Coaching". *Harvard Business Review*, November 2004, pp. 82-93.
115. Kaiser, R. B., and R. B. Kaplan. "The Deeper Work of Executive Development: Outgrowing Sensitivities." *Academy of Management Learning & Education* 5(4)(2006), pp. 463-83.
116. Kilburg, R. R. "Trudging Toward Dodoville: Conceptual Approaches and Case Studies in Executive Coaching." *Consulting Psychology Journal* 56(4)(2004), pp. 203-13.
117. Lowman, R. L. "Executive Coaching: The Road to Dodoville Needs Paving with More than Good Assumptions." *Consulting Psychology Journal* 57(1)(2005), pp. 90-96.
118. Evers, W. J. G., A. Brouwers, and W. Tomic. "A Quasi-Experimental Study on Management Coaching Effectiveness." *Consulting Psychology Journal* 58(3)(2006), pp. 174-82.
119. Peterson, D. B., and J. Millier "The Alchemy of Coaching: You're Good, Jennifer, But You Could Be Really Good." *Consulting Psychology Journal* 57(1)(2005), pp. 14-40.
120. Bowles, S. V., and J. J. Picano. "Dimensions of Coaching Related to Productivity and Quality of Life." *Consulting Psychology Journal* 58(4)(2006), pp.232-39.
121. Waldman, D. A. "Does Working with an Executive coach Enhance the Value of Multi source Performance Feedback?" *Academy of Management Executive* 17(3)(2003), pp. 146-48.
122. Peterson, D. B. *Individual Coaching Services: Coaching That Makes a Business Difference*. Minneapolis, MN: Personnel Decisions International, 1999.
123. Taylor, P. J., D. F. Russ-Eft, and D. W. L. Chan. "A Meta-analytic Review of Behavioral Modeling Training." *Journal of Applied Psychology* 90(4)(2005), pp. 692-709.
124. Passmore, J. "An Integrative Model for Executive Coaching." *Consulting Psychology Journal* 59(1)(2007), pp. 68-78.
125. Ragins, B. R., and J. L. Cotton. "Mentoring Function and Outcomes: A Comparison of Men and Women in Formal and

Informal Mentoring Relationship."*Journal of Applied Psychology* 84, no. 4(1999), pp. 529-40.
126. Ragins, B. R., and J. L. Cotton, and J. S. Miler. "Marginal Mentoring: The Effects of Types of Mentor, Quality of Relationship, and Program Design of Work and Career Attiudes." *Academy of management Journal* 43, no. 6(2000), pp. 1177-94.
127. Thomas, D. A. "The Truth about Mentoring Minorities: Race Matters." *Harvard Business Review*, April 2001. pp. 98-111.
128. Menttium. *Menttium 100: Cross-Company Mentoring for High Potential Women.* Minneapolis, MN: The Menttium Corporation, 2007.
129. Allen, T. D., L. T. Eby, M. L. Poteet, E. Lentz, and L. Lima. "Career Benefits Associated with Mentoring for Proteges: A Meta-analysis." *Journal of Applied Psychology* 89(1)(2004), pp. 127-36.
130. Allen, T. D., L. T. Eby, and E. Lentz. "Mentorship Behaviors and Mentorship Quality Associated with Formal Mentoring Program: Closing the Gap between Research and Practice." *Journal of Applied Psychology* 91(3)(2006), pp.567-78.
131. Allen, T. D., L. T. Eby, and E. Lentz. "The Relationship between Fornal Mentoring Program Characteristics and Perceived Program Effectiveness." *Personnel Psychology* 59(2006), pp. 125-53.
132. Eby, L. T., M. Butts, A. Lockwood, and S. A. Simon. "Proteges' Negative Mentoring Experiences: Construct Development and Nomological Validation." *Personnel Psychology* 57(2)(2004), pp. 411-48.
133. Abrahams, M. "Making Mentoring Pay." *Harvard Business Review*, June 2006, p. 21.
134. Steinberg, A. G., and D. M. Foley. "Mentoring in the Army: From Buzzword to Practice." *Military Psychology* 11, no. 4(1999), pp. 365-80.
135. Lall, R. "Mentoring Experiences of Retired Navy Admirals." Paper presented at Personnel Decisions International, Denver, CO, May 6, 1999.
136. De Janasz, S. C., S. E. Sullivan, and V. Whiting. "Mentor Networks and Career Success: Lessons for Turbulent Times." *Academy of Management Executive* 17(3)(2003), pp. 78-88.

Part 3

Chapter 9

1. Hunter, J. E., F. L. Schmidt, and M. K. Judiesch. "Individual Differences in Output Variability as a Function of Job Complexity." *Journal of Applied Psychology* 74(1990), pp. 28-42.
2. Matson, E., and L. Prusak. "The Performance Variability Dilemma." *MIT Sloan Management Review* 45(1)(2003), pp. 38-44.
3. Associated Press. "Democrats Hit Troop Extensions." April 12, 2007. http://www. military.com/NewsContent.
4. Huselid, M. A. "The Impact of Human Resource Practices on Turnover, Productivity, and Corporate Financial Performance." *Academy of Management Journal* 38, no. 4(1995), pp. 635-72.
5. Sirota Consulting. *Establishing the Linkages between Employee Attitudes, Customer Attitudes, and Bottom-Line Results.* Chicago: Author, 1998.
6. Koys, D. J. "The Effects of Employee Satisfaction, Organizational Citizenship Behavior, and Turnover on Organizational Effectiveness: A Unit-Level, Longitudinal Study." *Personnel Psychology* 54, no. 1(2001), pp. 101-14.
7. Pugh, S. D., J. Dietz, J. W. Wiley, and S. M. Brooks. "Driving Service Effectiveness Through Emplotee-Customer Linkages." *Academy of Management Executive* 16(4) (2002), pp. 73-81.
8. Koene, B. A. S., A. L. W. Vogelarr, and J. L. Soeters. "Leadership Effects on Organizational Climate and Financial Performance: Local Leadership Effect in Chain Organizations." *The Leadership Quarterly* 13(3)(2002), pp. 193-216.
9. Gelade, G. A., and M. Ivery. "The Impact of Human Resource Management and Work Climate on Organizational Performance." *Personnel Psychology* 56(2)(2003), pp. 383-404.
10. Carr, J. Z., A. M. Schmidt, J. K. Ford, and R. P. DeShon. "Climate Perceptions Matter: A Meta-analytic Path Analysis Relating Molar Climate, Cognitive and Affective States, and Individual Level Work Outcomes." *Journal of Applied Psychology* 89(4)(2004), pp. 605-19.
11. Smithey-Fulmer, I., B. Gerhart, and K. S. Scott."Are the 100 Best Better? An Empirical Investigation of the Relationship between Being a 'Great Place to Work' and Firm Performance." *Personnel Psychology* 56(4)(2003), pp. 965-93.
12. McFarlin, D. B. "Hard Day's Work: A Boon for Performance but a Bane for Satisfaction?" *Academy of Management Perspectives* 20(3)(2006), pp. 115-16.
13. Hewlett, S. A., and C. Buck Luce. "Extreme Jobs: The Dangerous Allure of the 70-Hour Work Week." *Harvard Business Review*, December 2006, pp. 48-49.
14. Rode, J. C., M. L. Arthaud-Day, C. H. Mooney, J. P. Near, T. T. Baldwin, W. H. Bommer, and R. S. Rubin. "Life Satisfaction and Student Performance." *Academy of Management Learning & Education* 4(4)(2005), pp. 421-33.
15. Shaw, J. D., N. Gupta, and J. E. Delery, "Alternative Conceptualizations of the Relationship between Voluntary Turnover and Organizational Performance." *Academy of Management Journal* 48(5)(2005), pp. 50-68.

16. Kiewitz, C. "Happy Employees and Firm Performance: Have We Been Putting the Cart before the Horse?" *Academy of Management Executive* 18(2)(2004), pp. 127-29.
17. Schneider, B., P. J. Hanges, D. B. Smith, and A. N. Salvaggio. "Which Comes First: Employee Attitudes or Organizational Financial and Market Performance?" *Journal of Applied Psychology* 88(5)(2003), pp. 836-51; Schneider, J. "The Cultural Situation as a Condition of Fame." *American Sociology Review* 2(1937), pp. 480-91.
18. Kanfer, R. "Motivation Theory in Industrial and Organizational Psychology." In *Handbook of Industrial and Organizational Psychology*. Vol. 1. Eds. M. D. Dunnette and L. M. Hough. Palo Alto, CA: Consulting Psychologists Press, 1990, pp. 75-170.
19. Locke, E. A., and G. P. Latham. "What Should We Do about Motivation Theory? Six Recommendations for the Twenty-First Century." *Academy of Management Review* 29(3)(2004), pp. 388-403.
20. Steers, R. M., R. T. Mowday, and D. L. Shapiro. "The Future of Work Motivation Thoery." *Academy of Management Review* 29(3)(2004), pp. 379-87.
21. Campbell, J. P., and R. D. Pritchard. "Motivation Theory in Industrial and Organizational Psychology." In *Handbook of Industrial and Organizational Psychology*." Ed. M. D. Dunnette. Chicago: Rand McNally, 1976, pp. 60-130.
22. Miller, W. R., and S. Rollnick. *Motivational Interviewing: Preparing People to Change Addictive Behavior*. New York: Guildford Press, 1991.
23. Saal, F. E., and P. A. Knight. *Industrial Organizational Psychology: Science and Practice*. Belmont, CA: Brooks/Cole, 1988.
24. Judge, T. A., C. J. Thoresen, J. E. Bono, and G. K. Patton. "The Job Satisfaction-Job Performance Relationship: A Qualitative Review." *Psychological Bulletin* 127(2001), pp. 376-407.
25. Judge, T. A., and R. Ilies. "Relationship of Personality to Performance Motivation: A Meta-analytic Review." *Journal of Applied Psychology* 87(4)(2002), pp. 797-807.
26. Campbell, D. P., and S. Hyne. *Manual for the Revised Campbell Organizational Survey*. Minneapolis, MN: National Computer Systems, 1995.
27. Health, Education, and Welfare Task Force. *Work in America*. Cambridge, MA: MIT Press, 1973.
28. Hoppock, R. *Job Satisfaction*. New York: Harper, 1935.
29. Smith, F. J., K. D. Scott, and C. L. Hulin. "Trends in Job-Related Attitudes in Managerial and Professional Employees." *Academy of Management Journal* 2(1977), pp. 454-60.
30. Staines, G. L., and R. P. Quinn. "American Workers Evaluate the Quality of Their Jobs." *Monthly Labor Review* 102, no. 1(1979), pp. 3-12.
31. Tepper, B. J., M. K. Duffy, J. Hoobler, and M. D. Ensley. "Monderators of the Relationships between Coworkers' Organizational Citizenship Behaviors and Fellow Employees' Attitudes." *Journal of Applied Psychology* 89(3)(2004), pp. 455-65.
32. Cropanzano, R., D. E. Rupp, and Z. S. Byrne. "The Relationship of Emotional Exhaustion to Work Atiitudes, Job Performance, and Organizational Citizenship Behaviors." *Journal of applied Psychology* 88(1)(2003), pp. 160-69.
33. Ilies, R., B. A. Scott, and T. A. Judge. "The Interactive Effects of Personality Traits and Experienced States on the Intraindividual Patterns of Behavior." *Academy of Management Journal* 49(3)(2006), pp. 561-75.
34. Dineen, B. R., R. J. Lewicki, and E. C. Tomlinson. "Supervisory Guidance and Behavioral Integrity: Relationships with Employee Citizenship and Deviant Behavior. *Journal of Applied Psychology* 91(3)(2006), pp. 622-35.
35. Dalal, R. S. "A Meta-analysis of the Relationship between Organizational Citizenship Behavior and Counterproductive Work Behavior." *Journal of Applied Psychology* 90(6)(2005), pp. 1241-55.
36. Brockner, J. "Why It's So Hard to Be Fair." *Harvard Business Review*, March 2006, p. 122-30.
37. Mills, V. "Longer Hours, Extra Work." *Orlando Sentinel*, June 16, 1999, p. 3C.
38. Hales, D., and R. E. Hales. "Is Work Driving You Mad?" *Parade Magazine*, March 18, 2001, pp. 8-9.
39. Curphy, G. J. "Comments on the States of Leadership Prediction." In *Predicting Leadership: The Good, The Bad, The Indifferent, and the Unnecessary*. J. P. Campbell and M. J. Benson(chairs). Symposium conducted at the 22nd Annual Conference for the Society of Industrial and Organizational Psychology, New York, April 2007.
40. Curphy, G. J., M. J. Benson, A. Baldrica, and R. T. Hogan. *Managerial Incompetence*, Unpublished manuscript, 2007.
41. Curphy, G. J., R. T. Hogan. "Managerial Incompetence: Is There a Dead Skunk on the Table?" Working paper, 2004.
42. McElroy, J. C., P. C. Morrow, and S. N. Rude. "Turnover and Organizational Performance: A Comparative Analysis of the Effects of Voluntary, Involuntary, and Reduction-in-Force Turnover." *Journal of Applied Psychology* 86(6)(2001), pp. 1294-99.
43. Krug, J. A. "Why Do They Keep Leaving?" *Harvard Business Review*, February 2003, pp. 14-15.
44. Charan, R., S. Drotter, and J. Noel. *The Leadership Pipeline: How to Build the Leadership-Powered Company*. San Francisco: Jossey-Bass, 2001.
45. Pfau, B. N., and S. A. Cohen. "Aligning Human Capital Practices and Employee Behavior with Shareholder Value." *Consulting*

Psychology Journal 55(3)(2003), pp. 169-78.
46. Huselid, M. A., R. W. Beatty, and B. E. Becker. "A Players or A Positions? The Strategic Logic of Workforce Management." *Harvard Business Review*, December 2005, pp. 110-21.
47. Curphy, G. J., and R. T. Hogan. "What We Really Know about Leadership(But Seem Unwilling To Implement)." Working paper, 2004.
48. Hogan, R. T. *Personality and the Fate of Organizations*. Mahwah, NJ: Lawrence Erlbaum Associates, 2007.
49. Campbell, J. P. "The Cutting Edge of Leadership: An Overview." In *Leadership: The Cutting Edge*. Eds. J. G. Hunt and L. L. Larson. Carbondale: Southern Illinois University Press, 1977.
50. Campbell, J. P. "Training Design for Performance Improvement." In *Productivity in Organizations: New Perspectives from Industrial and Organizational Psychology*. Eds. J. P. Campbell, R. J. Campbell, and Associates. San Francisco: Jossey-Bass, 1988, pp. 177-216.
51. Iaffaldano, M. T., and P. M. Muchinsky. "Job Satisfaction and Job Performance: A Meta-analysis." *Psychological Bullentin* 97(1985), pp. 251-73.
52. Locke, E. A. and G. P. Latham. "Work Motivation and Satisfaction: Light at the End of the Tunnel." *Psychological Science* 1(1990), pp. 251-73.
53. Maslow, A. H. *Motivation and personality*. New York: Harper & Row, 1954.
54. Alderfer, C. P. "An Empirical Test of a New Theory of Human Needs." *Organizational Behavior and Human Performance* 4(1969), pp. 142-75.
55. Betz, E. L. "Two Tests of Maslow's Theory of Need Fulfillment." *Journal of Vocational Behavior* 24(1984), pp. 204-20.
56. Atkinson, J. W. "Motivational Determinants of Risk Taking Behavior." *Psychological Review* 64(1957), pp. 359-72.
57. McClelland, D. C. *Power: The Inner Experience*. New York: Irvington, 1975.
58. Barrick, M. R., and M. K. Mount. "The Big Five Personality to Performance Motivation: A Meta-analysis." *Personal Psychology* 44(1991), pp. 1-26.
59. Judge, T. A., and R. Ilies. "Relationship of Personality to Performance Motivation: A Meta-analytic Review." *Journal of Applied Psychology* 87(4)(2002), pp. 797-807.
60. Hogan, R. T. and G. J. Curphy. *Personality and Managerial Competence*. Unpublished manuscript, 2007.
61. Curphy, G. J., and K. D. Osten. *Technical Manual for the Leadership Development Survey*. Technical Report No. 93-14. Colorado Springs, CO: U. S. Air Force Academy, 1993.
62. Curphy, G. J. *Users Guide and Interpretive Report for the Leadership Personality Survey*. Minneapolis, MN: Personnel Decisions International, 1998b.
63. Hogan, R. T., and J. Hogan. *Manual for the Hogan Personality Inventory*. Tulsa, OK: Hogan Assessment Systems, 1992.
64. Nilsen, D. L. *Using Self and Observers' Rating of Personality to Predict Leadership Performance*. Unpublished doctoral dissertation, University of Minnesota, 1995.
65. Hewlett, S. A. "Executive Women and the Myth of Having It All." *Harvard Business Review*, April 2002, pp. 66-67.
66. Curphy, G. J. *Hogan Assessment Systems Certification Workshop Training Manuals*. Tulsa, OK: Hogan Assessment Systems, 2003.
67. R. Gregory, R. T. Hogan, and G. J. Curphy, "Risk-Taking in the Energy Industry." *Well Connected* 5(6)(June 2003), pp. 5-7.
68. Britt, T. W. "Black Hawk Down at Work." *Harvard Business Review*, January 2003, pp. 16-17.
69. Hogan, J., and R. T. Hogan. *Motives, Values and Preferences Inventory*. Tulsa, OK: Hogan Assessment Systems, 1996.
70. Morse, G. "Why We Misread Motives." *Harvard Business Review*, January 2003, p. 18.
71. Deci, E. L. *Intrinsic Motivation*. New York: Plenum, 1975.
72. Boyatzis, R., A. McKee, and D. Goleman. "Reawakening Your Passion for Work." *Harvard Business Review*, April 2002, pp. 86-96.
73. Brett, J. M., and L. K. Stroh. "Working 61 Plus Hours a Week: Why Do Managers Do It?" *Journal of Applied Psychology* 88(1)(2003), pp. 67-78.
74. Halbesleben, J. R. B., and W. M. Bowler. "Emotional Exhaustion and Job Performance: The Mediating Role of Motivation." *Journal of Applied Psychology* 92(1)(2007), pp. 93-106.
75. Levinson, H. "Management by Whose Objectives?" *Harvard Business Review*, January 2003, pp. 107-16.
76. Calder, B. J., and B. M. Staw. "Self-Perception of Intrinsic and Extrinsic Motivation." *Journal of Personality and Social Psychology* 31(1975), pp. 599-605.
77. Eisenberger, R., and J. Cameron. "Detrimental Effects of Reward: Reality or Myth?" *American Psychologist* 51, no. 11(1996), pp. 1153-66.
78. Locke, E. A., and G. P. Latham. "Building a Practically Useful Theory of Goal Setting and Task Motivation: A 35-Year Odyssey." *American Psychologist* 57(9)(2002), pp. 705-18.

79. Locke, E. A. "Goal Setting Theory and Its Applications to the World of Business." *Academy of Management Executive* 18(4)(2004), pp. 124-25.
80. Latham, G. P. "The Motivational Benefits of Goal Setting. *Academy of Management Executive* 18(4)(2004), pp. 126-29.
81. Kerr, S., and S. Landauer. "Using Stretch Goal Setting." *Academy of Management Executive* 18(4)(2004), pp. 139-43.
82. Fried, Y., and L. Haynes Slowik. "Enriching Goal-Setting Theory with Time: An Integrated Approach." *Academy of Management Review* 29(3)(2004), pp. 404-22.
83. Locke, E. A. "Linking Goals to Monetary Incentives." *Academy of Management Executive* 18(4)(2004), pp. 130-33.
84. Eddleston, K. A., D. L. Kidder, and B. E. Litzky. "Who's the Boss? Contending with Competing Expectations from Customers and Management." *Academy of Management Executive* 16(4)(2002), pp. 85-94.
85. Imai, M. *Kaizen: The Key to Japan's Competitive Success*. New York: Random House, 1986.
86. Van Fleet, D. D., T. O. Peterson, E. W. Van Fleet. "Closing the Performance Feedback Gap with Expert Systems." *Academy of Management Executive* 19(3)(2005), pp. 35-42.
87. Davidson, O. B., and D. Eden. "Remedial Self-Fulfilling Prophecy: Two Field Experiments to Prevent Golem Effects among Disadvantaged Women." *Journal of Applied Psychology* 83, no.3(2000), pp. 386-98.
88. Eden, D., D. Geller, A. Gewirtz, R. Gordon-Terner, I. Inbar, M. Liberman, Y. Pass, I. Salomon-Segev, and M. Shalit. "Implanting Pygmalion Leadership Style through Workshop Training: Seven Field Experiments." *Leadership Quarterly* 11, no. 2(2000), pp. 171-210.
89. White, S. S., and E. A. Locke. "Problems with Pygmalion Effect and Some Proposed Solutions." *Leadership Quarterly* 11, no. 3(2000), pp. 389-416.
90. McNatt, D. B. "Ancient Pygmalion Joins Comtemporary Management: A Meta-analysis of the Result." *Journal of Applied Psychology* 83, no. 2(2000), pp. 314-21.
91. Tolman, E. C. *Purposeful Behavior in Animals and Men*. New York: Appleton- Century-Crofts, 1932.
92. Vroom, V. H. *Work and Motivation*. New York: John Wiley, 1964.
93. Porter, L. W., and E. E. Lawler, III. *Managerial Attitudes and Performance*. Homewood, IL: Dorsey, 1968.
94. Lawler, E. E., Ⅲ. *Motivation in Work Organizations*. Pacific Grove, CA: Brooks/Cole, 1973.
95. Day, D. D., H. P. Sin, and T. T. Chen. "Assessing the Burdens of Leadership: Effects of Formal Leadership Roles on Individual Performance over Time." *Personnel Psychology* 57(2004), pp. 573-605.
96. Adams, J. S. "Inequity in Social Exchange." In *Advances in Experimental Social Psychology*. Vol. 2. Ed. L. Berkowitz. New York: Academic Press, 1965, pp. 267-96.
97. Adams, J. S. "Toward an Understanding of Inequity." *Journal of Abnormal and Social Psychology* 67(1963), pp. 422-36.
98. Vecchio, R. P. "Predicting Worker Performance in Inequitable Settings." *Academy of Management Review* 7(1982), pp. 103-10.
99. Bandura, A., and E. A. Locke. "Negative Self-Efficacy and Goal Effects Revisited." *Journal of Applied Psychology* 88(1)(2003), pp. 87-99.
100. Arvey, R. D., and J. M. Ivancevich. "Punishment in Organizations: A Review, Propositions, and Research Suggetions." *Academy of Management Review* 5(1980), pp. 123-32.
101. Curphy, G. J. "What We Really Know about Leadership(But Seem Unwilling to Implement)." Presentation given at the Minnesota Professionals for Psychology Applied to Work, Minneapolis, MN, January 2004.
102. Anderson, L. S. *The Cream of the Corp*. Hastings, MN: Anderson Performance Improvement Company, 2003.
103. Markham, S. E., K. D. Scott, and G. H. McKee. "Recognizing Good Attendance: A Longitudinal Quasi-Experimental Field Study." *Personnel Psychology* 55(3)(2002), pp. 639-60.
104. Stajkovic, A. D., and F. Luthans. "Differential Effects of Incentive Motivators on Performance." *Academy of Management Journal* 44, no. 3(2001), pp. 580-90.
105. Luthans, F., and A. D. Stajkovic. "Reinforce for Performance: The Need to Go Beyond Pay and Even Rewards." *Academy of Management Executive* 13, no. 2(1999), pp. 49-57.
106. Bloom, M., and G. T. Milkovich. "Relationships among Risk, Incentive Pay, and Organizational Performance." *Academy of Management Journal* 41, no. 3(1998), pp. 283-97.
107. Jenkins, G. D., A. Mitra, N. Gupta, and J. D. Shaw. "Are Financial Incentives Related to Performance? A Meta-analytic Review of Empirical Research." *Journal of Applied Psychology* 83, no. 5(1998), pp. 777-87.
108. Komacki, J. L., S. Zlotnick, and M. Jensen. "Development of an Operant-based Taxonomy and Observational Index on Supervisory Behavior." *Journal of Applied Psychology* 83, no. 5(1998), pp. 260-69.
109. Pritchard, R. D., J. Hollenback, and P. J. DeLeo. "The Effects of Continuous and Partial Schedules of Reinforcement of Effort, Performance, and Satisfaction." *Organizational Behavior and Human Performance* 16(1976), pp. 205-30.
110. Luthans, F., and R. Kreitner. *Organizational Behavior Modification and Beyond: An Operant and Social Learning Approach*. Glenview, IL: Scott Foresman, 1985.

111. Podsakoff, P. M., and W. D. Todor. "Relationships between Leader Contingent and Punishment Behavior and Group Process and Productivity." *Journal of Management* 11(1985), pp. 55-73.

112. Podsakoff, P. M., and W. D. Todor, and R. Skov. "Effects of Leader Contingent and Noncontigent Reward and Punishment Behaviors on Subordinate Performance and Satisfaction." *Academy of Management Journal* 25(1982), pp. 810-25.

113. Arvey, R. D., G. A. Davis, and S. M. Nelson. "Use of Discipline in an Organization: A Field Study." *Journal of Applied Psychology* 69(1984), pp. 54-63.

114. Kohn, A. "Why Incentive Plans Cannot Work." *Harvard Business Review*, September-October 1993, pp. 54-63.

115. Quinn, R. E., and G. M. Spreitzer. "The Road to Empowerment: Seven Questions Every Leader Should Consider." *Organizational Dynamics*, Autumn 1997, pp. 37-49.

116. Wagner, S. H., C. P. Parker, and N. D. Christiansen. "Employees That Think and Act like Owners: Effects of Ownership Beliefs and Behaviors on Organizational Effectiveness." *Personnel Psychology* 56(4)(2003), pp. 847-71.

117. Srivastava, A., K. M. Bartol, and E. A. Locke. "Empowering Leadership in Management Teams: Effects on Knowledge Sharing, Efficacy, and Performance." *Academy of Management Journal* 49(6)(2006), pp. 1239-49.

118. Seibert, S. E., S. R. Silver, and W. A. Randolph. "Taking Empowerment to the Next Level: A Multiple-Level Model of Empowerment, Performance, and Satisfaction." *Academy of Management Journal* 47(3)(2004), pp. 332-49.

119. Ahearne, M., J. Mathis, and A. Rapp. "To Empower or Not Empower Your Sales Force? An Empirical Examination of the Influence of Leadership Empowerment Behavior on Customer Satisfaction and Performance." *Journal of Applied Psychology* 90(5)(2005), pp. 945-55.

120. Combs, J., Y. Liu, A. Hall, and D. Ketchen. "How Much Do High Performance Work Practices Matter? A Meta-analysis of Their Effects on Organizational Performance." *Personnel Psychology* 59(2006), pp. 502-28.

121. Offermann, L. R. "Leading and Empowering Diverse Followers." In *The Balance of Leadership and Followership*. Eds. E. P. Hollander and L. R. Offerman. Kellogg Leadership Studies Project. College Park: University of Maryland Press, 1997, pp. 31-46.

122. Xie, J. L., and G. Johns. "Job Scope and Stress: Can Job Scope Be Too High?" *Academy of Management Journal* 38, no. 5(1995), pp. 1288-1309.

123. Spreitzer, G. M. "Psychological Empowerment in the Workplace: Dimensions, Measurement, and Vaildation." *Academy of Management Journal* 38, no. 5(1995), pp. 1442-65.

124. Peterson, D. B., M. D. Hicks. *Leader as Coach: Strategies for Coaching and Developing Others.* Minneapolis, MN: Personnel Decisions International, 1996.

125. Ross, S., and G. J. Curphy. *Foundations of Leadership Executive Overview*. Presentation given to executives at Williams-Sonoma Inc., San Francisco, April 24, 2000.

126. Armour, S. "Bosses Held Liable for Keeping Workers." *USA Today*, April 12, 2000, p. 1B.

127. Sutherland, E. *Bosses Encouraged to Plat Nice*. Minneapolis, MN: Personnel Decisions International, 2000.

128. Butorac, T. "Recruitment and Retention: The Keys to Profitability at Calson Companies." Presentation given at Personnel Decisions International, Mineapolis, MN, June 11, 2001.

129. Rigby, D. "Look Before You Lay off." *Harvard Business Review*, April 2002, pp. 20-21.

130. Levine, D. S. *Disgruntled: The Darker Side of the World of Work*. New York: Berkley Boulevard Books, 1998.

131. Litzky, B. E., K. E. Eddleston, and D. L. Kidder. "The Good, The Bad, and the Misguided: How Managers Inadvertently Encourage Deviant Behaviors." *Academy of Management Perspectives* 20(1)(2006), pp. 91-103.

132. Organ, D. W., and K. Ryan. "A Meta-analytic Review of Attitudinal and Dispositional Predictors of Organizational Citizenship Behavior." *Personnel Psychology* 48(1995), pp. 775-802.

133. Bettencourt, L. A., K. P. Gwinner, M. L. Meuter. "A Comparison of Attitude, Personality, and Knowledge Predictors of Service-Oriented Organizational Citizenship Behaviors." *Journal of Applied Psychology* 86, no. 1(2001), pp. 29-41.

134. Mayer, R. C., and M. B. Gavin. "Trust in Management and Performance: Who Minds the Shop While Employees Watch the Boss?" *Academy of Management Journal* 48(5)(2005), pp. 874-88.

135. Tepper, B. J., M. K. Duffy, C. A. Henle, L. Schurer Lambert. "Procedural Injustice, Victim Precipitation, and Abusive Supervision." *Personnel Psychology* 59(2006), pp. 101-23.

136. Strauss, G. "Workers Hone the Fine Art of Revenge: Acts of Violence, Harassment toward Boss on Rise in Corporate World." *Denver Post*, August 24, 1998, p. 6E.

137. Colbert, A. E., M. K. Mount, J. K. Harter, L. A. Witt, and M. R. Barrick. "Interactive Effects of Personality and Perceptions of the Work Situation on Workplace Deviance." *Journal of Applied Psychology* 89(4)(2004), pp. 599-609.

138. Marcus, B., and H. Schuler. "Antecedents of Counterproductive Behavior at Work: A General Perspective." *Journal of Applied Psychology* 89(1)(2004), pp. 647-60.

139. Tett, R. P., and J. P. Meyer. "Job Satisfaction, Organizational Commitment, Turnover Intention, and Turnover: Path Analyses

Based on Meta-analytic Findings." *Personnel Psychology* 46(1993), pp. 259-93.

140. Curphy, G. J. "In-Depth Assessments, 360-Degree Feedback, and Development: Key Research Results and Recommended Next Steps." Presentation at the Annual Conference for HR Managers at US West Communications, Denver, CO, January 1998.

141. Peter, T. *The Circle of Innovation: You Can't Shrink Your Way to Greatness*. New York: Random House, 1997.

142. Schellenbarger, S. "Investors Seem Attracted to Firms with Happy Employees." *The Wall Street Journal*, March 19, 1997, p. 12.

143. Bedeian, A. G., and A. A. Armenakis. "The Cesspool Syndrome: How Dreck Floats to the Top of Declining Organizations." *Academy of Management Executive* 12, no. 1(1998), pp. 58-63.

144. Hom, P. W., and A. J. Kinicki. "Towards a Greater Understanding of How Dissatisfaction Drives Employee Turnover." *Academy of Management Journal* 44(5)(2001), pp. 975-87.

145. Campbell, D. P., G. J. Curphy, and T. Tuggle. 360 Degree Feedback Instruments: Beyond Theory. Workshop presented at the 10th Annual Conference of the Society for Industrial and Organizational Psychology, Orlando, FL, May 1995.

146. Morrel-Samuels, P. "Getting the Truth into Workplace Surveys." *Harvard Business Review*, February 2002, pp. 111-20.

147. Stone, A. "Army Sees Leaders of the Future Leaving Today." *USA Today*, April 18, 2000, p. 10A.

148. Associated Press. "Military Pay Soars." April 11, 2007, http://military.com/NewsContent.

149. Campbell, D. P., and S. Hyne. *Manual for the Revised Campbell Organizational Survey*. Minneapolis, MN: National Computer Systems, 1995.

150. Kleiman, C. "Survey: Job Satisfaction Can Be Costly to Employers." *Denver post*, June 22, 1997, p. J-4.

151. Ferlise, W. G. "Violence in the Workplace." *Labor and Employment Newsletter*. Washington, DC: Semmes, Bowen, & Semmes, Winter 1995.

152. Quigley, A. "Organizational Consequences of Workplace Aggression." In *Aggression in the Workplace: The Forgotten Problem.* R. T. Hogan and D. K. Sheldon(Chairs). Symposium conducted at the 14th Annual Conference of Industrial and Organizational Psychology, Atlanta, GA, May 1999.

153. Ilies, R., and Judge, T. A. "On the Heritability of Job Satisfaction: The Mediating Role of Job Characteristics." *Journal of Applied Psychology* 88(4)(2003), pp. 750-59.

154. Judge, T. A., J. E. Bono, and E. A. Locke. "Personality and Job Satisfaction: The Mediating Role of Job Characteristics." *Journal of Applied Psychology* 85, no. 2(2000), pp. 237-49.

155. Judge, T. A., and R. Ilies. "Is Positiveness in Organizations Always Desirable?" *Academy of Management Executive* 18(4)(2004), pp. 151-55.

156. Arvey, R. D., T. J. Bouchard, Jr., N. L. Segal, and L. M. Abraham. "Job Satisfaction: Environmental and Genetic Components." *Journal of Applied Psychology* 74(1989), pp. 187-92.

157. Herzberg, F. *Work and the Nature of Man*. Cleveland, OH: World Publishing, 1966.

158. Herzberg, F. "One More Time: How Do You Motivate Employees?" *Harvard Business Review*, January 2003, pp. 87-96.

159. Herzberg, F. "One More Time: How Do You Motivate Employees?" *Harvard Business Review*, January 2003, pp. 87-96.

160. Sheppard, B. H., R. J. Lewicki, and J. W. Minton. *Organizational Justice: The Search for Fairness in the Workplace*. New York: Lexington Books, 1972.

161. Trevino, L. K. "The Social Effects of Punishment in Organizations: A Justice Perspective." *Academy of Management Review* 17(1992), pp. 647-76.

162. Siegel, P. A., C. Post, J. Brockner, A. Y. Fishman, and C. Garden. "The Moderating Influence of Procedural Fairness on the Relationship between Work Life Conflict and Organizational Commitment." *Journal of Applied Psychology* 90(1)(2005), pp. 13-24.

163. Colquitt, J. A. "On the Dimensionality of Organizational Justice: A Construct Validation of a Measure." *Journal of Applied Psychology* 86, no.2(2001), pp. 425-45.

164. Colquitt, J. A., D. E. Conlon, M. J. Wesson, C. O. L. H. Porter, and K. Y. Ng. "Justice at the Millennium: A Meta-analytic Review of 25 Years of Organizational Justice Research." *Journal of Applied Psychology* 86, no. 2(2001), pp. 425-45.

165. Ambrose, M. L., and R. Cropanzano. "A Longitudinal Analysis of Organizational Fairness: An Examination of Reactions to Tenure and Promotion Decisions" *Journal of Applied Psychology* 88(2)(2003), pp. 266-75.

166. Tepper, B. J., and E. C. Taylor. "Relationships among Supervisors' and Subordinates' Procedural Justice Perceptions and Organizational Citizenship Behaviors." *Academy of Management Journal* 46(1)(2003), pp. 97-105.

167. Simons, T., and Q. Roberson. "Why Managers Should Care about Fairness: The Effects of Aggregate Justice Perceptions on Organizational Outcomes." *Journal of Applied Psychology* 88(3)(2003), pp. 432-43.

Chapter 10

1. Ginnett, R. C. "Effectiveness Begins Early: The Leadership Role in the Formation of Intra-Organizational Task Groups." Unpublished manuscript, 1992.
2. Shaw, M. *Group Dynamics: The Psychology of Small Group Dynamics*. 3rd ed. New York: McGraw-Hill, 1981.
3. Yukl, G. A. *Leadership in Organizations*. 1st ed. Englewood Cliffs, NJ: Prentice Hall, 1981.
4. Badin, I. J. "some Moderator Influences on Relationships between Consideration, Initiating Structure, and Organizational Criteria." *Journal of Applied Psychology* 59(1974), pp. 380-82.
5. Goodstadt, B. E., and D. Kipnis. "Situational Influences on the Use of Power." *Journal of Applied Psychology* 54(1970), pp. 201-07.
6. Kipnis, D., S. M. Schmidt, and I. Wilkinson. "Intraorganizational Influence Tactics: Explorations in Getting One's Way." *Journal of Applied Psychology* 65(1980), pp. 440-52.
7. Udell, J. G. "An Empirical Test of Hypotheses Relating to Span of Control." *Administrative Science Quarterly* 12(1967), pp. 420-39.
8. Bass, B. M. *Leadership, Psychology, and Organizational behavior*. New York: Harper, 1960.
9. Indik, B. P. "Organizational Size and Member Participation: Some Empirical Tests of Alternative Explanations." *Human Relations* 18(1965), pp. 339-50.
10. Steiner, I. D. *Group Process and Productivity*. New York: Academic Press, 1972.
11. Steiner, I. D. *Group Process and Productivity*. New York: Academic Press, 1972.
12. Latane, B., K. Williams, and S. Harkins. "Social Loafing." *Psychology Today*(1979), p. 104.
13. Porter, D. B., M. Bird, and A. Wunder. "Competition, Cooperation, Satisfaction, and the Performance of Complex Tasks among Air Force Cadets." *Current Psychology Research and Reviews* 9, no. 4(1991), pp. 347-54.
14. Zajonc, R. "Social Facilitation." *Science* 149(1965), pp. 269-74.
15. Tuckman, B. W. "Developmental Sequence in Small Group." *Psychological Bulletin* 63(1965), pp. 384-99.
16. Tuckman, B. W. "Developmental Sequence in Small Group." *Psychological Bulletin* 63(1965), pp. 384-99.
17. Mayo, E. *The Human Problems of an Industrial Civilization*. New York: Macmilllan, 1933.
18. Roethlisbeerger, F. J., and W. J. Dickson. *Management and the Worker: An Account of a Research Program Conducted by the Western Electric Company, Hawthorne Works, Chicago*. Cambridge: Harvard University Press, 1939.
19. Stogdill, R. M. "Group Productivity, Drive, and Cohesiveness." *Organizational Behavior and Human Performance* 8(1972), pp. 26-43.
20. Terborg, J. R., C. J. Castore, and J. A. DeNinno. "A Longitudinal Field Investigation of the Impact of Group Composition in Group Performance and Cohesion." Paper presented at the annual meeting of the Midwestern Psychological Association, Chicago, 1975.
21. Gersick, C. J. G. "Time and Transition in Work Teams: Toward a New Model of Group Development." *Academy of Management Journal* 31(1988), pp. 9-41.
22. Ginnett, R. C. "Airline Cockpit Crew." In *Groups That Work(and Those That Don't)*. Ed. J. Richard Hackman. San Francisco: Jossey-Bass, 1990.
23. Jamal, M. "Job Stress and Job Performance Controversy: An Empirical Assessment." *Organizational Behavior and Human Performance* 33(1984), pp. 1-21.
24. Zimbardo, P., C. Haney, W. Banks, and D. Jaffe. "The Mind Is a Formidable Jailer: A Pirandellian Prison." *New York Times Magazine*, April 8, 1973, pp. 38-60.
25. House, R. J., R. S. Schuler, and E. Levanoni. "Role Conflict and Ambiguity Scales: Reality or Artifact?" *Journal of Applied Psychology* 68(1983), pp. 38-60.
26. Rizzo, J. R., R. J. House, and S. I. Lirtzman. "Role Conflict and Ambiguity in Complex Organizations." *Administrative Science Quarterly* 15(1970), pp. 150-63.
27. Fisher, C. D., and R. Gitleson. "A Meta-analysis of the Correlates of Role Conflict and Ambiguity." *Journal of Applied Psychology* 68(1983), pp. 320-33.
28. Hackman, J. R. "Group Influences on Individuals." In *Handbook of Industrial and Organizational Psychology*. Ed. M. D. Dunnette. Chicago: Rand McNally, 1976.
29. Reilly, Rick. Sports Illustrated 104(15)(2006), p. 76.
30. Feldman, D. C. "The Development and Enforcement of Group Norms." *Academy of Management Review*, January 1984, pp. 47-53.
31. Hackman, J. Richard. *Leading Teams-Setting the Stage for Great Performances.* Boston, MA: Harvard Business School Press, 2002.
32. Alderfer, C. P. "Group and Intergroup Relations." In *Improving Life at Work.* Eds. J. R. Hackman and J. L. Suttle, Santa

Monica, CA: Goodyear, 1977.
33. Ginnett, R. C. "The Formation Process of Airline Flight Crews." *Proceedings of the Fourth International Symposium on Aviation Psychology.* Columbus, OH, 1987.
34. Janis, I. L. *Groupthink*. 2nd ed. Boston: Houghton Mifflin, 1982.
35. Janis, I. L. *Groupthink*. 2nd ed. Boston: Houghton Mifflin, 1982.
36. Janis, I. L. *Groupthink*. 2nd ed. Boston: Houghton Mifflin, 1982.
37. Shephard, J. E. "Thomas Becket, Ollie North, and You." *Military Review* 71, no.5(1991), pp. 20-33.
38. Robbins, S. P. *Organizational Behavior: Concepts, Controversies, and Applications.* Englewood Cliffs, NJ: Prentice Hall, 1986.
39. Hallam, G. L., and D. P. Campbell. "Selecting Team Members? Start with a Theory of Team Effectiveness." Paper presented at the Seventh Annual Meeting of the Society of Industrial/Organizational Psychologists, Montreal, Canada, May 1992.
40. Hallam, G. L., and D. P. Campbell. "Selecting Team Members? Start with a Theory of Team Effectiveness." Paper presented at the Seventh Annual Meeting of the Society of Industrial/Organizational Psychologists, Montreal, Canada, May 1992.
41. Hackman, J. R. *Groups That Work(and Those That Don't)*. San Francisco: Jossey-Bass, 1990.
42. Ginnett, R. C. "Crews as Groups: Their Formation and Their Leadership." In *Cockpit Resource Management*. Eds. E. Wiener, B. Banki, and R. Helmreich. Orlando, FL: Academic Press, 1993.
43. Ginnett, R. C. "Team Effectiveness Leadership Model: Identifying Leverage Points for Change." *Proceedings of the 1996 National Leadership Institute Conference*. College Park, MD: National Leadership Institute, 1996.
44. Hackman, J. R. "Groups Level Issues in the Design and Training of Cockpit Crews." In *Proceedings of the NASA/MAC Workshop on Cockpit Resource Management*. Eds. H. H. Orlady and H. C. Foushee. Moffett Field, CA: NASA Ames Research Center, 1986.
45. Ginnett, R. C. "Crews as Groups: Their Formation and Their Leadership." In *Cockpit Resource Management*. Eds. E. Wiener, B. Banki, and R. Helmreich. Orlando, FL: Academic Press, 1993.
46. Ginnett, R. C. "Crews as Groups: Their Formation and Their Leadership." In *Cockpit Resource Management*. Eds. E. Wiener, B. Banki, and R. Helmreich. Orlando, FL: Academic Press, 1993.
47. Ginnett, R. C. "Team Effectiveness Leadership Model: Identifying Leverage Points for Change." *Proceedings of the 1996 National Leadership Institute Conference*. College Park, MD: National Leadership Institute, 1996.
48. Ginnett, R. C. "Team Effectiveness Leadership Model: Design & Diagnosis." 12th Annual International Conference on Work Teams. Dallas, TX, 2001.
49. McGrath, J. E. *Leadership Behavior: Some Requirements for Leadership Training.* Washington, DC: Office of Career Development, U. S. Civil Service Commision, 1964.
50. Hackman, J. R. *Groups That Work(and Those That Don't)*. San Francisco: Jossey-Bass, 1990.
51. Smith, K. W., E. Salas, and M. T. Brannick. "Leadership Style as a Predictor of Teamwork Behavior: Setting the Stage by Managing Team Climate." Paper presented at the Ninth Annual Conference of the Society for Industrial and Organizational Psychology, Nashville, TN, 1994.
52. Hackman, J. R. *Groups That Work(and Those That Don't)*. San Francisco: Jossey-Bass, 1990.
53. Wheelan, S. A. *Group Processes*. Needham Heights, MA: Allyn & Bacon, 1994.
54. McGrath, J. E. *Leadership Behavior: Some Requirements for Leadership Training.* Washington, DC: Office of Career Development, U. S. Civil Service Commision, 1964.
55. Katzenbach, J. R., and B. K. Smith. *The Wisdom of Teams*. Boston: HarperBusiness, 1994.
56. Campbell, D. P., S. Hyne, and D. L. Nilsen. *Campbell Interests and Skill Survey Manual*. Minneapolis, MN: National Computer Systems, 1992.
57. Ginnett, R. C. "Crews as Groups: Their Formation and Their Leadership." In *Cockpit Resource Management*. Eds. E. Wiener, B. Banki, and R. Helmereich. Orlando, FL: Academic Press, 1993.
58. Ginnett, R. C. "Crews as Groups: Their Formation and Their Leadership." In *Cockpit Resource Management*. Eds. E. Wiener, B. Banki, and R. Helmereich. Orlando, FL: Academic Press, 1993.
59. Bandura, A. "Self-Efficacy: Toward a Unifying Theory of Behavioral Change." *Psychological Review 84*(1977), pp. 191-215.
60. Lindsley, D. H., D. J. Brass., and J. B. Thomas. "Efficacy-Performance Spirals: A Multilevel Perspective." *Academy of Management Review* 20(1995), pp. 645-78.
61. Guzzo, R. A., P. R. Yost, R. J. Campbell, and G. P. Shea. "Potency in Teams: Artiulating a Construct." *British Journal of Social Psychology* 32(1993), pp. 87-106.
62. Hackman, J. R. *Group That Work(and Those That Don't)*. San Francisco: Jossey-Bass, 1990.
63. Steiner, I. D. *Group Process and Productivity*. New York: Academic Press, 1972.
64. Kossler, M., and S. Prestridge. "Geographically Dispersed Teams." *Issues and Observations* 16(1996), pp. 2-3.

65. Lipnack, J., and J. Stamps. *Virtual Teams: Reaching across Space, Time and Organizations with Technology*. New York: John Wiley, 1997.
66. Conference Board. "Global Management Teams: A Perspective." *HR Executive Review* 4(1996).
67. Armstrong, D. J., and P. Cole. "Managing Distances and Differences in Geographically Distributed Work Group." In *Distributed Work*. Eds. P. Hinds and S. Kiesler, Cambridge, MA: MIT Press, 2002, pp. 167-89.
68. Hackman, J. R. *Group That Work(and Those That Don't)*. San Francisco: Jossey-Bass, 1990.
69. Ginnett, R. C. "Effectiveness Begins Early: The Leadership Role in the Formation of Intra-Organizational Task Groups." Unpublished manuscript, 1992.
70. Hallam, G. L., and D. P. Campbell. "Selecting Team Members? Start with a Theory of Team Effectiveness." Paper presented at the Seventh Annual Meeting of the Society of Industrial/Organizational Psychologists, Montreal, Canada, May 1992.

Part 4

Chapter 11

1. Hogan, R. T., and J. Hogan. *Manual for the Hogan Personality Inventory*. Tulsa, OK: Hogan Assessment Systems, 1992.
2. Yukl, G. *Leadership in Organizations*. 2nd ed. Englewood Cliffs, NJ: Prentice Hall, 1989.
3. Murphy, A. J. "A Study of the Leadership Process." *American Sociological Review* 6(1941), pp. 674-87.
4. Person, H. S. "Leadership as a Response to Environment." *Educational Record Supplement*, no. 6(1928), pp. 9-21.
5. Spiller, G. "The Dynamics of Greatness." *Sociological Review* 21(1929), pp. 218-32.
6. Schneider, J. "The Cultural Situation as a Condition for the Condition of Fame." *American Sociology Review* 2(1937), pp. 480-91.
7. Person, H. S. "Leadership as a Response to Environment." *Educational Record Supplement* no. 6(1928), pp. 9-21.
8. Bass, B. M. *Bass and Stogdill's Handbook of Leadership*. 3rd ed. New York: Free Press, 1990.
9. Merton, R. K. *Social Theory and Social Structure*. New York: Free Press, 1957.
10. Pfeffer, J., and G. R. Salancik. "Determinants of Supervisory Behavior: A Role Set Analysis." *Human Relations* 28(1975), pp. 139-54.
11. Tsui, A. "A Role Set Analysis of Managerial Reputation." *Organizaitonal Behavior and Human Preformance* 34(1984), pp. 64-96.
12. Hunt, J. G., and R. N. Osborn. "Toward a Macro-Oriented Model of Leadership: An Odyssey." In *Leadership: Beyond Establishment Views*. Eds. J. G. Hunt, U. Sekaran, and C. A. Schriesheim. Canbondale: Southern Illinois University Press, 1982, pp. 196-221.
13. Chandler, A. D. *Scale and Scope: The Dynamics of Industrial Capitalism.* Cambridge: Harvard University Press, 1990.
14. Kaplan, R. S., and D. P. Norton, *The Balanced Scorecard: Translating Strategy into Action*. Boston: Harvard Business School Press, 1996.
15. Hackman, J. R., and G. R. Oldham. "Motivation through the Design of Work: Test of a Theory." *Organizational Behavior and Human Performance* 16(1976), pp. 250-79.
16. Hackman, J. R., and G. R. Oldham. *Work Redesign*. Reading, MA: Addison-Wesley, 1980.
17. Bass, B. M. *Bass and Stogdill's Handbook of Leadership*. 3rd ed. New York: Free Press, 1990.
18. Hackman, J. R., and G. R. Oldham. *Work Redesign*. Reading, MA: Addison-Wesley, 1980.
19. House, R. J., and G. Dressler. "The Path-Goal Theory of Leadership: Some Post Hoc and A Priori Tests." In *Contingency Approaches to Leadership*. Eds. J. G. Hunt and L. L. Larson. Carbondale: Southern Illinois University Press, 1974.
20. Howell, J. P., and P. W. Dorfman. "Substitute for Leadership: Test of a Construct." *Academy of management Journal* 24(1981), pp. 714-28.
21. Howell, J. P., and P. W. Dorfman. "Leadership and Substitutes for Leadership among Professional and Nonprofessional Workers." *Journal of Applied Behavioral Science* 22(1986), pp. 29-46.
22. Kerr, S., and J. M. Jermier. "Substitutes for Leadership: Their Meaning and Measurement." *Organizational Behavior an Human Performance* 22(1978), pp. 375-403
23. Kipnis, D. "Technology, Power, and Control." *Research in the Sociology of Organizations* 3(1984a), pp. 125-56.
24. Hackman, J. R., and G. R. Oldham. *Work Redesign*. Reading, MA: Addison-Wesley, 1980.
25. House, R. J., and G. Dressler. "The Path-Goal Theory of Leadership: Some Post Hoc and A Priori Tests." *In Contingency Approaches to Leadership*. Eds. J. G. Hunt and L. L. Larson. Carbondale: Southern Illinois University Press, 1974.
26. Hersey, P., and K. H. Blanchard. *Management of Organizational Behavior: Utilizing Human Resources*. 3rd ed. Englewood Cliffs, NJ: Prentice Hall, 1977.
27. Hersey, P., and K. H. Blanchard. *Management of Organizational Behavior: Utilizing Human Resources*. 4th ed. Englewood Cliffs, NJ: Prentice Hall, 1984.

28. Hackman, J. R., and G. R. Oldham. *Work Redesign*. Reading, MA: Addison-Wesley, 1980.
29. House, R. J., and G. Dressler. "The Path-Goal Theory of Leadership: Some Post Hoc and A Priori Tests." *In Contingency Approaches to Leadership*. Eds. J. G. Hunt and L. L. Larson. Carbondale: Southern Illinois University Press, 1974.
30. Howell, J. P., and P. W. Dorfman. "Substitute for Leadership: Test of a Construct." *Academy of Management Journal* 24(1981), pp. 714-28.
31. Kerr, S., and J. M. Jermier. "Substitutes for Leadership: Their Meaning and Measurement." *Organizational Behavior and Human Performance* 22(1978), pp. 375-403.
32. Myers, I. B., and B. H. McCaulley. *Manual: A Guide to the Development and Use of the Myers-Briggs Type Indicator*. Palo Alto, CA: Consulting Psychologists Press, 1985.
33. Bass, B. M. *Bass and Stogdill's Handbook of Leadership*. 3rd ed. New York: Free Press, 1990.
34. Ford, J. D. "Department Context and Fomal Structure as Constraints on Leader Behavior." *Academy of Management Journal* 24(1981), pp. 274-88.
35. Yukl, G. *Leadership in Organizations*. 2nd ed. Englewood Cliffs, NJ: Prentice Hall, 1989.
36. Siegall, M., and L. L. Cummings. "Task Role Ambiguilty, Satisfaction, and the Moderating Effect of Task Instruction 출처." *Human Relations* 39(1986), pp. 1017-32.
37. Galbraith, J. *Designing Complex Organizations*. Menlo Park, CA: Addison-Wesley, 1973.
38. Fry, L., W. Kerr, and C. Lee. "Effects of Different Leader Behaviors under Different Level of Task Interdependence." *Human Relations* 39(1986), pp. 1067-82.
39. Luthans, F. S. A. Rosenkrantz, and H. W. Hennessy. "What Do Successful Managers Really Do? An Abservational Study of Managerial Activities." *Journal of Applied Behavioral Science* 21(1985), pp. 255-70.
40. Page, R. C., and W. W. Tornow. "Managerial Job Analysis: Are We Any Further Along?" Paper presented at a meeting of the Society of Industrial Organizational Psychology, Atlanta, GA, 1987.
41. Chitayat, G., and I. Venezia. "Determinates of Management Style in Bussiness and Nonbusiness Organizations" *Journal of Applied Psychology* 69(1984), pp. 437-47.
42. Kurke, L. B.,and H. E. Aldrich. "Mintzberg Was Right! A Replication and Extension of the Nature of Managerial Work." *Management Science* 29(1983), pp. 975-84.
43. Morrison, A. M., R. P. White, and E. Van Velsor. *Breaking the Glass Ceiling*. Reading, MA: Addison-Wesley, 1987; Morse, G. "Why We Misread Motives." *Harvard Business Review*, January 2003, p. 18.
44. Robbins, S. P. *Organizational Behavior: Concepts, Controversies, and Applications*. Englewood Cliffs, NJ: Prentice Hall, 1986.
45. Podsakoff, P. M. "Determinants of a Supervisor's Use of Rewards and Punishments: A Literature Review and Suggestions for Future Research." *Organizational Behavior and Human Performance* 29(1982), pp. 58-83.
46. Hammer, T. H., and J. Turk. "Organizational Determinants of Leader Behavior and Authority." *Journal of Applied Psychology* 71(1987), pp. 674-47. Bass, B. M. *Bass and Stogdill's Handbook of Leadership*. 3rd ed. New York: Free Press, 1990.
48. Austin, J. S., E. J. Conlon, and R. L. Daft. "Organizing for Effectiveness: A Guide to Using Structural Design for Mission Accomplishment." LMDC-TR-83-3-0. Maxwell AFB, AL: Leadership and Management Development Center, Air University, 1986.
49. *The Economist*, January 21, 2006. pp.3-18.
50. Bass, B. M. *Bass and Stogdill's Handbook of Leadership*. 3rd ed. New York: Free Press, 1990.
51. Sayles, L. *Leadership: What Effective Managers Really Do⋯and How They Do It*. New York: McGraw-Hill, 1979.
52. Hammer, T. H., and J. Turk. "Organizational Determinants of Leader Behavior and Authority." *Journal of Applied Psychology* 71(1987), pp. 674-82.
53. Kaplan, R. E. "The Warp and Woof of the General Manager's Jobs." In *Facilitating Work Effectiveness*. Eds. B. Schneider and D. Schoorman. Lexington, MA: Lexington Books, 1986.
54. Kanter, R. M. The Change Masters. New York: Simon&Schuster, 1983. ______ *Commitment and Community*. Cambridge: Harvard University Press, 1972.
55. Kaplan, R. E. "The Warp and Woof of the General Manager's Jobs." In *Facilitating Work Effectiveness*. Eds. B. Schneider and D. Schoorman. Lexington, MA: Lexington Books, 1986.
56. Schein, E. H. *Organizational Culture and Leadership: A Dynamic View*. San Francisco: Jossey-Bass, 1985.
57. Bass, B. M. *Bass and Stogdill's Handbook of Leadership*. 3rd ed. New York: Free Press, 1990.
58. Kozlowski, S. W. J., and M. L. Dotherty. "Integration of Climate and Leadership: Examination of a Neglected Issue." *Journal of applied psychology* 74(1989), pp. 546-53.
59. Schneider, B., P. J. Hanges, D. B. Smith, and A. N. Salvaggio. "Which Comes first: Employee Attitudes of Organizational Financial and Market Performance?" *Journal of Applied Psychology* 88(5)(2003), pp. 836-51; Schneider, J. "The Cultural

Situation as a Condition for the Condition of Fame." *American Sociology Review* 2(1937), pp. 480-91.

60. Bass, B. M. *Bass and Stogdill's Handbook of Leadership*. 3rd ed. New York: Free Press, 1990.
61. Kozlowski, S. W. J., and M. L. Doherty. "Integration of Climate and Leadership: Examination of an Neglected Issue." *Journal of Applied Psychology* 74(1989), pp. 546-53.
62. Bass, B. M. *Bass and Stogdill's Handbook of Leadership*. 3rd ed. New York: Free Press, 1990.
63. Kilmann, R. H. *Organizational Cultures: Their Assessment and Change*. San Francisco: Jossey-Bass, 1983.
64. Schein, E. H. Organizational Cultural and Leadership: A Dynamic View. San Francisco: Jossey-Bass, 1985.
65. Dumaine, B. "Creating a New Company Culture." *Fortune*, 1990, pp. 127-131.
66. Bass, B. M. *Leadership and performance beyond Expectations*. New York: Free Press, 1985.
67. Kouzes, J. M., and B. Z. Posner. *The Leadership Challenge: How to get Extraordinary Things Done in Organizations*. San Francisco: Jossey-Bass, 1987.
68. Schein, E. H. *Organizational Culture and Leadership: A Dynamic View*. San Francisco: Jossey-Bass, 1985.
69. Tichy, N. M., and M. A. Devanna. *The Transformational Leader*. New York: John Wiley, 1986.
70. Martin, J., and C. Siehl. "Organizational Culture and Counterculture: An Uneasy Symbiosis." *Organizational Dynamics* 11, no. 2(1983), pp. 52-64.
71. Emery, F. E., and E. L. Trist. "The Casual Texture of Organizational Environments." *Human Relations* 18(1965), pp.21-32.
72. Mitchell, T. R. "Review of In Search of Excellence versus The 100 Best Companies to Work for in America: A Question of Perspective and Values." *Academy of Management Review* 10(1985), pp. 350-55.
73. Peters, T. J., and R. H. Waterman. In *Search of Excellence*. New York: Harper&Row, 1982.
74. Levering, R. M. Moskowitz, and M. Katz. *The 100 Best Companies to Work for in America*. Reading, MA: Addison-Wesley, 1984.
75. Simpson, W. G., and T. C. Treland. "Managerial Excellence and Shareholder Returns." *American Association of Individual Investors Journal* 9(1987), pp. 4-8.
76. Bass, B. M. *Bass and Stogdill's Handbook of Leadership*. 3rd ed. New York: Free Press, 1990.
77. Ungson, G. R., C. James, and B. H. Spicer. "The Effects of Regulatory Agencies on Organizations in Wood Products and High Technology/Electronics Organizations." *Academy of Management Journal* 28(1985), pp. 426-45.
78. Woodward, J. *Industrial Organization*. London: Oxford University Press, 1965.
79. Burns, T., and G. M. Stalker. *The Management of Innovation*. London: Tavistock, 1961.
80. Lowrence, P. R., and J. W. Lorsch. "Differentiation and Integration in Complex Organizations." *Administrative Science Quarterly* 12(1967a),pp. 1-47; Lawrence, P. R., and J. W. Lorsch. *Organization and Environment*. Boston: Harvard University Press, 1967b.
81. Bass, B. M. *Leadership and Performance beyond Expectations*. New York: Free Press, 1985.
82. Curphy, G. J. "An Empirical Investigation of Bass'(1985) Theory of Transformational and Transactional Leadership." PhD dissertation, University of Minnesota, 1991a; Curphy, G. J. "Some Closing Remarks about the Use of Self-and-Other-Ratings of Personality and Behaviors." In *Multirater Assessment Systems: What We've Learned*. M. D. Dunnette, chair. Symposium conducted at the 99th American Psychological Association Convention, San Francisco, August 1991b.
83. Roberts, N. C., and R. T. Bradley. "Limits of Charisma." In *Charismatic Leadership: The Elusive Factor in Organizational Effectiveness*. Eds. J. A. Conger and R. N. Kanungo. San Francisco: Jossey-Bass, 1988, pp. 253-75.
84. Mulder, M. and A. Stemerding. "Threat, Attraction to Group, and Need for Strong Leadership." *Human Relations* 16(1963), pp. 317-34.
85. Mulder, M., R. D. de Jong, L. Koppelar, and J. Verhage. "Power, Situation, and Leader' Effectiveness: An Organizational Study." *Journal of Applied Psychology* 71(1986), pp. 566-70.
86. Pfeffer, J., and G. R. Salancik. "Determinants of Supervisory Behavior: A Role Set Analysis," *Human Relations* 28(1975), pp. 139-54.
87. Peters, T. J., and R. H. Waterman. In *Search of Excellence*. New York: Harper & Row, 1982.
88. Hackman, J. R., and G. R. Oldham. *Work Redesign*. Reading, MA: Addison-Wesley, 1980.
89. Herzberg, F. Work and the Nature of Man. Cleveland, OH: World Publishing, 1966.
90. Yukl, G. *Leadership in Organizations*. 2nd ed. Englewood Cliffs, NJ: Prentice Hall, 1989.

Chapter 12

1. Fiedler, F. E. "Reflections by an Accidental Theorist." *Leadership Quarterly* 6, no. 4(1995), pp. 453-61; ________. A *Theory of Leadership Effectiveness*. New York: McGraw-Hill, 1967.
2. Chemers, M. M. "The Social, Organizational, and Cultural Contest of Effective Leadership." In *Leadership: Multidisciplinary*

Perspectives. Ed. B. Kellerman. Englewood Cliffs, NJ: Prentice Hall, 1984.

3. Vroom, V. H., and P. W. Yetton. *Leadership and Decision Making*. Pittsburgh, PA: University of Pittsburgh Press, 1973.
4. Vroom, V. H., and P. W. Yetton. *Leadership and Decision Making*. Pittsburgh, PA: University of Pittsburgh Press, 1973.
5. Vroom, V. H., and P. W. Yetton. *Leadership and Decision Making*. Pittsburgh, PA: University of Pittsburgh Press, 1973.
6. Vroom, V. H., and P. W. Yetton. *Leadership and Decision Making*. Pittsburgh, PA: University of Pittsburgh Press, 1973.
7. Vroom, V. H., and P. W. Yetton. *Leadership and Decision Making*. Pittsburgh, PA: University of Pittsburgh Press, 1973.
8. Vroom, V. H., and P. W. Yetton. *Leadership and Decision Making*. Pittsburgh, PA: University of Pittsburgh Press, 1973.
9. Field, R. H. G. "A Test of the Vroom-Yetton Normative Model of Leadership." *Journal of Applied Psychology* 67(1982), pp. 523-32.
10. Vroom, V. H., and A. G. Jago. "Leadership and Decision Making: A Revised Normative Model." Paper presented at the Academy of Management Convention, Boston, MA, 1974.
11. Vroom, V. H., and A. G. Jago. *The New Theory of Leadership: Managing Participation in Organizations*. Englewood Cliffs, NJ: Prentice Hall, 1989.
12. Miner, J. B. "The Uncertain Future of the Leadership Concept: An Overview." In *Leadership Frontiers*. Eds. J. G. Hunt and L. L. Larson. Kent, OH: Kent State University, 1975.
13. Yukl, G. *Leadership in Organizations*. 2nd ed. Englewood Cliffs, NJ: Prentice Hall, 1989.
14. Yukl, G. A., and D. D. Van Fleet. "Theory and Research on Leadership in Organizations." In *Handbook of Industrial & Organizational Psychology*. Vol. 3. Eds. M. D. Dunnette and L. M. Hough. Palo Alto, CA: Consulting Psychologists Press, 1992, pp. 1-51.
15. Couch, A., and P. W. Yetton. "Manager Behavior, Leadership Style, and Subordinate Performance: An Empirical Extension of the Vroom- Yetton Conflict Rule." *Organizational Behavior and Human Decision Processes* 39(1987), pp. 384-96.
16. Hersey, P., and K. H. Blanchard. "Life Cycle Theory of Leadership." *Training and Development Journal* 23(1969), pp. 26-34.
17. Vecchio, R. P. "Situational Leadership Theory: An Examination of a Prescriptive Theory." *Journal of Applied Psychology* 72(1987), pp. 444-51.
18. Yukl, G. A., and D. D. Van Fleet. "Theory and Research on Leadership in Organizations." In *Handbook of Industrial & Organizational Psychology*. Vol. 3. Eds. M. D. Dunnette and L. M. Hough. Palo Alto, CA: Consulting Psychologists Press, 1992, pp. 1-51.
19. Fiedler, F. E. "Reflections by an Accidental Theorist." *Leadership Quarterly* 6, no. 4(1995), pp.453-61; ________. *A Theory of Leadership Effectiveness*. New York: McGraw-Hill, 1967.
20. Fiedler, F. E. "Reflections by an Accidental Theorist." *Leadership Quarterly* 6, no. 4(1995), pp.453-61; ________. *A Theory of Leadership Effectiveness*. New York: McGraw-Hill, 1967.
21. Fiedler, F. E. "The Contingency Model and the Dynamics of the Leadership Process." In *Advances in Experimental Social Psychology*. Ed. L. Berkowiz. New York: Academic Press, 1978.
22. Fiedler, F. E. "The Contingency Model and the Dynamics of the Leadership Process." In *Advances in Experimental Social Psychology*. Ed. L. Berkowiz. New York: Academic Press, 1978.
23. Kennedy, J. K. "Middle LPC Leaders and the Contingency Model of Leader Effectiveness." *Organizational Behavior and Human Performance* 30(1982), pp. 1-14.
24. Fiedler, F. E., and M. M. Chemers. *Improving Leadership Effectiveness: The Leader Match Concept*. 2nd ed. New York: John Wiley, 1982.
25. Fiedler, F. E. "Reflections by an Accidental Theorist." *Leadership Quarterly* 6, no. 4(1995), pp.453-61; ________. *A Theory of Leadership Effectiveness*. New York: McGraw-Hill, 1967.
26. Hersey, P., and K. H. Blanchard. "Life Cycle Theory of Leadership." *Training and Development Journal* 23(1969), pp. 26-34.
27. Hersey, P., and K. H. Blanchard. *Management of Organizational Behavior: Utilizing Human Resources*. 4th ed. Englewood Cliffs, NJ: Prentice Hall, 1982.
28. Fiedler, F. E. "The Contingency Model and the Dynamics of the Leadership Process." In *Advances in Experimental Social Psychology*. Ed. L. Berkowiz. New York: Academic Press, 1978.
29. Fiedler, F. E. "Cognitive Resources and Leadership Performance." *Applied Psychology: An International Review* 44, no.1(1995), pp. 5-28.
30. Fiedler, F. E., and M. M. Chemers. *Improving Leadership Effectiveness: The Leader Match Concept*. 2nd ed. New York: John Wiley, 1982.
31. Peters, L. H., D. D. Harke, and J. T. Pohlmann. "Fiedler's Contingency Theory of Leadership: An Application of the Meta-analytic Procedures of Schmidt and Hunter." *Psychology Bulletin* 97(1985), pp. 274-85.
32. Strube, M. J., and J. E. Garcia. "A Meta-analytic Investigation of Fiedler's Contingency Model of Leadership Effectiveness." *Psychology Bulletin* 90(1981), pp. 307-21.

33. Peters, L. H., D. D. Hartke, and J. T. Pohlmann. "Fiedler's Contingency Theory of Leadership: An Application of the Meta-analytic Procedures of Schmidt and Hunter." *Psychological Bulletin* 97(1985), pp. 274-85.
34. Kennedy, J. K. "Middle LPC Leaders and the Contingency Model of Leader Effectiveness." *Organizational Behavior and Human Performance* 30(1982), pp. 1-14.
35. Rice, R. W. "Construct Validity of the Least Preferred Co-Worker Score." *Psychology Bulletin* 85(1978), pp. 1199-1237.
36. Schriesheim, C. A., and S. Kerr. "Theories and Measures of Leadership: A Critical Appraisal of Current and Future Directions." In *Leadership: The Cutting Edge*. Eds. J. G. Hunt and L. L. Larson. Carbondale, IL: Southern Illinois University Press, 1977.
37. Jago, A. G., and J. W. Ragan. "The Trouble with Leader Match Is That It Doesn't Match Fiedler'S Contingency Model." *Journal of Applied Psychology* 71(1986a), pp. 555-59.
38. Jago, A. G., and J. W. Ragan. "Some Assumptions Are More Troubling than Others: Rejoinder to Chemers and Fiedler" *Journal of Applied Psychology* 71(1986b), pp. 564-65.
39. Jago, A. G., and J. W. Ragan. "The Trouble with Leader Match Is That It Doesn't Match Fiedler's Contingency Model." *Journal of Applied Psychology* 71(1986a) pp. 555-59.
40. Jago, A. G., and J. W. Ragan. "Some Assumptions Are More Troubling than Others: Rejoinder to Chemers and Fiedler." *Journal of Applied Psychology* 71(1986b), pp. 564-65.
41. Vecchio, R. P. "Assessing the Validity of Fiedler's Contingency Model of Leadership Effectiveness: A Closer Look at Strube and Garcia." *Psychological Bulletin* 93(1983), pp. 404-08.
42. Evans, M. G. "The Effects of Supervisory Behavior on the Path-Goal Relationship." *Organizational Behavior and Human Performance* 5(1970), pp. 277-98.
43. House, R. J., and G. Dressler. "The Path-Goal Theory of Leadership: Some Post Hoc and A priori Tests." In *Contingency Approaches to Leadership*. Eds. J. G. Hunt and L. L. Larson. Carbodale, IL: Southern Illinois University Press, 1974.
44. Mitchell, T. R., C. M. Smyser, and S. E. Weed. "Locus of Control: Supervision and Work Satisfaction." *Academy of Management Journal* 18(1975), pp. 623-30.
45. Vroom, V. H., and P. W. Yetton. *Leadership and Decision Making*. Pittsburgh, PA: University of Pittsburgh Press, 1973.
46. Kerr, S., and J. M. Jermier. "Substitutes for Leadership: Their Meaning and Measurement." *Organizational Behavior and Human Performance* 22(1978), pp. 375-403.
47. Schriesheim, C. A., and A. S. DeNisi. "Task Dimensions as Moderators of the Effects of Instrumental Leadership: A Two Sample Replicated Test of Path-Goal Leadership Theory." *Journal of Applied Psychology* 66(1981), pp. 375-403.
48. Schriesheim, C. A., and S. Kerr. "Theories and Measures of Leadership: A Critical Appraisal of Current and Future Directions." In *Leadership: The Cutting Edge*. Eds. J. G. Hunt and L. L. Larson. Carbondale, IL: Southern Illinois University Press, 1977.
49. Yukl, G. *Leadership in Organizations*. 2nd ed. Englewood Cliffs, NJ: Prentice Hall, 1989.
50. Schriesheim, C. A., S. L. Castro, X. Zhou, and L. A. DeChurch. "An Investigation of Path-Goal and Transformational Leadership Thoery Predictions at the Individual Level of Analysis." *Leadership Quarterly* 17(2006), pp. 21-38.
51. Yukl, G. Leadership in Organizations, 2nd ed. Englewood Cliffs, NJ: Prentice Hall, 1989.
52. Yukl, G. A., and D. D. Van Fleet. "Theory and Research on Leadership in Organizations." In *Handbook of Industrial & Organizational Psychology*. Vol. 3. Eds. M. D. Dunnette and L. M. Hough. Palo Alto, CA: Consulting Psychologists Press, 1992, pp. 1-51.
53. Yukl, G. *Leadership in Organizations*, 2nd ed. Englewood Cliffs, NJ: Prentice Hall, 1989. p. 104.
54. Vroom, V. H., and P. W. Yetton. *Leadership and Decision Making*. Pittsburgh, PA: University of Pittsburgh Press, 1973.
55. Fiedler, F. E., "Reflections by an Accidental Theorist." *Leadership Quarterly* 6, no. 4(1995), pp. 453-61.
56. House, R. J., and G. Dressler. "The Path-Goal Theory of Leadership: Some Post Hoc and A Priori Tests." In *Contingency Approaches to Leadership*. Ed. J. G. Hunt and L. L. Larson. Carbondale, IL: Southern Illinois University Press, 1974.

Chapter 13

1. Bass, B. M. *Leadership and performance beyond Expectations.* New York: Free Press, 1985.
2. Bennis, W., and J. Goldsmith. *Learning to Lead*. Reading, MA: Perseus Books, 1997.
3. O'Toole, J. *Leading Change*. San Francisco Jossey-Bass, 1995.
4. Pritchett, P. Firing Up *Commitment during Organizational Change*. Dallas, TX: Pritchett and Associates, 2001.
5. McNulty, E. "Welcome Aboard(But Don't Change a Thing)." *Harvard Business Review*, October 2002, pp. 32-41.
6. Heifetz, R. A., and M. Linsky. "A Survival Guide for Leaders." *Harvard Business Review*, June 2002, pp.65-75.
7. Moss Kanter, R. "Leadership and the Psychology of Turnarounds." *Harvard Business Review*, June 2003, pp. 58-64.
8. Krile, J., G. J. Curphy, and D. Lund. *The Community Leadership Handbook*: *Framing Ideas, Building Relationships and Mobilizing Resources.* St Paul, MN: Fieldstone Alliance, 2005.

9. Ostroff, F. "Change Management in Government." *Harvard Business Review*, May 2006, pp. 141-53.
10. Rock, D., and J. Schwartz. "The Neuroscience of Leadership: Why Organizational Change Hurts." *Strategy + Business* 43(2006) pp. 71-79.
11. Kotter, J. "Leading Change: Why Transformation Change Efforts Faril." *Harvard Business Review*, January 2007,pp. 96-103.
12. Curphy, G. J. *The Competitive Advantage Program for Wheelabrator Technologies Incorporated*. North Oaks, MN: Author, 2006.
13. Curphy, G. J. *Leadership, Teams, and Change Program for the New York City Leadership Academy*. North Oaks, MN: Author, 2005.
14. Burns, J. M. *Leadership.* New York: Harper&Row, 1978.
15. Kanter, R. M. *The Change Masters*. New York: Simon & Schuster, 1983.
16. Bennis, W. G., and B. Nanus. *Leaders: The Strategies for Taking Change*. New York: Harper & Row, 1985.
17. Tichy, N. M., and M. A. Devanna. *The Transformational Leader*. New York: John Wiley, 1986.
18. Bridges, W. *Managing Transitions: Making the Most of Change*. Reading, MA: Addison-Wesley, 1991.
19. Collins, J. C., and J. I. Porras. *Built to Last: Successful Habits of Visionary Companies*. Reading, MA: Perseus Books, 1997.
20. Treacy, M., and F. Wiersma. *The Discipline of Market Leaders*. Reading, MA: Perseus Books, 1997.
21. Beer, M. *Leading Change*. Reprint No. 9-488-037. Boston: Harvard Business School Publishing Division, 1988.
22. Beer, M. "Developing Organizational Fitness: Towards a Theory and Practice of Organizational Alignment." Paper presented at the 14th Annual Conference of the Society of Industrial and Organizational Psychology, Atlanta, GA, 1999.
23. Pritchett, P. *The Employee Guide to Mergers and Acquisitions*. Dallas, TX: Pritchett Rummler-Brache, 2002.
24. Heifetz, R. A., and D. L. Laurie. "The Work of Leadership." *Harvard Business Review*, December 2001, pp. 131-40.
25. Collins, J. *Good to Great*. New York: HarperCollins, 2001.
26. Curphy, G. J. *The Role of the Supervisor Program for Andersen Corporation.* North Oaks, MN: Author, 2005.
27. Tichy, N. M., and N. Cardwell. *The Cycle of Leadership: How Great Companies Teach Their Leaders to Win*. New York: HarperBusiness, 2002.
28. Curphy, G. J. *The Blandin Education Leadership Program*. Grand Rapids, MN: The Blandin Foundation, 2003.
29. Ibid.
30. Curphy, G. J. *The High Performing Team Program*. North Oaks, MN: Author, 2004.
31. Curphy, G. J. *The Team Leader Program*. North Oaks, MN: Author, 2004.
32. Senge, P. M. *The Fifth Discipline: The Art and Practice of the Learning Organization.* New York: Doubleday/Currency, 1994.
33. Dickson, M. W., D. B. Smith, M. W. Grojean, and M. G. Ehrhart. "An Organizational Climate regarding Ethics: The Outcome of Leader Values and the Practices That Reflect Them." *Leadership Quarterly* 12, no. 2(2001).
34. Marks, M. L., and P. H. Mirvis. "Making Mergers and Acquisitions Work" *Academy of Management Executive* 15, no(2001), pp. 80-94.
35. Pritchett, P., Pound. *Smart Moves: A Crash Course on Merger Integration Management*. Pritchett and Associates, 2001.
36. Ruvolo, C. M., and R. C. Bullis. "Essentials of Cultural Change: Lessons Learned the Hard Way." *Consulting Psychology Journal*, 55(3)(2003), pp. 155-68.
37. Huy, Q. N. "In Praise of Middle Managers." *Harvard Business Review*, September 2001, pp. 72-81.
38. Curphy, G. J., M. J. Benson, A. Baldrica, and R. T. Hogan. *Managerial Incompetence*. Unpublished Manuscript, 2007.
39. Bossidy, L., and R. Charan. *Execution: The Discipline of Getting Things Done.* New York: Crown Business Publishing, 2002.
40. Charan, R., and G. Colvin. "Why CEOs Fail." *Fortune*, June 21, 1999, pp. 69-82.
41. Hirschhorn, L. "Campaigning for Change." *Harvard Business Review*, July 2002, pp. 98-106.
42. Kvbler-Ross, E. *Living with Death and Dying*. New York: Macmillan, 1981.
43. Weber, M. *The Theory of Social and Economic Organization*. Ed. Talcott Parsons, trans. A. M. Henderson and T. Parsons. New York: Free Press, 1964.
44. Blau, P. M. "Critical Remarks on Weber's Theory of Authority." *American Political Science Review* 57, no. 2(1963), pp. 305-15.
45. Chinoy, E. *Society*. New York: Random House, 1961.
46. Wolpe, H. "A Critical Analysis of Some Aspects of Charisma." *Sociological Review* 16(1968), pp. 305-18.
47. Friedland, W. H. "For a Sociological Concept of Charisma." *Social Forces*, no. 1(1964), pp. 18-26.
48. Gerth, H. H., and C. W. Mills. *Max Weber: Essays in Sociology*. New York: Oxford University Press, 1946.
49. Kanter, R. M. *Commitment and Community*. Cambridge: Harvard University Press, 1972.
50. Tucker, R. C. "The Theory of Charismatic Leadership." *Daedalus* 97(1968), pp. 731-56.
51. Dow, T. E. "The Theory of Charisma." *Sociological Quarterly* 10(1969), pp. 306-18
52. Clark, B. R. "The Organizational Saga in Higher Education." *Administrative Science Quarterly* 17(1972), pp. 178-84.

53. Deveraux, G. "Charismatic Leadership and Crisis." *In Psychoanalysis and the Social Sciences.* Ed. W. Muensterberger and S. Axelrod. New York: International University Press, 1955.
54. Downton, J. V. *Rebel Leadership: Commitment and Charisma in the Revolutionary Process*. New York: Free Press, 1973.
55. Marcus, J. T. "Transcendence and Charisma." *Western Political Quarterly* 16(1961), pp. 236-41.
56. Shils, E. "Charisma, Order, and Status." *American Sociological Review* 30(1965), pp. 199-213.
57. Turner, N., J. Barling, O. Eptiropaki, V. Butcher, and C. Milner. "Transformational Leadership and Moral Reasoning." *Journal of Applied Psychology* 87(2)(2002), pp. 304-11.
58. Price, T. L. "The Ethics of Authentic Transformational Leadership." *Leadership Quarterly* 14(1)(2003), pp. 67-82.
59. Rubin, R. S., D. C. Munz, and W. H. Bommer. "Leading from Within: The Effects of Emotion Recognition and Personality on Transformational Leadership Behavior." *Academy of Management Journal* 48(5), 2005, pp. 845-58.
60. Bono, J. E., and R. Ilies. "Charisma, Positive Emotions, and Mood Contagion." *Leadership Quarterly* 17(2006), pp. 317-34.
61. Parameshwar, S. "Inventing Higher Purpose through Suffering: The Transformation of the Transformational Leader." *Leadership Quarterly* 17(2006), pp. 454-74.
62. Greer, M. "The Science of Savior Faire." *Monitor on Psychology*, January 2005, pp. 28-30.
63. Strange, J. M., and M. D. Munford. "The Origins of Vision: Effects of Reflection, Models, and Analysis." *Leadership Quarterly* 16(2005)pp. 121-48.
64. Yukl, G. "An Evaluation of Conceptual Weaknesses in Transformational and Charismatic Leadership Theories." *Leadership Quarterly* 10, no. 2(1999), pp. 285-306.
65. Hunt, J. G. "Transformational/Charismatic Leadership's Transformation of the Field: An Historical Essay." *Leadership Quarterly*, 10, no. 2(1999), pp. 129-44.
66. Conger, J. A., and J. G. Hunt. "Charismatic and Transformational Leadership: Taking Stock of the Present and Future." *Leadership Quarterly* 10, no. 2(1999), pp. 121-28.
67. Bass, B. M. "Two Decades of Research and Development in Transformational Leadership." *European journal of Work and organizational Psychology* 8, no. 1(1999), pp. 9-32.
68. Den Hartog, D. N., R. J. House, P. J. Hanges, S. A. Ruiz-Quintanilla, P. W. Dorfman, and associates. "Culture Specific and Cross-Culturally Generalizable Implicit Leadership Theories: Are Attributes of Charismatic/Transformational Leadership Universally Endorsed?" *Leadership Quarterly* 10, no. 2(1999), pp. 219-56.
69. Eagly, A. H., and Carli, L. L. "The Female Leadership Advantage: An Evaluation of Evidence." *Leadership Quarterly* 14(2003), pp. 807-34.
70. Rosener, J. B. "Ways Women Lead." *Harvard Business Review* 68(1990), pp. 119-25.
71. Druskat, V. U. "Gender and Leadership Style: Transformational and Transactional Leadership in the Roman Catholic Church." *Leadership Quarterly* 5, no. 1(1994), pp. 99-120.
72. Bass, B. M., and F. J. Yammarino. *Long-term Forecasting of Transformational Leadership and Its Effects among Naval Officers: Some Preliminary Findings*. Technical Report No. ONR-TR-2. Arlington, VA: Office of Naval Research, 1988.
73. Ross, S. M., and L. R. Offermann. "Transformational Leaders: Measurement of Personality Attributes and Work Group Performance." Paper presented at the Sixth Annual Society of Industrial and Organizational Psychologists Convention, St. Louis, MO, April 1991.
74. Avolio, B. J., and B. M. Bass. *Developing a Full Range of Leadership Potential: Cases on Transactional and Transformational Leadership*. Binghamton: State University of New York at Binghamton, 2000.
75. Bass, B. M. "Thoughts and Plans." *In Cutting Edge: Leadership 2000*. Eds. B. Kellerman and L. R. Matusak. Carbondale, IL: Southern Illinois University Press, 2000, pp. 5-9.
76. Curphy, G. J. "An Empirical Investigation of Bass'(1985) Theory of Transformational and Transactional Leadership." PhD dissertation, University of Minnesota, 1991.
77. Waldman, D. A., G. G. Ramirez, R. J. House, and P. Puranam. "Dose Leadership Matter? CEO Leadership Attributes and Profitability under Conditions of Perceived Environmental Uncertainty." *Academy of Management Journal* 44, no. 1(2001), pp. 134-43.
78. Dvir, T., D. Eden, B. J. Avolio, and B. Shamir. "Impact of Transformational Leadership pn Follower Development and Performance: A Field Experiment." *Academy of Management Journal* 45(4)(2002), pp. 735-44.
79. Bono, J. E. "Transformational Leadership: What We Know and Why You Should Care!" Presentation delivered to the Minnesota Professionals for Psychology Applied to Work, Minneapolis, MN, September, 2002.
80. Bass, B. M., B. J. Avolio, D. I. Jung, and Y. Berson. "Predicting Unit Performance by Assessing Transformational and Transactional Leadership." *Journal of Applied Psychology* 88(2)(2003), pp. 207-18.
81. Waldman, D. A., M. Javidan, and P. Varella. "Charismatic Leadership at the Strategic Level: A New Application of Upper Echelons Theory." *Leadership Quarterly* 15(3)(2004), pp. 355-80.

82. Judge, T. A., and R. F. Piccolo. "Transformational and Transactional Leadership: A Meta-analytic Test of Their Relative Validity." *Journal of Applied Psychology* 89(5)(2004), pp. 755-68.
83. Keller, R. T. "Transformational Leadership, Initiating Structure, and Substitutes for Leadership: A Longitudinal Study of Research and Development Project Team Performance." *Journal of Applied Psychology* 91(1)(2006), pp. 202-10.
84. Whittington, J. L., V. L. Goodwin, and B. Murray. "Transformational Leadership, Goal Difficulty, and Job Design: Independent and Interactive Effects ib Employee Outcomes." *Leadership Quarterly* 15(5)(2004), pp. 593-606.
85. Nemanich, L. A., and R. T. Keller. "Transformational Leadership in an Acquisition: A Field Study of Employees." *Leadership Quarterly* 18(1)(2007), pp. 49-68.
86. Conger, J. A. "Charismatic and Transformational Leadership in Organizations: An Insider's Perspective on These Developing Streams of Research." *Leadership Quarterly* 10, no. 2(1999), pp. 145-80.
87. Khurana, R. "The Curse of the Superstar CEO." *Harvard Business Review,* September 2002, pp. 60-67.
88. Tosi, H. L., V. F. Misangyi, A. Fanelli, D. A, Waldman, and F. J. Yammarino. "CEO Charisma, Compensation, and Firm Performance." *Leadership Quarterly,* 15(3)(2004), pp. 405-20.
89. Agle, B. R., N. J. Nagarajan, J. A. Sonnenfeld, and D. Srinivasan. "Does CEO Charisma Matter?" An Empirical Analysis of the Relationships among Organizational Performance, Environmental Uncertainty, and Top Management Team Perceptions of Charisma." *Academy of Management Journal* 49(1)(2006), pp. 161-74.
90. Conger, J. A., and R. N. Kanungo. *Charismatic Leadership in Organizations.* Thousand Oaks, CA: Sage, 1998.
91. House, R. J. "A 1976 Theory of Charismatic Leadership." In *Leadership: The Cutting Edge*. Eds. J. G. Hunt and L. L. Larson. Carbondale, IL: Southern Illinois University Press, 1977.
92. House, R. J., and B. Shamir. "Toward and Integration of Transformational, Charismatic, and Visionary Theories." In *Leadership Theory and Research Perspective and Directions*. Eds. M. Chemers and R. Ayman. Orlando, FL: Academic Press, 1993, pp. 577-94.
93. Shamir, B., R. J. House, and M. B. Arthur. "The Motivation Effects of Charismatic Leadership: A Self-Concept Based Theory." *Organizational Science* 4(1993), pp. 577-94.
94. Avolio, B. J., and B. M. Bass. "Transformational Leadership, Charisma, and Beyond." In *Emerging Leadership Vistas*. Eds. J. G. Hunt, B. R. Baliga, and C. A. Schriesheim. Lexington, MA: D. C. Heath, 1988.
95. Towler, A. J. "Effects of Charismatic Influence Training on Attitudes, Behavior, and Performance." *Personnel Psychology* 56(2), pp. 363-82.
96. Hooijberg, R., and J. Choi. "From Selling Peanuts and Beer in Yankee Stadium to Creating a Theory of Transformational Leadership: An Interview with Bernie Bass." *Leadership Quarterly* 11, no. 2(2000), pp. 291-300.
97. Boal, K. M., and J. M. Bryson. "Charismatic Leadership: A Phenomenal and Structural Approach." In *Emerging Leadership Vistas*. Eds. J. G. Hunt, B. R. Baliga, H. P. Dachler, and C. A. Schriesheim. Lexington, MA: Heath Company, 1988.
98. Kets de Vries, M. *The Leadership Mystique: A User's Guide for the Human Enterprise.* London: Financial Times/Prentice Hall, 2001.
99. Strange, J. M., and M. D. Mumford. "The Origins of Vision: Charismatic versus Ideological Leadership." *Leadership Quarterly* 13(4)(2002), pp. 343-78.
100. Mio, J. S., R. E. Riggio, S. Levin, and R. Reese. "Presidential Leadership and Charisma: The Effects of Metaphor." *Leadership Quarterly* 16(2005), pp. 287-94.
101. Wofford, J. C., and V. L. Goodwin. "A Cognitive Interpretation of Transformational and Transactional Leadership Theories." *Leadership Quarterly* 5(1994), pp. 161-86.
102. McKee, R. "Storytelling That Moves People: A Conversation with Screenwriting Coach Robert McKee." *Harvard Business Review*, June 2003, pp. 51-57.
103. Pauls, C. J., D. M. Horth, A. M. Selvin, and M. L. Pulley. "Exploration for Development: Developing Leaders by Making Shared Sense of Complex Challenges." *Consulting Psychology Journal* 55(1)(2003), pp. 26-40.
104. Berson, Y., B. Shamir, B. J. Avolio, and M. Popper. "The Relationship between Vision Strength, Leadership Style, and Context." *Leadership Quarterly* 12(1)(2001), pp. 53-74.
105. Berlew, D. E. "Leadership and Organizational Excitement." In *Organizational Psychology: A Book of Readings*. 2nd ed. Eds. D. A. Kolb, I. M. Rubin, and J. M. McIntyre. Englewood Cliffs, NJ: Prentice Hall, 1974.
106. Conger, J. A. *The Charismatic Leader*. San Francisco: Jossey-Bass, 1989.
107. Shamir, B., M. B. Arthur, and R. J. House. "The Rhetoric of Charismatic Leadership: A Theoretical Extension, a Case Study, and Implications for Research." *Leadership Quarterly* 5(1994), pp. 25-42.
108. Berson, Y., B. Shamir, B. J. Avolio, and M. Popper. "The Relationship between Vision Strength, Leadership Style, and Context." *Leadership Quarterly* 12(1)(2001), pp. 53-74.
109. Willner, A. R. *The Spellbinders: Charismatic Political Leadership*. New Haven: Yale University Press, 1984.

110. Berson, B., M., and B. J. Avolio, eds. *Increasing Organizational Effectiveness through Transformational Leadership.* Thousand Oaks, CA: Sage, 1994.

111. Bass, B. M. "Does the Transactional-Transformational Leadership Paradigm Transcend Organizational and National Boundaries?" *American Psychologist* 52, no. 3(1997), pp. 130-39.

112. Bass, B. M., and P. Steidlmeier. "Ethics, Character, and Authentic Transformational Leadership Behavior." *Leadership Quarterly* 10, no. 2(1999), pp. 181-218.

113. Sosik, J. J., B. J. Avolio, and D. I. Jung. "Beneath the Mask: Examining the Relationship of Self-Presentation and Impression Management to Charismatic Leadership." *Leadership Quarterly* 13(3)(2002), pp. 217-42.

114. Pillai, R., E. A. Williams, K. B. Lowe, and D. I. Jung. "Personality, Transformational Leadership, Trust, and the 2000 Presidential Vote." *Leadership Quarterly,* 14(2)(2003), pp. 161-92.

115. Van Kippenberg, B., and D. van Kippenberg. "Leader Self-Sacrifice and Leadership Effectiveness: The Moderating Role of Leader Prototypicality." *Journal of Applied Psychology* 90(1)(2005), pp. 25-37.

116. Judge, T. A., and J. E. Bono. "Five-Factor Model of Personality and Transformational Leadership." *Journal of Applied Psychology* 85, no. 5(2000), pp. 751-65.

117. Den Hartog, D. N., and R. M. Verburg. "Charisma and Rhetoric: Communicative Techniques of International Business Leaders." *Leadership Quarterly* 8, no. 4(1997), pp. 355-92.

118. Bass, B. M. *Bass and Stogdill's Handbook of Leadership*. 3rd ed. New York: Free Press, 1990.

119. Bono, J. E., and T. A. Judge. "Self-Concordance at Work: Toward Understanding the Motivational Effects of Transformational Leaders." *Academy of Management Journal,* 46(5)(2003), pp. 554-71.

120. Curphy, G. J. *Hogan Assessment Systems Certification Workshop Training Manuals*. Tulsa, OK: Hogan Assessment Systems, 2003.

121. Antonakis, J., and R. J. House. "On Instrumental Leadership: Beyond Transactions and Transformations." Presentation delivered at the UNL Gallup Leadership Summit, June 2004, Lincoln, Nebraska.

122. Howell, J. M., and P. Frost. "A Laboratory Study of Charismatic Leadership." *Organizational Behavior and Human Decision Precesses* 43(1988), pp. 243-69.

123. Howell, J. M., and B. Shamir. "The Role of Followers in the Charismatic Leadership Process: Relationships and Their Consequences." *Academy of Management Review* 30(1)(2005), pp. 96-112.

124. Ehrhart, M. G., K. J. Klein. "Predicting Followers' Preferences for Charismatic Leadership: The Influence of Follower Values and Personality," *Leadership Quarterly* 12, no. 2(2001), pp. 153-80.

125. Lord, R. G., and D. J. Brown. "Leadership, Values, and Subordinate Self-Concepts." *Leadership Quarterly* 12, no. 2(2001), pp. 133-52.

126. Kark, R., B. Shamir, and G. Chen. "The Two Faces of Transformational Leadership: Empowerment and Dependency." *Journal of Applied Psychology* 88(2)(2003), pp. 246-55.

127. Epitopaki, O., and R. Martin. "The Moderating Role of Individual Differences in the Relation between Transformational/Transactional Leadership Perception and Organizational Identification." *Leadership Quarterly* 16(2005), pp. 569-89.

128. Fox, S., and Y. Amichai-Hamburger. "The Power of Emotional Appeals in Promoting Organizational Change Programs." *The Academy of Management Executive* 15(4)(2001), pp. 84-94.

129. House, R. J., J. Woycke, and E. M. Fodor. "Charismatic and Noncharismatic Leaders: Differences in Behavior and Effectiveness." In *Charismatic Leadership: The Elusive Factor in Organizational Effectiveness*. Eds. J. A. Conger and R. N. Kanungo. San Francisco: Jossey-Bass, 1988, pp. 98-121.

130. Popper, M., and O. Mayseless. "Back to Basics: Applying a Parenting Perspective to Transformational Leadership." *Leadership Quarterly* 14(1)(2003), pp. 41-66.

131. Beyer, J. M. "Training and Promoting Charisma to Change Organizations." *Leadership Quarterly* 10, no. 2(1999), pp. 307-30.

132. Lim, B. C., and R. E. Ployhart. "Transformational Leadership: Relations to the Five-Factor Model and Team Performance in Typical and Maximum Contexts." *Journal of Applied Psychology* 89(4)(2004), pp. 610-21.

133. Hunt, J. G., K. B. Boal, and G. E. Dodge. "The Effects of Visionary and Crisis Responsive Charisma on Followers: An Experimental Examination of Two Kinds of Charismatic Leadership." *Leadership Quarterly* 10, no. 3(1999), pp. 423-48.

134. Madsen, D., and P. G. Snow. "The Dispersion of Charisma." *Comparative Political Studies* 16, no. 3(1983), pp. 337-62

135. Trice, H. M., and J. M. Beyer. "Charisma and Routinization in Two Social Movement Organizations." In *Research in Organizational Behavior*. Vol. 8. Eds. B. M. Staw and L. L. Cummings. Greenwich, CN: JAI Press, 1986.

136. Pawar, B. S., and K. K. Eastman. "The Nature and Implications of Contextual Influences on Transformational Leadership: A Conceptual Examination." *Academy of Management Review* 22, no. 1(1997), pp. 80-109.

137. Curphy, G. J. "The Effects of Transformational and Transactional Leadership on Organizational Climate, Attrition, and

Performance." In *Impact of Leadership*. Eds. K. E. Clark, M. B. Clark, and D. P. Campbell. Greensboro, NC: Center for Creative Leadership, 1992.

138. Pastor, J. C., J. R. Meindl, and M. C. Mayo. "A Network Effects Model of Charismatic Attributions." *The Academy of Management Journal* 45(2)(2002), pp. 410-20.
139. Bono, J. E., and M. H. Anderson. "The Advice and Influence Networks of Transformational Leaders." *Journal of Applied Psychology* 90(6), pp. 1301-14.
140. Howell, J. M., B. J. Avolio. "Transformational Leadership, Transactional Leadership, Focus of Control, and Support for Innovation: Key Predictors of Consolidated Business Unit Performance." *Journal of Applied Psychology* 78(1993), pp. 243-69.
141. Deluga, R. J. "American Presidential Proactivity, Charismatic Leadership and Rated Performance." *Leadership Quarterly* 9, no. 2(1998), pp. 265-92.
142. Fanelli, A., and V. F. Misangyi. "Bringing out Charisma: CEO Charisma and External Stakeholders." *Academy of Management Review* 31(4)(2006), pp. 1049-61.
143. Adams, J., H. T. Prince, D. Instone, and R. W. Rice. "West Point: Critical Incidents of Leadership." *Armed Forces and Society* 10(1984), pp. 597-611.
144. Labak, A. S. "The Study of Charismatic College Teachers." *Dissertation Abstracts International* 34(1973), p. 1258B.
145. Shin, S. J., and J. Zhou. "Transformational Leadership, Conservation, and Creativity: Evidence from Korea." *Academy of Management Journal* 46(6), pp.703-14.
146. De Hoogh, A. H. B., D. N. Den Hartog, P. L. Koopman, H. Thierry, P. T. Van den Berg, J. G. Van der Weide, and C. P. M. Wilderom. "Leader Motives, Charismatic Leadership, and Subordinates' Work Attitude in the Profit and Voluntary Sector," *Leadership Quarterly* 16(2005), pp. 17-38.
147. Rafferty, A. E., and M. A. Griffen. "Dimensions of Transformational Leadership: Conceptual and Empirical Extensions." *Leadership Quarterly* 15(3)(2004), pp. 329-54.
148. Antonakis, J., B. J. Avolio, and N. Sivasubramainiam. "Context and Leadership: An Examination of the Nine Factor Full Range Leadership Theory Using the Multifactor Leadership Questionnaire." *Leadership Quarterly* 15(2)(2003), pp. 261-95.
149. Bass, B. M., and B. J. Avolio. *The Multifactor Leadership Questionnaire Report.* Palo Alto, CA: Mind Garden, 1996.
150. Frese, M., S. Beimel, and S. Schoenborn. "Action Training for Charismatic Leadership: Two Evaluations of Studies of a Commercial Training Module on Inspirational Communication of a Vision." *Personnel Psychology* 56(3)(2003), pp. 671-97.
151. Barling, J., C. Loughlin, and E. K. Kelloway. "Development and Test of a Model Linking Safety-Specific Transformational Leadership and Occupational Safety." *Journal of Applied Psychology* 87(3)(2002), pp. 488-96.
152. Zacharatos, A., J. Barling, and E. K. Kelloway. "Development and Effects of Transformational Leadership in Adolescents." *Leadership Quarterly* 11, no. 2(2000), pp. 211-26.
153. Hogan, R. T., G. J. Curphy, and J. Hogan. "What Do We about Personality: Leadership and Effectiveness?" *American Psychologist* 49(1994), pp. 493-504.
154. Curphy, G. J. "New Directions in Personality." In *Personality and Organizational Behavior*. R. T. Hogan(chair). Symposium presented at the 104th Annual Meeting of the American Psychological Association, Toronto, Canada, 1996.
155. Nilsen, D. L. *Using Self and Observers' Rating of Personality to Predict Leadership Performance*. Unpublished doctoral dissertation, University of Minnesota, Minneapolis, 1995.
156. House, R. J., W. D. Spangler, and J. Woycke. "Personality and Charisma in the U. S. Presidency: A Psychological Theory of Leadership Effectiveness," *Administrative Science Quarterly* 36(1991), pp. 364-96.
157. Brown, D. J., and L. M. Keeping. "Elaborating the Role of Transformational Leadership: The Role of Affect." *Leadership Quarterly* 16(2005), pp. 245-72.

Part 5

Chapter 14

1. Csikszentmihalyi, M. *Flow: The Psychology of Optimal Experience.* New York: Harper & Row, 1990.
2. Bass, B. M. *Bass and Stogdill's Handbook of Leadership*. 3rd ed. New York: Free Press, 1990.
3. Bennis, W. G., and B. Nanus. *Leader: The Strategies for Taking Charge.* New York: Harper & Row, 1985.
4. Kanter, R. M. *The Change Masters*. New York: Simon & Schuster, 1983.
5. Parks, M. R. "Interpersonal Communication and the Quest for personal Competence." *In Handbook of Interpersonal Communication*. Eds. M. L. Knapp and G. R. Miller. Beverly Hills, CA: Sage, 1985.
6. Kilmoski, R. J., and N. J. Hayes. "Leader Behavior and Subordinate Motivation." *Personnel Psychology* 33(1980), pp. 543-55.
7. Snyder, R. A., and J. H. Morris. "Organizational Communication and Performance." *Journal of Applied Psychology* 69(1984), pp. 461-65.
8. Fiechtner, B., and J. J. Krayer. "Variations in Dogmatism and Leader-Supplied Information: Determinants of Perceived

Behavior in Task-Oriented Groups." *Group and Organizational Studies* 11(1986), 403-18.
9. Sanford, A., and S. Garrod. *Understanding Written Language*. New York: John Wiley, 1981.
10. Remland, M. S. "Developing Leadership Skills in Nonverbal Communication: A Situation Perspective." *Journal of Business Communication* 18, no.3(1981), pp. 17-29.
11. Luthans, F., and J. K. Larsen. "How Managers Really Communicate." *Human Relations* 39(1986), pp. 161-78.
12. Sadler, P. J., and G. H. Hofstede. "Leadership Styles: Preferences and Perceptions of Employees of an International Company in Different Countries." *Mens en Onderneming* 26(1972), pp. 43-63.
13. Davis, B. L., L. W. Hellervik, and J. L. Sheard. *The Successful Manager's Handbook*. 3rd ed. Minneapolis, MN: Personnel Decisions International, 1989.
14. Robbins, S. P. *Organizational Behavior: Concepts, Controversies, and Applications.* Englewood Cliffs, NJ: Prentice Hall, 1986.
15. Gibb, J. R. "Defensive Communication." *Journal of Communication* 13, no. 3(1961), pp. 141-48.
16. Alberti, R. E., and M. L. Emmons. *Your Perfect Right*. San Luis Obispo, CA: Impact, 1974.
17. Shostrom, E. L. *Man, the Manipulator*. New York: Bantam, 1967.
18. Harvey, J. B. "The Abilene Paradox: The Management of Agreement." *Organizational Dynamics* 3(1974), pp. 63-80.
19. Benner, P. E. *Stress and Satisfaction on the Job*. New York: Praeger, 1984.
20. McCauley, C. D. "Stress and the Eye of the Beholder." *Issues & Observations* 7, no. 3(1987), pp. 1-16.
21. Staw, B. M. "Organizational Behavior: A Review and Reformulation of the Field's Outcome Variables." *Annual Review of Psychology* 35(1984), pp. 627-66.
22. Ivancevich, J. M., D. M. Schweiger, and J. W. Ragan. "Employee Stress, Health, and Attitudes: A Comparison of American, Indian, and Japanese Managers." Paper presented at the Academy of Management Convention, Chicago, 1986.
23. Hogan, R. T., and A. M. Morrison. "The Psychology of Managerial Incompetence." Paper presented at a joint conference of the American Psychological Association-National Institute of Occupational Safety and Health. Washington, DC, October 1991.
24. Shipper, F., and C. L. Wilson. "The Impact of Managerial Behaviors on Group Performance, Stress, and Commitment." In *Impact of Leadership.* Eds. K. E. Clark, M. B. Clark, and D. P. Campbell. Greensboro, NC: Center for Creative Leadership, 1992.
25. McCormick, J., and B. Powell. "Management for the 1990s." *Newsweek*, April 1988, pp. 47-48.
26. Friedman, M., and D. Ulmer. *Treating Type A Behavior – and Your Heart*. New York: Knopf, 1984; Frisch, M. H. "The Emerging Role of the Internal Coach." *Consulting Psychology Journal* 53(4)(2001), pp. 240-50.
27. Pomerleau, O. F., and J. Rodin. "Behavioral Medicine and Health Psychology." In *Handbook of Psychology and Behavior Change*. 3rd ed. Eds. S. L. Garfield and A. E. Bergin. New York: John Wiley, 1986.
28. Justice, A. "Review of the Effects of Stress on Cancer in Laboratory Animals: Importance of Time of Stress Application and Type of Tumor." *Psychological Bulletin* 98(1985), pp. 108-38.
29. Latack, J. C. "Coping with Job Stress: Measures and Future Decisions for Scale Development." *Journal of Applied Psychology* 71(1986), pp. 377-85.
30. Quayle, D. "American Productivity: The Devastating Effect of Alcoholism and Drug Use." *American Psychologist* 38(1983), pp. 454-58.
31. Jamal, M. "Job Stress and Job Performance Controversy: An Empirical Assessment." *Organizational Behavior and Human Performance* 33(1984), pp. 1-21.
32. Quayle, D. "American Productivity: The Devastating Effect of Alcoholism and Drug Use." *American Psychologist* 38(1983), pp. 454-58.
33. Albrecht, K. *Stress and the Manager*. Englewood Cliffs, NJ: Prentice Hall, 1979.
34. Fiedler, F. E. "The Effect and Meaning of Leadership Experience: A Review of Research and a Preliminary Model." In *Impact of Leadership*. Eds. K. E. Clark, M. B. Clark, and D. P. Campbell. Greensboro, NC: Center for Creative Leadership, 1992.
35. Gibson, F. W. "A Taxonomy of Leader Abilities and Their Influence on Group Performance as a Function of Interpersonal Stress." In *Impact of Leadership*. Eds. K. E. Clark, M. B. Clark, and D. P. Campbell. Greensboro, NC: Center for Creative Leadership, 1992.
36. Mulder, M., R. D. de Jong, L. Koppelar, and J. Verhage. "Power, Situation, and Leader' Effectiveness: An Organizational Study." *Journal of Applied Psychology* 71(1986), pp. 566-70.
37. Weschler, D. *Weschler Adult Intelligence Scale: Manual*. New York: Psychological corporation, 1955.
38. Tjosvold, D. "Stress Dosage for Problem Solvers." *Working Smart*, August 1995, p. 5.
39. Wiley, J., and T. Comacho. "Life-Style and Future Health: Evidence from the Alameda Country Study." *Preventive Medicine* 9(1980), pp. 1-21.
40. Berkman, L., and S. L. Syme. "Social Networks, Host Resistance, and Mortality: A Nine-Year Follow-up Study of Alameda

Country Residents." *American Journal of Epidemiology* 109(1979), pp. 186-204.
41. Cummings, R. C. "Job Stress and the Buffering Effect of Supervisory Support." *Group and Organizational Studies* 15, no. 1(1990), pp. 92-104.
42. Jayaratne, S., D. Himle, and W. A. Chess. "Dealing with Work Stress and Strain: Is the Perception of Support More Important than Its Use?" *Journal of Applied Behavioral Science* 24, no. 2(1988), pp. 34-45.
43. West Point Associates, the Department of Behavior Sciences and Leadership, United States Military Academy. *Leadership in Organizations*. Garden City Park, NY: Avery, 1988.
44. Linville, P. W. "Self-Complexity as a Cognitive Buffer against Stress-Related Illness and Depression." *Journal of Personality and Social Psychology* 52, no.4(1987), pp. 663-76.
45. Ellis, A., and R. Harper. *A New Guide to Rational Living*. Englewood Cliffs, NJ: Prentice Hall, 1975.
46. Steinmetz, J., J. Blankenship, L. Brown, D. Hall, and G. Miller. *Managing Stress Before It Manages You*. Palo Alto, CA: Bull, 1980.
47. McKay, M., M. Davis, and P. Fanning. *Thoughts and Feelings: The Art of Cognitive Stress Intervention*. Richmond, CA: Bull, 1980.
48. Yukl, G. *Leadership in Organizations*. 2nd ed. Englewood Cliff, NJ: Prentice Hall, 1989.
49. Curphy, G. J. "Leadership Transitions and Succession Planning." In *Developing and Implementing Succession Planning Program*. J. Lock(chair), Symposium conducted at the 19th Annual Conference for the Society of Industrial and Organizational Psychology, Chicago, IL, April, 2004.
50. Schmidt, F. L., and J. E. Hunter. "Development of a Causal Model of Job Performance." *Current Directions in Psychological Science* 1, no. 3(1992), pp. 89-92.
51. Borman, W. C., L. A. White, E. D. Pulakos, and S. A. Oppler. "Models Evaluating the Effects of Rated Ability, Knowledge, Proficiency, Temperament, Awards, and Problem Behavior on Supervisor Ratings." *Journal of Applied Psychology* 76(1991), pp. 863-72.
52. Hogan, J. "The View from Below." In *The Future of Leadership Selection*. R. T. Hogan(chair). Symposium conducted at the 13th Biennial Psychology in the Department of Defense Conference, United States Air Force Academy, Colorado Springs, CO, 1992.
53. Bugental, D. E. "A Study of Attempted and Successful Social Influence in Small Groups as a Function of Goal-Relevant Skills." *Dissertation Abstracts* 25(1964), p. 660.
54. Farris, G. F. "Colleagues' Roles and Innovation in Scientific Teams." Working paper No. 552-71. Cambridge MA: Alfred P. Sloan School of Management, MIT, 1971.
55. Duchon, D., S. G. Green, and T. D. Taber. "Vertical Dyad Linkage: A Longitudinal Assessment of Antecedents, Measures, and Consequences." *Journal of Applied Psychology* 71(1986), pp. 56-60.
56. Dewhist, H. D., V. Metts, and R. T. Ladd. "Exploring the Delegation Decision: Managerial Responses to Multiple Contingencies." Paper presented at the Academy of Management Convention, New Orleans, LA, 1987.
57. Leana, C. R. "Power Relinquishment vs. Power Sharing: Theoretical Clarification and Empirical Comparison of Delegation and Participation." *Journal of Applied Psychology* 72(1987), pp. 228-33.
58. Lowin, A., and J. R. Craig. "The Influence of Level of Performance on Managerial Style: An Experimental Object-Lesson in the Ambiguity of Correlational Data." *Organizational Behavior and Human Performance* 3(1968), pp. 68-106.
59. Rosen, B., and T. H. Jerdee. "Influence of Subordinate Characteristics on Trust and Use of Participative Decision Strategies in a Management Simulation." *Journal of Applied Psychology* 59(1977), pp. 9-14.
60. Blau, P. M. "The Hierarchy of Authority in Organizations." *American Journal of Sociology* 73(1968), pp. 453-67.
61. Howard, A. "College Experiences and Managerial Performance." *Journal of Applied Psychology* 71(1987), pp. 530-52.
62. Howard, A., and D. W. Bray. "Predictors of Managerial Success over Long Periods of Time." In *Measures of Leadership*. Eds. M. B. Clark and K. E. Clark. West Orange, NJ: Leadership Library of America, 1989.
63. Wexley, K. N., and G. P. Latham. *Developing and Training Human Resources in Organizations*. Glenview, IL: Scott Foresman, 1981.
64. Podsakoff, P. M., W. D. Todor, and R. S. Schuler. "Leadership Expertise as a Moderator of the Effects of Instrumental and Supportive Leader Behaviors." *Journal of Management* 9(1983), pp. 173-85.
65. Walker, T. G. "Leader Selection and Behavior in Small Political Groups." *Small Group Behavior* 7(1976), pp. 363-68.
66. Bass, B. M. *Leadership and Performance beyond Expectations*. New York: Free Press, 1985.
67. Penner, D. D., D. M. Malone, T. M. Coughlin, and J. A. Herz. *Satisfaction with U. S. Army Leadership*. Leadership Monograph Series, no. 2. U. S. Army War College, 1973.
68. Avolio, B. J., and B. M. Bass. "Transformational Leadership, Charisma, and Beyond." In *Emerging Leadership Vistas*. Eds. J. G. Hunt, B. R. Baliga, and C. A. Schriesheim. Lexington, MA: D. C. Heath, 1988.

69. Curphy, G. J. "An Empirical Examination of Bass' 1985 Theory of Transformational and Transactional Leadership." PhD dissertation, University of Minnesota, 1991.
70. Duchon, D., S. G. Green, and T. D. Taber. "Vertical Dyad Linkage: A Longitudinal Assessment of Antecedents, Measures, and Consequences." *Journal of Applied Psychology* 71(1986), pp. 56-60.
71. Porter. D. A. "Student Course Critiques: A Case Study in Total Quality in the Classroom." In *Proceedings of the 13th Biennial Psychology in Department of Defense Conference.* Colorado Springs, CO: U. S. Air Force Academy, 1992, pp. 26-30.
72. Yukl, G. *Leadership in Organizations*. 2nd ed. Englewood Cliffs, NJ: Prentice Hall, 1989.
73. Pulakos, E. D., and K. N. Wexley. "The Relationship among Perceptual Similarity, Sex, and Performance Ratings in Manager-Subordinate Dyads." *Academy of Management Journal* 26(1983), pp. 129-39.
74. Weiss, H. M. "Subordinate Imitation of Supervisor Behavior: The Role of Modeling in Organizational Socialization." *Organizational Behavior and Human Performance* 19(1977), pp. 89-105.
75. Gabarro, J. J., and J. P. Kotter. "Managing Your Boss." *Harvard Business Review* 58, no. 1(1980), pp. 92-100.
76. Kelly, R. E. "In Praise of Followers." *Harvard Business Review* 66, no. 6(1988), pp. 142-48.
77. Gabarro, J. J., and J. P. Kotter. "Managing Your Boss." *Harvard Business Review* 58, no. 1(1980), pp. 92-100.
78. Kelly, R. E. "In Praise of Followers." *Harvard Business Review* 66, no. 6(1988), pp. 142-48.
79. McCall, M. W., Jr., and M. M. Lombardo. "Off the Track: Why and How Successful Executives Get Derailed." Technical Report No.21. Greensboro, NC: Center for Creative Leadership, 1983.
80. Kouzes, J. M., and B. Z. Posner*, The Leadership Challenge: How to Get Extraordinary Things Done in Organizations.* San Francisco: Jossey-Bass, 1987.
81. Cohen, A. R., and D. L. Bradford. *Influence without Authority*. New York: John Wiley, 1990.
82. Curphy, G. J., M. J. Benson, A. Baldrica, and R. T. Hogan, *Managerial Incompetence.* Unpublished manuscript, 2007.
83. Cohen, A. R., and D. L. Bradford. *Influence without Authority*. New York: John Wiley, 1990.
84. Cohen, A. R., and D. L. Bradford. *Influence without Authority*. New York: John Wiley, 1990.
85. Cohen, A. R., and D. L. Bradford. *Influence without Authority*. New York: John Wiley, 1990.
86. Personnel Decisions International. PROFILOR ® *Certification Workshop Manual*. Minneapolis, MN: Author, 1992.
87. Kouzes, J. M., and B. Z. Posner. *The Credibility Factor*. San Francisco: Jossey-Bass, 1996.
88. Kouzes, J. M., and B. Z. Posner. *The Credibility Factor*. San Francisco: Jossey-Bass, 1996.

Chapter 15

1. Greller, M. M. "Evaluation of Feedback 출처 as a Function of Role and Organizational Development." *Journal of Applied Psychology* 65(1980), pp. 24-27.
2. Komacki, J. L. "Why We Don't Reinforce: The Issues." *Journal of Organizational Behavior Management* 4, nos. 3-4(1982), pp. 97-100.
3. Bass, B. M. *Bass and Stogdill's Handbook of Leadership*, 3rd ed. New York: Free Press, 1990.
4. Deep, S., and L. Sussman. *Smart Moves*. Reading MA: Addison-Wesley, 1990.
5. Parsons, C. K., D. M. Herold, and M. L. Leatherwood. "Turnover during Initial Employment: A Longitudinal Study of the Role of Causal Attributions." *Journal of Applied Psychology* 70(1985), pp. 337-41.
6. Larson, J. R., Jr. "Supervisors' Performance Feedback to Subordinates: The Impact of Subordinate Performance Valence and Outcome Dependence." *Organizational Behavior and Human Decision Processes* 37(1986), pp. 391-408.
7. Harrison, E. L. "Training Supervisors to Discipline Effectively." *Training and Development Journal* 36, no.11(1982), pp. 111-13.
8. Filey, A. C., and L. A. Pace. "Making Judgements Descriptive." In *The 1976 Annual Handbook for Group Facilitators*. Eds. J. E. Jones and J. W. Pfeiffer. La Jolla, CA: University Associates Press, 1976.
9. Coye, R. W. "Subordinate Responses to Ineffective Leadership." *Dissertation Abstracts International* 43(6A)(1982), p. 2070.
10. Quaglieri, P. L., and J. P. Carnazza. "Critical Inferences and the Multidimensionality of Feedback." *Canadian Journal of Behavioral Science* 17(1985), pp. 284-93.
11. Stone, D. L., H. G. Gueutal, and B. MacIntosh. "The Effects of Feedback Sequence and Expertise of Rater of Perceived Feedback Accuracy." *Personal Psychology* 37(1984), pp. 487-506.
12. Bass, B. M. *Bass and Stogdill's Handbook of Leadership*, 3rd ed. New York: Free Press, 1990.
13. Arvey, R. D., and J. M. Ivancevich. "Punishment in Organizations: A Review, Propositions, and Research Suggestions." *Academy of Management Review* 5(1980), pp. 123-32.
14. Curphy, G. J., F. W. Gibson, Brown. "A Field Study of the Causal Relationships between Organizational Performance, Punishment, and Justice." *Working paper*, 1992.

15. Arvey, R. D., and J. M. Ivancevich. "Punishment in Organizations: A Review, Propositions, and Research Suggestions." *Academy of Management Review* 5(1980), pp. 123-32.
16. Skinner, B. F. *The Behavior of Organisms*. New York: Appleton-Century-Crofts, 1938.
17. Kazdin, A. E. *Behavior Modification in Applied Settings*. Homewood, IL: Dorsey, 1975.
18. Johnston, J. M. "Punishment of Human Behavior." *American Psychologist* 27(1972), pp. 1033-54.
19. Solomon, R. L. "Punishment." *American Psychologist* 19(1964), pp. 239-53.
20. Parke, R. D. "Some Effects of Punishment on Children's Behavior." *In The Young Child: Reviews of Research*. Vol.2 Ed. W. W. Hartup. Washington, DC: National Association for the Education of Young Children, 1972.
21. Arvey, R. D., and J. M. Ivencevich. "Punishment in Organizations: A Review, Propositions, and Research Suggestions." *Academy of Management Review 5(*1980), pp. 123-32
22. Skinner, B. F. *The Behavior of Organisms*. New York: Appleton-Century-Crofts, 1992.
23. Luthans, F. 1989. *Organizational Behavior*. 5th ed. New York: McGraw-Hill, 1992.
24. Huberman, J. "Discipline without Punishment." *Harvard Business Review*, July-August 1964, p. 62.
25. Arvey, R. D., and J. M. Ivancevich. "Punishment in Organizations: A Review, Propositions, and Research Suggestions." *Academy of Management Review* 5(1980), pp. 123-32.
26. Arvey, R. D., G. A. Davis, and S. M. Nelson. "Use of Discipline in an Organization: A Field Study." *Journal of Applied Psychology* 69(1984), pp. 448-60.
27. Podsakoff, P. M., and W. D. Todor. "Relationships between Leader Reward and Punishment Behavior and Group Process and Productivity." *Journal of Management* 11(1985), pp. 55-73.
28. Strasser, S., R. C. Dailey, and T. S. Bateman. "Attitudinal Moderators and Effects of Leaders'Punishment Behavior." *Psychological Reports* 49(1981), pp. 695-98.
29. Keller, R. T., and A. D. Szilagyi. "Employee Reactions for Leader Reward Behavior." *Academy of Management Journal* 19(1976), pp. 619-27.
30. Keller. "A Longitudinal Study of Leader Reward Behavior, Subordinate Expectancies, and Satisfaction." *Personnel Psychology* 11(1978), pp. 119-29.
31. Arvey, R. D., G. A. Davis, and S. M. Nelson. Use of Discipline in an Organization: A Field Study." *Journal of Applied Psychology* 69(1984), pp. 448-60.
32. Podsakoff, P. M., W. D. Todor, R. A. Grover, and V. L. Huber. "Situational Moderators of Leader Reward and Punishment Behaviors: Fact or Fiction?" *Organizational Behavior and Human Performance* 34(1984), pp. 21-63.
33. Curphy, G. J., F. W. Gibson, B. W. Asiu, C. P. McCown, and C. Brown. "A Field Study of the Causal Relationships between Organizational Performance, Punishment, and Justice," Working paper, 1992.
34. Dobbins, G. H., and J. M. Russell. "The Biasing Effects of Subordinate Likeableness on Leader's Responses to Poor Performance." *Personnel Psychology* 39(1986), pp. 759-77.
35. Arvey, R. D., and A. P. Jones. "The Use of Discipline in Organizational Settings; A Framework for Future Research." *In Research in Organizational Behavior.* Vol. 7. Eds. L. L. Cummings and B. M. Staw. Greenwich, CT: JAI, 1985, pp. 367-408.
36. Beyer, J. M., and H. M. Trice. "A Field Study in the Use and Perceived Effects of Discipline in Controlling Work Performance." *Academy of Management Journal* 27(1984), pp. 743-64.
37. Katz, D., N. Maccoby, G. Gurin, and L. G. Floor. *Productivity, Supervision, and Morale Among Railroad Workers.* Ann Arbor, MI: University of Michigan, Survey Research Center, Institute of Social Research, 1951.
38. Podsakoff, P. M., and W. D. Todor. "Relationships between Leader Contingent and Punishment Behavior and Group Process and Productivity." *Journal of Management* 11(1985), pp. 55-73.
39. Schnake, M. E. "Vicarious Punishment in a Work Setting." *Journal of Applied Psychology* 71(1986), pp. 343-45.
40. Curphy, G. J., F. W. Gibson, B. W. Asiu, C. P. McCown, and C. Brown. "A Field Study of the Causal Relationships between Organizational Performance, Punishment, and Justice," Working paper, 1992.
41. Curtis, B., R. E. Smith, and F. L. Smoll. "Scrutinizing the Skipper: A Study of Behaviors in the Dugout." *Journal of Applied Psychology* 64(1979), pp. 391-400; Dalton, M. A." Using 360-Degree Feedback Successfully." *Leadership in Action* 18, no. 1(1998), pp. 2-11.
42. Schnake, M. E. "Vicarious Punishment in a Work Setting." *Journal of Applied Psychology* 71(1986), pp. 343-45.
43. Curtis, B., R. E. Smith, and F. L. Smoll. "Scrutinizing the Skipper: A Study of Behaviors in the Dugout." *Journal of Applied Psychology* 64(1979), pp. 391-400; Dalton, M. A." Using 360-Degree Feedback Successfully." *Leadership in Action* 18, no. 1(1998), pp. 2-11.
44. Curphy, G. J., F. W. Gibson, B. W. Asiu, C. P. McCown, and C. Brown. "A Field Study of the Causal Relationships between Organizational Performance, Punishment, and Justice," Working paper, 1992.
45. Green, S. G., and R. E. Wood. "An Attributional Processes of Leaders in Leader Member Interaction." *Organizational Behavior*

and Human Performance 23(1979), pp. 429-58.

46. Mitchell, T. R., S. G. Green, and R. E. Wood." An Attributional Model of Leadership and the Poor Performing Subordinate: Development and Validation." *In Research in Organizational Behavior*. Eds. B. M. Staw and L. L. Cummings. Greenwich, CN: JAI 1981, pp. 197-234.
47. Mitchell, T. R., and R. E. Wood. "Supervisors' Responses to Subordinate Poor Performance: A Test of an Attributional Model." *Organizational Behavior and Human Performance* 25(1980), pp. 123-38.
48. Arvey, R. D., and J. M. Ivancevich. "Punishment in Organizations: A Review, Propositions, and Research Suggestions." *Academy of Management Review* 5(1980), pp. 123-32.
49. Arvey, R. D., and J. M. Ivancevich. "Punishment in Organizations: A Review, Propositions, and Research Suggestions." *Academy of Management Review* 5(1980), pp. 123-32.
50. Bass, B. M. *Bass and Stogdill's Handbook of Leadership*. 3rd ed. New York: FreePress, 1990.
51. Leana, C. R. "Power Relinquishment vs. Power Sharing: Theoretical Clarification and Empirical Comparison of Delegation and Participation." *Journal of Applied Psychology* 72(1987), pp. 228-33.
52. Miller, D., and J. M. Toulouse. "Strategy, Structure, CEO Personality and performance in Small Firms." *American Journal of Small Business*, Winter 1986, pp. 47-62.
53. Stogdill, R. M., and C. L. Shartle. Methods in the Study of Administrative performance. Columbus, OH: Ohio State University, Bureau of Business Research, 1955.
54. Bass, B. M. *Bass and Stogdill's Handbook of Leadership,* 3rded. New York: FreePress, 1990
55. Willcox, W. H. "Assistant Superintendents' Perception of the Effectiveness of the Superintendent Job Satisfaction, and Satisfaction with the Superintendent's Supervisory Skill." PhD dissertation, University of Missouri, Columbia, 1982.
56. Taylor, H. L. *Delegate: The Key to Successful Management*. New York: Warner Books, 1989.
57. Dewhirst, H. D., V. Metts, and R. T. Ladd. "Exploring the Delegation Decision: Managerial Responses to Multiple Contingencies." Paper presented at the Academy of Management Convention, New Orleans, LA, 1987.
58. Bass, B. M. *Bass and Stogdill's Handbook of Leadership,* 3rd ed. New York: FreePress, 1990
59. Dewhirst, H. D., V. Metts, and R. T. Ladd. "Exploring the Delegation Decision: Managerial Responses to Multiple Contingencies." Paper presented at the Academy of Management Convention, New Orleans, LA, 1987.
60. Bass, B. M. *Bass and Stogdill's Handbook of Leadership,* 3rded. New York: FreePress, 1990
61. Dewhirst, H. D., V. Metts, and R. T. Ladd. "Exploring the Delegation Decision: Managerial Responses to Multiple Contingencies." Paper presented at the Academy of Management Convention, New Orleans, LA, 1987.
62. McCall, M. W., Jr., M. M. Lombardo, and A. M. Morrison. The Lessons of Experience: How Successful Executives Develop on the Job. Lexington, MA: Lexington Books, 1988.
63. Senge, P. M. *The Fifth Discipline: The Art and Practice of the Learning Organization.* New York: Doubleday/Currency, 1994.
64. Ginnett, R. C. "To the Wilderness and Beyond: The Application of a Model for Transfromal Change." *Proceedings of the Ninth Psychology in the Department of Defense Symposium.* Colorado Springs, CO, 1984.
65. Curphy, G. J., and R. T. Hogan. "Managerial Imcompetence: Is There a Dead Shunk on the Table?" Working paper, 2004.
66. Curphy, G. J. "A Roadmap for Creating High Performing Teams." Presentation given at the Strategic Staff Meeting of the Mid-Atlantic Division of The Home Depot, Atlantic City, NJ, September 2000.
67. Krile, J. E., G. J. Curphy, and D. R. Lund. *The Community Leadership Handbook*. St Paul, MN: The Field Alliance, 2006.
68. Curphy, G. J. "Leadership Transitions and Succession Planning." In *Developing and Implementing Succession Planning Programs.* J. Lock(chair). Symposium conducted at the 19th Annual Conference for the Society of Industrial and Organizational Psychology, Chicago April 2004.
69. Tuckman, B. W. "Developmental Sequence in Small Group." *Psychological Bulletin* 63(1965), pp. 384-99.
70. Peterson, D. B., and M. D. Hicks. *Professional Coaching*: State of the Art, State of the Practice, Minneapolis, MN: Personnel Decisions International, 1998.
71. Peterson, D. B., and M. D. Hicks. "Coaching across Borders: It's Probably a Long Distance Call." *Development Matters*, no. 9(1997), pp. 1-4.
72. Peterson, D. B., and M. D. Hicks. Leader as Coach: Strategies for Coaching and Developing Others. Minneapolis, MN: Personnel Decisions International, 1996.
73. Hazucha, J. F., S. A. Hezlett, and R. J. Schneider. "The Impact of 360-Degree Feedback on Management Skills Development." *Human Resource Management* 32(1993), pp. 325-51.
74. Peterson, D. B. "Skill Learning and Behavioral Change in an Individually Tailored Management Coaching and Training Program." Unpublished doctoral dissertation, University of Minnesota, 1993b.
75. Hezlett, S. A., and B. A. Koonce. "Now That I've Been Assessed, What Do I Do? Facilitating Development after Individual Assessments." Paper presented at the IPMA Assessment Council Conference on Public Personnel Assessment, New Orleans,

LA, June 1995.

76. Davis, B. L., L. W. Hellervik, and J. L. Sheard. *The Successful Manager's Handbook*. 3rd ed. Minneapolis, MN: Personnel Decisions International, 1989.
77. Lombardo, M. M., and R. W. Eichinger. *For Your Improvement: A Development and Coaching Guide.* Minneapolis, MN: Lominger, 1996.
78. Personnel Decisions International. DevelopMentor: Assessment, Development, and Coaching Software. Minneapolis, MN: Personnel Decisions International, 1995.
79. Tichy, N. M., and E. Cohen. *The Leadership Engine: How Winning Companies Buil Leaders at Every Level.* New York: HarperCollins, 1997.
80. Peterson, D B., and M. D. Hicks. *Leader as Coach: Strategies for Coaching and Developing Others.* Minneapolis, MN: Personnel Decisions International, 1996, p.14.
81. Hunter, J. E., F. L. Schmidt, and M. K. Judiesch. "Individual Differences in Output Variability as a Function of Job Complexity." *Journal of Applied Psychology* 74(1990), pp. 28-42.
82. Quinn, R. E., and G. M. Spreitzer. "The Road to Empowerment: Seven Questions Every Leader Should Consider." *Organizational Dynamics*, Autumn 1997, pp. 37-49.
83. Quinn, R. E., and G. M. Spreitzer. "The Road to Empowerment: Seven Questions Every Leader Should Consider." *Organizational Dynamics*, Autumn 1997, pp. 37-49.
84. Offermann, L. R. "Leading and Empowering Diverse Followers." In *The Balance of Leadership and Followership*. Eds. E. P. Hollander and L. R. Offerman. Kellogg Leadership Studies Project. College Park: University of Maryland Press, 1997, pp. 31-46.
85. Xie, J. L., and G. Johns. "Job Scope and Stress: Can Job Scope Be Too High?" *Academy of Management Journal* 38, no. 5(1995), pp. 1288-1309.
86. Quinn, R. E., and G. M. Spreitzer. "The Road to Empowerment: Seven Questions Every Leader Should Consider." *Organizational Dynamics*, Autumn 1997, pp. 37-49.
87. Spreitzer, G. M. "Psychological Empowerment in the Workplace: Dimensions, Measurement, and Validation." *Academy of Management Journal* 38, no. 5(1995), pp. 1442-65.
88. Offermann, L. R. "Leading and Empowering Diverse Followers." In *The Balance of Leadership and Followership*. Eds. E. P. Hollander and L. R. Offerman. Kellogg Leadership Studies Project. College Park: University of Maryland Press, 1997, pp. 31-46.
89. Quinn, R. E., and G. M. Spreitzer. "The Road to Empowerment: Seven Questions Every Leader Should Consider." *Organizational Dynamics*, Autumn 1997, pp. 37-49.

Chapter 16

1. Bass, B. M. *Bass and Stogdill's Handbook of Leadership,* 3rd ed. New York: FreePress, 1990.
2. Erez, M., P. C. Earley, and C. L. Hulin. "The Impact of Participation on Goal Acceptance and Performance: A Two-Step Model." *Academy of Management Journal*(1985), pp. 359-72.
3. Locke, E. A., G. P. Latham, and M. Erez. "Three-Way Interactive Presentation and Discussion," "A Unique Approach to Resolving Scientific Disputes," and "Designing Crucial Experiments." Papers presented at the Society of Industrial and Organizational Psychology Convention, Atlanta, GA, 1987.
4. House, R. J. "Power in Organizations: A Social Psychological Perspective." Unpublished manuscript, University of Toronto, 1984.
5. Latham, G. P., and T. W. Lee. "Goal Setting." In *Generalizing from Laboratory to Field Settings*. Ed. E. A. Locke. Lexington, MA: Lexington Books, 1986.
6. Locke, E. A., G. P. Latham, and M. Erez. "Three-Way Interactive Presentation and Discussion," "A Unique Approach to Resolving Scientific Disputes," and "Designing Crucial Experiments." Papers presented at the Society of Industrial and Organizational Psychology Convention, Atlanta, GA, 1987.
7. Bass, B. M. *Bass and Stogdill's Handbook of Leadership,* 3rd ed. New York: FreePress, 1990.
8. O'Reilly, C. A. "Supervisors and Peers as Informative 출처s, Group Supportiveness, and Individual Decision-Making Performance." *Journal of Applied Psychology* 62(1977), pp. 632-35.
9. Guth, C. K., and S. S. Shaw. *How to Put on Dynamic Meetings*. Reston, VA: Reston, 1980.
10. Thomas, K. W., and W. H. Schmidt. "A Survey of Managerial Interests with Respect to Conflict." *Academy of Management Journal* 21(1978), pp. 315-18.
11. Morse, J. J., and F. R. Wagner. "Measuring the Process of Managerial Effectiveness." *Academy of Management Journal*

21(1978), pp. 23-35.

12. Brown, L. D. *Managing Conflict at Organizational Interfaces*. Reading, MA: Addison-Wesley, 1983.
13. Ouchi, W. G. *How American Business Can Meet the Japanese Challenge*. Reading, MA: Addison-Wesley, 1981.
14. Peters, T. J., and R. H. Waterman. In *Search of Excellence*. New York: Harper & Row, 1982.
15. Robbins, S. P. *Organizational Behavior: Concepts, Controversies, and Applications.* Englewood Cliffs, NJ: Prentice Hall, 1986.
16. Yukl, G. *Leadership in Organizations*. 2nd ed. EnglewoodCliffs, NJ: PrenticeHall, 1989.
17. Kets de Vries, M. F. R., and D. Miller. "Managers Can Drive Their Subordinates Mad." In *The Irrational Executive: Psychoanalytic Explorations in Management*. Ed. M. F. R. Kets de Vries. New York: International Universities Press, 1984.
18. Thomas, K. W., and W. H. Schmidt. "A Survey of Managerial Interests with Respect to Conflict." *Academy of Management Journal* 19(1976), pp. 315-18.
19. Yukl, G. *Leadership in Organizations*. 2nd ed. EnglewoodCliffs, NJ: PrenticeHall, 1989.
20. Thomas, K. W. "Conflict and Conflict Management." In *Handbook of Industrial and Organizational Psychology*. Ed. M. D. Dunnette. Chicago: Rand McNally, 1976.
21. Robbins, S. P. *Organizational Behavior: Concepts, Controversies, and Applications*. Englewood Cliffs, NJ: Prentice Hall, 1986.
22. Bass, B. M. *Leadership and Performance beyond Expectations*. New York: Free Press, 1985.
23. Wilner, A. R. *The Spellbinders: Charismatic Political Leadership*. New Haven: Yale University Press, 1984.
24. Roberts, N. C., and R. T. Bradley. "Limits of Charisma." In *Charismatic Leadership: The Elusive Factor in Organizational Effetiveness*. Eds. J. A. Conger and R. N. Kanungo. San Francisco: Jossey-Bass, 1988, pp. 253-75.
25. Kanter, R. M. *The Change Masters*. New York: Simon & Schuster, 1983.
26. Thomas, K. W. "Conflict and Conflict Management." In *Handbook of Industrial and Organizational Psychology*. Ed. M. D. Dunnette. Chicago: Rand McNally, 1976.
27. Thomas, K. W. "Conflict and Conflict Management." In *Handbook of Industrial and Organizational Psychology*. Ed. M. D. Dunnette. Chicago: Rand McNally, 1976.
28. Thomas, K. W. "Toward Multidimensional Values in Teaching: The Example of Conflict Management." *Academy of Management Review* 2, no. 3(1977), pp. 484-90.
29. Fisher, R., and W. Ury. *Getting to Yes*. Boston: Houghton Mifflin, 1981.
30. Fisher, R., and W. Ury. *Getting to Yes*. Boston: Houghton Mifflin, 1981.
31. Blake, R. R., H. A. Shepard, and J. S. Mouton. *Managing Intergroup Conflict in Industry*. Houston, TX: Gulf, 1964.
32. Delbecq, A. L., A. H. Van de Ven, and D. H. Gustafson. *Group Techniques for Program Planning: A Guide to Nominal and Delphi Processes*. Glenview, IL: Scott Foresman, 1975.
33. Duncker, K. "On Problem Solving." *Psychological Monographs* 58, no.5, 1945.
34. Cronbach, L. J. *Essentials of Psychological Testing*. 4th ed. San Francisco: Harper & Row, 1984.
35. Gordon, W. J. J. *Synectics*. New York: Harper & Row, 1961.
36. Gordon, W. J. J. *Synectics*. New York: Harper & Row, 1961.
37. Kanter, R. M. *The Change Masters*. New York: Simon & Schuster, 1983.
38. Thayer, P. W. "The Myers-Briggs Type Indicator and Enhancing Human Performance." Report prepared for the Committee on Techniques for the Enhancement of Human Performance of the National Academy of Sciences, 1988.
39. Campbell, J. P. "The Cutting Edge of Leadership: An Overview." In *Leadership: The Cutting Edge*. Eds. J. G. Hunt and L. L. Larson. Carbondale, IL: Southern Illinois University Press, 1977.
40. Campbell, J. P., R. A. McCloy, S. H. Oppler, and C. E. Sager. "A Theory of Performance." In *Frontiers in Industrial/Organizational Psychology and Personnel Selection.* Eds. N. Schmitt and W. C. Borman. San Francisco: Jossey-Bass, 1993.
41. Boudreau, J. W., and P. Ramstad. *Beyond HR: The New Science of Human Capital*. Boston, MA: Harvard Business School Press, 2007.
42. Katzenbach, J. R. *Teams at the Top*. Boston: Harvard Business School Press, 1998.
43. Ibid.
44. Hackman, J. R. *Groups That Work(and Those That Don't)*. San Francisco: Jossey-Bass, 1990.

찾아보기

인명

Aberman 243
Adams 333
Alderfer 315, 362
Alexander 135
Amabile 230
Ancona 265
Antonakis 522, 524
Argyris 75
Armstrong 403
Arvey 591, 593
Atkinson 318
Avolio 505, 506, 517, 520
B. F. Skinner 591
Bandura 191
Bar-on 241, 244
Barack Obama 253
Barling 522
Barnum 194
Bass 27, 482, 505, 506, 519, 520, 523, 589, 597
Beer 485, 486, 493
Behling 25
Bennis 57, 59, 166, 482
Bennis 485
Beyer 524
Blake 261
Blanchard 470
Bono 522, 524
Botes 26, 27
Boyatzis 154, 155, 241, 244
Bradford 575
Bridges 485
Brockner 362
Bryant 184, 185
Bunker 82, 84
Burke 86
Burns 32, 166, 485, 502, 503, 505, 507, 512
Caesar 135
Cairo 279
Campbell 52, 146, 385, 397, 591
Caruso 241, 242, 244
Charan 279
Chester Carlson 230
Clinton 43
Cohen 575, 636
Cole 403
Colin Powell 303
Collins 485
Colvin 279
Condoleezza Rice 501
Conger 88, 504, 506
Conti 230
Covey 183
Curphy 123, 279, 485, 522, 524, 594
Dan Goleman 239
Darley 191, 192
Day 86
de Gaulle 34
Devanna 485
Donnell 168
Dotlich 279
Dov Eden 328
Dressler 471
Ehrlichman 140
Einstein 189
Fairholm 57, 61
Fiedler 26, 44, 233, 235, 463,

465, 467, 468, 469, 470
Field 457
Fisher 661, 662
Fodor 522
Foushee 28
French 144, 152
Gandhi 189
Garcia 235
Gardner 82, 89, 138, 166
Gary Yukl 503
Gates 42
Gaulle 33
George W. Bush 512
Gersick 373
Ginnett 373, 374, 386, 387, 389, 400, 418, 444, 608
Goldsmith 166
Goleman 239, 241, 242, 244
Gordy 97
Greeleaf 187
Green 595
Guth 652
Hackman 378, 387, 390, 444, 679
Halberstam 192
Hallam 385
Hannibal 135
Hazucha 261, 274
Heifetz 60, 485
Hersey 458, 459, 461, 470
Herzberg 358, 360
Hesse 187
Hick 343
Hicks 289, 620, 629
Hillary Clinton 253
Hitler 28, 185
Hofstede 194
Hogan 123, 264, 265, 279, 522, 524
Hollander 44
Holt 274
House 471, 504, 506, 522, 524
Howell 517
Huberman 591
Hunt 414
Ilies 261
Ivancevich 591
Jackson 26, 27, 34, 167
Jago 457
Jay Conger 503
Jeffrey Immelt 253
Jerry Hunt 503
Jobs 78
John McCain 253
John Meyer 239
Johnson 274
Jones 28, 593
Judge 261, 522, 524
Julie 311
Kant 166
Kanter 261, 485
Kanungo 504, 506
Kaplan 416, 418
Katzenbach 678
Keller 592
Kelley 570
Kelloway 522
Kennedy 34
Kilmann 436
King 28, 30
King Jr 42
Kohlberg 173
Kotter 57, 62, 485
Kouzes 79
Krile 485
Latham 327
Laurie 485
LaValley 121
Leslie 279
Ling Ling 311
Linsky 485
Locke 327

Lombardo 277
Lund 485
Luthans 338, 591
Mahatma Gandhi 501
Malone 265
Martin Luther King, Jr. 501
Maslow 186, 313, 314, 362
Mayer 242, 244
McCall 277
McClelland 154, 155, 318, 325
McGrath 388, 393
McGregor 167
McKee 241
McNamara 192
McNulty 485
Meyer 241
Michell 73
Milgram 143
Miner 155, 156
Mitchell 438, 473, 595
Morrison 672
Moss Kanter 485
Mount 274
Mouton 261
Munson 25
Nanus 485
Nifong 148
Nilesn 522
Nilsen 261, 522
Norton 416, 418
Offermann 522
Oldham 444
Orlikowski 265
Osama bin Laden 309
Osborn 414
Ostroff 485
O'Toole 485
Parke 591
Peter Jackson 253, 480
Peter Salovey 239
Peterson 289, 343, 620, 629
Piccolo 261
Podsakoff 152
Porras 485
Posner 79
Powell 34, 69
Pritchett 485
Quinn 645
Ralph Stogdill 202
Raven 144, 152
Raymond 119
Read 23
Rest 175
Rick Aberman 239
Roach 25
Robert Hogan 203
Robie 261
Rock 485
Roger 186
Rosner 54, 55
Ross 522
Rudy Giuliani 253
Salgado 215
Salovey 241, 242, 244
Saxton 436
Schellenbarger 347
Schlesinger 151
Schnake 593
Schneider 413
Schonpflug 237
Schultz 34, 38
Schwartz 485
Seneca 648
Senge 265, 607
Shaw 652
Shein 52
Shephard 382
Sigmund Freud 204
Skinner 591, 592
Smither 274

Spangler 522
Spreitzer 645
Stahl 155
Stajkovic 338
Steiner 371
Sternberg 225, 226, 228
Stogdill 27
Stubbs Taylor 244
Sutton 159
Sytsma 274
Szilagyi 592
T. Hogan 672
Taylor 597, 604
Thomas 295
Tichy 485
Ticky 636
Tolman 329
Treacy 485
Trump 98
Tuckman 372, 373, 620
Ury 661, 662
Van Rooy 241
Van Veslor 279
Viswesvaran 241
Vroom 450, 451, 452, 453, 456, 457, 461
Walker 274
Warrenfelz 264, 265
Watson-Wyatt 273
Webb 82, 84
Weber 500, 501
Welch 128
Wheelan 392
Wiersma 485
Wilcox 597
Woyche 522
Woycke 522
Yetton 450, 451, 452, 453, 456, 457, 461
Yukl 126, 152, 477, 524
Zaccaro 237
Zacharatos 522
Zaleznik 29
Zemke 169
마키아벨리 137
셰익스피어 137
아이젠하워 138

주제

(기타)
360도 270
360도 피드백 도구 520
3C 295
5가지 권력 분류 152
5요인 모형 221

(A)
A-O-R 모형 68, 69, 74, 77, 81
Action 69

(B)
Big Five 모형 212

(C)
C 485
C= D x M x P 〉 R 모형 497
Center for Creative Leadership(CCL) 383

(E)
EQ 243
ERG이론 312, 313, 315, 362
Exxon Mobil 119

(F)
FA 170
FFM 211

FFM 성격 특성 522

(G)

GAPS 분석 621, 631, 633
GE 101
GLOBE 프로그램 197

(H)

Herzberg의 2요인 이론 (동기-위생요인이론) 358

(I)

IBQ 157
Ishikawa 도표 666

(J)

JonesTown 집단살인 사건 151

(L)

L-F-D(리더 · 팔로워 · 상황) 402
L-F-S 모델 476
LBDQ 257
LBDQ-XII 257
Least-Preferred-Co-Worker, LPC 463
LMX 이론 45, 46
Looking Glass 87
LPC 척도 465

(M)

Maslow의 욕구의 위계론 312, 313
Maverick 184, 185
MBTI 672
Milgram의 연구 143
MLQ 524
MSCEIT(감성지능검사) 244
Myers-Briggs Type Indicator (MBTI) 216, 671
Myers-Briggs 유형 지표 423

(N)

NCAA 105
Northwest 항공 92, 94

(O)

Observation(관찰) 70
organizational citizenship behavior 304

(P)

P&G 101
Pepsi 101

(R)

Reflection(성찰) 70

(S)

S&P 500 308
SARA 모형 494
Splatter의 황제 27

(T)

TAT 154
TLM(팀 리더십 모형) 393, 445
Tuckman의 그룹 발달 4단계 372
Tuckman의 모델 373

(X)

X 세대 170
X 이론 167

(Y)

Y 이론 167, 574, 575

(ㄱ)

가산적인 과제 371
가상 팀 116
가상 현실 111
가상팀 403
가치 165, 168, 176, 251, 320
가치의 세대 차이 169
갈등 655

갈등 관리 655
감성 28
감성역량 검사지표(EQ-I) 242
감성적 27, 28
감성지능(EQ) 238, 239
감성지능검사(MSCEIT) 242
강압적 권력 143, 151
강한 장면이나 상황 205
개념화 188
개발 66, 395
개발 계획 284, 301
개발 목표 626
개별화 피드백 87
개인고찰 스킬 265
개인적 호소 157
개인적인 요소 397
개인화된 권력 154
거래적 482, 505
거래적 리더십 44, 59, 502
거절 494
게임 87
격언 127
결과 617
결과 중시 관리자 98
결과 중심 관리자 221
결과의 무시 191
경력 626
경력 목표 288
경로-목표 이론 471, 472, 474, 476, 477, 478
경영 탈선 253, 276
경험 66, 82, 255
고참세대 169
골렘 효과 328
공감 166, 188
공격 547
공식적인 멘토링 295
공식적인 코칭 291
공통되는 목표 367
공평성 361
과도한 울타리 세우기 380
과로문제들 341
과업 구조 423
과업 상호 의존성 424, 516
과업 정체성 421
과업 중심 520
과업 중요성 422
과잉정당화 효과 324
과정 21
과정 손실 371
과제 구조 386
과제 행동 458
과제를 완료하는 것과 관계 375
과제의 상호의존성 367
과학 27
관계 행동 458
관계를 돕는 것과 관계 375
관리범위 370
관리역량 부족 95, 98
관리의 욕구 155
관리자 29, 57
관찰 68
교육 66
교육과 훈련 85
교차 기능 416
교환 158
구조적 과업 423
구조화 주도 256
구조화된 인터뷰 109, 112
궁극적 가치 168, 169
권력 137, 138, 139, 140, 158, 161, 178, 615
권력에 대한 욕구 153
권위 386
권위 수준 427
권위적 권력 147
권위적 전술 158
권한부여 339
권한위임 301, 341, 514, 638
권한이양 301, 597
귀인 72

귀인 과정 518
귀인 오류 322
귀인이론 595
규범 378, 386, 406, 613
규범 결정 455
규범 결정 모형 450, 478
규범화 372
규준 252
그룹 결속력 379
그룹 관점 366
그룹 발달 단계 406
그룹 사고 380
그룹 영역 386
그룹의 규모 370
그룹의 발달 단계 372
그룹의 역할 374
그룹의 크기 406
글로벌 만족도 350
긍정의 관점 197
긍정적인 상관관계 246
긍정적인 성향 356
긍정적인 자기효능감 334
기능성 430
기능적인 이직률 348
기대 이론 329, 331, 336, 362
기본 귀인 오류 72
기술적 문제 60
기술적 복잡성 441
기술적 역량 564

(ㄴ)
나선형 경험 68
남성 51
남성 관리자 161
내적 귀인 595
내적 동기 323
내집단 45
노력 대비 수행 기대 330
능력 675

(ㄷ)
다중 영향 모형 414
다중 접근법 108
다중요인 리더십 설문지(MLQ) 520
단속평형 373
단순순환학습 75
단위 성과 지표 118
당신의 발전을 위하여 627
대인관계 스킬 265
도구적 가치 168, 169
도덕성 발달의 6단계 173
도덕적 추론 173
도덕적 합리화 190
독립변인 125
독립적 리더십 문화 181
동기 153, 303, 305, 308, 320, 325, 362
동기부여 303
동기요인 359
동기유발 640
동방기행 187
동원 268
두 가지 요인 이론 358

(ㄹ)
로켓 모형 618
리더 21, 23, 24, 29, 42, 43, 44, 45, 57, 147, 446, 505
리더 권력 140
리더 능력 103
리더 없는 그룹 토론 87
리더 요소 47
리더 위치 102
리더 의견 질문지 257
리더 지지 257
리더 프로파일 26
리더 후보 관리 시스템 130
리더-멤버교환 이론 45
리더-부하-상황 구성 요소 499
리더-팔로워-상황 58

리더십 21, 24, 25, 26, 27, 29, 31, 32, 39, 42, 58, 60, 123, 140, 147, 165, 482
리더십 개발 35, 85, 86
리더십 교육 86
리더십 그리드 259
리더십 능력 103
리더십 상호작용 62
리더십 속성 197
리더십 스킬 255, 265
리더십 신조 579
리더십 실천가 129, 198
리더십 연구 27
리더십 이론 127, 128
리더십 프로파일 26
리더십 행동 255, 412
리더십 행동 기술 질문지 256
리더십 효과 76
리더십 효과성 27, 105
리더십 훈련 87
리더십과 조직 연구자 112
리더십의 위인설 413
리더십의 이론 40, 127
리더십의 정의 25, 40
리더의 합법성 48
리더의 효과성 117
리더 - 팔로워 - 상황(L-F-S)모형 449

(ㅁ)
마이크로 경영 340
만족도 303
매니지먼트 29, 58, 60, 482
매니지먼트 무능력 484
매트릭스 432
멘토 80, 294
멘토링 80, 294
멘티 80
명목상 관리자 99
명목상 리더 221
명목집단기법 667
모델(FFM) 246
모범적 팔로워 47
모형(TLM) 418
목표 강조 행동 257
목표 설정 327, 336
묵인 547
문장 완성 검사 156
문화 193
문화적 차이 194
문화적인 측면 198
물질적 가치 178
미시간대 256, 259
미적 가치 178
미화 190

(ㅂ)
바람직한 기회들 26
반응-충격 494
반지의 제왕 26, 27, 167
방랑자 세대 172
배려 256, 520
베이비 붐 세대 169
변혁적 482
변혁적 리더 503, 506, 521
변혁적 리더십 59, 345, 502, 504
변혁적 및 거래적 리더십의 이론 519
보상 149, 337
보상 권력 150
보상 체계 343
보편성 197
복잡성 428
부정의 관점 197
부정적인 성향 356
부정적인 자기효능감 335
분노 494
분배적 공정성 361
분석 지능 235
분석적 지능 225
비공식 코칭 287
비공식적 멘토링 294
비구조화된 인터뷰 105, 109

비기능적인 이직률 348
비난의 귀인 191
비인간화 191
비전 166, 394, 643
비조건적 337

(ㅅ)
사기 616
사람-역할 충돌 377
사례연구 87
사명 611
사업스킬 265
사일로식 사고 489
사회적 네트워크 516
사회적 자본 형성 268
사회적 촉진 371
사회적 태만 371
사회화된 권력 154
산출물 390, 418, 419
삼원지능 232
삼원지능이론 225
상관계수 124
상관관계 연구 124
상반된 가치 182
상향식 접근법 339
상호 공정성 361
상호의존적 리더십 문화 181
상호작용 21, 36, 42
상호작용 모형 39
상호작용 촉진 257
상호작용 프레임워크 44, 647
상호적 리더십 55
상황 23, 24, 33, 42, 43, 44, 45, 51, 409, 412, 446
상황 리더십 458, 461
상황 리더십 모형 458, 478
상황 적합 리더십 모델 44
상황 적합 모형 462, 463, 478
상황이론 470, 524
상황적 공학 443
상황적 수준 414
상황적 접근법 336
생성 393
서로 이기는(win-win) 결과 663
서류함기법 87, 111
서번트 리더십 187, 188
선구자 세대 171
설계 395
설득 188
성격 203, 251
성격 검사 도구 220
성격 투영 검사 154
성격 특성의 어두운 측면 217
성격의 5요인 모형 206, 207
성공적인 관리자의 입문서 626
성찰 68
성취 지향 318
성품 167
성향 47
세 가지 렌즈 43
소거 337
소극적인 경영 640
소외형 팔로워 46
소집단 370
소프트 전략 159
수동적인 팔로워 46
수동형 팔로워 47
수렴적 사고 228
수용 494, 614, 633
수평적 상호 의존성 434
수행 303, 372
수행 대비 결과 기대 330
수행성과의 모형 673
순응형 팔로워 46
스킬 675
스타 트렉 143
스태프 394
스트레스 235
스플래터 영화 26
승계 계획 106

승진관리 161
시각적 규모 369
시넥틱스 670
시뮬레이션 87
시민운동 30
신세대 170
신용 매트릭스 630
실용 지능 226, 235
실용주의형 팔로워 46
실험 125

(ㅇ)
안데스산맥 22, 23, 24, 38
안전지대 84
안정성 178
압박전술 158
애빌린 패러독스 550
약한 상황 205
양적 접근 124
어골도 666
업무 가치관 178
업무 수행 평가 116
업무 촉진 행동 257
여성 51
여성 관리자 161
여성 리더 51
역량 641, 675
역량 모형 102, 107, 130, 264
역장 분석 666
역할 406
역할 간 갈등 377
역할 모델 294
역할 연기 87
역할 이론 414
역할 충돌 377
역할극 111, 292
역할의 모호성 377
연구 122
연구와 실제의 차이 94
연합전술 158
열쇠 세대 170
영감적 157
영웅 세대 172
영향 138
영향력 137, 138, 157, 161, 641
영향력 전술 138, 157, 158, 160, 161
영향력 행동 척도 157
예술 27
예술가 세대 172
오하이오 주립대 256, 259
오해 35, 36, 37
올리즘 382
왜곡 191
외적 귀인 595
외적 보상 324
외적인 동기적 편향 322
외집단 45
외향성 208, 246
욕구 단계 186
욕구 위계 362
욕구 이론 345
원초아 204
원칙 중심의 리더십 183
위계효과 351
위기 442
위대한 사람 이론 202
위생요인 359
유기 340
유능한 관리자 98, 221
유리천장 52
유리천장 깨뜨리기 53
유리한 비교 190
유인가 330
응집력 406
의미 641
의사결정 23
의존적 리더십 문화 181
이성 28
이성적 27, 28
이성적 설득 157

이양 340
이중순환학습 75
이타주의 178
인과관계 124
인습적 단계 173
인식 188
인재 612
인정 178
인지 이론 326
인지자원이론 235
인터넷 109
인터뷰 112
일관성 166
임원 코칭 80
임원 탈락 83
임파워먼트 511
입력 393

(ㅈ)
자기 결정력 641
자기 이미지 89
자기 편향적 편견 72
자기실현적 예언 73
자기효능감 334, 336, 362
자아 204
자원 418
자율성 422
작동적 접근법 337, 338
잠재성 평가 107
저항 492
적극적인 팔로워 46
적응적 문제 60
적응적 사고 양식 229
적임자 202
적합성 449
전문성에서 오는 권력 145
전문화 416
전인습적 단계 173
전통 178
전통적 권위 체계 500
절차적인 공정성 361
정서 356
정서적 안정성 210
정의 25, 26
제대로 기능하지 않는 역할 376
제로-섬 153
제품 431
제품 설계 431
조건적 337
조직 공정성 361
조직 구조 428
조직 문화 434
조직 보호막 387
조직 설계 430
조직 송신자 내 갈등 377
조직 풍토 434
조직시민행동 304, 306, 346
조직원(피고용인)중심의 차원 257
조직적 가치 180
종속변인 125
종합력 228
좌절 퇴행 가설 315
주요 차원 208
주제통각검사 154
준거그룹 353
지각 73
지각의 틀 71
지능 223, 251, 255
지식 255
지역사회 리더십 266
지원서 105
지필 테스트 109
직무 중심의 차원 257
직무 특성 모형 421
직무만족 306, 308
직무특성이론 596
직업 안정성 170
진단평가 센터 220
진성 리더십 186
진술서 579

진실성 166
진정한 리더 166
질적 접근법 122
집단의 4개의 발단 단계 620
집사의 역할 188
집중화 429

(ㅊ)

창의 228
창의 지능 227
창의성 230, 233
창의적인 사고 231
창조적 리더십 센터 82, 84, 170, 181, 194, 276, 607
창조적인 문제해결 230
책임감의 대체 191
책임의 분산 191
처벌 337
청취 187
체제적 사고 접근 488
초자아 204
최고경영자 106
충분히 기능하는 사람 186
측면 만족도 350
치어리더 타입 관리자 99
치유 188
친화 178
친화성 209
친화성 및 적응성 246
친화적 권력 142, 145
칭찬 157

(ㅋ)

카리스마 345, 498, 504, 512
카리스마적 권위 체계 501
카리스마적 리더 503, 506, 508
카리스마적 리더십 499, 500, 501, 502
카리스마적 리더십 체계 501
커뮤니티 형성 188
컨설팅 157
코칭 287, 301, 643
코칭 계획 289
코칭 프로그램 292
쾌락주의 178

(ㅌ)

타인의 성장에 대한 헌신 188
탈인습적 단계 174
태스크포스 49
통제 소재 473
통찰력 188
투입 418
특성 204
특성 모형 444
특성 이론 205
팀 리더십 모형 388, 396, 401, 407, 444
팀 설계 398
팀 유효성 로켓 모형 610
팀빌딩 301, 604
팀워크 366
팀의 응집력 230

(ㅍ)

파레토 법칙 665
팔로워 21, 24, 42, 43, 44, 45, 49, 50, 139, 147, 152, 446
팔로워 준비도 460
팔로워십 31, 32
팔로워십 스타일 46
평가 92, 103
평가센터 110, 111
평판조회 105
포춘(미국의 경제지) 276, 308
프레이밍 268
프로세스 418
피그말리온 효과 328
피드백 270
피드백 절차 490

(ㅎ)

하드 전략 159
하향식 과정 339
학문적 전통 123
학문적/과학적 가치 178
행동 68, 73
행동 질문지 257
행동-경험-성찰 70
행동-관찰-반영(A-O-R)모형 621
행동-관찰-성찰(A-O-R) 모형 67
행동/스킬/역량 255
행동의 회귀 84
행위자-관찰자 차이 72
허리케인 Katrina 96
혁신적 사고 양식 229
협상 661
형성 372
형식성 429
형평성 이론 332, 336
확산적 사고 228
확실성 204, 209, 246, 318
환경 418
환경적 불확실성 442
활성 372
효과 92
효과성 116, 117, 306
후보 관리 100, 114
후보관리 시스템 101

역자 소개

정재삼 (이화여자대학교 교수 chungj@ewha.ac.kr)

미국 인디애나대학교 대학원 Ph.D.

주요경력: LG Academy 전략기획팀 부장, 학습공동체 L&P Lab 리더, 국가인적자원개발(NHRD) 컨소시엄시범사업 연구책임자, 한국기업교육학회장, 한국교육공학회장, 대한리더십학회부회장 등

연구분야: 전략적 인적자원개발, 학습-수행성과 컨설팅, 코칭리더십, 리더십프로그램 개발과 평가, 적응적 학습 및 수행성과 시스템, 교수설계, 교수-학습이론 등

주요저서: 인적자원개발탐구, 인적자원개발의 개념과 영역, 기업교육론, 요구분석론, 리더십, 학습과 지식의 전이, HRD프로그램 평가의 과정, 교육프로그램평가, 수행공학의 이해, 요구분석론, 교수의 으뜸원리, 교수설계 지식기반, Transfer Design, Coaching & Mentoring, Human Capital Analytics 외 다수

김은지 (서울여자대학교 교수 ejk.hrd@gmail.com)

미국 일리노이대학교 대학원 Ph.D.

주요경력: KAIST 연구교수, 일리노이대/이대 강사, POSCO 글로벌 리더십센터 팀장

학회활동: 대한리더십학회(KAL), 한국인력개발학회(KAHRD), AHRD(Academy of Human Resource Development), AoM(Academy of Management)

연구분야: 리더십개발, 팀러닝, 평가, 지식경영, 학습조직, 경력개발 등

두민영 (고려대학교 연구교수 scion2006@gmail.com)

미국 인디애나대학교 대학원 Ph.D.

주요경력: 삼성화재 인재개발센터, 금융보험연구소 책임연구원, James Madison大 Learning, Technology and Leadership Education학과 Assistant Professor, 기업교육학회 및 한국교육공학회 이사

연구분야: 리더십, 기업교육론, 여성관리자, 경력개발, 조직개발, 원격교육 등

주요저서: 교수메시지설계, 리더십

이영민 (숙명여자대학교 교수 ymlee@sookmyung.ac.kr)

미국 플로리다주립대학교 대학원 Ph.D.

주요경력: 한국교육개발원 연구위원, 노사정위원회 공익위원, 일자리위원회 민간위원, 저출산고령사회위원회 민간위원, 규제개혁위원회 위원, 한국교육공학회 상임이사, 한국기업교육회 총무이사, 한국직업자격학회 상임이사 역임

연구분야: 인적자원개발 정책, 직업교육훈련 제도연구, 교육훈련 성과분석, 조직개발 연구, 팀 학습, 교육훈련 프로그램 개발 등

주요저서: 팀 기반 학습, 리더십개론, 한국의 청년고용 1, 2, 한국의 장년고용, 질적연구방법론 등

장성화 (공군사관학교 심리학 교수 911149@hanmail.net)

건국대학교 대학원 Ph.D.(교육심리학)

주요경력: 한국상담심리교육복지학회장, 한국상담학회 대학분과 윤리위원장 및 군분과 공군발전위원장, 전북과학대학교 교수(학생상담센터 및 교수학습지원 센터장) 등

학회활동: 한국상담심리교육복지학회, 한국상담학회, 한국상담심리학회

주요저서: 상담이론과 실제, 집단상담, 학교폭력 이해와 실제, 리더십 개론, 생도생활적응 등

함성수 (공군사관학교 심리학 교수 04ham@hanmail.net)

연세대학교 대학원 Ph.D.(심리학)

주요경력: 공군사관학교 교수부 리더십학과장, 인문학과장, 항공우주연구소 연구부장, 리더십 연구실 실장, 항공심리연구실 실장, 생도전대 생도지원과장 및 평가관리실 선발과장 등

학회활동: 한국산업 및 조직심리학회, 한국인사조직학회, 한국상담심리교육복지학회

주요저서: 리더십 개론, 상담이론과 실제, 조직심리, 소명의식, 생도생활적응 등

리더십개론 Leadership

2019년 2월 28일 1판 1쇄 발행
2024년 12월 25일 1판 4쇄 발행

저 자 : Richard L. Hughes
Robert C. Ginnett
Gordon J. Curphy
역 자 : 정재삼, 김은지, 두민영,
이영민, 장성화, 함성수
발행자 : 한 정 주
발행처 : 교 육 과 학 사

공역자와
협의하에
인지생략

경기도 파주시 광인사길 71
전화 (031)955-6956～8/팩스 (031)955-6037
Home-page : www.kyoyookbook.co.kr
E-mail : kyoyookbook@daum.net
등록 : 1970년 5월 18일 제2-73호

낙장 · 파본은 교환해 드립니다.
Printed in Korea.

정가 **39,000** 원
ISBN 978-89-254-1362-4